内蒙古自治区地方志丛书

内蒙古自治区志

国土资源志

（2000—2015）

内蒙古人民出版社

S(2013) 001号 内蒙古自治区地图院编制 2013年1月

《内蒙古自治区志》编纂人员

总　　纂	何文俊
副 总 纂	查干浪涛　孟秀芳
责任编纂	张晓虹　孟国荣　芙　蓉　何晓伟
编　　纂	赵在旺　姚思泰　冰　霜　韩　泽　赵海渊　郝文强 徐媛英　齐迎春　李　洋　吴斯日古楞　李向兵 秦倩倩　赵　婧　董丽娜　玉　红

《内蒙古自治区志·国土资源志(2000—2015)》

编纂委员会

（2017 年 6 月）

《内蒙古自治区志·国土资源志(2000—2015)》
评审委员会

(2017 年 7 月 13 日)

主任委员 张利平 内蒙古自治区国土资源厅厅长
胡满达 内蒙古自治区地方志办公室主任
副主任委员 王富友 内蒙古自治区国土资源厅副厅长
火　亮 内蒙古自治区纪委驻国土资源厅纪检组长
陈　伟 内蒙古自治区国土资源厅副厅长
王　杰 内蒙古自治区国土资源厅副厅长
赵大勇 内蒙古自治区国土资源厅副厅长
赵　昉 内蒙古自治区国土资源厅总工程师
路宝玲 内蒙古自治区国土资源厅副巡视员
孟秀芳 内蒙古自治区地方志办公室副主任、编审
刘新生 内蒙古自治区国土资源厅办公室主任
委　员 张晓虹 内蒙古自治区地方志办公室区志业务处处长、副编审
孟国荣 内蒙古自治区地方志办公室区志业务处副处长、副编审
芙　蓉 内蒙古自治区地方志办公室区志业务处副编审(博士)
何晓伟 内蒙古自治区地方志办公室区志业务处主任科员
李　志 内蒙古自治区地质调查院副总工程师、正高级工程师
邵积东 内蒙古自治区地质调查院原副院长、正高级工程师
李寿林 内蒙古自治区国土资源厅原地籍处调研员
周会庄 内蒙古自治区国土资源厅原企业管理处处长、高级工程师
李瀚鹏 内蒙古自治区地方志办公室区志业务处工作人员

《内蒙古自治区志·国土资源志(2000—2015)》

编纂人员

主　　编　杨文海

副 主 编　陈喜良　苏　文

审　　订　杨文海

统　　稿　杨文海　陈喜良

编纂人员　关爱凤　李玉恒　庞国平　田　青　包乐平　李寿林

王向阳　苗　旺　李育松　刘海明　姚国征　徐国权

白文义　陈　昆　李　榛　袁继英　乔恒暄　杨军利

陈晓娟　张　晖　孙　伟　张　冰　李　瑛　海　棠

蒙古文翻译　芙　蓉

英文翻译　张红艳

索引制作　王彦祥　张若舒　毋　栋

序

经编纂人员辛勤工作，广泛收集和整理浩繁资料，精心编纂，达150万字的《内蒙古自治区志·国土资源志(2000—2015)》正式面世了。这是一件功在当代、惠及后世的重要工作。《内蒙古自治区志·国土资源志(2000—2015)》是自治区第一部客观全面记录全区国土资源领域改革发展历程的文献，具有鲜明的时代特征、地方特色和行业特点，不仅是自治区国土资源工作又一重要成果，也是一笔宝贵的资源和财富。

国土资源是人类赖以生存和经济社会发展的重要物质基础。国土资源管理对经济社会发展具底盘和支撑作用，影响深远，也是一项全局性、基础性、先行性的工作。内蒙古自治区国土资源管理工作在自治区党委、政府和国土资源部的正确领导下，紧紧围绕促进自治区经济社会发展，不断解放思想，与时俱进，认真履行保护资源、保障发展、维护权益的职能，积极参与宏观调控，改革创新，为推进自治区工业化、城镇化、农牧业产业化和现代化提供了重要的保障。《内蒙古自治区志·国土资源志(2000—2015)》翔实地记述和反映了自2000年自治区国土资源厅成立至2015年期间全区土地、矿产资源和测绘行政管理工作历程及取得的重要成果，对进一步了解内蒙古国土资源区情，研究内蒙古经济社会发展，增强全社会十分珍惜和保护国土资源意识，合理利用国土资源，保护生态环境，服务自治区经济社会可持续发展具有重要意义。

进入新时代，踏入新征程。面对我国社会主要矛盾转化和新时代国土资源管理工作新挑战、新要求，全区国土资源系统将坚持以习近平新时代中国特色社会主义思想为指导，进一步深入贯彻落实中共十九大精神和习近平总书记考察内蒙古及参加十三届人大内蒙古代表团审议时的重要讲话精神，强化“四个意识”，坚定“四个自信”，统筹推进“五位一体”总体布局和协调推进“四个全面”战略布局，大力践行“创新、协调、绿色、开放、共享”五大发展理念，进一步加强国土资源管理与调控，增强资源和环境意识，强化生态环境治理和保护，坚持绿水青山就是金山银山，严守耕地保护红线和生态底线，以史为镜，以志为鉴，洞悉经验教训，妥善处理好保障发展与保护资源环境的关系，在发展经济的同时，把资源利用好、环境治理好、生态保护好，实现美丽和发展双赢，为加快建设安全、绿色、高效、法治、和谐的美丽国土的总体工作目标,为“建设亮丽内蒙古,共圆伟大中国梦”做出新贡献。

希望本书的出版,能够为全区各界和各有关方面的专家、学者及相关人员的工作、学习和实践,提供有意义的借鉴和帮助。

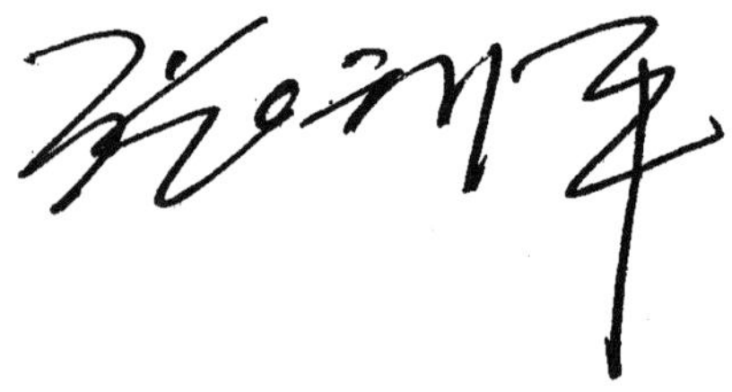

2018 年 5 月

凡　例

一、《内蒙古自治区志》(以下简称《区志》)二轮,以马克思列宁主义、毛泽东思想、邓小平理论、“三个代表”重要思想、科学发展观、习近平新时代中国特色社会主义思想为指导,坚持辩证唯物主义和历史唯物主义,严格遵守国家的有关法律、法规。

二、第二轮《区志》上限原则上以首轮志书下限为起点(新规划第二轮志书追溯至事物发端),下限原则上断至2015年;志书编纂坚持越界不书原则。涉及外地或国外的业务时,只记与业务有关部分,其他不作记述。

三、第二轮《区志》是以各专业为记述对象的志书,志书坚持详独略同的原则。篇目根据“以类系事、事以类从、类为一志”的原则设计。除概述、大事记、人物、附录、索引,志书主体内容按照篇、章、节或章、节、目层次设置。

四、志书行文坚持横排竖写的体例,用现代语体文,采用述、记、志、传、图、表、录7种基本体裁,以志为主。志书文字记述要严谨准确、朴实规范、简明流畅,坚持述而不论,客观真实地反映事物的本来面目。符合《内蒙古自治区地方志书行文规则》。

五、大事记以编年体为主,辅以记事本末体。各大事的记述要素要齐备。

六、人物坚持生不立传的原则。人物名录以表格为宜,严格录入标准。

七、资料要反映本行业的工作特色,突出工作亮点。资料要真实、准确,具有代表性、权威性,注重使用原始资料。所用资料,不随文注明出处,难以记入正文的重要内容,可集中在附录中记述。

八、语言文字、标点符号、数字、计量单位等均按照国家有关部门现行规定执行。志文所引用数据,均以统计部门或专业部门的权威数据为准。

九、各种组织机构、法律法规、文件、会议等专用名称使用全称,出现频率较高的名称在章内首次出现用全称,括注简称,再次出现时用简称,简称概念准确规范。

十、历史地名、机构、职官一律使用原名,在历史地名后括注今地名。对国名、地名、人名的译名,以新华社译名为准。

十一、历史纪年,清代以前采用帝王纪年或年号纪年;民国时期采用民国纪年;中华人民共和国成立后采用公元纪年。帝王纪年、年号纪年、民国纪年均括注公元纪年。

十二、各专业志封面、格式、开本由自治区地方志办公室统一设计。

编纂说明

一、指导思想

以马克思列宁主义、毛泽东思想、邓小平理论、“三个代表”重要思想、科学发展观、习近平新时代中国特色社会主义思想为指导，坚持实事求是的基本原则，坚持历史唯物主义和辩证唯物主义的观点，全面贯彻落实党的十九大精神，按照国家和内蒙古自治区对修史修志工作有关要求，紧紧围绕国土资源管理中心工作，以服务国土资源工作大局为主线，客观记录和系统反映自治区国土资源工作。力求思想性、资料性、科学性的统一，充分发挥存史、资政、育人的作用，为国土资源事业服务。

二、记述范围

根据内蒙古自治区国土资源厅（以下简称自治区国土资源厅）《关于做好〈内蒙古自治区国土资源志〉编纂工作的通知》要求，本志记述范围为内蒙古自治区行政区划内的国土资源管理工作，即以全区国土资源行政管理工作为主，主要在土地资源和矿产资源管理及测绘管理职能范围内记述，体现全区国土资源管理工作的时代特点和工作特色，并反映国土资源工作在自治区经济社会发展历史性成就和历史性变革中做出的积极贡献。

三、断限时间

本志上限以2000年自治区国土资源厅成立为始，下限至2015年底。为照顾事物的完整，对个别内容的记述上限或下限略有延伸。

四、体裁结构

以志为主，志、述、图、表、录兼用，不设传记。其框架设置从全区国土资源管理工作的实际出发，按照社会分工与科学分类“以类系事，事以类从”的要求，志首设概述，志末设修志始末，除大事记、人物、附录及索引外，正文分为8篇23章101节，节下有目，部分内容分至子目。篇章节目的编排力求体现结构合理，繁简得当，层次分明。

五、行文规范

主要以2008年中国地方志指导小组印发的《地方志书质量规定》和自治区地方志编纂委员会2016年印发的《内蒙古自治区地方志书行文规则》为依据。土地、地质矿产、测绘专业术语的使用，以国家正式出版的教科书、词典为标准，尽量通俗易懂。

六、计量单位

使用法定或通用的计量单位。简化字、数字的用法按国家有关规定执行。

七、时间表述

纪年采用公元纪年。标时一律按具体时间书写,一般不用代名词和简称。但对大事记的标时,同一天的多个事条,第一条标明具体时间,第二条用“同日”,此后各条均用符合“△”标时;同一月份没有具体日期的,放在当月最末,并标注“同月”。

八、名称称谓

各种组织、机构、法律法规、文件、会议等专有名称使用全称。对于频繁使用的名称首次用全称,而后用简称。简称的使用尽量按规范要求,同时结合约定俗成称呼。如:“内蒙古自治区”简称“自治区”;“中国共产党内蒙古自治区委员会”简称“自治区党委”;“中华人民共和国国土资源部”简称“国土资源部”。

九、数据来源

本志所列数据,以统计部门为准。专业管理数据,主要来源于自治区国土资源厅相关统计资料。

十、资料来源

本志资料来源主要包括:自治区国土资源厅2000—2015年形成的文书档案;《内蒙古自治区岩石地层》(1996年1月,中国地质大学出版社出版)、《内蒙古自治区志·地质矿产志》(1999年9月,内蒙古人民出版社出版)、《内蒙古土地资源》(2001年8月,西安地图出版社出版)、《内蒙古自治区主要成矿区(带)和成矿系列》(2001年11月,邵和明等编著)、《内蒙古自治区地下水资源》(2004年10月,自治区国土资源厅等编制)、《内蒙古自治区志·土地志》(2008年4月,内蒙古人民出版社出版)、《内蒙古自治区志·测绘志》(2011年5月,内蒙古人民出版社出版)、《内蒙古土地资源利用》(2016年8月,内蒙古人民出版社出版);自治区国土资源厅2000—2016年编制的各年度《内蒙古自治区矿产资源年报》和《内蒙古自治区地质环境公报》;2008—2015年内蒙古自治区水利厅编制的各年度《内蒙古自治区水资源公报》;2010—2015年自治区国土资源厅编制的各年度《国土资源工作动态》和国土资源厅门户网站发布的有关信息等。所用资料,以自治区国土资源厅文书档案为主,文件用名称,不记发文号;其他资料不随文件名称,不记发文号。

十一、人物

按照生不立传的要求,本志设置人物名录,收录有自治区国土资源系统的厅局级领导、由自治区国土资源厅党组管理任命的处级干部、国家和相关部门及自治区表彰的全区国土资源系统先进人物、全区国土资源系统的正高级职称技术人员。大事记、正文坚持以事系人,所列人名一般为副厅级以上领导。

目　　录

第四篇　矿产资源管理

第五篇 测绘管理

第六篇　法治建设

第七篇　科技及对外交流与信息化

第八篇　机构与队伍

ᠭᠠᠷᠴᠠᠭ

[illegible]

ᠶᠢᠰᠦᠳᠦᠭᠡᠷ ᠪᠦᠯᠦᠭ ᠭᠠᠵᠠᠷ ᠪᠠ ᠠᠭᠤᠷᠰᠤ ᠶᠢᠨ ᠬᠠᠤᠯᠢ ᠴᠠᠭᠠᠵᠠ

ᠠᠷᠪᠠᠳᠤᠭᠠᠷ ᠪᠦᠯᠦᠭ ᠭᠠᠵᠠᠷ ᠠᠭᠤᠷᠰᠤ ᠶᠢᠨ ᠬᠠᠤᠯᠢ ᠴᠠᠭᠠᠵᠠ ᠶᠢᠨ ᠦᠢᠯᠡ ᠠᠵᠢᠯᠯᠠᠭᠤᠯᠬᠤ ᠵᠢ ᠬᠢᠨᠠᠬᠤ

[illegible]

CONTENTS

PART 4 MINERAL RESOURCES ADMINISTRATION

PART 5 SURVEYING AND MAPPING MANAGEMENT

PART 6 LEGAL CONSTRUCTION

PART 7 SCIENCE TECHNOLOGY, FOREIGN EXCHANGES AND INFORMATIZATION

PART 8 AGENCIES AND TEAM

概　述

一

内蒙古自治区地处中国北部边疆，由东北向西南延伸，呈狭长形。东西直线距离2400千米，南北跨度1700千米，国土面积118.3万平方千米，占全国总面积的1/8，居全国第3位。东、南、西依次与黑龙江、吉林、辽宁、河北、山西、陕西、宁夏和甘肃8省区毗邻，横跨东北、华北和西北，靠近京津，北部与蒙古国和俄罗斯接壤，有4200千米国境线和18个各类陆路口岸。

内蒙古自治区成立于1947年5月1日，是中华人民共和国成立最早的少数民族自治区，由蒙古、汉、满、回、达斡尔、鄂温克、鄂伦春、朝鲜等55个民族组成。至2015年末，全区常住人口2511.04万人，其中蒙古族人口457.77万人，占全区总人口的18.23%，其他少数民族占3.83%。现辖呼和浩特市、包头市、乌海市、赤峰市、鄂尔多斯市、通辽市、呼伦贝尔市、乌兰察布市、巴彦淖尔市9个市和兴安盟、锡林郭勒盟、阿拉善盟3个盟，另有满洲里市、二连浩特市2个计划单列市，共23个市辖区、11个县级市、17个县、49个旗、3个自治旗，首府为呼和浩特市。

2015年，全区实现地区生产总值1.8万亿元，其中第一产业增加值1618亿元，第二产业增加值9200亿元，第三产业增加值7213亿元，全区三次产业比例为9∶51∶40。全区粮食总产量达2827万吨，牲畜存栏头数达1.36亿头（只），原煤产量达9亿吨，天然气产量290亿立方米，发电量达3929亿千瓦小时，钢材产量1897万吨。社会固定资产投资总额1.38万亿元，社会消费品零售总额6107.7亿元，一般公共预算收入1964.4亿元，居民人均可支配收入为2.23万元。

二

内蒙古自治区属于亚洲中部蒙古高原的东南部及周沿地带，统称内蒙古高原，是中国四大高原中的第二高原。海拔多在1000～1200米，最高点贺兰山主峰3556米，高原从东北向西南延伸3000千米，地势总体西高东低，南高北低，由西向东缓缓倾斜。分布有山地、丘陵、高平原、平原、滩川、沙地、戈壁、湖沼等多种地形，其中以高平原为主，约占全区总面积51.2%，山地次之，约占20.8%。

由于受地理位置和地形影响，全区大部分地区为温带大陆性季风气候区，大兴安岭北段为寒温带，巴彦高勒以西为暖温带，有春夏秋冬四季之分，具冬季漫长多严寒，夏季短促而温热，春秋干旱多大风，降雨集中，蒸发强烈等特点。降水量由东部大兴安岭一带450毫米，向西至阿拉善高原西部降为不足50毫米，蒸发量则由1200毫米增至3000毫米以上。太阳能资源丰富，无霜期在80～150天之间，年日照时数在2600～3400小时之间，普遍在2700小时以上。大兴安岭和阴山山脉为全区气候差异的重要自然分界线，全区大部分地区年均气温－2℃～6℃，但在大兴安岭北部为－4℃，巴彦淖尔市、鄂尔多斯市则为8℃。

内蒙古自治区河流分属于外流和内流两大水系。大兴安岭、阴山和贺兰山是内、外水流水系的主要分水岭。区内有1000余个湖泊,主要分布于西辽河平原、内蒙古高原、鄂尔多斯高原。可分为咸水湖、微咸水湖和淡水湖,水面面积大于100平方千米的天然湖泊有呼伦湖、贝尔湖、达里诺尔湖、乌梁素海、岱海、黄旗海、查干诺尔、居延海。全区水资源总量约546亿立方米,其中地表水资源约406.6亿立方米,在地区和时程的分布上很不均匀,且与人口和耕地分布不相适应。

内蒙古自治区是中国北方重要的生态屏障,是全国森林资源大区、草原大区、荒漠化大区、生态建设大区。据第二次全国土地调查成果,全区林地面积2329.75万公顷(3.49亿亩),居全国首位,森林覆盖率20.18%。大兴安岭山地北部是中国保存完好、面积较大的原始林区,被誉为"祖国的绿色宝库",其面积占全区林地面积44%,主要成林树种为兴安落叶松、樟子松、白桦、黑桦等。全区草地面积5922.02万公顷(8.88亿亩),是中国重要的畜牧业生产基地,也是目前世界上草原类型最多且保存最完整的草原之一,有驰名中外的呼伦贝尔草原、锡林郭勒草原、科尔沁草原、乌兰察布草原、鄂尔多斯草原,草原植物资源丰富,有野生植物2000余种,其中饲用植物700余种。

内蒙古自治区土地有52.2%为荒漠化土地,耕地质量也较差。至2015年,全区农用地(含林地和草地)总面积9002.78万公顷(13.50亿亩),占总面积的79.86%,其中耕地面积916.08万公顷(1.37亿亩),人均耕地面积5.47亩,是全国人均耕地面积的3.7倍。耕地数量大、优质耕地少、质量等别总体偏低是自治区耕地的显著特点,并有部分耕地位于林区、草原、河流湖泊最高洪水位控制线范围内以及沙漠化地区,属于难以稳定利用的耕地。耕地土壤条件、热量条件、水文条件都比较差,肥力较低的盐碱地、风沙地、水土流失地约占60%,有灌溉设施的耕地面积不足耕地总面积的1/3,约2/3的耕地处于水土流失区域,水资源相对短缺。由于气候寒冷,只宜一年一种。根据土地评价和现实生产力调查,耕地中稳定高产农田占25%,其余为中低产田,且地区间不平衡。除农用地和建设用地外,全区其他土地面积1869.43万公顷(2.80亿亩),占全区总面积的16.58%,其中90%为沙地和裸地,其他主要是盐碱地、沼泽地等未利用地。

内蒙古自治区矿产资源丰富,素有"东林西铁、南农北牧、遍地矿产"的美誉,是中国21世纪重要能源及原材料战略接续基地。至2015年底,全区已发现各类矿种147种,具有查明资源储量的矿产达104种,查明矿产地1874处,其中大、中型矿产地占1/3以上,有43种矿产的查明资源储量居全国前3位,煤、铅、锌、银、稀土、铌、锆、锗、萤石等17种矿产居全国第1位。以煤为主的能源矿产资源最具优势,集中分布在鄂尔多斯、二连、海拉尔3大聚集盆地,国内最大的苏格里气田和东胜、准格尔、霍林河、白音华、胜利等大型煤田、露天矿称誉全国。稀土资源得天独厚,储量世界第一,白云鄂博特大型铁铌稀土矿举世瞩目。有色金属及贵金属矿产资源储量大、分布集中,铅锌银等资源优势明显。非金属矿产种类繁多,资源匹配性好,萤石、石墨、石膏、芒硝、天然碱及优质高岭土等矿产在全国也占有重要地位。但大宗矿产贫矿多、富矿少,共伴生矿多、独立矿少,难选矿多、易选矿少,在矿产资源开发利用中需充分利用科技进步,不断提高矿产资源综合利用水平。

三

内蒙古自治区国土资源管理工作始终坚持"保护资源、保障发展、维护权益"的职责定位,不断解放思想,改革创新,积极探索,与时俱进推进各项工作。自2000年内蒙古自治区国土资源厅(以下简称自治区国土资源厅)成立后,全面强化国土资源管理,全区土地和矿产资源开发利用逐步从低质粗放型向高效集约型转变,并步入依法、统一、科学管理轨道,为自治区经济社会持续稳定发展提供了坚实支撑和保障。

【土地资源管理】

土地利用总体规划是实施土地用途管制制度的依据和基础,也是土地资源管理的基本手段。按照国家统一部署和要求,自治区紧密结合经济社会发展实际做好土地利用总体规划的编制和实施工作,充分发挥规划的宏观调控作用,强化土地利用总体规划实施,促进节约集约利用和科学合理用地,实现了全区土地资源管理工作的规范有序,促进了土地管理方式的根本转变。1997 年 7 月至 1998 年 12 月,原内蒙古自治区土地管理局组织编制了《内蒙古自治区土地利用总体规划(1997—2010 年)》,经国务院批复后实施。2005—2008 年,根据国土资源部统一要求,自治区国土资源厅组织修编《内蒙古自治区土地利用总体规划(2006—2020 年)》,并于 2009 年 1 月通过国土资源部审查批复后实施。《内蒙古自治区土地利用总体规划(2006—2020 年)》的实施,在严格保护耕地和基本农田、有效控制非农业建设用地规模和建设占用耕地、实行土地利用方式转变、统筹安排各类各业用地、保障国民经济各部门用地需求、合理配置土地资源、调整和优化土地利用结构与布局、促进土地资源可持续利用、建立良好的土地生态环境等方面均发挥了重要宏观调控作用,并使全区土地利用总体规划体系基本建立,形成了实行土地用途管制制度的框架,规划管理的机制体制日趋完善。

内蒙古自治区是中国重要的粮食主产区,坚守耕地保护红线是保障国家粮食安全的战略需要。自治区认真贯彻落实"十分珍惜和合理利用每寸土地,切实保护耕地"的基本国策,始终坚持实行最严格的耕地保护制度和节约用地制度。为切实落实国务院关于地方政府是耕地保护责任主体等规定,自治区政府于 2012 年下发《内蒙古自治区盟行政公署市人民政府耕地保护责任目标考核办法》,进一步明确了耕地保护的主体责任和第一责任人的责任,并将耕地保护保有量、基本农田保护目标、新增建设用地控制指标等保护目标具体分解到各盟市、旗县和乡镇,逐级压实耕地保护责任。同时,自治区党委将耕地保护和土地整治工作列入对盟市党政领导班子年度考核指标,将地方领导工作政绩与耕地保护挂钩。各盟市都制定了相关的规章制度,自上而下形成了一整套考核评价机制,使耕地保护工作成为各级党委和政府工作中的一项硬任务、硬指标。另外,自治区还制定了全区基本农田保护措施,把基本农田保护面积和地块落实到了乡镇、村和农户,并层层建立基本农田保护台账,设立基本农田保护标志。达拉特旗、五原县、敖汉旗、莫力达瓦达斡尔族自治旗、科尔沁左翼中旗被确定为国家首批基本农田保护示范区。至 2015 年底,全区基本农田保持在 9000 万亩,其中建成高标准基本农田面积 151.22 万公顷(2268.36 万亩),当年全区粮食播种面积达 8000 万亩,粮食总产量 565.4 亿斤,实现自治区连续 12 年粮食生产丰收,为国家粮食生产安全提供了坚实保障。

为充分发挥自治区耕地后备较为丰富的资源优势,自治区耕地占补平衡工作一直走在全国前列。为此,自治区还先后制定出台了《内蒙古自治区占补平衡土地整治项目管理办法》《关于改进和加强补充耕地项目验收和管理有关问题的通知》《内蒙古自治区补充耕地指标交易管理暂行办法》等制度规章,积极推进相关工作开展。尤其是在"十一五"和"十二五"期间,全区开发补充耕地分别为 2.3 万公顷(34.5 万亩)和 3.52 万公顷(52.8 万亩),建设占用耕地面积分别为 1.46 万公顷(21.9 万亩)和 2.58 万公顷(38.7 万亩),均按照先补后占、占优补优的要求,实现了耕地占补平衡。

随着经济社会的快速发展,建设用地需求不断加大,自治区国土资源管理部门在提供用地保障的同时,从严控制新增建设用地。一是将有限的土地资源集中供应到符合国家产业政策和环保要求、资源利用充分、技术水平高、延伸加工能力强的优势特色项目,供应到事关群众切身利益的经济用房上。二是在土地供应上始终坚持规模大、技术含量高、附加值高的项目优先,外资项目、基础性公益性项目优先的原则。用地指标,向优势特色、高新技术产业倾斜。三是在土地使用过程中,严格实行市场化配置土地资源。凡是房地产开发用地项目都以招标、拍卖、挂牌方式公开出让,严格限制低密度、大套型住房的土地供应。四是全区各旗县(市、区)开展了制定农用地征地统一年产值标准和区片综合地价工作。完善统一征收土地制度、健全征收土地工作程序、积极探索拓宽被征地农牧民的安置途径,努力使农牧民的长远生计有保障,生活质量不降低。

深化土地资源有偿使用制度改革,充分发挥市场对资源优化配置的基础性作用,积极推行经营性土地使用权,实行以市场公开竞争方式有偿取得经营性土地使用权。自2001年开始,自治区相继下发《内蒙古自治区人民政府关于印发城镇国有土地使用权招标拍卖管理办法和土地市场管理暂行办法的通知》《内蒙古自治区人民政府关于进一步加强国有土地资产管理工作的意见》《内蒙古自治区挂牌出让国有土地使用权办法》等20多项国有土地有偿使用的政策规定、管理办法、相关制度、工作流程和操作规范等文件。自治区国土资源厅与自治区监察厅下发了《关于进一步整顿和规范全区土地市场秩序从源头上防治腐败工作的通知》,明确了全区土地市场规范运作的各项基本制度,各级政府结合当地实际制定了具体实施方案,为开展国有土地使用权招标拍卖挂牌出让工作提供政策依据。2001年和2002年,分别在包头市、赤峰市召开全区国有土地使用权招标拍卖现场工作会议。推进了经营性土地使用权招拍挂出让制度全面推行和规范运行,不断提高土地资源市场化配置比例,全区土地收益逐年增加。至2015年,全区12个盟市全部建立盟市级土地有形市场,有70个旗县(市、区)建立了土地有形市场。仅"十二五"期间,全区共收取土地出让金1963亿元,比"十一五"增长82%,为城镇建设发展提供了重要的资金支持。

根据《国务院关于加强国有土地资产管理的通知》精神,自治区政府于2001年印发《内蒙古自治区人民政府办公厅关于建立国有土地储备制度的通知》。2002年,自治区国土资源厅与中国人民银行呼和浩特中心支行等5家银行联合印发《关于解决全区土地收购储备资金来源的通知》。2003年,自治区出台《内蒙古自治区国有土地储备管理办法》,明确了土地收购储备机构的性质、收储范围和资金管理等内容,并下发了《内蒙古自治区人民政府关于加强国有土地储备管理工作的通知》,从设立土地收购储备机构、制定土地储备计划、加强储备土地的出让和土地储备资金的筹措和管理等方面提出了具体的要求。土地储备流程和管理办法逐步完善,为自治区开展土地收购储备工作提供了政策保障。2004年,自治区创建了全国首家"省级土地模式",构建了适应市场经济要求的土地储备管理体制和运行机制,调动了基层土地储备机构的积极性,加强了土地储备资金的多级监管和风险防控力度,提高了资金使用效率,发挥了市场配置土地资产的基础性作用,盘活了国有土地资产,焕发了自治区土地储备事业的活力,并为全区经济社会的发展做出了应有的贡献。至2015年,全区已建立各级土地收购储备机构共73家,建立了自治区、盟市、旗县三级联动、统贷统还的土地收储模式,全区已有12个盟市70个旗县建立了土地储备制度。通过银行融资和利用社会投入资本融资,收购储备土地,推进土地招标拍卖工作,为促进自治区城镇的建设和发展发挥了积极作用。其中,仅"十二五"期间全区收储土地3.24万公顷,为地方融资320余亿元,收储贷款项目涉及12个盟市76个旗县(市、区),极大地支持了盟市旗县城镇化建设和民生工程。

土地整治是国土资源管理中的一项新的事业，是提高耕地质量，集约利用土地资源，实行最严格土地管理制度的重要组成部分，也是确保国家粮食安全，增加农民收入，促进农业和农村发展的重要手段。内蒙古自治区是全国10个土地整治重大工程建设示范区之一。全区待整理的土地多，绝大多数基本农田都是中低产田，而且土地集中连片，具有开展大规模集中整理的优势。按照《全国土地开发整理规划(2001—2010年)》要求，自治区有效使用土地整治资金，整体推进农村土地整治工作。自2010年，《内蒙古自治区农村土地整治重大工程项目管理办法》《内蒙古自治区土地整治项目管理办法》《内蒙古自治区土地整治项目资金管理办法》等相关制度先后出台，建立起完善的土地整治管理制度，并印发实施《内蒙古自治区土地整治规划(2011—2015年)》，财政部、国土资源部还与自治区政府签订了《整体推进农村土地整治示范建设合作协议》，协议确定自治区黄河流域和西辽河流域为国家农村土地整治重大工程示范区，建设范围涉及呼和浩特市、鄂尔多斯市、通辽市、巴彦淖尔市4个市15个旗县。从“十五”到“十二五”期间，全区12个盟市近70个旗县(市、区)实施国家和自治区投资项目2375个，累计投入资金276.7亿元，共整理土地187.14万公顷。至2015年底，全区已建成高标准基本农田面积共151.22万公顷，其中国土资源部门完成土地整治、高标准基本农田建设项目1012个，建成高标准基本农田面积77.92万公顷，新增耕地面积6.33万公顷。通过开展农村土地整治建设，对田、水、路、林进行综合整治，自治区受益农牧民超过240万人。全区土地整治项目区提高粮食产量超过40亿斤，原有耕地粮食亩产由整治前的平均800斤/亩增加到1100斤/亩，粮食单产水平提高近30%，新增耕地产出增加，新增耕地亩均产量达到近700斤/亩，农业生产成本降低，项目区耕地生产成本普遍降低了50～320元/亩，净增利润至少80元/亩。土地整治调动了农民对土地投入的积极性，提高了土地利用系数，使农业生产成本降低5%～30%，有力地推动了社会主义新农村建设，有效地改变了全区耕地资源的基础条件，提升了全区农业综合生产能力。

节约集约用地是促进经济发展方式转变的有效途径，也是保护耕地的根本出路。自2012年以来，全区以推动土地利用规划评估修改、工矿废弃地和废弃居民点复垦利用、城乡建设用地增减挂钩试点、闲置土地处置等工作为重点，盘活现有存量建设用地规模10万多公顷，复垦耕地4000多公顷(6万亩)，清理闲置土地4880公顷(7.3万亩)，有效地缓减了新增建设用地对占用耕地的压力。全区大力开展节约集约创建活动，至2015年共有巴彦淖尔市和16个旗县(市)被国土资源部评为全国国土资源节约集约模范县(市)。

按照国务院和自治区政府关于开展第二次全国土地调查工作的统一部署，全区第二次土地调查工作从2007年3月正式开始，历时3年，按时完成各阶段工作任务。据最终调查成果，全区耕地面积比基于第一次调查数据逐年变更到2008年的耕地面积增加196.33万公顷(2944.95万亩)，其中有133.40万公顷(2001.00万亩)位于林区、草原、河滩地、沙漠化等区域，属于难以稳定利用的耕地。从全区耕地总体质量看，有灌溉设施的耕地面积不足耕地总面积的1/3，耕地质量提升空间大。但综合考虑自治区现有耕地数量、质量、人口增长、发展用地需求等因素，全区耕地保护形势不容乐观。稳产优质耕地少，整体质量不高，难以稳定利用的耕地数量较大等问题较为突出。受自然条件影响，进一步提升耕地质量任务繁重。同时，建设用地增加虽与经济社会发展要求相适应，但在一些地区存在着建设用地规划规模不足、利用粗放等问题，建设用地供需矛盾仍很突出。因此，必须毫不动摇坚持最严格的耕地保护制度和节约用地制度，在严格控制增量土地的同时，进一步加大盘活存量土地的力度，大力推进生态文明建设。

【矿产资源管理】

矿产资源总体规划是实施矿产资源勘查、开发利用与保护的指导性文件,是贯彻落实节约资源与保护环境基本国策并加强和改善矿产资源宏观管理的重要手段,也是统筹安排地质勘查、矿产资源开发利用和保护活动的重要依据。2001年,按照国土资源部统一部署,自治区国土资源厅组织编制《内蒙古自治区矿产资源总体规划(2001—2010年)》,后经国土资源部审查批复,于2002年10月由自治区政府发布实施。这是自治区首份关于矿产资源勘查、开发和矿山生态环境保护与恢复治理的总体指导性文件,其标志着全区矿产资源管理逐步纳入规划管理的轨道。2007—2009年,根据国土资源部的统一部署和要求,自治区国土资源厅组织编制了《内蒙古自治区矿产资源总体规划(2008—2015年)》,经国土资源部审查批复,于2010年3月由自治区政府发布实施。"十二五"期间本轮规划的实施,全区基础地质工作程度大幅度提高,矿产资源勘查成果丰硕,矿产资源开发产业集约化水平明显提升,矿山地质环境治理和恢复效果明显,达到了规划实施预期目的。

地质勘查工作是国民经济建设的重要先行性、基础性工作,也是提高矿产资源对国民经济建设保障程度的重要手段。2003年8月,翟裕生、张本仁等18位院士协同有关专家通过对自治区内的矿产资源情况综合考察后,联名向国务院提出了内蒙古可成为中国21世纪重要矿产资源战略接续基地,应加大地质勘查工作投入的建议,引起国务院领导的高度关注。2004年,自治区政府确立地勘工作重要地位,把矿产资源勘查开发作为经济工作重要内容纳入全区国民经济和社会发展计划,同时为全面提高全区地质勘查程度和加快地质找矿突破,决定每年从自治区财政留成的矿产资源有偿使用费收入中拨付专项资金,用于自治区境内基础地质调查和国家确定的重点矿种和重点成矿区带矿产勘查工作,当年即设立地质勘查专项资金2.25亿元,以后逐年递增。自治区国土资源厅先后组织编制了《内蒙古自治区地勘行业发展规划》《内蒙古自治区煤炭资源勘查专项规划》等专项规划和大兴安岭得尔布干等8个重点成矿带的有关工作方案及《内蒙古自治区矿产资源勘查与开发指南》,出台了《内蒙古自治区地质勘查监督管理暂行规定》等规章、规程,积极推进全区地质勘查工作有序开展。2005年,自治区政府又相继聘请中国科学院院士翟裕生、张本仁和中国工程院院士陈毓川为内蒙古国土资源顾问,并特聘国内知名科研院所的6位地质专家为自治区首席专家,成立了高层次的地质项目课题组,以此领军全区地质勘查和地矿科研项目。在院士及专家指导下,运用新的找矿理论和科学技术手段,陆续开展了"内蒙古自治区区域成矿规律及重要矿产成矿预测地球化学综合研究""内蒙古自治区大矿、富矿成矿系统及找矿预测研究""内蒙古重要矿产资源潜力评价及区域成矿规律研究"等综合研究项目,为确定找矿突破重点靶区及远景区和各时期地质勘查工作部署提供了指导及依据。

2006年1月,《国务院关于加强地质工作的决定》出台,拉开自治区地质找矿突破新序幕。2006年5月,自治区政府发布《内蒙古自治区人民政府关于进一步加强地质工作的意见》,提出了进一步贯彻落实的具体政策和措施。2010年11月,国土资源部提出《全国地质找矿"358"行动纲要》,2011年10月,国务院常务会议通过《找矿突破战略行动纲要(2011—2020年)》,其中将内蒙古的神东、蒙东(东北)地区列入大型煤炭基地建设,大兴安岭和北山地区被列入重点金属成矿区带,特别是大兴安岭成矿区带还被作为全国5个重中之重地区之一。为切实贯彻落实国家有关战略部署,自治区政府先后下发《内蒙古自治区找矿突破战略行动实施方案(2011—2020)》和《关于进一步推进找矿突破战略行动的意见》,进一步明确了全区地质找矿工作总体思路、工作目标、资金投入和保障措施。自治区国土资源厅重点从6个方面积极推进。一是创新勘查机制,推出"四个一批"工程,即:推出一批已结题的自治区地勘基金项目进行市场出让；在大兴安岭南麓等重要成矿区带遴选一批国家级整装勘查区向国家申报，加大投入，争取有所突破；优选一批符合条件的勘查区，由自治区国土资源厅与盟市及企业签署协议，探索地质找矿突破新路子；推进一批盟市出资开展的1:5万矿调项目，拉动地质勘查市场化投入。二是推进整装勘查，在全区已有11片勘查区被列入国家整装勘查区的基础上，划定自治区级集中勘查区6个，积极推动地质找矿快速突破。三是在整装勘查方面实行“三优先”原则，即：投入大和进行深部钻探验证的优先；国有地勘单位和社会资本联合，实行资本与找矿技术相结合的优先；勘查单位和深加工企业联合，实行“探采选冶加”一体化发展的优先，多途径推动勘查工作。四是强化自治区地勘基金的引导作用，加快推进地质勘查市场化步伐，开展地勘基金与企业合作勘查，鼓励社会资本投入矿产勘查。五是出台多项制度措施，加强地质勘查工作质量管理，提高成果质量。六是加快页岩气选区评价与勘查，并积极开展境外资源勘查，充分利用“两个市场、两种资源”。与此同时，阿拉善盟、赤峰市、巴彦淖尔市、鄂尔多斯市、通辽市、呼伦贝尔市、乌兰察布市、包头市等盟市政府也先后做出决定，每年从地方财政中安排一定专项资金用于开展地质勘查工作。

正是由于自治区各级政府对地质勘查工作的高度重视，并在自治区地质勘查专项基金投入的有力拉动下，充分调动了社会投资的积极性，全区社会和企业投入开展地质勘查工作逐年增加，并建立起“政府投资引导、市场化运作、多方参与滚动发展”的矿产勘查新机制，实现了公益性地质工作与商业性矿产勘查的有机衔接，促进了地质勘查机制体制的改革创新。2004—2015年，全区累计投入各类财政专项资金达116亿元，安排基础地质、矿产勘查和水文地质勘查及综合研究等各类项目2360项，带动社会投入500多亿元，为化解地质找矿风险、引导拉动社会投入、服务国家资源战略、促进找矿突破发挥了积极作用，并产生了巨大社会经济效益。特别是通过找矿突破战略行动方案的实施，圆满完成“358”找矿突破战略的前两阶段的目标任务，全区基础地质工作程度显著提高，地质找矿实现重大突破，矿产资源储量大幅增加，并形成一批新的矿产资源接续基地。铁、铜、铅、锌、金、钨、钼等重点矿种新发现矿产地30多处，有5种矿产的新增资源储量大大超过“358”找矿突破战略行动确定的2013年预期指标，钼和石墨等矿产查明多处特大型矿床，铜和铅锌新增资源储量提前达到2015年的预期目标，为实现找矿突破最后阶段总目标奠定了良好基础。另外，地下水勘查在全区12个盟市、57个旗县及重要口岸、工业园区探明可供持续开发利用的大、中型水源地60余处，在严重缺水地区为11万多人和3.6万多头牲畜解决了饮水问题，移交地方勘探井可作为特别干旱年份和浅井干枯时的供水水源井860多个，并在呼包平原、临河盆地、西辽河平原、鄂尔多斯盆地等地实施地热资源勘查项目17个，找到多处有医疗价值的地热水，为当地开发利用地热资源提供了基础资料和资源保障。

不断深化矿业权行政审批制度改革，进一步推进全区矿业权规范管理。“十五”期间，自治区重点出台了以煤炭管理为主的一系列矿业权管理政策措施，建立了煤炭矿业权准入机制和有偿出让的具体标准，制定了《内蒙古自治区探矿权登记审批管理工作规则》等10余个涉及探矿权采矿权审批管理、监督管理和资源配置等方面的规范性文件。“十一五”期间，严格落实非煤矿产资源一律市场出让制度，煤炭资源配置服从国家和自治区重大项目并由自治区政府集体研究决策，完善和改革创新相关工作制度，先后下发《关于进一步规范矿业权设点受理初审和市场出让的通知》《关于规范探矿权采矿权管理有关问题的通知》《内蒙古自治区矿产资源有偿使用管理办法（试行）》《关于实施〈内蒙古自治区矿山地质环境治理保证金管理办法〉中涉及采矿权登记有关问题的通知》《关于实行矿业权网上审批管理工作的通知》《内蒙古自治区人民政府关于进一步完善煤炭资源管理的意见》《矿产资源勘查实施方案管理办法》等一系列文件,实行矿业权审批阳光政务,审批流程公开化、审批行为透明化,基本实现网上审批、统一配号,矿业权管理进一步规范化。“十二五”期间,进一步深化矿业权审批制度改革,简政放权、转变政府职能,减少行政审批事项,不断推进矿产资源市场化配置,先后出台《内蒙古自治区人民政府关于印发自治区完善煤炭资源管理若干规定的通知》和《关于深化煤炭资源市场化配置的意见》,并下发了《内蒙古自治区关于进一步完善采矿权登记管理有关问题实施办法》《进一步完善矿业权管理促进整装勘查实施办法》《关于非煤矿产探矿权申请部分区块转采矿权、采矿权深部勘查及采矿权登记时限等有关问题的通知》《关于严格规范探矿权采矿权报件审查工作有关事宜的通知》《关于严格规范矿业权市场出让工作有关事宜的通知》《关于普通建筑材料用砂、石、粘土矿采矿权简化审批的指导意见》《关于简化矿业权管理审批程序的函》等一系列规范性文件,在普通建筑用砂、石、粘土采矿权审批方面合并了多项审批材料,实行了基准采矿权价款制度。

在规范矿业权管理的同时,全面推行矿产资源有偿使用制度,不断深化矿业权有偿取得制度和矿产资源有偿开采制度改革,着力培育、规范并建立健全统一、竞争、开放、有序的矿业权市场。2002 年,自治区国土资源厅在巴彦淖尔市敲响了拍卖砂矿采矿权第一锤,迈出了以市场方式出让矿业权的第一步。2003 年在呼伦贝尔谢尔塔拉铁锌矿敲响了自治区金属矿采矿权公开拍卖第一锤。由此,自治区全面启动矿业权招标拍卖挂牌工作,同时先后出台《内蒙古自治区矿业权招标拍卖挂牌管理办法(试行)》《内蒙古自治区用作普通建筑材料砂、石、粘土采矿权拍卖工作程序暂行规定》《关于深化矿业权有偿使用制度改革培育和规范矿业权市场的意见》和《内蒙古自治区矿产资源有偿使用管理办法(试行)》等一系列文件,以规范矿业权招标拍卖挂牌出让行为。2005 年,自治区在全国率先实行地质勘查市场化运作,并全面停止非煤矿山行政审批,实现了除煤炭资源配置和重大项目实行自治区政府集体研究决策、有偿使用外,其他矿种的矿业权全部以招标、拍卖、挂牌的方式进行市场出让。同年,阿拉善盟一家铁矿探矿权以起拍价 32.2 倍的价格获得拍卖成功。自此,全区矿业权设置进入市场化轨道,矿业权市场迅速发展,两权价款年年翻番。从 2006 年开始,自治区除煤以外的绝大部分地质勘查项目开始面向全国招投标,目的就是选择有技术装备和能力的优秀地勘队伍承担自治区勘查项目。2007 年 1 月,自治区首次举行全国范围内的地质勘查招标大会,涉及水文、科研、煤田、矿产等 19 个项目,来自山东、河南等 39 家符合资格要求的单位参加了招标。同年,《内蒙古自治区矿产资源有偿使用管理办法》出台,进一步完善了国家、自治区、盟市及旗县矿产资源价款收益的分配机制,使市场配置资源的基础性作用得到进一步发挥。在 2008 年底,为规范矿业权管理行为,减少管理成本和人为干扰因素,并从源头上防止不正当交易,充分体现公平、公正、公开、透明的市场经济原则,真正做到矿业权交易管理“阳光行政”,经自治区机构编制委员会批准,在内蒙古自治区土地储备登记中心加挂内蒙古自治区矿业权交易服务中心牌子,成立了自治区矿业权交易中心,专门承担自治区国土资源厅登记发证的探矿权、采矿权的统一出让工作,全区矿业权有形市场建立了流程化、制度化、规范化交易平台。2011 年 1 月,自治区国土资源厅在呼和浩特举行东胜煤田转龙湾井田采矿权拍卖会,来自国内 10 家大型企业经过激烈公开竞价,最终兖州煤业鄂尔多斯能化有限公司以 78 亿元竞得,成为自治区有偿出让矿业权以来拍卖最高价,也是全国首例煤炭采矿权拍卖最高价。由于自治区矿业权市场的健康快速发展,吸引了来自北京、河南、黑龙江、辽宁、青海、四川、山东、山西、广东、贵州、湖南等 20 多个省(市、自治区)近 240 家地勘单位,积极通过市场竞争方式参与自治区矿产资源勘查工作。特别是“十二五”期间,全区市场出让矿业权 305 宗,成交价款达 93.38 亿元,收取矿业权价款 306.96 亿元,为自治区地质找矿和矿山地质环境治理等工作提供了资金保障。

建立规范有序的矿产资源开发秩序是确保资源永续开发利用和保护生态环境的基础，是贯彻落实科学发展观、实施可持续发展战略的要求，也是促进内蒙古经济又好又快发展的必然选择。2005 年《国务院关于全面整顿和规范矿产资源开发秩序的通知》下发后，自治区政府下发《关于全面整顿和规范矿产资源开发秩序的意见》，主要结合自治区具体情况和矿业发展与规划布局，制定了整顿和规范矿产资源实施方案，在严厉打击非法勘查开采的同时，开展矿产资源开发整合工作，坚持整顿规范与整合提高相结合，并将此项工作纳入了各级政府年度工作目标。在资源整合中坚持优化矿业布局，提高矿山规模化、现代化生产水平，兼顾资源效益、安全效益和环境效益的原则，通过政府推动与市场化运作相结合，鼓励矿业权人采取收购、联合重组的方式实现整合，并引导和鼓励企业以资源和资产为纽带主动进行整合。不断探索以矿种分类和大型冶炼企业为龙头，下游整合上游，采取政策上倾斜、收购、参股、兼并等方式整合周边探矿权、采矿权的“巴彦淖尔模式”和大矿兼并小矿、小矿联合做大、矿产品下游企业整合上游企业的“赤峰模式”，以及先关闭、再规划整合的“乌海模式”。这些模式的成功实践，为进一步推进和做好全区矿产资源开发整合工作积累了经验。2011 年，为加快推进煤矿企业兼并重组，稳步推进矿业权整合，并加快大型煤炭基地建设，自治区人民政府下发《内蒙古自治区煤炭企业兼并重组工作方案》。2012 年，自治区国土资源厅又启动“3 + 2”模式的新一轮矿产资源整合工作，旨在进一步提升产业集中度，促进资源高效利用，构建矿产资源“探、采、选、冶、加”一条龙发展的产业链体系，引导优势矿产大中型矿产地向“产业链、双百亿、大基地”集中，促进自治区资源优势向经济优势转变，把内蒙古真正由资源大区建设成为矿业强区。

通过不断规范矿业权管理和强化矿业秩序整顿及矿产资源整合工作，全区矿产资源勘查开发布局进一步优化，矿业权设置更加科学合理，矿山企业结构明显优化，矿产资源开采向优势企业积聚，并带动了矿产资源尤其是重要矿区的整装勘查与开发，逐步形成包头白云鄂博、巴彦淖尔东升庙、鄂尔多斯准格尔和东胜煤田、锡盟胜利煤田和白音华煤田、赤峰拜仁达坝、呼伦贝尔海拉尔与鄂尔多斯苏里格天然气、锡林郭勒与二连浩特石油等一批特色鲜明、布局合理、具有较强竞争力的矿业基地。同时，全区矿产资源开发利用规模化、集约化程度进一步提升，矿产资源开发利用水平得到大幅度提高，矿产资源开采回采率显著提高，共生、伴生矿产得到综合利用，资源综合回收利用率明显提升，后续产品开发加工水平也得到提升，矿山“三废”的回收利用能力得到增强，废石、尾矿等矿业固体废弃物得到妥善处理和二次开发，并且各类矿山技术装备与开采技术水平得到显著提升，安全投入逐步加大，矿山安全生产条件有了根本性改善，从业人员安全素质得到很大提高，因开发布局不合理引起的安全隐患基本消除，重特大事故得到了有效遏制，原煤百万吨死亡率明显下降，极大地提高了安全生产水平。至 2015 年，全区在期有效采矿权为 4202 个，设计开采产能煤炭 7.79 亿吨/年、铁矿 11 183 万吨/年、有色金属矿（矿石）7095 万吨/年，实际原煤年产量近 11 亿吨，居全国第一位。全区关闭缩减小煤矿近 900 处，煤矿数量由 2005 年的 1300 余个减少到 598 个，平均单井产能由 2005 年不足 14 万吨提高到 140 万吨，30 万吨以下矿井全部退出市场，淘汰落后生产能力 5000 多万吨，资源回采率由 2005 年的 20% 提高到 60% 以上，年均节约煤炭资源超过 4000 万吨，地下开采的金属矿产回采率达到 85% 以上，露天开采达到 95% 以上，各类非煤矿产选矿回收率提高了 2 个百分点，综合回收共伴生矿种能力提高 10%，全区煤炭生产机械化水平由 2005 年的 35% 提升到 90% 以上。

加强矿山地质环境保护与治理工作，是贯彻落实科学发展观和绿色发展理念的基本要求，也是关注民生问题、改善人居环境和构建生态文明的重要手段及重要举措。在开发利用矿产资源促进地方经济发展同时,自治区十分注重生态环境保护,并通过不断完善法律制度建设,努力构建全区矿山地质环境保护与治理的保障机制。2003 年,自治区人大常委会发布《内蒙古自治区地质环境保护条例》,把保护与治理矿山地质环境列为矿山企业的法定义务,落实了责任主体,明确了管理权限,使矿山地质环境保护与治理工作纳入依法管理的轨道。2008 年,自治区相继出台《内蒙古自治区矿山地质环境治理保证金管理办法》《内蒙古自治区矿山地质环境治理保证金管理办法实施细则》《内蒙古自治区矿山土地复垦专篇编制技术要求》《内蒙古自治区矿山地质环境分期治理及土地复垦方案编制技术要求》等相关规定及技术要求,初步形成全区地质环境保护法律法规标准体系。2009 年 9 月,《内蒙古自治区矿山地质环境治理实施方案》出台,进一步明确了总体治理目标,并全面解决长期以来矿业开发造成的矿山地质环境破坏问题,建立矿山地质环境保护与治理新机制,实现全区矿山地质环境全面好转,形成开发、治理、恢复的良性循环新格局。2010 年,自治区政府与各盟市签署了矿山地质环境保护和治理责任状,并要求各盟市制定本行政区内的《矿山地质环境保护和治理总体规划》和《重点矿山地质环境保护和治理专项规划》。2011 年 7 月,自治区政府下发《关于进一步规范矿业开发秩序依法保护环境保障民生的指导意见》,从 6 个方面提出了 21 条关于切实加强矿产资源开发管理、保护生态环境、保障农牧民利益的措施。2015 年 5 月,《内蒙古自治区矿山地质环境治理办法》正式实施,为全区生产矿山的地质环境保护与治理工作提供了法规依据。"十二五"期间,全区不断加大力度推进矿山地质环境治理工作,治理面积持续增加,投入各类矿山地质环境治理经费 29.23 亿元,累计治理面积 608.74 平方千米,治理成效明显。同时,积极推进绿色矿山和和谐矿区建设,并大力加强全区地质遗迹保护和地质公园、矿山公园建设。至 2015 年,全区建立 17 处地质遗迹保护区,地质遗迹保护区总面积 21.86 万公顷,一大批珍贵的地质遗迹得以发现并受到保护。建成地质公园 21 个(包括世界级地质公园 2 个、国家级地质公园 7 个、自治区级地质公园 12 个),建立国家级矿山公园 4 个,克什克腾、阿拉善、阿尔山、二连浩特等地质公园已成为当地旅游亮点,每年接待游客上百万人次,有力地促进了当地经济的发展。

【基础测绘管理】

内蒙古自治区基础测绘工作立足于促进和服务全区改革发展大局,认真贯彻执行国家有关测绘工作的方针、政策及法律法规,加强对全区测绘事业的规划和管理,坚持"构建数字内蒙古、监测地理国情、壮大测绘地理信息产业、建设测绘强区"的战略方向,全面推进盟市"数字城市"建设和应用,并加快打造"天地图·内蒙古",强化应急测绘保障,提升测绘地理信息公共服务水平,积极促进地理信息产业蓬勃发展,为自治区经济社会发展发挥了重要基础服务作用。

测绘管理体制机制逐步健全,相关法律法规不断完善。在"十五"期间,全区 12 个盟市国土资源管理部门陆续建立测绘行政管理机构,旗县级国土资源管理部门的测绘管理职能也基本落实到位,逐步形成全区完整的测绘行政管理体系。2004 年 11 月,自治区政府批准实施《内蒙古自治区 2005—2014 年基础测绘规划》,并首次写入自治区"十一五"国民经济和社会发展规划,标志着自治区测绘事业进入一个崭新的发展时期。2005 年 7 月,自治区第十届人大常委会修订通过《内蒙古自治区测绘管理条例》,2008 年自治区人民政府下发《内蒙古自治区人民政府转发国务院关于加强测绘工作的通知》,为依法统一管理和监督检查测绘工作提供了相关法规及政策依据。

基础测绘工作得到全面推进。在"十五"期间,更新完成了全区 1∶25 万地形数据库,建立科尔沁沙地和阿拉善沙漠化监测系统，并建设完成全区 1∶5 万地名数据库。而随着新技术的应用和投入的不断加大，并经过广大测绘工作者不懈努力，到 2015 年底，全区 1∶1 万比例尺地形图覆盖面积达到 61.7 万平方千米，覆盖率为 52.2%；完成了 102 个旗县市区政府所在地建成区高分辨率航空摄影，覆盖面积约 7000 平方千米，为城市建设提供保障服务；建成了覆盖全区的 160 座导航卫星连续运行参考站和大地水准面精化成果，为更加快速精准地获取平面及高程控制测绘成果发挥了积极作用；完成 GPS 布控 B 级点 850 个，完成三等水准测量 5000 多千米，使自治区现代测量基准体系基本建立，并实现了自治区现代大地测量基准全方位面向政府和专业部门、企事业单位及社会公众提供涉密与非涉密数据的地理信息公共服务。另外，编制完成全区卫星影像图及 89 个旗县卫星影像挂图，填补了自治区空白。组织实施的阿拉善沙漠世界地质公园（巴丹吉林沙漠）必鲁图峰高程数据（海拔高 1611.009 米），经国务院批准，于 2015 年 9 月由国家测绘地理信息局正式公布启用，填补了国家重要地理信息沙漠数据的空白。

数字内蒙古建设取得重要成果。至 2015 年底，全区已完成包头市、乌海市、巴彦淖尔市、满洲里市、锡林浩特市、通辽市、呼和浩特市、二连浩特市和兴安盟数字地理空间框架建设，其中“数字包头”获得了全国数字城市建设示范城市荣誉称号；配合国家地理信息分发服务系统建设和自治区基础地理信息数据库建设，建成了自治区地理信息分发服务系统和基础地理信息公共服务平台；建设了自治区级和城市级卫星定位连续运行网站，构建了网络化内蒙古 GNSS 综合应用服务系统，可为测绘及社会经济各行各业提供高精度、迅速可靠有效的空间位置信息服务。

基础地理信息与技术服务领域不断拓展，服务保障能力明显提升。仅“十二五”期间，编制完成全区和各盟市旗县行政区划图、专题地图、自治区旅游图、内蒙古西部天然气管网分布图、自治区禁毒工作站分布图、“秦直道遗址”影像图、《内蒙古历史沿革地图集》《内蒙古自治区地图集》《内蒙古自治区地图册》等，提供各类控制点成果 53 961 个，影像成果 115 279 片，各种比例尺地形图 17 436 幅，为城镇建设、国防建设、能源建设、交通建设、环境保护、国土资源管理、应急保障、居民生活等方面提供了基础依据和基础性、前期性、公益性优质测绘服务，满足了国土资源、农牧业、林业、水利、交通、城市规划、民政、医疗卫生、商务、旅游、气象、信息网络、军事等多领域的需求。同时，研发的基于平板电脑的工作用图，已提供有关部门及领导使用；建设完成的“天地图 · 内蒙古”基础地理信息公共服务平台政务版，与国家主节点有效对接，并完成教育、医疗、气象等多个示范应用，为自治区发改、民政、林业、交通、水利、公安、卫生等部门提供了地理信息及技术服务。

基础测绘行业管理工作得到加强。一是严格对测绘资质单位的审查、审批和年检，强化全区测绘行业监督管理。至 2015 年，全区共有各等级测绘资质单位 565 家（甲级 18 家、乙级 133 家、丙级 244 家、丁级 170 家），均通过了审查和年检。二是认真组织做好全区测绘地理信息行政人员和测绘资质单位的培训工作，努力提高测绘工作人员整体素质。三是组织开展国家版图意识宣传教育活动、“问题地图”专项治理行动、涉密测绘成果保密检查、测绘地理信息行政执法大检查等活动，积极推进全区测绘市场健康发展。

全区地理国情普查工作取得阶段性成果。按照《内蒙古自治区人民政府转发国务院关于开展第一次全国地理国情普查的通知》要求，成立了全区地理国情普查领导小组，并组织编制了《内蒙古自治区第一次全国地理国情普查实施方案》及相关国情普查技术指导手册等。于 2014 年 10 月，全面开展呼和浩特市新城区、回民区、玉泉区、土默特左旗、武川县、和林县和乌兰察布市凉城县 7 个区域的试点。到2015年底，共投入经费3.2亿元，全面完成全区地理国情普查阶段性任务，其成果通过国家质检组检查，合格率100%。

基础测绘科技水平得到显著提升。建立了自治区测绘科技创新激励机制，制定了相关政策和制度，并成立了科研研发、科技成果转化应用领导小组和团队。全区基础测绘先进技术装备进一步更新，增添了数字航空摄影系统、倾斜航空摄影系统、无人飞行器系统、地面移动测量系统、应急测量系统、像素工厂、快速打印出图系统等先进设备，极大地提升了地理信息获取、处理、分发应用的保障能力，装备水平在全国也名列前位。开发建成“内蒙古自治区测量标志普查及管理系统”，同时在地图研发、地下管网测量、数字城市建设等项目建设上有所突破。在数字城市、基础测绘、现代基准体系建设等方面与中国测绘科学院及有关科研单位建立了长效合作机制，积极强化新技术和新产品应用，以确保技术的领先性。

【国土资源法治建设】

从“十五”到“十二五”，全区国土资源系统全面推进国土资源依法行政，规范权力运行，提高法治思维和依法行政能力，努力构建全区国土资源法律制度体系和法治实施体系及法治保障体系，使得全区国土资源法治建设取得了重大进展。

在国土资源法律法规建设方面，“十五”期间，自治区先后颁布实施了《内蒙古自治区实施〈土地管理法〉办法》《内蒙古自治区土地分级登记管理办法》《内蒙古自治区地热资源管理条例》《内蒙古自治区地质环境管理条例》《内蒙古自治区农村牧区宅基地管理办法》《内蒙古自治区测绘管理条例》等，并出台了一批相关配套规范性文件，逐步建立了自治区国土资源法律法规体系，依法行政得到了有力保障；同时，出台了以煤炭为重点的一系列政策措施，不断规范矿业权管理，建立了煤炭矿业权准入机制、有偿出让的具体标准，并制定了《内蒙古自治区探矿权登记审批管理工作规则》《内蒙古自治区地质勘查监督管理暂行规定》《内蒙古自治区矿产资源勘查项目和资金管理办法》等涉及探矿权审批管理、地质勘查项目管理、监督管理和资源配置等方面的规范性文件，使全区地质勘查管理工作更加科学规范。在“十一五”期间，为贯彻落实国土资源部推进依法行政工作规划，自治区先后完善了规范性文件审查备案制度、重大事项集体决策制度等18项工作制度，为国土资源依法行政的全面推进和健康发展奠定坚实基础；同时，出台规范探矿权采矿权管理工作的一系列政策措施，进一步提升了矿业权管理水平，并制定出台了《内蒙古自治区国土资源全面推进依法行政计划》《内蒙古自治区国土资源行政执法监督管理办法》《内蒙古自治区国土资源厅行政执法依据》和《内蒙古自治区国土资源系统政务公开工作方案》等涉及依法行政规划、公开政务信息、规范执法行为等方面的规范性文件。在“十二五”期间，为大力推进行政审批制度改革，进一步转变职能，简政放权，流程再造，自治区国土资源厅将原89项行政许可审批事项整合为33项，对宅基地、砂石粘土矿等审批权授权盟市审批，下放土地要件审查权力，单选项目和批次项目报件分别由40件和23件减少为6件和5件，审批时限缩短三分之一，成为继广东、上海之后第三个下放土地要件审批权力的省区；同时，为提升全区国土资源系统干部运用法治思维和法治方式解决问题的能力，组织开展法律法规和业务知识培训30多期，并建立重大行政决策听证制度，共举办专题听证会十多场次；另外，强化政务信息公开，梳理完成“行政权力清单”并向社会公布，通过门户网站、政务大厅等窗口，及时公开管理职能、办事依据、办理程序和办事结果，并认真落实集中受理、接办分离、联网审查、集体会审、限时办结制度，积极营造以公开促公正、以公开促廉洁的良好氛围，共发布政策信息3.7万条，发布建设用地和矿业权审批信息4.3万余条，门户网站点击量累计达 937 万余次，政务信息公开连续多年名列自治区各部门前茅。

在全区国土资源执法监察方面，紧紧围绕国土资源管理中心工作，牢固树立法治思维，强化依法行政意识，始终把“尽职尽责保护国土资源，节约集约利用国土资源，尽心尽力维护群众权益”贯穿在执法监察各项工作中，并取得明显成效。“十五”期间，重点建立了自治区、盟市、旗县三级国土资源执法监察机构，特别是 2004 年 7 月经自治区机构编制委员会批准成立内蒙古自治区国土资源执法监察总队，使全区国土资源执法监察队伍得到进一步加强；认真贯彻落实《国务院关于加强国有土地资产管理的通知》要求，把土地批租领域的治理整顿与防治腐败结合起来，围绕治理整顿经营性用地规避有偿竞争方式出让、划拨用地非法入市及违法转让、违反程序批地、工业园区非法圈地、不按规定程序征用土地及落实补偿等问题在全区范围内进行了专项督查，并全面开展了治理整顿土地市场秩序工作，全区立案查处各类土地违法案件 5764 件，结案 5672 件，收缴罚没款 1905. 46 余万元，有效遏制了违法批地、非法占地现象，进一步净化了土地市场环境；联合有关部门深入矿山现场督查，对重点矿区矿种进行了集中整顿，对煤炭等资源实施了关井压产宏观调控，对钨矿等八种矿产采取了暂停审批新证和限产措施，解决了一批长期影响矿产资源管理秩序的重大问题，极大地推动了治理整顿工作的深入开展，全区累计关闭、取缔非法采矿点 400 余处，共查处矿产资源违法案件 1363 件，收缴罚没款 1200 万元，全区矿产资源管理秩序步入依法行政的轨道，并受到全国人大执法检查组的好评；开展了全区测绘市场秩序治理整顿工作，成立了自治区、盟市两级测绘市场秩序治理整顿领导小组，深入部分地区进行了执法检查，查处了损毁国家永久性测量标志案件，没收了错绘、漏绘部分重要岛屿的地图和非法流通的地球仪，检查了测绘单位的执业资质，规范了测绘市场秩序，确保了测绘成果的真实可靠；受理来信 11 872 件，接待来访 17 601 批、20 505 人次，其中集体访 1235 批、13 097 人，答复电话访 12 109 次，办理率达 100%；完成全国人大、国务院、国土资源部交办的 30 多起违法问题专项调查任务，对 150 多起违法案件进行了挂牌督办，转办案件 280 件，发出“查处令”30 多件并逐一落实。“十一五”期间，坚持“预防为主，预防和查处相结合”的方针，对国土资源违法违规行为开展重拳打击，始终保持对违法违规行为的高压态势，有效维护了良好的国土资源秩序，共立案查处国土资源违法案件 6254 件，其中土地违法案件 4131 件，涉及土地面积 19 887. 66 公顷（耕地 2858. 08 公顷），矿产资源违法案件 2123 件，共没收构建物 65. 39 万平方米，拆除构建物 233. 39 万平方米，收回土地 225. 82 公顷，收缴罚没款 24 277. 83 万元，吊销勘查证和采矿证 66 个，给予责任人党政纪处分建议 85 人，移送司法机关 109 人。重点对各级各类开发区（园区）进行了清理整顿，进一步压缩开发区的数量和规模，全区各类开发区（园区）从清理整顿前的 125 个压缩到 45 个，审核规划面积控制在 2. 82 万公顷，使开发区用地的规划意识得到加强，用地建设更加规范，管理水平大幅提升；部署开展了土地执法“百日行动”，主要针对“以租代征”、未批先用、违反规划扩大工业用地规模等三类土地违法违规行为集中整治行动，共清理出违法违规案件 249 件，使得广大干部群众特别是各级领导干部的土地法制意识明显增强；通过卫片执法检查，立案查处土地违法案件 814 件，落实罚款 21 342. 07 万元，拆除构建物面积 107. 26 万平方米，没收构建物面积 440. 92 万平方米，复垦土地面积 119. 48 亩，依法提出党政纪处分 153 人，移送司法机关 49 人，使得土地卫片检查发现的违法用地呈逐年下降态势，土地市场秩序进一步好转；强化执法监察队伍建设，充实和加强执法监察队伍力量，积极推进执法监察体制创新，有 7 个盟市执法支队主要负责人实行高配，并推行标准化国土所建设，进一步强化了基层国土所执法监察职能，初步形成自上而下、集中统一的国土资源执法监察管理体制；进一步改善信访接待条件，充实信访接待人员,设立厅领导接待日,实行各处室轮流值周,对重大信访事项由包片专员重点督办直至办结,对重复访、越级访等非正常信访事项及时与相关部门联系,认真疏导,一大批疑难信访案件得到化解,为维护社会和谐稳定做出了积极贡献。“十二五”期间,为进一步加强执法监管,从严保护国土资源,通过实行执法局和总队合署办公、国土公安联合执法、派驻执法专员、加强基层国土所建设、开展卫片执法检查等措施,不断强化国土资源执法力度。重点加大对重大典型违法违规行为的惩处,制定了《内蒙古自治区国土资源违法违规案件公开通报和挂牌督办办法》并发布实施,对阿拉善盟阿左旗瀛海建材有限公司违法占地案等5起案件的调查处理结果进行了公开通报,对巴彦淖尔市乌拉特后旗、赤峰市宁城县、鄂尔多斯市东胜区等6起重大违法案件开展督办,并跟踪督促依法依规处理到位,发挥了查处一案、教育一片、震慑一方的作用;强化矿山地质环境治理的执法监管,认真落实《关于印发切实加强矿山地质环境治理执法监管意见的通知》和《内蒙古自治区国土资源厅关于印发实行临时用地区域限批暂行规定的通知》精神,将矿山地质环境治理作为执法的重点对象和主要内容,从矿山开发利用方案和地质环境治理方案执行情况入手,加大抽查和监督检查,对矿山地质环境治理较差的地区和矿山企业,通过公开通报、挂牌督办、严肃查处等措施,进行有力整治,切实将“谁破坏、谁治理”落到实处;积极做好信访工作,在自治区国土资源厅本级受理群众来信1579件次、来电2115次,接待群众来访1726批次、8723人次,其中集体访444批次、5666人次,均进行了妥善化解;积极推进和建立执法监管共同责任机制,先后出台《内蒙古自治区防范违法用地警示约谈制度》《内蒙古自治区国土资源违法违规案件公开通报和挂牌督办办法》《内蒙古自治区农村牧区集体土地征收征用社会稳定风险评估暂行办法》《自治区国土资源厅与自治区党委巡视工作领导小组办公室关于建立工作协作机制的意见》等文件,密切了与相关部门的协调配合,并将国土资源执法监管工作纳入对地方党委领导班子和领导干部的巡视范围,为协调巡视机构对地方党委领导班子和领导干部贯彻落实国土资源管理政策情况开展监督检查提供了依据。“十二五”期间,全区共查处土地违法案件2879件,涉及土地面积5230.94公顷(其中耕地726.25公顷),收缴罚没款4.66亿元;查处矿产资源违法案件1984件,收缴罚没款5205.17万元,并对11起典型违法案件进行了公开通报和挂牌督办,有力地震慑了违法违规行为。

四

国土资源管理工作既有为国民经济和社会发展提供国土资源支撑保障作用,也具有参与宏观调控的作用。内蒙古地域辽阔,国土资源丰富,是自治区经济和社会发展的优势和依托。自治区成立70年来,特别是经过改革开放40年的高速发展,全区经济社会得到全面发展壮大。中国作为世界第二大经济体,并已成功跨入中等收入国家行列,随着进入新时代和全面建成小康社会,经济社会发展对国土资源的需求越来越大,而伴随经济从高速增长转向中高速并以创新驱动为主的高质量发展,自治区经济发展必然在变革中调整,并大力推进经济结构转型升级,国土资源管理所面临的形势更为复杂,任务也更为艰巨。

展望未来,前程似锦,任重道远。全区国土资源系统必将在习近平新时代中国特色社会主义思想指导下,按照国家和自治区党委、政府总体工作部署,积极履行保护资源、保障发展、保护权益职能,为自治区新型工业化、信息化、城镇化、农牧业现代化和绿色化发展提供强有力国土资源支撑和保障,把内蒙古这道祖国北疆风景线打造得更加亮丽。

大 事 记

2000 年

1 月 根据中共中央、国务院印发《中共中央、国务院关于内蒙古自治区人民政府机构改革方案的通知》精神，中共内蒙古自治区委员会（以下简称自治区党委）与内蒙古自治区人民政府（以下简称自治区政府）启动设立内蒙古自治区国土资源厅（以下简称自治区国土资源厅）相关工作。

2 月 20 日 自治区党委组织部印发《关于成立中共内蒙古国土资源厅党组的通知》，决定成立自治区国土资源厅党组。

同日 自治区党委组织部任命韩云彬为自治区国土资源厅党组书记，黄·阿拉腾别立格为副书记。

2 月 23 日 自治区第九届人民代表大会常务委员会第十四次会议通过决定，韩云彬任自治区国土资源厅厅长。

3 月 17 日 内蒙古自治区地质调查院（以下简称自治区地质调查院）召开成立大会，自治区国土资源厅厅长韩云彬、内蒙古自治区地质矿产勘查开发局（以下简称自治区地勘局）局长胡东宁出席。

4 月 7 日 自治区政府办公厅印发《内蒙古自治区人民政府办公厅关于印发自治区国土资源厅职能配置内设机构和人员编制规定的通知》，明确自治区国土资源厅由原内蒙古自治区地质矿产厅和原内蒙古自治区土地管理局组建，并将内蒙古自治区测绘局管理职能并入，为主管全区土地资源、矿产资源等自然资源的规划、管理、保护与合理利用和测绘工作的自治区政府组成部门。

4 月 10 日 自治区国土资源厅成立机构改革工作领导小组，自治区国土资源厅厅长韩云彬任组长，成员有黄·阿拉腾别立格、赵保胜、元重举。

4 月 22—28 日 以“地质环境保护”为主题，自治区国土资源厅组织开展为期一周的科普宣传周活动。22 日，在呼和浩特新华广场举行宣传周活动启动仪式，自治区副主席周德海、自治区人大常委会副主任陈瑞清等领导出席，自治区国土资源厅厅长韩云彬现场接受记者采访。

6 月 2 日 全区地质矿产勘查系统经济工作会议在呼和浩特市召开，自治区副主席周维德、自治区国土资源厅厅长韩云彬出席会议并分别讲话。

6 月 3 日 自治区国土资源厅转发国土资源部《关于印发西部大开发土地资源调查评价实施方案和技术规定的通知》。

6 月 17 日 根据《内蒙古自治区直属机关人员定岗和人员分流实施细则（试行）》和《内蒙古自治区政府机关国家公务员职位分类工作有关问题的规定》，自治区国土资源厅完成机关人员定岗工作，85 名机关干部全部确定到位。

6 月 18 日 自治区国土资源厅印发《关于认真做好扶贫开发城镇移民用地服务工作的通知》。

6 月 21 日 自治区国土资源厅印发《关于上报国务院审批的建设用地文件数量的通知》。

6 月 30 日 自治区政府办公厅印发《内蒙古自治区人民政府办公厅关于开展西部大开发土地资源调查评价工作的通知》。自治区国土资源厅印发《西部大开发土地资源调查评价实施方案》和《西部大开发土地资源调查评价技术补充规定》。

同日 自治区国土资源厅转发国土资源部《关于采矿许可证换证工作有关问题的通知》,并调整原内蒙古自治区地质矿产厅采矿许可证换证工作领导小组为自治区国土资源厅采矿许可证换证工作领导小组,厅长韩云彬任领导小组组长,副厅长赵保胜任副组长。

7 月 2 日 自治区国土资源厅举行正式成立挂牌仪式,自治区副主席周维德出席仪式并揭牌。

7 月 2 日,自治区副主席周维德(右)与自治区国土资源厅厅长韩云彬(左)一同为自治区国土资源厅揭牌。

同日 国土资源部在呼和浩特市组织召开西北七省区找水座谈会。国土资源部领导和自治区副主席周维德出席会议。

7 月 10 日 自治区国土资源厅转发国土资源部《关于发布〈公益性地质资料提供利用暂行办法〉的通知》。

7 月 17 日 自治区国土资源厅印发《内蒙古自治区土地利用总体规划实施试点方案》,就全区开展土地利用总体规划实施试点工作进行部署。

2000 年 7 月 17 日,自治区国土资源厅厅长韩云彬(右二)与副厅长黄·阿拉腾别立格(右三)、郭战英(右一)、元重举(右四)参加全区西部大开发土地资源调查评价工作会议并讲话。

7 月 17—19 日 全区西部大开发土地资源调查评价工作会议在呼和浩特市召开,自治区副主席周维德出席会议并讲话。自治区相关部门负责人,自治区国土资源厅领导、厅相关处室及事业单位负责人,各盟市土地管理局局长或分管副局长及相关人员参加会议。

7 月 19 日 自治区副主席周维德主持召开办公会议,研究中央下放的有色金属企事业单位有关问题。会议决定,自治区国土资源厅负责内蒙古自治区有色地质勘查局(以下简称自治区有色地勘局)的接收工作。自治区国土资源厅厅长韩云彬、自治区有色地勘局局长赵济群参加会议。

8 月 3 日 自治区国土资源厅印发《关于严格按规定缴纳矿产资源补偿费的通知》。

8 月 16 日 自治区国土资源厅印发《关于认真做好建设用地信息发布工作的通知》。

8 月 23—25 日 全区农用土地分等定级现场会在兴安盟乌兰浩特市召开。自治区国土资源厅厅长韩云彬作工作报告,副厅长郭战英作会议总结讲话。自治区国土资源厅有关处室、各盟市土地管理局负责人共计 80 余人参加会议。

8 月 29 日 自治区国土资源厅印发《内蒙古自治区国土资源厅行政执法责任制实施方案》。

8 月 30 日 自治区国土资源厅转发国土资源部《关于报国务院批准的建设用地审查报批工作有关问题的通知》和《关于加强地热、矿泉水勘查、开采管理的通知》。

9 月 1 日 自治区国土资源厅、农业厅联合印发《关于印发内蒙古自治区调整划定基本农田保护区工作方案的通知》。

9 月 5 日 自治区国土资源厅成立行政复议协调领导小组，在厅政策法规处设领导小组办公室。

9 月 18 日 自治区国土资源厅印发《关于做好矿产资源补偿费征收入库工作的通知》。

10 月 12 日 自治区国土资源厅印发《内蒙古自治区国土资源厅行政执法责任制度》。

10 月 15 日 自治区第九届人民代表大会常务委员会第十九次会议通过《内蒙古自治区实施〈中华人民共和国土地管理法〉办法》和《内蒙古自治区地热资源管理条例》，自 2000 年 10 月 15 日起施行。

10 月 25 日 自治区国土资源厅印发《关于印发建设用地审查报批会审工作制度的通知》。

11 月 16 日 自治区代主席乌云其木格主持召开自治区政府 2000 年第十一次常务会议，研究同意自治区有色地勘局为自治区国土资源厅的直属事业单位，副厅级。

同日 自治区国土资源厅印发《内蒙古自治区国土资源厅地质调查权备案登记工作制度》《内蒙古自治区国土资源厅地质勘查监督管理工作制度》和《内蒙古自治区国土资源厅矿产资源补偿费勘查项目立项管理制度》。

11 月 28 日 自治区国土资源厅印发《农用地转用规划审查暂行规定》。

12 月 4 日 自治区国土资源厅党组书记、厅长韩云彬主持召开厅党组会议，通报清理整顿中介组织的情况，研究内蒙古自治区地产评估中心与行政主管部门脱钩及转制问题。

12 月 12 日 自治区政府成立自治区矿产资源总体规划工作领导小组，自治区副主席周维德任组长，自治区政府办公厅副主任盖文山和自治区国土资源厅厅长韩云彬、副厅长赵保胜任副组长。领导小组办公室设在自治区国土资源厅，办公室主任由赵保胜兼任。

同日 自治区政府办公厅印发《关于认真做好矿产资源总体规划编制工作的通知》。

12 月 28 日 自治区国土资源厅印发《关于加强地质勘查工作管理的通知》。

2001 年

1 月 2 日 自治区国土资源厅转发国土资源部《关于印发〈矿业权出让转让管理暂行规定〉的通知》。

1 月 6 日 自治区国土资源厅印发通知，部署开展全区国土资源执法监察人员岗位培训工作。

1 月 9 日 自治区国土资源厅转发国土资源部《关于继续对稀土等八种矿产暂停颁发采矿许可证的通知》。

1 月 10 日 自治区国土资源厅转发国土资源部《国家投资土地开发整理项目暂行办法》。

1 月 17 日 自治区国土资源厅印发《关于成立内蒙古自治区国土资源厅行政审批制度改革领导小组的通知》，自治区国土资源厅厅长韩云彬任组长。

1 月 18 日 自治区财政厅会同自治区国土资源厅转发财政部、国土资源部《新增建设用地土地有偿使用费收缴使用管理办法》。

2月1日 自治区国土资源厅转发国土资源部《关于加强耕地保护促进经济发展若干政策措施的通知》。

2月5日 自治区国土资源厅印发《内蒙古自治区零星分散矿产资源储量评审认定暂行办法》《内蒙古自治区普通建筑材料用砂、石、粘土矿产资源储量评审认定暂行办法》和《关于进一步加强矿山企业占用矿产资源储量套改工作的通知》。

2月9日 自治区国土资源厅转发国土资源部《关于加强土地管理促进小城镇健康发展的通知》。

2月16日 自治区国土资源厅印发《关于对授权经营的土地登记发证有关事项的通知》。

2月20日 自治区国土资源厅印发《关于成立内蒙古自治区国土资源信息化建设领导小组的通知》,由厅长韩云彬任领导小组组长,领导小组办公室设在厅规划与科技处。

2月27—28日 全区国土资源工作会议在呼和浩特市召开。自治区人大常委会副主任陈瑞清、自治区副主席周维德出席会议并讲话。自治区国土资源厅厅长韩云彬作了题为《加强市场建设,优化资源配置,努力开创全区国土资源工作新局面》的工作报告。

2月28日 自治区国土资源厅党组印发《关于认真贯彻〈内蒙古党委关于在农村牧区开展"三个代表"重要思想学习教育活动的实施意见〉的通知》,部署旗县(市区)土地、地质矿产管理部门和乡镇苏木土地管理所(站)的学习教育活动。

3月5日 自治区国土资源厅转发国土资源部《关于转发授权颁发新建矿山采矿许可证有关规定的通知》。

3月7日 内蒙古自治区机构编制委员会(以下简称自治区编委)印发《关于自治区国土资源厅所属事业单位"五定"方案的批复》。明确:自治区地勘局机关及其所属22个事业单位,仍按内机编发[1999]40号文(《关于自治区地质勘查队伍机构和人员的接收意见》)执行;成立内蒙古自治区测绘事业局(以下简称自治区测绘事业局)为自治区国土资源厅所属相当于副厅级事业单位;内蒙古自治区测绘院(以下简称自治区测绘院)、内蒙古自治区航空遥感测绘院(以下简称自治区航遥测绘院)、内蒙古自治区地图制印院(以下简称自治区地图制印院)、内蒙古自治区测绘科技档案资料馆(以下简称自治区测绘科技档案馆)为自治区测绘事业局所属相当于处级事业单位;撤销内蒙古自治区测绘物资供应站、内蒙古自治区测绘职工培训中心;内蒙古自治区测绘产品质量监督检验站(内蒙古自治区测绘仪器检测鉴定站)、内蒙古自治区土地勘测设计院(以下简称自治区土地勘测设计院)、自治区地质调查院、内蒙古自治区国土资源信息院(以下简称自治区国土资源信息院)、内蒙古自治区土地登记中心(以下简称自治区土地登记中心)、内蒙古自治区土地整理中心(以下简称自治区土地整理中心)、内蒙古自治区地质环境监测院(以下简称自治区地质环境监测院)、自治区国土资源厅机关事务服务中心为自治区国土资源厅所属相当处级事业单位。

3月16日 自治区国土资源厅转发《内蒙古自治区人民政府办公厅关于配合人大常委会做好〈中华人民共和国矿产资源法〉和〈内蒙古自治区矿产资源管理条例〉执行情况进行检查的通知》。成立自治区国土资源厅配合人大矿产资源法执法检查工作领导小组,由厅长韩云彬任领导小组组长,副厅长王庆良、副厅长赵保胜任副组长。

3月18日 自治区国土资源厅转发国土资源部《关于规范建设项目压覆矿产资源审批工作的通

知》。

3月19日　自治区政府办公厅印发通知，部署开展全区地下水资源评价工作。成立自治区地下水资源评价项目领导小组，自治区副主席周维德任领导小组组长，自治区国土资源厅厅长韩云彬、自治区地勘局局长胡东宁任副组长。

3月20日　自治区国土资源厅印发《内蒙古自治区盟市地矿行政主管部门开展零星分散矿产及普通建筑材料用砂、石、粘土矿产资源储量评审认定工作有关规定》。

3月30日　自治区国土资源厅转发国土资源部《关于规范建设项目压覆矿产资源审批工作的通知》。

4月4日　自治区编委印发《关于内蒙古自治区有色地质勘查局及所属事业单位“五定”方案的批复》，明确自治区有色地勘局为自治区国土资源厅所属相当于副厅级事业单位，核定局机关内设7个处级机构，事业编制为72名，厅级领导职数2名(2副)，处级领导职数21名。

4月18日　自治区国土资源厅印发《关于调整内蒙古自治区矿产资源储量套改领导小组成员的通知》，由厅长韩云彬任领导小组组长，副厅长赵保胜任副组长，成员包括内蒙古自治区发展计划委员会(以下简称自治区计委)、内蒙古自治区煤炭工业局(以下简称自治区煤炭工业局)、内蒙古自治区经济委员会(以下简称自治区经委)、内蒙古自治区盐业公司、自治区地勘局、内蒙古自治区煤田地质局(以下简称自治区煤田地质局)、自治区有色地勘局及自治区国土资源厅的有关负责人，并在厅设领导小组办公室。

5月15日　自治区国土资源厅印发《关于贯彻〈内蒙古自治区2001年依法治区工作要点〉的实施意见》。

5月21日　自治区国土资源厅印发《内蒙古自治区国土资源厅组建所属事业单位的实施方案》。

5月25日　内蒙古自治区地质环境监测总站(以下简称自治区地质环境监测总站)提交的《内蒙古自治区矿山地质环境调查报告》成果，通过自治区国土资源厅评审验收。

6月4日　自治区党委组织部致函自治区国土资源厅，明确自治区地勘局正处级干部由自治区地勘局党委提出人选，经自治区国土资源厅考核，自治区国土资源厅党组决定任免，内蒙古自治区人事厅(以下简称自治区人事厅)备案；副处级干部由自治区地勘局党委决定任免，分别报自治区国土资源厅和人事厅备案。

6月16日　经自治区政府同意，自治区国土资源厅印发《关于抓紧开展农用地分等定级与估价工作的紧急通知》。

6月18日　自治区国土资源厅印发《关于违法用地办理建设用地报批手续有关问题的通知》。

6月25日　自治区政府公布《内蒙古自治区城镇国有土地使用权招标拍卖管理办法》和《内蒙古自治区人民政府关于土地市场管理暂行办法》，自发布之日起施行。

同日　自治区政府办公厅公布《内蒙古自治区人民政府办公厅关于建立国有土地储备制度的通知》。

△　自治区国土资源厅转发国土资源部《关于进一步整顿矿业经济秩序规范矿业权市场的通知》，部署在全区开展整顿矿业经济秩序、规范矿业权市场工作。

6月30日　自治区党委印发《内蒙古党委、政府关于表彰1996—2000年度全区法制宣传教育和依法治理工作先进集体、先进个人的决定》。乌海市国土资源局、巴彦淖尔盟(今巴彦淖尔市)土地管理局被评为先进集体。

7月13日 自治区国土资源厅转发国土资源部《企业改制土地资产处置审批意见(试行)》和《土地估价报告备案办法(试行)》。

7月24日 自治区国土资源厅会同农业厅转发国土资源部《关于表彰基本农田保护工作先进单位决定的通知》。通辽市等6个旗县(市、区)被国土资源部评为基本农田保护先进单位。

7月27日 自治区国土资源厅印发《关于表彰全区土地执法模范县的决定》。授予乌兰察布盟(今乌兰察布市)丰镇市,赤峰市翁牛特旗、通辽市科尔沁左翼后旗、乌海市海勃湾区等4个旗(市、区)全区土地执法模范县称号。

7月31日 自治区国土资源厅转发自治区政府公布的《内蒙古自治区城镇国有土地使用权招标拍卖管理办法》和《内蒙古自治区土地市场管理暂行办法》。

8月1日 自治区国土资源厅转发《内蒙古自治区人民政府关于印发城镇国有土地使用权招标拍卖管理办法和土地市场管理暂行办法的通知》。

8月15日 自治区国土资源厅印发《内蒙古自治区国土资源"十五"计划纲要》。

8月21—23日 自治区国土资源厅在呼和浩特市召开内蒙古自治区地质环境管理暨矿泉水、地热专业委员会工作会议,贯彻国土资源部、自治区人大常委会、自治区政府关于地质环境和矿泉水、地热管理的法律、法规和工作部署,落实工作任务。

8月27日 自治区国土资源厅、自治区财政厅联合印发《关于采矿权使用费征收管理有关问题的补充通知》,明确矿山企业应缴纳采矿权使用费,并由各级地质矿产主管部门征费机构负责征收。

9月13日 自治区政府公布《内蒙古自治区土地登记办法》和《内蒙古自治区所属单位用地登记办法》,自发布之日起施行。

10月9日 自治区国土资源厅印发《关于开展依法行政检查工作的通知》,决定对全区国土资源系统执行《国土资源部关于全面推进依法行政的实施意见》《内蒙古自治区国土资源厅全面推进依法行政的实施方案》情况进行检查。

10月10日 自治区政府公布《内蒙古自治区人民政府关于进一步加强国有土地资产管理工作的意见》。

10月11日 自治区国土资源厅印发《关于对部分矿山企业实行委托征收采矿权使用费的通知》。决定对属于自治区地质矿产主管部门登记管理范围的部分矿山企业的采矿权使用费,委托盟市地矿主管部门征收。

11月1日 自治区国土资源厅印发《内蒙古国土资源厅关于组建矿产资源储量评审机构的通知》。

11月7日 自治区政府召开全区矿产资源管理秩序治理整顿工作电视电话会议。

11月20日 自治区国土资源厅印发通知,决定设立自治区国土资源厅办文大厅,于12月1日正式运行。

11月21日 自治区国土资源厅印发《转发内蒙古自治区人民政府关于进一步加强国有土地资产管理工作意见的通知》。

11月22日 自治区国土资源厅印发《内蒙古自治区国土资源管理系统开展法制宣传教育和依法治理工作的第四个五年规划》。

11 月 29 日 自治区国土资源厅印发《关于加强矿产资源储量评审认定工作的通知》。

11 月 30 日 自治区国土资源厅转发《国务院办公厅转发国土资源部关于进一步治理整顿矿产资源管理秩序意见的通知》。

12 月 5 日 自治区国土资源厅转发国土资源部《关于依法加快集体土地所有权登记发证工作的通知》。

12 月 17 日 自治区国土资源厅通报各盟市土地市场建设情况。截至 2001 年 11 月底，全区 50 个旗县（市、区）建立土地有形市场；9 个盟市建立盟市级土地有形市场或领导机构；45 个旗县（市、区）建立土地储备制度；5 个盟市建立盟市级土地储备机构。全区 12 个盟市全部开展了土地招标拍卖工作。

12 月 20 日 自治区国土资源厅印发《内蒙古自治区国土资源厅 2002 年普法依法治理工作计划》。

12 月 24 日 自治区政府办公厅公布《内蒙古自治区关闭和合法保留小煤矿管理责任追究暂行规定》。

12 月 25 日 自治区国土资源厅印发《内蒙古自治区粘土、砂石、地热水、矿泉水矿产资源补偿费征收暂行办法》。

2002 年

1 月 25 日 自治区国土资源厅转发国土资源部《关于进一步加强和改进耕地占补平衡工作的通知》。

2 月 1 日 自治区国土资源厅印发《关于进一步规范和加强企业改制中土地资产处置审批和土地估价报告备案管理的通知》。

同日 自治区国土资源信息院举行正式成立挂牌仪式。自治区国土资源厅厅长韩云彬和国土资源部信息中心副主任查宗祥出席并揭牌。

2 月 21 日 自治区政府组织项目评审委员会和专家组，初审通过由自治区地勘局承担完成的《内蒙古自治区地下水资源评价》项目成果。

2 月 28 日 国土资源部批准建立内蒙古克什克腾国家地质公园。

3 月 2 日 自治区国土资源厅厅长韩云彬主持召开厅长办公会议，就加拿大驻中国大使馆商务公使麦若彬致自治区主席乌云其木格信中的问题，听取自治区国土资源厅地质勘查处的有关情况汇报，提出解决问题的意见。

3 月 8 日 自治区国土资源厅印发通知，成立自治区国土资源厅矿产资源管理秩序治理整顿督查工作领导小组，负责全区矿产资源管理秩序治理整顿工作的组织、协调、实施、督查和验收工作。由厅长韩云彬任领导小组组长，副厅长郭战英、赵保胜任副组长。

3 月 11—21 日 自治区政府决定派自治区国土资源厅副厅长郭战英带领工作组赴阿拉善盟，代表自治区政府协调处理加拿大驻中国大使馆商务公使麦若彬来信反映的问题。

3 月 25 日 自治区国土资源厅印发《关于充分发挥土地资产的作用积极推进全区城镇化建设的若干意见》。

3月27日 自治区国土资源厅印发《关于进一步规范盟市矿产资源储量评审认定管理工作的通知》和《关于开展矿产资源补偿费自收汇缴专用收据检查工作的通知》。

4月15日 自治区国土资源厅印发《内蒙古自治区集体土地所有权、城镇住房用地登记发证实施方案》。

4月16日 自治区国土资源厅转发自治区政府办公厅《关于进一步加强建设项目用地预审工作的通知》。

4月18日 自治区国土资源厅印发《内蒙古自治区国有农牧场土地确权规定(暂行)》。

4月23—25日 全区国有农牧场土地确权工作和全区国土资源工作会议在呼和浩特市召开。自治区国土资源厅厅长韩云彬在会上作了题为《加强管理,做好服务,努力提高对经济社会发展的保障能力》的讲话。

5月10日 自治区编委印发《关于调整自治区国土资源厅部分事业单位机构编制的批复》。同意将自治区地勘局所属的内蒙古自治区水文地质工程地质中心(以下简称自治区水文地质中心)整建制划给自治区国土资源厅管理;同意在自治区地质调查院加挂内蒙古自治区矿产资源储量评审中心的牌子,负责全区矿产资源储量评审、矿床工业指标评审及相关的技术性、辅助性和服务性工作;同意自治区土地整理中心增加编制4名,并增加征地服务科,增加科级职数2名(1正、1副);同意在自治区测绘科技档案馆加挂内蒙古自治区基础地理信息中心的牌子。

同日 自治区国土资源厅、内蒙古自治区监察厅(以下简称自治区监察厅)印发《内蒙古自治区国土资源厅、监察厅关于进一步整顿和规范全区土地市场秩序从源头上防治腐败工作的通知》。

5月11日 自治区国土资源厅印发《关于建立采矿权审批登记会审制度的通知》。

5月25日 自治区国土资源厅印发《内蒙古自治区盟市矿产资源规划编制指导意见》。

5月30—31日 国土资源部地籍管理司、中国土地勘测规划院组织专家组,验收通过“内蒙古自治区土地资源调查评价”项目成果。

6月6日 自治区国土资源厅印发《关于建立探矿权审批登记内部会审制度的通知》。

6月10日 自治区政府办公厅印发《内蒙古自治区人民政府关于进一步鼓励和支持国内外地勘队伍在我区开展地质勘查工作的通知》。

6月13日 自治区国土资源厅、发展计划委员会、财政厅印发《关于认真做好全区城镇基准地价更新与平衡和标定地价评估工作的通知》。

同日 自治区国土资源厅印发通知,部署开展全区矿产资源补偿费征收、入库及使用情况专项检查工作。

6月17日 自治区国土资源厅印发《内蒙古自治区国土资源厅土地登记制度》。

6月18日 自治区国土资源厅印发《内蒙古自治区地籍管理“十五”计划纲要》。

6月21日 自治区政府第七次常务会议审议通过《内蒙古自治区测绘成果管理实施办法》,自2002年8月1日起施行。

6月25日 自治区国土资源厅转发国土资源部《关于印发〈市、县级矿产资源规划编制指导意见〉的通知》。要求与自治区国土资源厅下发的《内蒙古自治区盟市矿产资源规划编制指导意见》一并执行。

6月27—29日 自治区国土资源厅组织在呼和浩特市举办全区国有农牧场土地使用权、集体土地所有权、城镇住房用地使用权登记发证培训班,厅长韩云彬、副厅长郭战英出席开班仪式并分别讲话。

6月29日 鄂尔多斯市伊金霍洛旗国土资源局被国土资源部授予“全国换发采矿许可证先进单位”荣誉称号。

7月1日 自治区国土资源厅转发国土资源部《招标拍卖挂牌出让国有土地使用权规定》。

7月5日 自治区国土资源厅成立地质环境监测总站和水文地质中心接收重组工作领导小组,厅长韩云彬任领导小组组长,副厅长郭战英、赵保胜和中共内蒙古自治区纪律检查委员会(以下简称自治区纪委)驻自治区国土资源厅纪检组组长(以下简称驻厅纪检组长)沈晋平任副组长。

7月30日 自治区国土资源厅印发《关于立即处理煤矿采矿许可证换证遗留问题的通知》。

8月3—5日 国土资源部地质环境司会同中国地质环境监测院组织专家组,评审通过由自治区地勘局提交的《内蒙古自治区地下水资源评价》项目成果,并被评定为优秀级。

8月6日 自治区国土资源厅印发《关于内蒙古自治区水文地质工程地质中心归厅管理的通知》。根据自治区编委《关于调整自治区国土资源厅部分事业单位机构编制的批复》要求,从2002年8月1日起,将原由自治区地勘局管理的自治区水文地质中心划归自治区国土资源厅直接管理。

8月12日 内蒙古克什克腾国家地质公园揭碑开园。国土资源部副部长孙文盛,自治区人大常委会副主任张廷武、自治区副主席周维德出席揭碑开园仪式。

8月20—21日 自治区政府在包头市组织召开全区国有土地使用权招标拍卖现场会。自治区副主席周维德出席会议并讲话。自治区国土资源厅厅长韩云彬作了题为《认清形势,坚定信心,努力开创国有土地使用权招标拍卖工作的新局面》的讲话。副厅长黄·阿拉腾别立格作了题为《发挥市场配置土地资源的基础性作用营造公平、公开、公正的土地市场环境》的总结讲话。

9月10日 自治区国土资源厅组织召开全区国土资源规划工作会议,重点部署矿产资源规划编制工作。同时,邀请国土资源部规划司领导、专家进行授课。

9月25—26日 阿拉善盟行署在巴彦浩特组织召开“十省市区36家地勘单位阿盟地区地勘工作座谈(研讨)会”。自治区国土资源厅副厅长郭战英参加会议。

9月27日 自治区国土资源厅转发国土资源部《关于进一步规范建设用地审查报批工作有关问题的通知》。

9月28日 自治区国土资源厅、自治区监察厅转发《国土资源部、监察部关于严格实行经营性土地使用权招标拍卖挂牌出让的通知》。

10月9日 自治区国土资源厅、中国人民银行呼和浩特中心支行、中国工商银行内蒙古自治区分行、中国农业银行内蒙古自治区分行、中国银行内蒙古自治区分行、中国建设银行内蒙古自治区分行联合印发《关于解决全区土地收购储备资金来源的通知》。

10月14日 自治区政府批准实施《内蒙古自治区矿产资源总体规划》。

10月24日 自治区国土资源厅转发《国土资源部和国家煤矿安全监察局协调解决汝箕沟矿区开采及安全生产问题会议纪要》。

10月25日 自治区国土资源厅转发国土资源部《古生物化石管理办法》。

10月28日 自治区国土资源厅转发国土资源部《关于采矿权评估和确认有关问题的通知》。

10月29日 自治区国土资源厅印发《关于矿产资源储量评审范围有关问题的通知》。

同日 包头市政府组织召开“包头市地质勘查工作座谈会”。自治区国土资源厅副厅长郭战英参加会议。

11月22日 自治区政府办公厅印发《内蒙古自治区人民政府办公厅关于办理煤炭矿山采矿许可证延续登记手续问题的通知》。

同日 自治区国土资源厅转发国土资源部《关于矿山企业进行生产勘探有关问题的通知》。要求各盟市国土资源局组织执法人员对本辖区内的矿山企业进行执法检查。

12月2日 自治区国土资源厅印发《关于矿山企业采矿许可证延续问题的紧急通知》。

12月6日 自治区国土资源厅印发《关于成立自治区地质遗迹(地质公园)领导小组及评审委员会的通知》。领导小组组长由自治区国土资源厅副厅长郭战英兼任,第一届自治区地质遗迹(地质公园)评审委员会由12人组成。

12月16日 自治区政府印发《内蒙古自治区人民政府关于加快全区土地登记发证工作的通知》。

12月23日 自治区国土资源厅转发《内蒙古自治区人民政府办公厅关于办理煤炭矿山采矿许可证延续登记手续问题的通知》。

12月31日 自治区国土资源厅印发《内蒙古自治区土地资产管理"十五"计划纲要》。

2003年

1月2日 自治区编委印发《关于内蒙古工程学校(内蒙古地质技工学校)改变隶属关系的批复》。同意内蒙古工程学校(内蒙古地质技工学校)的隶属关系由自治区地勘局管理改为自治区国土资源厅管理。

1月6日 自治区国土资源厅印发《内蒙古自治区土地资产管理"十五"计划纲要》。

1月8日 自治区政府印发《内蒙古自治区人民政府关于进一步加强矿产资源管理工作的意见》。

同日 自治区国土资源厅转发《国土资源部关于印发〈矿产资源规划实施管理办法〉的通知》,印发《内蒙古自治区国土资源厅2003年普法依法治理计划》。

1月12日 自治区国土资源厅转发自治区政府《关于加快全区土地登记发证工作的通知》。

1月17日 自治区国土资源厅转发国土资源部《关于进一步加强地热、矿泉水资源管理的通知》。

2月19日 自治区国土资源厅印发《内蒙古自治区国土资源厅关于建设项目压覆矿产资源调查核实工作有关问题的通知》。

2月21日 自治区政府公布《内蒙古自治区实施西部大开发若干政策措施的规定》。

3月3日 自治区国土资源厅印发《内蒙古自治区土地开发整理规划成果审查报批办法》。

3月6日 自治区政府办公厅印发《关于进一步治理整顿土地市场秩序工作实施方案》。

3月19日 自治区国土资源厅组织专家组,对自治区国土资源信息院承担完成的《内蒙古自治区矿产资源总体规划数据库》成果进行了审查验收。

3月21日 自治区国土资源厅向自治区计委报送《关于将地质勘查工作纳入自治区国民经济和社会发展计划的报告》。提出将全区地质勘查工作纳入自治区国民经济和社会发展计划,并保证一定的资金投入。

3月24日 自治区党委任命黄·阿拉腾别立格为自治区国土资源厅党组书记。

3月25日 自治区国土资源厅转发国土资源部《关于印发〈市(地)县(市)级国土资源主管部门矿产资源监督管理暂行办法〉的通知》。

3月31日 自治区国土资源厅印发《关于盟市矿产资源规划编制有关问题的指导意见》,就盟市规划编制工作存在的共性问题提出指导意见。

4月3日 自治区第十届人民代表大会常务委员会第二次会议决定,任命黄·阿拉腾别立格为自治区国土资源厅厅长。

同日 自治区国土资源厅转发国土资源部《关于开展矿产资源储量登记工作的通知》。

4月10—11日 全区国土资源工作会议在呼和浩特市召开,同时召开进一步治理整顿土地市场秩序工作汇报会。国土资源部党组成员孟宪来、自治区人大常委会副主任陈瑞清、自治区副主席郭子明,自治区人大常委会委员、自治区国土资源厅原厅长韩云彬出席会议并讲话。自治区国土资源厅厅长黄·阿拉腾别立格作了题为《着眼大局,做好服务,努力提高对经济社会可持续发展的保障能力》的工作报告。

4月24日 自治区国土资源厅印发《关于认真做好非典型肺炎预防控制工作的通知》,全面部署国土资源厅系统预防控制非典型肺炎(以下简称"非典")工作。成立自治区国土资源厅系统预防控制"非典"工作领导小组,由厅长黄·阿拉腾别立格任领导小组组长,副厅长郭战英和自治区地勘局局长胡东宁任副组长。

4月25日 自治区国土资源厅印发《关于贯彻国土资源部改革土地估价人员和机构监督管理方式的意见》。

5月9日 自治区国土资源厅印发《关于转发国家投资土地整理项目实施管理暂行办法的通知》。

5月15日 自治区国土资源厅印发通知,部署2003年全区矿产督察工作。

同日 自治区国土资源厅印发《内蒙古自治区探矿权登记审批管理工作规则》,规范探矿权登记审批管理工作。

5月16日 自治区国土资源厅印发《内蒙古自治区地质勘查监督管理暂行规定》。

5月21日 自治区国土资源厅印发《2003年全区国土资源系统民主评议行风工作实施方案》。

5月25日 自治区监察厅、自治区国土资源厅印发《内蒙古自治区土地使用权招标拍卖挂牌出让情况执法监察工作实施方案》。成立自治区经营性土地使用权招标拍卖挂牌出让执法监察工作领导小组,由自治区监察厅厅长娜仁、自治区国土资源厅厅长黄·阿拉腾别立格任领导小组组长,自治区监察厅副厅长武兵、自治区国土资源厅副厅长孔燕燕任副组长。

5月26日 自治区国土资源厅转发国土资源部《关于建立全国汛期地质灾害防治应急指挥系统的通知》。

5月27日 自治区国土资源厅印发《内蒙古自治区旗(县)级土地利用数据库建设成果检查验收办法(试行)》。

6月5日 自治区政府办公厅印发《内蒙古自治区人民政府办公厅关于调整自治区维护矿业秩序工作领导小组组成人员的通知》,由自治区副主席郭子明任调整后的自治区维护矿业秩序工作领导小组组长,自治区政府办公厅副主任盖文山、自治区国土资源厅厅长黄·阿拉腾别立格任副组长。

同日 自治区国土资源厅转发国土资源部《关于加强矿产资源储量评审监督管理的通知》。

6 月 6 日 自治区国土资源厅印发《关于成立组建内蒙古自治区地质环境监测院领导小组的通知》,由厅长黄·阿拉腾别立格任领导小组组长,副厅长赵保胜任副组长。

6 月 12 日 自治区国土资源厅印发《关于调整国土资源厅专项工作领导小组的通知》和《关于报批建设项目先行用地有关事宜的通知》。

6 月 13 日 自治区国土资源厅印发《内蒙古自治区用作普通建筑材料砂、石、粘土采矿权拍卖工作程序暂行规定》。

6 月 23 日 自治区政府办公厅印发《内蒙古自治区人民政府办公厅关于成立自治区地质灾害防治工作领导小组的通知》。由自治区副主席郭子明任领导小组组长,自治区政府办公厅副主任盖文山、自治区国土资源厅厅长黄·阿拉腾别立格任副组长。

6 月 25 日 当日为第十三个全国"土地日",自治区国土资源厅根据预防"非典"的形势要求,决定"土地日"不搞大型集会等宣传形式,在内蒙古广播电台"纵横 118"栏目开办"规范土地市场,促进可持续发展"的土地日特别节目。

同日 自治区国土资源厅转发国土资源部《关于进一步完善地质灾害报告制度的通知》。

7 月 8 日 自治区国土资源厅印发《内蒙古自治区农用地分等项目旗县级成果验收办法》。

7 月 10 日 自治区副主席岳福洪主持召开专题会议,研究矿产资源勘查开发工作。自治区党委常委、组织部部长陈朋山,自治区副主席赵双连、郭子明出席会议并讲话。会议听取了自治区国土资源厅、自治区计委起草的《关于保障内蒙古工业经济发展加快矿产后备资源勘查开发的报告》。自治区国土资源厅黄·阿拉腾别立格、郭战英、赵保胜,自治区地勘局、自治区有色地勘局领导参加会议。

同日 自治区编委批复,同意自治区有色地勘局所属事业单位的人员编制、领导职数在自治区编委核定的总额内,根据工作需要提出调整意见报自治区编制委员会办公室(以下简称自治区编办)审核同意后实施。

7 月 17 日 鄂尔多斯市组织举行由中国地质调查局安排部署的鄂托克旗棋盘井镇"西部严重缺水地区地下水勘查示范工程"项目成井抽水仪式。国土资源部副部长、中国地质调查局局长寿嘉华和自治区副主席郭子明出席。

7 月 17 日,在鄂托克旗棋盘井镇地下水勘查示范工程成井抽水仪式上,寿嘉华(前左一)、郭子明(前左二)在主席台就座。

7 月 24 日 自治区国土资源厅转发国土资源部《关于印发〈探矿权采矿权招标拍卖挂牌管理办法(试行)〉的通知》。

7 月 25 日 自治区第十届人民代表大会常务委员会第四次会议通过《内蒙古自治区地质环境保护条例》,自 2003 年 9 月 1 日起施行。

7 月 29 日 由中国科学院院士丁国瑜、中国火山研究中心研究员洪汉净等 19 位专家、学者组成的中国阿尔山火山地质考察团,到兴安盟阿尔山市对阿尔山火山群进行科学考察。

8 月 11—16 日 自治区国土资源厅派出督查组,对赤峰市翁牛特旗、喀喇沁旗、宁城县、松山区、敖汉旗、巴林右旗的6个矿产勘查项目进行督查。

8月25日 自治区国土资源厅印发《内蒙古自治区区级土地整理复垦项目管理暂行办法》。

9月1日 自治区国土资源厅印发《关于贯彻落实内蒙古自治区地质环境保护条例的通知》。

9月3日 自治区国土资源厅印发《关于成立内蒙古自治区国土资源厅行政复议委员会的通知》,由副厅长郭战英任厅行政复议委员会主任委员。

9月4—6日 自治区国土资源厅在赤峰市召开全区耕地保护工作会议。重点落实全区耕地占补平衡任务及土地开发整理项目的实施工作。

9月5日 自治区国土资源厅印发《关于成立内蒙古自治区国土资源厅行政复议委员会的通知》。

9月22日 自治区编办印发《关于内蒙古自治区土地勘测设计院更名的批复》,同意将自治区土地勘测设计院更名为内蒙古自治区土地勘测规划院(以下简称自治区土地勘测规划院)。

10月8日 自治区国土资源厅转发《国土资源部关于严禁非农业建设违法占用基本农田的通知》。

同日 自治区国土资源厅印发《关于认真做好矿产资源储量核实工作的通知》。

10月9日 自治区国土资源厅召开厅长办公会议,传达国土资源部在北京召开的深化地质勘查队伍改革工作座谈会议精神。厅长黄·阿拉腾别立格主持会议。

10月14日 自治区国土资源厅转发国土资源部《关于进一步明确古生物化石保护管理工作的通知》。

10月15—27日 自治区国土资源厅派出督查组,对阿拉善盟阿拉善左旗、阿拉善右旗,巴彦淖尔盟(今巴彦淖尔市)乌拉特后旗、乌拉特中旗,包头市固阳县、达茂旗,鄂尔多斯市鄂托克旗、准格尔旗的19个矿产勘查项目进行督查。

10月20日 自治区代主席主持召开主席办公会议。会议明确:成立全区地质勘查开发工作协调领导小组;原则同意内蒙古自治区发展和改革委员会(以下简称自治区发改委)制订的《2004年我区矿产资源勘查开发工作重点》,积极开展矿产资源开发市场化运作工作。会议责成自治区发改委、自治区国土资源厅草拟《全区实施矿产资源开发的意见(讨论稿)》,加快推进地质勘查队伍的体制改革,拓展地勘合作开发领域。自治区国土资源厅厅长黄·阿拉腾别立格、副厅长郭战英参加会议。

10月23日 自治区政府批转自治区国土资源厅《关于深化矿业权有偿使用制度改革培育和规范矿业权市场的意见》。

10月28日 自治区政府印发《内蒙古自治区人民政府批转自治区国土资源厅关于深化矿业权有偿使用制度改革培育和规范矿业权市场的意见的通知》。

10月31日 自治区政府办公厅印发《关于进一步加强土地市场秩序治理整顿工作的通知》。

11月1日 自治区编委印发《关于调整内蒙古自治区土地整理中心内设机构及编制的批复》,同意自治区土地整理中心增设资金管理科,核定正科级职数1名,增加事业编制2名。

11月4日 自治区国土资源厅转发国土资源部《关于印发〈土地开发整理若干意见〉的通知》。

11月10日 自治区财政厅印发《内蒙古自治区财政厅关于表彰二○○二年度全区会计决算报表先进盟市和自治区主管部门(单位)的通知》,自治区国土资源厅、自治区地勘局被评为自治区本级决算先进单位。

11 月 15 日　自治区政府印发《内蒙古自治区人民政府关于建立我区煤炭资源开发利用最低开采规模制度的通知》。

11 月 19 日　自治区国土资源厅印发《内蒙古自治区矿业权招标拍卖挂牌管理办法(试行)》。

11 月 24 日　自治区国土资源厅印发《关于转发国土资源部加强城市建设用地审查报批工作有关问题的通知》。

11 月 28 日　自治区发改委、自治区国土资源厅下发《内蒙古自治区 2004 年矿产资源勘查开发工作重点》。

12 月 2—4 日　全区矿产资源管理暨矿业权招拍挂工作会议在呼伦贝尔市召开。自治区国土资源厅厅长黄·阿拉腾别立格作了题为《立足经济发展,依法科学管理,为推进全区工业化进程提供资源保障》的工作报告。5 个盟市、6 个旗县在大会上交流经验。自治区地勘发局、自治区有色地勘局、自治区地质调查院和中国科学院地质与地球物理研究所的专家现场汇报了内蒙古地质勘查找矿成果。自治区国土资源厅副厅长孔燕燕作总结讲话。会议期间,与会代表现场观摩了呼伦贝尔市谢尔塔拉铁锌矿采矿权拍卖实况。

12 月 12 日　自治区国土资源厅印发《关于将国土资源技术性、辅助性、服务性工作交由厅属事业单位承担的通知》。

12 月 16 日　自治区政府印发《内蒙古自治区人民政府关于印发国有土地储备管理办法和挂牌出让国有土地使用权管理办法的通知》,自发布之日起施行。

12 月 31 日　自治区国土资源厅向国土资源部提交内蒙古自治区矿产资源规划成果。

2004 年

1 月 10 日　自治区国土资源厅在呼和浩特市召开各盟市国土资源局局长、厅直属各单位负责人座谈会。传达国土资源部部长孙文盛、副部长寿嘉华在全国国土资源厅局长会议上的讲话,研究讨论完善国土资源管理体制,实行省以下国土资源垂直管理的有关问题。

1 月 15 日　自治区国土资源厅印发《关于加强对采矿许可证已到期矿山监督管理的通知》。根据《矿产资源开采登记管理办法》第七条规定,采矿许可证到期自行废止。矿山企业执过期的许可证继续从事采矿活动,属无证开采的违法行为。

2 月 10 日　自治区财政厅、国土资源厅印发《关于矿产资源补偿费缴库有关问题的通知》。

2 月 23 日　自治区副主席赵双连主持召开会议,听取自治区国土资源厅地质勘查及矿产资源开发工作汇报,研究和审议年度矿产资源勘查、开发重点项目及矿业权招拍挂项目。

3 月 2 日　自治区国土资源厅、财政厅印发《关于保护期内国家出资勘查开发取得的地质资料有偿利用问题的通知》。

3 月 4 日　自治区国土资源厅印发《内蒙古自治区矿产资源规划实施管理暂行办法》。

3 月 5 日　自治区国土资源厅印发《关于认真贯彻落实国土资源部行政为民"十项措施"和工作人员"五条禁令"的通知》《关于转发国有划拨土地使用权抵押登记有关问题的通知》和《关于进一步加强矿产资源规费征收管理工作的通知》。

3 月 9 日　国土资源部批准建立内蒙古阿尔山火山温泉国家地质公园。

3 月 11 日　自治区国土资源厅印发《内蒙古自治区矿区开发利用规划管理办法(试行)》和《内蒙古自治区国土资源厅关于成立矿业开发项目审查委员会的通知》,由副厅长孔燕燕兼任项目审查委员会主任,在厅矿产开发管理处设项目审查委员会办公室。

3 月 12 日　自治区国土资源厅印发《关于矿产资源储量评审备案工作中存在问题的几点处理意见》。

3 月 16 日　自治区政府办公厅印发《内蒙古自治区人民政府办公厅关于调整自治区维护矿业秩序工作领导小组的通知》。由自治区副主席赵双连任调整后的领导小组组长,自治区政府副秘书长史青晓、自治区国土资源厅厅长黄·阿拉腾别立格任副组长;领导小组办公室设在自治区国土资源厅,副厅长孔燕燕兼任办公室主任。

3 月 23 日　自治区副主席赵双连主持召开专题会议,听取自治区国土资源厅地质勘查及矿产资源开采工作汇报,研究和审议《内蒙古自治区 2004 年首批矿产资源勘查项目》《2004 年度探矿权招拍挂项目》《内蒙古自治区矿产资源开发重点项目》和《2004 年度采矿权招拍挂项目》。自治区国土资源厅黄·阿拉腾别立格、孔燕燕、郭战英参加会议。

3 月 25 日　自治区政府印发《内蒙古自治区人民政府关于转发国务院坚决制止占用基本农田进行植树等行为的紧急通知》。

3 月 26 日　自治区政府印发《内蒙古自治区人民政府关于命名土地执法模范县的决定》,命名克什克腾旗、杭锦后旗为“自治区土地执法模范县”。

3 月 30 日至 4 月 1 日　自治区政府在呼和浩特组织召开全区国土资源工作会议。自治区人大常委会副主任陈瑞清出席会议,并作题为《树立科学发展观,在快速发展中依法保护合理利用国土资源》的讲话。自治区国土资源厅厅长黄·阿拉腾别立格作了题为《牢固树立和认真落实科学发展观,全面推进国土资源管理工作再上新台阶》的工作报告。

3 月 31 日　自治区政府新闻办公室召开新闻发布会。自治区国土资源厅厅长黄·阿拉腾别立格通报自治区矿产资源勘查开发的有关情况。

同日　自治区国土资源厅在呼和浩特市召开全区国土资源党风廉政建设工作会议。自治区国土资源厅党组书记、厅长黄·阿拉腾别立格在会上讲话,驻厅纪检组长沈晋平作了题为《弘扬求真务实精神推进全区国土资源系统党风廉政建设工作》的报告。

4 月 1 日　从当日起,全区各级征收机关征收的矿产资源补偿费实行“就地缴库,就地分成”的办法。

4 月 6 日　自治区国土资源厅印发《关于开展内蒙古自治区社会投资土地开发整理复垦调查工作的通知》。

4 月 8 日　自治区政府组织自治区有关部门人员组成 6 个检查组,在全区范围开展治理整顿土地市场秩序检查工作。

4 月 19 日　自治区政府办公厅印发《关于进一步整顿和规范矿产资源勘查开发秩序工作意见》。

4 月 24 日　自治区政府办公厅印发《内蒙古自治区地质矿产勘查项目和资金管理办法》。

4 月 27 日　自治区国土资源厅转发《国土资源部关于加强地质灾害危险性评估工作的通知》。

4 月 28 日　自治区国土资源厅发布《内蒙古自治区矿产资源勘查与开发投资指南(2004)》。

4 月 29 日　自治区国土资源厅印发《关于采矿许可证到期未申请延续矿山办理采矿登记手续有

关事宜的通知》。

5月1日 自治区国土资源厅与自治区气象局合作,正式开展全区地质灾害气象预警预报工作。

5月11日 自治区国土资源厅组织评审通过由自治区地质调查院提交的《内蒙古自治区煤炭资源勘查规划》成果。

5月19日 自治区政府办公厅印发《内蒙古自治区人民政府办公厅关于成立自治区地质勘查项目招标委员会的通知》。由自治区副主席赵双连兼任招标委员会主任委员,自治区政府副秘书长史青晓、自治区国土资源厅厅长黄·阿拉腾别立格兼任副主任委员。招标委员会办公室设在自治区国土资源厅,副厅长郭战英兼任办公室主任。

5月22日 自治区主席主持召开主席办公会议,研究国有土地违法案件和煤矿安全专项整治等事宜。

5月29日 自治区国土资源厅在呼和浩特市召开全区国土资源局长座谈会。传达贯彻全国国土资源厅局长座谈会精神,总结上半年全区国土资源工作,分析国土资源工作面临的形势,部署继续深入开展土地市场治理整顿工作和全区国土资源管理体制改革等各项重点工作。

5—6月 自治区国土资源厅抽调有关人员组成4个矿产资源勘查开发秩序督促检查组,深入12个盟市对重点矿区、优势矿产、非法转让、以采代探和煤炭等5项专项整治工作行了现场督促检查。

6月7日 自治区政府办公厅发文,部署深入开展土地市场治理整顿工作。

6月9日 自治区国土资源厅印发《关于变更全区土地利用管理统计报表内容的通知》。

6月10日 自治区国土资源厅印发《2004年内蒙古国土资源系统民主评议行风实施意见》。

6月12日 自治区政府与中国地质调查局签订《内蒙古河套农业经济区生态地球化学调查》项目协议书。

6月12日,自治区副主席郭子明(左)与国土资源部副部长、中国地质调查局局长寿嘉华(右)分别代表自治区政府和中国地质调查局在内蒙古河套农业经济区生态地球化学调查协议书上签字。

同日 自治区国土资源厅印发《内蒙古国土资源厅办文大厅暂行管理办法》。明确自2004年7月1日起,土地、地质矿产、测绘等行政审批事项,一律由厅办文大厅统一受理,由各职能处(室、局)承办,最后由办文大厅发送审批结果。

7月12日 自治区政府办公厅转发《国务院办公厅关于控制城镇房屋拆迁规模严格拆迁管理的通知》。

7月13日 自治区编委印发《关于成立内蒙古自治区国土资源执法监察总队并调整所属部分事业单位机构编制的批复》,批准成立内蒙古自治区国土资源执法监察总队(以下简称自治区国土资源执法监察总队)。

7月14日 自治区政府办公厅印发《内蒙古自治区人民政府办公厅关于加强开发区(园区)土地管理有关事项的通知》。

7月18日 自治区国土资源厅印发关于《切实加强矿产资源勘查监督管理工作的通知》。

7月19日 自治区国土资源厅印发《关于认真做好核实矿业权设置情况工作的通知》。依法明确在自治区境内勘查矿产资源,其登记审批权在国土资源部和自治区国土资源厅。各级地方政府不具有矿产资源勘查登记的审批权。

同日 自治区国土资源厅印发《关于做好地质灾害灾情速报与信息反馈的通知》。

7月20日 自治区国土资源厅印发《关于严格控制使用土地利用年度计划指标的通知》。

7月21日 《内蒙古自治区地质灾害防治规划》通过国土资源部地质环境司、规划司组织的专家组审查。

7月22日 自治区政府印发《内蒙古自治区人民政府关于进一步清理整顿开发区的通知》。

7月24—25日 国土资源部部长孙文盛在鄂尔多斯市、包头市、呼和浩特市考察。自治区党委书记储波陪同考察。

7月26日至8月1日 国务院五部委联合检查验收组对自治区土地市场治理整顿工作进行阶段性检查验收。

7月29日 自治区国土资源厅印发《关于进一步完善自治区农用地分等成果的通知》。

8月19日 自治区政府印发《内蒙古自治区人民政府关于进一步加强煤炭资源矿业权设置及重点转化项目资源配置管理工作的意见》。

8月23日 自治区财政厅、国土资源厅印发《内蒙古自治区探矿权采矿权使用费和价款使用管理办法(试行)》。

8月28日 国土资源部副部长汪民、矿产资源开发司司长曾绍金一行到自治区就矿产资源开发方面工作进行调研。

9月7日 自治区国土资源厅转发国土资源部《关于进一步加强大中型矿山企业重点地区和主要矿种矿产资源补偿费征管工作的通知》。

9月8日 自治区政府印发《内蒙古自治区人民政府关于调整矿产资源补偿费征收权限的通知》。

9月24日 自治区政府印发《内蒙古自治区人民政府关于印发自治区地质灾害防治规划的通知》。

10月11日 自治区国土资源厅转发国土资源部《关于加强国家规划矿区内矿权管理的通知》及国土资源部、国家发改委《关于设立首批煤炭国家规划矿区的公告》。

10月14—15日 自治区国土资源厅在阿拉善盟组织召开全区矿产资源管理工作会议,主要贯彻落实国土资源部关于推进基层矿产资源管理全面到位工作要求。自治区国土资源厅厅长黄·阿拉腾别立格作工作报告。

10月25日 自治区政府成立由自治区国土资源厅和包头市政府牵头,各有关旗县区、市直有关部门和包头钢铁(集团)有限责任公司参加的治理整顿偷挖盗采白云鄂博西矿调查组,赴白云鄂博矿区开展调查工作。

10月26日 自治区政府党组成员、顾问,重大项目办主任周德海主持召开政府专题会议,研究锡林郭勒盟煤田地质勘查问题。

11月9日 自治区国土资源厅转发国土资源部《关于贯彻落实〈国务院关于深化改革严格土地管理的决定〉的通知》。

11月11日 自治区国土资源厅转发国土资源部《关于调整部分矿种矿山生产建设规模标准的通知》。

11月16日 自治区政府印发《贯彻落实国务院关于深化改革严格土地管理的决定的通知》。

11月18日 国土资源部印发《关于表彰全国国土资源管理系统先进集体和先进工作者的决定》。自治区土地勘测规划院、自治区地质调查院、兴安盟扎赉特旗国土资源局、鄂尔多斯市东胜区国土资源局被授予"全国国土资源管理系统先进集体"称号。

11月22—25日 由国土资源部、国家发改委、财政部、农业部、建设部、监察部、审计署组成的国务院七部委土地市场治理整顿检查验收组,对自治区土地市场治理整顿工作进行验收,并给予充分的肯定。

11月29日 自治区国土资源厅、财政厅印发《关于确认自治区征收矿产资源补偿费企业名单的通知》。

11月30日 自治区国土资源厅印发《关于暂停受理部分探矿权申请的通知》。经自治区政府同意,自治区国土资源厅决定自2004年11月30日起,暂停受理国家出资探明矿产地以外新设小型社会投资探矿权申请。

同月 经自治区编委核准,由自治区地质环境监测总站和自治区水文地质中心合并重组自治区地质环境监测院。

12月2日 受自治区主席委托,自治区常务副主席岳福洪主持召开主席办公会议,研究全区国土资源管理体制改革和贯彻落实国务院《关于深化改革严格土地管理的决定》的具体意见。会议原则通过《内蒙古自治区人民政府关于做好国土资源管理体制改革的实施意见(代拟稿)》,并责成自治区国土资源厅按照会议议定的意见作进一步修改完善后,按规定程序下发执行。会议议定,盟市国土资源管理体制改革在2004年底前完成,旗县市(区)国土资源管理体制改革工作在2005年春节前完成。会议同意《关于贯彻落实国务院〈决定〉的意见》,并责成自治区国土资源厅会同相关部门进一步做好贯彻落实工作。自治区国土资源厅黄·阿拉腾别立格、孔燕燕、沈晋平列席会议。

12月3日 自治区党委组织部转发中央组织部《关于调整省以下国土资源主管部门干部管理体制的通知》,并提出贯彻落实意见。

12月8日 自治区政府印发《内蒙古自治区人民政府关于国土资源管理体制改革的实施意见》。

12月13日 自治区国土资源厅印发《关于转发土地利用计划管理办法的通知》。

12月14日 自治区国土资源厅印发《关于贯彻实施〈建设项目用地预审管理办法〉的意见》。

12月17日 自治区国土资源厅印发《关于进一步做好全区矿产资源补偿费缴库统计工作的通知》。

12月22日 自治区国土资源厅转发国土资源部《关于印发完善农用地转用和土地征收审查报批

工作意见的通知》。

12月23日 自治区政府召开全区国土资源管理体制改革专题会议，对国土资源管理体制改革工作再次进行了部署，提出春节前完成改革工作的具体要求。会上，自治区国土资源厅与各盟市委签署了盟市国土资源局领导班子和领导干部管理交接书。

12月24日 自治区国土资源厅印发《关于印发内蒙古自治区基本农田补划方案的通知》。

12月27日 自治区国土资源厅印发《内蒙古自治区矿山矿产资源储量核查检测管理暂行办法》。

12月31日 自治区政府印发《内蒙古自治区人民政府关于加快发展能源重化工业进一步推进煤炭资源优化配置的意见》。

同日 经自治区政府批准，自治区国土资源厅印发《内蒙古煤炭资源勘查专项规划（2003—2010年）》，并予以实施。

2005年

1月12日 自治区国土资源厅印发《内蒙古自治区国土资源科学技术普及计划（2005—2010年）》。

1月18日 自治区国土资源厅成立国土资源特大生产安全事故和地质灾害应急指挥中心和救援分队。

1月28日 自治区国土资源厅印发《关于成立全区铁路公路重点建设项目用地服务协调工作领导小组的通知》，由副厅长孔燕燕任领导小组组长，副厅长赵保胜任副组长，领导小组办公室设在厅规划与科技处。

2月4日 自治区发改委会同自治区财政厅发布自治区国土资源系统行政事业性收费项目标准。

2月11日 联合国教科文组织正式批准克什克腾国家地质公园为世界地质公园。

2月16日 自治区财政厅、国土资源厅、中国人民银行呼和浩特中心支行转发财政部、国土资源部、中国人民银行《关于进一步加强新增建设用地土地有偿使用费征收使用管理的通知》。

2月17日 自治区国土资源厅印发《关于做好全区铁路公路重点建设项目用地服务的通知》。

2月21日 自治区国土资源厅印发《内蒙古自治区征收土地暂行规定》。

2月22日 自治区国土资源厅印发《内蒙古自治区土地利用总体规划修改报批暂行办法》和《内蒙古自治区开发区（园区）土地管理暂行办法》。

3月1—2日 全区国土资源工作会议在呼和浩特市召开。自治区副主席赵双连出席会议并讲话。

3月25日 自治区编委印发《关于内蒙古自治区土地登记中心更名为内蒙古自治区土地储备登记中心的批复》。同意将自治区土地登记中心更名为内蒙古自治区土地储备登记中心（以下简称自治区土地储备登记中心）。

3月30日 自治区主席在锡林郭勒盟召开主席办公会议，研究资源开发利用有关问题。自治区副主席岳福洪、赵双连，自治区政府秘书长乌兰巴特尔，自治区发改委主任呼尔查、自治区政府工业办公室（以下简称自治区工业办）主任牙萨宁、自治区国土资源厅副厅长孔燕燕，锡林郭勒盟委和行署有关领导参加会议。

同日 自治区副主席连辑到自治区测绘事业局考察信息化工作。

△ 自治区政府印发《内蒙古自治区人民政府关于表彰全区依法行政先进集体和先进个人的通报》。赤峰市巴林右旗国土资源局、阿拉善盟国土资源局被评为全区依法行政先进集体。

3 月 31 日 自治区第十届人民代表大会常务委员会第十五次会议通过决定，任命白盾为自治区国土资源厅厅长。

3 月 30 日，自治区副主席连辑（右二）在自治区测绘事业局考察时与自治区国土资源厅厅长黄·阿拉腾别立格（左三）、副厅长元重举（左二）、自治区测绘事业局局长吴齐文（左一）一同观看有关信息化成果。

4 月 1—5 日 自治区政府与中国地质学会联合召开内蒙古全区矿产资源勘查靶区优选暨项目年度汇报会。中国工程院院士陈毓川，中国科学院院士谢学锦、李廷栋、肖序常、叶大年、翟裕生、刘嘉麒等出席会议。

4 月 5 日 自治区政府任命自治区国土资源厅原厅长黄·阿拉腾别立格为自治区政府主席助理。

4 月 12 日 自治区政府印发《内蒙古自治区人民政府关于自治区地勘局和有色地勘局及煤田地质局推进内部企业化改革有关事宜的批复》。同意自治区地勘局、有色地勘局、煤田地质局推进内部企业化改革的意见。为统一管理，将原隶属自治区工业办的自治区煤田地质局划归自治区国土资源厅管理。

同日 自治区国土资源厅印发《关于对小煤矿整合的实施意见》。

4 月 21 日 自治区国土资源厅印发《关于加强属盟市发证的采矿权转让初审工作的通知》。自治区国土资源厅决定委托盟市国土资源局受理并初审属盟市发放采矿许可证的采矿权转让申请资料，并就该类采矿权转让审批工作提出具体要求。

同日 自治区国土资源厅印发通知，委托自治区国土资源信息院组织对自治区国土资源厅受理颁发的采矿许可证涉及的矿山矿产资源开发利用方案的审查工作。

4 月 25 日 自治区国土资源厅召开 3 个地勘局推进内部企业化改革动员大会。自治区国土资源厅厅长白盾做了动员讲话。

4 月 29 日 自治区国土资源厅印发《关于坚决整治非法开采乱采滥挖矿产资源行为的紧急通知》。

5 月 10 日 自治区国土资源厅印发《关于煤炭采矿权价款评估确认缴纳有关问题的通知》。

5 月 11 日 自治区国土资源厅印发《关于贯彻实施内蒙古自治区地质灾害防治规划的通知》。

5 月 13 日 自治区国土资源厅印发《内蒙古自治区工业项目建设用地控制指标（试行）》。

5 月 16 日 自治区国土资源厅印发《关于设点受理审批属厅发证的采矿权延续和探矿权转采矿权事宜的通知》。决定从 2005 年 5 月 20 日起，在各盟市国土资源局设点对属自治区国土资源厅发证范围内的采矿权延续和探矿权转采矿权进行受理审批。

5 月 18 日 国土资源部印发《关于表彰全国地质资料管理先进集体和先进个人的决定》，自治区国土资源厅、自治区地质调查院、自治区有色地勘局矿产勘查院、自治区煤田地质局117勘探队、内蒙古自治区第十地质矿产勘查开发院（以下简称自治区第十地质勘查院）被授予“全国地质资料管理先进集体”荣誉称号。

5月19日　自治区国土资源厅印发《关于调整和进一步规范建设项目用地预审工作的通知》。

5月20日　自治区国土资源厅发文，决定从2005年6月1日起，由厅负责用地预审的建设项目用地预审申报材料，均由项目所在地盟市国土资源管理部门负责受理。

6月6日　自治区国土资源厅印发《关于进一步规范矿产资源储量报告编制等有关工作的通知》和《内蒙古自治区矿产资源储量报告质量评定办法》。

6月7日　自治区国土资源厅印发《关于公布内蒙古自治区协议出让国有土地使用权最低价标准的通知》。

同日　自治区土地市场治理整顿工作通过国务院验收，恢复农用地转用征地正常审批。

6月9日　自治区国土资源厅印发《关于加强盟市、旗县（市区）建设用地审查报批管理工作的通知》。

6月10日　国土资源部印发《关于表彰全国矿产资源规划优秀成果和先进个人的决定》。自治区的《鄂尔多斯市矿产资源规划》《呼伦贝尔市矿产资源总体规划》《包头市矿产资源总体规划》被评为优秀成果一等奖，《内蒙古自治区矿产资源总体规划》《奈曼旗矿产资源开发利用与保护规划》《通辽市矿产资源勘查开发利用与保护规划》《阿拉善盟矿产资源规划》被评为优秀成果二等奖。

6月17日　自治区政府印发《内蒙古自治区人民政府关于全区煤田实行分级规划管理的通知》。

6月21日　自治区国土资源厅成立政务公开领导小组，由厅长白盾任领导小组组长，副厅长元重举、驻厅纪检组长沈晋平任副组长。

7月1日　自治区国土资源厅印发《内蒙古自治区国土资源厅工作规则》，共9章63条。

7月5日　自治区国土资源厅印发《关于开展全区地质勘查资质注册登记工作的通知》，决定在全区开展地质勘查资质注册登记工作。

7月12日　自治区国土资源厅转发国土资源部《关于印发土地权属争议案件文书格式的通知》。

7月29日　自治区第十届人民代表大会常务委员会第十七次会议通过《内蒙古自治区测绘管理条例》，自2005年9月1日起施行。

8月2—5日　国土资源部部长孙文盛到自治区就国土资源管理工作进行调研。

8月3日　国土资源部批准赤峰巴林石矿山公园、满洲里扎赉诺尔矿山公园为国家矿山公园。

8月8—10日　国土资源部组织的华北、东北地区国土资源法制联席会议在锡林浩特市召开。

8月12日　自治区国土资源厅党组印发《内蒙古自治区国土资源厅党组关于对盟市国土资源局领导班子和领导干部的考核办法（试行）》和《内蒙古自治区国土资源厅党组关于对直属事业单位领导班子和领导干部考核工作细则（试行）》。

8月16日　自治区副主席赵双连主持召开自治区土地利用规划修编领导小组会议，研究自治区新一轮土地利用总体规划修编有关工作。自治区政府副秘书长史青晓，自治区国土资源厅厅长白盾、副厅长赵保胜参加会议。

8月20日　自治区政府印发《关于进一步推进煤炭资源整合和有偿使用的实施办法的通知》。

8月30日 自治区国土资源厅印发《关于尽快处理停产整顿的乡镇煤矿及关闭煤矿采矿许可证的通知》和《关于印发〈内蒙古自治区建设项目地质环境影响评价技术要求〉(试行)的通知》。

9月19日 国土资源部批准建立内蒙古阿拉善沙漠国家地质公园。

9月27日 自治区政府办公厅印发《内蒙古自治区人民政府办公厅关于进一步巩固退耕还林成果的通知》。

10月17日 自治区政府印发《内蒙古自治区人民政府关于全面整顿和规范矿产资源开发秩序的意见》。

10月18日 自治区政府举行仪式,聘请中国科学院院士、矿床学和区域成矿学专家翟裕生,中国科学院院士、著名地质教育家、地球化学专家张本仁为自治区政府国土资源顾问。自治区党委副书记杨利民、自治区副主席郭子明、中国地质大学副校长王聪出席并讲话。

10月28日 自治区国土资源厅印发《内蒙古自治区矿产资源评审备案工作指南》。

10月31日 自治区国土资源厅印发《关于进一步规范自治区政府出资项目探矿权转让管理的通知》。

11月2日 自治区国土资源厅印发《关于进一步加强古生物化石保护管理的通知》。

11月8日 自治区政府办公厅转发自治区国土资源厅、党委宣传部、外事办公室、教育厅、商务厅、工商行政管理局、新闻出版局、呼和浩特海关《关于加强国家版图意识宣传教育和地图市场监管的意见的通知》。

同日 自治区国土资源厅、农业厅、统计局联合印发《关于印发全区制订征地统一年产值标准和征地区片综合地价工作方案及技术方案的通知》。

11月10日 自治区政府印发《内蒙古自治区人民政府关于煤矿整顿关闭工作实施方案》。

11月15日 自治区政府在呼和浩特市召开全区土地收储工作会议,总结土地收储工作经验及存在问题,研究进一步落实《内蒙古自治区国有土地储备管理办法》和土地储备政策措施。自治区副主席赵双连出席会议并讲话,自治区国土资源厅厅长白盾作工作报告,自治区政府副秘书长史青晓作会议总结讲话。

11月17—18日 自治区国土资源厅在呼和浩特市召开全区国土资源执法监察工作会议,部署全区国土资源执法监察工作。

11月18日 自治区国土资源厅印发《关于设立包头稀土高新技术产业开发区国土资源管理分局的通知》,经与包头市政府研究决定,设立包头稀土高新技术产业开发区国土资源管理分局,将包头稀土高新技术产业开发区土地规划建设局的国土资源管理职能划入,作为自治区国土资源厅派出机构,分局正、副局长按有关规定由自治区国土资源厅管理。

同日 由自治区测绘事业局研制的《内蒙古政务地理信息系统》在内蒙古政务网正式上线运行。

12月6日 自治区政府办公厅印发《内蒙古自治区人民政府办公厅关于进一步加快煤矿整顿关闭进度做好社会稳定工作的通知》。

12月9日 自治区国土资源厅、农业厅等七部门转发国土资源部等七部委《关于进一步做好基本农田保护有关工作的意见》。

同日 自治区国土资源厅印发《关于建立地质勘查行业管理有关报表制度的通知》。

12月14日 自治区政府印发《内蒙古自治区人民政府关于完善征地补偿安置制度切实维护被征

地农牧民合法权益的意见》。

12月18日　自治区土地利用总体规划修编领导小组在呼和浩特市召开自治区土地利用总体规划修编前期工作成果相关部门协调会议。自治区发改委、财政厅、农业厅、林业厅、建设厅、水利厅、交通厅、环保局、统计局、旅游局、工业办等部门参加会议。

12月21日　自治区国土资源厅印发《关于煤炭资源整合中办理采矿许可证合并及有偿使用有关问题的通知》和《内蒙古自治区征收土地暂行规定》。

12月22日　自治区政府组织召开自治区土地利用规划修编领导小组成员单位会议，审查通过自治区国土资源厅组织完成的《内蒙古自治区土地利用总体规划修编前期工作成果》。

2006年

1月5日　自治区国土资源厅印发《关于进一步做好制订征地统一年产值标准工作的通知》。

1月10日　自治区财政厅通报表彰2005年非税收入收缴管理工作先进单位。自治区国土资源厅被评为先进单位，获部门组织奖。

1月16日　自治区国土资源厅印发《内蒙古自治区国土资源厅关于加强和改进国土资源信访工作的意见》。

1月17日　自治区国土资源厅办公室印发《内蒙古自治区国土资源重大信访信息报送制度》。

1月23—24日　自治区政府在呼和浩特市组织召开全区国土资源工作会议。自治区有关领导和16个委办厅局的负责人，全区12个盟市和2个计划单列市及39个旗县政府的分管领导和国土资源局局长，12个盟市和2个计划单列市国土资源局办公室主任，自治区国土资源厅机关17个处室负责人和14个厅属事业单位负责人及办公室主任，自治区4个铁路土地管理分局局长，自治区主要新闻媒体记者，共计200多人参加会议。

2月5日　自治区国土资源厅印发《关于土地利用总体规划修改工作中有关问题的通知》。

2月15日　自治区国土资源厅印发《关于进一步规范地质灾害危险性评估工作的通知》。

3月1日　自治区国土资源厅印发《关于成立财政专项资金自查自纠领导小组的通知》，由副厅长孔燕燕任领导小组组长，并要求厅所属各单位对2003年以来各类财政专项资金的管理使用情况进行一次全面的自查自纠工作。

3月15日　自治区国土资源厅印发《关于切实加强全区矿产资源统计工作的通知》。

3月28日　自治区副主席赵双连主持召开专题会议，听取自治区国土资源厅一季度工作情况汇报，并研究部署相关工作。自治区国土资源厅白盾、孔燕燕、赵保胜、元重举、沈晋平、杨仁选、王富友、高华参加会议。

同日　自治区国土资源厅印发《关于进一步加强全区国土资源档案工作的通知》。

4月6日　自治区政府印发专题会议纪要，明确有关经营性用地特别是城市商业性用地全部以招拍挂方式出让。

4月16—17日　国土资源部党组成员、中国地质调查局局长孟宪来到鄂尔多斯市考察能源基地地下水勘查项目，自治区政府党组成员、顾问周德海陪同考察。

4月27日　自治区国土资源厅成立治理商业贿赂专项工作领导小组，由厅长白盾任领导小组组长,副厅长王富友任副组长。

4月29日 自治区国土资源厅印发《内蒙古自治区国土资源厅关于开展治理商业贿赂专项工作的实施方案》。

4月30日 自治区国土资源厅成立治理政府采购领域商业贿赂专项工作领导小组,由副厅长孔燕燕任领导小组组长。

5月8日 自治区主席主持召开2006年第六次政府常务会议。原则同意《内蒙古自治区人民政府贯彻落实〈国务院关于加强地质工作的决定〉的意见》。责成自治区国土资源厅按照会议议定的意见进一步修改完善,按程序送审后,以自治区政府名义下发执行。

同日 自治区政府批复自治区国土资源厅,同意组建内蒙古自治区地质矿产(集团)有限责任公司(以下简称内蒙古地矿集团公司)、内蒙古自治区有色地质矿业(集团)有限责任公司(以下简称内蒙古有色地矿集团公司)、内蒙古自治区煤炭地质勘查(集团)有限责任公司(以下简称内蒙古煤炭地勘集团公司)。

△ 自治区国土资源厅印发《关于进一步规范管理国土资源行政部门所属土地评估机构业务活动和做好城镇基准地价更新及发布工作的通知》。

5月10日 自治区国土资源厅在呼和浩特市召开全区国土资源系统党风廉政建设暨治理商业贿赂专项工作会议。各盟市国土资源局局长、纪检组组长,厅属事业单主要负责人、纪委书记,厅机关各处室主要负责人共90多人参加会议。厅长白盾作了题为《突出重点、标本兼治,为国土资源事业健康发展提供政治保障》的讲话。驻厅纪检组组长沈平总结了2005年党风廉政建设和反腐败工作,部署了2006年的工作。副厅长王富友作了题为《开展治理商业贿赂专项工作,净化国土资源领域工作环境》的讲话。

5月12日 自治区财政厅、国土资源厅、人民银行呼和浩特市中心支行转发财政部、国土资源部、中国人民银行《关于调整新增建设用地有偿使用费政策等问题的通知》。

同日 自治区国土资源厅印发《内蒙古自治区地质勘查"十五"及2005年工作情况和"十一五"规划及2006年工作安排》。

5月16日 自治区国土资源厅印发《关于进一步规范矿业权管理加强煤炭资源勘查开采管理的意见的通知》。

5月23日 自治区政府公布《内蒙古自治区人民政府关于进一步加强地质工作的意见》。

6月5日 自治区国土资源厅转发国土资源部《关于加强矿产资源补偿费征收管理促进煤矿回采率提高的通知》。

6月6日 自治区国土资源厅印发《关于开展国土资源领域不正当交易行为自查自纠及依法查处商业贿赂案件的通知》,部署有关工作。

6月19日 自治区国土资源厅印发《关于认真做好全区主要固体矿产大中型矿山矿产资源潜力调查工作的通知》。部署开展全区主要固体矿产大中型矿山矿产资源潜力调查工作。

6月28日 自治区国土资源厅印发《内蒙古自治区国土资源厅关于推进社会主义新农村新牧区建设的实施意见》。

6月29日 自治区政府聘请著名地质学家、中国工程院院士陈毓川为国土资源顾问。

7月5日 自治区副主席赵双连主持召开会议,研究自治区岩盐勘查开发有关事宜。自治区国土资源厅赵保胜，自治区有色地勘局吴日山、刘俊成，自治区地勘局李铁军参加会议。

同日 自治区国土资源厅转发国土资源部《关于加强矿产资源补偿费征收管理的通知》。

7月18日 自治区党委、政府印发《内蒙古党委、政府关于表彰2005年度全区社会治安综合治理先进地区、优秀成员单位和荣获自治区级“长安杯”称号地区、单位的通报》。自治区国土资源厅被评为全区综合治理优秀成员单位。自治区煤田地质局472勘探队、阿拉善盟国土资源局荣获自治区级“长安杯”。

7月28日 内蒙古地矿集团公司举行正式成立挂牌仪式。自治区副主席赵双连，自治区国土资源厅厅长白盾、副厅长孔燕燕出席仪式。

7月28日，内蒙古地矿集团公司举行挂牌仪式现场。

同日 内蒙古煤炭地勘集团公司举行成立挂牌仪式，自治区副主席赵双连出席并为其揭牌。

8月6日 自治区国土资源厅印发《关于组建鄂尔多斯内蒙古能源基地地下水勘查项目管理机构的通知》。根据中国地质调查局和自治区政府《合作开展鄂尔多斯内蒙古能源基地地下水勘查项目协议书》的精神，自治区国土资源厅与中国地质调查局商定，决定组建鄂尔多斯内蒙古项目管理机构，成立项目管理领导小组，由自治区国土资源厅副厅长赵保胜任领导小组组长。

8月9—18日 国土资源部开发区审核工作组对自治区落实开发区四至范围情况检查、督导。

8月17日 自治区副主席赵双连在包钢白云鄂博西矿考察调研时主持召开办公会议，专题研究白云鄂博矿区资源整合和西矿开发问题。自治区国土资源厅厅长白盾参加会议。

同日 自治区国土资源厅转发国土资源部《招标拍卖挂牌出让国有土地使用权规范（试行）》和《协议出让国有土地使用权规范（试行）》。

8月30日 自治区国土资源厅成立实施《公务员法》领导小组，由厅长白盾任领导小组组长，副厅长孔燕燕、副巡视员陈喜良任副组长，领导小组办公室设在厅人事教育处。

同月 内蒙古有色地矿集团公司举行成立暨挂牌仪式。

8月，自治区副主席赵双连（前右二）、自治区国土资源厅厅长白盾（前左二）出席内蒙古有色地矿集团公司挂牌仪式并为其揭牌。

9月6日 自治区国土资源厅在呼和浩特市召开全区国土资源局长座谈会,研究分析国土资源工作面临的新形势、新任务,部署下一步工作。

9月9日 内蒙古阿尔山火山温泉国家地质公园开园揭碑。

9月15日 自治区公开向社会公布10起矿产资源违法案件查处结果。

9月20日 自治区召开新闻发布会,公布自治区公开查处14起土地矿产资源违法案件。

9月21日 自治区国土资源厅印发《关于进一步加强矿产资源储量登记工作的通知》。

9月29日 自治区国土资源厅印发《关于进一步加强矿产资源开发利用方案编制及审查工作的通知》。

9月30日 自治区国土资源厅印发《关于对当前矿业用地中有关问题的处理意见》。

10月8日 自治区国土资源厅下发《关于明确备案建设项目办理建设项目用地预审有关要求的通知》。

10月12日 自治区国土资源厅印发《关于进一步规范矿业权设点受理初审和市场出让的通知》。

10月18日 自治区国土资源厅印发《内蒙古自治区土地利用总体规划修改报批暂行办法(修订)》和《关于进一步加强建设用地项目用地预审工作的通知》。

10月23日 自治区财政厅、国土资源厅印发《内蒙古自治区财政厅、国土资源厅关于开展全区地质勘查专项资金重点抽查工作的通知》,决定对全区2004—2005年度地质勘查专项资金的使用情况进行重点抽查。

10月26日 自治区国土资源厅印发《对当前自治区道路、管线建设项目用地涉及基本农田与调整规划的意见》。

10月30日 自治区国土资源厅印发《关于提交建设项目用地预审材料有关事宜的通知》。

10月31日 自治区国土资源厅印发《关于进一步改进自治区出资勘查项目勘查环境的通知》。要求各盟市国土资源局积极主动地协助地质勘查单位协调好与相关部门及当地群众的关系,为自治区出资勘查项目的顺利实施创造良好的勘查实施环境。

11月2日 自治区党委书记储波在阿拉善盟考察,要求阿拉善盟继续加大投入力度,搞好资源勘查工作,把资源勘查作为一项最基础的工作来抓,提高可持续发展的支撑能力。

11月12日 自治区国土资源厅组织编制的《内蒙古自治区矿山环境保护与治理规划(2006—2015年)》,通过国土资源部评审。

11月20—28日 自治区组成6个工作组,对各盟市开展整顿和规范矿产资源开发秩序第一阶段工作进行自查验收。

11月21日 自治区国土资源厅、财政厅印发《关于规范土地开发整理项目申报程序的通知》。

11月29日 自治区政府办公厅印发《内蒙古自治区人民政府办公厅关于成立自治区深化煤炭资源有偿使用制度改革试点工作领导小组的通知》,自治区副主席赵双连任领导小组组长,自治区国土资源厅厅长白盾任副组长。

12月13日 自治区国土资源厅主持召开自治区政府特聘国土资源顾问座谈会。自治区政府和相关部门领导,自治区政府国土资源顾问、中国科学院院士翟裕生、张本仁,自治区政府国土资源顾问、中国工程院院士陈毓川参加座谈会。

12 月 14 日　赤峰市宁城县地区发现地球上迄今最早会飞的哺乳动物——远古翔兽。这一发现,将地球上哺乳动物会飞的历史提前至少 7000 万年。

12 月 27 日　自治区主席主持召开 2006 年第十七次主席办公会议。会议议定:加大对乌兰察布市地质矿产勘查工作的支持力度。鉴于乌兰察布市的地质工作程度低,拥有的资源较少,支撑地区发展的条件不足,自治区国土资源厅在研究地质矿产勘查工作时,要对乌兰察布市予以支持。

12 月 13 日,翟裕生(右一)、张本仁(左一)、陈毓川(右二)3 位院士参加自治区特聘国土资源顾问座谈会并发言。

2007 年

1 月 19 日　自治区国土资源厅驻厅纪检组长沈晋平、副巡视员陈喜良带领慰问组到兴安盟扎赉特旗呼格吉勒图嘎查帮扶点对贫困户进行慰问。

1 月 19 日,沈晋平(左五)、陈喜良(左三)代表自治区国土资源厅接受扎赉特旗呼格吉勒图嘎查村民赠送的感谢帮扶锦旗。

1 月 19 日,扎赉特旗呼格吉勒图嘎查贫困户领取到自治区国土资源厅的慰问品。

1 月 22 日　全区国土资源工作会议在呼和浩特市召开。自治区副主席赵双连出席会议并讲话,自治区党委副秘书长满都呼、自治区政府副秘书长史青晓、自治区人民检察院副检察长周忠清出席会议。自治区国土资源厅领导班子成员、各盟市分管国土资源工作的盟市领导及国土资源局局长,部分旗县领导及国土资源局局长共 200 多人参加会议。自治区国土资源厅厅长白盾作工作报告。

1 月 23 日　全区国土资源执法监察工作会议在呼和浩特市召开。会议主要总结 2006 年全区国土资源执法监察工作,部署 2007 年度全区国土资源执法监察任务。

1 月 24 日　自治区国土资源厅在呼和浩特市组织召开全区测绘工作会议。主要表彰全区测绘工作先进集体、先进个人、技术能手;贯彻落实自治区测绘事业发展"十一五"规划和《自治区基础测绘规划(2005—2014 年)》,部署各盟市测绘规划编制工作。

1 月 25 日　自治区政府办公厅印发《内蒙古自治区整顿和规范矿产资源开发秩序第二阶段工作

方案》。

2 月 6 日 自治区政府转发《国务院关于开展第二次全国土地调查的通知》。成立第二次全区土地调查领导小组,由自治区副主席赵双连任领导小组组长,自治区国土资源厅厅长白盾、自治区人民政府副秘书长史青晓任副组长;领导小组办公室设在自治区国土资源厅,副厅长元重举兼任办公室主任。

2 月 9 日 自治区政府副秘书长史青晓主持召开会议,研究矿产资源配置项目审核办理程序事宜。自治区国土资源厅副厅长赵保胜参加会议。

2 月 12 日 自治区政府公布《内蒙古自治区矿产资源有偿使用管理办法(试行)》,自下发之日起执行。

2 月 14 日 自治区国土资源厅印发《关于〈第二轮全区矿产资源总体规划编制工作安排意见〉的通知》。

2 月 27 日 自治区国土资源厅印发《关于进一步加强国家投资土地开发整理项目实施情况检查工作的通知》。

3 月 9 日 自治区政府办公厅印发《关于研究矿产资源配置事项审核办理程序的会议纪要》。

3 月 14 日 自治区国土资源厅转发《国土资源部关于调整报国务院批准城市建设用地审批方式有关问题的通知》。

3 月 15 日 自治区国土资源厅转发国土资源部《关于印发〈固体矿产资源储量核实报告编写规定〉的通知》。

3 月 16 日 自治区国土资源厅印发《关于进一步规范矿产资源储量评审工作的通知》。

3 月 19 日 自治区国土资源厅印发《关于中央财政、自治区财政投资安排地勘项目办理勘查登记手续事项的通知》。

同日 自治区国土资源厅印发《关于开展全区矿产资源潜力评价工作的通知》,并成立全区矿产资源潜力评价工作领导小组,由厅长白盾任领导小组组长,副厅长赵保胜、副巡视员高华任副组长,具体工作任务由自治区地质调查院牵头承担。

3 月 20 日 自治区国土资源厅转发国土资源部、财政部、解放军总后勤部联合下发的《关于加强军队空余土地转让管理有关问题的通知》。

3 月 21 日 自治区人事厅批准自治区国土资源执法监察总队参照《中华人民共和国公务员法》管理。

3 月 29 日 自治区党委巡视组对自治区国土资源厅开展巡视。

4 月 3 日 自治区国土资源厅在呼和浩特市组织召开全区国土资源系统党风廉政建设工作会议。

同日 自治区国土资源厅致函鄂尔多斯市机构编制委员会,根据《国务院关于做好省级以下国土资源管理体制改革有关问题的通知》关于"实行省级以下国土资源管理体制改革后,要进一步强化省级人民政府及其国土资源主管部门的执法监察责任"的要求,自治区国土资源厅选择鄂尔多斯市作为国土资源执法监察体制创新工作的第三批试点。

4 月 11—16 日 国土资源部耕地占补平衡抽查考核工作组对自治区 2006 年度耕地占补平衡工作进行考核。抽查了 35 个建设用地项目及对应的补充耕地项目,对凉城县、和林格尔县、土默特右旗等 3 个补充耕地项目区进行了实地核查。

4 月 16—17 日 自治区国土资源厅在阿拉善盟阿拉善左旗组织召开阿拉善盟地质勘查工作研讨会。自治区国土资源厅相关处室负责人，自治区地勘局、自治区煤田地质局、自治区有色地勘局、自治区地质调查院等单位领导及相关技术人员参加会议。

4 月 17 日 自治区政府组织在鄂尔多斯市召开鄂尔多斯能源基地后备水资源研讨会。自治区副主席赵双连、秘书长乌兰巴特尔，国家地质调查局副局长王学龙、鄂尔多斯市委书记云峰、自治区国土资源厅副厅长孔燕燕参加会议。

4 月 20 日 自治区主席在自治区国土资源厅《国家土地督察北京局来我区开展督察工作情况的报告》上作出批示。

同日 自治区国土资源厅组织验收通过“海拉尔区土地利用基础图件与数据更新调查工作成果”。

4 月 24 日 自治区国土资源厅印发《内蒙古自治区地质勘查项目招标投标代理机构管理暂行办法》。

4 月 25 日 自治区国土资源厅转发国土资源部《关于加强土地权属争议调处工作的通知》。

4 月 26 日 包头市国土资源局监察支队、昆都仑区分局在对阿嘎如泰苏木境内的一处违法建筑依法进行现场执法时，遭遇暴力抗法，打伤国土资源执法人员 7 名，其中重伤 1 人。27 日，包头市常务副市长王波到医院看望受伤住院的包头市国土资源执法监察人员，同日自治区国土资源厅副厅长王富友代表国土资源厅也慰问了受伤人员。5 月 8 日，自治区副主席赵双连在自治区国土资源厅《关于包头国土资源执法监察人员依法执法中遭遇暴力抗法事件的报告》上作出批示。

同日 自治区国土资源厅组织召开《2006 年度内蒙古自治区地质环境公报》发布会，副厅长赵保胜出席会议并讲话。

△ 自治区国土资源厅印发《关于对“油房壕井田普查报告”事件的处理决定》。

4 月 27 日 自治区政府办公厅印发《内蒙古自治区矿产资源整合总体方案》。

5 月 11 日 自治区国土资源厅印发《关于贯彻国土资源部开展法制宣传教育第五个五年规划(2006—2010 年)的实施意见》和《关于进一步做好矿产资源补偿费征收管理工作的通知》。

同日 自治区国土资源厅组织评审通过由自治区地质调查院负责编制的《内蒙古自治区煤炭资源勘查规划》成果。

5 月 17 日 自治区国土资源厅转发国土资源部《关于建立地质勘查成果通报制度的通知》。

5 月 21 日 自治区政府印发《内蒙古自治区人民政府关于切实加强林地保护管理工作的通知》。

5 月 28 日 自治区国土资源厅印发《内蒙古自治区国土资源厅重要事项报告制度》《内蒙古自治区国土资源厅保密工作制度(修订)》《内蒙古自治区国土资源系统政务信息考评办法》三项工作制度。

6 月 7 日 国土资源部函复自治区政府，根据《中华人民共和国矿产资源法》的授权，省、自治区、直辖市人民政府地质矿产主管部门主管本行政区域内矿产资源勘查、开采的监督管理工作，不具有对矿山进行安全生产监督管理的职责。

6 月 26 日 自治区财政厅、国土资源厅、人民银行呼和浩特中心支行转发《财政部、国土资源部、中国人民银行关于印发〈国有土地使用权出让收支管理办法〉的通知》。

6 月 28 日 自治区国土资源厅印发《关于工业用地招标拍卖挂牌出让工作的实施意见》。

7月5日 由赤峰市政府、自治区发改委、自治区经委、自治区国土资源厅、中国科学院地质与地球物理所共同举办的赤峰市有色金属产业发展论坛在克什克腾旗开幕。

7月9日 自治区国土资源厅印发《关于设立非法采矿、破坏性采矿造成矿产资源破坏价值鉴定委员会的通知》。

7月15日 自治区地质调查院举行新址落成庆典仪式。国土资源部副部长、中国地质调查局局长寿嘉华,自治区政府国土资源顾问、中国科学院院士翟裕生,自治区政府党组成员、顾问周德海,以及自治区国土资源厅和有关部门的领导出席仪式。

7月15日自治区地质调查院举行新址落成庆典仪式上,寿嘉华致贺词。

7月20—22日 自治区国土资源厅在呼和浩特市组织举办全区国土资源系统职工"国土资源杯"乒乓球比赛。

7月26日 自治区国土资源厅转发《内蒙古自治区人民政府关于进一步加强应急管理工作的意见》。

7月31日 自治区国土资源厅转发国土资源部《关于建立地质勘查工作和行业管理专报制度的通知》和《第二次全国土地调查技术规程》。

8月6—8日 国土资源部副部长汪民,在自治区政府顾问周德海和自治区国土资源厅厅长白盾、副厅长赵保胜陪同下,考察自治区地质调查院、锡林郭勒盟道伦达坝矿区、内蒙古拜仁达坝矿区、内蒙古维托拉斯矿区、克什克腾世界地质公园及内蒙古自治区第九地质矿产勘查开发院(以下简称自治区第九地质勘查院)和自治区第十地质勘查院。

8月13日 自治区国土资源厅印发《关于开展农用地定级与估价工作的通知》,并随文下发《内蒙古自治区农用地定级与估价工作实施方案》。

8月15日 自治区国土资源厅印发《内蒙古自治区城镇建设用地增加与农村牧区建设用地减少相挂钩工作管理办法(试行)》。

8月20日 自治区国土资源厅、发改委、财政厅印发《关于认真做好全区城镇土地基准地价更新和重新公布工作的通知》。

8月21日 中国克什克腾世界地质公园举行开园仪式。自治区国土资源厅副厅长孔燕燕主持仪式,联合国教科文组织代表彼得·道森,中国地质学会副理事长、国土资源部原党组成员孟宪来,赤峰市委书记杭桂林、克什克腾旗委书记李欣华为中国克什克腾世界地质公园揭碑。

8月27—28日 全区矿产资源整合工作调度会议在呼和浩特市召开。自治区国土资源厅副厅长赵保胜部署下一步工作。

8月28日 自治区国土资源厅印发《关于开展土地开发整理项目实施情况检查工作的通知》。

8月31日至9月3日 国土资源部原党组书记、部长,原国家土地总督察孙文盛一行在自治区考察。考察期间,自治区党委书记储波,自治区党委常委、秘书长符太增,自治区政府副主席赵双连等,在呼和浩特市会见孙文盛一行。

9 月 1 日 自治区国土资源厅印发《关于加强政风行风建设五项制度》《内蒙古自治区国土资源厅预防和治理国土资源领域商业贿赂行为若干规定》。

9 月 10 日 自治区国土资源厅印发《关于严格属地管理进一步加强执法监察维护国土资源市场秩序的意见》和《关于规范探矿权采矿权管理有关问题的补充通知》。

9 月 17 日 自治区国土资源厅党组召开专题会议，传达学习全国土地执法百日行动视频会议精神，明确土地执法百日行动工作目标和重点。

9 月 19 日 内蒙古阿拉善沙漠国家地质公园开园揭碑。

9 月 21 日 自治区政府组织召开电视电话会议，安排部署全区土地执法百日行动。自治区相关委办厅局领导和各盟市政府分管领导、国土资源局主要负责人，以及各旗县(市、区)政府领导和国土资源局领导班子成员等共 200 多人参加会议。

同月 自治区国土资源厅被内蒙古自治区直属机关工作委员会(以下简称自治区直属机关工委)命名为“区直文明单位”。

10 月 8 日 自治区国土资源厅决定，自即日起凡由自治区国土资源厅发证的所有采矿权登记项目全部在盟市设点受理审查，受理及报送时限按照《关于进一步规范矿业权设点受理初审和市场出让的通知》要求办理。

10 月 13 日 国土资源部组织召开全国土地执法百日行动自查清理阶段总结暨转段动员电视电话会议，自治区国土资源厅领导、自治区国土资源厅百日行动领导小组办公室成员，各盟市国土资源局领导班子成员，有关科室人员及所辖旗县(市、区)国土资源局领导班子成员参加了会议。

10 月 19 日 自治区地质调查院提交的《内蒙古自治区矿产资源开发利用布局和结构优化矿业权设置及小矿的有序发展专题研究报告》，通过自治区国土资源厅组织的审查。

10 月 22 日 中国地质调查局与自治区国土资源厅在北京签订加快推进大兴安岭成矿带地质找矿合作协议，中国地质调查局副局长钟自然和自治区国土资源厅副厅长赵保胜代表双方签字。

10 月 22 日，钟自然(右)与赵保胜(左)分别代表中国地质调查局和自治区国土资源厅在协议书上签字并握手合影。

10 月 24 日 国土资源部印发《关于表彰全国地质勘查行业先进集体和优秀地质找矿项目的决定》,自治区第九地质勘查院等 5 家地勘单位被评为“全国地质勘查行业先进集体”,内蒙古自治区克什克腾旗拜仁达坝矿区银多金属矿详查等 8 个项目被评为“全国地质勘查行业优秀地质找矿项目”。

10 月 29 日 自治区副主席任亚平、赵双连,到锡林郭勒盟西乌珠穆沁旗道伦达坝铜多金属矿、克什克腾旗维拉斯托铜多金属矿、拜仁达坝东区银多金属矿、拜仁达坝西区锌多金属矿视察,了解企业经营情况,看望地矿一线职工。

10 月 30 日 自治区国土资源厅印发《内蒙古自治区国土资源厅关于成立全区矿产资源潜力评价和储量利用调查工作领导小组的通知》,由厅长白盾任领导小组组长,副厅长赵保胜、副巡视员高华任副组长。

同日 自治区国土资源厅公开查处 10 起土地违法案件。

10 月 31 日 自治区国土资源厅转发国土资源部《关于建立地质勘查工作和行业管理专报制度的通知》。

11 月 23 日 自治区财政厅、自治区国土资源厅印发《关于调整新增建设用地土地有偿使用费分配方式的通知》。

11 月 23—25 日 国土资源部地质勘查司组织在呼和浩特市召开了大兴安岭成矿带地质找矿统一部署研讨会。

11 月 29 日 自治区政府办公厅印发《内蒙古自治区人民政府办公厅关于积极支持配合国家土地督察北京局开展土地督察工作的通知》。要求各级地方政府和有关部门明确责任,积极支持、主动配合、确保土地管理制度落到实处。

同月 中共中央总书记、中华人民共和国国家主席胡锦涛到自治区视察,自治区国土资源厅厅长白盾参加汇报会议并受到接见。

12 月 5 日 自治区国土资源厅印发《关于开展地质勘查资质注册登记清理检查工作的通知》,决定在全区开展地质勘查资质注册登记清理检查工作。

12 月 10 日 自治区政府召开新闻发布会,自治区国土资源厅副厅长、新闻发言人王富友通报“百日行动”土地违法违规案件查处进展情况,并公开曝光 5 起土地违法案件。

同日 自治区国土资源厅批复,明确自治区土地储备登记中心受当地市、旗县人民政府土地行政主管部门委托,可承担招标拍卖挂牌出让的具体事务性工作。

12 月 11 日 自治区国土资源厅召开解决煤炭和煤层气矿业权重叠问题协调会议。有关煤炭矿业权人和煤层气矿业权人负责人,鄂尔多斯市和锡林郭勒盟的国土资源局分管局长参加会议。

12 月 24 日 自治区国土资源厅印发《关于进一步加强和完善自治区财政出资委托项目承担单位持有勘查许可证的地质矿产勘查项目管理工作的通知》。

12 月 25 日 中央组织部、中央宣传部、国土资源部、教育部、司法部、国家广电总局联合召开“全国县(市)、乡(镇)、村级干部国土资源法律知识宣传教育培训活动”电视电话会议。自治区党委组织部、宣传部、教育厅、司法厅、广电局分管领导,自治区国土资源厅领导班子成员及相关处室负责人,所属单位班子成员及盟市、旗县(市区)相关部门分管领导参加会议。

12 月 26 日 自治区国土资源厅印发《关于矿产资源补偿费免(减)缴申请及审批程序的通知》。

12 月 28 日 自治区政府第十二次常务会议审议通过《内蒙古自治区建设用地置换办法》,自

2008年3月1日起施行。

2008年

1月3日 自治区国土资源厅转发《国土资源部关于实行全国探矿权统一配号的通知》。自2008年1月1日起在全国范围内实行探矿权统一配号。

1月4日 自治区政府公布《内蒙古自治区建设用地置换办法》,自3月1日起施行。

1月7日 自治区党委组织部、宣传部,自治区国土资源厅、教育厅、司法厅、广播电视厅印发《关于开展全区旗(县)、乡(镇、苏木)、村(嘎查)级干部国土资源法律知识宣传教育培训活动的通知》。

1月11日 自治区国土资源厅转发《国土资源部关于进一步改进和完善报国务院批准城市建设用地审查报批工作的通知》。

1月15日 自治区国土资源厅印发《关于建设项目用地申报有关事宜的通知》。

1月16日 自治区政府办公厅印发自治区安全生产监督管理局、国土资源厅等部门制定的《2008年全区尾矿库专项整治行动工作方案》。

1月22日 自治区国土资源厅举行综合办公大楼落成(地址:呼和浩特市赛罕区南二环东路11号)剪彩仪式,自治区政府顾问周德海、主席助理黄·阿拉腾别力格和自治区国土资源厅领导出席。1月底,自治区国土资源厅机关迁入新址办公。

自治区国土资源厅综合办公大楼夜景。

2月4日 自治区政府转发《国务院关于加强测绘工作的意见》。并结合自治区测绘工作实际,就贯彻落实《国务院关于加强测绘工作的意见》精神,提出具体意见。

2月25日 自治区国土资源厅印发《关于开展第二轮盟市矿产资源规划编制工作的通知》,就第二轮盟市级矿产资源规划编制工作作出部署。

2月26日 全区国土资源管理工作会议在呼和浩特市召开。主要任务是贯彻党的十七大、全区经济工作会议及全国国土资源管理工作会议精神,总结2007年工作,部署2008年任务。自治区副主席赵双连出席会议并讲话,同时代表自治区政府与各盟市签订耕地保护责任状。自治区国土资源厅厅长白盾作工作报告,副厅长孔燕燕作会议总结。会议还宣读了全区土地执法百日行动表彰决定。自治区有关厅局和各盟市分管国土资源工作领导,以及各盟市、旗县国土资源局局长及厅属各单位负责人约250余人参加会议。

同日 自治区国土资源厅印发《内蒙古自治区盟市、旗县级矿产资源总体规划编制指南及成果要求》。

3月6日 自治区政府办公厅印发自治区整顿和规范矿产资源开发秩序工作领导小组办公室制定的《自治区开展整顿和规范矿产资源开发秩序“回头看”行动实施方案》。

3月10日 自治区国土资源厅印发《关于印发农用地定级与估价技术方案的通知》。

3月17日 自治区政府转发《国务院关于促进节约集约用地的通知》。

同日 自治区国土资源厅印发《内蒙古自治区主要成矿区带地质工作规划及探矿权设置方案》。

3月27—29日 整顿和规范矿产资源开发秩序“回头看”行动国家督查组来自治区开展督查工作。

3月28日 自治区国土资源厅转发国土资源部《关于贯彻落实国务院办公厅关于严格执行有关农村集体建设用地法律和政策的通知》。

3月31日 国土资源部办公厅印发《关于〈内蒙古自治区矿产资源总体规划〉预审意见的函》,原则通过《内蒙古自治区矿产资源总体规划》预审。

4月7日 自治区国土资源厅转发国土资源部《关于印发〈实物地质资料管理办法〉的通知》。

4月8—9日 全区国土资源法律知识宣传教育培训活动宣讲工作骨干培训班在呼和浩特市举办。各盟市国土资源局的分管领导、直接从事宣传教育培训活动的骨干以及自治区国土资源执法监察总队的部分人员和自治区宣讲团成员50多人参加培训。

4月9日 自治区国土资源厅在呼和浩特市召开全区基本农田示范区建设工作会议。

4月11日 自治区政府办公厅印发《内蒙古自治区人民政府办公厅关于成立自治区煤田(煤矿)火区治理领导小组的通知》,由自治区副主席赵双连任领导小组组长,自治区政府副秘书长张院忠、自治区发改委主任梁铁城、自治区经委主任牙萨宁、自治区国土资源厅厅长白盾、鄂尔多斯市市长杜梓任副组长。

4月18日 自治区主席巴特尔在呼和浩特市会见来自治区访问的澳大利亚前总理鲍勃·霍克,并就矿产资源开发合作进行洽谈。自治区副主席赵双连、自治区国土资源厅厅长白盾参加会见。

4月25日 自治区国土资源厅转发国土资源部《关于贯彻实施〈土地登记办法〉进一步加强土地登记工作的通知》。

同月 自治区国土资源厅在鄂尔多斯市开展国土资源违法案件快速查处组织机制试点。

5月15日 自治区政府公布《内蒙古自治区矿山地质环境治理保证金管理办法》。

5月19日 自治区国土资源厅印发《关于严格执行市场方式出让矿业权的通知》。

5月28日 自治区国土资源厅印发《关于进一步加强设点受理初审探矿权采矿权备案工作的通知》。

5月29日 自治区党委常委、常务副主席任亚平出席“欢送内蒙古国土资源厅抗震救灾队伍出发仪式”,为自治区国土资源厅赴甘肃省文县地震灾区的抗震救灾应急排查队伍授旗并下达出发命令。

5月29日,任亚平等领导为自治区国土资源厅抗震救灾应急排查队出发送行。

6月6日　国务院副总理李克强在甘肃省文县碧口抗震救灾现场听取了自治区国土资源厅抗震救灾地质灾害应急排查工作汇报。

7月1日　自治区国土资源厅组织召开国土资源系统庆祝建党87周年总结表彰大会暨“我是国土人”先进事迹报告会。大会表彰了30个先进基层党组织、10个学习型党支部、20个文明处室、100名优秀共产党员、100名优秀党务工作者、30名优秀公仆。来自自治区国土资源系统基层一线的6名共产党员代表作了典型事迹报告。厅长白盾作总结讲话，驻厅纪检组长孙建华主持会议，自治区直属机关工委副书记李华出席。

7月4日　自治区国土资源厅转发国土资源部、国家保密局《涉密地质资料管理细则》。

7月7日　中国地质调查局致信自治区国土资源厅，就6月15日一架运12飞机在赤峰市巴林左旗执行航空物探调查任务时发生坠机事故，自治区国土资源厅在紧急抢救和善后工作中，领导坚强有力、救助慷慨及时表示衷心感谢，并表示将一如既往为内蒙古自治区经济建设社会发展提供支持和服务。

7月8日　自治区国土资源厅“金土工程”一期第一阶段工程通过国土资源部信息中心组织的专家组验收。

7月15日　自治区副主席代表自治区政府向国家验收组汇报全区整顿和规范矿产资源开发秩序工作及“回头看”行动任务完成情况。国家验收组对自治区整顿和规范矿产资源工作给予充分肯定。

7月17日　自治区国土资源厅印发《关于加强含铁砂石矿管理的通知》。

7月23日　自治区国土资源厅转发国土资源部《关于进一步加快宅基地使用权登记发证工作的通知》。

7月26日　自治区国土资源厅印发《内蒙古自治区国土资源违法案件协查暂行办法》。

7月31日　自治区党委、政府组织召开自治区支援抗震救灾工作总结表彰大会。自治区国土资源厅荣获“抗震救灾抢险救援先进集体”，并在大会作典型发言。

同月　自治区国土资源厅正式启动全区矿产资源现状调查工作。

8月4日　中纪委驻国土资源部纪检组组长王寿祥，在自治区国土资源厅副厅长王富友、包头市委副书记、常务副市长廉素陪同下，到包头市国土资源局考察并慰问干部职工。

8月5日　国务院第二次土地调查检查组来自治区检查第二次土地调查工作进展情况。自治区第二次土地调查领导小组办公室向检查组做了工作汇报。

8月12日　国土资源部副部长王世元到自治区，现场考察通辽市科尔沁区大林镇基本农田土地整理项目工作。

8月13日　自治区国土资源厅印发《关于实施〈内蒙古自治区矿山地质环境治理保证金管理办法〉的通知》。

8月21—23日　自治区举办全区旗县（区）级主要领导干部国土资源法律知识培训班。自治区国土资源厅副巡视员、宣讲团副团长陈喜良在开班、结业时讲话。来自12个盟市2个计划单列市、60个旗县（市、区）的66名领导干部参加培训。

8月27日　自治区国土资源厅印发《内蒙古自治区国土资源执法监察动态巡查责任制（试行）》，对各级国土资源管理部门开展动态巡查工作的基本原则、组织领导、责任分工、巡查区域、监督检查和考核奖惩等内容作出统一规定。

8月28日 国土资源部党组书记、部长、国家土地总督察徐绍史致函自治区代主席巴特尔、副主席赵双连、秘书长乌兰巴特尔、副秘书长张院忠，感谢自治区对国家土地督察工作的理解和支持，并就落实土地管理共同责任，严格执行土地利用总体规划，切实保护耕地特别是基本农田，坚守18亿亩耕地红线等工作进一步沟通。

同日 国土资源部批准建立内蒙古满洲里市扎赉诺尔国家矿山公园。

8月29日 自治区国土资源厅印发《关于印发〈内蒙古自治区执法监察动态巡查责任制(试行)〉的通知》。

8月30日 自治区首座国家矿山公园——扎赉诺尔国家矿山公园揭碑开园。国土资源部地质环境司副司长陶庆法、自治区国土资源厅副厅长孔燕燕出席开园仪式。

9月1日 自治区国土资源厅印发《内蒙古自治区国土资源执法监察工作细则》。

同日 自治区国土资源厅转发《国土资源部关于切实做好征地统一年产值标准和区片综合地价公布实施工作的通知》。

9月11—14日 自治区国土资源厅协助二连浩特市政府在二连浩特市举办“中国地质学会旅游地学与地质公园研究会第二十三届年会暨二连恐龙地质公园建设与旅游发展战略研讨会”，国土资源部原副部长夏国治、中科院院士刘嘉麒、国务院参事谢又予等专家、学者参加会议。自治区主席巴特尔接见与会专家和代表。会上，吉尼斯世界纪录认证官宣布二连窃蛋龙类恐龙获得吉尼斯世界纪录，并向二连浩特市政府颁发了吉尼斯世界纪录证书。

9月11日，吉尼斯世界纪录认证官(左)向二连浩特市政府颁发二连窃蛋龙类恐龙吉尼斯世界纪录证书。

9月16日 自治区国土资源厅转发国土资源部《关于实施〈原始地质资料立卷归档规则〉的通知》。

9月23日 自治区国土资源厅印发《关于进一步加强和规范土地整理复垦项目工程招投标等事项的通知》。

10月6日 国土资源部印发《国土资源部关于表彰参加抗震救灾地质灾害应急排查集体和个人的决定》，自治区国土资源厅、自治区地质环境监测院、自治区地质调查院、自治区地勘局、内蒙古自治区地质工程有限责任公司(以下简称自治区地质工程公司)、内蒙古自治区第二水文地质工程地质勘查院(以下简称自治区第二水文勘查院)、内蒙古自治区第四水文地质工程地质勘查院、自治区测绘事业局8个单位及46人受到表彰。

10月10日 自治区国土资源厅在呼和浩特市召开全区土地利用总体规划和矿产资源总体规划修编对接工作座谈会，传达国土资源部省级土地利用总体规划修编工作座谈会精神，明确自治区土地利用总体规划修编技术要点，并与盟市进行了两个规划修编的工作对接。自治区国土资源厅副厅长杨仁选出席会议并讲话。

10月13日 自治区国土资源厅转发《国土资源部关于印发〈矿山储量动态管理要求〉的通知》。

10 月 17 日 自治区国土资源厅印发《关于内蒙古自治区矿业权交易中心挂牌的通知》。

10 月 21 日 国土资源部副部长、中国地质调查局局长汪民到内蒙古自治区第一地质矿产勘查开发院(以下简称自治区第一地质勘查院)考察。

10 月 21—22 日 由国土资源部主办的全国地勘行业管理座谈会暨表彰会在呼和浩特市召开。自治区第九地质勘查院、自治区第十地质勘查院、自治区地质工程公司、内蒙古自治区矿业开发总公司、自治区煤田地质局 109 勘探队等五家单位获先进集体称号;克什克腾旗拜仁达坝矿区银多金金属矿详查等 9 个项目获优秀找矿项目;自治区国土资源厅被评为全国危机矿山潜力调查最佳组织单位;满洲里市灵泉露天煤矿资源潜力调查报告等 5 份报告被评为优秀调查报告。自治区国土资源厅在大会上作了地勘单位改革发展典型发言。

10 月 29 日 自治区国土资源厅印发《关于开展全区农用地产能核算工作的通知》和《内蒙古自治区国土资源违法案件管辖办法》。

同月 在锡林郭勒盟召开的全区政务公开工作现场会上,自治区国土资源厅被评为全区政务公开先进单位。

11 月 2—5 日 由国土资源部、农业部和国家统计局组成的联合抽查组,对自治区政府 2007 年度耕地保护责任目标履行情况进行抽查。抽查组听取了自治区政府关于 2007 年度耕地保护责任目标履行情况的汇报,检查了自治区 2007 年度土地利用计划执行、基本农田调整、耕地占补平衡和省级政府耕地保护责任目标履行自查情况的有关资料和台账,抽查了呼和浩特市和林格尔县和托克托县 2 个补充耕地项目的有关资料和台账,并到实地进行查验。抽查结束时向自治区政府反馈了抽查结果。自治区政府主席助理黄·阿拉腾别立格,自治区国土资源厅厅长白盾参加抽查工作汇报和交换意见会。

11 月 6 日 自治区国土资源厅召开深入学习实践科学发展观活动座谈会。自治区党委常委、统战部长伏来旺出席座谈会并讲话。厅党组书记、厅长白盾主持座谈会,厅属 6 个单位和厅机关 4 个处室负责人在座谈会上发言。厅机关正处级以上党员干部和厅属单位负责人 50 余人参加会议。

同日 自治区国土资源厅印发《关于实施〈内蒙古自治区矿山地质环境治理保证金管理办法〉中涉及采矿权登记有关问题的通知》。

11 月 7 日 自治区国土资源厅厅长白盾、副厅长赵保胜、副巡视员高华及厅有关处室负责人,到包头市乌拉山哈达门沟柳坝沟矿区勘查现场调研,并同包头市政府、包头市国土资源局及武警黄金二支队共商加快勘查和开发,尽快将资源优势转为经济优势的有效措施。

11 月 11 日 由自治区政府与中国地质调查局共同投资,自治区地质调查院承担的"内蒙古河套农业经济区生态地球化学调查"项目取得阶段性成果,提交的有关多目标区域化学调查报告,通过中国地质调查局组织的专家组评审。

11 月 14 日 自治区国土资源厅印发《关于制定地质档案工作突发事件应急处置管理办法的通知》和《关于报国务院、自治区人民政府审批的建设项目用地实行电子化申报有关事宜的通知》。

11 月 15 日、21 日 自治区国土资源厅首次采用竞争上岗的方式选拔任用机关处级干部,并对报考空缺职位的人员组织进行笔试和面试。经过竞争,有 27 人通过面试并进入组织考察程序。

11 月 26 日 自治区国土资源厅印发《关于开展全区实物地质资料清理工作的通知》。

12 月 2 日 自治区国土资源厅印发《关于做好近期农用地转用和土地征收报批工作的通知》和

《转发国土资源部关于规范矿业权评估委托有关事项的通知》。

12月4日 由中央地质勘查基金管理中心组织的“中央地勘基金东胜煤炭项目优选勘察单位评审会”在呼和浩特市举行。中央地勘基金投放专项资金,用于鄂尔多斯地区东胜煤炭国家规划区内的唐公梁、东家渠和红庆河等12个煤炭项目勘查。

12月10—12日 自治区国土资源厅召开全区矿业权实地核查工作会议。副厅长赵保胜部署工作。会议就自治区矿业权实地核查项目的技术要求进行系统培训、技术交流,矿业权实地核查试点盟市阿拉善盟、鄂尔多斯市对试点成果进行了汇报。参加会议的有自治区、盟市两级矿业权实地核查领导小组及实地核查单位代表200人。

12月16日 自治区国土资源厅印发《内蒙古自治区矿业权市场交易管理暂行办法》。

12月17日 自治区副主席赵双连听取国土资源厅厅长白盾关于国土资源工作的汇报。赵双连指出,2008年全区国土资源工作在支持自治区经济社会发展方面做了大量工作,没有因土地、矿产资源工作影响自治区经济社会发展的质量和效益。自治区发改委、经委、财政厅、国土资源厅、煤炭工业局等有关部门领导,自治区地勘局、自治区有色地勘局、自治区煤田地质局、自治区测绘事业局负责人参加汇报会。

12月19日 自治区国土资源厅印发《关于进一步做好涉密地质资料管理工作的通知》。

12月26日 自治区国土资源厅转发国土资源部《建设用地预审管理办法》。

2009年

1月6日 国土资源部批复《内蒙古自治区土地利用总体规划大纲(2006—2020年)》。

1月7日 自治区国土资源厅党组印发《研究国土资源综合执法专员调整使用事宜》的会议纪要,明确综合执法专员由总队管理调整为由厅统一管理、统一考核,安排在执法监察局工作。

1月8日 自治区国土资源厅厅长白盾主持召开厅长办公会议,专题研究地勘工作有关事宜。

1月9日 自治区国土资源厅印发《关于调整内蒙古自治区国土资源厅民主评议政风行风工作领导小组的通知》。自治区国土资源厅民主评议政风行风工作领导小组由厅长白盾任组长,副厅长元重举、王富友,驻厅纪检组长孙建华任副组长。

2月1日 自治区国土资源厅转发《国土资源部关于做好第二次全国土地调查工作若干意见》。

2月10日 自治区国土资源厅转发《国土资源部关于调整部分地区土地等别的通知》。

2月17日 自治区国土资源厅印发《关于规范委托评估矿业权价款有关事项的通知》。

2月18日 自治区党委宣传部、自治区国土资源厅在呼和浩特市召开新闻发布会,自治区国土资源厅副厅长赵保胜向社会各界通报地质勘查工作情况。自治区专项地勘资金投入已发挥重要作用,基本实现公益性地质工作与商业性矿产勘查的有机衔接,初步建立“政府投资引导、市场化运作、多方参与滚动发展”的矿产勘查新机制;自治区地质勘查工作显著加强,地质找矿取得突出成果。

2月19—20日 全区国土资源管理工作会议在呼和浩特市召开。自治区副主席赵双连出席会议并讲话,同时代表自治区政府与全区各盟市签订了2009年度耕地保护责任状。自治区国土资源厅厅长白盾作题为《全面提高行政能力,切实做好服务监管,全力促进经济社会平稳较快发展》的工作报告,副厅长孔燕燕作会议总结。自治区国土资源厅和有关厅局的负责人,各盟市政府分管国土资源工作的领导,各盟市国土资源局主要领导和纪检工作负责人及办公室主任,厅属事业单位和厅机关各处室负责人,以及新闻媒体代表共计 160 余人参加会议。

2 月 20 日　全区国土资源系统党风廉政建设工作会议在呼和浩特市召开。自治区国土资源厅厅长白盾在会上讲话;副厅长孔燕燕传达自治区纪委八届四次全会精神;驻厅纪检组长孙建华作了工作报告,并部署全区国土资源系统 2009 年党风廉政建设和反腐败工作。

2 月 28 日　自治区国土资源厅和人事厅联合举办内蒙古地质矿产勘查工作座谈会。自治区政府国土资源顾问翟裕生、张本仁、陈毓川 3 位院士和 5 位首席专家就积极应对当前经济形势、加强地勘工作建言献策,并对进一步加强地质工作的组织领导、重视队伍建设和人才培养等提出意见。自治区党委组织部副部长、人事厅厅长赵世亮,国土资源厅副厅长孔燕燕出席座谈会并讲话。

3 月 2 日　自治区国土资源厅转发《国土资源部、国家保密局关于做好涉密地质图开发利用工作的通知》。

3 月 3 日　自治区国土资源厅印发《内蒙古自治区国土资源厅行政审批事项工作规则(试行)》。

3 月 5 日　自治区地质调查院被授予"全国精神文明创建工作先进单位"称号。

3 月 6 日　自治区国土资源厅、农牧业厅转发国土资源部、农业部《关于加强国有农场土地使用管理的意见》。

3 月 7—10 日　由全国矿产资源潜力评价项目办公室和华北片区项目办公室组织的华北地区七省、区(市)基础数据库验收会上,自治区地质调查院牵头承担的"矿产地空间数据库""地质工作程度空间数据库""重力空间数据库""地球化学空间数据库"等各基础数据库更新与维护成果,得到评审专家肯定,并通过验收,评为优秀级。

3 月 12 日　在自治区土地储备登记中心举行加挂内蒙古自治区矿业权交易中心挂牌仪式,并正式开始矿业权挂牌出让运作。自治区国土资源厅副厅长孔燕燕宣读自治区副主席赵双连贺电,副厅长赵保胜致辞,副巡视员陈喜良主持仪式,并对首批 44 个探矿权进行了公开挂牌出让。

3 月 17 日　自治区国土资源厅转发国土资源部、农业部《关于加强国有农场土地使用管理的意见》。

3 月 26 日　自治区副主席郭启俊会见国家土地督察局北京局局长李永杰一行,并就贯彻落实中央保持经济增长、扩大内需方针,坚守国家 18 亿亩耕地红线与土地利用服务保障等事项进行会谈。自治区政府副秘书长张院忠、国土资源厅厅长白盾参加会见。

3 月 31 日　国土资源部召开保增长保红线和地质找矿改革发展大讨论动员部署电视电话会议。自治区国土资源厅机关各处室主要负责人,厅属各单位分管领导及相关人员参加会议。

3 月 31 日至 4 月 15 日　自治区国土资源厅专题调研组,先后赴赤峰市、乌兰察布市、包头市和巴彦淖尔市,就建设用地未批先占和零星分散矿产资源以采代探有关问题进行调研。

4 月 7 日　自治区国土资源厅党组印发《内蒙古自治区国土资源厅 2009 年至 2010 年定点帮扶鄂伦春自治旗莫力达瓦达斡尔族自治旗工作规划》和《内蒙古自治区国土资源厅定点帮扶兴安盟扎赉特旗呼格吉乐图嘎查第二阶段(2009 年—2011 年)工作规划》。

4 月 8 日　自治区政府副主席赵双连在自治区国土资源厅"保增长保红线"书面汇报上批示。

4 月 14 日　自治区国土资源厅表彰非税收入收缴管理工作先进单位。锡林郭勒盟国土资源局、呼伦贝尔市国土资源局、赤峰市国土资源局、阿拉善盟国土资源局、巴彦淖尔市国土资源局等 5 个单位获得一等奖;乌兰察布市国土资源局、鄂尔多斯市国土资源局、包头市国土资源局、通辽市国土资源局、兴安盟国土资源局、呼和浩特市国土资源局、乌海市国土资源局等7个单位获得二等奖。

4月16日 自治区国土资源厅印发《内蒙古国土资源厅保增长保红线行动工作实施方案》。自治区国土资源厅成立保增长保红线行动工作领导小组,厅长白盾任领导小组组长,副厅长王富友任副组长,统一领导全区开展保增长保红线行动。保增长保红线行动于3月1日开始,至11月30日结束,集中行动时间为9个月。

4月17日 自治区政府办公厅关于印发《内蒙古自治区人民政府办公厅关于进一步做好第二次全区土地调查工作的通知》。要求切实提高对第二次全区土地调查工作重要性的认识,按时保质完成各项工作任务;依法开展调查,保证土地调查成果的质量及真实性;切实落实调查经费,严格管理;加强土地调查成果管理,健全严格规范的农村牧区土地管理制度。

4月22日 由自治区国土资源厅、呼和浩特市人民政府主办,呼和浩特市国土资源局承办的"认识地球,保障发展了解我们的家园深部"为主题的"世界地球日"大型宣传活动在呼和浩特市新华广场举行。自治区国土资源厅厅长白盾在当日内蒙古日报发表《认识地球　保障发展》的署名文章。

同日 自治区国土资源厅转发《国土资源部办公厅关于切实为扩大内需项目做好地质资料信息服务工作的通知》。

4月23日 自治区国土资源厅印发《关于调整自治区地质灾害应急防治指挥部办公室的通知》,由厅长白盾任自治区地质灾害应急防治指挥部办公室主任,副厅长赵保胜任副主任。

4月24日 自治区国土资源厅组织召开全区地质找矿改革发展大讨论活动动员部署视频会议。

4月29日 自治区国土资源厅印发《内蒙古自治区主要成矿区带2009年度地质工作规划及探矿权设置方案》

4月30日 自治区国土资源厅组织完成全区国土资源系统"三级"网络视频联调工作。

5月5日 自治区国土资源厅厅长白盾到中东部盟市开展"主动服务地方经济发展、构建保障和促进科学发展新机制"专题调研。

5月5—8日 自治区国土资源厅组织对自治区地勘局、自治区煤田地质局和武警黄金四支队地质勘查项目的实施情况进行了调研。

5月6—7日 自治区国土资源厅副厅长王富友,会同副厅长赵保胜、元重举,召集有关处室就"建设用地未批先占和零星分散矿产资源以采代探问题"的专题调研报告进行深入研讨。并提交《建设用地未批先占和零星分散矿产资源以采代探问题专题调研报告》。

5月17日 国土资源部发布2009年第14号公告,内蒙古鄂尔多斯市国土资源博物馆、内蒙古二连浩特市白垩纪恐龙地质公园、内蒙古阿尔山火山温泉国家地质公园被命名为国土资源科普基地。

5月19日 自治区政府与财政部、国土资源部正式签署《整体推进农村土地整治示范协议》。

5月31日至6月3日 国土资源部、农业部、国家统计局三项检查工作组在自治区检查耕地保护责任目标履行、第九次卫片执法检查、双保行动进展情况。

6月4日 自治区国土资源厅印发《全区旗(县)国土资源局负责人乡(镇、苏木)国土资源管理所干部培训工作实施方案》。

6月5日 自治区国土资源厅副厅长元重举主持会议,专题研究2007年以来全区土地审批遗留报件处理意见及简化用地审批手续有关事宜。

6月10—26日 自治区国土资源厅组织四个验收组对全区12个盟市、2个计划单列市、95个旗县区、5个开发区国土资源局金土工程一期第二阶段实施和使用情况进行检查验收。

6月23日 自治区国土资源厅印发《关于进一步规范矿产资源勘查开发管理有关问题的通知》。

同日 自治区国土资源厅副厅长王富友受自治区政府委托，与鄂尔多斯市人民政府对接构建保障和促进科学发展土地管理共同责任机制试点工作。

6月28日 自治区国土资源厅向自治区编办报告机构改革进展情况。自治区国土资源厅机关行政编制91名，其中厅长1名，副厅长4名，总工程师1名（副厅级），处级领导职数34名（16正，含机关党委专职副书记1名、离退休工作处处长1名，18副）。设有14个职能处室（局）和机关党委、离退休人员工作处。与2000年“三定”规定的机构设置相符。

6月29日 自治区人大常委会执法检查组听取自治区政府和自治区国土资源厅贯彻落实《土地管理法》和《内蒙古自治区实施〈土地管理法〉办法》情况的汇报。自治区人大常委会副主任郝益东出席汇报会。

7月12日 自治区政府国土资源顾问、中国工程院院士陈毓川到阿拉善盟黑鹰山铁矿考察。

7月14日 自治区编委印发《关于成立内蒙古自治区地质勘查基金管理中心的批复》，同意成立内蒙古自治区地质勘查基金管理中心（以下简称自治区地质勘查基金中心），由自治区财政厅、国土资源厅共同委托该机构负责自治区地质勘查基金的组织实施和日常管理工作。核定事业编制30名。

7月20日 国家土地总督察、国土资源部部长徐绍史就建设项目用地约谈呼和浩特市政府主要领导。

7月27日 自治区国土资源厅印发《内蒙古自治区旗县（市、区）农用地产能核算成果验收办法（试行）》。

7月29日 自治区国土资源厅印发《关于实行矿业权网上审批管理工作的通知》。自治区国土资源厅矿业权审批管理工作从2009年8月12日起实行网上审批。

7月31日 自治区国土资源厅召开加强和规范全区土地管理工作视频会议。

同日 自治区国土资源厅副厅长王富友率领工作组赴赤峰市对穆家营子镇农民新村占地建房违规销售问题进行督办。

8月1—11日 自治区国土资源厅派出4个督察组对全区卫片检查整改查处工作和违法案件办理情况进行督察。

8月5日 自治区国土资源厅转发《国土资源部办公厅关于开展实物地质资料管理情况摸底调查工作的通知》。

8月8日 自治区国土资源厅厅长白盾主持召开厅长办公会议，议定由副巡视员陈喜良代表国土资源厅全面负责矿业权交易管理工作。

8月11日 国土资源部批准建立二连浩特国家地质公园。

8月11—15日 国土资源部党组书记、部长、国家土地总督察徐绍史，国务院参事、国土资源部总工程师张洪涛等，到呼伦贝尔市根河比利亚铅锌矿区、莫尔道嘎国土所，鄂尔多斯纳林希里煤田勘探机台、达拉特旗国家级基本农田保护示范区、鄂尔多斯市国土资源局，自治区第一地质勘查院和自治区地勘局进行调研。

8月11日至10月15日 自治区组织在全区范围内开展加强土地管理规范市场行为专项活动。

8月13日 国家土地督察机构与自治区政府联席会议框架协议签字仪式在呼和浩特市内蒙古新城宾馆举行。国家土地督察北京局局长李永杰和自治区副主席赵双连分别代表国家土地督察机构和自治区政府在协议书上签字。国家土地总督察、国土资源部党组书记、部长徐绍史，自治区主席巴特尔，自治区党委副书记、自治区常务副主席任亚平出席签字仪式。

8月14日 自治区政府召开新闻通报会，公开曝光、挂牌督办6起典型土地违法案件。

8月15日 国家土地总督察、国土资源部党组书记、部长徐绍史到自治区国土资源厅调研，并看望厅机关干部职工。

同日 自治区国土资源厅行政业务审批系统投入(试)运行。

8月18日 自治区国土资源厅转发《国土资源部办公厅关于做好矿山地质环境保护与恢复治理方案编制审查及有关工作的通知》。

8月18—19日 自治区国土资源厅副厅长王富友对鄂尔多斯市开展构建保障和促进科学发展土地管理共同责任机制试点工作进行督查指导。

8月20日 自治区国土资源厅印发《关于规范探矿权市场出让工作有关问题的通知》。

同日 自治区国土资源厅副厅长赵保胜主持召开会议，专题研究赤峰市克什克腾旗欣兴矿业公司煤炭探矿权延续事宜。

8月22日 内蒙古阿拉善沙漠国家地质公园在联合国教科文组织世界地质公园网络执行局会议上被评为世界地质公园。

8月29日 自治区主席巴特尔到自治区地勘局所属内蒙古兴安银铅冶炼公司视察。自治区地勘局局长杨永宽和自治区国土资源厅副厅长孔燕燕陪同。

8月29日，巴特尔(中)、杨永宽(右二)、孔燕燕(右一)一同在内蒙古兴安银铅冶炼公司生产现场听取生产情况介绍。

9月2日 自治区国土资源厅印发《关于进一步加强农用地转用和土地征收审查报批工作的通知》。

9月8日 自治区国土资源厅派出工作组，初步验收通过呼和浩特市、包头市、赤峰市、乌海市、通辽市5个城市卫片执法检查工作。

9月10日 自治区国土资源厅厅长白盾主持召开厅长办公会议，专题研究地质矿产行政管理基础数据库与应用系统建设总体设计方案、地质找矿设备专项资金分配有关事宜。厅领导孔燕燕、赵保胜、杨仁选、王富友出席会议。

9月11日 自治区第十三次政府常务会议审议通过《内蒙古自治区矿山地质环境治理实施方案》。

同日 自治区国土资源厅对2009年测绘资质年度注册进行公告。经对全区持有《测绘资质证书》的381家单位进行测绘资质年度审查，347家予以注册，26家缓期注册，不予注册2家，注销6家。

9月14日 自治区国土资源厅印发《关于印发内蒙古自治区工业用地出让最低价标准的通知》。

9月14—17日 自治区国土资源厅、自治区国家安全厅、自治区工商行政管理局、自治区新闻出版局、自治区国家保密局和通信管理局联合组成检查组，对呼和浩特、包头、鄂尔多斯3个市的测绘资质单位进行全面检查。

9月22日 自治区国土资源厅转发《国土资源部关于严格建设用地管理促进批而未用土地利用的通知》。

9月23日 自治区政府办公厅印发《内蒙古自治区土地利用总体规划审查报批规定》。

9月26—27日 自治区国土资源厅组织举办矿业权网上审批培训班。

10月9日 自治区国土资源厅印发《内蒙古自治区矿山地质环境保护与治理恢复方案评审工作规则》。

10月13日 自治区国土资源厅副厅长赵保胜主持召开会议，专题研究内蒙古三保石材有限公司办理凉城黑牛山森林绿矿采矿许可证有关事宜。

10月15日 国土资源部通报2008年度卫片执法检查城市验收情况。国家土地督察北京局函告自治区政府办公厅，呼和浩特市、包头市、乌海市、赤峰市、通辽市卫片执法检查整改有力，通过验收。

同日 自治区国土资源厅驻厅纪检组长孙建华主持召开会议，专题研究国土资源厅机关网上行政审批流程有关事宜。

10月26日 国土资源部组织召开全国矿产资源开发秩序整顿规范总结表扬暨进一步推进整合工作部署电视电话会议，自治区国土资源厅领导和办公室、矿管处、勘查处、资源储量处、地环处、规划处、财务处、法规处、执法局负责人参加会议。

10月27日 自治区国土资源厅厅长白盾主持召开厅长办公会，专题研究设立测绘质检西部服务点和建设矿政管理数据库及全区征地统一年产值标准区片综合地价有关事宜。厅领导赵保胜、元重举、王富友、高华、陈喜良参加会议。

11月4日 自治区国土资源厅转发国土资源部办公厅、农业部办公厅《关于收回国有农场农用地有关补偿问题复函的通知》。

11月6日 自治区财政厅通报表彰2000年度部门决算报表先进地区和先进单位。自治区国土资源厅被评为自治区本级部门决算先进单位，受到通报表彰。

11月26日 自治区党委副书记、自治区常务副主席任亚平到自治区国土资源厅进行工作考察调研。

12月1日 自治区国土资源厅印发《关于盟市组织开展基础性地质工作和非煤矿产勘查工作意见的通知》。

11月26日，任亚平（中）在国土资源政务大厅视察，自治区国土资源厅厅长白盾（左一）与副厅长孔燕燕（右一）、赵保胜（右二）及驻厅纪检组长孙建华（左二）现场介绍情况。

12 月 1—3 日 自治区国土资源厅有关处室负责人做客内蒙古人民广播电台“行风热线”节目,就耕地保护、征地补偿、地籍管理、维护权益等方面的问题与听众进行在线互动交流,解疑释惑,宣传国土资源管理法律法规。

12 月 7 日 国家土地督察北京局向自治区政府发送《国家土地督察例行督察意见书》,对乌兰察布市集宁区、察右前旗、凉城县和赤峰市阿鲁克尔沁旗、敖汉旗、喀喇沁旗在土地利用和管理情况例行督察中,发现主要存在七个方面的突出问题,要求自治区进行查处、纠正和整改。

12 月 8 日 自治区政府办公厅印发《内蒙古自治区国土资源厅主要职责内设机构和人员编制规定》。

12 月 17 日 自治区人事厅印发《关于自治区国土资源厅公务员登记的批复》。自治区编委核定国土资源厅行政编制 95 名,实配登记 91 人(含本次登记 10 人),空编 4 名。

12 月 20 日 由自治区地质调查院承担完成的《内蒙古河套经济区生态地球化学调查》项目,通过中国地质调查局验收。

12 月 22 日 国土资源部批复《内蒙古自治区矿产资源总体规划(2008—2015 年)》,同意予以发布。

12 月 28 日 国务院对修订后的内蒙古自治区土地利用总体规划予以批复。

同日 自治区国土资源厅印发《关于进一步提升矿山储量动态监管工作水平全面加强矿山储量动态年报制度的通知》。

12 月 29 日 国家土地督察北京局在呼和浩特市举行土地督察专员派驻仪式,标志国家土地督察专员和督察室正式入驻自治区。受国家土地副总督察甘藏春委托,国家土地总督察办公室主任马毅参加派驻仪式并讲话;国家土地督察北京局党组书记、局长李永杰和自治区政府副秘书长张院忠分别讲话,自治区国土资源厅副厅长王富友主持仪式。

国家土地督察北京局督察专员派驻仪式现场。

12 月 30 日 自治区政府办公厅印发《内蒙古自治区人民政府办公厅关于公布实施自治区征地统一年产值标准和区片综合地价的通知》。

2010 年

1 月 6 日 自治区国土资源厅印发《关于规范矿业权价款评估有关事项的补充通知》,对自治区新出让矿业权或转让自治区出资勘查项目矿业权进行价款评估作出新的规定。

1 月 11 日 自治区政府印发《内蒙古自治区人民政府关于 2010 年全区国土资源管理工作的意见》。

同日 自治区国土资源厅转发国土资源部《关于健全完善矿产资源勘查开采监督管理和执法监

察长效机制的通知》。

1月14日 自治区政府办公厅转发自治区国土资源厅等部门制定的《关于进一步推进矿产资源开发整合工作的实施意见》。

1月16日 全区国土资源管理工作会议在呼和浩特市召开。会议由自治区政府副秘书长张院忠主持。自治区政府副主席赵双连出席会议并讲话,同时代表自治区政府与全区各盟市签订了2010年度耕地保护责任状。自治区国土资源厅厅长白盾作了题为《紧紧围绕第一要务之全力促进经济社会平稳较快发展》的工作报告;副厅长孔燕燕作了总结讲话。有关厅局和各盟市分管领导,国土资源厅领导及厅机关各处室负责人,各盟市国土资源局和厅属事业单位主要领导及办公室主任等,共140余人参加会议。

1月17日 内蒙古矿业联合会第二届常务理事会一次会议在呼和浩特市召开,内蒙古矿业联合会会长赵保胜出席会议并讲话。25名常务理事会理事出席会议。会议听取并审议了秘书长张宏所做的内蒙古矿业联合会2009年工作总结和2010年工作安排的报告;审议通过了关于增补副会长的名单和调整常务理事会的议案;审议通过了内蒙古矿业联合会会刊《内蒙古矿业》出版方案的说明和关于开展创办"绿色矿山"活动的倡议书。

1月18日 自治区第二次土地调查的各项成果上报国家第二次土地调查办公室。全区第二次土地调查标准时点统一更新工作按时完成。

1月25日 自治区国土资源厅印发《关于进一步规范涉密地质资料管理有关问题的通知》。

1月30日 自治区第二水文勘查院在鄂尔多斯市杭锦旗七星湖旅游区地热普查中,成功打出地热资源。成井后自流量为744.84立方米/日,出水温度为52℃。

2月5日 自治区国土资源厅印发《关于进一步规范土地储备机构管理的通知》。

2月8日 国土资源部组织召开全国卫片执法检查工作部署电视电话会议,自治区、盟市、旗县三级人民政府和国土资源管理部门、监察机关、人事管理部门人员参加会议。同时,自治区政府部署并启动全区2009年度卫片执法检查工作。

2月24日 自治区主席巴特尔听取自治区副主席赵双连与国土资源厅、发改委负责人关于解决煤炭资源配置管理办法的工作汇报。

同日 自治区国土资源厅印发《内蒙古自治区开展2009年度土地卫片执法检查工作实施方案》。

2月25日 自治区政府印发《关于成立土地卫片执法检查领导小组的通知》。由自治区主席巴特尔任领导小组组长,副主席赵双连任常务副组长,自治区政府秘书长乌兰巴特尔、副秘书长张院忠和自治区国土资源厅厅长白盾任副组长,领导小组办公室设在自治区国土资源厅。

3月1日 自治区国土资源厅转发《国土资源部关于改进报国务院批准城市建设用地申报与实施工作的通知》。

3月8—12日 自治区国土资源厅在呼和浩特市举办2009年度土地卫片执法检查工作两期培训班。厅属有关单位和14个盟市的433名土地执法骨干参加了培训。厅党组成员、副厅长王富友出席培训班开班仪式,并就如何完成培训任务和开展好第十次卫片执法检查工作作重要讲话。

3月11日 自治区卫片执法检查工作领导小组办公室召集自治区、呼和浩特市两级电视台、电台、主流报刊等媒体,就自治区开展2009年度土地卫片执法检查工作情况进行新闻通气。

3月12日 自治区政府印发《内蒙古自治区人民政府关于发布实施〈内蒙古自治区矿产资源总

体规划(2008—2015 年)〉的通知》。

3 月 15 日　自治区政府印发《内蒙古自治区人民政府关于印发〈内蒙古自治区土地利用总体规划(2006—2020 年)〉的通知》。

3 月 17 日　自治区国土资源厅厅长白盾召开厅长办公会议,专题研究落实自治区政府关于解决煤炭资源配置的管理办法事宜。厅领导孔燕燕、赵保胜、元重举、王富友、孙建华、高华、陈喜良出席会议。

3 月 18 日　自治区国土资源厅就贯彻落实国土资源部《关于加强乡(镇)国土资源所建设的指导意见》,提出三条意见。

3 月 26 日　自治区国土资源厅印发《关于进一步强化落实供地后的监管措施完善巩固闲置土地处置长效机制工作的通知》。

3 月 29 日　自治区国土资源厅派出 6 个督导组,对各盟市 2009 年度土地卫片执法检查工作进展情况及存在问题进行督导。

4 月 1 日　自治区古国土资源厅印发《关于落实“十项民生工程”实施方案的通知》。并向自治区政府办公厅上报《关于落实“十项民生工程”进展情况的报告》。

4 月 8 日　由国家土地督察北京局局领导带队的宣讲团,开始到自治区各盟市开展历时近一个月的主题为:“保障科学发展 保护耕地红线”宣讲活动。通过宣讲,使全区各级干部进一步了解国家土地利用和管理形势,对提高全区各级政府和有关部门依法管地用地意识,坚守耕地“红线”、坚持节约集约用地具有十分重要的意义。

4 月 9 日　自治区国土资源厅转发《内蒙古自治区人民政府关于发布实施〈内蒙古自治区矿产资源总体规划(2008—2015 年)〉的通知》。

同日　自治区国土资源厅印发《关于认真落实矿产资源补偿费征收管理系统建设试点工作的通知》和《关于进一步加强地质灾害群测群防“十有县”建设的通知》。

4 月 10 日　自治区国土资源厅印发《关于进一步规范建设项目用地压覆矿产资源调查核实工作有关事宜的通知》。

4 月 22 日　由自治区国土资源厅、呼和浩特市人民政府主办,呼和浩特市国土资源局承办的“珍惜地球资源 转变发展方式 倡导低碳生活”为主题的第 41 个“世界地球日”大型宣传活动在呼和浩特市新华广场举行。内蒙古人民广播电台、内蒙古人民广播网对活动进行了全程同步直播。同时在当日的《内蒙古日报》上,自治区副主席赵双连发表了署名文章。

同日　自治区国土资源厅厅长白盾主持召开厅长办公会议,研究落实煤炭资济源配置、井田置换和土地利用年度计划事宜。厅领导赵保胜、王富友、孙建华出席会议。

4 月 23 日　全区土地卫片执法检查推进工作视频会议召开,主会场设在自治区国土资源厅。自治区土地卫片执法检查领导小组副组长、国土资源厅厅长白盾在视频会议上讲话并部署工作;自治区土地卫片执法检查领导小组办公室主任、国土资源厅副厅长王富友主持会议并通报各盟市进展情况,提出近期工作要求。

4 月 25 日　自治区国土资源厅印发《关于开展全区开发区土地集约利用评价成果更新工作的通知》。

4 月 30 日　自治区国土资源厅印发《关于印发内蒙古自治区进一步推进矿产资源开发整合工作

实施方案的通知》。

5月6日 自治区国土资源厅印发《关于暂停办理矿业权扩大矿区范围等有关申请项目的通知》。

同日 自治区检察院、自治区国土资源厅召开联席会议，共同研究探讨国土资源行政管理面临的热点难点问题，交流了在构建国土资源共同责任机制中加强相互协调配合等事宜。

5月7日 自治区国土资源厅厅长白盾主持召开土地卫片执法检查专题会议，主要听取各盟市落实全区土地卫片执法检查工作视频会议工作情况汇报，分析研究工作中存在的主要问题，部署下一阶段工作任务。副厅长王富友与自治区土地卫片执法检查工作领导小组办公室成员、厅执法监察局全体人员参加会议。

5月11—13日 自治区国土资源厅厅长白盾在满洲里市、呼伦贝尔市就2009年度土地卫片执法检查工作进行督导。

5月11日 自治区国土资源厅转发国土资源部《关于进一步完善农村宅基地管理制度切实维护农民权益的通知》。

5月12日 自治区国土资源厅印发《关于印发内蒙古自治区防范违法用地警示约谈制度的通知》。

5月18日 自治区国土资源厅在呼和浩特市召开2009年度土地卫片执法检查自查阶段工作情况汇报会。

5月19日 财政部、国土资源部与自治区政府签订《整体推进农村土地整治示范建设合作协议》，确定内蒙古黄河流域和西辽河流域为国家农村土地整治重大工程示范区。工程建设规模为300万亩，建设基本农田280万亩，新增耕地40万亩，工程总投资38亿元，其中：中央财政投入24亿元，地方财政投入不低于14亿元。

同日 自治区地质调查院在呼和浩特市土默特左旗哈素海地区打出地下热水，出水温度51℃，涌水量603立方米/日，最大涌水量1500立方米/日。

5月22日 自治区国土资源厅印发《内蒙古自治区防范违法用地警示约谈制度》。

5月25日 由自治区地质环境监测院承担完成的《内蒙古自治区废弃矿井治理规划》成果，通过国土资源部会同国家发展改革委员会、国家能源局、环境保护部、国家煤矿安全生产监督管理总局组织的专家组审查。

5月27日 自治区国土资源厅转发《国土资源部关于加强地质资料汇交管理的通知》。

5月31日 自治区国土资源厅印发《关于进一步做好盟市国土资源局颁发采矿许可证管理工作的通知》。

同日 自治区土地卫片执法检查领导小组办公室在呼和浩特市召开2009年度土地卫片执法检查重点地区工作推进会议。

6月1日 巴彦淖尔市国土资源局五原县分局执法人员在例行巡查中遭遇暴力抗法，导致五原县国土资源分局人员受伤住院治疗。

6月3日 自治区党委常委、纪委书记张力到自治区国土资源厅政务大厅视察。

6月9日 自治区副主席赵双连主持召开专题会议，听取国土资源厅关于2009年度土地卫片执法检查工作情况汇报。

同日 自治区国土资源厅印发《内蒙古自治区保发展保红线工程——2010年行动实施方案》。

6月10日 自治区副主席赵双连主持召开土地卫片执法检查工作领导小组会议,部署土地卫片执法检查工作。

6月11日 自治区政府与各盟市签订农村土地整治重大工程建设工作责任状。

6月11—23日 依据乌兰察布市和赤峰市政府申请,自治区组成验收组对两市6旗县(区)例行督察整改工作进行检查验收,认为整改工作符合督察整改要求,达到了验收标准。

6月12日 自治区国土资源厅印发《关于开展地质资料清欠工作的通知》。

6月17日 自治区国土资源厅印发《矿产资源勘查实施方案管理办法》。

6月18日 自治区国土资源厅印发《内蒙古国土资源厅关于切实加强土地卫片执法检查有关问题的通知》,就加强土地卫片执法检查工作有关问题提出了具体意见。

6月21日 自治区国土资源厅发布《关于申请探矿权新立、延续、变更登记需提交经评审通过的矿产资源勘查实施方案及评审意见书的公告》。

6月26日至7月2日 国土资源部对鄂尔多斯市、赤峰市2009年度土地卫片执法检查进行实地督查,并与自治区政府反馈《关于内蒙古自治区2009年度土地卫片执法检查工作督查情况的反馈意见》,要求各地对上报数据重新复核。

6月28日 自治区国土资源厅向国土资源部上报《关于鄂尔多斯市一通新农业园有限责任公司违法建设高尔夫球场处理结果的报告》。

6月29日 自治区国土资源厅党组组织召开庆祝中国共产党建党89周年大会,表彰国土资源厅直属单位2008年以来党建工作先进单位和先进个人。厅党组书记、厅长白盾在会议上讲话。厅机关全体党员、厅属事业单位领导班子成员、党群人事部门负责人和受表彰的先进集体、个人代表200余人参加大会。

同月 自治区财政厅、国土资源厅印发《内蒙古自治区矿山地质环境治理专项资金和项目管理办法(试行)》。

7月8—9日 全国测绘局长座谈会在呼和浩特市召开。国土资源部副部长、国家测绘局局长徐德明出席座谈会并到自治区测绘事业局及所属单位调研。自治区副主席赵双连出席座谈会并致辞。徐德明在座谈会和调研中指出,自治区十分重视测绘基础工作,在给予多项优惠政策的同时,逐年加大对测绘事业的投入,使内蒙古基础测绘工作发展很快,并走到全国前列。自治区政府全力支持测绘工作,全区测绘事业快速发展的好经验,在全国测绘系统改革发展中具有很好的借鉴和指导意义。

7月9日,徐德明(右四)由自治区国土资源厅副厅长王富友(左一)、自治区测绘事业局局长吴齐文(左三)陪同在自治区航遥测绘院调研。

7 月 12 日　自治区党委书记胡春华到内蒙古拜仁矿业有限公司、内蒙古银都矿业有限责任公司、内蒙古兴安银铅冶炼有限公司调研。强调要处理好资源开发利用与生态环境保护的关系，大力提高节约集约高效利用资源水平，努力实现可持续发展。

7 月 12 日，胡春华（中）在内蒙古拜仁矿业公司生产现场调研了解情况，自治区地勘局局长杨永宽等陪同。

7 月 13 日　自治区国土资源厅印发通知，针对自治区政府纠正行业不正之风办公室《关于对国土资源厅政风行风评议结果的通报》情况，部署做好全区国土资源系统政风行风评议整改工作。

7 月 16 日　自治区国土资源厅转发《国土资源部关于印发〈地质勘查单位从事地质勘查活动业务范围规定〉的通知》。

7 月 18—25 日　国土资源部依法行政暨“五五”普法工作检查验收小组，先后到满洲里市国土资源局，呼伦贝尔市额尔古纳市国土资源局、根河市国土资源局、呼伦贝尔市国土资源局，鄂尔多斯市达拉特旗国土资源局、伊金霍洛旗国土资源局及所属伊金霍洛镇国土所、鄂尔多斯市国土资源局等，通过实地检查、召开座谈会、查看工作档案台账等形式，对自治区国土资源系统依法行政暨“五五”普法工作进行了检查验收。

7 月 21 日　自治区政府办公厅转发自治区国土资源厅《关于矿山地质环境保护与治理情况的报告》。

7 月 27 日　自治区国土资源厅印发《关于超贫磁铁矿矿产资源储量管理有关要求的通知》和《关于矿产资源开发整合中采矿登记有关问题的通知》。

7 月 30 日　自治区国土资源厅印发《关于加快推进全区重点工业项目用地前期工作的通知》。

8 月 5 日　全区耕地占补平衡工作规范化建设推进会在锡林郭勒盟召开。锡林浩特市国土资源局介绍了白银库伦牧场补充耕地暨耕地储备项目的工作经验，各盟市旗县市（区）共 134 名代表参加会议。

8 月 16—31 日　自治区召开全区矿产资源利用现状调查矿区储量核查成果评审验收会。截至 2010 年 7 月底，全区应核查矿区 1491 个，已完成或基本完成的核查矿区为 1344 个。

8 月 23 日　自治区国土资源厅、发改委、经济和信息化委员会、监察厅、环境保护厅、交通运输厅、住房和城乡建设厅、水利厅联合转发国土资源部等十部委联合下发的《关于进一步加强和改进国家和省级重点项目建设用地服务和监管的通知》。

同日　自治区国土资源厅转发《国土资源部关于进一步做好征地管理工作的通知》。

8 月 24—25 日　自治区财政厅、国土资源厅共同组织专家，对各盟市和自治区直属单位申报的 69 个矿产资源节约和综合利用项目进行评审，有 58 个项目通过审查，同意立项。

8 月 31 日　自治区国土资源厅印发《关于强化批而未用建设用地管理的紧急通知》。

同月　自治区国土资源厅组织编撰的《中国耕地质量等级调查与评定（内蒙古卷）》，由中国大地出版社出版发行。

9月2日 自治区政府国土资源顾问、中国科学院院士翟裕生,在自治区地质调查院作《内蒙古自治区大矿、富矿成矿系统及找矿预测研究》阶段性成果的报告。

9月9—28日 自治区土地卫片执法检查领导小组办公室对全区12个盟市2009年度土地卫片执法检查工作进行督查。

9月15日 自治区政府办公厅印发《内蒙古自治区人民政府办公厅关于做好国家和自治区重点项目违法用地制止查处情况备案工作的通知》。

9月16日 自治区国土资源厅印发《关于进一步明确矿业权审批管理有关问题的通知》。

9月17日 自治区国土资源厅印发《关于盟市发采矿许可证行政审批程序纳入厅电子政务行政审批管理系统的通知》。

9月25日 自治区国土资源厅公开通报十起典型土地违法案件查处结果。

9月29日 自治区国土资源厅与内蒙古气象局就地质灾害气象预警预报,签订《内蒙古国土资源厅与内蒙古气象局业务合作框架协议》。

9月30日 自治区国土资源厅印发《关于非煤矿业权价款管理有关问题的通知》。

10月9日 自治区政府办公厅印发《内蒙古自治区人民政府关于印发盟市旗县级矿产资源规划审查报批办法的通知》。

10月28日 自治区国土资源厅党组召开全区国土资源系统视频会议,对全区国土资源系统深入开展“两整治一改革”(整治土地和矿业权交易市场存在的突出问题,整治干部队伍廉洁从政存在的突出问题,深化国土资源管理制度改革)专项行动进行再动员再部署。

同月 自治区国土资源厅组织对全区101个旗县(市、区)第二次土地调查农村部分调查成果进行验收,有57个旗县(市、区)级成果评审为优良。同时,全区第二次土地调查土地利用数据库成果,通过国家级数据检查,并录入全国数据库。

11月11日 自治区国土资源厅转发《国土资源部关于印发〈国有建设用地供应计划编制规范〉(试行)的通知》。

11月22日 自治区财政厅、国土资源厅、中国人民银行呼和浩特中心支行印发《关于调整矿产资源补偿费入库比例和缴库方式的通知》。

11月30日 全区农村土地整治重大工程工作推进会议在呼和浩特市召开。自治区农村土地整治重大工程领导小组副组长、自治区国土资源厅厅长白盾主持会议并讲话。会议就《内蒙古自治区农村土地整治重大工程项目管理办法》(讨论稿)和《内蒙古自治区土地整治重大工程工作安排》进行了讨论、修改。

12月7日 自治区国土资源厅印发《国土资源部关于加快做好报国务院批准单独选址建设项目用地审查工作的通知》。

12月9日 自治区国土资源厅转发《国土资源部关于严格落实房地产用地调控政策促进土地市场健康发展有关问题的通知》。

12月17日 自治区纪委、人民检察院、监察厅、财政厅、国土资源厅、审计厅印发《关于内蒙古土地储备登记中心土地收储贷款资金在全区规范使用和管理的通知》。

12月22日 自治区地质遗迹(地质公园)评审委员会组织评审通过呼伦贝尔市提交的《内蒙古

鄂伦春自治区级地质公园申报书》《内蒙古扎兰屯自治区级地质公园申报书》《内蒙古呼伦贝尔自治区级地质公园申报书》,并同意批准建立鄂伦春、扎兰屯、呼伦贝尔等3家自治区地质公园。

12月25日 全区矿产资源开发整合暨稀土等矿产专项整治工作验收会议在呼和浩特市召开。自治区政府副秘书长张国良出席会议并讲话。自治区国土资源厅副厅长赵保胜主持会议。会上对各盟市整合工作逐一进行了验收。

12月31日 自治区国土资源厅印发《内蒙古自治区占补平衡土地整治项目管理办法(试行)》。

同月 自治区纪委、检察院、监察厅、财政厅、国土资源厅联合印发《关于内蒙古土地储备中心土地收储贷款资金在全区规范使用和管理的通知》。要求各地严格控制土地收储贷款资金使用和安全管理,进一步加强土地储备贷款资金风险控制,规范使用贷款资金,提高使用率,杜绝变相挪用等情况发生。

2011年

1月1日 从当日起,自治区各级征收部门征收的矿产资源补偿费入库比例为:中央国库40%,自治区国库15%,盟市国库15%,旗县国库30%。

1月5日 自治区国土资源厅印发《内蒙古自治区土地整治规划编制实施方案》。

1月6日 自治区国土资源厅印发《内蒙古自治区国土资源厅关于建设项目压覆矿业权有关事宜的通知》。

1月7日 自治区政府办公厅印发《内蒙古自治区地质勘查"十二五"规划》。

同日 自治区国土资源厅组织验收通过第二次土地调查地籍管理信息系统和成果管理系统。

1月8日 自治区国土资源厅组织的东胜煤田转龙湾井田采矿权拍卖会在呼和浩特市举行,国内10家大型企业参与竞拍。经过现场31轮公开竞价,最终由兖州煤业鄂尔多斯能化有限公司以78亿元竞得。

1月14日 全区国土资源管理工作会议在呼和浩特市召开。自治区副主席赵双连出席会议并讲话,同时代表自治区政府与全区各盟市政府领导签订了2011年度耕地保护责任状。自治区国土资源厅厅长白盾在会议上作工作报告,自治区政府副秘书长张国良主持会议。

1月14日,自治区副主席赵双连(中)、自治区政府副秘书长张国良(右一)、自治区国土资源厅厅长白盾(左一)参加全区国土资源管理工作会议并讲话。

1月19日 中国地质学会评出2010年度全行业"十大地质科技进展与十大地质找矿成果"。自治区锡林郭勒盟高力罕发现特大型煤田被评为十大地质找矿成果之一。

1月20日 自治区完成全区101个旗县(市、区)土地变更调查成果汇总。2010年度全区土地变化总量为13.74万公顷,占总土地面积的0.12%。

1月24日 自治区国土资源厅印发《关于开展〈地质勘查资质监督管理网上申报系统〉填报工作

的通知》。

同日 包头市、赤峰市20个旗县(区)土地利用总体规划大纲通过审批。至此,自治区101个旗县(市、区)土地利用总体规划大纲全部通过审批。

1月28日 自治区国土资源厅转发《国土资源部关于实行建设项目用地预审和土地利用计划执行情况网络在线备案制度的通知》。

2月11日 全区2010年度土地重点督查事项整改工作汇报会在自治区国土资源厅召开,自治区政府副秘书长张国良主持会议。自治区国土资源厅驻厅纪检组长敖拉代表自治区政府,呼和浩特市、包头市、赤峰市分管副市长分别代表当地市政府作了关于土地重点督查事项整改工作的情况汇报。

2月17日 自治区国土资源厅印发《关于油气、水气类矿山企业编制矿山地质环境保护与治理恢复方案和存储保证金的通知》。

2月19日 自治区第一地质勘查院在乌拉特后旗巴音前达门苏木境内探明一处以钼为主并伴生钨、铋、铜的大型斑岩型矿床。

2月21日 自治区政府转发《国务院关于严格规范城乡建设用地增减挂钩试点切实做好农村土地整治工作的通知》。并结合自治区实际提出4条贯彻意见。

3月2日 自治区土地矿产卫片执法检查领导小组办公室召开呼和浩特市、包头市、鄂尔多斯市重点地区工作推进会,3个市政府秘书长及所属4个旗县分管旗县长、国土资源局局长及从事变更调查、卫片工作的人员参加会议。

3月3日 自治区政府印发《内蒙古自治区城乡建设用地增减挂钩试点和农村牧区土地整治清理检查工作方案的通知》。

3月10日 自治区政府组织召开全区城乡建设用地增减挂钩试点和农村土地整治清理检查工作暨"双保"工程视频会议,全面部署全区深入开展城乡建设用地增减挂钩试点和农村土地整治清理检查工作暨"双保"工程工作。会议由自治区国土资源厅厅长白盾主持,自治区政府副秘书长张国良出席会议并讲话。自治区国土资源厅副厅长王富友、驻厅纪检组长敖拉分别就实施《内蒙古自治区城乡建设用地增减挂钩试点和农村土地整治清理检查工作方案》和《内蒙古自治区保发展保红线工程2011年行动实施方案》做了具体安排。自治区政府研究室、发改委、建设厅、环保厅、林业厅、农牧业厅负责人和国土资源厅机关全体干部在呼和浩特市主会场参加会议。

3月16日 自治区国土资源厅印发《内蒙古自治区保发展保红线工程2011年行动实施方案》。

同日 自治区国土资源厅转发《国土资源部关于运用土地市场动态监测与监管系统加强土地供应和开发利用监管的通知》。

3月28日 自治区国土资源厅印发《转发国土资源部办公厅关于矿产资源整装勘查区暂停受理新立探矿权采矿权申请的通知》。

3月28—30日 以国土资源部土地利用司副巡视员何凤山为组长的全国土地变更调查国家级重点抽查核实组一行5人,对鄂尔多斯市东胜区进行了2010年度土地变更调查国家级重点抽查核实工作。

3月29日 自治区主席巴特尔就"双保工程"——2011年行动批示。

4月1日 自治区政府印发《内蒙古自治区人民政府关于2011年为群众办"十二件实事"和实施

"十项民生工程"工作安排及任务分解的意见》。将"继续加大矿山地质环境治理恢复力度"列入"十项民生工程"。

同日　自治区国土资源厅印发《关于成立自治区土地矿产卫片执法检查工作领导小组办公室的通知》。驻厅纪检组长敖拉任办公室主任。

4月2日　自治区国土资源厅印发《关于委托征收矿产资源补偿费的通知》。

4月11日　自治区国土资源厅、农牧业厅转发《国土资源部农业部关于完善设施农用地管理有关问题的通知》。

4月11—15日　按照国土资源部等12部门的统一部署安排，由工业和信息化部、国土资源部联合组成的第二检查验收组，完成对自治区进一步推进矿产资源开发整合工作的抽查验收。

4月12日，国土资源部等联合组成的第二检查验收组到神华集团煤化有限公司实地对棋盘井煤矿和苏海图井田矿产资源开发整合情况进行现场检查。

4月11—21日　自治区土地矿产卫片执法检查领导小组办公室派出6个督导组，分赴各盟市对2010年度土地矿产卫片执法检查工作进行督查指导。

4月19日　自治区国土资源厅副厅长赵保胜主持召开会议，专题研究落实《国土资源部关于建立健全矿业权有形市场的通知》《国土资源部办公厅关于做好矿业权有形市场出让转让信息公开有关工作的通知》《国土资源部关于进一步完善采矿权登记管理有关问题的通知》中关于矿业权有形市场出让转让信息公开的有关事宜。

4月27日　自治区国土资源厅印发《关于进一步加强矿山储量检测年报和管理工作的通知》。

4月28日　自治区国土资源厅转发国土资源部《关于加强矿业权评估行业管理的通知》。

4月28—29日　中国地质调查局和自治区国土资源厅组织在呼和浩特市召开内蒙古中西部地区铁矿找矿选区部署研讨会。自治区政府国土资源顾问翟裕生院士、陈毓川院士和6名特聘专家及其他有关专家，国土资源部地质勘查司、中国地质调查局、中央地质基金管理中心、自治区国土资源厅、自治区财政厅有关领导参加会议。

5月4日　自治区土地矿产卫片执法检查领导小组办公室召开汇报会，听取6个督导组关于各盟市土地矿产卫片执法工作情况汇报。驻国土资源厅纪检组长、自治区土地矿产卫片执法检查领导小组办公室主任敖拉听取汇报并讲话。

5月6日　自治区国土资源厅、农牧业厅联合转发国土资源部、农业部《关于完善设施农用地管理有关问题的通知》。

5月16日　自治区政府印发《关于调整煤炭资源矿业权价款有关问题的通知》。

同日　自治区国土资源厅转发《国土资源部关于加强保障性安居工程用地管理有关问题的通知》。

△　自治区土地矿产卫片执法检查领导小组办公室召开通报会，通报此前各盟市依据变更调查

结果核查出的违法用地宗数、面积和违法占用耕地面积情况。

5月23日 自治区党委常委、纪委书记张力到自治区国土资源厅检查指导“两整治一改革”专项工作。

5月23日，张力(左二)在自治区国土资源厅现场检查“两整治一改革”专项工作档案，自治区国土资源厅厅长白盾(右一)、驻厅纪检组长敖拉(左三)汇报情况。

5月24日 自治区主席巴特尔主持召开自治区政府第五次主席办公会，同意将兴安盟科右前旗吉拉斯台铁矿等两宗探矿权，以有偿协议方式出让给乌兰浩特钢铁有限责任公司。

5月26日 自治区国土资源厅在呼和浩特市召开自治区部分地区2010年度土地变更调查数据对接整改工作会议。

5月30—31日 自治区矿产资源利用现状调查领导小组主持召开会议，初审通过内蒙古矿产资源储量利用现状调查项目办公室提交的稀土、铁、磷、金、铅、锌、钨、锑等9个单矿种矿产资源储量核查数据汇总成果。

6月1日，敖拉(左二)带领第三检查组在鄂尔多斯市哈尔乌素露天矿现场检查矿山企业生产安全管理情况。

6月1日 自治区国土资源厅向自治区主席巴特尔、副主席赵双连报告2010年度土地矿产卫片执法检查工作进展情况。

同日 自治区国土资源厅转发《国土资源部关于坚持和完善土地招标拍卖挂牌出让制度的意见》。

6月1—6日 自治区国土资源厅驻厅纪检组长敖拉带领自治区矿业生产管理依法保护环境保障民生及矿山资源安全第三检查组，分赴鄂尔多斯市、乌海市、阿拉善盟和巴彦淖尔市现场督导检查矿山生产安全等情况。

6月8日 自治区国土资源厅转发国土资源部《关于印发城乡建设用地增减挂钩试点和农村土地整治有关问题的处理意见》。

6月9日 自治区土地矿产卫片执法检查工作领导小组办公室派出6个督导组，对全区2010年度土地矿产卫片执法检查工作进行督查指导。

6月10日 自治区国土资源厅转发《国土资源部关于建立健全矿业权有形市场的通知》。

6月10—20日 自治区土地矿产卫片执法检查工作领导小组办公室第三次派出督导组，对除锡林郭勒盟以外的11个盟市、2个计划单列市土地矿产卫片执法检查工作进行督导。督导以存在问责风险的呼和浩特等5个盟市、30个旗县区为重点督导对象，以各旗县区在国土资源部下发核查数据后的最新核查、查处、整改和组卷归档情况为重点内容，采取内、外业抽查方式进行。

6 月 14 日 自治区国土资源厅、财政厅、农牧业厅转发国土资源部、财政部、农业部《关于加快推进农村集体土地确权登记发证工作的通知》。

同日 自治区国土资源厅印发《关于内蒙古自治区矿业权转让鉴证有关事宜的通知》。

6 月 21 日 自治区土地矿产卫片执法检查工作领导小组办公室召开汇报会，听取 6 个督导组工作情况汇报。

6 月 28 日 自治区测绘事业局航空测绘无人机在呼伦贝尔市莫力达瓦达斡尔族自治旗首飞成功。

7 月 1 日 自治区国土资源厅党组召开全区国土资源系统纪念建党 90 周年暨创先争优活动表彰视频会议。厅党组书记、厅长白盾出席会议并讲话，厅党组成员、副厅长陈伟主持大会。

7 月 3 日 巴彦淖尔自治区级地质公园举行揭碑开园仪式。

7 月 6 日 自治区主席巴特尔主持召开自治区 2011 年第六次政府常务会议。会议研究了《内蒙古自治区关于进一步规范矿业开发秩序依法保护环境保障民生的指导意见》，听取了关于自治区全面整顿锡林郭勒盟矿业秩序工作组的工作汇报。

7 月 13 日 自治区政府印发《内蒙古自治区人民政府关于进一步规范矿业开发秩序依法保护环境保障民生的指导意见》。

7 月 14 日 自治区国土资源厅印发《内蒙古自治区进一步完善采矿权登记管理有关问题实施办法》。

同日 自治区国土资源厅在呼和浩特市召开全区保障性安居工程建设土地供应落实情况汇报会，副厅长王富友出席会议并讲话，副巡视员乌俊清主持会议。

7 月 15 日 自治区政府组织召开 2010 年度土地矿山卫片执法检查重点地区工作推进视频会议，通报 2010 年土地矿山卫片执法检查工作进展情况，部署下一步工作。自治区副主席赵双连出席会议并讲话。自治区土地矿产卫片执法检查成员单位负责人和自治区国土资源厅相关处室人员在主会场出席会议；各盟市、旗县（区）政府主要领导和分管国土资源工作领导及有关部门负责人在分会场出席会议。

同日 根据自治区编委批复，在自治区地质环境监测院加挂牌子，正式成立内蒙古自治区地质灾害应急中心，下设应急调查监测室和预报预警群防室 2 个工作机构。

7 月 15 日，自治区国土资源厅副厅长赵保胜（左二）为自治区地质灾害应急中心挂牌成立揭牌。

7 月 17 日 自治区国土资源厅会同呼和浩特市政府在土默特左旗陶思浩区域服务中心沟门村麻达赖沟，举办泥石流地质灾害群测群防紧急避险应急演练现场会。

7 月 28 日 自治区农村土地整治重大工程巴彦淖尔项目区开工仪式在五原县胜丰镇美联村举行。自治区国土资源厅厅长、自治区农村土地整治重大工程领导小组副组长白盾，副厅长、自治区农村土地整治重大工程领导小组办公室主任王富友出席开工仪式。

8月1日　自治区国土资源厅印发《关于进一步加强网站管理和政府信息公开的通知》。对推进全区国土资源部门政府信息公开工作的内容、职责等进一步予以明确。

8月11日　自治区政府办公厅印发《内蒙古自治区人民政府办公厅关于开展2006年—2010年盟行政公署、市人民政府耕地保护责任目标考核工作的通知》。

8月16日　国土资源部印发《国土资源部关于命名第二批国土资源科普基地的通知》。内蒙古阿拉善沙漠世界地质公园被命名为国土资源科普基地。

8月25日　自治区国土资源厅印发《内蒙古自治区国土资源厅干部交流轮岗工作暂行规定》。

8月18—27日　呼和浩特市、包头市、鄂尔多斯市、巴彦淖尔市、乌海市、阿拉善盟、乌兰察布市2010年度土地矿产卫片执法检查工作通过自治区级验收。

8月27—29日　自治区副主席赵双连在赤峰市检查指导矿业开发秩序整顿工作。

同月　自治区国土资源厅印发《关于开展钻孔基本信息清查工作的通知》,部署开展全区钻孔基本信息清查工作。

9月2日　自治区国土资源厅印发《关于贯彻落实〈内蒙古自治区矿山地质环境治理保证金管理办法〉有关问题的通知》。

9月6日　自治区政府印发《内蒙古自治区人民政府关于内蒙古自治区土地储备登记中心(内蒙古自治区矿业权交易中心)购置矿业权交易大厅项目立项的批复》,同意自治区土地储备登记中心购置矿业权交易大厅项目立项。

9月6—9日　国家土地督察北京局对自治区2010年度土地卫片执法检查工作进行实地检查验收,并通过验收。

9月15日　自治区国土资源厅转发《国土资源部办公厅关于加快推进建立地(市)级矿业权交易机构的通知》。

9月20日　国家五部委组织开展的各省耕地保护目标责任考核组到自治区进行考核。考核组深入呼和浩特市、鄂尔多斯市进行实地检查,于22日与自治区政府交换意见,并充分肯定了自治区在耕地保护工作中取得的突出成绩和重大贡献。

9月21—25日　自治区国土资源厅在呼伦贝尔市扎兰屯市举办"内蒙古自治区第二次土地调查成果应用试点经验交流暨'三项工作'会议",国土资源部地籍司,自治区国土资源厅有关处室、所属事业单位负责人,各盟市国土资源局分管局长等110多人参加会议。

9月25日　内蒙古、山东、四川三省区轻稀土矿产开发联合行动座谈会在包头市召开。三省区签署联合行动方案,决定对区域内稀土矿产开发采取联合监管行动。国土资源部副部长汪民指出,这次联合行动,是进一步强化地方政府主导、部门联动、行业自律、社会监管工作机制的重要举措,标志着中国稀土资源管理正在形成轻重结合、南北呼应、政府主导、区域联动的新格局。

9月26日　中国阿拉善沙漠世界地质公园举行揭碑开园仪式。

10月14日　自治区国土资源厅印发《内蒙古自治区国土资源管理系统"六五"普法法治国土建设工作五年规划(2011年—2015年)》。

10月24日　自治区土地勘测规划院承担的《农村集体土地产权调查试点》和《农村宅基地登记发证试点》项目,通过中国土地勘测规划院组织的专家组评审。

10月25日　自治区国土资源厅印发《关于加强自治区地质勘查基金项目实施进度管理的通知》。

10 月 27 日 自治区政府与国土资源部、财政部合作建设白云鄂博稀土、铁及铌矿产资源综合利用示范基地签字仪式在北京钓鱼台国宾馆举行。国土资源部部长徐绍史，自治区副主席赵双连参加签字仪式。白云鄂博稀土、铁及铌矿产资源综合利用示范基地是全国首批建设的 40 个矿产资源综合利用示范基地之一。

11 月 6 日 自治区主席巴特尔视察巴彦淖尔地质博物馆。

11 月 22 日 自治区矿产资源利用现状调查领导小组主持召开会议，初审通过全区矿产资源储量利用现状调查项目办公室完成的银等 10 个单矿种汇总成果。

同日 由自治区地质环境监测院负责编制的《内蒙古自治区地质灾害防治规划（2011—2015 年）》和《内蒙古自治区矿山地质环境保护与治理规划（2011—2015 年）》，通过自治区国土资源厅评审。

11 月 24 日 自治区国土资源厅印发《关于使用机打矿产资源补偿费缴款书的通知》。

11 月 28 日 自治区国土资源厅印发《内蒙古自治区国有土地使用权拍卖资格评审工作规定》。

11 月 28—29 日 全区国土资源执法监管共同责任机制现场会在赤峰市召开。国土资源部执法监察局、国家土地督察北京局，自治区纪委监察厅、公安厅、高级人民法院、检察院联席会议成员单位负责人以及赤峰市领导出席现场会。自治区国土资源厅纪检组长敖拉出席会议并讲话。各盟市国土资源局分管局长和执法监察科、监察支队负责人参加会议。呼和浩特市、鄂尔多斯市、满洲里市、赤峰市就构建国土资源执法监管共同责任机制作了典型经验介绍。会议表彰了全区国土资源执法监察工作 41 个先进集体、111 名先进个人，同时举行了赤峰市政府向各旗县（区）赠授 15 辆执法专用车仪式。

赤峰市政府向各旗县区国土资源执法部门赠授的执法专用车。

同月 自治区国土资源厅发布《内蒙古自治区矿山地质环境保护与治理规划（2011—2015 年）》。

12 月 6 日 自治区国土资源厅转发国土资源部办公厅《关于加快闲置土地处置工作的通知》。

12 月 12 日 自治区国土资源厅印发《关于进一步规范矿产资源储量登记有关事宜的通知》。

12 月 23 日 自治区党委办公厅、政府办公厅转发《国土资源部关于支持内蒙古经济社会发展有关措施的通知》指出，10 月 22 日，国土资源部下发了关于支持内蒙古经济社会发展有关措施的通知。自治区党委、政府高度重视。自治区党委书记胡春华作出批示。要求自治区及各部门、各盟市认真贯彻，落到实处。

12 月 31 日 自治区政府办公厅公布《内蒙古自治区征地统一年产值标准和区片综合地价》，自 2012 年 1 月 1 日起施行。

同日 自治区国土资源厅印发《进一步完善矿业权管理促进整装勘查实施办法》。

2012 年

1 月 7 日 国土资源部通报表扬在“两整治一改革”专项行动中工作成绩突出单位,通辽市国土资源局受到表彰。

2 月 1 日 自治区国土资源厅厅长白盾与兴安盟盟委书记王程熙、盟长邓月楼就如何促进兴安盟经济社会发展和提供国土资源保障等问题进行座谈。自治区国土资源厅领导和有关处室负责人参加座谈。

2 月 9 日 全区国土资源工作会议在呼和浩特市召开。自治区副主席赵双连出席会议并讲话,同时代表自治区人民政府与各盟市政府签订了耕地保护目标责任状。自治区国土资源厅厅长白盾作了工作报告。会议主要总结了 2011 年全区国土资源工作取得的成绩和存在的问题,对 2012 年的国土资源工作做了具体部署。自治区政府副秘书长张国良主持会议。

2 月 10 日 自治区国土资源厅印发《内蒙古自治区国土资源厅发展绿色矿业建设绿色矿山工作实施方案》,全面部署自治区绿色矿山建设和管理工作。

2 月 16 日 自治区国土资源厅印发《内蒙古自治区土地利用总体规划评估和修改试点工作方案》,正式启动盟行政公署、市人民政府所在地土地利用总体规划评估修改试点工作。

2 月 22 日 自治区国土资源厅转发国土资源部《矿业权交易规则(试行)》。

2 月 28 日 自治区国土资源厅转发《国土资源部关于印发〈国家古生物化石分级标准(试行)〉和〈国家重点保护古生物化石名录(首批)〉的通知》。

同月 由中国科学院院士、自治区政府国土资源顾问张本仁指导,自治区地质调查院、中国地质大学(北京)联合承担的《内蒙古自治区区域成矿规律及重要矿产成矿预测地球化学综合研究》项目成果,通过专家组评审。

3 月 2 日 由自治区国土资源厅主办的《内蒙古自治区找矿战略行动实施方案(2011—2020 年》研讨会在呼和浩特市召开。国土资源部、中国地质调查局、沈阳、天津、西安地质矿产研究中心、中国地质科学院,自治区发改委、财政厅等各相关单位的领导和专家出席会议。

3 月 2—3 日 自治区国土资源厅邀请中国科学院院士翟裕生、张本仁和中国工程院院士陈毓川,以及自治区有关地勘单位专家对《内蒙古自治区找矿突破战略行动实施方案》编制工作进行了研讨和评价。

3 月 10 日 《中国国土资源报》刊发消息:阿拉善盟行政公署百万重奖找矿成果突出单位。阿拉善盟行政公署向自治区地质勘查基金中心、自治区地质工程公司等 4 家地勘单位颁发“2011 年全盟地质勘查突出贡献奖”,并拨款 140 万元奖励获奖单位。

3 月 12 日 自治区国土资源厅组织召开自治区土地矿产卫片执法检查联动工作会议。自治区国土资源厅副厅长王富友、驻厅纪检组长敖拉、副巡视员王重明出席会议。

同日 自治区国土资源厅转发国土资源部《关于严格土地利用总体规划实施管理的通知》。

3 月 17 日 自治区派出由监察厅和国土资源厅相关人员组成的四个督导组,就土地矿产资源违法违规行为专项行动和 2011 年度卫片执法检查工作及批后监管情况,对 12 个盟市及 2 个计划单列市进行督导检查。

3 月 18 日 中国地质调查局、自治区国土资源厅联合组织邀请中国科学院、中国工程院院士袁道先、林学珏、薛禹群、李俘佩及沈照理、李烈荣等 6 位知名专家，终审验收通过由西安地质调查中心、自治区地质调查院等 6 家单位合作完成的《鄂尔多斯盆地内蒙古能源基地地下水勘查报告》成果。

3 月 28 日 自治区主席巴特尔对 2011 年度土地矿产卫片执法检查工作批示。

3 月 31 日 自治区第十一届人民代表大会常务委员会第二十八次会议审议并批准《包头市测绘管理条例》，于 6 月 1 日起实施。

4 月 6—15 日 自治区国土资源厅分三批对全区 500 多家测绘地理信息管理部门及测绘资质单位法人进行集中岗位培训。

4 月 14 日 国土资源部和自治区政府在鄂尔多斯市联合举行和谐矿区建设试点启动仪式暨部署动员电视电话会议。决定在锡林郭勒盟和鄂尔多斯市开展和谐矿区建设试点工作。国土资源部副部长、中国地质调查局局长汪民，自治区副主席赵双连出席启动仪式。

4 月 17 日 自治区国土资源厅印发《2012 年自治区国土资源系统“两整治一改革”工作要点》。

4 月 23 日 全区国土资源系统党风廉政工作会议在呼和浩特市召开。自治区纪委副书记韩世华出席会议并讲话，驻自治区国土资源厅纪检组长敖拉作工作报告。会议下发了《内蒙古自治区国土资源厅党组巡视工作暂行办法》，明确由自治区国土资源厅组织巡视组，主要围绕管理审批、行政执法、制度落实、政务公开、服务保障、廉政建设等方面，进一步加强监督，重点对各盟市国土资源局和厅属事业单位领导班子及成员，以及副处级以上干部开展巡视工作。

同日 自治区国土资源厅印发《关于矿山地质环境治理与工矿废弃地复垦调整利用工作相结合的通知》。

4 月 25 日 自治区国土资源厅在呼和浩特市组织召开全区土地利用总体规划评估修改试点工作座谈会，副厅长陈伟出席会议并讲话。

4 月 27 日 自治区副主席王波、国土资源厅主要领导在呼和浩特市与国家土地督察北京局副局长牛珏进行座谈。

5 月 1 日 从当日起，自治区国土资源厅决定对现有土地、矿产、测绘类 89 项行政审批项目的审批时限一律在原来时限的基础上缩短 1/3。

5 月 3 日 自治区副主席王波听取国土资源厅关于 2012 年全区国土资源工作部署的汇报。自治区国土资源厅领导班子成员，自治区地勘局、自治区煤田地质局、自治区有色地勘局、自治区测绘事业局领导，厅机关有关处室和厅属有关单位负责人参加汇报会。

5 月 11 日 国土资源部地质勘查司组织专家在北京召开评审会，预审通过内蒙古自治区国土资源厅编制的《内蒙古自治区稀土等矿产勘查专项规划(2010—2015 年)》。

5 月 11—12 日 自治区国土资源厅举办全区耕地质量等级成果补充完善技术培训班，部署全区耕地质量等级成果补充完善成果更新工作。

5 月 16 日 自治区国土资源厅印发《内蒙古自治区保发展保红线工程 2012 年行动方案》。

同日 自治区贯彻落实《国务院关于进一步促进内蒙古经济社会又好又快发展的若干意见》第六督查组，对自治区国土资源厅贯彻落实情况进行督查。自治区国土资源厅副厅长王杰和厅机关相关处室负责人及自治区测绘事业局副局长赵新刚出席座谈会，并向督查组汇报工作。

5 月 17 日 全国地质资料管理系统试点地区测试，在自治区国土资源信息院进行。

5月18日 自治区国土资源厅召开会议,就厅属国土资源执法监察局和执法监察总队合署办公,进一步强化执法监察有关工作做出部署。驻厅纪检组长敖拉,办公室、执法监察局和执法总队全体人员参加会议。

5月23日 自治区副主席王波在自治区国土资源厅关于"双保工程"实施情况签报上作出批示。

同日 自治区国土资源厅召开全区国土资源系统工作部署视频会议,要求开拓创新,扎实推进构建切合自治区实际的国土资源管理新机制。

5月28—30日 自治区国土资源厅举办全区旗县区国土资源局副局长廉洁从政教育集中培训班。驻厅纪检组长敖拉在开班仪式上作了动员讲话。培训班组织学员赴呼和浩特市第一监狱警示教育基地进行参观,观看了《廉政中国》警示教育片。

5月29日 自治区国土资源厅执法监察局和执法监察总队组织所属人员,进行合署办公后的首次业务培训。

6月4日 自治区国土资源厅印发《关于进一步加强地质灾害危险性评估等资质管理工作的通知》。

6月4—5日 自治区国土资源厅召开全区盟市、旗县级土地整治规划编制培训会议。副厅长陈伟、副巡视员王重明出席会议并讲话。

6月4—12日 自治区国土资源厅派出3个督导组,分赴各盟市就2012年全区国土资源系统工作部署,重点工作开展情况进行督导。

6月11日 自治区国土资源厅印发《内蒙古自治区国土资源厅12336联创共建"为民服务示范窗口"活动实施方案》。

6月12日 自治区国土资源厅印发《内蒙古自治区地质勘查基金项目野外施工质量及资金使用监管总体方案》和《内蒙古自治区地质勘查基金项目野外施工质量及资金使用检查实施细则(试行)》。

6月19日 自治区国土资源厅印发《关于改进和加强补充耕地项目验收管理有关问题的通知》。

6月25日 自治区国土资源厅与内蒙古农业大学、呼和浩特市国土资源局、内蒙古土地学会联合举行以"建设高标准基本农田,保障国家粮食安全"为主题的第22个全国"土地日"系列宣传活动,自治区国土资源厅副厅长王富友出席活动启动仪式。

6月25日,自治区国土资源厅副厅长王富友(右)与内蒙古农业大学、呼和浩特市国土资源局领导共同按下"土地日"系列宣传活动启动球。

同日 国家土地督察北京局致函自治区政府,感谢各级党委、政府及自治区国土资源厅和基层国土资源部门在土地例行督察工作中给予的高度重视和大力支持。

6月27日 自治区国土资源厅召开全区国土资源系统"创先争优争名升位走进前列"先进事迹视频报告会。来自全区国土资源系统基层管理部门和生产一线的6名代表作了典型事迹报告。全区各盟市和102个旗县(市、区)国土资源局设立115个分会场,万余名干部职工参加报告会。

同日 自治区国土资源厅印发《关于自治区出资勘查项目区内社会资金投入地质勘查工作有关

问题的通知》。

6月30日 自治区党委召开“全区创先争优表彰大会”。自治区国土资源厅机关党委被自治区党委命名为“全区创先争优先进基层党组织”。

7月13日 自治区土地矿产卫片执法检查工作领导小组组织召开全区2011年土地矿产卫片执法检查工作视频推进会议，就相关工作进行部署。

7月16日 自治区政府办公厅印发《盟行政公署市人民政府耕地保护责任目标考核办法》，明确耕地保护责任考核目标，盟市长为第一责任人。从2011年起，每5年为1个规划期，自治区政府在每个规划期的期中和期末对盟行政公署、市政府各考核1次。

7月17日 自治区国土资源厅印发《内蒙古自治区国土资源信息化“十二五”规划》。

7月21日 《中国国土资源报》报道：内蒙古发现特大型钼矿床。2009年，河南省地勘二院承担内蒙古《浑源窑等四幅1∶5万区域矿产地质调查》项目，发现曹四夭等多处异常。2011年9月，矿产勘查取得重大突破，发现了曹四夭特大型钼矿床。

同日 在呼伦贝尔市鄂伦春族自治旗林区从事外业工作的辽宁省地质矿产测绘院3名地质队员失踪。接到求救信息后，自治区国土资源厅、呼伦贝尔市政府迅速组织国土资源、林业、地方、公安等20多个单位的200多人进行搜救。7月22日11时30分，3名失踪地质队员成功获救。

7月22日，失踪人员成功获救后与搜救人员合影。

7月23日 自治区国土资源厅印发《关于做好〈内蒙古自治区国土资源志〉编纂工作的通知》，决定编纂《内蒙古自治区国土资源志》。

8月1—3日 国土资源部找矿突破战略行动督导调研组，在鄂尔多斯市对自治区找矿突破战略开展及鄂尔多斯盆地砂岩型铀矿整装勘查区项目实施情况进行督导。自治区国土资源厅汇报了开展找矿突破战略行动工作的主要情况。

8月5—6日 全国国土资源规划计划会议在呼和浩特市隆重召开。国土资源部党组成员、副部长王世元出席会议并作了重要讲话。自治区副主席王波代表自治区党委、政府到会祝贺。全国31个省、市、区及5个计划单列市国土资源主管部门，新疆生产兵团国土资源局，中国地质调查局及国土资源部相关直属单位，各派驻地方的国家土地督察局，国土资源部有关司局负责人，中央新闻媒体记者，共计170余人参加会议。会议主要总结国土资源规划计划工作成效，深入分析面临的挑战、困难和问题，围绕“加强政策储备、加快制定供给”的要求，研究进一步统筹保障发展和保护资源，深化改革创新，做好相关工作的措施和办法，并部署今后一个时期相关工作。会上还表彰了全国第二轮矿产资源规划优秀成果和先进个人。

8月12日 地质工作者在位于北纬50°的内蒙古大兴安岭阿里河国家森林公园内发现冰臼群。中国地质科学院地质研究所、中国第四纪冰川陈列馆研究员韩同林表示，这是中国目前发现的纬度最高、相对高度最高的冰臼群。

8月17—19日 由中国地质学会、中国国际经济技术合作促进会、中国国际贸易促进委员会内蒙古自治区委员会、内蒙古地质学会联合举办的"找矿突破高峰论坛暨首届中国内蒙古矿业国际博览会"在呼和浩特市隆重开幕。来自国内外的78家矿业开发和地质勘查单位244位代表齐聚青城,共商找矿突破与矿业可持续发展大计。中国地质学会常务副理事长、中国地调局原局长孟宪来和国务院参事、国土资源部原总工程师张洪涛及中国工程院院士马永生等出席并作专题发言。自治区国土资源厅副厅长陈伟到会祝贺。

8月17日,自治区国土资源厅副厅长陈伟在首届内蒙古矿业博览会开幕式致贺词。

8月19日 自治区航遥测绘院完成首次采用UCE数码航摄仪进行航空摄影任务。

8月24—25日 自治区国土资源厅在乌兰察布市集宁区组织召开"全区深化矿产资源整合促进优势特色产业发展"现场会。自治区国土资源厅副厅长王杰出席会议并讲话。

8月25日,自治区国土资源厅副厅长王杰(中)与参会代表现场观摩乌兰察布市兴和县瑞盛石墨有限公司资源整合及深加工产品等情况。

8月27—31日 国土资源部党组成员、国家土地副总督察张德霖与国家土地总督察办公室主任马毅、北京督察局局长李永杰,由自治区政府副秘书长曹晓斌陪同,调研和督导自治区集体土地确权登记等工作。

8月30日 自治区编办印发《关于自治区国土资源厅所属事业单位调整规范意见的批复》。明确:自治区测绘事业局更名为内蒙古自治区测绘地理信息局(以下简称自治区测绘地理信息局);自治区地图制印院更名为内蒙古自治区地图院(以下简称自治区地图院);自治区土地勘测规划院更名为内蒙古自治区土地调查规划院(以下简称自治区土地调查规划院);内蒙古自治区土地储备登记中心(内蒙古自治区矿业权交易中心)更名为内蒙古自治区国土资源储备交易登记中心(以下简称自治区国土资源交易中心);自治区土地整理中心更名为内蒙古自治区土地整治中心;自治区测绘科技档案馆(内蒙古自治区基础地理信息中心)调整为内蒙古自治区基础地理信息中心加挂内蒙古自治区测绘科技档案资料馆牌子。调整规范后,自治区国土资源厅保留事业单位15个。

同月 经自治区政府批准,由自治区发改委和自治区国土资源厅联合颁布实施《内蒙古自治区地质灾害防治规划(2011—2015年)》。

9月4日 自治区测绘地理信息局测绘地理信息院士专家工作站成立大会暨揭牌仪式在呼和浩特市举行。中国工程院院士李建成,以及自治区党委组织部、国土资源厅、人力资源和社会保障厅、科学技术厅、科学技术协会、测绘事业局、测绘学会等领导出席。

9 月 4 日，自治区测绘地理信息局测绘地理信息院士专家工作站成立揭牌仪式。

同日 国家测绘地理信息局组织在包头市举行“数字包头地理空间框架建设成果发布暨内蒙古自治区数字城市推广会”。国家测绘地理信息局副局长李维森、总工程师胥燕婴、国土测绘司司长白桂霞，包头市副市长李秉荣，自治区经济和信息化委员会副主任兰惠、自治区国土资源厅副巡视员王重明出席。

在 9 月 4 日自治区数字城市推广启动仪式上，李维森（右二）、李秉荣（右三）、兰惠（右一）、王重明（右四）共同按下数字城市推广启动球。

9 月 5 日 自治区国土资源厅印发《内蒙古自治区“矿山复绿”行动方案》。

9 月 8—11 日 国家土地总督察、国土资源部党组书记、部长徐绍史与国土资源部土地利用司司长廖永林，分别在自治区主席巴特尔、自治区副主席王波陪同下，先后深入包头市、巴彦淖尔市、鄂尔多斯市、乌海市、阿拉善盟 14 个项目区，就未利用土地的开发利用、地质找矿突破战略行动、工业园区高效利用土地和土地整治耕地保护等情况进行考察和调研，并了解国土资源部就支持内蒙古经济社会发展推出的 19 条支持政策的落实情况，征求地方政府对国土资源工作的诉求，看望慰问国土资源系统一线干部职工和武警黄金部队官兵等。

9 月 11 日 自治区党委书记胡春华、自治区主席巴特尔在呼和浩特会见正在自治区调研的国土资源部部长徐绍史。双方就创新国土资源管理工作、促进自治区经济发展进行了深入交谈。

同日 自治区政府组织召开国土资源管理座谈会。自治区主席巴特尔主持会议，国土资源部部长徐绍史，自治区副主席王波、政府秘书长常海出席会议。徐绍史提出加强部省联动，关注地方经济社会发展和国土资源管理的需求和诉求，共同做好国土资源管理工作。自治区国土资源厅汇报了自治区国土资源管理工作。

9 月 13—14 日 全国涉密测绘成果管理培训暨政策座谈会在呼和浩特市举行。国家测绘地理信息局副局长闽宜仁、成果管理司司长赵继成，自治区国土资源厅副厅长陈伟出席开班仪式。

9 月 16 日 自治区国土资源厅对兴安盟 10 个农村土地整治重点项目施工进行比价公开招标。

17 家投标单位比价投标,经过现场唱标比价,10 个重点项目区的 11 个标段,最终被 7 家单位获得。

9 月 17 日　内蒙古二连浩特国家地质公园举行开园仪式。同时召开内蒙古自治区矿山地质环境治理保证金研讨会、内蒙古自治区地质公园建设研讨会。国土资源部地质环境司司长关凤俊、自治区国土资源厅副厅长王杰参加开园仪式和相关活动。

9 月 20 日　自治区国土资源厅组织专家组,对自治区地质环境监测院承担完成的自治区地质灾害远程卫星应急会商系统予以验收。

9 月 27—28 日　自治区国土资源厅在呼和浩特市组织召开全区国土资源局长座谈会,主要传达国土资源部党组书记、部长徐绍史在自治区视察指导工作期间的讲话精神。

同月　由中国科学院院士、自治区政府国土资源顾问翟裕生作序,融合科学、艺术、美学三个角度介绍自治区地质遗迹的专著《天造地景——内蒙古地质遗迹》,由中国旅游出版社出版。

10 月 8 日　自治区国土资源厅转发《国土资源部办公厅关于深入推进地质资料信息服务集群化为找矿突破战略行动提供服务的通知》。

10 月 9 日　《呼伦贝尔市人民政府生态地质环境保护管理办法》经呼伦贝尔市政府第三十七次常务会议通过,正式颁布实施。

10 月 14 日　自治区副主席王波到自治区地勘局和内蒙古地矿集团公司调研。

10 月 15—16 日　全区农村牧区集体土地确权登记发证工作交流推进会在包头市召开。自治区国土资源厅副厅长王富友出席会议并讲话。各盟市国土资源局分管局长、业务骨干及技术支撑单位的 110 人参加会议。

10 月 15—17 日　自治区国土资源厅在内蒙古展览馆组织举办“内蒙古自治区首届国土资源‘北国风·大地情’书画摄影展览”。全国人大原副委员长布赫为展览活动题词。自治区人大常委会副主任郝益东、政协副主席伏来旺,国土资源部纪检组监察专员仲晓娜、自治区纪委副书记韩世华出席首日展览活动启动仪式。

10 月 17 日　全区国土资源信访维稳工作形势座谈会在呼和浩特市召开。自治区国土资源厅党组成员、驻厅纪检组长敖拉出席会议并讲话。

10 月 18 日　自治区国土资源厅在巴彦淖尔市组织评审通过“数字巴彦淖尔地理空间框架建设”项目设计书,并与巴彦淖尔市政府举行共建共享协议签署仪式。自治区国土资源厅副巡视员王重明出席签字仪式。

10 月 22 日　自治区国土资源厅、农牧业厅印发《内蒙古自治区国土资源厅农牧业厅关于开展永久基本农田划定工作的通知》,就相关工作进行部署。

10 月 25—31 日　国家土地督察北京局督查组到乌兰察布市就耕地占补平衡专项督查。

10 月 30 日　自治区国土资源交易中心在呼和浩特市组织举行呼伦贝尔市、兴安盟、鄂尔多斯市的 7 个地质环境治理工程项目和阿拉善盟 3 个土地整治工程项目的公开比价招投标,30 余家企业经过现场比价,有 8 家企业中标。

10 月 31 日　自治区政府对国土资源厅组织编制的《内蒙古自治区找矿突破战略行动实施方案(2011—2020 年)》予以批复。

同月　国土资源部通报表扬全国模范地勘单位,自治区地质调查院、自治区煤田地质局 109 地质队、自治区有色地勘局 108 地质队、内蒙古自治区地质勘查有限责任公司、内蒙古自治区地质矿产勘查开发院等5家地勘单位被国土资源部授予“全国模范地勘单位”称号。

11月2—9日 自治区财政厅、国土资源厅共同组织专家对通辽市、巴彦淖尔市2012年农村土地整治重大工程42个子项目和呼伦贝尔市、赤峰市、鄂尔多斯市2010—2012年自治区农村土地整治重点工程41个子项目进行预算评审。

11月7日 自治区国土资源厅转发《国土资源部办公厅关于同意内蒙古自治区工矿废弃地复垦利用试点工作方案的函》。

11月14日 自治区副主席王波在自治区地勘局调研。

11月15日 《中国国土资源报》报道：内蒙古自治区发现目前国内最大规模可地浸砂岩型铀矿床。

11月21日 自治区国土资源厅召开视频会议，部署学习贯彻中共十八大精神。各盟市旗县国土资源局设分会场，共5000余人参加会议。

12月11日 自治区检察院、自治区国土资源厅召开预防职务犯罪工作联席会议。自治区检察院检察长马永胜、常务副检察长韦亚力、巡视员旭江、副检察长曲云清、反贪污贿赂局局长杨卫平，自治区国土资源厅领导及有关处室负责人参加会议。

12月15日 自治区国土资源厅印发《关于进一步规范采矿权新立延续有关事宜的通知》。

12月19日 自治区国土资源厅印发《内蒙古自治区国土资源厅关于进一步加强全区地质环境监测工作的意见》。

12月24日 自治区国土资源厅转发《国土资源部关于加强页岩气资源勘查开采和监督管理有关工作的通知》和《国土资源部关于严格执行土地使用标准大力促进节约集约用地的通知》。

12月27日 自治区国土资源厅转发国土资源部办公厅《关于严格监管房地产大企业和大地块开发建设情况的紧急通知》。

12月31日 自治区国土资源厅印发《关于处置矿业权价款有关问题的通知》，就补充处置矿业权价款有关问题进行了规定。

同月 由自治区政府国土资源顾问翟裕生院士指导，自治区地质调查院和中国地质大学共同承担完成的《内蒙古自治区大矿富矿成矿系统及找矿研究》成果，通过自治区国土资源厅组织的由国内著名地质专家组成的评审组评审。

2013年

1月14日 自治区国土资源厅、发改委、科学技术厅、财政厅印发《内蒙古自治区找矿突破战略行动实施方案》。

1月15日 自治区国土资源厅党组发文，决定对在全区国土资源系统“创先争优、争名升位、走进前列”活动中取得优异成绩的20个“创先争优先进单位”、20个“党建工作先进单位”、10个“创新型党组织”、10个“学习型党组织”、10个“服务型党组织”、40个“创先争优先进处(科、股)室”、20个“党建工作示范点”、10个“优秀窗口单位”、20项“党建工作创新成果”、100名“优秀共产党员”、50名“优秀党务工作者”、50名“创先争优示范带头人”、20名“创新型先进个人”、20名“学习型先进个人”予以表彰。

1月17日 全区国土资源工作会议在呼和浩特市召开。自治区副主席王波出席会议并讲话，同时代表自治区政府与各盟市签订耕地保护目标责任状、工矿废弃地和废弃居民点用地复垦调整利用规划实施责任状。会议总结了2012年的工作,部署了2013年的工作任务。

1月30日 自治区国土资源厅组织召开全区国土资源系统视频会议。主要总结2010年4月以来全区国土资源系统创先争优活动,以及2012年以来"创先争优、争名升位、走进前列"主题活动开展情况,部署今后一个时期的党建工作,表彰全区国土资源系统创先争优先进集体和优秀个人。

2月17日 自治区国土资源厅印发《关于贯彻落实四部委加强土地储备与融资管理的通知》。

2月22日 自治区政府办公厅印发经自治区国土资源厅、财政厅新修订的《内蒙古自治区矿山地质环境治理保证金管理办法》,并予以实施。

2月27日 自治区副主席王波由自治区国土资源厅副厅长王富友、陈伟,副巡视员王重明陪同,在自治区煤田地质局、有色地勘局调研,听取工作汇报。

2月28日 自治区国土资源厅转发自治区财政厅、发改委《关于公布取消和免征部分行政事业性收费的通知》。明确于2013年1月1日起,取消自治区铁路用地管理费;从2013年1月1日至2014年12月31日,免征石油(天然气)勘查开采登记费、矿产资源勘查与开采登记费。

3月8日 自治区政府批复同意组建内蒙古矿业(集团)有限责任公司(以下简称内蒙古矿业集团),由自治区国土资源厅暂行出资人职责,由自治区政府国有资产监督管理委员会负责国有资产监管工作。

3月12日 自治区国土资源厅印发《关于进一步加强自治区地质勘查基金项目质量管理的通知》。

3月13日 自治区国土资源厅转发国土资源部《关于加强老矿山找矿工作的通知》,要求各盟市国土资源局、各地勘单位采取有效措施、切实支持老矿山地质找矿工作。

3月19日 自治区国土资源厅召开会议,部署今后一个时期的重点工作。

3月26日 自治区国土资源厅召开厅长办公会议,通报内蒙古矿业集团筹建工作进展情况。

4月1日 自治区国土资源厅印发《关于进一步做好矿产资源补偿费征收管理工作的通知》。

4月12日 自治区国土资源厅印发《内蒙古自治区矿山地质环境治理工程验收标准(试行)》。

同日 自治区国土资源厅转发《国土资源部办公厅关于印发〈闲置土地处置法律书示范文本〉和〈闲置土地处置案卷表〉的通知》。

4月15日 自治区国土资源厅召开全区国土资源系统推进重点工作视频会议,主要深入贯彻落实自治区一系列重大决策,总结交流重点工作经验,部署加强作风建设。

4月19日 自治区国土资源厅、财政厅印发《内蒙古自治区矿山地质环境治理保证金管理办法实施细则》。

4月16—22日 自治区国土资源厅联合内蒙古地质学会、内蒙古师范大学、呼和浩特市国土资源局,围绕"珍惜地球资源,转变发展方式——促进生态文明、共建美丽中国"活动主题,开展了为期一周的纪念第44个世界地球日宣传活动。

4月20日,自治区国土资源厅党组成员、总工程师张宏(前右一)主持大兴安岭南麓等重要成矿区带整装勘查区遴选暨找矿突破推进会,并向参会专家介绍有关情况。

4月20—21日 自治区国土资源厅举行"大兴安岭南麓等重要成矿区带整装勘查区遴选暨找矿突破推进会"。自治区政府国土资源顾问翟裕生院士、陈毓川院士，以及国土资源部和相关科研院所的10位国内著名专家应邀参加会议，自治区各地勘单位负责人及相关专家120余人参加会议。经过专家共同研究、论证，优选出国家级整装勘查区6个和自治区级集中勘查区6个，为自治区实施找矿突破工作部署提供了重要依据。

5月10日 自治区国土资源厅印发《关于成立重大项目协调领导小组的通知》。

5月17日 自治区国土资源厅转发国土资源部办公厅《国有建设用地使用权出让地价评估技术规范（试行）》。

5月27日 全区农村土地整治重大工程专项推进工作会在巴彦淖尔市五原县召开。自治区政府副秘书长曹晓斌出席会议并讲话，自治区国土资源厅副厅长王富友主持会议。

6月14日 由国土资源部首批配备给自治区土地调查规划院的无人机，在鄂尔多斯市科研基地顺利升空和降落，并航摄发回土地利用基础数据和图像资料，试飞取得圆满成功。

6月17日 自治区国土资源厅印发《内蒙古自治区地质勘查基金项目管理办法》。

6月18日 自治区政府副主席王波在自治区地勘局所属矿山企业调研。

6月19日 由国土资源部地质灾害应急管理办公室、自治区国土资源厅、乌兰察布市政府联合举办的“大型泥石流地质灾害应急演练”在乌兰察布市察右中旗乌兰哈页苏木老窑沟泥石流地质灾害隐患点举行。

同日 自治区国土资源厅印发《内蒙古自治区矿产资源“三率”管理暂行规定》。

6月20日 自治区财政厅、国土资源厅印发《内蒙古农村土地整治项目竣工财务决算管理办法（试行）》。

同日 自治区国土资源厅印发《内蒙古自治区地质环境专家管理暂行办法》。

6月23—26日 联合国教科文组织世界地质公园评估员玛瑞亚·路易斯福瑞、迈尔·保德对中国克什克腾世界地质公园进行中期考察评估。国土资源部地质环境司副司长陈小宁、自治区国土资源厅副厅长王杰陪同考察。

6月25日 自治区国土资源厅与呼和浩特市国土资源局、内蒙古土地学会联合在呼和浩特市城区设立多个“土地日”宣传点，围绕“珍惜土地资源、节约集约用地”主题开展宣传活动。

6月25日，群众在“土地日”宣传点现场咨询有关土地政策方面的问题。

7月2日 自治区国土资源厅印发《关于进一步完善矿业权设置方案编制审查工作的通知》。

同日 自治区国土资源厅印发通知,部署落实自治区政府办公厅、国土资源部地质灾害应急管理办公室《关于进一步加强主汛期地质灾害防治工作的紧急通知》精神。

7月28—30日 自治区政府国土资源顾问翟裕生院士和国土资源部整装勘查技术指导中心有关专家,实地考察调研自治区整装勘查工作。自治区国土资源厅总工程师张宏陪同调研。

8月1—2日 国土资源部土地利用重点实验室"土地资源利用与生态保护"学术研讨会暨科研基地建设交流会在鄂尔多斯市召开。中国科学院院士傅伯杰、中国科学院地理科学与资源研究所研究员李秀彬、北京市国土资源局副局长谢俊奇应邀参加研讨会。国土资源部科技司高级工程师张春虎、中国土地勘测规划院党委书记李海兵、自治区国土资源厅副厅长王富友和鄂尔多斯市副市长潘志峰出席研讨交流会并致辞。江苏省、河南省、重庆、河北、甘肃、黑龙江等10个省市土地调查规划勘测部门的70余人参加会议。

8月1—3日 联合国教科文组织世界地质公园专家尼古拉·邹诺思(希腊)和中田世津谷(日本)对阿拉善沙漠世界地质公园进行中期考察评估。

8月5日 自治区国土资源厅转发《国土资源部办公厅关于土地使用权交易纳入公共资源交易系统意见的函》。

8月19日 国务院组织召开第一次全国地理国情普查电视电话会议,中央政治局常委、国务院副总理、国务院第一次全国地理国情普查领导小组组长张高丽出席会议并作重要讲话。自治区政府会议中心设立分会场,自治区副主席王波和自治区国土资源厅副厅长陈伟及自治区党委宣传部、测绘地理信息局等单位相关人员参加会议。

8月20日 自治区国土资源厅转发自治区政府《内蒙古自治区地下水管理办法》。

8月22日 自治区国土资源厅转发国土资源部办公厅《关于认真贯彻落实〈古生物化石保护条例实施办法〉的通知》,要求相关单位认真履行职责,做好自治区古生物化石保护管理工作。

8月29日 自治区国土资源厅组织各盟市测绘管理部门开展了形式多样、内容丰富的测绘法宣传日活动,使社会各界更加关心、理解、支持测绘地理信息工作。

8月30日 自治区国土资源厅转发国土资源部《关于建立土地利用动态巡查制度加强建设用地供后开发利用全程监管的通知》。

同月 由中国矿业联合会地质勘查协会主办、自治区地勘局协办的中国首届百强地质队队长研讨会在呼和浩特市召开。期间,与会人员参观了自治区地勘局经济发展和深化改革成果展,考察了自治区地勘局勘查开发一体化项目。

9月22日 自治区国土资源厅转发《内蒙古自治区人民政府关于印发自治区完善煤炭资源配置管理若干规定》。

10月16日 内蒙古巴彦淖尔国家地质公园揭碑开园。自治区国土资源厅副厅长王富友出席揭碑仪式。

10月17日 自治区国土资源厅就地质灾害危险性评估工作的依据、范围、备案程序及要求等发布公告。

10月20日 自治区国土资源厅印发《关于探矿权抵押备案和完善采矿权抵押备案有关事宜的通知》。

10 月 22 日　自治区启动“国家级重点保护古生物化石集中产地认定”与“古生物化石收藏单位等级评定”工作。由内蒙古自治区古生物化石专家委员会对内蒙古宁城县国家级重点保护古生物化石集中产地等 5 个古生物化石集中产地进行了初审,并对内蒙古博物院等 3 个收藏单位进行了初审和认定工作。

11 月 13 日　自治区国土资源厅印发《内蒙古自治区集体建设用地使用权抵押登记操作规则(试行)》。

11 月 15 日　自治区国土资源厅党组印发《关于进一步加强国土资源人才工作的意见》,提出要重点引进和大力培养高层次创新企业经营管理人才、国土资源管理与经济复合人才、地质找矿专业技术人才。

11 月 19—20 日　全区国土资源局长座谈会在呼和浩特市召开。主要就进一步落实自治区“8337”发展思路,推动整改和整章建制措施进行研究,分析解决当前工作难题,谋划 2014 年工作思路及任务。

12 月 2 日　自治区国土资源厅委托自治区国土资源交易中心,采取公开拍卖方式出让乌拉特中旗石哈河银多金属矿普查探矿权。共 11 家单位参加竞买,从 4100 万元起拍,通过 48 轮竞价,最终由遵化市牟氏商贸有限公司以 6 亿元人民币成交。

12 月 10 日　自治区国土资源厅组织召开全区国土资源执法监察暨廉政风险防控工作“回头看”视频会议,部署具体工作。

同日　自治区政府委托自治区国土资源厅对存在土地违法问题突出的乌兰察布市及所辖 4 个区、乌海市及所辖乌达区、呼和浩特市和林格尔县政府主要领导进行警示约谈。

12 月 19 日　自治区国土资源厅政务大厅被自治区政务公开领导小组授予“全区政务公开示范点”。

12 月 23 日　自治区财政厅等联合印发《内蒙古自治区财政厅、国土资源厅、中国人民银行呼和浩特中心支行、中国银行业监督管理委员会、内蒙古监管局关于核定土地储备融资规模的通知》。

12 月 25 日　自治区副主席王波由自治区国土资源厅领导陪同,赴国土资源部汇报沟通工作。

同月　经内蒙古地质(矿山)公园与地质遗迹工作委员会专家组评审,内蒙古乌兰哈达火山地质公园、黄花沟地质公园、内蒙古通辽大青沟地质公园,获得自治区级地质公园建设资格。

2014 年

1 月 13 日　呼伦贝尔市政府办公厅印发《呼伦贝尔市本级地质环境治理项目和先建后补以奖代投资金管理办法(试行)》。

1 月 21 日　自治区国土资源厅召开全区国土系统党的群众路线教育实践活动总结视频会,总结第一批教育实践活动工作,推动系统内第二批教育实践活动的开展。自治区群众路线教育实践活动第七督导组组长王晓成出席会议并作重要讲话。

1 月 28 日　自治区国土资源厅印发通知,要求全系统形成合力,确保 2015 年自治区第一次全国地理国情普查工作顺利完成。

2 月 11 日　自治区国土资源厅印发《内蒙古自治区国土资源系统行政处罚案卷评查暂行办法》。

同日 自治区国土资源厅转发国土资源部办公厅《关于批准湖北恩施腾龙洞大峡谷等22处国家级地质公园资格的通知》。内蒙古清水河老牛湾地质公园、内蒙古四子王地质公园取得国家级地质公园资格。

2月27—28日 全区国土资源工作会议暨党风廉政建设工作会议在呼和浩特市召开。自治区副主席王波出席会议并讲话,自治区政府副秘书长曹晓斌主持会议。自治区纪委及有关部门负责人,各盟市分管副(盟)市长及国土资源局局长、纪检组长、分管行政管理业务的副局长,国土资源厅领导及厅机关各处室(局)负责人等170余人参加会议。

3月24日 自治区国土资源厅向兴安盟、锡林郭勒盟、包头市、乌海市派驻国土资源综合执法监察专员并开展工作。

4月1日 经自治区政府同意,自治区国土资源厅发布《内蒙古自治区2014年地质灾害防治方案》。

4月3日 自治区国土资源厅印发《关于进一步加强生产矿山地质环境治理工作的通知》。

同日 自治区国土资源厅印发《内蒙古自治区国土资源综合执法专员工作规范(试行)》。

4月16日 自治区国土资源厅在呼和浩特市举办土地储备监测监管工作培训班,自治区国土资源厅副厅长王富友进行培训前动员讲话。厅机关相关处室、厅属相关单位负责人和各盟市国土资源局及旗县区国土资源局相关人员约200人参加培训。

4月17日 自治区国土资源厅印发《内蒙古自治区国土资源厅专项审计调查办法》和《内蒙古自治区国土资源厅内部审计项目档案管理办法》。

4月20—26日 自治区国土资源厅组织开展了第45个世界地球日宣传周活动。20日,联合内蒙古地质学会举行了第45个世界地球日宣传周活动启动仪式,内蒙古地质学会理事长赵保胜讲话,自治区国土资源厅机关及所属各单位、内蒙古农业大学、内蒙古工程学校等近600余人参加。

4月21日 自治区国土资源厅转发《内蒙古自治区人民政府关于进一步推进找矿突破战略行动的意见》。

4月22日 自治区国土资源厅印发《关于内蒙古矿业集团班子成员任职的通知》。

4月25日 自治区政府印发《内蒙古自治区闲置土地处置实施办法》。

5月12日 自治区国土资源厅转发国土资源部办公厅《养老服务设施用地指导意见》。

5月17日 自治区国土资源厅印发《内蒙古自治区"矿山复绿"行动实施方案》。

5月19日 自治区党委第一督查组在自治区国土资源厅召开第一批党的群众路线教育实践活动整改落实督查大会。自治区国土资源厅机关全体干部和厅属单位班子成员共计200多人参加大会。

5月20日 自治区副主席王波由自治区政府副秘书长曹晓彬陪同,到内蒙古矿业集团公司调研指导工作,并为内蒙古矿业集团公司揭碑。

5月21日 自治区国土资源厅转发《国土资源部关于强化管控落实最严格耕地保护制度的通知》。

5月27—28日 自治区国土资源厅在包头市组织召开全区国土资源所标准化建设现场经验交流会。会议学习交流了各盟市在国土资源所标准化建设方面的成功经验,总结推广包头市"小局大所、大所全能、个个骨干"和执法监察信息化建设及国土资源所精细化管理等实践经验,进一步明确了全区国土资源所标准化建设的目标。

5月29日 全区地质勘查基金项目质量工作会议在呼和浩特市召开。自治区国土资源厅副厅长王杰主持会议，总工程师张宏作会议总结。各盟市国土资源局分管局长、厅相关处室负责人和有关地勘单位负责人参加会议。

6月4日 自治区发改委对自治区国土资源厅报送的内蒙古自治区自然历史博物馆项目可行性研究报告进行批复，同意项目建设用地3.34公顷，总建筑面积暂定48 759平方米，总投资估算49 543万元，资金由自治区本级国土资源收益中解决，建设工期2014－2017年。

6月5日 自治区国土资源厅成立不动产统一登记工作领导小组，由副巡视员赵大勇任领导小组组长。

6月8—15日 根据自治区党委和政府要求，自治区国土资源厅组织自治区党委组织部、编办、财政、国土资源等部门人员，分赴西南、东北、华北等9个省区学习考察找矿战略突破行动和地勘单位改革发展经验。15日，在北京召开赴区外学习考察总结会议。24日，召开厅务会议，结合赴区外考察形成的调研报告，进一步深入讨论、研究抓好地质找矿突破和地勘单位改革发展问题。

6月23日 自治区国土资源厅印发《关于配合国土资源部做好调整城镇土地等别工作的通知》和《内蒙古自治区城镇土地等别调整基础工作方案》。

6月30日 中国古生物化石保护基金会驻内蒙古代表处在自治区地质环境监测院揭牌。中国古生物化石保护基金会理事长蔡可军、副理事长陶庆法，自治区国土资源厅副厅长王杰参加揭牌仪式。

7月3日 自治区国土资源厅组织并邀请中国地质调查局、天津地质调查中心、沈阳地质调查中心等单位的专家，审查通过自治区地质调查院编制完成的《内蒙古自治区部省合作基础地质调查和矿产调查评价工作部署方案(2015—2020年)》。

7月4日 自治区国土资源厅组织召开全区不动产统一登记工作第一次厅际联席会议，就有关工作进行部署。

同日 全区盟市国土资源局纪检监察机构落实“三转”工作座谈会在兴安盟召开。自治区国土资源厅驻厅纪检组长敖拉出席会议并讲话。

7月8日 自治区国土资源厅印发《内蒙古自治区农村牧区集体土地使用权确权登记发证成果检查验收办法(试行)》。

7月21日 自治区国土资源厅组织并邀请自治区政府国土资源顾问翟裕生院士和中国地质大学、中国地质科学院、中国地质调查局、天津地质调查中心、沈阳地质调查中心、西安地质调查中心、自治区有关单位的专家，评审通过由自治区地质调查院编制的《内蒙古自治区水文工程环境地质调查工作部署建议方案(2015—2020年)》。

7月24日 自治区国土资源厅印发《内蒙古自治区国土资源厅关于做好国家和自治区重点建设项目压覆矿业权管理工作的通知》。

7月31日 自治区国土资源厅、统计局、第二次全区土地调查领导小组办公室联合发布《内蒙古自治区第二次土地调查主要数据成果公报》。截止到2009年12月31日，全区有农用地8143.13万公顷，其中耕地918.93万公顷，比第一次调查数据逐年变更到2008年的耕地面积多出196.33万公顷(其主要原因是部分地区在20世纪的农业开发、调查标准和技术方法的改进、农村税费政策调整等工作所造成)；建设用地145.10万公顷，其中城镇村及工矿用地122.31万公顷、交通运输用地53.36万公顷。公报指出，二次调查成果公布后，相关支农支牧惠农政策，不因地类变化而改变。

8月6日 自治区国土资源厅在呼和浩特市组织召开部分盟市、旗县农村土地整治及高标准基本农田建设工作推进会。呼伦贝尔市、兴安盟、通辽市、巴彦淖尔市国土资源局局长和分管副局长及相关科室负责人,4个盟市部分旗县分管旗县长和国土资源局长,自治区国土资源厅机关相关处室负责人和厅属相关单位主要负责人、自治区财政厅经济建设处负责人共计40余人参加会议。

8月11日 自治区国土资源厅召开部分盟市国土资源局长矿业管理工作座谈会,听取上半年工作汇报,研究部署矿业管理具体工作。

8月12日 自治区检察院与自治区国土资源厅就国土资源违法案件移送等相关工作召开座谈会。

8月19日 自治区国土资源厅印发《关于严格规范矿业权市场出让工作有关事宜的通知》。

8月20日 呼伦贝尔市政府、自治区国土资源厅在呼伦贝尔市联合主办大兴安岭和得尔布干成矿带找矿经验交流会。呼伦贝尔市委、市政府有关领导,国土资源部地质勘查司、中国地质调查局、国土资源部矿产勘查技术指导中心、沈阳地质调查中心、天津地质调查中心及自治区国土资源厅、财政厅等有关领导及专家,矿山企业代表,共200多人参加会议。

8月21日 自治区国土资源厅印发《关于进一步加强废弃居民点和工矿废弃地复垦管理的通知》。

8月25日 由国务院全国地理国情普查领导小组办公室主办、中国测绘科学研究院承办、自治区国土资源厅协办的全国地理国情普查技术交流与培训会在呼和浩特市召开。国家测绘地理信息局副局长李维森、自治区国土资源厅副厅长陈伟、中国测绘科学研究院副院长刘纪平分别在开幕式上致辞。来自全国30个省市的200余名代表参加了交流培训。

同日 内蒙古地质灾害防治工程协会成立大会暨第一届会员代表大会在呼和浩特市召开。中国地质灾害防治工程协会副会长周锁海出席会议并代表中国地质灾害防治工程协会表示祝贺。自治区国土资源厅副厅长王杰,自治区民政厅和国土资源厅有关部门负责人及会员单位代表100余人参加会议。

8月25日,内蒙古地质灾害防治工程协会成立大会现场。

8月29日 自治区国土资源厅印发《关于贯彻实施〈节约集约利用土地规定〉的意见》。

9月16日 自治区第二水文勘查院在准格尔旗龙口镇红树梁村打出一口优质饮用水井。涌水量542立方米/日,属重碳酸钙镁型水,符合生活饮用水标准。

9月18日 自治区编委印发《关于整合自治区不动产登记职责的通知》,明确整合后自治区国土资源厅的相关职责,同意将自治区国土资源厅地籍管理处改为不动产登记局(挂地籍管理处牌子),增加副处级领导职数1名。

9月25日 自治区国土资源厅、财政厅,内蒙古电力(集团)有限责任公司、国网内蒙古东部电力有限公司联合印发《关于进一步加强自治区农村土地整治项目电力工程管理的通知》。

10月8日 自治区国土资源厅印发《关于进一步做好建设项目压覆矿产资源审批管理工作的通

知》,规范建设项目压覆矿产资源审批工作。

10 月 11 日　自治区国土资源厅印发《关于进一步简化报自治区批准农用地转用和土地征收报批工作的通知》。要求各盟市国土资源局简化建设项目用地报批材料、规范重点建设项目先行用地、明确建设项目用地审查职责、加强建设项目用地批后监管。

10 月 16 日　自治区国土资源厅在乌兰察布市组织召开页岩气勘查工作座谈会。中国地质调查局油气资源调查中心副主任高炳奇、自治区国土资源厅总工程师张宏出席会议。

10 月 21—24 日　自治区国土资源厅举办全区国土资源系统干部素质提升培训班。

10 月 27 日　自治区国土资源厅印发《内蒙古自治区国土资源厅监管企业矿业权转让管理试行办法》。规范监管企业矿业权转让过程中的国有资源监督管理工作。

10 月 29 日　自治区国土资源厅印发通知,决定进一步简化报自治区批准农用地转用和土地征收报批工作。

11 月 3 日　自治区国土资源厅印发《转发国土资源部关于部署开展全国城市建设用地节约集约利用评价工作的通知》和《内蒙古自治区城市建设用地节约集约利用评价实施方案》。

11 月 11 日　自治区国土资源厅印发《关于落实国土资源部节约集约用地专项督察工作要求的通知》。

11 月 13 日　自治区党委常委、组织部长李鹏新到自治区国土资源厅、自治区地质调查院检查指导工作。

同日　自治区国土资源厅印发《内蒙古自治区矿产资源总体规划(2016—2020 年)编制工作方案》。

11 月 27 日　自治区政府组织召开全区进一步规范国土资源管理推动重点问题整改电视电话会议。自治区主席巴特尔出席会议并讲话,自治区副主席王波主持会议,自治区政协副主席、发改委主任梁铁城出席会议。自治区国土资源厅通报全区在审计督察及卫片执法检查中发现的重点问题。

12 月 2 日　自治区国土资源厅转发国土资源部办公厅《国土资源节约集约模范县(市)创建活动新一周期工作安排和新修定的指标标准体系》。

同日　自治区国土资源厅印发《内蒙古自治区国土资源厅关于简化办理建设项目用地未压覆矿业权和矿产资源手续的通知》。

△　自治区国土资源厅召开新闻通报会,挂牌督办 7 起国土资源违法案件,并公开通报 7 起国土资源违法案件查处情况。

12 月 9 日　国土资源部发布公告,取消地质灾害危险性评估备案制度。

12 月 16 日　自治区国土资源厅印发《内蒙古自治区补充耕地指标交易管理暂行办法》。

12 月 31 日　自治区政府办公厅发布 2014 年度全区政务网站绩效评估结果。自治区国土资源厅门户网站在自治区 47 个政务网站绩效评估中名列第 2 位。

2015 年

1 月 14 日　自治区国土资源厅印发《关于印发〈内蒙古自治区土地复垦工程建设标准(试行)〉的通知》。

1 月 25 日 全区推进地质找矿突破暨地质勘查工作质量会议在呼和浩特市召开。来自区内外的知名地矿专家、有关部门领导、地勘单位负责人、各盟市国土资源局分管领导共 140 余人参加会议。自治区国土资源顾问翟裕生院士、陈毓川院士和中国地质科学院李廷栋院士及国土资源部地质勘查司副司长于海峰出席会议并讲话。自治区国土资源厅党组成员、总工程师张宏主持会议。

2 月 3—4 日 全区国土资源工作会议在呼和浩特市召开,自治区副主席王波出席会议并讲话。会议主要总结 2014 年的工作并部署 2015 年重点工作,同时由王波代表自治区政府与各盟市领导签订土地管理和耕地保护责任状。会议由自治区副秘书长曹晓斌主持。会议期间,还召开了全区国土资源执法监察“双月攻坚行动”成果新闻通报会,自治区 11 家新闻媒体记者参加会议。

2 月 11 日 自治区国土资源厅网站消息:自治区页岩气调查取得突破。鄂页 1 井设计井深 3550 米,完钻井深 3568 米,最大产能 5 万立方米/日,稳定产量 1.95 万立方米/日。气体中甲烷含量 87.7%,日产轻质油 0.17 立方米,为较好的工业油流。

同月 中国科学院领导的植物研究所和北京大学研究团队公布研究成果称,过去 30 年间,内蒙古湖泊总面积缩小约 30.3%,煤炭开采和灌溉耗水是主要原因。

3 月 10 日 自治区人大常委会环境资源城乡建设委员会主任张偏考一行到自治区国土资源厅调研国土资源法律法规实施情况。

3 月 17 日 自治区政府第 42 次常务会议审议通过《内蒙古自治区矿山地质环境治理办法》,自 2015 年 5 月 1 日起施行。

3 月 20 日 自治区国土资源厅不动产登记局挂牌。

3 月 24—28 日 国土资源部副部长胡存智带领调研组,就不动产登记、土地节约集约、农村集体建设用地确权登记颁证工作,在自治区调研、指导工作。

3 月 25 日 自治区编办批复,同意在自治区国土资源交易中心的基础上组建内蒙古自治区不动产登记和国土资源储备交易中心,仍为自治区国土资源厅所属的相当于处级公益一类事业单位。

3 月 27 日 自治区政府发布《内蒙古自治区矿山地质环境治理办法》,自 2015 年 5 月 1 日起实施。2013 年发布的《内蒙古自治区矿山地质环境治理保证金管理办法》同时废止。

3 月 30 日 自治区党委组织部在呼和浩特市召开 2015 年度帮扶扎赉特旗厅局联席会议。自治区党委常委、组织部长李鹏新出席会议并讲话。自治区国土资源厅在会上介绍了发挥行业优势帮扶扎赉特旗从根本上脱贫的情况。

4 月 1 日 自治区国土资源厅组织召开全区 2014 年度土地矿产卫片执法监督检查工作推进会,副厅长王富友出席会议并讲话。厅相关处室负责人,厅执法监察局(总队)全体人员,各盟市国土资源局分管领导及工作人员,部分旗县区国土资源局分管领导及工作人员共 170 余人参加会议。会议听取了各盟市卫片工作开展情况,厅相关处室和执法监察局(总队)人员进行了答疑和指导,并讲解了卫片工作技术要求和政策规范。

同日 自治区国土资源厅印发《关于切实做好矿业权价款处置有关问题的通知》。

4 月 7 日 全区第一次全国地理国情普查标准时点统一核准动员会在呼和浩特市召开。自治区国土资源厅副厅长、自治区地理国情普查办公室主任陈伟出席会议并讲话。自治区地理国情普查办公室成员和 7 个项目承担单位的负责人及技术人员参加会议。

4 月 11 日 自治区党委常委、组织部长李鹏新在自治区国土资源厅领导及兴安盟盟委书记苗银柱的陪同下，到扎赉特旗白辛嘎查调研自治区国土资源厅帮扶项目。

4 月 19 日 自治区国土资源厅联合内蒙古工业大学启动以“珍惜地球资源 转变发展方式——提高资源利用效益”为主题的第 46 个世界地球日宣传周活动。

4 月 27—28 日 自治区国土资源厅在呼和浩特市组织召开全区国土资源系统“三严三实”专题教育暨稳增长促发展推进会。厅领导、厅机关各处室和厅属单位负责人，各盟市和旗县国土资源局领导及相关业务人员，共 180 余人参加会议。

5 月 11 日 自治区国土资源厅印发《关于处置矿业权价款有关问题的补充通知》。

5 月 13 日 自治区国土资源厅组织召开全区重点城市周边永久基本农田划定工作座谈会，专题研究部署城市(镇)周边永久基本农田划定工作。副巡视员赵大勇参加会议并讲话。

5 月 15 日 自治区副主席王波，由自治区国土资源厅领导陪同赴国土资源部汇报对接有关工作。国土资源部副部长王世元主持召开座谈会，就相关工作进行了对接。

5 月 27 日 自治区国土资源厅组织召开整改类高尔夫球场用地不符合土地利用总体规划占用耕地情况审核会，副厅长王富友、陈伟出席会议。

5 月 31 日至 6 月 2 日 德国地质学家弗雷和中国地质大学(北京)教授田明中等 8 人组成的专家组到阿尔山国家地质公园进行考察，自治区国土资源厅副厅长王杰陪同考察。

6 月 6 日 自治区国土资源厅印发《关于下达内蒙古自治区 2015 年度稀土矿钨矿开采总量控制指标的通知》。

6 月 9 日 自治区国土资源厅、自治区农牧业厅联合向国土资源部耕地保护司、农业部种植业管理司报送《内蒙古自治区国土资源厅 农牧业厅关于内蒙古永久基本农田划定工作开展情况的函》。

6 月 11—14 日 国土资源部副部长、国家测绘地理信息局局长库热西·买合苏提到呼伦贝尔市额尔古纳测绘野外作业点、满洲里地理国情监测点进行调研并慰问一线工作测绘人员，自治区测绘事业局局长吴齐文陪同调研。

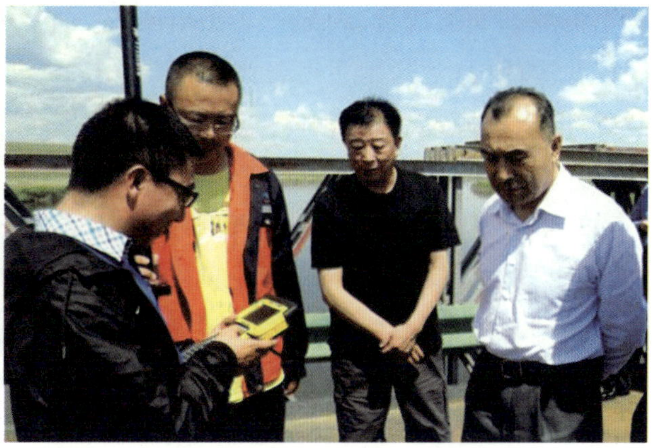

6 月 11 日，库热西·买合苏提(右一)、吴齐文(右二)在额尔古纳测绘野外作业点调研了解情况。

6 月 18 日 自治区国土资源厅印发《关于进一步加强地质勘查资质监督管理工作的通知》。

6 月 24 日 自治区国土资源厅转发国土资源部《关于贯彻实行〈国土资源违法行为查处工作规程〉的通知》。

6 月 29 日 自治区国土资源厅、自治区编办印发《内蒙古自治区国土资源厅内蒙古自治区机构编制委员会办公室转发〈国土资源部、中央编办关于地方不动产登记职责整合的指导意见〉的通知》。要求按照“上下一致”原则，将有关部门分散承担的土地、房屋、林地、草原、海域等不动产登记职责整合，统一交由不动产登记主管部门承担。

6 月 30 日 自治区国土资源厅党组组织召开全区国土资源系统庆祝中国共产党成立 94 周年暨“两优一先”表彰(视频)大会。自治区国土资源厅领导和机关全体党员干部，厅属各单位领导班子成员及办公室主任、专兼职党务工作者代表在主会场参加会议。各盟市、旗县国土资源部门设立116个分会场,共有7000多人参加视频会议。

7月2日 自治区国土资源厅、农牧业厅、党委农村牧区工作办公室联合向国土资源部、农业部、中央农办上报《关于贯彻落实加强耕地保护改进耕地占补平衡规范农村土地流转工作视频会议精神的情况报告》。

7月3日 自治区国土资源厅印发《关于当前建设项目压覆矿产资源审批管理工作中几个具体问题的通知》。

7月7日 全区国土资源节约集约模范县(市)创建活动动员部署会议在呼和浩特市召开。自治区国土资源厅副巡视员赵大勇作动员讲话,凉城县、阿荣旗、满洲里市分别介绍了第二届创建活动的典型经验。

7月8日 自治区国土资源厅印发《关于进一步做好矿产资源储量评审备案有关问题的通知》,对地质勘查资质及成果初审、评审等工作提出严格要求。

7月13日 自治区国土资源厅印发《2015年度内蒙古自治区矿山地质环境治理项目公示》。

7月16日 自治区国土资源厅印发《关于简化矿业权管理审批程序的函》,提出简化煤炭配置井田调整程序和全面清理地方政府设定的矿业权前置审批条件,取消额外的前置审批程序。

7月21日 国土资源部在呼和浩特市组织召开找矿突破战略行动推进会。国土资源部党组成员、副部长汪民出席会议并讲话,自治区副主席云光中到会致辞,国土资源部总工程师彭齐鸣主持会议并作会议总结讲话。

7月22日,汪民(右一)、王波(左四)、张利平(左三)在乌努格吐山矿区现场调研了解情况。

7月22—24日 国土资源部副部长汪民,由自治区副主席王波、呼伦贝尔市市长张利平陪同,到呼伦贝尔市新巴尔虎旗中国黄金集团内蒙古有限公司乌努格吐山矿、荣达矿业甲乌拉矿进行调研。

7月24日 自治区政府组织召开2014年度土地矿产卫片执法监督检查警示约谈会。国家土地督察北京局副局长牛继宝、自治区政府副秘书长曹晓斌出席会议并讲话。

同日 自治区国土资源厅印发《关于开展矿产资源补偿费征收和“三率”管理督导工作的通知》。

7月27日 自治区国土资源厅向国土资源部上报《内蒙古自治区国土资源厅关于报送内蒙古自治区“十二五”地质灾害防治工作总结的报告》。

7月28日 自治区国土资源厅印发《转发内蒙古自治区人民政府办公厅关于进一步深化和谐矿区建设工作的通知》。要求坚持在政府的领导下开展和谐矿区建设工作,力争在制度建设上取得突破。

7月27—31日 自治区政府国土资源顾问翟裕生院士,由自治区国土资源厅总工程师张宏陪同,到大兴安岭得尔布干成矿带三河矿区和大兴安岭成矿带二道河矿区考察、指导找矿工作。期间,应呼伦贝尔市国土资源局的邀请,翟裕生院士作了《加强矿床研究,促进找矿突破》的学术报告。

8 月 3 日　自治区国土资源厅印发《关于开展全区国土资源系统推进依法行政和“六五”普法总结验收互查工作的通知》《自治区国土资源厅 2015 年度依法行政工作考核目标分解表》和《内蒙古自治区国土资源厅关于下达 2015 年工矿废弃地复垦利用计划的通知》。

8 月 4 日　自治区国土资源厅印发《关于农村土地整治及高标准基本农田建设项目质量督查情况的通报》。

8 月 7 日　自治区国土资源厅印发《内蒙古自治区国土资源厅关于印发自治区矿产资源领域专项整治行动工作实施方案的通知》和《2015 年度全区汛期地质灾害防治工作检查情况的通报》。

8 月 12 日　自治区国土资源厅印发《关于公布 2015 年度全区国有土地使用权拍卖机构的通知》。审核通过 13 家拍卖机构为 2015 年度全区国有土地使用权拍卖单位。

8 月 13 日　自治区国土资源厅印发《转发国土资源部关于贯彻落实中央领导重要批示精神进一步加强地质灾害防治工作的通知》。

8 月 14 日　自治区国土资源厅印发《内蒙古自治区国土资源厅关于加强厅属地勘企业全面质量管理的通知》。

同日　自治区国土资源厅印发《关于简化矿业权管理审批程序的函》。函告简化煤炭配置井田调整程序，煤炭资源经自治区政府批准已同意配置，且所在地盟行政公署、市人民政府核实配置项目已建成，需要调整配置井田的，由有关盟行署、市人民政府提出调整意见报自治区国土资源厅办理相关手续。

△　包头市委、市政府给自治区国土资源厅送来感谢信，感谢国土资源厅在包头市棚户区改造工作中给予的帮助与支持。从 2013 年至 2015 年 8 月，包头市北梁棚户改造累计拆迁房屋 5.66 万户、468 万平方米，建设安置房 3.1 万套、273 万平方米，回购安置房 1.2 万套、85 万平方米，安置居民 10.9 万人。

8 月 17 日　全区集体土地使用权确权登记与不动产统一登记工作座谈会在呼和浩特市召开。

8 月 18—20 日　国家测绘地理信息局副局长李维森一行到自治区调研，期间由自治区国土资源厅副厅长陈伟陪同到赤峰市林西县看望正在野外进行基础测绘的自治区地图院职工，并在锡林浩特市参加了“数字锡林浩特地理空间框架建设项目”成果验收会。

8 月 20 日　自治区国土资源厅印发《内蒙古自治区国土资源厅关于印发〈土地管理领域专项整治行动工作方案〉的通知》。

8 月 21 日　自治区国土资源厅组织召开全区国土系统安全生产工作电视电话会议。自治区国土资源厅副厅长王杰、副巡视员王剑民和有关处室负责人及厅属单位相关领导在主会场参加会议，全区共有 957 人参加会议。

同日　自治区国土资源厅向国土资源部上报《内蒙古自治区国土资源厅关于上报〈土地管理领域专项整治行动工作方案〉的报告》。

8 月 22 日　自治区国土资源厅印发《内蒙古自治区国土资源厅关于 2015 年上半年国土资源信访情况的通报》。2015 年上半年，群众除反映违法占地和征地纠纷方面的问题以外，其他类土地问题也较突出，反映农村土地承包地纠纷、征地补偿、村内分配管理、城中村改造、不服“三级终结”意见、涉法涉诉问题、库区移民安置、村干部腐败等农村综合性问题多且复杂。

8 月 28 日　自治区国土资源厅印发《关于印发〈国土资源厅 2015 年度对盟市国土资源局考核办

法〉及重点目标的通知》。

8 月 29 日 自治区国土资源厅印发《关于加快推进自治区国家出资勘查形成的矿产地及勘查区清查工作的通知》。

8 月 31 日 自治区国土资源厅印发《关于普通建筑材料用砂、石、粘土矿采矿权简化审批的指导意见》。

同日 自治区国土资源厅印发《关于矿业权价款管理有关事宜的通知》。对市场出让的矿业权成交价款数额较大,竞得人一次性缴纳有困难的,可以分期缴纳。要求在市场出让矿业权时,应在出让公告和成交确认书中载明分期缴纳矿业价款的内容。

9 月 6 日 自治区国土资源厅印发《转发〈水利部、国土资源部、交通运输部关于进一步加强河道采砂管理工作的通知〉的通知》和《关于印发〈矿产资源勘查探矿工程质量管理办法〉的通知》。

9 月 7 日 自治区国土资源厅印发《关于 2015 年 2 季度全区土地供应及供后开发利用监测监管情况的通报》。2010—2014 年,国务院和自治区两级人民政府累计批准建设用地(含城市批次用地和单独选址用地)12.87 万公顷,截至 2015 年 6 月 30 日,累计供应 8.7 万公顷,全区近 5 年平均供地率 67.85%。

9 月 9 日 自治区国土资源厅印发《关于印发〈内蒙古自治区第三轮盟市、旗县级矿产资源总体规划编制技术规程〉的通知》。

9 月 14 日 自治区国土资源厅印发《关于 2015 年第二批地质灾害危险性评估和地质灾害治理工程勘查设计施工及监理等资质审查结果的公示》。

9 月 15 日 呼和浩特市、包头市城市周边永久基本农田划定核实举证成果审查会在呼和浩特市召开。自治区国土资源厅、农牧业厅和呼和浩特市政府、包头市政府有关领导及相关人员参加会议。

9 月 15—24 日 国务院国情普查办公室成果质量复核组对自治区第一次全国地理国情普查成果检验结果中的部分样本,以及样本外部分成果进行第二批质量复核,检验结果全部符合国家要求。

9 月 16 日 自治区国土资源厅印发《内蒙古自治区国土资源厅转发〈国土资源部关于同意命名内蒙古额尔古纳国家矿山公园的批复〉通知》。

9 月 22 日 中国工程院重点咨询项目专题调研组到自治区国土资源厅进行调研座谈。中国工程院院士、项目执行负责人袁亮,自治区国土资源厅副厅长王杰、副巡视员王剑民参加座谈会。

自治区境内巴丹吉林沙漠必鲁图峰

9 月 24 日 经国务院批准,自治区境内巴丹吉林沙漠必鲁图峰高程数据由国家测绘地理信息局公告使用。测绘必鲁图峰海拔高程数据为 1661.009 米。其测绘任务是由自治区测绘院承担,从 2013 年 6 月开始,历时两年完成。

9 月 25 日 自治区国土资源厅、自治区农牧业厅联合向国土资源部、农业部上报《关于呼和浩特市、包头市城市周边永久基本农田划定核实举证成果的报告》。

10 月 8 日 自治区国土资源厅印发《关于落实自治区第二批"扩权强县"试点土地管理有关工作

的通知》。

10 月 9 日 自治区国土资源厅印发《转发国土资源部关于严格控制和规范矿业权协议出让管理有关问题的通知》。要求从严控制协议出让。

10 月 10 日 国土资源部耕地保护司副司长刘明松一行到呼和浩特市和林格尔县调研农村土地制度改革试点工作,自治区国土资源厅副巡视员赵大勇陪同调研。

10 月 16 日 自治区国土资源厅向国土资源部上报《内蒙古自治区关于土地管理领域专项整治行动工作的报告》。

10 月 19 日 自治区国土资源厅印发《关于下发内蒙古城镇土地定级与基准地价更新工作实施方案的通知》和《关于进一步加大闲置土地动态处置工作力度的紧急通知》。

10 月 21 日 内蒙古清水河老牛湾国家地质公园开园揭碑仪式在清水河县老牛湾镇老牛湾村举行。

10 月 24 日 自治区政府批复同意组建内蒙古土地资源收储投资公司,由自治区国土资源厅暂行出资人职责并负责国有资产监管工作。

同日 首届中国蒙古国博览会矿产资源开发洽谈会在呼和浩特市开幕。自治区副主席王波、国土资源部总工程师彭齐鸣和蒙古国国家大呼拉尔委员桑·宾巴朝克特出席会议并致辞。

10 月 24 日,首届中国蒙古国博览会矿产资源开发洽谈会会场。

10 月 26 日 自治区档案局副局长李岱带领档案工作测评专家组,对自治区国土资源厅机关综合档案工作进行测评,自治区国土资源厅副厅长陈伟出席并介绍情况。经专家组对自治区国土资源厅机关综合档案管理工作进行测评打分,取得 107.8 分(满分 110 分),列自治区各厅局首位,被自治区档案局授予机关档案工作"自治区一级"称号。

同日 自治区国土资源厅向自治区政府办公厅报送《内蒙古自治区国土资源厅关于开展国家突发事件应急体系建设"十二五"规划落实情况评估工作的报告》。

10 月 26 日,陈伟(右)代表自治区国土资源厅从李岱(左)手中接过自治区档案局颁发的机关档案工作测评"自治区一级"标牌。

△ 自治区国土资源厅印发《关于开展自治区土地整治项目数据库建设的通知》。

10 月 27 日 自治区国土资源厅印发《关于农用地转用和土地征收审批相关工作的通知》,就"十个全覆盖"工程项目用地和农村牧区宅基地审批汇总材料提出要求。

同日 自治区国土资源厅印发《关于转发〈国土资源部关于采矿权人为他人债务提供担保的采矿

权抵押备案有关问题的通知〉的通知》。

10 月 28 日　自治区第一本不动产权证书在二连浩特市行政服务中心大厅颁发。其标志着自治区不动产统一登记工作正式启动。

10 月 28 日，二连海关关长李春晖代表单位领到自治区第一本不动产权证书。

10 月 28 日，自治区国土资源厅副厅长赵大勇（左三）在二连浩特市行政服务中心现场检查指导不动产登记工作。

10 月 29 日　自治区国土资源厅印发《关于 2015 年度全区矿山地质环境治理督查工作情况的通报》。

11 月 1 日　锡林郭勒盟决定于当日起正式将普通建筑用砂、石、粘土采矿权审批权限下放到各旗县市（区）国土资源局。

11 月 4 日　全区国土资源违法案件剖析观摩交流暨案卷评查工作会议在巴彦淖尔市召开。自治区国土资源厅副厅长王富友参加会议并讲话，巴彦淖尔市国土资源局作了典型经验介绍发言。会议还组织与会人员观摩临河区国土资源派出所、国土资源专业审判庭、土地纠纷调解委员会，基层中心所，实地考察了临河区国土资源局十个全覆盖帮扶点和违法用地处置情况。并对各盟市国土资源违法案件进行了现场评查。

11 月 5 日　自治区国土资源厅印发《关于委托编制内蒙古呼伦贝尔市乌奴格吐山—甲乌拉一带铜多金属矿整装勘查等两个实施方案的通知》。

11 月 10 日　自治区国土资源厅“六五”普法依法治理工作通过自治区检查验收组验收。

同日　自治区国土资源厅印发《关于下发〈2015 年自治区耕地质量等别年度监测评价工作方案〉的通知》。

11 月 10—11 日　国土资源部副部长王广华一行 9 人来自治区督导不动产统一登记工作。自治区副主席王波主持召开座谈会，自治区国土资源厅代表自治区政府汇报工作。自治区政府副秘书长曹晓斌，自治区相关部门主要负责人，呼和浩特市、包头市、鄂尔多斯市政府分管领导及国土资源局主要负责人共 30 余人参加座谈会。

11 月 12 日　自治区国土资源厅向自治区水污染防治工作领导小组办公室报送《内蒙古自治区国土资源厅关于〈内蒙古自治区人民政府关于水污染防治计划实施意见〉分解任务工作方案的报告》。

11 月 13 日　自治区政府印发通知，要求加快推进全区不动产统一登记工作，将对没有按时完成任务的地区与部门予以问责。至 21 日，全区盟市级不动产登记职责整合全部完成。

同日　自治区国土资源厅印发《关于转发做好国务院取消测绘资质审批中介服务事项后续工作的通知》。

11 月 16 日 自治区国土资源厅、农牧业厅联合印发《内蒙古自治区永久基本农田划定工作督导报告》。

11 月 20 日 自治区国土资源厅向自治区政府上报《关于和谐矿区建设工作情况的报告》，并向国土资源部上报《关于内蒙古自治区矿产资源领域专项整治工作情况的报告》。

11 月 27 日 自治区国土资源厅举办全区国土资源系统“三严三实、服务国土、尽责圆梦”主题演讲会。

11 月 28 日 自治区国土资源厅印发《关于批准内蒙古苏尼特自治区级地质公园资格的通知》。

11 月 27 日至 12 月 3 日 自治区国土资源厅在内蒙古师范大学举办为期一周的全区国土资源系统土地管理业务培训班。各盟市和旗县国土资源局相关负责人共 124 人参加培训。驻厅纪检组长敖拉和副巡视员赵大勇等厅领导及相关业务处室（局）负责人结合具体业务工作进行专业授课。同时，邀请国土资源部不动产登记中心副主任李炜、内蒙古师范大学地理科学学院副院长张裕凤、内蒙古社科联主席杭拴柱等专家作了专题讲座。

12 月 3 日 自治区国土资源厅向自治区党委改革办上报《内蒙古自治区国土资源厅关于报送全面深化改革工作情况的报告》，并向自治区政府法制办公室报送《内蒙古自治区国土资源厅关于报送〈内蒙古自治区国土资源厅行政权力、责任清单总表〉的函》。

12 月 8 日 自治区国土资源厅印发《关于印发内蒙古自治区 2015 年度土地变更调查成果自治区级核查实施方案的通知》。

12 月 9 日 自治区国土资源厅召开全区国土资源系统 2015 年度党建工作“联述联评联考”会议。全区 12 个盟市、2 个计划单列市国土资源局和厅属 15 个单位党委书记及厅机关党支部书记分别进行了述职。

12 月 10 日 国土资源部组织召开 2015 年度土地矿产卫片执法监督检查工作部署暨培训视频会议，自治区国土资源厅副厅长王富友、副巡视员赵大勇和相关处室负责人，各盟市国土资源局局长、分管副局长在自治区国土资源厅分会场参加会议。全区共有 1700 余人参加了视频会议。

12 月 9—11 日 自治区国土资源厅在呼和浩特市召开全区国土资源改革发展研讨会。厅各处室和所属单位负责人，各盟市国土资源局局长及相关分管副局长，共 90 余人参加会议。

12 月 13—14 日 自治区国土资源厅在呼和浩特市举办全区不动产政策技术培训班。厅副巡视员赵大勇出席开班仪式并作讲话。全区 12 个盟市、2 个计划单位市、100 个旗县区不动产登记局负责人及相关人员共约 280 人参加培训。

12 月 14 日 自治区国土资源厅印发《内蒙古自治区国土资源厅关于成立国土资源环境承载力评价和监测预警机制建设工作领导小组的通知》。

同日 自治区国土资源厅向自治区政府法制办报送《内蒙古自治区国土资源厅关于 2015 年行政复议案件情况的报告》。

12 月 15 日 由自治区地质环境监测院、中国地质大学（北京）水资源与环境学院合作建设的地质环境产学研基地在自治区地质环境监测院落成，自治区国土资源厅副厅长王杰出席基地落成仪式并讲话。

12 月 16 日 自治区国土资源厅印发《关于 2015 年 3 季度全区土地供应及供后开发利用监测监管情况的通报》和《关于做好 2015 年度地质勘查成果通报网络直报工作的通知》。

同日 自治区国土资源厅组织召开“内蒙古自治区国土资源三维平台”成果展示会。主要展示了由自治区测绘地理信息局完成的全区30米数字高程模型、2.1米卫星影像;12个盟市、2个计划单列市政府所在地0.5米卫星影像;5个旗县优于0.5米航空影像;土默特右旗倾斜摄影三维数据等。

12月17日 自治区国土资源厅向国土资源部上报《内蒙古自治区国土资源厅关于报送三年滚动土地利用计划的报告》。

12月18日 自治区国土资源厅召开全区国土资源系统宣传和档案工作表彰培训视频会,副厅长陈伟参加会议并讲话,副巡视员王剑民主持会议。会上宣读表彰通报,并向获奖集体和个人代表颁发奖状。

12月24日 自治区国土资源厅印发《关于印发内蒙古自治区2015年度土地矿产卫片执法监督检查工作方案的通知》。

12月25日 自治区国土资源厅向国土资源部上报《内蒙古自治区节约集约用地专项督察整改工作报告》。

12月28日 自治区国土资源厅向自治区贯彻落实国务院《意见》工作领导小组办公室报送《内蒙古自治区国土资源厅贯彻落实〈关于进一步促进内蒙古自治区经济社会又好又快发展的若干意见〉情况的总结》。

12月30日 国务院第二次全国土地调查领导小组办公室组织专家组,验收通过自治区第二次土地调查自治区级汇总成果。至此,全区第二次土地调查工作结束。

同月 自治区土地调查规划院利用第二次全国土地调查遥感影像和相应的实地土地利用状况地类成果,制作完成《内蒙古自治区土地利用地类解译标识样本集》。

第一篇

国土资源

第一章 区域地质

内蒙古地域辽阔，具有漫长的地质演化历史，经历多期次（太古代、古远古代、晋宁期、加里东期、华力西期、燕山期、喜山期）复杂的地质构造运动，形成不同的沉积环境，沉积了不同时段的地层，同时伴随多期次构造运动，岩浆活动频繁，形成了不同时代侵入岩和火山岩。而在早期伴随有多期次的区域变质作用，形成了华北陆块结晶基底及各微陆块的变质岩。经纷繁复杂而漫长的各类地质作用，造就了区内千姿百态的地貌景观，为矿产资源、土地资源及水文地质条件等奠定基础。

第一节 地　层

据《内蒙古自治区岩石地层》划分，主要按照地质构造活动的性质和特点、地层建造特征、古生物区系特征的不同，并结合地质演化的阶段性，内蒙古地层区划分为前中生代和中新生代两个大的阶段。

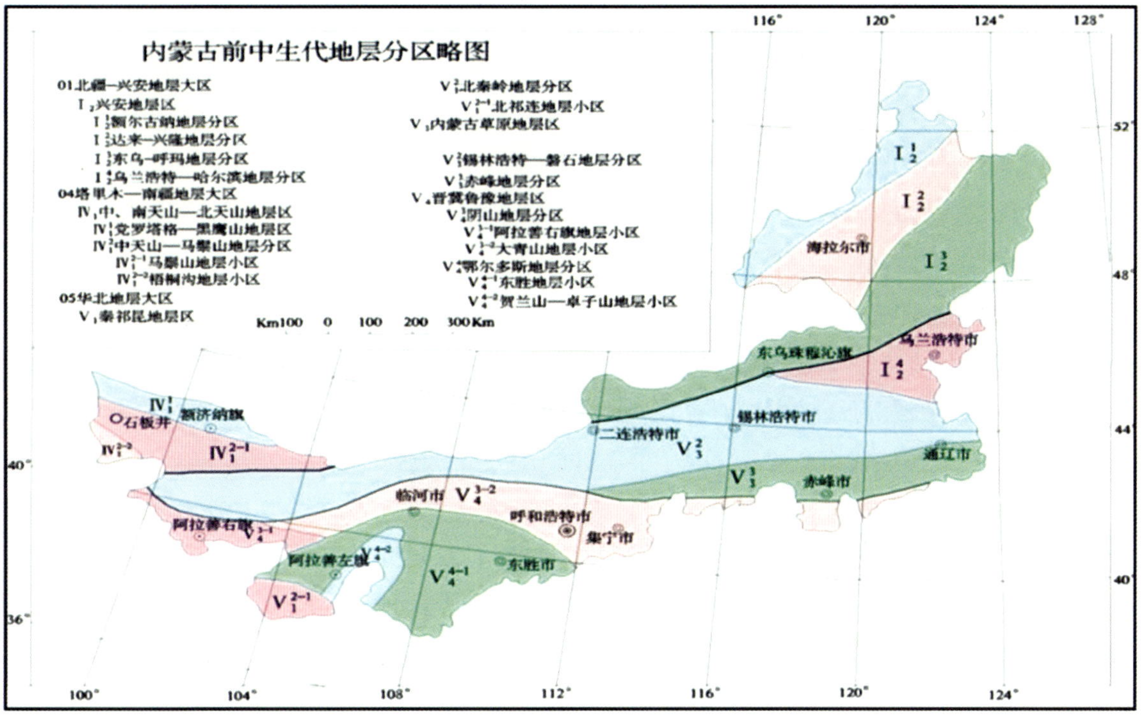

图 1－1－1　内蒙古自治区前中生代地层分区略图

一、前中生代地层

内蒙古前中生代地层是以板块构造缝合线划分为北疆—兴安地层大区、塔里木—南疆地层大区、华北地层大区 3 个一级地层大区。综合考虑构造环境和沉积物类型的相似性、岩石地层序列以及古生物群性质等诸多因素，又进一步分为 5 个二级地层区和 11 个三级地层分区。

（一）北疆—兴安地层大区

位于二连浩特—东乌珠穆沁旗（以下简称东乌旗）—扎兰屯一线以北地区。仅分为兴安地层区

($Ⅰ_2$)1 个二级地层区,进一步分为额尔古纳地层分区($Ⅰ_2^1$)、达来—兴隆地层分区($Ⅰ_2^2$)、东乌—呼玛地层分区($Ⅰ_2^3$)、乌兰浩特—哈尔滨地层分区($Ⅰ_2^4$)4 个三级地层分区。

该地层大区的下古生界中、下奥陶统发育较全,多为深水复理石建造和硅质岩建造,部分地区发育岛弧型火山岩和台地型碳酸盐岩。

上古生界泥盆系多为陆源碎屑岩和火山碎屑岩,大兴安岭地区中上泥盆统发育了中酸性火山熔岩。东乌珠穆沁旗贺根山至朝根山一带的蛇绿岩群独树一帜,是识别板块构造缝合线的标志之一。

晚古生代陆地面积扩大,上石炭统地层除海相沉积而外,出露了广泛的淡水河、湖相沉积。同时,陆相中酸性火山岩的广泛出露亦是本区晚古生代地层发育的特点之一。

(二)塔里木—南疆地层大区

位于额济纳旗务桃海—阿拉善右旗恩格尔乌苏一线以北地区。分为天山地层区($Ⅳ_1$)1 个二级地层区,进一步又分为觉罗塔格—黑鹰山地层分区($Ⅳ_1^1$)和中天山—马鬃山地层分区($Ⅳ_1^2$)2 个三级地层分区,地层发育较全。

该地层大区的中上元古界由浅变质的陆源碎屑岩和碳酸盐岩组成。

下古生界寒武奥陶系发育完全,寒武系下部以长石石英砂岩等陆源碎屑岩为主,上部碳酸盐岩明显增加并有硅质条带白云岩和硅质岩等,部分地区发育了中基性火山岩等。

上古生界泥盆系以海相类复理石建造为主,部分地区可见中酸性火山岩和火山碎屑岩等。

上二叠统的岩相和岩石组成比较复杂,下部一般为浅海相的陆源碎屑岩夹岩灰,部分地区发育有海相中基性、基性火山岩及少量硅质岩,上部一般为陆相湖泊和河流沉积,主要为碎屑岩,额济纳旗以南,出露了大面积杂色的、陆相的中酸性火山岩及火山碎屑岩,含植物化石。

(三)华北地层大区

位于额济纳旗务桃海—阿拉善右旗恩格尔乌苏一线以南和二连浩特—东乌旗—扎兰屯一线以南地区。分内蒙古草原地层区($Ⅴ_3$)、晋冀鲁豫地层区($Ⅴ_4$)和秦祁昆地层区($Ⅴ_1$)3 个二级地层区。

1. 内蒙古草原地层区($Ⅴ_3$)

进一步分锡林浩特—磐石地层分区($Ⅴ_3^2$)、赤峰地层分区($Ⅴ_3^3$)2 个三级地层分区,地层发育较全。

该地层区中、上元古界见于温都尔庙、白乃庙及艾力格庙等地,发育有类复理石建造,艾力格庙还有变质流纹岩及其凝灰岩,是一套绿片岩系。

下古生界奥陶系的岩石主要是深水细碧角斑岩、硅质岩和岛弧型火山岩,部分地区为浅海相陆源碎屑岩和碳酸盐岩。志留系主要是陆源碎屑岩和浅海台地碳酸盐岩,部分地区还形成巴特敖包生物礁和乌奴耳生物礁。上古生界石炭系岩石组成及岩相较复杂,海相碎屑岩、灰岩和陆相碎屑岩沉积都较发育。

2. 晋冀鲁豫地层区($Ⅴ_4$)

分为阴山地层分区($Ⅴ_4^3$)和鄂尔多斯地层分区($Ⅴ_4^4$)2 个三级地层分区。

阴山地层分区以中上元古界白云鄂博群、渣尔泰山群发育完好而著称,赋存的巨型铁铌稀土矿和铜铅锌多金属矿,具有重大的意义和价值。下古生界寒武奥陶系为稳定型的碳酸盐岩建造,化石丰富。寒武系陆源碎屑岩与鲕状灰岩、竹叶状灰岩等内源碎屑岩沉积交替出现。奥陶系下部为白云质灰岩、白云岩、含头足类的厚层块状灰岩,部分为细碎屑岩,上部为灰岩、泥灰岩夹泥岩和页岩。上古生界石炭二叠系发育,为山间盆地型碎屑岩沉积,部分层位含煤,植物化石丰富。

表1-1-1

内蒙古自治区前中生代年代地层单位序列表

地层区划 / 岩石地层 / 地质年代		塔里木南疆地层大区 04			北疆兴安地层大区 01				华北地层大区 05						
		中南天山—北山地层区(Ⅳ₁)			兴安地层区(Ⅰ₂)				内蒙古草原(赤峰—哈尔滨)地层区(Ⅴ₃)		晋冀鲁豫地层区(Ⅴ₄)				秦祁昆地层区(Ⅴ₁)
		觉罗塔格—黑鹰山地层分区($Ⅳ_1^1$)	中天山—马鬃山地层分区($Ⅳ_1^2$)		额尔古纳地层分区($Ⅰ_2^1$)	达来—兴隆地层分区($Ⅰ_2^2$)	东乌—呼玛地层分区($Ⅰ_2^3$)	乌兰浩特—哈尔滨地层分区($Ⅰ_2^4$)	锡林浩特—磐石地层分区($Ⅴ_3^2$)	赤峰地层分区($Ⅴ_3^3$)	阴山地层分区($Ⅴ_4^3$)		鄂尔多斯地层分区($Ⅴ_4^4$)		祁连—北秦岭地层分区($Ⅴ_1^{2-1}$)
			马鬃山小区($Ⅳ_1^{2-1}$)	红柳园小区($Ⅳ_1^{2-2}$)							阿拉善右旗小区($Ⅴ_4^{3-1}$)	大青山小区($Ⅴ_4^{3-2}$)	东胜小区($Ⅴ_4^{4-1}$)	贺兰山—桌子山小区($Ⅴ_4^{4-2}$)	北祁连小区($Ⅴ_1^{2-1}$)
T													石千峰群 P_3T		
P	P_3	哈尔苏海组 P_3^2 方口山组 P_3^1					林西组 P_3			铁营子组 P_3		脑包沟组 P_3	石千峰群 P_3T	孙家沟组 P_3^3	窑沟组 P_3
	P_2	金塔组 P_2^2 双堡塘组 P_2^1						哲斯组 P_2 大石寨组 P_{1-2} 寿山沟组 P_{1-2}		于家北沟组 P_2^3 额里图组 P_2^2 三面井组 P_{1-2}	大红山组 P_{1-2}	石叶湾组 P_{2-3} 杂怀沟组 P_{1-2}	石盒子组 P_{2-3} 山西组 P_{1-2}		大黄沟组 P_{1-2}
	P_1				新依根河组 P_1		宝力高庙组 P_1 | 格根敖包组 P_1		格根敖包组 P_1	酒局子组 P_1		拴马桩组 P_1	太原组 P_1		
C	C_2	白山组 Cb		芨芨台子组 C_2					阿木山组 查干诺尔火山岩 本巴图组 C_2	白家店组 C_{1-2} | 石咀子组 C_{1-2}					
	C_1	绿条山组 Cl		红柳园组 C_1^1	红水泉组 C_1h	莫尔根河组 C_1m				朝吐沟组 C_1	臭牛沟组 C_1^2				臭牛沟组 C_1^2 前黑山组 C_1^1
D	D_3	雀儿山组 D	西屏山组 D_3			安格尔音乌拉组 D_3a			色日巴彦敖包组 D_3C_1s						中宁组 D_3zh
	D_2		卧驼山组 D_2w			大民山组 $D_{2-3}d$	塔尔巴格特组 $D_{2-3}t$								石峡沟组 D_2sh
	D_1		依克乌苏组 $D_{1-2}y$			泥鳅河组 $D_{1-2}n$ 乌奴尔礁灰岩 D_{1-2}	哈诺敖包组 $D_{1-2}h$			前坤头沟组 D_1q					
S	S_3	碎石山组 S_3s			卧都河组 S_3w		卧都河组 S_3w		西别河组 S_3D_1x	西别河组 S_3D_1x					
	S_2	公婆泉组 $S_{2-3}g$							徐尼乌苏组 S_2xn	八当山火山岩 bv 晒乌苏组 S_2sh					
	S_1	圆包山组 S_1y	斑定陶勒盖组 S_1b												
O	O_3	白云山组 O_3b	锡林柯博组 O_3x			裸河组 $O_{2-3}l$						乌兰胡洞组 $O_{2-3}wl$		拉什仲组 O_2l 乌拉力克组 O_2wl	
	O_2	咸水湖组 O_2x				多宝山组 $O_{1-2}d$	巴彦呼舒组 O_2b		哈拉组 O_2h | 包尔汗图群			二哈公组 $O_{1-2}e$		克里摩里组 O_1k	米钵山组 $O_{1-2}mb$
	O_1	罗雅楚山组 $O_{1-2}l$				铜山组 O_1t	乌宾敖包组 $O_{1-2}w$		布龙山组 $O_{1-2}b$ | 包尔汗图群			山黑拉组 O_1sh	马家沟组 O_1m 三山子组 O_1s		
Є	$Є_3$		西双鹰山组 $Є_2O_1x$							锦山组 $Є_3j$			炒米店组 $Є_3ch$		香山群 $Є_3x$
	$Є_2$											老孤山组 $Є_2$	张夏组 $Є_2^3zh$		
	$Є_1$						苏中组 $Є_1s$					色麻沟组 $Є_1$	馒头组 $Є_{1-2}m$		
Z					额尔古纳河组 Z		额尔古纳河组 Z					什那干群 Z			
Nh			洗肠井群 NhZx								韩母山群 NhZ*H*			正目关组 NhZ*zh*	
Qn					佳疙瘩组 Qn		佳疙瘩组 Qn		艾勒格庙组 Qn*a* 白乃庙组 Qn*b*			白云鄂博群：呼吉尔图组 Qn*hj*；白音宝拉格组 Qn*by* 渣尔泰山群：刘鸿湾组 Qn*l*		土全口组 Qn*w* | 西勒图组 Qn*x*	
Jx			圆藻山群 JxQn*Y*						哈尔哈达组 Jx | 温都尔庙群		墩子沟群 Jx*D*	白云鄂博群：比鲁特组 Jx*b*；哈拉霍疙特组 Jx*h* 渣尔泰山群：阿古鲁沟组 Jx*a*			
Ch			古硐井群 Ch						桑达来呼都格组 Ch*s* | 温都尔庙群			白云鄂博群：尖山组 Ch*j*；都拉哈拉组 Ch*d* 渣尔泰山群：增隆昌组 Ch*z*；书记沟组 Ch*sh*			
Pt_1		北山群 Pt_1			兴华渡口群 Pt_1				宝音图群 Pt_1	明安山群 Pt_1	龙首山群 Pt_1	二道洼群 Pt_1			
Ar_3											色尔腾山岩群 Ar_3（由上到下：柳树沟组、北召沟组、点力素泰组、东五分子组）				
Ar_2											乌拉山岩群 集宁岩群 Ar_2（由上到下：黄土窑岩组、黄土嘴岩组）				
Ar_1											兴和岩群 Ar_1（由上到下：马厂岩组、葛灰窑岩组）				

内蒙古自治区中新生代年代地层单位序列表

表1-1-2

地质年代（岩石地层 / 地层区划）		北山地层分区(1_1)	巴丹吉林地层分区(2_1)	潮水地层分区(2_2)	鄂尔多斯地层分区(3_1)	凉城地层分区(4_1)	大兴安岭—燕山地层分区(5_1)：阴山地层小区(5_1^1)	大兴安岭—燕山地层分区(5_1)：博克图—二连浩特地层小区(5_1^2)	大兴安岭—燕山地层分区(5_1)：乌兰浩特—赤峰地层小区(5_1^3)	大兴安岭—燕山地层分区(5_1)：宁城—敖汉地层小区(5_1^4)	松辽地层分区(5_2)
N	N_2	苦泉组 N_2k			乌兰图克组 N_2wl	宝格达乌拉组 N_2b		五叉沟组 N_2wc	宝格达乌拉组 N_2b		泰康组 N_2tk
	N_1	红柳沟组 N_1hl			五原组 N_1	汉诺坝组 N_1h		通古尔组 N_1；呼查山组 N_1hc	汉诺坝组 N_1h；老梁底组 N_1l		
E	E_3	清水营组 E_3q			临河组 E_3			E_3^2 呼尔井组 $E_3wl\text{-}h$；E_3^1 乌兰戈壁组 $E_3wl\text{-}h$			
	E_2	寺口子组 E_2s			乌拉特组 E_2			E_2 沙拉木伦组；E_2 伊尔丁曼哈组；E_2 阿山头组 } $E_{1-2}n\text{-}sl$			
	E_1							E_1 脑木根组			
K	K_2	乌兰苏海组 K_2		金刚泉组 K_2				二连组 K_2e			明水组 K_2；四方台组 K_2（松花江群）
	K_1	新民堡群：中沟组 K_1，下沟组 K_1；赤金堡组 K_1	苏红图组 K_1；巴音戈壁组 K_1	庙沟组 K_1	志丹群 K_1	左云组 K_1	固阳组 白女羊盘组 K_1；李三沟组 K_1；金家窑子组 K_1	伊敏组 K_1^3；大磨拐河组 K_1；梅勒图组 K_1	甘河组 K_1^3；大磨拐河组 K_1；龙江组 K_1	孙家湾组 K_1^5；阜新组 K_1^3；九佛堂组 K_1^2；义县组 K_1^1（热河群）	嫩江组 K_1；泉头组 K_1（松花江群）
J	J_3		沙枣河组 J_3				大青山组 J_3	白音高老组 J_3b；玛尼吐组 J_3mn；满克头鄂博组 J_3m；土城子组 J_3t			
	J_2	龙凤山组 J_2l			安定组 J_2；直罗组 J_2；延安组 J_{1-2}		石拐群：长汉沟组 J_2	塔木兰沟组 J_2t；万宝组 J_2wb	新民组 J_2x	万宝组 J_2wb	
	J_1	芨芨沟组 J_1j			富县组 J_1		石拐群：五当沟组 J_{1-2}	红旗组 J_1h			
T	T_3	珊瑚井组 T_3sh			延长组 T_3						
	T_2	二断井组 $T_{1-2}e$			二马营组 T_2^1						
	T_1				石千峰群：和尚沟组 T_1^2，刘家沟组 T_1^1		老窝铺组 T_1		老龙头组 T_1；哈达陶勒盖组 T_1		

鄂尔多斯地层分区的下古生界寒武奥陶系为稳定的地表海沉积，多为类复理石建造，上古生界石炭二叠系与中生界侏罗系为大型内陆拗陷盆地沉积，含煤、石油、天然气等矿产。

3. 秦祁昆地层区（V_1）

仅包括阿拉善左旗南部沙漠边缘，属于祁连—北秦岭地层分区（V_1^2），是华北古陆西缘的过渡带。

其寒武奥陶系为活动型的深水沉积，具典型的复理石建造；泥盆系为湖相碎屑岩，含鱼和植物化石；石炭系为海陆交互相的含煤地层，局部地区含石膏；二叠系为陆相的河、湖沉积。

二、中新生代地层

中新生代地层可分为 5 个地层区（即：中、南天山—北天山地层区、阿拉善地层区、陕甘宁地层区、山西地层区、滨太平洋地层区）和 7 个地层分区（即：北山地层分区、巴丹吉林地层分区、潮水地层分区、鄂尔多斯地层分区、凉城地层分区、大兴安岭—燕山地层分区、松辽地层分区），其中大兴安岭—燕山地层分区进一步分为 4 个地层小区（即：阴山地层小区、博克图—二连浩特地层小区、乌兰浩特—赤峰地层小区、宁城—敖汉地层小区）。

总体上，中、新生代地层为东北部活动的和西南部稳定的陆相沉积类型。阴山及其北麓地区属于环太平洋活动带的一部分，形成一套厚度大、岩石类型繁杂的火山熔岩、火山碎屑岩与正常沉积岩互层的地层序列；在一些小型山间盆地和断陷盆地中，形成早、中侏罗世、早白垩世的含煤地层。在鄂尔多斯和阿拉善地区的南部，出露不含火山岩的单一陆相沉积地层，属内陆稳定型坳陷盆地中形成的杂色碎屑岩含煤建造，局部见蒸发岩。古近纪和新近纪，在中生代盆地基础上，继承发育了东西向或北东向展布的规模不等的沉降盆地，形成以红色为主并以含脊椎动物化石为特征的河湖相碎屑岩及蒸发岩，局部有基性熔岩。

第二节　岩浆岩

内蒙古地区伴随多期次构造运动，岩浆活动强烈且频繁，形成了分布广泛且岩石类型复杂的侵入岩和火山岩。

一、侵入岩

自太古代以来，伴随期次繁多的岩浆活动形成的侵入岩，从超基性到酸性岩及其过渡性岩石均有分布，并具有多成因和多旋回性的特征。按侵入期可划分为六大旋回，即太古代旋回、元古代旋回、加里东旋回、华力西旋回、印支旋回、燕山旋回。

（一）太古代旋回侵入岩

早太古代晚期混合花岗岩，是内蒙古境内花岗岩化作用最强烈的时期，集中分布于和林格尔县—察哈尔右翼前旗一线，属于陆壳改造型混合岩。晚太古代混合花岗岩主要分布在包头地区，属过渡性地壳同熔型。

（二）元古代旋回侵入岩

古元古代混合花岗岩，分布于阿拉善左旗东北部，属陆壳改造型；古元古代花岗岩类仅见于色尔腾山及大青山中段,岩石属陆壳改造岩浆型;中元古代花岗岩类岩浆侵入活动十分强烈,属过渡性地壳同熔型中深成相;中元古代晚期花岗岩类岩体均呈不规则状产出,属陆壳改造岩浆型。

(三)加里东旋回侵入岩

加里东早期主要为超基性—基性岩浆侵入,分布零星且规模较小,一般呈脉状、脉群,个别为岩床;加里东晚期酸性侵入岩,呈花岗岩类岩基、岩株产出,属陆壳改造型。

(四)华力西旋回侵入岩

华力西旋回岩浆侵入活动频繁而剧烈,是超基性至酸性各类岩浆侵入活动的鼎盛时期。华力西早期,超基性—基性岩类主要分布于二连—贺根山结合带以及林西—乌兰浩特岛弧和东乌旗—多宝山岛弧,具低镁、低硅的特点,基性岩属铁质基性,花岗岩类一般呈岩基状产出;华力西中期超基性—基性侵入岩,岩体一般呈岩株、岩枝、岩墙、岩脉或大、小不等的岩块产出,常成群出现。主要出露于索伦山—西拉木伦结合带、红柳河—洗肠井结合带,其他地方零星出露,超基性岩属镁质,基性岩类属铁质基性岩;华力西中期闪长岩类侵入岩岩体一般呈岩基、岩株产出,属幔源型;华力西中期花岗岩类侵入岩多呈大型岩株—巨型岩基,属钙碱性花岗岩类,岩体普遍具围岩蚀变,如矽卡岩化、角岩化、云英岩化等。华力西晚期花岗岩类侵入岩常呈巨大的岩基产出。

(五)印支期侵入岩

印支期岩浆侵入活动较弱,岩石类型单一,均为酸性花岗岩类,呈岩基或岩株产出,属陆壳改造型,多数岩体围岩蚀变明显,具云英岩化、硅化、绢云母化、矽卡岩化、角岩化。

(六)燕山早期侵入岩

花岗岩类侵入岩多呈岩基或岩株产出,岩体围岩蚀变明显,有角岩化、硅化、绿泥石化、绢云母化、矽卡岩化、绿帘石化。为内蒙古最重要的成矿期之一。

内蒙古自治区侵入岩一览表

表1-1-3

侵入期		深成相—中深成相														浅成相—超浅成相					
		酸性						中性				基性		超基性							
旋回	亚旋回	混合花岗岩	钾长花岗岩	花岗岩	二长花岗岩	花岗闪长岩	斜长花岗岩	正长岩	石英二长岩	石英闪长岩	闪长岩	辉长岩	紫苏辉长岩	角闪岩	超基性岩未分	碱性正长岩	花岗斑岩	石英斑岩	正长斑岩	闪长玢岩	辉绿(玢)岩
燕山旋回	早期		$\xi\gamma_5^2$	γ_5^2	$\eta\gamma_5^2$	$\gamma\delta_5^2$		ξ_5^2	ηo_5^2	$\delta\alpha^2$	δ_5^2						$\gamma\pi_5^2$	$\lambda\pi_5^2$	$\xi\pi_5^2$	$\delta\mu_5^2$	
印支旋回				γ_5^1	$\eta\gamma_5^1$																
华力西旋回	晚期		$\xi\gamma_4^3$	γ_4^3	$\eta\gamma_4^3$	$\gamma\delta_4^3$	γo_4^3	ξ_4^3		δo_4^3	δ_4^3					$K\xi_4^3$				$\delta\mu_4^3$	
	中期			γ_4^2	$\eta\gamma_4^2$	$\gamma\delta_4^2$	γo_4^2			δo_4^2	δ_4^2	ν_4^2			Σ_4^2						$\beta\mu_4^3$
	早期			γ_4^1	$\eta\gamma_4^1$		γo_4^1			δo_4^1		ν_4^1			Σ_4^1						
加里东旋回	晚期			γ_3^3	$\eta\gamma_3^3$	$\gamma\delta_3^3$	γo_3^3														
	中期					$\gamma\delta_3^2$				δo_3^2	δ_3^2										
	早期											ν^1			Σ_3^1						
元古代旋回	中元古代晚期			$\gamma^{2(2)}$		$\gamma\delta^{2(2)}$				$\delta\alpha^{2(2)}$	$\delta^{2(2)}$	$\nu^{2(2)}$		$\phi\alpha^{2(2)}$	$\Sigma^{2(2)}$						$\beta\mu^{2(2)}$
	中元古代早期			$\gamma^{2(1)}$		$\gamma\delta^{2(1)}$	$\gamma\alpha^{2(1)}$														
	早期	$M\gamma_2^1$	$\xi\gamma_2^1$	γ_2^1						δo_2^1	δ_2^1	ν_2^1									
太古代旋回	晚期	$M\gamma_1^2$			$\eta\gamma_1^2$					δo_1^2											
	早期	$M\gamma_1^1$										ν_1^1	νo_2^1								

二、火山岩

火山岩在内蒙古境内的各个地质时期均有出露，分为陆相火山岩和海相火山岩。

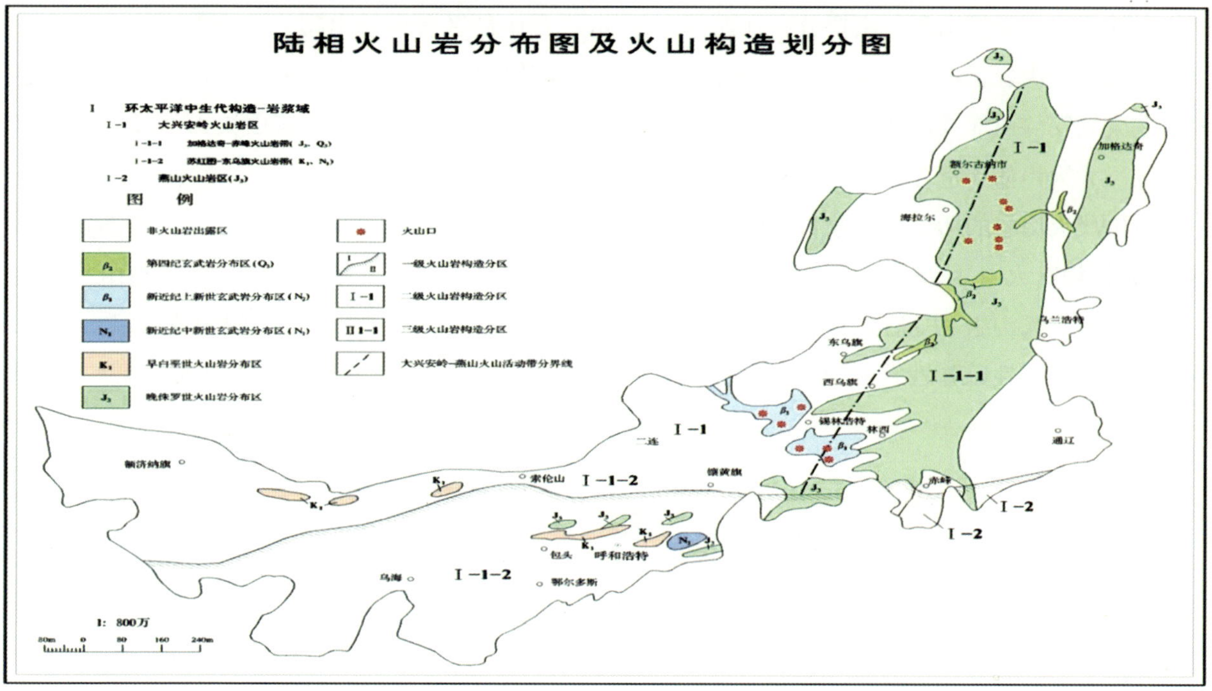

图1－1－2　内蒙古自治区陆相火山岩分布及火山构造划分图

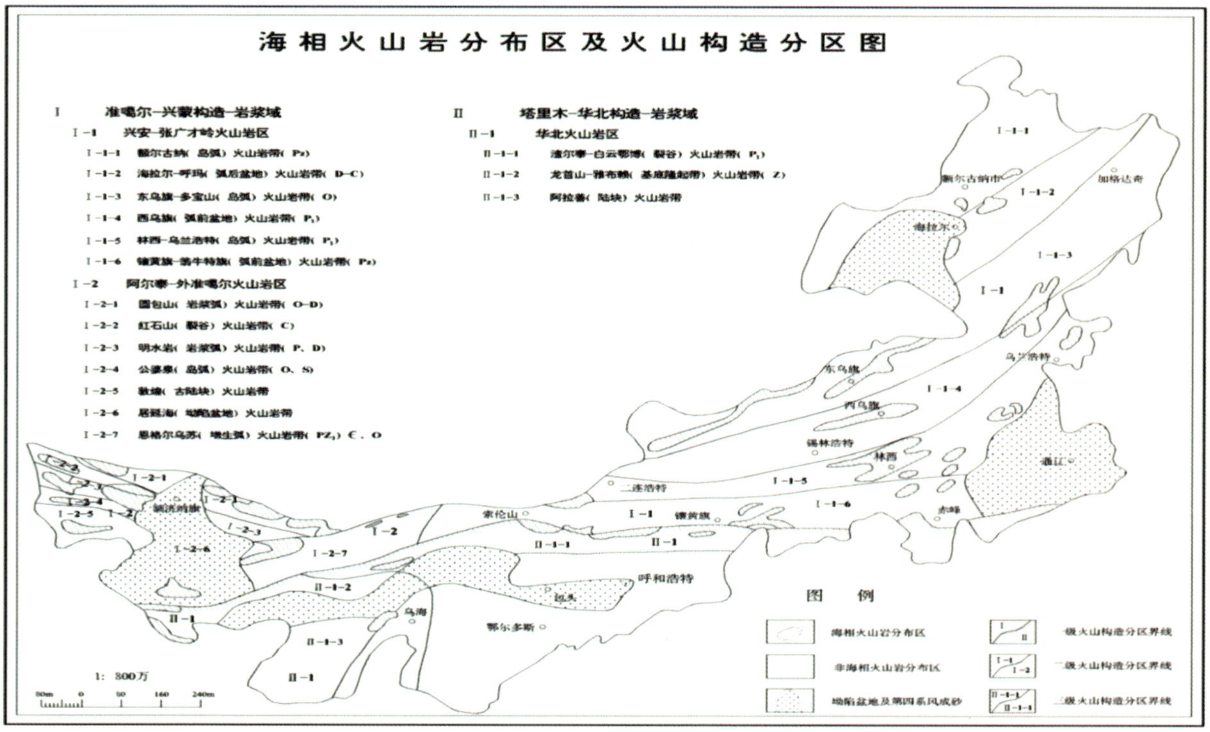

图1－1－3　内蒙古自治区海相火山岩分布及火山构造分区图

前寒武纪火山岩由于遭受不同程度的区域变质作用,从低绿片岩相到麻粒岩相各个变质相岩石均有发育,多属于海相火山岩,主要分布在中部地区,西部和东部区有少量分布。

古生代火山岩是以海相火山岩为主,一部分为陆相火山岩,由于遭受了不同程度热液活动影响,往往以蚀变岩石面貌出现。主要分布在西部和东部区,在中部区有少量出露。

中生代火山岩在侏罗纪、白垩纪均有出露,但多以晚侏罗世火山活动为主,均为陆相火山岩,集中分布在大兴安岭山地及两侧盆地之中,呈北北东向延伸,构成了大兴安岭—燕山火山活动带,是中国东部区三大火山活动带之一,也是环太平洋火山活动带的主要组成部分。

新生代火山岩的活动在内蒙古总的表现较弱,但在局部地区则又表现得十分活跃。中新世、上新世、更新世均有火山活动。中新世火山有集宁一带的汉诺坝组玄武岩、赤峰一带的昭乌达组玄武岩;上更新世有五叉沟组、更新世有阿巴嘎旗一带的阿巴嘎组(玄武岩)、阿尔山一带的大黑沟组。以上几种火山岩组的岩性以基性熔岩为主,喷发面积约 2 万平方千米,往往形成玄武岩高原或台地。

第三节　变质岩

内蒙古前寒武纪变质岩,主要分布在华北陆块区的结晶基底及宝音图微地块、锡林郭勒微地块、艾力格庙微地块和兴华渡口微地块中。华北陆块区的结晶基底主要为太古代麻粒岩相—高角闪岩相变质岩系,各微地块主要为元古代低角闪岩相到绿片岩相变质岩系。

早、中太古代高级变质带,以兴和岩群和集宁岩群(乌拉山岩群)为代表,分布在阿左旗迭布斯格,乌拉山、大青山、兴和一带,属麻粒岩相和高角闪岩相。

晚太古代—早元古代中级变质带,以色尔腾山岩群和宝音图群为代表,兴华渡口群、二道洼群、北山群、龙首山群都属这一变质带。

中、晚元古代中级变质带,以佳疙瘩组、温都尔庙群、艾力格庙组、白乃庙组、白云鄂博群、渣尔泰群、古洞井群、园藻山群等为代表,均属低绿片岩相,未见代表高绿片岩相的红柱石、石榴石,变质程度都较浅。

高压低温变质带(蓝闪片岩),在区内有 6 处,可能分为 5 期。在华北板块分 3 期:第一期是中元古界的温都尔庙蓝闪片岩,代表锡林浩特地块与华北地块之间有一次泽壳俯冲作用;第二期是早古生代的巴彦敖包—伊很查干蓝片岩,说明早古生代有一次泽壳俯冲作用,代表锡林浩特地块中有一条低温高压变质带;第三期是中、晚泥盆世的贺根山——乌斯尼黑蓝闪片岩带,长 10 多千米,代表华北地块与西伯利亚板块的缝合带。三期高压变质带的分布,由南往北由老至新。在西伯利亚板块有两条蓝闪片岩带,由西往东由老变新。其第一期为额尔古纳市上库力蓝闪片岩,属震旦系额尔古纳河组,说明额尔古纳地块在震旦纪末经历了一次低温高压变质带;第二期为伊敏河蓝闪片岩,属中奥陶统裸河组,与其配套的混杂堆积以泥盆系中上统大民山组为主,有少量下石炭统的混杂块,推测该低温高带变质带应为早石炭世,但缺配套的超基性岩,它代表西伯利亚板块南缘的一次俯冲作用。

第四节 构 造

内蒙古地质构造复杂,构造类型丰富,其发展、演化及空间展布是控制区内地貌景观及成矿地质等条件的至关重要因素。

一、构造单元划分

据《内蒙古自治区主要成矿区(带)和成矿系列》划分,内蒙古大地构造按各大板块间的缝合线的位置确定为西伯利亚板块、塔里木板块、华北板块 3 个一级大地构造单元。西伯利亚板块与华北板块以克拉麦里—二连断裂为界,塔里木板块与华北板块以阿尔金断裂为界。根据陆壳基底特征及构造环境不同,又分为西伯利亚东南大陆边缘、塔里木北东大陆边缘、华北北部大陆边缘、华北地块和华北西部大陆边缘 5 个二级构造单元,进一步根据沉积建造与古生物群落划分为 10 个三级构造单元。

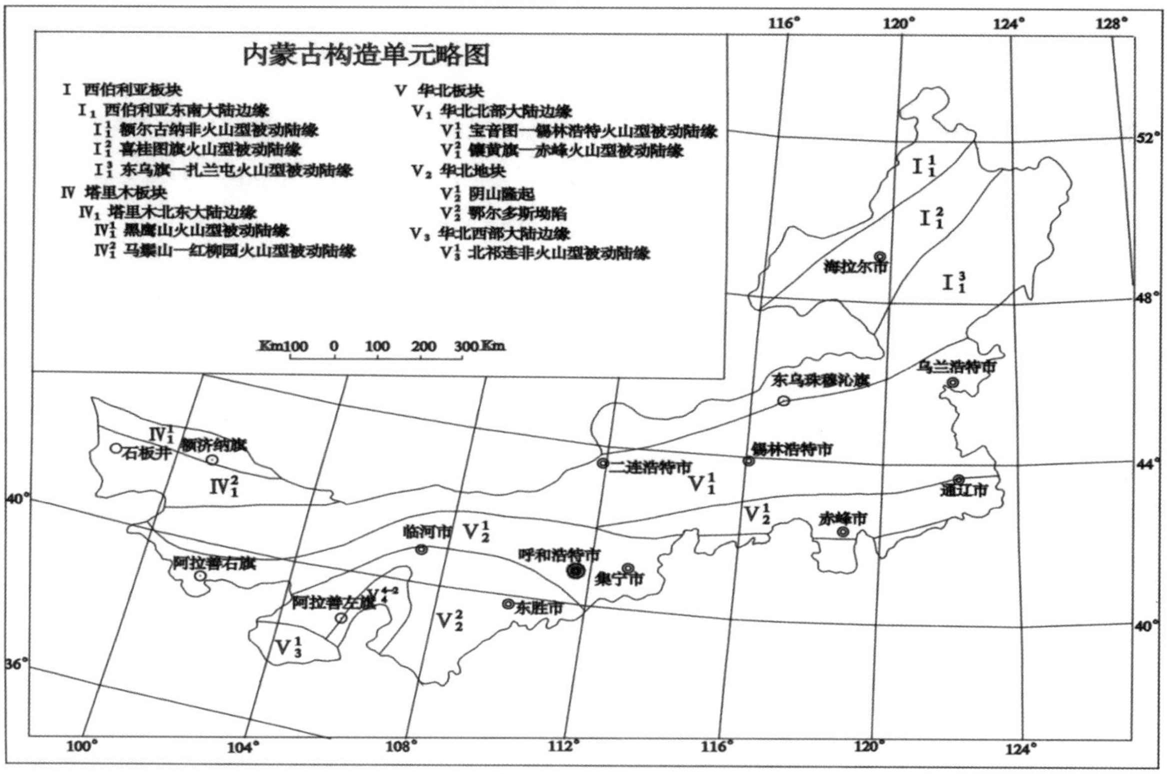

图 1-1-4 内蒙古自治区大地构造单元略图

二、构造单元主要特征

(一)西伯利亚板块

位于二连浩特—东乌旗—扎兰屯一线以北地区,在内蒙古境内仅有西伯利亚东南大陆边缘活动带 1 个二级构造单元。以额尔齐斯—德尔布干断裂带和伊列克得—加格达奇断裂带为界,进一步分为额尔古纳非火山型大陆边缘、喜桂图火山型被动陆缘、东乌旗—扎兰屯火山型被动陆缘 3 个三级构造单元。

1. 额尔古纳非火山型大陆边缘

由新元古代青白口纪佳疙瘩群浅变质岩系和震旦纪额尔古纳组碳酸盐岩,碎屑岩组成前古生代结晶岩系。早、中奥陶世和晚志留世以及早石炭世为海相陆源碎屑岩,早二叠世陆相沉积岩。新元古代末拼合与西伯利亚板块东南边缘。古生代为稳定大陆边缘环境,早二叠世接受陆相河湖相沉积。中生代发育断陷盆地,岩浆活动强烈,形成火山—深成岩。

2. 喜桂图火山型被动陆缘

早中奥陶世发育浅海复理建造和岛弧火山岩建造,晚奥陶世为浅海相复理石建造,缺失志留纪地层。泥盆纪本区为弧后盆地环境,所以早泥盆世晚期—中泥盆世早期沉积了浅海碳酸盐岩和类复理石建造。中泥盆世晚期—晚泥盆世早期,地壳强烈拉张,海相火山喷发活动强烈,发育中基性火山岩,硅质岩。晚泥盆世海盆缩小成陆,沉积了海陆交互相或陆相碎屑岩。早石炭世地壳下陷拉张形成裂谷,早期为浅海相碎屑岩,碳酸盐岩。晚期为海相基性—酸性火山岩夹正常沉积岩。早石炭世末成陆,缺失晚石炭世地层。早二叠世为陆相河湖沉积。华力西期岩浆活动强烈,形成岩基。中生代形成断陷盆地,堆积了火山岩和含煤建造,并有花岗质岩浆活动。

3. 东乌旗—扎兰屯火山型被动陆缘

由古生代中浅变质岩和新元古代浅变质岩系组成前古生代地块。在伊尔施一带沉积了早寒武世砂泥质岩和碳酸盐岩,缺失中、晚寒武世地层。早奥陶世早期—中奥陶世二连北—东乌旗沉积了滨海相陆源碎屑岩。早奥陶世中期—中奥陶世在东乌旗以北地区发育浅海相复理石建造和岛弧型火山岩建造,晚奥陶世浅海相复理石建造,缺失早、中志留世地层,而广泛发育晚志留世浅海近岸砂泥质沉积。早泥盆世—中泥盆世沉积环境发生分异。二连以北的查干敖包庙地区沉积了滨浅海相陆源碎屑岩,其他广大地区沉积了浅海相碳酸盐岩和类复理石建造。而同时在东乌旗哈诺敖包地区却沉积了陆相碎屑岩和火山凝灰岩。中泥盆世晚期—晚泥盆世早期,由于洋壳俯冲,陆陆碰撞,因此在弧后盆地中发育基性—酸性火山岩,夹正常沉积岩,而在弧后盆地的前缘地区却沉积了海退序列的海相磨拉石建造,并有火山喷发活动,含植物化石碎片。晚泥盆世晚期,海盆缩小成陆,沉积了陆相或海陆交互相砂泥质岩石,硅质岩,并有火山活动,含植物化石。早石炭世仅在伊尔施—扎兰屯以北沉积了浅海相类复理石建造,缺失晚石炭世地层。早二叠世发育陆相或海陆交互相火山岩,缺失中二叠世地层,晚二叠世沉积了陆相黑色细碎屑岩,含安格拉植物化石。晚古生代岩浆活动发育,形成岩基、岩株。中生代形成断陷盆地和隆起,岩浆活动强烈,形成火山—深成岩,断陷盆地沉积了含煤建造。

(二)塔里木板块

位于额济纳旗务桃海—阿拉善右旗恩格尔乌苏一线以北地区,仅有塔里木板块北东大陆边缘 1 个二级构造单元。以石板井断裂为界,划分为黑鹰山火山型被动陆缘和马鬃山—红柳园火山型被动陆缘 2 个三级构造单元。

1. 黑鹰山火山型被动陆缘

由古元古代中低级变质岩系和奥陶纪、志留纪、泥盆纪、石炭纪和二叠纪地层组成。中奥陶世被动大陆斜坡地壳强烈拉张下陷,有强烈火山喷发活动,发育中基性火山岩和硅质岩。中、晚志留世,本区处于火山岛弧环境,发育钙碱性火山岩。早泥盆世于洋壳俯冲作用,陆陆碰撞而造山成陆。晚古生代处于板内造山阶段,由于地幔上涌,地壳拉张形成裂谷带,并有强烈火山喷发活动及花岗质岩浆的侵入。中生代发育北东向或近东西向上叠盆地,同时发育大规模推覆构造。

2. 马鬃山—红柳园火山型被动陆缘

由古元古代中低变质岩系组成结晶地块，上伏中、新元古代沉积盖层，新元古代有冰水沉积发育，早古生代寒武纪—早奥陶世为被动大陆边缘环境。板块构造活动在中奥陶世最为强烈，形成再生洋盆。晚奥陶世—早志留世为火山弧环境，中、晚志留世，由拉张体制转为挤压体制，发育火山岛弧。早泥盆世，由于洋壳俯冲，陆陆碰撞，在石板井—白云山—洗肠井形成缝合带，并发育火山磨拉石建造。中泥盆世发育造山期后磨拉石建造。随着洋盆逐步消亡，褶皱造山成陆的过程中伴随发育花岗质岩浆侵入。晚古生代沉积了裂谷带的火山岩和碎屑岩，石炭纪时，塔里木板块与华北板块拼合在一起。中生代形成断陷盆地，发育含煤建造。

（三）华北板块

位于额济纳旗务桃海—阿拉善右旗恩格尔乌苏一线以南和二连浩特—东乌旗—扎兰屯一线以南地区。划分为 3 个二级构造单元，由北向南为华北北部大陆边缘、华北地块、华北西部大陆边缘。

1. 华北板块北部大陆边缘

近东西向横贯内蒙古，西窄东宽呈楔形，东与黑龙江省、吉林省相连，北邻蒙古，南以阿拉善盟北缘断裂带、华北地块北缘断裂带与华北地块相接。可分为宝音图—锡林浩特火山型被动陆缘、镶黄旗—赤峰火山型被动陆缘 2 个三级构造单元。

宝音图—锡林浩特火山型被动陆缘

由古生代和中—新元古代中浅变质岩系组成前古生代地块，其中中元古代温都尔庙群发育高压低温蓝片岩相变质岩系。广大地区缺失早古生代地层，仅在宝音图地块北部中蒙边界地区分布有早—中奥陶世的岛弧型火山岩石，夹碎屑岩和碳酸盐岩。缺失晚奥陶世和早志留世地层。中志留世地层分布范围基本同早—中奥陶世，为一套浅海相变质碎屑岩，结晶灰岩和变凝灰岩、变晶屑安山岩。晚志留世—早泥盆世仅在阿巴嘎旗查干诺尔地区，为浅海相碎屑岩夹碳酸盐岩为海相磨拉石建造。缺失中泥盆世地层。由于陆陆碰撞造山，晚泥盆世—早石炭世亦只分布在苏尼特左旗和阿巴嘎旗一些地区，为滨海相的碎屑岩夹碳酸盐岩和安山岩，所以它可能为造山期后的产物。晚石炭世和二叠纪由于地壳拉张下陷，形成规模巨大的裂陷，所以沉积了晚石炭世浅海相碎屑岩，火山岩和碳酸盐岩；二叠纪的浅海相碎屑岩，碳酸盐岩和中基性火山岩。晚二叠世海水退出而沉积了陆相黑色砂泥质岩石，并含安格拉植物群化石。中生代发育断陷盆地，沉积了含煤建造和火山岩。加里东期、华力西期和印支—燕山期均有岩浆活动。

镶黄旗—赤峰火山型被动陆缘

由古元古代和中新元古代中浅变质岩组成前古生代地块。缺失早、中寒武世地层，晚寒武世地层亦仅在喀喇沁旗地区有少量分布，为浅海相碎屑岩和碳酸盐岩。早—中奥陶世在克什克腾旗五道沟门等地发育海相基性火山岩和硅质岩。缺失晚奥陶世。中志留世为变质的浅海相碎屑岩、碳酸盐岩及火山岩等。由于洋壳俯冲，陆陆碰撞造山，晚志留世—早泥盆世沉积了海相磨拉石建造。同时发育加里东期岩浆侵入活动。早泥盆世地层仅分布在敖汉旗前坤头一带，为海相碎屑岩，夹碳酸盐岩和基性火山岩。石炭纪和二叠纪以发育裂陷槽为特征。石炭纪裂陷槽中在赤峰地区沉积了早石炭世基性、中酸性火山岩，夹正常碎屑岩，早—晚石炭世沉积了浅海相碎屑岩和碳酸盐岩。西部别鲁乌图地区却发育晚石炭世中酸性火山岩及其碎屑岩，而多数地区沉积了浅海相碳酸盐岩。二叠纪裂陷槽早期沉积了陆相或海陆交互相砂泥质岩夹劣质煤层，局部有中酸性火山活动。中期沉积了滨海—浅海相碎屑岩,碳酸盐岩;陆相中酸性火山岩和碎屑岩含植物化石;海陆交互相碎屑岩,局部有火山活动。晚期为陆相河湖沉积,含华夏植物群化石。中生代发育断陷盆地,堆积了火山岩及含煤建造。华力西期、印支期、燕山期岩浆活动强烈。

2. 华北地块

分为阴山隆起、鄂尔多斯坳陷2个三级构造单元。

阴山隆起

位于华北地块的北部,从阿拉善右旗—呼和浩特—宁城县,呈东西向长条状分布。出露了内蒙古最古老的变质岩系—早太古代兴和杂岩,主要由变质表壳岩与大量TTC岩系构成,变质程度达麻粒岩相。沿阿拉善右旗—狼山—大青山—宁城县一线,出露了中太古代集宁岩群和乌拉山岩群,为一套片麻岩类,麻粒岩、磁铁石英岩及大理岩等,变质程度为麻粒岩—高角闪岩相,它们构成了太古宙古陆核。晚太古代色尔腾山岩群为一套角闪质绿片岩、磁铁石英岩、大理岩、原岩为拉斑玄武岩、钙碱性中基性火山岩、硅铁质岩、泥质—碳酸盐岩建造,属绿岩带性质,变质程度绿片岩相—低角闪岩相。下元古界二道凹群为一套片岩类、大理岩等组成,原岩为滨浅海相陆源碎屑及砂泥质为主夹有中基性火山岩及碳酸盐岩的沉积建造,变质程度为绿片岩相。色尔腾山岩群与二道凹群构成了晚太古代—早元古代增生陆壳。早元古代末—中元古代,在华北地块北部边缘上,发生强烈的拉张、裂陷,形成了长城纪—青白口纪厚达万米的沉积—渣尔泰山群与白云鄂博群,分布在阿拉善右旗面部边缘上的墩子沟群为一套海相碎屑岩—碳酸盐岩组合,则属盖层性质的稳定沉积。南华系震旦纪,在阿拉善右旗南部形成一套冰川、滨浅海相沉积。在内蒙古中部地区则形成一套稳定的浅海相碳酸盐岩沉积。寒武纪—奥陶纪位于华北海盆的北部边缘,形成了一套连续的滨海相碎屑岩—浅海相碳酸盐岩沉积。志留纪—泥盆纪处于长期隆起,遭受剥蚀。早石炭世仅在阿拉善右旗南部有零星的滨海相碎屑岩沉积。早二叠世阴山地区形成一套滨海近岸相至湖沼相的含煤碎屑岩沉积。中二叠世在大青山地区形成一整套连续沉积的陆相地层,至晚二叠世则形成了一套干旱气候条件下的山间河湖相沉积,其一直延续到早三叠世早期。早二叠世在华北地块北部边缘则形成一套山间盆地沉积并伴有火山活动。

鄂尔多斯坳陷

位于华北地块的南部,主要指鄂尔多斯高原,包括阿拉善左旗部分地区。太古宙基底岩系仅在桌子山,贺兰山北缘有所出露,为乌拉山岩群一套片麻岩类。其上不整合了青白口纪的稳定盖层沉积,为浅变质的陆源碎屑岩以及浅海相碳酸盐岩沉积。南华系震旦纪在贺兰山中段形成一套与冰川活动有关的冰水沉积物。局部有浅海相碳酸盐岩沉积。寒武纪—奥陶纪,各岩石地层单位之间均为连续沉积。早寒武世沧浪铺期开始下沉,华北海水进入本区,在清水河一带形成浅海相碎屑岩,在贺兰山—桌子山地区则形成海湾滨海相沉积,中晚寒武世本区与华北海相连形成广阔的浅海区域,其地层单位与华北一致,并在早奥陶世时继续沉积了马家沟组。清水河地区在马家沟组沉积之后,地壳上升,缺失沉积,而桌子山地区则继续了浅海相碳酸盐岩沉积,至晚奥陶世才上升隆起。早二叠世早期形成一套湖沼相含煤碎屑岩沉积。早二叠世晚期至晚二叠世连续沉积了湖泊相的碎屑岩组合。晚二叠世末—早三叠世连续沉积了一套河流—湖泊相的碎屑岩组合。中新生代地层大面积分布,岩浆活动微弱。

华北西部大陆边缘

在内蒙古地区仅占其三级构造单元北祁连非火山型被动陆缘之一隅,位于阿拉善左旗南部,向南进入甘肃、宁夏境内,北以鄂尔多斯坳陷为邻。本区寒武纪之前应属古陆区,从中寒武世—中奥陶世为拉张深陷阶段,沉积了巨厚的类复理石建造,产深水相的浮游笔石类化石,形成两套地层。中寒武世为浅变质碎屑岩夹碳酸盐岩及硅质岩;早中奥陶世则为碎屑岩与泥质岩组合。中奥陶世末期挤压褶皱造山。中晚泥盆世出现湖泊,形成陆相红色碎屑岩建造。早石炭世为海陆交互相碎屑岩及碳酸盐岩沉积。由于大陆扩展,晚石炭世本区与鄂尔多斯地区相连,形成了与鄂尔多斯地区一致的海陆交互相含煤碎屑岩建造。二叠纪本区发育了两套陆相地层,即早二叠世的河湖相沉积和晚二叠世的河流相沉积。

三、区域性大断裂

内蒙古境内的区域性大断裂带主要有21条,各大断裂带主要特征如下。

1. 额尔古纳断裂带

主体位于中俄边境线上,沿额尔古纳河延伸,向南至满洲里市东,然后沿呼伦湖西岸,经新巴尔虎右旗,沿克鲁伦河进入蒙古境内;向北进入黑龙江省,内蒙古境内长650千米。断裂带总体走向北北东,倾向北西西,倾角40°~50°。沿断裂带岩石破碎,形成2500米左右的构造带,愈近断裂,岩石所受动力变质愈强,部分地段形成糜棱岩。

2. 额尔齐斯—德尔布干断裂带

北东由黑龙江省进入内蒙古,经金河镇、得尔布尔镇、向南西沿得尔布干河过黑山头、呼伦湖东岸,向南西进入蒙古,与蒙古境内的中蒙古断裂相连,在内蒙古境内称得尔布干断裂,长约600千米。该断裂总体走向北北东,所经之处,北西侧多陡立的高山,并发育一系列断层三角面,南东侧地势平坦。在得尔布干一带,断裂北西盘出现一系北西向平行排列的次级张性断裂,系受北西—南东向挤压应力作用所致。该断裂带在卫片上显示出明显的线性影像特征,在区域磁场中为一磁场变异带。该断裂构成了北西侧额尔古纳非火山型被动陆缘与南东侧喜桂图旗火山型被动陆缘的分界线。

3. 伊列克得—加格达奇断裂带

北东由黑龙江省进入内蒙古境内向南西经鄂伦春自治旗、博克图、头道桥再向南西进入蒙古,内蒙古境内总长550千米。断裂带总体走向北北东,断裂通过之处,地表可见1.5千米~2千米宽的构造带,带内片理化、糜棱岩化及绿泥石化极为发育,维纳河一带,断裂带北西侧断层三角面清楚。断裂两侧有混杂堆积、蛇绿岩零星分布,应属古俯冲带。该断裂构成了喜桂图旗火山型被动陆缘与东乌旗—扎兰屯火山型被动陆缘的两个三级单元的分界线。

4. 克拉麦里—二连断裂带

东端由黑龙江省进入我区,向南西经阿荣旗南、贺根山至二连浩特北延入蒙古境内。东部被大兴安岭—太行山断裂带截断。走向北东,内蒙古境内长达950千米。以该断裂带为界,南北两侧古地理、古构造环境、沉积建造,古生物群落等方面均有显著区别。该断裂带代表着西伯利亚板块与华北板块之间的缝合线。

5. 锡林浩特北缘断裂带

西端由蒙古境内延入内蒙古,向东经二连浩特南、苏尼特左旗、阿巴嘎旗、锡林浩特市、西乌旗向东被大兴安岭—太行山断裂带所截。总体走向为北东向,内蒙古境内长710千米。断裂带在区域磁场、重力场及遥感影像上均有显示,它构成了爱力格庙—锡林浩特中间地块的北界。

6. 扎鲁特旗断裂带

西起满都拉北向东经苏尼特右旗北、达里诺尔、克什克腾旗、巴林右旗南,由此转向北东,过阿鲁科尔沁旗、直抵扎鲁特旗东部,被嫩江—青龙河断裂所截。走向近东西—北东向,内蒙古境内长达900千米。断裂带在区域场,重力场及遥感影像上均有显示。

7. 伊林哈别尔朵—西拉木伦断裂带

西起索伦向东经温都尔庙,浩来呼热,沿西拉木伦河河谷伸展,再向东进入吉林省,总体走向近东西,内蒙古境内全长达1180千米。新生代该断裂带仍有活动,新生代的玄武岩沿断裂带东段分布。

8. 阿拉善北缘断裂带

西端由甘肃省进入内蒙古,沿北大山、雅布赖山北侧通过,至图克木被迭布斯格断裂所截。总体走向近东西,呈一向南凸出的弧形展布,内蒙古境内长600千米。断裂带地貌特征明显,中西部,北侧为巴丹吉林沙漠,南侧为山地。在区域重力场、区域磁场上有清晰显示。在北大山、雅布赖山,次级近东西向断裂及北东向断裂十分发育。该断裂带构成了华北地块与华北北部大陆边缘的西部分界线,对两侧中晚元古代及古生代的地质发展历史起了明显控制作用。古生代、中生代的一些岩浆侵入活动亦受其控制。

9. 华北地块北缘断裂带

西起乌拉特后旗,向东经川井、白云鄂博北、供济堂北、化德县、河北省康保,过额里图牧场、多伦东,再次进入河北境内,向东又延入内蒙古境内,由大庙北至赤峰,被嫩江—青龙河断裂带截错,由平庄进入辽宁省,向东由新地再进入内蒙古境内,经青龙山、至库伦旗南后又延入辽宁省。总体走向近东西,由乌拉特后旗—库伦旗南,延绵长达1200千米。该断裂形成于太古宙末—元古宙,古生代活动明显,构成了华北地块与华北北部大陆边缘的分界线,二叠纪以前,控制了两侧地质历史的发展演化,沿断裂带有大量华力西期侵入岩分布。

10. 集宁—凌源断裂带

西起呼鲁斯太,向东经大佘太、固阳南、武川、蒙古寺、集宁北,向东延入河北省。总体走向近东西,内蒙古境内长580千米。断裂带西段为山区与平原的天然分界线,区域磁场中反映为一变异带,中段大老虎店—武川,西段蒙古寺—乌兰合雅表现为大规模韧性剪切带,宽者可达2000米,后期有由北向南的逆冲推覆构造叠加。

11. 若羌—敦煌断裂带

西由甘肃进入内蒙古,经三道明水、横峦山南、路井至额济纳旗北,向北进入蒙古境内。走向北东,内蒙古境内长350千米。该断裂带主体在新疆、甘肃境内,具走滑性质,北盘西移,在区内性质不明,规模较小。

12. 阿尔金断裂带

西由甘肃省进入内蒙古,经务桃海、恩格尔乌苏北,向北东进入蒙古境内。走向北东,内蒙古境内长370千米。在内蒙古境内大部分地段为巴丹吉林沙漠覆盖,由物探及遥感影像有所显示。在恩格乌苏一带见蛇绿混杂岩,反映出板块缝合线的性质。该断裂带为塔里木板块与华北板块的分界线,其控制了两侧地质历史的发展演化,对古生界的岩浆侵入活动亦有控制作用。

13. 龙首山—固始断裂带

西由甘肃省进入内蒙古,向东经额尔克哈什哈苏木、木井子,转为北北西向进入宁夏境内,内蒙古境内走向以近东西向为主，长210千米，为腾格里沙漠所覆，卫片上有线性影像特征显示。该断裂带构成了华北地块鄂尔多斯坳陷与华北西部大陆边缘北祁连非火山型被动陆缘的分界线，受其控制，中晚元古代及古生代两侧构造环境、沉积建造及古生物群特征具有明显差别。

14. 大兴安岭—太行山断裂带

北由黑龙江省进入内蒙古境内，向南经吉文镇、巴林镇、索伦镇、白音诺尔、克什克腾旗、红山子，向南进入河北省。总体走向北北东，内蒙古境内全长1150千米。断裂总体向东倾，倾角在60°~80°之间。断裂带形成于晚侏罗世，白垩纪继续活动，控制了大兴安岭中生代、新生代岩浆活动。

15. 嫩江—清龙河断裂带

北段在内蒙古与黑龙江省、吉林省的边界线附近，沿嫩江流域展布，向南经边莫力达瓦旗、扎赉特旗、黄花山镇、红山水库、八里罕，再向南进入河北省境内。总体走向北北东，长度1200千米以上。断裂以西为大兴安岭高山地带，以东为松辽盆地，构成山区与平原的天然分界线。断裂带北段沿嫩江河谷延伸，形成于晚侏罗世，断层三角面发育，断层面呈舒缓波状，具斜滑擦痕，东倾，倾角60°~80°。断裂带南段大部分为第四系所覆，在平庄西—八里罕地表显露，为断层面东倾的正断层。其截断了伊林哈别尔朵—西拉木伦断裂带及华北陆块北缘断裂带，显示为张扭性质。中生代活动强烈，据石油钻资料，断裂带两侧的断距在千米以上。沿断裂带为一地震活动带。

16. 鄂尔多斯西缘断裂带

北起狼山南麓三道桥镇，向南经磴口、阿尔巴斯、上海庙牧场，进入宁夏境内。总体走向近南北，内蒙古境内长300千米。断裂带中部地貌特征明显，西侧为高山峻岭，以桌子山、千里山、岗德尔山为代表，东侧为丘陵及草原。断裂雏起于中晚元古代，呈断层面西倾的正断层；晚侏罗世—早白垩世，由于自西向东的挤压应力，使桌子山、贺兰山等地发生强烈褶皱及冲断上升，该断裂转化为断层面西倾的高角度逆冲断层，东部下降，最大可达8000米。其为贺兰山南北向构造带的重要组成部分。

17. 迭布斯格断裂带

北由蒙古进入内蒙古境内，向南经巴音查干、海力素、查干德尔斯、苏海图，向南为腾格里沙漠所覆盖，总体走向北北东，长约450千米。北段断裂两侧地貌明显不同，东侧为隆起山地丘陵，西侧为断陷盆地，地势平坦。在查干德尔斯北、苏海图东，地表可见断层面西倾的挤压破碎带。断裂形成于中晚元古代，并长期活动，将槽台边界线错开75~100千米。

18. 狼山断裂带

北东端由蒙古进入内蒙古境内，经德日斯、杭盖戈壁，沿狼山山前南西向延伸，至苏海图与迭布斯格断裂汇合，总体走向北东，延长420千米。断裂带形成的地貌特征明显，北段为山地与断陷盆地的界线，中段则构成高山峻岭的狼山与坦荡的河套平原的天然分界线。断裂带北东段可能形成较早，控制了宝音图隆起；南西段形成于燕山晚期，在东升庙一带造成乌拉山岩群及渣尔泰山群逆冲于白垩系之上；新生代形成断面向南东倾的狼山山前断裂。

19. 巴音乌苏—清水河断裂带

西起巴音恩格尔，向东经巴音乌苏，至清水河北，走向东西，长约350千米。断裂沿鄂尔多斯高原北缘展布，断裂南侧为鄂尔多斯高原，北侧为坦荡的河套平原。断层面北倾，倾角75°左右，显示为高角度正断层。断裂形成于晚白垩世，北侧强烈沉陷。新近纪，断裂活动加剧，造成北侧新近纪最大沉积厚度达3000米。

20. 乌拉山前断裂带和大青山前断裂带

乌拉山前断裂带和大青山前断裂带构成了呼包盆地的北界。这两条断裂带向南倾,北盘上升,断距约3000米以上,属张性断裂带,也是地震活动带。中生代以来,这两条断裂带一直都在活动。

第五节　地形地貌

内蒙古地势较高,平均海拔1000米左右,基本是一个高原型地貌区,其中东部以火山岩地貌、花岗岩地貌和冰川地貌为主要特色,中部主要为火山岩地貌和花岗岩地貌,西部则以风成地貌为主。在世界自然区划中,属于亚洲中部蒙古高原的东南部及其周沿地带,统称内蒙古高原。总体地势,西高东低,南高北低,由西向东北倾斜。区内分布有山地、丘陵、高平原、平原、滩川、沙地、沙漠、戈壁、湖沼等多种地形。由东北向西南以大兴安岭、燕山、阴山、贺兰山、龙首山、北山为主要山脉,呈弧形横贯于内蒙古中部,海拔高程多为1000～2000米,构成内蒙古地区的地貌脊梁,并成为内、外流域的分水岭,其中海拔最高点贺兰山主峰达3556米。

主要根据地貌形态特征、成因、岩性、地层结构、大地构造诸因素,可将内蒙古地貌划分大兴安岭山地、西辽河平原、内蒙古北部高原、阴山山地、河套平原、鄂尔多斯高原和阿拉善高原七大地貌形态单元。

大兴安岭山地地貌景观

大兴安岭山地

位于内蒙古东北部,北以额尔古纳河为界,与俄罗斯及黑龙江省山地衔接,南抵河北省燕山山地,西起内蒙古北部高原,东为嫩江和西辽河平原。总体趋势南高北低,东陡西缓。分水岭偏西侧,以洮儿河为界,北部山体低而宽广,山岭连绵,海拔高程1000～1300米,多被森林覆盖。洮儿河以南,山体相对高而狭窄,最高峰为克什克腾境内的黄岗山,高达2034米,为大兴安岭山地最高峰。以大兴安岭山脊线为界,东西两坡不对称。分水岭以东,山翼较陡,坡降较大,由中山、低山过渡到丘陵,呈阶梯状向西辽河平原降落。分水岭以西,山翼较窄,海拔较高,由中山、低山过渡到丘陵、高原。

西辽河平原地貌景观

西辽河平原

位于大兴安岭东侧南部,北起嫩江支流古里河,南抵燕山山地北麓,为松辽平原西缘,包括嫩江西岸平原和西辽河平原。海拔高程一般为150～500米。嫩江西岸莫力达瓦达斡尔族自治旗和扎赉特旗一带为分布面积小、形态简单的扇形地。

总体东宽西窄,地势由西南向东北方

向缓慢倾斜，海拔高程150～250米左右。平原区除西辽河多期漫滩形成的平原外，大部分为风积沙所覆盖。沙地以南，即库伦—奈曼旗以南，为风积黄土台地。台面海拔高程400～450米，黄土堆积厚度10～70米，前缘厚度较大，冲沟发育，土地支离破碎，水土流失严重。前缘以20～30米的大陡坎与西辽河平原相接。平原西部为山前冲洪积倾斜平原，主要由分布在大兴安岭山前的老哈河、西拉木伦河流出山口后，并以其携带碎屑物质堆积之扇形地相连而成。地面海拔高程300～500米，向西辽河平原倾斜，扇形地间多为剥蚀残丘岗地，上覆薄层粉砂土。

第四系松散堆积物厚度大，降水量较充沛，西部的西拉木伦河、乌力吉木伦河等常年河流流入本区，天然补给量大，地下水资源丰富。

内蒙古北部高原

东起大兴安岭山地西侧，西至阿拉善高原，北抵中蒙国境线与蒙古丘陵相连，南接阴山山地北麓，呈北东—南西向展布。地貌形态包括高原、盆地、丘陵、熔岩台地及南部的浑善达克沙地。

内蒙古北部高原地貌景观

总体地势为南高北低，至北部国境线一带地形升高，海拔高程960～1500米。自南向北有东西向展布的苏尼特—锡林浩特、东索伦—哈尔努都低山丘陵带。南部丘陵，岩石裸露。北部丘陵，东段沟谷发育，多为开阔的“U”字型；西段山势平缓，缺乏沟谷。谷型和河床均不甚明显，山脊多呈等高状圆形小丘。丘间有洼地，丘陵边缘地形平坦，构成波状高平原。

高原由南向北渐低，呈东西向断续分布的五级阶状高平原，系波状平原，由花岗岩或前白垩纪地层组成。四周有较宽阔的河谷，其间有间歇性河床。四级高平原为台面宽、延长较远、微向北倾斜的平原。由古近、白垩纪地层组成。三级高平原较平坦，由第古近、白垩纪地层组成。表面覆盖薄层戈壁砾石，并有呈北北东向的“U”型谷穿过其间，将高平原分割成几大块。二级高平原台面平坦，缺乏沟谷，由古近、白垩纪地层组成。一级高平原台面较平坦，顶面海拔高程960～1000米，台面上可见大小不等的剥蚀洼地和小的咸水湖。

苏尼特丘陵南部为一望无际的浑善达克沙地，面积3万平方千米，地势北高南低，海拔高程1100～1300米。东部多由固定、半固定的沙垅、沙岗和沙丘组成。西部则多活动的新月形沙丘，多属当地第四系湖积砂层经风的吹扬再堆积而成。

阴山山地

呈近东西向横亘于内蒙古中部，自西向东包括狼山、色尔腾山、乌拉山、大青山、蛮汉山以及燕山山地。北与内蒙古北部高原毗邻，东抵大兴安岭山地，南依河套—土默川平原，东西长约1300千米，南北宽80～240千米，总面积约12万平方千米。总体地势为西高东低，北缓南陡。

集宁以西以中低山地形为主，以东为低山丘陵地形。大青山最高峰为2338米，狼山最高峰2364米，相对高差一般在200～500米间。山麓可见断续的五级阶地，北侧平缓，多以丘陵缓坡伸至内蒙古北部高原。集宁以东，主要是燕山低山丘陵，海拔高程1400～1700米，相对高差200～400米。山间多宽谷洼地，谷线平阔，两岸有阶地。

蛮汉山边缘为丘陵,海拔高程1400~1800米,最高峰达2304米。东部的燕北、辽西北部低山丘陵,海拔高程一般为1000~1500米,最高峰为1700米,由侏罗系中酸性火山岩及花岗岩组成。沟谷发育,谷线开阔,多有泉水汇聚其间,成为常年流水的河流。

阴山山地的中部地貌景观

集宁周围由新近系玄武岩组成的熔岩台地,分布于察右前旗、察右中旗、察右后旗、集宁、兴和、丰镇、凉城以及和林格尔县一带。地貌形态变化较大,台面起伏不平,轮廓亦不完整,被深切割沟谷分割成面积不等的桌状山、剥蚀残丘、残山等熔岩地貌形态。

阴山山地的东部地貌景观

和林格尔县、凉城县、清水河县一带,广泛分布有黄土地形,为典型的峁梁冲沟发育之黄土地貌景观。

山、丘间分布有坳陷形成的山间盆地,包括海流图、西河、乌克忽洞、固阳—白灵淖、武川—乌兰花、供济堂—土牧尔台、大六号和朝阳等山间盆地,海拔高程在1300~1600米之间。主要由第四纪、新近纪及白垩纪地层组成。地貌多呈宽浅波状的高平原地形,和四周丘陵相比略显低洼,地表水体有的贯穿整个盆地,有的由四周向盆地中心汇聚,有的则在盆地中心形成小的分水岭向南北分流。剥蚀堆积盆地有黄旗海、岱海等盆地。呈现封闭型,由盆地周边的山前冲洪积扇群向盆地中心倾斜,中部为湖积层,地表水体汇聚成为海子。盆地内海拔高程在1230~1400米之间,由第四纪地层组成。

河套平原

呈东西向带状分布于阴山山地与鄂尔多斯高原之间。由东向西又分为呼包平原(土默川平原)、三湖河平原、后套平原,海拔高程为900~1100米,主要由黄河及其支流冲积物堆积而成。平原内主要地貌形态包括山麓阶地、山前冲洪积倾斜平原、黄河、大黑河冲湖积平原。

河套平原地貌景观

山麓阶地主要分布在阴山山前,托克托、和林格尔一带的蛮汉山山前。一般可见五级阶地,而以三级阶地延续较远,四、五级阶地断续零星分布。五级阶地为基座阶地,为区内最早的剥蚀面。海拔高程:乌拉山山前为1050米左右,大青山山前为110~1150米之间。在狼山山前的别里盖庙一带,台面宽约500米左右。大青山前美岱召一带，台面宽50米，高出四级阶地台面约30米。四级阶地亦为基座阶地，组成岩性与五级阶地基本相同，仅在大青山西部的哈子盖沟中见中下更新统湖积砂砾石层。海拔高程狼山一带为1040米左右，台面宽约100米。大青山山前海拔高程1080～1100米。三级阶地属侵蚀堆积过渡型阶地，阶地前缘，台面海拔高程1060～1070米。二级阶地属堆积型阶地，主要分布于山前各沟口附近。阶地面海拔高程由狼山向大青山方向为1025～1060米。一级阶地亦属堆积型阶地，分布于狼山与大青山山前各沟谷的出口处，为零星残存阶地，由近代冲洪积物堆积而成。海拔高程在1020～1040米。

在托克托县，黄河南岸的准格尔、达拉特旗亦可见三级阶地，一级为黄河、大黑河冲积阶地。二级阶地由中下更新统湖积物堆积而成，台面遭水流作用破坏而不完整，相对高出冲积平原30米左右，海拔高程为1000～1020米。三级为黄土台地，台面可见风积砂丘，阶地上冲沟发育，呈羽状分布的"V"字形沟谷，深达30～40米，高出二级阶地20～30米，海拔高程1040米左右。

山前冲洪积平原，呈近东西向之条带状展布于阴山南麓，包括洪积锥和冲洪积扇群组成的山前倾斜平原及扇前洼地。洪积锥主要分布在山前大小沟口之出口处。由各大沟口的冲洪积扇相连接而构成了山前冲洪积倾斜平原。各扇面积大小不等，自西向东较大的有炭窑沟、乌兰不浪沟、昆都仑河、五当沟、美岱沟、万家沟、乌素图沟、哈拉沁沟等十多个大沟冲积成的大扇，面积一般在30平方千米左右，地面坡降为6‰～30‰，海拔高程在1000～1100米。山前倾斜平原除前缘南与黄河、大黑河冲洪积平原衔接外，有较明显的扇前洼地，多出现沼泽湿地、并伴有盐渍化现象。

黄河、大黑河冲积平原地形平坦开阔，西部略有起伏，由第四系中下更新统、上更新统及全新统冲积、冲湖积物质堆积而成。黄河冲积平原以后套平原、呼包平原西部最宽，三湖河平原最窄，地形由西向东偏东南倾斜，坡度为2‰～5‰，可见黄河一级阶地的河漫滩。平原上除蛛网似的引黄灌溉渠系外，还有黄河故道及风积沙丘。大黑河冲湖积平原，位于呼包平原东部，地势东北高西南低，海拔高程990～1010米。其上残留大黑河故道。

在杭锦旗、达拉特旗以北，黄河南岸，有一东西向长条状分布的冲积平原，由第四系全新统、上更新统、中下更新统冲积物堆积而成。地势由南向北倾斜，地形平坦开阔，略有起伏，常有沙丘覆盖，有一级阶地、河漫滩，多沼泽和盐碱地分布。

鄂尔多斯高原

鄂尔多斯高原位于河套平原南部，西、北、东三面为黄河环绕，南边与晋陕黄土高原相连接，为一波状高平原。地势为北西高，南东低，以东胜—杭锦旗梁地为分水岭，向南北两侧波状高平原缓缓下降。地貌形态为：西侧桌子山山地，东侧准格尔黄土丘陵，南北两端分别为毛乌素沙漠和库布其沙漠，其高原主体为波状高平原。

航拍雪后的鄂尔多斯高原

桌子山山地，呈南北向延伸，海拔高程为一般为1600米。由古生界寒武系、奥陶系石灰岩及石炭二叠系砂页岩夹煤层组成。桌子山西侧陡、东侧缓，岗德尔山两侧均较陡。受构造运动影响，多形成直立峭壁与桌状山顶，山脊狭窄，切割强烈。沟谷以东西向发育为主。在桌子山与岗德尔山之间有黄河自南向北通过,两侧为开阔的山前倾斜平原。

东胜波状高平原处于毛乌素沙漠和库布其沙漠之间。东起准格尔黄土丘陵,西至桌子山,海拔高程1000~1400米。主要由下白垩统厚层砂岩组成,表层常有薄层沙,地形起伏不大,在一些低洼地带常形成盐碱湖。

准格尔黄土丘陵地貌景观

高原东部为准格尔黄土丘陵,分布于准格尔旗和伊金霍洛旗一带,由侏罗纪及前侏罗纪地层组成。丘陵顶部被第四系上更新统黄土覆盖,海拔高程1000~1600米。冲沟发育,切割强烈,水土流失严重。

航拍的库布其沙漠

波状高平原北部为库布其沙漠,呈东西向带状展布,南高北低,海拔高程1300~1400米,面积约1.8万平方千米。下伏白垩纪地层,北部为第四系湖积层。沙漠北部边缘沙丘较低矮,向沙漠中心地带,沙丘逐渐增高,以链状沙丘为主。波状高平原南部为毛乌素沙漠,呈东西向展布,海拔高程1200~1600米,面积约3.8万平方千米。下伏为白垩纪地层和第四系上更新统湖积砂层。沙丘多为链状、垅岗状。沙丘间有积水湖盆和洼地,周边多为半固定沙丘。

阿拉善高原

阿拉善高原处于自治区的西部,东与内蒙古北部高原、阴山山地、河套平原相毗连;西南与甘肃省、宁夏回族自治区为界;北至中蒙边界。主要地貌有北山、阿尔腾山、合黎—龙首山、雅布赖山和贺兰山低中山地,额济纳冲湖积平原及巴丹吉林沙漠、腾格里沙漠、乌兰布和沙漠等。受干旱气候影响,大部分地区为荒山、沙漠、岩模及戈壁,具典型的荒漠景观,只在额济纳河两岸之冲湖积平原可见草原绿洲。其地势东高西低,南高北低,海拔高程一般为1000~1800米,贺兰山海拔3556米,龙首山海拔3616米,额济纳河最低仅800米左右。

阿拉善高原北山戈壁地貌景观

北山山地由花岗岩及前寒武纪变质岩组成,山地呈近东西向延伸,以低中山、残丘及其相间的浅凹形盆地为特征。低中山、残丘岩石裸露或被碎石覆盖，或盆地中堆积砂砾石，形成大面积碎石质戈壁。海拔高程为1400～1800米、高差一般为200～300米，为构造剥蚀低中山。

合黎山—龙首山、雅布赖山与贺兰山为构造剥蚀低中山。合黎山—龙首山由前寒武纪地层和花岗岩组成，海拔高程大于2000米，阿拉善右旗北部一带为1600～1800米。雅布赖山位于巴丹吉林沙漠东南部，将巴丹吉林沙漠与腾格里沙漠分隔开，是一天然分界线，海拔高程1800～2000米。贺兰山呈北北东向展布，海拔高程一般在2000米左右。山体岩石裸露，风化壳裂隙发育，山地岩壁陡峭，沟谷深切，多呈“V”字形，狭窄而弯曲，上游有泉水分布。山前有广阔的山前倾斜平原，其间河谷切割强烈，有明显的阶地陡坎。

阿尔腾山属低中山丘陵，即巴丹吉林沙漠以东之丘陵，海拔高程1000～1500米。山前分布有砂砾石戈壁。山、丘间多分布大小不等的盆地，多呈东西向展布。山间盆地具有四周较陡，向盆地中心倾斜，并覆盖有砾石戈壁。丘间盆地较浅，盆地内地形开阔略呈波状起伏，海拔高程900～1300米，低于四周丘陵高原100～200米。

巴丹吉林沙漠在自治区境内面积约4.7万平方千米，地形起伏较大，总的地势是东南高，西北低，海拔高程一般为1100～1650米，沙漠由沙丘及沙山组成。沙漠从北部边缘到腹地，由新月形沙丘、沙丘链过渡为复合型沙山；从南部边缘到腹地，由新月形沙丘、沙丘链过渡到蜂窝状沙丘，再到“金字塔”形沙山，到腹地为复合型大沙山。沙山海拔高程1150～1650米，相对高差300～400米，最大高差420米，走向40～50°，间距3～5千米，其间分布许多洼地和湖泊。“金字塔”形沙山海拔高程1220～1350米，高差100～200米。蜂窝状沙山海拔高程1300～1450米，高差10～20米，最大高差50米。丘间洼地呈圆形，直径几十米到几百米不等。新月形沙丘、沙丘链海拔高程1400～1600米，高差几米到几十米，呈北东方向。沙丘与沙山间分布许多洼地，积水成湖泊。沙漠中小型湖泊星罗棋布，但多为咸水湖。

巴丹吉林沙漠地貌景观

腾格里沙漠的西部伸入甘肃省内，在自治区境内属沙漠的北部部分，约3.7万平方千米。沙漠四周高中间低，地形总趋势为南西高，北东低，略向北东方向倾斜。海拔高度1200～1400米，高差达百余米，形成沙山。沙丘连绵起伏，沙山密布，总体呈北东—南西走向。沙丘链、沙垅之间，有呈北东—南西向排列分布的丘间洼地和湖泊。

腾格里沙漠地貌景观

乌兰布和沙漠面积约1.4万平方千米,分布有链状、垅岗状沙丘,多为活动和半固定固定沙丘,一般相对高差10~30米,最高可达50米。地下水较丰富。

额济纳河(弱水河)冲积湖积平原,位于北山山地与巴丹吉林沙漠之间,面积2.7万平方千米。由第四系上更新统及全新统冲湖积物堆积而成。地表有砾石戈壁。额济纳河自南向北纵贯平原,到北部分为两个支流,分别注入居延海和索果淖。地貌上呈北宽南窄的扇形冲湖积平原,总地势南高北低,平坦开阔,坡降在1%~2%之间,海拔高程800~1000米,主河道河床宽浅,一般宽100~300米,局部达500米,是阿拉善高原上的草原绿洲。

第六节　水文地质

内蒙古基本属于高原型地貌,内陆干旱水文地质特征明显,降水集中,蒸发强烈,水资源分布极不均衡且相对贫乏,生态环境脆弱。因区域地质构造、地层岩性、地貌形态复杂,也决定了水文地质条件的复杂性和多样性。

一、地下水系统

据《内蒙古自治区地下水资源》划分,按地表水流域及地貌状况,将全区划分为8个地下水系统。

(一)额尔古纳河水系地下水系统

位于自治区东北部,东界为大兴安岭山脉分水岭,西北大部分以额尔古纳河为界,呼伦湖以西以中蒙边界的巴彦乌拉山为界,南部为贝尔湖和哈拉哈高勒河。东、南、西为隔水边界,西北部的额尔古纳河为排泄边界。地貌为大兴安岭山地、山间盆地、河谷洼地及呼伦贝尔高原,总体地势南高北低,东陡西缓。

该区地处大陆腹地,属寒温带大陆性季风气候,冬季漫长寒冷干燥,夏季短暂炎热多雨,最北部为多年冻土地带,多年平均降水量300~450毫米,东部大于西部,多年平均蒸发量在1000毫米左右,东部多小于1000毫米,西部大于1000毫米。

大兴安岭西部山地丘陵大面积出露中生界中酸性喷出岩,零星分布有古生界变质板岩、片岩及中生界砂岩、砾岩。基岩裂隙发育,赋存裂隙水,为区域地下水补给区。

海拉尔河、伊敏河、根河、激流河等河谷第四系潜水含水层岩性主要为冲洪积和冰水沉积的砂卵砾石及泥砾,赋存孔隙潜水,主要接受基岩山区侧向径流补给,河谷区接受大气降水补给,入渗条件较好,潜水的径流方向与河谷的延伸方向基本一致。径流条件好,其地下水主要排泄于额尔古纳河河谷地带。

呼伦贝尔高原为一中新生代坳陷盆地。地貌为呼伦贝尔高原,其地层岩性以白垩系、侏罗系及新近系的碎屑岩为主。地下水类型多为承压水,其地下水的主要补给来源为大气降水和山区的侧向径流补给。低洼地带为地下水的汇集中心,呼伦湖、贝尔湖是地表水及地下水的排泄区。湖周围地下水埋深小,蒸发作用强烈。

大兴安岭北部分布有多年冻土带,受纬度和气候影响,可将多年冻土带分为北部冻结层基本连续分布带,南部冻结层断续分布带。北部冻结层上限埋深0.5~2.5米,下限埋深大于60米,冻结层厚度一般70米左右。融区呈脉状,连通性较差。南部冻结层上限埋深约8米左右,下限埋深小于60

米,厚度一般5～20米,融区范围较大,多呈树枝状、岛状,连通性较好。冻结区内河谷地带分布有第四系砂、砂砾石潜水含水层。冻结层下分布有裂隙孔隙水。由于冻结层的相对隔水,多形成承压水,部分地段承压水头高出地面形成自流,连续性差,富水性不稳定。

总体而言,基岩山区裂隙发育,入渗条件好,为地下水补给区。河谷洼地、高原区为地下水补给径流区,径流条件好。主要排泄方式是地下径流的流出和蒸发,其次为人工开采。

(二)嫩江水系地下水系统

位于自治区东部,西侧以大兴安岭分水岭为界,北侧以伊勒呼里山为界,南侧以霍林河南部的分水岭为界,东侧大部分以嫩江为界。北、西、南为隔水边界,东部的嫩江及其以南地段为排泄边界。地貌主要为山地丘陵,其次为河谷洼地、山间盆地和冲积平原,总地势西高东低、北高南低。

该区南北长,东西窄。以北纬48°为界,北部为寒温带,南部属温带,均为大陆性季风气候。冬季漫长寒冷干燥,夏季短暂炎热多雨。多年平均降水量380～450毫米。北部地区年降水量大于450毫米。年蒸发量在1000毫米左右,北部略小,南部稍大。

大兴安岭东部山地丘陵区,主要为中、新生界中酸性喷出岩,多期侵入岩,零星分布有古生界轻度变质岩,在一些小型盆地中有中生界碎屑岩。基岩山区裂隙、植被发育,入渗条件好,为地下水补给区,主要接受大气降水补给,赋存基岩裂隙水。区内水系比较发育,河谷甚多,河谷中主要为第四系砂砾石层,如霍林河、洮儿河、诺敏河、绰尔河、归流河、雅鲁河、阿伦河、甘河、那都里河等。河谷洼地较宽,砂砾石中富含孔隙潜水,径流条件好,地下水来源主要为大气降水及河谷两侧基岩山区的侧向补给。地下水的主要排泄方式为侧向径流流出,向嫩江及其下游排泄。

在莫力达瓦达斡尔族自治旗南部,扎赉特旗东部为松嫩平原区,面积虽小,但水量极为丰富,含水层岩性主要为第四系冲积砂砾石层。地下水主要来源为西侧的地下径流补给和大气降水垂直入渗补给,排泄有径流的流出、人工开采和蒸发。

地下水总体流向是由山区流向河谷,后顺河谷延伸方向向下游排泄。基岩山区为补给区,河谷洼地及平原为补给径流区。

(三)西辽河水系地下水系统

位于自治区东南部,北为霍林河南侧的分水岭,西部为大兴安岭之南段,以分水岭为界,南部为燕山山脉东段,以七老图山、努鲁尔虎山分水岭为界,东部为西辽河平原。北、西、南为隔水边界,东南部为排泄边界。地貌东部为西辽河平原,西部为大兴安岭南段山地丘陵、山间盆地及河谷洼地,总地势西高东低,由西向东倾斜。

该区属温带半干旱大陆性季风气候,春季干燥多风,夏季温热多雨,秋季凉爽晴朗,冬季严寒少雪。多年平均降水量为380毫米左右,东部略大,西部略小,多年平均蒸发量1800～2000毫米。

大兴安岭南段山地丘陵区,广泛分布中生界中酸性喷出岩,局部为古生界中、轻变质的片岩、板岩、变质砂岩和中生界碎屑岩,区内普遍穿插多期侵入岩。基岩山区裂隙发育,入渗条件好,易接受大气降水补给。山间盆地、河谷洼地中多分布有厚度不等的第四系松散砂砾石层,如西拉木伦河、锡泊河、英金河、老哈河、阴河、乌力吉木仁河等,河谷中富含孔隙潜水。

西辽河平原区,位于松辽平原的西部。西辽河由西向东横穿中部,向东流出区外,平原西部近山地地段为河流堆积形成的山前冲洪积倾斜平原,往东为由山地发育的河流所携带的第四系冲积物堆积而成的冲积平原,地表多覆盖有风积沙地,地形平坦、开阔,起伏较小,易接受大气降水补给,为区内地下水补给径流区。平原东部为冲湖积平原,由第四系冲湖积物组成,地形平坦、开阔,由西向东倾斜。平原区富含孔隙潜水,局部存在孔隙承压水。地下水流向总体上是由西向东。山区为地下水补给区,河谷洼地、西辽河平原为地下水补给径流区。地下水排泄方式主要为蒸发、人工开采及地下径流流出。

(四)内陆水系阴山北部高原地下水系统

位于自治区中部地区,东南以大兴安岭南段分水岭为界,西南以阴山山脉分水岭为界,北部以中蒙边界的低山、丘陵为界,西界与阿拉善高原相接,为内陆水系。分布有山地丘陵、玄武岩台地、高原和沙漠,总地势西高东低,南高北低,由西南向东北倾斜。

本区地处大陆腹地,属干旱、半干旱大陆性季风气候,冬季严寒,夏季炎热,干燥多风,日温差大,降水量少而集中。多年平均降水量由东部的350毫米左右向西逐渐减少到150毫米左右。蒸发量由东向西逐渐增大,由东部的不足2000毫米向西增加到2800毫米左右。

阴山北部山地丘陵区,地层岩性主要由前古生界深变质片麻岩、片岩、石英岩、大理岩组成,基岩裂隙较为发育。阴山北部高原区,地层主要为新近系、白垩系砂岩、砂砾岩,上覆薄层第四系松散层;浑善达克沙地亚区,呈东西向展布,多为固定半固定沙丘,地面呈波状起伏,属新生代断陷盆地。沉积有较厚的第四系松散堆积物,含水层岩性为中粗砂、中细砂及粉细砂,易接受大气降水补给;锡林浩特丘陵区及边界丘陵区,分布有中生界侏罗系中酸性火山喷出岩,并穿插有多期侵入岩,其间分布有不稳定的基岩裂隙潜水;阿巴嘎玄武岩台地区,赋存玄武岩裂隙孔洞水。在阴山山地,北部高原由于受断裂和坳陷的影响,形成诸多断(坳)陷盆地。盆地中普遍分布新近系、白垩系砂岩、砂砾岩,赋存裂隙孔隙承压水,黄旗海、岱海盆地富含第四系松散岩类孔隙水。

本区河流不甚发育,主要有乌拉盖河、锡林河、塔布河、艾不盖河、除乌拉盖河由东向西流外,其余河流均为由南向北,沟谷第四系松散砂砾石含水层,厚度由东向西变薄,水量尚丰富。

本区地下水补给来源主要为大气降水,总体流向是由山区、丘陵区向高原、河流及洼地、湖泊汇集。部分盆地形成自身完整的地下水循环系统,如黄旗海、岱海盆地。地下水排泄方式主要为蒸发,其次为人工开采。

(五)海河、滦河水系地下水系统

滦河上游闪电河流域,为多伦山地丘陵;阴山山地东端南麓饮马河、后河流域,为丰镇山地丘陵。两个地下水亚系统面积均较小,东、西、北均为自然分水岭,为隔水边界,南为排泄边界。地貌为山地丘陵,山间盆地、河谷洼地,总体地势西北高,东南低,由西北向东南倾斜。

本区属干旱、半干旱大陆性季风气候,多年平均降水量在350毫米左右,蒸发量在2000毫米左右。

山地丘陵,闪电河流域主要为侏罗系喷出的中酸性凝灰岩、安山岩、流纹岩等,分布有裂隙潜水;海河流域主要为前古生界片麻岩、片岩、大理岩和基性喷出岩,赋存有不稳定、不连续的裂隙潜水,其水量小于闪电河流域的基岩裂隙水。丰镇一带,广泛分布有玄武岩裂隙孔洞水,低洼处水量较大。

山地丘陵中的兴和盆地,岩性以新近系砂砾岩为主,河谷洼地分布有第四系松散砂、砂砾石层。丰镇一带河谷洼地松散层厚度大于兴和盆地的松散层厚度。闪电河流域河谷中的松散砂、砂砾石层最厚,河谷洼地中富含第四系孔隙潜水。本区地下水主要补给来源为大气降水,山区接受大气降水补给后,以径流方式补给河谷洼地或山间盆地。山间盆地和河谷洼地自身也接受大气降水补给,其径流条件较差，主要排泄方式为蒸发、人工开采及地下径流的流出。

（六）黄河水系河套平原地下水系统

该区北部以阴山山脉分水岭为界，东部以灰腾梁分水岭为界，南临黄河，呈东西向展布，北、东为隔水边界，南为排泄边界。地貌类型有山地丘陵，山前倾斜平原，冲湖积平原等，总体地势西高东低，北高南低，由西北向东南倾斜。

本区属温带干旱、半干旱大陆性季风气候，多年平均降水量由东部的400毫米向西减少到150毫米，蒸发量由2000毫米增至3000毫米。

阴山南部山地丘陵，主要为前古生界深变质片麻岩、片岩、石英岩、大理岩及零星分布的古生界中轻变质的板岩、页岩、砂岩，中生界碎屑岩，沟谷中分布有第四系松散砂砾石层。河套平原，分后套平原、三湖河平原、呼包平原，为中生代断陷盆地，盆地中沉积了巨厚的第四系松散堆积物，富含孔隙水。基岩山区裂隙发育，径流条件好，接受大气降水补给，为区域地下水补给区。平原区为地下水径流排泄区，除接受大气降水补给外，主要接受引黄灌溉水的入渗补给以及来自基岩山区的侧向径流补给。地下水总体流向在后套平原由西南向东北，呼包平原由东北向西南流。平原区地下水位埋藏较浅，因此，本区地下水排泄方式以蒸发与人工开采为主，其次为地下水径流的流出。

（七）黄河水系鄂尔多斯高原地下水系统

该区为鄂尔多斯市、乌海市辖区，东、北、西三面被黄河环绕，为排泄边界。从白垩系分布情况看，鄂尔多斯为一轴向南北，东西两翼不对称的向斜盆地，其地下水有独立的循环条件。西部为桌子山低中山，东部为准格尔丘陵，南为毛乌素沙漠，北为库布其沙漠，黄河南岸为达拉特冲积平原，中部为鄂尔多斯高原。地表水系不发育，摩林河流向西北，消失于库布其沙漠，其他河流均流向黄河。

本区属干旱、半干旱的气候区，大陆性气候特征明显，冬季寒冷，夏季炎热，干旱少雨，蒸发强烈，多年平均降水量由东南向西北递减，由400毫米降至150毫米左右，蒸发量沿此方向逐渐增大，由1800毫米增至2500毫米。

鄂尔多斯高原，为一中生代坳陷盆地，大面积分布有大厚度白垩系砂岩、砂砾岩、其次分布有三叠系砂砾岩、侏罗系煤系地层及第四系含水层，富水性取决于含水层岩性与厚度。毛乌素、库布其沙漠赋存有松散岩类孔隙潜水，分布连续且稳定，毛乌素沙漠地下水富水性强于库布其沙漠；在西部的桌子山山地，分布有前古生界变质岩和古生界奥陶系灰岩及石炭、二叠系煤系地层，岩石裸露地表，裂隙较为发育，岩溶发育，但极不均匀，使地下水富水性也极不稳定；东部准格尔丘陵，地表多被黄土覆盖，下部为奥陶系灰岩及石炭、二叠、三叠系砂岩及泥岩，地表沟谷纵横，切割强烈，水土流失严重；黄河南岸为达拉特平原，岩性为黄河冲积粉土、粉质粘土及粉砂、粉细砂。河谷与盆地分布有第四系含水层，含水层连续且稳定，富水性取决于含水层岩性和厚度。

本区地下水主要来源于大气降水的入渗补给，平原区还接受洪水入渗补给及地表水灌溉入渗补给。地下水的排泄方式主要为蒸发及河谷排泄和人工开采。

（八）内陆水系阿拉善高原地下水系统

位于自治区最西部，行政区为阿拉善盟。北至中蒙边界，西北以北山山地分水岭为界，西南以合黎山、龙首山分水岭为界，东南有贺兰山相隔，东以狼山为界，基本上是四面环山，除额济纳河等少量河谷外，为隔水边界。地貌为山地丘陵、高原、河谷平原和沙漠四种类型，总体地势东高西低，南高北低。中部的阿尔腾山、雅布赖山为区内东西、南北的局部分水岭。气候属典型的干旱、极干旱气候带，冬寒夏热，气候干燥，风大沙多，降水极少，日温差大。多年平均降水量由东南向西北渐少，由200毫米左右降至小于50毫米。蒸发量则由2000毫米增至3500毫米。区内岩漠、戈壁、沙漠广布，有西部荒漠之称。水系不发育，最大的河流为额济纳河，由南向北径流，最终注入嘎顺诺尔和索果诺尔。

额济纳平原为一南北向延伸的冲积平原，额济纳河两侧形成较广阔的河谷平原，分布有孔隙潜水含水层，下部广泛分布有湖积中细砂、粉细砂承压水。阿拉善沙漠，包括巴丹吉林沙漠、腾格里沙漠及乌兰布和沙漠，沙漠之下广泛分布有第四系湖积砂层，富水性相对较好。

龙首山山地丘陵，主要分布在本区北部、西部及西南部，其岩性主要为前古生界中深变质岩和古生界二叠系轻变质岩，不同时期的侵入岩分布较为广泛，岩石破碎，裂隙较为发育。本区大气降水量极少，基岩裂隙水富水性很差，不稳定更不连续。阿拉善高原多为中生界碎屑岩和新生界第四系冲洪积松散砂砾石组成，地表多为戈壁和荒漠，赋存裂隙孔隙潜水。本区地下水主要来源为大气降水的入渗补给，地下水总体流向是山区流向平原、沙漠区、高平原。但地下水循环条件较为复杂，往往以山间盆地、湖泊为地下水的汇集地，构成相对独立的地下水循环系统。地下水排泄方式主要为蒸发。

本区降水极少，地下水补给源严重不足，除额济纳平原、沙漠区局部地下水较丰富外，其余广大地区地下水贫乏。蒸发作用强烈，盐分浓缩，矿化度高，水质不好。

二、含水岩类

全区地下水按含水介质及赋存条件，可划分为三大含水岩类。

（一）松散岩类孔隙水

主要分布在山间沟谷、河谷洼地、山前冲洪积倾斜平原、冲湖积平原，山间断（坳）陷盆地及沙漠区，全区广泛分布。按含水层成因可分为冲洪积砂砾石孔隙水、冲湖积砂及砂砾石孔隙水、风积砂孔隙水三种类型。

冲洪积砂砾石孔隙水

主要分布在山间沟谷、河谷洼地、河谷平原、山前倾斜平原。含水层主要由第四系上更新统—全新统冲洪积砂砾石组成，部分地段为砂卵砾石层，含水层厚度大，一般含水层厚度大于10米，最厚者可达上百米。一般为潜水，局部为微承压水，地下水水量丰富，单位涌水量250～500立方米/日·米，局部小于250立方米/日·米或大于500立方米/日·米，水质好，矿化度小于1克/升，水化学类型一般为HCO_3-Ca型或$HCO_3-Ca \cdot Mg$型水，地下水位埋深多小于10米，局部大于10米，供水意义大。

冲湖积砂、砂砾石孔隙水

主要分布在西辽河平原、河套平原、额济纳平原、沙漠区、岱海盆地、黄旗海盆地等第四系断（坳）陷盆地中。含水层岩性为更新统冲湖积砂、砂砾石。西辽河平原、河套平原、岱海盆地、黄旗海盆地以潜水为主，局部为承压水，含水层厚度一般大于50米，水量较为丰富，单位涌水量一般100～500立方米/日·米，水质较好，矿化度一般小于1克/升。盆地与平原内部常分布有以中更新统冲湖积砂砾石、中粗砂、中细砂、粉砂为主的承压水，含水层顶板埋深一般10～50米不等，承压水头各地不一，个别地段承压水头高出地面，形成自流。地下水水量丰富，单位涌水量一般100～500立方米/日·米，供水意义大。

风积砂孔隙水

分布在西辽河平原科尔沁沙地、浑善达克沙地、毛乌素沙漠、库布其沙漠、乌兰布和沙漠、巴丹吉林沙漠、腾格里沙漠。赋存孔隙潜水，含水层薄，水位埋藏浅，水量较小，一般单位涌水量小于250立方米/日·米。毛乌素沙漠水量略大，水质较好，矿化度多小于1克/升，局部1~3克/升，水化学类型一般为HCO_3-Ca或$HCO_3-Ca\cdot Mg$型水。在局部地带有$SO_4\cdot Cl-Na$与$Cl\cdot SO_4-Na$型水。

（二）碎屑岩类裂隙孔隙水

分布较广泛，主要分布在鄂尔多斯高原、内蒙古北部高原、阿拉善高原及大兴安岭东侧部分山间盆地、阴山山地的山间盆地。按其形成时代可划分为新近系—古近系碎屑岩裂隙孔隙水、白垩系碎屑岩裂隙孔隙水。

新近系—古近系碎屑岩裂隙孔隙水

主要分布在阴山山地的山间盆地、内蒙古北部高原、阿拉善高原、鄂尔多斯高原西侧。含水层岩性多为砂岩、砂砾岩，既有潜水又有承压水。水量小，一般单位涌水量均小于25立方米/日·米。在内蒙古北部高原古河道分布区含水层厚度较大，水量较丰富，单位涌水量为25~250立方米/日·米。水质较好，矿化度多小于1克/升，局部水质较差，矿化度为1~3克/升或更高，水化学类型多为$HCO_3\cdot SO_4-Ca\cdot Mg$或$HCO_3\cdot Cl-Na\cdot Mg$型水。

白垩系碎屑岩裂隙孔隙水

多分布于高原、山间盆地及平原的边缘。岩性以砂岩、砂砾岩为主。鄂尔多斯高原下白垩统含水岩组含水层厚度大，无相对稳定的隔水层，为统一含水体，局部形成自流水，水量较为丰富，单位涌水量一般为10~250立方米/日·米，个别地段达250~500立方米/日·米。水质好，矿化度多小于1克/升。化德、商都盆地的地下水，单位涌水量25~100立方米/日·米，水质较好。其他盆地和北部高原中的水量大部分小于25立方米/日·米，水质东部好于西部。阿拉善高原的白垩系含水层组，水量小，水质最差，矿化度一般大于1克/升，水化学类型为$Cl\cdot SO_4-Na\cdot Mg$等。

（三）基岩裂隙水

其广泛分布于自治区的山地丘陵区，也包括碳酸盐岩类裂隙溶洞水。除此之外，在内蒙古北部高原、阴山山地等还分布有玄武岩裂隙孔洞水。

基岩裂隙水

含水层岩性以太古代、古生代的变质岩、火成岩、沉积岩及中生代的火山岩、不同时期的侵入岩为主。山地丘陵区，一般裂隙发育、岩石破碎、易接受大气降水补给，入渗条件较好，但自治区由东到西气候差异大，各地的地形、地貌、植被条件有所不同，使基岩裂隙水的富水程度变化较大，含水层一般连续性差，厚度不一。总体而言，由东向西，基岩裂隙水水量由大变小，水质由好变差，矿化度由小变大。阿拉善盟北山一带为盐水。单位涌水量小于25立方米/日·米。地下水径流模数一般都小于5万立方米/平方千米·年，东部区有一定开采价值，越往西基本无开采意义。

玄武岩裂隙孔洞水

主要分布在自治区乌兰察布市集宁区及其周围，锡林郭勒盟阿巴嘎旗、锡林浩特市、南部灰腾西里一带，赤峰市西北，呼伦贝尔市东部地区亦有零星分布。

玄武岩在地貌上形成熔岩台地，一般为1~3级。如阿巴嘎熔岩台地、灰腾西里熔岩台地、赤峰熔岩台地、集宁熔岩台地、丰镇熔岩台地、察右后旗熔岩台地等。玄武岩一般覆盖于新近系、白垩系或老地层之上,裸露地表,裂隙及柱状节理发育,原生和次生孔洞发育,赋存裂隙孔洞水。个别地段赋存玄武岩裂隙孔洞承压水。单位涌水量多小于25立方米/日·米,局部25~100立方米/日·米,一般单井出水量为100~500立方米/日,富水地段钻孔涌水量可达1000立方米/日以上,其水质好,矿化度多小于1克/升,水化学类型多为HCO_3-Ca·Mg型,有的还可达到矿泉水标准。

碳酸盐岩类裂隙溶隙水

主要分布在贺兰山、鄂尔多斯桌子山、准格尔旗与呼和浩特市南部清水河一带,在中东部的集宁、库伦旗、奈曼旗等地也有零星分布。含水层主要为寒武系、奥陶系灰岩。由于受岩溶发育程度、地下水补给来源、断裂构造及汇水范围等因素的控制和制约,灰岩分布区地下水水量变化甚大,大者单井涌水量可达数千立方米/日或上万立方米/日,小者仅数十立方米/日。桌子山拉僧庙、棋盘井、清水河、准格尔旗一带,地下水径流模数一般小于5万立方米/平方千米·年。地势低洼地带,地下水位埋藏较浅易开采,为当地工农牧业的供水水源。地势较高地段,水位很深,往往在100米以上,开采难度大。灰岩区地下水水质好,矿化度一般小于1克/升,水化学类型多为HCO_3Cl-Ca·Mg型。

三、分布规律及特征

由于受气候、地质构造与古地理多种因素的影响,全区各类地貌类型的地质结构、含水层时代与岩性、地下水补径排条件及分布规律等均具有明显差异和特点。全区水文地质及地下水分布规律主要体现为:在西辽河平原、河套平原以第四系含水层为主,含水层分布稳定,水量丰富,大部分地区水质良好。鄂尔多斯高原,除毛乌素、库布其沙漠与一些沟谷以第四系含水层为主外,广大高平原,以下白垩系砂岩、砂砾岩含水层为主,在准格尔旗与桌子山一带尚有灰岩岩溶水,上述含水体,大部分地区水量都较丰富,水质良好。内蒙古北部高原除以第四系含水层为主的河谷与浑善达克沙漠与集二线古近系、新近系(第三系)古河道水量较丰富外,其余地区,地下水贫乏,水质也较差,尚有玄武岩裂隙孔洞水。阿拉善高原除额济纳平原、巴丹吉林、腾格里、乌兰布和沙漠与第四系断坳陷盆地水量较丰富,水质尚好外,其余地区水量小、水质差。大兴安岭与阴山山地以基岩裂隙水为主,但大兴安岭河谷地下水、地表水均丰富,地下水开采后,尚可夺取大量地表水,阴山山地河谷地下水不及大兴安岭丰富,地表径流少,可袭夺的地表水量也少,在阴山山地间尚分布有富水程度不同的第四系、古近系、新近系(第三系)与白垩系盆地。

全区水文地质及地下水分布特征,主要表现为以下几个方面。

1. 由于全区地质条件复杂,水文地质条件复杂化、多样化。

内蒙古由于地质条件复杂,使地下水蓄水构造也多样化。既有像鄂尔多斯这种地台台坳型含水层广泛分布,为巨厚的白垩系含水盆地,也有台隆上小范围的不同时代的断坳型的含水盆地,还有地槽中狭长状以古近系、新近系(第三系)、白垩系为主的断坳陷盆地,以及新构造运动形成的第四系断坳陷盆地。如河套断陷盆地,西辽河断坳陷盆地等。这些盆地有一些共同特点:

(1)盆地分布与区域地质构造形态相一致。东部多以北东—南西向长条形分布为主,西部以北西—南东向为主,中部以东西向为主。局部地区还受局部构造的影响,分布也有改变,如在阿拉善高原,受阿拉善盟弧形构造影响,盆地分布规律受其影响,而随弧形构造而展布。

(2)在地下水分布上,以第四系断坳陷盆地水量最丰富,其次是古近系、新近系(第三系)断坳陷盆地,白垩系除鄂尔多斯与大兴安岭西麓一带外,一般水量小,水质差。

(3)断陷盆地,以盆地边缘水量最丰富,水质亦好,向盆地中心,水量变小,水质变差。如河套盆地、岱海盆地等,而坳陷大的盆地含水层向盆地中部变厚,水量逐渐变大。如黄旗海盆地、朝阳盆地、樊家夭盆地等。坳陷小的盆地,盆地周边一般含水层厚,水量相对较大。向盆地中部含水层变薄,水量变小,水质变差。

(4)在大兴安岭以西、阴山与龙首山以北的盆地,含水层多有由南向北倾斜,含水层在盆地南部厚,水量大,水质好。向北含水层变薄或消失,水量小,水质差的规律。如乌克忽洞盆地、川井盆地、银根盆地、巴音毛道盆地等。

2. 全区不同水系的水文地质条件具有一定差异。

自治区既有内陆水系,也有外流水系。外流水系分属于额尔古纳水系、嫩江水系、西辽河水系、海河、滦河水系与黄河水系。不同水系地下水有不同的特色。内陆干旱地下水特点较为明显,各外流水系在水文地质条件上也有差异。主要表现为:

(1)第四系河谷含水层厚度不一,结构不一。额尔古纳河水系,河谷第四系厚30~150米,上部主要含水层厚30~60米,下部为冰积物或基岩;嫩江水系,河谷第四系厚30~40米,主要含水层在上部15~20米,下部为冰积物;西辽河水系,河谷第四系厚60~100米,主要含水层在上部40米,下部为冰积物;黄河水系,河谷第四系厚20~50米,均为主要含水层,无冰积物。

(2)第四系河谷宽度不一。在额尔古纳水系与嫩江水系,主干河谷宽一般5~6千米,宽者可达10千米。西辽河水系,除老哈河与西拉木伦河较宽,可达5~6千米外,其他河谷,一般为2~4千米。而黄河水系,河谷宽一般小于2千米,而以小于1.0千米的河流为多。

(3)地下水开发能力不同。在东部嫩江水系、额尔古纳水系、西辽河水系,地表水丰富,地下水开采夺取地表水的激发补给能力强。而黄河水系,多以间歇河为主,地表水转化为地下水的能力有限。内陆水系除锡林浩特以东与额济纳河外,转化能力更差或无地表水可转换。

3. 全区地下水的赋存条件与古地理的关系较为密切。

随古地理条件的不同,水文地质条件有很大差异。例如下白垩统含水层,在鄂尔多斯盆地,由于下白垩统以河湖相中细砂岩、粉细砂岩为主,黏性土甚少,形成含水层厚度可达千米,水量丰富的含水盆地。而在阴山以北,大兴安岭以西,下白垩统以湖沼相沉积为主,沉积物以泥岩、煤系为主,砂岩、砂砾岩除在盆地周边较厚外,一般较薄,水量较小,水质差。又如古近系、新近系(第三系)以湖沼相沉积为主,沉积物为厚层泥岩夹薄层砂岩,含水层很薄,一般仅数米或十余米,水量小,涌水量一般小于100立方米/日,但在古河道与古山前冲洪积扇区,水量一般较大。前者如集二线古河道,涌水量一般1000~2000立方米/日,富水地段可达2000~4300立方米/日,后者如山间盆地的盆地边缘冲洪积扇裙,一般都较其他地区丰富,涌水量可达500~1000立方米/日,如乌克忽洞盆地等。再如第四系含水层,以冲洪积扇裙带水量最丰富,涌水量常达2500~6000立方米/日,如呼包平原山前冲积扇裙,额济纳冲积扇中上部,而第四系湖积平原,水量较小,涌水量一般小于1000立方米/日。

4. 全区内陆干旱水文地质特征比较明显。

内蒙古内陆水系面积甚广,包括无流区面积为50.36万平方千米,而且多处于干旱、半干旱地区,因此其内陆干旱水文地质特征较为明显,主要表现为:

(1)地下水没有统一的循环基准面。在内陆水系地区浅层地下水以各相互独立,互无联系,高程各异的湖泊、沼泽、洼地为循环基准面。地表水、地下水向其集中蒸发,形成相互独立的循环系统,如锡林郭勒盟达布苏诺尔、二连盐池、乌兰察布市的腾格里诺尔、呼和诺尔等,而无统一的循环基准面。

(2)第四系河谷含水层由河谷上游至下游变薄或消失,地下水矿化度快速增高。由于气候干旱,降雨量不足,除一些较大河流如乌拉盖河、锡林郭勒河、艾不盖河、塔布河分别归宿于乌拉盖湖、达不苏诺尔、腾格里诺尔与哈日淖外,一般都消失于河谷下游的洼地中。这些河谷含水层厚度,都有上游薄,出山口附近厚,往下游薄或消失的规律,使地下水量相应由小变大,再变小或干枯。地下水矿化度在上游小于1.0克/升,往下游逐渐增大,变为1~3克/升或3~5克/升,在西部阿拉善高原甚至可达10克/升或更高。

(3)干旱气候下的标准元素大量富集。由于气候由东向西逐渐干旱,使干旱气候的标准元素如Cl^-、SO_4^{-2}、Na^+、F^-等大量富集,愈往西愈明显,在内蒙古高原$Cl \cdot SO_4$或$SO_4 \cdot Cl$型水还占少部分,在山区或丘陵区还是以HCO_3型或$HCO_3 \cdot Cl$型、$HCO_3 \cdot SO_4$型为主。而往西至阿拉善高原,由于SO_4^{-2}、Cl^-、Na^+大量富集,$Cl \cdot SO_4$—Na或$SO_4 \cdot Cl$—Na水占主导地位,即使丘陵山区的基岩裂隙水,也以$Cl \cdot SO_4$—Na和$SO_4 \cdot Cl$—Na为主,F含量也相应增高,常达3~5毫克/升。

(4)透水不含水层较厚。由于气候干旱、雨量不足,补给条件差,使高平原上的潜水,常在一些洼地中局部存在。而较厚的砂砾岩层常透水而不含水,如塔木钦塔拉、乌兰西里、以根西里高平原等。

(5)第四系河谷稀少而短暂。愈往西河谷愈稀少,从达茂旗往西,除额济纳河外,几乎未见一条较大的河流。常常是以散流、坳谷或冲沟的形式存在,而且都较短小,出山口后一般小于50千米,大部分小于20~30千米即消失。达茂旗以东至锡林浩特15万平方千米范围内,只有艾不盖河与塔布河两条较大河流,其长度也分别为205千米与316千米,而大部分处于山区,平原区长度不及1/3。愈往下游,河槽愈不明显,后潜入于诺尔之中。

5. 全区地下水受气候影响,有随气候变化的分带性。

(1)水量由东向西减少,水质变差。自治区东部大兴安岭一带,地下水径流模数一般为2.54~2.61万立方米/平方千米·年,而往西至大青山一带减为1.05~1.55万立方米/平方千米·年,至最西部阿拉善高原一带仅0.43万立方米/平方千米·年。而碎屑岩类补给模数,由东部呼伦贝尔高平原、锡林郭勒高平原一带的0.74~0.98万立方米/平方千米·年,向西部阿拉善高平原减为0.36万立方米/平方千米·年。与此相应的地下水矿化度也由大兴安岭一带的小于0.5克/升,至北山一带增至大于5.0克/升,高者可达29克/升。水化学类型相应以HCO_3—Ca·Mg、HCO_3—Na·Ca为主变为以$Cl \cdot SO_4$—Na、Cl—Na为主。

(2)第四系河谷含水层由东向西分布渐少,含水层变薄,变窄,水质变差。在东部大兴安岭一带,一般河谷宽5~6千米,局部可达10千米,含水层分布宽度3~6千米。厚25~60米,厚者可达百余米,单位涌水量500~3000立方米/日·米,而至西部阿拉善高原,除额济纳河外,河谷宽一般仅数十至数百米,除贺兰山一带含水层厚可达15米,单位涌水量可达100立方米/日·米外,其余地区,含水层厚一般小于3米,单位涌水量0.2~10立方米/日·米,个别较大者可达20~100立方米/日·米。矿化度也由大兴安岭一带小于0.5克/升,至阿拉善盟高原增至1~3克/升,至河谷下游多为5~10克/升或更高。

(3)由于降水量向西向北减少,对原较差的水冲淡作用向西向北减弱。这种现象在基岩裂隙水水质上反映较为明显,很多资料表明,在自治区原基岩裂隙水水质较差,以$SO_4 \cdot Cl$、$Cl \cdot SO_4$或Cl型水为主。后由于构造作用与后期降水入渗补给,水质逐渐淡化,水化学类型发生变化,有的仍保持原水化学类型特点,形成矿化度小于1.0或1～2克/升。水化学类型以SO_4·Cl、Cl·SO_4或Cl型水为主。如北部国境丘陵与苏尼特丘陵,狼山以北及桌子山、贺兰山、阿拉善一带的山地丘陵均有此现象,内蒙古高原鄂尔多斯高原白垩系含水层反映也较明显。而大兴安岭与阴山山地中、东段冲淡作用强烈,水化学类型已发生变化,原基岩裂隙水水质仅在局部地段如岱海有反应,地下水矿化度小于2.0克/升,水化学类型为Cl·Na,大部分地区已难反映原水质特点。

(4)对深部地下水补给作用由东向西逐渐减弱。在东部大兴安岭、呼伦贝尔高原、锡林郭勒高原。由于降水充沛,在古近系、新近系(第三系)下部的下白垩统砂岩、煤系,地下水相对较丰富,涌水量一般为500～1000立方米/日,局部大于1000立方米/日,而往西水量逐渐减少,阿拉善高原白垩系砂岩,由于补给条件差,常胶结紧密,含水甚弱或不含水,涌水量一般小于200立方米/日,很多地区小于40～50立方米/日。

6. 自治区沙漠下部均有比较丰富的淡水资源。

内蒙古沙漠与其他地区沙漠不同,其下部有丰富的淡水资源。含水层厚度一般为80～220米,储存量可达9179.2亿立方米,天然补给资源量为40.66亿立方米/年,占全区天然补给量的13.9%。单井出水量为1000～2000立方米/日,矿化度小于1.0克/升,为内蒙古地区富水地段,除毛乌素沙漠与浑善达克沙漠已部分开发外,大部分地区尚未开发,为内蒙古沙漠治理创造有利条件。

7. 自治区分布有全国最大的白垩系淡水盆地。

内蒙古鄂尔多斯高原是全国最大的白垩系淡水盆地。分布面积为5.8万平方千米,含水层厚一般为500～1000米,主要为半胶结的中细砂岩、粉细砂岩,单位涌水量可达122.78立方米/日·米,矿化度小于1.0克/升,水化学类型以SO_4—Na、SO_4·Cl—Na为主。补给资源量为5.30亿立方米/年,储存量达5635.5亿立方米,其中弹性66.06亿立方米,容积储存量5569.49亿立方米。

8. 全区水文地质环境以原生环境为主且环境较差,次生环境仅在局部地段存在。

内蒙古绝大部分地区的水文地质及地下水保持原生环境状态,除各主要城市遭受生活与工业污水污染及河套地区、西辽河地区由于河水灌溉引起盐渍化外,绝大部分地区受气候、构造与古地理的影响,水文地质及地下水原生环境差。例如由于地下水矿化作用明显,原古地下水矿化度高、原地层有害组分含量高、断裂沟通深部高矿化水等。使自治区地下水矿化度普遍偏高,高氟、高砷、高硝酸盐分布较广,许多地下水难以饮用。

第二章　土地资源

土地资源是指被人类已利用和可能利用的土地,其作为一种综合自然资源,对人类社会的生存与发展具有不可替代的作用。内蒙古自治区地域辽阔,土地资源类型多样,总量丰富,是自治区经济社会发展的最重要的基础和条件。

第一节　土地状况

据1996年全区第一次土地利用现状调查成果,全区土地总面积11550.91万公顷(由于省区之间勘界工作未完成,比国家土地详查工作界面积稍大)。据2009年全区第二次土地调查成果,全区土地总面积11545.52万公顷(17.32亿亩),占全国土地总面积的12.03%。主要特征体现为四个方面:一是土地资源总量和人均占有量大;二是土地资源区域分异明显,农、牧、林各业用地相对集中;三是土地荒漠化普遍存在,但荒漠化类型具有明显地区差异;四是土地利用率较高,但产出率较低,潜力较大。

一、土地分区

按照全国土地分区,结合内蒙古气候的水热条件分布规律,全区土地资源类型分为寒温带、温带湿润、半温带土地区;温带半干旱土地区;温带干旱土地区3个土地区,进一步又分为8个土地带。

(一)寒温带、温带湿润、半温带土地区

其分为3个土地带,即:寒温带针叶林—棕色针叶林土地带,温带针叶林、针阔混交林—棕色针叶林土、暗棕壤土地带,温带森林草原—灰色森林土、黑钙土地带。

寒温带针叶林—棕色针叶林土地带

该土地带位于自治区最北端,面积8.12万平方千米。气候类型属寒温带,年降水量450~500毫米,森林覆盖度达到50%~60%,以兴安落叶松为主。土地的腐殖质积累旺盛,土壤的淋溶与富硅化过程进行强烈,在低洼河谷地带,草甸与沼泽化过程明显。

温带针叶林、针阔混交林—棕色针叶林土、暗棕壤土地带

该土地带位于寒温带以南的大兴安岭中段,嫩江以西缓坡山地地区,面积10.36万平方千米。气候湿润,年降水量450~500毫米,植被主要以兴安落叶松为建群种的针叶林及以蒙古栎为建群种的落叶阔叶林与针阔混交林,林下发育的土壤为棕色针叶林土和暗棕壤,有机质丰富,腐殖质积累过程强盛,淋溶与硅化过程明显,河谷沼泽化与草甸化过程强烈。

温带森林草原—灰色森林土、黑钙土地带

该土地带位于湿润、半湿润土地区的最南端,并沿大兴安岭向南延伸,面积14.73万平方千米。气候在湿润、半湿润区中属温度较高,偏干旱的地区。年降水量400~500毫米,干燥度在1左右(湿润系数0.6~1)。山地阴坡的植被为白桦、山杨,少数为蒙古栎林与残存的樟子松林,林下为灰色森林土。阳坡与森林的外缘为草甸草原,具有森林向草原过渡的性质。主要建群种为羊草、贝加尔针茅、

线叶菊等。土壤为黑钙土，土层深厚，有机质丰富。该地带整体腐殖质积累过程虽很强盛，但淋溶与富硅化过程已明显减弱，灰色森林土难于将土壤上部的铁、铝氧化物淋溶。

（二）温带半干旱土地区

其分为 2 个土地带：典型草原—栗钙土带、典型草原—绵土带。

典型草原—栗钙土带

该土地带位于内蒙古中部，面积 37.75 万平方千米。属温带半干旱土地区，年降水量在 250 毫米 ~450 毫米之间，湿润系数 0.3 ~0.6。该土地带风力强劲，一年中风天日期较长。植被为典型草原，以大针茅、克氏针茅等为建群种，土壤为栗钙土。碳酸钙在土壤中淀积明显，腐殖质过程比半湿润地区明显减弱，局部地区沙化、盐化过程明显。

典型草原—绵土带

该土地带位于半干旱土地区的最南端及东部西辽河流域以南的黄土分布区，面积为 4.96 万平方千米。为温带半干旱区较温暖地区，年降水量 400 ~450 毫米，湿润系数在 0.3 ~0.6。其处于黄土分布区，因水土流失严重，原始植被已遭到破坏，表层土壤流失，残存的地带性植被为典型草原，主要建群种为本氏针茅、短花针茅与百里香等。土壤为绵土。

（三）温带干旱土地区

其分为 3 个土地带：荒漠草原—棕钙土带、温带荒漠—灰漠土带、温带荒漠—灰棕漠土带。

荒漠草原—棕钙土带

该土地带位于内蒙古高原的中北部和鄂尔多斯高原西部，面积 13.16 万平方千米。属草原向荒漠过渡地带。气候干燥，湿润系数 0.3 ~13，年降水量 150 ~250 毫米，植被为荒漠草原，主要建群种为短花针茅、沙生针茅、戈壁针茅及多根葱、蒙古葱等。土壤为棕钙土，流水作用明显减弱，干燥剥蚀作用、荒漠化过程和盐化过程明显加强，钙化过程强烈，碳酸钙淀积部位抬高（地面以下 20 ~30 厘米处）。除碳酸钙外，石膏在土层中出现。

温带荒漠—灰漠土带

该土地带位于整个荒漠地带的最东端，狼山西段与贺兰山以西，面积 4.18 万平方千米。气候干旱，年降水量 100 ~150 毫米，湿润系数小于 0.13。植被为草原化荒漠与灌丛、半灌丛荒漠。主要建群种为红沙、珍珠、藏锦鸡儿等。土壤为灰漠土，土壤腐殖质含量 0.5% ~1%，土壤质地较疏松，表面多沙砾质化。在地下水位较高地段，盐化现象严重。主要的地理过程为盐化过程、钙化过程、剥蚀过程等。腐殖质化过程明显减弱，地面物质的活动性加强，土地贫瘠。

温带荒漠—灰棕漠土带

该土地带位于阿拉善盟的最西端，面积约 22.35 万平方千米。全带气候极端干旱，年均气温多在 8℃以上，年降水量极少，一般在 100 毫米以下，最干旱的弱水下游地区年降水仅 25 ~30 毫米，单年总蒸发量在 3000 毫米以上，干燥度 8 ~16。植被为半灌木、灌木荒漠，局部地区分布有梭梭荒漠与胡杨河岸林。主要建群种为红沙、珍珠、沙冬青、木本猪毛菜、泡泡刺、膜果麻黄、刺旋花等。土壤为灰棕漠土，土壤腐殖质含量多在 0.5% 以下，土壤干燥疏松，多为粗骨性土，表层以下常有成层石膏出现。基岩出露处剥蚀过程强烈。

二、土地类别及分布

全区土地类别主要根据土地的用途、利用方式和覆盖特征等因素分为耕地、园地、林地、草地（牧草地)、城镇及工矿用地、交通运输用地、水域及水利设施用地、其他用地(未利用地)8 个一级类。

据 1996 年第一次土地利用现状调查成果,全区耕地 820.23 万公顷,园地 5.78 万公顷,林地 2001.6 万公顷,牧草地 6817.99 万公顷,水面 91.7 万公顷。建设用地 166.05 万公顷,其中居民点及工矿用地 116.87 万公顷,城市用地 5.87 万公顷,建制镇用地 8.48 万公顷。交通用地 32.42 万公顷,水利设施用地 16.76 万公顷,占建设用地面积的 10.1%。未利用地 1647.56 万公顷,占土地总面积的 14.26%。其中:滩涂、苇地 60.75 万公顷,占未利用地面积的 3.69%;其他未利用地 1586.81 万公顷,占未利用地面积的 96.31%。全区人均土地面积 5.1 公顷,人均耕地 0.36 公顷,人均林地 0.89 公顷,人均草地 3.01 公顷。均高于全国人均水平。

据 2009 年第二次土地调查成果,全区耕地 919.03 万公顷,园地 5.65 万公顷,林地 2329.75 万公顷,草地 5922.02 万公顷,城镇村及工矿用地 122.42 万公顷,交通运输用地 53.38 万公顷,水域及水利设施用地 211.70 万公顷,其他土地 1981.56 万公顷。全区人均土地面积 4.88 公顷,相当于全国人均土地资源面积的 6.3 倍,人均各类土地的占有量均高于全国平均水平,其中人均耕地面积为 5.69 亩,是全国平均水平的 4.2 倍;人均草地占有量为全国平均水平的 6.2 倍。

(一)耕地

全区耕地分为水田、水浇地、旱地 3 个二级类。其中水田 8.7 万公顷,水浇地 279.02 万公顷,旱地 631.31 万公顷。

土默川平原的耕地

全区耕地主要分布在巴彦淖尔市、呼和浩特市、包头市的河套平原、土默川平原及黄河沿河地区,赤峰市、通辽市的西辽河平原及老哈河、教来河沿河地区,呼伦贝尔市和兴安盟的嫩江右岸平原区及大兴安岭岭东、岭南丘陵区。呼伦贝尔市耕地 185.46 万公顷,赤峰市耕地 140.58 万公顷,通辽市耕地 134.74 万公顷,兴安盟耕地 126.92 万公顷,乌兰察布市耕地 91.38 万公顷,巴彦淖尔市耕地 70.23 万公顷,呼和浩特市耕地 56.53 万公顷,包头市耕地 42.78 万公顷,鄂尔多斯市耕地 40.71 万公顷,锡林郭勒盟耕地 24.11 万公顷,阿拉善盟耕地 4.71 万公顷,乌海市耕地面积 0.88 万公顷。

赤峰市的坡耕地

全区耕地总体地势平坦,≤2°与 2°~6°耕地所占比例大。据第二次土地调查成果,全区坡度≤2°耕地面积 570.55 万公顷,占耕地总面积的 62.08%;坡度 2°~6°耕地面积 264.83 万公顷,占耕地总面积的 28.82%;坡度 6°~15°耕地面积 80.97 万公顷,占耕地总面积的 8.81%;坡度 15°~25°耕地面积

2.61 万公顷，占耕地总面积的 0.28%；坡度 >25°耕地面积 0.07 万公顷，占耕地总面积的 0.01%。耕地中旱地占 68.42%，是水田与水浇地总和的两倍多。

全区耕地集中分布于粮食主产区的河套—土默川平原区、嫩江右岸平原区和西辽河平原区，集中了近 80% 的中高等别耕地，也是耕地保护及高标准基本农田建设的重点区域；其余耕地比较集中的分布在大兴安岭丘陵区、燕山丘陵区、黄土丘陵区和阴山丘陵区，面积 732.52 万公顷，占耕地总面积的 80.32%，95% 以上为低等别耕地。但提升质量的空间大、潜力明显。

全区由于东、中、西部区域自然条件差异大，耕地分布水土匹配规律明显。赤峰市、通辽市、呼伦贝尔市及兴安盟等东部盟市，降水相对充足，水土匹配条件较好，适宜农作物的生长，旱作基本稳定。中西部地区降水稀少、旱作农业极不稳定，河套—土默川平原，为黄河灌溉农业，是内蒙古重要的粮食生产区。

全区耕地面积从 1996 年的 820.22 公顷，到 2004 年为 697.79 万公顷，呈下降趋势，其主要原因是这期间国家实行生态退耕政策。自 2005 年起，耕地面积开始增长，2005 年为 710.2 万公顷，到 2009 年为 919.03 万公顷，其主要原因：一是国家财政补助，有效地刺激了农民耕种的积极性，保证了耕地数量的增加；二是大力推行土地整治工程，通过田水路林村综合整治，提高了原有耕地质景，增加了耕地面积；三是农民追求经济效益过度开垦耕地。

（二）园地

全区园地分为果园及其他园地 2 个二级类。2009 年全区果园 4.85 万公顷，其他园地 0.79 万公顷。全区园地面积少，仅占全区土地面积的 0.05%。具有增长空间。

赤峰地区的果园

全区园地主要分布在赤峰市，面积 2.65 万公顷，占全区园地总面积的 46.89%。其他盟市分布面积：通辽市 0.67 万公顷，巴彦淖尔市 0.46 万公顷，兴安盟 0.39 万公顷，呼和浩特市 0.38 万公顷，呼伦贝尔市 0.35 万公顷，鄂尔多斯市 0.24 万公顷，包头市 0.21 万公顷，乌海市 0.11 万公顷，锡林郭勒盟 0.04 万公顷，阿拉善盟 0.03 万公顷。

全区园地从 1996 年 5.78 万公顷，到 2003 年为 7.33 万公顷，呈缓慢增长趋势；从 2004 年 7.32 万公顷开始下降，到 2008 年平缓降为 7.28 万公顷，2009 年大幅下降了 1.64 万公顷。

（三）林地

全区林地分为有林地、灌木林地、其他林地 3 个二级类。2009 年全区林地 2329.75 万公顷，其中有林地 1521.03 万公顷，灌木林地 516.71 万公顷，其他林地 292.01 万公顷。

全区林地主要分布在呼伦贝尔市，面积 1342.58 万公顷，占全区林地总面积的 57.63%。其他各盟市分布面积为：赤峰市 263.19 万公顷、兴安盟 171.59 万公顷、通辽市 142 万公顷、鄂尔多斯市 131.36 万公顷、阿拉善盟 77.08 万公顷、乌兰察布市 74.03 万公顷、锡林郭勒盟 61.96 万公顷、呼和浩特市 36.97 万公顷、巴彦淖尔市 16.01 万公顷、包头市 12.30 万公顷、乌海市 0.68 万公顷。

全区林地资源总量大,森林总面积2188万公顷,覆盖率18.95%,高于全国13.4%的平均水平。林地资源分布在北部大兴安岭原始林区和大兴安岭山地、赤峰南部山地、阴山山地、贺兰山山地及科尔沁沙地、浑善达克沙地、毛乌素沙地等地区。大兴安岭原始林区东连黑龙江省,以西、以南分别与天然次生林相毗邻,北以额尔古纳河与俄罗斯为界,面积占全区林地面积的近45%。人工林较少,多为水土保持林、防风固沙林、农田防护林、生态林等结合分布于全区各地。全区林地1996年为2001.5万公顷,2008年为2187.14万公顷,呈稳步增长趋势。

赤峰市克什克腾旗的林地

(四)草地

全区草地分为天然牧草地、人工草地、其他草地3个二级类。2009年全区草地面积5922.02万公顷。其中天然牧草地4877.63万公顷,人工牧草地88.28万公顷,其他草地956.11万公顷。

全区草地比较集中的分布在锡林郭勒盟、阿拉善盟、呼伦贝尔市3个盟市,占全区草地面积的59.08%。各盟市分布面积:锡林郭勒盟1796.61万公顷、阿拉善盟895.75万公顷、呼伦贝尔市806.14万公顷、鄂尔多斯市538.96万公顷、巴彦淖尔市428.06万公顷、赤峰市389.05万公顷、乌兰察布市342.48万公顷、通辽市237.29万公顷、兴安盟217.74万公顷、包头市200.76万公顷、呼和浩特市59.52万公顷、乌海市9.66万公顷。

全区草地总量大,数量优势明显。草地总面积位居全国草地集中分布省区之首,占中国草地总面积的1/4。全区各盟市均有一定数量的草地资源,区域优势突出。全区草地资源分布地带性明显,形成5个规律有序的北东向自然地带,即:森林草原地带、典型草原地带、荒漠化草原地带、草原化荒漠地带、典型荒漠地带。森林草原地带,主要环绕在大兴安岭针叶林带与夏绿阔叶林带周围,处于森林和草原之间的过渡地区,一般多分布在山地外围丘陵山区。土壤为灰色森林土、淋溶黑钙土、黑土、黑钙土,也有部分暗栗钙土。典型草原地带,典型草原广泛分布于呼伦贝尔市、锡林郭勒盟、大青山北麓、大兴安岭南部以及西辽河流域等地区。土壤以栗钙土、暗栗钙土、淡栗钙土为主。荒漠化草原地

锡林郭勒盟的天然牧草地

带，荒漠化草原主要分布在内蒙古高原中部和偏西地区的乌兰察布市、巴彦淖尔市北部。主要土壤为淡栗钙土、棕钙土、褐土等。草原化荒漠地带，主要分布在鄂尔多斯高原西北部、巴彦淖尔市西北部和阿拉善盟东部地区，处于荒漠草原地带向典型荒漠地带的过渡地区。主要土壤为灰漠土、漠钙土、沙土等。典型荒漠地带，集中分布在阿拉善盟中、西部，以及额济纳河以西地区。主要土壤为灰棕漠土。砾石戈壁与沙漠构成该带最基本的自然景观。这五个地带性草场，从东到西，草群组成中其种类和数量递减，草层高度变低，密度、覆盖度变小，产草量减少，草质和营养成分降低，粗蛋白和灰分增高。全区草地面积 1996 年为 6888.91 万公顷，2008 年为 6766.83 万公顷，呈下降趋势。

（五）城镇及工矿用地

城镇及工矿用地分为商业服务用地、工矿仓储用地、住宅用地、公共管理与公共服务用地、特殊用地、村庄 6 个二级类。2009 年全区城镇村及工矿用地总面积 42.99 万公顷，占全区土地总面积的 0.37%。

城镇及工矿用地

全区商业服务用地 1.73 万公顷，占全区城镇村及工矿用地总规模的 4.02%；其中批发零售用地 0.57 万公顷，住宿餐饮用地 0.25 万公顷，商务金融用地 0.35 万公顷，其他商业服务用地 0.56 万公顷。全区人均商业服务用地 6.99 平方米。全区商业服务用地分布面积具有东部高、西部低、中部居中的特点。东部区为 0.71 万公顷，占全区商业服务用地面积的 41%；中部区为 0.54 万公顷，占全区商业服用地面积的 31.02%；西部区为 0.48 万公顷，占全区商业服用地面积的 27.98%。各盟市分布面积：通辽市 0.28 万公顷、鄂尔多斯市 0.23 万公顷、呼伦贝尔市 0.19 万公顷、赤峰市 0.15 万公顷、呼和浩特市 0.14 万公顷、乌兰察布市 0.14 万公顷、巴彦淖尔市 0.14 万公顷、兴安盟 0.08 万公顷、乌海市 0.08 万公顷、阿拉善盟 0.03 万公顷。

全区工矿仓储用地 19.40 万公顷，占全区城镇村及工矿用地总规模的 145.12%。包括工业用地、仓储用地、采矿用地。其中，工业用地 4.43 万公顷，仓储用地 0.69 万公顷，采矿用地 14.27 万公顷。全区人均工矿仓储用地 78.46 平方米。全区工矿仓储用地面积各盟市差异不大，具有中部和西部较高、东部偏低的特点。中部区用地 7.05 万公顷，占全区工矿仓储用地总面积的 36.35%；西部区用地 6.4 万公顷，占全区工矿仓储用地总面积的 32.98%；东部区用地 5.95 万公顷，占全区工矿仓储用地总面积的 30.67%。各盟市分布面积：鄂尔多斯市 2.91 万公顷、包头市 2.77 万公顷、锡林郭勒盟 2.22 万公顷、通辽市 2.04 万公顷、赤峰市 1.83 万公顷、呼伦贝尔市 1.66 万公顷、阿拉善盟 1.54 万公顷、乌兰察布市 1.17 万公顷、巴彦淖尔市 1.03 万公顷、乌海市 0.91 万公顷、呼和浩特市 0.89 万公顷、兴安盟 0.42 万公顷。2009—2011 年，全区工矿仓储用地增加 2.56 公顷。

全区住宅用地 9.26 万公顷，占全区城镇村及工矿用地总规模的 2.54%。其中城镇住宅用地 8.02 万公顷，农村住宅用地 0.24 万公顷。全区人均住宅用地 37.46 平方米。全区住宅用地面积东部区为

4.6 万公顷,占全区住宅用地总面积的 49.68%;中部区为 3.03 万公顷,占全区住宅用地总面积的 32.75%;西部区为 1.63 万公顷,占全区住宅用地总面积的 17.57%。各盟市分布面积:呼伦贝尔市 2.04 万公顷、呼和浩特市 1.17 万公顷、通辽市 1.06 万公顷、包头市 0.89 万公顷、赤峰市 0.89 万公顷、鄂尔多斯市 0.61 万公顷、兴安盟 0.62 万公顷、巴彦淖尔市 0.52 万公顷、乌兰察布市 0.55 万公顷、锡林郭勒盟 0.43 万公顷、乌海市 0.34 万公顷、阿拉善盟 0.16 万公顷。2009 年—2011 年,全区住宅用地增加 9092.75 公顷。各盟市增加面积:鄂尔多斯市 2821.89 公顷、呼伦贝尔市 915.05 公顷、呼和浩特市 747.53 公顷、兴安盟 745.55 公顷、乌兰察布市 653.42 公顷、锡林郭勒盟 621.96 公顷、巴彦淖尔市 572.79 公顷、赤峰市 546.65 公顷、阿拉善盟 471.7 公顷、包头市 465.4 公顷、通辽市 358.13 公顷、乌海市 172.68 公顷。

全区公共管理与公共服务用地 3.90 万公顷,包括机关团体用地、新闻出版用地、科教用地、医疗卫生慈善用地、文体娱乐用地、公共设施用地、公园与绿地、风景名胜设施用地 8 类。其中机关团体用地 0.82 万公顷,新闻出版用地 0.05 万公顷,科教用地 1.06 万公顷,医疗卫生慈善用地 0.16 万公顷,文体娱乐用地 0.17 万公顷,公共设施用地 0.66 万公顷,公园与绿地 0.94 万公顷,风景名胜设施用地 0.05 万公顷。全区公共管理与公共服务用地面积具有东部较高、中部和西部偏低的特点。东部区为 1.79 万公顷,中部区为 1.27 万公顷,西部区为 0.84 万公顷。各盟市分布面积:呼伦贝尔市 9197.34 公顷、呼和浩特市 4150.29 公顷、通辽市 4006.96 公顷、鄂尔多斯市 3963.12 公顷、包头市 3430.46 公顷、赤峰市 3273.03 公顷、锡林郭勒盟 2758.59 公顷、乌兰察布市 2374.82 公顷、巴彦淖尔市 1913.02 公顷、乌海市 1697.24 公顷、兴安盟 1440.17 公顷、阿拉善盟 818.16 公顷。2009—2011 年,全区公共管理与公共服务用地增加 4413.63 公顷。其中 2009—2010 年增加 2897.38 公顷,2010—2011 年增加 1516.25 公顷。

全区特殊用地总面积为 3.18 万公顷,包括军事设施用地、使领馆用地、监教场所用地、宗教用地、殡葬用地、风景名胜及特殊用地,占全区城镇村及工矿用地面积的 7.39%。全区特殊用地分布面积中部区为 1.15 万公顷,东部区为 1.02 万公顷,西部区为 1 万公顷,分别占全区特殊用地总面积的 36.07%、32.13%、31.7%。各盟市分布面积:乌兰察布市 0.40 万公顷、呼伦贝尔市 0.39 万公顷、巴彦淖尔市 0.38 万公顷、阿拉善盟 0.38 万公顷、呼和浩特市 0.37 万公顷、兴安盟 0.25 万公顷、鄂尔多斯市 0.23 万公顷、包头市 0.19 万公顷、通辽市 0.19 万公顷、锡林郭勒盟 0.19 万公顷、赤峰市 0.19 万公顷、乌海市 0.03 万公顷。2009—2011 年,全区特殊用地减少 518.44 公顷。其中 2009—2010 年减少 758.45 公顷,2010—2011 年增加 240.01 公顷。

全区村庄总面积为 74.06 万公顷,占全区城镇村及工矿用地面积的 12.85%。东部区村庄面积 45.17 万公顷,占全区村庄总面积的 60.99%;中部区村庄面积 17.37 万公顷,占全区村庄总面积的 23.45%;西部区村庄面积 11.52 万公顷,占全区村庄总面积的 15.55%。全区村庄面积分布,各盟市中赤峰市分布面积最大,为 15 万公顷,占全区村庄面积的 20.25%;其次为通辽市,面积 13.42 万公顷,占全区村庄面积的 18.12%;其他盟市依次为:呼伦贝尔市 8.96 万公顷、兴安盟 7.79 万公顷、巴彦淖尔市 6.51 万公顷、乌兰察布市 6.20 万公顷、呼和浩特市 4.66 万公顷、鄂尔多斯市 4.16 万公顷、锡林郭勒盟 3.44 万公顷、包头市 3.07 万公顷、阿拉善盟 0.65 万公顷、乌海市 0.19 万公顷。全区人均村庄用地 617.04 平方米。2009—2011 年,全区村庄用地增加 5987.63 公顷。其中 2009—2010 年增加 5348.68 公顷,2010—2011 年增加 638.95 公顷。

（六）交通运输用地

交通运输用地分为6个二级类。2009年全区交通运输用地58.91万公顷，其中农村部分53.38万公顷，城镇部分5.53万公顷。包括铁路用地5.37万公顷，公路用地12.35万公顷，农村道路40.74万公顷，机场用地0.34万公顷，港口码头用地0.0008万公顷，管道运输用地0.11万公顷。

农村道路所占比例较大，占全区交通运输用地的69.15%；公路、铁路交通用地所占比例较小，分别占全区交通运输用地的9.20%、20.97%。2009年，全区平均公路密度13.06千米/100平方千米，低于国内其他发达省份。

全区交通运输用地2000年为49.72公顷，从2002年开始快速增长，2002年为51.943万公顷，2008年为56.31万公顷，2009年为58.91万公顷。

（七）水域及水利设施用地

水域及水利设施用地主要分为7个二级类。2009年全区水域及水利设施用地面积211.99万公顷，其中农村部分211.70万公顷，城镇部分0.29万公顷。包括河流水面38.62万公顷，湖泊水面40.52万公顷，水库水面4.68万公顷，坑塘水面5.53万公顷，内陆滩涂105.79万公顷，沟渠15.27万公顷，水工建筑用地1.58万公顷。

（八）其他土地

2009年全区其他土地面积1986.65万公顷，其中农村1981.56万公顷，城镇5.09万公顷。农村中设施农用地5.26万公顷，田坎16.57万公顷，盐碱地96.11万公顷，沼泽地76.43万公顷，沙地945.65万公顷，裸地842.19万公顷，空闲地4.43万公顷。

全区其他土地主要集中在阿拉善盟，面积1494.4万公顷，占全区其他土地总面积的75.22%。其余各盟市依次为：鄂尔多斯市126.48万公顷，呼伦贝尔市118.51万公顷，巴彦淖尔市95.17万公顷，锡林郭勒盟53.99万公顷，通辽市34.37万公顷，赤峰市31万公顷，乌兰察布市15.02万公顷，兴安盟10.48万公顷，呼和浩特市2.96万公顷，包头市2.36万公顷，乌海市1.9万公顷。

全区其他土地类型差异大，主要以沙地、裸地为主，分别占其他土地的47.72%、42.50%，其他主要为盐碱地和设施农用地等。阿拉善盟全境有约70%以上的面积为沙地及裸地，在全区各盟市中，分布面积所占比例最大，其他区域其他土地面积相对较小。

三、土地权属

全区土地权属分为国有土地和集体土地。据2009年第二次土地调查成果，全区国有土地2882.98万公顷，占全区土地面积的24.97%；集体土地8662.54万公顷，占全区土地总面积的75.03%。集体权属（村级）单位共13 627个。

（一）国有土地

2009年全区国有土地总面积2882.98万公顷。其中耕地196.21万公顷、园地0.64万公顷、林地1551.67万公顷、牧草地716.21万公顷、城镇村及工矿用地49.71万公顷、交通运输用地24.15万公顷、水域及水利设施用地面积104.17万公顷，其他土地240.22万公顷。

各盟市国有土地分布：呼和浩特市18.54万公顷、包头市39.50万公顷、乌海市16.69万公顷、赤峰市126.87万公顷、呼伦贝尔市1931.62万公顷、通辽市82.20万公顷、乌兰察布市19.23万公顷、鄂尔多斯市39.53万公顷、巴彦淖尔市36.47万公顷、兴安盟209.96万公顷、锡林郭勒盟189.71万公顷、阿拉善盟 172.67 万公顷。

呼伦贝尔市国有数量大、分布广,占全区国有土地面积的 67%,占全市土地面积的 76.42%。乌海市全部为国有土地。

2009 年,全区城镇建成区面积 33.83 万公顷,占全区土地总面积 0.29%,涉及 636 个城镇。其中,城市面积 13.89 万公顷,建制镇面积 19.94 万公顷。

(二)集体土地

2009 年全区集体所有土地面积 8662.54 万公顷,占全区土地面积的 75.03%。其中,耕地 722.82 万公顷、园地 5.01 万公顷、林地 778.09 万公顷、草地 5205.82 万公顷、城镇村及工矿用地 72.71 万公顷、交通运输用地为 29.23 万公顷、水域及水利设施面积 107.53 万公顷、其他土地 1741.34 万公顷。

各盟市集体土地分布:呼和浩特市有村级土地权属单位 1248 个,有集体土地 153.32 万公顷;包头市有村级土地权属单位 1010 个,有集体土地 236.21 万公顷;乌海市有村级权属单位 163 个,无集体土地;赤峰市有村级权属单位 2279 个,有集体土地 742.29 万公顷;呼伦贝尔市有村级权属单位 1112 个,有集体土地 596.16 万公顷;通辽市有村级权属单位 2281 个,有集体土地 506.41 万公顷;乌兰察布市有村级权属单位 1557 个,有集体土地 525.33 万公顷;鄂尔多斯市有村级权属单位 899 个,有集体土地 829.28 万公顷;巴彦淖尔市有村级权属单位 847 个,有集体土地 614.93 万公顷;兴安盟有村级权属单位 989 个,有集体土地 343.35 万公顷;锡林郭勒盟有村级权属单位 1000 个,有集体土地 1809.13 万公顷;阿拉善盟有村权属单位 242 个,有集体土地 2038.14 万公顷。

全区集体土地分布面积以阿拉善盟、锡林郭勒盟最多,分别占全区集体土地总面积的 26.65%、20.88%。

第二节　土地利用

自治区土地面积大,区域间差异明显。根据土地的适宜性、农用地等别、开发区土地利用和土地利用分区等情况,需要不断优化全区土地利用空间,有效保护、合理利用和科学管理全区土地资源。

一、土地适宜性

根据地貌、土壤、气候及其他影响因素,自治区的土地适宜性可分为宜农土地资源、宜林土地资源、宜牧土地资源和未利用地。

(一)宜农土地资源

据第二次土地调查成果,2009 年全区宜农土地(耕地)919.03 万公顷。其中,一等宜农耕地 430.88 万公顷,二等宜农耕地 259.44 万公顷,三等宜农耕地 120.92 万公顷,四等宜农耕地 103.44 万公顷,五等宜农耕地 4.34 万公顷。二等以上耕地占耕地面积的 75.11%,适宜于农业继续利用。需要改造提高质量的中等耕地及较差的四等耕地,在耕地中占 24.42%。质量很差的五等耕地(即主要指标接近临界值)占耕地总面积的 0.47%,为改造利用增加了一定难度,其中的一部分耕地可改作林牧利用,以维持土地资源的持续利用和生态环境的良性循环。

全区耕地资源总的规律是东部地区优于中西部地区,灌溉区优于旱作区。呼和浩特市、呼伦贝尔市、兴安盟、通辽市、赤峰市一等耕地均占本盟市耕地面积的 50% 以上。锡林郭勒盟水热条件较好,但多为山地丘陵区，土地建设受到一定影响。乌海市和巴彦淖尔市所处气候带为温带干旱区，属无灌溉即无农业的地区，耕地几乎均为水浇地。乌海市都为一等地，巴彦淖尔市一等地占全市耕地总面积的40%以上。乌兰察布市地处农牧林交错带，水热条件年际变化较大，境内绝大部分属山地丘陵，耕地质量较差，是全区12个盟市中较差耕地占耕地总面积比重最高的地区。鄂尔多斯市土地退化、风蚀、水蚀比较严重，是全区今后土地保护、治理的重点地区之一。

在全区草地、林地中，评价出后备人工草地1798.19万公顷，其中一等宜农地19.36万公顷，二等宜农地656.65万公顷，三等宜农地950.18万公顷。一等后备人工草地集中分布于呼伦贝尔市、兴安盟、通辽市、赤峰市、锡林郭勒盟。其他各盟市未评出一等后备人工草地。

（二）宜林土地资源

据第二次土地调查成果，2009年全区有宜林土地资源4158.95万公顷，占全区土地面积的36.02%。其中林地2329.75万公顷，占宜林土地的56.02%。宜林土地中，一等宜林地1580.37万公顷，二等宜林地1344.60万公顷，三等宜林地1233.98万公顷。除林地外，其余1829.20万公顷的宜林土地分布于农用耕地（四、五等农耕地）和牧草地中，部分分布在沙地等未利用土地中。四、五等耕地除部分改造后可继续耕种外，其余因坡度大、盐碱化、侵蚀化程度严重等，不适合继续耕种，可种树种草。五等耕地中评为宜林土地的耕地一般分布在西部盟市，均为少林地区。牧草地中，后备宜林土地主要分布在东部盟市，特别集中分布于呼伦贝尔市、兴安盟和赤峰市。锡林郭勒盟、鄂尔多斯市也有较大面积的宜林土地资源，其他各盟市有部分宜林土地资源分布。

（三）宜牧土地资源

据第二次土地调查成果，2009年全区有宜牧土地资源7304.83万公顷，占全区土地面积的63.27%。其中一等宜牧土地2192.15万公顷，二等宜牧土地2509.16万公顷，三等宜牧土地2603.52万公顷。从各盟市分布来看，呼伦贝尔市、兴安盟、赤峰市、锡林郭勒盟一等宜牧土地，占宜牧土地的比例均在43%以上。其中呼伦贝尔市为52.48%，锡林郭勒盟为45.41%。西部地区宜牧土地质量普遍较差，以中等宜牧土地及勉强适宜牧业利用的草地为主。其中呼和浩特市、乌兰察布市、鄂尔多斯市、乌海市主要是二等宜牧土地资源，占宜牧土地的50%以上。巴彦淖尔市、阿拉善盟主要是三等宜牧土地，占宜牧土地的70%以上。草地质量：包头市、锡林郭勒盟、乌兰察布市的草地质量最好，其次为呼伦贝尔市、通辽市、赤峰市，以及呼和浩特市、兴安盟、鄂尔多斯市、巴彦淖尔市和乌海市，阿拉善盟多为低等草地。

（四）未利用地

全区未利用地包括未利用土地、其他未利用地2个二级地类。未利用土地分为荒草地、盐碱地、沙地、裸土地、裸岩石砾地5个地类；其他未利用地分为其他土地、河流水面、湖泊水面、苇地4个地类。

据第二次土地调查成果，2009年全区未利用地面积1864.45万公顷，占全区土地面积的16.14%。全区荒草地面积192.09万公顷，可开发利用的荒草地分布较为广泛，地块较多，面积差异较大，与盐碱地、沼泽地、沙地呈复区分布，地势低平，易于建设和开发为耕地。盐碱地面积53.36万公顷，集中分布于河套、西辽河及土默川平原区，改造利用的潜力较大。沼泽地面积为135.47万公顷。沙地总面积818.94万公顷，集中分布于毛乌素、浑善达克、科尔沁、呼伦贝尔等地区，面积较大，与荒草地、盐碱地、沼泽地呈复区分布，地形起伏变化不大，易于建设和开发为林地。全区裸土地总面积7.22万公顷,全区裸岩砾地总面积492.46万公顷。全区其他未利用土地总面积18.89万公顷,占全区未利用地总面积的1.01%,除冲沟外主要为废弃压占地、塌陷地和自然灾害损毁地等。湖泊水面总面积为47.20万公顷,苇地面积25.78万公顷,滩涂面积42.62万公顷。

在全区未利用地资源中可利用类235.16万公顷,占全区未利用地总面积的12.61%。主要类型包括荒草地、盐碱地和沙地等。全区可利用未利用地资源,建设用地适宜类102.98万公顷,耕地适宜类56.66万公顷,林地适宜类63.39万公顷,人工草地适宜类73.75万公顷。

各盟市未利用地资源中可利用类土地,以呼伦贝尔市分布面积最大,面积67万公顷,占全区可利用类总面积的28.49%;巴彦淖尔市、鄂尔多斯市、阿拉善盟、锡林郭勒盟分别占全区可利用类总面积的15.18%、12.51%、11.54%、10.49%,通辽市、赤峰市、乌兰察布市、兴安盟、呼和浩特市、包头市、乌海市分别占全区可利用类总面积的5.29%、4.86%、3.74%、3.68%、2.05%、1.63%、0.54%。建设用地适宜类,呼伦贝尔市、阿拉善盟、巴彦淖尔市、锡林郭勒盟的面积,分别占全区建设用地适宜类总面积的22.08%、19.67%、18.90%、9.57%。耕地适宜类以巴彦淖尔市面积最大,面积20.18万公顷,占全区耕地适宜类总面积的35.61%;林地适宜类以呼伦贝尔市面积最大,面积37.37万公顷,占全区林地适宜类总面积的58.95%;人工草地适宜类以鄂尔多斯市面积最大,面积19.14万公顷,占全区人工草地适宜类总面积的25.95%。

在全区未利用地资源中,有建设用地适宜类一等23.20万公顷、二等44.53万公顷、三等35.26万公顷;耕地适宜类一等5.88万公顷、二等26.13万公顷、三等24.64万公顷;林地适宜类一等7.14万公顷、二等20.07万公顷、三等36.19万公顷;人工草地适宜类一等9.69万公顷、二等31.66万公顷、三等32.39万公顷。

全区未利用地资源的主要特点包括:

总量大、类型多样、分布广,开发利用潜力大。全区未利用地1864.45公顷,占土地总面积的16.14%;可利用类面积235.16万公顷,占全区未利用地总面积的12.61%。是自治区未来经济社会发展重要的后备土地资源。

空间分布不平衡,地区差异明显。阿拉善盟境内有巴丹吉林沙漠、腾格里沙漠、乌兰布和沙漠、亚玛雷克沙漠的分布,未利用地总面积1157.77万公顷,占全区未利用地总量的62.10%。其次为呼伦贝尔市、通辽市、鄂尔多斯市、巴彦淖尔市、兴安盟和赤峰市,分别占全区未利用地总量的11.83%、7.59%、7.45%、3.24%、2.71%、2.31%。全区未利用地中,沙地面积达818.94万公顷,占全区未利用地总面积的43.92%,主要分布在阿拉善盟、鄂尔多斯市、巴彦淖尔市,分别占全区沙地总量的78.10%、14.52%和2.05%。赤峰市、通辽市分别占全区沙地总量的1.88%、1.65%。盐碱地集中分布于巴彦淖尔市,面积29.14万公顷,占全区盐碱地总量的54.61%。全区未利用地集中分布于西部区的阿拉善盟、乌海市、鄂尔多斯市、巴彦淖尔市,面积1360万公顷,占全区未利用地总面积的72.94%,主要类型为沙地、裸岩石砾地和盐碱地。东部区的呼伦贝尔市、兴安盟、通辽市、赤峰市,面积455.72万公顷,占全区未利用地总面积的24.44%,主要类型为沼泽地、河流湖泊水面和荒草地。中部区的呼和浩特市、包头市、乌兰察布市、锡林郭勒盟面积48.73万公顷,占全区未利用地总面积的2.62%,主要类型为荒草地、沙地和盐碱地。

建设用地适宜类等级优于耕地适宜类等级。全区建设用地适宜类102.98万公顷,其中一等23.20万公顷,二等44.53万公顷,三等地35.26万公顷;一、二等合计67.73万公顷。全区耕地适宜类56.66万公顷,其中一等5.88万公顷,二等26.13万公顷,三等地24.64万公顷;一、二等合计32.01万公顷。

形成原因复杂,多宜性特点突出。内蒙古地处东北、华北湿润、半湿润森林、森林草原向亚洲大陆中心干旱荒漠过渡的地区。降水不足,形成以干旱、半干旱的草原为主体的多样的自然地带和以广阔坦荡的剥蚀高平原为主体的多样的地貌结构,未利用地资源的数量、质量及其地理分布,既受本身的自然因素如气候、地貌、土壤、植被、水文等条件制约,又受社会经济因素、人口、民族、开发历史等的限制,其形成原因复杂。全区好的和较好的耕地、林地及人工草地,大部分又是好的和较好的建设用地。

二、农用地等别与特点

(一)农用地等别

依据国土资源部《农用地分等规程》,自治区农用地(耕地)分为自然质量等、利用等、经济等,其中自然质量等又分为8~15等,利用等又分为6~15等、经济等又分为7~15等。全区农用地(耕地)等别总体偏低,等别面积差距较大,部分耕地集中在14~15等。

自治区耕地自然质量等分为8~15等,共8个等别。最高等别8等耕地面积仅为29.6公顷,主要分布在包头市;最低等别15等耕地面积为483.53万公顷,占全区耕地总面积的53.08%,主要分布在呼伦贝尔市、兴安盟、通辽市、赤峰市、乌兰察布市。全区8~14等耕地面积427.38万公顷,占全区耕地面积的46.92%。全区8个耕地自然质量等别,按高、中、低3个层次大致划分:8~9等为高等耕地,面积12.31万公顷,主要分布在包头市、巴彦淖尔市、阿拉善盟;10~12等为中等耕地,面积78.65万公顷,主要分布在呼和浩特市、包头市、巴彦淖尔市、乌海市、阿拉善盟;13~15等为低等耕地,面积819.96万公顷,主要分布在呼和浩特市、呼伦贝尔市、兴安盟、通辽市、赤峰市、锡林郭勒盟、乌兰察布市、鄂尔多斯市。其他盟市也有少量分布。

自治区耕地利用等别为6~15等,共10个等别。最高等别为6等耕地,面积仅为64.4公顷,主要分布在包头市;最低等别15等耕地面积为480.44万公顷,占耕地面积的52.74%,主要分布在呼伦贝尔市、兴安盟、通辽市、赤峰市、锡林郭勒盟、乌兰察布市,其他盟市也有少量分布。全区10个耕地利用等别,按高、中、低三个层次大致划分:6~10等为高等耕地,面积为16.22万公顷,主要分布在包头市、巴彦淖尔市、乌海市、阿拉善盟;11~13等为中等耕地,面积为220.77万公顷,主要分布在呼和浩特市、包头市、通辽市、赤峰市、巴彦淖尔市、乌海市;14~15等为低等耕地,面积为673.93万公顷,主要分布在呼伦贝尔市、兴安盟、通辽市、赤峰市、锡林郭勒盟、乌兰察布市、鄂尔多斯市。

自治区耕地经济等别在7~15等之间,共9个等别。最高等7等耕地面积为0.28万公顷,主要分布在通辽市;15等耕地面积为378.73万公顷,主要分布在呼伦贝尔市、兴安盟、通辽市、赤峰市、锡林郭勒盟、乌兰察布市、鄂尔多斯市,其他盟市也有少量分布。全区9个耕地经济等别,按高、中、低三个层次大致划分:8~10等为高等耕地,面积为19.19万公顷,主要分布在包头市、通辽市、巴彦淖尔市;11~13等为中等耕地,面积为269.01万公顷,主要分布在呼和浩特市、包头市、通辽市、赤峰市、巴彦淖尔市、乌海市、阿拉善盟;14~15等为低等耕地,面积为22.71万公顷,主要分布在呼伦贝尔市、兴安盟、通辽市、赤峰市、锡林郭勒盟、乌兰察布市、鄂尔多斯市,其他盟市也有少量分布。全区耕地经济等别主要以旱地为主,旱地占耕地面积的68.37%;其次为水浇地,占耕地总面积的30.67%。水田面积为8.71万公顷,占耕地总面积的0.96%。旱地主要集中在12~15等,水浇地主要集中在11~15等,水田主要集中在11~13等。水田、水浇地主要分布在土默川平原、河套平原、西辽河平原及嫩江平原等地区;旱地集中分布在大兴安岭、阴山南北丘陵地区。

(二)农用地特点

自治区14~15等耕地是全区耕地自然质量、利用状况和经营状况较差,等别数较大的耕地,面积622.71万公顷,占全区耕地面积的68.36%。这部分耕地分布区地形以山地、丘陵、台地、高原为主,土壤类型复杂多样,有机质含量低,地面坡度大,灌溉保证率低,土地沙化及水土流失相对严重,土壤有效土层薄,质地多为轻壤,砂壤或偏沙性质,旱作为主,产量低而不稳。全区分布普遍,在12个盟市中,赤峰市分布面积最大,为112.60万公顷,占全区耕地面积的12.36%;阿拉善盟分布面积最小,为0.42万公顷,占全区耕地面积的0.05%。14~15等耕地中,以旱地为主,面积529.45万公顷,占14~15等耕地面积的85.02%;水浇地面积91.57万公顷,占14~15等耕地面积的14.71%;水田面积1.69万公顷,占14~15等耕地面积的0.27%。

自治区11~13等耕地是全区耕地自然质量、利用状况和经营状况相对较好的耕地,面积269.01万公顷,占全区耕地面积的29.53%。这部分耕地分布区地形以丘陵盆地、沙地、沟谷阶地为主,土壤类型复杂多样,有机质含量中等,地面相对较平缓,土壤有效土层较厚,质地多为壤质或偏砂和过于黏重,水资源条件较好,但土壤肥力差,土壤侵蚀程度偏重。全区分布仍较普遍,在12个盟市中,呼伦贝尔市分布面积最大,面积82.33万公顷,占全区耕地面积的9.03%;乌海市分布面积最小,面积0.30万公顷,占全区耕地面积的0.03%。11~13等耕地以水浇地为主,面积为168.83万公顷,占全区11~13等耕地面积的62.76%;旱地面积93.38万公顷,占全区11~13等耕地面积的34.71%;水田面积6.80万公顷,占全区11~13等耕地面积2.53%。

自治区7~10等耕地是全区自然质量、利用状况和经营状况较好的耕地,面积19.19万公顷,占全区耕地面积的2.11%。分布区地形平坦,土壤类型以草甸土、灌淤土、黑钙土、黑土为主,有机质含量高,土层深厚,土壤肥沃,质地多为壤质或偏黏性质,水源充足,灌排等水利设施相对配套,利用类型以水田和有保灌条件的水浇地为主,单产水平高,是自治区优质、高产农田。全区分布相对较集中,12个盟市中,巴彦淖尔市分布面积最大,面积12.42万公顷,占全区耕地面积的1.36%;呼伦贝尔市分布面积最小,面积28.39公顷。赤峰市、锡林郭勒盟、乌兰察布市、鄂尔多斯市、乌海市无7~10等耕地分布。7~10等耕地以水浇地为主,面积为18.96万公顷,占全区7~10等耕地面积的98.77%;其次是水田,面积0.23万公顷,占全区7~10等耕地面积的1.2%;旱地面积63.27公顷,占全区7~10等耕地面积的0.03%。

自治区高等别耕地面积19.19万公顷,占耕地总面积的2.11%;中等耕地面积269.01万公顷,占耕地总面积的29.53%;低等耕地面积为622.71万公顷,占耕地总面积的68.36%。耕地总体质量不高,多为中、低产出。高等别的耕地集中分布在河套平原、西辽河平原、土默川平原、嫩江两岸平原及城郊接合部,以及黄河、西辽河、嫩江及其支流沿岸,占全区十等及十等以上耕地面积的90%以上。低等别的耕地全区境内分布比较普遍,较集中的分布在大兴安岭南段山地、老哈河—教来河中上游丘陵台地、阴山南北丘陵台地、准格尔—和林格尔黄土丘陵、鄂尔多斯高原区,主要为无灌溉条件的旱耕地、坡耕地。

自治区东部区耕地总体质量高于中部、西部地区,灌溉区高于旱作区。以大兴安岭—阴山山脉为界,耕地质量东、南旱作区高于西、北旱作区。河套平原、西辽河平原、嫩江西岸平原、土默川平原高等别耕地面积占全区高等别耕地面积的 75% 以上。城郊接合部高等别耕地面积占全区高等别耕地面积的 6.51%。黄河、西辽河、嫩江及其支流沿岸地区高等别耕地面积占全区高等别耕地面积的 10.75%。

自治区质量好的和较好的耕地集中分布区，地形普遍平坦，土层深厚，土壤质地多为壤质或偏粘，原始土壤有机质含量较高，水利设施建设、农田基本建设水平较高，农业历史较为悠久，耕地进入良性循环的使用阶段。

三、开发区土地利用

（一）开发区面积

根据自治区 2012 年度开发区土地集约利用更新汇总成果，按建设状况划分，全区开发区已建成土地城镇建设用地总面积为 1.77 万公顷，其中国家级开发区面积为 0.25 万公顷，自治区级开发区面积为 1.52 万公顷；未建成城镇建设用地 0.81 万公顷，其中国家级开发区面积为 0.04 万公顷，自治区级开发区面积为 0.77 万公顷。不可建设土地面积 1511.08 公顷，其中国家开发区 80.41 公顷，自治区级开发区不可建设用地面积 1430.67 公顷。国家级开发区中不可建设用地主要为开发区内的永久性林地，自治区级开发区不可建设用地主要为因地形坡度较大造成的其他不可建设土地。

按供应方式划分，全区开发区已供应国有建设用地 1.97 万公顷，其中国家级开发区 0.27 万公顷，自治区级开发区 1.70 万公顷；尚可供应土地面积为 0.60 万公顷，超过自治区开发区总面积的 20%。

截至 2012 年，自治区开发区已供应国有建设用地比例较高，达 72.30%，其中国家级开发区已供应国有建设用地占开发区土地总面积的 91.32%，自治区级开发区已供应国有建设用地占开发区土地总面积的 70.02%。国家级开发区尚可供应的土地资源不足，自治区级开发区尚可供应土地较多，潜力较大。部分开发区已不存在扩展潜力。

根据全区 2012 年度开发区土地集约利用更新汇总成果，自治区开发区内已建成城镇建设用地的建筑总面积为 7792.78 公顷，建筑基地面积 3459.22 公顷，工矿仓储用地总面积 4110 公顷，工矿仓储用地基地总面积 3651.58 公顷。

（二）开发区利用特点

开发区用地类型多样，工矿仓储用地是其主要用地类型。根据全区 2012 年度开发区土地集约利用更新汇总成果，自治区开发区涵盖全部用地类型，其中工矿仓储用地占已建成城镇建设用地总面积的 54.42%。

开发区整体扩展潜力较大，局部用地矛盾突出。截至 2011 年底，全区开发区尚可供应土地面积为 6039.73 公顷，尚可供应年数为 5.44 年。但局部开发区不存在扩展潜力，全区无扩展潜力的开发区有 5 个，尚可供地年数不足 1 年的开发区有 14 个。

不可建设用地面积偏大。截至 2011 年底，全区开发区共有不可建设用地 1511.08 公顷，占土地总面积的 5.54%。其中，386.52 公顷是河流滞洪、泄洪区，2.4 公顷是自然、生态保护区土地，1122.16 公顷土地为地形坡度较大难以利用的土地。

四、土地利用分区

根据地貌和土地利用组合及方向等特征，全区土地利用分区划分为东部南部平原丘陵山地农牧林用地区、大兴安岭北部山地林业用地区、北部西部牧业用地区 3 个一级区。

(一)东部南部平原丘陵山地农牧林用地区

主要根据用地类型又细分为平原农业用地区、农牧业交错区2个二级区。

1. 平原农业用地区

自治区平原农业主要分布在西辽河平原、嫩江右岸平原、河套平原、土默川平原。全区约1/3的耕地集中分布该区,土地面积占全区总土地面积的9%,是自治区主要的粮食生产区。进一步划分为西辽河平原农作区、嫩江右岸平原农作区、河套平原农作区、土默川平原农作区4个三级区。

西辽河平原农作区

为西辽河及其支流形成的冲积平原,位于大兴安岭南段山地与冀北、辽西山地之间,东与松辽平原接壤。西部狭窄,东部宽阔,地势西高东低,南北向中部倾斜,海拔由西部950米下降到东部最低120米。整个平原地平土厚,水源充足,便于引水灌溉和机械作业,是自治区重要的粮食生产区。行政区划包括通辽市的科尔沁区、开鲁县和科尔沁左翼中旗,总土地面积174.41万公顷,占全区土地总面积的1.51%,耕地面积占全区耕地面积的6.4%。

该区西辽河、新开河自开鲁县西南的台河口开始,自西而东流经本区的南部和北部,多年平均径流量19.86亿立方米。地下水多为潜水与半承压水,储量较大,水位埋藏浅,水质良好,矿化度小,含水层富水性良好,单井出水量大,易于开采利用,但地区分布不平衡。土壤以草甸土、风沙土为主,其次是栗钙土、沼泽土、盐碱土、冲积土、灌淤土等。草甸土类主要分布在西辽河、新开河等河流两岸的河漫滩和低阶地上,肥力中等。风沙土分布广,面积较大。草场资源包括平原干草原(典型草原)草场、低湿地草甸草场和沼泽草甸草场。后备宜林土地资源丰富。

根据第二次土地调查成果,该区有耕地58.60万公顷,园地0.35万公顷,林地38.73万公顷,草地0.34万公顷,居民点及工矿用地8.42万公顷,交通用地3.15万公顷,水域面积6.99万公顷。其他土地13.84万公顷。该区境内的科尔沁区是自治区东部中心城市。区域土地利用特点:耕地面积比重较大,以水浇地为主,水浇地占耕地面积的69.76%;林地发展条件优越,防护作用明显;牧草地比重虽大,但草质及产草量优势不突出;未利用土地中以沙地、盐碱地为主,改造利用的潜力较大。

嫩江右岸平原农作区

北起嫩江支流古里河,南止高力板—鲁北一线的松辽分水岭西段,与西辽河平原相连,是松辽平原的一部分,呈带状由北向南延伸。行政区划包括呼伦贝尔市的扎兰屯市、阿荣旗、莫力达瓦旗和兴安盟的扎赉特旗,总土地面积493.30万公顷,占全区土地总面积的4.27%。耕地面积占全区耕地总面积的15.62%,属旱作农业稳定区。

该区是大兴安岭山前倾斜平原,地形起伏和缓,海拔250~600米。主要地貌由河谷平原、阶地、下湿甸子地、漫岗和浑圆的残丘组成。年降水量400~450毫米,平均气温0℃~4℃,无霜期100~130天。河网密度大,水量充沛,地下水丰富,水质良好,埋藏1~3米,易于开采。土壤以黑土为主,河谷平原多草甸土、沼泽土。草甸植被繁茂。水土条件优越,适宜发展农业。

根据第二次土地调查成果,该区有耕地143.53万公顷,园地0.4万公顷,林地223.84万公顷,草地88.01万公顷,居民点及工矿用地9.55万公顷,交通用地4.86万公顷,水域面积14.12万公顷。其他土地8.99万公顷。水田分布集中。

河套平原农作区

地处自治区中西部狼山、色尔腾山与鄂尔多斯高原之间的黄河冲积平原。行政区划包括巴彦淖尔市的临河区、五原县、磴口县、乌拉特前旗和杭锦后旗，总土地面积177.46万公顷，占全区土地总面积的1.54%；耕地面积占全区耕地面积的6.54%。

河套平原地处温带干旱区，年平均温度6℃～8℃。南临黄河，北有乌加河，地势平坦，渠道纵横，灌溉便利。黄河是本区主要过境河，自磴口县的巴彦高勒镇附近流入境内，自西而东流长340多千米，具有引黄灌溉优势。

根据第二次土地调查成果，该区有耕地60.09万公顷，园地0.45万公顷，林地8.96万公顷，草地44.04万公顷，居民点及工矿用地7.83万公顷，交通用地2.77万公顷，水域面积21.42万公顷，其他土地31.91万公顷。河套平原是自治区三大灌溉农业区之一。

土默川平原农作区

由黄河、大黑河冲积平原与大青山山前倾斜洪积平原组成。地势平坦，土质肥沃，水源充足，耕地集中连片，是自治区三大平原灌溉农区之一。行政区划包括呼和浩特市的赛罕区、回民区、新城区、玉泉区、托克托县、土默特左旗，包头市的土默特右旗、石拐区、东河区、青山区、昆都仑区、九原区，鄂尔多斯市的达拉特旗，总土地面积194.19万公顷，占全区土地总面积的1.68%。耕地面积占全区耕地面积的6.07%。

该区地势北向南倾斜，海拔1000米左右，最低处在黄河沿岸一带。整个平原地势平坦，气候条件适宜，土壤肥沃，水源丰盛。

根据第二次土地调查成果，本区有耕地55.82万公顷，园地0.57万公顷，林地37.70万公顷，草地59.82万公顷，居民点及工矿用地13.80万公顷，交通用地2.79万公顷，水域面积10.11万公顷，其他土地13.50万公顷。自然条件较好，资源丰富，种植历史悠久，生产水平较高，增产潜力大。该区境内的呼和浩特市、包头市是自治区政治、经济和文化中心，具有发展近郊农业的良好条件。

2. 农牧林交错区

自治区农牧交错带地处中国东部季风区与西北内陆干旱区之间。地貌以山地丘陵为主，间有高原和平原，植被以森林、灌丛草原、草原为主，土壤则为黑钙土、栗钙土、黄绵土及潮土。过渡与波动的地表水热环境，形成土地生态环境不稳定性和脆弱性的突出特征。进一步划分出6个三级区。

大兴安岭岭东丘陵农林牧用地区

位于大兴安岭东南部，行政区划包括兴安盟的乌兰浩特市、阿尔山市和科尔沁右翼前旗，总土地面积264.29万公顷，占全区土地总面积的2.29%。是自治区重要的粮食生产区和土地资源开发潜力较大的区域。

该区地处温带半湿润半干旱大陆性季风气候区，气候资源南北差异明显，北部属于温凉半湿润气候，南部属于温暖半干旱气候。地势自西向东北倾斜，海拔高度200～1000米，靠近大兴安岭一侧为低山丘陵地貌，东部缓丘、漫岗与山麓台地。区内水系发达，河流众多，主要有归流河、洮儿河、蛟流河、哈拉哈河、阿力得尔河等。地表、地下水资源丰富。植被组成多样，草场资源分布广，牧草种类多。

根据第二次土地调查成果，本区有耕地40.67万公顷，园地0.19万公顷，林地99.90万公顷，草地112.53万公顷，居民点及工矿用地3.54万公顷，交通用地1.53万公顷，水域面积3.38万公顷，其他土地2.53万公顷。土地利用特点：林牧为主、耕地占有一定比例，农牧林业生产水平大分散、小集中，分布镶嵌交错，区域差异明显。城镇及工矿用地低于全区平均水平，农村居民点用地高于全区平均水平，深度开发与集约利用潜力较大。

大兴安岭岭南丘陵农林牧用地区

地处洮儿河以南的大兴安岭丘陵山地区,行政区划包括兴安盟突泉县、科尔沁右翼中旗,通辽市扎鲁特旗、霍林郭勒市,赤峰市阿鲁科尔沁旗、巴林左旗、巴林右旗、林西县、克什克腾旗,总土地面积870.43万公顷,占自治区土地总面积的7.54%。

境内以大兴安岭山地余脉为主体,呈北北东向纵贯全境,山地主脊西接锡林郭勒高原,东由低山、丘陵与漫岗过渡到西辽河平原,地势自西南向东北降低,相对高差100~500米。区域主要土壤类型有暗棕壤、灰色森林土、棕壤、黑钙土、草甸土、沼泽土等,植被以典型草原植被为主,牧草及森林植物资源丰富,降水量较充足

根据第二次土地调查成果,该区有耕地118.58万公顷,园地0.45万公顷,林地220.19万公顷,草地468.85万公顷,居民点及工矿用地14.21万公顷,交通用地6.04万公顷,水域面积16.27万公顷,其他土地25.83万公顷。土地利用特点:林牧为主、耕地占有一定比例,农牧林业生产水平大分散、小集中,分布镶嵌交错,区域差异明显。

燕山北部丘陵农牧林区

位于科尔沁沙地南段,为燕山山地北端的低山丘陵地带。行政区划包括赤峰市的元宝山区、红山区、松山区、喀喇沁旗、宁城县和敖汉旗,总土地面积226.46万公顷,占全区土地总面积的1.96%。该区境内的赤峰市为自治区东部区中心城市。

该区地处燕山山地北麓,地势西高东低,七老图山屏于西部,努鲁儿虎山呈北东向绵亘南侧,高山峻岭,沟深谷宽,纵横交错,丘陵广布,河谷阶地、滩川地地势平坦。土层深厚,土质肥沃,水利条件较好,气候温和,耕地相对集中,为自治区重点农作区。区内分布有山地草甸草原、低山丘陵干草原、黄土丘陵干草原、草地灌丛草原及河漫滩草甸草地等植被类型,主要土壤类型有褐土、栗褐土、棕壤、草甸土、黑钙土、风沙土等,具有明显的过渡性特点。

根据第二次土地调查成果,该区有耕地68.08万公顷,园地2.33万公顷,林地94.73万公顷,草地41.20万公顷,居民点及工矿用地9.42万公顷,交通用地2.32万公顷,水域面积4.42万公顷,其他土地3.97万公顷。区域垦殖指数30.06%,耕地主要分布在老哈河、阴河、英金河、坤头河、锡泊河、教来河及其支流的河谷平川地区,为自治区重点产粮区。牧草地多与农林用地交错分布,表现出城郊区土地利用的特点。林地面积较大,森林覆盖率41.80%。园地面积约占全区园地总面积的41.32%。

阴山北麓丘陵牧农林生态建设用地区

位于自治区中部阴山山地及其北麓丘陵区。行政区划包括锡林郭勒盟的多伦县、太仆寺旗,乌兰察布市的化德县、商都县、察哈尔右翼后旗、察哈尔右翼中旗,呼和浩特市的武川县,包头市的固阳县。总土地面积316.59万公顷,占全区土地总面积的2.74%。

该区系阴山山地、丘陵向内蒙古高原的过渡地带,地貌以山地、丘陵为主,海拔1200~1700米,地势自南向北倾斜并渐趋和缓。山地北麓为低山丘陵、缓坡丘陵,地面比较破碎,水土流失、风沙严重。区内气温偏低,降雨量偏少,光能丰富,地区变异较大,林木覆盖率低,草地退化严重,山间盆地与河谷平原平坦而宽阔,水土条件优越,耕地集中连片,是自治区主要的旱作农业区。

根据第二次土地调查成果,该区有耕地86.75万公顷,园地0.05万公顷,林地40.31万公顷,草地168.55万公顷,居民点及工矿用地6.07万公顷,交通用地2.76万公顷,水域面积6.27万公顷,其他土地5.81万公顷。土地利用以种植业为主,农牧林结合。

阴山南麓丘陵农林牧生态建设用地区

位于阴山山地南部丘陵平原区，行政区划包括乌兰察布市的察哈尔右翼前旗、集宁区、兴和县、丰镇市、凉城县、卓资县，呼和浩特市的和林格尔县和清水河县。总土地面积219万公顷，占全区土地总面积的1.90%。

该区境内主要为低山丘陵及黄土丘陵地貌，地面起伏较大，侵蚀切割强烈，水土流失严重。年降水量在300～400毫米，自东向西北递减。光热资源丰富，雨热同期，光温水配合较好。草原植被以干草原为主体草场，植被组成以旱生禾草及小半灌木蒿类为优势种，牧草品质优良，产草量低。

根据第二次土地调查成果，该区有耕地56.53万公顷，园地0.12万公顷，林地64.54万公顷，草地79.10万公顷，居民点及工矿用地7.14万公顷，交通用地2.44万公顷，水域面积5.58万公顷，其他土地3.54万公顷。土地利用农牧林结合，山间盆地与河谷平原，平坦而宽阔，水土条件优越，耕地集中连片，是自治区主要的旱作农业区。

科尔沁沙地林牧生态建设用地区

位于大兴安岭中南部科尔沁沙地区。行政区划包括赤峰市的翁牛特旗，通辽市的奈曼旗、库伦旗和科尔沁左翼后旗。总土地面积362.33万公顷，占自治区土地总面积的3.14%。

该区地处温带半干旱与干旱过渡带，气候干旱，光热条件优越，该区内沙丘、沙地、坨甸及冲积平原相间分布，土地沙漠化敏感性程度极高，丘间甸子与沿河平原区，地势平坦，耕地集中。

根据第二次土地调查成果，该区有耕地77.94万公顷，园地0.31万公顷，林地92.18万公顷，草地148.29万公顷，居民点及工矿用地8.92万公顷，交通用地4.26万公顷，水域面积6.32万公顷，其他土地24.13万公顷。土地利用农牧林结合，是全区主要的旱作农业区。

（二）大兴安岭北部山地林业用地区

位于内蒙古大兴安岭北部山地的原始林区和次生林区。行政区划包括呼伦贝尔市的鄂伦春自治旗、根河市、额尔古纳市、牙克石市。面积1314.59万公顷，占自治区土地总面积的11.39%。其中林地面积为1060.35万公顷，林地覆盖率80.66%。是中国八大有林区之一。

该区地貌由中低山和丘陵组成，大兴安岭主脉贯穿该区中部，长约1400千米，宽为200～450千米。主要支脉为伊勒呼里山，自北向东南延伸，与小兴安岭连接，构成嫩江与黑龙江的分水岭。大兴安岭西侧缓慢过渡到呼伦贝尔高原。东部呈阶梯状下降为嫩江河谷，形成较宽的河谷冲积平原。北半部存在冻土层，形成大片沼泽湿地。属寒温带大陆性季风气候区，年平均气温为－5℃～2℃，极端最低气温达－50℃（图里河），无霜期40～90天，属于寒温湿润气候型。全年降水量400～500毫米，湿润度>0.6，地上、地下水资源丰富。适宜林木生长。土壤以棕色针叶林土、暗棕壤为主，其次有灰色森林土、沼泽土、草甸土等。植物组成群落，北部兴安落叶松占绝对优势，混生白桦、山杨、樟子松等；南部是针叶林向落叶林林区的过渡地带，针叶林与阔叶林并存，或在不同地形部位上交替出现；南段地势起伏较大，山地阴坡主要为落叶松、白桦混交林，阳坡为蒙古栎、黑桦林等群落。野生珍贵动植物资源及渔业、矿产资源也较丰富。

根据第二次土地调查成果，该区有耕地65.26万公顷，园地1.53万公顷，林地1060.35万公顷，草地128.41万公顷，居民点及工矿用地4.68万公顷，交通用地4.08万公顷，水域面积8.92万公顷，其他土地42.87万公顷。区域土地利用基本特点是林牧为主，耕地较小，分布零散，种植业发展缓慢。城镇及工矿用地低于全区平均水平。牧草地以山地草林缘草甸草场、山地森林草原草场为主要类型，牧草产量高,特别是较大面积的林间草地利用潜力大,具有重要的生态屏障作用。

(三)北部西部牧业用地区

根据主要用地类型细分为内蒙古高原中东部牧业用地区、内蒙古高原西部牧业用地区、鄂尔多斯高原西部牧业用地区3个二级区。

1. 内蒙古高原中东部牧业用地区

北起中蒙边境,南至阴山山地,东抵大兴安岭西坡,西至巴彦淖尔高原,构成广阔的内陆高平原,大部分土地为天然草地植被所覆盖,是内蒙古高原的重要组成部分,占自治区土地总面积的31.60%。人均土地面积高于自治区平均水平。划分为呼伦贝尔高原牧区、锡林郭勒高原牧区、乌兰察布高原牧区3个三级区。

呼伦贝尔高原牧区

位于内蒙古高原东北部,大兴安岭北段西麓,地势东高西低,平坦开阔。东与大兴安岭山地连成一片,西部属低山丘陵带,中部为波状起伏的海拉尔台地高平原。海拔一般在600~800米之间。地表水系发育,水资源比较丰富。植被以羊草和针茅为主的草甸草原和典型草原。行政区划包括呼伦贝尔市海拉尔区、新巴尔虎右旗、新巴尔虎左旗、陈巴尔虎旗、鄂温克族自治旗,满洲里市。总土地面积831.04万公顷,占全区土地总面积的7.20%。

该区地貌以高原为主体,由冲积平原、丘陵、内陆盆地、熔岩台地及台间洼地等组成。以海拉尔台地为主体,河流两岸为开阔平展的冲积平原。区内分布有中小湖泊500多个,盛产鱼类,湖滨四周滩地生长有盐生草甸植被,形成黑龙江上游海拉尔河、额尔古河水系与呼伦湖水系。高原上有3条较大沙带和零星沙丘堆积。矿产资源丰富。

根据第二次土地调查成果,该区有耕地15.04万公顷,园地83.15公顷,林地89.43万公顷,草地618.59万公顷,居民点及工矿用地4.93万公顷,交通用地2.92万公顷,水域面积29.66万公顷,其他土地70.46万公顷。呼伦贝尔草原地域辽阔,水草丰美,是内蒙古草原的重要组成部分。

锡林郭勒高原牧区

东起大兴安岭南段西麓,南接阴山山地北麓,西至集二线(集宁—二连浩特)铁路,北至中蒙边境。地势由东向西、由南向北降低,海拔一般在800~1200米之间。行政区划包括锡林郭勒盟东乌珠穆沁旗、西乌珠穆沁旗、锡林浩特市、苏尼特左旗、正蓝旗、正镶白旗、阿巴嘎旗、镶黄旗。面积1661.25万公顷,占全区土地面积的14.39%。

该区地貌类型以波状高平原为主体,东部为乌珠穆沁盆地,中部为阿巴嘎熔岩台地,南部为浑善达克沙地,南、东、北三面边缘为丘陵和低山。高原上还叠置分布有大面积的洼地、湖泊、湿地、谷地、低地及盐化沼泽、草甸等。矿产资源丰富。

根据第二次土地调查成果,该区有耕地9.32万公顷,园地74.81公顷;林地4.88万公顷,草地1504.72万公顷,居民点及工矿用地5.18万公顷,交通用地4.62万公顷,水域面积46.31万公顷,其他土地46.22万公顷。

乌兰察布高原牧区

位于内蒙古高原中部,阴山以北,集二线(集宁—二连浩特)铁路以西,北至中蒙边境,西与巴彦淖尔—阿拉善高原相连。地势南高北低,从海拔1500米降至900米,多低山丘陵。行政区划包括锡林郭勒盟的苏尼特右旗,二连浩特市,乌兰察布市的四子王旗,包头市的达尔罕茂明安联合旗、白云鄂博矿区,巴彦淖尔市的乌拉特中旗、乌拉特后旗。面积1156.28万公顷,占全区土地总面积的10.02%。

该内地貌以层状高平原为主体，地势由南向北呈阶梯状下降，至中蒙边境又断续隆起，呈石质丘陵地貌。高原表面被一系列近于南北向或北东向的台间洼地、河谷、古湖盆分割，为洼地与不等高度台地相间分布的典型层状剥蚀的平原地貌。高原南部是阴山北麓丘陵，丘陵以北是地势平缓的拗陷地带，是自治区旱作农业比较集中的地方。凹陷带以北，为一条横贯东西的石质缓丘隆起带。该区干旱少雨，多风沙。现代河流少，流程短，多为时令河，汇集于邻近的湖盆洼地中，其中较大的有希日穆仁河、艾不盖河、塔布河等，植被类型以荒漠草原为主，牧草生长低矮，以丛生小禾草为多。矿产资源丰富。

根据第二次土地调查成果，本区有耕地 31.42 万公顷，园地 125 公顷，林地 22.45 万公顷，草地 1003.62 万公顷，居民点及工矿用地 4.91 万公顷，交通用地 2.88 万公顷，水域面积 13.32 万公顷，其他土地 77.67 万公顷。

2. 内蒙古高原西部牧业用地区

位于内蒙古最西部阿拉善高原。北山以北，西起马鬃山，东到贺兰山，北接蒙古，平均海拔高度 900～1400 米，地势由南向北缓倾，地面起伏不大，若干低山丘陵把高原分割为许多内陆盆地。阿拉善高原沙漠、戈壁广布，其中有巴丹吉林沙漠、腾格里沙漠、乌兰布和沙漠，占高原面积的 1/3；另外 1/3 是北部的戈壁沙漠向南延伸的部分。东南部是贺兰山，东北部为阴山余脉和黄河。行政区划包括阿拉善盟阿拉善左旗、阿拉善右旗和额济纳旗。面积 2480.80 万公顷，占全区土地面积的 21.49%。

该区处于沙漠包围之中，是典型的温带大陆性气候，干旱少雨，多风沙，冬寒夏热，昼夜温差大，是中国沙尘暴的主要发源地之一。土地利用率低，生物群体退化，风蚀、剥蚀强烈，土地开发利用环境条件差。耕地、林地面积少，主要集中在额济纳河下游两岸及东部水分条件较好的地段。地表水较少，以地下水为主。植被以极其稀疏的灌木、半灌木荒漠为主。湖泊和沼泽主要分布于腾格里沙漠和乌兰布和沙漠中，以咸水湖泊居多，多分布于沙漠边缘地带；淡水湖泊多分布于沙漠腹地，集水面积较小。矿产资源丰富。

根据第二次土地调查成果，该区有耕地 4.71 万公顷，园地 256.46 公顷，林地 77.08 万公顷，草地 895.75 万公顷，居民点及工矿用地 3.32 万公顷，交通用地 1.06 万公顷，其他土地 1494.15 万公顷。以畜牧业为主体经济，居民用地较少。

3. 鄂尔多斯高原西部牧业用地区

位于自治区西南部，由鄂尔多斯高原西部和毛乌素沙地、贺兰山—桌子山山地组成。东南、西与晋、陕、宁接壤，北与呼和浩特、包头市隔河相望。黄河三面环绕，俗称“黄河湾”，为广义的鄂尔多斯高原。行政区划包括鄂尔多斯市的杭锦旗、鄂托克旗、鄂托克前旗、乌审旗、伊金霍洛旗、准格尔旗、东胜区，乌海市的海勃湾区、乌达区和海南区。面积 803.09 万公顷，占全区土地面积的 6.96%。

该区地势中西部高、四周低，西部高于东南部。东部为准格尔黄土丘陵沟壑区，西部为桌子山低山缓坡和鄂托克高地，北部为库布其沙漠，南部为毛乌素沙漠和滩地，中部沿北纬 39.5 度一线隆起，海拔 1400～1700 米，为鄂尔多斯台地。高原内海拔高度差异大，东部河谷洼地海拔 850 米，西部桌子山海拔 1500～2000 米。极端大陆性气候显著，冬季气候干燥而寒冷，夏季形成东南季风。光能资源丰富，积温高，昼夜温差大。矿产资源丰富。

根据第二次土地调查成果，该区有耕地 26.68 万公顷，园地 0.35 万公顷，林地 114.48 万公顷，草地 516.18 万公顷，居民点及工矿用地 10.55 万公顷，交通用地 4.91 万公顷，水域面积 13.89 万公顷，其他土地 116.05 万公顷。

第三章　矿产资源

内蒙古自治区地处世界三大成矿域中的古亚洲成矿域和环太平洋成矿域,跨越西伯利亚板块、塔里木板块、华北板块3大一级大地构造单元,各时代地层发育齐全,岩浆活动强烈,成矿地质条件优越,矿产资源丰富,具有发现矿产种类多、分布地域广、能源及重要矿产资源优势明显等特点,是国家21世纪重要能源和新兴战略资源及原材料基地。

第一节　查明矿产

自治区已查明矿产种类繁多,为国内矿产资源配套较为齐全的省区之一,尤其是一些重要矿产在全国占有重要地位。

一、查明种类

截至2015年底内蒙古自治区已发现及查明矿产资源一览表

表1-3-1

矿产种类	具有查明资源储量矿产		已发现尚无查明资源储量矿产	
	种数	矿种(亚矿种)名称	种数	矿种(亚矿种)名称
能源矿产	6	煤、油页岩、石油、天然气、地热、铀。	4	煤层气、页岩气、天然沥青、钍。
金属矿产	47	铁、锰、铬、钒、钛;铜、铅、锌、镍、钴、钨、锡、铋、钼、锑,金、银、铂、钯、铱、铑、锇、钌;铌、钽、铍、锂、锆、铷、铯、稀土[镧、铈、镨、钕、钐、铕、钇、钆、铽、镝、铒]、锗、镓、铟、镉、硒、碲。	5	铝土矿、镁、汞、锶、铼。
非金属矿产	49(64)	石墨、云母、长石、电气石、石榴子石、蛭石、沸石、石膏、方解石、冰洲石、玉石(巴林石)、玛瑙、蓝晶石、红柱石、萤石(普通萤石)、硫铁矿、芒硝、天然碱、石灰岩(熔剂用灰岩、电石用灰岩、制碱用灰岩、水泥用灰岩、制灰用灰岩)、白云岩(冶金用白云岩、化工用白云岩)、石英岩(冶金用石英岩、玻璃用石英岩)、砂岩(铸型用砂岩、玻璃用砂岩、冶金用砂岩、水泥用配料砂岩)、天然石英砂(铸型用砂、玻璃用砂、建筑用砂)、脉石英(玻璃用脉石英、冶金用脉石英)、页岩(水泥配料用页岩)、硅藻土、高岭土、陶瓷土、膨润土、耐火粘土、铁矾土、其他粘土(砖瓦用粘土、水泥配料用粘土)、橄榄岩(建筑用橄榄岩)、蛇纹岩(化肥用蛇纹岩)、辉石岩(饰面用辉石岩)、玄武岩(饰面用玄武岩)、辉绿岩(饰面用辉绿岩)、闪长岩(饰面用闪长岩)、花岗岩(建筑用花岗岩、饰面用花岗岩)、珍珠岩、大理岩(饰面用大理岩、水泥用大理岩)、板岩(水泥配料用板岩)、泥炭、湖盐、镁盐、溴、砷、硼、磷。	32(35)	自然硫、钾盐、水晶(压电水晶、熔炼水晶、工艺水晶)、刚玉、硅灰石、滑石、石棉、蓝石棉、叶蜡石、透辉石、透闪石、重晶石、明矾石、菱镁矿、宝石、泥灰岩、粉石英、含钾岩石、凹凸棒石粘土、伊利石粘土、累托石粘土、黑耀岩、松脂岩、浮石、凝灰岩(水泥用凝灰岩、建筑用凝灰岩)、辉长岩、粗面岩、火山灰、火山渣、片麻岩、麦饭石、磨刀石。
水气矿产	3	地下水、矿泉水、二氧化碳气	—	—
合计	105(120)		41(44)	
	全区已发现矿种为146种,统计到亚矿种为164种。			

注:表中方括号“[ ]”内的名称为稀土金属元素名称,圆括号“( )”内的名称或数字为亚矿种名称或统计到亚矿种的数量

按照国土资源部全国矿产资源统一分类，全区查明一定资源储量并列入《内蒙古自治区矿产资源储量表》（以下简称《储量表》）的矿产分为能源矿产、黑色金属矿产、有色金属矿产、贵金属矿产、稀有稀土及分散元素矿产、冶金辅助原料非金属矿产、化工原料非金属矿产、建筑材料及其他非金属矿产8个大类，进一步根据性质和用途等特征，细分为不同矿种和亚矿种。其中，石油、天然气、铀由国家统一管理和统计，地热和地下水单独进行统计，均未列入《储量表》；煤层气、地热、页岩气、铝土矿、钾盐、菱镁矿、明矾石、重晶石、矿泉水、二氧化碳气等矿产，虽具有一定的查明资源，但因其勘查工作程度较低，也都未列入《储量表》。

2000年，全区已发现的矿种有133种（含亚矿种为148种），占全国发现矿种的77.78%。查明一定资源储量并列入《储量表》的矿种为78种（将10种稀土金属按1种统计），统计到亚矿种为92种，占全国查明资源储量矿产的43.40%。与上年相比，全区仅有的1处铝土矿查明矿产地，因品质较差、规模较小，将其并入耐火粘土矿中统计，减少铝土矿1种查明资源储量矿种。

2001年，全区发现矿种134种（含亚矿种149种），增加二氧化碳气1个矿种，占全国发现矿种的78.36%。查明一定资源储量并列入《储量表》的矿种仍为78种（10种稀土金属按1种统计），统计到亚矿种为92种，占全国查明资源储量矿产的43.19%。

2002年，全区发现矿种134种（含亚矿种149种），查明一定资源储量并列入《储量表》的矿种为78种（10种稀土金属按1种统计），统计到亚矿种为92种。与上年相比，发现和查明资源储量矿产均没有变化。

2003年，全区发现矿种135种（含亚矿种150种），增加闪长岩1个矿种，占全国发现矿种的78.95%。查明一定资源储量并列入《储量表》的矿种79种（10种稀土金属按1种统计），新增查明闪长岩矿种，统计到亚矿种为93种，占全国查明资源储量矿产的43.25%。

2004年，全区发现矿种135种（含亚矿种150种），查明一定资源储量并列入《储量表》的矿种为80种（10种稀土金属按1种统计），新增了查明玄武岩矿种，统计到亚矿种为94种，占全国查明资源储量矿产的43.72%。

2005—2007年，全区发现矿种135种（含亚矿种150种），查明一定资源储量并列入《储量表》的矿种仍是80种（10种稀土金属按1种统计），统计到亚矿种94种。与2004年相比，发现和查明资源储量的矿产均无变化。只是于2007年，全区仅有的1处冰洲石矿产地，因其查明资源储量全部开采耗竭而闭坑。

2008年，全区发现矿种141种（统计亚矿种为158种），补充增加了以往遗漏的煤层气、透闪石、累托石粘土、辉长岩、粗面岩、片麻岩等6个矿种和工艺水晶、建筑用凝灰岩2个亚矿种，占全国发现矿种的82.46%。查明资源储量并列入《储量表》的矿种为80种（10种稀土金属按1种统计），统计到亚矿种为94种。与上年相比，查明资源储量的矿产没有变化。

2009年，全区发现矿种为144种（含亚矿种为162种），增加了钒矿、铒矿、自然硫3个矿种和冶金用砂岩1个亚矿种，占全国发现矿种的84.21%。查明资源储量并列入《储量表》的矿种为84种（11种稀土金属按1种统计），统计到亚矿种为99种，占全国查明资源储量矿产的44.20%。与上年相比，查明资源储量并列入《储量表》的矿种新增加了钛矿、钒矿、铒矿、自然硫、蓝晶石5个矿种和冶金用砂岩1个亚矿种，其中铒矿属稀土金属归入稀土矿统计。

2010年，全区发现矿种为144种（含亚矿种为162种），查明资源储量并列入《储量表》的矿种为

84 种(11 种稀土金属按 1 种统计),统计到亚矿种为 99 种。与上年相比,发现和查明资源储量矿产均无变化。

2011 年,全区发现矿种为 144 种(含亚矿种为 162 种),占全国发现矿种的 83.72%。查明资源储量并列入《储量表》的矿种为 83 种(11 种稀土金属按 1 种统计),统计到亚矿种为 98 种,占全国查明资源储量矿产的 43.75%。与上年相比,因全区仅有的 1 处硅灰石矿的地质工作程度较低,经资源储量核实将其查明资源储量注销,减少了硅灰石 1 个查明资源储量矿种。

2012 年,全区发现矿种 144 种(含亚矿种 162 种),查明资源储量并列入《储量表》的矿种为 87 种(11 种稀土金属按 1 种统计),统计到亚矿种为 102 种,占全国查明资源储量矿产的 45.54%。与上年相比,新增加锂矿、铷矿、铯矿、电气石、玛瑙等 5 个查明资源储量并列入《储量表》的矿种,同时将往年错误列入《储量表》的自然硫矿种更正为伴生硫,减少自然硫 1 个查明资源储量矿种。

2013 年,全区发现矿种 144 种(含亚矿种为 162 种),查明资源储量并列入《储量表》的矿种为 87 种(11 种稀土金属按 1 种统计),统计到亚矿种为 102 种。与上年相比,发现和查明资源储量矿产均无变化。

2014 年,全区发现矿种为 146 种(含亚矿种为 164 种),增加页岩气、镁盐(卤水)2 个矿种,占全国发现矿种的 84.88%。查明资源储量并列入《储量表》的矿种为 88 种(11 种稀土金属按 1 种统计),增加了卤水镁盐 1 个查明矿种,统计到亚矿种共 103 种,占全国查明资源储量矿产的 44.78%。

2015 年,全区发现矿种 146 种(含亚矿种为 164 种),查明资源储量并列入《储量表》的矿种为 89 种(11 种稀土金属按 1 种统计),统计到亚矿种共 103 种。与上年相比,发现和查明资源储量矿产均无变化。

二、居全国位次

在全区已查明一定资源储量的矿产中,许多重要矿产的保有资源储量位居全国前列。其中,稀土、铌、锆、锗等矿产的保有资源储量一直高居全国首位;煤炭保有资源储量在 2006 年之前仅次于山西省居全国第 2 位,自 2006 年后超过山西省居全国第 1 位;铅、锌、银等矿产的保有资源储量于 2007 年后也已位居全国第 1 位。从 2000—2015 年,全区查明矿产保有资源储量居全国前 3 位及前 10 位的数量,由从 30 种和 66 种分别增加到 43 种和 85 种。

2000—2015 年内蒙古自治区查明矿产保有资源储量居全国位次表

表 1-3-2

<table>
<tr><th rowspan="2">年度</th><th rowspan="2">居全国前10位矿产数量(种)</th><th colspan="2">居全国第1位矿产</th><th colspan="2">居全国第2位矿产</th><th colspan="2">居全国第3位矿产</th></tr>
<tr><th>数量(种)</th><th>(亚)矿种名称</th><th>数量(种)</th><th>(亚)矿种名称</th><th>数量(种)</th><th>(亚)矿种名称</th></tr>
<tr><td>2000</td><td>66</td><td>7</td><td rowspan="3">稀土、铌、锆、锗、砖瓦用粘土矿、水泥配料用板岩、建筑用橄榄岩。</td><td rowspan="2">10</td><td rowspan="2">煤、铬、锌、铍、铸型用砂、石膏、铁矾土、沸石、天然碱、饰面用辉石岩。</td><td rowspan="2">13</td><td rowspan="2">银、铅、铸型用砂岩、冶金用脉石英、耐火粘土、普通萤石、硫铁矿、芒硝、云母、伴生磷、石榴子石、方解石、膨润土。</td></tr>
<tr><td>2001</td><td>66</td><td>7</td></tr>
<tr><td>2002</td><td>66</td><td>7</td><td>7</td><td>煤、锌、钽、铍、铸型用砂、天然碱、饰面用辉石岩。</td><td>14</td><td>天然气、铬、铅、冶金用脉石英、耐火粘土、普通萤石、芒硝、伴生磷、云母、方解石、膨润土、石榴子石、水泥配料用粘土、石膏。</td></tr>
</table>

续表 1

年度	居全国前10位矿产数量（种）	居全国第1位矿产		居全国第2位矿产		居全国第3位矿产	
		数量（种）	（亚）矿种名称	数量（种）	（亚）矿种名称	数量（种）	（亚）矿种名称
2003	68	8	稀土、铌、钽、锆、锗、砖瓦用粘土矿、水泥配料用板岩、建筑用橄榄岩。		煤、天然气、锌、铍、铸型用砂、天然碱、饰面用辉石岩。	12	铬、铅、冶金用脉石英、耐火粘土、普通萤石、伴生磷、化工用白云岩、云母、膨润土、石榴子石、水泥配料用粘土、石膏。
2004	68	8					
2005	66	8		8	煤、铅、锌、铍、铸型用砂、天然碱、饰面用辉石岩、石膏。	13	银、铬、铋、普通萤石、耐火粘土、伴生磷、化工用白云岩、石榴子石、水泥用大理岩、膨润土、饰面用玄武岩、云母、沸石。
2006	66	8	煤、稀土、铌、锆、锗、水泥配料板岩、砖瓦粘土矿、建筑橄榄岩。	7	铅、锌、钽、铍、铸型用砂、天然碱、饰面用辉石岩。	10	铋、普通萤石、耐火粘土、伴生磷、水泥用大理岩、石榴子石、膨润土、石膏、云母、沸石。
2007	73	10	煤、稀土、银、铌、锆、锗、砷、砖瓦用粘土、建筑用橄榄岩、水泥配料用板岩。	9	铅、锌、银、钽、铸型用砂、天然碱、饰面用辉石岩、隐晶质石墨、砷。	12	铬、铋、铑、钌、普通萤石、耐火粘土、石榴子石、水泥用大理岩、膨润土、石膏、沸石、电石用灰岩。
2008	70	10	煤、稀土、铅、锌、银、铌、锆、锗、冶金用砂岩、砷、砖瓦用粘土、建筑橄榄岩、水泥配料用板岩。	7	铬、钽、铍、普通萤石、铸型用砂、天然碱、饰面用辉石岩。	9	铑、钌、耐火粘土、电石用灰岩、石墨、沸石、石膏、膨润土、水泥用大理岩。
2009	74	13	煤、稀土、铅、锌、银、铌、锆、锗、冶金用砂岩、砖瓦粘土、建筑橄榄岩、水泥配料板岩。	8	天然气、铬、钽、铍、普通萤石、铸型用砂、天然碱、饰面用辉石岩。	9	铑、钌、耐火粘土、电石用灰岩、石墨、沸石、石膏、膨润土、水泥用大理岩。
2010	74	12	煤、稀土、铅、锌、银、铌、锆、锗、冶金用砂岩、砖瓦粘土、建筑橄榄岩、水泥配料板岩。	6	钽、铍、铸型用砂、天然碱、电石用灰岩、饰面用辉石岩。	12	天然气、铬、钽、铑、普通萤石、耐火粘土、砷矿、石墨、沸石、石膏、膨润土、水泥用大理岩。
2011	70	12	煤、稀土、铅、锌、银、铌、锆、锗、砷、砖瓦粘土、建筑橄榄岩、水泥配料板岩。	8	铋、铍、铸型用砂、天然碱、电石用灰岩、砷、饰面用辉石岩、饰面用花岗岩。	10	天然气、铬、钽、铑、普通萤石、石墨、沸石、石膏、膨润土、水泥用大理岩。
2012	77	16	煤、稀土、铅、锌、银、铌、锆、锗、普通萤石、冶金用砂岩、砷、电气石、玛瑙、砖瓦粘土、建筑橄榄岩、水泥配料板岩。	8	铋、铸型用砂、芒硝、天然碱、电石用灰岩、砷、饰面用辉石岩、饰面用花岗岩。	7	天然气、铬、钽、铍、沸石、石膏、膨润土。

续表 2

年度	居全国前10位矿产数量(种)	居全国第1位矿产		居全国第2位矿产		居全国第3位矿产	
		数量(种)	(亚)矿种名称	数量(种)	(亚)矿种名称	数量(种)	(亚)矿种名称
2013	83	17	煤、稀土、铅、锌、银、铌、锆、锗、钌、普通萤石、冶金用砂岩、砷、电气石、玛瑙、砖瓦粘土、建筑橄榄岩、水泥配料板岩。	10	铋、钼、铑、铸型用砂、芒硝、天然碱、电石用灰岩、饰面用辉石岩、水泥用大理岩、饰面用花岗岩。	11	铬、铱、锇、钽、铍、铟、镉、天然气、沸石、石膏、膨润土。
2014	85	17		13	天然气、铋、钼、铍、铑、铌钽、蓝晶石、铸型用砂、芒硝、天然碱、电石用灰岩、沸石、石膏。	10	铬、铱、锇、钽、铍、铟、镉、沸石、石膏、膨润土。
2015	85	17		15	铋、钼、铑、铌钽、蓝晶石、铸型用砂、芒硝、天然碱、电石用灰岩、制碱用灰岩、镍、镁盐、晶质石墨、饰面用辉石岩、水泥用大理岩。	11	铱、锇、钽、铍、铟、镉、化肥用蛇纹岩、沸石、膨润土、饰面用花岗岩、珍珠岩。

三、查明矿产地

2000 年,全区查明资源储量并列入《储量表》的矿产地为 962 处,其中有大中型矿产地为 212 处。

2001—2004 年,全区查明资源储量并列入《储量表》的新增矿产地共有 32 处,平均每年增加不到 1%。自 2004 年以后,因自治区政府设立专项资金开展全区地质勘查工作,带动了全区矿业市场活跃,地质勘查成果显著。2005—2009 年,全区查明资源储量并列入《储量表》的新增矿产地共有 686 处,年平均增幅在 10%左右。至 2009 年底,全区查明矿产资源储量并列入《储量表》的矿产地为 1715 处,其中能源矿产地 534 处、金属矿产地 859 处、非金属矿产地 322 处。

2010 年和 2011 年,因矿产勘查,两个年度新增列入《储量表》的矿产地分别为 103 处和 81 处。但同时由于开展全区矿产资源利用现状调查,重新划分和归并了列入《储量表》的矿产地,使得全区查明资源储量的矿产地总数有所减少。其中,2010 年列入《储量表》的矿产地为 1696 处,比上年净减少 19 处;2011 年为 1628 处,比上年净减少 68 处。

2012—2015 年,全区因矿产勘查,查明资源储量并列入《储量表》的新增矿产地共 246 处,年增长 2.41% ~4.73%。

至 2015 年,全区查明资源储量并列入《储量表》的矿产地 1874 处(有能源矿产地 453 处、金属矿产地 1058 处、非金属矿产地 363 处),其中大型矿产地 305 处(能源矿产 183 处、金属矿产 43 处、非金属矿产 79 处),中型矿产地 373 处(能源矿产 70 处、金属矿产 152 处、非金属矿产 144 处),大、中型矿产地合计占全区矿产地总数的 36.18%。主要矿产煤、铁、铜、铅、锌、钨、锡、钼、金、银、稀土、普通萤石、硫铁矿、芒硝、天然碱、湖盐、石墨、高岭土、水泥灰岩等共有大、中型矿产地 551 处,占全区大中型矿产地总数的 81.26%。

2000—2015 年内蒙古自治区列入《储量表》的矿产地数量统计表

表 1-3-3

年度	列入《储量表》矿产地总数（处）	年度新增矿产地数（处）	各类矿产的矿产地数(处)		
			能源矿产	金属矿产	非金属矿产
2000 年	962	—	39	341	282
2001 年	980	18	339	359	282
2002 年	1004	24	340	378	286
2003 年	1018	14	341	388	289
2004 年	1039	21	346	401	292
2005 年	1104	65	358	455	291
2006 年	1280	176	427	557	296
2007 年	1422	142	459	600	363
2008 年	1582	170	513	759	310
2009 年	1715	134	534	859	322
2010 年	1696	103	548	827	321
2011 年	1628	81	445	862	321
2012 年	1705	77	440	930	335
2013 年	1782	77	441	995	346
2014 年	1825	43	439	1030	356
2015 年	1874	49	453	1058	363

四、资源储量变化

因矿产勘查新增查明矿产地或进行矿区资源储量核实及重算或矿山开采消耗，全区每年度都有部分矿产的查明资源储量与上年度相比发生变化。

2001 年，全区共有 50 种查明矿产的资源储量发生变化，其中 7 种矿产变化较大。因矿产勘查新增矿产地，镍、钨、锡、铋的资源储量均增加超过 25%，砷增加了 12%；天然碱因开采消耗、镉因核实重算，资源储量分别减少了 13% 和 19%。

2002 年，全区有 46 种查明矿产的资源储量发生变化，其中 5 种矿产变化较大。因矿产勘查新增矿产地，高岭土、化工用白云岩、电石用灰岩的资源储量均增加超过 10%，金矿增加近 5%；因资源储量核实重算，铂资源储量减少了 25%。

2003 年，全区有 51 种查明矿产的资源储量发生变化，其中 8 种矿产变化较大。因矿产勘查新增矿产地，水泥用灰岩、水泥用大理岩、饰面用闪长岩的资源储量分别增加 3%、5% 和 100%；因资源储量核实重算及开采消耗,铅、锌、硫铁矿、天然碱、长石的资源储量减少了11%～19%。

2004年,全区有66种查明矿产的资源储量发生变化,其中5种矿产变化较大。因资源储量核实重算及开采消耗,铅、锌、硫铁矿、天然碱、长石的资源储量均减少,并减少了10%～20%。

2005年,全区有43种查明矿产的资源储量发生变化,其中12种矿产变化较大。因矿产勘查和资源储量核实重算,铜、铅、锌、银、沸石的资源储量增加了16%～57%,铁、锰、金、硫铁矿、水泥大理岩增加了4%～8%;因开采消耗,天然碱和长石的资源储量分别减少11%和4%。

2006年,全区有42种查明矿产的资源储量发生变化,其中17种矿产变化较大。因矿产勘查和资源储量核实重算,铜、铅、锌、镍、钨、钼、银、锗、硫铁、砷、磷等资源储量增加了12%～55%,铁、锡、金、萤石增加了3%～8%;因开采消耗,天然碱、长石的资源储量分别减少近9%和5%。

2007年,全区有42种查明矿产的资源储量发生变化,其中18种矿产变化较大。主要因矿产勘查和资源储量核实重算,电石用灰岩资源储量增加了11倍,水泥灰岩资源储量增加了1.7倍,铬、铅、金、银、石墨的资源储量也均增加超过10%,煤、铁、锌、钼、铂增加了3%～7%;主要因资源储量核实重算及开采消耗,锰、镍、铋、铟、天然碱的资源储量减少了3%～11%,硒则减少了52%。

2008年,全区有42种查明矿产的资源储量发生变化,其中20种矿产变化较大。因矿产勘查新增矿产地,锰矿资源储量增加12倍,煤、铁、铬、铜、铅、锌、镍、钼、金、银、镓、萤石、砷、水泥灰岩、高岭土等资源储量增加了4%～49%;因资源储量核实重算,钴、铋、镉、玻璃用砂的资源储量减少了7%～82%。

2009年,全区有51种查明矿产的资源储量发生变化,其中28种矿产变化较大。因矿产勘查新增矿产地,油页岩、钛、钒、镍、钴、蓝晶石、冶金白云岩、水泥配料砂岩、饰面花岗岩的资源储量增加1～3倍,煤、铁、锰、铬、铜、铅、锌、钼、金、银、锗、铟、熔剂灰岩、硫铁矿、天然碱、电石灰岩、磷矿、石墨、水泥灰岩等增加了4%～75%。

2010年,全区有51种查明矿产的资源储量发生变化,其中26种矿产变化较大。因矿产勘查新增矿产地或资源储量利用现状调查,蛭石资源储量增加了3倍,稀土增加了1倍,煤、铅、镍、钼、铂、铌、铟、天然碱、电石灰岩、石墨、水泥灰岩、玻璃用砂、水泥用大理岩等增加了3%～37%;因资源储量利用现状调查及开采消耗,油页岩、铬、钴、钨、锡、金、锗、镉、萤石、硫铁矿、砷等资源储量减少5%～53%。

2011年,全区有42种查明矿产的资源储量发生变化,其中14种矿产变化较大。因矿产勘查新增矿产地,饰面花岗岩的资源储量增加了1.8倍,铋、钼、金、镓、泥炭、砷等增加了11%～41%,煤、铁、银、镉、水泥灰岩等增加了3%～8%;因资源储量核实重算及开采消耗,锗矿资源储量减少了近54%,铬和耐火粘土减少了3%～5%。

2012年,全区有58种查明矿产的资源储量发生变化,其中29种矿产变化较大。因矿产勘查及资源储量核实重算,硫铁矿、泥炭和锗矿的资源储量分别增加了1.6倍、1.5倍和1.1倍,油页岩、铁、铅、锌、钼、金、银、铌、钽、铍、镓、铟、镉、砷、水泥灰岩、玻璃用石英岩、高岭土、饰面花岗岩、珍珠岩等增加了3%～78%;因资源储量核实重算及开采消耗,稀土、冶金白云岩、天然碱、制碱灰岩、溴、硼、石墨的资源储量减少3%～39%。

2013年,全区有49种查明矿产的资源储量发生变化,其中25种矿产查明资源储量变化较大。主要因矿产勘查新增矿产地,钒和锑的资源储量分别增加了108倍和103倍,油页岩、钼、硒、高岭土增加了1～5倍,煤、铜、铅、锌、钴、钨、锡、铋、金、银、铟、镉、电石灰岩、制碱灰岩、石墨、饰面花岗岩等增加了3%～90%。主要因资源储量核实重算及开采消耗,天然碱和砷的资源储量分别减少11.2%、5.7%。

2014 年，全区有 46 种查明矿产的资源储量发生变化，其中 24 种矿产变化较大。主要因矿产勘查新增矿产地，蓝晶石的资源储量增加了 18000 倍，铷和镓也增加了 1 倍以上，煤、铁、铜、镍、钴、钨、钼、金、铟、镉、萤石、熔剂灰岩、芒硝、磷矿、石墨、长石、水泥灰岩、水泥大理岩增加 3% ~83%；因资源储量核实重算及开采消耗，冶金白云岩、天然碱、湖盐的资源储量分别减少了 7.9%、5.8% 和 28.8%。

2015 年，全区有 47 种查明矿产的资源储量发生变化，其中 25 种矿产变化较大。主要因矿产勘查新增矿产地，镍、硒、制碱用灰岩、化肥用蛇纹岩、石墨、石榴子石的资源储量增加了 1.7 ~12.5 倍，油页岩、钴矿、锡矿、金矿、银矿、镓矿、铟矿、镉矿、冶金用石英岩、冶金用脉石英、砷、水泥用灰岩、饰面用花岗岩、珍珠岩、水泥用大理岩等增加了 4% ~62%；因资源储量核实重算及开采消耗，冶金用白云岩、硫铁矿、天然碱、水泥配料用板岩的资源储量减少了 6% ~67%。

2001—2015 年内蒙古自治区查明矿产资源储量变化情况一览表

表 1－3－4

年度	资源储量变化矿产数（种）	资源储量增加的矿产名称	资源储量减少的矿产名称
2001	50	铁、镍、钴、钨、锡、铋、钼、金、镓、铟、伴生硫、砷等 13 种。	煤、锰、铬、铜、铅、锌、银、铌、稀土、锗、镉、普通萤石、熔剂用灰岩、水泥用灰岩、湖盐、天然碱、芒硝、石墨、饰面石材等 37 种。
2002	46	煤、铅、钴、锡、钼、金、沸石、石膏、天然碱、电石用灰岩、水泥用灰岩、化工用白云岩、高岭土、耐火粘土、膨润土等 15 种。	铁、铬、铜、锌、镍、钨、铂、钯、银、铌、稀土、锗、镉矿普通萤石、湖盐、硫铁矿、芒硝矿、石墨、饰面石材等 31 种。
2003	51	煤、银、锡、钼、饰面用闪长岩、水泥用灰岩、水泥用大理岩共 7 种。	铁、锰、铬、铜、铅、锌、镍、钴、钨、铋、铂、钯、铱、锇、钌、金、铌、稀土、锗、镉、普通萤石、冶金用白云岩、铸型用砂、耐火粘土、硫铁矿、芒硝、天然碱、盐矿、电石用灰岩、玉石、长石、高岭土、玻璃用石英岩、玻璃用砂、水泥配料用页岩、砖瓦用粘土、水泥配料用粘土、膨润土、建筑用橄榄岩、饰面用辉绿岩、石墨、沸石、石膏、珍珠岩共 44 种。
2004	66	煤、钴、锡、金、沸石、石膏、高岭土、耐火粘土、膨润土、饰面用闪长岩、水泥用灰岩、水泥用大理岩等 14 种。	包括铁、铬、铜、铅、锌、镍、钨、钼、铌、稀土、锗、镉、银、铂族等金属矿产 22 种；硫铁矿、天然碱、芒硝、盐矿、普通萤石、石墨、饰面石材等非金属矿产 30 种。
2005	43	煤、铁、锰、铜、铅、锌、钼、金、银、镉、硫铁矿、沸石、水泥用灰岩、水泥用大理岩共 14 种。	铬、镍、钨、锡、铋、铌、稀土、普通萤石、熔剂用灰岩、冶金用白云岩、铸型用砂岩、铸型用砂、芒硝、天然碱、电石用灰岩、湖盐、石墨、长石、石膏、玉石、玻璃用石英岩、玻璃用砂、水泥配料用砂岩、高岭土、膨润土、砖瓦用粘土、水泥配料用粘土、建筑用橄榄岩、珍珠岩共 29 种。
2006	42	煤、铁、铜、铅、锌、镍、钨、钴、锡、钼、金、银、锗、普通萤石、硫铁矿、砷、磷共 17 种。	铬、铋、铌、稀土、镉、熔剂用灰岩、冶金用白云岩、铸型用砂岩、铸型用砂、芒硝矿、天然碱、电石用灰岩、湖盐、石墨、长石、玉石、水泥用灰岩、玻璃用石英岩、玻璃用砂、水泥配料用页岩、高岭土、膨润土、水泥配料用粘土、珍珠岩、水泥用大理岩共 25 种。
2007	42	煤、铁、铬、铜、铅、锌、锡、钼、铂、金、银、镉、石墨、电石用灰岩、水泥用灰岩、水泥配料用粘土等 16 种。	锰、镍、钴、钨、铋、铌、稀土、铟、硒、普通萤石、冶金白云岩、铸型砂岩、铸型砂、硫铁矿、芒硝、天然碱、制碱灰岩、湖盐、蛭石、玉石，玻璃砂、水泥配料页岩、高岭土、膨润土、珍珠岩、水泥大理岩等 26 种。

续表

年度	资源储量变化矿产数(种)	资源储量增加的矿产名称	资源储量减少的矿产名称
2008	42	煤、铁、铬、铜、铅、锌、镍、钨、锡、钼、金、银、镓、砷、萤石、水泥用灰岩、高岭土等18种。	钴、铋、铌、稀土、镉、溶剂灰岩、冶金用白云岩、冶金用石英岩、铸型用砂岩、铸型用砂、硫铁矿、芒硝、天然碱、电石用灰岩、盐矿、石膏、玉石、玻璃用砂、膨润土、砖瓦用粘土、水泥配料用粘土、饰面用花岗岩、珍珠岩、水泥用大理岩等24种。
2009	51	煤、油页岩、铁、锰、钛、钒、铜、铅、锌、镍、钴、锡、钼、金、银、硫铁矿、自然硫、磷、石墨、蓝晶石、水泥用灰岩、电石用灰岩、冶金用砂岩、熔剂用灰岩、冶金用白云岩、水泥配料用砂岩、饰面用花岗岩等33种。	钨、铌、稀土、萤石、冶金用石英岩、铸型用砂、芒硝、湖盐、石膏、玉石、玻璃用砂、水泥配料用页岩、高岭土、膨润土、砖瓦用粘土、水泥配料用粘土、珍珠岩、水泥用大理岩等18种。
2010	51	煤、铁、铜、铅、锌、镍、钼、铂、铌、铟、稀土、天然碱、电石用灰岩、石墨、蛭石、水泥用灰岩、玻璃用砂、膨润土、水泥用大理岩等19种。	油页岩、锰、铬、钴、钨、锡、铋、金、银、锗、镓、镉、萤石、熔剂用灰岩、冶金用白云岩、铸型用砂、硫铁矿、自然硫、芒硝、化肥用蛇纹岩、盐矿、砷矿、磷矿、石膏、玉石、高岭土、砖瓦用粘土、水泥配料粘土、饰面用闪长岩、饰面用花岗岩、珍珠岩、水泥配料板岩等32种。
2011	42	煤、铁、铜、铅、锌、铋、钼、金、银、镓、镉、泥炭、砷矿、水泥用灰岩、膨润土、饰面用花岗岩等16种。	锰、铬、镍、钨、锡、铌、稀土矿、锗、铟、萤石、熔剂用灰岩、冶金用白云岩、铸型用砂、耐火粘土、硫铁矿、芒硝、天然碱、电石用灰岩、化肥用蛇纹岩、石墨、石膏、玉石、玻璃用砂、高岭土、砖瓦用粘土、水泥用大理岩等26种。
2012	58	煤、油页岩、铁、铜、铅、锌、钨、钼、金、银、铌、钽、铍、锂、铷、铯、锗、镓、铟、镉、泥炭、砷矿、硫铁矿、云母、电气石、蛭石、玛瑙、玻璃用石英岩、高岭土、水泥用灰岩、膨润土、饰面用花岗岩、珍珠岩等33种。	锰、铬、镍、钴、锡、稀土、普通萤石、熔剂用灰岩、冶金用白云岩、铸型用砂、芒硝、天然碱、电石用灰岩、制碱用灰岩、盐、溴、硼矿、石墨、石膏、玉石、玻璃用砂、砖瓦用粘土、水泥配料用粘土、饰面闪长岩、水泥用大理岩等25种。
2013	49	煤、油页岩、铁、钒、铜、铅、锌、钴、钨、锡、铋、钼、锑、金、银、钽、铍、镓、铟、镉、硒、普通萤石、电石用灰岩、制碱用灰岩、砷矿、石墨、高岭土、饰面用花岗岩等28种。	锰、镍、铌、稀土、锗、熔剂用灰岩、冶金用白云岩、铸型用砂、硫铁矿、芒硝、天然碱、湖盐、石膏、玉石、水泥用灰岩、玻璃用砂、膨润土、砖瓦用粘土、水泥配料用粘土、珍珠岩、水泥用大理岩等21种。
2014	46	煤、铁、铬、铜、铅、锌、镍、钴、钨、铋、钼、金、铷、镓、铟、镉、蓝晶石、普通萤石、熔剂用灰岩、芒硝、磷、石墨、长石、水泥用灰岩、玻璃用石英岩、膨润土、饰面用花岗岩、水泥用大理岩等28种。	锰、锡、银、铌、稀土、冶金用白云岩、铸型用砂、硫铁矿、天然碱、电石用灰岩、湖盐、砷矿、玉石、玻璃用砂、高岭土、砖瓦用粘土、珍珠岩、水泥配料用板岩等共18种。
2015	47	煤、油页岩、铜、铅、锌、镍、钴、钨、锡、铋、金、银、镓、铟、镉、硒、冶金用石英岩、冶金用脉石英、制碱用灰岩、化肥用蛇纹岩、石墨、石榴子石、沸石、水泥用灰岩、饰面用花岗岩、珍珠岩、水泥用大理岩等共27种。	铁、钼、铌、稀土、锗、普通萤石、熔剂用灰岩、冶金用白云岩、铸型用砂、硫铁矿、天然碱、电石用灰岩、湖盐、砷、玉石、玻璃用砂、高岭土、膨润土、水泥配料用粘土、水泥配料用板岩等共20种。

五、赋存与分布特征

根据自治区已查明矿产资源的赋存与分布情况，主要概括为以下几方面的特征：

1. 以煤为主的能源矿产资源极为丰富，优势明显，潜力巨大。

全区已查明的能源矿产包括煤、石油、天然气、油页岩、地热、铀矿等，主要分布于鄂尔多斯盆地、二连盆地（群）、海拉尔盆地（群）三大聚集盆地。其中，煤炭为自治区最主要优势资源，查明资源储量居全国第一位。全区12个盟市均有煤炭资源分布，但又集中分布在呼伦贝尔市、锡林郭勒盟、鄂尔多斯市，三盟市保有煤炭资源储量占全区总量的91%，仅鄂尔多斯市因分布东胜和准格尔两大著名煤田，查明资源储量接近全区总量的一半。尤其是全区各主要煤田煤层赋存浅、厚度大、储量集中、开发条件好，适于大规模露天开发。

天然气是自治区比较优势资源，剩余可采储量居全国第二位。已发现的含油气盆地有开鲁、二连、海拉尔、河套、赤峰、银根、鄂尔多斯等十多个含油气单元，总面积45万平方千米，预测石油资源量可达30~40亿吨、天然气资源量35000亿立方米，资源潜力大。

2. 稀土资源得天独厚，储量世界第一。

全区查明的矿床主要有白云鄂博稀土矿和八〇一稀有稀土矿等，查明稀土资源储量占全国的97%，占世界的70%以上。白云鄂博稀土矿是以轻稀土为主，保有资源储量占世界总储量的38%，是世界上最大的稀土矿床；八〇一稀有稀土矿床以重稀土为主，与铌、钽、铍稀有金属共生，也是世界级的特大型矿床。

3. 有色金属及贵金属矿产资源储量丰富，分布集中，具有规模开发条件。

铜、铅、锌、钨、锡、钼等有色金属矿产和金、银贵金属矿产均为自治区优势或比较优势矿产，其查明资源储量集中分布在得尔布干、大兴安岭中南段和华北地台北缘的狼山3个成矿带，主要涉及呼伦贝尔市、赤峰市、锡林郭勒盟和巴彦淖尔市，查明资源储量占全区总量的95%以上。因资源储量较大，分布较为集中，加上有利的外部建设条件，具有规模化开发的天然禀赋条件。

4. 非金属矿产种类繁多，资源匹配性好，具有矿种优势。

全区已查明的非金属矿产有50多种，涵盖了冶金、化工和建材等各类矿产资源，其中查明资源储量居全国前三位的就达20种。萤石、石墨、铸型用砂、耐火粘土、天然碱、电石灰岩、沸石、石膏、膨润土等矿产具有资源优势，石膏、芒硝拥有世界级的特大型矿床，石墨、天然碱、池盐和优质高效高岭土在全国闻名。

5. 大宗矿产贫矿多、富矿少，共伴生矿多、独立矿少，难选矿多、易选矿少。

在全区已查明的铁矿资源中，需选贫矿达99.6%，富矿不足0.5%；已查明的铜矿资源，占78%为贫铜矿石，富铜矿（Cu品位>1%）仅占1/5左右；查明资源储量丰富的铅锌矿石，其一般品位也仅在3%~5%，品位大于7%的富矿很少；已查明的磷矿资源，其99%的矿石为品位9%左右的贫矿石；查明资源的硫铁矿，其矿石品位一般也只在20%左右。特别是全区已查明资源的各类金属、非金属矿产地，有70%以上属于共伴生矿床，其拥有大量组分复杂的综合矿物，矿物颗粒细微或成胶态状，选矿工艺复杂，选矿难度较大，需要依托科技进步，不断提高综合利用水平。

第二节 主要矿产资源及特征

一、煤炭

煤炭是自治区最主要的优势矿产资源。全区12个盟市均有查明的煤炭资源储量分布,主要集中分布在鄂尔多斯市、锡林郭勒盟和呼伦贝尔市,这3个盟市已查明的煤炭资源储量占全区总量的90%以上。其中,鄂尔多斯市主要查明有东胜、准格尔等大型煤田,保有资源储量占全区总量的51%;锡林郭勒盟主要查明有胜利、白音华等大型煤田,保有资源储量占全区总量的25%左右;呼伦贝尔市主要查明有宝日希勒、伊敏、大雁等大型煤田,保有资源储量占全区总量的近18%。

鄂尔多斯市东胜煤田布尔台煤矿现代化矿井

锡林郭勒盟胜利煤田东二号露天煤矿

2000年,全区煤炭列入《储量表》的查明矿产地334处(包括锗矿共生煤2处),其中大型94处、中型57处,累计查明资源储量2251.20亿吨,保有资源储量2232.82亿吨,仅次于山西省,居全国第2位。

至2005年,全区列入《储量表》的煤矿产地353处(包括锗矿共生煤2处),累计查明煤炭资源储量2352.70亿吨,保有资源储量2326.96亿吨,占全国总量的22.32%,居全国第2位。与2000年相比,矿产勘查新增煤炭产地19处,同时进行矿区资源储量核实重算,保有资源储量净增94.14亿吨,增长4.22%。

2006 年，全区列入《储量表》的煤矿产地 422 处（包括锗矿共生煤 2 处），累计查明煤炭资源储量 2921.26 亿吨，保有资源储量 2892.64 亿吨，占全国总量的 24.94%，首次超过山西省跃居全国第 1 位。与 2005 年相比，矿产勘查新增矿产地 69 处，同时进行矿区资源储量核实重算及矿山开采消耗，保有资源储量净增 565.68 亿吨，增长 24.31%。

至 2010 年，全区列入《储量表》的煤矿产地为 545 处（含 2 处锗矿共生煤），累计查明资源储量 3629.81 亿吨，并有预测的资源量 3971.61 亿吨，保有资源储量 3577.45 亿吨，占全国总量的 26.68%，居全国第 1 位。与 2005 年相比，矿产勘查新增煤矿产地 192 处，同时进行矿区资源储量核实重算及矿山开采消耗，保有资源储量净增 1250.49 亿吨，增长 53.74%。

至 2015 年，全区列入《储量表》的煤矿产地为 437 处（含 1 处锗矿共生煤），累计查明煤炭资源储量 4220.80 亿吨，另有预测的资源量 4298.00 亿吨，保有资源储量为 4110.65 亿吨，占全国总量的 26.24%，稳居全国首位。与 2010 年相比，因矿产勘查新增矿产地 49 处，新增查明资源储量 436.20 亿吨；同时，因全区矿产资源利用现状调查和矿区资源储量核实重算及矿山开采消耗，调整归并减少煤矿产地 157 处，保有资源储量净增 533.20 亿吨，增长 14.9%。

2000—2015 年内蒙古自治区煤炭查明资源储量情况统计表

表 1－3－5

年度	列入《储量表》矿产地（处）				查明资源储量（亿吨）		保有资源储量（亿吨）		
	总计	其中：共生	其中：年度勘查新增	其中：归并减少	累计查明	年度勘查新增	合计	基础储量	资源量
2000	334	2	—	—	2251.20	—	2232.82	731.14	1501.68
2001	334	2	—	—	2251.57	—	2232.41	730.73	1501.68
2002	335	2	1	—	2254.16	0.01	2233.90	731.18	1502.72
2003	336	2	1	—	2260.73	0.98	2239.07	734.44	1504.63
2004	341	2	5	—	2297.00	37.73	2274.13	733.87	1500.26
2005	353	2	12	—	2352.70	55.70	2326.96	755.65	1571.31
2006	422	2	69	—	2921.26	564.61	2892.64	802.33	2090.31
2007	454	2	32	—	3014.72	327.50	2981.53	808.40	2173.13
2008	510	2	56	—	3314.17	629.39	3275.88	789.07	2486.81
2009	530	2	20	—	3510.18	196.04	3465.83	772.65	2693.18
2010	545	2	15	—	3629.81	119.21	3577.45	769.86	2807.59
2011	441	1	20	124	3765.35	216.64	3690.32	368.89	3321.43
2012	436	1	3	8	3815.63	2.90	3730.80	401.66	3329.14
2013	436	1	10	10	3950.41	94.96	3856.80	460.10	3396.69
2014	434	1	12	14	4165.38	67.35	4062.37	490.01	3572.36
2015	437	1	4	1	4220.80	54.35	4110.65	492.82	3617.83

二、金属矿产

1. 铁矿

铁矿在自治区12个盟市均有分布,并具有一定潜力。已查明的铁矿资源储量主要分布在包头市、赤峰市、锡林郭勒盟、巴彦淖尔市,这4个盟市的保有资源储量占全区总量的80%以上。其中,包头市主要查明有白云鄂博主东矿、西矿两个大型铁铌稀土矿,以及三合明、公义明、黑脑包、高腰海等10个中型铁矿,保有资源储量占全区的40%左右;锡林郭勒盟主要查明有苏尼特右旗温都尔庙白云敖包铁矿、哈尔哈达铁矿,东乌珠穆沁旗朝不楞铁多金属矿、查干敖包铁锌矿等5个中型矿床,保有资源储量占全区的20%左右;巴彦淖尔市主要查明有乌拉特前旗东五分子铁矿、书记沟铁矿、赛忽洞铁矿和乌拉特后旗双利铁矿、霍各乞3号铁矿等5个中型矿床,保有资源储量占全区的近13%;赤峰市主要查明有克什克腾旗黄岗铁锡矿、宁城五官营子等4个中型超贫磁铁矿,保有资源储量占全区的近10%。

包头市白云鄂博特大型铁铌稀土矿

全区铁矿床成因类型较多,主要包括复合成因型、海相火山—沉积型、沉积变质型、接触交代型、古风化壳型、浅海相沉积型、岩浆活动晚期热液型等,矿体主要产于太古宙、元古宙和古生代地层内,其中复合成因(特种高温热液交代为主)的白云鄂博式铁矿最为重要,查明资源储量最多。

2000—2015年内蒙古自治区铁矿查明资源储量情况统计表

表1-3-6

年度	列入《储量表》铁矿产地(处)					查明资源储量(亿吨)		保有资源储量(亿吨)		
	总计	单一或以铁为主	共伴生	勘查新增		累计查明	勘查新增	合计	基础储量	资源量
				单一或以铁为主	共伴生					
2000	83	75	8	—	—	26.01	—	23.37	12.65	10.72
2001	87	79	8	4	—	26.84	0.82	24.07	12.79	11.28
2002	93	85	8	6	—	26.60	0.05	23.71	12.20	11.51
2003	98	90	8	5	—	26.65	0.05	23.60	12.13	11.47
2004	107	99	8	9	—	26.75	0.10	23.48	11.96	11.52
2005	143	135	8	36	—	28.32	1.57	24.83	12.70	12.13
2006	215	207	8	72	—	29.86	1.54	26.09	12.96	13.13
2007	269	261	8	54	—	32.15	2.29	28.01	13.83	14.18

续表

年度	列入《储量表》铁矿产地(处)					查明资源储量(亿吨)		保有资源储量(亿吨)		
	总计	单一或以铁为主	共伴生	勘查新增		累计查明	勘查新增	合计	基础储量	资源量
				单一或以铁为主	共伴生					
2008	327	318	9	57	1	37.78	5.38	33.40	14.59	18.81
2009	383	370	13	52	4	41.03	3.12	36.17	15.84	20.33
2010	408	394	14	42	1	40.77	1.76	37.05	12.12	24.93
2011	436	422	14	28	—	43.90	2.96	39.56	13.57	25.99
2012	472	454	18	32	4	46.84	2.83	41.86	15.57	26.29
2013	492	470	22	16	4	56.61	9.43	51.07	20.99	30.08
2014	505	482	23	12	1	65.07	6.06	58.92	25.32	33.60
2015	514	490	24	8	1	65.23	0.16	58.76	25.20	33.56

2000 年,全区列入《储量表》的铁矿产地 83 处,其中大型 17 处、中型 17 处,累计查明资源储量 26.01 亿吨,保有资源储量 23.37 亿吨,占全国总量的 5%,居全国第 7 位。

至 2005 年,全区列入《储量表》的铁矿产地 143 处,累计查明资源储量 28.32 亿吨,保有资源储量 24.83 亿吨,占全国总量的 4.19%,居全国第 8 位。与 2000 年相比,因矿产勘查新增矿产地 60 处,查明资源储量增加 2.59 亿吨,但因开采消耗保有资源储量仅增加 1.46 亿吨,居全国位次下降 1 位。

至 2010 年,全区列入《储量表》的铁矿产地 408 处(含共伴生铁矿 14 处),累计查明资源储量 40.77 亿吨,保有资源储量 37.05 亿吨,占全国总量的 5.09%,居全国第 7 位。与 2005 年相比,因矿产勘查新增矿产地 283 处,新增查明资源储量 14.09 亿吨;同时,因全区矿产资源利用现状调查和矿区资源储量核实重算及矿山开采消耗,归并减少矿产地数 18 处,保有资源储量增加 12.22 亿吨,增长 49.21%,居全国位次上升 1 位。

至 2015 年,全区列入《储量表》的铁矿产地 514 处(含共生铁矿 24 处),累计查明资源储量 65.23 亿吨,保有资源储量 58.76 亿吨(将其中超贫磁铁矿按 mFe20% 进行折算后全区铁矿保有资源储量为 44.98 亿吨),占全国总量的 6.91%,居全国第 5 位。与 2010 年相比,因矿产勘查新增矿产地 106 处,新增查明资源储量 21.44 亿吨;同时,因矿区资源储量核实重算及矿山开采消耗,保有资源储量增加 21.71 亿吨,增长 58.6%,居全国位次上升 2 位。

2. 铜矿

铜矿属自治区潜在优势矿产。已查明资源主要分布在呼伦贝尔市、赤峰市、锡林郭勒盟、乌兰察布市、巴彦淖尔市,这 5 个盟市的铜金属保有资源储量占全区总量的 90% 以上。其中,呼伦贝尔市主要查明有乌努格吐山大型铜钼矿等,保有资源储量占全区总量的 35% 以上;赤峰市查明有一大批中小型共生矿床,保有资源储量占全区总量的 24% 左右;巴彦淖尔市主要查明有霍各乞铜多金属大型矿等,保有资源储量占全区总量的 14% 左右;锡林郭勒盟主要查明有道伦达坝中型铜多金属矿等,保有资源储量占全区总量的近 14%;乌兰察布市主要查明有白乃庙中型铜矿等,保有资源储量占全区总量 5% 左右。

2000年,全区列入《储量表》的查明铜矿产地53处,其中大型1处、中型7处,累计查明资源储量铜365.77万吨,保有资源储量铜347.93万吨,居全国第5位。

不同类型的铜矿石

至2005年,全区列入《储量表》的铜矿产地67处(含伴生铜2处)其中大型1处、中型7处,累计查明资源储量铜427.70万吨,保有资源储量402.25万吨(其中基础储量106.44万吨、资源量295.82万吨),占全国总量的5.96%,居全国第4位。与2000年相比,因矿产勘查新增产地14处,新增查明资源储量铜63.78万吨,保有资源储量净增54.32万吨,增长15.61%,居全国位次提升1位。

呼伦贝尔市乌努格吐山大型铜钼矿

至2010年,全区列入《储量表》的铜矿产地共有153处(含共生铜46处、伴生铜55处),其中大型2处、中型7处,累计查明资源储量铜667.46万吨,保有资源储量632.87万吨,占全国总量的7.87%,居全国第4位。与2005年相比,因矿产勘查新增产地94处,新增查明资源储量铜221.99万吨,同时因矿区资源储量核实重算及矿山开采消耗,保有资源储量净增230.62万吨,增长57.33%;另外,因2010年进行矿区归并减少铜产地8处(其中以铜为主产地减少3处、共生铜减少7处,伴生铜增加2处),铜矿产地实际净增86处。

至2015年,全区铜矿列入《储量表》的矿产地有230处(包括72处共生矿和87处伴生矿),其中大型2处、中型9处,累计查明资源储量铜869.47万吨,保有资源储量783.02万吨,占全国总量的7.74%,居全国第5位。与2010年相比,因矿产勘查新增产地94处,新增查明资源储量铜221.99万吨,同时因矿区资源储量核实重算及矿山开采消耗,保有资源储量净增230.62万吨,增长57.33%,但占全国比重略有下降,居全国位次也下降1位。另外,2011年因全区矿产资源利用现状调查归并减少产地18处(共生铜3处、伴生铜15处),虽然年度矿产勘查新增产地6处,但实际铜矿产地净减少12处。

2000—2015年内蒙古自治区铜矿查明资源储量情况统计表

表1-3-7

年度	列入《储量表》铜矿产地(处)							查明资源储量铜(万吨)		保有资源储量铜(万吨)		
	总计	以铜为主	共生	伴生	年度勘查新增			累计查明	年度勘查新增	合计	基础储量	资源量
					以铜为主	共生	伴生					
2000	53	5	38	10	—	—	—	363.63	—	347.93	98.13	249.80
2001	59	9	38	12	4	—	2	365.70	2.07	349.65	94.78	254.87
2002	60	10	38	12	1	—	—	366.03	0.36	349.06	93.41	255.65

续表

年度	列入《储量表》铜矿产地（处）							查明资源储量铜（万吨）		保有资源储量铜（万吨）		
	总计	以铜为主	共生	伴生	年度勘查新增			累计查明	年度勘查新增	合计	基础储量	资源量
					以铜为主	共生	伴生					
2003	61	10	38	13	—	—	1	366.48	0.13	346.28	92.07	254.21
2004	61	10	38	13	—	—	—	366.48	—	344.45	90.28	254.17
2005	67	14	38	15	4	—	2	427.70	61.22	402.25	106.44	295.82
2006	77	18	38	21	4	—	6	499.87	72.17	471.75	248.02	223.73
2007	103	35	38	30	17	—	9	522.60	22.73	479.47	243.28	236.19
2008	122	42	45	35	7	7	5	544.86	23.98	501.50	255.15	246.36
2009	142	51	49	42	9	4	7	670.78	85.49	623.52	289.94	333.58
2010	153	52	46	55	4	4	11	667.46	17.62	632.87	365.92	266.95
2011	141	54	43	44	2	—	4	686.49	12.28	641.05	364.19	276.86
2012	169	55	60	54	1	17	10	714.69	8.311	654.04	370.49	283.55
2013	205	64	72	69	9	12	15	807.05	64.19	738.50	400.27	338.23
2014	225	69	72	84	5	—	15	842.49	3.16	763.78	415.67	348.11
2015	230	71	72	87	2	—	3	869.47	19.2	783.02	421.23	361.79

3. 铅锌矿

铅锌矿属自治区的优势矿产资源。已查明资源储量主要分布在呼伦贝尔市、赤峰市、锡林郭勒盟、巴彦淖尔市。其中，赤峰市主要查明有白音诺尔铅锌矿、浩布高多金属矿、拜仁达坝锌多金属矿、维拉斯托锌多金属矿等大型矿床，巴彦淖尔市主要查明有东升庙多金属矿、霍各气铜多金属矿、炭窑口多金属矿、甲生盘铅锌硫矿等大型矿床，呼伦贝尔市主要查明有甲乌拉银铅锌矿、三河铅锌矿等大中型矿床，锡林郭勒盟主要查明有花敖包特矿区银铅锌矿、阿尔哈达铅锌矿等中型矿床，这4个盟市查明的铅、锌保有资源储量占全区总量的90%左右。

铅锌矿石标本

赤峰市白音诺尔大型铅锌矿

全区铅锌矿床主要以共生复合矿体构成，很少以单一矿种产出。矿床成因类型包括层控型（如霍各乞、炭窑口、东升庙、甲生盘等地）、矽卡岩型（如白音诺尔、敖包山等地）、热液型（如甲乌拉、三河、小营子、孟恩套勒盖等地)及火山岩型(如谢尔塔拉)等,以层控型、矽卡岩型和热液型为主,这3种类型查明资源储量占全区总量的95%以上。

2000年,全区列入《储量表》的查明铅矿产地46处、锌矿产地51处,其中大型铅矿产地2处、大型锌矿产地6处,中型铅矿产地7处、锌矿产地15处。累计查明资源储量铅391.83万吨、锌1356.05万吨,保有资源储量铅373.97万吨、锌1332.73万吨,分别占全国总量的11%和14%,分别居全国第3位和第2位。

至2005年,全区列入《储量表》的铅矿产地77处、锌矿产地81处,累计查明资源储量铅480.73万吨、锌1487.75万吨,保有资源储量铅430.13万吨、锌1350.5万吨,分别占全国总量的10.93%和14.22%,均居全国第2位。与2000年相比,因矿产勘查新增铅矿产地31处、锌矿产地30处,新增查明资源储量铅113.02万吨、锌199.26万吨;因矿区资源储量核实重算及矿山开采消耗,保有资源储量净增铅56.16万吨、锌17.77万吨,分别增长15.02%和1.33%,铅矿居全国位次提升1位。

至2009年,全区列入《储量表》的铅矿产地157处(包括共生铅99处、伴生铅14处)、锌矿产地167处(包括共生锌75处、伴生锌15处),累计查明资源储量铅893.59万吨、锌2270.58万吨,保有资源储量铅814.36万吨、锌2037.30万吨,均居全国第1位。与2005年相比,因矿产勘查新增铅矿产地80处、锌矿产地86处,新增查明资源储量铅412.96万吨、锌702.10万吨;因矿区资源储量核实重算及矿山开采消耗,保有资源储量净增铅384.23万吨、锌686.80万吨,分别增长89.33%和50.86%,居全国位次均首次跃居首位。

2010年,全区列入《储量表》的铅矿产地150处(包括共生铅79处、伴生铅15处),锌矿产地163处(包括共生锌65处、伴生锌16处)。累计查明资源储量铅1029.18万吨、锌2174.42万吨,保有资源储量铅983.04万吨、锌2047.17万吨,分别占全国总量的17.84%和17.65%,均居全国第1位。与2009年相比,因矿产勘查新增铅矿产地20处、锌矿产地21处,新增查明资源储量铅136.65万吨、锌156.74万吨;同时,因全区矿产资源利用现状调查归并减少铅矿产地27处、锌矿产地25处,并因矿区资源储量核实重算及矿山开采消耗,保有资源储量净增铅168.68万吨、锌9.87万吨,分别增长20.71%和0.48%。

2000—2015年内蒙古自治区铅矿查明资源储量情况统计表

表1-3-8

年度	列入《储量表》铅矿产地(处)								查明资源储量铅(万吨)		保有资源储量铅(万吨)		
	总计	以铅为主	共生	伴生	年度勘查新增				累计查明	年度勘查新增	合计	基础储量	资源量
					合计	以铅为主	共生	伴生					
2000	46	—	—	—	—	—	—	—	391.83	—	373.97	216.67	157.30
2001	52	—	—	—	6	—	—	—	397.03	5.20	358.36	152.02	206.34
2002	59	—	—	—	7	—	—	—	406.03	3.98	364.55	149.80	214.75
2003	63	—	—	—	4	—	—	—	360.67	1.80	315.61	155.55	160.06
2004	65	—	—	—	2	—	—	—	363.03	2.36	315.51	154.91	160.60
2005	77	—	—	—	12	—	—	—	480.73	99.68	430.13	224.41	205.72
2006	92	—	—	—	15	—	—	—	545.25	64.55	485.37	228.48	256.89

续表

年度	列入《储量表》铅矿产地(处)								查明资源储量铅(万吨)		保有资源储量铅(万吨)		
	总计	以铅为主	共生	伴生	年度勘查新增				累计查明	年度勘查新增	合计	基础储量	资源量
					合计	以铅为主	共生	伴生					
2007	119	31	74	14	27	—	—	—	632.76	78.51	541.36	251.02	290.34
2008	140	38	88	14	21	7	14	—	715.20	118.80	645.07	290.67	353.40
2009	157	44	99	14	17	6	11	—	893.59	151.10	814.36	385.84	428.52
2010	150	56	79	15	20	5	14	1	1029.18	136.65	983.04	301.12	681.91
2011	160	57	88	15	10	1	9	—	1084.00	33.16	1008.12	310.56	697.56
2012	179	69	92	18	19	12	4	3	1262.53	104.07	1171.94	391.07	780.87
2013	208	73	112	23	29	4	20	5	1482.58	155.70	1368.88	508.01	860.87
2014	218	74	121	23	10	1	9	—	1529.70	28.14	1397.49	584.78	812.72
2015	228	74	131	23	10	—	10	—	1571.28	27.60	1425.10	593.16	831.94

2000—2015 年内蒙古自治区锌矿查明资源储量情况统计表

表 1－3－9

年度	列入《储量表》锌矿产地(处)								查明资源储量锌(万吨)		保有资源储量锌(万吨)		
	总计	以锌为主	共生	伴生	年度勘查新增				累计查明	年度勘查新增	合计	基础储量	资源量
					合计	以锌为主	共生	伴生					
2000	51	—	—	—	—	—	—	—	1356.05	—	1332.73	803.34	529.39
2001	58	—	—	—	7	—	—	—	1375.96	19.91	1327.20	545.22	781.97
2002	65	—	—	—	7	—	—	—	1382.08	3.48	1325.98	539.29	786.69
2003	67	—	—	—	2	—	—	—	1143.50	3.88	1071.66	533.09	538.57
2004	69	—	—	—	2	—	—	—	1143.80	0.25	1060.38	528.19	532.19
2005	81	—	—	—	12	—	—	—	1487.75	171.74	1350.50	676.27	674.23
2006	96	—	—	—	15	—	—	—	1588.29	100.54	1426.85	674.20	752.65
2007	126	57	54	15	30	—	—	—	1736.69	148.40	1518.38	700.59	817.79
2008	148	69	64	15	22	12	10	—	1960.69	298.94	1756.04	791.39	964.65
2009	167	77	73	17	19	8	9	2	2270.58	154.22	2037.30	1005.79	1031.51
2010	163	82	65	16	21	12	8	1	2274.42	156.74	2047.17	588.89	1458.28
2011	173	87	65	21	10	5	—	5	2268.42	52.62	2097.95	603.13	1494.81
2012	192	99	72	21	19	12	7	—	2540.33	189.61	2340.94	735.15	1605.79
2013	219	116	82	21	27	17	10	—	2964.54	297.88	2700.41	962.32	1738.09
2014	230	118	91	21	11	2	9	—	3082.74	48.85	2753	1178.88	1574.12
2015	240	125	94	21	10	7	3	—	3214.77	80.06	2833.06	1248.52	1584.54

至2015年,全区列入《储量表》的铅矿产地228个(有共生铅131处、伴生铅23处),锌矿产地240个(有共生锌93处、伴生锌21处),其中规模达大型的铅锌矿产地共6处,达中型的42处。累计查明资源储量铅1571.28万吨、锌3214.77万吨,保有资源储量铅1425.10万吨、锌2833.06万吨,分别占全国总量的18.35%和18.91%,均稳居全国第1位。与2010年相比,因矿产勘查新增铅矿产地78处、锌矿产地77处,新增查明资源储量铅348.67万吨、锌669.02万吨;因矿区资源储量核实重算及矿山开采消耗,保有资源储量净增铅442.06万吨、锌785.89万吨,分别增长44.97%和38.39%。

4. 锡矿

锡矿属自治区比较优势矿产。已查明的锡矿资源储量主要分布在赤峰市和锡林郭勒盟,赤峰市因查明有克什克腾旗黄岗铁锡大型矿床,保有资源储量占全区总量的80%。

全区锡矿成因类型较复杂,有花岗岩型、伟晶岩型、云英岩型、斑岩型、矽卡岩型和热液石英脉型,以矽卡岩型、热液石英脉型为主,多数与一种或两种以上矿种共生,锡的载体矿物主要为锡酸(胶态锡)和锡石,占90%以上的矿石属难选矿石。

赤峰市克什克腾旗黄岗大型铁锡矿

2000—2015年内蒙古自治区锡矿查明资源储量情况统计表

表1-3-10

年度	列入《储量表》锡矿产地(处)							查明资源储量锡(万吨)		保有资源储量锡(万吨)		
	总计	以锡为主	共生	伴生	年度勘查新增			累计查明	年度勘查新增	合计	基础储量	资源量
					以锡为主	共生	伴生					
2000	8	4	3	1	—	—	—	49.45	—	48.09	1.49	46.60
2001	9	4	4	1	—	1	—	75.94	27.02	74.52	0.97	73.55
2002	9	4	4	1	—	—	—	75.94	—	74.50	0.95	73.55
2003	9	4	4	1	—	—	—	76.02	—	74.51	0.96	73.55
2004	9	4	4	1	—	—	—	75.94	—	74.47	0.92	73.55
2005	9	4	4	1	—	—	—	75.98	—	74.21	0.66	73.55
2006	11	4	5	2	—	1	1	78.67	2.69	77.21	2.25	74.96
2007	11	4	5	2	—	—	—	78.67	—	78.15	2.23	75.92
2008	14	4	5	5	—	—	3	81.30	0.96	79.19	2.31	76.88
2009	15	4	6	5	—	1	—	81.79	0.49	79.62	2.38	77.14
2010	17	4	6	7	—	—	2	40.31	0.33	38.68	14.42	24.26
2011	19	4	8	7	—	2	—	40.37	0.53	37.70	32.85	4.85
2012	19	4	8	7	—	—	—	40.62	—	36.57	31.50	5.07
2013	22	4	11	7	—	3	—	44.55	3.93	39.47	30.82	8.65
2014	22	4	11	7	—	—	—	44.92	—	38.52	29.52	9.00
2015	23	5	11	7	1	—	—	48.25	3.04	40.76	29.62	11.14

2000 年,全区列入《储量表》的查明锡矿产地 8 处,其中大型矿床 1 处、中型矿床 3 处,累计查明资源储量锡 49.45 万吨,保有资源储量锡 48.09 万吨,占全国总量的 9%,居全国第 5 位。

至 2005 年,全区列入《储量表》的锡矿产地 9 处,累计查明资源储量锡 75.98 万吨,保有资源储量 74.21 万吨,占全国总量的 15.78%,居全国第 4 位。其中,因 2001 年矿产勘查新增铁共生锡矿产地 1 处,新增查明资源量锡 27.02 万吨,使全区保有资源储量比上年净增 26.43 万吨,增长 54.96%,居全国位次也提升 1 位。

至 2010 年,全区列入《储量表》的锡矿产地 17 处,累计查明资源储量锡 40.31 万吨,保有资源储量 38.68 万吨,占全国总量的 8.95%,居全国第 5 位。与 2005 年相比,因矿产勘查新增 8 处锡矿产地,增加查明资源储量锡 4.47 万吨,同时因全区矿产资源利用现状调查剔除以往在克什克腾旗黄岗铁锡矿重复统计的资源储量 43.69 万吨,以及其他矿区资源储量核实重算增加 3.69 万吨,实际全区保有资源储量锡净减少 35.53 万吨,减少了 47.88%,使居全国位次下降 1 位。

至 2015 年,全区列入《储量表》的锡矿产地 23 处,累计查明资源储量锡 48.25 万吨,保有资源储量 40.76 万吨,占全国总量的 11.9%,居全国第 4 位。与 2010 年相比,因矿产勘查新增锡矿产地 6 处,增加查明资源储量锡 7.50 万吨,扣除矿山开采消耗和矿区资源储量核实重算增减,实际全区锡保有资源储量净增 2.08 万吨,增长了 5.38%,使居全国位次又提升到第 4 位(主要是 2013 年矿产勘查新增矿产地,保有资源储量比上年净增 2.9 万吨,使居全国位次提升)。

5. 钼矿

钼矿属自治区潜在优势矿产。其矿床类型主要为斑岩型(细脉浸染型),其次为接触交代型和与火山岩有关的矿床。全区已查明钼矿资源主要分布在呼伦贝尔市、锡林郭勒盟、乌兰察布市、巴彦淖尔市,这 4 个盟市钼矿保有资源储量占全区总量的近 90%。其中,乌兰察布市查明有曹四夭钼矿、大苏计矿区钼矿 I 号矿体等大型钼矿床,保有资源储量占全区总量的近 30%;锡林郭勒盟查明有必鲁甘干铜钼矿、准苏吉花矿区铜钼矿、乌日尼图铅锌铜钨钼矿、迪彦钦阿木铅锌银钼矿、东不拉格乌兰铅锌钼矿、沙子沟铅锌钼矿等大中型矿床,保有资源储量占全区总量的 29%;呼伦贝尔市查明有乌奴格吐山铜钼矿、太平沟铜钼矿、宜里农场铜钼矿、兴阿铜钼矿、重石山铍钼矿、呼扎盖图钼矿、八大关铜钼矿、柴河源林场花岗山铜钼矿等大中型矿床,保有资源储量占全区总量的近 19%;巴彦淖尔市查明有西沙德盖矿区钼矿、查干花铜钼矿、查干德尔斯钼矿等大中型矿床,保有资源储量占全区总量的 12%。

2000 年,全区列入《储量表》的查明钼矿产地 12 处,累计查明资源储量钼 31.88 万吨,保有资源储量钼 31.77 万吨,居全国第 7 位。

至 2005 年,全区列入《储量表》的钼矿产地 17 处,累计查明资源储量钼 32.32 万吨,保有资源储量钼 32.19 万吨,占全国总量的 2.99%,居全国第 8 位。与 2000 年相比,因矿产勘查新增矿产地 5 处,新增查明资源储量钼 0.44 万吨,保有资源储量净增 0.42 万吨,增长 1.32%,居全国位次下降 1 位。

至 2010 年,全区列入《储量表》的钼矿产地 52 处,累计查明资源储量钼 113.42 万吨,保有资源储量 111.46 万吨,占全国总量的 7.95%,居全国第 3 位。与 2005 年相比,因矿产勘查新增矿产 39 处,新增查明资源储量钼 50.09 万吨;同时,因全区矿产资源利用现状调查及矿区资源储量核实重算,归并减少矿产地 4 处,保有资源储量净增 79.27 万吨,增长近 2.5 倍,使居全国位次大幅提高 5 位(其中,于 2006 年提升 2 位到第 6 位,2008 年下降 1 位成第 7 位,2009 年又提升 3 位到第 4 位,2010 年再提升 1 位到第 3 位)。

2000—2015 年内蒙古自治区钼矿查明资源储量情况统计表

表 1－3－11

年度	列入《储量表》钼矿产地(处)							查明资源储量钼(万吨)		保有资源储量钼(万吨)		
	总计	以钼为主	共生	伴生	年度勘查新增			累计查明	年度勘查新增	合计	基础储量	资源量
					以钼为主	共生	伴生					
2000	12	2	5	5	—	—	—	31.88	—	31.77	2.92	28.85
2001	14	2	6	6	—	1	1	31.98	0.10	31.86	2.91	28.95
2002	15	2	6	7	—	—	1	31.99	0.01	31.87	2.91	28.96
2003	16	3	6	7	1	—	—	32.28	0.29	32.15	2.97	29.18
2004	16	3	6	7	—	—	—	32.28	—	32.15	2.97	29.18
2005	17	3	7	7	—	1	—	32.32	0.04	32.19	2.98	29.21
2006	20	3	7	10	—	—	3	47.91	15.59	47.76	35.87	11.89
2007	31	13	8	10	10	1	—	50.77	2.86	50.63	36.23	14.39
2008	40	17	11	12	4	3	2	66.06	11.41	65.23	42.50	22.73
2009	48	19	16	13	3	4	1	88.90	11.62	87.67	51.90	35.77
2010	52	21	18	13	5	3	—	113.42	8.61	111.46	73.38	38.08
2011	56	25	18	13	4	—	—	135.79	13.32	133.02	90.45	42.57
2012	62	31	18	13	6	—	—	219.50	82.49	216.17	133.77	82.40
2013	78	39	20	19	8	2	6	445.14	204.08	440.97	270.04	170.93
2014	82	41	22	19	2	2	—	511.75	46.65	506.10	306.43	199.67
2015	83	41	22	20	—	—	1	511.42	0.00	504.12	306.30	197.82

至 2015 年,全区列入《储量表》的钼矿产地达 83 处,累计查明资源储量钼 511.42 万吨,保有资源储量 504.12 万吨,占全国总量的 17.28%,居全国第 2 位。与 2010 年相比,因矿产勘查新增钼矿产地 31 处,新增查明资源储量 346.54 万吨;同时,因矿区资源储量核实重算及矿山开采消耗,保有资源储量净增 392.66 万吨,增长超 3.5 倍,居全国位次提升 1 位(其中,至 2013 年因矿产勘查和资源储量核实重算,钼保有资源储量净增 329.51 万吨,居全国位次已提升到第 2 位)。

6. 金矿

岩金矿石标本

金矿在自治区分布较为广泛,并具有潜力。全区金矿床成因类型有岩浆热液型、风化淋滤型、含金砾岩型、沉积砂金型、伴生金等。除乌海市无查明的金矿资源外,其他 11 个盟市均有分布。岩金除在乌海市和鄂尔多斯市无查明资源储量外,其他 10 个盟市均有分布,但主要分布在赤峰市、包头市和巴彦淖尔市，这3个盟市岩金保有资源储量占全区岩金总量的80%左右；砂金已查明资源分布在呼和浩特市、包头市、呼伦贝尔市、乌兰察布市、巴彦淖尔市及鄂尔多斯市，但保有资源储量99%集中分布在呼伦贝尔市和巴彦淖尔市；伴生金分布在包头市、赤峰市、呼伦贝尔市、巴彦淖尔市、乌兰察布市、兴安盟、锡林郭勒盟和阿拉善盟的有色金属矿床中，但保有资源储量的85%分布在赤峰市、呼伦贝尔市和锡林郭勒盟。

巴彦淖尔市浩尧尔忽洞大型露天金矿

2000—2015年内蒙古自治区金矿查明资源储量情况统计表

表1-3-12

年度	列入《储量表》金矿产地（处）					查明资源储量 金（万吨）		保有资源储量 金（万吨）		
	合计	单一或以金为主	共伴生	年度勘查新增		累计查明	年度勘查新增	合计	基础储量	资源量
				单一或以金为主	共伴生					
2000	168	149	19	—	—	264.08	—	132.46	86.10	46.36
2001	178	156	22	7	3	276.92	12.39	139.17	86.78	52.40
2002	184	161	23	5	1	289.85	3.13	146.10	82.72	63.38
2003	187	163	24	2	1	292.77	1.06	145.46	80.90	64.56
2004	190	166	24	3	—	303.25	1.24	151.14	85.77	65.37
2005	194	169	25	3	1	309.03	0.99	151.17	79.86	71.31
2006	208	183	25	14	—	328.49	14.49	165.54	81.89	83.65
2007	217	190	27	7	2	394.50	66.01	223.58	116.01	107.57
2008	237	203	34	13	7	475.42	59.85	297.48	167.38	130.10
2009	256	216	40	13	6	537.90	31.21	354.32	188.80	165.52
2010	203	161	42	11	4	504.46	23.63	328.17	156.19	171.97
2011	201	163	38	11	1	551.43	29.62	365.76	173.76	192.0
2012	213	172	41	9	3	673.28	15.24	479.72	187.82	291.90
2013	233	183	50	11	9	755.41	44.11	556.90	217.86	339.04
2014	246	189	57	6	7	876.16	36.01	659.41	259.10	400.31
2015	259	196	63	7	6	927.44	44.82	688.86	264.86	424.0

2000 年,全区列入《储量表》的金矿产地 168 处(包括共伴生金 19 处),有大型矿床 2 处(即包头市乌拉山岩金矿、额尔古纳市恩和哈达砂金矿),中型矿床 15 处。累计查明资源储量金 264.08 吨,保有资源储量金 132.46 吨,居全国第 14 位。

至 2005 年,全区列入《储量表》的金矿产地共 194 处(包括共伴生金 25 处),累计查明资源储量金 309.03 吨,保有资源储量金 151.17 吨,居全国第 14 位。与 2000 年相比,因矿产勘查新增金矿产地 26 处,新增查明资源储量金 18.81 吨,保有资源储量增长 14.13%。

至 2010 年,全区列入《储量表》的金矿产地为 203 处(包括共伴生金 42 处),累计查明资源储量金 504.46 吨,保有资源储量金 328.17 吨,居全国第 6 位。与 2005 年相比,因矿产勘查新增金矿产地 81 处,新增查明资源储量金 196.18 吨,同时因全区矿产资源利用现状调查和矿区资源储量核实重算,归并减少金矿产地 72 处,保有资源储量净增 177 吨,增长 1.17 倍,使居全国位次大幅提升 8 位(其中 2006 年提升 1 位、2007 年提升 2 位、2008 年提升 4 位、2009 年提升 1 位)。

至 2015 年,全区列入《储量表》的金矿产地 259 处(包括共伴生金 63 处),累计查明资源储量金 927.44 吨,保有资源储量金 688.86 吨,居全国第 5 位。与 2010 年相比,因矿产勘查新增金矿产地 70 处,增加查明资源储量金 169.8 吨,同时因进行矿区资源储量核实,保有资源储量净增 360.69 吨,增长 1.1 倍,居全国位次提升 1 位。其中,2011 年因矿区归并减少金矿产地 14 处,2011—2012 年因矿产勘查和矿区资源储量核实重算,保有资源储量净增加 151.55 吨,使居全国位次提升到第 5 位;2013 年又因矿产勘查和矿区资源储量核实,保有资源储量净增 77.18 吨,居全国位次进一步到第 4 位;至 2015 年,因矿区资源储量核实重算及矿山开采消耗,保有资源储量有所下降,居全国位次也降为第 5 位。

7. 银矿

银矿是自治区优势矿产资源。全区除乌海市和鄂尔多斯市外,其他 10 个盟市均有查明银矿资源储量分布,但主要分布在赤峰市、锡林郭勒盟和呼伦贝尔市。赤峰市主要有拜仁达坝大型银多金属矿、白音诺尔铅锌共生银矿等大型矿床,保有资源储量占全区总量的 40% 左右;锡林郭勒盟主要有花敖包特银铅锌矿和吉宝力格银矿等大中型矿床,保有资源储量占全区总量的 26% 左右;呼伦贝尔市主要有额仁陶勒盖银矿、查干布拉根银铅锌矿等大型矿床,保有资源储量占全区总量的 18% 左右。

赤峰市拜仁达坝大型银多金属矿

2000 年,全区列入《储量表》的银矿产地 48 处(包括共伴生银 39 处),有大型矿床 3 处、中型矿床 8 处,累计查明资源储量银 1.40 万吨,保有资源储量银 1.25 万吨,占全国总量的 11%,居全国第 3 位。

2000—2015 年内蒙古自治区银矿查明资源储量情况统计表

表 1 - 3 - 13

年度	列入《储量表》银矿产地（处）					查明资源储量银（万吨）		保有资源储量银（万吨）		
	合计	以银为主	共伴生	年度勘查新增		累计查明	年度勘查新增	合计	基础储量	资源量
				以银为主	共伴生					
2000	48	9	39	—	—	13 994	—	12 473	4406	8067
2001	52	11	41	2	2	13 415	390	11 798	3546	8252
2002	58	12	46	1	5	13 474	115	11 783	3475	8308
2003	60	13	47	1	1	13 634	58	11 821	3421	8400
2004	64	15	49	2	2	13 714	80	11 852	3387	8465
2005	78	17	61	2	12	20 588	5345	18 633	7389	11 244
2006	96	19	77	2	16	23 555	2871	21 345	8806	13 259
2007	126	23	103	4	26	27 475	2942	23 709	8773	14 936
2008	157	25	132	2	29	28 595	2228	25 916	9276	16 641
2009	185	26	159	1	27	32 509	3517	29 626	9812	19 814
2010	217	29	188	3	29	31 522	2758	29 208	9773	19 436
2011	219	23	196	1	19	34 131	1671	30 645	9808	20 837
2012	257	25	232	2	36	38 800	4796	34 833	10 351	24 482
2013	314	28	2	3	54	50 310	8925	45 011	12 095	32 916
2014	350	38	312	10	26	50 652	2399	44 694	11 907	32 786
2015	376	48	328	10	16	55 344	4692	48 817	12 564	36 253

至 2005 年，全区列入《储量表》的银矿产地 78 处（包括共伴生银 61 处），有大型矿床 5 处、中型矿床 8 处，累计查明资源储量银 2.06 万吨，保有资源储量银 1.86 万吨，占全国总量的 10.47%，居全国第 3 位。与 2000 年相比，因矿产勘查新增银矿产地 30 处，新增查明资源储量银 0.60 万吨；同时，因矿区资源储量核实重算及矿山开采消耗，银保有资源储量净增 0.62 万吨，增长 49.39%。

至 2010 年，全区列入《储量表》的银矿产地 217 处（包括共伴生银 188 处），累计查明银矿资源储量银 3.15 万吨，保有资源储量银 2.92 万吨，占全国总量的 16.47%，居全国第 1 位。与 2005 年相比，因矿产勘查新增银矿产地 139 处，新增查明资源储量银 1.43 万吨；同时，因矿区资源储量核实重算及矿山开采消耗，保有资源储量净增 1.06 万吨，增长 56.75%，居全国位次提升到首位（自 2006 年已居全国第 1 位）。

至 2015 年，全区列入《储量表》的银矿产地 376 处（包括共伴生银 328 处），有大型矿床 5 处、中型矿床 8 处。累计查明资源储量银 5.53 万吨，保有资源储量银 4.88 万吨，占全国总量的 22.39%，居全国第1位。与2010年相比,因矿产勘查新增矿产地177处,新增查明资源储量银2.25万吨,保有资源储量净增1.96万吨,增长67.14%。

8. 稀土矿

稀土矿是自治区得天独厚的矿产资源,具有类型独特、品位较高、伴生元素丰富、资源集中、资源储量巨大的特点。

霓石型铌稀土矿石标本

全区已发现的稀土矿产地仅分布在包头市、通辽市和乌兰察布市。其中,包头市查明有世界著名的白云鄂博大型铁铌共生稀土矿床,其保有资源储量占全区总量的近99.5%;通辽市查明有扎鲁特旗八〇一大型稀有稀土矿床,其保有资源储量占全区总量的0.5%。乌兰察布市为磷矿伴生稀土,查明资源早已开采耗竭闭坑。

包头白云鄂博铁铌稀土主东矿

2000年,全区列入《储量表》稀土矿产地共8处,其中以稀土为主或与铁矿共生稀土矿有6处,均为大型矿床;有伴生稀土矿2处,均为小型矿床,且早已开采耗竭闭坑。全区查明稀土氧化物资源储量占全国总量的98%,居全国第1位。

至2005年,除每年度因白云鄂博矿区开采消耗外,全区查明的稀土资源储量与2000年相比没有大的变化,仅保有资源储量减少了2.66%。

至2010年,全区列入《储量表》的稀土矿产地7处,其中有2处以稀土为主的矿产地和2处共生稀土矿均为有大型矿床,其他3处均为伴生的小型稀土矿(包括2处已开采耗竭的伴生矿)。与2005年相比,因矿产资源利用现状调查及资源储量核实重算,归并减少矿产地2处,新增查明伴生矿产地1处,保有资源储量增加1.09倍,占全国总量近99%。

至2015年,全区列入《储量表》的稀土矿产地为7处(包括4处大型矿床、3处小型伴生矿),查明资源储量占全国总量的98%以上。与2010年相比,因开采消耗,保有资源储量减少了0.61%。

9. 锗矿

锗矿是自治区的优势矿产资源,已查明资源集中分布在锡林郭勒盟胜利煤田乌兰图嘎大型锗矿中。

2000年,全区列入《储量表》的锗矿产地2处,包括1处大型矿床和1处已开采耗竭闭坑的小型伴生矿,累计查明资源储量锗1629吨,保有资源储量1621吨(基础储量1621),占全国总量的31%,居全国第1位。

至2005年,全区列入《储量表》的锗矿产地2处(包括1处大型矿床和1处闭坑小型伴生矿),保有资源储量锗1610吨(基础储量309吨、资源量1301吨),居全国第1位。与2000年相比,因矿区资源储量核实重算和开采消耗,基础储量减少1312吨,资源量增加1301吨,保有资源储量总计减少0.68%。

至2010年，全区列入《储量表》的锗矿产地为3处（包括2处大型矿床和1处闭坑小型伴生矿），保有资源储量锗2898吨（基础储量722吨、资源量2176吨），占全国总量的近47%，居全国第1位。与2005年相比，因矿产勘查及资源储量核实新增矿产地1处，保有资源储量增加1288吨，增长80%。

至2015年，全区列入《储量表》的锗矿产地为2处（包括1处大型矿床和1处闭坑小型伴生矿），累计查明资源储量锗2952吨，保有资源储量锗2752吨（基础储量711吨、资源量2041吨），占全国总量的近40%，居全国第1位。与2010年相比，因矿区资源储量核实归并减少矿产地1处，同时因开采消耗，保有资源储量减少146吨，减少5.04%。

锡林郭勒盟乌兰图嘎大型煤锗矿

三、非金属矿产

1. 普通萤石

普通萤石矿是自治区的优势矿产资源，具有分布广、资源储量丰富的特点。除呼和浩特市、鄂尔多斯市、乌海市尚无查明萤石矿产地外，其他9个盟市均有萤石资源分布，但主要分布在乌兰察布市。乌兰察布市查明有四子王旗苏莫查干敖包、西里庙、北敖包吐、满提等大中型矿床，其萤石矿保有资源储量占到全区总量的70%以上。

全区萤石矿床主要有3种类型：中低温热液裂隙充填型、似层状热液交代型、复合成因与铁、铌、稀土伴生的萤石矿。中低温热液裂隙充填型（或热液脉型）萤石矿，分布广，一般规模不大，但矿石质量好，氟化钙品位可达90%以上，易采易选，是自治区重要萤石矿床类型之一。似层状热液交代型的似层状萤石矿床，是自治区最有远景和经济价值的矿床类型，主要矿床乌兰察布市四子王旗苏莫查干敖包萤石矿是世界上罕见的超大型单一萤石矿床，矿石平均品位为63.76%。复合成因与铁、铌、稀土伴生的萤石矿，如白云鄂博铁铌稀土矿中伴生的萤石资源可达上亿吨。

2000年，全区列入《储量表》的萤石矿产地27处，其中大型矿床2处，中型矿床4处，其余为小型。累计查明萤石矿石资源储量2793.6万吨，保有资源储量2511万吨，居全国第3位。

至2005年，全区列入《储量表》的萤石矿产地27处（大型2处、中型4处），累计查明萤石矿石资源储量2782.3万吨，保有资源储量2463万吨，占全国总量的10.4%，居全国第3位。与2000年相比，因矿区资源储量核实重算及矿山开采消耗，查明的萤石矿石资源储量减少0.4%，保有资源储量减少1.91%。

至2010年，全区列入《储量表》的萤石矿产地29处（大型3处、中型5处），累计查明萤石矿石资源储量2671.7万吨，保有资源储量2485.7万吨，占全国总量的8.7%，居全国第3位。与2005年相比，因矿产勘查于2008年新增大型矿产地1处、于2010年新增中型矿产地和小型矿产地各1处，合计新增查明萤石矿石资源储量457.3万吨，但同时因全区矿产资源利用现状调查核实及矿山开采消耗，归并减少矿产地1处，保有资源储量仅净增22.7万吨，增长0.92%。

至2015年，全区列入《储量表》的萤石矿产地共29处（大型3处、中型6处），累计查明萤石矿石资源储量3573.8万吨,保有资源储量3280.4万吨,占全国总量的84.43%,居全国第1位。与2010年相比,因矿产勘查于2012—2014年新增矿产地3处,尤其是2014年新增1处大型矿产地,增加查明萤石矿石资源储量841万吨,使全区保有资源储量比上年净增826.9万吨,增长33.65%,跃居全国第1位。此外,于2011年进行矿区归并减少矿产地3处。

2000—2015年内蒙古自治区萤石矿查明资源储量情况统计表

表1-3-14

年度	列入《储量表》的矿产地(处)	勘查新增产地(处)	累计查明资源储量(万吨)	勘查新增查明资源储量(万吨)	保有资源储量(万吨)		
					合计	基础储量	资源量
2000	27	—	2793.6	—	2511.0	808.1	1708.8
2001	27	—	2793.6	—	2509.5	800.7	1708.8
2002	27	—	2793.6	—	2502.7	793.9	1708.8
2003	27	—	2793.6	—	2497.5	789.7	1707.8
2004	27	—	2793.6	—	2487.7	778.6	1709.1
2005	27	—	2782.3	—	2463.0	768.6	1694.4
2006	27	—	2954.5	—	2622.1	928.0	1694.1
2007	27	—	2958.8	—	2596.5	950.0	2596.5
2008	28	1	3347.0	391.6	2978.7	1107.6	1871.1
2009	28	—	3347.8	—	2924.9	1055.1	1869.8
2010	29	2	2671.7	65.7	2485.7	249.3	2236.4
2011	26	—	2670.0	—	2445.7	245.3	2200.4
2012	27	1	2671.8	2.1	2419.2	245.5	2173.7
2013	28	1	2725.4	19.4	2457.3	262.0	2195.3
2014	29	1	3573.6	841.0	3284.2	803.7	2480.5
2015	29	—	3573.8	—	3280.4	801.3	2479.1

2. 硫铁矿

硫铁矿及伴生硫属自治区比较优势矿产,已查明资源分布在包头市、赤峰市、通辽市、呼伦贝尔市、乌兰察布市、巴彦淖尔市、鄂尔多斯市、兴安盟、锡林郭勒盟和阿拉善盟,但主要分布在巴彦淖尔市和锡林郭勒盟。其中,巴彦淖尔市查明有东升庙、炭窑口、甲生盘、山片沟、对门山等大中型多金属硫铁矿床,查明资源储量占全区总量的80%左右;锡林郭勒盟查明资源储量占全区总量的12%左右。

全区硫铁矿成因类型主要有层控型、沉积型、热液型,矽卡岩型极少。层控型硫铁矿主要分布于狼山—渣尔泰山一带(国内最大的硫多金属成矿带),以矿体规模大、与铜、铅、锌等多金属矿共生为特点,是自治区内主要硫铁矿床类型,矿石可选性好,是主要开发对象;沉积型硫铁矿分布于鄂尔多斯市准格尔旗房塔沟、戚家沟和榆树湾一带，以单一硫铁矿床为主，矿体呈窝状、结核状，规模小，但质量好，适于小规模开采；热液型硫铁矿广泛分布于热液多金属矿床中，多为金属矿伴生元素，可综合回收。矽卡岩型硫铁矿仅查明有东乌旗朝不楞铁多金属矿伴生硫。

2000 年，全区列入《储量表》的硫铁矿产地共有 21 处（伴生硫 6 处），包括大型矿床 4 处、中型矿床 6 处，累计查明资源储量硫铁矿石 5.03 亿吨、伴生硫 257.9 万吨，保有资源储量硫铁矿石 4.89 亿吨（基础储量 3.01 亿吨、资源量 1.88 亿吨）、伴生硫 244.9 万吨（资源量 244.9 万吨），占全国总量的 10%，居全国第 3 位。

至 2005 年，全区列入《储量表》的硫铁矿产地为 24 处（伴生硫 9 处），累计查明资源储量硫铁矿石 4.49 亿吨、伴生硫 281.9 万吨，保有资源储量硫铁矿石 4.34 万吨（基础储量 1.14 亿吨、资源量 3.20 亿吨）、伴生硫 273.4 万吨（资源量 273.4 万吨），占全国总量的 8.07%，居全国第 6 位。与 2000 年相比，因矿产勘查增加伴生硫产地 3 处，但由于矿区资源储量核实重算及矿山开采消耗，硫铁矿石查明资源储量减少 0.54 亿吨，保有资源储量减少 0.55 亿吨，减少 11.27%，居全国位次也下降 3 位。

至 2010 年，全区列入《储量表》的硫铁矿产地为 35 处（伴生硫 22 处），累计查明资源储量硫铁矿石 4.07 亿吨、伴生硫 2271.0 万吨，保有资源储量硫铁矿石 3.90 亿吨（基础储量 1.57 亿吨、资源量 2.33 亿吨）、伴生硫 2267.3 万吨（基础储量 17.2 万吨、资源量 2250.1 万吨），占全国总量的 6.14%，居全国第 7 位。与 2005 年相比，因矿产勘查新增伴生硫产地 13 处，伴生硫保有资源储量净增加 0.20 亿吨，但由于全区矿产资源利用调查和矿山资源储量核实重算及矿山开采消耗，归并减少矿产地 2 处，硫铁矿石保有资源储量净减少 0.44 亿吨，减少了 10.15%，居全国位次下降 1 位。

至 2015 年，全区列入《储量表》的硫铁矿产地为 66 处（伴生硫 51 处），累计查明资源储量硫铁矿石 3.65 亿吨、伴生硫 3421.5 万吨，保有资源储量硫铁矿石 3.26 亿吨（基础储量 1.24 亿吨、资源量 2.02 亿吨）、伴生硫 3377.8 万吨（基础储量 16.6 万吨、资源量 3361.2 万吨），占全国总量的 5.56%，居全国第 6 位。与 2010 年相比，因矿产勘查新增共生硫铁矿 2 处、伴生硫 29 处，同时因矿山资源储量核实重算及矿山开采消耗，保有资源储量硫铁矿石净减少 0.64 亿吨、伴生硫净增加 1110.5 万吨，居全国位次上升 1 位。

3. 芒硝矿

芒硝矿是自治区的比较优势矿产，已查明资源储量分布在包头市、鄂尔多斯市、呼伦贝尔市、锡林郭勒盟、阿拉善盟，但主要集中分布在鄂尔多斯市。鄂尔多斯市查明有达拉特旗芒硝矿及盐海子芒硝矿等大中型矿床，保有资源储量占全区总量的 97%。

2000 年，全区列入《储量表》的芒硝矿产地 20 处（含共生矿 4 处），累计查明资源储量芒硝矿石 35.93 亿吨，保有资源储量 35.77 亿吨，占全国总量的 14%，居全国第 3 位。

鄂尔多斯市达拉特旗大型芒硝矿

至 2005 年，全区列入《储量表》的芒硝矿产地 20 处（含共生矿 4 处），累计查明资源储量芒硝矿石 35.86 亿吨，保有资源储量为 35.62 亿吨，占全国总量的

5.58%,居全国第4位。与2000年相比,因矿区资源储量核实重算及开采消耗,保有资源储量减少0.15亿吨,减少了0.43%,居全国位次下降1位。

至2010年,全区列入《储量表》的芒硝矿产地20处(含共生矿4处),累计查明资源储量芒硝矿石35.38亿吨,保有资源储量为35.06亿吨,占全国总量的1.21%,居全国第6位。与2005年相比,因矿区资源储量核实重算及开采消耗,保有资源储量减少0.56亿吨,减少1.56%,居全国位次下降2位。

至2015年,全区列入《储量表》的芒硝矿产地22处(含共生矿5处),累计查明资源储量芒硝矿石43.45亿吨,保有资源储量43.10亿吨,占全国总量的14.78%,居全国第2位。与2010年相比,因矿产勘查新增产地2处(含共生矿1处),新增查明资源储量3.75亿吨,并因矿区资源储量核实重算及开采消耗,保有资源储量净增8.04亿吨,增长22.93%,居全国位次提升4位(主要是2013年矿产勘查新增1处矿产地,新增查明资源储量3.75亿吨,居全国位次从第6位提升到第2位)。

2000—2015年内蒙古自治区芒硝矿查明资源储量情况统计表

表1-3-15

年度	列入《储量表》芒硝矿产地(处)			查明资源储量(亿吨)		保有资源储量(亿吨)		
	总计	共生矿	勘查新增	累计查明	勘查新增	合计	基础储量	资源量
2000	20	4	—	35.93	—	35.77	3.48	32.29
2001	20	4	—	35.93	—	35.76	3.47	32.29
2002	20	4	—	35.86	—	35.67	3.37	32.30
2003	20	4	—	35.86	—	35.64	3.33	32.31
2004	20	4	—	35.86	—	35.62	3.31	32.31
2005	20	4	—	35.86	—	35.62	3.31	32.31
2006	20	4	—	35.86	—	35.61	3.30	32.31
2007	20	4	—	35.87	—	35.58	3.27	32.31
2008	20	4	—	35.87	—	35.56	3.25	32.31
2009	20	4	—	35.87	—	35.56	3.25	32.31
2010	20	4	—	35.38	—	35.06	2.74	32.32
2011	20	4	—	35.36	—	35.04	2.68	32.36
2012	20	4	—	35.36	—	35.03	2.67	32.36
2013	21	4	1	39.26	3.75	38.92	4.02	34.90
2014	22	5	1	43.45	0.00	43.10	12.95	30.15
2015	22	5	—	43.45	—	43.10	12.95	30.15

4. 天然碱矿

天然碱矿是自治区的比较优势矿产资源。全区已查明的天然碱资源仅分布在呼伦贝尔市、锡林郭勒盟、鄂尔多斯市,但保有资源储量70%以上集中分布在鄂尔多斯市。

2000年,全区列入《储量表》的天然碱矿产地9处,其中有大型矿床1处、中型矿床2处,累计查明天然碱资源储量 2438. 8 万吨,保有资源储量 1809. 3 万吨,占全国总量的 16% ,居全国第 2 位。

至 2005 年,全区列入《储量表》的矿区 10 处(有大型 1 处、中型 2 处),累计查明天然碱资源储量 2493. 8 万吨,保有资源储量 1220. 7 万吨,占全国总量的 11. 82% ,居全国第 2 位。与 2000 年相比,于 2002 年因矿产勘查新增 1 处小型天然碱矿产地,新增查明资源储量 8. 6 万吨,并因矿区资源储量核实重算和矿山开采消耗,保有资源储量净减少 588. 6 万吨,减少 32. 53% 。

至 2010 年,全区列入《储量表》的矿区 10 处(有大型 1 处、中型 2 处),累计查明天然碱资源储量 3307. 6 万吨,保有资源储量 1784. 2 万吨,占全国总量的 15. 74% ,居全国第 2 位。与 2005 年相比,因矿区资源储量核实重算及矿山开采消耗,保有资源储量净增加 563. 5 万吨,增长 46. 16% 。

至 2015 年,全区列入《储量表》的矿区 10 处(有大型 1 处、中型 2 处),累计查明天然碱资源储量 3126. 2 万吨,保有资源储量 1209. 6 万吨,占全国总量的 5. 27% ,居全国第 2 位。与 2010 年相比,因矿区资源储量核实重算及矿山开采消耗,保有资源储量净减少 574. 6 万吨,减少 32. 20% 。

2000—2015 年内蒙古自治区天然碱矿查明资源储量情况统计表

表 1 - 3 - 16

年度	列入《储量表》矿产地(处)			查明资源储量(万吨)		保有资源储量(万吨)		
	合计	共生	勘查新增	累计查明	勘查新增	合计	基础储量	资源量
2000	9	1	—	2438. 8	—	1809. 3	1766. 6	42. 7
2001	9	1	—	2438. 8	—	1573. 1	1530. 4	42. 7
2002	10	1	1	2493. 8	8. 6	1574. 1	1223. 2	350. 9
2003	10	1	—	2493. 8	—	1390. 1	1039. 2	350. 9
2004	10	1	—	2493. 8	—	1384. 5	1025. 9	358. 6
2005	10	1	—	2493. 8	—	1220. 7	905. 4	315. 3
2006	10	1	—	2493. 8	—	1113. 0	830. 7	282. 3
2007	10	1	—	2493. 8	—	1064. 8	782. 6	282. 2
2008	10	1	—	2493. 8	—	1042. 7	782. 1	260. 6
2009	10	1	—	3020. 2	—	1555. 6	1228. 7	326. 9
2010	10	1	—	3307. 6	—	1784. 2	1405. 9	378. 2
2011	10	1	—	3307. 6	—	1741. 3	1405. 9	335. 4
2012	10	1	—	3307. 6	—	1552. 7	1221. 9	330. 8
2013	10	1	—	3126. 2	—	1378. 8	1119. 4	259. 4
2014	10	1	—	3126. 2	—	1298. 5	1039. 1	259. 4
2015	10	1	—	3126. 2	—	1209. 6	950. 8	258. 8

5. 石墨

石墨矿是自治区的潜在优势矿产资源,也是中国晶质石墨的重要产区之一。全区已查明的石墨资源分布在呼和浩特市、包头市、通辽市、乌兰察布市、鄂尔多斯市、巴彦淖尔市、阿拉善盟。其中,晶质石墨主要分布在巴彦淖尔市、阿拉善盟、乌兰察布市和呼和浩特市,并赋存于古老的太古界、元古界变质岩系中,分为片麻岩、片岩、大理岩晶质石墨建造3种类型,以片麻岩中的晶质石墨建造类型为主;隐晶质石墨仅分布在通辽市扎鲁特旗。

2000年,全区列入《储量表》的石墨矿产地13处,全为晶质石墨矿产地,包括有中型矿床11处、小型矿床2处。累计查明资源储量晶质石墨693.2万吨,保有资源储量614.2万吨(基础储量400.9万吨、资源量213.3万吨),占全国总量的4%,居全国第5位。

至2005年,全区列入《储量表》的石墨矿产地13处,全为晶质石墨矿产地,包括中型11处、小型2处,累计查明资源储量晶质石墨693.5万吨,保有资源储量607.2万吨(基础储量437.2万吨、资源量170万吨),占全国总量的3.69%,居全国第5位。与2000年相比,因开采消耗,保有资源储量减少7万吨,减少1.4%。

至2010年,全区列入《储量表》的石墨矿产地17处,其中晶质石墨矿产地14处、隐晶质石墨矿产地3处,累计查明资源储量:晶质石墨996.7万吨、隐晶质石墨1436.3万吨,保有资源储量:晶质石墨908.9万吨(基础储量497.5万吨、资源量411.4万吨)、隐晶质石墨1436.3万吨(基础储量114.7万吨、资源量1321.6万吨),占全国总量的9.64%,居全国第3位。与2005年相比,因矿产勘查新增矿产地4处(晶质石墨1处、隐晶质石墨3处),新增查明资源储量:晶质石墨312.1万吨、隐晶质石墨1436.3万吨,同时扣除开采消耗,保有资源储量净增晶质石墨301.7万吨(增长了49.69%)、隐晶质石墨1436.3万吨,居全国位次提升2位(其中2007年提升1位、2008年提升1位)。

至2015年,全区列入《储量表》的石墨矿产地为20处,其中晶质石墨矿产地17处、隐晶质石墨矿产地3处,累计查明资源储量:晶质石墨5187.2万吨、隐晶质石墨1449.8万吨,晶质石墨保有资源储量5094.2万吨(基础储量2343.8万吨、资源量2750.4万吨),隐晶质石墨保有资源储量1413.14万吨(基础储量114.68万吨、资源量1298.46万吨),占全国总量的19.26%,居全国第2位。与2010年相比,因矿产勘查新增晶质石墨矿产地8处,新增晶质石墨查明资源储量4273.6万吨,同时因矿山开采消耗,晶质石墨保有资源储量净增4185.3万吨,增长4.6倍,使居全国位次提升1位。其中,因矿区归并,于2012年进行减少矿产地5处;因开采消耗,居全国位次于2012年下降1位到第4位,2013年又下降1位到第5位;因矿产勘查,于2014年新增1处大型矿产地,新增查明资源储量晶质石墨259.7万吨,使居全国位次提升到第4位;2015年新增6处矿产地,新增查明资源储量晶质石墨3266.1万吨,使居全国位次提升2位到第2位。

6. 石膏矿

石膏矿属自治区比较优势矿产,资源储量大,分布集中。全区已查明的石膏资源储量仅分布在乌兰察布市、鄂尔多斯市和阿拉善盟,但主要集中在鄂尔多斯市,因其查明有苏级、代庆召、台格庙等大型石膏矿床,保有资源储量占全区总量的97%左右。

石膏矿石标本

2000年,全区列入《储量表》的石膏矿产地8处,其中大型矿床4处、中型矿床2处、小型矿床2处。累计查明资源储量

36. 41 亿吨,保有资源储量 36. 37 亿吨(基础储量 2. 04 亿吨、资源量 34. 33 亿吨),占全国总量的 6%,居全国第 2 位。

至 2005 年,全区列入《储量表》的石膏矿产地 8 处,累计查明资源储量 36. 57 亿吨,保有资源储量 36. 51 亿吨(基础储量 2. 18 亿吨、资源量 34. 33 亿吨),占全国总量的 5. 54%,居全国第 2 位。与 2000 年相比,因矿区资源储量核实重算和开采消耗,保有资源储量净增 0. 14 亿吨,仅增长 0. 38%。

至 2010 年,全区列入《储量表》的石膏矿产地 8 处,累计查明资源储量 36. 57 亿吨,保有资源储量 36. 51 亿吨(基础储量 2. 18 亿吨、资源量 34. 33 亿吨),占全国总量的 4. 74%,居全国第 3 位。与 2005 年相比,因开采消耗,保有资源储量减少 23 万吨,减少不到 0. 01%,但居全国位次下降 1 位。另外,因矿产勘查于 2011 年新增 1 处预查的石盐石膏矿,新增预测的资源量 23. 11 亿吨。

至 2015 年,全区列入《储量表》的石膏矿产地 8 处,累计查明资源储量 36. 49 亿吨,保有资源储量 36. 41 亿吨(基础储量 2. 17 亿吨、资源量 34. 24 亿吨),占全国总量的 3. 63%,居全国第 4 位。与 2010 年相比,因资源储量核实重算及开采消耗,保有资源储量减少 0. 10 亿吨,减少 0. 27%,居全国位次下降 1 位。

7. 水泥用灰岩及大理岩

水泥用灰岩在自治区分布较广,并具有潜力,全区 12 个盟市均有查明资源储量的水泥用灰岩分布。水泥用大理岩在自治区分布较为局限,仅在呼和浩特市、呼伦贝尔市、赤峰市和乌兰察布市有查明资源分布,并主要集中在呼和浩特市和呼伦贝尔市。

2000 年,全区列入《储量表》的水泥用灰岩矿产地 40 处、水泥用大理岩矿产地 10 处。累计查明资源储量:水泥用灰岩 9. 78 亿吨、水泥用大理岩 2. 19 亿吨,保有资源储量:水泥用灰岩 9. 56 亿吨、水泥用大理岩 2. 10 亿吨,分别占全国总量的 2% 和 6%,列全国第 24 位和第 8 位。

至 2005 年,全区列入《储量表》的水泥用灰岩矿产地 41 处、水泥用大理岩矿产地 12 处,累计查明资源储量:水泥用灰岩 10. 39 亿吨、水泥用大理岩 3. 28 亿吨,保有资源储量:水泥用灰岩 9. 81 亿吨、水泥用大理岩 3. 19 亿吨,分别占全国总量的 1. 35% 和 8%,列全国第 24 位和第 3 位。与 2000 年相比,因矿产勘查新增水泥用灰岩矿产地 1 处、水泥用大理岩矿产地 2 处,新增查明资源储量水泥用灰岩 0. 34 亿吨、水泥用大理岩 0. 98 亿吨,同时因资源储量核实重算及开采消耗,保有资源储量净增水泥用灰岩 0. 03 亿吨、水泥用大理岩 1. 09 亿吨,分别增长 0. 31% 和 51. 90%,使水泥用大理岩居全国位次提升 5 位。

至 2010 年,全区列入《储量表》的水泥用灰岩矿产地 53 处、水泥用大理岩矿产地 13 处,累计查明资源储量:水泥用灰岩 51. 71 亿吨、水泥用大理岩 4. 48 亿吨,保有资源储量:水泥用灰岩 50. 84 亿吨、水泥用大理岩 4. 24 亿吨,分别占全国总量的 4. 98% 和 10. 34%,居全国第 8 位和第 3 位。与 2005 年相比,因矿产勘查新增水泥用灰岩矿产地 12 处、水泥用大理岩矿产地 1 处,新增查明资源储量水泥用灰岩 41. 72 亿吨、水泥用大理岩 1. 16 亿吨,同时因资源储量核实重算及开采消耗,保有资源储量净增水泥用灰岩 41. 03 亿吨、水泥用大理岩 1. 05 亿吨,分别增长 4. 18 倍和 32. 92%,使水泥用灰岩居全国位次大幅提升 16 位。

至 2015 年,全区列入《储量表》的水泥用灰岩矿产地 70 处、水泥用大理岩矿产地 13 处,累计查明资源储量:水泥用灰岩 76. 78 亿吨、水泥用大理岩 9. 39 亿吨,保有资源储量:水泥用灰岩 75. 65 亿吨、水泥用大理岩 8. 42 亿吨,分别占全国总量的 5. 90% 和 18. 06%,居全国第 5 位和第 2 位。与 2010 年相比,因矿产勘查新增水泥用灰岩矿产地 17 处,新增查明资源储量水泥用灰岩 19. 49 亿吨,同时因资源储量核实重算及开采消耗,保有资源储量净增水泥用灰岩 24.81 亿吨、水泥用大理岩 4.18 亿吨,分别增长 48.8% 和 98.58%,使居全国位次水泥用灰岩提升 3 位、水泥用大理岩提升 1 位。

8. 高岭土矿

高岭土矿是自治区的特色矿产并具有潜力。全区已查明的高岭土矿主要分布在呼和浩特市、乌海市、赤峰市、通辽市、鄂尔多斯市和阿拉善盟。以陆相盆地沉积型矿床为主,次为火山热液蚀变型。陆相盆地沉积型矿床主要赋存于石炭—二叠系及侏罗系含煤地层中,多与煤共生,矿石质量好,预测资源量达 56 亿吨,其中在准格尔旗黑岱沟露天煤矿的六煤层顶板高岭土矿的预测资源量 2.97 亿吨,优质土达 9000 万吨,资源远景较大。

准格尔旗煤田煤层顶板高岭土矿

2000 年,全区列入《储量表》的高岭土矿产地 8 处,其中有中型矿床 5 处,小型矿床 3 处,累计查明资源储量 1058.6 万吨,保有资源储量 1050.2 万吨,占全国总量的不到 1%,居全国第 15 位。

至 2005 年,全区列入《储量表》的高岭土矿产地 9 处(中型矿床 6 处、小型矿床 3 处),累计查明高岭土资源储量 1405.9 万吨,保有资源储量 1383.1 万吨(基础储量 435.1 万吨、资源量 948 万吨),占全国总量的 0.76%,居全国第 14 位。与 2000 年相比,因矿产勘查于 2002 年新增 1 处中型矿产地,新增查明资源储量 337.7 万吨,同时因资源储量核实重算及开采消耗,保有资源储量净增 332.9 万吨,增长 31.70%,居全国位次从 2002 年即提升到第 14 位。

至 2010 年,全区列入《储量表》的高岭土矿产地 10 处(大型矿床 1 处、中型矿床 6 处、小型矿床 3 处),累计查明高岭土资源储量 1983.5 万吨,保有资源储量 1962.9 万吨(基础储量 433.2 万吨、资源量 1529.8 万吨),占全国总量的 0.93%,居全国第 13 位。与 2005 年相比,因矿产勘查于 2008 年新增 1 处大型矿产地,新增查明资源储量 581.7 万吨,同时因开采消耗,保有资源储量净增 579.8 万吨,增长 41.92%,居全国位次从 2008 年即提升到第 13 位。

至 2015 年,全区列入《储量表》的高岭土矿产地 11 处(大型矿床 2 处、中型矿床 6 处、小型矿床 3 处),累计查明资源储量 8466.3 万吨,保有资源储量 8444.2 万吨(基础储量 4586.9 万吨、资源量 3857.3 万吨),占全国总量的 3.12%,居全国第 8 位。与 2010 年相比,因矿产勘查于 2013 年新增 1 处特大型矿产地,新增查明资源储量 5942.3 万吨,同时因矿区资源储量核实重算及开采消耗,保有资源储量净增 6481.3 万吨,增长 3.3 倍,居全国位次从 2013 年即直接从第 13 位提升到第 8 位。

四、水气矿产

(一)地下水

内蒙古地下水资源比较贫乏,且分布不平衡。

1. 资源总量

全区地下水资源量多年平均值为 236.22 亿立方米。

据已有统计资料,2008 年全区水资源总量 412. 07 亿立方米。其中,地下水资源量 235. 15 亿立方米,比上年增加 13. 7% ,比多年平均值减少 1. 4% 。其中,平原区地下水资源量 141. 84 亿立方米,山丘区地下水资源量 117. 73 亿立方米,平原区与山丘区地下水重复计算量 24. 42 亿立方米。

2009 年,全区水资源总量 378. 15 亿立方米。其中,地下水资源量 214. 36 亿立方米,比上年减少 8. 8% ,比多年平均值减少 4. 5% 。其中,平原区地下水资源量 120. 91 亿立方米,山丘区地下水资源量 116. 22 亿立方米,平原区与山丘区地下水重复计算量 22. 77 亿立方米。

2010 年,全区水资源总量 388. 54 亿立方米。其中,地下水资源量 227. 65 亿立方米,比上年增加 6. 2% ,比多年平均值减少 4. 5% 。其中,平原区地下水资源量 140. 74 亿立方米,山丘区地下水资源量 110. 78 亿立方米,平原区与山丘区地下水重复计算量 23. 88 亿立方米。

2011 年,全区水资源总量 419 亿立方米。其中,地下水资源量 213. 37 亿立方米,比上年减少 6. 27% ,比多年平均值减少 10. 5% 。其中,平原区地下水资源量 126. 86 亿立方米,山丘区地下水资源量 109. 47 亿立方米,平原区与山丘区地下水重复计算量 22. 97 亿立方米。

2012 年,全区水资源总量 510. 25 亿立方米。其中,地下水资源量 258. 38 亿立方米,比上年增加 21. 1% ,比多年平均值增加 8. 4% 。其中,平原区地下水资源量 156. 16 亿立方米,山丘区地下水资源量 118. 56 亿立方米,平原区与山丘区地下水重复计算量 25. 34 亿立方米。

2013 年,全区水资源总量 959. 81 亿立方米。其中,地下水资源量 249. 33 亿立方米,比上年减少 3. 5% ,比多年平均值增加 4. 6% 。其中,平原区地下水资源量 152. 12 亿立方米,山丘区地下水资源量 121. 42 亿立方米,平原区与山丘区地下水重复计算量 24. 21 亿立方米。

2014 年,全区水资源总量 537. 79 亿立方米。其中矿化度小于等于 2 克/升的地下水资源量 236. 26 亿立方米,比上年偏少 5. 2% ,与多年平均值接近。其中,平原区地下水资源量 145. 41 亿立方米,山丘区地下水资源量 114. 88 亿立方米,平原区与山丘区地下水重复计算量 24. 03 亿立方米。

2015 年,全区水资源总量 536. 97 亿立方米。其中矿化度小于等于 2 克/升的地下水资源量 224. 57 亿立方米,比上年 236. 26 亿立方米和多年平均值 236. 22 亿立方米偏少 4. 9% 。其中,平原区地下水资源量 140. 79 亿立方米,山丘区地下水资源量 107. 61 亿立方米,平原区与山丘区地下水重复计算量 23. 84 亿立方米。

2. 天然补给量

全区多年平均年份时地下水天然补给资源量 292. 52 亿立方米/年,枯水年份时天然补给资源量为 243. 82 亿立方米/年。按地下水系统划分,平均年份时大气降水入渗补给量,额尔古纳河水系地下水系统为 33. 30 亿立方米/年,嫩江水系地下水系统 59. 28 亿立方米/年,西辽河水系地下水系统 75. 14 亿立方米/年,内陆水系阴山北部高原 45. 87 亿立方米/年,海、滦河水系地下水系统 3. 25 亿立方米/年,黄河水系河套平原地下水系统为 25. 60 亿立方米/年(其中由山区补给河套平原的承压水天然补给量 3. 91 亿立方米/年),黄河水系鄂尔多斯高原地下水系统 27. 64 亿立方米/年(鄂尔多斯东南向区外泄量为 0. 33 亿立方米/年),内陆水系阿拉善高原地下水系统为 22. 44 亿立方米/年(额济纳河谷平原上游、潮水和雅布赖盆地侧向补给量为 0. 74 亿立方米/年)。

全区地下水天然补给资源的分布规律与大气降水分布规律一样,具有由东至西,由南向北减少的规律。东部额尔古纳河水系、嫩江水系、西辽河水系的地下水系统天然补给资源量为 167. 72 亿立方米/年,约占全区天然补给资源量的 57. 34% ,中部内陆水系阴山北部高原、海河滦河水系、黄河水系河套平原的地下水系统天然补给资源量为74.72亿立方米/年,约占全区天然补给资源量的25.54%,西部黄河水系鄂尔多斯高原、内陆水系阿拉善高原的地下水系统天然资源量为50.08亿立方米/年,占全区天然补给资源量的17.12%。内蒙古南部有河套平原和西辽河平原,故南部地下水资源比北部丰富。

按岩类划分,地下水多年平均天然补给资源量分别为:基岩类为86.11亿立方米/年,松散岩类为183.37亿立方米/年,碎屑岩类为23.05亿立方米/年。在空间分布上,东部区较为丰富。

3. 可开采资源

全区地下水可开采资源量为149.50亿立方米/年。其中孔隙水133.27亿立方米/年,裂隙水5.01亿立方米/年,碎屑岩裂隙孔隙水11.22亿立方米/年。第四系孔隙水为主要供水水源。孔隙水分布于河套平原、西辽河平原、山间盆地及山间河谷中,裂隙水分布于广大丘陵山区,碎屑岩裂隙孔隙水分布于内蒙古北部高原、鄂尔多斯高原、阿拉善高原及第三、白垩系山间盆地中。

深层承压水分布于鄂尔多斯高原。在杭锦旗、鄂托克旗、鄂托克前旗、乌审旗和伊金霍洛旗一带,水文地质条件较好,含水层由一套巨厚的白垩系下统志丹群砂岩和砂砾岩组成,厚度可达千米,含水层埋藏越深,水头越高,单位涌水量一般为100~250立方米/日·米。初步计算,深层承压水可开采储存量为21.14亿立方米。

4. 地下水质量

全区地下水水质大部分适宜生活饮用和灌溉,大约占全区总面积的80%。

大兴安岭山地区:位于内蒙古的东北部,地貌形态上以大兴安岭中低山为主体,其次是山间盆地及河谷洼地。大兴安岭地下水径流排泄条件好,水循环快,矿化度多小于1克/升,水中各项离子符合生活饮用水卫生标准,水质较好,为适合饮用和灌溉的地下水。呼伦贝尔市的鄂伦春自治旗,兴安盟的阿尔山市,科右中旗,突泉县,科右前旗的大部分地区,地下水中氟超标。

西辽河平原区:西辽河平原区中的通辽市科尔沁区、开鲁县、科左中旗、科右后旗,奈曼旗、库伦旗,地下水中总Fe、F^-离子超标,属天然含量高。氟含量随地貌单元与含水层岩性不同而异,基本上是分布于山前倾斜平原之前缘,奈曼旗地下水中氟含量最高达8.22毫克/升。总Fe在区内大面积超标。本区地下水中矿化度一般小于1克/升,局部1~3克/升,属Ⅰ—Ⅱ类水。

内蒙古北部高原区:内蒙古北部高原在苏尼特丘陵以南为浑善达克沙漠,以东分布有玄武岩熔岩台地。基岩丘陵处于地下水补给区,补给、径流条件良好,径流畅通,水质好,属Ⅰ—Ⅲ类水。呼伦贝尔市海拉尔区、满洲里市、新巴尔虎右旗和新巴尔虎左旗的部分地区,地下水中F^-、Cl^-超标,矿化度在1克~3克/升,新巴尔虎右旗超标项目还有总硬度NH_4、NO_3、NO_2、总Fe等。内蒙古北部高平原的中西部,属Ⅳ类水。二连浩特盆地至西部川井盆地,主要为新近古近系、白垩系碎屑岩类地层,赋存裂隙孔隙水,水质由东向西逐渐变差,地下水矿化度是由东部的小于1克/升向西增加至1~3克/升,或大于5克/升。川井盆地一带局部大于10克/升,最高达34.6克/升,地下水中F^-、总Fe、Cl^-、SO_4^{2-}及总硬度严重超标,局部NO_3^-严重超标。大部分地区为Ⅰ—Ⅲ类,局部为Ⅳ类水。

阴山山地区:阴山山地包括狼山、色尔腾山、乌拉山、大青山、蛮汉山及燕山北部山地,由中低山丘陵及山间盆地构成。山地丘陵区为地下水的补给区,地下水循环比较快,水质较好,为矿化度小于1克/升的淡水,属1~2类可直接饮用的水。自东向西分布的山间盆地,大部分水质良好,矿化度小于1克/升,属Ⅰ—Ⅱ类水。元宝山—平庄盆地,总Fe超标,锡林郭勒盟正镶白旗东部的宝拉根陶海盆地,地下水总硬度、Cl^-、F^-、NH_4^+超标,商都盆地东部边缘、四子王旗和察右后旗供济堂—土牧尔台盆地及达茂旗的西河盆地的个别水点 Cl^-、SO_4^{2-} 超标，矿化度 1～3 克/升，为 1～3 类水。固阳盆地、乌拉特中旗的海流图盆地的局部水质较差，矿化度大于 5 克/升，为Ⅳ类不宜饮用的水。

河套平原区：位于内蒙古中部，包括呼和浩特市、土默特左旗，包头市、土默特右旗，巴彦淖尔市的南部旗(县)市。呼和浩特市至包头市一带属呼、包平原，地下水水质较好，矿化度小于 1 克/升，属Ⅰ类水。到市区南部及近郊地下水中总硬度、Cl^- 超标，矿化度在 1～3 克/升，为 1～3 类水。托克托县、土默特左旗西南部及土默特右旗将军窑子一带，水质变坏，矿化度 3～5 克/升，局部大于 10 克/升，哈素海以西最高达 33.19 克/升。地下水中 Cl、SO_4^{2-}、F、As、NO_3^-、总硬度严重超标，属Ⅳ类水。呼和浩特市、包头市受城市生活污水、垃圾、工业“三废”排放影响，地下水常量组分增加，水质变差。巴彦淖尔市南部后套平原，属狼山和乌拉山山前冲洪积扇倾斜平原、黄河冲湖积平原，大部分地区地下水矿化度小于 1 克/升，为Ⅰ类水。向南为扇前洼地咸水带，矿化度以 3～5 克/升为主，为Ⅳ类水。在后套南部铁路沿线一带矿化度亦高，一般为大于 3 克/升，最高达 73.3 克/升。磴口至临河一带，为Ⅰ—Ⅲ类水。部分地区地下水中 SO_4^{2-}、Cl^-、As、Fe、F 严重超标，属Ⅳ类水。

鄂尔多斯高原区：位于自治区的西南部，地下水矿化度绝大部分小于 1 克/升，局部 1～2 克/升，属Ⅰ—Ⅱ类水。在乌海市海南区的拉僧庙至都思兔河以南、鄂托克前旗至上海庙牧场以北地段，水质较差，矿化度 3～5 克/升，局部大于 5 克/升，属Ⅳ类水。地下水中 F^-、NO_3^-、SO_4^{2-}、Cl^-、总硬度超标。黄河以南从达拉特旗到乌海市，矿化度 1～2 克/升，为Ⅰ－Ⅱ类水。达拉特旗局部为大于 5 克/升。地下水中 Cl^-、NO_3^- 超标。属Ⅳ类水。乌海市受工业及生活污染物影响，地下水质量变差。

阿拉善高原区：位于自治区的最西部，由山地、山间盆地、高平原、平原及沙漠组成。该区地下水水质有明显的分带性特征，由东到西水质逐渐变差，高矿化水普遍存在，属Ⅲ－Ⅳ类水。

5. 主要特点

可开采资源少，资源分布不平衡，水质相对较差。

全区地下水可开采资源平均仅 1.26 万立方米/平方千米·年，人均仅 642 立方米/年，且分布不均，东部 4 个盟(市)面积占全区的 40%，而地下水可开采资源占全区的 60%，西部 8 个盟(市)仅占 40%。内蒙古高原与阿拉善高原的面积占全区的 40%，地下水可开采资源仅占全区的 20%。地下水可开采量最小仅 0.29 万立方米/平方千米·年，人均仅为 200 立方米/年。全区地下水水质东部好，矿化度多小于 1 克/升；西部差，矿化度多大于 1 克/升，尤以阿拉善盟最差，其矿化度大于 5 克/升的分布面积就达 6.16 万平方千米。

随气候变化具有一定分带性。

全区水量由东向西减少，水质变差。在大兴安岭一带，地下水径流模数一般 2.54～2.61 万立方米/平方千米·年，往西至大青山一带减少为 1.05～1.55 万立方米/平方千米·年，至阿拉善高原一带仅为 0.43 万立方米/平方千米·年。而碎屑岩类补给模数，由东部呼伦贝尔高平原、锡林郭勒高平原一带 0.74～0.98 万立方米/平方千米·年，向西部阿拉善高平原减为 0.36 万立方米/平方千米·年，与此相应的地下水矿化度，也由大兴安岭一带的小于 0.5 克/升，至北山一带增至大于 5 克/升，高者可达 29 克/升。水化学类型相应以 $HCO_3-Ca\cdot Mg$、$HCO_3-Na\cdot Ca$ 为主变为以 $Cl\cdot SO_4-Na$、$Cl-Na$ 为主。

第四系河谷含水层由东向西分布渐少，含水层变薄，变窄，水质变差。在东部大兴安岭一带，一般河谷宽 5～6 千米，局部可达 10 千米，含水层分布宽度 3～6 千米。厚 25～60 米，厚者可达百余米，单位涌水量500～3000立方米/日·米,而至西部阿拉善高原,除额济纳河外,河谷宽一般仅数十至数百米,除贺兰山一带含水层厚可达15米,单位涌水量可达100立方米/日·米外,其余地区含水层厚一般小于3米,单位涌水量0.2～10立方米/日·米,个别较大者达20～100立方米/日·米。矿化度也由大兴安岭一带小于0.5克/升,至阿拉善盟高原增至1～3克/升,至河谷下游多为5～10克/升或更高。由于降水量向西向北减少,对原较差的水冲淡作用向西向北减弱。这种现象在基岩裂隙水水质上反映明显,原基岩裂隙水水质较差,以SO_4·Cl、Cl·S_4或Cl型水为主。

由于构造作用与后期降水入渗补给,水质逐渐淡化,水化学类型发生变化,有的仍保持原水化学类型特点,形成矿化度小于1克/升或1～2克/升。水化学类型以SO_4·Cl、Cl·SO_4或Cl型水为主。如北部国境丘陵与苏尼特丘陵,狼山以北及桌子山、贺兰山、阿拉善一带的山地丘陵均有此现象,内蒙古高原鄂尔多斯高原白垩系含水层反映也较明显。而大兴安岭与阴山山地中、东段,冲淡作用强烈,水化学类型已发生变化,原基岩裂隙水水质仅在局部地段如岱海有反映,地下水矿化度要小于2克/升,水化学类型为Cl－Na,大部分地区已很难反映原水质特点。

深部地下水补给作用由东向西逐渐减弱。在东部大兴安岭、呼伦贝尔高原、锡林郭勒高原,由于降水充沛,新近系下部下白垩统砂岩、煤系,地下水相对较丰富,涌水量一般500～1000立方米/日,局部大于1000立方米/日。往西水量逐渐减少,阿拉善高原白垩系砂岩,由于补给条件差,常胶结紧密,含水甚弱或不含水,其涌水量一般小于200立方米/日,很多地区小于40～50立方米/日。

6. 降水、地表水、地下水转化

内蒙古多年平均降水量3494.47亿立方米/年,多年平均地表水资源量为377.71亿立方米/年。其中,自产地表水资源量363.97亿立方米/年,占全区降水总量的10.42%。多年平均降水对地下水的入渗补给量为268.76亿立方米/年,占降水总量的7.69%。全区总基流量为78.65亿立方米/年。平原区大部分河流以渗漏形式线状补给地下水,多年平均地表水对地下水的入渗补给量为7.18亿立方米/年。河套平原为农业经济区,引地表水灌溉量较大,为65.98亿立方米/年。地表水灌溉入渗补给量也大,入渗量10.56亿立方米/年。其他地区为1.75亿立方米/年。全区地表水灌溉入渗总量为12.31亿立方米/年。平原区洪水入渗量及水库渗漏量1.195亿立方米/年。地表水与地下水的转化量87.03亿立方米/年。全区水资源总量583.20亿立方米/年,其中包括入境地表水资源量13.74亿立方米/年。

(二)矿泉水

全区矿泉水资源丰富。矿泉水类型主要为饮用天然矿泉水,仅有少数医疗天然矿泉水。截至2015年底,自治区勘查评价的矿泉水水源地100处,资源总量7.26万立方米/日。允许开采量大于1000立方米/日的大型规模水源地有18处,资源量3.77万立方米/日;允许开采量为100～1000立方米/日的中型规模水源地64处,资源量3.34万立方米/日;允许开采量小于100立方米/日的小型规模水源地18处,资源量1565立方米/日。饮用矿泉水全区12个盟市皆有分布,共96处。医疗矿泉水1处(赤峰市喀喇沁旗美林镇罗圈铺村七老山矿泉水),医疗饮用复合型3处(呼和浩特市和林格尔县水神庙、呼伦贝尔市额尔古纳市三河回族乡、通辽市扎鲁特旗威林酿造总公司矿泉水)。天然饮用矿泉水水质常见的矿物类型以锶型、偏硅酸型、锶硅或硅锶复合型3种为主,占矿泉水类型的90%以上。分布较广泛,各盟市都有分布。其中,锶型50处,偏硅酸型9处,锶硅或硅锶复合型34处。矿物元素多项复合型6处,在呼和浩特市、呼伦贝尔市、赤峰市、锡林郭勒盟零星分布。

第二篇

国土资源规划

第一章 土地利用总体规划

土地利用总体规划是城乡建设、土地管理的纲领性文件，是落实土地用途管制的依据，是国家实行最严格的土地管理制度的一项基本手段。其主要根据土地资源特点和社会经济发展要求，对今后一段时期内（通常为15年）土地利用的总安排，实质是对有限的土地资源在国民经济部门间的合理配置即土地资源的部门间的时空分配（数量、质量、区位）。根据《中华人民共和国土地管理法》及其实施条例规定，由省、市、县、乡各级人民政府负责组织本级土地利用总体规划的编制和修订工作。

第一节 规划编制

一、编制依据

1997年4月15日，中共中央、国务院在《关于进一步加强土地管理切实保护耕地的通知》中要求，各级人民政府要按照提高土地利用率，占用耕地与开发复垦挂钩的原则，以保护耕地为重点，严格控制占用耕地，统筹安排各业用地的要求，认真做好土地利用总体规划编制、修订和实施工作。不符合上述原则和要求的土地利用总体规划都要重新修订。

1999年1月1日起施行的《中华人民共和国土地管理法实施条例》规定，省、自治区、直辖市的土地利用总体规划，由省、自治区、直辖市人民政府组织本级土地行政主管部门和其他有关部门负责编制，报国务院批准。

2000年4月7日，自治区政府办公厅印发《内蒙古自治区人民政府办公厅关于印发自治区国土资源厅职能配置内设机构和人员编制规定的通知》，将原自治区计划委员会制订国土规划和与土地利用总体规划有关的职能划入内蒙古自治区国土资源厅（以下简称自治区国土资源厅），明确"组织编制和实施土地利用总体规划"为自治区国土资源厅的主要职责之一。

2004年8月28日颁布的《中华人民共和国土地管理法》第三章第十七条规定："各级人民政府应当依据国民经济和社会发展规划、国土整治和资源环境保护的要求、土地供给能力以及各项建设对土地的需求，组织编制土地利用总体规划。"

二、编制过程

（一）首轮修编

1991年10月，根据国家有关要求和自治区政府安排，原内蒙古自治区土地管理局（以下简称原自治区土地管理局）首次组织编制了《内蒙古自治区土地利用总体规划（1985—2000年）》。因其采用基础数据为1985年全区土地资源概查数，加之到"八五"末期土地利用现状已发生较大变化，非常有必要重新修订土地利用总体规划以适应自治区经济和社会发展的需要。

1997年，自治区政府印发《关于认真落实自治区人大常委会加强土地管理决议的通知》，就自治区土地利用总体规划的修订工作做出具体安排。成立由自治区副主席周维德任组长，政府副秘书长江维、原自治区土地管理局局长黄·阿拉腾别立格、副局长郭战英任副组长,自治区有关委、办、厅、局领导参加的规划修订领导小组,并责成原自治区土地管理局负责组织开展相关规划的修订工作。规划修订是从1997年7月初正式开始,于当年12月完成初稿。期间,原自治区土地管理局就主要用地指标等问题先后两次征求自治区有关委、办、厅、局以及各盟市土地管理局的意见。1998年11月18日,自治区政府组织召开土地利用总体规划修编协调、论证会议,再次听取相关部门对主要用地指标的意见,并进一步对有关规划指标进行了调整,保证了规划修订工作的顺利进行。

1998年12月4日,自治区主席云布龙主持召开第十七次政府常务会议,讨论通过《内蒙古自治区土地利用总体规划(1997—2010年)》[以下简称《土地利用规划(1997—2010年)》]。

1999年9月22日,国务院批复,原则同意修订后的《土地利用规划(1997—2010年)》发布,后由自治区政府正式印发实施。

(二)第二轮修编

由于《自治区土地利用规划(1997—2010年)》采用的基础数据是1996年全区土地利用变更调查数,到"十五"期末,自治区经济社会发生了巨大变化,已明显不能适应自治区国民经济和社会发展"十一五"规划及2020年远景目标对土地利用的需求。为贯彻落实国务院有关文件精神和要求,统筹协调各行业用地需求,加快转变土地利用方式,进一步严格土地管理,充分发挥土地利用总体规划的宏观调控作用,自治区于2004年7月开始组织新一轮土地利用总体规划修编工作。2004年10月22日,中共中央、国务院印发《关于深化改革严格土地管理的决定》,做出土地规划参与宏观调控、严格土地用途管制的重大决策。根据国家有关工作部署和要求,新一轮土地利用总体规划的修订编制工作大体经历了组织准备、前期工作、规划大纲编制、协调论证和规划文本编制及报批等阶段。

组织准备阶段:2005年6月,自治区政府成立以自治区副主席赵双连为组长、自治区政府副秘书长张院忠和自治区国土资源厅厅长白盾为副组长,自治区国土资源厅、发改委、财政厅、农牧业厅、林业厅、建设厅、水利厅、交通厅、环保局、统计局农调队、旅游局、经济委员会主要负责人为成员的规划修编领导小组,并下设领导小组办公室、部门协调联络小组、专家咨询委员会、项目办公室、规划编制组,建立了联络员制度,制定了工作方案。明确规划修编工作由自治区国土资源厅牵头,相关部门配合完成。同时,自治区国土资源厅及盟市、旗县国土资源局成立了相应的组织机构,并组建了规划修编工作班子。

前期工作阶段:2005年8月16日,自治区政府组织召开规划修编领导小组工作会议,研究部署规划修编前期工作。按照国务院转发《国土资源部关于做好土地利用总体规划修编前期工作意见的通知》精神和国土资源部《关于做好土地利用总体规划修编前期工作中"四查清、四对照"工作有关问题的通知》要求,全区"四清查、四对照"(查清规划期内新增建设用地总量,与国民经济和社会发展规划确定的发展目标对照检查;查清闲置土地和低效用地数量,与规划确定的节约用地挖潜目标对照检查;查清耕地与基本农田保有量,与规划保护目标对照检查;查清违法用地数量和处理情况,与违法用地的处理要求对照检查)与重大问题研究同时开展,与规划修编前期工作互为支撑。自治区国土资源厅及各盟市、旗县国土资源管理部门精心组织,周密部署,充分收集有关资料,开展实地调查,扎实有效地推进规划修编前期工作。12月8日,自治区政府组织召开规划修编前期工作成果部门协调会,自治区发改委、财政厅、农牧业厅、建设厅、环保局、林业厅、工业办、水利厅、统计局、交通厅、旅游局等部门参加。12月23日,自治区政府组织召开专题会议,对自治区土地利用总体规划修编前期工作成果进行全面讨论和审查。于12月底,自治区土地利用总体规划修编的前期工作成果上报国土资源部审查。2008年4月,国土资源部审查通过了自治区土地利用总体规划修编的前期工作成果。

规划大纲编制阶段:2007年4月,自治区启动省级规划大纲的编写。按照以优化土地利用结构为主线、以转变土地利用方式为核心、以严格保护耕地和控制建设用地规模为重点、以强化规划实施为保障的基本思路,研究起草了自治区土地利用总体规划大纲。在广泛分析论证各部门、各行业、各地区用地需求的基础上,综合重大问题专题研究成果,围绕规划期间需要解决的土地利用重大问题,初步确立未来15年土地利用的主要目标、任务。提出耕地、基本农田、建设用地等土地利用的主要调控指标,并根据国家区域发展战略和各盟(市)经济社会发展趋势、土地资源特点,提出促进形成自治区主体功能区的差别化土地利用政策措施。于2008年8月中旬,完成大纲初稿提交规划修编专家委员会征求意见,并于9—10月根据专家组提出的问题和意见,进一步对大纲进行了修改和完善。

协调论证阶段:2008年8—10月,自治区国土资源厅以多种方式听取各方面的意见,对规划大纲进行了广泛的协调论证。一是全面征求了土地规划领导小组成员单位和专家咨询委员会等部门的意见,并与主要用地行业和部门进行了多次协商;二是与各盟(市)就规划主要指标进行了三轮上下对接和协调;三是多次召开专题座谈会和论证会,听取有关专家学者的意见进行充分论证;四是通过网络和报纸,在全区范围内开展为规划修编谏言献策活动。经广泛的协调论证,修改完善,形成自治区土地利用总体规划大纲送审稿,由自治区政府报送国土资源部审查,并报请国务院审批。2009年1月6日,国土资源部审查批复《内蒙古自治区土地利用总体规划大纲(2006—2020年)》。

规划文本编制阶段:规划文本的编写是与规划大纲及协调论证同步进行的。从2008年4月开始,于12月底完成。规划文本编制完成后,自治区国土资源厅组织召开了由自治区发改委、财政厅、农牧业厅、建设厅、环保局、林业厅、水利厅、统计局、交通厅、旅游局、经济委员会等部门参加的规划文本论证会议,广泛征求相关部门的意见。2009年1月,自治区国土资源厅根据国家批准的规划大纲,又对规划文本进行了修改完善和进一步细化。2009年2月25日,自治区政府组织召开《内蒙古自治区土地利用总体规划(2006—2020年)》〔以下简称《土地利用规划(2006—2020年)》〕专家论证会议,自治区发改委、经济委员会、国土资源厅、林业厅、建设厅、水利厅、交通厅、旅游局、农牧业厅、环境保护局、国家统计局内蒙古调查总队等部门的专家参加论证会。会议认为,《土地利用规划(2006—2020年)》符合国土资源部令第43号《土地利用总体规划编制审查办法》的要求。

报批阶段:2009年3月,《土地利用规划(2006—2020年)》成果由自治区政府报国土资源部审查,并报请国务院审批。2009年9月7日,自治区国土资源厅向国土资源部报告了落实国家有关部委对《土地利用规划(2006—2020年)》审查意见的情况,并及时进行了相关内容的修改完善。2009年12月28日,国务院批复,原则同意修订后的《土地利用规划(2006—2020年)》发布。2010年3月15日,自治区政府正式印发《土地利用规划(2006—2020年)》并予以实施。

三、规划主要内容

(一)首轮规划

首轮《土地利用规划(1997—2010年)》的主要内容由8章26条构成。

第一章:总则,包括第一至第五条,共5条。

明确规划编制和修订的主要依据。强调规划经国务院批准后,具有法定效力,并纳入自治区国民经济和社会发展计划和年度计划，严格执行。在自治区范围内和安排各项建设用地，必须严格执行本规划。明确规划以1996年为基期年，2000年为阶段年，2010年为目标年。

第二章：土地利用现状、生产潜力和利用中存在的问题。包括第六至第八条，共3条。

土地利用现状。1996年全区土地利用现状总面积11 550.91万公顷(由于省区之间勘界工作未完成，比国家土地详查工作界面积稍大)。农用地9737.30万公顷，其中，耕地820.23万公顷，园地5.78万公顷，林地2001.60万公顷，牧草地6817.99万公顷，水面91.70万公顷。建设用地166.05万公顷，其中，居民点及工矿用地116.87万公顷(城市用地5.87万公顷，建制镇用地8.48万公顷)；交通用地32.42万公顷；水利设施用地16.76万公顷。未利用地：1647.56万公顷，其中，滩涂、苇地60.75万公顷，其他未利用地1586.81万公顷。

土地质量与生产潜力。全区耕地820.23万公顷，其中，一等地360.18万公顷，二等地225.05万公顷，三等地118.25万公顷，四等地115.12万公顷，五等地1.63万公顷。全区宜牧、宜林土地资源比较丰富，好的和比较好的宜牧土地资源4701.30万公顷，好的和比较好的宜林土地资源2924.97万公顷。说明全区发展牧林业的土地潜力很大。

影响土地资源可持续利用的主要问题。一是内蒙古地处生态脆弱带，土地生产力受气候波动的影响，具有时段波动的规律。由于环境演变时空差异的随机性和人类利用土地方式的相对固定性，不能随着环境演变及时调整土地利用方式，从而造成摆动带土地退化，特别是土地沙化加剧。二是土地利用中人类活动诱发的土地破坏和土地退化有加重之势。

第三章：土地利用目标和方针。共2条(为第九、第十条)。

土地利用目标。规划到2010年农用地调整到10 055.08万公顷。其中，到目标年耕地保有量稳定在781.23万公顷，水浇地扩大到300万公顷。基本农田保护区面积658.7万公顷。园地目标年调整到10.67万公顷，比现状增加4.89万公顷。林地目标年增加到2337.6万公顷，比现状增加336万公顷，森林覆被率达到17.99%。牧草地目标年调整到6820.53万公顷，比现状增加2.54万公顷，基本草牧场保护面积4136.01万公顷。水面目标年增加至4105.05万公顷，比现状增加13.35万公顷。

规划至2010年建设用地达到185.26万公顷，新增加建设用地19.21万公顷，其中，建设用地占用耕地4.33万公顷。

规划期内未利用土地改造336.99万公顷，以补充牧草地、林地和耕地。退耕与土地开发、整理、复垦。规划到2010年全区退耕66.67万公顷，建设占用耕地4.33万公顷，两项合计减少71万公顷。2010年全区计划开发整理和复垦土地32万公顷，其中开发整理26.67万公顷，复垦5.33万公顷，耕地保有量为781.23万公顷。

土地利用的基本方针：一是对耕地要实行特殊保护，严格执行耕地占补平衡制度，耕地总量减少的，要在规定期限内通过土地开发、整理和复垦，实现规划期内耕地总量的动态平衡；稳定基本农田面积，并逐步提高耕地的质量，改善农业生产条件和生态环境。二是保护草原，特别是对基本草牧场实行特殊保护。三是加强建设用地的计划管理，涉及农用地转为建设用地的，依照土地利用总体规划，可以作为建设用地的，必须在批准征用土地之前取得农用地转为建设用地的批准。经批准占用耕地的，必须开垦与新占耕地数量和质量相当的耕地。建设项目选址涉及地下资源，依照土地利用总体规划可以作为建设用地的，必须在批准征用土地之前征得有关部门的同意。四是土地开发、整理要以保护生态为前提，以土地整理为重点；生态退耕要有计划、有规划、有组织地进行，要综合考虑社会、经济、生态效益的统一。五是以土地的适宜用途为基础,利用现状为依据,结合土地资源的特点,社会经济持续发展的要求,划分土地用途区域,以实现土地用途管制的目的。

第四章:土地利用结构调整。包括第十一至第十三条,共3条。

农用地,2010年全区农用地面积10 055.08万公顷,比现状增加317.78万公顷。耕地:2010年确保耕地面积保持在781.23万公顷以上。规划期内,耕地减少面积应控制在71万公顷以内,其中建设占用耕地不超过4.33万公顷,生态退耕46.67万公顷,预计灾毁损失耕地20万公顷。开发整理和复垦增加耕地32万公顷,其中开发整理26.67万公顷、复垦5.33万公顷。2000年前各地建设占用耕地量不得高于规划指标的30%,开发复垦整理补充耕地量不应低于规划指标的30%。园地:2010年园地面积达到10.67万公顷,比1996年增加4.89万公顷。林地:2010年林地面积将达到2337.60万公顷,比1996年增加336万公顷,森林覆被率由15.92%提高到17.99%。牧草地:2010年牧草地面积将达到6820.53万公顷,比1996年增加2.54万公顷。水面:2010年水面用地将达到105.05万公顷,比1996年增加13.35万公顷。

建设用地,2010年各类建设用地总面积控制在185.26万公顷以内,比1996年增加19.21万公顷,其中占用耕地不超过4.33万公顷。城乡居民点用地:用地总规模将减少到76.19万公顷。其中城市建设用地由5.87万公顷调整到6.60万公顷,增加0.73万公顷;人均用地由130.6平方米减少到120平方米。建制镇建设用地由8.48万公顷调整到8.75万公顷,增加0.27万公顷;人均用地面积由241.0平方米,减少到205.3平方米。农村牧区居民点用地由68.84万公顷,减少到60.85万公顷,减少7.99万公顷;人均用地由471.9平方米减少到350平方米。独立工矿和其他:2010年独立工矿及其他(煤炭、电力、建材、乡镇企业、军事、旅游等)用地增加到47.90万公顷,增加14.22万公顷。交通用地:2010年交通用地增加到39.63万公顷,增加7.21万公顷,以确保自治区新增公路30 300千米,铁路4000千米及扩建7个机场的需要。水利设施用地:2010年水利设施用地将增加到21.53万公顷,增加4.77万公顷,以满足自治区水浇地增加到300万公顷的配套需求。

未利用地,2010年全区未利用地调整到1310.57万公顷,比现状减少336.99万公顷。规划期内,开发建设用地3.5万公顷、农用地333.49万公顷,主要作为牧草地、林地和耕地的补充。

第五章:土地保护。包括第十四至第十七条,共4条。

基本农田保护,规划到2010年全区划定基本农田658.70万公顷,实行特殊保护。基本草牧场保护,到2010年全区划定基本草牧场4136.01万公顷,实行特殊保护。

自然保护区建设,根据自然保护区规划,到2010年列入国家及自治区级的自然保护区面积843.11万公顷。其中国家级保护区8处,面积221.4万公顷;自治区级保护区103处,面积621.71万公顷,对其实行重点保护和建设。土地生态环境建设,规划到2010年全区列入重点土地生态建设区8处,面积4120万公顷。

第六章:区域土地利用。包括第十八至第二十二条,共5条。

全区划分为4个主要土地利用区域。农业用地区:包括河套平原、土默川平原、西辽河平原3个二级农业区,共15个旗县市,耕地总面积147.21万公顷。规划到2010年耕地面积增加到162.71万公顷。牧业用地区:包括29个旗,牧草地总面积5061.14万公顷。依据地理位置和草原类型,又分为8个二级区。规划到2010年牧草地面积保持在5079.60万公顷。林业用地区:包括呼伦贝尔盟(今呼伦贝尔市)北部大兴安岭林区4个旗市,林地总面积1046.03万公顷。规划到2010年林地面积增加到1108.95万公顷,比现状增加62.92万公顷。农牧林交错区:包括45个旗县,土地总面积2997.13万公顷。按区位条件和土地生态特点,又划分为7个二级区,耕地548.04万公顷,林地685.40万公顷,牧草地1500.19万公顷。规划到2010年耕地减少到497.46万公顷,比现状减少50.58万公顷;林地增加到826.56万公顷,比现状增加141.16万公顷;牧草地1487.01万公顷,比现状减少13.18万公顷。

第七章:实施规划措施。为第二十三条,共1条。

为保证规划顺利实施,应强化规划实施的领导,规范政府行为。一是推行政府主管领导任期目标责任制,建立跟踪奖惩制度,并作为考核领导政绩的一项重要指标,严肃处理各种违反规划、乱占滥用土地的违法行为;二是从体制上建立相应的管理机构,实行垂直领导体制或"条"、"块"结合体制,加强上级对下级的宏观调控和制约能力,规范地方政府的供地和批地行为。

规划经国务院批准,要按《中华人民共和国土地管理法》要求严格组织实施。主要内容包括:下级土地利用总体规划应当依据上一级土地利用总体规划编制,地方各级人民政府编制的土地利用总体规划中的建设用地总量不得超过上一级土地利用,总体规划确定的控制指标,耕地保有量不得低于上一级土地利用总体规划确定的控制指标。城市建设用地规划应当符合国家规定标准,充分利用现有建设用地,不占或者尽量少占农用地。城市总体规划、村庄和集镇规划,应当与土地利用总体规划相衔接,城市总体规划地利用总体规划确定的城市和村庄、集镇建设用地规模。经批准的土地利用总体规划的修改,须经原批准机关批准;未经批准,不得改变土地利用总体规划确定的土地用途。经国务院批准的大型能源、交通、水利等基础设施建设用地,需要改变土地利用总体规划的,根据国务院的批准文件修改土地利用总体规划。经省、自治区、直辖市人民政府批准的能源、交通、水利等基础设施建设用地,需要改变土地利用总体规划的,属省级人民政府土地利用总体规划批准权限内的,根据省级人民政府批准文件修改土地利用总体规划。建设占用地,涉及农用地转为建设用地的,应当办理农用地转用审批手续。省、自治区、直辖市人民政府批准的道路、管线和大型基础设施建设项目、国务院批准的建设项目占用土地,涉及农用地转为建设用地的,由国务院批准。在土地利用总体规划制定前已建的不符合土地利用总体规划确定的用途的建筑物、构筑物,不得重建、扩建。严格控制建设用地占用耕地。旗县(市)级规划应重点安排好城乡接合部的土地利用,明确划定两个界限,即城镇建设用地区和农业用地区的界限。对于城镇建成区周围、铁路和公路沿线两侧的耕地,都应划入基本农田保护区内,予以特殊保护。

第八章:附则、附表。为第二十四至二十六条,共3条。

明确规划由规划修订文本、土地利用总体规划说明、土地利用总体规划图、土地资源适宜性评价图、土地利用现状图五部分组成,经批准后规划修订文本和规划图具有法定效力。

(二)第二轮规划

第二轮《土地利用规划(2006—2020年)》的主要内容由引言和10章构成。

引言部分,明确了规划目的、规划依据、规划范围、规划期限。阐明规划期内自治区土地利用战略,明确政府土地利用管理的主要目标、任务和政策,引导全社会保护和合理利用土地资源,是加强土地宏观调控,严格土地用途管制、规划城乡建设的重要依据,是耕地特别是基本农田保护、土地管理的纲领性文件。并明确规划期限为2006—2020年,2005年为基期年,2010年为阶段性目标年,2020年为目标年。

第一章：土地利用现状与面临的形势。分为区域概况、土地利用现状、土地利用特点及存在问题，共3节。

全区土地利用现状：2005年，全区土地总面积11 550.92万公顷。其中农用地9532.1万公顷，建设用地143.92万公顷，未利用地1874.9万公顷。农用地中耕地710.21万公顷，园地7.3万公顷，林地2171.59万公顷，牧草地6587.46万公顷，占其他农用地55.54万公顷。建设用地中居民点及独立工矿用地120.09万公顷，交通运输用地14.82万公顷，水利设施用地9.01万公顷。未利用地中其他土地146.28万公顷，未利用土地1728.62万公顷。土地利用具有土地自然生态环境脆弱性特点，土地利用类型呈带状分布和农牧林交错的特点，土地面积大、数量优势和潜力明显的特点，牧业用地比重大的特点。存在土地利用结构不够合理，耕地投入不足、质量总体不高，建设用地集约利用程度低的问题。

第二章：土地利用战略。分为土地利用战略定位、土地利用战略任务，共2节。

自治区土地利用战略是：为经济和社会事业的全面发展提供必要的用地支撑，加强耕地特别是基本农田保护，提升全国粮食主产区和商品粮基地建设水准，发展特色农业和畜牧业，建设绿色农畜产品生产加工基地；充分利用资源优势构筑我国重要的能源重化工业基地；加强生态建设与环境保护，构筑中国北方重要生态屏障。

第三章：规划的指导思想、原则、任务与目标。分为指导思想、基本原则、主要任务、土地利用目标，共4节。

规划的基本原则是：落实最严格的耕地保护制度，维护国家粮食安全；转变土地利用方式，节约集约用地；统筹各业各类用地，促进城乡区域协调发展；协调土地利用和生态建设，促进生态文明发展；保障土地资源可持续利用；落实规划实施保障，提高整体控制能力。

规划的主要任务：以严格保护耕地特别是基本农田为前提，统筹安排各类农用地，严格划定基本农田范围，实现从单纯的数量保护向数量、质量和生态全面管护的转变；以从紧控制建设用地规模为手段，加强建设用地空间管制，大力推进节约集约用地；以优化用地结构和布局为主线，按照推进形成主体功能区的要求，统筹区域土地利用，实施差别化的区域土地利用政策，促进土地利用的区域协调发展；以生态建设与环境保护为重点，充分发挥各类农用地和未利用地的生态功能，积极推进以土地整理复垦和开发为重点的国土综合整治，协调土地利用与生态建设；以规划制度创新为突破，完善规划实施保障措施；提高规划的法律地位；以落实全国规划纲要为基本要求，强化规划对土地利用的整体控制作用，指导盟市级规划。

土地利用指标：耕地和基本农田得到严格保护；建设用地得到科学保障；生态环境得到进一步改善；节约集约用地水平明显提高；土地整理复垦和开发力度进一步加强；未利用地资源得到科学合理的开发利用。

第四章：优化土地利用结构与布局。分为土地利用结构调整、优化土地利用空间布局，共2节。

土地利用结构调整：农用地，2005年全区农用地面积为9532.10万公顷，2010年增加到9556.99万公顷，2020年增加到9688.58万公顷。耕地与基本农田，到2010年，全区耕地面积705.13万公顷；到2020年，全区耕地面积697.73万公顷。规划期间，全区基本农田面积要稳定在608.13万公顷以上。园地，到2010年，全区园地面积8.29万公顷；到2020年，全区园地面积9.7万公顷。林地，到2010年，全区林地面积2208.29万公顷；到2020年，全区林地面积2419万公顷。草地，到2010年，全区牧草地面积6568.36万公顷;到2020年全区牧草地面积6483.53万公顷。其他农用地,到2010年,全区其他农用地面积66.92万公顷;到2020年,全区其他农用地面积78.62万公顷。

建设用地,2005年,全区建设用地面积143.92万公顷,规划至2010年调整为151.33万公顷;至2020年调整为162.28万公顷。城镇工矿用地,到2010年,全区城镇工矿用地面积36.3万公顷;到2020年,全区城镇工矿用地面积42万公顷。农村居民点用地,至2010年农村居民点用地调整为69.5万公顷;至2020年调整为68万公顷。交通运输用地,规划至2010年增加到18.16万公顷,至2020年增加到23.81万公顷。水利设施用地,规划至2010年增加到9.68万公顷;至2020年增加到10.81万公顷。

未利用地,到2010年,全区未利用地1842.63万公顷;到2020年,全区未利用地1700.06万公顷。

第五章:保护和合理利用农用地。分为稳定耕地面积提高耕地质量、加强基本农田建设和保护、统筹安排园地林地牧草地和其他农用地,共3节。

稳定耕地面积,提高耕地质量。严格控制耕地减少,2006—2010年,全区建设占用耕地控制在2.27万公顷以内,生态退耕减少耕地控制在1.68万公顷以内,灾毁减少耕地控制在3.4万公顷以内。2006—2020年,全区建设占用耕地控制在6.73万公顷以内,生态退耕减少耕地控制在3.27万公顷以内,灾毁减少耕地控制在9.21万公顷以内。到2020年,全区人均耕地面积保持在0.28公顷(4.20亩)。保质保量补充耕地,全区通过土地整理,到2010年补充耕地1.33万公顷,到2020年补充耕地4.12万公顷;通过工矿废弃地复垦,到2010年补充耕地0.72万公顷,到2020年补充耕地1.96万公顷;通过未利用地开发,到2010年通补充耕地不低于0.22万公顷;到2020年补充耕地不低于0.65万公顷。

加强基本农田建设和保护。建立基本农田建设集中投入制度,加大河套平原、西辽河平原、土默川平原、黄河沿岸地区、嫩江右岸平原区等粮食主产区和基本农田保护区建设力度,推进基本农田保护示范区建设。大力开展平原、河谷、滩地区耕地和基本农田整理。

统筹安排园地、林地、牧草地和其他农用地。适当增加园地;大力植树造林,增加林地面积;保护和合理利用草场资源,坚持用养结合,科学合理地控制载畜量;合理安排其他农用地。

第六章:节约集约利用建设用地。分为严格控制建设用地规模、科学配置城镇工矿建设用地、整合规范农村牧区建设用地、建立健全节约集约用地机制、加强建设用地空间管制,共5节。

严格控制建设用地规模。合理增加建设用地,基本保障全区经济社会发展用地需求,重点保障国家及自治区政府确定的重点区域、重点项目用地需求。

城镇工矿用地在城乡建设用地总量中的比例由2005年的32.12%调整到2020年的38.18%左右。

科学配置城镇工矿建设用地:按照人口、产业集聚进程的要求,合理安排城镇工矿用地规模,调控城镇和工矿用地非理性扩张,实现土地城镇化与人口城镇化协调发展。

整合规范农村牧区建设用地。积极支持新农村建设,加强农村牧区宅基地管理,积极推进农村牧区建设用地整理和综合整治。到2020年,完成农村居民点建设用地整理1.52万公顷。

建立健全节约集约用地机制:建立和完善建设用地控制标准和评价体系,逐步扩大国有土地有偿使用范围,积极探索土地出让新模式,健全土地收购储备机制。

加强建设用地空间管制:实行城乡建设用地扩展边界控制;加强项目用地前期论证和计划管理;

合理控制产业集聚区用地规模；从严控制非农业建设占用耕地；促进城镇内部用地结构调整。

第七章：统筹区域土地利用。分为明确区域土地利用方向、实施差别化的土地利用政策、加强盟市级土地利用调控，共3节。

明确区域土地利用方向。自治区在全国土地利用综合分区中位于西北区和东北区，其土地利用方向与调控政策要求是：合理安排基础设施、生态建设、优势特色产业的用地，重点支持依托中心城市和交通干线的开发；适度增加年均新增建设用地规模，加快城镇工矿建设用地整合，盘活利用存量建设用地，逐步提高土地集约利用水平；加强矿产资源开发，建设国家能源基地；大力推进耕地和基本农田整理和建设，强化天然林和牧草地保护，积极支持沙化、荒漠化、水土流失、草场退化等土地综合治理，促进可持续发展。全区划分为2个一级区和7个二级区，并按照促进人口、经济、社会与资源环境协调发展的要求，明确各区域土地利用方向和对策措施，指导各区域土地利用的调控。

一级区：西北区、东北区；西北区含4个二级区：阿拉善荒漠绿洲保护区、呼包鄂经济区、巴彦淖尔农业综合利用区、乌兰察布生态农业保护区；东北区含3个二级区：呼伦贝尔—兴安农牧林保护区.赤峰—通辽农业开发利用区.锡林郭勒牧业保护区。

实施差别化的土地利用政策。根据资源环境承载能力，土地利用现状和开发潜力，统筹考虑未来全区人口分布、经济产业布局和国土开发格局，加强对优化开发、重点开发和限制开发区域的土地利用调控，实施差别化的土地利用政策，促进自治区主体功能区的形成。

大力推进优化开发区域土地利用转型，积极培育重点开发区域土地的人口及经济集聚能力，切实保障限制开发区域土地对国家及自治区生态安全的基础屏障作用。

加强盟市级土地利用调控。分别制定各盟市的耕地保有量、基本农田保护面积、城乡建设用地规模、整理复垦开发补充耕地、新增建设占用耕地规模等土地利用约束性指标，以及园地、林地、牧草地等预期性指标，强化盟市级行政辖区的土地利用调控责任。

第八章：协调土地利用与生态环境建设。分4节，第一节：构建良好的土地生态环境基础；第二节：创建环境友好型土地利用模式；第三节：大力加强土地生态建设；第四节：生态建设重点区域及措施。

构建良好的土地生态环境基础。严格保护森林、草原、湿地（沼泽、滩涂、水域）等基础性生态用地，加强自然保护区、地质公园、森林公园、国际重要湿地、湿地公园保护和建设，协调土地利用与生态环境建设，保障合理的生态用地规模。

创建环境友好型土地利用模式。科学合理的安排城镇建设用地和空间布局，鼓励城镇组团式发展，实行组团农用地与绿色隔离带有机结合，发挥耕地、园地、林地的生产、生态功能。严格控制污染企业用地，积极防治土地污染，加强环境监管。

大力加强土地生态建设。进一步完善监管制度，建立促进生态改善、农牧民增收和经济发展的长效机制，巩固生态退耕和退牧还草成果，促进退耕还林和退牧还草地区经济社会可持续发展。推进矿山生态恢复和环境治理；加强退化土地防治；保障湿地、野生动植物、地质遗迹及自然保护区、饮用水源保护区、地质公园、湿地公园、森林公园的保护和管理用地，加强各级各类保护区基础生态功能区划，使黄河、西辽河、大兴安岭、阴山、贺兰山、呼伦贝尔草原、锡林郭勒草原等重点流域、区域主导生态功能得到进一步的保护和恢复。

生态建设重点区域及措施：黄河上中游农牧交错带水土流失和风沙盐碱治理区建设。保护森林资源,治理水土流失和土地沙化盐碱化是该区的建设重点。提出5条治理措施。

京津周边内蒙古沙源治理区建设。治理土地沙化和水土流失是该区的建设重点。提出6条治理措施。

呼伦贝尔和锡林郭勒草原保护治理区建设。治理沙化、退化草场是该区的建设重点。提出六条治理措施。

大兴安岭天然林和湿地资源保护区建设。保护天然林和湿地资源是该区的建设重点。提出5条治理措施。

阿拉善自然封育治理区,开发地下解决水源、保护好现有地表植被是该区建设的重点。提出4条治理措施。

第九章:土地利用重大工程及安排。分为耕地和基本农田建设、土地整理复垦开发重点区域、基础设施建设项目重点区域及重大工程,共3节。

耕地和基本农田建设。规划期内建设20个以上国家和自治区级基本农田保护示范区。

土地整理复垦开发重点区域。全区确定嫩江右岸流区3个土地整理重点区域,涉及10个盟市、48个旗县(市、区)。全区确定东部灾毁农田区、东西部煤炭基地区和西部工矿废弃地区3个土地复垦重点区域,涉及10个盟市、21个旗县(市、区)。

基础设施建设项目重点区域及重大工程。能源矿产建设工程,稳定增加能源和矿产开发用地供应,建设国家能源基地。交通运输建设工程,加快鄂尔多斯—曹妃甸通道等33个铁路项目建设;完成京包、包兰、集二、集通、滨洲线电气化改造及白阿、通霍、叶赤线等11个交通枢纽扩能改造;重点建设牙克石—甘南、自治区东西大通道。建成乌兰浩特—白城等6条高速公路,联通与周边省区的快速直达通道;加快满洲里、二连、阿尔山、策克、甘其毛道和满都拉口岸等高等级公路建设,形成联通俄蒙的公路运输通道。扩建呼和浩特等7个城市机场及阿拉善盟3个通勤机场。合理安排口岸建设、旅游用地;保障矿产资源勘查开发用地;保障城镇污水垃圾处理等城镇基础设施用地;保障风能、太阳能发电建设工程用地。

第十章:完善规划实施保障措施。分为完善规划体系加强规划对土地利用的整体控制、健全规划实施行政管理制度、落实规划实施的经济手段、完善规划实施的基础保障、扩大规划民主决策和公众参与,共5个部分。

第二节　规划实施

一、首轮规划实施

在首轮《土地利用规划(1997—2010年)》中设置有第七章,提出了为保证规划顺利实施应采取的具体措施。

1999年9月22日,国务院在《国务院关于内蒙古自治区土地利用总体规划的批复》中指出,土地利用总体规划是自治区土地利用和管理的依据,具有法定效力。城乡建设、土地开发等各项土地利用活动都必须符合规划要求。制定土地利用年度计划,审核城镇建设用地规模,预审建设项目用地,审批农用地转用和建设项目用地,划定基本农田保护区,编制土地开发整理专项规划,都必须依据规划。

要求自治区政府要根据批复精神，认真组织落实规划提出的各项任务和措施，并确保规划目标的实现。

1999 年 12 月 13 日，自治区政府印发《内蒙古自治区人民政府关于认真贯彻落实全区土地利用总体规划的通知》，就贯彻落实规划提出了 4 条意见。一是认真学习和广泛深入地宣传规划，充分认识实施规划的重要性；二是抓紧做好各级土地利用总体规划的修编和报批工作；三是建立和完善实施土地利用总体规划的各项管理制度；四是认真编制土地利用年度计划，实行建设用地总量控制。

2000 年 7 月 17 日，自治区国土资源厅制定《内蒙古自治区土地利用总体规划实施试点方案》，就全区开展土地利用总体规划实施试点工作进行了安排部署。成立总体规划实施试点工作领导小组，由自治区国土资源厅副厅长赵保胜任领导小组组长，在厅规划与科技处设领导小组办公室。明确总体规划实施试点工作的目的为：在土地利用总体规划实施期间，结合土地管理工作的全面展开，在规划实施的方法、手段等方面作出有效的尝试，采用切实有效的措施，充分发挥规划对土地利用的宏观调控和指导作用，更好地保障各级土地利用总体规划的顺利实施。主要工作内容为：建立和完善实施规章制度；研究探索实施规划的配套政策和改进规划的方法。确定赤峰市敖汉旗为国家级试点单位，呼和浩特市托克托县为自治区级试点单位。要求每个盟市抓 1 ~ 2 个试点旗县，并与自治区土地利用总体规划实施试点同步进行。

2010 年 3 月，在自治区政府印发的《土地利用规划（2006—2020 年）》中对《土地利用规划（1997—2010 年）》从批准实施至 2005 年的执行情况进行了总结，认为：一是强化了对耕地特别是基本农田的保护。从规划实施到 2005 年，全区累计增加耕地 39.56 万公顷，建设占用耕地 3.33 万公顷，实现了建设占用耕地补充有余。二是保障自治区建设用地的合理需求，促进经济社会快速发展。土地利用总体规划的实施，对建设用地的合理布局起到有效的调控作用。在指标紧、需求大的情况下，通过加强规划实施管理，用足用活政策，保障了国家、自治区及地方各类重点项目对建设用地的合理需求。10 年间，自治区先后完成了托电电厂及电网、丹拉高速、省际大通道、尼尔基水利枢纽等重点基础设施建设项目，机场、铁路、公路等交通、水利设施用地增加 4.03 万公顷，占土地总面积的比例由 1996 年的 0.07% 提高到 2005 年的 0.21%；城乡及工矿用地增加 7.22 万公顷，为加快自治区城镇化、工业化、农牧业产业化进程，促进经济社会的快速发展提供了用地保障。三是增强了按规划依法使用土地和管理土地的意识。全区各级土地利用总体规划的全面编制与实施，首次解决了土地利用和管理无规划可依的问题；各级国土资源管理部门在日常管理中依据规划审批土地，对不符合土地利用总体规划的建设用地不予批准，对违反规划用地和未批先用、少批多用等违法用地行为严肃查处，并追究有关人员的法律责任，保证了规划的强制性和严肃性。通过疏堵结合，加上长期的宣传教育，使全社会逐步形成土地利用必须符合土地利用总体规划的观念。四是规划在土地利用方面的整体控制地位得到确立。各级土地利用总体规划确定了城乡建设发展规模和范围，对各项建设用地的空间布局和用地规模实行了总体控制，城镇建设和农村居民点的空间拓展符合土地规划的规定，改变了建设用地缺乏总量调控、随意发展、分散布局的格局，引导城乡建设集中发展、集约用地，促进了存量土地的盘活利用，有效地控制了建设用地规模。规划实施期间，自治区先后编制了基本农田保护区、土地整理开发复垦、生态建设与环境保护、旅游和城镇、矿产资源开发利用等与土地利用密切相关的行业、部门及专项规划，并与土地利用总体规划在用地规模和布局方面进行了衔接，土地利用总体规划在土地利用规模与空间布局上的整体控制地位得到确立。特别是各级政府在规划实施过程中，充分意识到规划的“龙头”作用,对通过土地利用总体规划引导城市发展和产业布局,利用年度土地供应计划调控经济发展有了较高的认识,使得土地管理参与宏观调控的力度大大加强。五是指导造林种草和后备土地资源的合理开发利用,促进了生态环境的改善。1997—2005 年全区共实施生态退耕 130.12 万公顷;新增林地面积 170 万公顷,林地占土地总面积由 1996 年的 17.33% 提高到 2005 年的 18.8%;新增人工草地面积 49.86 万公顷,人工草地占牧草地总面积由 1996 年的 0.5% 提高到 2005 年的 1.28%。开展生态退耕、围封转移、防沙治沙、“三北”防护林等重点生态工程建设,城乡生产和生活环境得到进一步改善,促进了土地资源的可持续利用。

《土地利用规划(1997—2010 年)》实施中存在的主要问题为:一是建设用地需求预见性分析不够全面,布局不尽合理。二是基本农田布局不合理。三是规划较缺乏对土地利用政策和形势变化的适应性。规划实施期间,自治区相继实施了生态退耕、西部大开发、振兴东北地区老工业基地、加快城镇化和工业化进程、推进社会主义新农村建设等一系列战略,经济社会持续快速发展,土地利用供需形势、规模、结构和布局发生了重大变化,而规划不能更好地服务这些土地利用政策和形势变化,缺乏较强的适应性。四是耕地保有量没有达到规划目标要求。截至 2005 年,全区实际耕地面积 710.21 万公顷,与 1996 年相比,共减少 110.02 万公顷;与规划目标相比,共减少 71.02 万公顷。规划实施以来,自治区落实国家生态退耕宏观政策,全区生态退耕力度较大,另外,耕地减少的原因还体现在灾毁、农业结构调整等方面。

二、第二轮规划实施

在第二轮《土地利用规划(2006—2020 年)》中设置有第八章,提出了确保规划有效实施的行政、经济、法律和技术等手段。包括:一要强化规划对土地利用的整体控制;二要健全规划实施行政管理制度;三要强化规划实施的经济手段;四要完善规划实施的基础保障;五要扩大规划的民主决策和公众参与。

2009 年 12 月 28 日,国务院在《国务院关于内蒙古自治区土地利用总体规划的批复》中,对自治区实施规划提出的具体要求为:要加强组织领导,认真组织落实规划提出的各项任务和措施,确保规划目标实现。自治区政府主要负责人要对本区内的土地利用总体规划和年度计划执行情况负总责,严格落实保护耕地和节约集约用地责任制,确保规划确定的耕地保有量和基本农田保护面积不减少、质量有提高。要健全规划实施管理制度,强化土地利用年度计划控制,严格建设项目用地审批,加强农用地转用管理;加强规划实施动态监管,严格土地利用总体规划修改;加强规划宣传,提高全社会依法依规用地的意识。

2010 年 3 月 15 日,自治区政府在《内蒙古自治区人民政府关于印发内蒙古自治区土地利用总体规划(2006—2020 年)的通知》中,对实施规划提出的 5 条意见为:一是要高度重视,加大对规划的宣传力度;二是加快完成盟市、旗县、苏木乡镇级土地利用总体规划的修编工作;三是严格规划的实施管理,强化土地利用的统筹和管控;四是依法严格各级规划的审批;五是加强组织领导,确保规划目标的实现。

2014 年 11 月 21 日,国土资源部召开土地利用总体规划调整完善工作视频会议,安排部署了土地利用总体规划调整完善工作,并于 11 月 26 日印发《土地利用总体规划调整完善工作方案》。按照国土资源部视频会议精神和相关文件要求,自治区政府成立了由自治区分管领导任组长、相关部门领导为成员的全区土地利用总体规划调整完善工作领导小组，统一领导全区规划的调整完善工作。

2015 年 4 月 28 日，自治区国土资源厅召开全区相关工作推进大会，就加快推进土地利用总体规划的调整和完善工作进行了部署。

会议指出，全区 2013 年现状耕地保有量 912 万公顷（1.37 亿亩），比本轮规划 2020 年耕地保有量目标 767 万公顷（1.15 亿亩）多 145 万公顷（2175 万亩）。耕地面积增量很大，增加的耕地中，有 133.4 万公顷（2001 万亩）属于难以稳定利用的耕地，位于林区的有 1047 万亩，位于草原腹地的有 458 万亩，滩涂和沙化地 496 万亩。耕地中属于水浇地只有 279.02 万公顷（4185.30 万亩），仅占现状耕地总量的 30.59%，耕地中稳产优质耕地较少，整体质量不高，增加耕地中难以稳定利用的数量较大等问题十分突出。

会议提出，本次规划调整完善，既是落实最严格耕地保护制度的客观要求，也是保护耕地红线保障粮食安全的国家战略赋予规划调整完善的一项神圣使命。本次土地利用总体规划的调整和完善，主要涉及三项指标，即：耕地保有量、基本农田保护面积和建设用地空间规模。有关三项指标调整的初步意见为：对耕地保有量，国家初步拟定自治区 2020 年耕地保有量目标为 767 万公顷（1.15 亿亩），与现行规划确定的 2020 年耕地保有量目标 697 万公顷（1.05 亿亩）相比，增加 70 万公顷（1050 万亩）。与 2013 年现状耕地保有量 912 万公顷（1.37 亿亩）相比，减少 145 万公顷（2175 万亩）。对基本农田，国家初步拟定自治区 2020 年基本农田保护面积为 626 万公顷（9390 万亩），与现行规划 2020 年基本农田保护面积 608 万公顷（9120 万亩）相比，增加 18 万公顷（270 万亩）。基本农田保护率由原来的 87.16% 调整为 81.61%，下降 5.55 个百分点。基本农田保护面积的增减基本上和耕地保有量增减相对应。对新增建设用地规模，国家初步确定自治区新增建设用地规模为 3.9 万公顷，即：到规划目标期 2020 年，建设用地总规模预期达到 166.18 万公顷，比 2013 年自治区建设用地现状规模 156.81 万公顷增加 9.37 万公顷，比现行规划 2020 年建设用地总规模 162.28 万公顷增加 3.9 万公顷。

会议明确规划调整和完善的重点为：要切实加强研究，对规划的实施情况进行认真细致的评估，总结经验，吸取教训。耕地保有量的调整要求是按照耕地实有面积基本稳定、耕地数量质量并重的原则，做到保护优先、应保尽保；基本农田保护目标的调整要求是按照各地永久基本农田数量和布局基本稳定，优质耕地优先保护的原则，做到数量不减少、质量有提高；耕地和基本农田的调整主要是合理布局，新增建设用地的规划规模主要是优化结构，这也是土地利用总体规划调整完善的核心。

会议强调，要精心组织、合理安排，按时完成规划完善和编制工作任务。

第二章　矿产资源总体规划

矿产资源总体规划是加强和改善矿产资源宏观管理的重要手段,也是开展矿产资源勘查、开发利用与保护管理工作的指导性文件。其目的是为了维护矿产资源国家所有权益,加强国家对矿产资源开发利用的宏观调控,协调当前与长远、国内与国外、中央与地方、地方与地方之间对矿产资源的需求,促进矿产资源的合理利用,并节约利用有限的矿产资源,有效保护资源与环境,促进国民经济健康可持续发展。主要包括全国矿产资源总体规划和地区矿产资源总体规划,其中地区矿产资源总体规划由省(区、市)人民政府组织编制。

第一节　规划编制

依据《矿产资源法》《内蒙古自治区矿产资源管理条例》等法律法规,以及《全国矿产资源总体规划》和自治区国民经济和社会发展规划纲要等要求,并按照国土资源部和自治区政府有关工作部署,从2000年至2015年,自治区国土资源厅先后组织开展了三轮全区矿产资源总体规划的编制工作。主要以自治区矿产资源实际和开发利用现状以及自治区经济社会发展对矿业发展的需求等为基础,结合国内外矿产品市场供需形势和矿产资源保证程度预测分析,对全区矿产资源勘查、开发利用与保护进行了全面规划,为依法审批和监督管理矿产资源的勘查、开发利用和保护等工作提供了指导和依据。

一、首轮规划编制

(一)编制过程

1999年9月,国土资源部在浙江、云南、山西三省开展了省级矿产资源规划的试点工作,并相继下发了《关于开展省级矿产资源规划工作的通知》等一系列文件。2000年10月,自治区国土资源厅开始着手自治区矿产资源规划的编制准备,并派人去有关省区进行考察和学习。2000年12月12日,自治区政府办公厅印发《关于认真做好矿产资源规划工作的通知》,就全区矿产资源总体规划编制工作进行部署。成立由自治区副主席周维德任组长,自治区政府办公厅副主任盖文山和国土资源厅厅长韩云彬、副厅长赵保胜任副组长,自治区各有关厅局领导为成员的全区矿产资源规划工作领导小组,负责统一领导全区矿产资源规划编制工作;在自治区国土资源厅设领导小组办公室,办公室主任由自治区国土资源厅副厅长赵保胜兼任,主要负责落实领导小组工作部署并具体负责组织规划的编制等工作。至此,全区矿产资源总体规划编制工作正式启动。同时,为确保规划编制工作质量和基础扎实,成立了"全区矿产资源潜力综合评价及规划研究""全区矿产资源及地下水资源调查评价与勘查规划研究""全区矿产资源开发利用与保护规划研究""全区煤炭资源开发利用规划研究""全区稀土金属矿产资源利用与保护调研及规划意见""全区矿山环境保护与恢复治理规划研究"共6个专题研究课题组,具体承担各专题研究和规划编制工作。

2001年,各专题研究课题组全面开展工作,并完成和提交了6个专题研究成果通过自治区国土资源厅组织的审查；同时，及时利用专题研究成果进行了规划文本的编制工作。在规划编制过程中，分别向各盟市行署、政府和规划领导小组成员及成员单位广泛征求了意见，并经反复修改，于2002年2月形成规划成果预审稿。2002年3月15日，自治区国土资源厅将规划预审稿报送国土资源部进行预审。之后，根据国土资源部专家预审意见，经进一步修改、完善，并通过自治区矿产资源规划工作领导小组审定，于6月10日向国土资源部上报规划审批稿进行审批；8月20日，国土资源部复函自治区政府，同意《内蒙古自治区矿产资源总体规划（2001—2010）》〔以下简称《矿产资源规划（2001—2010）》〕发布，并予以实施。

（二）规划主要内容

《矿产资源规划（2001—2010）》文本共分为7章，并包括附表12份、附图6张、矿区规划图14张。明确规划基准年为2000年，规划期为2001—2010年，重点为2001—2005年，展望至2010年。

1. 规划基本原则

坚持合理利用和保护矿产资源的总方针和"在保护中开发，在开发中保护"的总原则，并遵循：坚持实事求是的原则；坚持开源与节流并重的原则；坚持政府宏观调控和市场配置资源相结合的原则；坚持利用"两个市场，两种资源"的原则；坚持因地制宜、统筹规划、协调发展的原则；坚持有利于自治区经济发展的原则。

2. 规划总体目标

充分利用自治区地处"三北"，北邻俄罗斯、蒙古国的区位优势和西部大开发的有利机遇，发挥自治区的矿产资源优势和民族区域自治地区的优惠政策，加强矿产资源的调查评价和勘查，不断提高全区地质研究程度和矿产资源的可供性；适度加快矿产资源的开发力度，依靠体制创新促进矿业的规模化经营，提升矿业的经济效益；依靠技术创新和科技进步，提高矿产资源的转化能力和综合利用水平，在5～10年内建设并优化一批大中型的能源和原材料基地，使自治区成为"西电东送"和"西气东输"的重要能源和原材料基地，矿产资源勘查、矿业开发和环境保护实现良性循环。

矿产资源调查评价和勘查规划目标为：积极争取国家项目和资金投入，开展空白区域地质调查、区域物化探测量等公益性、基础性的地质研究工作，提高全区的地质工作程度，为自治区经济建设提供基础资料；加强矿产资源的调查评价，在规划期内积极开展七个成矿远景区带以铜、金为主的有色金属和贵重金属矿产资源调查评价工作，到2005年提供大中型矿产地3～5处，到2010年再提供大中型矿产地2～3处；加强地下水资源的调查评价，重点加强鄂尔多斯市西部岩溶水和阿拉善盟饮用地下水的调查评价，解决人、畜饮用水和生态建设的地下水需求，到2005年提供水源地3～5处，到2010年完成全区地下水潜力评价工作，摸清地下水补给来源，为全区工业布局和小城镇建设提供水源地5～10处；积极推动和鼓励区内工矿企业和地质勘查单位充分利用"两种资源、两个市场"，一方面推动我区优质高效矿产品走向世界，另一方面鼓励到国外或区外进行紧缺资源的调查评价，到2005年力争提供可开采的矿产地1～2处；加强基础数据库的建设，促进矿产资源调查评价的信息化管理，到2005年完成全区1∶20万数字地质图、自然重砂、数字水文地质图空间数据库和全区地质调查工作程度数据库、同位素年龄、钻孔数据库的建设，到2010年全面开发数据库的综合利用功能，实现数据库的信息化管理。

矿产资源合理利用与保护规划目标为：努力提高矿产资源转化能力，加快能源和原材料基地的建设速度，到2005年重点建设包头中国北方稀土基地、鄂尔多斯天然气基地、乌海炼焦煤基地、东胜动力煤出口基地、神华煤代油基地、呼伦贝尔煤炭基地、赤峰黄金、有色金属基地等一批重大项目,使自治区成为我国能源和原材料的重要供应基地。调整矿业产业结构,开发和延伸具有自治区资源特色、技术特色、高附加值和高载能的产品,加强石油、天然气、稀土金属、有色金属和重化工矿产的开发应用,逐步形成自治区经济发展的新的支柱产业,创造一批具有竞争力的名牌矿产品和深加工产品。积极调整和优化矿业布局,推进矿山企业向规模化、集约化发展,到2005年已建矿山通过重组和改造,基本实现规模适宜、布局合理;严格控制新建矿山企业的资质条件和准入条件,基本扭转当前矿山企业"小而多"的状况,到2010年全区矿山企业基本达到规模经营、集约生产。规划期内矿业产值年均增长6%,到2005年达到120亿元,到2010年达到150亿元,矿业经济由资源消耗型向资源效益型转化。依靠科技进步和技术创新,采用先进的开采技术,汰落后的生产工艺,提高矿产资源的综合利用水平,到2005年采矿回采率提高3个百分点,到2010年提高5个百分点。加强矿产资源保护,维护矿业秩序,保障矿业权人的合法权益,到2005年基本实现全区矿山企业矿界清楚、产权明晰、依法办矿,矿产资源管理秩序进一步好转;到2010年实现全区矿业稳定、协调发展。

矿山生态环境保护规划目标为:到2005年,矿山环境污染状况基本得到控制,矿山环境监督管理得到加强,矿山"三废"排放符合环保指标要求,建立2~3处矿山生态环境保护示范区,矿山闭坑后复垦率达到25%,到2010年达到30%。到2010年,建立矿产资源开发与环境保护相协调的机制,基本实现管理有序、科学开采,矿山环境污染得到普遍治理,矿山生态环境全面好转。

3. 主要工作规划部署

基础性地质调查:到2005年,完成1:25万区域地质调查27万平方千米、1:5万专项区域地质调查0.8万平方千米;在重要成矿区带和重要地质构造区完成1:20万区域重力调查65万平方千米,完成1:20万区域化探调查11.4万平方千米;在重要成矿远景区及1:20万区域化探异常区完成1:5万化探调查1.64万平方千米;拓宽研究领域,逐步开展环境、城市、农业地质评价,为自治区经济协调发展提供基础资料。到2010年,围绕重大基础地质问题及地质找矿需要,开展1:25万综合地质调查,更新一批基础地质图件,在资源和环境重点地区开展1:5万区域专项调查;争取完成全区1:20万区域重力测量;全部完成大兴安岭北段1:20万区域化探测量,开展厚覆盖区1:20万区域化探调查试验,并开展环境、城市、农业地球化学场调查。

矿产资源调查评价:能源矿产重点加强鄂尔多斯盆地、海拉尔盆地石油、天然气的调查评价,为建设鄂尔多斯综合能源基地和海拉尔盆地开发提供资源保障。以有色金属和贵金属为主攻方向,重点加强阿拉善成矿远景区、得尔布干成矿带等重要成矿区带的矿产资源调查评价;以优质高岭土、钾盐为重点,积极开展优质、新型的非金属矿产资源调查评价。抓紧资料的二次开发,应用新理论、新技术、新方法、新思路强化综合研究,进行矿产资源综合预测,提供战略性矿产资源调查评价靶区,提高矿产资源的研究水平。以中生代大型沉积盆地为基础,开展鄂尔多斯盆地、二连盆地—浑善达克沙地、辽河西部西辽河平原、阿拉善地区战略性地下水勘查,对地下水潜力进行评价,为西部大开发和生态环境建设提供战略性地下水资源。对鄂尔多斯市东胜区、乌海市、巴彦浩特镇、额肯呼都格镇等缺水城镇及准格尔旗黄土区、鄂托克前旗咸水区开展以供水为目的的地下水调查评价,积极开展高氟、高砷地区防病改水的水文地质调查和伊盟、锡盟干旱缺水地区人畜饮用水急救工程,提高当地群众的饮用水质量。

商业性矿产勘查向国内外开放。鼓励勘查石油、天然气(煤层气)、铀矿、地热、环保煤、优质锰、富铜、铅、锌、金、银、稀有金属及优质高效的非金属矿产；鼓励在经济欠发达地区、西部大开发的重点地区进行适应市场需求和区域经济发展的矿产资源勘查；鼓励矿山企业在矿区周围或深部进行勘查，增加后备资源，解决资源枯竭、矿山发展滞缓的矛盾；重点鼓励市场旺销、区内紧缺而因地质勘探程度低、暂难利用的已有矿床的补充勘查和开发应用研究。根据国家产业政策，限制供大于求且暂不允许新建矿山的矿种勘查；限制在大型矿床范围内为新建小型矿山进行的勘查；限制在地下水补采平衡区进行地下水水源地的勘查。认真落实国家对西部地区矿产资源调查评价、勘查、开发、保护与合理利用的优惠政策。在符合有关鼓励政策的条件下，适当减免探矿权使用费和采矿权使用费，允许国家出资勘查形成的探矿权价款和采矿权价款转为国有矿山企业或地勘单位的国家资本金。积极培育矿业权市场，促进探矿权依法出让和转让。鼓励外商投资勘查非油气矿产资源，按照世贸组织的规则，实行国民待遇。简化和明晰外商投资勘查开采矿产资源的审批程序，创造良好的法治环境，提高办事效率。定期发布矿产资源勘查开采招商引资信息，依法为外商投资勘查开采矿产资源用地提供便利条件。

4. 矿产资源开发与保护规划布局

规划鼓励开采区 8 个，包括呼伦贝尔能源有色金属矿产集中区、锡林郭勒石油矿产集中区、兴安盟南部—赤峰市北部有色金属矿产集中区、赤峰—敖汉旗黄金矿产集中区、包头—白云鄂博铁铌稀土矿产集中区、鄂尔多斯市综合能源矿产集中区、狼山多金属矿产集中区、乌海能源重化工矿产集中区。

规划限制开采区 60 个。其中，鄂温克旗马达木吉煤田、锡林浩特市巴彦宝力格煤田、苏尼特左旗白音乌拉煤田、西乌旗巴彦呼硕煤田、西乌旗吉林郭勒煤田、西乌旗白音华煤田、达茂旗白彦花煤田等 7 个煤田，非经进一步勘探不得开采；东胜煤田、准格尔煤田、桌子山煤田、扎赉诺尔煤田、宝日希勒煤田、伊敏煤田、大雁煤田、霍林河煤田、平庄煤田、胜利煤田等 10 个煤田（矿区）进行重点规划，划定限制开采区 40 个，作为今后煤炭规模开发的后备基地和审批采矿权的依据。划定白云鄂博西矿区、三合明铁矿为国家规划矿区，白云鄂博主东矿为保护性开采矿区，对其共生的稀土铌矿资源进行保护；划定白云鄂博都拉哈拉稀土铌矿区、主东矿境界外底盘稀土铌矿区、东介勒格稀土矿区，以及扎鲁特旗八〇一稀有稀土矿区为限制开采矿区。划定苏尼特右旗都尔铁矿、陈巴尔虎旗谢尔塔拉铁锌矿为限制开采矿区。划定乌拉特中旗对门山硫铁矿、乌拉特前旗山片沟硫铁矿、达茂旗布龙土磷矿为限制开采矿区。对大兴安岭北部乌玛、奇乾、永安山等未开发的原始林区实行封闭管理，进入该区从事采矿活动须经自治区政府批准。

规划固体矿产禁止开采区：根据生态保护需要，划定巴丹吉林沙漠区、腾格里沙漠区和浑善达克沙地等生态脆弱地区为固体矿产禁止开采区。根据法律法规的规定划定的固体矿产禁止开采区包括城市规划区、基本农田保护区及国防工程设施圈定的军事禁区；国家级和自治区级生态功能保护区（核心区）、自然保护区、重要地质遗迹保护区、风景名胜区、森林公园、地质公园及历史文物保护区；重要工业区、大型水利工程设施、防洪工程设施保护范围内；铁路、高速公路及国道、省道公路两侧一定距离以内，包铁路、包高速公路（内蒙古区段）两侧直观可视地区，严格禁止新建固体矿产开采矿山；国家和自治区划定的地质灾害危险区和地质灾害易发区；重要湖泊及主要水系两岸一定距离以内；法律法规和国家、自治区规定禁止开采矿产资源的其他地区。

上述划定的鼓励开采区、限制开采区、禁止开采区以外的地区均为允许开采区。

5. 调控矿产资源开采总量

规划期内，自治区调控开采总量的主要矿种是煤和稀土资源。对于煤炭资源，继续贯彻执行关于关闭非法和布局不合理煤矿的通知精神,扶持国有大型煤矿尽快达产,调整煤炭开采总量,到“十五”期末煤炭产量控制在1亿吨以内。对于稀土金属矿产,限制开采稀土矿,对白云鄂博主东矿实行开采总量调控,鼓励利用白云鄂博铁矿尾矿回收稀土精矿,控制稀土精矿生产总量,规划期内稀土精矿产量控制在5万吨以内(以稀土氧化物计)。限制开采钨、锡、钼等国内、国际市场供大于求的矿产,严格控制开采总量,实行限产保值。对于非金属矿产,“十五”期间停止新建硫铁矿、萤石矿矿山企业,控制硫铁矿、萤石矿的开采总量。对长期产大于销的矿种和矿产品要核定开采总量或在一定时期内限制新建矿山。

6. 矿业结构调整与优化

矿山企业组织结构调整:严格控制新建矿山企业的资质条件,推行新建矿山企业准入条件和最低开采规模制度,从源头制止低水平的重复建设。

现有矿山企业组织结构调整:依靠体制创新和科技创新,提高现有矿山企业开采规模和科技含量。通过企业改制、兼并联合、合法转让、政策调控等途径,培育和发展大型矿业公司或企业集团,立足于做大做优,提高矿山企业的竞争力。要建立矿山企业淘汰退出机制,对于规模特小、生产开采技术落后、浪费资源、污染环境和存在安全隐患的矿山,要限期改造和整顿,逾期达不到要求的,坚决关闭。

矿山企业矿产品结构调整:以市场为导向,以比较优势的矿产资源为基础,调整和优化矿产品结构。鼓励石油、天然气开采。继续发挥煤炭资源优势,推进煤炭开发由数量增长型向质量效益型转变,加强优质煤开采,限制劣质煤和高硫煤的开采,积极推进煤电转化,发展洗选煤、水煤浆、型煤等深加工产品,强化煤炭转化的宏观调控。充分发挥我区稀土稀有金属资源优势,合理开发和有效利用包头的稀土资源,适应国内外市场对稀土资源的需求。要适度控制稀土上产品,大力发展中产品,重点开发稀土相关最终产品,着力提高稀土产品的技术含量和附加值,要不断开拓稀土应用领域,扩大内需、调控出口,实现从原材料出口为主到以功能材料,元器件及相关最终产品出口为主的转变,要集中力量重点开发与电子信息、机电一体化、高效节能和环保相关的稀土功能材料,迅速实现稀土高新技术产业化。同时要积极组织力量开展铌、钽、铍、锆、锗等稀有分散金属的开发应用研究,尽快使资源优势转化为经济优势。要加强有色金属矿产资源的开发力度,延长深加工产品链,努力发展下产品工业。要依靠科技进步和技术创新,提高资源利用水平,强化伴生矿产的综合利用,尤其要加强金、银、镉金属的回收,使有色金属开发逐步成为我区的支柱产业。要不断开拓非金属矿产的开发应用研究领域,提高深加工水平和集约化利用程度,促进高岭土、盐、碱、硝、石膏、膨润土、沸石和建材矿产等优势矿产的合理开发利用,开拓新的应用领域,增强市场竞争能力,成为地区经济新的增长点。

矿山企业技术结构调整:矿山企业的开采生产技术应与当代社会经济的发展水平相适应。推广有利于提高资源利用效率、有利于环境保护、有利于安全生产、有利于减轻矿工体力劳动的先进适用采矿技术和装备。淘汰落后生产能力,制止手工采矿和穿洞式巷采等落后开采方法。鼓励矿山企业通过技术改造,实现采矿和选冶设备的更新换代和机械化生产,促进产业升级,提高市场竞争力。坚决取缔浪费资源、污染环境、生产工艺和设备落后的小选冶、土法炼焦、小氰化池和土法炼油等非法生产。

7. 矿山生态环境保护与恢复治理

新建矿山企业和新上矿产资源开采项目必须符合生态环境准入条件。要充分论证其对生态环境的影响，采取有效的生态环境保护措施，避免和减少对大气、水资源、耕地、草原、森林等生态系统的不利影响和破坏，尤其要加强对地表水、地下水补给平衡系统的研究和生态环境脆弱区的保护，严格禁止在风口地区开采矿产资源。停止审批含硫大于1.5%的煤矿的改扩建和新建含硫大于3%的煤矿及对生态环境有不可恢复利用等破坏影响的矿产资源开采项目。严格执行新建矿山环境影响评价制度、地质灾害危险评估制度和“三同时”制度，没有进行环境影响评价或环境保护方案、水土保持方案、土地复垦方案、矿山地质灾害防治方案等达不到要求的，不得颁发采矿许可证和审批用地。

加强现有生产矿山的监督管理和环境监测工作。矿山废渣、废石和矿石的堆放要符合环境评价设计的规定和治理要求，防止扬尘起沙和煤堆自燃，尽量减少大气悬浮物的含量和空气污染；矿山废水、废液和废气的排放要达到国家和地方规定的标准，主要污染物的排放总量控制在自治区规定的排放总量指标内。开采高硫煤矿的矿山，要采取和推广科学有效的脱硫技术，使含硫量达到环保要求，防止后续污染。露天开采矿区要推广分层剥离开采制度，剥离的土石方要分层存放、分层回填，以加快植被的恢复。矿山企业要加强矿区内采矿引起的次生地质灾害的防范和治理，废弃巷道和采空区要及时回填，对已发生的崩塌、塌陷等次生地质灾害要及时治理，采矿疏干排出的地下水要充分利用，以保护珍贵的水资源。建立矿山生态环境保护和治理示范区，到2005年建设通辽市型砂采区、鄂尔多斯市神华（内蒙古）公司采区和呼伦贝尔市大雁矿务局采区生态环境治理示范区，为全区的矿山生态环境保护提供样板。到2010年推广示范区经验，促进全区矿山生态环境保护上新台阶。

严格执行闭坑矿山报告审批制度。闭坑矿山企业要做好闭坑后矿山生态环境恢复治理工作，达到资源、环境和土地复垦要求，经验收合格后，办理闭坑手续。对于历史遗留的闭坑和关闭矿山，各级人民政府要列入土地复垦规划，加强治理和生态环境恢复，到2005年复垦率达到25%，到2010年复垦率达到30%。县级以上各级人民政府及其国土资源管理部门要继续加强矿山生态环境保护和治理的监督管理，要把资源保护和矿山生态环境保护结合起来，采取切实有效的办法控制煤层自燃，要加快鄂尔多斯市、阿拉善盟煤层自燃火烧区的治理进度，保护内蒙古珍贵的煤炭资源，改善生态环境。要严格执行土地复垦履约保证金制度，制定相应政策，鼓励矿山企业增加矿山生态环境保护和治理的投入，坚持谁治理谁受益的方针，保护矿山企业和矿山生态环境的可持续发展。

二、第二轮规划编制

（一）编制过程

2006年底至2007年初，国土资源部先后下发《关于开展第二轮矿产资源规划编制工作的通知》《关于开展第二轮矿产资源规划编制重大专题研究的通知》和《关于印发第二轮省级矿产资源总体规划编制要点的通知》。根据国土资源部有关要求，自治区首先调整了全区矿产资源总体规划编制领导小组成员，由自治区副主席赵双连任组长，自治区政府副秘书长史青晓、自治区国土资源厅厅长白盾任副组长，自治区发改委、水利厅、经济委员会、环保局为成员单位；并在自治区国土资源厅设领导小组办公室，由白盾任领导小组办公室主任，赵保胜、杨仁选任副主任，具体负责落实领导小组的工作部署，组织规划的编写和成果评审工作。

2007年2月14日，自治区国土资源厅印发《关于〈第二轮全区矿产资源总体规划编制工作安排意见〉的通知》，明确了规划编制基本原则、主要任务及分工，并设立了5个研究专题。之后，组织规划编制人员参加了国土资源部规划司在厦门举办的技术培训班，进一步统一了思想，对规划编制任务、内容、方法及要求有了更深刻的理解和认识,并研究和制定了规划专题研究方案及规划编制提纲。6—9月,主要进行了基础资料和数据的系统收集,并对自治区矿产资源勘查、开发、利用与保护、矿山生态环境等方面的现状和存在的问题,以及社会经济发展对矿产资源的需求等进行了全面调查了解。同时,在对相关资料系统整理和分析研究基础上,从矿产资源供需形势分析、促进有序勘查、合理开发、综合利用、环境保护等5个方面开展了规划专题研究工作,并开展了相关规划成果附图、附表的编制,还与相关管理部门和有关专家就主要指标进行了讨论和可行性论证。期间,先后组织相关部门和专家召开两次规划专题研究报告评审论证会,重点对专题研究报告中提出的规划目标、指标、任务、政策措施等进行了深入讨论,并提出了相关意见和建议。至11月中旬,在已完成的规划专题研究成果基础上,编制完成了规划征求意见稿和相关规划附图及附表。11月下旬,将征求意见稿印发领导小组成员和自治区政府有关委办厅局及各盟市广泛征求意见。12月下旬,根据国土资源部规划司组织的长沙会议精神和全区各有关部门反馈回来意见,对规划文本、图件、附表进行了修改和补充。

2008年1月15日,自治区国土资源厅召开厅长办公会议,对规划文本、附图、附表进行了认真审议,根据会议意见、建议修改后形成了规划预审稿,于1月21日由自治区国土资源厅上报国土资源部预审。3月13日,国土资源部规划司组织部有关单位和专家对规划预审稿进行了预审,并于3月31日下发《关于〈内蒙古自治区矿产资源总体规划〉预审意见的函》。之后,又根据国土资源部关于调整规划基期的要求(由2005年调整为2007年)和有关预审意见,进一步对规划文本、附表和附图进行了全面修改,于12月形成了《内蒙古自治区矿产资源总体规划(2008—2015年)》[以下简称《矿产资源规划(2008—2015年)》]审批稿。

2009年1月23日,自治区国土资源厅再次组织有关专家对《矿产资源规划(2008—2015年)》审批稿进行审查,并经进一步修改、完善,于3月22日上报国土资源部审批。3月26日,国土资源部规划司组织有关专家和全国矿产资源规划编制主要成员对上报的规划审批稿进行审查,提出了具体审查意见。6月,根据国土资源部审查意见经再次修改、完善,由自治区政府以内政字[2009]133号文将《矿产资源规划(2008—2015年)》报送给国土资源部审批。7—9月,国土资源部规划司将《矿产资源规划(2008—2015年)》转送国家发展和改革委员会、工业和信息化部、财政部、商务部和环境保护部等5个部委征求意见。10月,自治区国土资源厅组织对各部委反馈意见进行了认真分析和研究,并再次进行修改完善后,于11月上报国土资源部。12月22日,国土资源部复函自治区政府同意发布实施。

2010年3月12日,自治区政府正式发布《矿产资源规划(2008—2015年)》并实施。

(二)规划主要内容

《矿产资源规划(2008—2015年)》文本共7章,并有附表18个、附图8张。规划基期为2007年,规划期为2008—2015年,展望到2020年。

1. 规划基本原则

坚持有利于国家和自治区经济社会又好又快发展原则;坚持市场配置与宏观调控相结合原则;坚持资源开发与环境保护并重原则;坚持有效保护与合理利用相统一原则;坚持科技创新与体制创新原则。

2. 总体规划目标

认真贯彻落实《国务院关于加强地质工作的决定》,充分发挥政府投入对地质勘查市场的引导作用，建立并不断完善自治区专项地质勘查资金的管理和运作机制，加大矿产资源勘查力度，提高矿产资源保障程度，努力把自治区建设成为我国重要的能源和原材料基地。加强重要成矿带大中比例尺基础地质调查，全面提高基础性地质工作程度。开展各类地质信息资源的综合利用和深度开发，提高地质信息资源社会化服务水平。加强重点矿种、重点矿区勘查，力求实现新的突破。煤炭资源勘查要以提高煤炭地质工作程度、支持资源转化为目的；主要金属矿产资源储量要有大幅度增加。在规划期内力争新发现一批具有一定规模的矿产地。以战略性矿产、优势矿种、重要矿区为重点，加大矿产资源整合力度，加快矿山企业结构调整，提高矿业生产集中度。鼓励大型矿山企业强强联合，收购、兼并、重组和改造中小矿山，推进矿产资源向大企业、现代化企业和下游加工企业集中。以铜、铅、锌、银等优势矿种为重点，新建一批大中型矿产资源供应基地，发展一批大型矿山企业，建设一批千万吨级安全高效的现代化煤矿，为大型煤电和煤化工基地提供保障。加强共伴生矿产资源综合利用和矿山废物的资源化利用，增进资源转化效益。探索发展循环经济的有效模式和示范工程，大力推进绿色矿山建设，安全、环保、可持续地发展矿业经济。采取有效措施加强矿山地质环境治理，推行矿山清洁生产，降低产污强度，落实矿山地质环境恢复治理规划目标，实施矿山地质环境恢复治理和土地复垦重点工程，促进矿山生态恢复和矿业可持续发展。完善矿产资源有偿使用制度，推行矿业权有偿取得和矿产资源有偿开采。加强对矿业权人的管理，严格勘查开发准入条件，整顿和规范矿产资源开发秩序，提高矿产资源管理水平。

(1)2010 年主要规划目标为：

全面推进基础性地质工作，实施大兴安岭成矿带地质工作统一部署。到 2010 年，完成可扫空白区的 1∶20 万区域化探测量和大兴安岭等重要成矿带的 1∶25 万区域地质调查、1∶20 万区域重力测量、1∶5 万区域地质调查、1∶5 万航空物探综合站测量及 1∶5 万矿产远景调查、矿产资源调查评价等工作。系统开展全区主要矿产资源潜力评价、矿产资源利用现状调查及矿业权实地核查工作，基本摸清资源潜力，全面掌握矿产资源储量利用情况。面向自治区国民经济和社会发展的需要，规划部署自治区国土信息资源集群化、产业化服务工作。

以扩大地质找矿成果、提高矿产资源保证程度为目标，加强地质勘查工作。规划期内，煤炭勘查要以提高资源配置区勘查程度、加强缺煤地区找煤和寻找稀缺煤种为重点内容，为自治区能源开发和重化工基地提供后备资源保障；非煤固体矿产勘查以国家紧缺及自治区优势矿种为主攻方向，加强大兴安岭等重要成矿区带矿产勘查工作。预计探矿权设置数为 5500 个，实现新发现具有一定规模的矿产地（大中小型）200 处，主要矿种资源储量均有较多增长。积极开展大中型矿山深部及外围接替资源找矿勘查工作，努力实现大中型矿山新增资源储量有较大突破。

实现总量调控，优化资源开发利用布局与结构。到 2010 年，基本扭转矿山企业小、散、乱的状况，推进能源矿产开采集中化、企业大型化进程。“十一五”末期，建成两个亿吨以上、三个 5000 万吨以上年产量的煤炭基地；重点建设苏里格、大牛地等大中型天然气田；加快海拉尔盆地、二连盆地石油开发利用步伐。到 2010 年，全区大中型矿山产能所占比例达到 77%。

推进矿业经济区的发展，强化国家规划矿区的管理。严格执行新建矿山企业准入条件，已建矿山通过整合、重组和改造，基本实现规模适宜、布局合理。

搞好矿产资源，尤其是煤炭、稀土和金属矿产共伴生矿产的节约和综合利用，推进绿色矿山建设，实施循环经济示范工程。到 2010 年矿产资源开采回采率和选矿回收率均要提高 5 个百分点，综合利用率提高10%,尾矿、矿井水及矿山废水等综合利用率在基期水平上提高3%~5%。

加强矿山地质环境保护与恢复治理,推进矿业的可持续发展。实施矿山塌陷区、采空区、大型露天煤矿回填区专项治理工程。推行矿山清洁生产,新建和生产矿山要全面恢复治理,闭坑矿山恢复治理率要达到25%,矿山地质环境综合治理率要达到35%以上。

积极开展矿区废弃土地复垦。对《土地管理法》修订实施后(1999年)新建、在建矿山破坏土地的要全面复垦;其实施前因探矿、采矿活动造成破坏的土地和责任人灭失的采矿废弃地的土地复垦率达到25%以上。

加快矿业权市场建设,完善矿业权管理办法和矿产资源有偿使用管理办法,建立自治区地质矿产勘查基金管理办法和项目监理制度,全面实施矿山地质环境治理保证金制度,建立矿产资源勘查、开发和矿山地质环境监测管理平台,到2010年初步形成法制严明、科学高效、公平有序的矿产资源管理体系。

(2)2015年规划目标为:

全区基础性地质工作程度大幅提高,重要成矿区带矿产资源调查评价工作取得较大进展。到2015年,1:20万重力测量要完成全区可扫面积的四分之三以上,重要成矿区带的1:25万区域地质调查稳步推进,1:5万区域地质调查和1:5万矿产远景调查工作程度大幅度提高。自治区国土信息资源服务系统基本建立,面向社会集群化、产业化服务。

加强重要成矿区带的地质矿产勘查力度,重点规划部署大兴安岭、北山等重要成矿区带的地质调查和矿产勘查工作,力争取得具有宏观影响的地质找矿成果;同时围绕前期基础地质工作所圈定的找矿靶区,大力开展矿产预查,对重要矿产地以及大中型矿山深部及外围,进行矿产普查和必要的详查,整体提高全区矿产资源的勘查程度和储量规模。预期探矿权设置数量在8000个以内,新发现具有一定规模的矿产地(大中小型)300处。

矿产资源开发布局和矿山企业结构进一步优化,矿产资源节约与综合利用水平明显提高,具有明显循环经济特征和清洁生产特征的矿山格局基本形成。到2015年,自治区大中型矿山产能所占比例达到81%以上,矿产资源开采回采率和选矿回收率均要提高3~5个百分点,综合利用率提高5%,固体废物、尾矿、矿井水及矿山废水等综合利用率在近期新水平上提高1%~2%。

矿山地质环境治理和生态恢复责任机制、矿山地质环境恢复补偿制度、矿山地质环境保护管理体系与监测网络进一步完善,矿山地质环境保护与污染防治的考核指标体系初步建立。新建和生产矿山地质环境要全面恢复治理,闭坑矿山恢复治理率达35%,矿山地质环境综合治理率达到45%;闭坑矿山破坏土地复垦率要达到30%以上。

建立健全以法律、法规和政策为主要手段的矿产资源调查评价、勘查、开发利用与保护的宏观调控体系、运行机制及监督体系,全面实施保障科学发展的新机制,全区矿产资源管理工作有效推进。

(3)2020年规划目标为:

在重要成矿区带和重点地区继续开展1:5万区域地质调查和1:5万矿产远景调查,完成全区大中比例尺基础地质调查工作;开展和完成部分盟市、旗县地质灾害调查及1:5万环境地质调查工作。根据2015年前重要矿产资源勘查成果,新确定一批由国家和自治区政府出资勘查的重点勘查区,提交一批大中型矿产地。

矿产资源开发布局更趋合理,矿山企业结构调整得到优化,矿产资源综合利用水平明显提高,矿产资源勘查开发有偿使用管理更加有序。开采回采率、选矿回收率在2015年的基础上再分别提高3~5个百分点,矿山企业综合利用率达到国内行业先进水平,矿山企业基本达到集约化生产、规模化经营。

全区国有大中型矿山历史遗留的环境问题基本解决,问题突出的矿区环境得到根本改善,矿山地质环境恢复治理明显好转,闭坑矿山破坏土地复垦率全面提高。在自治区建立矿山生态环境保护示范区,矿业发展和社会进步共同繁荣。

矿产资源管理制度建设更加完善,形成一套完整的矿产资源勘查、开发和利用的管理体系。商业性地质勘查秩序进一步规范,勘查投入明显增加,基础性、公益性地质调查与商业性矿产勘查协调发展;"两种资源、两个市场"得到充分拓展,资源供给明显改善;全区矿产资源对经济社会发展的保障程度全面提高。

3. 矿产资源调查评价与勘查工作部署

(1)勘查方向:

依据自治区紧缺矿种或资源潜力,鼓励勘查煤炭、石油、天然气(煤层气)、油砂、油页岩、铀矿等能源矿产;鼓励勘查铁、锰、铬、钛、钒、铜、铅、锌、钴、镁、铋、铝、镍、金、银、铂族等金属矿产和稀有金属矿产;鼓励勘查石灰岩、大理岩、高岭土、石膏、硅石(石英岩、脉石英)、饰面用石材(花岗岩、辉绿岩、玄武岩)、天然碱、岩盐、钾盐、磷矿等非金属矿产。

限制勘查稀土、钨、锡、锑、重晶石、萤石、石墨等国家所规定的限制勘查矿种。限制勘查600米以下第三系煤、800米以下白垩系煤、1200米以下侏罗系煤。

限制勘查砂金以及其他重砂矿物和湿地泥炭等。

对鼓励勘查的矿种要加大投资力度,实行政府投入找矿、承担找矿风险,企业开发勘查的方针,重点安排国家和自治区级勘查基金的预查、普查和必要的详查项目,然后依据矿区总体开发规划和矿业权设置方案,向企业整体配置矿业权;商业性勘查在符合国家和自治区关于矿业权分类管理规定的前提下设置探矿权。严格控制限制性勘查矿种的探矿权投放和勘查项目部署。

(2)勘查区域布局:

重点勘查区:以得尔布干成矿带、东乌旗—梨子山—鄂伦春成矿带、突泉—林西成矿带等八个Ⅲ级重要成矿带为重点,划定了53处非能源重点勘查区,面积约20万平方千米,进行矿产资源调查评价与勘查,提高重点勘查区的地质工作程度,探求具大中型规模的矿产地,实现矿产勘查的重大突破。规划部署东胜煤田、准格尔煤田和上海庙—棋盘井等10个煤炭资源重点勘查区,进行煤炭资源普查和部分详查,为自治区经济建设提供煤炭资源保障。重点勘查区为国家、自治区专项地质勘查资金和社会资金勘查投入的重点区域。重点勘查区内严禁将矿产地化大为小、分割出让,严禁新设探矿权勘查程度低于原有工作程度。在有望形成找矿重大突破的远景区,要编制统一部署的实施方案,并根据阶段性成果对勘查工作进行科学调整,立足于寻找大中型矿产地。

鼓励勘查区:鼓励在矿业经济比较滞后但又较具资源潜力的阿拉善盟北山地区、乌兰察布市、兴安盟以及自治区确定的15个贫困老区旗县中资源条件较好的地区进行矿产资源勘查。依据国家法律、法规和自治区有关政策规定,在规划的鼓励勘查区内设置探矿权,要在数量和时序上给予倾斜,并可享受地方出台的有关优惠政策。

限制勘查区:确定实行保护性开采的白云鄂博稀土矿、沙麦钨矿、白石头洼钨矿,以及马达木吉煤田、八〇一稀有稀土矿区和对门山硫铁矿区等矿产资源保护区为矿产资源保护性限制勘查区。为保护生态环境,设定呼伦贝尔市乌玛、奇乾、永安山天然林保护区和腾格里沙漠、巴丹吉林沙漠、浑善达克沙地等生态脆弱地区,以及呼和浩特市清水河县黄河两岸地质灾害易发区为固体矿产限制勘查区。限制勘查区内新设探矿权要严格审查,并进行专门的规划论证或调整。限制勘查区内确因工作需要,经有关部门同意可以安排基础性、公益性地质工作。

禁止勘查区:依法禁止或限制在达赉湖、红花尔基等25个国家级自然保护区、地质公园和额尔古纳等66个自治区级自然保护区及地质公园、地质遗迹,以及重要饮用水源保护区的一定范围内开展矿产资源勘查活动。将自治区境内的军事禁区、国防工程设施圈定区、重要工业区、大型水利工程设施区、防洪工程设施保护区,机场、铁路、高速公路及重要公路两侧直观可视区域确定为固体矿产禁止勘查区。禁止勘查区内除公益性地质调查和经论证可以设置探矿权的国家重大项目以及油气、地热、矿泉水外,不得新设探矿权,已有的矿产资源勘查活动要逐步有序退出。对于通过矿产资源调查评价,在具有生态环境和重要城镇及基础设施保护功能的禁止勘查区内发现的矿产地或成矿远景区可以纳入矿产资源保护。

(3)工作部署:

基础地质调查:规划期内,全面开展大兴安岭、北山等重要成矿区和重点发展地区的基础地质调查工作,实施统一部署。基础地质调查工作的主要任务是运用新理论、新方法和新技术填补各专业不同比例尺的空白区,为矿产资源调查评价与勘查和基础设施建设提供基础资料。为配合重点勘查区内的找矿工作,规划期内,在大兴安岭、得尔布干、二连—东乌旗和华北地台北缘重要成矿区带内部署1:25万区域地质调查18幅,面积为19.97万平方千米;优先部署1:5万区域地质调查193幅,调查总面积约6.74万平方千米。在大兴安岭北部、阿拉善及北山重要成矿区带,规划部署1:20万区域重力调查42幅,总工作面积18.58万平方千米;选择得尔布干、华北地台北缘、大兴安岭中南段、北山等重要成矿区带,规划部署1:5万航空物探综合站测量,总工作面积65.1万平方千米。重点完成二连—东乌旗空白区及大兴安岭北部空白区和数据更新图幅1:20万区域地球化学调查,共计23个图幅(含不完整图幅)约10.72万平方千米。

区域水文地质与环境地质调查:规划期内,以中生代大型沉积盆地为目标,规划部署二连盆地、海拉尔盆地、河套平原、乌兰察布市战略性地下水勘查,对地下水资源总量和可开采潜力进行评价,到2010年发现和评价可供利用的大中型水源地6处以上。在黄河上游(内蒙古段)经济较发达区域和白云鄂博稀土矿、准格尔煤田、东胜煤田等重要矿区开展环境地质调查;在鄂尔多斯地区、阿拉善地区开展荒漠化生态环境地质调查评价;在阿拉善左旗等24个旗县市开展地质灾害调查与区划。通过上述工作,解决若干与经济发展和人民生活密切相关的环境地质问题,为地质灾害的防治、城市建设与可持续发展提供资料和依据。积极推动全区地热资源勘查,在全区范围内开展地下热水调查研究与规划部署。

地质资料开发利用与综合研究:规划期内,通过系统总结地质调查和矿产勘查工作成果,全面掌握矿产资源现状,科学评价未查明矿产资源潜力,建立真实准确的矿产资源数据库,满足矿产资源规划、管理、保护和合理利用的需要。加强资料的二次开发与利用,综合研究已有地质、矿产、物探、化探、遥感及专题研究的成果资料,发掘一批可供进一步工作的矿点、矿化点、综合异常及勘查靶区。围绕地质勘查工作的重点和疑难地质问题,开展基础地质研究和科技项目攻关,积极推进先进成矿理论、找矿方法和勘查开发技术的推广应用。在大兴安岭地区开展基础地质及成矿规律研究,选择北山—狼山地区进行成矿规律与评价技术示范研究。针对不同景观区进行综合勘查方法试验研究。继续建设并及时维护地学基础数据库,完成重要地质资料的数字化工作,使国土资源数字化信息更好地满足国土资源管理和调查评价的需要。

矿产资源调查评价:以1:5万地质填图、化探测量、地面高精度磁测和遥感解译,结合矿产检查为主要工作方法和手段,以铁、铜、铅、锌、金、银、钼等为主攻方向,在得尔布干、大兴安岭中南段、华北地台北缘西段和阿拉善—北山等成矿远景区,优选401个图幅开展1:5万矿产资源远景调查,调查总面积为13.94万平方千米。在得尔布干成矿带、东乌旗—梨子山—鄂伦春成矿带等8个Ⅲ级成矿带内,划分了30个矿产资源调查评价区,将其中成矿条件有利,资源潜力较大,但工作程度相对较低的奥尤特—朝不楞、甜水井—小狐狸山等18个矿产资源调查评价区设为重点调查评价区,进行公益性地质矿产调查评价工作。积极开展全区较具资源潜力的煤层气、铀矿、油页岩等矿产资源的调查评价研究工作。力争到2015年发现和评价可供进一步勘查的矿产地500处以上。2016—2020年,继续在额济纳—雅干成矿带和乌力吉—锡林浩特成矿带开展1:5万矿产资源远景调查和矿产资源调查评价工作。进一步推进全区较具资源潜力的煤层气、铀矿、油页岩等矿产资源的调查研究。

矿产勘查:煤炭勘查要充分利用中央和自治区专项地质勘查资金,加大具有资源潜力的缺煤地区煤炭资源勘查力度,加强优质及紧缺煤种(炼焦用煤等)煤炭资源普查,优先开展煤质好、埋藏浅、近期可开发利用区域的普查和必要的详查工作。加强成煤规律和含煤条件的分析研究,分批次规划部署缺煤地区和具有勘查潜力的煤炭资源预查30处以上;规划普查区28个,优先安排呼伦贝尔市诺门罕北区、锡林郭勒盟巴音宝力格煤田东区、阿拉善盟黑山和潮水煤盆地、包头市沙尔花煤盆地煤炭资源普查;规划部署鄂尔多斯市东胜煤田(1200米以浅)、呼伦贝尔市呼和诺尔和红花尔基煤盆地、阿拉善盟呼鲁斯太深部区、鄂尔多斯上海庙矿区等能源重化工建设重点地区的普查和部分详查,提交可进一步规划和开发利用的资源储量500亿吨以上,为促进自治区经济社会发展提供能源资源。到2020年,完成煤炭资源重点预测区的预查和必要的普查工作,并对自治区煤炭资源潜力有较清楚的认识,基本摸清全区煤炭资源家底。非能源固体矿产勘查,按照矿产勘查战略布局,以划分的重点勘查区和鼓励勘查区为勘查区域,以铁、铜、铅、锌、金、银、钼、镍及岩盐、磷矿等矿产为主攻矿种(兼顾铀、铌钽、锰、铂等),科学部署矿产勘查项目,通过综合勘查、综合评价的先进方法和手段不断实现找矿突破。地域上,重点加强乌兰察布市、兴安盟及阿拉善盟的地质矿产勘查,统筹规划部署大兴安岭成矿区的地质找矿工作。地下水水源地勘查,优先规划部署翁牛特旗解放营子—乌敦套海严重缺水地区、赤峰市干旱缺水地区供水水文地质勘查和额济纳旗黑鹰山地区找水示范工程,解决严重缺水地区人畜饮用水短缺问题。重点开展鄂尔多斯能源基地的乌兰陶勒盖、上海庙、陶利等10个重点煤矿区水源地详查(1:5万)和苏里格气田供水水源地勘查(1:5万),推动自治区能源基地的发展。对鄂尔多斯市、乌海市、满洲里市、乌兰浩特市以及四子王旗、兴和县、开鲁县等18个城镇或重点工业园区进行供水水源地水文地质详查(1:5万),满足地方经济发展的需求。

勘查准入条件:矿产资源勘查应坚持规划先行、政府调控、市场调节的原则。凡在自治区管辖范围内勘查矿产资源,必须符合本规划及国家和自治区探矿权设置相关政策的要求,申请勘查的范围内不存在矿业权争议,符合相关的勘查规划区块设置,并属于国家及自治区重点和鼓励勘查的矿种、地区。探矿权人必须遵守国家和自治区的相关法律、法规和政策,依法缴纳探矿权使用费和价款,严格限制在矿产资源开发利用过程中存在违法违规行为的矿业权人取得新的探矿权。鼓励大中型采选冶加工一体化的企业出资勘查,在已知难利用矿产选冶技术未过关前,严格限制勘查,已设探矿权合理有序退出。在资源环境承载能力有限的区域内开展勘查工作,应进行规划论证;对环境有严重影响的,须具备经有关部门认定的环境保护方案。在可利用的规模矿床范围内,原则上不得新设其他矿种的探矿权;已有探矿权在不影响规模矿床开发利用的前提下,可以继续开展工作。其他不符合规划要求的,不得新设、变更、延续探矿权。

引导商业性矿产勘查:加大基础性地质工作投入力度,建立完善地质资料共享制度;完善商业性矿产资源勘查机制,培育规范商业性矿产勘查;完善矿业权出让制度,推动地质矿产勘查健康有序发展。

(4)勘查规划区块划分及管理:

全区划分了金属矿产勘查规划区块520个,总面积6.35万平方千米,其中323个规划区块已设探矿权,197个规划区块未设探矿权;煤炭资源勘查规划区块62个,面积为4.42万平方千米。一个勘查规划区块原则上只设置一个勘查主体。对于一个勘查规划区块内相邻的已有探矿权,经勘查有矿体相连,则通过收购、联合重组或参股等方式合并为一个勘查主体,以达到整装勘查,大矿大开的目的。

规划期内对未设探矿权的197个勘查规划区块,根据国家统一部署勘查工作需要和规定设置探矿权。对未划分勘查规划区块的区域,则根据新的地质找矿成果或找矿信息,按照相关规定设置探矿权或以市场方式出让;在1:5万航空物探综合站测量和1:5万矿产远景调查区内,原则上待工作成果提交后严格按照异常分布范围,整体以市场方式出让,尽量做到一个矿区整体勘查开发。

严格执行探矿权注销、延续及变更制度。根据勘查规划布局和整装勘查的原则,对现有探矿权进行调整和整合;制定探矿权退出机制,保护探矿权人的合法权益。在禁止勘查区内的探矿权要逐步有序退出;对圈而不探、未完成最低勘查投入等法定义务的、以采代探和擅自部署勘查工程的,经责令整改而逾期不改或整改不力的,实行强制退出并不予批准新的探矿权;对在规定期限内未开展勘查工作而转让、转卖探矿权的,经查实后不得批准延续或变更手续。对于有资源潜力,符合规划要求,需要进一步开展勘查工作的,可办理探矿权延续;勘查范围部分位于禁止勘查区或被禁止勘查区分割的,发现的矿体延伸到勘查区外的,矿体连续需要整体勘查的,因主勘查矿种发生变化的,为提高工作程度需调整勘查区范围的,在符合本《规划》有关要求的前提下,均可及时办理相应探矿权变更。

(5)重点工程:

科技攻关工程:在系统总结和分析自治区矿产资源勘查与开发利用现状的基础上,应用新理论、新技术和新方法,开展全区矿产资源潜力评价、矿产资源利用现状调查、矿业权实地核查和地质信息资源产业化服务工作。通过科学评估自治区主要矿种的矿产资源潜力,系统查明矿产资源储量利用情况,准确核实矿业权设置现状和开发利用地质信息资源,建立并完善真实准确的矿产资源数据库和信息服务系统,为进一步做好矿产资源规划、管理、保护和合理利用提供科学依据。

重点勘查工程:一是进行大兴安岭成矿带地质找矿统一部署,制定大兴安岭地质找矿统一部署方案,建立中央与地方基础地质工作相互衔接、公益性地质调查与商业性矿产勘查相互促进、地质勘查力量协调配合的地质勘查新机制,推进大兴安岭成矿带矿产资源整装勘查,实现矿产资源勘查大投入、大产出、找大矿的重大突破。二是进行矿产资源后续接替区选区评价,要在分析总结自治区近年来重要矿产资源调查评价与勘查、开发的现状和潜力的基础上,综合研究评价资源禀赋情况、矿产开发的外部条件及环境影响因素,通过对矿产资源勘查开发接替选区规划研究,圈定出自治区重要矿产资源接替选区,为推动西部矿产资源科学规划和合理布局提供支撑。三是开展大中型矿山深部及外围接替资源找矿勘查,以重要矿种深部找矿为突破口,以提高现有矿山资源保障程度为目的,加强矿山深部勘查技术方法攻关,寻找埋深在500~1200米的有色金属、贵金属、铁矿及煤炭等重要矿产资源;根据危机程度和资源潜力情况,按照社会需求优先、探边摸底和外围拓展的原则,有计划、有组织地开展大中型危机矿山深部及外围地区地质勘查工作,增加资源储备,延长老矿山的服务年限。

4. 矿产资源开发利用与保护

(1)合理调控矿产资源开发利用总量:

为最大限度地节约、保护和合理利用矿产资源,根据全区矿产资源的稀缺和丰富程度,在满足国家、自治区需求的条件下,提出鼓励、限制和禁止矿产资源开发利用的方向,实施全区矿产资源开采总量调控,以促进矿产资源开采总量与经济社会发展水平相适应。鼓励开采石油、天然气、煤层气、油砂、油页岩、铅锌、金、银等国民经济发展急需矿产。鼓励矿山企业合理开采与自治区建设密切相关的非金属矿产,鼓励企业依靠科技进步,研究开发新型非金属矿产品,扩大非金属矿应用领域。为了严格控制产能过剩、环境污染和降低能耗,对钨、锡、锑、稀土和重晶石、萤石、石墨、菱镁矿、滑石、砂金、砂铁以及其他重砂矿物和湿地泥炭等矿产实行限制性开采;限制开采高硫煤、高灰煤,有计划地开采钼矿,对铟、锗、锆等稀散稀有金属矿产要加强保护,控制新建扩建水泥用灰岩矿山企业。规划期内,按照国家有关政策对自治区钨、稀土以及锡等矿种实行保护性开采,严格实行年度开采总量指标控制和出口产品配额总量计划。对我区主要优势矿产煤炭实行总量调控。根据国家政策,禁止开采蓝石棉、可耕地砖瓦用粘土等,禁止将优质白云岩、石灰岩等作为普通碎石建筑材料开采。禁止新建对生态环境产生不可恢复的破坏性影响的矿产资源开采项目,杜绝禁止开采矿种开发项目的建设。

加强矿产资源开采总量的调控力度,抑制过度消耗,提高和巩固优势矿产资源在国际市场的优势地位,实现矿产资源供需总量基本平衡。规划期内,自治区调控开采总量的主要矿种是煤、稀土和钨等。贯彻落实国务院关于促进煤炭工业健康发展的精神,重点扶持煤炭资源开发利用的重大项目,加快煤炭行业结构调整,有效调整煤炭开采总量。严格执行煤炭新建矿井、矿山的准入,到2010年,全区煤炭产量控制在4.3亿吨,2015年控制在5.1亿吨、2020年控制在6亿吨左右。限制开采稀土矿,逐步减少白云鄂博主、东矿开采总量直至停采,相应增加西矿的开采总量。白云鄂博西矿的开采与扩产要与主、东矿减产至停采相结合。控制稀土氧化物的销售,大力开展稀土下游产品研发,提高稀土产品科技含量和附加值。规划期内,按照国家宏观调控政策,全区稀土氧化物(REO)2010年生产总量控制在7.5万吨,2015年控制在8.4万吨,稀土氧化物年度生产总量按国家政策执行。限制开采国内、国际市场供大于求的钨、钼等保护性开采矿种,实行限产总量控制。鼓励钨矿生产企业加大科研投入,改进工艺装备,控制初级产品的配额比例。按照国家宏观调控政策,2010年生产总量控制指标为1350吨(以钨精矿65%计),2015年为1400吨。规划期内,钨矿年度开采总量按照国家调控政策执行。严格执行国家规定的开采总量控制责任状和合同书制度、内部管理制度、信息通报制度。依据国家经济发展和宏观调控政策,限制性开采矿种的开采总量和出口产品配额总量要按计划执行,严禁超计划开采和计划外出口。做好矿山储量动态监测和矿业权核查工作,为科学调控矿产资源开采总量提供基础支撑。

(2)优化矿产资源开发利用布局:

为了加强对矿产资源开采布局的调控能力,规范矿产资源开采秩序,构筑与全区经济社会发展相适应,与全区主体功能区战略布局相协调的矿业开发利用格局。规划期内,确立海拉尔—满洲里能源有色金属矿业集中区、锡林郭勒能源及金属矿业集中区、兴安盟南部—赤峰北部有色金属矿业集中区、赤峰—敖汉旗贵金属及能源矿业集中区、狼山铜多金属矿业集中区、乌拉山—大青山稀土铁多金属矿业集中区、鄂尔多斯综合能源重化工矿业开发区等为全区矿业开发重点区域。

依据法律、法规和我区矿产资源分布及开发现状,综合考虑国家和自治区主体产业政策及环境、安全等因素,确定全区重点开采区,划分禁止、限制、鼓励开采区,使矿业布局向矿产资源集中区及矿产资源重点开采区布设,进一步优化资源配置,培育矿业开发重点区域的龙头企业。

重点开采区的管理:加快重点开采区内已有采矿权的合理整合,现有矿山企业要上规模、上档次,使产量与占用矿山储量相匹配,把矿山企业做大、做强,努力提高资源利用效率;有效保护重点开采区矿山企业的采矿权益,维护矿业开发秩序;重点开采区内的资源优先配置给国有企业、大中型采选加工一体化的联合企业和优先发展的产业,或“三率”水平达到国内先进水平的优秀企业,基本实现规模开发;加强重点开采区的矿山地质环境保护和恢复治理,落实“谁破坏、谁治理”原则,努力实现“边开采,边治理”,创建文明生态矿区。

鼓励开采区的管理:认真做好鼓励开采区的开发规划,合理划分开采区块,要有计划地安排矿业权投放,并在矿山建设用地等方面适当给予支持;在鼓励开采区内设置采矿权,要在数量和时序上给予倾斜,鼓励并支持依靠科技进步开采回收低品位矿石、难选冶矿石、尾矿回收等矿山企业;有效保护鼓励开采区矿山企业的采矿权益,稳定矿山生产,促进鼓励开采区健康发展。

限制开采区的管理:在限产矿区内设置采矿权,必须要有新的技术方法和合理的开采技术方案,并经相关部门可行性论证通过;天然林保护区、生态脆弱区和地质灾害易发区设置采矿权,必须征得主管部门同意。

禁止开采区的管理:依法禁止在自然保护区、地质公园、地质遗迹保护区、重要饮用水水源保护区等生态环境保护区域一定范围内开展矿产资源开发活动。禁止在重要基础设施、重大工程设施圈定范围内开采矿产资源,禁止在国家和自治区重点保护的历史文物和名胜古迹所在地进行矿产资源开采活动。严禁开展与环境保护功能不相符的勘查开发活动,已有开发活动逐步有序退出,造成环境破坏的要及时治理。

上述确定的各类功能区以外的区域,确因国家和自治区经济与社会发展需要开发利用的,可以参照采矿权申请有关办法和矿产勘查管理政策执行。

合理划定开采规划区块:共划分开采规划区块446个,其中43个已设置采矿权,403个未设采矿权。开采规划区块是矿业权设置和调整的主要依据。一个开采区块原则上配置一个开采主体;开采规划区块确需分割或合并时,必须进行规划合理性论证。开采规划区块内的采矿权要根据自治区经济社会发展需要设置。在规划区块内的已有采矿权,符合规划要求的予以保留,布局不合理的要按开采规划区块管理要求进行调整。对勘查工作、资源储量达到可开发利用程度、符合国家和自治区产业政策、布局合理、采矿权总数不突破规划调控指标、满足开采准入条件的探矿权,可以转采矿权;不符合规划要求的,允许矿业权人通过整合满足采矿权设置要求;同一个区块内的多个探矿权查明资源后,在充分考虑探矿权人的利益基础上,本着整体开发的原则可设置一个开采主体。

建立矿业经济区:为了促进优势矿产的集约化、规模化开发,根据自治区主体功能区的布局、矿产资源禀赋、矿业开发利用条件和基础设施建设,将包头市白云鄂博区、巴彦淖尔市东升庙、鄂尔多斯市棋盘井、鄂尔多斯市上海庙、锡林浩特市胜利煤田、锡林浩特市白音华地区、呼伦贝尔市海拉尔周边、呼伦贝尔市乌山—扎赉诺尔、赤峰市拜仁达坝—黄岗梁、赤峰市元宝山—金赡山、乌海市海勃湾—海南等11个重点城镇及其周边辐射地区划为矿业经济区，力争规划期内建成特色明显、配套能力强、矿业关联度高、技术先进、竞争力强的大型矿业基地。有计划地推进矿业经济区建设，引导和规范区内矿产资源勘查、开发利用和矿山地质环境保护活动；积极改善矿业经济区的矿业投资环境，优先保障矿业发展的合理用地需求；支持和鼓励区内大型矿山企业发展，引导小型矿山企业的联合重组；优先安排高效率、低能耗的矿产资源开发利用项目和循环经济示范工程；鼓励支持矿山企业开展难利用、共伴生矿开发利用技术攻关项目，对低品位、难选冶矿石与尾矿资源进行综合利用。通过建立矿业经济区，巩固和提高煤炭工业、稀土工业、钢铁工业、有色金属工业和化学工业等特色优势产业在国民经济中的主导地位，实现“十一五”期间自治区工业增加值年均增长18%的发展目标。

加强国家规划矿区的保护：包括白云鄂博铁—铌—稀土矿区、三合明铁矿区、东胜矿区、准格尔矿区、胜利矿区、白音华矿区、扎赉诺尔矿区、霍林河矿区、宝日希勒矿区、伊敏矿区。在国家规划矿区内进行矿产资源勘查与开发，必须按有关法律、法规执行。国土资源管理部门要依法对国家规划矿区实行监督管理和保护。

（3）调整矿产资源开发利用结构：

严格新建矿山准入条件：本着做大、做强、现代化、高起点的要求，严格审查新建矿山企业的资质条件。严格新建矿山企业的准入，依照矿产资源和主要矿区（山）最低开采规模要求，实现新建矿山规模与占用储量规模相适宜，从源头制止低水平重复建设。新建矿山企业要坚持高标准、规模化、集约化的原则。新建煤矿单井规模不低于120万吨/年，露天煤矿不低于300万吨/年，就地加工转化率达到50%以上。确定为资源整合和技改煤矿单井生产能力不能低于30万吨/年，新建煤矿采矿回采率不低于70%。新建非煤矿山原则上一个矿床设置一个矿山企业，建设规模必须与所占矿产资源储量规模相适应，其中有色金属矿山生产规模不低于3万吨/年，铁矿矿山生产规模不低于6万吨/年。需要新建矿山的矿产地必须进行综合勘查、综合评价，并对其共伴生矿产进行综合利用或有效性保护。对于共伴生多种矿产的矿产地，在探矿权出让以及划定开采范围时，要进行主要开采矿种的合理性论证，并根据国家政策、开采条件以及矿产资源的重要程度确定开采顺序。

现有矿山企业结构调整：依靠体制创新和企业改制，提高现有矿山企业开采规模和科技含量，坚持“大矿兼并小矿、小矿联合大矿、下游加工企业整合上游矿山企业”的原则，通过改组、联合、兼并、转让和控股等形式，组建矿产开发和加工的矿业集团，提升矿山企业的整体素质和竞争力，实现产业升级。按区域、矿种建立矿山企业淘汰退出机制，弃小扶大，弃弱扶强。对于规模特小、生产技术落后、能源和资源消耗严重、污染环境、存在安全隐患和开采规模与占用储量不相适应的矿山，要限期改造和整顿。对资源枯竭、严重污染环境、浪费和破坏资源以及长期亏损的矿山企业，予以关闭或依法破产。对无合法矿石来源、规模达不到产业政策要求、非法建设的选矿厂及矿产品加工企业要依法实施关闭整合。不符合产业政策、产能落后的小铁矿、小煤矿等，要分类整改或重组；达不到产业准入标准的企业，在国家规定的期限内坚决关闭或停产。规划期内，要逐步淘汰年产30万吨以下的小煤矿，逐步淘汰入选矿石量6万吨/年以下的铁选厂、3万吨/年以下的铜铅锌选矿厂、金矿露天氰化堆浸场、混汞法选金场。“十一五”末，大中型矿山产能要占全区产能的77%以上，“十二五”至2020年要在此基础上逐步提高。

矿产品结构调整：加大煤炭产品结构调整力度，发展煤炭洗选加工转化技术和洁净煤生产，使煤炭洗选比重达到60%，就地加工转化率达到50%以上；加强优质煤开采，以洁净煤气化为龙头，积极发展煤制油、煤电化、煤焦化和煤液化等煤电化工一体化的新型煤化工深加工产品。鼓励石油、天然气、煤层气开采，发展具有高附加值的天然气化工产品。重点发展黑色和有色金属产业，通过实施扩能改造等重点工程，实现钢铁产品结构的优化，提高中厚板、汽车板、特种钢、稀土钢的比重。扩大有色金属产业生产规模，有序发展氧化铝和铝系列合金材料，适度发展铜、铅、锌等有色金属采选、冶炼及深加工产品，使有色金属开发逐步成为我区另一支柱产业。稀土金属矿产要在稳定发展上中游产品的基础上，突出发展稀土新材料、元器件和应用产品等下游产品；加快稀土永磁材料、储氢材料、净化催化材料、发光材料等稀土功能材料的发展步伐，实现从原材料出口为主到以功能材料及相关最终产品出口为主的转变，延长产品链。积极组织力量开展铌、钽、铍等稀有分散金属的矿产品开发应用研究。开拓非金属矿产的开发应用领域，适度发展盐碱化工，扩大烧碱、纯碱、PVC等产业规模；稳步发展金属钠、氯丁橡胶、甲烷氯化物等氯碱产品。建材工业以水泥、玻璃为主，发展新型干法水泥，扩大浮法平板玻璃生产规模；充分利用高岭土、风积沙等资源，发展节能环保的新型建筑材料；规划期内，促进芒硝、石膏、膨润土、沸石等其他优势非金属矿产的开发应用。

技术结构调整：矿山企业应当采取科学的开采方式和选矿工艺，淘汰落后生产能力，制止手工采矿和穿硐式巷采等落后开采方法，减少尾矿、矸石、废石的产生量和贮存量。规划期末，全部淘汰传统的房柱式开采工艺，煤矿机械化程度不低于80%，非煤矿的机械化程度不低于50%，实现采矿和选冶设备的更新换代和机械化生产，促进产业升级，提高市场竞争力。按照科技创新的要求，积极引进国内外先进技术，加快科技成果转化，提高选冶企业的工艺技术及装备水平，促进产品升级，增强企业的盈利能力和参与市场的竞争能力。

(4)节约与综合利用矿产资源：

加强煤炭资源中煤铝共生矿产资源的勘查，引导煤铝共生矿产资源的合理利用；在煤炭资源勘查中还要做好耐火粘土、高岭土、煤矸石及煤层中的煤层气、锗、镓、铀等其他共伴生矿产的综合勘查评价和开发利用可行性论证。经综合勘查评价认定煤层中吨煤瓦斯含量高于国家规定标准且具备规模化地面开发的区域，为煤层气开采区，必须按照“先采气、后采煤”的原则进行开发利用。以煤炭开采、洗选和利用过程中产生的铝土矿、煤矸石、煤系高岭土、耐火粘土、粉煤灰、矿井水等为重点，积极开发下游产品；抓好高铝粉煤灰的利用，提高资源综合利用水平。发展耐火材料产业和以耐火粘土为原料的硫酸铝；构建煤矿开采—洗选—煤矸石—新型建筑材料、原煤—发电—粉煤灰—新型建筑材料、煤矿开采—煤系高岭土—氢氧化铝—特种氧化铝—水泥等产品和废物节约与综合利用产业链，建设一批循环经济示范园区。

金属矿产要综合勘查和评价其共伴生的铜、铅、锌、金、银、钼、钨等矿产，以及组合分析中新发现的共伴生矿产。积极开展复杂难处理矿石选矿利用技术，推行磁选、重选、浮选等联合选矿工艺技术；采用先进适用工艺技术，开发利用铜、铅锌低品位矿、共伴生矿、难选冶矿、尾矿和熔炼渣等，努力实现废气、废水、废渣等废物的综合利用，整体提高资源综合利用水平。要加强稀土、铁、铌、钽、钍、钪、铍、锆等资源的综合勘查和评价工作。重点研究铌、锆、稀土的选冶联合分离技术；开展稀土、钍及氟资源综合回收冶炼工艺及设备开发；加强含铌高稀土白云石型磁铁矿和含铌高稀土萤石型磁铁矿的选矿研究；研究铌、钪等资源选冶工艺及产业化生产；保护尾矿资源，逐步实现尾矿资源的二次利用。使自治区稀土、铌等矿产资源走向可持续发展的道路。

矿产资源节约利用指标：矿山企业必须按照批准的矿山开采设计或矿产资源开发利用方案进行采矿，“三率”指标和共伴生矿产的利用水平均应达到设计要求。到2010年，采矿回采率和选矿回收率平均提高5个百分点，其中煤炭的开采回采率达到60%以上，非煤矿山力争达到70%；2015年采矿回采率在2010年的基础上再提高5%，选矿回收率提高3～5个百分点；到2020年，采矿回采率和选矿回收率平均再提高3～5个百分点。到2010年，综合利用率提高10个百分点，达到50%以上；2015年再提高5%；到2020年，达到国内同行业先进水平。

发展矿产资源循环经济及其示范工程：依靠科技进步，按照“再勘查、减量化、再利用和资源化”的总体要求，围绕能源、冶金、化工、建材等主导产业，提高矿产资源节约与综合利用效率，实施包头市白云鄂博铁—稀土多金属矿、达拉特旗亿利能源化工、鄂托克旗蒙西工业园区（煤焦化）、乌兰察布市白乃庙铜矿、锡林郭勒盟查干诺尔碱矿、巴彦淖尔市炭窑口硫多金属矿、巴彦淖尔市霍各乞多金属矿、乌海市西来峰工业园区（煤焦化）、包头市土默特右旗工业园区循环经济示范工程，推进煤矸石、铁—铌—稀土矿、共伴生有色多金属、矿山固体废物和尾矿资源等的节约与综合利用，以缓解资源约束，开发利用再生资源，改善生态环境，转变经济增长方式，培育新的经济增长点，将我区逐步建成资源节约型和环境友好型社会。

（5）加强矿产资源开发利用管理的政策措施：

按照“有序有偿、供需平衡、结构优化、集约高效”的要求，从制度上充分发挥市场配置资源的基础性作用，不断推进矿产资源管理和利用方式的根本转变，促进矿业开发规模化、集约化和科学化。

加强采矿权市场管理，控制采矿权投放数量。煤炭资源配置以服从服务于国家和自治区重大项目为原则，向煤液化、煤转电、煤化工和煤炭资源综合利用等重点项目倾斜；向自治区重点发展的产业倾斜；向进行煤炭资源转化的国内外大型企业倾斜；向区内资源枯竭的国有重点煤矿、优强企业倾斜。探矿权转为采矿权，必须坚持大矿大开、整装开发的原则，原则上要对已发现的矿体进行全面评价。煤炭地质勘查程度达到勘探，非煤矿种地质勘查程度达到详查，资源储量及建设规模达到国家、自治区确定的最低规模要求的，方可申请探矿权转采矿权。严格控制采矿权投放数量，2010年末全区采矿权数量控制在3800个（不含砂石粘土等普通建筑材料）。

加快矿山资源整合进度，优化矿山企业规模。“十一五”后期，将以铁、金、有色金属、稀土以及石灰岩、石膏、硅石、萤石、饰面石材等为重点矿种，以中型以上矿产地及其周边地区、矿业权密集区、主干公路、高速公路两侧可视范围及重要成矿区带为重点区域，开展专项治理工作；对规划禁止开采区内的矿山企业及污染环境的下游加工企业进行专项整治和关停。继续实施以煤炭工业为重点的产业结构调整，全面开展煤炭资源整合和“回头看”工作；整合后的煤矿必须主体明晰，具备一套有效证照、一套独立生产系统，生产能力达到30万吨/年以上，安全生产条件和资源回采率全部符合国家要求；凡进行资源整合的煤矿，必须按照自治区确定的标准，重新进行设计和技术改造，采用一个系统，规模开采；到2010年，全区煤炭矿山企业数控制在500个以内。对全区所有非煤矿产资源进行资源整合，以关闭促整改，以整改促整合，以整合促提高，不断实现非煤矿产资源探、采、选、冶一体化要求。重要矿区的资源整合要向优势企业集聚，形成一个矿区只有一个采矿主体的格局。

5. 矿山地质环境保护与恢复治理

（1）矿山地质环境保护和恢复治理分区：

矿山地质环境重点保护和预防区域，主要为矿产资源禁止和限制勘查、开采区。矿山地质环境治理重点区，为矿山地质环境问题严重区域。多属计划经济时期建设的国有大中型老矿山、闭坑矿山和采矿权灭失、已无法找到责任人的矿山；矿产资源开发造成的环境问题随时对当地人民生命财产构成严重威胁的矿山(区)；矿产资源开发利用程度高、地质环境破坏严重、社会经济影响大，恢复治理后将产生良好的社会效益、经济效益和环境效益的矿山(区)。矿山地质环境一般治理区，为矿山地质环境问题较严重区域。

根据全区矿山地质环境现状和治理的紧迫程度，共划定全区矿山地质环境重点治理区40处，矿山地质环境一般治理区23处。

(2)矿山地质环境保护与恢复治理及土地复垦重点工程：

全区规划部署矿山地质环境恢复治理重点工程80项，面积467.65平方千米，土地复垦重点工程40项，面积416.40平方千米，均分布在重点治理区内。包括国有大中型煤矿、金属矿山及城市规划区、旅游风景区和主要交通干线两侧闭坑矿山，主要治理任务包括塌陷区回填、土地复垦、排土场及矸石山复土绿化、固体废物处理、植被恢复及尾矿污染治理等。停止使用的尾矿、矸石、废石等固体废物贮存设施，要按照国家有关环境保护规定进行封场，防止造成环境污染和生态破坏。

推进矿山地质环境保护与恢复治理工程，促进矿业的可持续发展。规划期内新建和生产矿山要全面恢复治理；历史遗留的矿山地质环境问题，要调动多渠道资金投入恢复治理，到2015年，矿山地质环境恢复治理率达到35%以上。积极开展矿区废弃土地复垦工程，对《土地管理法》修订实施后(1999年)新建、在建矿山破坏土地的要全面复垦；其实施前因探矿、采矿活动造成破坏的土地和责任人灭失的采矿废弃地利用程度要不断提高，到2010年，历史遗留矿山废弃土地复垦率达到25%以上，到2015年达到30%以上。

(3)矿山地质环境保护与恢复治理制度：

矿山地质环境治理保证金制度：为加强全区矿山地质环境治理和生态恢复，自治区依法实行矿山地质环境治理保证金制度，建立矿山地质环境治理责任制。依据矿山地质环境保护与综合治理方案及矿山服务年限、矿区面积、开采矿种、开采方式等影响因素核定保证金额度。保证金按照“企业所有、政府监督、专款专用”的原则进行管理。矿山地质环境治理工程经有关部门按矿山地质环境保护与治理方案及有关标准验收合格后，方可办理剩余保证金及利息的结转手续。矿山地质环境治理要严格执行地质环境影响评价制度。采矿权发生转让的，由获得采矿权的新采矿权人接替承担矿山地质环境治理责任。责任人已经灭失的矿山地质环境问题，由旗县级以上人民政府依据规划逐步进行治理。

矿山地质环境土地复垦制度：坚持“源头控制，预防和控制相结合”的方针，在开采矿产资源过程中，采取有效措施，尽量避免破坏土地，最大限度减少破坏土地面积、降低破坏程度，切实保护耕地特别是保护基本农田。严格执行土地复垦法律法规。坚持“谁破坏、谁复垦”原则，履行土地复垦法定义务，开展矿山废弃土地调查和评价工作，摸清土地复垦潜力。加大对历史遗留废弃地治理的投资力度，逐步建立以政府资金为引导的土地复垦多元化投融资渠道，建立土地复垦激励机制。坚持土地复垦与提高开采工艺相结合，努力实现“边开采、边保护、边复垦”。土地复垦任务完成情况要纳入矿山企业年检重要内容，并根据土地利用总体规划，合理确定复垦土地用途，实现矿山土地可持续利用。

矿山地质环境动态监测体系：加强矿山地质环境调查与动态监测体系建设，实行矿山地质环境监测、预报、预警报告制度。组织开展大中比例尺矿山地质环境调查评价工作,对矿产资源集中开发区和重要成矿带开展矿山地质环境调查与评估,对老工业基地等重点矿山进行矿山地质环境监测,为矿山地质环境保护治理提供依据。规划期内,逐步建立重点区域和重点矿山的环境监测网络,加强矿山地质环境的有效监控,对矿山地质环境的监测数据进行快速采集、分析处理,并定期发布。

(4)矿山地质环境保护与恢复治理:

新建矿山地质环境保护:坚持矿产资源开发利用与矿山地质环境保护并重的原则,实行严格的矿山地质环境准入制度,从源头上把好关。采矿权申请人自收到国土资源行政主管部门划定的矿区范围的批复后,必须按照技术规范的要求编制矿山地质环境保护与综合治理方案,报国土资源行政主管部门组织评审。新建矿山企业必须与国土资源行政主管部门签订矿山地质环境治理责任书,同时预提矿山地质环境治理保证金。新建(改、扩建)矿山必须满足和达到批准的矿山设计要求,安全设施和矿山地质环境防护工程必须与采矿主体工程做到“三同时”。对于同时设立选矿厂的矿山必须有明确的尾矿综合利用方案或符合国家标准的尾矿贮存方案。新建矿山还应做好采矿活动对自然生态环境影响的评估,预防环境条件的剧烈变化所引起的地下水位突降、地表植被土层严重破坏、草原沙化的发生发展。

生产矿山地质环境保护与恢复治理:要完善环境保护与恢复治理管理制度,建立相应的考核制度。所有矿山企业都要编制矿山地质环境保护与综合治理方案,签订矿山地质环境治理责任书,并存储保证金。采矿权人变更矿山开采方式、矿区范围或生产规模,均应重新编制矿山地质环境保护与综合治理方案。生产矿山地质环境保护与恢复治理工作要有计划地进行,每三年为一个周期,每个周期矿山地质环境治理工程完工后,采矿权人向签订矿山地质环境治理责任书的国土资源行政主管部门提出治理工程验收申请,由国土资源行政主管部门组织有关部门按照矿山地质环境保护与恢复治理方案及有关标准组织验收,验收合格后,退还剩余保证金及利息。加强矿山企业年检制度,矿山地质环境保护与综合治理方案、矿山地质环境治理责任书和保证金存储证明是办理采矿许可证登记、年检的必备材料。对矿山地质环境保护与治理和土地复垦任务必须提出具体要求,确定分期治理目标,并定期进行检查。明确造成矿山地质环境问题的采矿权人是责任主体。采矿权发生转让的,由获得采矿权的采矿权人承担矿山地质环境治理责任。对于历史遗留的国营老矿山形成的环境问题,采取以国家投入为主、地方政府投入为辅的投资办法进行恢复治理。对于企业改制后期形成的矿山地质环境问题,采取“谁破坏,谁治理”的原则,企业负责治理。

闭坑矿山地质环境恢复治理:建立闭坑矿山的矿山地质环境审批制度,明确矿山闭坑的环境达标要求。采矿权人终止采矿活动或矿山闭坑,由盟市国土资源行政主管部门会同相关部门对矿山地质环境治理工程进行初步验收。一年后,由自治区国土资源行政主管部门会同相关部门依据矿山地质环境保护与恢复治理方案及相关标准进行最终验收,验收合格后,方可办理剩余保证金及利息的返还手续。采矿权人未按照矿山地质环境保护与综合治理方案治理,或者治理工程验收不合格的,由国土资源行政主管部门责令限期治理。逾期仍不治理或者治理后验收仍不合格的,国土资源行政主管部门应组织具有相应资质的单位实施矿山地质环境治理,治理费用从采矿权人存储的保证金中支出。矿山地质环境治理工程费用超出已存储保证金及利息的部分,由采矿权人承担。历史遗留的闭坑矿山地质环境问题要列入土地复垦计划,按计划逐步实现治理。对于关停并转的矿井,必须向相关部门提交闭坑报告;经验收合格,方可办理闭坑手续,对未完成环境治理任务的矿山,不得注销采矿权。

三、第三轮规划编制

2014年5月30日,自治区政府转发国土资源部《关于开展第三轮矿产资源规划编制工作的通知》。根据国土资源部要求,自治区国土资源厅报请自治区政府成立全区第三轮矿产资源规划编制工作领导小组。8月26日,自治区政府办公厅印发《内蒙古自治区人民政府办公厅关于成立自治区第三轮矿产资源规划(2016—2020年)编制工作领导小组的通知》,成立了以自治区副主席王波为组长、自治区政府副秘书长曹晓斌和国土资源厅厅长为副组长的规划编制领导小组,并在自治区国土资源厅设领导小组办公室,办公室主任由自治区国土资源厅厅长兼任。之后,领导小组办公室对规划组织领导、工作分工及经费预算等一系列工作进行了落实,并确定本轮规划由自治区地质调查院负责编制,自治区国土资源信息院、自治区地质环境监测院等多家单位协作。11月13日,自治区国土资源厅印发《关于印发〈内蒙古自治区矿产资源总体规划(2016—2020年)编制工作方案的通知〉》,并于19日下发《关于开展第三轮矿产资源规划编制工作的通知》,明确了全区第三轮矿产资源规划编制的主要目标、任务和时间安排,并确定了全区矿产资源开发现状评价与形势分析(自治区地质调查院承担)、全区矿产资源综合区划与规划布局研究(自治区地质调查院承担)、全区矿产资源差别化管理政策研究(自治区国土资源信息院承担,中国国土资源经济研究院协作)、全区基础地质调查部署研究(自治区地质调查院承担)、全区地下水资源调查评价研究(自治区地质调查院承担,自治区地质环境监测院协作)、全区能源矿产勘查开发研究[包括:石油、天然气、油页岩勘查开发规划部署研究子课题(自治区国土资源信息院,国土资源部油气中心协作)、煤炭勘查开发部署研究子课题(自治区地质调查院承担,内蒙古自治区煤矿开发设计研究院协作)、非常规能源(页岩气、煤层气、地热、浅层地温能)勘查开发部署研究子课题(自治区地质调查院承担)、铀矿勘查开发部署研究子课题(核工业208大队承担)、鄂尔多斯盆地(内蒙古)矿产资源开发利用时序研究子课题(自治区地质调查院承担,中国地质科学院矿产资源研究所协作)]、全区有色金属和贵金属等重要金属矿产勘查开发研究(自治区地质调查院承担,自治区国土资源信息院协作)、全区"稀有、稀土及分散元素"矿产开发利用与产业发展研究(自治区地质调查院承担)、全区重要非金属矿产开发利用研究(中化地质矿山总局内蒙古地质勘查院承担,中国建筑材料工业地质勘查中心内蒙古总队协作)、全区矿产资源节约集约利用研究(自治区国土资源信息院承担)、全区矿产资源开发与生态文明建设研究[包括:全区矿山地质环境保护与恢复治理研究子课题(自治区地质环境监测院承担)、全区绿色矿山与和谐矿区建设研究子课题(内蒙古自治区矿业联合会承担)]、全区矿产资源保障程度与产业链发展对策研究(自治区国土资源信息院承担)、全区境外资源勘查开发研究(自治区地质矿产勘查开发局承担)共18个专题与子课题的研究内容和主要任务。

2015年3月16日,国土资源部下发《省级矿产资源总体规划编制技术规程》和《市县级矿产资源总体规划编制指导意见》。4月16日,自治区国土资源厅举行了全区规划编制启动会议。4月24—26日,规划编制相关人员参加了国土资源部在重庆市举办的矿产资源总体规划技术培训。4月28日,自治区国土资源厅组织召开相关工作会议,对加快推进全区第三轮矿产资源总体规划的编制工作进行了部署。之后,编制人员通过学习有关政策、法规、相关文件及技术规程,提高了思想认识,进一步明确了规划编制的任务、方法及要求,同时拟定了规划提纲,编制了有关专题研究工作方案,由自治区国土资源厅组织对相关工作方案进行了审查论证,并对18个专题与子课题的研究内容和主要任务进一步进行了调整和完善。至 11 月，编制人员重点开展了相关基础资料和信息的系统收集和各专题研究工作。同时，自治区国土资源厅组织相关管理部门和专家对矿产资源勘查、重点调查评价区、重点勘查区、重要矿区及重大工程等重要规划指标、目标进行了讨论、论证，提出了意见及建议。11 月 23—24 日，自治区国土资源厅组织专家对各专题研究成果进行了审查。各专题组根据专家提出的修改意见，对各专题报告进行认真修改，于 12 月提交全区矿产资源总体规划编写组利用。

第二节　规划实施

一、首轮规划实施

《矿产资源规划（2001—2010 年）》中制定的实施和保证措施包括：一是加强矿产资源法制建设，完善立法，强化执法监督；二是加强矿产资源规划的实施管理，保持规划的严肃性和连续性；三是拓宽投融资渠道，改革和完善矿产资源勘查、开采投资机制；四是依靠科技进步与创新，提高资源利用水平五是加强规划宣传，落实各项制度，保证规划实施。

2002 年 8 月，国土资源部向自治区政府复函中指出：内蒙古自治区是国家重要的能源和原材料基地，能源、稀土、有色金属等矿产资源的开发利用在自治区和全国经济社会发展以及实施西部大开发战略中有着重要的地位和作用。为进一步解决好矿产资源勘查、开发利用及管理中存在的问题，必须严格执行矿产资源法律法规和矿产资源规划，坚持可持续发展战略和在“保护中开发、在开发中保护”的方针，按照国家实施西部大开发战略的部署和“有序有偿、供需平衡、结构优化、集约高效”的要求，推进资源管理方式和利用方式的根本转变，保护和合理开发利用矿产资源，加快资源优势向经济优势转化，提高可持续发展的保障能力。切实加强矿产资源的调查评价和矿产勘查，内蒙古自治区矿产资源潜力大，但地质工作程度较低，要按照公益性地质调查评价与商业性矿产资源勘查分制运行的原则，多渠道筹集资金，加大公益性地质调查评价工作的力度，为商业性勘查和区域经济发展提供基础信息服务；加大地下水资源调查评价力度，为科学合理地安排生产用水、生活用水和生态用水提供依据；积极改善投资环境培育和规范矿业权市场、矿业资本市场，鼓励外资和社会投资开展适应市场需要的商业性勘查。为能源、原材料基础建设提供可靠的资源基础和地质资料。加强对矿产资源开发利用的调控力度。发挥地缘优势，利用“两种资源，两个市场”，满足区内经济社会发展对矿产资源的需求。鼓励石油、天然气的勘查和开发利用。对煤炭资源的开采总量应控制在规划确定的指标范围内。加强对优质动力煤和无烟煤的保护，严格控制主焦煤的开采量。采取积极有效的措施，控制煤层自燃。大力开发和推广应用洁净煤技术. 加快煤炭资源加工转化，提高煤炭资源的综合利用水平。鼓励开发具有市场竞争力的有色金属和非金属矿产资源。控制硫铁矿、萤石矿开采总量。矿山开采规模必须与矿区（床）储量规模相适应，严禁大矿小开，乱采滥挖。积极引导小型矿山企业进行正规化、集约化开采，鼓励推广有利于提高资源利用率。有利于环保、有利于安全、适用的采矿技术、方法、工艺和设备，淘汰浪费资源、破坏生态环境、落后的采选方法、技术、工艺和设备。依靠科技进步和科学管理，提高开采回采率、选矿回收率和综合利用水平严格执行规划确定的规划分区制度和开采准入条件，调整和优化矿产资源开发利用的布局。加大对稀土资源开发利用的监控、管理力度。对白云鄂博稀土矿实行强制性的保护性开采，严格控制稀土原矿开采总量，鼓励利用铁矿尾矿回收稀土矿，严格控制稀土原矿出口。依靠科技进步,不断开拓稀土应用的领域,提高稀土产品的科技含量,增加高附加值产品。促进稀土高新技术产业化。必须在开发利用矿产资源的同时,切实保护生态环境严格执行环境影响评价报告制度和规划确定的矿产资源开采的生态环境准入条件,避免产生新的生态破坏和环境污染。按照“谁开发谁保护,谁污染谁治理,谁破坏谁恢复,谁使用谁补偿”的原则,加强对生产矿山生态环境的监督管理,督促矿业权人依法履行生态环境保护义务。对已闭坑的矿山和废弃矿山,要按规划完成生态环境恢复治理和土地复垦任务。严禁在风口地区进行采矿活动。对可能增加北京地区空气悬浮物的矿山要加快环境治理。加强采矿活动对生态环境,特别是对草原、地表水和地下水影响的评估和监测。要切实做好规划的实施工作。规划是矿产资源调查评价、勘查、开发利用、保护和管理工作的依据,必须严格执行。要认真组织落实规划提出的各项任务和措施。确保规划目标的实现。规划确定的主要目标要纳入全区国民经济和社会发展规划,并严格执行。矿产资源开采项目立项审批,矿业权的审批、招标、拍卖,矿山建设用地的审批等,必须符合矿产资源规划。开展对重点矿区矿产资源勘查、开发利用、储量动态变化等状况的调查和动态监测,加强对矿产资源规划实施情况的监督检查。及时纠正各种违反法律法规和规划的行为。加强矿产资源规划管理法制建设,研究制定保障规划实施的政策措施。抓紧组织编制市级和矿产资源丰富的县的矿产资源规划。加强矿产资源规划信息系统建设,提高规划管理的效率和水平。

2005年,国土资源部组织对《矿产资源规划(2001—2010年)》实施进行中期评估,认为:(1)矿产资源转化得到加强,能源和原材料基地建设取得了实质性进展,规划到2005年重点建设的包头中国稀土基地、鄂尔多斯天然气基地,乌海市炼焦煤基地,东胜动力煤出口基地,神华煤代油基地、呼煤煤炭基地、赤峰黄金、有色金属基地以及一批电站(厂)等一批重大项目已经完成或正在抓紧建设中,内蒙古自治区已成为我国能源和原材料重要供应基地。(2)矿业产业结构得到有效的调整。符合自治区资源特色、技术特色、高附加值和高载能的产品,得到了开发,正逐渐成为自治区经济发展的新的支柱产业,如石油、天然气、稀土金属、有色金属和部分重化工矿产。(3)矿业布局得到优化和调整,矿山企业正在向规模化、集化发展。有效地控制了新建矿山企业的资质条件和准入条件,“小而多”的状况得到了遏制。(4)矿业产值由不足百亿元,经过三年时间就已达到147亿元,而出口总值也由1.49亿元增加到5.89亿元。(5)矿产资源利用水平,依靠科技进步和技术创新,得到了明显的提高。(6)通过保护矿业权人的合法权益,维护正常的矿业秩序,矿产资源得到了有力的保护。

在《矿产资源规划(2008—2015年)》中对首轮规划实施进行了评述,认为:全区首轮矿产资源总体规划填补了自治区矿业发展史上的一项空白,使全区矿产资源勘查、开发利用与保护逐步纳入规划管理的轨道,推动了矿业的可持续健康发展,促进了管理方式的转变和创新,取得了显著成效。具体表现为:(1)全区矿产资源规划体系基本建立,为实现矿产资源的宏观调控奠定了基础。指导发布实施了全区12个盟市、26个矿产资源较丰富旗县的矿产资源总体规划,有效指导了矿产资源管理。(2)地质矿产勘查工作力度加强,主要矿产的资源储量明显增加。特别是2004年设立自治区地质勘查专项资金以来,全区矿产资源勘查力度明显加大,有效带动了商业性地质勘查的快速发展,形成了以市场为导向,国家、自治区和社会共同出资的多元化勘查投资格局。2002—2007年,全区累计投入勘查资金92.6亿元,其中国家财政投入5.6亿元,自治区财政投入39.9亿元,社会资金投入47.1亿元,勘查面积17.3万平方千米。全区新增煤炭资源储量747.63亿吨,新增铁矿石资源储量4.3亿吨,铜铅锌金属资源储量499.63万吨,金金属资源储量77.48吨,银金属资源储量11 924.5吨。煤炭和金属矿产资源储量的大幅度增加，不仅为自治区能源、重化工和冶金等特色产业提供了资源保障，也为国家建设战略资源接替基地奠定了基础。(3)矿产资源开发利用取得重要成就。全区累计投入矿业开发和技术改造资金525亿元，按照规划的准入条件新建规模以上矿山296个。五年累计完成矿业生产总值1643亿元，占五年工业生产总值的11%，较好地实现了资源优势向经济优势的转变。(4)矿业权有偿使用力度加大。首轮规划实施以后，自治区全面推行矿产资源有偿使用制度，并于2007年出台《矿产资源有偿使用管理办法(试行)》。除煤炭和国家重大项目资源配置实行自治区政府集体研究决策外，其他矿业权全部以市场方式出让，五年共有偿出让探矿权、采矿权1000多个，矿业权有偿使用收益总额200亿元，既发挥了市场在资源配置中的基础作用，也为建立矿产资源勘查开发的良性循环机制提供了支持。(5)矿业结构调整和布局优化成效明显。全区累计关闭、取缔非法采矿点2000余处，查处违法采矿案件3189起，解决了一批长期影响矿产资源开发秩序的重大问题。尤其是2005年全区开展矿产资源产业结构调整和资源整合工作以来，明晰了煤矿企业的产权，推进了煤炭资源集约化、规模化开发，使全区煤矿矿井生产能力由整合前平均不足9万吨/年，提升到约70万吨/年，煤矿矿井机械化水平达到80%，资源回采率提高了20%以上，实现新增产能近亿吨。(6)矿山地质环境保护与恢复治理工作效益显著。首轮规划实施五年，共安排地质环境治理资金2.2亿元，安排矿山地质环境治理项目65项，地质遗迹和地质公园保护项目21项。累计治理面积7114.93公顷，治理固体废物452.34万立方米，整治土地面积2082.77公顷。大大改善了全区矿山地质环境，收到了明显的经济效益、社会效益和生态效益。

二、第二轮规划实施

在《矿产资源规划(2008—2015年)》中制定的实施与保障措施包括：建立和完善规划体系；严格规划监督管理，强化规划实施力度；强化规划制度化管理，实施规划的评估制度；建立完善矿产资源管理新机制；拓宽勘查与开发渠道，加强自治区勘查基金的管理；加强科学进步和技术创新，实施矿产资源保障工程；加强规划基础建设，提高规划的管理水平。

2010年3月12日，自治区政府在发布实施《矿产资源规划(2008—2015年)》时指出：规划已经国土资源部审批同意。各地区要采取有力措施，认真落实规划提出的各项任务和措施。要坚持“在保护中开发，在开发中保护”的方针，按照统筹规划、科学开发、合理利用、依法保护的原则，构建保障和促进科学发展的新机制，推进资源利用方式和管理方式的根本转变，保障自治区矿业持续健康发展。矿产资源规划是依法审批和监督管理矿产资源勘查、开采活动的重要依据，矿产资源勘查、开发利用与保护必须遵循矿产资源规划。要严格按照矿产资源规划审查矿产资源调查评价与勘查、开发利用与保护、矿山地质环境恢复治理与矿区土地复垦项目。对不符合矿产资源规划的，不得批准立项，不得审批、颁发勘查许可证和采矿许可证，不得批准用地。各级政府要依据全区矿产资源规划，结合本地区矿产资源特点和经济社会发展需要，突出重点，提高深度，体现特色，组织国土资源行政主管部门抓紧做好盟市、旗县级矿产资源规划的编制、报批工作，完善规划体系。盟市、旗县级矿产资源规划经自治区政府批准后，由同级人民政府发布实施。未按要求编制规划的地区，不得出让探矿权、采矿权。涉及矿产资源开发利用活动的相关行业规划，应与矿产资源规划做好衔接。加强矿产资源规划实施的监督管理，完善规划的管理制度，落实规划实施的领导责任制，矿产资源规划目标和主要指标纳入同级国民经济和社会发展规划，并严格执行。要扩大规划的民主决策和公众参与，接受社会对规划实施的监督。加强对规划执行情况的监督检查,及时纠正各种违反规划的行为,确保规划目标顺利实现,促进矿产资源开发利用和区域经济的均衡发展,提高矿产资源对经济社会可持续发展的保障能力。

2010年4月16日,自治区国土资源厅下发《关于做好盟市级矿产资源总体规划审批工作的通知》指出,各盟市要结合本地区矿产资源特点和经济社会发展需求,突出重点,提高深度,体现特色,严格按照《内蒙古自治区盟市、旗县级矿产资源总体规划编制指南及成果要求》,依据规划预审会提出的具体意见,抓好规划成果修改完善,并做好规划的报批工作。

2015年,在开展全区第三轮矿产资源总体规划编制工作中,对《矿产资源规划(2008—2015年)》的实施成效进行了评估,认为:第二轮矿产资源规划实施时期,是全区矿产资源勘查和开发利用迅速发展时期,基础地质工作程度全面提高,矿产资源勘查成果丰富,发现并探明了一批具有重要影响的矿产地,开发利用布局和结构不断优化,形成了能源、有色金属、稀土等支柱产业,初步奠定了全区现代矿业发展的基础,取得了非常重要的成效,为国家和自治区经济发展做出了巨大贡献。一是基础地质工作程度大幅提高。开展了各种比例尺的基础地质调查,共完成1:25万区域地质调查面积39.21万平方千米;1:5万区域地质调查面积17.32万平方千米;1:20万、1:25万区域地球化学测量面积34.18万平方千米;1:20万、1:25万区域重力测量面积45.58万平方千米;在重要成矿区带开展1:5万区域矿产远景调查,面积33.36万平方千米。在二连—东乌旗、大兴安岭中南段以外重要成矿带开展了1:5万航空物探综合站测量,面积为49.70万平方千米。所确定的各项指标基本达到且大部分超过了预期要求,获得大量新的基础性地质资料,取得多项重要成果,提高了全区基础地质工作程度和综合研究水平,发现了大量的找矿线索,为矿产资源勘查工作部署提供了重要依据。二是矿产资源勘查成果丰硕。国家和自治区政府对地质矿产勘查工作十分重视,投入了大量地质勘查资金,拉动了社会资金大量投入。煤炭资源家底基本摸清,新增查明煤炭资源储量1466.62亿吨。清洁能源调查取得新进展,页岩气、浅层地温能调查评价填补了自治区空白,首次在鄂尔多斯市发现页岩气,相继发现了乌海市乌兰淖尔景区、鄂尔多斯市恩格贝地区等十余个地区的地热田。战略性新兴矿产勘查成果突出,新发现大营、努和廷、钱家店、纳岭沟、皂火壕等7处大型及超大型铀矿床,以及查汗木胡鲁特大型晶质石墨矿床、扎木敖包大型铁锌石墨矿床等。开展了"三稀"矿产调查评价工作,发现了赵井沟大型铌钽矿床。金属矿产勘查取得了重大突破,新发现并勘查了双尖子山银多金属矿床、二道河铅锌银矿床、扎拉格阿木铜矿床、维拉斯托锡多金属矿床、曹四夭钼矿床等一大批金、银、钼、铁、铜、铅、锌等大中型矿产地,同时在一些老矿山的深部及外围也取得了较好的找矿成果,矿产资源保障程度大幅提高。三是矿业产业集约化水平明显提升。矿产资源开发利用布局和矿山企业结构明显优化,矿产资源综合利用效率、矿产资源集约化、规模化和可持续利用水平得到显著提升。2015年,全区共有矿山4776家,其中大型矿山213家,中型矿山366家,大中型矿山比例达12.12%,较规划基期提高4.33%。现代煤化工、稀土新材料等产业规模居全国前列。基地建设取得重要进展,已初步建成锡林郭勒、呼伦贝尔、鄂尔多斯三大煤电基地,蒙西、蒙东两大新型煤化工基地。矿业转型升级,积极化解过剩产能以实现优势矿产行业的持续健康发展,2015年全区煤炭、钢铁产量明显下降,有色金属矿山产量有所增长,由"一煤独大"逐步向产业多元转变。四是矿业经济社会效益良好。全区国民经济实现超常规发展,其中矿业发挥了关键作用。自2008年以来,全区规模以上采矿业总产值累计达35 785.52亿元,累计创造矿业利润6000亿元。规模以上采矿业产值和采矿业从业人数分别在2013

年(5958.44亿元)和2012年(38.48万人)达到顶峰,之后由于我国经济处于深度转型调整期,全区矿业经济增速减缓。2015年全区工业总产出为23 424.87亿元,采矿业占比27%;规模以上工业总产值为19 415.1亿元,规模以上采矿业产值为5631.14亿元,占比29%。矿业仍然是全区经济发展的支柱产业。五是矿山地质环境治理恢复效果明显。矿业开发反哺生态环境建设已经成为新常态。鄂尔多斯市等地区通过制定并组织落实矿山企业生态建设责任制度,进一步加大了生态建设力度,林草等植被覆盖率逐年增加,生态环境明显改善。第二轮规划期内重点解决了资源型城市矿山地质环境问题和国有矿山历史遗留的矿山地质环境问题。历史遗留矿山地质环境治理投资金额22.88亿元,实施项目212个,治理面积218.79平方千米。通过实施矿山地质环境治理项目,使大部分历史遗留的地面塌陷(沉陷)、煤矸石、废石土、露天采场和排土场得到了综合治理,有效地改善了矿山地质环境,收到了较好的经济效益、社会效益和环境效益。矿山地质环境治理恢复保证金制度执行效果良好。截至2015年底,矿山地质环境治理保证金实际缴存300 237.04万元,返还12 671.41万元,结转59 771.41万元。全区矿业活动占用土地资源以大型能源矿产居多,据最新监测数据显示,全区生产矿山采矿权总面积共计770 489公顷,因矿业开发占用土地面积183 521.76公顷,累计治理恢复面积66 452.93公顷,治理率36.2%。绿色矿山建设取得显著成效。截至2015年底,全区建设国家级绿色矿山试点单位35家,其中12家荣获国家级绿色矿山称号。六是境外勘查初见成效。自2011年起,区内矿业公司和地勘单位开始"走出去",进行境外地质勘查,分别在蒙古国、加拿大、澳大利亚、赞比亚、津巴布韦等国成立独资、合资公司15家,其中蒙古国公司已取得蒙古国批准的勘查资质并组建了化验室,初步形成境外勘查全球布局的构架。独立登记探矿权46宗,面积近1000平方千米,完成了从合资合作勘查向自主勘查的初步转变。开展矿产勘查开发合资合作项目60个,完成投资额度为8.03亿元,为带动选冶加工和矿业开发"走出去",打下了坚实的基础。七是矿产资源行政管理成效显著。坚持问题导向,主动作为,以整装勘查、集中勘查、合资合作勘查等形式,出台配套管理办法,全力推进地质找矿突破。通过"双随机"、"约谈"等措施,加强自治区勘查项目管理。健全矿业权市场交易体系,以招拍挂市场竞争方式出让矿业权,全面实行矿业权有偿取得制度。围绕矿业开发的集约、集聚和产业链发展,有效引导和促进全区矿产资源整合工作,促进矿业发展方式转变。推动简政放权和职能转变,实行建筑用砂石土矿业权审批下放,提高国土资源管理审批效率。颁布实施自治区矿山地质环境治理办法及其配套的实施细则和相关的技术标准,创新矿山地质环境治理监管机制,有力提升一线执法能力。逐步由重事前审批转向重事中事后监管,由重微观管理转向加强和改善宏观管理,基本构建起更加符合自治区实际的国土资源管理新机制。

第三篇

土地资源管理

第一章　地籍管理

地籍管理是土地管理的基础性工作,也是土地使用制度改革的前提条件和管理土地市场的主要手段。其包括地籍调查、土地调查、土地动态遥感监测、土地确权及不动产登记、土地统计、土地权属争议调处、地籍档案管理等工作。

第一节　地籍调查

2000 年 3 月 30 日,自治区国土资源厅按照国土资源部颁发的《关于做好当前土地登记和城镇地籍调查工作的通知》部署,从 2000 年开始开展城镇地籍调查数据汇总工作。

2003 年,根据国土资源部《关于开展全国地籍管理规范化建设的通知》精神,自治区国土资源厅制定全区地籍管理规范化建设实施方案,部署开展城市市区城镇、建制镇和村庄地籍调查。至年底,全区城镇地籍变更调查 29.26 平方千米,建制镇地籍调查 33.26 平方千米,居民点变更地籍调查 3.44 平方千米,建制镇和村庄地籍调查 2364 平方千米。

开展地籍调查外业测量及权属调查工作

2004 年,全区城市地籍调查 706.32 平方千米,建制镇地籍调查 1737.71 平方千米,农村居民点地籍调查 1066.94 平方千米。

2006 年,全区有城市市区 32 个,应地籍调查总面积 915.14 平方千米,已地籍调查面积 733.82 平方千米,年度市区地籍变更面积 11.88 平方千米。建制镇应地籍调查总面积 1611.13 平方千米,已地籍调查面积 1243.14 平方千米,年度变更面积 26.32 平方千米。

2007 年,全区城市市区 32 个,应地籍调查总面积 954.17 平方千米,已地籍调查面积 771.18 平方千米,年度市区地籍变更面积 26.01 平方千米。全区建制镇应地籍调查总面积 1670.54 平方千米,已地籍调查面积 1249.96 平方千米,年度建制镇变更面积 20.91 平方千米。

2009 年,全区城市市区 32 个,应地籍调查总面积 1294.91 平方千米,已地籍调查面积 1190.51 平方千米,年度市区地籍变更面积为 61.71 平方千米。全区建制镇应地籍调查总面积 872.71 平方千米,建制镇年度变更面积 76.29 平方千米。据截至 2009 年 12 月 31 日城市及建制镇范围内国有土地调查结果:全区城镇建成区面积 33.83 万公顷,占全区土地总面积 0.29%,涉及 636 个城镇。其中,城市面积 13.89 万公顷,建制镇面积 19.94 万公顷。据第二次全区土地调查标准时点统计数据,全区 12 个盟市 101 个旗县(市、区)所在地城镇地籍调查面积 23.31 万平方千米,宗地 102.66 万宗。

2010 年,全区城市市区 32 个,应地籍调查总面积 1356.02 平方千米,已完成地籍调查面积 1356.02 平方千米,当年变更面积 61.11 平方千米。全区建制镇应地籍调查总面积 1862.93 平方千米,当年变更面积990.22平方千米。

开展地籍调查外业实地核实工作

2011年,全区城市市区32个,应地籍调查总面积1388.77平方千米,年度变更面积32.75平方千米。建制镇应地籍调查总面积1994.11平方千米,年度变更面积131.18平方千米。2012年,全区城市市区32个,应地籍调查总面积1414.48平方千米,年度变更面积25.71平方千米。建制镇应地籍调查总面积2093.53平方千米,年度变更面积99.42平方千米。

2013年,全区城市市区32个(本年度呼伦贝尔市扎赉诺尔区未单独汇总),应地籍调查总面积1446.26平方千米,当年变更面积31.78平方千米。建制镇应地籍调查面积2177.88平方千米,年度变更面积84.35平方千米。

2014年,全区城市市区33个(本年度鄂尔多斯市康巴什新区未单独汇总),应地籍调查总面积1480.55平方千米,年度变更面积34.29平方千米。建制镇应地籍调查总面积2289.79平方千米,年度变更面积111.91平方千米。

2015年,全区城市市区33个(本年度鄂尔多斯市康巴什新区未单独汇总),应地籍调查总面积1498.47平方千米,年度变更面积17.92平方千米。建制镇应地籍调查总面积2348.88平方千米,年度变更面积59.09平方千米。

第二节　土地调查

一、西部大开发土地资源调查评价

2000年6月3日,自治区国土资源厅转发国土资源部《关于印发西部大开发土地资源调查评价实施方案和技术规定的通知》,明确了工作的目的、意义、原则、内容、时间、技术路线、组织领导、经费安排,并规定了调查的范围、调查的内容、评价的成果以及后备资源调查的分类等。

7月17日,自治区国土资源厅厅长韩云彬(右)与盟市土地管理部门负责人签订土地调查评价责任书。

2000年6月30日,自治区政府办公厅下发《关于开展西部大开发土地资源评价工作的通知》,部署开展全区西部大开发土地资源调查评价工作。同日,自治区国土资源厅印发《西部大开发土地资源调查评价实施方案》和《西部大开发土地资源调查评价技术补充规定》,从项目概述、工作内容、技术依据、技术路线、任务目标、提交成果、工作进度与技术成果、经费预算、组织管理等9个方面进行了明确,并开展了乌兰察布市商都县试点工作及技术培训。7月17日—19日,全区西部大开发土地资源调查评价工作会议在呼和浩特市召开,自治区副主席周维德出席会议并讲话。会议主要传达国土资源部西部大开发土地资源调查评价工作部署会议精神,部署全区西部大开发土地调查评价工作并进行相关技术培训,同时自治区国土资源厅与各盟市土地管理部门签订了土地调查评价责任书。

2000年7月20日,自治区国土资源厅向内蒙古自治区发展计划委员会报送《关于开展内蒙古自治区土地资源调查评价项目立项的请示》,并向自治区财政厅报送《关于申请解决西部大开发土地资源调查评价项目经费的报告》。8月15日,自治区国土资源厅印发《关于转发国土资源部办公厅关于内蒙古自治区土地资源调查评价实施方案的复函的通知》。

2001年11月28日,自治区国土资源厅向国土资源部和自治区政府报告西部大开发自治区土地资源调查评价工作情况。自治区是开展全国西部大开发土地资源调查评价的14个省、区、市之一,按照自治区政府工作部署,全区西部大开发土地资源调查评价工作由自治区国土资源厅负责具体组织实施,内蒙古自治区土地勘测设计院(以下简称自治区土地勘测设计院)负责技术指导和汇总,各盟市、旗县(市区)土地管理局及事业单位具体承办。调查评价范围为15°以上的坡耕地,主要分布在黄土丘陵区、阴山北麓和南麓丘陵农牧交错区、燕山北部丘陵区及大兴安岭丘陵区,其中15°~25°的坡耕地119.09万亩,25°以上的坡耕地10.45万亩。全区有12个盟市、86个旗县(市区)开展坡耕地和生态退耕地调查评价,12个重点旗县由自治区土地勘测设计院开展耕地后备资源调查评价,至2000年9月底完成了旗县级坡耕地、生态退耕地、耕地后备资源调查评价的数据汇总,于2001年11月底完成盟市和自治区数据汇总并报国土资源部,于2002年1月底全面完成调查评价工作并对旗县和盟市级成果进行验收。

调查评价结果显示:绝大多数15°以上的坡耕地土层薄,养分含量低,地块分散,独立地块面积相对较小,不便于集约利用管理,水土流失严重,保水保肥性能差,土地普遍退化,部分坡耕地已失去耕作价值,这部分坡耕地绝大部分已列入退耕还林还草范围。经评价,全区现存15°以上坡耕地总面积129.55万亩,其中宜耕的15.82万亩、不宜耕的113.73万亩,有33.72万亩已退耕还林还草。

全区需生态退耕面积2996.77万亩,占全区2000年末耕地总面积的26.32%。其中,1996—1999年退耕1155.54万亩,占需生态退耕面积的38.56%;2000年度退耕356.89万亩,其余的需在2001—2005年逐年退耕1484.34万亩。1996—1999年已经实现退耕种草433.42万亩,种树386.17万亩,自然恢复335.94万亩。2000年退耕种草159.67万亩,种树120.31万亩,自然恢复79.92万亩。在调查评价的生态退耕地中,集体土地2825.31万亩,国有土地171.46万亩。各盟市均有一定数量的生态退耕地,而最为集中的是乌兰察布盟(今乌兰察布市)阴山南北麓地区,其次为赤峰市、通辽市、锡林郭勒盟、伊克昭盟(今鄂尔多斯市)等地区。

耕地后备资源调查评价结果显示:集中连片面积大于3000亩的宜耕未利用土地,主要包括荒草地、沼泽地、滩涂、苇地、沙地等,查清其数量、质量及自然状况,并进行适宜性评价,分析开发的潜力与可能;面积大于1000亩集中连片的工矿交通废弃地、自然灾害损毁地,对其数量、质量、分布、现状和潜力进行调查与评价。重点调查了黄河流域、西辽河流域和松嫩流域的耕地后备资源及赤峰、包头市、兴安盟等地的待复垦土地。经评价,全区集中连片大于3000亩的耕地后备资源和大于1000亩的待复垦土地总面积为380.6万亩,其中可开垦土地334.09万亩(包括荒草地16.41万亩、盐碱地128.93万亩、沼泽地123.95万亩、苇地0.66万亩、滩涂4.5万亩、其他59.64万亩),可复垦土地46.51万亩(包括废弃压占地2.09万亩、塌陷地2.27万亩、自然灾害损毁地42.16万亩)。主要分布在赤峰市、兴安盟、巴彦淖尔盟(今巴彦淖尔市)、伊克昭盟(今鄂尔多斯市)等盟市。

2002年5月30—31日,国土资源部地籍管理司和中国土地勘测规划院共同组织有关专家组成验收委员会,通过对国土资源部下达的西部大开发土地资源调查评价项目——“内蒙古自治区土地资源调查评价”成果的评审验收。6月13日,自治区国土资源厅向自治区政府报告自治区西部大开发土地资源调查评价工作及验收情况。

二、第二次全国土地调查

2007年2月6日,自治区政府转发国务院《关于开展第二次全国土地调查的通知》,部署第二次全国土地调查。成立由自治区副主席赵双连为组长,自治区国土资源厅厅长白盾和自治区政府副秘书长史青晓为副组长,包括自治区发改委、民政厅、财政厅、建设厅、水利厅、农牧厅、林业厅、环保局、统计局、测绘事业局等部门为成员的自治区第二次全区土地调查领导小组,在自治区国土资源厅设立自治区第二次全区土地调查领导小组办公室(以下简称自治区二次调查办),办公室主任由自治区国土资源厅副厅长元重举兼任。随后,全区12个盟市及两个计划单列市和101个旗县分别成立了第二次土地调查领导小组,并制定了具体工作实施方案。7月31日,自治区国土资源厅转发国土资源部发布的《第二次全国土地调查技术规程》。8月16日,自治区二次调查办编制《内蒙古自治区第二次土地调查概算及说明》,针对各盟市在土地调查工作中专项资金相对不足的实际情况,对全区101个旗县(市、区)不同程度给予经费补贴,经自治区财政厅审核,下达第二次土地调查经费,并下拨补助经费1.14亿元。8月19日,自治区二次调查办印发《内蒙古自治区第二次土地调查实施方案》。为确保实施方案落实,自治区二次调查办制定了《内蒙古自治区第二次土地调查档案管理暂行办法》《内蒙古自治区第二次土地调查基础数据与资料分发管理办法》《内蒙古自治区第二次土地调查(农村部分)数据成果汇交规定》《内蒙古自治区第二次土地调查(城镇部分)数据成果汇交规定》等相关制度20余项,同时组织研发“农村土地调查数据库质检核查系统”和“城镇数据库质检软件”,通过招投标确定监理单位,建立了系统的数据和图件质量监管体系,并制定了一系列适合自治区实际工作的技术规范,为自治区第二次土地调查提供了技术保障。8月20日,自治区二次调查办印发《内蒙古自治区第二次土地调查培训方案》,并先后举办调查技术单位负责人培训班15期,对42支调查工作队伍535名业务技术骨干进行培训。同时,各盟市旗县举办培训班120次,培训人员1843人。

2008年6月6日,自治区二次调查办印发《内蒙古自治区第二次土地调查技术补充规定》,进一步规范了自治区第二次土地调查方法,确定了调查任务范围,统一了调查技术标准,明确了成果质量要求等。

2009年2月1日,自治区国土资源厅转发《国土资源部关于做好第二次全国土地调查工作若干意见》。为落实相关要求,按时保质完成农村土地调查工作,并保证第二次全国土地调查数据准确可靠、成果应用有效,自治区二次调查办成立东、中、西3个督导组,分别由主管领导带队,实施分片包干,深入12个盟市对81个旗县(市、区)的42个项目承担单位进行了两个多月的督查、指导。为确保农村土地调查成果真实可靠,针对个别地区在土地的权属、地类等方面出现的随意改动问题,自治区二次调查办下发《关于严禁篡改土地调查成果的紧急通知》，要求各地对数据真实性进行一次全面的检查。同时，组织两个组分别到赤峰市和通辽市的各5个旗县（市、区）进行了抽查。9月23—28日，全国第二次土地调查成果国家级抽查组对自治区第二次土地调查成果开展了外业抽查核实工作。至2009年12月31日，自治区二次调查办通过采取自治区统一组织、地方实地调查、国家掌控质量的工作模式，并运用统一的国家土地利用分类标准和覆盖全区遥感影像的调控底图，组织完成全区农村土地调查、城镇土地调查、基本农田调查上图、按照自治区第二次土地调查标准时点统一更新调查等成果，实现了图、数、实地一致。按照自治区第二次土地调查数据汇交办法，建立了城镇土地利用数据库39个，制作了12个盟市及两个计划单列市所在地高分辨率航天数据影像图。

9月23日，国家级抽查组对锡林郭勒盟苏尼特左旗第二次土地调查成果进行外业实地核查。

2010年1月，自治区第二次土地调查（农村部分）完成统一时点调查成果汇总，并更新了农村土地调查数据库。至9月，自治区第二次土地调查（城镇部分）完成全区101个旗县所在地城镇地籍测量工作，建成城镇土地利用数据库（包括基础地理、土地利用、土地权属、测量控制信息等内容），同时由自治区二次调查办对12个盟市所在地和二连浩特市、满洲里市两个计划单列市成果进行了验收，由各盟市第二次土地调查领导小组办公室对旗县所在地成果进行了验收。10月，自治区国土资源厅在呼和浩特市组织对全区101个旗县（市、区）的第二次全国土地调查农村部分调查成果进行了验收，有57个评审为优良、44个合格，优良率达到56.44%。此后，全区第二次土地调查（农村部分）成果正式投入应用，为自治区提供了土地利用基础资料。

1月6日，自治区国土资源厅开始进行全区第二次土地调查标准时点统一更新暨2009年土地变更调查成果数据审查汇总工作。

2011年5月7日，自治区国土资源厅通过对全区第二次土地调查地籍管理信息系统和成果管理系统的审查验收。之后，自治区二次调查办组织有关专家对6个盟市的7个试点地区调查成果应用进行了检查验收，其中有3个获得优秀、1个良好、3个合格。

2014年5月29日，自治区二次调查办就全区第二次土地调查主要工作情况，向自治区政府和自治区第二次土地调查领导小组成员单位进行了汇报。按照《国务院关于开展第二次全国土地调查的通知》精神，自治区于2007年7月全面启动第二次土地调查工作，历时3年多，累计投入4.54亿元，通过3.5万余人的共同努力,全面查清全区各类土地资源底数,掌握了土地开发利用和保护情况,圆满完成调查任务。

全国第二次土地调查是针对1996年完成的全国第一次土地调查数据难以满足工作需要而开展的全国性土地调查工作。其采用了统一的土地利用分类国家标准和覆盖全区的遥感影像调查底图,应用了航空、航天遥感技术和GPS现代测量手段,并利用了地理信息、数据库、计算机技术,结合实际,通过采取补充技术规定、细化数据汇交标准、研发数据质量核查软件、自制重点地区高分辨率航空和航天影像底图、创建地方权属单位编码等技术措施,坚持影像判读与重点地块实地核查相结合,确保调查质量,实现图、数、实地一致,做到全面、真实、准确。

全区第二次土地调查比第一次土地调查的技术手段先进,覆盖面严谨,并实现了信息化。其以2009年12月31日为标准时点,以101个旗县(市、区)为基本单位,全面查清了全区耕地、林地、草地等土地的利用现状和国有与集体所有土地的权属界线、基本农田分布及面积、耕地不同坡度级的数据量和分布,并汇总形成了全区各级行政辖区内各类土地面积及权属类型,实现了全区各类土地调查标准口径统一、地类范围不重叠、数据不交叉和土地调查范围的全覆盖。

项目组织编写了全区101个旗县、12个盟市及自治区级的工作和技术等文字报告,报告内容翔实地反映旗县至自治区各层级第二次土地调查的全过程和技术手段与调查方法,全面论述了自治区土地资源利用的环境条件、利用现状、土地权属、地类变化以及今后科学合理利用土地资源的对策和措施。同时,建立了旗县、盟市、自治区三级土地调查数据库,汇总数据量达7TB,矢量数据记录在7456万条以上。数据库由遥感影像数据、土地利用图形数据和属性数据构成,包括每一块土地的用途、权属、界线、面积等,实现了土地利用状况的数字化管理。

项目建立了土地变更调查新机制,实现了土地变更调查常态化。在取得二次调查标准时点数据基础上,按照国家规定的工作制度、分类标准、组织流程和技术手段,利用遥感影像开展土地变更调查的新机制,更新各级各类调查成果,维护了二次调查成果的现势性。

在健全全区土地调查数据库的基础上,建成集土地调查、规划、地价、利用监测等集中管理的土地数据中心。开发建设了土地利用数据管理、土地利用总体规划信息管理、土地利用监测、城市地价动态监测、农用地等级划分等数据管理与应用系统。为自治区国土资源"一张图"管理和综合监管平台建立,实现土地资源精细化和综合管理奠定了基础。

2014年7月31日,自治区国土资源厅、自治区统计局、自治区第二次土地调查领导小组办公室联合发布《内蒙古自治区第二次土地调查主要数据成果的公报》。公报显示:截至2009年12月31日,全区农用地8148.13万公顷,其中耕地918.93万公顷,耕地中有133.40万公顷位于林区、草原、河流湖泊正常水位线与最高洪水位线之间以及沙漠化地区,有相当部分需要根据国家退耕还林、还草、还湿和耕地休养生息的总体安排作逐步调整。全区建设用地145.10万公顷,包括城镇村及工矿用地122.31万公顷、交通运输用地53.36万公顷,其他为未利用地。全区耕地按主要区域划分,嫩江流域右岸耕地259.68万公顷、占28.50%,西辽河流域耕地254.22万公顷、占27.90%,河套—土默川平原耕地137.70万公顷、占15.11%,阴山北麓耕地165.09万公顷、占18.12%。全区耕地按坡度划分,2°以下占62.22%;2°~6°占28.87%;6°~15°占8.62%;15°~25°占0.28%;25°以上占0.01%。全区耕地中,有灌溉设施的耕地287.72万公顷,比重为31.31%。

三、土地变更调查

2000 年，按照国土资源部《关于开展 2000 年土地变更调查通知》的部署和要求，自治区国土资源厅组织开展了土地变更调查，全区各级土地行政主管部门对各类土地变更情况进行全面调查统计。年初全区耕地保有量 11 701.73 万亩，年内增加 92.12 万亩，减少 406.38 万亩，年净减少 314.26 万亩，年末耕地保有量 11 387.46 万亩。全区园地年内增加 7.13 万亩，减少 0.29 万亩，净增加 6.84 万亩，年末保有量 107.95 万亩。园地的增、减是农业结构内部调整造成的，其中耕地变园地 4.37 万亩，林地变园地 1.04 万亩，牧草地变园地 2.06 万亩，另外未利用土地开发成园地 0.59 万亩，还有其他零星种植的园地。全区林地年内增加 241.47 万亩，减少 9.09 万亩，全年净增加 232.38 万亩，年末保有量30 731.85万亩。全区牧草地年内增加 262.24 万亩，减少 575.32 万亩，净减少 313.09 万亩，年末牧草地保有量 99 910.69 万亩。全区居民点及工矿用地年内增加 5.65 万亩，减少 2.39 万亩，净增加 3.26 万亩，年末保有量 1719.69 万亩。全区交通用地年内增加 3.83 万亩，减少 0.16 万亩，年末保有量 502.53 万亩。全区水域年内增加 11.80 万亩，减少 37.79 万亩，净减少 25.99 万亩，年末保有量 2721.08 万亩。全区未利用土地面积增加较大，年末未利用土地保有量 26 182.57 万亩。

2001 年，自治区国土资源厅按照国土资源部的通知要求，对 2001 年全区土地调查变更工作做出详细部署，并组织人员赴盟市、旗县进行检查、督导。年内各类土地面积变化总量为 526.74 万亩，占全区总土地面积的 0.3%。在 2000 年大幅度生态退耕的基础上，年内生态退耕量依然很大，退耕还林 80.37 万亩、退耕还草 155.40 万亩。年内牧草地净减少 2.60 万亩，减少的情况趋于正常，且人工草地、改良草地增加较多，说明全区畜牧业发展逐步由粗放经营向集约经营转变。年内未成林造林地达 89.01 万亩，占年内林地净增加面积的 53%，退耕还林明显，赤峰、通辽等地把还林任务承包到农户，而为了确保成活率且尽快发挥防风固沙作用，栽植大植株树苗，有 9.50 万亩耕地变更为有林地。因沙尘暴等自然灾害严重，全区生态环境进一步恶化，未利用地面积有所增加。年内耕地增加 29.03 万亩，减少 246.77 万亩，净减少 217.75 万亩，年末保有量 11 167.73 万亩。各类建设项目占用土地 14.87 万亩，其中居民点及工矿用地 7.63 万亩、交通建设用地 4.7 万亩、水利建设用地 2.54 万亩。

2002 年，各类土地面积变化总量为 759.30 万亩，占全区总土地面积的 0.44%。年内是实施过渡地类的第一年，自治区要求各盟市、旗县认真进行外业调查，提供准确、翔实的变化量。经实地调查生态退耕量达 286.32 万亩，主要集中在中东部地区，东部四个盟市将土层薄、坡度大、农作物产量低的耕地共计 169.73 万亩还林还草，另有中部的乌兰察布盟（今乌兰察布市）退耕 84.67 万亩用于建设三北防护林。园地年内减少了 0.22 万亩，其中赤峰市将 0.12 万亩挂果率非常低且品种单一的园地更新为速生林木，年度变更为未成林造林地。年内牧草地净减少 173.56 万亩，主要是巴彦淖尔盟（今巴彦淖尔市）因多年干旱和沙尘暴危害，致使 167.02 万亩牧草地沙化、盐碱化，年度变更为未利用地，年内人工草地增加明显。年内林地面积增加较大，未成林造林地达 288.74 万亩，三北防护林工程和京津风沙源治理工程取得明显成效。乌海市建成 1 处生态园，有 459 亩天然草地直接变更为有林地，另外通辽市科左后旗有 6.55 万亩退耕还草地更正为原先的牧草地。其他农用地中的农村道路用地年内增加 1.40 万亩，兴安盟扎赉特旗 1998 年特大洪灾之后，又连续遭受旱灾且逐年加重，全旗加大以水利、生态为中心的基本建设力度，先后农田林网建设面积近 20 万亩，占用耕地修筑田间路、营造农田防护林占地 1.2 万余亩，另有农村道路改扩及新建，共计新增农村道路 1.34 万亩。全区生态环境恶化趋势未从根本上改变,沙尘暴等自然灾害严重,未利用地面积进一步增加。年内耕地增加19.65万亩,减少342.86万亩,净减少323.29万亩,年末耕地保有量10 846.43万亩。全区各类建设项目占用土地23.72万亩,其中居民点及工矿用地12.42万亩、交通建设用地10.8万亩、水利建设用地0.5万亩。

2003年,全区土地变化总量为823.89万亩,占全区总土地面积的0.48%。全区农用地面积14.29万亩,净增加132.40万亩,增加比例为0.09%;其中耕地净减少338.10万亩,园地净增加1.15万亩,林地净增加636.23万亩,牧草地净减少168.66万亩,其他农用地净增加1.79万亩。全区建设用地面积2093.6万亩,占总土地面积的1.18%,净增加29.42万亩,增加比例为1.43%;其中居民点及工矿用地净增加20.57万亩,交通运输用地净增加7.99万亩,水利设施用地净增加0.86万亩。全区未利用土地面积28 260.59万亩,占总土地面积的16.34%,净减少161.82万亩,减少比例为0.57%;其中未利用地净减少161.35万亩,其他土地净减少0.47万亩。年末全区变更后的土地利用现状结构为:耕地占总土地面积6.06%,园地占总土地面积0.06%,林地占总土地面积18.41%,其他农用地占总土地面积0.48%,居民点及工矿用地占总土地面积1.01%,交通运输用地占总土地面积0.12%,水利设施用地占总土地面积0.08%,未利用地占总土地面积16.31%。

2004年,全区各类土地面积变化总量为556.08万亩,占全区总土地面积的0.32%。由于实施农业税减免政策,自治区要求各盟市、旗县认真进行外业调查,提供准确、翔实的耕地数量。经实地调查全区耕地增加99.62万亩,较往年有大幅度的提高,主要集中在中东部地区,其中赤峰市巴林右旗有23.99万亩草地调整为耕地,原因是自治区畜牧厅在多年前就组织当地牧民种植农作物,平均每户达到10~15亩,历年积累而成,还有部分是“黑地”在税费减免后显现出来。乌兰察布盟(今乌兰察布市)有11.5万亩多年之前撂荒已变更为草地,降雨量增大又进行耕种且变更为耕地。全区园地年内减少0.19万亩,其中鄂尔多斯市将1099亩挂果率非常低且品种比较差的园地调整为水浇地。干旱、沙尘暴等自然灾害有所减弱,全区生态环境从根本上有所好转,未利用地面积连续两年出现负增长。全区耕地面积10 506.33万亩,年内净减少41.49万亩,年末耕地保有量10 464.85万亩。全区各类建设项目用地32.01万亩,其中居民点工矿用地22.11万亩、交通运输用地9.9万亩、水利设施用地0.13万亩。经实地调查全区未利用地减少136.66万亩,其中变更为耕地45.70万亩、草地19.86万亩、造林66.24万亩。

2005年,全区土地变化总量为1100.02万亩,占总土地面积的0.63%。全区农用地面积142 981.47万亩,占总土地面积的82.51%,净减少19.68万亩,减少比例为0.01%;其中耕地净增加186.29万亩,园地净减少0.36万亩,林地净增加361.39万亩,牧草地净减少569.82万亩,其他农用地净增加2.83万亩。全区建设用地面积2158.76万亩,净增加33.30万亩,其中居民点及工矿用地净增加25.83万亩、交通运输用地净增加6.80万亩、水利设施用地净增加0.67万亩。全区未利用土地28 123.59万亩,净减少13.62万亩,其中未利用地净减少21.09万亩,其他土地净增加7.47万亩。全区变更后的土地利用现状结构:年末耕地占总土地面积的6.15%,园地占总土地面积的0.06%,林地占总土地面积的18.80%,牧草地占总土地面积的57.03%,其他农用地占总土地面积的0.48%,居民点及工矿用地占总土地面积的1.04%,交通运输用地占总土地面积的0.13%,水利设施用地占总土地面积的0.08%,未利用地占总土地面积的16.23%。

2006年,全区农用地总面积142 835.65万亩,占总地面积的83.16%。其中,耕地面积10 698.03

万亩，占总地面积的6.23%；建设用地面积2184.19万亩，占总面积的1.27%；未利用土地26 748.34万亩，占总地面积的15.57%。年度土地变化总量627.61万亩，占总面积的0.37%。按照国土资源部2006年度全国土地变更调查实施方案要求，对坡耕地数量按坡度统计汇总，将大于25°的坡耕地10.45万亩中的10.15万亩退掉，占耕地基础数的97.07%；15°～25°度坡耕地减少58.13万亩，占耕地基础数的48.81%；小于15°耕地减少666.07万亩，占耕地基础数的5.92%。年末耕地面积为10 698.03万亩，其中小于15°耕地10 626.61万亩，占耕地总面积的99.33%；15°～25°的坡耕地71.11万亩，占0.66%；大于25°耕地0.32万亩，占耕地总面积的0.01%。坡耕地全部为坡地，没有梯田。农用地比上年净增加131.44万亩，其中耕地净增加46.9万亩、园地净减少0.16万亩、林地净增加188.99万亩、草地净减少106.66万亩、其他农用地净增加2.36万亩。其主要原因为：一是至2006年，土地详查十余年，一些自然条件较差的耕地、草地、疏林地因土地沙化、土地退化、土地水蚀和土地盐碱化等自然灾害，已逐渐演变为未利用地中的荒草地、盐碱地及河漫滩滩涂等共有53.68万亩；二是由于社会经济的飞速发展，年度矿产资源开发等占用了一些质量较差的坡耕地；三是由于农、牧、养殖业的发展，乡镇、苏木建设以养殖牛、羊为主的小区，农用地内部结构调整幅度仍然较大，生态退耕共46.17万亩。建设用地增加27.41万亩（本年度增加21.86万亩、往年漏变更5.55万亩），年度减少1.95万亩。居民点及工矿用地增加19.9万亩，其中独立工矿用地增加9.93万亩、交通用地增加6.98万亩、水利设施用地增加0.52万亩。

2007年，全区农用地面积142 838.11万亩，占总土地面积的83.16%，其中耕地10 749.42万亩，占总土地面积的6.26%；建设用地面积2216.34万亩，占总土地面积的1.29%；未利用土地26 713.74万亩，占总土地面积的15.55%。年度土地变化总量126.84万亩，占总土地面积的0.07%。农用地比上年净增加2.46万亩，其中耕地净增加51.39万亩，园地净减少665亩，林地净增加14.96万亩，草地净减少64.10万亩，其他农用地净增加2681亩。其原因：一是由于社会经济快速发展，年度矿产资源开发等占用一些质量较差的耕地；二是在自治区东部，农民自主开发耕地45.67万亩。由于国家生态退耕政策的调整，2007年国家没有对自治区下达具体的指标数，自治区只对上年遗留生态退耕进行了变更，生态退耕共1.53万亩。年内建设用地净增加32.15万亩，居民点及工矿用地增加22.27万亩，交通用地增加7.53万亩，水利设施用地增加2.76万亩。

2008年2月7日，国务院发布《土地调查条例》，明确了土地调查和每年的年度土地变更调查工作。自治区国土资源厅及时转发了国土资源部《关于开展2008年度土地变更调查工作的通知》，并组织各盟市、旗县开展了3个时段土地变更调查工作，及时组织技术人员对重点旗县进行指导、检查，于12月按时完成年度土地变更调查工作。年末全区农用地总面积142 841.95万亩，占全区总土地面积的83.16%，其中耕地10 720.86万亩；建设用地面积2238.67万亩，未利用土地26 687.57万亩。年度土地变化总量270.64万亩，占总土地面积的0.16%，其中第一时段变化总量15.61万亩（占变化总量的5.77%），第二时段变化总量249.53万亩（占变化总量的92.20%），第三时段变化总量5.5万亩（占变化总量的2.03%）。农用地比上年净增加5.84万亩，其中耕地净增加1.44万亩，园地净减少840亩，林地净增加29.37万亩，草地净减少25.82万亩，其他农用地净增加0.93万亩。2008年自治区生态退耕接近尾声，国家没有下达生态退耕计划，经过几年的生态退耕，耕地基本均在15°以下，大于15°的耕地极少。建设用地年内增加24.03万亩，减少1.79万亩。居民点及工矿用地净增加17.38万亩，交通用地净增加3.26万亩，水利设施用地净增加1.60万亩。

2009年,自治区完成第二次全国土地调查的县级调查及县级土地调查数据库建库,准确掌握年度土地利用实际变化情况,保持第二次调查成果的现势性,更新土地调查数据库,实现土地管理和监管方式从"以数管地"到"以图管地"的重大转变,为各级政府和有关部门提供现状的土地基础数据。自治区国土资源厅及时转发国务院第二次全国土地调查领导小组办公室《关于开展第二次全国土地调查标准时点统一更新工作的通知》,并进行技术培训,组织技术人员对盟市旗县进行指导、检查,各地严格按标准时点统一更新调查技术要求,统筹安排、精心组织,按时保质完成了土地变更调查工作。年度全区土地变化总量35.72万亩,占总土地面积的0.02%;年内耕地净减少5.43万亩,园地净增加0.11万亩,林地净增加2.12万亩,草地净减少19.23万亩,城镇及工矿用地净增加12.82万亩,交通运输用地净增加11.34万亩,水域及水利设施用地净减少0.22万亩,其他土地净减少1.52万亩。由于2008年和2009年标准时点前后调查技术方法及地类定性划分不同,使得2008年变更调查年末数据与2009年标准时点数据在总面积及各地类面积上都有一定的差距,两年的总面积相差1414.66万亩,其主要是由于两次土地调查统计数据所用行政界线不同,造成总土地面积有差别。

内蒙古自治区2009年标准时点与2008年变更调查年末各地类面积对比表

表3-1-1

地类名称	2008年变更调查年末面积(万亩)	2009年标准点地类面积(万亩)	2009年与2008年面积差(万亩)	面积差占2008年面积比(%)
合计	171 768.18	173 182.85	1414.66	0.82
耕地	10 720.86	13 667.31	2946.44	27.48
园地	109.13	84.54	-24.59	-22.53
林地	32 764.00	35 538.86	2774.86	8.47
草地	101 278.78	88 769.86	-12 508.92	-12.35
城镇村及工矿用地	1858.53	1898.58	40.05	2.16
交通运输用地	563.12	793.81	230.69	40.97
水域及水利设施用地	2302.25	3164.30	862.04	37.44
其他土地	22 171.50	29 265.59	7094.09	32.00

2010年,全区土地变更调查总土地面积11 454.99万公顷(即171 824.85万亩),比2009年度第二次土地调查总土地面积11 545.52万公顷(即173 182.8万亩)减少90.53万公顷,原因是按国家要求,2011年土地变更调查必须按第二次土地调查下发的调查界线进行,其中额济纳旗由甘肃省调查的90.53万公顷面积未列入自治区汇总。年度土地变化总量7.08万公顷,占总土地面积0.06%。全区耕地年内净减少2736.21公顷,园地净减少47.28公顷,林地净减少13 119.55公顷,草地净减少96 935.63公顷,城镇及工矿用地净增加了25 944.53公顷,交通运输用地净增加13 252.73公顷,水域及水利设施用地净减少5887.07公顷,其他土地净减少825 757.71公顷。全区变更后的土地利用现状结构为:年末耕地占总土地面积的7.95%,园地占总土地面积的0.05%,林地占总土地面积的19.09%,草地占总土地面积的51.61%,城镇及工矿用地占总土地面积的1.08%,交通运输用地占总土地面积的0.47%,水域及水利设

施用地占总土地面积的3.42%，其他土地占总土地面积的16.33%。

2011年，全区土地变更调查总土地面积11 273.39万公顷，比2009年度第二次土地调查总面积减少272.13万公顷。其原因：一是按国家要求，2011年土地变更调查必须按第二次土地调查下发的调查界线进行，阿拉善盟额济纳旗的90.53万公顷未列入自治区汇总面积。二是松加地区181.6万公顷按国家要求由黑龙江省进行调查。三是额济纳旗和满洲里市的调查界线国家重新进行下发并重新计算面积，又减少34.39公顷。年度土地变化总量为8.12万公顷，占总土地面积的0.07%。年内耕地净增加1838.58公顷，园地净减少185.54公顷，林地净减少9845.43公顷，草地净减少21 614.21公顷，城镇及工矿用地净增加22 145.44公顷，交通运输用地净增加6915.45公顷，水域及水利设施用地净增加1826.41公顷，其他土地净减少1115.11公顷。变更后的土地利用现状结构为：年末耕地占总土地面积的8.08%，园地占总土地面积的0.05%，林地占总土地面积的19.39%，草地占总土地面积的52.42%，城镇及工矿用地占总土地面积的1.12%，交通运输用地占总土地面积的0.49%，水域及水利设施用地占总土地面积的1.86%，其他土地占总土地面积的16.59%。年度应用第二次土地调查成果试点，建立了7个地区集遥感影像、土地利用、土地登记、基本农田等数据及地籍档案与一体管理的地籍管理信息系统，并应用其在试点区开展了土地使用权登记发证工作，全面启动了农村集体土地确权登记发证工作。

2012年，对2011年度2.4万个监测图斑，114.7万亩土地变更调查工作，并配合国家8个重点地区实地核实和2个重点抽查组对实地的抽查及地方复核等工作，上报成果得到国家的确认。并向国土资源部做出了土地变更调查统计分析报告。年度土地变化总量为7.44万公顷，占全区总土地面积0.06%。全区耕地年内净减少2452.24公顷，园地净增加1136.20公顷，林地净减少8127.95公顷，草地净减少18 277.97公顷，城镇及工矿用地净增加19 947.89公顷，交通运输用地净增加8556.77公顷，水域及水利设施用地净增加940.54公顷，其他土地净减少1723.22公顷。变更后的全区土地利用现状结构为：年末耕地占总土地面积的8.08%，园地占总土地面积的0.05%，林地占总土地面积的19.38%，草地占总土地面积的52.4 %，城镇及工矿用地占总土地面积的1.14%，交通运输用地占总土地面积的0.49%，水域及水利设施用地占总土地面积的1.87%，其他土地占总土地面积的16.59%。

2013年，年度土地变化总量为7.19万公顷，占全区总土地面积的0.06%。全区耕地年内净增加11 854.23公顷，园地净减少158.72公顷，林地净减少10 263.15公顷，草地净减少23 342.48公顷，城镇及工矿用地净增加16 638.65公顷，交通运输用地净增加9336.05公顷，水域及水利设施用地净增加2847.59公顷，其他土地净减少1216.99公顷。变更后的全区土地利用现状结构为：年末耕地占总土地面积的8.09%，园地占总土地面积的0.05%，林地占总土地面积的19.37%，草地占总土地面积的52.38 %，城镇及工矿用地占总土地面积的1.16%，交通运输用地占总土地面积的0.50%，水域及水利设施用地占总土地面积的1.86%，其他土地占总土地面积的16.59%。

2014年3月1日，自治区国土资源厅组织召开全区2014年度土地变更调查成果重点地区核查情况对接会议，针对各盟市变更调查中的问题分别进行对接，并提出工作要求。年度全区土地变化总量159 355.56公顷，占总土地面积的0.14%。年内耕地净增加33 186.59公顷，年末面积占全区土地总面积的8.12%。园地年内净减少350.04公顷，年末面积占全区土地总面积的0.05%。林地年内净减少16 289.46公顷，年末面积占全区土地总面积的19.35%。草地年内净减少35 298.86公顷，年末面积占全区土地总面积的52.35%。城镇及工矿用地年内净增加14 110.62公顷，年末面积占全区土地总面积的 1.17%。交通运输用地年内净增加 8220.8 公顷,年末总面积占全区土地面积的 0.51%。水域及水利设施用地年内净减少 116.09 公顷,年末面积占全区土地总面积的 1.86%。其他土地年内净减少 3463.56 公顷,年末面积占全区土地总面积的 16.58%。

2014 年 3 月 1 日,土地变更调查成果核查对接会议现场。

2015 年 12 月 8 日,自治区国土资源厅印发《关于印发内蒙古自治区 2015 年度土地变更调查成果自治区级核查实施方案的通知》,要求各盟市国土资源局、内蒙古自治区土地调查规划院(由原自治区土地勘测规划院更名,以下简称自治区土地调查规划院)及自治区整治中心要按照职责分工,各司其职,做好年度土地变更调查工作;要建立联动工作机制,与 2016 年度卫片执法工作同时启动,一并进行调查、认定、分析测算。确保按时、保质完成全区 2015 年度土地变更调查工作。当年,全区土地变化总量 84 900.42 公顷,占总土地面积的 0.07%。耕地年内净增加 7408.82 公顷,年末面积占全区土地总面积的 8.13%;园地年内净减少 176.02 公顷,年末面积占全区土地总面积的 0.05%;林地年内净减少 3111.94 公顷,年末面积占全区土地总面积的 19.35%;草地年内净减少 23 814.12 公顷,年末面积占全区土地总面积的 52.33%;城镇村及工矿用地年内净增加 13 496.78 公顷,年末面积占全区土地总面积的 1.18%;交通运输用地年内净增加 5979.08 公顷,年末面积占全区土地面积的 0.52%;水域及水利设施用地年内净增加 2025.07 公顷,年末面积占全区土地总面积的 1.86%;其他土地年内净减少 1609.01 公顷,年末面积占全区土地总面积的 16.58%。

第三节　土地动态遥感监测

从 1999 年开始,国家组织实施新一轮国土资源大调查,主要以遥感技术、地理信息系统、全球定位系统“3S”技术为基础,充分运用航天、航空、计算机和网络通信等技术手段,采用高、中、低分辨率及宏观与微观相互结合的方法,建立成熟的技术路线和一系列技术规程规定,实现了对重点地区、特定目标土地利用现状和变化的动态监测,构建了全国土地利用动态遥感监测体系。尤其是对新增建设用地占用耕地状况进行连续、多周期监测,使国家直接掌握用地状况,为宏观调控和社会经济可持续发展提供了真实数据,在落实“保发展、保红线”方针及执法和督查等管理工作中发挥了重要作用。

2001 年 11 月 24 日,自治区国土资源厅向国土资源部报送《关于申请将包头市列入全国土地动态监测重点城市的报告》。2002 年 6 月 7 日,根据《国土资源部办公厅关于对应用遥感技术更新土地利用现状图示范项目的复函》,首先在包头市开始利用遥感技术进行土地利用遥感监测更新。

2005 年,自治区国土资源厅下发《关于认真做好土地动态监测工作的通知》,正式开展自治区范围的国家级开发区(呼和浩特经济技术开发区、呼和浩特市进出口开发区、二连浩特市经济技术开发区、满洲里市经济技术开发区、包头市高新技术开发区)和 50 万人口以上城市(仅呼和浩特市、包头市)的动态遥感监测工作。

2006 年,全区开展土地利用动态遥感监测的旗县(市、区)有 6 个。通过开展土地利用动态遥感监测,及时掌握土地利用基础数据,为提高全区国土资源管理水平提供了有效支撑。

2007 年 7 月,根据第二次全国土地调查统一部署,主要利用遥感等先进技术,以正射影像数据为基础,全面查清、查实土地利用状况,掌握最新土地基础数据,建立国家、省、市、县四级土地利用数据库和土地资源变化信息的调查统计与快速更新机制,为开展土地调查、变化监测及土地动态监测等工作提供准确的基础数据。全区主要在 6 个旗县(市、区)开展土地利用动态遥感监测。

2008 年 10 月 8 日,国土资源部将自治区呼和浩特市的新城区、回民区、玉泉区、赛罕区和包头市的东河区、昆都仑区、青山区、石拐区、白云矿区、九原区及赤峰市的红山区、松山区,首次列入开展土地利用动态监测的国家 140 个 50 万人口以上城市。10 月 27 日,国土资源部办公厅印发《关于配合做好 2008 年度土地利用动态监测工作的通知》,要求呼和浩特市、包头市、赤峰市积极做好相关配合工作。后又根据国土资源部地籍管理司《关于做好 2008 年度土地利用动态遥感监测工作的补充通知》,将乌海市和通辽市列入土地利用动态遥感监测重点城市。

2009 年 10 月,按照国土资源部统一部署和要求,自治区国土资源厅积极推进首次展开的覆盖全国的年度监测工作(“一张图”工程)。主要监测土地利用变化情况,特别是新增建设用地占用耕地和农用地的情况。

2010 年 2 月,全区有 39 个旗县(市、区)开展了土地利用动态遥感监测工作。

2011 年,自治区国土资源厅组织应用土地利用第二次调查成果,并利用遥感影像技术,在 7 个地区开展了土地利用、土地登记、基本农田保护等数据更新试点工作。

2015 年,根据《国土资源部关于开展 2015 年度全国土地调查与遥感监测工作的通知》要求,自治区国土资源厅围绕开展 2015 年度土地利用变更调查与遥感监测工作,决定变更调查与卫片执法统筹安排部署,进一步明确自治区、盟市、旗县(市、区)的纵向工作职责和地籍、规划、耕保、利用、执法各部门的横向工作责任。同时,组织召开了由盟市、旗县(市、区)相关业务人员参加的全区 2015 年度土地变更调查技术培训会议,并按时完成全区 12 个盟市 102 个旗县(市、区)变更调查。

第四节　土地确权及不动产登记

一、确权登记发证

2000 年,根据国土资源部《关于做好当前土地登记和城镇地籍调查工作的通知》精神,自治区国土资源厅对全区土地证书发放、住房土地登记、国企改革中的土地登记工作进行了部署。

2001 年,根据《国土资源部、农业部关于依法保护国有农场土地合法权益意见的通知》精神,自治区政府办公厅于先后印发《关于做好国有农牧场土地确权工作的通知》和《自治区国土资源厅、农业厅关于国有农牧场土地确权工作方案的通知》,同时自治区国土资源厅出台了《内蒙古自治区国有农牧场土地确权规定》,对全区国有农牧场土地确权工作进行了安排部署。12 月 5 日,自治区国土资源厅转发国土资源部《关于依法加快集体土地所有权登记发证工作的通知》,对全区集体土地所有权登记发证工作进行了部署。

2002 年,自治区政府印发《关于加快全区土地登记发证工作的通知》,要求加快全区 3 项土地确权登记发证的工作步伐,国有农牧场土地确权登记发证工作要在2003年底完成。同时,自治区国土资源厅制定并印发《内蒙古自治区地籍管理“十五”计划纲要》。全年,全区土地确权、登记、发证工作进展顺利,发放国有农牧场土地证24个,住房用地发证60 415本,集体登记发证20 213本。全区21个旗县和6个盟市政府所在地的市区已建或在建地籍数据库,其中有6个旗县(市区)地籍数据库已投入使用;有15个旗县(市区)正在建设1∶1万土地利用数据库,其中8个旗县(市区)通过自治区级预检,有5个旗县(市区)通过自治区级验收。

2003年,全区土地分级登记制度基本建立,工作关系得到理顺,纠正了一些勘丈错误、土地权属不清、违法用地合法化的问题。全区登记国有和集体土地使用权、所有权283万多宗,登记国有农牧场70个。自治区直接登记99宗,换发土地证2000余宗,根据上市需要出具土地权属证明2000多宗。全区开展土地登记资料公开查询的旗县(市)由2002年的35个上升到94个,占全区旗县(市、区)的93.1%,公开查询次数为2万多人次,年度查询次数为8556人次。

2004年5月,自治区国土资源厅转发国土资源部《关于进一步规划土地登记工作的通知》。同时,对全区土地登记工作进行清理整顿,逐步完善了土地登记工作制度,规范了土地登记工作。经过清理整顿,采取旗县(市、区)自查,盟市与自治区抽查的方法,对138 608宗国有土地、129 576宗集体土地、5000宗他项权利土地登记资料进行了抽查,重点审核土地权属来源、权属性质、土地使用年限、权属是否合法、界址是否清楚、面积是否准确。土地登记的程序是否合法,严格按照土地登记申请、地籍调查、权属审核、注册登记、核发证书的程序进行,防止出现为当事人提供便利,而减少必经的法律程序,确保土地登记的合法性。全区有8人通过国家人事部办公厅、国土资源部办公厅土地登记代理人职业资格认定。10月,依据《国土资源部、农业部关于依法保护国有农场土地合法权益意见的通知》,自治区国土资源厅加快全区国有农场土地确权登记发证工作。全区国有农场总数量156个,国有农场土地总面积4 632 072公顷;土地登记应发证699本,已发证324本,占应发证的46.35%;土地权属争议宗地数375宗,占总宗地的53%;争议宗地面积1 885 465公顷,占国有农场土地40.7%。

2005年,全区国有土地使用权发证数为1 381 943本,发证率为80.6%。集体土地所有权发证数为7107本,发证率为51.10%;集体土地使用权发证数为1 850 827本,发证率为61.9%;农村宅基地发证数为1 742 723本,发证率为51.9%。全区156个国有农牧场确权发证已完成67个。城镇住房用地登记发证数为847 862本,发证率为65.03%。

2006年,按照国土资源部办公厅《关于开展全国土地登记发证情况调研的通知》精神,自治区国土资源厅组织有关工作人员深入基层,对12个旗县进行实地调研,并根据国土资源部关于全国土地登记规范化检查工作的部署,制定了《全区土地登记规范化检查实施方案》,提出了开展工作具体要求。全区12个盟市和101个旗县(市、区)国土资源局按照检查的主要内容开展了自查、抽查,工作重点在旗县一级,主要对存在的问题制定了整改措施。全区共检查土地登记1 029 649宗。土地登记工作绝大多数做到了依照法律、法规和规章进行,程序规范,办事公开,建立制度,尚无出现通过抵押登记进行金融欺诈、行政赔偿的情况。全区从事土地登记工作的人员有511人具有上岗资格证。

2007年,依据《物权法》,自治区国土资源厅对不动产统一登记、更正登记、异议登记、预告登记、登记赔偿、登记申请人自我举证、登记收费等做出部署。全年,全区应发国有土地使用权证书1 665 479本,已发国有土地使用权证书1 313 417本,完成78.86%;应发集体土地所有权证书12 444本,已发集体土地所有权证书9440本,完成75.86%;应发集体土地使用权证书3 025 698本,已发集体土地使用权证书 1 810 315 本，完成 59.83%，其中应发宅基地证书 2 802 672 本，已发宅基地证书 1 644 007本，完成 58.66%。全区开展变更土地登记发证工作，发放国有土地使用权证共 487 795 本，其中以划拨性质发证书 263 551 本，以出让形式发证书为 57 735 本，以租赁性质发证书为 6227 本，以抵押性质发证书为 24 192 本，以转让性质发住房用地证书为 120 485 本，以转让性质发其他类型证书为 8752 本。至 2007 年底，全区历年集体土地所有权发证书为 2353 本，历年发集体土地使用权证 201 229本，其中发宅基地证书 154 315 本，集体土地使用权通过流转办理了变更登记发证书为 301 本，集体土地使用权通过抵押取得证书有 85 本。

2008 年 2 月 1 日，《土地登记办法》正式实施。根据国土资源部《关于贯彻实施〈土地登记办法〉进一步加强土地登记工作的通知》要求，自治区国土资源厅加强土地登记工作，规范土地登记行为，努力实施土地登记法制化、规范化和自动化，及时部署并要求各盟市国土资源局及相关登记人员深入学习和宣传《土地登记办法》。4 月 25 日，自治区国土资源厅转发国土资源部《关于贯彻实施〈土地登记办法〉进一步加强土地登记工作的通知》，要求加强土地登记规范化管理，维护土地登记的严肃性和权威性，加强土地登记成果应用，充分发挥土地登记的作用，扩大土地登记覆盖面，促进土地登记工作健康发展。5 月，按照《国土资源部办公厅关于组织开展农村集体建设用地管理专题调研工作的通知》要求，自治区国土资源厅组织进行了农村集体建设用地管理专题调研。调研组选择呼和浩特市的两区一县作为重点调研地区，并在各区县分别选取 3 个不同类型、共 9 个村庄进行典型调查。通过调查，发现集体建设用地普遍存在违法违规用地问题，主要是农村牧区宅基地，情况比较复杂。为进一步规范农村宅基地管理，部分盟市已制定相应落实措施。6 月 23 日，自治区国土资源厅对各盟市国土资源局负责土地登记的主要人员进行培训，重点学习《土地登记办法》《中华人民共和国物权法》《土地登记资料公开查询办法》《土地调查条例》以及其他相关法律法规。同时组织全区进行土地登记持证上岗考试，并严格按照国土资源部的规定，使用统一的土地登记表格，土地权利证书，坚持土地登记统一管理。7 月 23 日，自治区国土资源厅转发国土资源部《关于进一步加快宅基地使用权登记发证工作的通知》，强调要认真部署，狠抓落实，明确政策，依法登记。此外，按照国土资源部的工作部署，自治区国土资源厅就进一步加快宅基地使用发证工作提出具体要求：各级土地管理部门要面向土地所有者和土地使用者开展各种形式的咨询、宣传活动，使广大群众充分了解宅基地使用权登记结果在征地拆迁、集体建设用地流转和整理等工作中具有重要作用，是保护土地使用者合法权益的重要举措。要针对宅基地使用权登记发证工作做出安排，有条件的地区应将宅基地使用权的调查纳入到第二次全国土地调查工作中，加大工作力度，提高宅基地使用权发证率。

2009 年，根据《物权法》和《土地登记办法》，自治区政府印发《关于土地登记工作有关事宜的通知》，废止《内蒙古自治区登记办法》和《内蒙古自治区所属单位用地登记办法》，撤销分级登记，实行属地登记。全年，全区已发国有土地使用权证书 1 520 373 本，占应完成的 83.89%；已发集体土地所有权证书 8390 本，占应完成的 37.31%；已发集体建设用地使用权证书 631 272 本，占应完成的 58.10%；已发宅基地使用权证书 1 773 181 本，占应完成的 12.24%。全区进行初始登记和变更土地登记发证 1 168 855 本。其中，以划拨性质发证书 928 100 本，占发证的 79.4%；以出让形式发证书 192 152 本，占发证的 16.4%；国有土地以租赁性质发证书 46 091 本，占发证的 4%；以作价出资性质发证书 329 本，占发证的 0.03%；以授权经营性质发证书 2183 本，占发证的 0.2%。全区初始登记集体土地所有权发证书 8215 本；初始登记集体建设土地使用权发证书 607 570 本，占集体土地使用权的

27%;宅基地使用权发证书1 629 380本,占集体土地使用权的73%。全区初始登记土地使用权抵押共49 971本,其中国有土地使用权抵押权发证49 157本,占土地使用权抵押的98%;集体土地使用权抵押权发证814本,占土地使用权抵押的2%。全区国有土地使用权变更登记发证351 706本,其中国有土地使用权转让变更登记发证183 320本,占变更登记的52%;国有土地使用权用途变更登记发证12 707本,占变更登记的4%;国有土地使用权更名登记发证31 046本,占变更登记的9%;其他情况变更占35%。全区集体土地使用权变更登记发证278 400本,其中集体建设土地使用权变更登记发证59 031本(包括集体建设土地使用权转让登记发证9945本、集体建设土地使用权用途变更登记发证为505本),占集体土地使用权变更的21%;宅基地使用权变更登记发证为219 369本(包括宅基地使用权转让登记发证为52 896本),占集体土地使用权变更登记的79%。

2010年,按照国土资源部地籍管理司《关于请提供农村集体土地确权登记发证有关情况的函》的要求,自治区国土资源厅对全区12个盟市进行摸底工作,全区农村集体土地所有权已发证数7905本,应发证数11 496本,发证率达68.7%。争取用3年时间全区农村集体土地所有权发证率达到95%。

2011年5月,按照国土资源部办公厅《全国土地登记规范化检查和土地权属争议调处工作检查方案》的部署,自治区国土资源厅下发《关于开展土地登记规范化和土地权属调处工作检查的通知》,对开展土地登记规范化和土地权属调处工作检查做了总体部署。5月27日至7月25日,由自治区国土资源厅地籍管理处牵头,抽调盟市地籍业务工作的骨干人员组成6个检查组,对全区12个盟市66个旗、县(市、区)土地登记规范化和土地权属争议调处工作自查情况进行重点抽查,抽查比例为65.3%,并将抽查结果向国土资源部作了专题汇报。6月14日,自治区国土资源厅、财政厅、农牧业厅转发国土资源部、财政部、农业部《关于加快推进农村集体土地确权登记发证工作的通知》,部署加快推进全区农村集体土地确权登记发证工作。为加强组织领导,自治区国土资源厅会同自治区财政厅、农牧厅成立自治区农村牧区集体土地确权登记发证工作领导小组,负责自治区农村牧区集体土地确权登记发证工作的组织和领导,协调解决土地确权中的重大问题。在自治区国土资源厅设领导小组办公室,办公室主任由自治区国土资源厅副厅长王富友兼任,具体负责指导全区农村牧区集体土地确权登记发证日常工作和具体协调工作。当年,自治区国土资源厅组织应用地籍管理信息系统在试点区开展了土地使用权登记发证工作,完成全区土地确权登记发证及土地纠纷规范化检查,全面启动农村集体土地确权登记发证工作。至年底,全区国有土地使用权已发证1 637 493本,占应发证的84.97%;已完成初始登记1 385 902宗,占应完成的84.38%。全区集体土地所有权登记发证7962本,占应发证的19.06%;已完成初始登记7903宗,占应完成的19.20%。全区集体建设用地使用权已发证243 619本,占应发证的53.67%;已完成初始登记229 207宗,占应完成的62.60%。全区已发宅基地使用权证1 786 481本,占应发证的51.17%;已完成初始登记1 761 712宗,占应完成的54.04%。全区暂无土地登记代理机构,有代理人员3人。全区持有土地登记上岗证的在岗人数为541人。在年底前,全区基本完成农村牧区集体土地所有权和部分集体土地使用权登记发证工作。

2012年3月,自治区政府办公厅下发《关于做好农村牧区集体土地确权登记发证工作的通知》,要求于2012年底基本完成覆盖农村牧区集体各类土地的所有权确权登记发证工作,对不能按时完成的地区暂停农用地转用和土地征收审批,农村土地整治项目不予立项。10月22日,自治区国土资源厅转发国土资源部《关于规范土地登记的意见》,同时要求:严格划分宗地,准确界定土地登记用途,规范土地出让年限起算时点,规范储备土地登记;要规范土地抵押登记,明晰有关超面积宅基地登记政策，严格土地登记统一管理；要依法审查土地登记申请资料，建立土地登记会审制度，建立健全土地登记档案资料管理制度，推进土地登记信息化建设；要严格执行土地登记人员持证上岗制度，完善土地登记代理制度，健全土地登记资料公开查询制度。至12月30日，全区覆盖农村牧区集体各类土地的所有权确权登记发证的土地面积总计86.64万平方千米，占全区土地总面积的73.11%；除2.49万平方千米（宗地数为8831宗）存在土地争议外，已颁发集体土地所有权证书84.15万平方千米，集体土地所有权确权登记宗数为13万余宗，发证率达100%。自治区农村牧区集体土地确权登记发证工作是于2011年6月全面启动，至2012年底基本完成。此外，依据《国土资源部办公厅关于部署开展宗地统一编码试点工作的函》和《宗地统一编码试点工作方案》精神，于2012年自治区国土资源厅编制了《内蒙古宗地统一代码编制实施方案》，部署宗地统一编码试点工作。

2013年9月24日，自治区国土资源厅向全国加快推进农村集体土地确权登记发证工作领导小组致函，报告自治区农村牧区集体土地所有权确权登记发证工作情况。自治区在开展农村牧区集体土地所有权确权登记发证工作的同时，同步推进集体建设用地使用权、宅基地使用权和国有土地使用权的确权登记发证。发放宅基地使用权证280.93万宗，发放集体建设用地使用权证3.95万宗，发放国有土地使用权证176.26万宗，分别完成了56.28%、63.47%和87.93%。工作中以图解法为主、结合解析法开展地籍调查，工作底图采用土地利用现状图、遥感正射影像图，比例尺分别采用1:5000、1:1万和1:5万。11月19日，自治区国土资源厅转发国土资源部《关于进一步加强农村地籍调查推进集体土地确权登记发证工作的通知》，要求工作中要统一数学基础和数据标准，确保成果完整，满足地籍管理信息系统建设的需要。

2013年内蒙古自治区集体土地地籍调查分比例尺完成情况统计表

表3－1－2

比例尺	集体土地地籍调查宗数（个）	调查面积（万公顷）
1:5000	26 645	126.44
1:10000	111 449	4655.10
1:50000	1773	3882.17
合计	139 867	8663.71

2013年内蒙古自治区集体土地地籍调查分底图类型完成情况统计表

表3－1－3

底图类型	集体土地地籍调查宗数（个）	调查面积（万公顷）
土地利用现状图	30 243	816.81
地籍图	12 498	426.50
遥感正射影像图	97 126	7420.40
合计	139 867	8663.71

2013 年内蒙古自治区集体土地地籍调查分调查方法完成情况统计表

表 3-1-4

调查方法	集体土地地籍调查宗数(个)	调查面积(万公顷)
解析法	28 712	1666.04
部分解析法	41 331	1581.16
图解法	69 824	5416.51
合计	139 867	8663.71

2014 年,自治区国土资源厅在确权登记发证过程中采取了一系列工作措施,促进了工作的顺利开展。一是将任务完成情况列入年度实绩考核指标;二是签订责任状,将责任明确到人,加强领导的责任意识与紧迫感;三是明确"先完成、先获奖"的以奖代补政策;四是将农村牧区集体建设用地、宅基地确权登记发证工作与农村牧区地籍调查同步开展;五是不定期检查督导并召开全区座谈会,确保工作成果质量。截至 10 月底,全区已发放宅基地使用权证 265.6663 万宗、集体建设用地使用权证 2.2450 万宗,完成比例分别为 69.59% 和 60.30%;其中,有 7 个盟市已全面完成,4 个盟市的外业工作已完成 80% 以上,对已完成工作任务的 7 个盟市进行了奖补。到年底,基本完成地籍调查外业工作。

2015 年,自治区全面完成农村牧区集体土地确权登记发证工作,同时完成国有土地确权登记发证工作,实现城乡土地登记全覆盖。全区涉及有集体土地的有 11 个盟市,93 个旗县(市、区),各地区全部成立了相关工作领导小组及办公室,参与集体土地确权登记发证工作共有 64 个技术单位、600 多名技术人员。

二、不动产登记

2014 年 1 月 26 日,自治区党委印发《自治区党委全面深化改革领导小组关于分类有序推进改革的方案》明确,推进不动产产权登记工作由自治区国土资源厅牵头,相关部门配合落实。5 月 20 日,自治区政府批复同意建立自治区推进不动产统一登记工作厅际联席会议制度。厅际联席会议由自治区国土资源厅、自治区机构编制委员会办公室、财政厅、住房和城乡建设厅、农牧业厅、林业厅、地税局、法制委员会办公室等 8 个部门组成。自治区国土资源厅厅长为厅际联席会议召集人。6 月 5 日,自治区国土资源厅成立不动产统一登记工作领导小组。7 月 4 日,自治区国土资源厅组织召开全区不动产统一登记工作第一次厅际联席会议,研究通过了《全区不动产统一登记工作工作厅际联席会议议事规则》。9 月 18 日,自治区机构编制委员会印发《关于整合自治区不动产登记职责的通知》,明确由自治区国土资源厅负责指导监督全区土地登记、房屋登记、林地登记、草原登记等不动产登记工作,同意将自治区国土资源厅地籍管理处改为不动产登记局并挂地籍管理处牌子。要求建立协调配合机制,实现信息共享,确保证书继续有效;各有关部门要及时研究提出修订有关地方性法规、规章的建议,加快清理相关不动产登记的规范性文件;要做好对盟市、旗县(市、区)不动产登记职责整合工作的指导,为建立不动产统一登记制度创造良好条件,并做好不动产登记资料整理、移交等具体工作。至年底,全区 12 个盟市和 2 个计划单列市国土资源局针对不动产登记工作基本全部进行了会议部署和调查研究,并以不同形式向当地党委和政府进行了汇报及有关文件材料报送。乌兰察布、包头、通辽、二连浩特、呼伦贝尔、满洲里市及兴安盟等 7 个国土资源局成立了领导小组及办公室;乌兰察布、二连浩特、赤峰、呼伦贝尔、满洲里等5个市批准建立了局际沟通协调机制(联席会议);包头市、通辽市、锡林郭勒盟及兴安盟等4地国土资源局已请示当地政府建立局际沟通协调机制(联席会议),待批复;乌海、阿拉善、鄂尔多斯等3个盟市已开展调研,并向当地党委、政府汇报或报送了相关材料等。

2015年1月9日,自治区国土资源厅举办《不动产登记条例》培训班,主要就《不动产登记条例》制定的法律依据、目的,不动产登记的权利、登记的范围,登记机构、簿册的设置、登记程序、信息管理基础平台、信息查询共享及法律责任等内容进行培训。全区各盟市国土资源局分管地籍管理工作的领导、地籍管理科科长、土地登记中心主任共61人参加培训。2月3—4日,自治区政府召开全区国土资源工作会议,对全区不动产统一登记工作进行了详细部署,并明确到2015年底前完成全区各盟市和旗县(市、区)不动产登记工作职责整合和机构设立。3月20日,自治区国土资源厅不动产登记局挂牌。按照自治区党委、政府印发《内蒙古自治区人民政府职能转变和机构改革方案》和有关通知精神,并按照逐步将分散在多个部门的不动产登记职责整合由一个部门承担的要求,对不动产职责进行了整合。3月24—25日,国土资源部副部长胡存智带领调研组到自治区就农村建设用地确权登记颁证和不动产统一登记推动情况及节约用地情况进行调研,自治区副主席王波主持召开调研座谈会,呼和浩特市副市长孙建华、自治区国土资源厅主要领导就调研有关情况进行汇报,胡存智在讲话中要求自治区进一步加快推动不动产统一登记工作,参照成熟地区的模式,推进市、县不动产登记职责和机构整合、人员与工作的划转及相关流程再造,确保自治区不动产统一登记工作在国家规定的时间内完成。6月29日,自治区国土资源厅、自治区机构编制委员会办公室转发《国土资源部、中央编办关于地方不动产登记职责整合的指导意见》要求,各级政府要充分认识建立和实施不动产统一登记制度的重要性和紧迫性,认真组织实施好不动产统一登记各项工作。要按照“上下一致”原则,将有关部门分散承担的土地、房屋、林地、草原、海域等不动产登记职责整合,统一交由不动产登记主管部门承担。8月17日,全区集体土地使用确权登记与不动产登记工作座谈会在呼和浩特市召开,会议要求在2015年底前完成盟市、旗县不动产登记机构职责整合。9月18—25日,国家土地督察局北京局、自治区不动产登记局、自治区机构编制委员会办公室、自治区国土资源执法总队组成联合督导组,赴呼和浩特市、赤峰市、锡林郭勒盟、乌海市、阿拉善盟,就当地本级和所辖旗县(市、区)不动产登记职责整合、机构设立进展情况及完成计划安排,不动产登记职责机构设立过程中存在的问题、困难、经验做法等情况进行调研督导。10月28日,二连浩特市不动产登记局正式成立挂牌,同时全区第一本不动产权证书在二连浩特市行政服务大厅颁发,标志着全区不动产统一登记工作正式启动。

10月28日,自治区国土资源厅副厅长赵大勇(左)为二连浩特市不动产登记局成立揭牌。

10月28日,赵大勇(左)在二连浩特市行政服务大厅为市民颁发不动产权证书。

2015年11月10—11日,国土资源部副部长王广华带领国家土地督察办公室、国家土地督察北京局有关负责人来自治区督导不动产统一登记工作,自治区副主席王波主持召开座谈会,自治区国土资源厅主要领导代表自治区政府汇报了全区不动产登记工作进展情况。11月13日,自治区政府印发通知,部署进一步加快全区不动产统一登记工作。要求各地区结合实际,充分利用现有资源,加快不动产统一登记职责整合,将土地、房屋、林地、草原等不动产登记职责和机构统一整合到国土资源部门。2015年底前完成盟市、旗县(市、区)的不动产登记机构建设工作。强化对不动产统一登记信息平台建设,及时研究解决推进不动产统一登记工作中遇到的问题,主动作为,确保按期完成职责机构整合,资料移交、窗口设立、数据整合、信息平台建设等工作任务。12月13—14日,自治区国土资源厅在呼和浩特举办全区不动产政策技术培训班,副厅长赵大勇出席会议并讲话。全区12个盟市、2个计划单位市和100个旗县区不动产登记局负责人和工作人员共计280余人参加培训。培训班特邀请国家不动产登记管理局及国家规划院有关专家就不动产登记条例、不动产登记簿(证)填写和不动产权籍调查等内容进行授课,二连浩特市、开鲁县、凉城县3家试点单位进行了经验介绍。至2015年底,自治区国土资源厅完成自治区级不动产登记职责整合、机构组建和挂牌工作,全区所有盟市和旗县(市、区)也都完成了不动产登记整合和机构设置工作。二连浩特市、开鲁县、凉城县三个试点地区启动不动产登记权利证书发放工作,共发放不动产权证书和不动产登记证明近500本。

第五节　土地统计

一、制度建立

2000年,根据国家统计局《关于同意继续执行国土资源综合统计报表制度》和国土资源部《关于下达国土资源综合统计报表制度的通知》要求,自治区国土资源厅建立了包括国土资源概况、国土资源调查、土地资源开发利用、国土资源行政管理、国土资源科学技术研究、测绘和其他资源等内容的全区国土资源综合统计报表制度。

2004年8月29日,依据《中华人民共和国土地管理法》第二十九条规定:"国家建立土地调查统计制度,县级以上人民政府土地行政主管部门和同级统计部门共同制定统计调查方案",自治区国土资源厅建立完善了国土资源系统统计工作制度。

2006年6月,自治区国土资源厅印发《关于地籍管理基础工作若干问题的补充规定》,规定土地变更统计实行分季度、半年预报和年终汇总统计制度。即各旗、县(市、区)每季度末向盟市进行预报,各盟市半年向自治区国土资源厅进行预报,自治区国土资源厅每年的10月按照国土资源部统一要求组织全区汇总上报。各级国土资源主管部门对所上报的有关资料,不得虚报、瞒报、迟报、拒报。统计预报内容包括:土地变更调查数据、土地登记发证数量、土地统计分析(土地数量结构、利用状况、权属状况的区域分布特征、动态变化规律及其内在联系与发展趋势)报告等。全区101个旗县(市、区)中有98个旗县(市、区)建立土地统计簿册和地籍档案室,覆盖率为97%,并有97%的苏木(乡、镇)建立了较规范的土地统计台账。

二、变更调查统计

2001—2015年,按照国土资源部的统一工作部署,自治区国土资源厅组织各盟市、旗县开展了全区各年度的土地变更调查统计工作(其中2008年开展了3个时段土地变更调查工作),并举办了土地变更调查培训班,组织人员赴盟市、旗县进行检查、督促和指导,及时向自治区政府和国土资源部上报土地变更调查统计分析报告。

2001年内蒙古自治区各类土地规模及变化情况统计表

表3-1-5

地类名称	年初面积(亩)	年内增加面积(亩)	年内减少面积(亩)	年内净增减面积(亩)	年末面积(亩)	增减比例(%)
耕地	113 854 733.8	290 259.0	2 467 719.3	-2 177 460.3	111 677 273.5	-1.91%
园地	1 079 333.2	12 922.2	3767.6	9154.6	1 088 487.8	0.09%
林地	306 886 881.7	1 683 559.2	10 543.0	1 673 016.2	308 559 897.9	0.05%
牧草地	996 781 757.0	1 717 886.0	1 743 899.6	-26 013.6	996 755 743.4	0
居民点及工矿	17 196 440.6	53 695.8	25 202.2	28 493.6	17 224 934.2	0.17%
交通用地	5 025 230.3	47 036.9	81.8	46 955.1	5 072 185.4	0.93%
水域	27 186 327.7	30 402.6	167 180.1	-136 777.5	27 049 550.2	0.01%
未利用地	249 671 140.1	958 378.3	375 746.4	582 631.9	250 253 772.0	0

2002年内蒙古自治区各类土地规模及变化情况统计表

表3-1-6

地类名称		年初面积(亩)	年内增加面积(亩)	年内减少面积(亩)	年内净增减面积(亩)	年末面积(亩)	增减比例(%)
农用地	小计	1 426 251 445.3	981 736.9	2 233 365.0	-1 251 628.1	1 424 999 817.2	-0.09
	耕地	111 677 273.5	195 754.0	3 428 669.8	-3 232 915.8	108 444 357.7	-2.9
	园地	1 088 487.8	1198.8	2188.3	-989.5	1 087 498.3	-0.09
	林地	308 559 226.4	3 718 420.5	77 014.9	3 641 405.6	312 200 632.0	1.18
	牧草地	996 753 853.6	1 121 366.4	2 856 968.4	-1 735 602.0	995 018 251.6	-0.17
	其他农用地	8 172 604.0	90 436.1	13 962.5	76 474.0	8 249 077.6	-0.94
建设用地	小计	20 419 570.8	229 172.3	7546.4	221 625.9	20 641 496.7	1.09
	居民点及工矿	17 220 457.1	116 707.5	7795.2	108 912.3	17 329 369.4	0.63
	交通用地	1 868 141.4	108 016.8	0	108 016.8	1 976 158.2	5.78
	水利设施	1 330 972.3	5005.7	8.9	4996.8	1 335 969.1	0.38
未利用地	小计	271 010 828.3	2 030 355.9	1 000 653.7	1 029 702.2	272 040 530.5	0.38
	未利用土地	248 989 385.6	2 018 211.3	971 404.7	1 046 806.6	250 036 192.2	0.42
	其他土地	22 021 442.7	12 144.6	29 249.0	-17 104.4	22 004 338.3	-0.08

2003 年内蒙古自治区各类土地变化情况统计表

表 3－1－7

地类名称		年初面积（亩）	年内增加面积（亩）	年内减少面积（亩）	年内净增减面积（亩）	年末面积（亩）	增减比例（%）
农用地	小计	1 424 999 817.2	523 366.4	1 847 385.4	1 324 019.0	1 429 096 368.4	0.09
	耕地	108 444 357.7	3 772 856.8	391 817.5	－3 381 039.3	105 083 230.8	－3.12
	园地	1 087 498.3	1793.7	13 261.6	11 467.9	1 099 129.5	1.05
	林地	312 200 632.0	45 453.6	6 407 731.1	6 362 277.5	318 994 518.5	2.04
	牧草地	995 018 251.6	2 376 545.0	689 945.4	－1 686 599.6	995 656 440.8	－0.17
	其他农用地	8 249 077.6	1357.1	19 269.6	17 912.5	8 263 048.8	0.22
建设用地	小计	20 641 496.7	4807.6	298 974.6	294 167.0	20 935 965.9	1.43
	居民点及工矿	17 329 369.4	6060.2	211 760.6	205 700.4	17 535 502.5	1.19
	交通运输用地	1 976 158.2	0.0	79 864.3	79 864.3	2 056 231.7	4.04
	水利设施用地	1 335 969.1	845.8	9448.1	8602.3	1 344 231.7	0.64
未利用地	小计	272 040 530.5	1 864 977.6	246 791.6	－1 618 186.0	282 605 921.9	－0.57
	未利用地	250 036 192.2	1 855 362.7	241 869.5	－1 613 493.2	260 578 407.4	－0.62
	其他土地	22 004 338.3	9614.9	4922.1	－4692.8	22 027 514.5	－0.02

2004 年内蒙古自治区各类土地规模及变化情况统计表

表 3－1－8

地类名称		年初面积（亩）	年内增加面积（亩）	年内减少面积（亩）	年内净增减面积（亩）	年末面积（亩）	增减比例（%）
农用地	小计	1 429 096 368.4	1 321 086.3	405 968.0	915 118.3	1 430 011 486.7	0.06
	耕地	105 083 230.8	996 229.5	1 411 093.2	－414 863.7	104 668 367.1	－0.39
	园地	1 099 129.5	1030.8	1916.2	－885.4	1 098 244.1	－0.08
	林地	318 994 518.5	3 182 698.2	52 787.0	3 129 911.2	322 124 429.7	0.98
	牧草地	995 656 440.8	459 754.3	2 298 868.7	－1 839 114.4	993 817 326.4	－0.18
	其他农用地	8 263 048.8	46 607.1	6536.5	40 070.6	8 303 119.4	0.48
建设用地	小计	20 935 965.9	320 071.5	1369.1	318 702.4	21 254 668.3	1.52
	居民点及工矿	17 535 502.5	221 091.7	2280.4	218 811.3	17 754 313.8	1.25
	交通用地	205 6231.7	99 027.2	7.5	99 019.7	2 155 251.4	4.82
	水利设施	1 344 231.7	1285.0	413.6	871.4	1 345 103.1	0.06
未利用地	小计	282 605 921.9	132 797.2	1 366 617.9	－1 233 820.7	281 372 101.2	－0.44
	未利用土地	260 578 407.4	135 466.2	1 209 274.5	－1 073 808.3	259 504 599.1	－0.41
	其他土地	22 027 514.5	700.0	160 712.4	－160 012.4	21 867 502.1	－0.73

2005年内蒙古自治区各类土地变化情况统计表(一)

表3－1－9

地类名称		年初面积（亩）	年内增加面积（亩）	年内减少面积（亩）	年内净增减面积（亩）	年末面积（亩）	增减比例（%）
农用地	合计	1 430 011 486.7	1 300 038.0	1 103 232.6	－196 805.4	1 429 814 681.3	－0.01
	耕地	104 668 367.1	1 313 790.2	3 176 641.7	1 862 851.5	106 531 218.6	1.78
	园地	1 098 244.1	6445.8	2821.2	－3624.6	1 094 619.5	－0.33
	林地	322 124 429.7	695 773.2	4 309 663.4	3 613 890.2	325 738 319.9	1.12
	牧草地	993 817 326.4	6 050 859.9	352 639.6	－5 698 220.3	988 119 106.1	－0.57
	其他农用地	8 303 119.4	5853.0	34 150.8	28 297.8	8 331 417.2	0.34
建设用地	小计	21 254 668.3	35 200.0	368 170.3	332 970.3	21 587 638.6	1.57
	居民点及工矿	17 754 313.8	38 050.3	296 357.3	258 307.0	18 012 620.8	1.45
	交通运输用地	2 155 251.4	4302.0	72 291.8	67 989.8	2 223 241.2	3.15
	水利设施用地	1 345 103.1	19 219.6	25 893.1	6673.5	1 351 776.6	0.50
未利用地	小计	281 372 101.2	1 180 053.6	1 043 888.7	－136 164.9	281 235 936.3	－0.05
	未利用地	259 504 599.1	1 180 774.8	969 860.1	－210 914.7	259 293 684.4	－0.08
	其他土地	21 867 502.1	6900.0	81 649.8	74 749.8	21 942 251.9	0.34

2005年内蒙古自治区各类土地变化情况统计表(二)

表3－1－10

地类名称		年初面积（亩）	年内增加面积（亩）	年内减少面积（亩）	年内净增减面积（亩）	年末面积（亩）	增减比例（%）
农用地	合计	1 429 814 681.3	2 073 921.6	759 570.9	1314 350.7	1 431 129 032.0	0.09
	耕地	106 531 218.6	1 861 710.5	1 392 707.1	469 003.4	107 000 222.0	0.44
	园地	1 094 619.5	859.6	2463.0	－1603.4	1 093 016.1	－0.15
	林地	325 738 319.9	1 971 322.6	81 390.6	1 889 932.0	327 628 251.9	0.58
	牧草地	988 119 106.1	1 132 722.8	2 199 289.4	－1 066 566.6	987 052 539.5	－0.11
	其他农用地	8 331 417.2	25 580.2	1994.9	23 585.3	8 355 002.5	0.28
建设用地	小计	21 587 638.6	274 067.9	19 485.6	254 582.3	21 842 220.9	1.18
	居民点及工矿用地	18 012 620.8	199 072.4	19 144.9	179 927.5	18 192 548.3	1.00
	交通运输用地	2 223 241.2	70 809.3	24.5	70 784.8	2 294 026.0	3.18
	水利设施用地	1 351 776.6	5516.1	1646.1	3870.0	1 355 646.6	0.29
未利用地	小计	281 235 936.3	551 177.0	2 120 110.0	－1 568 933.0	279 667 003.3	－0.56
	未利用地	259 293 684.4	543 794.5	2 073 339.7	－1 529 545.2	257 764 139.2	－0.59
	其他土地	21 942 251.9	7781.8	47 169.6	－39 387.8	21 902 864.1	－0.18

2006 年内蒙古自治区各类土地规模统计表

表 3－1－11

地类名称		年末面积（亩）	占全区总土地面积比例（%）
农用地	小计	1 431 129 032.0	82.60
	耕地	107 000 222.0	6.18
	园地	1 093 016.1	0.06
	林地	327 628 251.9	18.91
	牧草地	987 052 539.5	56.97
	其他农用地	8 355 002.5	0.48
建设用地	小计	21 842 220.9	1.26
	居民点及工矿用地	18 192 548.3	1.05
	交通运输用地	2 294 026.0	0.13
	水利设施用地	1 355 646.6	0.08
未利用地	小计	279 667 003.3	16.14
	未利用地	257 764 139.2	14.88
	其他土地	21 902 864.1	1.26
总土地面积		1 732 638 256.2	100

2006 年内蒙古自治区各类土地规模及变化情况统计表

表 3－1－12

地类名称		年初面积（亩）	年内增加面积（亩）	年内减少面积（亩）	年内净增减面积（亩）	年末面积（亩）	增减比例（%）
农用地	合计	1 431 129 032.0	195 757.9	191 169.9	4588.0	1 431 133 620.0	0.00
	耕地	107 000 222.0	338 850.2	124 963.5	213 886.7	107 214 108.7	0.20
	园地	1 093 016.1	—	665.4	－665.4	1 092 350.7	－0.06
	林地	327 628 251.9	171 363.3	21 721.4	149 641.9	327 777 893.8	0.05
	牧草地	987 052 539.5	36 418.8	397 374.3	－360 955.5	986 691 584.0	－0.04
	其他农用地	8 355 002.5	6480.7	3800.4	2680.3	8 357 682.8	0.03
建设用地	小计	21 842 220.9	322 560.2	207.6	322 352.6	22 164 573.5	1.48
	居民点及工矿用地	18 192 548.3	223 457.1	4063.9	219 393.2	18 411 941.5	1.21
	交通运输用地	2 294 026.0	75 448.0	97.5	75 350.5	2 369 376.5	3.28
	水利设施用地	1 355 646.6	27 609.5	0.6	27 608.9	1 383 255.5	2.04
未利用地	小计	279 667 003.3	40 892.2	367 832.8	－326 940.6	279 340 062.7	－0.12
	未利用地	257 764 139.2	53 933.5	362 465.6	－308 532.1	257 455 607.1	－0.12
	其他土地	21 902 864.1	—	18 408.5	－18 408.5	21 884 455.6	－0.08

2007 年内蒙古自治区各类土地规模统计表

表 3 - 1 - 13

地类名称		年末面积(亩)	占全区总土地面积比例(%)
农用地	小计	1 431 133 620.0	82.60
	耕地	107 214 108.7	6.19
	园地	1 092 350.7	0.06
	林地	327 777 893.8	18.92
	牧草地	986 691 584.0	56.95
	其他农用地	8 357 682.8	0.48
建设用地	小计	22 164 573.5	1.28
	居民点及工矿用地	18 411 941.5	1.06
	交通运输用地	2 369 376.5	0.14
	水利设施用地	1 383 255.5	0.08
未利用地	小计	279 340 062.7	16.12
	未利用地	257 455 607.1	14.86
	其他土地	21 884 455.6	1.26
总土地面积		1 732 638 256.2	100

2007 年内蒙古自治区各类土地规模及变化情况统计表

表 3 - 1 - 14

地类名称		年初面积（亩）	年内增加面积（亩）	年内减少面积（亩）	年内净增减面积（亩）	年末面积（亩）	增减比例（%）
农用地	合计	1 431 133 620.0	281 949.5	198 571.9	83 377.6	1 431 216 997.6	0.01
	耕地	107 214 108.7	76 694.3	62 245.0	14 449.3	107 228 558.0	0.01
	园地	1 092 350.7	130.0	970.2	-840.2	1 091 510.5	-0.08
	林地	327 777 893.8	306 992.2	13 304.3	293 687.9	328 071 581.7	0.09
	牧草地	986 691 584.0	47 756.9	280 932.0	-233175.1	986 458 408.9	-0.02
	其他农用地	8 357 682.8	16 080.7	6825.0	9255.7	8 366 938.5	0.11
建设用地	小计	22 164 573.5	240 269.9	17 882.2	222 387.7	22 386 961.2	1.00
	居民点及工矿	18 411 941.5	192 627.8	18 847.6	173 780.2	1 858 5721.7	0.94
	交通运输用地	2 369 376.5	32 632.4	0.0	32 632.4	2 402 008.9	1.38
	水利设施用地	1 383 255.5	15 982.9	7.8	15 975.1	1 399 230.6	1.15
未利用地	小计	279 340 062.7	42 804.6	348 569.9	-305 765.3	279 034 297.4	-0.11
	未利用地	257 455 607.1	33 244.2	301 976.7	-268 732.5	257 186 874.6	-0.10
	其他土地	21 884 455.6	16 469.1	53 501.9	-37 032.8	21 847 422.8	-0.17

2008 年内蒙古自治区各类土地规模统计表

表 3 - 1 - 15

地类名称		年末面积(亩)	占全区总土地面积比例(%)
农用地	小计	1 431 216 997.6	82.60
	耕地	107 228 558.0	6.19
	园地	1 091 510.5	0.06
	林地	328 071 581.7	18.94
	牧草地	986 458 408.9	56.93
	其他农用地	8 366 938.5	0.48
建设用地	小计	22 386 961.2	1.29
	居民点及工矿用地	18 585 721.7	1.07
	交通运输用地	2 402 008.9	0.14
	水利设施用地	1 399 230.6	0.08
未利用地	小计	279 034 297.4	16.11
	未利用地	257 186 874.6	14.85
	其他土地	21 847 422.8	1.26
总土地面积		1 732 638 256.2	100.00

2008 年内蒙古自治区三个时段各类土地变化情况统计表

表 3 - 1 - 16

地类名称		各时段各类土地面积变化					
		2007 年 11 月 1 日至 12 月 31 日		2008 年 1 月 1 日至 10 月 31 日		2008 年 11 月 1 日至 12 月 31 日	
		年初面积(亩)	年内减少(亩)	年内增加(亩)	年内净增减(亩)	年末面积(亩)	增减比例(%)
农用地	合计	26 190.0	5909.1	188 847.1	245 732.1	8525.8	30 308.3
	耕地	8540.2	4951.9	50 723.6	71 442.4	2981.2	300.0
	园地	152.6	0.0	817.6	130.0	0.0	0.0
	林地	1623.6	12 093.6	11 231.0	262 037.6	449.7	32 861.0
	牧草地	26 984.5	15.0	270 925.2	47 741.9	8013.3	0.0
	其他农用地	75.4	34.9	6749.6	15 980.1	0.0	65.7
建设用地	小计	3.2	31 820.8	17 879.0	188 832.8	0.0	19 616.3
	居民点及工矿	865.1	22 656.8	17 982.5	151 420.7	0.0	18 550.3
	交通运输用地	0.0	10 033.7	0.0	21 532.7	0.0	1066.0
	水利设施用地	7.8	0.0	0.0	15 982.9	0.0	0.0
未利用地	小计	17 210.8	5674.1	289 960.3	62 121.5	41 398.8	0.0
	未利用地	14 029.6	5674.1	246 568.7	52 561.1	41 378.4	0.0
	其他土地	3181.2	0.0	50 300.3	16 469.1	20.4	0.0
总变化量		156 072.6		2 495 279.1		55 006.7	

2009 年内蒙古自治区各类土地变化情况统计表

表 3 - 1 - 17

地类名称	土地年内减少面积（亩）	土地年内增加面积（亩）	年内净增减（亩）
耕地	64 294.4	437 137.3	372 842.9
园地	976.1	2033.7	1057.6
林地	49 197.7	70 386.3	21 188.6
草地	620 075.3	709.9	-619 365.4
城镇及工矿用地	2589.7	130 789.4	128 199.7
交通运输用地	715.0	114 166.7	113 451.7
水域及水利设施用地	2756.0	555.0	-2201.0
其他土地	36 197.9	21 023.8	-15 174.1

2010 年内蒙古自治区各类土地变化情况统计表

表 3 - 1 - 18

地类名称	年初面积（公顷）	年内减少（公顷）	年内增加（公顷）	年内净增减（公顷）	年末面积（公顷）	增减比例（%）
耕地	9 111 939.67	9837.54	7923.45	-2736.21	9 109 203.46	-0.02
园地	56 362.59	189.74	142.46	-47.28	56 315.31	-0.08
林地	21 877 640.09	9037.78	2844.04	-13 119.55	21 864 520.54	-0.03
草地	59 211 693.73	33 039.03	2752.12	-96 935.63	59 114 758.10	-0.05
城镇村及工矿用地	1 218 874.44	419.05	27 510.74	25 944.53	1 244 818.97	2.22
交通运输用地	528 614.44	481.96	13 910.02	13 252.51	541 867.17	2.54
水域及水利设施用地	3 921 190.51	1409.21	918.68	-5887.07	3 915 303.44	-0.01
其他土地	19 528 917.04	6546.53	4959.33	-825 757.71	18 703 159.33	-0.01

2011 年内蒙古自治区各类土地变化情况统计表

表 3 - 1 - 19

地类名称	年初面积（公顷）	年内减少（公顷）	年内增加（公顷）	年内净增减（公顷）	年末面积（公顷）	增减比例（%）
耕地	9 109 203.46	16 119.19	17 808.62	1838.58	9 111 042.04	0.02
园地	56 315.31	202.49	16.94	-185.54	56 129.77	-0.33
林地	21 864 520.54	10 812.31	814.32	-9845.43	21 854 675.11	-0.05
草地	59 114 758.10	31 129.04	8386.96	-21 614.27	59 093 143.83	-0.04
城镇村及工矿用地	1 244 818.97	5437.66	29 187.49	22 145.44	1 266 964.41	1.91
交通运输用地	541 867.17	451.63	7353.93	6915.45	548 782.62	1.27
水域及水利设施用地	3 915 303.44	2547.72	4358.91	-1 814 173.53	2 101 129.91	0.09
其他土地	18 703 159.33	14 496.60	13 269.47	-1115.11	18 702 044.22	-0.01

2012 年内蒙古自治区各类土地变化情况统计表

表 3－1－20

地类名称	年初面积（公顷）	年内减少（公顷）	年内增加（公顷）	年内净增减（公顷）	年末面积（公顷）	增减比例（%）
耕地	9 111 042.04	18 289.98	15 837.76	－2452.24	9 108 589.80	－0.03
园地	56 129.77	220.57	1356.77	1136.20	57 265.97	2.02
林地	21 854 675.11	8422.25	294.26	－8127.95	21 846 547.16	－0.04
草地	59 093 143.83	34 241.21	15 963.11	－18 277.97	59 074 865.86	－0.03
城镇村及工矿用地	1 266 964.41	2471.54	22 419.55	19 947.89	1 286 912.30	1.57
交通运输用地	548 782.62	541.51	9098.27	8556.77	557 339.39	1.56
水域及水利设施用地	2 101 129.91	3229.10	4169.63	940.54	2 102 070.45	0.04
其他土地	18 702 044.22	6995.16	5272.42	－1723.22	18 700 321.00	－0.01

2013 年内蒙古自治区各类土地变化情况统计表

表 3－1－21

地类名称	年初面积（公顷）	年内减少（公顷）	年内增加（公顷）	年内净增减（公顷）	年末面积（公顷）	增减比例（%）
耕地	9 108 589.80	17 517.87	29 372.11	11 854.23	9 120 444.03	0.13
园地	57 265.97	274.09	115.37	－158.72	57 107.25	－0.28
林地	21 846 547.16	12 862.25	2599.11	－10 263.15	21 836 284.01	－0.05
草地	59 074 865.86	31 553.72	8211.23	－23 342.48	59 051 523.38	－0.04
城镇村及工矿用地	1 286 912.30	5553.85	22 192.48	16 638.65	1 303 550.95	1.29
交通运输用地	557 339.39	4326.08	13 662.15	9336.05	566 675.44	1.68
水域及水利设施用地	2 102 070.45	4272.36	1424.77	－2847.59	2 099 222.86	－0.14
其他土地	18 700 321.00	7537.28	6320.28	－1216.99	18 699 104.01	－0.01

2014 年内蒙古自治区各类土地变化情况统计表

表 3－1－22

地类名称	年初面积（公顷）	年内减少（公顷）	年内增加（公顷）	年内净增减（公顷）	年末面积（公顷）	年末面积占总面积比例(%)
耕地	9 120 444.03	8192.01	41 378.6	31 892.91	91 532 336.94	7.93
园地	57 107.25	366.34	16.3	－400.86	56 706.39	0.05
林地	21 836 284.01	16 823.03	533.57	－16 656.71	21 819 627.30	18.90
草地	59 051 523.38	36 271.2	972.34	－36 390.14	59 015 133.24	51.17
城镇村及工矿用地	1 303 550.95	2090.39	16 201.01	17 239.77	1 320 790.72	1.14
交通运输用地	566 675.44	607.01	8827.81	8212.35	574 887.79	0.50
水域及水利设施用地	2 099 222.86	1860.8	1744.71	－153.17	2 099 069.69	1.82
其他用地	18 699 104.01	9299.58	5836.02	－3744.15	18 695 359.86	18.48
土地总面积	112 733 863.94	79 677.78	79 677.78	0	112 733 863.94	100.00

2015 年度内蒙古自治区各类土地变化情况统计表

表 3 - 1 - 23

地类名称	年初面积（公顷）	年内减少（公顷）	年内增加（公顷）	年内净增减（公顷）	年末面积（公顷）	年末面积占总面积比例(%)
耕地	91 532 336. 94	6232. 93	13 641. 75	7408. 83	9 159 745. 77	7. 93
园地	56 706. 39	177. 27	1. 25	- 176. 03	56 530. 36	0. 05
林地	21 819 627. 30	3474. 58	162. 64	- 3311. 95	21 816 315. 35	18. 90
草地	59 015 133. 24	24 155. 31	342. 53	- 23 814. 12	58 991 319. 12	51. 15
城镇村及工矿用地	1 320 790. 72	855. 63	14 352. 41	13 498. 30	1 334 289. 02	1. 16
交通运输用地	574 887. 79	688. 57	6647. 65	5978. 94	580 866. 73	0. 50
水域及水利设施用地	2 099 069. 69	1042. 42	3067. 49	2025. 09	2 101 094. 78	1. 82
其他土地	18 695 359. 86	5843. 5	4234. 49	- 1609. 06	18 693 750. 80	16. 91
全区土地总面积	112 733 863. 94	42 450. 21	42 450. 21	0	112 733 863. 94	100

2015 年度自治区各类土地占总面积情况统计表

表 3 - 1 - 24

地类名称		年末面积（公顷）	占全区总土地面积比例（%）
农用地	小计	81 394 085. 11	72. 20
	耕地	9 159 745. 77	8. 13
	园地	56 530. 36	0. 05
	林地	21 816 315. 35	19. 35
	牧草地	49 546 515. 10	43. 95
	其他农用地	814 978. 53	0. 72
建设用地	小计	1 613 778. 02	1. 43
	居民点及工矿用地	1 334 289. 02	1. 18
	交通运输用地	211 029. 44	0. 19
	水利设施用地	68 459. 56	0. 06
未利用地	小计	29 726 248. 80	26. 37
	水域	1 826 153. 84	1. 62
	其他土地	27 900 094. 96	24. 75

三、地籍管理统计

从2006年开始，根据国土资源部地籍管理司《关于做好2006年地籍管理进度汇总统计工作的通知》精神，自治区国土资源厅组织开展了2006年度地籍管理进度汇总统计工作。当年，全区城市市区32个，应地籍调查总面积为915.14平方千米，已调查面积733.82平方千米，年度变更面积为11.88平方千米；全区有建制镇448个，应进行建制镇地籍调查总面积1611.13平方千米，已建制镇地籍调查面积1243.14平方千米，年度建制镇变更面积26.32平方千米；农村居民点行政村11 799个，农村居民点总面积为7290.42平方千米，已调查面积1316.27平方千米，年度居民点中发生土地权属、用途等变化进行地籍变更面积为38.61平方千米；全区应发国有土地使用权证书为1 633 598本，已发国有土地使用权证书为1 300 133本；全区应发集体土地所有权证书12 588本，已发集体土地所有权证书9307本；全区应发集体土地使用权证书3 005 336本，已发集体土地使用权证书1 812 371本，其中应发宅基地证书2 733 424本，已发宅基地证书1 567 235本；全区发放国有土地使用权证数450 002本，其中以划拨性质发证书262 180本，以出让形式发证书50 483本，以租赁性质发证书6147本，以抵押性质发证书21 247本，以转让性质发住房用地证书为113 438本，以转让性质发其他类型证书为7604本。至2006年底，全区历年集体土地所有权发证书为2281本，历年集体土地使用权证发证书为193 838本，其中发宅基地证书155 353本，集体土地使用权通过流转办理了变更登记发证书203本，集体土地使用权通过抵押取得证书有86本。全区已开展土地利用动态遥感监测的旗(县、市、区)6个；已图件更新的旗(县、市、区)22个，年图件更新的旗(县、市、区)21个；已建立统计台账、统计簿的旗(县、市、区)93个，年统计台账、统计簿更新的旗(县、市、区)57个。全区开展地籍管理资料信息公开查询的单位有100个，地籍管理资料信息公开查询累计52 171次，当年查询9774次。全区地籍管理行政编制人员共有197人，事业编制的地籍工作人员共有610人，临时聘用的地籍技术人员共有40人。全区共有土地登记代理机构9个，从业人员23人。

2007年，根据国土资源部地籍管理司《关于认真做好2007年地籍管理进度汇总统计工作的通知》精神，自治区国土资源厅对全区地籍管理工作进度各项数据进行了汇总统计。全区有城市市区32个，应地籍调查总面积为954.17平方千米，已调查面积771.18平方千米，年市区地籍变更面积为26.01平方千米；全区有建制镇430个，应进行建制镇地籍调查总面积为1670.54平方千米，已调查面积1249.96平方千米，年变更面积20.91平方千米；全区农村居民点行政村总个数为11 676个，农村居民点总面积为7290.05平方千米，已调查面积为1312.31平方千米，年发生土地权属、用途等变化进行地籍变更面积40.34平方千米；全区应发国有土地使用权证书1 665 479本，已发国有土地使用权证书1 313 417本；全区应发集体土地所有权证书为12 444本，已发证书9440本；全区应发集体土地使用权证书3 025 698本，已发证书1 810 315本，其中应发宅基地证书为2 802 672本，已发宅基地证书1 644 007本；全区发放国有土地使用权证数为487 795本，其中以划拨性质发证书263 551本，以出让形式发证书57 735本，以租赁性质发证书6227本，以抵押性质发证书24 192本，以转让性质发住房用地证书120 485本，以转让性质发其他类型证书为8752本。至2007年底，全区历年集体土地所有权发证书2353本，历年集体土地使用权证发证书201 229本，其中发宅基地证书154 315本，集体土地使用权通过流转办理了变更登记发证书为301本，集体土地使用权通过抵押取得证书有85本。全区已开展土地利用动态遥感监测的旗(县、市、区)6个；已图件更新的旗(县、市、区)为25个，年图件更新的旗(县、市、区)为11个；已建立统计台账、统计簿的旗(县、市、区)为94个,年统计台账、统计簿更新的旗(县、市、区)为53个。全区开展地籍管理资料信息公开查询的单位有206个,地籍管理资料信息公开查询累计59 316次,当年查询12 200次。全区地籍管理行政编制人员共有222人,事业编制的地籍工作人员共有642人,临时聘用的地籍技术人员共有65人。全区共有土地登记代理机构3个,从业人员11人。

2008年,根据国土资源部《关于试行〈国土资源管理形势分析调查统计制度〉和〈国土资源统计季报制度〉的通知》要求,自治区国土资源厅组织对国家重点城市有关抵押登记工作进行了统计。2007年处于抵押状态的土地共407宗,抵押面积1704.20万平方米,涉及土地资产155.32亿元,土地抵押贷款余额68.34亿元;2007年一季度处于抵押状态的土地共52宗,抵押面积351.82万平方米,涉及土地资产14.75亿元,土地抵押贷款余额6.87亿元。2008年一季度办理27宗土地使用权抵押登记,抵押面积54.12万平方米,涉及土地资产7.81亿元,土地抵押贷款余额为4.94亿元;与2007年同期相比,土地抵押宗数减少46.15%,抵押面积减少84.60%,抵押贷款余额减少28%。2008年土地抵押宗数、面积、贷款,一季度各月份办理的土地使用权抵押登记宗数分别为16宗、5宗、6宗,抵押面积分别为34.56万平方米、9.27万平方米、10.28万平方米,涉及土地资产分别为5.59亿元、0.9亿元、1.33亿元,抵押金额分别为3.65亿元、0.5亿元、0.75亿元。

2009年,根据国土资源部地籍管理司《关于认真做好2008年地籍管理进度汇总统计工作的通知》精神,自治区国土资源厅组织开展了地籍管理工作进度汇总统计工作。全区有城市市区32个,应地籍调查总面积为1294.91平方千米,已地籍调查面积1190.51平方千米,占应发证的93%,年市区地籍变更面积61.71平方千米。全区建制镇452个,应进行建制镇地籍调查总面积872.71平方千米,已调查面积1998.46平方千米,占应发证的75%。年全区建制镇变更面积为76.29平方千米。全区农村居民点行政村总个数为11 157个,农村居民点总面积6755.90平方千米,已调查面积2118.71平方千米,占应发证的31%,年居民点中变更面积为287.25平方千米。全区已发国有土地使用权证书1 520 373本,占应发证的83.89%。已发集体土地所有权证书8390本,占应发证的37.31%。已发集体建设用地使用权证书631 272本,占应发证的58.10%。已发宅基地使用权证书为1 773 181本,占应发证的12.24%。初始登记国有土地使用权发证数1 168 855本,其中以划拨性质发证书928 100本,占发证的79.4%;以出让形式发证书192 152本,占发证的16.4%;国有土地以租赁性质发证书46 091本,占发证的4%;以作价出资性质发证书为329本,占发证的0.03%;以授权经营性质发证书为2183本,占发证的0.2%。初始登记集体土地所有权发证书8215本。初始登记集体建设土地使用权发证书607 570本,占集体土地使用权的27%;宅基地使用权发证书1 629 380本,占集体土地使用权的73%。初始登记土地使用权抵押共49 971本,其中国有土地使用权抵押权发证49 157本,占土地使用权抵押的98%;集体土地使用权抵押权发证814本,占土地使用权抵押的2%。全区国有土地使用权变更登记发证351 706本,其中国有土地使用权转让变更登记发证183 320本,占变更登记的52%;国有土地使用权用途变更登记发证12 707本,占变更登记的4%;国有土地使用权更名登记发证31 046本,占变更登记的9%;其他情况变更占35%。全区集体土地使用权变更登记发证为278 400本,其中集体建设土地使用权变更登记发证59 031本,占集体土地使用权变更的21%;其中集体建设土地使用权转让登记发证为9945本,集体建设土地使用权用途变更登记发证为505本,宅基地使用权变更登记发证219 369本,占集体土地使用权变更登记79%。全区年图件变更的旗(县、市、区)为27个,已图件更新的旗(县、市、区)为29个;年统计台账、统计簿更新的旗(县、市、区)为71个;已开展土地利用动态遥感监测的旗(县、市、区)为39个。全区开展地籍管理资料信息公开查询的单位有103个,地籍管理资料信息公开查询累计87 812次,当年公开查询有13 618次。全区地籍管理行政编制人员共有171人,事业编制的地籍工作人员共有578人,临时聘用的地籍技术人员共有86人,持土地登记上岗资格证人数771人,持土地登记上岗资格证在岗人数424人。全区共有土地登记代理机构4个,从业人员6人。

2010年,全区国有土地使用权已发证1 573 588本,占应发证86%;已完成初始登记1 325 327宗,占应完成初始登记86%。全区集体土地所有权登记已发证8562本,占应发证12 231本70%;已完成初始登记8242宗,占应完成初始登记11 428宗72%。全区集体建设用地使用权已发证342 273本,占应发证578 170本的59%;集体土地使用权已完成329 624宗,占应完成初始登记484 485宗的68%。宅基地已发证1 778 951本,占应发证3 210 573本的55%;宅基地使用权已完成1 665 034宗,占应完成初始登记2 851 967宗的58%。全区有城市市区32个,已完成地籍调查面积1356.02平方千米,占应完成面积的89%,当年变更面积为61.11平方千米。全区有建制镇454个,已完成地籍调查1862.93平方千米,占应完成面积的77%,当年变更面积为990.22平方千米。全区共有行政村11 131个,已完成地籍调查面积为1873.51平方千米,占居民点总面积的25%,当年变更面积为130.71平方千米。全区开展地籍信息公开查询的单位有95个,累计查询共97 989次,当年公开查询10 993次。全区持有土地登记上岗证的在岗人数620人,有土地登记代理人员1人。

2011年,根据国土资源部地籍司《关于认真做好2011年度地籍管理进度汇总统计工作的通知》精神,自治区国土资源厅组织逐级对年度地籍管理工作进度相关数据按照要求进行了汇总统计。全区国有土地使用权已发证1 637 493本,占应发证的84.97%;已初始登记1 385 902宗,占应初始登记的84.38%。全区集体土地所有权登记已发证7962本,占应发证的19.06%;已初始登记7903宗,占应初始登记的19.20%。全区集体建设用地使用权已发证243 619本,占应发证的53.67%;已初始登记229 207宗,占应初始登记的62.60%。全区已发宅基地使用权证1 786 481本,占应发证的51.17%;已初始登记1 761 712宗,占应初始登记的54.04%。全区有城市市区32个,已地籍调查面积为1388.77平方千米,占应地籍调查总面积94%,年变更面积32.75平方千米。全区共有建制镇475个,已地籍调查面积1994.11平方千米,占应地籍调查面积的76.5%,年变更面积为131.18平方千米。全区共有行政村11 296个,已地籍调查面积为1680.16平方千米,占居民点总面积7457.38平方千米的22.5%,年变更面积为65.12平方千米。全区开展地籍信息公开查询的有95个单位,累计公开查询共有106 412次,当年查询13 548次。全区持有土地登记上岗证的在岗人数541人,有土地登记代理人员3人。

2012年,全区国有土地使用权已发证1 762 579本,占应发证的87.93%;已完成初始登记的有1 501 215宗,占应完成初始登的87.41%。全区集体土地所有权登记已发证132 754宗,除14 357宗土地权属有争议外,发证率达100%。已完成初始登记131 339宗,占应完成初始登记的90.70%。全区集体建设用地使用权已发证199 401本,占应发证的78.53%;已完成初始登记185 029宗,占应完成初始登记的79.6%。全区已发宅基地使用证2 243 720本,占应发证的61.22%;已完成初始登记2 014 944宗,占应完成初始登记的57.11%。全区城市市区32个,已完成地籍调查面积1414.48平方千米,占应完成地籍调查总面积96.46%,当年变更面积25.71平方千米。全区共有建制镇488个,已完成地籍调查面积2093.53平方千米,占应完成地籍调查面积的79.20%,当年变更面积99.42平方千米。全区共有行政村11 322个,已完成地籍调查面积为2458.34平方千米,占居民点总面积的

32.99%，当年变更面积为183.15平方千米。全区持有土地登记上岗的在岗人数为670人，有土地登记代理机构2个，有代理人员7人。

2013年，全区国有土地使用权已发证1 823 664本，占应发证的88.07%；已完成初始登记的有1 496 656宗，占应完成初始登记85.48%。全区集体土地所有权登记已发证99 968本，发证率达100%。已完成初始登记132 945宗，占应完成初始登记的91.54%。全区集体建设用地使用权已发证182 419本，占应发证的77.15%；已发证总面积211.47平方千米，占应发证总面积的46.39%；已完成初始登记171 61宗，占应完成初始登记的79.37%。全区已发宅基地使用证2 472 750本，占应发证的65.07%；已发证总面积19 904.78平方千米，占应完成总面积的68.43%；已完成初始登记2 385 706宗，占应完成初始登记的66.75%。全区有城市市区33个，已完成地籍调查面积1446.26平方千米，占应完成地籍调查总面积的97.35%，当年变更面积31.78平方千米。全区共有建制镇507个，已完成地籍调查面积2177.88平方千米，占应完成地籍调查面积的83.60%，当年变更面积84.35平方千米。全区共有行政村11 333个，已完成地籍调查面积2458.34平方千米，占居民点总面积的32.99%，当年变更面积为183.15平方千米。全区持有土地登记上岗的在岗人数为729人，有土地登记代理机构3个，有代理人员10人。

2014年，全区已发放国有土地使用权证1 858 194本，占应发证的89.25%；已完成初始登记1 531 241宗，占应完成初始登记的81.78%。全区已发放集体土地所有权登记证88 292本，发证率达100%。已完成初始登记132 128宗，占应完成初始登记的91.76%。全区已发放集体建设用地使用权证181 887本，占应发证的88.06%；已发证总面积385.21平方千米，占应发证总面积的73.1%；已完成初始登记165 120宗，占应完成初始登记的87.22%。全区已发放宅基地使用证3 102 938本，占应发证的84.65%；已发证总面积3793.24平方千米，占应完成总面积的74.56%；已完成初始登记3 120 945宗，占应完成初始登记的86.92%。全区有城市市区34个，已完成地籍调查面积为1480.55平方千米，占应完成地籍调查总面积的98.08%，年变更面积为34.29平方千米。全区共有建制镇520个，已完成地籍调查面积2289.79平方千米，占应完成地籍调查面积的86.37%，当年变更面积为111.91平方千米。全区共有行政村11 366个，居民点总面积7520.09平方千米，已完成地籍调查面积为5573.81平方千米，占居民点总面积74%，当年变更面积为82.50平方千米。全区持有土地登记上岗证的在岗人数为907人，有土地登记代理机构3个，代理人员9人。

2015年，全区已发放国有土地使用权证1 858 194本，占应发证的89.25%；已发放集体土地所有权登记证130 514本，占应发证的93.84%；已发放集体建设用地使用权证38 927本，占应发证的77.43%；已发放宅基地使用证3 189 805本，占应发证的85.32%。全区城市市区34个（包括鄂尔多斯市康巴什新区），应地籍调查总面积为1498.47平方千米，年度地籍变更调查面积17.92平方千米；建制镇应地籍调查总面积2348.88平方千米，年度变更面积59.09平方千米。

第六节　土地权属争议调处

1995年，国务院发布《关于开展勘定省、县两级行政区域界线工作有关问题的通知》，部署开展省、县两级陆地行政区域界线勘定工作。此次勘界工作由民政部门组织实施，从1995年11月至2002年底，历时5年，完成全国省、县两级陆地行政区域界线全部勘定任务。

自治区旗县级界线以勘定的旗县级界线为土地调查范围界线。在调查中发现,行政区域界线解决了,部分土地权属纠纷依然存在。突出表现为,村与村之间、集体土地与国有土地之间、国有土地使用部门之间存在土地所有权的争议。国营农、牧、林场权属不明、界线不清,与周围集体发生国有土地所有权与集体土地所有权争议在第一次土地调查时,部分国有农、牧、林场的土地权属界线因双方争执无法确定,按未定土地权属界线处理。之后的这些年,各级政府管理部门也在不断地解决这些问题,但至第二次土地调查时类似的问题仍然存在:交通干线和水利工程占地权属争议,企业和地方政府行政界线矛盾造成的土地权属纠纷,城镇周围新扩建的建成区界线不清,权属性质不明确造成的土地纠纷。

2003 年 1 月 3 日,国土资源部以第十七号令公布《土地权属争议调查处理办法》,明确争议案件调处责任:县级以上国土资源行政主管部门负责土地权属争议案件的调查和调解工作,对需要依法做出处理决定的,拟定处理意见,报同级人民政府做出处理决定。县级以上国土资源行政主管部门指定专门机构或者人员负责办理争议案件有关事宜。个人之间、个人与单位、单位与单位之间发生的争议案件:由争议土地所在地的县级国土资源行政主管部门调查处理。个人之间、个人与单位、单位与单位之间发生的争议案件,根据当事人的申请,由乡级人民政府受理和处理。土地权属争议案件分级受理。设区的市国土资源行政主管部门调查处理下列争议案件:跨县级行政区域的,同级人民政府、上级国土资源部门交办或者其他部门转送的。自治区、直辖市国土资源行政主管部门调查处理下列争议案件:跨设区的市行政区域的、争议一方为中央国家机关或者其直属单位且涉及土地面积较大的;争议一方为军队,且涉及土地面积较大的;在本行政区域内有较大影响的;同级人民政府、国土资源部交办或者其他部门转送的。当事人发生土地权属争议,经协商不能解决的;依法向县级以上人民政府或者乡级人民政府提出处理申请。申请调查处理土地权属争议要符合下列条件:申请人与争议的土地有直接利害关系;有明确的请求处理对象、具体的处理请求和事实根据;案件审理程序和要求,申请调查处理土地权属争议的,应当提交书面申请书和有关证据材料,并按照被申请人数提交副本。为开展好土地权属争议工作,自治区国土资源厅成立自治区土地权属争议调处领导小组,下设办公室,办公室设在内蒙古自治区土地勘测规划院(由自治区土地勘测设计院更名,以下简称自治区土地勘测规划院)。依据国土资源部 2003 第十七号令,"十五"期间自治区国土资源厅共受理国有土地使用权之间土地权属争议案件 1687 件,结案处理 1661 件,结案率 98.5%;受理集体土地使用权之间权属争议案件 1515 件,结案处理 1350 件,结案率 89.11%;受理国有土地与集体土地所有权之间权属争议案 265 件,结案处理 187 件,结案率 70.6%;受理集体土地所有权之间的权属争议案件 287 件,结案处理 243 件,结案率 84.6%。参与和直接调处土地权属争议案件 63 件,结案处理 58 件,结案率 92.0%。配合厅信访办权属争议案 13 件;配合自治区人民政府关于土地行政复议案件 18 件。

2005 年 7 月 12 日,自治区国土资源厅转发国土资源部《关于印发土地权属争议案件文书格式的通知》(以下简称《通知》)。国土资源部对原国家土地管理局 1996 年统一制定的《土地权属争议案件文书格式》进行了修改和完善。《通知》明确,土地权属争议调查处理执行修订后的《土地权属争议案件文书格式》,原国家土地管理局印发的《土地权属争议案件文书格式》不再使用。自治区国土资源厅要求,各级国土资源行政主管部门要对《土地权属争议调查处理办法》的贯彻落实情况进行一次全面检查。特别是要进一步落实分级管辖的原则范围,规范受理、调查处理、结案的工作程序,要建立健全权属争议调处时限要求、调查处理意见抄报上一级国土资源行政主管部门、一事一议、单独立卷归档管理等制度。

2006 年,全区国有土地与集体土地权属争议案件受理 953 件,处理争议案件 932 件,已处理争议案件 97.8%;年受理争议案件 67 件,年处理争议案件 60 件,年已处理争议案件为 89.6%。全区集体土地所有权之间争议案件受理 444 件,处理争议案件 387 件,已处理争议案件 87.2%;年受理争议案件 59 件,年处理争议案件 40 件,年已处理争议案件为 67.8%。国有土地使用权之间争议案件受理 1546 件,处理争议案件 1476 件,已处理争议案件 95.5%;年受理争议案件 160 件,年处理争议案件 147 件,年已处理争议案件 91.9%。集体土地使用权之间争议案件受理 909 件,处理争议事件 896 件,年已处理争议案件 98.6%;年受理争议案件 118 件,年处理争议案件 111 件,年已处理争议案件 94.1%。

2007 年,自治区国土资源厅转发国土资源部《关于加强土地权属争议调处工作的通知》,要求做好争议调处工作。全区国有土地与集体土地权属争议案件受理 975 件,处理争议案件 955 件,已处理争议案件 97.95%;年受理争议案件 43 件,年处理争议案件 37 件,年已处理争议案件 86.05%。集体土地所有权之间争议案件受理 477 件,处理争议案件 400 件,已处理争议案件 83.86%;年受理争议案件 57 件,年处理争议案件 41 件,年已处理争议案件 71.93%。国有土地使用权之间争议案件受理 1658 件,处理争议案件 1558 件,已处理争议案件 93.97%;年受理争议案件 109 件,年处理争议案件 97 件,年已处理争议案件 88.99%。集体土地使用权之间争议案件受理 967 件,处理争议案件 912 件,已处理争议案件 94.31%;年受理争议案件 74 件,年处理争议案件 62 件,年已处理争议案件 83.78%。

2009 年,全区国有土地与集体土地权属争议案件年受理争议案件 65 件,年处理 38 件,占年受理的 59%,其中协商处理 20 件,占处理的 52%;政府处理 5 件,占处理的 13%;行政复议处理 9 件,占处理的 24%;行政诉讼处理 4 件,占处理的 11%。全区集体土地所有权之间争议案件年受理争议案件 159 件,年处理 118 件,占年受理的 74%,其中协商处理 45 件,占处理的 38%;政府处理 47 件,占处理的 40%;行政复议处理 18 件,占处理的 15%;行政诉讼处理 8 件,占处理的 7%。国有土地使用权之间争议案件年受理争议案件 125 件,年处理 100 件,其中协商处理 55 件,占处理的 55%;政府处理 18 件,占处理的 18%;行政复议处理 22 件,占处理的 22%;行政诉讼处理 5 件,占处理的 5%。集体建设用地使用权之间争议案件年受理争议案件 98 件,年处理 71 件,其中协商处理 15 件,占处理的 21%;政府处理 24 件,占处理的 33%;行政复议处理 26 件,占处理的 37%;行政诉讼处理 6 件,占处理的 9%。宅基地使用权之间争议案件年受理争议案件 132 件,年处理 120 件,其中协商处理 95 件,占处理的 79%;政府处理 16 件,占处理的 13%;行政复议处理 6 件,占处理的 5%;行政诉讼处理 3 件,占处理的 3%。

2010 年,全区土地权属争议数为 730 件,当年受理争议数 526 件,占现有争议的 72%;已处理争议数为 958 件,当年处理争议数为 525 件,当年受理当年处理数为 485 件,当年受理当年处理率为 92%。

2011 年,全区土地权属争议中的现有争议数为 554 件,年受理现有争议数为 278 件,占现有争议数的 50%;已处理争议数为 1000 件,年已处理争议数为 362 件,年受理年处理数为 240 件,年受理年处理率为 86%。

2012 年,全区土地权属争议案件 8940 件,年受理争议案件 6245 件,占争议案件数的 70%;已处理争议案件数为 8067 件,年已处理争议案件数为 7804 件,年受理年处理数为 7523 件。

2013 年,全区土地权属争议有 9455 件,年受理争议 1186 件,占现有争议案件数的 12.54%;已处理争议案件数为8527件,年已处理争议数为829件,年受理年处理数为389件。

2014年,全区有土地权属争议案件7193件,受理争议件800件,占争议案件数的11.1%;已处理争议数为1202件,当年已处理争议数为586件,当年受理当年处理数为180件。

第七节　地籍档案管理

一、档案管理

“十五”期间,自治区国土资源厅安排开展了全区各类土地管理档案的规范化整理及相关基础数据库建设工作。

2009年4月3日,自治区二次调查办印发《关于印发内蒙古自治区第二次土地调查档案管理暂行办法的通知》,对全区第二次土地调查档案管理进行了规范。其明确:土地调查档案为调查工作中形成的原始成果、中间成果、最终成果以及公文、技术服务协议、合同,检查验收意见、会议记录等行政管理和技术管理资料,包括文字、数据、图件、图像、声像等。土地调查档案由自治区土地调查办统一管理,并设专人负责日常档案管理工作。自治区土地勘测规划院和自治区国土资源信息院作为自治区级土地调查项目承担单位,应当在各自职责范围内对所涉及的档案按照档案规定使用和管理,并设专人负责管理档案。盟市、旗县市区土地调查办负责本级土地调查档案的统一管理。土地调查办工作人员配合档案管理人员做好档案资料的管理和立卷工作。土地调查结束后一并移交自治区国土资源信息院土地档案馆。土地调查办在日常工作中形成的具有保存价值的文字、数据、图件、图像、声像等资料,应当立卷归档,实行集中统一管理;文书档案,包括各种文件、统计报表、会议记录、重要电报、电话记录、协议和合同以及外出开会、学习、考察形成的资料等,立卷归档,实行统一管理;上级土地调查办提供的土地调查底图、旗县级以上调查界线数据,测绘基础资料等,包括存储资料的磁介质、纸介质,整理归档,实行统一管理。《通知》规定,土地调查工作中形成调查方案、实施方案、技术设计、控制测量资料、外业调查底图、检查验收意见等中间成果,必须严格使用和管理,作业完成后必须整理归档,实行统一管理;土地调查中形成的各种统计汇总成果,包括存储资料的磁介质。纸介质,必须立卷归档,实行统一管理;土地调查财务管理的各类报表、账簿、会计凭证等,必须立卷归档,实行统一管理。

2012年7月9日,国土资源部发布《地籍调查规程》,规定地籍调查要建立地籍调查成果档案、控制测量成果档案、界址点成果档案、地籍图成果档案、图件成果档案、数据库成果档案、文件资料成果档案、宗地档案等。

二、相关数据库及系统建设

1999年,原内蒙古自治区土地管理局(以下简称原自治区土地管理局)将包头市九原区、兴安盟乌兰浩特市、赤峰市宁城县、通辽市科尔沁区列入自治区1:1万土地利用现状数据库建设试点旗县。至2000年3月,包头市九原区、兴安盟乌兰浩特市、赤峰市宁城县基本完成数据库建设,并通过了中国土地调查规划院和自治区国土资源厅组织的预检。

2000年,国土资源部印发《关于做好全国1:1万土地利用现状建库建设工作的通知》和《1:1万土地利用现状建库管理办法》及《关于做好当前土地登记和城镇地籍调查工作的通知》。按照国土资源部有关要求，自治区有 14 个旗县列入国家 1∶1 万土地利用数据库建设试点。

2001 年 8 月 7 日，自治区国土资源厅转发国土资源部办公厅《关于下达 2000—2001 年度全国1∶1 万土地利用现状建库县名单的通知》，在 10 个旗县（市、区）开展 1∶1 万土地利用现状数据库建设工作。

2002 年，全区 21 个旗县和 6 个盟市政府所在地的市区已建或在建地籍数据库，其中有 6 个旗县（市、区）地籍数据库已投入使用。有 15 个旗县（市、区）开展 1∶1 万土地利用数据库建设，其中有 8 个旗县（市、区）成果通过自治区级预检，5 个旗县（市、区）成果通过自治区级验收。

2003 年，自治区国土资源厅转发国土资源部《地籍管理“十五”计划纲要》和《土地登记资料公开查询办法》，同时拟定了《内蒙古自治区地籍管理信息系统建设总体方案》。为落实《土地登记资料公开查询办法》，自治区国土资源厅要求，开展土地登记资料公开查询工作要与土地登记资料信息系统建设相结合，与土地登记资料档案管理信息系统相结合，与土地登记窗口办文相结合，提高查询效率。各地要加强组织领导，定人、定岗、定场所，有条件的利用微机信息系统查询，暂没有建立信息系统的可手工查询。要加强土地登记资料公开查询的制度建设，着重建立查询人员资格条件制度、查询工作的保密制度、查询人员守则制度、工作人员职责制度等。土地登记资料公开查询的程序、内容，要用图表形式明示，便于有序地开展工作。查询土地登记资料所发生的费用，在收费标准未出台之前，各地可参照档案系统查阅资料的收费标准收取。当年，全区开展土地登记资料公开查询的旗县（市、区）有 35 个；有 19 个旗县（市、区）完成城镇体系信息系统建设，有 30 个旗县（市、区）开展了土地利用现状数据库建设。

至 2006 年，全区有 20 个旗县（市、区）完成县级城镇地籍管理信息系统建设，有 17 个旗县（市、区）开展了相关系统建设。有 24 个旗县（市、区）完成旗县级土地利用数据库建设，有 29 个旗县（市、区）正在建设中。

2007 年，全区有 1 个盟市开展了盟市级城镇地籍管理信息系统建设，有 24 个旗县（市、区）建立了县级城镇地籍管理信息系统，有 15 个在建设中。有 34 个旗县（市、区）已完成县级土地利用数据库建设，有 21 个在建设中。

至 2009 年，全区有 1 个盟市建立了盟市级城镇地籍管理信息系统，有 7 个盟市建设中；有 20 个旗县（市、区）建立县级城镇地籍管理信息系统，有 81 个旗县（市、区）在建设中；有 20 个旗县（市、区）已完成县级土地利用数据库建设，有 81 个旗县（市、区）在建设中。

2010 年，自治区国土资源厅印发了城镇数据汇交办法，完成 12 盟市所在地地籍调查成果检查验收。全区旗县（市、区）所在地的城镇数据库全部建立，通过了质量监理。

2011 年，自治区国土资源厅组织应用地籍管理信息系统，在部分地区开展了土地使用权登记发证试点工作。

2012 年，国土资源部颁布《地籍调查规程》，替代了 1993 年版《城镇地籍调查规程》。全区地籍管理信息系统建设在 8 个盟市 9 个地区试点的基础上，充分利用第二次土地调查成果，全面建立健全地籍管理信息系统，制定了全区统一的地籍管理信息化建设标准，开发了全区统一的地籍管理信息系统，实现全区土地登记工作统一模式、统一标准、统一系统、统一登记。全区地籍管理信息系统建设走在全国各省前列，受到国土资源部有关方面的肯定。为能够正确的把握政策、掌握技术路线和工作方法,自治区国土资源厅专门组织了相关技术培训,先后培训人员900余人,为全区开展地籍信息化建设提供了人员和技术保障。另外,为满足日常管理和集体土地确权登记发证工作需要,自治区国土资源厅向各盟市国土资源管理部门下发了土地变更调查数据库。

2013年8月,自治区国土资源厅下发《关于开展全区地籍管理信息系统标准化建设的通知》和《关于开展地籍管理信息系统苏木(乡、镇)所延伸服务试点工作的通知》,对地籍管理信息系统标准化建设工作进行了部署,明确了任务、目标及建设要求,同时组织开展了乡镇试点。另外,自治区国土资源厅转发了国土资源部《关于加快推进全国土地登记信息动态监测查询系统建设的通知》,在开展地籍管理信息系统标准化建设的基础上,全区土地登记信息动态监管查询系统建设工作得到推进,并基本实现了国家、自治区、盟市、旗县四级土地登记信息的互联共享。

2014年,自治区建立土地登记信息动态管理机制,实现土地登记信息互联共享。7月30日,自治区国土资源厅制定了全区土地登记信息动态监管查询系统工作方案,并上报国土资源部地籍司。至年底,全区除呼和浩特市、包头市、通辽市、乌海市等4个市尚未进行地籍管理系统的基础软件部署外,其余8个盟市基础软件部署均已完成,并有4个盟市已开始全面应用,呼伦贝尔市的陈巴尔虎旗宝日希勒镇完成了乡镇地籍管理系统应用试点。

2015年,自治区国土资源厅继续推进地籍管理信息系统标准化建设,完成了呼和浩特市、乌海市、通辽市硬件环境建设以及Oracle和ArcGIS基础软件的部署,12个盟市依托金土网的盟市地籍数据中心框架基本建立;地籍索引图、集体土地所有权调查及登记数据完整整合;呼和浩特市、包头市、通辽市、鄂尔多斯市等地市区以外的二次土地调查城镇数据库数据没完成整合,其余盟市均完成,并在稳步应用;宅基地使用权、集体建设用地土地使用权等调查、确权数据正在逐步整合、应用。一些盟市的部分旗县的地籍管理信息系统,已经延伸到了乡镇国土资源所,为农牧民的宅基地使用权等登记工作开展近距离服务。

第二章 耕地保护管理

耕地保护是关系到经济和社会可持续发展的全局性战略问题,“十分珍惜、合理利用土地和切实保护耕地”是必须长期坚持的一项基本国策。根据《中华人民共和国土地管理法》和《中华人民共和国基本农田保护条例》,国家实行基本农田保护制度,通过运用法律、行政、经济、技术等手段和措施,对耕地的数量和质量进行保护,并确保实现耕地的总量动态平衡。

第一节 耕地保护制度建设

一、保护制度建立

1997 年 3 月 17 日,自治区政府第 81 号令公布实施《内蒙古自治区基本农田保护实施细则》。7 月 10 日,自治区党委和政府印发《贯彻落实中共中央、国务院关于进一步加强土地管理切实保护耕地的通知的实施意见》,就中央提出“各级人民政府要按照提高土地利用率,占用耕地与开发复垦挂钩的原则,以保护耕地为重点,严格控制占用耕地,统筹安排各业用地的要求,认真做好土地利用总体规划编制、修订和实施工作”的要求,提出了全面贯彻落实意见。

1999 年,财政部、国土资源部印发《关于印发〈新增建设用地土地有偿使用费收缴使用管理办法〉的通知》要求,各省、自治区、直辖市财政厅(局)、土地(国土)管理局(厅)加强新增建设用地土地有偿使用费的收缴使用管理,保证新增建设用地土地有偿使用费专项用于耕地开发,实现耕地总量的动态平衡。12 月 24 日,原自治区土地管理局印发《内蒙古自治区土地用途管制暂行办法》,规定:土地用途分为农用地、建设用地和未利用地。禁止占用农业地区内的基本农田进行城镇、村镇、开发区和工业小区建设;禁止在基本农田保护区内建窑、建房、建坟、挖砂、采石、取土、堆放固体废弃物或者进行其他破坏基本农田活动。禁止占用基本农田发展林果业和挖塘养鱼。特殊情况下,占用农用地区内的一般农田进行非农业建设,应当尽量利用非耕地或劣质耕地,土地用途转用必须严格审批。严禁各类建设占用名、优、新种植园用地。林业用地区内的土地主要供林业生产和生态环境保护及其服务设施使用,不得擅自改变用途。严禁各类建设占用水土保持林、水源涵养林、防风固沙林及其他各种防护林的用地。

2000 年 10 月 15 日,自治区第九届人大常委会以第 49 号公告《内蒙古自治区实施〈中华人民共和国土地管理法〉办法》规定,自治区依法实行土地用途管制制度。耕地、草原和林地保有量不得低于上一级土地利用总体规划确定的控制指标。非农业建设批准占用耕地的,按照“占多少,垦多少”的原则,由占用耕地的单位负责开垦与所占耕地的数量和质量相当的耕地。没有条件开垦或者开垦的耕地不符合要求的,按照自治区政府规定的办法和标准缴纳耕地开垦费。自治区依法实行基本农田保护制度。根据土地利用总体规划,划定基本农田保护区,严格管理。旗县级以上人民政府应当加强土地利用计划管理,编制土地利用年度计划,土地利用年度计划的内容应当包括农用地转用计划指标、耕地保有量计划指标、土地开发计划整理计划指标和其他用地计划指标。

2002 年 9 月 24 日,自治区国土资源厅就自治区农牧业厅组织实施的“菜篮子”工程建设,提出将其工程用地划入基本农田保护区,依法对菜篮子工程用地实行特殊保护。坚决制止乱占滥用菜篮子工程用地的违法行为。在土地整理复垦项目的安排上,加大对菜篮子工程建设项目的扶持的意见。12月23日,自治区国土资源厅向国土资源部上报《关于在达拉特旗王爱召镇进行异地土地开发整理的报告》,提出了尝试跨省市进行异地补充耕地的建议。

2003年10月8日,自治区国土资源厅转发《国土资源部关于严禁非农业建设违法占用基本农田的通知》明确,国家投资、自治区投资及地方投资的土地开发整理项目,开发整理的耕地要调整划定为基本农田,纳入基本农田保护区。实行基本农田的登记台账制度。要求严格执行非农业建设占用基本农田登记的审批制度。各级国土资源管理部门在土地利用总体规划修编中,严禁随意将城镇周边和交通沿线的基本农田调整到其他地区,擅自减少本地区基本农田保护任务,增加建设用地规模。12月15日,自治区国土资源厅转发《国土资源部关于进一步采取措施落实严格保护耕地制度的通知》。并于年底召开了全区耕地保护工作会议,传达了全国土地整理开发工作会议精神,就完善和落实严格保护耕地制度作出部署。

2004年3月25日,自治区政府下发《关于转发国务院坚决制止占用基本农田进行植树等行为的紧急通知》要求,坚决制止、纠正占用基本农田植树,以农业结构调整为名在基本农田上从事挖塘养鱼、建设畜禽养殖建筑物破坏耕作层,占用基本农田进行绿色通道和城市绿化隔离带建设,细化和拓展了保护基本农田的禁止性政策规定。11月16日,自治区政府印发《贯彻落实国务院关于深化改革严格土地管理的决定的通知》,重申严格执行耕地保护的各项制度措施,禁止在基本农田挖鱼塘、种树和其他破坏耕作层的活动。禁止以建现代农业园区或养牛基地等名义,占用基本农田,变相从事房地产开发。成立全区基本农田保护检查工作领导小组,制定基本农田保护检查工作方案,对全区基本农田保护工作情况进行全面检查,明确提出基本农田"五不准"作为检查重点。12月13日,自治区国土资源厅印发《关于转发土地利用计划管理办法的通知》,要求土地利用年度计划一经批准下达,必须严格执行。土地开发整理补充耕地应不低于下达的土地开发整理指标。耕地保有量计划指标用于耕地保护责任目标的检查和考核,考核的耕地保有量不得低于耕地保有量计划指标。

2005年12月9日,自治区国土资源厅、农牧业厅等七部门转发国土资源部等七部委《关于进一步做好基本农田保护有关工作的意见》提出,将耕地和基本农田保护工作纳入政府领导任期目标考核的内容,签订责任书。要层层签订保护责任书,严格执行目标考核办法和奖惩措施,牢固建立自治区、盟市、旗县、乡镇、村五级基本农田保护责任体系。要求完善耕地质量监测体系,及时掌握耕地质量变化状况,定期发布质量监测信息。自治区国土资源厅结合贯彻全国基本农田保护工作会议精神,提出进一步做好耕地保护工作思路为:在政府的统一领导下,积极协调有关部门,按照七部委《关于进一步做好基本农田保护有关工作的意见》要求,充分发挥各方面的力量,共同推进基本农田保护工作。同时,根据《中华人民共和国土地管理法》《基本农田保护条例》《国务院关于深化改革严格土地管理的决定》的有关规定要求,建立和完善耕地保护责任制度,明确盟市长为耕地保护第一责任人,确保耕地保护目标落实到位,耕地保有量为土地变更调查统计的数量,做到耕地总量不减少,质量不降低,并有提高。基本农田保护面积为全国基本农田保护检查审定的保护面积,确保保护面积不减少并全部落实到地块、图斑。保护责任书全部签到村组、农户,设定保护标志。结合年终考核,对基本农田三级备案完成情况、基本农田补划工作进行严格检查,实现动态管理;修改《内蒙古自治区基本农田保护条例实施细则》,进一步加强基本农田保护制度建设和监督管理。严格控制各类非农建设占用耕地,尽可能不占耕地或少占耕地。各类非农业建设项目经批准占用基本农田或耕地的，落实补充数量、质量相当的基本农田或耕地，实现基本农田补划和耕地占补平衡。在 2006 年 6 月份要完成补充耕地按等级折算基础工作，并严格组织实施；建立耕地保护责任的考核体系。实行自治区政府考核各盟市人民政府，国土资源厅考核盟市国土资源局的双向考核制度。每年定期向各盟市分解、下达耕地保护目标。对认真履行目标责任，成绩突出的，给予表彰，并在安排国家和自治区土地整理项目时予以倾斜；按照国土资源部《关于开展设立基本农田保护示范区工作的通知》要求，做好设立示范区的组织协调工作，在综合平衡的基础上，确定 5 个基本农田保护示范区的旗县（市、区），结合示范区规章制度建设，研究基本农田保护的长效机制。

2006 年 6 月 16 日，国土资源部令第 33 号公布《耕地占补平衡考核办法》，自 2006 年 8 月 1 日起施行，其规范了耕地占补平衡考核工作，督促非农业建设占用耕地单位履行补充耕地的法定义务。自治区国土资源厅于 10 月 18 日印发《关于印发内蒙古自治区土地利用总体规划修改报批暂行办法（修订）的通知》《进一步加强建设项目用地预审工作的通知》，并于 10 月 26 日和 30 日印发《对当前自治区道路、管线建设项目用地涉及基本农田与调整规划的意见》《关于提交建设项目用地预审材料有关事宜的通知》等文件，对耕地保护提出相关要求。

2008 年 6 月 26 日，国土资源部印发《国土资源部关于严格耕地占补平衡管理的紧急通知》明确，建设占用耕地不得跨省域异地补充。要求进一步规范本行政区域内耕地占补平衡工作，严格耕地占补平衡监督管理和考核工作。

2009 年 3 月 14 日，国土资源部印发《国土资源部关于全面实行耕地先补后占有关问题的通知》，要求完善耕地储备制度，全面实行先补后占。

2010 年 1 月 12 日，国土资源部印发《国土资源部关于切实加强耕地占补平衡监督管理的通知》，提出建立耕地占补平衡全面全程监管制度、落实补充耕地项目、核实补充耕地情况、监控耕地占补平衡、严格耕地开垦费收缴使用管理、强化耕地占补平衡考核奖惩等要求。5 月 12 日，经自治区政府同意，自治区国土资源厅印发《关于印发内蒙古自治区防范违法用地警示约谈制度的通知》，明确防范违法用地警示约谈对象为盟市、旗县（市、区）政府主要负责人及相关责任人，警示约谈的首要内容是耕地保有量和基本农田保护面积低于责任目标，包括通报违法用地占用耕地与新增建设用地中占用耕地的比例数据，包括告知责任人对辖区内违法占用耕地超过问责警戒指标所应负的责任。

2011 年 3 月 10 日，自治区政府组织召开全区城乡建设用地增减挂钩试点和农村土地整治清理检查工作暨“双保”工程视频会议，全面部署自治区深入开展城乡建设用地增减挂钩试点和农村土地整治清理检查工作暨“双保”工程 2011 年行动。强调各级政府要将“双保行动”作为首要任务，要求各地要结合实际，按照实施方案，科学实施规划、加强供需双向调整、提高服务和监督能力、严格规范建设用地增减挂钩、有序推进农村土地整治，确保经济保障性安居工程落地、清理闲置土地、打击囤地、炒地行为，进一步加大违法用地查办力度，通过落实部门联合执法、公开曝光、问责制等制度，建立预防、查处、监管和部门联动等土地执法监管长效机制，巩固和依法维护国土资源市场秩序。同时，就实施《内蒙古自治区城乡建设用地增减挂钩试点和农村土地整治清理检查工作方案》和《内蒙古自治区保发展保红线工程—2011 年行动实施方案》提出了明确要求。4 月 11 日，自治区国土资源厅、农牧业厅转发《国土资源部农业部关于完善设施农用地管理有关问题的通知》，就规范设施农业建设中占用耕地、禁止占用基本农田等内容作出明确规定。

2012 年,自治区政府办公厅印发《盟行政公署市人民政府耕地保护责任目标考核办法》,将盟市长作为耕地保护第一责任人,明确责任目标、考核内容和奖惩措施。

2013 年 5 月 10 日,自治区国土资源厅、农牧业厅、统计局印发《关于开展 2012 年度盟行政公署、市人民政府耕地保护责任目标履行情况检查工作的通知》《2012 年度盟行政公署、市人民政府耕地保护责任目标履行情况检查工作方案》,对各盟市耕地保护责任目标履行情况检查工作提出要求并进行部署。

2014 年 5 月 21 日,自治区国土资源厅转发《国土资源部关于强化管控落实最严格耕地保护制度的通知》,就强化管控落实最严格耕地保护制度提出具体要求。

二、保护责任目标落实

从 2007 年开始,作为贯彻中央提出的落实地方政府耕地保护责任、建立耕地保护责任目标考核制度的重要措施,自治区政府在全区实行上级与下级政府主要领导层层签订年度耕地保护责任状制度。

至 2015 年,在每年度的全区国土资源工作会议上,自治区政府由分管副主席代表自治区政府连续 9 年与全区 12 个盟市和 2 个计划单列市政府分别签订了年度耕地保护责任状;同时,各盟市政府也与各旗县政府全部签订年度耕地保护责任书,将耕地保护目标纳入地方党政领导年度绩效考核目标。另外,自治区、盟市两级全部开展政府领导干部耕地保护和基本农田保护目标离任审计,已进行领导干部耕地保护和基本农田保护目标离任审计的旗县共有 76 个。

2007—2015 年内蒙古自治区各级政府耕地保护责任目标落实情况统计表

表 3 - 2 - 1

行政级别	行政区数	责任书签订份数(份)			耕地保护目标考核制度建设及落实情况(个)				
		应签订	实际签订	一把手签订	纳入地方党政年度绩效考核	落实土地违法责任追究制度	开展政府领导保护责任离任审计	开展补偿或激励机制创新与试点	建立有关制度
自治区级	1	14	14	0	1	1	1	1	1
盟市级	14	101	101	47	14	14	14	14	14
旗县级	101	1446	1446	493	101	101	76	22	20

第二节　耕地保护实施

一、规划和计划管理

(一)耕地保护规划管控

1999 年 9 月 22 日,国务院批复实施《内蒙古自治区土地利用总体规划(1997—2010 年)》规定,到 2010 年,全区耕地减少量不得超过 71 万公顷,其中建设占用耕地量不得超过 4.33 万公顷;土地整理、复垦和开发补充耕地量不得少于 32 万公顷,确保全区耕地保有量不低于 781.23 万公顷,做到自治区区域内耕地总量动态平衡(按不含生态退耕面积计算);耕地保有量中基本农田保护面积达到 658.7 万公顷,占现有耕地面积的 80.3%。11 月 13 日,自治区政府印发《关于认真贯彻落实全区土地利用总体规划的通知》强调,各级土地利用总体规划中的建设用地总量和建设用地占用耕地量不得超过上一级土地利用总体规划确定的控制指标，耕地保有量和基本农田保护面积不得低于上一级土地利用总体规划确定的控制指标。

2000 年 9 月 1 日，自治区国土资源厅、农牧业厅印发《关于印发内蒙古自治区调整划定基本农田保护区工作方案的通知》，提出调整划定基本农田保护区指导思想、基本要求、保护重点、工作程序等。

2001 年 8 月 22 日，自治区国土资源厅批复呼和浩特市国土资源局，同意呼和浩特市将市辖区基本农田保护指标在其他五个旗县（区）范围内统筹调整的意见。

2002 年 4 月 16 日，自治区国土资源厅转发国土资源部《关于认真做好土地整理开发规划的通知》，对规划编制的组织领导、编制工作提出具体要求。

2003 年 10 月 8 日，自治区国土资源厅转发国土资源部《关于严禁非农业建设违法占用基本农田的通知》提出，各级国土资源管理部门在土地利用总体规划修编中，严禁随意将城镇周边和交通沿线的基本农田调整到其他地区，擅自减少本地区基本农田保护任务，增加建设用地规模。

2005 年 1 月 27 日，自治区国土资源厅就赤峰市基本农田补划方案指标问题批复：同意将赤峰市北部牧业旗县草场条件较好的草地作为可调整的牧草地补划为基本农田。以 2003 年末基本农田保有量为基础，将已退耕基本农田及实施生态治理工程退耕还林还牧的基本农田按可调整的林地、牧草地等地类仍划入基本农田保护范围，同时将近年土地开发复垦整理新增符合基本农田条件的耕地也划入基本农田保护范围，确保全市基本农田保护面积达到规划确定的指标。8 月 5 日，自治区政府办公厅转发国办发［2005］32 号文件，要求各地及相关部门就完成自治区新一轮土地利用总体规划修编工作，要做好基础数据核定及耕地和基本农田保护、土地利用现状等专题研究，保证全区土地利用总体规划前期工作在规定的时限内保质保量完成。8 月 25 日，自治区国土资源厅转发《国土资源部关于认真学习贯彻曾培炎副总理在全国土地利用总体规划修编前期工作座谈会上讲话的通知》《内蒙古自治区政府办公厅关于转发国办发［2005］32 号文件的通知》和自治区政府专题会议纪要，同时要求各地国土资源管理部门认真开展专题研究，解决好规划修编中的重大问题，要对耕地和基本农田的保护进行认真研究，对未列入国家批准的退耕还林还草规划的，不能划入退耕范围。

2005 年 8 月 17 日，国土资源部副部长鹿心社（右三）到自治区土地勘测规划院就耕地保护及规划工作进行调研，自治区国土资源厅厅长白盾（右二）、副厅长赵保胜（左一）陪同。

2006 年 4 月 13 日,自治区国土资源厅就呼和浩特市国土资源局《关于设置建筑用沙采矿权占用部分耕地的请示》批复:设置采矿权应符合土地利用总体规划,尽量使用未利用地和原有建设用地,确需占用耕地的,应按照占一补一、先补后占的原则,做好耕地占补平衡工作,并落实措施,提高补充耕地质量。10 月 26 日,自治区国土资源厅印发《对当前自治区道路、管线建设项目用地涉及基本农田与调整规划的意见》重申:国家严格控制和禁止建设占用基本农田的规划调整政策,明确、细化了符合国家政策规定的规划调整要求。

2009 年 3 月 20 日,自治区国土资源厅转发国土资源部办公厅《关于加快做好第二次全国土地调查基本农田调查上图工作的通知》。5 月 4 日,自治区国土资源厅印发《关于进一步落实全区土地调查基本农田调查上图工作有关问题的通知》,针对依据可靠性、保护任务严肃性等问题做出规定。5 月 31 日,自治区国土资源厅印发《关于在第二次土地调查中落实土地利用总体规划修编基本农田上图有关问题的通知》要求,在按照基本农田大检查划定的基本农田保护分配面积数补划和上图工作基础上,将新一轮修编土地利用总体规划中拟划定的基本农田位置、范围落实到第二次土地调查现状图上。12 月 28 日,国务院在《国务院关于内蒙古自治区土地利用总体规划的批复》中要求:自治区落实最严格的耕地保护制度和最严格的节约集约用地制度,加强对耕地特别是基本农田的保护。严格控制非农建设占用耕地,加大补充耕地力度;加强基本农田保护和建设,稳定数量,提高质量。到 2010 年,新增建设占用耕地控制在 2.27 万公顷以内。到 2020 年,全区耕地保有量不少于 697.73 万公顷,基本农田保护面积不少于 608.13 万公顷。

2010 年 11 月 11 日,自治区国土资源厅转发国土资源部《关于开展土地整治规划编制工作的通知》要求,各盟市国土资源局要充分认识做好土地整治规划编制的重要性和紧迫性,加强领导、周密组织、协调各方、加紧落实。

2011 年 1 月 5 日,自治区国土资源厅印发《内蒙古自治区土地整治规划编制实施方案》明确,各级土地整治规划编制的目标和任务、提交的主要成果。

2012 年 3 月 12 日,自治区国土资源厅转发国土资源部《关于严格土地利用总体规划实施管理的通知》要求,各地要高度重视基本农田划定工作,做到图、表(册)与实地相符,要确保基本农田划定符合要求,经依法划定的基本农田实行永久保护,未经批准不得改变或占用。4 月,国土资源部、财政部印发《国土资源部、财政部关于加快编制和实施土地整治规划大力推进高标准基本农田建设的通知》要求,自治区级土地整治规划编制工作要在 2012 年 6 月前完成,盟市、旗县级土地整治规划要在 2012 年年底前完成。7 月,自治区国土资源厅上报自治区政府批准实施《内蒙古自治区土地整治规划(2011—2015)》,制定了系列配套政策和措施,并建立土地整治项目管理制度和重点项目库,实施国家、自治区、盟市、旗县级土地整治项目,确定到 2015 年全区建设高标准基本农田 75.8 万公顷(1137 万亩),到 2020 年为 100 万公顷(1500 万亩)。9 月 20 日,自治区国土资源厅印发《关于加快推进盟市、旗县级土地整治规划编制工作的通知》,提出加快推进盟市、旗县级土地整治规划编制工作意见、措施,明确未编制土地整治规划的区域不再安排土地整治项目。

2013 年 7 月,自治区国土资源厅组织完成《内蒙古自治区土地利用总体规划》(2006—2020 年)中期评估工作。评估结论为:2006—2012 年自治区耕地保有量总体上呈现增加的趋势,由 2005 年的 710.21 万公顷(10 653.15 万亩)增加到 2012 年末的 911.01 万公顷(13 665.15 万亩),两者相比耕地净增加 200.80 万公顷(3012.03 万亩)。2012 年全区耕地多出 2020 年规划目标 213.28 万公顷

(3199.21 万亩),到规划目标年,自治区耕地保有量目标完全能够实现。2006—2012 年全区各项新增建设用地占用耕地共 3.41 万公顷(51.22 万亩),占规划新增建设用地占用耕地规模 50.7%;全区建设耕地储备库 5.30 万公顷(79.56 万亩),规划实施期间各项新增建设用地占用耕地共 3.41 万公顷(51.22 万亩),各地严格落实耕地占补平衡制度,补充耕地 3.41 万公顷(51.22 万亩),实现了占补平衡。2012 年全区现状基本农田面积为 610.11 万公顷(9151.71 万亩),从总体上看,自治区各项建设占用基本农田严格落实占补平衡制度,实现了数量不降低,质量有提高的目标。2006—2012 年全区土地整理项目总投资 120.5 亿元,其中中央投资 60.8 亿元、自治区投资 59.7 亿元,建设总规模 67.62 万公顷(1014.30 万亩),新增耕地 5.76 万公顷(86.40 万亩)。自治区从 2010 年开始,用 3 年的时间,完成国家投资 24 亿、地方配套资金 14 亿的农村土地整治重大工程,工程建设总规模为 20 万公顷(300 万亩),要建成 18.67 万公顷(280.05 万亩)高标准基本农田,同时新增耕地 2.67 万公顷(40.05 万亩)。工程建设范围涉及呼和浩特、通辽、鄂尔多斯和巴彦淖尔 4 个市的 15 个旗县区。通过土地整治工程的实施,在增加有效耕地面积,改造中低产田,提高耕地质量,实现耕地动态平衡,改善农业生产条件和生态环境,促进农业生产、农民增收、农村发展等方面发挥了积极作用。规划实施以来,自治区通过土地整治已建成高标准基本农田 14.14 万公顷(212.11 万亩),形成了一批高标准的基本农田示范项目,在建高标准基本农田共计 43.12 万公顷(646.75 万亩),将为新农村建设、农业结构调整、实现小康社会和农业现代化建设奠定良好的基础。

2014 年 12 月 29 日,自治区林业厅、农牧业厅、国土资源厅转发国家林业局、农业部、国土资源部《关于印发新一轮退耕还林还草工程严重沙化耕地界定标准和省级实施方案编制提纲的通知》,部署新一轮退耕还林还草工程严重沙化耕地界定和实施方案编制基础数据汇缴工作,并下达自治区新一轮退耕还林还草工程严重沙化耕地控制规模 411 万亩。

2015 年,国家发改委等五部委办公厅联合下发《关于下达 2015 年退耕还林还草年度任务的通知》,下达自治区 2015 年退耕还林还草年度任务为退耕还林面积 65 万亩、退耕还草面积 10 万亩。

(二)耕地保护计划管理

2001 年,国土资源部下达自治区农用地转用指标 0.65 万公顷,其中耕地转用指标 3000 公顷。下达土地整理复垦指标 10 000 公顷。年度内国家和自治区实际共批准占用农用地 1996.38 公顷,其中耕地转用 985.07 公顷,占全年计划耕地转用指标的 32.8%。计划执行结果,耕地转用比上年同期少 275.14 公顷。

2002 年 3 月 6 日,自治区国土资源厅印发《关于下达 2002 年土地利用计划的通知》要求,各盟市国土资源局切实做好土地利用计划的管理工作,杜绝超计划用地、补充耕地计划与开发整理复垦项目脱节等问题;在计划执行过程中,要坚持所有建设项目用地必须符合土地利用总体规划,贯彻农用地转用必须取得用地计划指标才能用地的原则;2001 年度计划结余指标经厅确认后,作为备用指标可在 2002 年使用,其余年度结余指标自动废止。国土资源部 2002 年度下达自治区农用地转用指标 5000 公顷,其中耕地转用指标 2500 公顷。同时下达土地整理复垦增加耕地 10 000 公顷。

2003 年 3 月 18 日,自治区国土资源厅向自治区政府办公厅报告土地利用计划管理工作。1999—2002 年,国家下达自治区农用地转用指标 37 600 公顷,实际批准农用地转用中仅使用 44.35%,其中耕地转用指标 16 250 公顷,实际在批准耕地转用使用 44.06%,4 年结余农用地转用指标 20 924 公顷,其中耕地转用指标 9090 公顷。2003 年国土资源部下达自治区农用地转用计划指标 6500 公顷,其中耕地转用计划指标 3300 公顷。据土地利用计划执行台账统计,年度内国家和自治区实际共批准农用地转用面积 2297.12 公顷,占年初下达指标的 35.34%(其中批准耕地转用面积 1109.52 公顷,占年初下达指标的 33.62%)。国家下达 10 000 公顷土地整理复垦计划指标全部完成。

2004 年 5 月 10 日,自治区国土资源厅致函国土资源部规划司,报告自治区土地利用计划有关情况:1999—2003 年自治区审批的建设用地总面积为 9385 公顷,其中耕地 3048 公顷。同期国家下达自治区耕地转用指标 11 010 公顷,5 年节余耕地转用指标 7962 公顷。7 月 20 日,自治区国土资源厅印发《关于严格控制使用土地利用年度计划指标的通知》要求,各地建设项目用地尽量使用未利用地,少占耕地。年度内国家下达自治区农用地转用指标 5000 公顷已全部安排,其中耕地转用指标控制在 1000 公顷以内,年末节余耕地转用指标 2000 公顷。

2005 年,国土资源部下达自治区农用地转用计划指标共计 4660 公顷,其中耕地 2260 公顷。针对 2005 年全区农用地转建设用地指标紧张的状况,在充分考虑全区实际的基础上,制定 3 项使用原则:一是保证自治区审批或核准建设项目用地指标,控制城镇建设用地指标(促进旧城区、城中村改造,提高土地利用效率)。二是尽量使用未利用地、存量建设用地,少占耕地,以减轻农用地指标不足的压力。三是力保不超年度耕地转用指标。全年实际批准农用地转用面积 4660 公顷,其中耕地转用面积 2260 公顷,计划指标使用率 100%。

2006 年,国土资源部下达自治区农用地转用计划指标共 5330 公顷(其中耕地 2460 公顷)。年内,按照国土资源部《关于开展土地利用计划执行情况(1—8 月)检查工作的通知》要求,自治区对农用地转用指标依然紧张的情况,提出了严格控制城镇建设用地,提高土地利用效率,尽量使用未利用地、存量建设用地,少占耕地等要求。

2007 年,自治区国土资源厅印发《关于下达 2007 土地利用计划的通知》要求,各盟市无新增建设用地指标的,不得超计划上报项目;全区下达新增建设占用农用地指标 5420 公顷,其中由各盟市国土资源局控制使用 3500 公顷,自治区本级控制使用 1920 公顷;各地原则上掌握新增建设占用耕地指标不得突破 47%。

2008 年,根据国土资源部《关于下达〈2008 年全国土地利用计划(草案)〉的通知》要求,自治区国土资源厅下达各盟市国土资源局年度土地利用计划指标。并要求各地切实发挥好土地"闸门"的调控作用,从紧控制新增建设占用耕地量。年度国家下达自治区新增建设占用农用地指标 5500 公顷,未利用地指标 4400 公顷。因新增建设用地占用农用地指标下达时,没有将新增建设占用耕地指标和建设占用农用地指标一并下达,要求各地原则上掌握新增建设占用耕地指标不得突破 47%。

2009 年,根据国土资源部《2009 年全国利用计划(草案)》要求,自治区国土资源厅下达全区 2009 年土地利用计划。2009 年国家下达自治区新增建设用地总量为 10 000 公顷,其中新增占用农用地指标 5600 公顷(新增占用耕地指标 2800 公顷),土地整理复垦开发计划 11 500 公顷。

2010 年,自治区全年可使用的用地指标达到 27 000 公顷,其中:国家下达计划指标 11 000 公顷,占用国家计划指标 7600 公顷,增减挂钩指标 500 公顷,利用土地置换政策解决用地指标 4300 公顷,临时用地 3800 公顷。

2011 年,国家下达自治区新增建设用地计划指标总量为 13633 公顷(其中农用地 8520 公顷、耕地 4363 公顷),自治区使用计划指标总量 24 807.12 公顷,占用国家计划指标 9844.51 公顷。

2012 年,国家下达自治区新增建设用地计划指标总量为 15 425 公顷(其中农用地 9653 公顷、耕地 4786 公顷），自治区使用计划指标总量 23 013.55 公顷，占用国家计划指标 7588.55 公顷，增减挂钩指标下达数 2000 公顷，增减挂钩指标使用数 1318.61 公顷。

2013 年，国家下达自治区新增建设用地计划指标总量为 12 565.5 公顷（其中农用地 9306.5 公顷、耕地 4013 公顷），自治区使用计划指标总量 13 837.02 公顷，占用国家计划指标 1282.4 公顷，增减挂钩指标下达数 8424.32 公顷，增减挂钩指标使用数 2114 公顷。

2014 年，国家下达自治区新增建设用地计划指标总量为 15 200 公顷（其中农用地 9670 公顷、耕地 5000 公顷），自治区使用计划指标总量 14 146.26 公顷，占用国家计划指标 2188.65 公顷，增减挂钩指标下达数 8424.32 公顷，增减挂钩指标使用数 2248.27 公顷。

2015 年，国家下达自治区新增建设用地计划指标总量 16 620 公顷（其中农用地 10 570 公顷、耕地 5471 公顷），自治区使用计划指标总量 18 190.91 公顷，占用国家计划指标 3441.4 公顷，增减挂钩指标下达数为 8474.7 公顷，增减挂钩指标使用数 5937.41 公顷。4 月 8 日，国土资源部、财政部下达《2015 年全国高标准基本农田建设计划》，下达自治区建设计划 600 万亩。6 月 29 日，自治区国土资源厅向国土资源部报送《关于内蒙古自治区 2015 年度城市建设用地情况的说明》，按部要求对 2015 年度城市建设用地进行核减，核减后呼和浩特市新增建设用地面积 104.7247 公顷，包头市新增建设用地面积 221.2673 公顷。10 月 8 日，自治区国土资源厅印发《关于落实自治区第二批“扩权强县”试点土地管理有关工作的通知》，要求第二批试点旗县（市、区）在农用地转用和土地征收审批、土地利用年度计划匹配、建设项目用地预审、土地利用总体规划修改和局部调整、城乡建设用地增减挂钩和工矿废弃地复垦利用试点、地质环境治理恢复项目、土地复垦设计方案及土地复垦的验收和土地开发整治项目审批等方面，参照第一批试点旗县（市、区）有关政策执行。

二、转用审批管制

2000 年，自治区国土资源厅转发了国土资源部《关于耕地工作力度确保实现耕地占补平衡的通知》。10 月 25 日，自治区国土资源厅印发《关于印发建设用地审查报批会审工作制度的通知》，主要针对在新增建设用地审批环节，严格落实耕地保护法规政策，落实耕地及基本农田保护规划、计划，落实建设占用耕地占补平衡、先补后占等要求，建立较系统的操作性制度规范。

2001 年 2 月 1 日，自治区国土资源厅转发国土资源部《关于加强耕地保护促进经济发展若干政策措施的通知》要求，各地要进一步加强和规范各级土地利用规划管理，实行建设用地指标置换政策，积极稳妥地推进农村建设用地的相对集中；积极推行农用地整理指标折抵政策，鼓励开展农用地土地整理；有条件地实行建设用地指标周转，推进国家和自治区级试点小城镇建设；进一步加大落实耕地占补平衡的力度；明确工作职责，简化程序缩短时间，提高建设用地审批工作效率；提高建设用地预审和竣工验收阶段的工作；认真规范补充耕地费用的收缴、使用和管理等各项工作。12 月 3 日，自治区国土资源厅向自治区政府报告尼尔基水利枢纽工程有关问题，提出决策建议。2001 年，自治区国土资源厅就乌兰察布盟（今乌兰察布市）土地管理局关于公路建设补充耕地的问题批复：在两条公路建设中，采取开垦草地进行补充的方式，必须符合土地利用总体规划确定的用途，否则不宜开垦。对于采取旱地水地补充耕地，因不符合《土地管理法》确定的“占多少、垦多少”的基本原则，不能作为补充耕地的措施。当地无条件开垦耕地的，可由旗县人民政府土地管理部门向盟土地管理部门提出异地开垦申请。

2002 年 1 月 25 日，自治区国土资源厅转发国土资源部《关于进一步加强和改进耕地占补平衡工作的通知》要求,耕地数量、质量、生态管护协调统一。根据《关于西部大开发若干政策措施的实施意见》自治区实际,在实现耕地占补平衡时,各盟市可以通过补充人工优质牧草地或园地折抵建设占用耕地的补充指标。选择确实具备开发、整理、复垦条件的耕地后备资源进行统一规划,统一开发,建立耕地储备库,进行耕地补充。9月9日,自治区国土资源厅印发《关于对自治区耕地占补平衡工作检查验收的通知》《内蒙古自治区耕地占补平衡检查验收实施方案》,部署对2000年以来建设占用耕地的补充情况进行检查验收。

2003年10月8日,自治区国土资源厅转发《国土资源部关于严禁非农业建设违法占用基本农田的通知》要求,各级国土资源管理部门严格执行非农业建设占用基本农田的审批制度,在申报农用地转用和征用土地时,严禁为规避报国务院批准,将上报材料中的基本农田变为一般农田。10月16日,自治区国土资源厅下发《关于认真做好2003年度耕地占补平衡考核工作的通知》,部署安排2003年度全区耕地占补平衡考核工作。

2004年5月10日,自治区国土资源厅致函国土资源部规划司,报告自治区土地利用计划有关情况。1999—2003年,自治区审批的建设用地总面积9385公顷,其中耕地3048公顷。6月9日,自治区国土资源厅向国土资源部报告尼尔基水利枢纽工程建设项目用地情况。国家批准尼尔基水利枢纽工程项目于2001—2005年建设完成,自治区境内占地23 595.75公顷,其中占用耕地11 378.94公顷,占用耕地中基本农田7568.09公顷,报告对项目耕地占补平衡等难点问题提出建议。12月22日,自治区国土资源厅转发国土资源部《关于印发完善农用地转用和土地征收审查报批工作意见的通知》,提出城市(镇)分批次建设项目占用耕地的必须实行先补后占,实行先补后占建设项目报批用地时,补充耕地方案须附已补充耕地的验收文件或合格证书。

2005年上半年,自治区国土资源厅印发《关于加强盟市、旗县建设用地报批管理工作的通知》,对规范和加强审批工作、提高审批效率提出具体要求。6月24日,自治区国土资源厅耕地保护处发文,同意包头稀土高新区管委会跨市异地补充耕地的方案。9月29日,自治区国土资源厅印发通知,决定从10月起对全区2000年以来全部建设项目占用耕地补充情况和基本农田保护资料备案工作进行检查验收。10月13日,自治区国土资源厅向国土资源部上报《关于内蒙古自治区开展补充耕地数量质量实行按等级折算基础工作技术方案的报告》。11月18日,自治区国土资源厅会同农牧业厅、统计局印发《关于印发全区制订征地统一年产值标准和征地区片综合地价工作方案及技术方案的通知》,安排全区制订征地统一年产值标准和征地区片综合地价工作。12月9日,自治区国土资源厅、农牧业厅等七部门转发国土资源部等七部委《关于进一步做好基本农田保护有关工作的意见》,明确自治区基本农田保护工作的总体思路。就基本农田数量和布局的进一步核实,保护信息系统建设,完善制度和加强监管,建立和完善保护责任体系等提出要求。2005年,自治区批准农用地转用面积4660公顷,其中占用耕地2260公顷。

2006年10月18日,自治区国土资源厅印发《关于进一步加强建设项目用地预审工作的通知》,对建设项目用地预审中涉及占用耕地和基本农田的报批材料组织、审查把关做出具体规定。全年,全区批准用地总面积9559.09公顷(自治区批准8788.18公顷、国家批准770.91公顷),其中涉及农用地为5218.10公顷(农用地中占用耕地2270.84公顷)。

2007年,全区批准用地总面积9559.09公顷,批准使用未利用地3527.62公顷、存量建设用地813.37公顷,占批准用地总数的45.4%,使用未利用土地与去年相比增加1527.62公顷。已补充耕地

1138.47 公顷,尚需补充 1132.37 公顷,以实现占补平衡。全年补充耕地 5905.47 公顷。

2008 年,自治区批准的新增建设用地占用耕地面积 2090.85 公顷,补充耕地面积 2101.62 公顷;国务院批准新增建设用地占用耕地面积 1779.27 公顷,补充耕地面积 1806.56 公顷;两级审批共计批准占用耕地 3870.12 公顷,补充耕地 3908.18 公顷,补充耕地多于占用,符合占补平衡要求。

2009 年 3 月 6 日,自治区国土资源厅、农牧业厅转发国土资源部、农业部《关于加强国有农场土地使用管理的意见》,要求加强国有农场的耕地保护。9 月 2 日,自治区国土资源厅印发《关于进一步加强盟市、旗县建设用地审查报批管理工作的通知》,对涉及耕地保护以外部分报批审核工作内容做了精简,并提出了落实耕地先补后占的新举措。2009 年,自治区共批准占用耕地 3308.92 公顷,补充耕地 3309.51 公顷,履行了耕地占补平衡义务。

2009 年 12 月 30 日,自治区政府办公厅印发《内蒙古自治区人民政府办公厅关于公布实施自治区征地统一年产值标准和区片综合地价的通知》决定,实施自治区征地统一年产值标准和区片综合地价。

2010 年 4 月 14 日,自治区国土资源厅向国土资源部耕地保护司报告自治区建设用地审批及批后实施情况清查工作情况。5 月 14—22 日,国土资源部、农业部、国家统计局检查自治区政府 2009 年度耕地保护责任目标履行情况,评价良好。8 月,自治区国土资源厅在锡林浩特市召开全区占补平衡规范化建设推进会,要求在建设用地审查报批中严格把关,凡不能落实先补后占要求的,一律不予通过建设用地审查。12 月 31 日,自治区国土资源厅印发《内蒙古自治区占补平衡土地整治项目管理办法(试行)》,对占补平衡土地整治项目申报、立项、组织实施、资金使用、竣工验收、网上报备、移交等做出全面具体规定。

2011 年 1 月 13 日,自治区国土资源厅向国家土地总督察办公室报送 2010 年“双保工程”工作总结。12 月 31 日,自治区政府办公厅公布《内蒙古自治区征地统一年产值标准和区片综合地价》,自 2012 年 1 月 1 日起施行。全年,自治区国土资源厅按照国土资源部《关于用地审查耕地占补平衡有关事项的通知》要求,对补充耕地质量等级审查工作进行了部署,落实“占优补优、占水田补水田”要求。

2012 年,自治区国土资源厅印发《关于改进和加强补充耕地项目验收管理有关问题的通知》,将项目评审和验收下放到盟市国土资源局,突出强化盟市一级的监管责任,强化细化了补充耕地项目质量控制措施。全年,全区投入耕地开垦费和自行补充耕地资金 1.8 亿元,实施耕地储备库项目 57 个,建设规模 1.11 万公顷,新增耕地面积 10 042 公顷,共储备补充耕地指标 1.004 万公顷。

2013 年 5 月 3 日,自治区国土资源厅转发国土资源部《关于做好 2012 年度耕地占补平衡考核有关核实工作的通知》,并对做好 2012 年补充耕地项目核实工作、梳理总结耕地占补平衡管理工作、抓好补充耕地项目建设管理等方面的工作做了部署、提出了要求。年内,按照国家“三部委”和自治区政府的部署要求,自治区国土资源厅、农牧业厅、自治区统计局组织开展了对 2012 年度省级政府耕地保护责任目标履行情况的检查工作,联合下发了检查方案,组织盟市进行了自查,形成了自治区 2012 年耕地保护责任目标履行情况自查报告。组织开展了耕地占补平衡考核核实和对部分耕地储备库验收复核工作,并对部复核发现的疑似项目进行了核实,对存在的问题提出整改意见,并完成整改工作。

2014 年,自治区国土资源厅转发了《国土资源部关于强化管控落实最严格的耕地保护制度的通知》,并在第三季度组织开展了 2011—2015 年各盟市政府耕地保护责任目标(规划期)期中考核,对全区耕地保护责任履行情况进行了自查。全区 12 个盟市和两个计划单列市均完成了耕地保护责任。进一步强化了对补充耕地项目的备案审查,从强化程序管理和规范内业资料入手,突出了对地类、面积、坐标、耕种情况和管护责任落实等要素的核对把关,对不符合要求的一律按要求先整改后入库。制定下发了《内蒙古自治区补充耕地指标交易管理暂行办法》,进一步规范了异地补充耕地相关工作。扎实推进永久基本农田划定工作,有88个旗、县(市、区)向自治区提交了基本农田划定数据库成果,划定基本农田586.56万公顷,完成全部划定任务的96.5%。但耕地保护存在的问题有:一是部分盟市和旗县政府履行耕地保护主体责任的意识不强;二是基本农田划定工作中还存在部分旗县和乡镇无法完成划定任务,不符合规定划出基本农田等问题;三是耕地占补平衡工作还存在补充耕地质量不高、管护责任不落实、边整治边撂荒、整治后又被非农业建设占用的问题。11月10日,自治区国土资源厅印发《关于加快年度更新及项目耕地质量等别评定的通知》,在提出加快年度耕地质量等别更新评定工作意见的同时,就"占补平衡"项目耕地质量等别评定认定、"占补平衡"项目耕地等别评定成果与年度更新的衔接、"占补平衡"项目耕地质量等别评定认定提交材料提出了具体要求,并重申未经认定耕地质量等别的项目将不能用于平衡。

2015年,按照国土资源部的统一部署,自治区国土资源厅进一步加强用地审批耕地占补平衡质量等别管控,全面落实"占优补优"要求;进一步强化对补充耕地项目的备案审查,以强化程序管理和规范内业资料入手,突出了对地类、面积、坐标、耕种情况和管护责任落实等要素的核对把关,对不符合要求的一律按要求先整改后入库;对全区2000多个土地整治项目备案信息进行复核,累计清理核减不符合要求占补平衡指标9万亩;建立了全区补充耕地指标公开挂牌交易平台,实现了跨盟市补充耕地指标公开挂牌交易,提高了占补平衡管理的精细化、科学化水平。10月8日,自治区国土资源厅印发《关于落实自治区第二批"扩权强县"试点土地管理有关工作的通知》,要求第二批试点旗县(市、区)在农用地转用和土地征收审批、土地利用年度计划匹配、建设项目用地预审、土地利用总体规划修改和局部调整、城乡建设用地增减挂钩和工矿废弃地复垦利用试点、地质环境治理恢复项目、土地复垦设计方案及土地复垦的验收和土地开发整治项目审批等方面,参照第一批试点旗县(市、区)有关政策执行。10月27日,自治区国土资源厅印发《关于农用地转用和土地征收审批相关工作的通知》,要求各盟市及相关旗县对在旧网运行的报件进行补正,自治区国土资源厅在2015年12月1日正式关闭旧网,届时尚未获批的报件需从新网重新上报审批;各盟市政府可自行制定农用地和未利用地转用审批程序,于每年6年15日前和12月15日前,将"十个全覆盖"工程以"只转不征"方式用地的项目和农村牧区宅基地审批汇总情况纸质材料上报国土资源厅。11月16日,自治区国土资源厅和农牧业厅联合印发《内蒙古自治区永久基本农田划定工作督导报告》,建议呼和浩特市、赤峰市等盟市对全域内划定比例区分实际情况,对于原控制范围内原来没有基本农田的,酌情降低比例;建议明确一些盟市在城市前期建设过程中已实现"三通一平",基础设施已经趋于完备,周边的耕地如果划入,基础设施建设就失去了作用,不划又难于举证情况举证相关要求;举证中出现大面积集中连片不稳定耕地问题,建议从下达初步任务中扣除,这样利于实现划定比例要求;建议能够结合实地情况,缩小现行规划中心城区规划控制范围。

三、专项行动

2001年7月24日,自治区国土资源厅会同农牧业厅转发国土资源部《关于表彰基本农田保护工作先进单位决定的通知》。通辽市等6个旗县(市、区)被国土资源部评为基本农田保护先进单位。2001年,自治区国土资源厅会同农业等有关部门,联合对全区5个盟市20多个旗县(市区)的基本农田保护工作、建设占用耕地补充情况、土地开发整理复垦等项目进行检查验收，确定全区基本农田保护区调整后，基本农田仍占耕地总量 80.01%，达到法定要求。

2002 年，自治区国土资源厅制定《内蒙古自治区耕地占补平衡检查验收实施方案》。并从 10 月 20 日至 12 月 5 日，对呼伦贝尔市、兴安盟、通辽市、赤峰市、乌兰察布盟（今乌兰察布市）、呼和浩特市、包头市、鄂尔多斯市、巴彦淖尔盟（今巴彦淖尔市）等 9 个盟市的 24 个旗县建设用地项目耕地占补平衡工作进行了检查考核。

2004 年 3 月 22 日，自治区国土资源厅、农牧业厅印发《关于印发内蒙古自治区基本农田保护检查工作方案的通知》，部署全区基本农田保护检查工作。3 月 25 日，自治区政府印发《内蒙古自治区人民政府关于转发国务院坚决制止占用基本农田进行植树等行为的紧急通知》。7 月 28 日，自治区国土资源厅下发《关于开展基本农田保护检查督查工作的通知》，对全区基本农田保护检查督查工作进行部署。8 月 24 日，自治区基本农田保护检查工作领导小组办公室印发通知，决定成立 4 个督察组，除国家已经督查的两个盟市外，对全区其他盟市的基本农田保护检查工作进行全面督查。11 月 19 日，自治区国土资源厅、自治区农牧业厅联合下发《关于转发基本农田保护中有关问题的整改意见的通知》，针对自治区土地市场治理整顿、基本农田保护检查中的存在问题，提出整改要求。12 月 1 日，自治区政府办公厅对自治区耕地占补平衡的自查情况做了总结，并报送国土资源部办公厅。12 月 24 日，自治区国土资源厅下发《关于印发内蒙古自治区基本农田补划方案的通知》，作为落实基本农田保护检查整改任务的主要措施，将 332 498.51 公顷基本农田补划任务分解落实到各盟市。

2005 年 8 月 23 日，自治区国土资源厅按照国土资源部《关于坚决制止“以租代征”违法违规用地行为的紧急通知》要求，组织调研检查清理工作，对通过租用农民集体土地进行非农业建设，不落实耕地占补平衡义务等问题进行督查纠正。

2005—2006 年，自治区国土资源厅按照国土资源部《关于开展设立基本农田保护示范区工作的通知》要求，结合自治区实际，确定呼伦贝尔市莫力达瓦达斡尔族自治旗、通辽市科左中旗、赤峰市敖汉旗、鄂尔多斯市达拉特旗、五原县为基本农田保护示范区，总面积为 5.14 万公顷，项目建设资金 5 年约 8.5 亿元。

2007 年 9 月 21 日，自治区政府召开全区土地执法百日行动电视电话会议，全面动员和部署全区开展土地执法百日行动。自治区副主席赵双连在会上强调，百日行动的工作成效要同明年各个地区用地指标分配挂钩，奖罚分明。

2009 年，呼和浩特市、包头市、赤峰市、乌海市、通辽市 5 个城市被列入 2008 年度卫片执法检查范围。其中，赤峰市、乌海市、通辽市是首次列入卫片执法检查。在政府直接领导下，各地卫片执法检查共发现违法用地 145 宗，面积 892.37 公顷（耕地 174.54 公顷），已经全部按规定进行了立案查处。落实复垦土地面积 1.01 公顷。

2010 年 6 月 4 日，自治区主席巴特尔对全区开展“双保工程”——2010 年行动作出重要批示，要求各级政府认真贯彻落实，国土资源管理部门要加强协调、扎实推进务求实效。6 月 9 日，自治区国土资源厅下发《关于印发内蒙古自治区保发展保红线工程——2010 年行动实施方案的通知》，对统筹自治区较快增长的发展用地需求与严格保护耕地红线的刚性要求做出全面部署，围绕坚守耕地保护红线，就土地整治和补充耕地等建设性耕地保护、挖掘存量建设用地潜力等提出了较系统的政策措施。年内，自治区国土资源厅督促和指导乌兰察布市、赤峰市政府认真落实例行督察提出的各项整改要求,及时研究解决整改工作中遇到的问题,通过整改,两市共收回国有土地建设用地使用权116.4公顷,追缴补缴土地出让金1176.22万元;恢复耕地15.05公顷。

2011年,自治区政府下发《内蒙古自治区城乡建设用地增减挂钩试点和农村牧区土地整治清理检查工作方案的通知》,自治区国土资源厅、财政厅联合下发《关于开展全区农村土地整治清理检查工作的通知》,全面部署落实城乡建设用地增减挂钩试点和农村牧区土地整治清理检查工作。按照自治区土地整治清理检查部署要求,自治区国土资源厅和财政厅组织力量集中培训后深入到12个盟市和满洲里市,利用3个月时间对全区2001—2010年特别是2006年以后的农村土地整治项目进行了认真的清理检查。5月31日,自治区国土资源厅印发《关于做好土地整治清查整改工作的通知》要求,各地认真加快对清查出问题的整改,并将整改情况及时上报。6月8日,自治区国土资源厅转发国土资源部《关于印发城乡建设用地增减挂钩试点和农村土地整治有关问题的处理意见》,要求对土地复垦不到位、复垦耕地质量不达标等问题严格清理检查、严肃处理纠正、完善规章制度、加强监督管理。

2012年6月,自治区国土资源厅印发《关于开展自治区农村土地整治专项督促检查工作的通知》,并通过近一个月的时间,对全区土地整治重大工程和重点工程等项目建设进展情况和竣工验收情况进行督促检查,发现并解决了项目实施中存在的问题。10月22日,自治区国土资源厅、农牧业厅联合发文,部署开展永久基本农田划定工作。

2013年4月,自治区国土资源厅召开全区永久基本农田划定工作技术培训会,对全区永久基本农田划定工作进行再动员再部署,并组织相关人员进行了业务培训。5月10日,自治区国土资源厅、农牧业厅印发通知,部署开展2012年度盟行政公署、市人民政府耕地保护责任目标履行情况检查工作。5月20日,自治区国土资源厅向国土资源部耕地保护司报告自治区2012年度耕地占补平衡考核有关核实工作情况,发现存在疑问项目24个,并逐一核实了存在问题的具体情况。8月,自治区国土资源厅组织召开了全区永久基本农田划定工作座谈会。

2015年8月20日,自治区国土资源厅印发《内蒙古自治区国土资源厅关于印发〈土地管理领域专项整治行动工作方案〉的通知》,要求系统梳理相关政策,提出改进工作的政策措施,建立长效机制,进一步完善各项相关的制度政策,不断健全土地管理体制机制,确保土地管理领域专项整治行动取得预期的效果。10月16日,自治区国土资源厅向国土资源部报送《内蒙古自治区关于土地管理领域专项整治行动工作的报告》,为保证土地管理领域专项整治行动顺利开展,自治区及时成立专项整治行动领导小组,统一指导全区土地管理领域专项整治行动,同时制定下发了自治区《土地管理领域专项整治行动工作方案》,明确指导思想、工作目标任务、工作要求和进度安排,各盟市国土资源局也按照要求成立了专项整治行动领导小组,研究制定了工作方案,并由当地政府协调相关部门召开工作协调推进会,共同研究解决问题,确保审计发现各类问题整改落实到位。11月16日,自治区国土资源厅、内蒙古自治区农牧业厅联合印发《内蒙古自治区永久基本农田划定工作督导报告》,建议呼和浩特市、赤峰市等盟市对全域内划定比例区分实际情况,对于原控制范围内原来没有基本农田的,酌情降低比例。建议明确一些盟市在城市前期建设过程中已实现“三通一平”,基础设施已经趋于完备,周边的耕地如果划入,基础设施建设就失去了作用,不划又难于举证情况举证相关要求。举证中出现大面积集中连片不稳定耕地问题,建议从下达初步任务中扣除,这样利于实现划定比例要求。建议能够结合实地情况,缩小现行规划中心城区规划控制范围。

第三节　耕地数量与质量保护

一、耕地保护面积

据全区土地利用现状年度变更调查统计，1999 年末全区耕地面积 7 801 151 公顷，占全区土地总面积 6. 75%；至 2015 年末全区耕地面积 9 160 782 公顷，占全区总土地面积 7. 93%；16 年间耕地面积增加 1 359 631 公顷，增长 17. 43%。其中，1999 年和 2015 年末水浇地菜地分别为 1 699 981 公顷和 2 843 754公顷，分别占耕地面积 21. 79% 和 31. 04%，16 年间水浇地菜地面积占年末耕地面积的比例增加近 10%。总体上全区耕地和水浇地面积双增长，水浇地增幅较大、增速较快，但 1999—2004 年，全区耕地面积逐年有所下降，主要是对不宜耕种土地实施了较大规模政策性生态退耕所致。1999—2004 年为落实国家实施西部大开发政策的重要任务，自治区分年度先后安排生态退耕面积为 21. 23 万公顷、25. 92 万公顷、15. 72 万公顷、21. 18 万公顷、24. 41 万公顷、9. 41 万公顷，累计 117. 87 万公顷。

全区基本农田保护面积为：2009 年末 611. 72 万公顷；2010 年末 612. 68 万公顷；2011 年末 612. 51 万公顷；2012 年末 609. 34 万公顷；2013 年末 609. 22 万公顷；2014 年末 620. 07 万公顷；2015 年末 608. 13 万公顷。其中，2015 年基本农田保护面积有较大幅度减少，其主要原因是由于永久基本农田划定和落实退耕还林和还草任务所致。

1999—2015 年内蒙古自治区耕地保护面积统计表

表 3 - 2 - 2

年份	耕地面积（公顷）	水浇地面积（公顷）	菜地面积（公顷）	水浇地菜地合计（公顷）
1999	7 801 151	1 652 803	47 178	1 699 981
2000	7 591 643	1 671 920	46 939	1 718 859
2001	7 446 479	1 678 515	47 479	1 725 994
2002	7 230 951	1 684 083	49 072	1 733 155
2003	7 005 549	1 683 998	48 757	1 732 755
2004	6 977 891	1 695 299	48 851	1 744 150
2005	7 102 081	1 714 838	47 876	1 762 714
2006	7 133 348	1 742 865	47 874	1 790 739
2007	7 147 607	1 751 077	47 562	1 798 639
2008	7 148 571	1 873 308	47 368	1 920 676
2009	9 110 904	2 789 397	—	2 789 397
2010	9 109 203	2 793 657	—	2 793 657
2011	9 111 042	2 799 652	—	2 799 652
2012	9 108 590	2 803 608	—	2 803 608
2013	9 120 444	2 815 536	—	2 815 536
2014	9 153 631	2 840 333	—	2 840 333
2015	9 160 782	2 843 754	—	2 843 754

二、耕地质量保护

(一)农用地分等及监测

2000年,自治区国土资源厅组织对原自治区土地管理局于1998年确定的兴安盟乌兰浩特市、伊克昭盟(今鄂尔多斯市)伊金霍洛旗的农用地分等定级试点工作进行了验收。8月23—25日,全区农用土地分等定级工作现场会在乌兰浩特市召开。9月,全区农用地分等定级与估价申请列入国家省级试点。

2001年3月30日,依据《新一轮国土资源大调查纲要》和《新一轮国土资源大调查实施方案》,以及国土资源部相关文件和规程,自治区国土资源厅组织编制全区农用地分等定级与估价项目申请书、技术设计书,并上报国土资源部。4月,自治区国土资源厅印发《关于认真开展全区农用地分等定级与估价工作的通知》,作为国家省级试点首次部署开展全区农用地分等工作。4月29日,经国土资源部批准,自治区农用地分等工作全面开展并启动。全区农用地分等工作任务是:按照国土资源大调查项目的工作要求和《农用地分等规程》的技术路线,对全区7 591 643.08公顷的耕地和222 726.1公顷的宜农未利用土地(以2000年10月31日土地变更调查数据为基数)进行土地评价,评定等别,同时设置若干数量的省级和县级标准样地,为农用地定级与估价奠定基础。5月23日,自治区国土资源厅发文通知,国土资源部批准自治区作为国家省级试点,全面开展2000—2001年度农用地分等定级与估价工作。6月16日,经自治区政府同意,自治区国土资源厅印发《关于抓紧开展农用地分等定级与估价工作的紧急通知》,明确农用地分等定级估价的任务是自治区境内全部现有耕地和宜农未利用地。11月5日,印发《关于下达农用地分等项目中央补助经费的通知》。

2002年6月,自治区国土资源厅印发《关于2002年继续开展全区农用地分等工作的通知》,并随文印发了《内蒙古自治区农用地分等技术修订方案》。

2003年8月,全区农用地分等工作成果完成,自治区国土资源厅申请国土资源部对项目成果进行预检。

2004年5月25—28日,由国家农用地分等定级估价办公室、中国土地勘测规划院及有关专家组成的预检组,对自治区农用地分等成果进行了预检。7月29日,自治区国土资源厅印发《关于进一步完善自治区农用地分等成果的通知》,要求各盟市、旗县国土资源局和自治区土地勘测规划院认真做好对农用地分等成果的补充完善工作。

2005年1月6日,自治区国土资源厅向国土资源部土地利用司报送自治区农用地分等工作总结。自治区从2001年开始,到2004年5月,历时3年多,基本完成自治区农用地分等工作任务。

2007年4月19日,自治区国土资源厅对乌兰察布市集宁区、四子王旗、察哈尔右翼中旗、察哈尔右翼前旗、察哈尔右翼后旗、兴和县、化德县、卓资县、商都县、凉城县、丰镇市等11个旗县市农用地分等成果进行了全面预检验收。8月13日,自治区国土资源厅印发《关于加快推进农用地分等定级估价工作尽快提交相关成果的通知》,部署自治区农用地分等成果汇总的各项工作。要求各地尽快提交原有农用地分等成果资料,并明确自治区农用地分等成果汇总工作由自治区土地勘测规划院承担。

2008年2月22日,自治区国土资源厅印发《关于抓紧做好农用地分等成果资料组织提交工作的通知》《内蒙古自治区农用地分等汇总实施方案》。3月17日,自治区国土资源厅向国土资源部土地利用司报告自治区省级农用地分等工作进展情况。4月7日—9日,国土资源部督察组来自治区进行专项工作督察,对自治区农用地分等省级汇总和定级估价试点工作的部署安排、采取的措施和阶段性评价，同时要求克服经费瓶颈，于7月10日前向国土资源部提交可以验收的成8日，国土资源部土地整理中心原则同意《内蒙古自治区农用地综合生产能力调查与评价》项目实施方案与技术方案审查意见，并提出具体指导意见。10月29日，自治区国土资源厅印发《关于开展全区农用地产能核算工作的通知》，要求以旗县级行政区域为基本单元，在农用地分等成果基础上开展全区耕地产能核算工作，并就工作组织领导、经费和业务技术支持、成果要求等各方面进行了具体部署，同时随文转发了国土资源部《关于部署开展2008年度农用地分等定级与估价工作的通知》和自治区制定的《内蒙古自治区农用地综合生产能力调查与评价项目实施方案》《内蒙古自治区农用地综合生产能力调查与评价项目技术方案》《农用地产能核算技术规范》。12月9日，国土资源部组织国土部土地整理中心、中国土地勘测规划院、中国农业大学等相关专家在呼和浩特市召开成果验收会，验收通过对自治区农用地分等项目成果。

2009年7月27日，自治区国土资源厅印发《内蒙古自治区旗县（市、区）农用地产能核算成果验收办法（试行）》，要求加强检查指导工作，确保上报成果质量达到验收的标准。7月，自治区国土资源厅组织编撰《中国耕地质量等级调查与评定（内蒙古卷）》，于2010年8月由中国大地出版社出版。

2011年3月8日，自治区国土资源厅向国土资源部利用司上报自治区农用地产能核算工作总结和调查表，报告全区各旗县、市（区）已全面完成本辖区内的产能核算工作。

2012年3月7日，自治区国土资源厅印发《关于开展2011年内蒙古自治区耕地质量等级成果补充完善工作的通知》《2011年内蒙古自治区耕地质量等级成果补充完善工作方案》。通知各盟市国土资源局、自治区土地勘测规划院耕地质量等级成果补充完善工作安排事项、工作要求。明确本次开展耕地质量等别补充完善工作，是将2009年完成提交国土资源部的原耕地质量等别评定成果时点更新至2010年12月31日。8月2日，自治区国土资源厅转发国土资源部办公厅《关于部署开展2012年全国耕地质量等级成果补充完善与年度变更试点工作的通知》要求，各盟市国土资源局继续按照《关于开展2011年内蒙古自治区耕地质量等级成果补充完善工作的通知》安排，推动工作。8月29日，自治区国土资源厅印发《内蒙古盟市、旗县级耕地质量等级补充完善成果验收办法（试行）》，规范耕地质量等级补充完善工作及成果验收工作。10月19日，自治区国土资源厅印发《关于加快推进全区耕地质量等级成果补充完善工作的通知》，按照落实国土资源部2012年10月10日长治会议要求，对按时完成全区耕地质量等级成果补充完善工作中，需要解决的自治区级耕地等指数平衡、转换国家等，数据库建设和结构事宜提出要求。

2013年7月5日，自治区国土资源厅向国土资源部土地利用司发函，申请验收自治区耕地质量等级补充完善省级汇总成果。按照《关于部署开展2011年全国耕地质量等级成果补充完善与年度变更试点工作的通知》要求，自治区已全面完成耕地质量等级补充完善省级汇总工作，并组织有关专家对成果初检，认为达到了提交验收的基本要求，申请验收。同时说明，以2010年12月31日为时点的2011年全国耕地质量等级成果补充完善与年度变更试点工作基本完成。

2014年2月13日，国土资源部印发《国土资源部关于强化管控落实最严格耕地保护制度的通知》，提出强化耕地数量和质量占补平衡。主要利用农用地分等地价、土壤地质调查测评分析、第二次全国土地调查等成果，完善现有和后备耕地资源质量等级评定，健全耕地质量地价评定制度，作为调整完善规划、划定永久基本农田、建设用地审批和补充耕地审查的依据；土地整治补充耕地要先评定等级再验收，没有达到要求的不得验收。6月11日，自治区国土资源厅印发《关于开展2014年全区耕

地质量等别调查评价与监测工作的通知》。主要按照国土资源部的工作部署，自
区以 2013 年 12 月 31 日为时点的年度全区耕地质量等别调查评价与监测工作做出安排，
土资源部办公厅《关于部署开展 2014 年全国耕地质量等别调查评价与监测工作的通知》，还印发
《内蒙古自治区 2014 年耕地质量等别调查评价与监测工作实施方案》，要求仍以县（旗、区、市）为单位，在自治区 2011 年耕地质量等级补充完善成果基础上，根据年度土地变更调查、农村土地整治监测监管系统、耕地占补平衡动态监管系统等，对耕地现状变化（建设占用、灾害损毁、农业结构调整、生态退耕、补充开发）及耕地质量建设（农村土地整治、农业综合开发、农田水利建设等）突变性因素引起的耕地质量等别变化等，完成年度更新评价工作；并以最新耕地质量等别成果为基础，为掌握耕地质量等别变化情况，探索监测评价的指标、方法、程序，确定开鲁县为开展耕地质量等别年度监测评价试点单位，开展耕地质量等别年度监测评价试点工作。11 月 10 日，自治区国土资源厅印发《关于加快年度更新及项目耕地质量等别评定的通知》，提出加快推进 2014 年全区耕地质量等别调查评价与监测工作。强调年度耕地质量等别更新、占补平衡项目耕地等别评定等工作的技术业务工作要求。据《内蒙古自治区耕地质量等别更新评价分析报告（2014 年）》，以 2013 年 12 月 31 日为时点的全区耕地质量等别调查评价汇总结果与以 2010 年 12 月 31 日为时点的 2011 年全国耕地质量等级成果补充完善汇总成果进行比较：国家自然质量等面积对比，2013 年耕地面积增加 11 267.08 公顷，总体等别有一定程度的提高；国家利用等面积对比，2013 年耕地总体等别有一定程度的提高，年耕地总体等别有一定程度的提高；国家经济等面积对比，其中 14 等地增加面积最大，增加了 224 219.96 公顷。

2015 年 1 月 19 日，自治区国土资源厅发文，通报全区农村土地整治及高标准基本农田建设情况，至 2014 年底自治区下达包头市等 9 个盟市 400 万亩新建高标准基本农田建设任务实际完成 137.05 万亩，2014 年国家下达自治区高标准基本农田建设任务 700 万亩，自治区实际完成报备任务 723.38 万亩。11 月 10 日，自治区国土资源厅印发《关于下发〈2015 年自治区耕地质量等别年度监测评价工作方案〉的通知》，要求盟市国土资源局要加强对旗县的监督检查和指导，负责辖区内各旗县的耕地质量等别年度监测评价成果核查、汇总及上报提交，积极配合省厅完成全区成果分析汇总工作。

（二）农用地定级估价

2005 年 6 月 10 日，自治区国土资源厅印发《关于部署开展农用地定级估价试点工作的通知》，确定呼和浩特市新城区作为自治区农用地定级估价试点单位。试点工作的任务是：通过对呼和浩特市新城区行政辖区内的全部耕地和宜农未利用地进行级别评定和基准地价测算，进一步总结出适合自治区实际的农用地定级估价的方法和途径，为在全区范围内开展农用地定级估价工作提供科学、合理、有效的方法和经验。

2006 年 12 月 5 日，自治区国土资源厅印发《关于确定我区 2007 年度农用地定级估价试点项目承担单位的通知》，确定自治区土地勘测规划院为全区 2007 年度农用地定级估价试点的承担单位。

2007 年 8 月 13 日，自治区国土资源厅印发《关于开展农用地定级与估价工作的通知》，并下发《内蒙古自治区农用地定级与估价工作实施方案》，部署开展农用地定级与估价工作。全区 2006 年完成自治区级农用地定级与估价试点工作，计划从 2007 年起，以旗县、市（区）为单位，分期、分批在全区开展农用地定级与估价工作。拟在 2007 年开展农用地定级与估价工作的地区包括：呼和浩特市新城区、玉泉区、回民区，包头市土默特右旗，呼伦贝尔市阿荣旗，兴安盟乌兰浩特市，通辽市科尔沁区，赤峰市红山区，锡林郭勒盟锡林浩特市，鄂尔多斯市达拉特旗，巴彦淖尔市五原县，乌海市海南区。

2008 年 3 月 10 日，自治区国土资源厅印发《关于印发农用地定级与估价技术方案的通知》，要求各地在实施农用地定级与估价工作中，要结合实际对技术环节、步骤、参数进行具体化和细化。与已经下发的工作实施方案不同的是，此次技术方案要求农用地面积统计应采用 2007 年 10 月 31 日的土地利用变更数据，农用地估价基准日确定为 2008 年 1 月 1 日，以利于今后工作成果的应用与相关业务工作的口径一致和衔接。各地在工作中应对取得的阶段性成果进行及时的分析、验证，加强工作自检，数据库成果精度要与土地利用详查精度一致。4 月 26 日，自治区国土资源厅在呼和浩特市举办"全区开发区土地集约利用评价成果更新及农用地定级估价工作部署培训会"。12 月 3 日，根据国土资源部《新一轮国土资源大调查纲要》《新一轮国土资源大调查实施方案》《农用地定级规程》《农用地估价规程》以及自治区国土资源厅《关于部署开展农用地定级估价试点工作的通知》《关于开展全区农用地定级估价工作的通知》要求，自治区国土资源厅组织有关专家组成预检组，对赤峰市红山区等 12 个纳入国家试点省区的旗县区农用地定级与估价工作项目，进行了审核并提出进一步完善成果的意见。12 月 8 日，自治区国土资源厅向国土资源部请示验收自治区农用地定级与估价试点项目成果。按照国土资源部 2007 年、2008 年农用地定级与估价试点工作的要求，自治区于 2007 年 8 月起在全区 9 个盟市的 12 个旗县（区）部署开展了农用地定级与估价的试点工作，试点旗县区的任务已经完成。

2009 年 6 月 10 日，自治区 12 个旗县（区）农用地定级与估价试点通过国土资源部组织的验收。

2010 年 4 月 22 日，自治区国土资源厅印发《关于继续开展部分旗县农用地定级与估价工作的通知》。自治区国土资源厅在完成试点工作基础上，全面推进农用地定级与估价工作，部署 33 个农区旗县区开展工作，实际开展旗县区为 35 个。

2011 年 12 月 19 日，自治区国土资源厅印发《关于继续开展部分旗县农用地定级与估价工作的通知》，部署半农半牧和牧区 48 个旗县区开展农用地定级与估价工作。至此，自治区共安排 96 个旗县区开展农用地定级估价工作，另有 5 个牧区及工矿区耕地面积少于 500 公顷，经研究暂未开展此项工作。

（三）土地调查评价

2000 年，在国家实施西部大开发战略背景下，自治区把通过生态退耕遏制生态环境恶化，优化耕地质量结构，作为落实西部大开发战略的一项重大任务。6 月 16 日，自治区国土资源厅向国土资源部上报《内蒙古自治区西部大开发土地资源调查评价实施方案》和《技术补充规定》，明确全区土地资源调查评价的任务包括坡耕地调查、生态退耕调查和耕地后备资源调查。7 月 17 日，经自治区政府同意，自治区国土资源厅组织召开全区西部大开发土地资源调查评价工作会议，自治区副主席周维德出席会议并讲话，要求防止一哄而上，一说退耕还林还草，就不管好地坏地盲目退耕，该退耕的要退耕，而基本农田则要坚决保护。

2002 年 6 月 13 日，自治区国土资源厅向自治区政府报告自治区西部大开发土地资源调查评价工作。全区大于 15°坡耕地 108 845 公顷，占 2000 年末耕地面积的 1.44%，主要分布在内蒙古黄土丘陵区，阴山北麓和南麓丘陵农牧交错区，燕山北部丘陵区及大兴安岭丘陵区。大于 15°坡耕地中，不宜耕及调查时已退耕 98 298.31 公顷，占 90.31%；调查评价结果，全区需生态退耕面积 1 997 849.1 公顷，占 2000 年末耕地面积的 26.32%，其中 1996—2000 年退耕 1 008 287.2 公顷、占需生态退耕面积的 50.47%，剩余需生态退耕面积 989 561.9 公顷。全区集中连片大于 3000 亩的耕地后备资源和大于 1000 亩的待复垦土地总面积为 253 734 公顷。

2005 年 9 月 27 日，自治区政府办公厅印发《内蒙古自治区人民政府办公厅关于进一步巩固退耕还林成果的通知》指出,退耕还林与基本农田建设相结合,作为巩固退耕还林成果的“五个结合”之一,突出耕地质量建设内容,对统筹协调耕地保护与生态退耕的关系具有重要指导意义。

2007 年 1 月 16 日,自治区国土资源厅向国土资源部地籍司报告自治区对坡耕地和已退耕地有关核实情况。1998—2005 年末土地变更调查结果,自治区生态退耕累计面积 67.18 万公顷,比自治区发改委调查表的面积 88.69 万公顷少 21.51 万公顷。

2008 年 7 月 28 日,自治区国土资源厅向国土资源部报送《内蒙古自治区重点城市(地区)未利用地资源分布情况研究报告》。全区可利用未利用地面积 235.16 万公顷,其中耕地适宜类 56.66 万公顷;自治区重点城市(地区)未利用地中耕地适宜类超过 24 万公顷,是该区域到 2020 年建设占用耕地需求预测量的 2.4 倍多。8 月 14 日,自治区国土资源厅转发《国土资源部关于发布第二次全国土地调查基本农田调查技术规程行业标准的通知》。

2009 年 3 月 20 日,自治区国土资源厅转发国土资源部办公厅《关于加快做好第二次全国土地调查基本农田调查上图工作的通知》。4 月 29 日,自治区国土资源厅召开专题会议,研究第二次全国土地调查基本农田上图及百日行动用地项目有关事宜,议定成立基本农田补划和上图工作指导验收组,主要负责依法依规做好基本农田上图成果的验收。5 月 4 日,自治区国土资源厅印发《关于进一步落实全区土地调查基本农田调查上图工作有关问题的通知》,针对基本农田调查上图依据可靠性、保护任务严肃性等问题做出明确规定。5 月 31 日,自治区国土资源厅印发《关于在第二次土地调查中落实土地利用总体规划修编基本农田上图有关问题的通知》要求,在按照基本农田大检查划定的基本农田保护分配面积数补划和上图工作基础上,将新一轮修编土地利用总体规划中拟划定的基本农田位置、范围落实到第二次土地调查现状图上。8 月 21 日,自治区国土资源厅转发国土资源部办公厅《关于完善第二次全国土地调查中耕地增加或减少有关政策的通知》,要求各地领会文件精神,把握政策原则,科学调查,如实上报耕地和建设用地面积。当年,自治区国土资源厅部署完成河套农业经济区生态地球化学调查项目 1:25 万区域土壤和水地球化学测量面积各 3.2 万平方千米,采集土壤样品 4.1 万件、水样品 2100 件,获得 60 万个高质量的基础地球化学数据和 4 万多系统的水地球化学数据,是自治区首次系统获得的土壤原始数据。

第四节 土地整治

2001 年,自治区国土资源厅成立内蒙古自治区土地整理中心(以下简称自治区土地整理中心),履行土地整理(对田、水、渠、路、林、村进行综合整治)工作相关事业性职能。1 月 10 日,自治区国土资源厅转发国土资源部《国家投资土地开发整理项目暂行办法》。12 月 24 日,自治区国土资源厅向国土资源部、国家农业综合开发办公室报告自治区 2001 年度农业综合开发土地复垦项目完成情况。当年,国家农业综合开发办公室下达自治区 2 个项目,复垦完成 487 公顷,其中复垦为耕地面积 267 公顷;国家下达自治区土地整理项目 2 个,建设规模 1208 公顷,土地整理投资 475.81 万元,新增耕地 406.74 公顷。

2002 年 2 月 1 日,国土资源部印发《关于认真做好土地整理开发规划工作的通知》,要求以 2000 年为基期,2010 年为目标年,2002 年底前完成各级规划编制。2 月 25 日,自治区国土资源厅转发国土资源部《关于印发实施报国务院批准的土地开发用地审查办法的通知》。5 月 24 日,自治区国土资源厅印发《关于下达内蒙古自治区土地整理复垦规划编制工作方案和技术方案的通知》要求，自治区土地勘测设计院、自治区土地整理中心按照两个方案和国家《土地开发整理管理若干意见》《省级土地开发整理规划编制要点》尽快开展工作。11月12日，自治区国土资源厅向国土资源部上报《内蒙古自治区2002年申报国家投资土地开发整理项目的报告》。国家2002年度下达自治区土地整理项目9个，建设规模979.12公顷，投资850.3万元，新增耕地311.52公顷。

2003年1月13日，自治区国土资源厅转发国土资源部《关于报国务院批准的土地开发用地审查报批工作有关问题的通知》，明确了耕地开发的基本原则，对报批和项目管理提出了进一步要求。4月10日，国土资源部公布《省级土地开发整理规划审批暂行办法》，规定省级土地开发整理规划审批的组织、依据、内容、程序等。5月9日，自治区国土资源厅印发《关于转发国家投资土地整理项目实施管理暂行办法的通知》。8月25日，自治区国土资源厅印发《关于印发内蒙古自治区区级土地整理复垦项目管理暂行办法的通知》，针对使用新增建设用地土地有偿使用费自治区收取部分安排的土地整理复垦项目，提出原则要求，做出从项目申报到竣工验收的规定。10月8日，自治区国土资源厅转发国土资源部《关于严禁非农业建设违法占用基本农田的通知》，指出国家投资、自治区投资及地方投资的土地开发整理项目，开发整理的耕地要调整划定为基本农田，纳入基本农田保护区。10月9日，自治区国土资源厅印发《转发国土资源部关于印发土地开发整理若干意见的通知》。10月20日，自治区国土资源厅转发国土资源部《关于做好土地开发整理权属管理工作意见的通知》，提出了贯彻落实国土资源部做好土地开发整理权属管理工作意见的要求。当年，国家和自治区投资合计安排土地整理项目达到29个，建设规模6821.38公顷，投资额6789万元，增加耕地1710.31公顷。年度安排项目数首次突破两位数，建设规模突破十万亩，标志土地整治进入较快发展阶段。

2004年4月6日，自治区国土资源厅印发《关于开展内蒙古自治区社会投资土地开发整理复垦调查工作的通知》。随文印发调查工作方案。7月7日，自治区国土资源厅转发国土资源部《关于改进国家投资土地开发整理项目入库管理的通知》，进一步规范完善了项目库管理工作。国家和自治区投资合计安排土地整理项目41个，建设规模8231.9公顷，投资7443.21万元，增加耕地1895.46公顷。建设规模较上年增加21%。

2005年2月25日，自治区国土资源厅转发国土资源部《关于加强和改进土地开发整理工作的通知》。就明确土地开发整理方向，实施重大工程，大力开展基本农田整理，加强和改进项目管理，切实做好有关工作等提出要求。4月14日，自治区财政厅、国土资源厅向财政部报送《关于落实财政部"内蒙古自治区土地开发整理项目专项核查有关问题"整改措施的报告》，汇报自治区按照《财政部关于对内蒙古自治区土地开发整理项目专项核查有关问题处理的通知》要求，就开展实地督查的情况，包

2005年8月，自治区国土资源厅副厅长元重举（右二）在达拉特旗解放滩乡道劳村土地整治项目实地检查指导工作。

括针对预算编制不完整规范,未执行招投标、合同管理等制度,档案不健全,存在资金拨付、挤占挪用、超预算支出问题,财务管理等问题采取的整改措施。5月26日,自治区国土资源厅转发国土资源部办公厅《关于转发〈2005年国家投资土地开发整理项目指南〉的通知》,并印发《内蒙古自治区土地整理重大工程实施方案》。6月6日,自治区国土资源厅向自治区政府报送《关于我区2005年土地开发整理项目安排情况的报告》指出,国土资源部《2005年国家投资土地开发整理项目指南》确定自治区为全国13个粮食主产区之一,39个旗县市为土地整理重点区域,13个旗县市为土地复垦重点区域,6个旗县市为土地开发重点区域。7月28日,自治区国土资源厅印发《关于明确自治区土地整理中心在土地开发整理工作中职责和任务的通知》,明确自治区土地整理中心在土地开发整理工作中的9项职责和任务。全年,国家和自治区投资合计安排土地整理项目68个,建设规模12 359.94公顷,是2004年的1.5倍,总投资为1.66亿元,新增耕地面积1781.5公顷。

2006年11月21日,自治区国土资源厅、财政厅印发《关于规范土地开发整理项目申报程序的通知》,要求申报项目要遵循“增加有效耕地面积,促进实现耕地总量动态平衡与农业可持续发展”的原则,对项目申报程序、要求等作出明确规定。全年,国家和自治区投资合计安排土地整理项目63个,建设规模27 386.317公顷,总投资42 926.89万元,新增耕地面积2190.973公顷。建设规模是上年度的2.2倍。

2007年1月25日,自治区国土资源厅转发国土资源部《关于开展国家投资土地开发整理项目实施情况检查的通知》要求,对自治区2001年以来国家投资土地开发整理项目进行逐项自查和检查。2月27日,自治区国土资源厅印发《关于进一步加强国家投资土地开发整理项目实施情况检查工作的通知》要求,各地高度重视自查工作,提出项目管理与建设、资金管理与使用中应当重点检查的内容,迎接财政部、审计署、国土资源部检查内蒙古国家投资土地开发整理项目实施工作,并提出要按照国家投资土地开发整理项目实施情况检查标准,开展自治区投资土地开发整理项目的自查。8月28日,自治区国土资源厅印发《关于开展土地开发整理项目实施情况检查工作的通知》,针对土地开发整理在建项目多、已验收项目少,影响自治区向国家争取土地整治项目的形势,要求各地对在建、未建的106个项目进行检查。9月3日,自治区国土资源厅转发国土资源部办公厅《关于2006年国家投资土地开发整理项目(新建)预算核减(增)情况及划转遗留项目问题的通知》,要求各地做好工程项目核查核对工作。9月24日,自治区国土资源厅向国土资源部报送《关于上报内蒙古自治区土地整理工程建设标准编制工作方案的报告》。11月13日,自治区国土资源厅印发《关于2007年度自治区土地开发整理项目审查入库的通知》指出,各地已通过自治区审查的托克托县五申镇基本农田土地整理项目等82个项目纳入自治区土地开发整理项目库,并对后续编制项目设计、预算等工作提出要求。年内,自治区财政厅和国土资源厅根据《财政部、国土资源部关于调整中央分成的新增建设用地土地有偿使用费分配方式的通知》,制定下发了《内蒙古自治区关于调整新增建设用地土地有偿使用费分配方式的通知》,规范和推动自治区土地整治工作;同时,按照国土资源部有关要求,对国家投资土地开发整理项目实施情况进行了检查。全年,国家和自治区投资合计安排土地整理项目122个,建设规模104 401.815公顷,为前6年累计建设规模的2倍,总投资150 996.5481万元,新增耕地面积8276.039公顷。

2008年4月9日,自治区国土资源厅发文通报全区国家与自治区投资土地开发整理项目检查情况,并指出自治区拟在粮食主产区通辽市的西辽河流域以及鄂尔多斯市黄河流域水土条件较好的地区规划开展土地整理重大项目建设，推进村庄整治，提高耕地质量，增加粮食单产。9月23日，自治区国土资源厅印发《关于进一步加强和规范土地整理复垦项目工程招投标等事项的通知》，对项目招投标和工程资金、开竣工验收管理等提出了新要求。全年，国家和自治区投资合计安排土地整理项目88个，建设规模61 074.32公顷，投资90 121.19万元，增加耕地3208.815公顷。

2009年，自治区国土资源厅印发《关于进一步加强土地整理项目实施管理的通知》，要求各地针对2002年以来未完成土地整理项目实施中存在的问题进行整改。5月19日，自治区政府与财政部、国土资源部正式签署《整体推进农村土地整治示范协议》，确定自治区为全国10个整体推进农村土地整治示范建设省区之一。9月16日，自治区国土资源厅向国土资源部耕地保护司报告自治区2006年以前国家投资土地整理复垦开发项目和2007年划转地方安排项目实施进度情况，国家投资2001—2006年项目建设总规模56 050.86公顷，新增耕地面积7976.66公顷，投资预算总额34 631万元，已全部竣工，除8个项目（建设计划规模8509.41公顷）已竣工未验收外，其他均已通过验收；2007年划转地方安排34个项目，建设总规模41 136.1公顷，新增耕地面积3190.2公顷，总投资为65 994万元，其中已竣工未验收面积占29.4%，在建面积占67.59%，未开工面积占3.01%。11月，自治区国土资源厅启动鄂尔多斯市黄河流域“调结构、扩产能、整村庄、发展现代化农业”土地综合整治重大项目专题研究以及项目可行性研究报告的编制工作。12月10日，自治区国土资源厅印发《关于发布内蒙古自治区土地整理工程建设标准（试行）的通知》，指出2009年自治区国土资源厅会同自治区财政厅将新增建设用地土地有偿使用费7亿元切块分配到盟市、旗县（区），由盟市实施土地整理项目。全年，国家投资安排土地整理项目46个（不含前述7亿元项目），建设规模29 556.017公顷，投资46 914.97万元，增加耕地2054.837公顷。

2010年，全区包括实施土地整治重大工程和重点工程，国家和自治区投资共安排土地整理项目124个，建设规模58 268.57公顷，投资90 070.51万元，增加耕地3799.56公顷。结合2008年以来土地整理重大工程，自治区拟在通辽市、巴彦淖尔市、鄂尔多斯市和呼和浩特市基础条件较好的西辽河流域、黄河流域15个旗县（区），开展为期3年、投入38亿元实施土地整理重大工程。按照《全国土地开发整理规划（2001—2010年）》要求和《内蒙古自治区人民政府2010年第3次主席办公会议纪要》精神，自治区政府确定在赤峰市、兴安盟、呼伦贝尔市和鄂尔多斯市4个盟市的19个旗县（市、区）开展自治区农村土地整治重点工程建设；重点工程建设期为2010年—2013年6月，计划安排资金20亿元（其中自治区投入资金15亿元，盟市、旗县投入5亿元），建设总规模为10万公顷，新增耕地面积3000公顷；自治区政府成立以自治区副主席赵双连为组长的农村土地整治重大工程领导小组，办公室设在自治区国土资源厅，由领导小组办公室制定了重大工程的8项工作制度和监理、规划设计、备案、政府采购等相关制度，同时还制定了《内蒙古自治区农村土地整治重大工程项目管理办法》和《重大工程工作安排计划》，明确了工作进度、时间和责任。全年，按照《土地复垦规定》和国家七部委关于加强土地复垦工作的有关要求，验收兴安盟、通辽市等6个盟市17个旗县（市、区）废弃建设用地复垦项目，复垦总规模5087.4725公顷，其中复垦为耕地的3437.0372公顷。当年，自治区国土资源厅按照国土资源部办公厅《关于专项调研运用新增费开展土地开发整理情况的通知》要求，向国土资源部函报《内蒙古自治区2007年以来运用新增费开展土地开发整理情况报告》，主要汇总统计了2007—2009年自治区使用新增费开展土地开发整理制度建设和落实、项目管理和实施、项目实施效果，并提出进一步推动工作的措施建议；报告2007—2009年，自治区共安排中央分成的新增费17.28亿元、自治区分成的新增费 16.95 亿元,总计 34.23 亿元用于土地开发整理项目建设,2007—2008 年安排土地整理复垦项目面积 17.95 公顷。另外,针对调研检查发现土地整治项目管理中存在的勘测设计不充分、招标工作不规范、工程监理人员把关不严、主管单位监管不到位等问题,制定实施了《内蒙古自治区农村土地整治项目管理办法(试行)》。12 月 28 日,自治区国土资源厅印发《关于进一步加强全区生产建设项目土地复垦方案编报和审查工作的通知》,针对土地复垦方案编报和审查工作中存在的问题再次提出要求;12 月 31 日,印发《关于印发内蒙古自治区占补平衡土地整治项目管理办法(试行)的通知》。

2011 年 8 月 11 日,自治区国土资源厅印发《关于加快土地整治项目实施进度的通知》,针对部分地区已安排土地整治建设项目进度较慢、验收不及时等问题,提出改进措施和要求,并决定将自治区投资的项目验收工作全部委托盟市国土资源局组织验收。8 月 22 日,自治区国土资源厅印发《关于加强自治区农村土地整治重点工程管理有关问题的通知》,对自治区重点工程项目的制度化管理和动态监管提出落实意见。全年,包括农村土地整治和国家重大工程和自治区重点工程实施,全区安排土地整治项目 161 个,建设规模 132 045.99 公顷,投入资金 230 100.53 万元,新增耕地 9889.13 公顷,同时自治区切块下达各盟市土地整治资金 13.71 亿元用于农村土地整治项目建设。12 月,自治区财政厅、国土资源厅发文,下达 2012 年国家整体推进农村土地整治示范资金预算 9 亿元。

2012 年 2 月 8 日,自治区国土资源厅、财政厅印发《内蒙古自治区财政厅、国土资源厅关于调整自治区农村土地整治 2011 年重大工程和 2010 年重点工程预算有关事宜的通知》,通知自治区农村土地整治 2011 年重大工程和 2010 年重点工程预算的审核结果,并就执行工程预算的审核结果提出相关要求。4 月 24 日,自治区财政厅、国土资源厅转发财政部、国土资源部《关于印发土地开发整理项目预算定额标准的通知》,明确自治区从 2012 年 5 月 1 日起执行新预算定额标准。6 月 13 日,自治区国土资源厅印发《关于印发内蒙古自治区农村土地整治项目和地质环境治理项目工程施工比价招投标实施办法(试行)的通知》,规定自治区农村土地整治和地质环境治理项目总投资在 100 万元以上的,工程施工招投标必须纳入自治区公开交易平台,统一实行比价招投标。6 月 20 日,自治区国土资源厅印发《关于改进和加强补充耕地项目验收管理有关问题的通知》,决定改进补充耕地项目的评审、验收和报备工作,从 2012 年 7 月 1 日起,补充耕地项目的评审、验收和报备工作全部委托盟市国土资源局负责组织实施,自治区国土资源厅将采取审查备案的方式加强管理。同日,自治区财政厅、国土资源厅印发通知,全面启动阿荣旗复兴镇、通辽市科尔沁区、赤峰市翁牛特旗、巴彦淖尔乌拉特前旗、达拉特旗高标准基本农田示范项目,及乌斯太镇土地集约高效利用示范项目。并在加强组织领导,注重规划衔接,体现资金整合、严格项目申报、预算下达及绩效考核等方面提出要求。8 月 17 日,自治区财政厅、国土资源厅印发通知,对呼伦贝尔市、通辽市、赤峰市、鄂尔多斯市、巴彦淖尔市、阿拉善盟的高标准基本农田及土地集约高效利用示范项目工程建设目标、工程建设标准和投资预算编制等,提出具体要求。9 月 26 日,自治区国土资源厅印发《关于内蒙古自治区土地整治项目和地质环境治理项目工程施工比价招标有关工作的补充通知》,调整完善了土地整治项目和地质环境治理项目工程施工比价招标保证金收取、退还政策。11 月 30 日,自治区财政厅、国土资源厅印发《内蒙古自治区财政厅国土资源厅关于下达 2011 和 2012 年自治区农村土地整治重点工程项目投资计划的通知》,安排呼伦贝尔市、赤峰市、鄂尔多斯市通过自治区评审的部分自治区农村土地整治重点工程项目投资计划。同日,自治区国土资源厅转发国土资源部《关于加快推进 500 个高标准基本农田示范县建设意见的通知》,

对涉及自治区列入《全国土地整治规划(2011—2015年)》的15个和《内蒙古自治区土地整治规划(2011—2015年)》确定的12个高标准基本农田示范县建设,提出落实意见。同时,自治区财政厅、国土资源厅印发《内蒙古自治区财政厅国土资源厅关于下达2012年国家整体推进农村土地整治示范项目投资计划的通知》,安排通辽市、巴彦淖尔市通过论证的农村土地整治示范项目投资计划。12月6日,自治区财政厅、国土资源厅发文,下达呼伦贝尔市、通辽市、赤峰市、鄂尔多斯市、巴彦淖尔市、阿拉善盟2012年高标准基本农田及土地集约高效利用示范项目启动资金2.3亿元。12月31日,自治区国土资源厅、财政厅发文,下达呼和浩特市、通辽市、鄂尔多斯市、巴彦淖尔市下达2012年国家整体推进农村土地整治示范项目自治区本级配套资金4893.30万元。全年,包括农村土地整治和国家重大工程和自治区重点工程实施,全区安排土地整治项目181个,建设规模205 205.67公顷,投入资金335 220.4367万元,新增耕地2.49万公顷;此外,国家下达自治区"十二五"期间高标准基本农田建设任务75.8万公顷,在已经安排土地整治的项目区,落实高标准基本农田建设任务21.32万公顷,总投资34.97亿元,新增耕地1.6万公顷。

2013年4月,自治区国土资源厅为了落实农村土地整治监测监管制度,实现对各地土地整治情况全程全面的监管,组织举办了全区农村土地整治监测监管系统培训班。4月7日,自治区财政厅、国土资源厅发文,下达巴彦淖尔市2012年灾毁耕地复垦中央补助资金6560万元。要求复耕灾毁耕地11万亩、新增耕地2万亩。4月15日,自治区财政厅、国土资源厅发文,批准呼伦贝尔市、通辽市、赤峰市、鄂尔多斯市、巴彦淖尔市、阿拉善盟涉及的2012年自治区高标准基本农田及土地集约高效利用示范项目规划设计、投资预算。5月27日,自治区政府在巴彦淖尔市五原县组织重大工程各有关市召开了重大工程现场推进会,推动加快全区农村土地整治重大项目建设进度。6月20日,自治区财政厅、国土资源厅印发《内蒙古农村土地整治项目竣工财务决算管理办法(试行)》,对农村土地整治项目竣工财务决算管理作出规定。9月26日,巴彦淖尔市临河区干召庙镇、白脑包镇村民向自治区国土资源厅赠送锦旗,以感谢土地整治为村民造福。其中,干召庙镇有6.5万人口,耕地38万亩,整治土地22万亩,有4万多村民受益;白脑包镇3.9万人口,超半数村民受益;白脑包镇春光村耕地9000亩,土地整治7000亩,原来供水指标86万吨,土地整治后用水55万吨,节水36%,并且土地整治工程实行田、水、路、林村综合整治,粘土路变成砂石路,改善了村容村貌,方便了村民。10月9日,自治区国土资源厅印发《关于进一步加强2013年高标准基本农田建设的通知》,针对进一步加强高标准基本农田建设,确保年底前完成2013年高标准基本农田建设任务,提出督导意见。10月29日,自治区国土资源厅印发《关于进一步加强自治区农村土地整治项目规划设计变更管理的通知》,针对农村土地整治项目规划设计变更中还存在变更程序不规范、审批不严格、责任落实不明确等问题,提出了加强管理的若干措施。年内,按照国土资源部6月30日前完成农村土地整治重大工程建设任务的要求,自治区国土资源厅领导先后4次到任务盟市进行调研、督

9月26日,巴彦淖尔市土地整治受益村民向自治区国土资源厅赠送锦旗。

导。全年,自治区争取国家下达自治区高标准基本农田建设任务40万公顷,下达建设资金33.71亿元,实际完成41.33万公顷。

巴彦淖尔市五原县在冬季组织开展土地整治防渗渠施工。

2014年3月,按照国土资源部相关要求,自治区国土资源厅编制完成并上报了《2014年内蒙古自治区高标准基本农田建设实施方案》。4月18日,自治区财政厅、国土资源厅发文,下达包头市、呼伦贝尔市、兴安盟、通辽市、赤峰市、乌兰察布市、鄂尔多斯市、巴彦淖尔市、阿拉善盟等9个盟市2014年新建高标准基本农田建设任务400万亩,自治区补助资金40亿元。7月7日,自治区国土资源厅转发国土资源部办公厅《关于开展土地整治备案信息复核确认进一步加强监管工作的通知》要求,重视土地整治备案信息复核确认工作、全面准确核查相关信息、按时提交核查成果。7月23日,自治区国土资源厅向国土资源部耕地保护司报告自治区土地整治监测监管系统备案信息重点复核确认工作,报告了列入国家清单的自治区重点复核确认56个项目进行复核确认的结果。复核确认52个项目无问题,4个项目主要存在坐标不准确问题。7月29日,自治区国土资源厅印发《关于开展自治区农村土地整治项目库建设的通知》,部署开展自治区农村土地整治项目库建设。8月6日,自治区国土资源厅召开自治区土地整治及高标准基本农田建设工作推进会,研究分析土地整治及高标准基本农田建设工作存在的问题,提出进一步推进工作的措施。8月30日,自治区财政厅向自治区国土资源厅复函:自治区建设期为2013—2014年的自治区高标准进本农田及土地集约高效利用各示范项目施工已近尾声,同意开展年度评估工作,并根据评估结果下达资助资金,兑现奖补政策;关于下放2014年自治区新建高标准基本农田项目主要设备材料供应商范围确定事宜,同意将主要设备材料供应商范围确定权限下放至盟市;同意自治区国土资源厅提出的将自治区农村土地整治重点工程立项、变更审批、验收等权限下放至盟市。9月9日,自治区国土资源厅印发《内蒙古自治区农村土地整治项目管理暂行办法》,并宣布废止自治区国土资源厅2011年印发的《内蒙古自治区农村土地整治项目管理办法(暂行)》。9月18日,自治区国土资源厅发文,对呼伦贝尔市、通辽市、赤峰市、巴彦淖尔市、阿拉善盟开展自治区高标准基本农田及土地集约高效利用示范项目年度评估做出安排。9月25日,自治区国土资源厅印发《内蒙古自治区国土资源厅内蒙古自治区财政厅内蒙古电力(集团)有限责任公司国网内蒙古东部电力有限公司关于进一步加强自治区农村土地整治项目电力工程管理的通知》,就项目所在地政府协调电力部门做好农村土地整治项目电力工程评审、督查、验收工作,电力部门支持保障土地整治项目电力工程建设,执行电力工程建设标准等管理事项提出了措施、意见。同日,自治区国土资源厅、财政厅印发《内蒙古自治区国土资源厅财政厅关于下放2014年自治区新建高标准基本农田项目主要设备材料供应商范围确定权限的通知》,决定将确定高标准基本农田项目主要设备材料供应商范围的权限下放到盟市,并对权限下放后的管理、相关政策的衔接提出了意见。9月26日,自治区国土资源厅就进一步加快推进自治区2014年高标准基本农田建设进度印发通知,针对2014年全区需完成700万亩、实际完成不足200万亩高标准基本农田建设任务的形势,提出进一步加快推进建设工作的措施意见,确保年底前完成任务。同日，自治区国土资源厅向国土资源部耕地保护司报告自治区扶贫地区土地整治工作进展情况。12月22日，自治区国土资源厅、财政厅通报自治区高标准基本农田及土地集约高效利用示范项目年度评估结果、奖惩措施等。同日，自治区国土资源厅、财政厅关于下达2015年自治区新建高标准基本农田建设任务和资金，合计下达新建高标准基本农田建设任务400万亩，自治区按每亩1000元下达补助资金。

2014年，自治区国土资源厅对全区2000多个土地整治备案信息进行全面复核确认，对存在疑问项目进行了核查整改。全年，全区共实施土地整理项目378个，建设规模309 697.24公顷，新增耕地14 233.04公顷，投资50.89亿元。

2015年1月14日，自治区国土资源厅印发《关于印发〈内蒙古自治区土地复垦工程建设标准（试行）〉的通知》，规定生产类项目如露天采场、排土（岩）场、塌陷地、尾矿库、矸石山、废石场、工业场地等及建设类项目如取（弃）土场、预制场、拌和站等损毁类型土地复垦应遵循的技术要求和达到的建设标准。10月26日，自治区国土资源厅印发《关于开展自治区土地整治项目数据库建设的通知》和《内蒙古自治区土地整治项目数据库标准（试行）》，于2015年9月1日正式实施，要求全区涉及新增建设用地有偿使用费立项或验收的土地整治项目须按标准进行项目数据库建设，在项目立项或验收后30个工作日内完成数据库建库和备案工作。全年，延续实施土地整理项目378个，建设规模241 401.24公顷，新增耕地12 986.88公顷，投资40.66亿元。

12月30日，自治区国土资源厅副厅长王富友（右四）到海拉尔区谢尔塔拉农牧场土地整治项目实地进行检查调研。

2001—2015年，全区累计实施土地整理项目共1497个，建设规模为129.8727万公顷，新增耕地面积9.3823万公顷，总投资212.63亿元。

兴安盟乌兰浩特市义勒力特镇胜利村土地整治7000亩旱改水示范基地。

2001—2015 年内蒙古自治区实施土地整理项目及投资情况统计表

表 3 - 2 - 3

年度	项目个数	建设规模(公顷)	新增耕地(公顷)	投资(万元)
2001	2	1208	406.74	475.81
2002	9	979.12	311.52	850.3
2003	29	6821.38	1710.31	6789
2004	41	8231.9	1895.46	7443.21
2005	68	12 359.94	1781.5	16 630.29
2006	63	27 386.317	2190.973	42 926.87
2007	122	104 401.815	8276.039	150 996.5481
2008	88	61 074.32	3208.815	90 121.19
2009	46	29 556.017	2054.837	46 914.97
2010	124	58 268.5656	3799.562	90 070.5063
2011	161	132 045.9878	9889.1339	230 100.5272
2012	181	205 205.67	24 910.18	335 220.4367
2013	185	100 089.9174	6168.4186	192 204.9884
2014	378	309 697.2402	14 233.0409	508 948.5006
2015	—	241 401.24	12 986.88	406 584.84
合计	1497	1 298 727.43	93 823.4094	2 126 277.987

第三章　建设用地管理

1999 年修订后施行的《中华人民共和国土地管理法》规定,国家实行土地用途管制制度;国家编制土地利用总体规划,规定土地用途;严格限制农用地转为建设用地;各级人民政府应当加强土地利用计划管理,实行建设用地总量控制;土地利用年度计划一经审批下达,必须严格执行;任何单位和个人进行建设,需要使用土地的,必须依法申请使用国有土地;建设占用土地的,涉及农用地转为建设用地的,应当办理农用地转用手续;城市建设用地规模应当符合国家规定的标准,充分利用现有建设用地;非农业建设必须节约使用土地;国家依法实行国有土地有偿使用制度。

第一节　建设用地现状

一、建设用地数量

据土地利用现状变更调查成果,全区各年度的建设用地面积为: 1999 年 1 350 589 公顷,2000 年 1 356 237 公顷,增加 5648 公顷;2010 年 1 485 553 公顷,2001—2010 年年均增加 1. 29 万公顷;2015 年 1 614 970 公顷,2011—2015 年年均增加 2. 59 万公顷。

1999—2015 年内蒙古自治区建设用地规模变化统计表

表 3 - 3 - 1

年份	建设用地面积(公顷)	比上年增加	
		面积(公顷)	环比变化(%)
1999	1 350 589	—	—
2000	1 356 237	5648	1. 00
2001	1 361 325	5088	0. 90
2002	1 376 120	14 795	2. 91
2003	1 395 731	19 611	1. 33
2004	1 416 978	21 247	1. 08
2005	1 439 176	22 198	1. 04
2006	1 456 148	16 972	0. 76
2007	1 477 638	2149	0. 13
2008	1 492 464	14 826	6. 90
2009	1 447 784	- 44 680	- 3. 01
2010	1 485 553	37 769	1. 85
2011	1 515 553	30 000	0. 79
2012	1 542 841	27 288	0. 91
2013	1 568 143	25 302	0. 93
2014	1 592 386	24 243	0. 96
2015	1 614 970	22 583	0. 93

1999—2015 年内蒙古自治区建设用地利用现状统计表

表 3 - 3 - 2 单位：公顷

年份	建设用地	居民点及工矿用地	其中						交通运输	其中				水利设施
			城市	建制镇	村庄	独立工矿	盐田	特殊用地		铁路用地	公路用地	其他	民用机场	
1999	1 350 589	1 144 286	59 274	95 612	690 327	122 551	11 050	165 472	119 791	39 630	78 938	—	1223	86 512
2000	1 356 237	1 146 461	59 629	96 688	690 452	123 196	11 050	165 445	121 745	40 350	80 172	—	1223	88 029
2001	1 361 325	1 148 059	60 072	98 719	688 302	124 544	10 863	165 561	124 557	40 713	82 607	3	1234	88 709
2002	1 376 120	1 155 320	60 436	101 725	689 587	126 398	10 863	166 312	131 758	41 653	87 323	3	2779	89 042
2003	1 395 731	1 169 034	62 195	103 332	695 668	130 700	10 863	166 275	137 082	41 695	92 600	3	2779	89 615
2004	1 416 978	1 183 621	63 436	108 188	696 476	138 220	10 843	166 458	143 683	43 116	97 776	3	2779	89 674
2005	1 439 176	1 200 841	66 889	110 629	695 173	151 530	10 843	165 778	148 216	44 512	100 806	3	2885	90 118
2006	1 456 148	1 212 837	70 004	112 253	696 614	157 230	10 855	165 881	152 935	46 051	103 399	3	3408	90 376
2007	1 477 638	1 227 463	73 090	114 425	696 985	166 179	10 855	165 930	157 958	48 325	105 729	3	3826	92 217
2008	1 492 464	1 239 048	76 713	117 740	695 839	171 852	10 855	166 050	160 134	49 181	107 045	3	3826	93 282
2009	1 447 784	1 215 891	132 918	175 261	738 585	142 476	26 651	169 592	47 576	118 399	2572	6	1040	62 301
2010	1 485 553	1 244 819	135 602	184 687	745 910	150 011	28 609	178 189	53 299	121 175	2666	6	1043	62 545
2011	1 515 553	1 266 964	138 541	197 816	746 549	155 233	28 824	182 127	54 613	123 730	2735	6	1042	66 462
2012	1 542 841	1 286 912	141 455	209 345	748 856	158 049	29 207	185 993	56 662	125 185	3098	6	1042	69 936
2013	1 568 143	1 303 551	144 633	217 781	751 199	160 242	29 697	197 160	59 456	133 249	3430	7	1018	67 433
2014	1 592 386	1 318 792	147 267	227 441	751 369	161 596	31 119	205 563	62 296	138 422	3829	7	1009	68 031
2015	1 614 970	1 335 421	149 893	235 846	754 894	163 156	31 632	211 011	63 250	142 843	3901	7	1010	68 538

二、建设用地结构

据土地利用现状变更调查成果：1999 年全区建设用地面积为 1 350 589 公顷；其中，居民点工矿用地为 1 144 286 公顷，占建设用地面积占 84.7%；交通运输用地 119 791 公顷，占建设用地面积的 8.9%；水利设施面积 86 512 公顷，占建设用地面积的 6.4%。

2005 年，全区建设用地面积 1 439 176 公顷，其中居民点工矿用地 1 200 841 公顷，占建设用地面积的 83.44%；交通运输用地 148 216 公顷，占建设用地面积的 10.30%；水利设施用地 90 118 公顷，占建设用地面积的 6.26%。

2010 年，全区建设用地面积 1 485 553 公顷，其中居民点工矿用地 1 244 819 公顷，占建设用地面积的 83.79%；交通运输用地 53 299 公顷，占建设用地面积的 3.59%；水利设施用地 62 545 公顷，占建设用地面积的 4.21%。

2015 年，全区建设用地面积 1 614 970 公顷，其中居民点工矿用地 1 335 421 公顷，占建设用地面积的 82.69%；交通运输用地 211 011 公顷，占建设用地面积的 13.07%；水利设施用地 68 538 公顷，占建设用地面积的 4.24%。

1999 年与 2015 年内蒙古自治区建设用地利用现状结构对比表

表 3－3－3

项目			1999 年建设用地			2015 年建设用地			2015 年与 1999 年建设用地面积比
			面积（公顷）	合计占比（%）	小计占比（%）	面积（公顷）	合计占比（%）	小计占比（%）	
建设用地	合计		1 350 589	100	—	1 614 970	100	—	1. 20
	居民点及工矿用地	小计	1 144 286	84. 7	100	1 335 421	82. 69	100	1. 17
		城市	59 274	—	5. 2	149 893	—	11. 22	2. 53
		建制镇	95 612	—	8. 4	235 846	—	17. 66	2. 47
		村庄	690 327	—	60. 3	754 894	—	56. 53	1. 09
		独立工矿	122 551	—	10. 7	163 156	—	12. 22	1. 33
		盐田	11 050	—	1. 0	—	—	—	0. 00
		特殊用地	165 472	—	14. 5	31 632	—	2. 37	0. 19
	交通运输用地	小计	119 791	8. 9	100	211 011	13. 07	100	1. 76
		铁路	39 630	—	33. 1	63 250	—	29. 97	1. 60
		公路	78 938	—	65. 9	142 843	—	67. 69	1. 81
		机场	1223	—	1	3901	—	1. 85	3. 19
		港口码头	—	—	—	7	—	0. 00	0. 00
		管道运输	—	—	—	1010	—	0. 48	0. 00
	水利设施用地		86 512	6. 4	—	68 538	4. 24	100	0. 79

三、建设用地区域分布

1999 年，乌兰察布盟（今乌兰察布市）以西 7 盟市建设用地面积占全区建设用地总面积的 40. 9%，自治区东部 5 盟市〔计划单列市二连浩特市和满洲里市分别列入锡林郭勒盟和呼伦贝尔盟（今呼伦贝尔市）统计〕占全区建设用地总面积的 59. 1%。在城镇村及工矿用地中，西部、东部地区分别占 41. 8%、58. 2%；交通运输用地中，西部、东部地区分别占 40. 8%、59. 2%；水利设施用地中，西部、东部地区分别占 23. 8%、76. 2%。西部地区的城市、建制镇、村庄、采矿、特殊用地，分别占全区的比例为 57. 7%、46. 4%、34. 4%、56. 6%、59. 7%；东部地区的城市、建制镇、村庄、采矿、特殊用地，分别占全区的比例为 42. 3%、53. 6%、65. 6%、43. 4%、40. 3%。

2015 年，自治区西部 7 盟市建设用地面积占全区建设用地总面积的 42. 73%，东部 5 盟市建设用地面积占全区的 57. 27%。城镇村及工矿用地中，西部和东部地区分别占 43. 51%、56. 49%；交通运输用地中，西部和东部地区分别占 43. 07%、56. 93；水利设施用地中，西部、东部地区分别占 26. 48%、73. 52%。西部地区的城市、建制镇、村庄、采矿、特殊用地，分别占全区的比例为 57. 47%、50. 5%、35. 03%、56. 45%、60. 74%；东部地区的城市、建制镇、村庄、采矿、特殊用地，分别占全区的比例为 42. 53%、49. 5%、64. 97%、43. 55%、39. 26%。

1999年内蒙古自治区各类建设用地区域分布情况统计表

表3-3-4　　　　单位：公顷、%

行政区域			建设用地合计	城镇村及工矿用地						交通运输用地						水利设施用地
				小计	城市	建制镇	村庄	采矿	特殊	小计	铁路	公路	机场	港口码头	管道运输	
全区			1 447 784	1 215 891	132 918	175 261	738 585	142 476	26 651	169 592	47 576	118 399	2572	6	1040	62 301
蒙西各盟市	呼和浩特	面积	95 837	84 393	19 429	9801	46 568	5500	3095	8772	1528	7186	2	0	56	2672
		占全区	6.6	6.9	14.6	5.6	6.3	3.9	11.6	5.2	3.2	6.1	0.1	0.0	5.4	4.3
	包头	面积	89 099	79 926	26 453	4607	30 739	16 404	1723	7935	1468	6281	187	0	0	1238
		占全区	6.2	6.6	19.9	2.6	4.2	11.5	6.5	4.7	3.1	5.3	7.3	0.0	0.0	2.0
	鄂尔多斯	面积	124 789	101 752	9401	25 349	41 650	24 829	523	19 374	4358	13 782	385	3	846	3663
		占全区	8.6	8.4	7.1	14.5	5.6	17.4	2.0	11.4	9.2	11.6	15.0	50.0	81.3	5.9
	乌海	面积	23 647	21 780	9314	6608	1859	3761	238	1771	301	1322	140	0	8	97
		占全区	1.6	1.8	7.0	3.8	0.3	2.6	0.9	1.0	0.6	1.1	5.4	0.0	0.8	0.2
	巴彦淖尔	面积	108 933	94 012	4426	13 243	65 141	7543	3659	10 618	1296	9320	0	0	2	4303
		占全区	7.5	7.7	3.3	7.6	8.8	5.3	13.7	6.3	2.7	7.9	0.0	0.0	0.2	6.9
	乌兰察布	面积	110 920	94 783	7642	11 158	61 981	10 107	3894	14 515	2862	11 651	0	0	2	1623
		占全区	7.7	7.8	5.7	6.4	8.4	7.1	14.6	8.6	6.0	9.8	0.0	0.0	0.2	2.6
	阿拉善	面积	39 477	32 054	0	10 551	6259	12 471	2772	6176	1420	4718	0	0	38	1248
		占全区	2.7	2.6	0.0	6.0	0.8	8.8	10.4	3.6	3.0	4.0	0.0	0.0	3.7	2.0
	合计	面积	592 703	508 699	76 665	81 363	254 197	80 616	15 905	69 161	13 234	54 259	714	3	952	14 843
		占全区	40.9	41.8	57.7	46.4	34.4	56.6	59.7	40.8	27.8	45.8	27.8	50.0	91.5	23.8
蒙东各盟市	赤峰	面积	220 514	191 883	7969	17 150	149 998	15 179	1588	21 207	6746	14 084	328	0	49	7424
		占全区	15.2	15.8	6.0	9.8	20.3	10.7	6.0	12.5	14.2	11.9	14.2	0.0	4.7	11.9
	通辽	面积	214 758	182 824	13 194	19 895	134 224	13 789	1722	16 246	5042	11 066	119	0	19	15 688
		占全区	14.8	15.0	9.9	11.4	18.2	9.7	6.5	9.6	10.6	9.3	10.6	0.0	1.8	2.6
	呼伦贝尔	面积	187 945	157 349	21 518	33 569	87 848	11 076	3339	28 982	12 714	15 473	779	3	14	1614
		占全区	13.0	12.9	16.2	19.2	11.9	7.8	12.5	17.1	26.7	13.1	26.7	50.0	1.3	2.6
	兴安	面积	124 438	99 078	4317	11 366	77 911	3009	2474	9877	1714	7879	284	0	0	15 483
		占全区	8.6	8.1	3.2	6.5	10.5	2.1	9.3	5.8	3.6	6.7	3.6	0.0	0.0	24.9
	锡林郭勒	面积	107 427	76 058	9254	11 965	34 407	18 807	1624	24 120	8126	15 639	348	0	7	7249
		占全区	7.4	6.3	7.0	6.8	4.7	13.2	6.1	14.2	17.1	13.2	13.5	0.0	0.7	11.6
	合计	面积	855 082	707 192	56 253	93 945	484 388	61 860	10 747	100 431	34 342	64 140	1857	3	88	47 459
		占全区	59.1	58.2	42.3	53.6	65.6	43.4	40.3	59.2	72.2	54.2	72.2	50.0	8.5	76.2

2015 年内蒙古自治区各类建设用地区域分布情况统计表

表 3－3－5　　单位：公顷、%

行政区域			建设用地合计	城镇村及工矿用地						交通运输用地						水利设施用地
				小计	城市	建制镇	村庄	采矿	特殊	小计	铁路	公路	机场	港口码头	管道运输	
全区			1 614 974	1 335 424	149 893	235 847	754 893	163 157	31 634	211 011	63 250	142 842	3901	7	1011	68 539
蒙西各盟市	呼和浩特	面积	107 613	92 793	21 713	13 462	48 365	6063	3190	11 828	2611	9159	2	0	56	2992
		占全区	6. 66	6. 95	14. 49	5. 71	6. 41	3. 72	10. 08	5. 61	4. 13	6. 41	0. 05	0. 00	5. 54	4. 37
	包头	面积	98 371	87 887	29 323	6868	31 803	18 009	1884	9241	2135	6909	197	0	0	1243
		占全区	6. 09	6. 58	19. 56	2. 91	4. 21	11. 04	5. 96	4. 38	3. 38	4. 84	5. 05	0. 00	0. 00	1. 81
	鄂尔多斯	面积	159 458	129 229	9888	43 036	44 336	29 745	2224	24 705	7800	15 697	392	3	813	5524
		占全区	9. 87	9. 68	6. 60	18. 25	5. 87	18. 23	7. 03	11. 71	12. 33	10. 99	10. 05	42. 86	80. 42	8. 06
	乌海	面积	27 431	24 467	10 062	8485	1858	3828	234	2602	480	1974	140	0	8	362
		占全区	1. 70	1. 83	6. 71	3. 60	0. 25	2. 35	0. 74	1. 23	0. 76	1. 38	3. 59	0. 00	0. 79	0. 53
	巴彦淖尔	面积	120 292	102 468	5178	17 589	66 404	9599	3698	13 508	2833	10 431	242	0	2	4316
		占全区	7. 45	7. 67	3. 45	7. 46	8. 80	5. 88	11. 69	6. 40	4. 48	7. 30	6. 20	0. 00	0. 20	6. 30
	乌兰察布	面积	126 744	105 928	9974	17 249	63 788	10 772	4145	19 150	3035	15 892	221	0	2	1666
		占全区	7. 85	7. 93	6. 65	7. 31	8. 45	6. 60	13. 10	9. 08	4. 80	11. 13	5. 67	0. 00	0. 20	2. 43
	阿拉善	面积	50 117	38 210	0	12 415	7879	14 078	3838	9858	2660	6745	415	0	38	2049
		占全区	3. 10	2. 86	0. 00	5. 26	1. 04	8. 63	12. 13	4. 67	4. 21	4. 72	10. 64	0. 00	3. 76	2. 99
	合计	面积	690 026	580 982	86 138	119 104	264 433	92 094	19 213	90 892	21 554	66 807	1609	3	919	18 152
		占全区	42. 73	43. 51	57. 47	50. 50	35. 03	56. 45	60. 74	43. 07	34. 08	46. 77	41. 25	42. 86	9090	26. 48
蒙东各盟市	赤峰	面积	236 846	203 187	9525	21 246	153 181	17 528	1707	24 157	7579	16 200	328	0	50	9502
		占全区	14. 67	15. 22	6. 35	9. 01	20. 29	10. 74	5. 40	11. 45	11. 98	11. 34	8. 41	0. 00	4. 95	13. 86
	通辽	面积	227 649	192 831	14 087	25 872	136 757	14 327	1788	19 393	5750	13 353	271	0	19	15 425
		占全区	14. 10	14. 44	9. 40	10. 97	18. 12	8. 78	5. 65	9. 19	9. 09	9. 35	6. 95	0. 00	1. 88	22. 51
	呼伦贝尔	面积	202 579	166 703	23 633	35 688	89 146	14 685	3551	33 226	12 911	19 325	971	4	15	2650
		占全区	12. 54	12. 48	15. 77	15. 13	11. 81	9. 00	11. 23	15. 75	20. 41	13. 53	24. 89	57. 14	1. 48	3. 87
	兴安	面积	133 434	105 285	5137	17 903	76 422	3210	2613	12 308	2397	9547	364	0	0	15 841
		占全区	8. 26	7. 88	3. 43	7. 59	10. 12	1. 97	8. 26	5. 83	3. 79	6. 68	9. 33	0. 00	0. 00	23. 11
	锡林郭勒	面积	124 440	86 436	11 373	16 034	34 954	21 313	2762	31 035	13 059	17 610	358	0	8	6969
		占全区	7. 71	6. 47	7. 59	6. 80	4. 63	13. 06	8. 73	14. 71	20. 65	12. 33	9. 18	0. 00	0. 79	10. 17
	合计	面积	924 948	754 442	63 755	116 743	490 460	71 063	12 421	120 119	41 696	76 035	2292	4	92	50 387
		占全区	57. 27	56. 49	42. 53	49. 50	64. 97	43. 55	39. 26	56. 93	65. 92	53. 23	58. 75	57. 14	9. 10	73. 52

第二节　建设用地规划与计划

一、规划管理

1997 年,中共中央、国务院下发《关于进一步加强土地管理切实保护耕地的通知》,要求认真做好土地利用总体规划编制、修订和实施工作。自治区党委、自治区政府对自治区土地利用总体规划修订工作作出具体安排。1997 年 7 月至 12 月,自治区土地勘测设计院承担完成《内蒙古自治区土地利用总体规划(1997—2010 年)》修订,1998 年 12 月 4 日提交自治区政府第十七次常务会议讨论通过,1999 年 9 月 22 日国务院批复实施。1999 年 11 月 13 日,自治区政府下发《关于认真贯彻落实全区土地利用总体规划的通知》。规划到 2010 年,全区建设用地规划指标面积 155.88 万公顷,规划期间可增加建设用地 19.21 万公顷,其中居民点及工矿用地可增加 7.23 万公顷,交通运输用地可增加 7.21 万公顷,水利设施用地可增加 4.77 万公顷。

1996—2010 年内蒙古土地利用总体规划建设用地指标

表 3－3－6

用地类型 \ 规划期限		1996 年基期面积(万公顷)	占土地总面积比例(%)	2010 年目标面积(万公顷)	占土地总面积比例(%)
土地总面积		11 550.92	100	11 550.92	100
建设用地	小计	136.67	1.18	155.88	1.35
	居民点及工矿用地	116.87	1.01	124.10	1.07
	交通运输用地	11.45	0.10	18.66	0.16
	水利设施用地	8.35	0.07	13.12	0.12

2000 年 5 月 9 日,国土资源部印发《关于印发土地利用总体规划实施管理工作若干意见的通知》,对实施土地利用总体规划,落实土地用途管制制度提出全面要求。

2001 年 2 月 9 日,自治区国土资源厅转发国土资源部《关于加强土地管理促进小城镇健康发展的通知》要求,小城镇建设要依据土地利用总体规划有序进行;确需调整规划的,要严格按法定程序办理;做好撤并乡镇的土地利用总体规划的调整工作,保证规划的完整性。11 月 21 日,自治区国土资源厅转发自治区政府《关于进一步加强国有土地资产管理工作的意见》,提出严格控制建设用地供应总量,优化土地利用结构的意见,要求要在土地利用总体规划编制完成的基础上,把工作重点切实转移到规划的实施上来,着重抓好建设用地预审、农用地转用规划审查和土地利用年度计划的编制、实施和监督工作。

2003 年 10 月 8 日,自治区国土资源厅转发国土资源部《关于严禁非农业建设违法占用基本农田的通知》提出,各级国土资源管理部门在土地利用总体规划修编中,严禁随意将城镇周边和交通沿线的基本农田调整到其他地区,擅自减少本地区基本农田保护任务,增加建设用地规模。

2004 年 11 月 16 日，自治区政府印发《内蒙古自治区人民政府贯彻落实国务院关于深化改革严格土地管理的决定的通知》要求，加强土地利用计划管理、建设用地预审管理、做好土地利用总体规划修编基础工作。

2005 年 8 月，自治区政府正式组织进行新一轮土地利用总体规划修编工作。1997—2005 年，自治区累计新增建设用地 7.25 万公顷，占规划期可增加建设用地规模的 38%，平均每年新增建设用地 0.81 万公顷；居民点及工矿用地增加 7.22 万公顷，占期间累计新增建设用地的 99.59%，占规划期可增加规划用地规模的 99.86%。

2006 年 10 月 26 日，自治区国土资源厅印发《对当前自治区道路、管线建设项目用地涉及基本农田与调整规划的意见》，对符合《土地管理法》第二十六条规定、由自治区政府及有关部门批准（核准、备案）的道路、管线等工程，经过实地踏勘和可行性研究确实无法避让基本农田的规划修改等问题，提出具体处理办法。

2008 年 3 月 17 日，自治区政府转发《国务院关于促进节约集约用地的通知》，提出严格规划计划管理，加强用地宏观调控的意见，要求各地各有关部门要严格执行土地利用总体规划和年度计划，严禁擅自突破或改变土地利用总体规划确定的建设用地规模和土地用途。

2010 年 3 月 15 日，经国务院批复，自治区政府正式印发实施《内蒙古自治区土地利用总体规划（2006—2020 年）》。明确到 2020 年，全区城乡建设用地规模控制在 110 万公顷以内，人均城镇工矿用地控制在 255 平方米内。5 月 11 日，自治区国土资源厅转发国土资源部《关于进一步完善农村宅基地管理制度切实维护农民权益的通知》提出，要在新一轮乡（镇、苏木）土地利用总体规划修编的同时，统筹落实编制村级土地利用规划。对土地利用总体规划划定的城镇扩展边界外的村落，应当组织编绘村庄住宅用地现状图、住宅建设用地规划图和住宅用地需求预测十年计划表（两图一表）。7 月 30 日，自治区国土资源厅印发《关于加快推进全区重点工业项目用地前期工作的通知》，就重点推进保障自治区确定的全区 2010 年 107 项重点工业项目等项目用地前期工作进行部署，并要求加快旗县和乡镇土地利用总体规划修编。在规划修编中，将能源、交通、水利以及重点工业项目等纳入正在修编的旗县乡镇规划，合理预留必要的用地空间。

2011 年 2 月 18 日，自治区国土资源厅印发《关于加快土地利用总体规划成果报批进度的通知》要求，认真做好建设用地审批和建设用地预审报件的规划审查工作。

2013 年 7 月，自治区国土资源厅组织完成《内蒙古自治区土地利用总体规划（2006—2020）》中期评估工作。评估结论：规划到 2020 年，自治区建设用地总规模预期达到 162.28 万公顷（2434.20 万亩）；规划实施至 2012 年全区建设用地现状总规模已达到 154.24 万公顷（2313.60 万亩），规划剩余空间为 8.04 万公顷（120.60 万亩）。“十二五”期间建设用地总规模缺口为 4.72 万公顷（70.80 万亩），严重不足。规划到 2020 年，自治区城乡建设用地面积控制在 110 万公顷（1650 万亩）以内。2012 年末，自治区实有城乡建设用地面积为 125.62 万公顷（1884.30 万亩）。

2014 年 8 月 29 日，自治区国土资源厅发文，就贯彻实施国土资源部《节约集约利用土地规定》提出具体意见，强调要充分发挥土地利用总体规划对各区域、各行业发展用地的管控作用。实现控制总量、用好增量、盘活存量的目标。

2015 年 8 月 22 日，自治区国土资源厅向自治区发改委报送《内蒙古自治区国土资源厅关于落实东北振兴工作专项督察情况的函》，将项目用地纳入土地利用总体规划，为未来项目落地提供用地保障。积极落实开发区、产业园区用地规划规模,加大土地利用计划指标对产业园区发展的倾斜力度,重点保障了产业园区集聚发展的用地需求。

二、计划管理

1987 年,原国家计划委员会和原国家土地管理局制定了《建设用地计划管理暂行办法》,将建设用地计划纳入了国民经济和社会发展计划,并将其中占用耕地指标列为指令性计划指标进行严格管理。1999 年新《中华人民共和国土地管理法》颁布实施后,土地利用计划管理职能划归国土资源行政主管部门,土地利用计划由国土资源部统一管理。

2001 年 2 月 1 日,自治区国土资源厅转发国土资源部《关于加强耕地保护促进经济发展若干政策措施的通知》提出,进一步加强和规范各级土地利用规划管理,实行建设用地指标置换政策,积极稳妥地推进农村建设用地的相对集中;有条件地实行建设用地指标周转,推进国家和自治区级试点小城镇建设。当年,国土资源部实际下达自治区农用地转用指标 6500 公顷,其中耕地转用指标 3000 公顷。自治区国土资源厅在分解下达各盟市计划指标时重点考虑保证国家重点建设和自治区重点建设、基础设施建设用地,除自治区本级留取农用地转用指标 20% 外,其他指标全部下达各盟市。全年共批准农用地转用 1996.3811 公顷,占全年农用地转用指标的 30.7%。

2002 年,国土资源部实际下达自治区农用地转用指标 6500 公顷,其中耕地转用指标 2500 公顷。自治区国土资源厅分解下达各盟市。提出杜绝超计划用地,认真建立和完善土地利用计划台账制度和计划执行情况报告制度,应重点保障基础设施建设用地,要求各地应向自治区国土资源厅提出计划申请,经批准后方可使用计划。明确 2001 年度计划结余指标经厅确认后,作为备用指标可在 2002 年使用,其余年度结余指标自动废止。

2003 年 3 月 18 日,自治区国土资源厅向自治区政府报告土地利用计划管理工作。1999—2002 年国土资源部共下达给自治区农用地转用指标 37 600 万公顷,实际批准使用农用转用指标 16 676 公顷,占下达指标的 44.35%;其中下达给自治区的耕地转用指 16 250 公顷,实际批准使用耕地转用指标 7160 公顷,占下达指标的 44.06%。4 年间共节余农用转用指标 20 924 公顷,其中节余耕地转用指标 9090 公顷。当年,国土资源部实际下达自治区农用地转用计划 6500 公顷,其中耕地转用计划 3300 公顷。自治区国土资源厅分解下达各盟市农用地转用计划 4000 公顷,其中耕地转用计划 2000 公顷,自治区本级留取农用地转用计划机动指标 2500 公顷。全区批准的各类项目用地中,批准农用地转用项目使用计划指标 2297.12 公顷,占年初下达指标的 35.34%(其中批准占用耕地转用指标 1109.52 公顷,占年初下达指标的 33.62%)。1999—2003 年,国土资源部下达自治区农用地转用指标 21 670 公顷,其中耕地 11 010 公顷。5 年间,自治区共节余农用地转用指标 14 529 公顷,耕地转用指标 7962 公顷。

2004 年 7 月 20 日,自治区国土资源厅印发《关于严格控制使用土地利用年度计划指标的通知》,强调禁止计划外用地和超计划批地。当年,国土资源部实际下达自治区农用地转用指标 5000 公顷,要求占用耕地指标控制在 1000 公顷以内,比上年度用地计划指标较大幅度减少。

2005 年,国土资源部实际下达自治区农用地转用计划指标 4660 公顷,其中耕地 2260 公顷。自治区国土资源厅分解下达各盟市城镇建设农用地转用计划 1500 公顷,其中耕地转用计划 150 公顷。其余农用地转用计划指标未下达各盟市,由自治区统一调控使用。全年批准农用地转用面积 4660 公顷,其中耕地转用面积 2260 公顷。针对 2005 年全区农用地转建设用地指标趋紧的状况,自治区国土资源厅制定农用地转用计划指标使用 3 项原则:一是保证自治区审批或核准建设项目用地指标,控制城镇建设用地指标。二是尽量使用未利用地、存量建设用地,少占耕地,以减轻农用地指标不足的压力。三是力保不超年度耕地转用指标。

2006 年,国土资源部实际下达自治区农用地转用计划指标共 5330 公顷,其中耕地 2460 公顷。自治区国土资源厅分解下达各盟市城镇建设农用地转用计划为 2330 公顷,其中占用耕地计划指标 1220 公顷。

2007 年 2 月 13 日,自治区国土资源厅向国土资源部请示,要求充分考虑自治区实际情况,增加 2007 年未利用地转建设用地指标。至 2006 年 12 月中旬,自治区农用地转建设用地计划指标已全部使用,已办理审批用地手续为 9559. 09 公顷(包括农用地、未利用地),到 2006 年 12 月底办理审批未利用地将突破 6000 公顷。2006 年自治区已批准的建设项目用地占报批用地总量的 82%,因用地指标不足等原因,积压若干待批的用地报件。2007 年上报新增建设用地计划指标合计 1. 7 万公顷,其中农用地转用指标 0. 9 万公顷,未利用地指标 0. 8 万公顷。国土资源部拟下达自治区新增建设用地指标总计 0. 82 万公顷,其中农用地转用指标 5370 公顷,未利用地指标 2830 公顷。8 月 15 日,自治区国土资源厅再次向国土资源部申请增加 2007 年新增建设占用农用地、未利用地指标,自治区 2007 年新增建设用地计划指标缺口较大,估算新增建设用地计划指标缺口在 8000 公顷左右。同日,自治区国土资源厅印发《内蒙古自治区城镇建设用地增加与农村牧区建设用地减少相挂钩工作管理办法(试行)》。当年,自治区国土资源厅印发《关于下达 2007 土地利用计划的通知》,提出更为严格的土地利用计划管理要求和年度计划指标分配方案,未利用地转为建设用地首次纳入转用计划指标管理;根据国土资源部下达 2007 年全国土地利用计划,自治区国土资源厅分解下达各盟市新增建设占用农用地指标 3500 公顷,未利用地指标 1270 公顷,由各盟市国土资源局控制使用;要求各地原则上掌握新增建设占用耕地指标不得突破 47%;自治区本级控制使用新增建设占用农用地指标 1920 公顷,未利用地指标 2910 公顷,用于列入《内蒙古自治区重点工业项目表》的项目和自治区级的交通、水利等基础设施建设项目;明确往年未批先占的建设项目用地补办手续时,其用地不占 2007 年用地计划,将根据情况逐年消化。

2008 年 1 月 4 日,自治区政府公布《内蒙古自治区建设用地置换办法》,对自治区辖区内依法取得的不宜利用的原有建设用地,在完成复垦后与经过土地利用总体规划划为建设用地的农用地或者其他建设用地的置换活动,做了较全面的规定。规定了置换的对象、范围、程序、审批和实施等要求。3 月 13 日,国土资源部印发《土地利用年度计划执行情况考核办法》,其中将新增建设用地总量计划、新增建设用地占用农用地计划、新增建设用地占用耕地计划纳入了土地利用年度计划执行情况考核的重要指标,制订了一系列考核要求、激励约束措施。9 月 2 日,自治区国土资源厅发文,对规范开展建设用地增减挂钩试点提出要求。当年,根据国土资源部下达 2008 年全国土地利用计划,自治区国土资源厅下达各盟市国土资源局 2008 土地利用计划指标,并针对国家实施土地"闸门"调控措施,提出加强和改善土地利用计划指标管理的措施要求。自治区国土资源厅下达各盟市新增建设占用农用地指标 3575 公顷,未利用地指标 2860 公顷。自治区本级控制使用新增建设占用农用地指标 1925 公顷,未利用地指标 1540 公顷,用于列入《内蒙古自治区重点工业项目表》的项目和自治区级的交通、水利等基础设施建设项目。全区可用地指标 2. 26 万公顷,同比增长 32. 9%,达到历年新高。全区批准建设用地置换面积2872.34公顷,通过盘活存量废弃等建设用地,为各地节约用地成本超过40亿元。

2009年,自治区国土资源厅下达全区2009年土地利用计划,综合人口、GDP、社会固定资产投资总额、上年度新增建设用地规模,国家和自治区核准的开发区用地规模等因素,结合《内蒙古自治区土地利用总体规划大纲(2006—2020年)》确定的盟市建设用地比例,对土地利用年度计划指标进行分配。自治区下达新增建设用地总量为7000公顷,其中新增占用农用地指标3920公顷(新增占用耕地指标1960公顷),新增占用未利用地指标3080公顷,由各盟市安排使用。

2010年7月30日,自治区国土资源厅印发《关于加快推进全区重点工业项目用地前期工作的通知》,就重点推进保障自治区确定的全区2010年107项重点工业项目等项目用地前期工作进行部署。当年,国家下达自治区计划指标1.1万公顷,另外落实国家支持政策,通过挖掘存量废弃等土地潜力和用地方式改革试点,全年解决用地指标缺口达到1.6万公顷,其中争取国家增减挂钩试点指标0.05万公顷,实施建设用地置换政策解决用地指标0.43万公顷,实施部分露天采矿用地按临时用地管理减少使用农用地转用指标0.38万公顷。全区批准农用地转用和土地征收总面积1.77万公顷,其中国务院批准0.4万公顷、自治区批准1.33万公顷。

2011年1月28日,自治区国土资源厅转发《国土资源部关于实行建设项目用地预审和土地利用计划执行情况网络在线备案制度的通知》明确,自2011年1月1日起,正式实行建设项目用地预审和土地利用计划执行情况网络在线备案制度。5月31日,经自治区政府同意,自治区国土资源厅下达2011年土地利用年度计划分配方案。7月14日,自治区国土资源厅在呼和浩特市召开全区保障性安居工程建设土地供应落实情况汇报会,并提出要求:加大工作力度,确保保障性住房建设用地供应;积极探索,拓展保障性住房建设用地新途径;坚持信息公开,主动接受社会监督;加强督导检查,落实工作责任;增强主动服务意识,提升解决问题的能力。7月22日,国土资源部办公厅向自治区国土资源厅复函:同意在鄂尔多斯市鄂托克旗、达拉特旗、准格尔旗、东胜区、伊金霍洛旗开展采矿用地方式改革试点。试点矿区总面积23 294.33公顷。并对试点工作实施提出意见要求。当年,国家预下达自治区土地利用年度计划11 080公顷,较2010年国家下达自治区年度计划增加410公顷,其中下达新增建设占用农用地指标6670公顷,较上年增加470公顷;预下达新增建设占用耕地指标3140公顷,较上年增加110公顷;新增建设占用未利用地指标4410公顷,较上年减少60公顷。全年全区可使用的用地指标达到4.5万公顷,其中国家下达转用计划指标1.28万公顷,占用国家计划指标0.9万公顷,国家批准部分露天采矿用地按临时用地管理指标2.3万公顷。在国家年度计划总量没有增长的情况下,自治区积极协调国土资源部,下达自治区土地利用年度计划较上年增加,同时充分利用现有的制度进行探索创新,开源节流并举,制定出具有自治区特色的工矿废弃地调整、临时用地、区位调整、提前预下达下年度计划指标、统筹盟市城乡发展、加大批而未供及供而未用土地使用、分类分年度卫片执法中发现的违法用地等土地利用政策,基本保障了自治区各业用地需求。

2012年6月12日,自治区国土资源厅下达2012年度全区新增建设用地计划指标分配方案。国家预下达自治区土地利用年度计划指标13 730公顷,扣除2011年已安排年度计划1800公顷后,下达年度计划11 930公顷,较2011年下达数增加850公顷;其中下达新增建设占用农用地指标7470公顷,增加800公顷(新增建设占用耕地指标3130公顷,减少10公顷);新增建设占用未利用地指标4460公顷,增加50公顷。全区土地利用年度计划指标按照用于安排双百亿工程、沿黄沿线重点产业、重点工业项目发展用地(公路、铁路项目积极争取使用国家计划指标)和用于保障性住房、盟市旗县重点项目两部分下达，两部分各占下达总数的50%。6月25日，自治区国土资源厅向国土资源部报告自治区落实单位国内生产总值建设用地下降目标分解结果，就落实国家下达自治区在“十二五”期间单位国内生产总值建设用地下降35%的目标，将单位国内总值建设用地下降目标分解到各盟市的任务分解情况，以及《内蒙古自治区2011年单位国内生产总值建设用地下降目标评估报告》一并完成上报。11月7日，自治区国土资源厅转发《国土资源部办公厅关于同意内蒙古自治区工矿废弃地复垦利用试点工作方案的函》，提出依照国土资源部办公厅批准的2012年实施规模比例进行测算，确定试点地区2012年复垦利用规模为包头市石拐区21公顷、通辽市开鲁县20公顷、鄂尔多斯市杭锦旗359公顷。12月25日，自治区国土资源厅向自治区政府办公厅上报《关于开鲁县工矿废弃地复垦利用试点专项规划的意见》。12月27日，自治区国土资源厅调剂追加下达2012年土地利用计划指标。当年，国土资源部追加自治区新增建设用地计划指标1333公顷，其中占用农用地计划指标667公顷（耕地计划指标533公顷），占用未利用地指标666公顷；同时报国土资源部核销已安排的保障性住房用地计划指标159公顷，其中占用农用地计划指标113公顷（耕地指标53公顷），未利用地指标46公顷。

2013年6月26日，经自治区政府同意，自治区国土资源厅下达2013年全区土地利用年度计划分配方案。2013年国家预下达自治区土地利用年度计划指标1.25万公顷，较2012年增加570公顷；其中下达新增建设占用农用地指标7830公顷，增加360公顷（新增建设占用耕地指标380公顷，增加150公顷）；新增建设占用未利用地指标4670公顷，增加210公顷。全区土地利用年度计划指标分为用于自治区重大项目建设用地和用于保障性住房、盟市旗县重点项目用地两部分下达，分别占下达总数的60%和40%，由盟市旗县区分别记入台账，单列使用。12月6日，自治区国土资源厅调整2013年土地利用计划指标，结合各盟市计划执行及用地需求等情况，决定调剂追加有关盟市计划指标，同时落实国土资源部对呼伦贝尔市满洲里市和阿荣旗，赤峰市克什克腾旗，乌兰察布市凉城县，包头市土默特右旗，阿拉善盟额济纳旗节约集约模范旗县（市）计划指标奖励。当年，国土资源部调剂追加自治区新增建设用地计划指标2334公顷，其中占用农用地计划指标1480公顷（耕地计划指标734公顷），占用未利用地计划指标854公顷；落实6个节约集约模范旗（县、市）奖励计划指标198公顷。

2014年6月，国土资源部下达自治区新增建设用地计划指标15 200公顷，较上年增加21.6%。8月21日，自治区国土资源厅印发《关于进一步加强废弃居民点和工矿废弃地复垦管理的通知》指出，2012年下半年至2014年6月底，全区已批准使用废弃居民点和工矿废弃地调整利用指标19 274.16公顷，已完成废弃建设用地复垦16 976.38公顷，占已使用指标的88.08%，还有2297.78公顷废弃建设用地未完成复垦，占已使用指标的11.92%。废弃居民点和工矿废弃地复垦调整利用工作的三年规划期已临近尾声，要进一步加强废弃居民点和工矿废弃地复垦管理。8月29日，自治区国土资源厅印发《关于贯彻实施〈节约集约利用土地规定〉的意见》，提出贯彻实施国土资源部《节约集约利用土地规定》的一系列要求，强调完善土地利用年度计划管理。实行差别化的土地利用和管理政策，进一步发挥计划指标的调控作用。12月12日，自治区国土资源厅调整下达2014年土地利用计划指标。

2015年，国土资源部实际下达自治区农用地转用计划指标共16 620公顷，其中农用地10 570公顷、未利用地6050公顷，自治区国土资源厅分解下达各盟市。

1999—2015 年国家实际下达内蒙古自治区转用建设用地计划指标情况表

表 3 - 3 - 7

年　度	实际下达计划指标(公顷)			实际使用计划指标(公顷)			使用比率
	农用地	未利用地	合计	农用地	未利用地	合计	
1999	14 000	—	14 000	10 000	—	10 000	0. 71
2000	12 000	—	12 000	2115	—	2115	0. 18
2001	6500	—	6500	2568	—	2568	0. 40
2002	6500	—	6500	1993	—	1993	0. 31
2003	6500	—	6500	5215	—	5215	0. 80
2004	5000	—	5000	5000	—	5000	1. 00
2005	4660	—	4660	4642	—	4642	1. 00
2006	5330	—	5330	5330	—	5330	1. 00
2007	5500	6100	11 600	5497	6068	11 566	1. 00
2008	7093	5833	12 927	7093	5819	12 912	1. 00
2009	6653	4940	11 593	6644	4948	11 592	1. 00
2010	6813	4720	11 533	6667	4283	10 950	0. 95
2011	8520	5113	13 633	8515	5113	13 628	1. 00
2012	9653	5772	15 425	9627	5661	15 289	0. 99
2013	9306	5526	14 832	8909	3271	12 180	0. 82
2014	9670	5530	15 200	9655	2259	11 914	0. 78
2015	10 570	6050	16 620	10 559	4190	14 749	0. 89

第三节　征收转用审批

一、用地审批制度

1999 年施行修订后的《中华人民共和国土地管理法》第四十三条规定：任何单位和个人进行建设，需要使用土地的，必须依法申请使用国有土地；但是，兴办乡镇企业和村民建设住宅经依法批准使用本集体经济组织农民集体所有土地的，或者乡(镇)村公共设施和公益事业建设经依法批准使用农民集体所有土地的除外。前款所称依法申请使用国有土地包括国家所有的土地和国家征收的原属于农民集体所有的土地。第四条规定：国家实行土地用途管制制度。第四十四条规定：建设占用土地，涉及农用地转为建设用地的，应当办理农用地转用审批手续。《中华人民共和国土地管理法》还对土地征收、转用审批的对象、权限、程序,征收补偿内容和标准,审批内容,申报主体等作出了原则规定。

1999 年 3 月 2 日,国土资源部发布实施《建设用地审查报批管理办法》。第二条明确:依法应当报国务院和省、自治区、直辖市人民政府批准的建设用地申请、审查、报批和实施,适用本办法。3 月 12 日,原自治区土地管理局、建设厅《关于转发国土资源部、建设部关于认真贯彻执行工程项目建设用地指标的通知》提出,加强建设项目用地审批工作,在工程项目可行性研究以及工程勘察、设计、咨询中对建设用地规模进行控制的要求,对严格掌握工程项目建设用地指标,切实加强建设项目用地审批工作作出规定。9 月 7 日,国土资源部印发《关于开展建设项目用地预审工作的通知》要求,1999 年 1 月 1 日新上的所有建设项目,必须在可行性研究报告报批前申报用地预审。12 月 24 日,原自治区土地管理局印发《内蒙古自治区土地用途管制暂行办法》,对建设用地转用审批在操作层面提出严格要求,规定土地用途转用必须严格审批。同时规定,土地行政主管部门按照土地利用总体规划逐级提出土地用途转用审查意见。

2000 年 6 月 18 日,自治区国土资源厅印发《关于认真做好扶贫开发城镇移民用地服务工作的通知》,提出支持扶贫开发城镇移民工作的一揽子用地政策,明确鼓励移入自治区的各旗县政府把移民所需的集体土地,依法一次性征为国有,再划拨给移民使用。做到权属、四至等准确无误,避免发生土地权属纠纷。征用土地免收土地管理费。征用土地的补偿费和安置补助费按《土地管理法》规定的最低标准执行。6 月 20 日,国土资源部会同交通部、铁道部下发《关于认真贯彻执行公路铁路建设用地指标的通知》,要求各地在建设用地申请、审查、批准工作中严格执行国家公路铁路建设用地标准。8 月 30 日,自治区国土资源厅转发国土资源部《关于报国务院批准的建设用地审查报批工作有关问题的通知》,要求报自治区批准的建设用地审查报批工作参照国土资源部新要求执行,增加了对涉及占用林地或需进行地质灾害危险性评估的建设用地项目的报批要求,优化了申报材料结构,取消了使用国家统一印制申报表单的要求。随文印发《报自治区人民政府批准的单独选址建设项目用地报批材料目录》《报自治区人民政府批准的城市分批次建设用地报批材料目录》。10 月 15 日,自治区第九届人大常委会公告第 49 号《内蒙古自治区实施〈中华人民共和国土地管理法〉办法》规定,建设占用土地的,应当符合土地利用总体规划和土地利用年度计划。为实施城市规划占用土地的,由旗县级以上人民政府统一征用土地,统一按项目供地,统一办理农用地转用报批手续。各级人民政府必须严格执行土地利用总体规划,严格控制耕地、草原和林地转为非农业建设用地。非农业建设经批准占用耕地的,按照“占多少、垦多少”的原则,由占用耕地的单位负责开垦与所占耕地的数量和质量相当的耕地。结合自治区实际,进一步明确辖区内土地征收、转用审批的对象,权限,程序,征收补偿的内容和标准,审批内容,申报主体等相关规定。10 月 25 日,自治区国土资源厅印发《关于印发建设用地审查报批会审工作制度的通知》。对建设用地审查报批原则、会审内容、会审工作程序、会议会审工作程序、批复和备案作出具体规定,规范建设用地报批会审工作。

2001 年 1 月 18 日,自治区财政厅会同自治区国土资源厅转发财政部、国土资源部《新增建设用地土地有偿使用费收缴使用管理办法》,全面规定土地有偿使用费收缴使用管理相关事宜,明确有偿使用费在新增建设用地批准前缴纳。2 月 9 日,自治区国土资源厅转发《国土资源部关于加强土地管理促进小城镇健康发展的通知》要求,国土资源行政主管部门依据土地利用总体规划,对小城镇建设项目用地进行预审。征用和转用规划区内集体土地应报自治区人民政府或国务院分批次集中审批,由当地政府具体供地。新增建设用地土地有偿使用费,应优先用于小城镇补充耕地。6 月 18 日,自治区国土资源厅印发《关于违法用地办理建设用地报批手续有关问题的通知》,就未批先用、边报批边开发利用等违法用地的建设用地报批相关事项作出规定,明确先查处后报批的原则。

2002年4月16日,自治区国土资源厅转发自治区政府办公厅《关于进一步加强建设项目用地预审工作的通知》指出,建设项目用地预审是《土地管理法》确立的一项重要工作制度,建设项目用地预审实行分级预审。各级国土资源行政主管部门要严格按照通知规定的预审权限和程序,对建设项目进行预审,并要对符合要求的项目出具预审批复文件,作为批准项目可研和项目用地的必备文件,在开展预审工作时,需严格预审权限,准确把握预审时限,规范执行预审制度。8月28日,自治区国土资源厅转发国土资源部办公厅《关于城郊接合部征地拆迁中被征地农民宅基地安置问题的通知》,要求各地参照执行《关于城郊接合部征地拆迁中被征地农民宅基地安置问题的复函》。12月20日,财政部、国土资源部印发《关于调整新增建设用地土地有偿使用费征收等别的通知》,公布新调整的新增建设用地土地有偿使用费征收等别,要求从2003年1月1日起执行,涉及新增建设用地土地有偿使用费征收的标准及其他政策不变。

2003年2月21日,自治区政府印发《内蒙古自治区实施西部大开发若干政策措施的规定》,提出对国家和自治区批准设立的经济技术开发区和工业园区在土地管理等方面实行特殊优惠政策,建设项目用地按照法定程序报批,在未能完成申报件的情况下,经申请有审查权的国土资源管理部门同意,用地单位和个人可以先行用地,但半年内必须依法向有批准权的人民政府报批用地手续。5月13日,自治区国土资源厅下发《关于积极为经济建设提供用地服务加强建设用地审查报批管理工作的通知》,针对全国全区抗击"非典"斗争的严峻形势,为确保经济发展和防"非典"两不误,就"非典"防治期间以及今后一段时期建设用地审查报批管理方面的政策实施采取了适应性措施。11月24日,自治区国土资源厅印发《关于转发国土资源部加强城市建设用地审查报批工作有关问题的通知》要求,城市建设用地要严格依据土地利用总体规划和土地利用年度计划组织报批。对于不符合规划和计划报批城市建设用地的,一律不予办理审批手续。确实需要调整或修改规划的,应当符合相应的报批要求,对于各类开发区和房地产建设用地必须严格审查把关,对于不符合国家供地政策和当地经济发展实际的,坚决不预办理用地报批手续,防止城市建设用地规模无限扩大和土地资源浪费,促进城市土地高效集约利用,经国务院和自治区政府批准的城市建设用地,供地情况必须向自治区国土资源厅备案,内容包括批准文件名称、文号、时间、面积、地类,提供用地项目名称、面积、供地方式、期限及有偿供地价款等项。

2004年6月11日,自治区国土资源厅就贯彻执行《国土资源听证规定》印发通知,要求各盟市、旗县国土资源管理部门拟定或者修改自治区、盟市、旗县范围内区域性征地补偿标准,必须组织听证。在建设用地报批之前拟定征地项目的补偿标准和安置方案、非农业建设占用基本农田方案时,必须告知被征地农民有听证的权利。从5月1日起,凡是自治区国土资源厅受理的建设用地报件,在审查报送的征地方案时,必须审查被征地农民申请听证的情况。6月22日,国土资源部执法监察局督察组提出《对内蒙古自治区土地市场治理整顿进一步整改的意见》,要求有关部门要尽快启动修改程序,依法收回违规下放给开发区的土地审批权。11月1日,国土资源部印发《关于发布和实施工业项目建设用地控制指标(试行)的通知》,要求在建设项目用地预审、审批或供地时严格执行《控制标准》。11月3日,国土资源部印发《关于完善征地补偿安置制度的指导意见》,就征地补偿标准(征地统一年产值标准的制定、统一年产值倍数确定、征地区片综合地价的制定、土地补偿费的分配),被征地农民安置途径，征地工作程序，征地实施的监督等提出要求。11 月 16 日，自治区政府印发《内蒙古自治区人民政府贯彻落实国务院关于深化改革严格土地管理的决定的通知》，决定收回各盟行政公署、市人民政府为实施苏木乡镇土地利用总体规划以及将该规划确定的村庄、集镇建设用地范围内农用地转为建设用地的审批权。明确新增建设用地土地有偿使用费按规定标准就地全额缴入国库，实行先缴后分，不得减免。12 月 14 日，自治区国土资源厅印发《关于贯彻落实建设项目用地预审管理办法的意见》，就实施国土资源部《建设项目用地预审管理办法》提出具体意见。随文印发建设用地预审申请表、申请报告格式、规划实施影响评估报告编写提纲。12 月 22 日，自治区国土资源厅转发《国土资源部关于印发完善农用地转用和土地征收审查报批工作意见的通知》，对批次用地报批、补充耕地、征地补偿安置、审查工作等提出新的规定要求。

2005 年 6 月 9 日，自治区国土资源厅印发《关于加强盟市、旗县（市、区）建设用地审查报批管理工作的通知》，明确各级国土资源部门建设用地审查报批工作职责，提出了审查报批要求，并对相关要求做了必要说明，随文件下发《城市分批次建设用地报件材料目录及要求》《单独选址建设用地报件材料目录及要求》。8 月 9 日，国家发展和改革委员会、国土资源部、国家环保总局印发《风电场建设用地和环境保护管理暂行办法》，针对风电场建设用地审批等事项做出具体规定。11 月 8 日，自治区国土资源厅联合自治区农牧业厅、统计局下发《关于印发全区制订征地统一年产值标准和征地区片综合地价工作方案及技术方案的通知》，部署具体工作。12 月 14 日，自治区政府印发《关于完善征地补偿制度切实维护农牧民合法权益的意见》，对完善统一征收土地制度，完善征收土地补偿安置制度，加大依法征收土地的监管力度等提出明确要求。

2006 年 5 月 12 日，自治区财政厅、国土资源厅、人民银行呼和浩特市中心支行转发财政部、国土资源部、中国人民银行《关于调整新增建设用地有偿使用费政策等问题的通知》，就执行 2007 年 1 月 1 日起提高新增建设用地有偿使用费标准及相关政策，提出意见措施。6 月 28 日，自治区国土资源厅印发《关于推进社会主义新农村新牧区建设的实施意见》强调，加快征地制度改革步伐，切实维护被征地农民的合法权益。9 月 30 日，自治区国土资源厅印发《关于对当前矿业用地中有关问题的处理意见》，提出对矿业用地办理建设用地预审、审批等具体事项的处理办法。10 月 8 日，自治区国土资源厅下发《关于明确备案建设项目办理建设项目用地预审有关要求的通知》，明确履行备案程序建设项目应在取得项目备案机关下达的备案确认书后方可申办建设项目用地预审。10 月 18 日，自治区国土资源厅印发《关于进一步加强建设项目用地预审工作的通知》，对以往下发的有关用地预审文件进行了整理、归纳。并在此基础上提出建设项目用地预审工作的意见和要求。

2007 年 3 月 14 日，自治区国土资源厅转发《国土资源部关于调整报国务院批准城市建设用地审批方式有关问题的通知》，对呼和浩特市、包头市建设用地审批方式做出调整，实行年度用地方案审批方式。5 月 21 日，自治区政府印发《内蒙古自治区人民政府关于切实加强林地保护管理工作的通知》，规定未经林业行政主管部门审核同意使用林地的，土地行政主管部门不得办理农用地转建设用地审批手续。严禁为规避林业主管部门的审核，故意将林地确认为其他地类；严禁为规避法定的审核审批权限，将单个建设项目用地化整为零，拆分审批；严禁未经林业主管部门审核同意，先行施工后补办手续。要进一步完善林地审核审批程序，实行使用林地预审制度。12 月 28 日，国土资源部印发《关于进一步加强和改进建设用地备案工作的通知》，就提高认识、改进备案的内容和范围、备案的时间和方式、备案数据的应用、健全备案工作机制等提出具体要求。

2008年1月4日,自治区政府公布《内蒙古自治区建设用地置换办法》,规定了建设用地置换的对象、范围、程序、审批和实施等。1月11日,自治区国土资源厅转发《国土资源部关于进一步改进和完善报国务院批准城市建设用地审查报批工作的通知》,对报国务院批准城市建设用地方案的编制、上报材料、方案和材料审核等提出了具体要求。1月15日,自治区国土资源厅印发《关于建设项目用地申报有关事宜的通知》要求,各地2008年新上报建设用地报件,需在建设用地报批前务必提供勘测定界电子成果。3月17日,自治区政府转发《国务院关于促进节约集约用地的通知》,提出要严格执行《建设项目用地预审管理办法》,在建设项目审批、核准和备案阶段,依法对建设项目涉及的土地利用事项进行审查,统一预审内容,规范预审材料,明确预审权限,确实提高预审效率和质量。对违反规划和不符合国家产业政策、供地政策的用地项目,坚决不予通过预审,切实发挥建设项目用地预审作用。鼓励建设项目使用未利用土地和废弃地。6月11日,国土资源部办公厅向自治区国土资源厅致函:国土资源部组织专家,对自治区上报的征地统一年产值标准和征地区片综合地价测算成果进行了技术审核和汇总平衡。并对自治区切实维护农民土地财产权益,保证新的征地补偿标准有效实施,做好公布实施的准备工作提出具体要求。9月1日,自治区国土资源厅转发《国土资源部关于切实做好征地统一年产值标准和区片综合地价公布实施工作的通知》,要求各地在自治区已形成的征地统一年产值标准和区片综合地价的基础上,结合当地经济社会发展水平和原有征地补偿标准等实际,进一步分析核实现参照执行的征地补偿标准测算成果,做出是否进行更新的判断。需更新的地区,要按照自治区国土资源厅有关文件规定的技术要求进行,更新后的标准不得低于现已制订的标准。不需更新的地区,也要提出分析报告,说明情况。11月14日,自治区国土资源厅印发《关于报国务院、自治区人民政府审批的建设项目用地实行电子化申报有关事宜的通知》明确,建设项目用地自2008年12月1日起实行电子申报。随文印发《报国务院、自治区人民政府审批建设项目用地审批电子申报技术要求》。12月26日,自治区国土资源厅转发国土资源部《建设用地预审管理办法》,提出贯彻执行的意见和要求。12月29日,住建部、国土资源部、铁道部联合印发《新建铁路工程项目建设用地指标》,自2009年4月1日起施行。

2009年1月12日,住建部、国土资源部联合印发《石油天然气工程建设用地指标》,自2009年4月1日起施行。3月3日,自治区国土资源厅印发《内蒙古自治区国土资源厅行政审批事项工作规则(试行)》,建立了包括建设用地预审、审批在内的,适应新要求和网上审批方式的审批工作规则。同日,自治区国土资源厅转发国土资源部、农业部《关于加强国有农场土地使用管理的意见》,明确国有农牧场使用本场土地,改变用途的或搞非农建设的、应依法办理变更手续和农用地转用审批手续。收回国有农牧场土地使用权,经济补偿参照农牧场所在旗县征收农民集体土地的补偿标准计算,并安排相应的社会保障费用。4月22日,财政部、国土资源部印发《关于调整部分地区新增建设用地土地有偿使用费征收等别的通知》,对2000年国家制定的县级行政区域土地等别进行调整,其中涉及自治区多个旗县(市、区)。9月2日,自治区国土资源厅印发《关于进一步加强农用地转用和土地征收审查报批工作的通知》,对需报自治区政府批准的建设项目用地,要件材料由现行的43件减少到25件。同时对建设用地审查报批要求进行了调整完善。11月4日,自治区国土资源厅转发国土资源部办公厅、农业部办公厅《关于收回国有农场农用地有关补偿问题复函的通知》,解释收回国有农场农用地有关补偿的具体内容、标准、办法。12月30日,自治区政府办公厅印发《关于公布实施自治区征地统一年产值标准和区片综合地价的通知》。

2010 年 3 月 16 日，自治区国土资源厅转发国土资源部办公厅《关于印发石油天然气钻井机配套设施建设遗留用地处理协调会会议纪要的通知》，提出了相关落实意见和要求。8 月 23 日，自治区国土资源厅转发《国土资源部关于进一步做好征地管理工作的通知》，对推进征地补偿新标准实施、采取多元安置途径、征地中农民住房拆迁补偿安置工作、简化征地批后实施程序、落实征地批后实施反馈制度等提出新的要求。8 月 23 日，自治区国土资源厅印发《关于切实提高上报国务院审批的建设项目用地勘测定界成果质量的通知》，规范全区土地勘测定界工作。

2011 年 5 月 6 日，自治区国土资源厅、农业厅联合转发国土资源部、农业部《关于完善设施农用地管理有关问题的通知》。12 月 31 日，自治区政府办公厅公布《内蒙古自治区征地统一年产值标准和区片综合地价》，自 2012 年 1 月 1 日起施行。

2012 年 12 月 24 日，自治区国土资源厅转发《国土资源部关于严格执行土地使用标准大力促进节约集约用地的通知》，要求凡报上级审查的建设项目用地，负责组织上报和初步审查的旗县或盟市国土资源局要按照规定的示范格式要求，规范填写建设项目用地报件。

2014 年 10 月 29 日，自治区国土资源厅印发通知，决定进一步简化报自治区批准农用地转用和土地征收报批工作。并从简化建设项目用地报批材料、规范重点建设项目先行用地、明确建设项目用地审查职责、加强建设项目用地批后监管及相关问题，提出要求、做出了说明。

2015 年 12 月 4 日，自治区人大常务委员会第十九次会议通过《内蒙古自治区国有土地地上房屋征收与补偿条例》，自 2016 年 3 月 1 日起施行。其为维护公共利益，并保障征收房屋所有权人的合法利益，对国有土地上房屋征收与补偿活动进行规范。12 月 17 日，自治区政府办公厅印发《内蒙古自治区人民政府办公厅关于印发建设项目使用林地补偿标准的通知》，明确了建设项目使用林地补偿标准，自 2016 年 2 月 1 日起执行，同时废止原自治区林业局、物价局、财政厅《关于印发内蒙古自治区占用、征收林地收费标准和管理使用的规定的通知》。

二、用地审批管理

2000 年 4 月 13 日，国土资源部印发《关于加强新增建设用地土地有偿使用费收缴管理工作的通知》，对严格执行新增建设用地土地有偿使用费收缴范围和标准、建立健全用地审批和土地有偿使用费收缴信息反馈制度和加强监督检查，认真做好应缴未缴土地有偿使用费催缴工作等提出了要求。6 月 21 日，自治区国土资源厅印发《关于上报国务院审批的建设用地文件数量的通知》明确，上报国务院审批的建设项目用地文件的份数由原来的 10 套文字材料和 10 套图件材料减少为 2 套文字材料和 1 套图件材料；呈报自治区政府批准的建设项目用地材料，统一规定为文字材料 2 套、图件材料 1 套。11 月 27 日，自治区国土资源厅向呼和浩特市政府致函：呼和浩特市土地利用总体规划是由国务院审批的，且开发区建设用地涉及基本农田的征用、转用问题，根据《土地管理法》有关规定，呼和浩特经济技术开发区建设用地征地，应按批次报国务院批准；开发区内新增建设用地土地有偿使用费的收缴，可先向国家上缴 30% 的新增建设用地土地有偿使用费，其余 70% 可待自治区征缴办法出台后再缴纳。

2001 年 10 月 10 日，自治区政府印发《关于进一步加强国有土地资产管理工作的意见》，强调凡应进行预审的建设项目而未申请预审的，计划部门不予立项，土地行政主管部门不受理建设用地审批申请。

2002年5月29日,自治区国土资源厅、交通厅就公路建设中涉及征用土地等问题进行研究和沟通,形成会议纪要。10月28日,自治区国土资源厅向国土资源部报告征地批后公告制度执行情况:截至10月份,全区执行公告制度旗县数达90.02%,执行公告制度的程序得到广大人民群众的认可。

2003年11月24日,自治区国土资源厅印发《关于转发国土资源部加强城市建设用地审查报批工作有关问题的通知》,要求城市建设用地要严格依据土地利用总体规划和土地利用年度计划组织报批,对于各类开发区和房地产建设用地必须严格审查把关,对于不符合国家供地政策和当地经济发展实际的,坚决不预办理用地报批手续,防止城市建设用地规模无限扩大和土地资源浪费,促进城市土地高效集约利用。

2004年5月,自治区国土资源厅对2003—2004年4月底新增建设用地土地有偿使用费征收使用情况进行清理检查。应征收新增建设用地土地有偿使用费的新增建设用地面积13 858 666平方米,应征收新增建设用地土地有偿使用费21 886.81万元,实际征收10 396.43万元,欠缴额11 490.38万元。6月21日,自治区国土资源厅、自治区发改委联合转发国土资源部、国家发展和改革委员会《关于在深入开展土地市场治理整顿期间严格建设用地审批管理的实施意见的通知》要求,各地对本辖区内由国务院、国务院有关部门及国家计划单列企业集团和自治区人民政府或政府有关部门批准的属重点急需建设的项目进行统计汇总,并按照《实施意见》中有关重点急需建设项目的范围进行审查。各地区对经国家发展和改革委员会和国土资源部确认的,并已列入重点急需建设项目确认名单的建设项目用地申请和用地报批材料,按照《实施意见》中关于重点急需建设项目用地审查报批程序,逐级上报。

2005年1月13日,自治区政府下达2005年新开工公路建设项目征地拆迁责任目标。要求各盟市成立专门机构,切实加强领导,认真做好所辖境内自治区重点公路建设项目征地拆迁事宜,确保2005年新开工的自治区重点公路建设项目顺利实施。1月18日,自治区政府向国务院报送《内蒙古自治区人民政府关于托克托电厂一期工程铁路专用线和林段越权审批土地有关情况的报告》,汇报了越权审批托克托电厂一期工程铁路专用线和林段用地的原因、责任和改进工作措施。3月7日,自治区国土资源厅印发《关于开展清理整顿闲置土地和违法圈占土地工作的通知》,全面部署清理整顿工作。5月20日,自治区国土资源厅向自治区政府报送《关于对办理绰勒水利枢纽工程永久占地和淹没占地用地问题的意见》提出,水利枢纽工程建设用地审批手续,应当依据国土资源部、国家经贸委和水利部下发的《关于水利水电工程建设用地有关问题的通知》要求办理。该项目在办理划拨国有土地使用权手续时,可不缴纳划拨用地管理费。6月14日,自治区国土资源厅向自治区政府报送《关于对如意南区扩区项目先行予以确认的意见》提出,如意南区建设用地扩区规划的审批权限在国务院。在开发区扩区规划尚未批准前,一些在扩区范围内的具体项目可以依据南区所在区域当地土地利用总体规划,按批次或按单独选址建设项目依法报自治区人民政府或国务院审批。当年,全区收缴新增建设用地有偿使用费2.6亿元。

2006年1月5日,自治区国土资源厅印发《关于进一步做好制订征地统一年产值标准工作的通知》指出:根据自治区的统一部署,全区制定统一年产值标准(或综合区片地价)工作已进入初步成果形成阶段。各地要做好相邻区域制订成果平衡衔接。并强调了林地、牧草地年产值测算等注意事项。9月30日,自治区国土资源厅印发《关于对当前矿业用地中有关问题的处理意见》明确,矿山开采要依法办理建设用地审批手续,用地预审范围不得超出批准的矿区范围,批准矿区范围外的选矿厂、工业广场需另行申请预审，矿山用地须符合当地土地利用总体规划，矿山用地未批先采、未批先建均属违法用地。10月8日，自治区国土资源厅《关于明确备案建设项目办理建设项目用地预审有关要求的通知》明确，履行备案程序建设项目应在取得备案机关下达的备案确认书后方可申办建设项目用地预审。当年，全区收缴新增建设用地土地有偿使用费4.38亿元。

2008年3月28日，自治区国土资源厅转发国土资源部《关于贯彻落实国务院办公厅关于严格执行有关农村集体建设用地法律和政策的通知》要求，各地严格依法审查和按程序办理农民集体所有土地使用审批手续，对违法违规用地行为大量发生、监督不力的地区，要限期整改，整改期间停止该地区的农用地转用和土地征收审批。4月11日，国土资源部印发《关于在建设项目用地预审中做好实地踏勘和论证工作的通知》明确，在建设项目用地预审中，涉及线性工程占用基本农田达到100公顷、200公顷以下的建设项目，面(块)状工程占用基本农田达到35公顷、70公顷以下的建设项目，均委托项目所在地省级国土资源管理部门组织实地踏勘和论证。12月2日，自治区国土资源厅印发《关于做好近期农用地转用和土地征收报批工作的通知》，针对一些地区农用地转用和土地征收工作中存在的问题，要求各地务于12月15日前，缴纳已经批准农用地转用和土地征收的新增建设用地土地有偿使用费；凡是自治区已经通知补充报件材料的建设项目，各地要在10个工作日内补充完成，否则将视为放弃已经匹配的年度土地利用计划，由自治区和盟市统一调整使用，报件按退件处理；百日行动违法用地补办用地手续的建设项目，各地务于12月15日前对不能按时上报自治区的原因进行说明，提出具体的上报计划及理由；各地在清理的基础上，引导用地单位使用闲置土地，提高土地利用率，缓解全区土地利用年度计划紧张的问题。12月26日，自治区国土资源厅转发国土资源部《建设用地预审管理办法》，并提出贯彻执行的具体要求。12月29日，住建部、国土资源部、铁道部公布《新建铁路工程项目建设用地指标》，自2009年4月1日起施行。12月31日，国土资源部公布新调整的全国城镇土地等别，明确从2009年1月1日起，《工业项目建设用地控制指标》和《全国工业用地最低价标准》统一按调整后的土地等别执行。同日，住建部、国土资源部公布《煤炭工程项目建设用地指标》，自2009年5月1日起施行。

2009年1月12日，住建部、国土资源部公布《发布石油天然气工程项目建设用地指标》，自2009年4月1日起施行。3月14日，国土资源部印发《国土资源部关于全面实行耕地先补后占有关问题的通知》明确，自本通知下发之日起，所有依法报国务院或省级人民政府审批的各类建设用地，在省(区、市)或市、县报批前，必须先行完成补充耕地，做到先补后占。4月22日，财政部、国土资源部印发《新增建设用地有偿使用费征收等别》明确，从2009年5月1日起，按新的等别征收新增费。与2002年公布等别相比，本次调整中，自治区等别有升有降、整体等别有所下调。6~13等中，等别下调的有包头市东河区、九原区，赤峰市松山区、元宝山区，通辽市科尔沁区，乌兰察布市集宁区，兴安盟乌兰浩特市。9月22日，自治区国土资源厅转发《国土资源部关于严格建设用地管理促进批而未用土地利用的通知》，提出贯彻落实的具体意见。

2010年3月1日，自治区国土资源厅转发《国土资源部关于改进报国务院批准城市建设用地申报与实施工作的通知》，针对报国务院批准城市建设用地从申报到实施周期偏长，存在批而未征、征而未供等情况，提出了改进申报和实施工作的要求。7月12日，自治区国土资源厅转发国家土地督察北京局《农用地转用和土地征收审批事项审核督察实施细则(试行)》，要求积极配合国家土地督察北京局开展农用地转用和土地征收审批报备的审核督察工作。7月30日，自治区国土资源厅印发《关于加快推进全区重点工业项目用地前期工作的通知》,对全区2010年107项重点工业项目等项目用地前期工作进行了部署,要求加快用地预审工作进度,并提出简化部分预审程序和材料的意见。8月23日,自治区国土资源厅、发改委、经济和信息化委员会、监察厅、环境保护厅、交通运输厅、住房和城乡建设厅、水利厅联合转发国土资源部等十部委联合下发的《关于进一步加强和改进国家和省级重点项目建设用地服务和监管的通知》,针对国家和省级重点项目建设用地依然存在未报即用、未批先建、耕地占补平衡不落实、损害被征地农民利益等问题,提出了改进服务、加强监管的要求。10月26日,自治区国土资源厅印发《关于切实重视和加强新增建设用地备案工作的紧急通知》,要求各盟市国土资源局做好相关工作。12月7日,自治区国土资源厅印发《国土资源部关于加快做好报国务院批准单独选址建设项目用地审查工作的通知》,针对一些项目用地审查工作中存在的问题,提出具体要求。12月10日,自治区国土资源厅印发《关于切实提高上报国务院审批的建设项目用地勘测定界成果质量的通知》,提出勘测定界成果质量的措施要求。当年,全区征收新增建设用地有偿使用费24亿元。

2011年1月17日,自治区国土资源厅转发《国土资源部关于加快做好报国务院批准单独选址建设项目用地审查工作的通知》,对上报国务院批准的单独选址项目用地审查工作,提出提高审批效率,缩短审查报批周期的要求。当年,全区收缴新增建设用地有偿使用费20亿元。

2012年11月20日,自治区国土资源厅向国土资源部报送《内蒙古自治区关于开展征地拆迁专项检查有关情况的报告》。截至2012年6月30日,全区正在实施的征地拆迁项目286个,征地面积9076.10公顷,征地程序履行到位项目283个,按规定标准征地补偿足额支付到位项目275个。正在实施拆迁项目中因征地补偿出现信访项目3个,排查整改期间解决信访问题项目1个。已完成项目中因征地补偿出现信访项目4个,排查整改期间解决信访问题项目4个。建立征地拆迁补偿安置政府信息公开制度旗县(市)55个,占全区总数的54.46%。当年,全区收缴新增建设用地有偿使用费20.91亿元。

2014年11月25日,自治区国土资源厅转发国土资源部办公厅《关于进一步做好市县征地信息公开工作有关问题的通知》,要求各地执行征地信息公开制度。

2015年12月3日,自治区国土资源厅向自治区党委改革办报送《内蒙古自治区国土资源厅关于报送全面深化改革工作情况的报告》,自治区成为继广东、上海之后第三个下放土地要件审批权力的省区,紧紧围绕"五大基地"和"十个全覆盖"建设需求,坚持控制总量、用好增量、盘活存量的原则,开源、节流、挖潜并举,统筹安排各类用地计划。

三、用地审批情况

(一)矿山用地改革试点

2013年1月14日,自治区国土资源厅向国土资源部上报《关于2012年度采矿用地方式改革试点工作开展情况备案的报告》。从2011年起鄂尔多斯市露天煤矿采矿用地参照临时用地管理试点开展采矿方式改革工作,经国土资源部办公厅批复,纳入采矿方式改革试点。试点煤矿80座,批复矿区试点总面积23 294.33公顷,2012年计划5823.58公顷。受宏观经济形势影响、煤炭价格大幅度下降制约,已开采煤矿采区停产、半停产,新开辟采区用地需求受到严重抑制,截至2012年12月31日,未使用当年计划审批露天煤矿采矿临时用地;2013年度鄂尔多斯市露天煤矿采矿临时用地计划已经上报自治区国土资源厅,包括2012年结转未使用计划,2013年鄂尔多斯市露天煤矿采矿临时用地计划8087.91公顷。7月9

日，自治区国土资源厅对鄂尔多斯市露天煤矿采矿用地方式改革试点2013年度临时用地计划作出批复，同意鄂尔多斯市国土资源局2013年露天煤矿采矿用地方式改革试点临时用地，按照总规模7281.66公顷的计划安排使用，其中东胜区390.67公顷，伊金霍洛旗493.64公顷，达拉特旗1745.77公顷，准格尔旗4190.05公顷，鄂托克旗461.53公顷。

（二）建设用地审批

1999—2015年，国务院和自治区本级共批准全区新增建设用地累计总面积为250 221公顷，其中占用农用地累计总面积148 899公顷，占批准建设用地总面积的59.51%；批准新增建设用地占用耕地累计面积58 909公顷，占批准建设用地总面积的23.54%，占新增建设用地占用农用地累计总面积的39.56%。

1999—2015年度批准内蒙古自治区建设用地情况统计表

表3－3－8

年度	国务院和自治区批准合计（公顷）			国务院批准（公顷）			自治区批准（公顷）		
	总计	农用地	农用地中耕地	合计	农用地	农用地中耕地	合计	农用地	农用地中耕地
1999	1569	1235	655	779	675	288	790	560	367
2000	1292	1026	721	567	439	371	725	587	350
2001	2611	2133	989	1258	991	663	1353	1142	326
2002	2578	2045	829	330	281	232	2248	1764	597
2003	3045	2476	1052	472	443	137	2573	2033	915
2004	8006	6847	2623	1430	1363	1065	6576	5484	1558
2005	9676	6772	2766	2924	2579	1045	6752	4193	1721
2006	22 324	8678	4365	945	804	446	21 379	7874	3919
2007	17 465	7109	4000	6197	3368	1731	11 268	3741	2269
2008	16 902	8416	3001	4973	3344	859	11 929	5072	2142
2009	30 759	18 728	5666	16 177	12 107	2409	14 582	6621	3257
2010	18 589	10 372	4117	3319	3062	689	15 270	7310	3428
2011	22 327	10 419	4768	3398	3190	1149	18 929	7229	3619
2012	23 870	14 526	7234	5598	4344	1610	18 272	10 182	5624
2013	35 787	23 351	7110	13 830	9874	1733	21 957	13 477	5377
2014	21 156	15 824	6694	3588	3155	1467	17 568	12 669	5227
2015	13 834	10 177	2974	9399	7686	1824	4435	2491	1150
合计	250 221	148 899	58 909	74 405	57 030	17 430	175 816	91 869	41 479

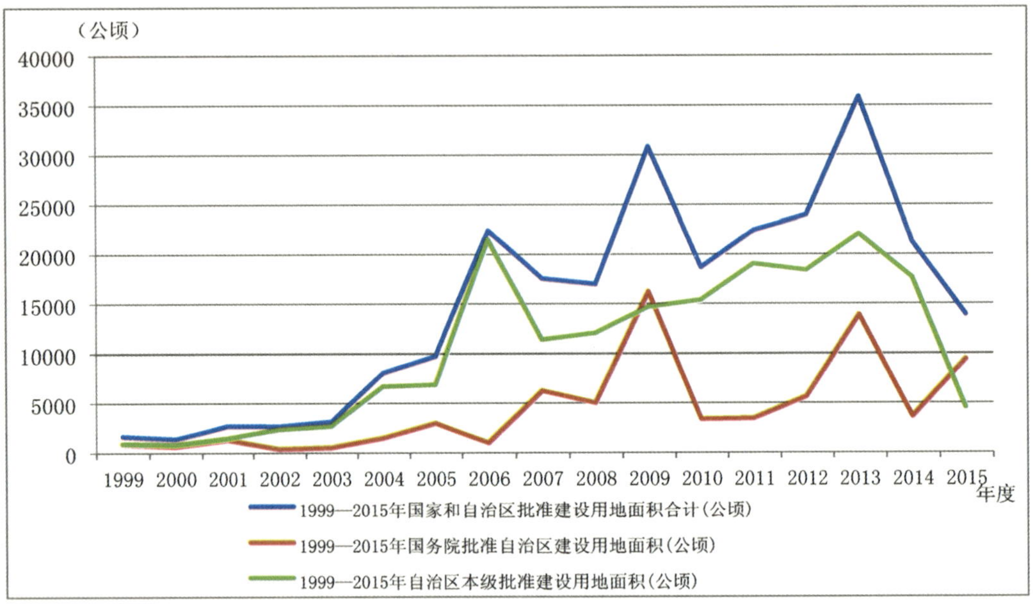

图 3－3－1　1999—2015 年批准内蒙古自治区建设用地面积对比图

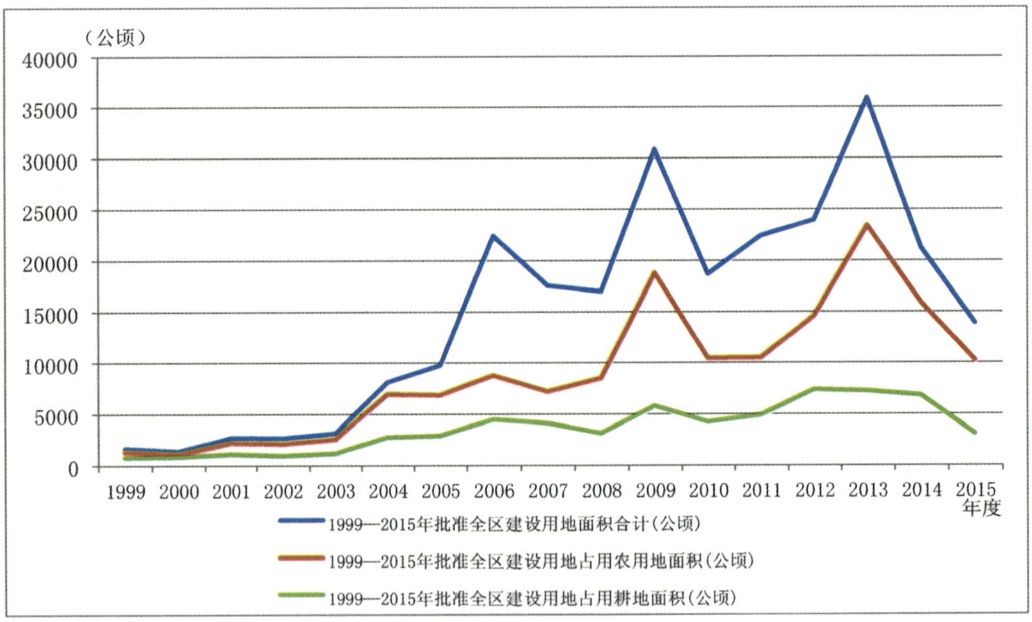

图 3－3－2　1999—2015 年批准内蒙古自治区建设用地占用地类对比图

第四节　供应使用管理

一、管理制度

1998 年 2 月 17 日，国家土地管理局 8 号令颁布《国有企业改革中划拨土地使用权管理暂行规定》。

1999年1月1日起施行的《中华人民共和国土地管理法》第二条第五款规定,国家依法实行国有土有偿使用制度。但是,国家在法律规定的范围内划拨国有土地使用权的除外。第三款中规定:土地使用权可以依法转让。第五十四条规定了可以以划拨方式取得国有建设用地使用权的情形,包括国家机关用地和军事用地,城市基础设施用地和公益事业用地,国家重点扶持的能源、交通、水利等基础设施用地,法律、行政法规规定的其他用地。同时起施行的《中华人民共和国土地管理法实施条例》(国务院令第二百五十六号)第二十二条、第二十三条中均规定:供地方案经批准后,由市、县人民政府向建设单位颁发建设用地批准书。有偿使用国有土地的,由市、县人民政府土地行政主管部门与土地使用者签订国有土地有偿使用合同;划拨使用国有土地的,由市、县人民政府土地行政主管部门与土地使用者核发国有土地划拨决定书。第二十九条规定了国有土地有偿使用的方式包括国有土地使用权出让、国有土地租赁、国有土地使用权作价出资或者入股。1999年,国土资源部印发《关于印发规范国有土地租赁意见的通知》。国土资源部制定了国有土地使用权租赁操作规则,规定国有土地使用权租赁为国有土地有偿使用的方式之一。

2000年10月15日自治区第九届人大常委会第十九次会议通过的《内蒙古自治区实施〈中华人民共和国土地管理法〉办法》第四十条规定:除《土地管理法》第五十四条所列项目外,其他各类建设项目用地,应当采取出让、租赁、作价出资或者入股等有偿使用方式提供国有土地使用权。第二十八条中规定:有批准权的人民政府批准用地后,由土地所在地旗县以上土地行政主管部门组织供地方案的实施。第四十一条规定,划拨土地使用权依法以转让、出租、抵押等形式交易的,按前款规定办理土地有偿使用手续。第四十二条规定,以出让等有偿使用方式取得国有土地使用权的建设单位,按照国务院和自治区规定的标准和办法,缴纳土地使用权出让金等土地有偿使用费后,方可使用土地。第三十四条还规定了"为公共利益或者为实施城市规划需要"收回国有土地使用权的补偿及标准等。

2001年7月12日,自治区政府在《内蒙古自治区人民政府关于自治区高等院校后勤社会化改革有关政策的意见》中提出:在校外成片开发的师生生活服务设施用地,需要使用国有土地的,要比照市政基础设施建设政策执行,同时减免土地出让金。7月13日,自治区国土资源厅转发国土资源部《企业改制土地资产处置审批意见(试行)》和《土地估价报告备案办法(试行)》。同时明确科研院所等事业单位改制涉及的土地资产处置和地价评估报告备案,参照执行。7月31日,自治区国土资源厅转发自治区政府公布的《内蒙古自治区城镇国有土地使用权招标拍卖管理办法》和《内蒙古自治区土地市场管理暂行办法》。要求各地全面建立国有土地招标拍卖制度、土地交易价格申报制度、基准地价和标定地价定期公布制度等。11月16日,自治区国土资源厅转发国土资源部第九号令《划拨用地目录》。

2003年4月16日,最高人民法院公布《关于破产企业国有划拨土地使用权应否列入破产财产等问题的批复》明确:破产企业以划拨方式取得的国有土地使用权不属于破产财产。并确定了企业破产时划拨土地使用权处置的合法途径。同时明确企业对其以划拨方式取得的国有土地使用权无处分权,以及以该土地使用权为标的设定抵押、抵押权实现的合法程序和途径。6月11日,国土资源部公布《协议出让国有土地使用权规定》,从2003年8月1日起施行。

2004年3月5日,自治区国土资源厅印发《关于转发国有划拨土地使用权抵押登记有关问题的通知》,取消《关于印发〈内蒙古自治区土地使用权抵押管理暂行规定〉的通知》第5条关于土地使用权抵押按面积限量审批的规定,就限制流通的土地使用权设定抵押后的处置问题做出说明。6月9日,自治区国土资源厅印发《关于变更全区土地利用管理统计报表内容的通知》,决定从2004年6月起,对《全区土地利用管理统计报表制度》中的报表内容及时间作出变动,对变动事项做出说明,提出要求。6月22日,国土资源部执法监察局向自治区土地市场治理整顿办公室提出进一步整改的意见:对开发区"封闭管理"的问题,在自治区5月9日召开主任会议的基础上,有关部门要尽快启动修改程序,依法收回违规下放给开发区的土地审批权和规划管理权。7月12日,自治区政府办公厅转发《国务院办公厅关于控制城镇房屋拆迁规模严格拆迁管理的通知》,明令:严禁未经拆迁安置补偿,收回原土地使用权而直接供应土地,并发放建设用地批准文件。

2005年4月22日,自治区国土资源厅批复兴安盟国土资源局:关于农村牧区宅基地标准,按照《中华人民共和国土地管理法》第六十二条第一款的规定,应当由自治区出台相关规定,目前该制定工作正在进行中。在自治区新规定未出台前,可以参照原《内蒙古自治区实施〈中华人民共和国土地管理法〉办法》的有关规定执行。关于城镇居民住宅面积标准问题,由于《土地管理法》对该项内容未做规定,因此,国土资源管理对该项内容未做规范性要求,建议依据《城市规划法》和《城镇建设管理条例》的有关规定,向当地城建部门具体了解咨询。

2006年8月17日,自治区国土资源厅转发国土资源部《招标拍卖挂牌出让国有土地使用权规范(试行)》和《协议出让国有土地使用权规范(试行)》指出,各级国土资源部门特别是承担着具体土地出让管理职能的国土部门,一定要深入学习与贯彻两项规范,领会规范下发的重要意义,全面准确掌握土地出让规范的各项规定。12月12日,国土资源部、国家发展和改革委员会公布实施《限制用地项目目录(2006年本)》和《禁止用地项目目录(2006年本)》。12月23日,国土资源部分布《全国工业用地出让最低价标准》,从2007年7月1日起执行。

2007年3月20日,自治区国土资源厅转发国土资源部、财政部、解放军总后勤部联合下发的《关于加强军队空余土地转让管理有关问题的通知》,对军队空余土地转让范围、计划、模式做出规定,明确转让收入归军队所有。5月8日,国土资源部印发《关于贯彻实施中华人民共和国物权法的通知》指出,《物权法》明确了建设用地使用权可以在地表、地面或者地下分别设立;建设用地使用权可以通过出让或者划拨的方式设立;住宅建设用地使用权期间届满的,自动续期。6月28日,经自治区政府同意,自治区国土资源厅印发《关于工业用地招标拍卖挂牌出让工作的实施意见》,部署工业用地招标拍卖挂牌出让具体工作。9月28日,国土资源部令第三十九号公布新修订的《招标拍卖挂牌出让国有建设用地使用权规定》,自2007年11月1日起施行。

2008年3月17日,自治区政府转发《国务院关于促进节约集约用地的通知》,提出推进土地市场化建设,不断优化资源配置的意见。要求扩大有偿使用范围,严格控制划拨供地范围,界定好国家重点扶持的基础设施项目和以盈利为目的的经营性基础设施项目的界限。对国家机关办公、基础设施和各类社会事业用地要积极探索实行有偿使用,深入落实工业用地招标拍卖挂牌出让制度,积极挖潜,盘活存量土地,加强供地管理,提高土地利用效率。4月3日,国土资源部印发新修订的《国有建设用地划拨决定书》,自2008年7月1日起执行。7月4日,自治区国土资源厅、工商局联合发文,要求各地从2008年7月1日起,使用国土资源部、国家工商行政管理总局发布的新版《国有建设用地使用权出让合同》示范文本。10月14日,国土资源部、农业部印发《关于加强国有农场土地使用管理的意见》明确,需要收回国有农场建设用地的,参照征收农民集体建设用地的补偿标准进行补偿,保障农场职工的长远生计。收回的国有农场土地使用权,按照国有土地使用权供应的规定,办理供地手续。严禁擅自通过调整国有农场隶属关系、撤销国有农场建制等方式收回国有农场土地或改变国有农场农用地用途,城市建设规划区范围外的农场职工住宅用地,可暂按划拨用地供应,同时要严格控制用地标准。12 月 31 日,国土资源部印发《关于调整部分地区土地等别的通知》。国土资源部按照《城镇土地分等定级规程》对各地社会经济发展水平、土地资源状况、基准地价水平等因素进行综合评定,调整了部分地区的土地等别。明确自 2009 年 1 月 1 日起《工业项目建设用地控制指标》和《全国工业用地出让最低价标准》统一按照调整后的土地等别执行。

2009 年 12 月 21 日,财政部发布《关于进一步加强土地出让收支管理的通知》,针对 2006 年以来相关政策执行中的问题,提出加强管理的各项措施,规定"市县国土资源管理部门与土地受让人在土地出让合同中依法约定的分期缴纳全部土地出让价款的期限原则上不超过一年。经当地土地出让协调决策机构集体认定,特殊项目可以约定在两年内全部缴清。首次缴纳比例不得低于全部土地出让价款的 50%。土地租赁合同约定的当期应缴土地价款(租金)应当一次全部缴清,不得分期缴纳"。

2010 年 8 月 20 日,国土资源部办公厅在《关于经营性用地变更容积率等规划设计条件后处置办法有关问题的复函》中明确,对于经批准变更容积率等规划设计条件的,应当依法按照变更时容积率条件下的土地市场价格与变更前容积率条件下的土地市场价格的差额补交土地出让价款。11 月 11 日,自治区国土资源厅转发《国土资源部关于印发〈国有建设用地供应计划编制规范〉(试行)的通知》要求,各地结合当地实际执行规范,编制好国有建设用地供应计划。12 月 9 日,自治区国土资源厅转发《国土资源部关于严格落实房地产用地调控政策促进土地市场健康发展有关问题的通知》要求,各地编制好 2011 年国有建设用地供应计划特别是保障性住房用地供应计划,合理确定住房用地供应总量和结构。对列入年度供地计划的保障性住房用地,按照供地要求,应保尽保、及时供地。

2011 年 6 月 1 日,自治区国土资源厅转发《国土资源部关于坚持和完善土地招标拍卖挂牌出让制度的意见》强调,完善国有土地使用权招拍挂出让制度,加强土地出让政策在房地产市场调控中的积极作用,严格规范房地产用地管理,保障中央关于房地产市场调控政策的落实,促进我区房地产市场平稳健康发展。

2012 年 5 月 23 日,国土资源部、国家发展和改革委员会发布实施《限制用地项目目录(2012 年本)》和《禁止用地项目目录(2012 年本)》,从发布之日起施行。6 月 1 日,国土资源部发布新修订《闲置土地处置办法》,自 2012 年 7 月 1 日起施行。

2013 年 4 月 12 日,自治区国土资源厅转发国土资源部办公厅《闲置土地处置法律书示范文本》和《闲置土地处置案卷表》要求,各盟市国土资源局及时向土地使用方下达相关法律文书,建立闲置土地处置案卷,并在土地市场动态监测与监管系统中同步备案、跟踪更新。5 月 17 日,自治区国土资源厅转发国土资源部办公厅《国有建设用地使用权出让地价评估技术规范(试行)》,并提出要进一步理顺出让土地定价程序、建立和落实出让底价集体决策制度,依法依规做好出让土地定价工作;着力预防虚假地价评估、违规干预地价评估,严格防止出让底价决策缺位、单纯以地价评估代替底价决策。8 月 5 日,自治区国土资源厅转发《国土资源部办公厅关于土地使用权交易纳入公共资源交易系统意见的函》提出,各地要按照"对目前各地正在开展的公共资源交易市场建设,可先采取由国土资源管理部门安排土地使用权出让交易管理机构进驻公共资源交易市场,办理出让交易环节相关事务,并接受公共资源交易市场的指导和监督,在国家出台公共资源交易市场管理政策之后,按统一政策执行"的原则要求,积极配合支持将土地使用权交易纳入公共资源交易系统工作,严格履行土地使用权出让管理的法定职责、程序和监管责任,力求土地使用权交易纳入公共资源交易系统工作不变味、不走样。

2014 年 5 月 12 日,自治区国土资源厅转发国土资源部办公厅《养老服务设施用地指导意见》要求,各盟市国土资源局做好养老服务设施用地服务保障工作。8 月 29 日,自治区国土资源厅印发《关于贯彻实施〈节约集约利用土地规定〉的意见》,从十个方面提出贯彻落实的具体要求。

二、土地供应

(一)监管

2000 年 6 月 18 日,自治区国土资源厅印发《关于认真做好扶贫开发城镇移民用地服务工作的通知》要求,各盟市土地管理局切实防止以城镇移民的名义取得划拨土地,不得随意改变城镇移民的土地用途。鼓励移入区的各旗县政府把移民所需的集体土地,依法一次性征为国有,再划拨给移民使用。提高现有城镇建设用地利用率,防止出现土地的闲置和荒芜。

2001 年 2 月 9 日,自治区国土资源厅转发《国土资源部关于加强土地管理促进小城镇健康发展的通知》,就依法支持小城镇健康发展,立足于挖掘存量建设用地潜力,以市场机制调节土地资源配置,进一步加强对集体建设用地使用权的流转管理等提出要求。5 月 11 日,自治区国土资源厅批复巴彦淖尔盟(今巴彦淖尔市)土地管理局:国有土地使用权的招标、拍卖工作的负责、组织、实施应以国土资源部办公厅《关于国有土地使用权招标、拍卖有关问题的复函》文件为准。6 月 29 日,自治区政府在赤峰市召开全区国有土地招标拍卖现场会,全区 12 个盟市及全区 1/3 旗县分管土地工作的盟市旗县领导和土地局局长及相关厅局参加会议。7 月 11 日,自治区国土资源厅转发《国土资源部关于整顿和规范土地市场秩序的通知》。11 月 21 日,自治区国土资源厅转发自治区人民政府《关于进一步加强国有土地资产管理工作的意见》要求,各地深入落实土地出让制度,规范土地出让活动,加强闲置土地清查处置。

2002 年 2 月 5 日,自治区政府印发主席办公会议纪要,同意内蒙古财经学院在筹措新校区建设资金时,以现有的旧校部土地和资产进行置换或抵押贷款。3 月 21 日,自治区国土资源厅向自治区政府报送《关于京通铁路绿色通道工程建设使用土地及享受优惠政策的意见》,提出以划拨方式提供土地使用权,涉及使用未确定使用权的国有或集体荒山荒地的,由地方人民政府无偿提供给铁路部门使用;除应当付给农村集体经济组织和农民的补偿费用外,其他相关费用按工作完成成本核算,以满足任务要求为原则,具体标准与当地土地行政主管部门在规定标准范围内协商确定。3 月 25 日,自治区国土资源厅印发《关于充分发挥土地资产的作用积极推进全区城镇化建设的若干意见》,提出实现土地资产利用管理方式的“五个根本转变”:实现建设用地供应渠道由分散向集中转变,土地供应由注重量的控制向控制总量和结构优化并重转变,土地供应方式由行政配置为主向市场配置为主转变,土地市场政策及信息由不公开、不透明向公开、透明转变,土地市场的管理由注重事前行政审批向事后监管转变。明确在集体土地统一转用中,允许农民以租赁、参股等方式供地,参与土地收益的二次分配,保证社会发展十年规划有长期稳定的收入来源。8 月 1 日,国土资源部印发《关于切实加强加油站用地管理的通知》,部署整治违法违规加油站用地清理工作。提出依法规范新建加油站用地管理的政策,对加油站用地列入限制供地类项目,一律按规定实行有偿使用、招标拍卖出让,按加油站设置规划、以标准供地等。8 月 20—21 日,自治区政府在包头市召开全区国有土地使用权招标拍卖现场会。会议提出了深化土地使用制度改革,加快城镇化建设步伐,加强国有土地资产管理,促进全区经济社会健康快速和持续发展的相关措施。10 月 30 日，自治区国土资源厅通报 1—9 月份全区国有土地使用权招标拍卖挂牌出让情况。指出一些地方经营性用地仍以协议或划拨方式供地；一些地方仍存在非政府土地行政主管部门违法供地的问题，土地行政主管部门发现后干预、制止不够有力；一些旗县（市）土地使用权招标、拍卖和挂牌出让组织工作和程序不够规范；一些地方供应土地缺乏透明度，采用市场方式招标、拍卖及挂牌交易公开供地工作至今还是空白等问题。针对问题，提出下一步工作的要求和措施。

2003 年 1 月 6 日，自治区国土资源厅向国土资源部报告自治区国有土地使用权出让及土地收益流失现状调研情况：经对全区 12 个盟市进行专项检查，共查出 1999 年以来超出法定范围划拨供地 761 宗，面积 912.4 公顷，流失出让金约 100 127 万元；原划拨的土地改变为经营性用地，但未按法律规定向政府上缴土地收益的 286 宗，面积 41 629 平方米，流失出让金 440 万元；出让国有土地已按国家规定确定了最低价后，擅自减免地价款的 48 宗，面积 21 公顷，流失出让金 4504 万元；2002 年以来经营性土地使用权出让不采取招标拍卖的 129 宗，面积 31 公顷，流失出让金 2690 万元；擅自将划拨土地采取联营、合作等方式建设商业、旅游、娱乐设施、商品房和进行房地产开发的 13 宗，面积 42 719 平方米，流失出让金 300 万元；泄露或变相泄露招标标底、拍卖底价或者其他有关保密资料的 1 宗，面积 34 960 平方米。以上流失的土地出让金总计已达 10.8 亿元。针对问题，自治区国土资源厅提出对策和建议。同日，自治区国土资源厅印发《内蒙古自治区土地资产管理“十五”计划纲要》，提出自治区“十五”期间土地资产管理的指导方针、目标、任务和落实措施。3 月 6 日，自治区政府办公厅印发《关于进一步治理整顿土地市场秩序工作实施方案》明确，治理整顿的主要内容包括各类园区用地中存在的“违法供地”“违法违规交易”，主要是违反《招标拍卖挂牌出让国有土地使用权规定》供地和擅自利用划拨土地、集体土地进行经营性房地产开发问题。9 月 24 日，国土资源部印发《关于加强土地供应管理促进房地产市场持续健康发展的通知》提出，切实加强对房地产开发土地的调控，进一步完善房地产开发土地供应政策等要求。12 月 5 日，自治区国土资源厅向国土资源部上报《内蒙古自治区 2003 年度土地利用变化情况分析报告》，说明 2003 年自治区各类建设项目占用土地 298 974.6 亩，其中居民点及工矿用地 211 760.6 亩，交通建设用地 79 864.3 亩，水利设施用地 9448.1 亩，建设用地年内减少 4807.6 亩。

2004 年 6 月 7 日，自治区政府办公厅发文，部署深入开展土地市场治理整顿工作。明确由监察、国土资源部门负责清理整顿经营性土地使用权招标、拍卖、挂牌出让中存在的问题。重点查处经营性用地招拍挂出让中违法违规问题。10 月 11 日，自治区国土资源厅就兴安盟国土资源局《关于混合用地是否实行招标拍卖挂牌出让的请示》作出批复。重申国土资源部令第十一号《招标拍卖挂牌出让国有土地使用权规定》第四条规定，明确凡是商住混合用地一律采用招标、拍卖或者挂牌方式出让。11 月 16 日，自治区政府印发《贯彻落实国务院关于深化改革严格土地管理的决定的通知》，强调推进土地资源市场化配置，建立土地有形市场。要求 2005 年底前各类土地使用权交易全部在土地行政主管部门指定的交易场所进行。

2005 年 8 月 22 日，国土资源部印发《关于坚决制止“以租代征”违法违规用地行为的紧急通知》指出：国土资源部和一些省（区、市）正在进行的农民集体建设用地流转试点、征地制度改革试点，两项试点只限定在试点地区；试点地区必须根据批复的试点方案内容开展试点工作。以转让、出租、作价入股等方式进行农民集体建设用地流转试点的，必须是已经依法批准为建设用地的农民集体所有土地;必须符合土地利用总体规划及城市(村庄和集镇)规划;必须经过农村集体经济组织和农民的同意;必须按规定签订流转合同,报县级以上国土资源部门批准后,办理土地变更登记手续。

2006 年 4 月 6 日,自治区政府印发专题会议纪要明确,今后经营性用地特别是城市商业性用地全部以招拍挂方式出让。6 月 28 日,自治区国土资源厅印发《内蒙古自治区国土资源厅关于推进社会主义新农村新牧区建设的实施意见》提出,做好土地供应管理工作多项措施,确保新农村新牧区建设的合理用地需求。

2007 年 3 月 28 日,自治区国土资源厅批复呼和浩特市国土资源局:自 2006 年 8 月 31 日起,全区所有工业用地一律以招标拍卖挂牌方式出让。对 2006 年 8 月 31 日前已签定协议的自治区、盟市、旗县(市、区)的政府招商引资项目以及已批准立项的自治区重点工业项目,项目用地已经国土资源部门预审的,其用地仍可按协议出让方式供应。5 月 14 日,自治区国土资源厅批复乌海市国土资源局:临时用地不可以收取年地租。6 月 19 日,自治区国土资源厅批复乌海市国土资源局:物流企业用地不得减免土地出让金。物流企业用地类型应依据国土资源部《全国土地分类标准》确定。7 月 11 日,自治区国土资源厅批复呼和浩特市国土资源局:呼和浩特市抽水蓄能发电有限责任公司办公用地,不在国土资源部《划拨用地目录》范围内,应当以有偿方式提供土地使用权。12 月 24 日,自治区国土资源厅针对整合农牧业科学院土地资源中涉及的土地出让金问题,向自治区政府办公厅上报《关于整合农牧业科学院土地资源建设科技创新平台的意见》,说明《国务院办公厅关于规范国有土地使用权出让收支管理的通知》的相关规定,提出农牧业科学院的土地出让金应全部缴入呼和浩特市地方国库,实行“收支两条线”,任何地区、部门和单位都不得减免土地出让金的意见。

2008 年 3 月 4 日,自治区国土资源厅对内蒙古基本建设咨询投资公司改制有关土地政策问题提出处理意见:内蒙古基本建设咨询投资公司改制涉及的土地出让金应全部缴入当地政府的地方国库,实行“收支两条线”管理。任何地区、部门和单位都不得减免土地出让金。12 月 18 日,自治区国土资源厅批复乌兰察布市国土资源局:凉城县岱海农场破产的国有划拨土地,应以出让方式处置。

2010 年 3 月 11 日,国土资源部印发《国土资源部关于加强房地产用地供应和监管有关问题的通知》强调,严格规范商品房用地出让行为。重申各地要按照《限制用地项目目录(2006 年增补本)》要求,严格控制商品房用地单宗出让面积。应按规定及时更新基准地价并向社会公布,土地出让最低价不得低于出让地块所在地级别基准地价的 70%,竞买保证金不得低于出让最低价的 20%。对用地者欠缴土地出让价款、闲置土地、囤地炒地、土地开发规模超过实际开发能力以及不履行土地使用合同的,市、县国土资源管理部门要禁止其在一定期限内参加土地竞买。土地出让成交后,必须在 10 个工作日内签订出让合同,合同签订后 1 个月内必须缴纳出让价款 50% 的首付款,余款要按合同约定及时缴纳,最迟付款时间不得超过一年。

2011 年 5 月 16 日,自治区国土资源厅转发《国土资源部关于加强保障性安居工程用地管理有关问题的通知》,其中对保障性安居工程建设用地的有效供应,提出严格建设标准,规范供应管理,加大执法力度,落实政策规定等相关要求。

2012 年 8 月 24 日,自治区国土资源厅印发《关于做好全区保障性安居工程建设供地统计上报工作的紧急通知》。为落实 2012 年 8 月 14 日自治区召开的全区保障性安居工程建设中期推进会议精神,确保全区 27.77 万套保障性安居工程用地“应保尽保”,自治区国土资源厅对抓紧办理保障性安居工程建设用地供地手续、相关情况录入土地市场动态监测与监管系统、情况上报等提出要求。

2014年3月6日,自治区国土资源厅答复兴安盟国土资源局:《内蒙古自治区人民政府关于取消和下放一批行政审批项目等事项的决定》取消商服业用地年地租最低限价收费后,应坚持实行有偿使用,并按照现行国有建设用地使用权有偿使用方式、配置方式、最低限价、底价决策等的国家统一规定,进行规范化管理;对原取得的划拨土地使用权、依法依规改为商服用途,且土地使用权人不变的,可以按照国土资源部《协议出让国有建设用地使用权规定》等相关规定补缴出让金、以协议出让方式办理;也可以参照国土资源部《关于印发〈规范国有土地租赁若干意见〉的通知》《协议出让国有建设用地使用权规定》及相关规定,以协议租赁方式办理;核定补缴出让金或确定租金标准的过程中,要严格执行出让价格不低于该宗地对应商服用途所在土地级别现行基准地70%的政策规定。

2015年10月19日,自治区国土资源厅印发《关于进一步加大闲置土地动态处置工作力度的紧急通知》,要求各级国土资源管理部门要及时向当地党委、政府定期汇报,并在当地政府的组织领导下,按照工作方案的要求,积极开展相关工作。

(二)供应

2000年,全区已建土地有形市场的旗县市总数39个;全年招标拍卖出让土地128宗、面积35.933公顷,成交额8812.439万元。

2001年11月21日,自治区国土资源厅转发自治区政府《关于进一步加强国有土地资产管理工作的意见》要求,各地深入落实土地出让制度,规范土地出让活动,加强闲置土地清查处置。2001年,全区有50个旗县建立土地有形市场,31个旗县建立土地招标拍卖机构;全区12个盟市44个旗县(市、区)开展国有土地使用权的招标拍卖工作,招标拍卖国有土地467宗,面积116.17公顷,总价款3.54亿元。当年,全区土地供应总量(包括存量土地)12 150宗,面积3889.87公顷,其中出让方式供地4911宗,面积1563.36公顷,面积占土地供应总量的40.2%。招标拍卖出让土地467宗,面积116.17公顷,面积占出让方式的7.4%,总价款3.54亿元人民币。

2002年1—10月,全区土地供应总量6413宗,面积1783.8公顷,其中出让方式(包括租赁方式)供地4619宗,面积716.4公顷,占土地供应总量的40.2%。招标拍卖挂牌出让土地590宗,面积153.4479公顷,面积占出让方式的21.4%,总价款7.48亿元。

2003年1—9月,全区以出让方式供应土地1746宗,面积679.76公顷,土地收益42 209.91万元,其中以招标、拍卖、挂牌方式供应土地376宗,面积177公顷,价款23 893.21万元;协议出让土地1370宗,面积502.76公顷,价款18 316.7万元。以招标、拍卖、挂牌方式供地占出让供地总量的26%,较上年同期有所提高。全年,清理和收储闲置土地2065.45公顷。

2004年5月24日,自治区国土资源厅向国土资源部上报《关于内蒙古自治区土地供应形势分析的报告》,1999—2003年全区建设用地总供应面积16 099.07公顷,其中以划拨方式供应10 067.87公顷,占总供应面积的62.5%;以有偿方式供应6031.2公顷,占总供应面积的37.5%。一些地方仍存在多头供地、不按土地利用规划和计划供地以及供地面积严重超过国家定额标准的问题。全年,自治区以招拍挂方式出让国有土地817公顷,成交价款12.68亿元。

2006年1月20日,自治区国土资源厅向国土资源部上报《关于开展〈国有土地划拨决定书〉和〈建设用地批准书〉专项调查情况的报告》,1999年—2005年自治区供地项目合计48 534个,其中以划拨方式供地23 617个,发放《建设用地批准书》41 158个,《国有土地划拨决定书》5171个,占应发数的比例为91%和43%。5月29日,自治区国土资源厅向自治区政府报送国土资源工作总结。"十五"

期间,全区国土资源系统以招拍挂等有偿方式供地 2480.39 公顷,占建设用地供应总量的 60%,总价款 44.11 亿元。其中 2005 年全区以有偿出让方式提供土地使用权面积 1982.59 公顷,总价款 20.93 亿元,比 2004 年增加 66%。12 月 31 日,自治区国土资源厅编发《2006 年度土地利用统计报告》(总第三期)。2006 年全区建设用地供应总量为 7178.58 公顷,其中利用存量土地的供应量占 73%,新增建设用地供应量占 27%。按用途划分的供地结构:商服用地约占 21%,住宅用地约占 28%,工矿仓储用地占 34%,公用设施、公共建筑、交通运输用地约占 15%。与上年相比,建设用地供应总量增长 80%,其中工矿仓储用地增加 30%,公用设施、公共建筑、交通运输用地增加 16%。全区土地出让价款 61.4 亿元,是上年的 2.8 倍。

2007 年 12 月 28 日,自治区国土资源厅编发《2007 年度土地利用统计报告》(总第七期)。2007 年全区建设用地供应总量为 8437.89 公顷,其中新增建设用地占供应总量的 41%,存量土地供应占供应总量的 59%。与上年同期相比,建设用地供应总量增长 18%,新增建设用地供应总量增长 82%。建设用地供应总量中,工矿仓储用地占 44.21%,比上年同期比例增加 9.96%;居住用地占 31.98%,比上年同比例期上升 3.5%;公用设施、公用建筑和交通运输用地占 12.5%,比上年同期比例下降 2.21%;商服用地占 9.34%,比上年同期比例下降 11.86%;其他占 1.97%。全区土地资产总收益 117.72 亿元,其中土地出让成交价款占总收益的 98%。

2008 年 12 月 31 日,自治区国土资源厅编发《2008 年度土地利用统计报告》(总第十一期)。2008 年全区建设用地供应总量 12 584.84 公顷,与上年同期相比增长 33%。其中,新增建设用地占供应总量的 32%,存量土地供应占供应总量的 68%。批准置换土面积 3461.7078 公顷。建设用地供应总量中,工矿仓储用地占 25%,供地比例较上年同期下降 15%,居住用地占 19%,供地比例较上年同期下降 13%,商服用地占 15%,其他占 41%。全区土地出让成交价款 1 405 257.54 万元,较上年同期增长 18%。其中招拍挂出让成交价款占出让成交价款的 94%。

2009 年 12 月 28 日,自治区国土资源厅编发《2009 年度土地利用统计报告》(总第十五期)。2009 年全区建设用地供应总量 18 651.90 公顷,比上年同期增长 84%,其中供应新增建设用地 11 593.52 公顷,占供应总量的 62%,供应存量建设用地 7058.38 公顷,占供应总量的 38%。国有建设用地供应总量中,商服、工矿仓储、住宅、其他用地分别为 1264 公顷、7655 公顷、2545 公顷、7188 公顷,分别占供应国有建设用地总量的 7%、41%、14%、39%,工矿仓储和其他用地合计占供应国有建设用地总量的 80%。国有建设用地出让成交价款为 184 亿元,比上年增长 18.21%。

2010 年 12 月 31 日,自治区国土资源厅编发《2010 年度土地利用统计报告》(总第十九期)。2010 年全区建设用地供应总量 21 865.16 公顷,比上年同期增加 1.5%。供应总量中,供应新增 12 967.39 公顷,占供应总量的 59%,供应存量 8897.77 公顷,占供应总量的 41%。国有建设用地供应总量中,工矿仓储用地占 35%,比上年同期比例下降 2%,住宅用地占 22%,与上年同期比例增长 9%,商服用地占 15%,比上年同期比例上升 8%,其他用地占 28%,与上年同期比例降低 15%。土地出让成交总价款 4 875 029.69 万元,是 2009 年的 2.36 倍。

2011 年 12 月 29 日,自治区国土资源厅向国土资源部报送《关于上报 2011 年保障性安居工程建设任务用地落实情况的报告》。2011 年自治区保障性安居工程建设任务已供应土地 1494 公顷,实际供地占计划用地的 76.58%。其中廉租房用地 158.82 公顷,经济适用住房 380.61 公顷,各类棚户区改造用地 788.57 公顷,公共租赁房用地 98.65 公顷,限价商品房用地 67.35 公顷。全区保障性安居工程建设项目用地落实率为 103.6%。其他用地落实面积为 470.32 公顷。已办理征收审批的面积为 811.28 公顷。存在的主要问题：有些地区在保障性安居工程建设安排上，存在拆迁工作不到位、选址不确定、建设资金落实缓慢等问题；有些地区虽实际已办理土地征收审批手续，但因目前未达到土地供应条件，没有及时录入土地市场动态监测监管系统；还有的地区存在未批先建等土地违法行为，导致土地审批程序倒置等问题。12 月 31 日，自治区国土资源厅编发《2011 年度土地利用统计报告》（总第二十三期）。2011 年全区建设用地供应总量 25 071.39 公顷，比上年同期增加 11%。其中供应新增 12 149.28 公顷，占供应总量的 48%，供应存量 12 922.11 公顷，占供应总量的 52%。建设用地供应总量中，工矿仓储用地占 40%，比上年同期比例上升 4%；住宅用地占 21%，与上年同期比例减少 2%；商服用地占 10%，比上年同期比例减少 4%；其他用地占 28%，与上年同期比例增加 1%。国有建设用地出让总面积 16 832.8062 公顷，占供应总量的 67%，出让成交总价款 5 830 574.41 万元，出让成交价款比上年增加 15%。

2012 年 12 月 31 日，自治区国土资源厅编发《2012 年度土地利用统计报告》（总第二十七期）。2012 年全区建设用地供应总量 32 551.49 公顷，比上年同期增加 16.6%。其中，供应新增 16 031.4 公顷，占供应总量的 49.25%，供应存量 16 520.09 公顷，占供应总量的 50.75%。国有建设用地供应总量中，工矿仓储用地占 30.55%，比上年同期比例减少 7.73%，住宅用地占 11.35%，比上年同期比例减少 8.15%，商服用地占 8.5%，比上年同期比例减少 1.49%，其他用地占 49.59%，比上年同期增加 17.37%。国有建设用地出让总面积 14 588.93 公顷，占供应总量的 44.82%，比上年同期比例下降 14.43%，出让成交总价款 5 448 805.86 万元，为上年同期的 88%。

2013 年 8 月 15 日，自治区政府办公厅召开会议研究楼堂馆建设清理工作，自治区国土资源厅做专题《2007 年以来楼堂馆所用地供地基本情况报告》。2007 年 1 月 1 日至 2013 年 8 月 13 日，全区公共管理和社会组织用地供应总规模涉及 2790 份合同书，面积 6070 公顷，平均单份合同面积 2.2 公顷，其中归入国家机构名下的面积 5206 公顷，占该供应总规模的 86%，国家机构名义用地占主导地位。该类用地总规模约占同期建设用地供应面积的 3%。2007—2009 年全区该类用地年供应量在 419～496 公顷之间，2010—2011 年为 1000 公顷左右，2012 年上升到最高点 1525 公顷。2013 年中央提出整顿楼堂馆所建设的要求，遏制了部分过度建设冲动，2013 年用地下降到 1075 公顷。2007—2013 年全区公共管理和社会组织用地年平均供应 867 公顷。12 月 31 日，自治区国土资源厅编发《2013 年度土地利用统计报告》（总第三十一期）。2013 年全区国有建设用地供应总量 31 776 公顷，比上年同期减少 2.04%。其中供应新增 17 441 公顷，供应存量 14 335 公顷，分别占供应总量的 55%、45%。国有建设用地供应总量中，工矿仓储用地占 31%，比上年同期供地比例增加 0.3%，住宅和商服用地占 16%，比上年同期供地比例减少 4.2%，其他占 53%，比去年同期供地比例增加 3.9%。其他用地中，公共管理与公共服务、交通运输用地各占 22%、77%。全年，全区土地出让金收益 431.7 亿元。

2014 年 12 月 31 日，自治区国土资源厅编发《2014 年度土地利用统计报告》（总第三十三期）。2014 年全区国有建设用地供应总量 22 830.37 公顷，比上年同期减少 26.4%。其中供应新增 12 092.25公顷，供应存量 10 738.13 公顷，分别占供应总量的 52.97%、47.03%。国有建设用地供应总量中，按用途分：工矿仓储用地占 28%，比上年同期供地比例减少 3.49%，住宅和商服用地占 19%，比上年同期供地比例增加 2.38%，其他占 53%，比去年同期供地比例增加 1.13%。其他用地中，公共管理与公共服务、交通运输用地各占 17%、82%。2014 年，全区土地出让金收益为 358.3 亿元。

2015 年,全区建设用地供应总量 20 958 公顷,土地出让金收益为 140 亿元。

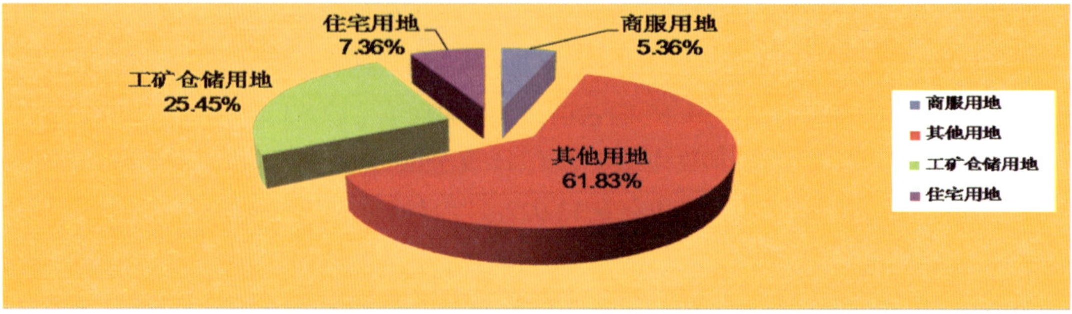

图 3－3－3　2015 年内蒙古自治区土地供应用途占比图

2006—2015 年,从 2008 年开始进入供地增长快、供地规模大的阶段,至 2012 年供地规模达到高点 31 439 公顷,从 2013 年后供地规模呈现下降趋势。10 年全区合计供应建设用地 203 292 公顷,其中出让土地 107 783 公顷,占供地总量的 53.02%,10 年土地出让成交价款累计为 3251 亿元。

2006—2015 年内蒙古自治区建设用地供应情况统计表

表 3－3－9

年度 供地情况	2006 年	2007 年	2008 年	2009 年	2010 年	2011 年	2012 年	2013 年	2014 年	2015 年	合计
供应面积合计(公顷)	7388	8438	12 585	18 652	22 646	27 335	31 439	31 021	22 830	20 958	203 292
划拨面积(公顷)	1351	1556	1971	8690	7339	10 632	17 425	17 269	12 695	12 901	91 829
出让面积(公顷)	5823	6834	7327	9954	15 307	16 703	14 014	13 746	10 135	7940	107 783
协议面积(公顷)	3230	3512	1152	3344	3143	2008	1334	2101	680	766	21 270
招拍挂面积(公顷)	2593	3322	6175	6610	12 164	14 694	12 680	11 645	9456	7174	86 513
出让价款(亿元)	63	113	140	184	503	610	534	533	366	207	3251

第五节　国有企业改革改制土地资产处置

1998 年 2 月 17 日,原国家土地管理局发布实施《国有企业改革中划拨土地使用权管理暂行规定》,自 1998 年 3 月 1 日起施行。11 月 26 日,原自治区土地管理局印发《关于充分发挥土地行政主管部门职能作用支持国有企业改革和发展的意见》,从创造良好用地环境、采取灵活多样的方法处置土地资产、帮助企业减债脱困等方面,提出支持国有企业改革和发展的意见。

2000 年 1 月 6 日，原自治区土地管理局提出支持科研院所体制改革的意见：在体制改革中，继续保留科研院所的国有划拨土地使用权，非上市公司、科研企业所使用的国有划拨土地，可以有偿转让变现，需以出让方式取得国有土地使用权，可只缴纳 40% 的土地出让金。8 月 18 日，自治区国土资源厅印发《关于开展全区国有企业土地资产状况调查的通知》，部署具体工作。当年，自治区国土资源厅印发《关于进一步加强企业改制中地价评估和土地资产处置管理工作的通知》强调，各级土地行政主管部门要进一步认真学习原国家土地管理局颁布的《国有企业改制中划拨土地使用权管理暂行规定》《关于加强土地资产管理促进国有企业改革和发展的若干意见》，以及原自治区土地管理局《关于充分发挥土地行政主管部门的职能作用，支持国有企业改革和发展的通知》《内蒙古自治区地价评估管理暂行办法》等法规和文件。全年自治区国土资源厅为 10 家国企改制办理土地资产处置手续。此外，当年自治区国土资源厅向国土资源部报告土地评估与资产处置违法违规典型案例调查情况。按照国土资源部《关于调查上报土地评估与资产处置违法违规典型案例的通知》要求，自治区国土资源厅对全区范围已在国内证券市场上市挂牌的股份公司和完成改制工作并拟上市的股份公司进行调查，发现自治区有 15 家企业存在评估结果及土地资产处置方案未报原自治区土地管理局确认和审批，也未办理登记手续等问题。原因是 1995 年以前国有企业改制和上市中土地资产的评估、处置工作尚属探索阶段，在管理程序上，土地行政主管部门的相关职能未能显现。自治区国土资源厅提出，应按照原国家土地管理局、国家体改委《股份有限公司土地使用权管理暂行规定》及自治区政府《内蒙古自治区股份有限公司土地使用权管理暂行办法》要求，补办有关手续，自治区各级土地管理部门将进一步加强对辖区内上市公司土地资产的监督管理的处理意见。

2001 年 2 月 13 日，国土资源部印发《关于改革土地估价结果确认和土地资产处置审批办法的通知》，根据国务院要求政府减少审批，强化监管要求，提出以土地估价报告备案取代土地估价机构确认审批，明确企业的国有划拨土地权益，规范国家作价出资（入股）、授权经营处置方式的使用等意见。2 月 16 日，自治区国土资源厅印发《关于对授权经营的土地登记发证有关事项的通知》要求，对授权经营的土地，各地土地行政主管部门要按规定抓紧进行土地使用权的变更登记，颁发有关土地证书。并就国土资源部批准授权经营的企业的土地登记提出具体要求。随文印发国土资源部批准中国石油天然气集团公司为授权经营单位的两个文件，该公司在自治区共涉及 2459 宗土地，其中华北油田 1743 宗、辽河油田 495 宗；内蒙古石油销售公司 208 宗。要求授权经营土地所在地按规定给予办理土地变更登记、发证。5 月 29 日，国土资源部办公厅发布《企业改制土地资产处置审批意见（试行）》和《土地估价报告备案办法（试行）》。《企业改制土地资产处置审批意见（试行）》对企业改制土地资产处置审批权限、采用国家作价出资（入股）或授权经营方式处置的范围和程序、土地资产处置总体方案与具体方案审批要求做出具体规定。全年，自治区国土资源厅审批改制企业土地资产处置 7 家，涉及国有土地 434 宗，面积 27 617.29 平方米，总价款 9.17 亿元。对 29 家企业进行土地估价结果备案工作，涉及企业用地面积 4560.93 万平方米、土地评估价格 10.52 亿元。

2002 年 2 月 1 日，自治区国土资源厅印发《关于进一步规范和加强企业改制中土地资产处置审批和土地估价报告备案管理的通知》，针对个别地区对改革政策掌握不透，工作出现推诿拖拉的现象，与国家减少审批事项，减政放权，为企业创造宽松发展环境，促进土地评估中介机构健康发展的宗旨相违背的问题，提出进一步深化土地评估机构脱钩改制工作，规范和加强企业改制中土地资产处置审批和土地估价报告备案管理的具体要求。全年，自治区国土资源厅对 16 家国有企业改制中的土地估价报告进行备案,涉及土地634宗,面积10 412公顷,总价14.54亿元。审核国有企业改革涉及的土地资产处置方案9件,涉及土地604宗,面积1292.5公顷,增加国家资(股)本金6.12亿元。

2003年11月24日,自治区国土资源厅转发《国土资源部加强城市建设用地审查报批工作有关问题的通知》要求,对于各类开发区和房地产建设用地必须严格审查把关,对于不符合国家供地政策和当地经济发展实际的,坚决不预办理用地报批手续,防止城市建设用地规模无限扩大和土地资源浪费,促进城市土地高效集约利用。全年,自治区国土资源厅为自治区22家企、事业单位改组、改制办理土地估价报告856宗,面积5.1万公顷,盘活土地资产25亿元。

2004年9月13日,自治区国土资源厅转发自治区政府主席办公会议纪要《研究自治区三大流通集团改革方案有关事宜》要求,各地督促本辖区内有关旗县(区)国土资源局,为企业改制从优从快办理有关土地资产处置手续,确保自治区三大流通集团改制目标的顺利实现。当年1—3季度,自治区国土资源厅对中国移动通信公司内蒙古分公司等7家改制企业1742宗土地进行了土地估价报告备案和土地资产处置具体方法的审核,盘活土地资产面积751 118.5平方米,土地估价总额1.75亿元。

2005年5月19日,自治区国土资源厅印发《关于积极做好第二批中央企业分离办社会职能工作有关土地资产处置问题的通知》,就做好第二批中央企业分离办社会职能工作有关土地资产处置问题,作出说明和要求。6月7日,自治区国土资源厅回复内蒙古自治区有色地质勘查局(以下简称自治区有色地勘局),地勘单位改革若以出让方式处置土地资产,要执行内政发[2001]92号文件的优惠政策,应取得自治区政府的批准。12月8日,自治区政府办公厅批复自治区国土资源厅,同意内蒙古自治区地质矿产勘查开发局(以下简称自治区地勘局)在处置原国有划拨土地现有存量中可利用土地资产时,免征土地出让金和土地用途变更等相关费用,其收益用于冲抵改革成本或转增国家资本金。收益的使用情况由你厅会同财政厅共同监督。

2007年8月13日,自治区国土资源厅向内蒙古新华发行集团股份有限公司发函,明确土地使用权变更为国家作价出资(入股)权利后,可以不交年地租的政策。10月15日,自治区国土资源厅批复呼和浩特市国土资源局:自治区地勘局在企业化改革中,以转赠国家资本金的方式办理土地出让手续时,需提交有关单位出具的已转赠国家资本金的证明。10月16日,自治区国土资源厅批复:同意内蒙古自治区煤田地质局(以下简称自治区煤田地质局)在对原国有划拨土地进行资产处置时,采用将土地出让收益部分转增为国家资本金方式办理。

2008年3月24日,自治区国土资源厅批复:同意自治区地勘局在企业化改革中涉及的2宗国有划拨土地,面积34 519.2平方米,合计金额17 958 012.4元的土地出让金转增国家资本金。5月21日,自治区国土资源厅批复:同意自治区煤田地质局在企业化改革中涉及的4宗国有划拨土地,面积55 976.61平方米,合计金额9 414 726元的土地出让金转增国家资本金。6月6日,自治区国土资源厅批复:同意自治区地勘局在企业化改革中涉及的13宗国有划拨土地,面积91 427.86平方米,合计金额33 345 729元的土地出让金转增国家资本金。7月16日,自治区国土资源厅批复:批准自治区有色地勘局在企业化改革中涉及的1宗国有划拨土地,面积7417.7平方米,合计金额830 782.4元的土地出让金转增国家资本金。9月22日,自治区国土资源厅批复:同意核减内蒙古第一机械制造(集团)有限公司4宗作价入股国有土地,核减面积为61 646.3平方米,同时核减国家股本金986.34万元。

2012年9月26日,自治区国土资源厅批复自治区地勘局:依据1999年国土资源部、财政部、中国人民银行《关于加强土地资产管理促进国有企业改革和发展的若干意见》中“以作价出资(入股)方式处置的,土地使用权在使用年期内可依法转让、作价出资、租赁或抵押”的规定,以及国家和自治区有关地勘单位改革的政策精神,自治区地勘局赤峰地质矿产勘查开发院对所属国有土地进行土地处置具有与出让土地相当的处分权。

2013 年 10 月 31 日,自治区国土资源厅发函:内蒙古电影集团有限责任公司因组建内蒙古电影集团有限责任公司,委托内蒙古科瑞地产评估有限责任公司对所涉及土地进行了评估,土地估价报告已报自治区国土资源厅备案;涉及原国有划拨土地 2 宗,合计面积 73 320.17 平方米可按文体用地用途,以国家作价出资方式投入内蒙古电影集团有限责任公司,土地使用年期 50 年,依据评估的出让土地使用权总价与划拨土地使用权总价之差 18 154.07 万元,同意 18 154.07 万元用于转增国家资本金。

第六节　开发区(园区)用地管理

2001 年 3 月 22 日,自治区政府批复包头稀土高新技术产业开发区,同意包头稀土高新技术产业开发区实行封闭管理,赋予自治区级管理权限,直接与自治区政府有关职能部门对口开展业务工作。5 月 16 日,自治区政府在《关于印发开发区封闭管理办法的通知》中规定,土地管理等部门要在开发区设派驻机构,派驻机构行使盟市相关职能部门的权限。呼和浩特经济技术开发区、包头稀土高新技术产业开发区享有自治区级经济管理权限,其他开发区享有盟市级经济管理权限。自治区有关部门可采取委托办理等方式,委托开发区办理审批、发证等手续。

2003 年 2 月 28 日,国土资源部印发《关于清理各类园区用地加强土地供应调控的紧急通知》要求,清理违规设立的各类园区,严禁违法下放审批权,严禁使用集体土地进行商品房开发,严格控制供地总量等。2 月 18 日,国土资源部印发《关于清理各类园区用地加强土地供应调控的紧急通知》。3 月 6 日,自治区政府办公厅印发《关于进一步治理整顿土地市场秩序工作实施方案的通知》明确,治理整顿的主要内容包括各类园区用地中存在的违法供地,违法违规交易。11 月下旬,自治区国土资源厅会同自治区发改委、建设厅、审计厅、监察厅、财政厅、法制办等部门组成联合督查组,分赴全区各盟市对全区治理整顿土地市场开发区(园区)的自查自纠及整改阶段的情况进行督促检查,确保治理整顿工作取得的实效。12 月 30 日,国家发展和改革委员会、国土资源部、建设部、商务部印发《关于清理整顿现有各类开发区的具体标准和政策界限的通知》,明确清理整顿的原则和目标、具体标准和政策界限。为开发区的保留、核减、撤销提供了操作依据。当年,国务院电视电话会议明令各地各部门要坚决贯彻温家宝总理的 4 条批示精神,严禁新批各类开发区和工业园区,对已有的各类园区要进行规范整顿。自治区政府及时转发国务院办公厅《关于暂停审批各类开发区的紧急通知》和《关于清理整顿各类开发区加强建设用地管理的通知》。成立由自治区代主席为组长,副主席岳福洪、郭子明为副组长,自治区有关委、办、厅、局人员参加的领导小组,对各类开发区的用地情况进行全面摸底清理,提出切实加强开发区(园区)建设用地集中统一管理的意见。

2004 年 4 月 8 日,海关总署、国家发展和改革委员会、财政部、国土资源部、商务部、国家税务总局、国家工商行政管理总局、国家质量监督检验检疫总局、国家外汇管理局印发《设立出口加工区的审批标准和程序》,规定了设立出口加工区的审批标准和程序,包括用地标准等涉及土地管理的内容。6

月19—20日,国土资源部土地市场治理整顿督查办公室对全区土地市场治理整顿特别是开发区清理整顿进行督导。6月22日,国土资源部执法监察局督察组在《对内蒙古自治区土地市场治理整顿进一步整改的意见》中提出,对开发区封闭管理的问题,在自治区5月9日召开主任会议的基础上,有关部门要尽快启动修改程序,依法收回违规下放给开发区的土地审批权。6月23日,国土资源部土地市场治理整顿督查办公室对自治区土地市场清理整顿督导后,提出进一步整改的具体意见。6月25日,自治区国土资源厅印发《关于落实国土资源部土地市场治理整顿督查办公室对内蒙古自治区土地市场治理整顿进一步整改意见的紧急通知》要求,各地逐条对照整改意见,结合《内蒙古自治区人民政府办公厅转发国务院办公厅关于深入开展土地市场治理整顿严格土地管理的紧急通知》《内蒙古自治区人民政府办公厅关于印发深入开展土地市场治理整顿工作方案的通知》精神落实整改意见,确保整改到位。7月14日,自治区政府办公厅印发《关于加强开发区(园区)土地管理有关事项的通知》明确,开发区(园区)土地利用规划,必须依据《中华人民共和国土地管理法》进行统一规划、审批,各地要对开发区(园区)土地进行严格管理,征用、审批必须按照法定权限逐级报批。凡与本通知精神不一致的有关文件内容,一律以本通知精神为准。7月22日,自治区政府印发《内蒙古自治区人民政府关于进一步清理整顿开发区的通知》提出,不在开发区内的城市功能区工业用地不列入开发区范围,拟建新城区部分退出开发区范围;开发区规划面积过大的按近期发展预留一定空间,其余部分核减,但在城市用地规划中体现,待预留地用完再扩区的整改原则。根据整改原则,自治区政府决定对全区保留和整合后拟保留的开发区进一步进行清理整顿,并对清理整顿工作作出部署。随文下发了拟保留开发区中26家需再行核减面积的名单。12月4日,国土资源部办公厅印发《关于对突破规划的开发区整改的函》重申,开发区设立范围要符合土地利用总体规划和城市总体规划的要求。强调凡突破"两个规划"的省级开发区,一律不予通过规划审核。当年,自治区按照国务院关于清理整顿土地市场秩序工作的要求,对全区土地市场秩序进行了认真的清理整顿。全区已撤销各类开发区(园区)78个,撤销规划面积30 472.36公顷,退回土地18 754.45公顷,复耕面积4189.97公顷。保留、拟保留开发区47个,规划面积34 217.29公顷。

2005年2月22日,经自治区政府同意,自治区国土资源厅印发《内蒙古自治区开发区(园区)土地管理暂行办法》规定,开发区国土资源行政主管部门派出机构负责管理开发区(园区)内的土地等职责,包括承办国有土地使用权出让、划拨、租赁、作价出资、转让、抵押等手续。8月24日,按照国务院"各开发区四至范围由国土资源部另行公告"的要求,国土资源部发函,对各地落实并提供拟公告开发区四至范围有关事项提出意见和要求。2006年,自治区结合开发区的实际情况,制定了落实开发区四至范围工作方案。对全区47个开发区四至范围进行实地勘测定界,并按照测绘标志规程统一制作了界桩,按规定进行埋设,限定开发区随意漂移现象。继续停止开发区新设、升级和扩区。其中45个开发区的四至范围通过国土资源部的审核和公告,面积为2.41万公顷。

2008年8月12日,自治区国土资源厅转发《国土资源部关于开展开发区土地集约利用评价工作的通知》,部署2006年国家公告目录范围内全区45个开发区土地集约利用评价工作,明确目录外开发区可自行选择是否开展土地集约利用评价。

2009年7月22日,自治区国土资源厅通报旗县(市、区)级农用地产能核算和开发区土地集约利用评价工作进展情况。按照国土资源部关于开展开发区土地集约利用评价工作的总体部署,自治区开展了39个自治区级开发区土地集约利用评价工作。截至2009年7月,已经完成土地集约利用评价工作的有32个。评价工作仍在进行的有鄂尔多斯市4个开发区，未开展评价工作或工作进展受阻的有呼和浩特市金海工业园区、赤峰市松山经济开发区、包头市九原工业园区。

2010年4月25日，自治区国土资源厅印发《关于开展全区开发区土地集约利用评价成果更新工作的通知》，部署具体工作。明确更新评价时点为2009年12月31日。12月14日，自治区国土资源厅组织专家对辖区6个国家级开发区土地集约利用更新评价成果进行初步审查验收。至2011年1月，全部通过国家入库审查。

2010—2011年，自治区国土资源厅陆续组织完成全区37个省级开发区土地集约利用更新评价成果验收。并通过汇总分析指标现状值、理想值和权重值等技术方法，对省级开发区进行了土地集约利用水平综合评估排名。

2011年11月22日，自治区国土资源厅转发《国土资源部办公厅关于开展2012年度开发区土地集约利用评价成果更新工作的通知》，印发《内蒙古自治区45个开发区土地集约利用评价成果更新工作实施方案》，部署全区45个开发区土地集约利用评价更新工作，更新时点为2011年12月31日。委托由自治区土地勘测规划院承担开发区土地集约利用评价更新技术指导及省级汇总等业务技术工作。

2012年9月3日、9月17日，自治区国土资源厅分别向自治区政府办公厅报送《关于鄂尔多斯江苏工业园区为自治区级开发区有关用地问题的意见》《关于乌海经济开发区升级为国家级经济技术开发区的意见》，原则同意鄂尔多斯江苏工业园区为自治区级开发区，乌海经济开发区升级为国家级经济技术开发区。并按照国家有关省级、国家级开发区设立的标准与条件，积极开展各项前期工作，及时履行审核和审批程序。乌海经济开发区用地规模、空间范围、时序、布局等规划设计安排，要与当地土地利用总体规划充分衔接；居住、办公等非工业用地安排应当符合国家政策、标准；工业园区规划采用的建设用地划分标准要与土地利用总体规划修编采用的分类系统相衔接；开发区应当依据国家工业用地项目控制指标、国家和自治区产业政策、园区产业定位，参考当地开发建设园区的节约集约用地经验以及完成的开发区土地集约利用评价更新成果，制定和实施园区项目用地准入条件和退出标准，提高用地容积率，科学合理供地、加强动态监管，杜绝闲置、浪费、低效利用土地及园区用地房地产化；开发区要率先积极应用园区土地集约利用评价更新成果，将其作为园区集约用地日常管理的平台，促进园区集约用地水平再上新台阶。10月24日，自治区国土资源厅向自治区政府办公厅报送《关于扩展内蒙古包头铝业产业园区规划区域的意见》《关于新建二连浩特欧亚国际物流中心的意见》《关于建设海拉尔中俄蒙国际物流园区的意见》《关于设立阿尔山口岸国际综合物流园区的意见》。原则同意扩展包头铝业产业园区规划区域、新建二连浩特欧亚国际物流中心（园区）、建设海拉尔中俄蒙国际物流园区、设立阿尔山口岸国际综合物流园区。并按照国家有关扩区标准与条件，积极开展各项前期工作，及时履行审核和审批程序。建议包头铝业产业园区按照批准后的园区扩展规划确定扩展边界。二连浩特欧亚国际物流中心（园区）、海拉尔中俄蒙国际物流园区规划区域用地规模、空间范围、时序、布局等规划设计安排，要与当地土地利用总体规划充分衔接。至10月27日，全区参评开发区2012年度土地集约利用评价更新成果均通过自治区国土资源厅组织的验收。至10月31日，自治区完成2012年度开发区土地集约利用评价更新成果的自治区级汇总工作。11月7日，自治区国土资源厅向自治区人民政府办公厅上报《关于奈曼旗工业园区申报自治区级工业园区的意见》《关于包头市推进园区整合做大做强稀土高新技术产业开发区方案的意见》，原则同意通辽市奈曼旗工业园区为自治区级工业园区和《包头市推进园区整合做大做强稀土高新技术产业开发区方案》。包头稀土高新技术产业开发区在推进整合过程中,应当本着节约集约用地的原则,突出用地功能的整合,一并安排实施挖掘原有区域的节约集约用地潜力,统筹评价安排整合前后区域存量建设用地的功能协调和低效利用土地的再开发,充分体现整合的节约集约用地效果。11 月 16 日,自治区国土资源厅向自治区政府办公厅上报《关于扩展内蒙古包头石拐工业园区区域范围的意见》,原则同意扩展石拐工业园区区域范围。12 月 6 日,自治区国土资源厅向自治区政府办公厅上报《关于代自治区人民政府拟制向商务部报送内蒙古呼伦贝尔工业园区升级为国家级经济技术开发区补充说明材料的意见》。2006 年国土资源部审核公告的呼伦贝尔工业园区面积为 120 公顷,四至范围为:东至海伊公路,南至伊敏变电站,西至伊敏煤电铁路,北至伊敏污水处理厂;同意按照国家有关部委要求,此次呼伦贝尔工业园区升级为国家级经济技术开发区,仍以 2006 年国土资源部审核公告的面积和四至范围为准。12 月 25 日,自治区国土资源厅向自治区政府办公厅上报《关于乌海经济开发区低碳产业园列入沿黄沿交通干线经济带重点园区的意见》《关于在满洲里建设自治区级国际物流园区的意见》《关于调整内蒙古准格尔经济开发区规划区范围及用地布局的意见》。支持将乌海经济开发区低碳产业园列入沿黄沿交通干线经济带重点园区,原则同意建设自治区级满洲里国际物流园区、调整准格尔开发区规划区范围及用地布局。

2013 年,自治区国土资源厅分别为设立额尔古纳自治区级边境经济合作区、鄂尔多斯市空港园区综合保税区、内蒙古东部现代医药物流中心、内蒙古东部煤炭交易中心、策克边境经济合作区、呼和浩特金山高新技术产业开发区升级为国家级开发区、乌兰察布市设立为自治区重化工产业基地、乌海经济开发区升级为国家级开发区,以及将旗下营工业园区列入自治区沿黄沿线重点工业园区、赤峰商贸物流城项目批准为自治区重点项目、海拉尔中俄蒙文化创意产业园区项目列入自治区文化产业重点项目、蒙古源流文化产业园区设立为自治区级文化产业园区,整合葡萄墩工业园区腾格里工业园区,申报鄂尔多斯国家清洁能源国际创新园、石拐工业园区纳入以呼包鄂为核心沿黄河沿交通干线经济带、认定呼和浩特金桥经济开发区为自治区级高新技术产业开发区、包头市申请建设国家级综合保税区、乌兰察布市申请建设集宁综合保税区、呼伦贝尔市申报额尔古纳自治区级边境经济合作区等出具意见。

2014 年 3 月 11 日,自治区国土资源厅向自治区沿黄沿线重点产业发展规划协调领导小组办公室发函,对 2013 年沿黄沿线重点园区评价考核指标执行情况,提出审核意见:依据《内蒙古自治区沿黄河沿交通干线经济带重点工业园区(开发区)考核管理办法(试行)》规定,及自治区沿黄沿线重点产业发展规划协调领导小组办公室 2013 年 3 月 5 日考核工作会议安排要求,经审查研究各园区“投资强度”考核指标信息,同意基层国土资源部门对考核范围内 33 个重点工业园区(开发区)2013 年度投资强度指标出具的考核认定结果。3 月 26 日,自治区国土资源厅向中国土地勘测规划院发函,确定自治区土地调查规划院为内蒙古开发区土地集约利用评价项目自治区本级工作具体实施单位,负责全区的评价业务技术指导,完成自治区级成果汇总分析基础研究,配合厅开展相关工作。4 月 9 日,自治区国土资源厅转发《国土资源部办公厅关于开展 2014 年度开发区土地集约利用评价工作的通知》,针对国土资源部对开发区土地集约利用评价工作做出的新调整、新要求,在工作部署、经费落实、评价范围、技术要求、培训指导等方面做出了安排、提出意见和要求。7 月 29 日,自治区国土资源厅向国土资源部报送《内蒙古自治区国土资源厅关于满洲里综合保税区用地情况的报告》,就满洲里综合保税区用地情况作出说明，提供了满洲里综合保税区相关数据、位置图和界址点坐标、宗地征收转用审批情况、土地利用现状及图件、符合土地利用总体规划情况及规划图、土地集约利用状况及主要评价指标等依据资料。12月24日，自治区国土资源厅向国土资源部土地利用管理司函报《关于上报内蒙古自治区开发区发展方向区划定成果的审核意见》。按照《国土资源部办公厅关于开展2014年开发区土地集约利用评价工作的通知》文件要求，自治区国土资源厅委托自治区土地调查规划院，依据《开发区发展方向区划定实施方案》《开发区土地集约利用评价技术体系调整方案》，对上报的开发区发展方向区划定成果进行审核。审核意见为：全区45个开发区，共有28个开发区划定了发展方向区，发展方向区划定成果资料齐全、内容完整、符合相关技术要求与规范，同意28个开发区上报的发展方向区成果通过审核。当年，自治区国土资源厅分别为设立鄂尔多斯综合保税区、满洲里综合保税区、中蒙满都拉—杭吉跨境经济合作区、西乌珠穆沁旗巴拉嘎尔高勒镇物流园区、巴彦淖尔市现代农畜产品物流园区、通辽现代农牧业示范园区、设立乌兰察布机场临港产业园区，以及将牙克石大兴安国际物流园区批准为自治区级物流园区、申报鄂尔多斯大路煤化工基地为国家级经济技术开发区、赤峰红山经济开发区升级为国家级经济技术开发区、多伦新型工业化化工区更名为内蒙古多伦工业园区、包头市石拐工业园区列入自治区沿黄沿线重点工业园区，合作共建“托—清经济开发区”、实现一体化发展等出具意见。

第四章 土地市场建设

第一节 土地收购储备

2001年1月5日,自治区国土资源厅印发《关于内蒙古自治区2000年土地市场建设中有关统计数字的报告》,截至2000年12月28日,全区已建收购储备制度的旗县、市总数25个,全年收购储备土地79.6931公顷,出让储备土地98宗、43.3968公顷,库存储备土地78宗、37.2945公顷。6月25日,自治区政府印发《内蒙古自治区土地市场管理暂行办法》。第五十九条规定:旗县以上人民政府在其管辖范围内的土地应实行统一规划、统一征地、统一开发、统一供应、统一管理,并建立土地储备制度,达到政府垄断土地一级市场,搞活土地二级市场的目的。同日,自治区政府办公厅公布《内蒙古自治区人民政府办公厅关于建立国有土地储备制度的通知》,对土地储备的范围、土地储备资金的来源、机构、专职人员、监督管理作了规定。明确旗县以上人民政府要建立土地储备制度,完善土地供应体制与机制,实现土地资源的集约利用,加强对城市存量土地供应的垄断,实行土地使用权"收购—储备—前期开发—出让"的运行机制,使土地储备成为强化土地宏观调控的重要手段。强调各地要加强对土地储备工作的监督管理,确保土地储备工作的正常运作和健康发展。8月1日,自治区国土资源厅转发《内蒙古自治区人民政府办公厅关于建立国有土地储备制度的通知》。就落实建立国有土地储备制度提出了资金来源、机构建设等指导意见。10月10日,自治区政府公布《内蒙古自治区人民政府关于进一步加强国有土地资产管理工作的意见》,提出建立和完善国有土地储备制度,增强宏观调控能力,并要求各地按照《内蒙古自治区人民政府办公厅关于建立国有土地储备制度的通知》精神,制定土地储备计划,确定土地储备范围,明确土地储备资金的筹措方式;对城市规划区内的新增建设用地、存量土地也要逐步纳入政府土地储备库中,依据市场供需状况,适时供应和调控各类建设用地。11月21日,自治区国土资源厅转发《内蒙古自治区人民政府关于进一步加强国有土地资产管理工作意见的通知》,推动各盟市贯彻落实全区国有土地使用权招标拍卖工作现场会议精神。提出建立和完善国有土地储备制度,增强宏观调控能力的意见,要求各地依据市场供需状况,适时供应和调控各类建设用地。

2002年1月6日,自治区国土资源厅向国土资源部报送《关于内蒙古自治区国有土地使用权出让及土地收益流失现状调研的报告》。2001年,自治区45个旗县建立了土地储备制度。5月10日,自治区国土资源厅发文,授权乌海市国土资源局在国有土地收购储备工作中2000平方米以上土地抵押的批准权限。全年,全区各地建立各级土地收储中心50个,收储国有土地7489宗,1278.58公顷。自治区国土资源厅与5家银行联合出台《关于解决全区土地收购储备资金来源的通知》,为开展土地收购储备工作提供资金来源的政策支持。

2003年1月6日,自治区国土资源厅印发《内蒙古自治区土地资产管理"十五"计划纲要》提出,"十五"期间主要预期目标之一是依照自治区的规定,全区12个盟市、80%以上的旗县(市)要建立国有土地使用权收购储备制度、要建立土地有形市场,进一步增强旗县以上人民政府调控土地市场的功能和完善社会化服务功能。12月16日,自治区政府印发《内蒙古自治区国有土地储备管理办法》(以下简称《办法》)明确,自治区土地行政主管部门负责全区范围的土地储备管理工作。盟市、旗县土地行政主管部门负责本行政区域内的土地储备工作。实施土地储备具体工作可以由盟市、旗县土地行政主管部门所属的非营利性土地储备机构负责。财政、计划、规划、房产、建设等行政主管部门按照各自职责,做好土地储备相关工作。《办法》共 18 条,自公布之日起施行。12 月 24 日,自治区国土资源厅向自治区政府办公厅报送《2003 年全区国土资源工作总结及 2004 年工作初步安排的报告》报告称,截至 2003 年 9 月全区储备土地 1180 宗,面积 1122.25 公顷。

2004 年 2 月 11 日,自治区国土资源厅转发《关于开展土地收购储备工作情况调查的紧急通知》,部署开展土地收购储备工作情况调查任务。

2005 年 1 月 4 日,自治区国土资源厅向自治区政府报送《2004 年全区国土资源工作总结及 2005 年工作初步安排的报告》。在 2004 年前三季度,全区收储土地 3469 宗,面积 2000 公顷。6 月 27 日,自治区国土资源厅批复内蒙古自治区土地储备登记中心(以下简称自治区土地储备登记中心),在规定的工作职责范围内,按照《内蒙古自治区人民政府关于印发国有土地储备管理办法和挂牌出让国有土地使用权管理办法的通知》的规定,开展土地收购储备工作。8 月 19 日,自治区国土资源厅批复,同意自治区土地储备登记中心根据 2005 年内蒙古自治区编制委员会办公室(以下简称自治区编办)批复工作职能,在乌海市滨河新区和乌兰察布市集宁区虎山东路开展土地收购储备工作。8 月 22 日,自治区国土资源厅印发《关于开展国有土地收购储备工作情况调查的紧急通知》要求,各地对土地收购储备工作情况进一步全面调查。10 月,自治区政府办公厅印发《关于加强国有土地储备管理工作的通知》要求,从四个方面加强国有土地储备管理工作:一是提高认识,切实加强组织领导;二是依法规范国有土地收购储备工作;三是加大土地储备资金的筹备和管理力度;四是进一步加强储备土地的出让工作。10 月 20 日,自治区国土资源厅向自治区政府报送《内蒙古自治区国土资源厅关于落实土地收购储备工作情况的报告》。从 2000 年 12 月自治区第一家土地收购储备机构(即乌兰浩特市土地收购储备整理中心)成立至 2005 年 10 月,全区已建立土地收购储备机构 73 家,专职人员有 432 人;至 2004 年底,全区累计收购储备土地面积 6394.94 公顷(包括无偿收回或协议收购等),收购储备土地总费用 16.29 亿元,其中财政资金 2.5 亿元(占 15.3%),银行贷款 9.47 亿元(占 58.1%),其他资金占 26.6%;至 2005 年 8 月,收购储备土地面积有 5997.73 公顷,收购储备土地总费用 27.32 亿元,其中财政资金 0.65 亿元(占 2%),银行贷款 6.14 亿元(占 22.40%),其他资金占 75.6%。同时,随报告报送《内蒙古自治区人民政府关于加强国有土地储备管理工作的通知(征求意见稿)》和《内蒙古自治区土地储备计划和考核暂行办法(草案)》。10 月 25—30 日,自治区政府督察组先后到通辽市和呼伦贝尔市扎兰屯市、莫力达瓦达斡尔族自治旗等地了解开展土地收购储备整理出让的情况。

12 月 18 日,自治区国土资源厅对呼和浩特市赛罕区土地储备库进行实地检查。

2006年1月6日,自治区国土资源厅批复,同意自治区土地储备登记中心根据2005年自治区编办批复工作职能,在兴安盟乌兰浩特市市政广场南侧、兴安盟阿尔山市河滨西路、满洲里市迎宾大街以北和满洲里市扎赉诺尔区开放路南北两侧开展土地收购储备工作。4月6日,自治区政府在《内蒙古自治区人民政府专题会议纪要》中明确,自治区政府继续安排资金用于土地收储项目贷款贴息,自治区国土资源厅要制定土地收储宏观计划指导意见,按照《内蒙古自治区国有土地储备项目银行贷款财政贴息资金管理办法》规定,严格按程序审核收储项目,视项目情况安排贴息扶持资金,定期对各盟市土地储备情况进行合理调度。7月20日,自治区国土资源厅批复,同意自治区土地储备登记中心在满洲里市、乌兰浩特市、通辽市霍林郭勒市和阿尔山市开展土地收购储备工作。12月31日,自治区国土资源厅编发《2006年度土地利用处工作简报》,2006年自治区分解下达土地收储指导性计划2.30万公顷,实际储备土地6951公顷,受土地市场有效需求量限制、土地储备贷款资金不足和国家新增建设用地补充纳入土地储备政策调整等影响,只完成全年计划的30%,但总量超过2005年以前土地储备的总和。

2007年8月10日,自治区国土资源厅分别批复,同意自治区土地储备登记中心在呼和浩特市、鄂尔多斯市、阿拉善盟国土资源局的协助下开展土地收购储备工作。11月19日,国土资源部、财政部、中国人民银行联合公布实施《土地储备管理办法》,规定:土地储备机构应为市、县人民政府批准成立、具有独立的法人资格、隶属于国土资源管理部门、统一承担本行政辖区内土地储备工作的事业单位;储备土地完成前期开发整理后,纳入当地市、县土地供应计划,由市、县人民政府国土资源管理部门统一组织供地;土地储备贷款应实行专款专用、封闭管理,不得挪用。12月10日,自治区国土资源厅批复,明确自治区土地储备登记中心受当地市、旗县人民政府土地行政主管部门委托,可承担招标拍卖挂牌出让的具体事务性工作。12月28日,自治区国土资源厅编发《2007年度土地利用统计报告(总第7期)》,全区2007年度内土地储备6333.95公顷,比去年同期减少9%,土地储备基本保持稳定;全区收储土地中,自治区土地储备中心与各地政府合作,通过银行融资投入12.4亿元,收储土地计1440公顷。当年,中国建设银行内蒙古分行发行"利得赢"土地金融债券10亿元。

2008年3月17日,自治区政府转发《国务院关于促进节约集约用地的通知》强调,要加强土地储备工作,进一步完善土地储备制度。明确依法取得的土地,由土地储备机构进行前期开发、储存,由有权的国土资源管理部门统一组织出让。

2009年10月12日,自治区国土资源厅向国土资源部土地利用司发函报告自治区2006年以来全区土地储备制度建设和运行情况的调查结果:至2009年10月,全区已建立土地收购储备机构97家;全区储备土地2006年3585.96公顷、2007年4174.14公顷、2008年5256.59公顷;全区供应储备土地2006年2801.74公顷、2007年2964.38公顷、2008年1915.21公顷;全区有土地储备资金2006年1 010 984.02万元、2007年1 142 231.94万元、2008年941 377.23万元。

2010年2月5日,自治区国土资源厅印发《关于进一步规范土地储备机构管理的通知》。为贯彻落实国土资源部部长徐绍史、副部长贠小苏对满洲里市在北京产权交易所出让储备土地有关问题的批示精神,结合国家土地督察北京局近期在自治区例行督察后提出的整改意见,依据国家《土地储备管理办法》和土地供应及其监测监管的有关规定,对规范自治区土地储备机构管理提出了意见,要求各地对凡土地储备主体不符合"土地储备机构隶属于国土资源管理部门"规定的,不符合"储备土地由市、县人民政府国土资源管理部门统一组织供地"的,都应予以规范,并要在2010年3月31日前完成整改工作。

2010 年 12 月 17 日,中共内蒙古自治区纪律检查委员会、人民检察院、监察厅、财政厅、国土资源厅、审计厅印发《关于内蒙古土地储备登记中心土地收储贷款资金在全区规范使用和管理的通知》。针对土地收储贷款资金在全区的规范使用和管理问题,强调要进一步加强土地储备贷款资金风险管理,严格按照土地储备资金专款专用的原则,规范使用土地储备贷款资金,提高土地储备贷款资金使用效率,杜绝变相挪用等情况的发生。土地储备机构在调控土地市场、促进土地资源合理利用、依法取得土地、储存以备供应土地的过程中,要严格执行财政部国土资源部中国人民银行共同制定的《土地储备管理办法》。土地储备资金会计核算方面要严格执行财政部制定的《土地储备资金会计核算办法》,财务管理方面要严格执行财政部、国土资源部共同制定的《土地储备资金财务管理暂行办法》。要求自治区土地储备登记中心要完善土地储备财务审计长效机制,设置内部审计部门,对储备资金使用情况进行审计、监督。同时,应会同自治区审计厅等相关部门对投放于全区的土地储备资金使用情况进行不定期审计。内蒙古自治区土地收购储备交易研究会要着手建立全区收储机构融资信用等级评定机制。各级政府要做好土地收储项目的立项可研工作,充分考虑各类风险,合理控制举债融资规模,规范运作,保证地方经济持续健康发展和社会稳定。为防止土地收储过程中的腐败现象、杜绝违法乱纪行为,各级纪检监察、检察、财政、国土、审计部门要加强沟通、协调,及时通报重要情况和事项,共同研究解决工作中存在的问题。要充分发挥各自的职能优势,相互支持,密切配合。自治区将组织联合检查组对该项业务进行不定期检查。对检查中发现的没有执行相关要求或存在问题较为突出的地区,自治区国土资源厅根据实际情况将暂停该地区国土资源行政审批,督促限期整改。如有不按期还款等违规行为又不能及时整改纠正的,自治区有关部门将严肃追究相关责任人的相应责任。当年,自治区土地储备中心通过银行融资,投入土地储备资金 15.3 亿元,收储土地计 1392.07 公顷。

2013 年 1 月 5 日,自治区国土资源厅向国土资源部报送《关于自治区土地储备机构列入名录的请示》,请国土资源部将自治区土地储备登记中心列入土地储备机构名录中,保证各项业务的继续开展,让具备条件的土地储备机构尽快列入名录。1 月 18 日,自治区国土资源厅转发国土资源部办公厅《关于组织开展土地储备机构名录(第二批)审核工作的通知》《关于组织开展土地储备机构名录(第二批)审核工作的函》,要求按照《土地储备管理办法》《国土资源部财政部中国人民银行中国银行业监督管理委员会关于加强土地储备与融资管理的通知》规定要求,严格完成土地储备机构名录(第二批)审核、上报工作。2 月 17 日,自治区国土资源厅印发《关于贯彻落实四部委加强土地储备与融资管理的通知》,就严格贯彻执行国土资源部、财政部、中国人民银行、中国银行业监督管理委员会《关于加强土地储备与融资管理的通知》精神,保障全区土地储备工作有序开展并防范金融风险,从三个方面提出落实要求:一是要加强机构归口管理,落实行业监管职能;二是要合理申报融资规模,严格控制土地储备总规模;三是要规范优化工作流程,严格制度管理。4 月 2 日,自治区国土资源厅转发国土资源部办公厅《关于印发〈土地储备机构名录(第二批)〉的通知》,要求及时将《土地储备机构名录(第二批)》传达至有关旗县(市、区),并抄送同级财政部门、人民银行分支机构和银行业监督管理部门。使名录内的储备机构纳入储备土地、已供储备土地、储备资金收支、各类融资等相关信息及时上传至土地市场动态监测与监管系统。5 月 9 日,自治区国土资源厅印发《关于组织开展土地储备机构名录(第三批)审核工作的通知》,指出:国土资源部已审核印发了两批储备机构名录,自治区有 71 个盟市、旗县(市、区)的储备机构进入名录。国土资源部将开展土地储备机构名录(第三批)的审核工作。

各地要加强对土地储备机构的审核,特别对于开发区(园区、新区)的土地储备机构,应坚持由盟市、旗县国土资源主管部门进行统管,规范其土地储备工作,将符合标准的机构信息按要求上报国土资源厅。12 月 23 日,自治区财政厅印发《内蒙古自治区财政厅国土资源厅中国人民银行呼和浩特中心支行中国银行业监督管理委员会内蒙古监管局关于核定土地储备融资规模的通知》,就土地储备资格认定、土地储备机构年度可融资规模的核定办法、审核及流程、工作要求等作出规定或说明。随文并印发了土地储备机构融资规模控制卡、土地储备计划及融资基本情况表。明确对未列入国土资源部名录管理范围的土地储备机构,自治区不予核发年度融资规模控制卡。据统计,从 2005—2013 年,自治区土地储备登记中心累计为各盟市土地储备融资 307 亿元,涉及储备土地 24 229 公顷。

2014 年 4 月 14 日,为规范运行土地储备监管子系统和土地利用动态巡查子系统,堵塞违规操作和保密漏洞,配合国家土地督察提出的规范土地出让的整改要求,自治区国土资源厅印发《内蒙古自治区土地市场动态监测与监管系统用户注册管理办法(试行)》、土地储备监管子系统用户申请表、土地利用动态巡查子系统用户申请表、土地储备机构名录(第 1 ~ 3 批),并提出相关要求。4 月 15—17 日,自治区国土资源厅在呼和浩特市举办全区土地储备监测监管工作培训班,副厅长王富友在培训班上讲话,并就土地储备工作中存在的问题提出了改进要求。全区各级国土资源部门和各土地收购储备机构相关人员 197 人参加会议。8 月 13 日,自治区国土资源厅发函,要求呼和浩特市、包头市、通辽市、赤峰市、鄂尔多斯市、巴彦淖尔市、阿拉善盟国土资源局等结合本地区(本单位)土地储备工作实际情况,依据有关要求,对预期目标实现情况、具体管理措施执行情况、实施效果、存在问题及其原因进行总结和评价,提出完善土地储备政策、改进管理的意见与建议。9 月 25 日,自治区国土资源厅印发《关于加强土地储备信息监测与监管的通知》,指出土地监管系统运行中存在不同程度的虚报、不报、漏报、错报等问题,主要从国土资源主管部门落实监管职责、土地储备机构严格执行国家规范要求、融资规模控制卡办理等 3 个方面提出要求,以加强土地储备信息监测与监管。

第二节　土地服务体系建设

一、有关资格和资质

1999 年 8 月 11 日、16 日,国土资源部办公厅先后以《关于国有土地使用权招标、拍卖有关问题的复函》《关于土地使用权拍卖有关问题的函》,分别答复四川省国土资源局、国家国内贸易局,对使用权拍卖的法律政策问题做出明确解释。明确:国有土地使用权招标、拍卖不应由《拍卖法》调整,国有土地使用权招标、拍卖由市、县人民政府土地管理部门组织实施,市、县人民政府土地管理部门组织实施国有土地使用权拍卖过程中,根据需要也可将部分工作委托经省级以上土地行政部门认证的具有国有土地使用权拍卖资格的拍卖企业承担。

2001 年 6 月 6 日,自治区国土资源厅批复巴彦淖尔盟(今巴彦淖尔市)土地管理局,依据“国有土地使用权的拍卖属于各级人民政府行为,拍卖工作应由市、县以上人民政府负责,市、县以上人民政府土地管理部门组织实施,其他企业不具备单独拍卖国有土地使用权的资格”规定,原则同意在暂时没有具备拍卖资格的土地拍卖师的情况下,聘请临河市(今巴彦淖尔市临河区)红力拍卖有限公司的拍卖师协助本盟所在地旗(县、市)土地管理部门操作拍卖工作。11 月 21 日,自治区国土资源厅转发自治区政府《关于进一步加强国有土地资产管理工作的意见》，要求各地深入落实土地出让制度，规范土地出让活动。12月27日，自治区国土资源厅批复，同意鄂尔多斯市土地管理局委托鄂尔多斯市汇源拍卖公司拍卖国有土地使用权。当年，全区有50个旗县建立土地有形市场，31个旗县建立土地招标拍卖机构，全区12个盟市44个旗县（市、区）开展国有土地使用权的招标拍卖工作。

2002年7月1日，自治区国土资源厅致函自治区经济贸易委员会，就自治区经济贸易委员会《关于指定公物拍卖企业的通知》指定呼伦贝尔市公物拍卖行等20家企业承担公物拍卖业务，公物范围中包括原用地单位以划拨方式取得的国有土地使用权问题，重申“土地使用权拍卖不属于《拍卖法》的调整范围”等法规要求，提出“自治区经济贸易委员会在进行拍卖行业经营资格审批及颁发《公物拍卖许可证》时，将国有土地使用权拍卖业务从其他公物拍卖业务中剔除，或拍卖企业取得国土资源部或自治区国土资源厅拍卖国有土地使用权资格认证后，再报自治区经济贸易委员会审查其拍卖公物资格”的意见。7月23日，自治区国土资源厅转发国土资源部《关于公布第二批取得国有土地招标拍卖主持人资格人员名单的通知》。

2006年3月6日，自治区国土资源厅批复，同意自治区土地储备登记中心成立土地收购储备交易研究会，自治区国土资源厅没有明确授权或委托的事务性工作不能列入研究会的工作职能范围内，研究会的工作职能还需进一步研究确定。8月23日、30日，自治区国土资源厅分别批复，同意内蒙古佳诚拍卖有限责任公司、通辽市正大拍卖有限责任公司在当地国土资源行政主管部门委托和监督指导下，承担拍卖国有土地使用权的具体事务性工作，有效期为2年。

2008年6月16日，自治区国土资源厅发文，批准内蒙古及时雨拍卖有限公司在当地国土资源行政主管部门委托和监督指导下，承担拍卖国有土地使用权的具体事务性工作，有效期为2年。9月25日，自治区国土资源厅批复，同意内蒙古公利拍卖有限责任公司、内蒙古万鼎拍卖有限公司，在当地土地行政主管部门同意委托和监督指导下，可以承担招标拍卖国有土地使用权具体事务性工作，有效期为2年。

2011年11月28日，自治区国土资源厅印发《内蒙古自治区国有土地使用权拍卖资格评审工作规定》，建立规范国有土地使用权拍卖机构资格认证工作制度。

2013年5月15日，自治区国土资源厅印发通知，部署2013年度国有土地使用权拍卖资格评审工作，明确评审范围和内容、时间和方法、工作要求等。

2014年2月17日，自治区国土资源厅印发通知，依据《内蒙古自治区国有土地使用权拍卖资格评审工作规定（试行）的通知》要求，决定组织开展2014年度全区国有土地使用权拍卖资格评审及资格重新认定工作。并对认定工作做出具体安排，提出了具体要求。4月15日，自治区国土资源厅公示2014年度国有土地使用权拍卖资格评审及资格重新认定中通过审核的机构名单。4月24日，自治区国土资源厅公布通过2014年度复审、新认定的全区国有土地使用权拍卖机构，共20家。

二、估价资格与机构管理

1992年11月，自治区首次开展土地估价师培训及资格认证工作。派出50人到国家土地局参加培训，10人获得土地估价师资格。

1993年2月13日，国家土地管理局发布《土地估价机构管理暂行规定》明确，土地估价机构实行分级制，A级土地估价机构可以在全国范围内从事土地估价工作，其评估资格由国家土地管理局批准,B 级土地估价机构只能在估价机构所在地的行政区域内从事土地估价业务,评估资格由省、自治区、直辖市土地管理部门批准。

1994 年 12 月 2 日,原国家计划委员会、国家土地管理局联合印发《关于土地价格评估收费的通知》,明确土地估价的收费标准。宗地评估采取差额定率累进计费,基准地价评估收费,由评估机构与委托城镇参照收费标准协商确定。

1996 年,内蒙古自治区地产咨询评估中心成立。

1998 年 4 月 1 日,原自治区土地管理局《关于印发内蒙古自治区地价评估管理暂行办法的通知》,规范地价评估机构、评估人员、评估业务。

1999 年 10 月 20 日,原自治区土地管理局转发国土资源部《关于土地评估机构与政府主管部门脱钩工作的通知》。依据国土资源部文件精神,对脱钩工作进行了部署。

2000 年 5 月 29 日,国务院清理整顿经济鉴证类社会中介机构领导小组印发《关于经济鉴证类社会中介机构与政府主管部门实行脱钩改制的意见》提出:中介机构的改制工作应与脱钩工作同步进行。所有挂靠单位应于 2000 年 10 月 31 日前与中介机构完成脱钩,并由行业主管部门统一将行业的脱钩改制情况报国务院清理整顿经济鉴证类社会中介机构领导小组办公室。逾期未完成脱钩改制的中介机构,一律停止执业或注销其执业资格。6 月 23 日,自治区国土资源厅向国土资源部报告自治区 2000 年度土地评估机构备案及资质评审,对已经执业土地评估机构评估报告抽查结果等情况。7 月 18 日,自治区国土资源厅转发国土资源部《关于组织 2000 年度全国土地估价师资格考试工作的通知》,部署 2000 年度全区土地估价师资格考试工作。9 月 10 日,自治区国土资源厅印发《关于上报土地评估机构与政府主管部门脱钩完成情况的通知》要求,各地抓紧完成所属评估机构的脱钩改制工作。10 月 11 日,自治区国土资源厅对内蒙古国盛工程造价咨询有限公司、内蒙古中健会计师事务所、呼和浩特市芳强土地评估事务所、呼和浩特市金土地地产咨询评估事务所、内蒙古杰泰房地产咨询有限公司等五家公司土地估价机构资格认证申请报告予以批复,同意内蒙古国盛工程造价咨询有限公司等五家公司为内蒙古自治区“B”级地产中介服务机构,同意备案,有效期二年。

2001 年 2 月 13 日,国土资源部印发《关于改革土地估价结果确认和土地资产处置审批办法的通知》。按照国务院要求政府减少审批,强化监管的要求,国土资源部提出加强对土地估价机构监督管理的意见,明确以抽查土地估价报告方式加强省、部两级行政监管。5 月 21 日,自治区国土资源厅公布 2000 年度全国土地估价师资格考试内蒙古考区录取名单。自治区有 451 人报名参加,经考试认证,有 159 名考生获得土地估价师资格。5 月 29 日,国土资源部办公厅印发《企业改制土地资产处置审批意见(试行)》和《土地估价报告备案办法(试行)》。其中《土地估价报告备案办法(试行)》就土地估价报告备案的范围、要求、条件、程序等做了规定。6 月 15 日,国土资源部公布《土地估价师继续教育暂行规定》,对土地估价师继续教育的内容和要求、组织和实施、考核等做出了规定。8 月 1 日,自治区国土资源厅转发《内蒙古自治区人民政府关于印发城镇国有土地使用权招标拍卖管理办法和土地市场管理暂行办法的通知》。《内蒙古自治区土地市场管理暂行办法》第五十六条规定:凡从事土地估价人员,必须经过国土资源部和自治区土地行政主管部门组织的土地估价专业培训考试,取得资格证书后,方能从事土地估价工作。第五十八条规定:土地估价中介机构,必须持有营业执照和经国家或自治区土地行政主管部门批准备案的土地估价资格证书,方准予承担土地估价业务。实行土地估价资格审验、资质评审制度。土地估价结果,必须按规定报送旗县以上土地行政主管部门备案。12 月 21 日，自治区国土资源厅向国土资源部上报《关于检查验收土地评估中介机构脱钩改制工作的报告》。按照国土资源部有关文件要求，从 2001 年 10 月 30 日起，自治区国土资源厅对辖区内 54 家土地评估机构的脱钩改制情况和土地估价师从业状况进行了检查，其中包括 A(准 A)级土地评估机构 3 家，B 级土地评估机构 51 家。经查，有 3 家 A(准 A)级土地评估机构和 10 家 B 级土地评估机构按规定完成了与主管部门的脱钩改制工作，有 3 家 B 级机构正在脱钩改制运作中，有 38 家 B 级机构申请继续保留事业单位，自愿承担政府公益性、职能性评估任务，不再承担经营性中介业务。

2002 年 4 月 5 日，自治区国土资源厅批复内蒙古申科土地技术有限责任公司、内蒙古天老不动产估价有限责任公司、包头瑞驰土地评估有限责任公司、内蒙古华丰不动产有限责任公司、内蒙古新广厦房地产评估有限责任公司等 5 家公司：土地评估机构申报的材料符合要求，已通过资质认证，准予备案，并作为内蒙古自治区 B 级或准 B 级土地价格评估机构，从事规定范围内的地价评估业务，有效期两年。5 月 10 日，自治区国土资源厅公布 2001 年度土地估价机构资质评审结果：确定内蒙古华丰不动产有限责任公司等 7 家评估机构为 B 级土地估价机构，内蒙古申科土地技术有限责任公司等 11 家评估机构为准 B 级土地估价机构。并重申 B 级、准 B 级土地估价机构，事业性土地估价机构执业范围、限制条件等政策规定。8 月 15 日，国土资源部印发《关于改革土地估价人员和机构管理的通知》，从土地估价师资格考试制度、土地估价机构实行向土地估价行业自律组织注册制度、估价人员和机构信息公开及查询制度、建立行业规范和加强行业监管等方面，建立和改革完善土地估价人员和机构监督管理制度。

2004 年 4 月，自治区土地估价师和土地登记代理人协会在原自治区土地估价师协会基础上正式设立并开展工作。9 月 16—30 日，按照国土资源部的有关文件要求，自治区国土资源厅部署全区 35 家土地评估中介机构、15 家土地评估事业单位和内蒙古土地估价师协会等土地评估行业自律组织进行加强和规范土地评估行业管理全面自查。自查内容根据机构的不同性质各有侧重，主要包括：土地评估机构的执业资格及内部管理制度建设情况、评估机构脱钩改制情况、评估机构及其人员的执业质量情况、行业监管制度的执行情况、土地评估行业自律组织建设情况。各土地评估行业自律组织对照国土资源部的文件要求，进行了逐项自查，查找不足，并形成书面自查报告，按时上报自治区国土资源厅汇总。自查阶段反映出的主要问题是部分机构内部制度建设不健全，已有制度的执行力度相对薄弱。10 月 1—20 日，自治区国土资源厅结合各中介评估的自查报告，随机抽查了部分机构的实际情况，抽查比例为注册中介机构和土地事业单位总数的 2/3。抽查中把注册土地评估机构作为重点。对被抽查的土地评估事业单位重点检查了是否参与市场性评估业务以及服务收费等情况。此外，还对 23 个土地评估中介机构的 30 份估价报告，邀请区内专家进行评议打分，同时还向委托评估的企业就评估机构在收费、诚信、合理竞争等方面进行了调查了解。抽查评议结果：80 分以上的报告占抽查总数的 40%，60～80 分的占抽查总数的 30%，60 分以下的占抽查总数的 30%。评审结果向被抽查机构进行了公布，存在的共性和个性问题进行了指正，对评审分数低于 60 分的评估机构和估价人员提出了警告。10 月 21 日至 11 月 20 日，自治区国土资源厅针对加强和规范土地评估行业管理检查中发现的问题，与各土地评估机构进行交流与沟通，责成机构限期进行整顿和规范。对未实施脱钩改制但仍从事土地评估市场中介服务的土地评估事业单位，责令有关国土资源行政主管部门督促其进行限期改正。土地评估事业单位只允许从事政府职能性、公益性、服务性的基础地价评估业务，严禁再从事市场中介性土地评估业务。

2005年8月,内蒙古自治区民政厅批准原内蒙古自治区土地估价师协会名称变更为“内蒙古自治区土地估价师与土地登记代理人协会”。至2005年底,自治区共有456人取得国家级土地估价师资格,其中注册的土地估价师239人。全区建立和备案的土地评估事业单位15家,自治区注册的土地估价中介机构50家,自治区8家土地估价机构获得A级资格,12家土地估价机构获得B级资格。全区有土地估价师与土地登记代理人协会注册的会员单位52家,个人会员246人。其中全国执业估价机构8个,全区执业估价机构12个,机构所在地执业估价机构32个。

2006年5月8日,自治区国土资源厅印发《关于进一步规范管理国土资源行政部门所属土地评估机构业务活动和做好城镇基准地价更新及发布工作的通知》要求,各地按照国土资源部有关文件要求,对所属评估机构进行一次全面梳理,重点检查评估机构的性质、承担的职责及与主管机关的关系等。8月4日,自治区国土资源厅发函,要求自治区土地估价师协会根据中国土地估价师协会有关文件精神,拟定于9月办理2006年到期《土地估价师资格证书》。强调自治区土地估价师协会作为自治区换证承办单位,要认真按照文件通知的要求,组织落实好本年度自治区的换证工作。

2011年9月17—18日,自治区国土资源厅会同自治区土地估价师与土地登记代理人协会组织实施了2011年全国土地估价师资格考试。

2013年1月21日,国土资源部办公厅公布录取全国土地估价师资格考试人员名单(2012年),自治区21人获得土地估价师资格。12月5日,国土资源部办公厅关于公布录取全国土地估价师资格考试人员名单(2013年),自治区77人获得土地估价师资格。

第三节 土地监管

一、地价政策实施管理

1999年9月24日,原自治区土地管理局印发《关于发布基准地价有关问题的通知》,规定了首府城市、首府以外旗县级以上所在地城市、建制镇和独立工矿区基准地价验收、批准公布实施的权限。

2000年12月12日,自治区国土资源厅批复包头市稀土开发集团有限责任公司,确认在估价基准日2000年9月30日包头市和发稀土开发集团有限责任公司使用的位于包头市九原区的国有出让土地4宗,土地面积为93 621.47平方米,土地用途为工业用地。上述土地在满足《土地估价结果一览表》所限定条件下的土地使用权总价为673.138万元。

2001年1月21日,自治区国土资源厅函告呼市公安局经济犯罪侦查支队:“经审核,确认在估价基准期日1996年7月24日,呼和浩特市舒雅贸易有限责任公司舒雅园饭店使用的位于呼和浩特市郊区小黑河乡当浪土牧村的集体土地1宗,土地面积为4098.00平方米,土地用途为服务业用地,《集体土地建设用地使用证》证号为呼郊集建(95)字第004726号。上述土地在满足《土地估价结果一览表》所限定条件下的土地使用权总价为45.7418万元,单位面积地价为111.62元/平方米”,“按照呼和浩特市公安局经济犯罪侦查支队的特殊要求,该宗地的评估地价只适用于1996年7月24日有效期为半年的宗地地价,不作他用”。6月25日,自治区政府印发《内蒙古自治区人民政府关于印发城镇国有土地使用权招标拍卖管理办法和土地市场管理暂行办法的通知》指出:《土地市场管理暂行办法》第五十四条规定，经批准的基准地价和标定地价，不准随意降低或提高标准；第五十五条规定：协议出让国有土地使用权最低价标准一经确定，必须严格执行并向社会公开。7月27日，自治区国土资源厅批复呼和浩特市国土资源局：评估机构要根据各种方法的适用范围、限制条件和宗地的具体情况，至少选择其中两种方法进行宗地地价评估，综合确定估价额。出让国有土地使用权时，如果用地单位已预付了土地补偿费等费用，应将这部分费用从评估的总地价中扣除，再按一定比例确定土地出让金。以协议方式出让国有土地使用权的出让金不得低于协议出让最低价。协议出让国有土地使用权，必须集体核定出让金收取比例，并向社会公布协议结果。

2005年6月7日，自治区国土资源厅印发《关于公布内蒙古自治区协议出让国有土地使用权最低价标准的通知》。对有基准地价覆盖的城镇、依照规定可以协议出让的情形（主要为工业用地）制订了土地使用权出让最低价标准。

2006年10月20日，自治区土地勘测规划院向自治区国土资源厅上报《内蒙古自治区开展工业用地价格调查汇总情况汇报》，汇报全区工业用地价格调查工作成果，以及调查中总结的几类情况：工业用地土地前期开发成本高于土地出让价格；"三通一平"的开发费用普遍较低，与调查中难以得到全面、准确的数据有关；社会保障费普遍没有从征地补偿费中分离出来；典型案例中容积率普遍难以确定。因为被征用的土地范围，没有规划容积率或有关资料；基准地价的评估基准日普遍在2003年以前。10月27日，自治区国土资源厅向国土资源部报送《关于上报工业用地价格调查成果的报告》，汇报自治区工业用地价格调查成果。提出自治区现实工业用地供地成本已经处于总体较高水平，供地成本中的税费水平不宜显著增长。当前内蒙古自治区工业用地供地的主要任务，应当是稳定供地成本基础上消除地价倒挂，推动工业用地市场建设。建议在新一轮工业用地政策性费用调整中，进一步使地区间的负担水平合理化。

2009年6月29日，自治区国土资源厅为落实《国土资源部关于调整工业用地出让最低价标准实施政策的通知》精神，结合自治区经济发展形势和工业用地的运行情况，提出调整内蒙古自治区工业用地最低价的建议，并组织自治区土地勘测规划院完成《内蒙古自治区制定工业用地出让最低价标准分析报告》。该报告通过收集选定旗县（市、区）的实际土地取得成本、土地前期开发成本和按规定应收取的相关费用等，与国家现行工业用地最低价标准比较，全区24个旗县（市、区）成本费用高于国家工业用地出让最低价标准，提出了下调24个旗县（市、区）最低价标准方案。8月27日，自治区国土资源厅向国土资源部报送《内蒙古自治区国土资源厅关于重新调整工业用地出让最低价标准实施政策的备案报告》。9月14日，自治区国土资源厅印发《关于印发内蒙古自治区工业用地出让最低价标准的通知》，在全区执行工业用地出让最低价标准调整实施政策，增强自治区执行国家标准的适应性、差别化要求。并指出，国土资源部准予国家工业用地最低价标准在自治区实施中下调4个旗区，其余旗县（市、区）仍按国家标准执行。自治区在四种情形下出让工业用地时，在确定土地出让价格时可分别按不低于所在地土地等别相对应最低价标准的15%、50%、60%、70%执行的实施政策。

2013年8月5日，自治区国土资源厅转发《国土资源部办公厅关于开展全国工业用地成本费用调查的通知》，并印发《内蒙古自治区工业用地成本费用调查工作实施方案》，部署全区工业用地成本费用调查工作。

内蒙古自治区下调工业用地出让最低价标准建议方案

表3-4-1

序号	行政区名称	土地成本 (包括土地取得费、土地前期开发成本和其他相关费用) (元/平方米)	国家工业用地标准 (元/平方米)	调整后工业用地最低价标准 (元/平方米)
1	通辽市科尔沁区	105	144	105
2	乌海市海南区	96	168	96
3	乌海市乌达区	96	168	96
4	乌海市海勃湾区	96	168	96
5	乌兰察布市集宁区	95	120	95
6	乌兰浩特市	80	120	80
7	锡林浩特市	80	96	80
8	土默特左旗	70	84	70
9	托克托县	70	84	70
10	二连浩特市	65	84	65
11	翁牛特旗	65	84	65
12	林西县	60	84	60
13	突泉县	50	60	50
14	开鲁县	50	60	50
15	清水河县	50	60	50
16	正蓝旗	50	60	50
17	正镶白旗	50	60	50
18	商都县	50	60	50
19	新巴尔虎右旗	50	60	50
20	察哈尔右翼前旗	50	60	50
21	科尔沁右翼前旗	45	60	45
22	化德县	44	60	44
23	阿拉善右旗	20	60	20
24	额济纳旗	20	60	20

2009 年国家工业用地出让最低价标准(内蒙古下调实施部分)

表 3-4-2

序号	行政区名称	国家工业用地标准（元/平方米）	调整后自治区工业最低价标准（元/平方米）
1	科尔沁右翼前旗	60	45
2	乌海市海南区	168	60
3	乌海市海勃湾区	168	60
4	西乌珠穆沁旗	84	60

二、供应及开发利用监管

1990 年 5 月 19 日，国务院令第五十五号公布的《中华人民共和国城镇国有土地使用权出让和转让暂行条例》第六条规定：县级以上人民政府土地管理部门依法对土地使用权的出让、转让、出租、抵押、终止进行监督检查。第十七条第二款规定：未按合同规定的期限和条件开发、利用土地的，市县人民政府土地管理部门应当予以纠正，并根据情节给予警告、罚款直至无偿收回土地使用权的处罚。

1999 年 4 月 28 日，国土资源部为依法处理和充分利用闲置土地，切实保护耕地，发布《闲置土地处置办法》，自发布之日起施行。

2000 年 8 月 16 日，自治区国土资源厅印发《关于认真做好建设用地信息发布工作的通知》要求，各盟市土地管理局要高度重视建设用地信息发布工作。要成立建设用地信息发布领导小组，确定责任人，制定实施方案，要列入对各旗县(市、区)土地管理工作实绩考核的内容之一，定期检查各盟市土地管理局要高度重视建设用地信息发布工作。2000 年，自治区已建信息发布制度的旗县、市总数 73 个，已建土地有形市场的旗县、市总数 39 个；年初加年内新增闲置土地 384.8755 公顷，年内处置闲置土地 179.8315 公顷，年末闲置土地 201.064 公顷。

2001 年 8 月 1 日，自治区国土资源厅转发《内蒙古自治区人民政府关于印发城镇国有土地使用权招标拍卖管理办法和土地市场管理暂行办法的通知》要求，各地全面建立建设用地信息发布备案等制度。12 月 12 日，自治区国土资源厅发文，就呼和浩特市赛罕区巴彦镇群众反映一宗 133.188 公顷土地闲置 2 年以上的问题，要求呼和浩特市国土资源局按照国土资源部《闲置土地处置办法》的规定，进一步认真调查核实，并于 2001 年 12 月 30 日前拟定出该宗闲置土地处置方案，报自治区国土资源厅审核后，报自治区政府批准。同时要以此为突破口，加大清理和处置闲置土地的力度，制定闲置土地清理和利用计划，建立闲置土地档案，绘制闲置土地分布现状图。按照区别情况，分类处置的原则，做好闲置土地的处置工作，应依法收回的土地要坚决收回。当年，自治区国土资源厅印发《关于进一步加大清理、清查和处置闲置土地工作力度的通知》，就贯彻《国务院关于加强国有土地资产管理的通知》和国土资源部第五号令《闲置土地处置办法》，进一步加大清理、清查和处置闲置土地工作做出安排。全年，全区共处置和利用闲置土地 253 宗，面积 92.67 公顷。

2002 年 7 月，为满足国土资源部和自治区各级政府及其国土资源行政主管部门掌握自治区土地有偿使用制度执行情况、科学决策和进行宏观管理的需要，经自治区统计局同意，自治区国土资源厅于 2002 年 7 月开始执行全区土地利用管理统计报表制度。8 月 26 日，国土资源部、监察部发布《关于严格实行经营性土地使用权招拍挂出让的通知》,从防止领导干部违规干预、强化政府集中统一管理、加大信息披露力度、依法规范出让、加强监督检查各方面,提出了严格实行经营性土地使用权招拍挂出让的要求。

2003 年 3 月 6 日,自治区政府办公厅印发《关于进一步治理整顿土地市场秩序工作实施方案》指出,治理整顿的主要内容包括各类园区用地中存在的违法供地、违法违规交易。4 月 10 日,自治区政府召开了治理整顿情况专题汇报会,听取了 12 个盟市和两个计划单列市政府的工作进展情况的汇报,对进一步做好工作提出了具体要求。12 月 24 日,自治区国土资源厅向自治区政府办公厅报送《2003 年全区国土资源工作总结及 2004 年工作初步安排》:截至 2003 年 9 月底,全区共清理出闲置土地 757 宗,面积 129.14 公顷。

2004 年 6 月 9 日,自治区国土资源厅印发《关于变更全区土地利用管理统计报表内容的通知》提出,按照国土资源部 2003 年底提出的加强宏观调控,公开土地市场信息,建立土地市场动态监测制度的要求,必须定期上报土地供应情况相关的统计数据。4 月 29 日,国务院办公厅印发《国务院办公厅关于深入开展土地市场治理整顿严格土地管理的紧急通知》,清理整顿经营性土地使用权招标、拍卖、挂牌出让中存在的问题纳入了土地市场治理整顿重点内容。6 月 7 日,自治区政府办公厅印发通知,部署深入开展土地市场治理整顿工作。2004 年,全区前三季度处置闲置土地 1791 宗,面积 503 公顷。在深入开展土地市场治理整顿工作中,全区已撤销各类开发区(园区)78 个,撤销规划面积 30 472.36 公顷,退回土地 18 754.45 公顷,复耕面积 4189.97 公顷。保留、拟保留开发区 47 个,规划面积 34 217.29公顷。

2005 年 3 月 7 日,自治区国土资源厅印发通知,按照自治区党委办公厅《关于对中纪委、中组部巡视组反馈意见和建议的整改方案》的要求,决定从 2005 年 3 月份开始在全区集中开展以强化土地法制观念,落实制度建设,促进土地集约利用,全面清理整顿闲置土地和违法圈占土地工作。清理整顿范围以 2004 年 12 月 31 日为基准日期确定土地是否属于闲置土地。《中华人民共和国土地管理法》实施以来,尤其是 2004 年 5 月以后的违法圈占土地行为。6 月 14 日,自治区国土资源厅、监察厅印发《关于继续开展经营性土地使用权招标拍卖挂牌出让情况执法监察工作的实施意见》要求,继续开展对经营性土地使用权招标拍卖挂牌出让情况进行执法监察,重点解决领导干部违规干预经营性土地使用权招标拍卖挂牌出让问题。10 月 8 日,自治区国土资源厅印发通知,进一步严格土地利用统计报表制度做好土地统计工作。

2006 年 2 月 28 日,自治区国土资源厅印发紧急通知,强调要认真做好建设用地备案和土地利用报表统计工作。重点解决上报不及时和内容不全面、不真实等问题。从 2006 年开始各地要严格执行建设用地备案和土地利用报表制度。5 月 8 日,自治区国土资源厅、监察厅印发《关于继续对全区经营性土地使用权实行招拍挂出让情况开展监督检查的通知》,部署继续对全区经营性土地使用权实行招拍挂出让情况开展监督检查工作。12 月 31 日,自治区国土资源厅编发《2006 年度土地利用处工作简报》(总第三期):全区建设用地供应总量 7178.58 公顷,有偿供应土地面积达到建设用地供应总量的 79%,比去年比例提高 10%。其中招拍挂出让方式供应土地占总量的 33%、比去年同期比率提高 2%,招拍挂出让占有偿出让供应总量的 42%,比去年同期比率降低 3%。包括商业服务业和房地产开发用地在内的经营性用地供应 1389.16 公顷,招拍挂出让比例达 99%,比去年比例提高 33%。

2007 年 4 月 17 日,自治区国土资源厅印发通知,就加强土地市场动态监测工作组织领导,相关土地供应及开发利用管理信息采集补录到监测系统，信息上传及保密工作等提出要求。7月3日，自治区国土资源厅印发通知，从2007年7月起土地利用统计由每季度统计上报调整为逐月统计上报，盟市上报自治区的最迟期限为报告期当月的25日。10月15日，自治区国土资源厅转发国土资源部《关于加大闲置土地处置力度的通知》，提出加大闲置土地处置力度的具体措施。10月21—27日，按照国土资源部、监察部《关于落实工业用地招标拍卖挂牌出让制度有关问题的通知》要求，自治区国土资源厅和监察厅联合组成督查组，由厅领导带队，对工业项目逐一进行调查、核实，对未采取招标拍卖挂牌出让的工业项目进行了重点清查。经查，自治区在2006年8月31日以后，工业用地共出让340宗，面积2404.6公顷，总价款114 268.7万元；其中协议出让251宗，面积1886.3公顷，总价款81 028.5万元。未实行招标拍卖挂牌的原因主要是在国务院2006年31号文件下发以前各级人民政府与用地单位签订了工业项目投资协议和补办出让手续。12月28日，自治区国土资源厅编发《2007年度土地利用统计报告（总第七期）》：全区2007年度建设用地供应总量为8437.89公顷，其中协议、租赁和招拍挂出让土地占建设用地供地总量的82%，比上年同期比率上升3%；招拍挂出让占建设用地供地总量的39%，比上年同期比率上升6%；招拍挂出让占有偿供应土地总面积的48%，比上年同期比率上升6%，以市场化方式供应土地全部实行了招拍挂方式出让。

2008年5月11日，自治区国土资源厅汇总各地情况，形成闲置土地清理处置工作情况报告。报告指出：各地高度重视此项工作，专门成立了闲置土地清查处置工作领导小组及办公室，积极筹措工作经费，及时制定并印发了闲置土地清查工作方案、闲置土地处置程序、闲置土地处置意见等基础性工作文件，将各类开发区、房地产开发用地、工业用地和批而不建、征而不用的建设用地确定为重点清查对象，明确了组织实施、政策技术指导和具体工作等责任，落实了工作经费等问题，宣传闲置土地清理处置政策规定，扎实开展了闲置土地清理处置工作。12月29日，自治区国土资源厅转发国土资源部《关于部署运行土地市场动态监测与监管系统的通知》要求，从2009年1月1日起，全区旗县级以上各级国土资源管理部门要全面运行监测监管系统。12月31日，自治区国土资源厅编发《2008年度土地利用统计报告》（总第十一期）：2008年度全区建设用地供应总量为12 584.84公顷，其中协议、租赁和招拍挂出让土地占建设用地供地总量的82%，比上年同期提高34%，协议出让占建设用地供地总量的9%，占有偿供应土地总面积的16%，招拍挂出让占建设用地供地总量的50%，占有偿供应土地总面积的84%，以市场化方式供应土地全部以招拍挂方式出让。

2009年12月28日，自治区国土资源厅编发《2009年度土地利用统计报告》（总第十五期）：2009年度全区国有建设用地供应总量18 651.9006公顷，其中出让总面积9954.2505公顷，占土地供应总量的53%，招标、拍卖、挂牌出让面积为6609.9399公顷，占出让方式供地面积66%。

2010年1月8日，自治区国土资源厅转发《国土资源部办公厅关于挂牌督办处置房地产开发闲置土地的通知》要求，各地把2007年以来所有出让合同与划拨决定书的建设项目开工、竣工和闲置土地处置情况等有关数据，按要求准确录入监测监管系统。从2010年1月1日起，按照通知要求在监测监管系统中录入、上传、公开有关信息，并依托监测监管系统按通知要求，全面实施对已供应土地开发利用情况的跟踪监管，及时处置闲置土地。1月29日，自治区国土资源厅向国土资源部土地利用管理司函报自治区处置房地产开发闲置土地工作情况：截至2009年年底，全区现存房地产开发闲置土地89宗，闲置土地面积501.4107公顷，已处置22宗190.7749公顷，正在处置56宗234.5773公顷，未处置11宗76.0585公顷。2月5日，自治区国土资源厅印发通知要求，各地要按照国土资源部《关于部署运行土地市场动态监测与监管系统的通知》及自治区一系列相关文件要求,将土地储备和储备土地供应全部纳入监测监管系统管理,提高规范化水平、加强监管;配合相关部门严格落实国有土地使用权出让收支管理制度,规范土地储备和储备土地供应收支管理;从2010年度起,自治区土地储备登记中心应对不符合规定要求的土地储备项目停止提供融资服务;对存在上述问题整改不到位的地区,自治区国土资源厅将酌情采取暂停建设用地审批、列入建设用地批后核查和供地监管检查的重点区域等措施。3月26日,自治区国土资源厅印发《关于进一步强化落实供地后的监管措施完善巩固闲置土地处置长效机制工作的通知》要求,各地对遗留的闲置土地进行一次全面彻底跟踪监管,做到所有遗留的闲置土地都有处理结果,消除监管盲点、不再产生新的未予认定的集中认定、处置,对已经供应、尚处于监测期内的所有宗地开展持续的跟定处置的闲置土地,建立巩固、完善的闲置土地处置长效机制。对2010年6月30日前应当处置而未处置的闲置宗地,自治区国土资源厅将实行挂牌督办,依法依规处置;对政府及政府有关部门原因造成闲置土地且未查处的,将提请派驻地方的国家土地督察局向当地人民政府提出督察整改意见,限期依法查处。4月6日,自治区国土资源厅转发《国土资源部关于印发〈房地产用地专项整治工作方案〉的通知》要求,各地高度重视、加强领导、制定方案、认真整治、严格处理。抓紧安排部署,全面落实专项整治的工作任务。把房地产用地专项整治与土地出让合同专项清理工作紧密结合起来,把清理整治与落实制度结合起来。切实做到边清理整治、边规范纠正,以清理整治达到整改提高的工作目的。8月31日,自治区国土资源厅印发《关于强化批而未用建设用地管理的紧急通知》。针对自治区土地供应率偏低、建设用地审批备案工作中存在差距的问题,要求各地必须依靠当地政府强有力的支持和领导,确保有限的用地指标发挥最大化效益,促进批而未用土地利用工作取得预期效果。各地要结合自治区国土资源厅《转发关于严格建设用地管理促进批而未用土地利用的通知》精神,以宗地为单位摸清情况,主动向当地政府主要领导汇报请示,明确造成各类、每宗批而未用土地的原因和处置原则,并将任务分解落实到市和旗县政府主要责任部门、责任人,限期完成任务。凡是国土资源部门自身职能职责范围内可以处理的,务必要加快办理土地征收、出让供应手续,加强项目建设期用地监管、随时处置闲置土地。要按照自治区国土资源厅《转发国土资源部关于部署运行土地市场动态监测与监管系统的通知》及一系列相关文件规定要求,依托“土地市场动态监测与监管系统”,及时、准确、完整录入建设用地审批、供应和监测监管信息,确保系统信息能够客观全面反映各地建设用地审批和供应备案以及闲置土地处置工作,确保系统反映的供地率真实、可靠,以适应国土资源部已经直接使用“土地市场动态监测与监管系统”,对各地建设用地管理全过程进行监测监管的新形势、新要求。对强化批而未用土地管理工作不力的盟市,自治区国土资源厅将采取必要的制约措施。10月26日,自治区国土资源厅印发《关于切实重视和加强新增建设用地备案工作的紧急通知》,要求各地重视和加强新增建设用地备案工作。12月9日,自治区国土资源厅转发《国土资源部关于严格落实房地产用地调控政策促进土地市场健康发展有关问题的通知》强调,各地要建立和落实好房地产用地开竣工申报制度。对不执行申报制度的,要向社会公示,并限制其至少在一年内不得参加土地购置活动。要加强对土地开发利用动态监测和保障性住房用地供后的监管,做好房地产用地供应和监管的信息公开工作。认真落实好“五个公开”(公开住房供地计划、公开土地出让公告、公开土地出让和划拨结果、公开土地开发利用信息、公开违法违规用地查处结果)制度。适时将房地产用地和监管情况向社会公开通报,接受社会监督。要加强对旗、县(市、区)招拍挂出让公告的审查,对发现存在超面积出让、捆绑出让、毛地出让、住宅用地容积率小于1、出让主体不合法等违反政策规定的公告，及时责令旗、县(市、区)国土资源部门撤销公告，重新拟定出让方案。违反规定出让的，应责令立即终止出让行为，并依法追究责任。严格查处囤地炒地闲置土地、擅自调整容积率行为，严格查处商品住房建设和销售的违法违规行为。加大违法违规房地产用地信息公开。12月31日，自治区国土资源厅编发《2010年度土地利用统计报告》(总第十九期)：2010年度全区国有建设用地供应总量21 865.16公顷，比上年同期增加1.5%。国有建设用地出让总面积15 141.38公顷，占供应总量的69%。全区各地区国有建设用地供应量以鄂尔多斯市一家独大，占全区供应总量的33%。2010年，鄂尔多斯市房地产用地供应面积3395.74公顷，占全区同期该类用地的42.07%。其中商服、住宅用地分别为1582.43公顷、1813.31公顷，分别占全区同期相应类型用地的49.88%、37.01%；供应住宅用地相应的规划建筑总面积为2254.14万平方米，占全区同期该类用地相应的规划建筑总面积的35.15%。鄂尔多斯市为代表的年度房地产用地规模过大，建议当地政府密切关注辖区房地产市场，跟踪评估市场风险，采取有效政策措施适时释放可能存在的较高市场风险。

2011年3月16日，自治区国土资源厅转发《国土资源部关于运用土地市场动态监测与监管系统加强土地供应和开发利用监管的通知》要求，各地建立健全动态监测监管的长效机制。落实"专人、专机、专线、专管"的制度，形成国土资源厅督查，盟市监管，领导负责，旗县实施的监测监管长效机制，使全区动态监测监管工作制度化、经常化、规范化。4月7日，自治区国土资源厅通报国土资源部挂牌督办6宗商品住宅用地违规出让公告核查处理情况。6宗商品住宅用地挂牌出让公告违反国家"商品住宅用地面积大城市不得超过20公顷，中等城市不得超过14公顷，小城市不得超过7公顷"、"住宅用地容积率必须大于1"规定的核查处理情况。并针对土地出让公告的录入、审核、发布工作中存在着政策执行不认真，审核把关不严格，监管制度落实不到位的问题，提出整改规范要求。12月6日，自治区国土资源厅转发国土资源部办公厅《关于加快闲置土地处置工作的通知》指出，国土资源部挂牌督办涉及乌兰察布市、鄂尔多斯市、呼伦贝尔市三个市的5个旗县，闲置土地28宗，土地面积401.4152公顷。各地要采取强有力措施，逐宗核实闲置土地形成的时间和原因，拟订处置方案，加快处置进度。12月31日，自治区国土资源厅编发《2011年度土地利用统计报告》(总第二十三期)：2011年度全区国有建设用地出让总面积16 832.8062公顷，占供应总量的67%，国有建设用地出让中招拍挂出让面积14 729.608公顷，比上年同期增长19.62%。2011年，鄂尔多斯市房地产用地供应面积2760.06公顷，占全区同期该类用地35.35%；供应住宅用地相应的规划建筑总面积为2001.27万平方米，占全区同期该类用地相应规划建筑总面积的32.16%。鄂尔多斯市供地总量较为突出，尤其房地产用地居于各盟市之首。

2012年7月20日，自治区国土资源厅转发《国土资源部、住房城乡建设部关于进一步严格房地产用地管理巩固房地产市场调控成果的紧急通知》要求，依法加强监管，采取有力措施，严格建设标准，规范供应管理，加大执法力度，落实政策规定，坚决抑制地价过快上涨，确保房地产用地的有效供应，提高土地开发利用效率，促进自治区土地市场健康平稳可持续发展。12月24日，自治区国土资源厅转发《国土资源部关于严格执行土地使用标准大力促进节约集约用地的通知》要求，各地要对本地区发布实施的土地使用标准进行清理，要对制定的园区准入等标准中涉地标准重新研究调整。低于国家土地使用标准要求的，应及时调整达标。对依法出让的土地，盟市、旗县国土资源主管部门必须将适用出让宗地的土地使用标准的相关控制要求，作为编制出让方案的主要内容之一。出让土地成交后，适用出让宗地的土地使用标准的相关控制要求作为强制性约定内容写入出让合同并严格执行。

对突破土地使用标准但已进行论证评估并经人民政府批准的建设项目用地,供地方案、划拨决定书、出让合同、专家评估意见和政府批准文件等相关材料,通过土地市场动态监测监管系统报自治区国土资源厅备案。盟市、旗县国土资源主管部门,要将供地后土地使用权人是否按照约定的土地使用标准用地的情况作为国土资源执法监察的重点工作内容,纳入土地执法监察动态巡查,参与建设工程竣工验收。建设工程竣工验收前发现未按规定约定标准使用土地的,应当核发整改通知书,限期整改到位;建设工程竣工验收时发现未按规定约定标准使用土地的,也可以核发整改通知书,限期整改到位后通过验收;未按规定约定标准使用土地建设工程已经竣工,无法整改的,或国土资源部门未参与建设工程竣工验收的,应当按照国有建设用地划拨决定书和出让合同的规定约定收缴违约金,并将违约信息录入该土地使用人诚信信用档案。对阿拉善盟等地供应的非别墅类普通住宅用地,容积率确需低于国家标准下限(容积率不低于1)的,盟市、旗县国土资源行政主管部门可以会同城市规划、建设行政主管部门联合作出确保不属于别墅或高档住宅用地的承诺或说明,经自治区国土资源厅转呈国土资源部备案后可以供地或消除预警。12月27日,自治区国土资源厅转发国土资源部办公厅《关于严格监管房地产大企业和大地块开发建设情况的紧急通知》提出,全面核查房地产大企业和大地块履约建设情况,做好“房地产大企业和大地块监管专栏”动态监测监管的上传和备报工作;依法依规认真做好清理违约建设项目工作。特别是呼和浩特市和包头市,要根据辖区内土地和房屋市场的特点运行现状和趋势,深入研究,制定对策,采取措施,坚决制止“市场异动三类城市”情况出现;严格规范商品房用地出让行为,认真落实商品房用地“五个严格”(严格土地出让条件、严格控制商品房用地单宗出让面积、严格规范土地出让底价、严格土地竞买人资格审查、严格土地出让合同管理)规定和土地招拍挂制度,促进住房建设用地有效供应;加强对土地开发利用动态监测和房地产用地的供后监管。严禁保障性住房用地改变用地性质,坚决制止擅自调整容积率行为,严格落实土地市场动态监测与监管数据报备制度。违反规定出让的,应责令立即终止出让行为,并依法追究责任。12月31日,自治区国土资源厅编发《2012年度土地利用统计报告》(总第二十七期):2012年度全区国有建设用地供应总量32 551.49公顷,其中出让总面积14 588.93公顷,占供应总量的44.82%,出让总面积中招拍挂出让面积为13 309.55公顷,占出让总面积的91.23%。2012年,鄂尔多斯市房地产用地供应面积1496.61公顷,占全区同期该类用地23.15%;供应住宅用地相应的规划建筑总面积为1019.62万平方米,占全区同期该类用地相应的规划建筑总面积15.83%。在当前房地产市场形势下,鄂尔多斯市房地产供地仍保留较高规模水平,建议当地政府密切关注、跟踪评估研究,采取适当调控对策,释放化解市场风险。

2013年3月1日,自治区国土资源厅印发《关于做好全区2013年房地产用地管理和调控重点工作的通知》,就安排部署2013年房地产用地计划编制和公布、落实保障性安居工程建设用地、增加住房有效供给、正确引导市场预期等提出了意见。4月12日,自治区国土资源厅转发《国土资源部办公厅关于印发〈闲置土地处置法律书示范文本〉和〈闲置土地处置案卷表〉的通知》要求,各地遵照《闲置土地处置办法》(中华人民共和国国土资源部令第五十三号)规定,及时向土地使用方下达相关法律文书,建立闲置土地处置案卷,并在土地市场动态监测与监管系统中同步备案、跟踪更新。要求各地要严格规范闲置土地的调查、认定和处置程序,做到有效处置、充分利用闲置土地。8月14日,自治区国土资源厅函复自治区发改委:土地资源和一般资源要素相比,具有位置固定性、不可移动性特点,决定了具体地块土地利用可替代性的不足,形成了建设用地以单个城市、集镇为中心的土地市场相对独立性特点。建立呼包鄂统一的微观土地市场、土地价格体系，意义不大；从破除行政壁垒，避免恶性竞争，促进呼包鄂一体化和城镇化发展的角度上，宏观、中观土地市场与土地价格政策的协调统一性是必要的。近年来呼包鄂地区认真落实国家、自治区出台的出让土地最低价格标准政策，建立和实施了公开、透明、公正的土地交易规则，认真落实了禁止减免和先征后返土地出让金政策，从根本上打破了受让土地的行政壁垒，抑制了低于土地取得和开发成本低价招商引资等恶性竞争；当前呼包鄂土地市场建设运行中的突出问题，是区域内各市县政府比较重视建设用地的规模扩展，重视经营性用地的出让规模增长，重视重点企业和项目的用地安排，但对辖区内地产市场的研判、决策缺位，未能发挥市县政府是本地地产市场最有效调控者的作用，不利于克服市场盲目性和化解市场失灵带来的问题，一旦地产市场风险累积爆发，将对地方社会经济发展产生重大消极影响，建议市县政府予以高度重视。8月30日，自治区国土资源厅转发国土资源部《关于建立土地利用动态巡查制度加强建设用地供后开发利用全程监管的通知》，并从“作为重点工作专项推进”，“科学合理组织动态巡查工作”，“以落实动态巡查促进规范化管理”，“加强监督指导推进巡查制度落实”等五个方面安排部署了加强建设用地供后开发利用全程监管工作。10月29日，自治区国土资源厅召开全区建立土地利用动态巡查制度加强建设用地供后开发利用全程监管工作视频会议，部署、培训相关工作。全区主、分会场103个，参会人员1780余人。12月31日，自治区国土资源厅编发《2013年度土地利用统计报告》（总第三十一期）：2013年度全区国有建设用地供应总量31 776公顷，比上年同期减少2.04%。建设用地出让和划拨分别占供地总量的43%、57%。建设用地出让面积14 596公顷，招拍挂出让面积11 399公顷，占出让面积的78.10%。鄂尔多斯市在实施严格控制所在地城市房地产供应规模政策措施的情况下，依然保有394公顷的房地产用地供应规模，高于全区盟市平均的362公顷。乌兰察布市房地产用地供应量800.1887公顷，居于全区各盟市之首。全区房地产开发用地供应连续三年回落，但少数盟市逆势增长或维持高位、值得关注。建议全区各城市人民政府，特别是经营性用地供应规模持续走高或保持高位的地区，增强调控本地地产市场意识，学习借鉴鄂尔多斯市调控中心城区土地供应的经验，把握好建设用地出让的规模、时序、节奏和价格决策，预防和释放地产市场可能的大起大落风险，降低地产泡沫化向三、四线城市和工业地产扩散的风险。

2014年7月16日，自治区国土资源厅通报2009—2013年自治区建设用地供应情况：2009—2013年，全区经国务院和自治区政府累计批准建设用地（含城市批次用地和单独选址用地）123 587.78公顷，截至2014年6月31日，累计供应89 180.24公顷，供地率72.16%。2009—2013年，呼和浩特市批准中心城市用地2423.02公顷，供应面积847.55公顷，供地率34.98%；包头市批准中心城市用地1750.38公顷，供应面积695.76公顷，供地率39.75%。《通报》一并印发了2009—2013年（前5年）全区各盟市供地率排名情况、2009—2013年（前5年）全区各旗县区供地率排名情况、2009—2013年（前5年）呼和浩特市、包头市中心城市用地供地率情况统计表。9月1日，自治区国土资源厅向国土资源部报送《关于内蒙古自治区二级市场的专题调研报告》。根据各盟市函调结果，选取其中8个盟市（呼和浩特市、包头市、呼伦贝尔市、通辽市、锡林郭勒盟、鄂尔多斯市、巴彦淖尔市、乌海市）召开座谈，深入探讨当前自治区土地二级市场实际存在的突出问题，分析造成问题的主要原因，梳理解决问题的对策和办法的情况。二级土地市场实际交易的情况为：出租情况各盟市较少掌握，多为私下交易；2009—2013年，调研的8个盟市合计转让宗地78 005宗，面积12 449.89公顷；其中以宗地为单位整体转让43 355宗，面积7524.87公顷，占转让总面积的60.44%；房屋转让涉及土地使用权转让

34 650宗,面积4925.02公顷,占转让总面积的39.56%;2009—2013年,全区抵押宗地为46 329宗,面积127 239.25公顷,抵押金额2450.2909亿元;土地二级市场缺少文件政策规范,土地交易政策滞后笼统,二级市场交易平台建设滞后,各地二级市场公开交易主要依附于地方国土资源主管部门的业务大厅来办理相关手续,隐形市场普遍存在,主要发生在土地出租和转让过程,被动登记服务为主,处于放任性管理状态,多数地区土地有形市场建设不足,二级市场相关服务薄弱,二级市场公开交易成本高等。11月11日,自治区国土资源厅印发《关于落实国土资源部节约集约用地专项督察工作要求的通知》,就认真落实国土资源部开展节约集约用地专项督察工作要求,对全区国土资源系统落实工作从组织领导、自查内容、任务职责、自查方法和时间要求等方面做出了全面安排,同时转发了《国土资源部办公厅关于印发节约集约用地专项督察工作方案的通知》和《国家土地督察通知书》,并印发了国家土地总督察办公室关于节约集约用地专项督察有关问题的解答、国土资源部土地利用司关于节约集约用地专项督察有关问题的解答、节约集约用地专项督察政策文件依据清单。12月5日,国家土地督察节约集约用地专项督察组来自治区督察工作,在呼和浩特市召开督察会议。自治区国土资源厅副巡视员赵大勇代表自治区政府汇报自治区节约集约用地专项督察工作进展情况:11月15日,自治区在呼和浩特市召开全区节约集约用地专项督察工作部署动员会议,印发并解读了《关于落实国土资源部节约集约用地专项督察工作的通知》,对专项督察自查工作提出了进一步要求,一并转发了《国土资源部办公厅关于印发节约集约用地专项督察工作方案的通知》《国家土地督察通知书》,以及总督办、利用司、信息中心有关问题解释说明,节约集约用地专项督察政策依据清单,刻录下发了2009—2013年国务院和自治区政府两级批准的全部建设用地批准文件相关信息电子清单;11月27日,自治区政府召开进一步规范国土资源管理推动重点问题整改电视电话会议,把提高供地率、清查处置闲置土地问题作为重要内容进行了部署,自治区主席巴特尔在会上讲话,自治区国土资源厅通报了国土资源管理中存在的问题,并列出土地供地率低于前5年60%的盟市、旗县清单,对闲置土地处置问题也提出了明确要求。12月9日,自治区国土资源厅在总结自治区节约集约用地专项督察工作自查清理阶段工作基础上,形成《内蒙古自治区节约集约用地专项督察工作自查清理报告(代拟稿)》报送自治区政府。经自查清理汇总,自治区2009—2013年由国务院和自治区批准用地项目3530个,总面积12.2834万公顷,已完成供地面积88 165.7183公顷,占批准总面积的71.77%。批而未供地总面积34 668.1887公顷、占批准总面积的28.23%;全区2009—2013年合计供应土地32 471宗、面积134 133.0909公顷,期间年均供地量26 826.6182公顷。闲置土地884宗,面积4541.4011公顷,为近五年年均供地量的16.93%。闲置土地中,因用地单位原因闲置的面积占28.27%,政府及其有关部门原因闲置的面积占71.73%。12月,自治区国土资源厅通报2014年3季度全区土地供应及供后开发利用监测监管情况:2013年1月1日至2014年9月底,全区累计出现预警信息258条,已处置181条,处置率70.16%,尚未处置77条;截至2014年9月底,全区2009—2013年已供土地中需要开发建设项目30 419宗,面积14.04万公顷,其中未开工项目5008宗,面积2.45万公顷,未竣工项目13 786宗,面积7.08万公顷;截至9月底,全区开发利用应巡查任务9499项,已巡查任务631项,巡查率6.64%;截至9月底,全区未按期开工超过一年、构成闲置土地的项目用地共608宗,面积2227.66公顷,其中房地产项目355宗,面积853.97公顷。

2015年9月7日,自治区国土资源厅印发《关于2015年2季度全区土地供应及供后开发利用监测监管情况的通报》。12月16日,自治区国土资源厅印发《关于2015年3季度全区土地供应及供后开发利用监测监管情况的通报》,根据土地市场动态监测与监管系统统计,2010—2014 年五年间,国务院和自治区两级人民政府累计批准建设用地(含城市批次用地和单独选址用地)12.89 万公顷,截至 2015 年 9 月 30 日,累计供应 8.96 万公顷,全区近 5 年平均供地率 69.49%。其中,2010、2011、2012、2013、2014 年供地率分别为 83.56%、77.09%、75.99%、70.4%、40.51%。

第四节　地价体系与监测

一、等级地价体系建设

1998 年 4 月 1 日,原自治区土地管理局印发《内蒙古自治区地价评估管理暂行办法》。对自治区内的地价评估首次作出规定,明确规定了城镇基准地价和标定地价的评定、公布的程序、权限等。

1999 年 9 月 24 日,原自治区土地管理局印发《关于发布基准地价有关问题的通知》,规定了首府城市、首府以外旗县级以上所在地城市、建制镇和独立工矿区基准地价验收、批准公布实施的权限。

2000 年,自治区国土资源厅部署 2000—2001 年度"城市土地价格调查和集约利用潜力评价"项目工作。

2001 年 4 月,包头市城市土地集约利用潜力评价工作启动。5 月,呼和浩特市土地价格调查项目启动。7 月 13 日,自治区国土资源厅向国土资源部报送《内蒙古自治区新增建设用地有偿使用费征收等别方案》。报告自治区按照新增建设用地土地有偿使用费征收等别调整的范围、方法技术规定,结合全区经济发展现状,同时比照周边省市等别确定的调整方案及相关说明。8 月 1 日,自治区国土资源厅转发《内蒙古自治区人民政府关于印发城镇国有土地使用权招标拍卖管理办法和土地市场管理暂行办法的通知》。其中《内蒙古自治区土地市场管理暂行办法》第五十三条规定:建立健全城镇、独立工矿区和建制镇的基准地价评估和公布制度;第五十四条规定:经批准的基准地价和标定地价,不准随意降低或提高标准;第五十五条规定:协议出让国有土地使用权最低价标准一经确定,必须严格执行并向社会公开;第五十七条规定:改组或新设上市的股份制公司,必须选择具有 A 级地价评估资格的评估机构进行地价评估。12 月 19 日,自治区国土资源厅向国土资源部报送《关于 2000—2001 年度"城市土地价格调查和集约利用潜力评价"项目完成情况的报告》。汇报"城市土地价格调查和集约利用潜力评价"包头市城市土地集约利用潜力评价工作进展情况,未能如期完成的原因,以及申请国土资源部延期验收的预计期限。

2002 年 6 月 13 日,自治区国土资源厅、发展计划委员会、财政厅联合印发《关于认真做好全区城镇基准地价更新与平衡和标定地价评估工作的通知》要求,基准地价更新与平衡和标定地价评估要严格按照《城镇土地估价规程》(GB/T18508—2001)和《城镇土地分等定级规程》(GB/T18507—2001)执行。规定基准地价的内涵:即各土地级别或均质区域在"五通一平"(或七通一平)土地开发程度、统一容积率下,统一用途的完整土地使用权价格。地类按商业、住宅、工业等用途区分,评估基准日期定为 2002 年 1 月 1 日,各用途均定为法定最高出让年限。12 月 20 日,财政部、国土资源部印发《关于调整新增建设用地土地有偿使用费征收等别的通知》,公布了新调整的内蒙古城镇土地等别。由高到低共划分 15 个等别,作为核定新增建设有偿使用费缴纳、制定国家工业用地出让最低价标准等的主要依据。自治区 101 个旗县(区、市)中包头市 4 区(昆都仑区、东河区、青山区、九原区)为六等;呼和浩特市4区(回民区、赛罕区、新城区、玉泉区)为七等;赤峰市3区(红山区、松山区、元宝山区)、通辽市科尔沁区、乌海市3区(海勃湾区、海南区、乌达区)为十等;呼伦贝尔市海拉尔区、集宁市(今乌兰察布市集宁区)、满洲里市、乌兰浩特市为十一等;临河市(今巴彦淖尔市临河区)、鄂尔多斯市东胜区、锡林浩特市、牙克石市、扎兰屯市为十二等;额尔古纳市、根河市为十三等;其余76个旗县(区、市)为十四或十五等。与原等别相比:呼和浩特市、赤峰市、通辽市、乌海市、呼伦贝尔市、集宁市(今乌兰察布市集宁区)、满洲里市、鄂尔多斯市、临河市(今巴彦淖尔市临河区)、锡林浩特市、额尔古纳市中心城区等别下调1个等别,乌兰浩特市、牙克石市下调2个等别,根河市下调3个等别。此次调整幅度较大,内蒙古整体等别下调,等别划分合理性明显增强。在2002年之前,自治区各旗县市的城镇土地定级与基准地价评估工作由县市土地管理局组织,以地价评估事务所和地籍科(股)为主进行评估,也有部分旗县市委托自治区地产咨询评估中心评估,到2002年全区旗县所在地的城镇已全部完成城镇土地定级与基准地价评估工作。期间,各盟市及旗县(市)城区所在地的城镇土地定级与基准地价评估由原自治区土地管理局组织当地人民政府及土地、物价、国资等部门进行验收,其他建制镇的验收由当地市、县土地管理部门组织,验收合格的成果报请当地旗县人民政府公布实施。据不完全统计,到2002年末全区旗县所在地城镇基准地价已全部公布实施,部分城镇完成对首轮成果的更新和重新发布实施。

2003年1月6日,自治区国土资源厅印发《内蒙古自治区土地资产管理"十五"计划纲要》。"九五"期间,全区建立了城镇基准地价体系,全区12个盟市级和43个旗县级的基准地价已更新。"十五"期间主要预期目标之一是依照国家地价管理政策,健全地价管理制度,全区12个盟市、101个旗县(市、区)按时完成基准地价更新与平衡工作;构筑信息传输平台,力争60%的旗县(市、区)建立建设用地信息管理系统。当年,自治区国土资源厅还印发《内蒙古自治区城镇基准地价更新与平衡和标定地价评估项目成果验收办法》。

2004年6月16日,自治区国土资源厅就贯彻执行国土资源听证规定印发通知。

2006年5月8日,自治区国土资源厅印发《关于进一步规范管理国土资源行政部门所属土地评估机构业务活动和做好城镇基准地价更新及发布工作的通知》。要求各地按照"内政字[2001]284号"文件,以及自治区国土资源厅、发展计划委员会、财政厅印发《关于认真做好全区城镇基准地价更新与平衡和标定地价评估工作的通知》、自治区国土资源厅《关于印发〈内蒙古自治区城镇基准地价更新与平衡和标定地价评估项目成果验收办法〉(试行)的通知》等有关规定,各单位要将基准地价更新发布工作纳入重要议事日程,严格执行地价信息可公开查询制度。少数未进行新一轮城镇基准地价更新的地区,一定要在下半年内完成此项工作,在申请自治区验收合格后及时报当地政府公布;已经通过自治区验收且没有公布实施的,要抓紧申报并做好与当地政府公布前的沟通协调工作;已经公布实施的,要认真检查是否制定落实了方便社会大众可公开查询的措施。

2007年8月20日,自治区国土资源厅、发改委、财政厅印发《关于认真做好全区城镇土地基准地价更新和重新公布工作的通知》,针对土地市场发生较大变化的实际情况,以及国家土地供应政策的调整,各地原有公布实施的基准地价水平,已经不能适应土地市场的实际情况和国家宏观调控的要求,急待更新完善,以及落实国土资源部关于发布实施《全国工业用地出让最低价标准》的通知、基准地价"2~3"年更新一次规定的要求,安排部署了全区城镇土地基准地价更新和重新公布工作。具体任务是:至2008年6月底前,全面完成自治区范围内各盟(市)、旗县驻地、建制镇、独立工矿区、开发区的基准地价更新和重新公布工作。随文印发了《内蒙古自治区城镇基准地价更新和重新公布工作实施方案》。

2008年1月2日,自治区国土资源厅发函,提出在开展城镇基准地价更新工作中应当注意的问题。指出部分地区和评估机构对城镇基准地价与工业用地最低价标准衔接问题,在理解认识上存在一定偏差,出现以工业用地最低价标准反推城镇基准地价的现象。明确城镇基准地价更新与工业用地最低价标准衔接的原则是,基准地价更新工作严格以国家相关技术规程要求为依据,在完成分类定级与基准地价评估工作过程中,不考虑工业用地最低价标准;对完成更新后的工业用地基准地价成果要与国家工业用地最低价标准进行比较分析,其结论要在成果报告中反映;更新并公布实施的工业用地基准地价,在应用于政府出让工业用地时,基于工业用地基准地价评估的宗地地价低于国家最低价标准的,出让底价和出让价格均不得低于国家最低价标准。强调为保证全区城镇基准地价更新工作严格按照自治区文件和国家规程要求实施,建立起科学合理、客观真实的城镇基准地价体系,各盟市国土部门要本着高度负责的精神认真按要求做好技术审查和把关工作,要对本辖区内正在进行或已经完成的成果进行专项检查规范,凡存在上述问题的要责成所属旗县国土部门及其项目承担单位尽快予以改正;对存在上述问题或未作修改完善的,自治区国土资源厅不予受理验收申请。2月25日,自治区国土资源厅《转发国土资源部办公厅关于提供土地等别应用情况有关材料的通知》指出,此次开展的土地等别应用情况调查,是国土资源部计划于2008年对城镇土地等别进行适当调整所做的前期工作。各级国土资源部门要认真对城镇土地等别在工业用地出让最低价标准、新增费征收中的情况进行总结和评估,并在此基础上提出具体的调整完善建议。根据“整体稳定、局部调整”和“有升有降、总量不变”的原则,对申请进行城镇土地等别调整的旗县(市、区),自治区将采取盟市范围内总体平衡、总量不变的方式,由盟市国土资源局提出具体的调整意见和建议。对个别涉及跨区域调整的,盟市国土资源局要在充分调研分析、论证的基础上,提出详尽的调整意见和建议,报自治区国土资源厅;各地上报的近几年建设用地供应、土地出让收入、新增建设用地土地有偿使用费征收等情况,应当与各年度上报的土地利用统计、土地利用综合统计、建设用地备案等数据相统一,各盟市国土资源局要负责做好所辖旗县(市、区)上报数据的汇总上报和审查把关工作。12月2日,自治区国土资源厅《关于基准地价成果应用的说明》称:自治区部分旗县区于2007—2008年开展了基准地价更新工作,23个旗县区基准地价更新成果已通过自治区国土资源厅组织的专家评审和验收。12月31日,自治区国土资源厅批复呼伦贝尔市国土资源局,同意调整鄂温克旗巴彦托海镇(镇区)地价。巴彦托海镇土地定级与基准地价更新调整应有充分的依据,调整后级别内地价样点计算值要与基准地价相符,应重新计算。调整后基准地价应及时征求有关部门意见,并按照《国土资源听证规定》依法组织听证。应重新编写《技术报告》《工作报告》,重新编制相应的基准地价图件,调整后基准地价应及时公布实施。

2009年2月10日,自治区国土资源厅《转发国土资源部关于调整部分地区土地等别的通知》。2008年12月31日,国土资源部按照《城镇土地分等定级规程》(GB18507—2001)对各地社会经济发展水平、土地资源状况、基准地价水平等因素进行了综合评定,依据评定结果调整了部分地区的土地等别。自治区国土资源厅要求各地按调整后全区各旗县、市(区)的土地等别执行。

2010年2月26日,自治区国土资源厅按照《国土资源部关于报送基准地价制定更新公布与应用有关情况的函》要求,组织完成全区基准地价制定更新公布与应用有关情况的调查,形成《内蒙古自治区城镇基准地价更新情况》报告。报告指出,2001年以来,全区各旗、县(市、区)基准地价更新次数参差不齐,73个县级单元基准地价更新进行了2次,19个县级单元进行了1次,7个县级单元更新了3次,其余为4次以上。基准地价更新频率最快的是鄂尔多斯市东胜区、达拉特旗和乌审旗,为2年1次;更新频率为3年1次的有包头市、锡林郭勒盟、鄂尔多斯市、乌海市等等地区的26个县级地区;更新频率为4年一次的有呼和浩特市、呼伦贝尔市、兴安盟、赤峰市、阿拉善盟等地区的38个旗县(市、区),其余地区均为5年以上,乌兰察布市个别地区更新频率在10年以上。全区101个旗县(市、区)中83个地区现行基准地价已公布。未进行公布的地区有呼和浩特市、赤峰市、乌海市和呼伦贝尔市的部分旗县。11月1日,自治区国土资源厅批复呼伦贝尔市国土资源局,海拉尔区河东部分基准地价空白区面积达7.6平方千米,应通过更新海拉尔区城区土地级别和基准地价填补空白。同日,自治区国土资源厅批复呼和浩特市国土资源局,同意呼和浩特市国土资源局开展呼和浩特市城区基准地价更新工作。

2013年5月7日,自治区国土资源厅复函兴安盟国土资源局,城镇土地等别的调整权限在中央政府;经请示国土资源部,下半年预计部署全国性的城镇土地等别调整、平衡,之前不会受理调整城镇土地等别的申请;关于调整乌兰浩特、阿尔山市城镇土地等别的事项,待国家部署调整工作时自治区国土资源厅将予以积极支持。5月17日,自治区国土资源厅转发国土资源部办公厅《关于发布〈国有建设用地使用权出让地价评估技术规范(试行)〉的通知》,并提出要以学习和贯彻执行《国有建设用地使用权出让地价评估技术规范(试行)》为契机,规范出让土地价格评估、推动土地估价报告电子化备案系统运行、强化土地估价行业自律管理;进一步理顺出让土地定价程序、建立和落实出让底价集体决策制度,依法依规做好出让土地定价工作;着力预防虚假地价评估、违规干预地价评估,严格防止出让底价决策缺位、单纯以地价评估代替底价决策。10月31日,自治区国土资源厅复函鄂尔多斯市国土资源局:依据国家有关规定,适时更新和公布实施城镇土地级别及基准地价,是市、县政府的法定职责职权。更新城镇土地级别和基准地价,必须严格依据《城镇土地分等定级规程》《城镇土地估价规程》的规定。11月14日,自治区国土资源厅致函中国土地勘测规划院:自治区工业用地成本费用调查工作已委托自治区土地调查规划院完成省级成果汇总,经过多次反馈、核实并修改,调查成果符合表格填报要求,具备上报条件。报送成果包括:基准地价汇总表、县级行政单元统一年产值与区片价标准调查表、县级行政单元工业用地平均成本调查表、工业用地实例成本调查表、批次建设用地征地实例基本情况表、工业用地二级市场实例调查表、工业用地转用实例调查表等共7张表。

2014年6月23日,自治区国土资源厅印发《关于配合国土资源部做好调整城镇土地等别工作的通知》和《内蒙古自治区城镇土地等别调整基础工作方案》,并转发《国土资源部办公厅关于请提供城镇土地等别应用情况有关材料的函》,要求各盟市认真组织完成辖区内各旗县(市、区)建设用地供应情况调查表、旗县(市、区)城镇土地分等资料调查表填报工作,自治区土地调查规划院组织项目组,负责完成自治区本级城镇土地等别调整基础工作。7月29日,自治区国土资源厅致函国土资源部土地利用司,报备确定的自治区城市建设用地节约集约利用评价15个参评城市名单,以及自治区土地调查规划院为技术指导单位。9月,自治区完成全区城镇土地等别调整工作,并及时上报至国土资源部。11月3日,自治区国土资源厅转发《国土资源部关于部署开展全国城市建设用地节约集约利用评价工作的通知》《关于确定内蒙古自治区城市建设用地节约集约利用评价参评城市与技术指导单位的函》,印发《内蒙古自治区城市建设用地节约集约利用评价实施方案》。对先期确定开展城市建设用地节约集约利用评价15个城市,未来5年(2014—2018年)评价工作分阶段做出了安排、提出了要求。

2015年10月19日,自治区国土资源厅印发《关于下发内蒙古城镇土地定级与基准地价更新工作实施方案的通知》。

二、城市地价动态监测

2001年11月29日,自治区国土资源厅向国土资源部地籍管理司上报《关于申请将包头市列入全国土地动态监测重点城市的报告》,并申请在技术、资金等方面给以支持。12月19日,自治区国土资源厅向国土资源部报送《关于2000—2001年度"城市土地价格调查和集约利用潜力评价"项目完成情况的报告》,汇报呼和浩特市土地价格调查项目(包括定级与基准地价评估、地价动态监测体系建立)项目工作进展情况,未能如期完成的原因,申请国土资源部延期验收的期限。

2002年,呼和浩特市作为国家级地价动态监测城市之一,完成城市土地价格调查工作,设立地价监测点200多个,建立了地价动态监测体系,开展了城市地价监测工作,并纳入了全国地价动态监测网,开展了监测点维护更新与地价动态监测数据的上报工作。

2004年5月24日,自治区国土资源厅向国土资源部上报《关于内蒙古自治区土地供应形势分析的报告》中说明:2003年,呼和浩特市平均地价水平继续保持上升态势,其中综合用途平均地价每平方米932.88元,较上年增长13.06%;商业用途平均地价每平方米1525.04元,较上年增长26.76%;居住用途平均地价每平方米593.28元,较上年增长4.61%。2004年,自治区国土资源厅印发通知,部署开展由呼和浩特市、包头市、呼伦贝尔市、兴安盟、通辽市、赤峰市、锡林郭勒盟、乌兰察布市、鄂尔多斯市、巴彦淖尔市、乌海市、阿拉善盟、满洲里市和二连浩特市等盟市政府所在地及主城区组成的自治区级城市地价动态监测工作,并组织技术支撑单位编制了《内蒙古自治区城镇土地价格调查和地价动态监测系统体系建设实施方案》,举办了自治区重点城市土地价格调查及地价动态监测技术培训班。包头市、赤峰市红山区和呼伦贝尔市海拉尔区于当年完成地价监测体系的设立。

2005年4月5日至7月14日,自治区国土资源厅分别批复通辽市、赤峰市、锡林郭勒盟、乌兰察布市、鄂尔多斯市、巴彦淖尔市、乌海市、阿拉善盟、满洲里市、二连浩特市国土资源局等10个正在开展工作盟市上报的所在地城镇土地价格调查和地价动态监测工作实施方案,提出了按照国家和自治区相关要求开展工作的意见。4月11日,自治区国土资源厅组织区内专家对呼伦贝尔市市区土地价格调查工作进行了预验收,形成《关于对呼伦贝尔市城市土地价格调查项目成果预验收的意见》。5月26日,自治区国土资源厅转发了国土资源部办公厅《关于部署开展2005年度城市土地价格调查工作的通知》,就国家重点监测城市呼和浩特市2005年度城市土地价格调查工作提出了具体要求。

2006年12月19日,自治区国土资源厅选择确定自治区土地勘测规划院为2007年《重点省(区)地价动态监测示范》项目承担单位。12月23日,自治区国土资源厅组织编制完成《内蒙古自治区十四个重点城市地价动态监测实施方案》。12月31日,自治区国土资源厅编发《2006年度土地利用处工作简报(总第3期)》:2006年4季度呼和浩特市城市地价动态监测结果,平均综合地价811元/平方米,比2005年同期上升2.35%;商业用地1334元/平方米,比2005年同期上升1.84%;居住用地691元/平方米,比2005年同期上升3.01%;工业用地406元/平方米,比2005年同期上升2.18%。首府土地市场价格稳中有升。当年,全区12个盟市和两个计划单列市所在地的城市土地价格调查和地价动态监测体系设立工作已经全部完成,共设立地价监测点1342个,划分地价区段683个;成果均通过国土资源部和自治区国土资源厅组织的检查验收,成果质量也达到了国家相关技术规范和规程的要求,为开展运行全区城镇地价动态监测系统奠定基础。

2007 年 2 月 27 日,自治区国土资源厅印发《关于开展全区十四个重点城市地价动态监测工作的通知》《内蒙古自治区十四个重点城市地价动态监测实施方案》和《城镇地价动态监测技术要点》指出:自治区开展的城市土地价格调查与地价动态监测体系建立工作在全国居于领先地位,得到了国土资源部的充分肯定。被国土资源部列入 2007 年度全国地价动态监测的试点省区之一。全区 14 个重点城市地价动态监测工作将从 2007 年第一季度开始实施。各地要严格按照自治区国土资源厅《全区十四个重点城市地价动态监测工作实施方案》和《城镇地价动态监测技术要点》时间和要求开展工作。7 月 17 日,自治区国土资源厅发文,由自治区土地勘测规划院承担的呼和浩特市地价动态监测项目和自治区开展的 14 个重点城镇地价动态监测工作,已被国土资源部列入 2007 年度城市地价动态监测数据采集与地价监测点维护项目和 2007 年度重点省、市地价动态监测示范项目的拨款计划,需要核实相关信息内容,要求自治区土地勘测规划院按照中国土地勘测规划院《关于确认 2007 年项目承担单位情况的函》要求,认真做好相关内容的核实工作。8 月 30 日,自治区国土资源厅致函中国土地勘测规划院,同意并申请将全区城市地价动态监测工作纳入国家监测范围,推荐自治区土地勘测规划院为项目承担单位,随函报送了推荐开展国家级城市地价动态监测工作的城市和项目承担单位名单。12 月 28 日,自治区国土资源厅编发《2007 年度土地利用统计报告(总第七期)》:2007 年 4 季度呼和浩特市城区地价动态监测结果,监测点综合平均地价(838.82 元/平方米)比上年同期上涨 3.40%,商业平均地价(1389.93 元/平方米)比上年同期上涨 4.17%,居住平均地价(720.35 元/平方米)比上年同期上涨 4.25%,工业平均地价(417.45 元/平方米)比上年同期上涨 2.89%;4 季度监测点商业、居住、工业平均地价指数在 1.44~1.88 之间,综合平均地价指数 1.41。主要受物价指数上涨、银行利率上调等宏观因素,以及土地收益预期等因素影响,首府地价水平出现较大幅度增长。

2008 年 1 月 2 日,自治区国土资源厅致函国土资源部土地利用司,根据土地利用司《关于请初步拟定 2008 年城市地价动态监测项目承担单位的函》,包头市被列为 2008 年国土资源部开展城市地价动态监测的城市之一,确定包头市国土资源产权管理与服务中心为该市城市地价动态监测项目承担单位。12 月 31 日,自治区国土资源厅编发《2008 年度土地利用统计报告》(总第十一期),介绍 2008 年 4 季度呼和浩特市城区地价动态监测结果:监测点综合平均地价(993 元/平方米)比上年同期上涨 5.12%,商业平均地价(1608 元/平方米)比上年同期上涨 5.28%,居住平均地价(830 元/平方米)比上年同期上涨 6.52%,工业平均地价(313 元/平方米)比上年同期上涨 3.25%。地价明显上升,增长速度加快。

2009 年 12 月 28 日,自治区国土资源厅编发《2009 年度土地利用统计报告》(总第十五期):2009 年 4 季度呼和浩特市城区地价动态监测结果,综合地价平均水平为 1077 元/平方米,比上年同期增长 7.16%;商业用地地价平均水平为 1740 元/平方米,比上年同期增长 8.21%;住宅用地地价平均水平为 875 元/平方米,比上年同期增长 5.42%;工业用地地价平均水平为 328 元/平方米,比上年同期增长 4.79%。地价水平保持上升,但增速向合理区间回落。

2010 年 12 月 31 日,自治区国土资源厅编发《2010 年度土地利用统计报告》(总第十九期):2010 年四季度呼和浩特市城区地价动态监测结果,综合地价平均水平为 1237 元/平方米,同比增长 14.86%,超过 2008 年 2 季度 14.72% 的历史最高增长率;商业地价平均水平为 1987 元/平方米,同比增长14.20%；居住地价平均水平为1017元/平方米，同比增同比增长率16.23%；工业低价平均水平为378元/平方米，同比增长率15.24%。首府地价保持长期增长趋势，环比增长率加速上升，商、住、工地价环比增长率趋于接近。

2011年12月31日，自治区国土资源厅编发《2011年度土地利用统计报告》（总第二十三期）：2011年呼和浩特市城区地价动态监测结果，综合地价平均水平为1415元/平方米，同比增长14.4%；商业地价平均水平为2309元/平方米，同比增长16.2%；住宅用地水平为1127元/平方米，同比增长10.84%；工业用地水平为426元/平方米，同比增长12.68%。首府地价同比增长率保持在较高水平，但环比增长率总体呈现明显回落态势，其中年内3～4季度环比增长率出现分化。

2012年5月16日，自治区国土资源厅印发《关于开展2012年内蒙古自治区城市地价动态监测工作的通知》指出，自治区开展地价动态监测省级示范项目工作，存在季度数据空缺较多，监测成果不规范和数据准确性较差等问题。主要原因是该项工作经费保障不足，推动地价监测点维护、信息采集工作较为困难。经请示、协调国土资源部后，重新确定以呼和浩特市、包头市、呼伦贝尔市海拉尔区、通辽市科尔沁区、乌兰浩特市、锡林浩特市、鄂尔多斯市东胜区和满洲里市8个盟市政府所在地及主城区为监测城市，开展自治区级城市地价动态监测工作，同时鼓励其他盟市积极参加该项监测工作。随文印发了《2012年内蒙古自治区城市地价动态监测工作实施方案》。重新确定的自治区级城市地价监测范围共设1209个监测点，其中商业地价监测样点640个；住宅地价监测样点444个；工业地价监测样点125个。各监测城市项目技术承担单位负责维护监测样点，并定期上报监测样点相关数据。12月31日，自治区国土资源厅编发《2012年度土地利用统计报告》（总第二十七期）：2012年4季度呼和浩特市城区地价动态监测结果，综合地价平均水平为1599元/平方米，比上年同期增长13%，比上年同期增长率低1.4%；商业地价平均水平为2645元/平方米，比上年同期增长14.55%，比上年同期增长率低1.65%；住宅用地水平为1273元/平方米，比上年同期增长12.93%，比上年同期增长率高2.09%；工业用地水平为468元/平方米，比上年同期增长9.88%，比上年同期增长率低2.8%。首府地价持续增长，但季度环比增长率总体延续上年回落趋向。

2013年12月31日，自治区国土资源厅编发《2013年度土地利用统计报告》（总第三十一期）：2013年4季度呼和浩特市城区地价动态监测结果，综合地价平均水平为2974元/平方米，比上年同期增长14.43%，比上年同期增长率高1.43%；商业地价平均水平为4204元/平方米，比上年同期增长15.87%，比上年同期增长率高1.32%；住宅用地水平为3291元/平方米，比上年同期增长14.34%，比上年同期增长率提高1.41%；工业用地水平为503元/平方米，比上年同期增长9.64%，比上年同期增长率减少0.24%。2013年4季度呼和浩特市城区综合、商、住、工地价环比增长率分别为4.02%、4.71%、3.95%、9.64%。

2014年6月12日，自治区国土资源厅转发《国土资源部办公厅关于部署开展2014年度城市地价调查与监测工作的通知》，要求各地各有关单位要结合上年度调查与监测工作的经验和薄弱环节，提高城市地价调查与监测工作成果，加快省级城市地价监测成果的转化应用，并对年度内监测工作提出了具体要求。当年，包头市地价动态监测面积为282平方千米，标准宗地150个；年末（第四季度）综合地价总体水平为1655元/平方米，土地价格环比（较上季度）增长0.36%，同比（较上年同期）增长6.5%；商业用地地价总体水平为4403元/平方米，环比（较上季度）增长0.14%，同比增长7.6%；住宅用地地价总体水平为2182元/平方米，环比增长0.6%，同比增长5.82%；工业用地地价总体水平为

347 元/平方米,与上一季度持平,同比增长 2.06%。12 月 31 日,自治区国土资源厅编发《2014 年度土地利用统计报告》(总第三十三期):2014 年度呼和浩特市城区地价动态监测结果,综合地价平均水平为 3152 元/平方米,比上年同期增长 5.99%,比上年同期增长率低 8.44%;商业地价平均水平为 4501 元/平方米,比上年同期增长 7.06%,比上年同期增长率低 8.81%;住宅用地水平为 3483 元/平方米,比上年同期增长 5.83%,比去年同期增长率低 8.51%;工业用地水平为 538 元/平方米,比去年同期增长 6.96%,比去年同期增长率低 2.68%。2014 年 4 季度呼和浩特市城区综合、商、住、工地价环比增长率分别为 0.57%、0.54%、0.61%、0%。地价同比涨幅趋于理性,地价指数趋于下降。

2015 年,呼和浩特市城区地价动态监测结果为:综合地价平均水平 3196 元/平方米,比上年同期 3152 元/平方米增长了 1.40%,比上年同期增长率 5.99% 降低 4.55 个百分点;商业地价平均水平 4674 元/平方米,比上年同期的 4501 元/平方米增长 3.84%,比上年同期增长率 7.06% 降低 3.22 个百分点;住宅用地水平为 3521 元/平方米,比上年同期增长 1.09%,比去年同期增长率降低 4.74 个百分点;工业用地水平为 544 元/平方米,比去年同期增长 1.12%,比去年同期增长率降低 5.84 个百分点。第 4 季度呼和浩特市城区综合、商、住、工地价环比增长率分别为 0.03%、-0.04%、0.06%、0%,地价同比变化趋于理性,地价指数趋于小幅增长。

总体上,1999—2015 年的 16 年间,自治区首府地价总体延续稳定较快增长态势,2008 年、2012 年地价波动幅度明显;2010 年起地价增长绝对值加大,2014 年和 2015 年趋于平缓,环比增长率总体趋于平缓,从 2014 年起有回落至 2008 年前水平的迹象。

第四篇

矿产资源管理

第一章　地质勘查管理

地质勘查管理的目的是维护地质勘查市场秩序，保护各方面的合法权益，为地方经济和社会发展提供基础性、先行性地质勘查工作保障。其主要工作内容包括地勘综合管理、专项规划编制实施、地勘资质管理、地勘基金管理、地勘工作统计及专项工作等。根据国务院《矿产资源勘查区块登记管理办法》和《内蒙古自治区矿产资源管理条例》有关规定和要求，自治区国土资源厅主要负责全区地质勘查管理工作，各盟市和旗县国土资源管理部门主要负责本行政辖区内的地质勘查监督管理工作。

第一节　地勘综合管理

2000 年 6 月 26 日，自治区国土资源厅印发《关于对地质勘查工作监督检查的通知》，要求按照原内蒙古自治区地质矿产厅（以下简称原自治区地矿厅）于 1999 年 8 月下发的《关于加强对矿产资源勘查工作监督管理的通知》部署，对相关工作落实情况进行检查，并征求对地勘工作监督管理的意见。同时，将对在期的勘查项目进行抽查，抽查比例约为在期勘查项目总数的 15%，抽查内容重点为最低勘查投入、野外工作进展及取得成果情况。11 月 16 日，自治区国土资源厅印发《内蒙古自治区国土资源厅地质调查权备案登记工作制度》（以下简称《备案登记制度》）《内蒙古自治区国土资源厅地质勘查监督管理工作制度》（以下简称《监督管理制度》）《内蒙古自治区国土资源厅矿产资源补偿费勘查项目立项管理制度》（以下简称《立项管理制度》）等六项工作制度。其中，《备案登记制度》中规定：凡在自治区管辖范围内从事区域地质调查、区域矿产调查、区域地球物理调查、区域地球化学调查、航空遥感地质调查和区域水文地质调查、区域工程地质调查、区域环境地质调查等地质调查工作的，根据《矿产资源勘查区块登记管理办法》的规定，均应向自治区国土资源厅进行备案登记，领取地质调查许可证。承担上述项目的地勘单位或个人，均应按规定要求填写“地质调查申请登记书”，并附地质调查项目申请登记区块范围图，到自治区国土资源厅地质勘查处按照工作需要的图幅区块范围申请登记，领取地质调查许可证。跨省区的地质调查项目由国土资源部地质勘查司勘查登记处或由受委托的省级国土资源厅地质勘查处负责登记。在《监督管理制度》中明确：探矿权人享有的主要权利应履行的主要义务，地质勘查监督管理的主要内容。并明确实施对矿产资源勘查活动的监督管理，是自治区地矿行政管理工作的重要内容之一，凡在自治区管辖范围内开展地质勘查活动的探矿权人，均属地质勘查监督管理的对象，除在自治区管辖范围内从事石油、天然气勘查的国家有关专业地勘单位外的其他探矿权人，各盟市、旗县地矿局（不包括未进入政府序列的旗县地矿局）均可对其违法勘查行为及时予以纠正，情节严重的可并处罚款。当在本行政区内发现国家有关专业地勘单位违法对石油、天然气进行勘查时，应及时通过自治区国土资源厅向国土资源部反映，要求部有关部门进行处理。同时规定监督管理要在规定的权限范围内进行，自治区国土资源厅负责全区的矿产资源勘查监督管理，各盟市、旗县地矿局负责本辖区内矿产资源的勘查监督管理工作。在《立项管理制度》中明确：矿产资源补偿费勘查项目资金主要用于全区经济建设急待解决的后备资源、急需矿种、重要地质勘查找矿项目和国家立项需自治区匹配资金的项目以及贫困地区新发现的矿种。自治区将优先安排成矿条件和开采条件较好、效益显著、项目资金有匹配能力和投资环境好的地区。《立项管理制度》规定了地质勘查项目的立项的条件、程序;规定地质勘查项目的申请单位,必须委托或聘请有资质的地勘单位编写地质项目施工设计书,以及项目设计书的主要内容。受委托的地勘单位应按《矿产资源勘查区块登记管理办法》第十八条的规定向有关部门报告后方可开工,并严格按有关地质勘探规范和要求及设计批复意见认真组织实施,保证各项工程质量和样品化验结果准确可靠,提交的报告质量符合规范要求。12月4日,自治区国土资源厅印发《关于2000年矿产资源勘查登记在期项目情况的通报》和《2000年矿产资源勘查登记在期项目情况通报表》,要求各盟市、旗县地矿局一定要加强对勘查登记项目的监督管理工作,共同维护好自治区矿产资源勘查的正常秩序,保护好探矿权人的合法权益,促进本地区矿业经济的可持续发展。12月28日,自治区国土资源厅印发《关于加强地质勘查工作管理的通知》,主要从加强地质勘查工作的管理内容、管理形式等方面提出了九条具体要求。

2001年7月12日,自治区国土资源厅印发通知,决定从2001年起实行在期地质勘查项目上报制度。要求各盟市地矿局及时掌握本区域内每一个在期地质勘查项目的资金投入、完成的主要实物工作量以及取得的主要地质成果,各地勘部门及地勘单位也要及时总结本部门、本单位地质勘查工作进展情况,并于每年7月上旬和12月上旬将本地区、本部门、本单位地勘工作的半年报和年报及时上报自治区国土资源厅地质勘查处。

2002年1月8日,自治区国土资源厅印发《关于对在期地质勘查项目进行自查的通知》指出,根据《国务院办公厅转发国土资源部关于进一步治理整顿矿产资源管理秩序意见的通知》精神,为了全面取缔和查处无证勘查、越界勘查、以采代探、非法承包转让探矿权等违法行为,切实加强探矿权管理,开展全区在期地勘项目(包括受探矿权人委托承担的地勘项目)自查工作。6月10日,自治区政府办公厅下发《内蒙古自治区人民政府关于进一步鼓励和支持国内外地勘队伍在我区开展地质勘查工作的通知》。要求各级政府要努力创造良好的法制环境,切实加强对地质勘查工作的领导,依法保护探矿权人的合法权益不受侵犯。要继续鼓励国内外、区内外矿业投资者以独资方式或与区内外的地勘单位、矿山企业或其他经济组织合资、合作在自治区进行矿产资源的风险勘查。按照有关规定,属于自治区国土资源行政主管部门审批登记和颁发勘查许可证范围的探矿权申请,凡符合条件的,自治区国土资源行政主管部门必须在规定的限期内办结,需要临时用地的应优先办理用地审批手续。各级政府可根据实际情况,按照勘查投资的规模和预期找矿效果,将其探矿权项目纳入同级重点建设项目规划,并享受相关优惠政策。积极鼓励在自治区辖区内勘查石油、天然气(煤成气)、铀矿、地热、环保煤、优质锰、富铜、铅、锌、金、银及优质高效的非金属矿产资源,鼓励矿山企业在矿区周围或深部进行勘查,增加后备资源,解决资源枯竭、矿山发展滞缓的矛盾。重点支持市场旺销、区内紧缺而因地质勘探程度低、暂难利用的已有矿床的补充勘探和开发应用研究。探矿权人投资勘查获得具有开采价值的矿产地后,各级政府都要保证其享有法定的优先采矿权,允许将勘查费用计入递延资产,在开采阶段分期摊销;允许探矿权人在完成规定的最低勘查投入后,经依法批准,采取出售、作价出资、合作勘查或开采、上市等方式将其探矿权转让他人,也可以按照有关规定出租、抵押探矿权。各盟市、旗县和各有关部门对从事野外地质勘查作业的国内外、区内外地勘单位都应给予必要的支持和帮助,努力改善本地区矿产资源勘查的投资环境。在政策规定的范围内,要依法及时解决探矿权投资人在开展地质勘查工作中遇到的问题,对用地、用水、用电等方面的问题应简化审批程序,提高办事效率,防止借机乱收费。要教育群众保护地质测量标志(红白旗、三脚架、砧标等)和勘查实物地质资料(钻孔、岩矿心等）。各级政府及其职能部门不得参与合资、合作办矿，不得强行向探矿权人提出不合理的经济要求，不得在法律法规规定之外增加收费项目和检查验收项目，严禁以各种理由强行对已取得的探矿权进行入股、参股，切实保障勘查投资者的合法权益不受侵犯。各级政府及国土资源行政主管部门要加强对本地区地质勘查工作的监督管理力度，不仅要对在自治区国土资源行政主管部门领取勘查许可证的在期勘查项目进行监督管理，也要对在国土资源部领取勘查许可证的勘查项目进行监督管理，努力维护自治区正常的矿产资源勘查秩序。各级国土资源行政主管部门要认真核实本辖区内每个勘查项目年度内是否达到了最低勘查投入，了解完成的实物工作量和取得的主要地质成果。对存在的无证勘查、越界勘查等违法勘查活动和未经批准擅自进行边探边采活动的违法行为，以及对不及时变更勘查登记、资金投入少、占地而不开展地质勘查工作以采代探、施工后又无故停止勘查工作满6个月的，应责令其限期改正，对问题严重的要依法给予处罚并逐级上报发证机关，核准后予以注销或吊销其勘查许可证。通过强化地勘工作监督管理，逐步形成公平、竞争、有序、开放的地质勘查市场。要特别加强对个体探矿权人及其委托有资质的地勘单位进行地质勘查项目的监督管理，坚决杜绝以采代探的违法活动。有条件的盟市、旗县国土资源行政主管部门要建立和完善地质资料和相关信息的公开查询服务制度。各级政府都要将地质勘查工作纳入本级人民政府国民经济和社会发展的总体计划之中，要安排项目，落实经费，尽快提高地质工作程度。

2003年1月8日，自治区政府公布《内蒙古自治区人民政府关于进一步加强矿产资源管理工作的意见》，要求各级国土资源管理部门要依据矿产资源规划、勘查方案、开采方案（或设计）对矿产资源勘查与开采活动进行全程监督，严厉打击非法勘查开采矿产资源活动，保护矿业权人的合法权益，从根本上改善矿产资源勘查开采投资环境，促进矿业经济的健康发展。各级政府要按照《内蒙古自治区人民政府关于印发矿产资源总体规划的通知》精神，建立和完善矿产资源规划体系，运用规划手段对矿产资源勘查开采活动进行有效宏观调控，保护和合理利用矿产资源。各地区要进一步加强国土资源执法监察队伍建设，提高人员素质。要切实加强矿产资源勘查开采活动的巡查工作，加大执法监察的力度，重点检查重点矿区和重要矿种。5月16日，自治区国土资源厅印发《内蒙古自治区地质勘查监督管理暂行规定》。明确地质勘查监督管理按属地管辖的原则开展工作。自治区国土资源厅负责统一部署和指导全区地质勘查监督管理工作。盟市、旗县国土资源行政主管部门具体负责本辖区内地质勘查监督管理工作，配合矿产勘查及油气开采督察员进行油气勘查、开采督察工作；根据上级国土资源行政主管部门要求的内容和时限，对拟设置探矿权区域内的矿产资源勘查、开采情况提出调查意见；对探矿权申请人直接申请调查的，必须在3个工作日内做出书面答复；对违法勘查和探矿权侵害行为的检举，应当在15个工作日内查证，构成违法行为的，要依法立案查处。凡在自治区管辖范围内从事地质勘查活动的探矿权人，均属地质勘查监督管理的对象。但是，对在本行政区内发现经国家批准的有关专业地勘单位违法从事石油、天然气勘查开采时，盟市、旗县国土资源行政主管部门应及时报告自治区国土资源厅，由自治区国土资源厅向国土资源部反映，并依法处理。同时明确了探矿权人享有的权利、履行的义务；并明确了地质勘查监督管理的主要内容，建立探矿权人联络员制度及探矿权人联络员的主要职责。并规定地质勘查监督管理实行年检工作制度，对违法勘查行为实施行政处罚等。

2003年10月20日，自治区代主席主持召开主席办公会议，研究和审议了《2004年我区矿产资源勘查开发工作重点》。会议指出，自治区矿产资源丰富，具备优越的成矿条件和找矿潜力，有望成为国家最重要的战略接替基地。国务院和有关部委领导对自治区地质勘查工作非常重视，温家宝总理，黄菊、曾培炎副总理和陈至立国务委员分别在中科院七名院士关于加强内蒙古地质勘查工作的建议书上做出重要批示。我们要积极争取国家的支持,尽快批准立项,集中人力、财力,加大地质勘查力度,努力实现自治区地质找矿的重大突破。会议明确:成立全区地质勘查开发工作协调领导小组,岳福洪副主席任组长,赵双连、郭子明副主席任副组长,成员由自治区发展和改革委员会(以下简称自治区发改委)、国土资源厅、科学技术厅(以下简称科技厅)、工业办、煤炭工业局等单位组成。具体负责全区地质勘查项目的立项,矿产资源开发和市场运作等工作的指导和协调。领导小组下设办公室,办公室主任由自治区人民政府副秘书长乔木担任。会议原则同意自治区发政委制订的《2004年我区矿产资源勘查开发工作重点》。责成自治区发改委、国土资源厅作进一步的修改完善后,报赵双连副主席审核,岳福洪副主席审阅,代主席签署,上报国务院。由岳福洪副主席牵头,带领有关部门到国务院和国家发改委、财政部、国土资源部、科技部做专题汇报,力争使我区列入全国重点找矿区片项目,给予重点支持。积极开展矿产资源开发市场化运作工作。在完成全区矿产资源详查工作的基础土,筹备召开全区矿产资源招标拍卖会,赴香港开展招商活动,对部分矿产资源公开招标拍卖,以拍卖资金建立地勘基金,滚动发展。加快推进地质勘查队伍的体制改革。地质勘查队伍建设要走勘探开发一体化的路子,落实"探矿权人拥有优先采矿权"等相关法律规定,改革现有地质队伍体制,力争在地勘队伍上取得突破,推动地质队伍整体改革。地勘队伍改革要借鉴国有企业改革经验,妥善处理好职工利益和离退休人员安置问题。此项工作由岳福洪副主席牵头,成立专门领导班子具体研究地质勘查队伍改革问题。拓展地勘合作开发领域。要积极实施"走出去,引进来"的矿产资源开发战略,充分利用好"两种资源"和"两个市场",制定境外矿业开发长远规划,鼓励和支持区内大企业、大集团在境外开展矿业开发工作,促成有关企业与蒙古国、俄罗斯的矿业开发合作项目。此项工作由岳福洪、赵双连副主席牵头负责。

2003年11月15日,自治区政府印发《内蒙古自治区人民政府关于建立我区煤炭资源开发利用最低开采规模制度的通知》,要求各地要按照《内蒙古自治区矿产资源总体规划》要求,严格控制在大型矿床范围内为新建小型矿山进行勘查。对自治区重点煤田内尚未开发、勘查程度达到详查以上的矿区,局部需要提高勘探程度的,其探矿权的设立应符合相关规划(包括矿区整体开发规划)的要求。11月28日,自治区发改委、自治区国土资源厅联合下发《内蒙古自治区2004年矿产资源勘查开发工作重点》。其中,对于矿产资源地质勘查,重点在自治区现有的8个资源集中区安排4个成矿区带的矿产勘查工作,同时进一步加快对鄂尔多斯盆地天然气、海拉尔盆地石油的调查评价工作。在锡林郭勒能源矿产集中区:重点开展胜利煤田东区和白音华煤田的详勘工作,力争提交可作为矿山总体规划使用的资源储量112亿吨和140亿吨;在兴安盟南部—赤峰北部有色金属矿产集中区:重点开展大兴安岭中南段、华北地台北缘西段和德尔布于成矿带乌尔其汗—巴日图铜成矿远景区的勘探工作,力争提交铜资源量90万吨、银资源量800吨、金资源量360吨;在阿拉善北山和狼山多金属矿产集中区:重点开展阿拉善北山地区的勘探工作,力争提交铜资源量100万吨;在包头—白云鄂博铁铌稀土矿产集中区:重点开展三合明—白云鄂博、书记沟—好赖沟等5个铁矿远景区的勘探工作,力争提交铁资源量300万吨;在准格尔旗—清水河、阿左旗东南部—乌海一带,开展铝土矿资源普查,力争提交铝土矿资源量800万吨。对于地下水资源勘查,主要围绕自治区人民群众生产生活、重点工业项目和生态建设用水需求,有计划、分年度组织实施,2004年计划安排水文地质项目7个。

2004年2月15日,自治区国土资源厅向国土资源部上报《关于报送〈建设大兴安岭有色金属资源基地矿产资源勘查工作方案建议〉的报告》,提出加大大兴安岭地区有色金属矿产资源勘查力度,尽快提交一批大型—特大型矿产资源接替基地，为构建国家资源安全体系、振兴东北老工业基地、推动西部大开发进程、促进边疆少数民族地区经济发展提供资源保障。2月23日，自治区副主席赵双连主持召开会议，听取自治区国土资源厅地质勘查及矿产资源开发工作汇报，研究和审议《内蒙古自治区2004年首批矿产资源勘查项目》《2004年度探矿权招拍挂项目》《内蒙古自治区矿产资源开发重点项目》和《2004年度采矿权招拍挂项目》。会议指出，2004年自治区将把矿产资源勘查开发作为经济工作的重要内容纳入国民经济发展计划之中，要通过政府调度、市场化运作，使矿产资源勘查开发工作取得新的成效。特别是在矿产资源总量与开发的模式上要有新突破，运作上要依法、公开、市场化，投资规模要上一个新台阶，使矿产资源勘查开发成为全区乃至全国工业经济发展的一个重要支点。会议认为，自治区国土资源厅提出的2004年勘查开发项目具体而翔实，完全具备了组织实施条件，符合自治区党委政府的要求，符合整个经济发展布局的要求。会议议定：自治区政府批准自治区国土资源厅上报的2004年矿产资源勘查开发计划项目，即2004年首批矿产资源勘查项目93个、2004年度探矿权招拍挂项目54个、矿产资源开发重点项目163个和2004年度采矿权招拍挂项目17个，请有关单位按程序组织落实。但在项目设定上要遵循：项目是原则批准，动态管理。无论是勘查还是开发项目，均划分为三类。一是基础性、公益性项目，由政府重点投资，如1:20万地质调查和1:5万矿产调查项目。二是政府适度补贴的项目，如较大的勘探项目。三是完全市场化运作项目，即需要招拍挂项目。另外，凡是企业有要求、有需求、有投资的，都要尽可能放在第三类，要发挥社会资金作用，争取社会投资。项目的确定必须实行公开招标，允许区内外有资质的企业根据项目的发标要求进行投标。在同等条件下，可以优先考虑区内的企业。为加大矿产资源勘查开发力度，同意从自治区财政预算内拿出1亿元作为启动资金，同时将国土资源部在自治区河套地区进行的农业化探调查项目所需匹配的400万元资金也考虑在内；盟市旗县从出让收益和地方财政共同拿出1个亿；国土资源厅筹集1个亿。这3个多亿的资金主要用于已经确定的93个勘查项目。资金的使用要严格按照国家的财经政策审核，每一个项目都要签合同，要对中标项目成果提出明确要求，规范操作，奖罚分明，保证有限资金发挥最大效益。为加强专项资金使用管理，同意由国土资源厅和财政厅联合印发专项资金管理使用办法。此外，还要争取社会投资8个亿，总勘探投入要达到11亿元，这个计划要在本次会议后分解到项目。严格按照科学管理、公开透明的原则进行项目审批。矿产资源勘探和开发一定要逐步转向市场运作的轨道上来，要加大矿业权招拍挂的工作力度，把矿业权招拍挂作为矿产资源勘探和开发的主要形式。凡是具备招拍挂规定的3条要求（一是无矿业权设置；二是矿区进行过一定程度的勘查工作；三是独立且具有一定规模的矿区）及企业有愿望和要求的，一定要采取招拍挂的方式（自治区重点配套项目除外），通过招拍挂，回收资金，加大勘探开发力度，形成一个比较好的矿产资源运行机制。4月26日，自治区国土资源厅向国土资源部上报《关于尽快论证〈建设大兴安岭有色金属资源基地矿产资源勘查工作方案建议〉的请示》说明，2004年自治区将把矿产资源勘查开发作为经济工作的重要内容纳入国民经济发展计划，决定筹集3个亿资金用于全区地质找矿，其中准备用在大兴安岭地区进行基础地质调查、地质勘查和找矿工作资金达5000万元已经落实，第一批项目即将启动。为早日把大兴安岭地区建成重要的有色金属资源基地，按照自治区党委、政府领导的要求，恳请国土资源部尽快组织专家对国土资源厅报送的《建设大兴安岭有色金属资源基地矿产资源勘查工作方案建议》进行论证，以便向自治区党委、政府报告工作进展情况并通盘考虑和部署大兴安岭地区矿产资源勘查工作。4月28日，自治区国土资源厅发布《内蒙古自治区矿产资源勘查与开发投资指南（2004）》，内容包括投资环境、矿产资源及其潜力、投资项目3个部分,共推介地质矿产勘查项目84项、矿产勘查开发项目25项。其主要目的是通过推介矿产资源勘查与开发项目进行招商引资,积极推进全区矿业权市场建立,进一步加大全区矿产资源的勘查与开发力度,为加快自治区资源优势向经济优势转化,促进自治区国民经济持续、快速、健康发展。

2004年4月19日,自治区政府办公厅印发《国土资源厅关于关于进一步整顿和规范矿产资源勘查开发秩序工作的意见》,主要部署整顿和规范矿产资源勘查开发秩序工作,明确了整顿和规范矿产资源勘查开发秩序工作的指导思想、工作任务、工作内容和方法、保障措施。7月7日,自治区国土资源厅印发《转发国土资源部关于开展矿产资源勘查项目执行情况检查工作的通知》指出,由于自治区矿产资源勘查项目登记较多,矿产资源勘查活动中不同程度地出现了一些问题,各地要通过检查,加强矿产资源勘查监督管理,严厉查处无证勘查、以采代探、圈而不探、非法转让探矿权等违法行为,保证矿产资源勘查项目有序有效地实施,促进自治区矿业经济持续健康快速发展。7月18日,自治区国土资源厅印发《关于切实加强矿产资源勘查监督管理工作的通知》指出:在自治区政府加大地质勘查投入,大力支持国内外地勘队伍、企业和其他社会力量在自治区开展地质勘查工作等一系列政策鼓励下,自治区矿产资源勘查工作实现了历史性的突破。同时也出现了一些不容忽视的问题,比如无证勘查、以采代探、圈而不探、不按设计施工、非法转让探矿权等违法行为屡禁不止;违法行为不能及时制止、纠正和查处;监督管理不到位等等。为进一步规范矿产资源勘查行为,有效维护矿产资源勘查秩序,切实加强矿产资源勘查监督管理工作,主要从四个方面提出要求:一是认真履行矿政管理职能,切实加强矿产资源勘查监督管理。各盟市、旗县(市、区)国土资源主管局要继续深入贯彻国土资源部《市(地)县(市)级国土资源主管部门矿产资源监督管理暂行办法》(2003年1月16日公布),明确工作职责,切实履行监督管理职能。二是依法维护探矿权人合法权益,下大力气解决地质勘查中存在的突出问题。各级国土资源主管部门都要积极支持和帮助本辖区内从事野外地质工作的地勘单位做好勘查工作,努力改善矿产资源勘查投资环境。严格执行自治区人民政府的有关规定,严禁以各种理由强行对已取得的探矿权进行入股、参股或提出其他经济要求,不得以各种借口干扰、阻挠探矿权人依法行使探矿的权利,切实保护投资者的合法权益。要加强对探矿权人履行法定义务情况的监督,要重点解决无证勘查、越界勘查的违法行为。以采代探及未经批准擅自进行边采边探的违法行为。圈而不探,长期不做工作,不按时投入实物工作量,投入少量工作即非法转让、倒卖探矿权等违法行为。不按工程设计施工、不按工程进度投入、不能完成最低勘查投入等违法行为。三是加强对勘查项目承担单位的监督,有效维护矿产资源勘查秩序。勘查项目承担单位与探矿权人签订合同后,应当全面履行合同,按有关规范和项目工程设计施工。四是加强地质勘查监督管理队伍建设。各盟市、旗县(市、区)国土资源局要通过调入、内部调剂、接收大中专毕业生、借调等方式,增加地质勘查监管工作人员,确保满足工作需要。今后国土资源厅在安排勘查项目时,将把是否具备相应监管力量作为重要依据之一。要加强对监管人员的培训,使他们明确职责、熟悉业务、把握监管程序和方法,实现依法监管。要建立健全监督管理制度,使监管人员有充分的时间深入探矿第一线,有良好的监督手段(交通工具、通信设备、GPS、照相机、摄像机等)和良好的政治、业务素质,把地质勘查项目的监督管理工作提高到新水平。

2004年10月26日,自治区政府党组成员、顾问,重大项目办主任周德海主持召开政府专题会议,研究锡林郭勒盟煤田地质勘查问题。会议认为,锡林郭勒盟煤田很多,煤炭地质储量很大,但勘查开发程度很低。做好煤田开发规划和勘查工作,是当前一项十分紧迫而重要的任务,直接关系煤炭资源的科学合理开发和有序利用,关系锡盟的招商引资工作,是推进锡盟乃至全区经济持续健康快速发展的一个新的重要的增长点。会议强调,加强煤炭资源开发规划和勘查工作,必须在自治区政府统筹下抓紧进行。采取政府委托有勘查资格的单位与有经济实力的企业合作勘查等方式,实现勘查投资多元化,市场化。同时加大政府对煤炭资源勘探开发的宏观调控力度。会议就锡林郭勒盟关于开展煤田地质勘查工作的请示,议定:对东苏旗白音乌拉煤田(面积495平方千米,普查预测资源量68.58亿吨),西乌旗巴彦胡硕煤田(面积436平方千米,普查探明资源量28亿吨),东乌旗乌尼特煤田(面积580平方千米,普查预测资源量31.5亿吨),阿巴嘎旗红格尔庙煤田(面积150平方千米,普查探明储量5.9亿吨,预测资源量10.17亿吨),西乌旗勘探区(面积37平方千米,普查探明储量5800万吨),按计划由自治区和锡林郭勒盟共同出资,委托内蒙古自治区地质调查院(以下简称自治区地质调查院)作为探矿权人实施勘查,勘查工作结束后,按照内蒙古自治区人民政府内政字[2004]281号文件要求配置采矿权。对乌拉盖开发区农乃庙(面积120平方千米)、高尧乌拉(面积85平方千米)、诺仁布敦(面积108平方千米)、查干敖包(面积180平方千米)4个煤炭预测区的勘查,待自治区落实勘查资金后,由自治区出资委托自治区地质调查院勘查。对锡林浩特市胜利大型整装煤田(面积360平方千米,探明地质储量224.42亿吨)的勘查,除神华集团已收购探明资源量15亿吨的乌兰图格煤矿和配置给香港协鑫(集团)控股有限公司拟建的4×60MW电厂及大型煤化工项目所需10亿吨煤炭资源的东二号露天矿部分范围外,其余的中东部煤田均由自治区政府部分出资,委托自治区地质调查院进行勘查,勘查结束后,由自治区政府按全区煤炭资源开发利用规划,确定有偿转让采矿权。自治区国土资源厅近期要协调有关部门做好勘查前的相关工作,确保在2005年4月初开始全面勘查。对锡林浩特市巴彦宝立格煤田(面积近400平方千米,普查D级储量19亿吨,地质储量74亿吨)的勘查,由自治区政府委托自治区地质调查院申请探矿权,北方联合电力有限责任公司垫资勘查。勘查结束后,按北方联合电力有限责任公司煤炭转化需求量可优先配置采矿权。其余采矿权由自治区政府确定有偿转让。另外,为满足北方联合电力有限责任公司达拉特等电厂煤转化需求,自治区政府同意配置相应的煤炭资源,并委托自治区地质调查院申请探矿权,北方联合电力有限责任公司垫资勘查达拉特旗乌兰格尔煤田(210国道西侧吴四圪堵区域,面积50平方千米)预测区,勘查结束后,按北方联合电力有限责任公司煤转化的需求量优先配置采矿权。对胜利煤田西二号露天矿首采区(面积5.4平方千米,地质储量0.96亿吨)的探矿权设置,同意配置给内蒙古锡林发电有限责任公司,煤炭主要供应锡林浩特热电联产煤转化项目。对西乌旗吉林郭勒煤田(面积113平方千米,普查探明资源量15.6亿吨)的勘查,自治区政府委托自治区地质调查院申请探矿权,西乌旗露天矿业有限公司垫资勘查。勘查结束后,可按西乌旗露天矿业有限公司建设的2×150MW电厂转化的煤炭量优先配置采矿权。其余采矿权由自治区政府按全区煤炭开发利用规划确定有偿转让。自治区国土资源厅尽快要向自治区政府汇报全区煤炭资源勘查专项规划。同时要抓紧做好呼伦贝尔市、霍林河煤田规划和勘查工作。

2005年7月5日,自治区国土资源厅印发《关于开展全区地质勘查资质注册登记工作的通知》。强调:为规范地质勘查市场准入条件,维护地质勘查市场秩序,促进地质勘查工作发展,提高自治区地勘单位在地勘市场中的竞争能力,根据《地质勘查资质注册登记办法》及《关于开展地质勘查资质注册登记工作的通知》要求,决定在全区开展地质勘查资质注册登记工作。9月21日,自治区国土资源厅印发《关于开展全区地质勘查资质注册登记检查工作的通知》,决定组成检查组对申报各类甲级资质地勘单位进行实地检查。12月9日,自治区国土资源厅印发《关于建立地质勘查行业管理有关报表制度的通知》明确：为进一步加强地质勘查行业管理,及时了解和掌握全区地质勘查工作情况及在自治区工作的区内外地质勘查队伍情况,强化基础工作,为统筹安排、合理规划全区地质勘查工作提供基础数据和依据,决定建立全区地质矿产勘查项目和地勘单位情况报表制度。

2006年5月16日,自治区国土资源厅印发《关于进一步规范矿业权管理加强煤炭资源勘查开采管理的意见的通知》,就自治区煤炭资源勘查开采管理提出了具体要求。5月23日,自治区政府公布《内蒙古自治区人民政府关于进一步加强地质工作的意见》(以下简称《意见》)。《意见》强调,要紧紧围绕自治区经济建设和资源开发战略,按照科学发展观的要求,统筹地质工作部署与经济社会发展需要,统筹公益性地质调查与商业性地质勘查,统筹矿产地质勘查与环境地质勘查,统筹区内地质事业发展与毗邻国家地质工作对外开放的要求,立足区内,突出重点,适度超前,优先安排自治区工业建设特别是优势特色产业建设需要的地质勘查工作,采取政府财政出资、市场化运作、多渠道融资等方式加大找矿力度,提高资源供给能合理分工、相互促进的地质勘查体系,认真贯彻落实自治区勘查、开发、转化、资源配置等政策,完善矿产资源勘查、开发规划和有偿使用制度,形成矿产资源勘查开发和资金投入的良性循环机制。各地区要重视地质工作,充分发挥自治区地质勘查队伍在矿产资源勘查、开发、建设中的基础性、前期性作用,利用地质勘查单位的人才、技术和资料优势,发展资源开发类产业,促进资源优势向经济优势的转化。《意见》要求,进一步加大地质工作力度。在全面组织实施好国家安排部署的各项基础地质调查工作的基础上,结合我区地质勘查工作实际,按照多目的、多学科、多手段的要求,系统安排开展1∶5万矿产调查、地球物理、地球化学和遥感地质等调查工作。切实解决自治区重要成矿区带的重大地质问题,加强对鄂尔多斯盆地、西桌子山、晋陕蒙接壤地区、二连盆地—浑善达克沙漠地区和西部干旱地区的水文地质调查,为工农牧业生产和生态环境建设提供基础水文地质资料。“十一五”期间,对全区煤炭资源勘查开发进行综合规划,进一步加大投入,全面查清全区煤炭资源赋存情况和资源潜力,并根据国家和自治区煤炭资源的总体开发规划布局和经济发展对煤炭的需求,有计划、有步骤地开展煤炭资源的勘查工作,优先开展煤质好、埋藏浅、近期可开发利用区域的普查和必要的详查工作,计划新增和提高煤炭资源储量级别1000亿吨。重点支持国家油气勘查队伍在阿拉善盟、鄂尔多斯市、二连浩特市、赤峰市、通辽市和呼伦贝尔市等地开展石油和天然气勘查,要基本查明自治区主要成油、成气盆地油气资源的赋存情况,计划新增石油资源量5000万吨以上、天然气10 000亿立方米。重点在阿拉善盟、巴彦淖尔市、赤峰市、兴安盟等成矿有利地区开展油页岩矿产调查,要基本查明资源赋存和潜力状况,优选3至4处靶区开展勘查工作。非能源重要矿产勘查要以满足自治区新型工业化和优势特色产业建设及振兴东北老工业基地资源需求为目的,在北山、阿拉善、华北地台北缘、大兴安岭、德尔布干等成矿区带,重点加强铁、铜、铅、锌、镍、锡、岩盐、金、银等矿产的综合研究、远景调查和勘查,力争形成一批可供近期开发的矿产基地。继续加大对鄂尔多斯市南部岩盐资源的勘查投入,按照探采结合的要求,加快开发力度,力争在2006年底前提交可供开发利用的岩盐资源储量,同时组织开展阿拉善盟、二连浩特市岩盐预查和普查工作,提供一批后备资源基地。开展全区主要固体矿产大中型矿山矿产资源潜力调查,全面摸清矿山保有资源服务年限和危机程度,编制全区危机矿山接续资源勘查规划,充分发挥国家、自治区和矿山企业多方积极性,根据危机程度和资源潜力情况,按照社会需求优先、探边摸底和外围拓展的原则,有计划、有组织地开展矿山地质勘查工作,增加资源储备,延长老矿山的服务年限。健全公益性、基础性、战略性和商业性地质工作体系,完善国家、自治区和社会资本合理分工、相互促进的地质勘查体系,公益性地质工作主要由国家支持、自治区组织实施，其成果面向政府和社会提供决策和其他服务，基础性地质工作主要由国家和自治区出资并组织实施，鼓励社会资金参与，主要开展1∶5万区域矿产调查、区域水文地质调查和地质科学综合研究，以降低勘查风险，引导社会资本进入，开展后续商业性勘查工作。战略性矿产勘查，如煤炭、岩盐等，主要由自治区出资控制矿业权一级市场，完成普查和必要的详查工作后，除为国家和自治区重大项目配置资源外，一律采取市场方式出让矿业权。对于高风险、非战略性矿产，由国家和自治区完成前期基础工作后，鼓励和引导后续商业性勘查进入、公益性、基础性和战略性地质勘查工作，要引入市场竞争机制，实行地质项目招投标制度，优选项目承担单位。自治区地质勘查专项资金专门用于全区公益性、基础性地质工作和煤炭等战略性矿产勘查、主要成矿带的重点矿产勘查及急需和紧缺矿种的勘查，使用地质勘查专项资金探明的矿产资源，除为自治区重大项目协议配置外，一律以市场方式出让矿业权，自治区、盟市和旗县按比例分配所得价款，其中自治区分配部分用于建立地质勘查专项资金，实现地质勘查的滚动发展。自治区地质勘查项目招标委员会要健全和完善资金管理和项目管理的各项制度，加强管理，提高资金使用效益和找矿效果，各盟市也应根据本地区实际，以征收和分成的矿产资源补偿费、矿业权使用费和矿业权价款为基础，建立地质勘查专项资金，统筹用于本地区的地质勘查工作。要妥善处理国家、自治区、盟市和社会投资的关系，自治区地质勘查资金可与国家、盟市地质勘查资金配套使用，也可以采取合资、参股的方式，与社会资本合作勘查，建立统筹、协调、互相促进的投入和分配机制。充分发挥市场在地质勘查工作中的基础性作用，鼓励和支持企业投资勘查非能源、非战略性矿产资源，自治区将重点进行政策调控，提供技术支持和服务，促进成果转化，维护其合法权益。要制定优惠政策，支持国有地质勘查单位的改革发展，允许国有地质勘查单位通过矿业权市场与有实力的企业和社会资本合资、合作建立矿业公司，实现勘查开发一体化，进一步增强市场竞争能力。培育矿产资源勘查市场，加强政府对探矿权一级市场的调控能力，大力推进探矿权招标、拍卖和挂牌出让制度。进一步规范探矿权二级市场，严格探矿权流转条件，不符合条件和规定的转让申请，一律不予批准。健全矿产资源勘查技术市场、资本市场和交易市场，提高矿产勘查资质和资金门槛，营造公平有序的勘查市场。扩大地质领域的对外开放，积极加强同蒙古国和俄罗斯等毗邻国家（或地区）的地质科技、地质资料的技术交流与合作，编制地质基础图件，开展地质勘查和矿产资源的开发研究。做好蒙俄矿产资源勘查、开发基础资料的调研收集工作，制定鼓励企业开发国外矿产资源的政策，为有经济实力的企业和地质勘查单位实施“走出去、引进来”战略做好服务。加大鼓励外商投资矿产资源勘查开发的力度，积极引进国外资本、先进技术和管理方法。科学编制《内蒙古自治区地质勘查规划》和《内蒙古自治区煤炭地质勘查开发综合规划》，完善规划的相关内容，确保规划的可操作性，地质勘查规划纳入自治区“十一五”国民经济和社会发展规划，与环境保护、水土保持、重点项目建设等专项规划搞好衔接，形成完备的规划体系，要强化规划的法律地位，明确规划组织实施的相关责任，从资金、政策、措施、年度计划和勘查项目上保证规划得到落实。《意见》还强调，各级国土资源管理部门要监督地质勘查单位认真执行地质勘查的各项技术规范、规程和行业标准，建立地质勘查资质管理制度和年检制度，健全地质勘查单位资信档案、地质勘查项目管理办法等与资质管理相配套的制度，规范地质勘查行业准入。认真做好行业管理基础工作，加强地质勘查工作定期报告制度和各项统计报表工作，为各级政府决策和社会经济活动提供勘查信息服务。各盟市国土资源管理部门要切实履行职责，依法加强对本行政区域内地质勘查活动的管理和监督，及时查处违法违规勘查行为，并定期向自治区国土资源管理部门报送行业管理基础统计报表。彻底取缔无证勘查、开采行为,坚决治理以采代探、越界开采、破坏和浪费矿产资源现象。7 月 17 日,自治区国土资源厅印发通知,部署对油气勘查开采项目进行全面督查工作,要求各盟市国土资源局对本行政辖区范围内的油气勘查开采项目进行全面监督检查,督查情况及发现的问题及时报告自治区国土资源厅。8 月 7 日,根据中国地调局和自治区政府《合作开展鄂尔多斯内蒙古能源基地地下水勘查项目协议书》的精神,自治区国土资源厅印发通知,决定组建鄂尔多斯内蒙古能源基地地下水勘查项目管理机构。由自治区国土资源厅副厅长赵保胜任领导小组组长,西安地质矿产研究所李向任领导小组副组长,成员包括中国地质调查局水环部、自治区国土资源厅地质勘查处、自治区地质调查院、自治区地质勘查项目招标委员会办公室(以下简称自治区地勘项目办)、内蒙古第二水文地质工程地质勘查院,以确保鄂尔多斯内蒙古能源基地地下水勘查项目的顺利实施。10 月 31 日,自治区国土资源厅印发《关于进一步改进自治区出资勘查项目勘查环境的通知》,强调:自治区出资开展的各类地质矿产调查、勘查工作,是为地方摸清资源家底、支持地方经济可持续发展的重要举措。各地区要提高认识,高度重视,大力支持承担项目的地质勘查单位在本地区的工作,积极主动地协助地质勘查单位协调好与相关部门及当地群众的关系,为自治区出资勘查项目的顺利实施创造良好的勘查实施环境。各地要切实履行职责,依法核定勘查工作中临时用地占压草场的补偿标准,既要维护农牧民的合法权益,又不能随意提高标准,阻碍自治区地质勘查项目的实施,合理合法地解决好存在的问题,确保自治区地质矿产勘查项目的顺利实施。

2006 年自治区煤田地质局组织百台钻机开展锡林郭勒盟白音华煤田勘查大会战。

2007 年 3 月 19 日,自治区国土资源厅印发《关于中央财政、自治区财政投资安排地勘项目办理勘查登记手续事项的通知》,明确:中央财政出资安排地勘项目,可由项目承担单位按照《矿产资源勘查区块管理办法》第六条规定,并提供财政部门下达的项目支出资金预算,直接向国土资源厅申请登记办理探矿权,属上级主管部门下达项目计划的,应同时附具财政部门下达的地勘项目经费计划。自治区财政出资安排的地质勘查项目,自治区政府统一委托自治区地质调查院申请登记探矿权。自治区地质调查院提供自治区政府批准的项目文件,直接向自治区国土资源厅申请办理探矿权。同时对该类项目办理勘查登记手续作出具体规定。4 月 24 日,自治区国土资源厅印发《内蒙古自治区地质勘查项目招标投标代理机构管理暂行办法》，明确：地质勘查项目招标投标代理机构是指具有法人资格，取得地质勘查项目招标投标业务代理机构等级证书，接受招标人委托办理地质勘查项目招标、地质勘查项目投标业务的单位。自治区国土资源厅是地质勘查项目招标投标代理机构考核认定管理机关。地质勘查项目招标投标代理机构申请人应当是非直接从事地质勘查工作的企业或事业单位，除应具有独立法人资格外，还应符合地质勘查项目招标投标代理机构条件要求。同时，还具体规定了申请地质勘查项目招标投标代理机构业务时，申请人应当向考核认定机关提交的资料、地质勘查项目招标投标代理机构各级别应具备的条件等事项。5 月 17 日，自治区国土资源厅转发国土资源部《关于建立地质勘查成果通报制度的通知》，要求每年 2 月底，各地勘单位按照国土资源部要求和承担勘查项目的实际情况，编写各单位的地质勘查成果（包括文字及相关图表）后上报自治区国土资源厅，由自治区国土资源厅汇总发布。其中，内蒙古自治区地质矿产勘查开发局（以下简称自治区地勘局）、内蒙古自治区有色质地勘查局（以下简称自治区有色地勘局）、内蒙古自治区煤田地质局（以下简称自治区煤田地质局）所属地勘单位由自治区地勘局、自治区有色地勘局、自治区煤田地质局组织填报，汇总后报自治区国土资源厅，其他地勘单位单独填报。7 月 31 日，自治区国土资源厅转发国土资源部《关于建立地质勘查工作和行业管理专报制度的通知》，同时明确了职能分工，并对建立专报制度作出具体安排。基础地质调查工作，中央财政出资在自治区安排的（包括区外单位承担的），由自治区地质调查院负责统计；自治区财政出资的，由自治区地勘项目办技术部负责统计；社会商业性出资的，由项目所在地盟市国土资源局负责统计。矿产资源勘查，中央财政出资的（包括中央基金项目和危机矿山项目），由自治区国土资源厅地质勘查处负责统计；自治区财政出资的，由自治区地勘项目办技术部负责统计；社会商业性出资的，自治区国土资源厅矿产开发管理处协调项目所在地盟市国土资源局负责统计。境外勘查开发的，由自治区国土资源厅地质勘查处负责统计。水工环地质调查，由自治区国土资源厅地质环境处协调自治区地勘项目办技术部、自治区地质调查院、内蒙古自治区地质环境监测院（以下简称自治区地质环境监测院）及项目所在盟市国土资源局负责统计。地质勘查行业管理的，由自治区国土资源厅地质勘查单位体制改革办公室负责统计。10 月 22 日，中国地质调查局与自治区国土资源厅在北京就加快推进大兴安岭成矿带地质找矿合作签订协议，中国地质调查局副局长钟自然和自治区国土资源厅副厅长赵保胜分别代表双方签字。12 月 5 日，自治区国土资源厅印发《关于开展地质勘查资质注册登记清理检查工作的通知》，决定于 2007 年 12 月 3 日至 2008 年 3 月 8 日，在全区开展地质勘查资质注册登记清理检查工作。12 月 24 日，自治区国土资源厅印发《关于进一步加强和完善自治区财政出资委托项目承担单位持有勘查许可证的地质矿产勘查项目管理工作的通知》，指出：自治区财政出资地质矿产勘查项目实施三年多来，取得了一批重要找矿成果，保障了自治区经

2007 年 4 月，自治区国土资源厅厅长白盾（左四）、副巡视员高华（右一）在武警黄金第二支队乌拉山哈德门沟金矿勘查项目现场检查指导工作。

济社会发展需求,促进了国有地勘单位的改革发展。但是,实施中也出现了一些不容忽视的问题,特别是2004年、2005年委托项目承担单位持有勘查许可证的一批矿产勘查项目,承担单位拖延提交地质成果报告并私自引入社会资金实施勘查甚至开发等问题比较突出,项目验收和价款评估程序不规范,易造成自治区项目成果流失。为此,要求进一步强化项目验收管理,严格执行项目管理规定。

2008年1月3日,自治区国土资源厅转发《国土资源部关于实行全国探矿权统一配号的通知》指出,《全国探矿权统一配号系统》已经开发完成,为了进一步提高探矿权管理的科学化水平,完善自治区矿业权信息系统建设,更好地应用信息化手段推进自治区矿业权管理,根据国土资源部决定,自2008年1月1日起在全国范围内实行探矿权统一配号,新的勘查许可证证号调整为18位。3月17日,自治区国土资源厅印发《内蒙古自治区主要成矿区带地质工作规划及探矿权设置方案》。3月31日,自治区国土资源厅印发《转发国土资源部关于开展矿产资源补偿费矿产勘查项目执行情况检查和成果总结工作的通知》,要求各有关地勘单位按要求对2001年以来中央安排的矿产资源补偿费矿产勘查项目执行情况和勘查成果进行全面总结。4月7日,自治区国土资源厅转发国土资源部《实物地质资料管理办法》。4月21日,自治区国土资源厅转发国土资源部、国防科工委《关于加强铀矿地质勘查工作的若干意见》,要求各地勘单位要高度重视铀矿勘查准入条件,加强队伍建设和铀矿地质勘查资质的申请工作,依法取得铀矿地质勘查资质。加强与核工业地勘部门的联系与沟通,积极承担各类资金安排的铀矿勘查项目,在服务中不断提高队伍、技术和装备水平,拓宽服务领域。10月8日,自治区国土资源厅转发商务部、国土资源部《外商投资矿产勘查企业管理办法》,明确:国家鼓励有矿产勘查经验或者矿业融资能力的外国投资者投资矿产勘查活动,鼓励外商投资矿产勘查企业利用高新技术手段从事矿产勘查活动,鼓励外商投资矿产勘查企业在矿产行业可持续发展方面发挥积极作用。各级商务主管部门、国土资源管理部门依法对外商投资矿产勘查企业的经营活动进行监督和管理。10月17日,自治区国土资源厅印发《关于内蒙古自治区矿业权交易中心挂牌的通知》,明确内蒙古自治区矿业权交易中心主要工作职责是承办自治区以招标、拍卖、挂牌方式出让的矿业权的资料整理、现场踏查、文件编制并具体组织实施出让探矿权、采矿权的招标、拍卖和挂牌工作,负责确认交易结果。

2008年6月,自治区国土资源厅厅长白盾(右三)和赤峰市市委常委、副市长张利平(右六)在赤峰市地质勘查项目现场检查指导工作。

2009年3月3日，自治区国土资源厅印发《内蒙古自治区国土资源厅行政审批事项工作规则（试行）》。其中，在矿政类中涉及地质勘查行政审批事项有：探矿权设置方案审核、探矿权新立（行政审批）、探矿权新立（设点审批）、探矿权延续（行政审批）、探矿权延续（设点审批）、探矿权变更（缩小范围行政审批）、探矿权变更（缩小范围设点审批）、探矿权变更（扩大范围行政审批）、探矿权变更（扩大范围设点审批）、探矿权变更（变更矿种行政审批）、探矿权变更（变更矿种设点审批）、探矿权变更（变更勘查单位行政审批）、探矿权变更（变更勘查单位设点审批）、探矿权转让（行政审批）、探矿权转让（设点审批）、探矿权保留（行政审批）、探矿权保留（设点审批）、探矿权注销登记（行政审批）、探矿权注销登记（设点审批）、探矿权价款分期缴纳、地质调查备案、划定矿区范围审批、勘查许可证遗失补领、地质勘查单位资质注册登记审批、地质勘查单位资质变更审批等25项。6月23日，自治区国土资源厅印发《关于进一步规范矿产资源勘查开发管理有关问题的通知》，对非煤矿产探矿权转采矿权以及非煤矿山采矿权人申请矿山深部和外围扩界、煤炭采矿权（含划定矿区范围）调整矿区标高的办理，作出具体规定。11月20日，自治区国土资源厅向国土资源部办公厅上报《关于加强和规范矿业权市场建设的调研报告》，就改革探矿权出让管理的措施、进一步规范探矿权管理的政策措施及建议、加强采矿权登记管理的有关规定、进一步加强探矿权采矿权转让管理的措施及建议等提出了具体意见。12月1日，自治区国土资源厅印发《关于盟市组织开展基础性地质工作和非煤矿产勘查工作意见的通知》，提出鼓励盟市利用本级财政资金组织开展1∶5万矿产调查1∶5万化探扫面等基础性地质工作和非煤矿产勘查工作，其项目经费统一执行国家地调局预算标准。相关工作区域应当符合自治区地质勘查工作的总体部署和勘查专项规划要求，具体项目由盟市国土资源局编制实施方案，经盟行政公署、市人民政府同意后，由国土资源厅批准。相关项目的技术要求和标准，应执行相关规范和国家、自治区出资勘查工作要求，按照自治区地质勘查专项资金项目管理办法进行管理。非煤矿产勘查项目批准立项后，由内蒙古自治区地质勘查基金管理中心（以下简称自治区地质勘查基金中心）统一办理探矿权，勘查许可证标注“盟市出资勘查”字样，勘查工作期间，不得以任何形式与他人合资、合作或转让探矿权。1∶5万矿产调查和1∶5万化探项目工作期限（即下达任务书到确定市场出让区域前）为3年，在项目工作期间，工作区范围内暂停设置新的探矿权。相关项目结束后，所提交的异常区、靶区、矿（化）点以及矿产地，全部由自治区矿业权交易服务中心市场出让矿业权，出让其矿业权价款收益比例，按照《内蒙古自治区人民政府关于印发〈内蒙古自治区矿产资源有偿使用办法（试行）〉的通知》和自治区国土资源厅《关于内蒙古自治区矿业权交易中心挂牌的通知》要求执行。《通知》并对盟市组织开展非煤矿产勘查项目、1∶5万矿产调查和1∶5万化探项目的工作程序和要求，分别作出规定。

2010年1月11日，自治区国土资源厅转发《国土资源部关于健全完善矿产资源勘查开采监督管理和执法监察长效机制的通知》。要求各地进一步加强矿产资源勘查开采监督管理和执法监察机构、队伍建设，理顺勘查开采监督管理和执法监察的关系，改善工作条件，积极推进矿产资源勘查开采监管和执法监察长效机制的建立与完善，同时也要勇于探索，创新性地开展矿产资源勘查开采监管工作，努力实现本地区矿产资源监督管理的常态化、规范化和制度化，保证矿产资源勘查开采秩序的长治久安。5月6日，自治区国土资源厅印发《关于暂停办理矿业权扩大矿区范围等有关申请项目的通知》明确，按照国土资源部等12部门《关于进一步推进矿产资源开发整合工作的通知》和《内蒙古自治区人民政府办公厅转发自治区国土资源厅等部门关于进一步推进矿产资源开发整合工作实施意见的通知》要求，为确保按期完成全区矿产资源开发整合工作任务，经自治区人民政府同意，决定在全区暂停办理矿业权扩大矿区范围等有关申请项目。6 月 17 日,自治区国土资源厅印发《矿产资源勘查实施方案管理办法》,对勘查实施方案的审查、编制要求、审查管理、合同管理、实施和监督管理、作出具体规定。6 月 21 日,自治区国土资源厅发布《关于申请探矿权新立、延续、变更登记需提交经评审通过的矿产资源勘查实施方案及评审意见书的公告》明确,在内蒙古自治区行政区域内申请探矿权新立、延续、变更登记,申请人需提交经评审通过的矿产资源勘查实施方案及评审意见书。7 月 16 日,自治区国土资源厅转发《国土资源部关于印发〈地质勘查单位从事地质勘查活动业务范围规定〉的通知》,要求自本通知下发之日起,凡依据探矿权提交的矿产资源储量报告,编制报告的地勘单位应与勘查许可证所载明的地质勘查单位相一致,其地质勘查资质应符合国土资发[2010]86 号文件规定业务范围要求。凡依据采矿许可证或划定矿区范围提交的矿产资源储量报告,编制报告的地勘单位应与采矿权人(或采矿权申请人)签订报告编制合同,其地质勘查资质应符合编制报告对应的地质勘查阶段所规定的业务范围。凡申请办理新的探矿权的,承担勘查工作的地勘单位的资质应符合国土资发[2010]86 号文件规定的业务范围;凡已取得探矿权,其勘查许可证所载明的勘查阶段与地勘单位业务范围不一致的,探矿权人要及时申请将原地勘单位变更为具有相应业务范围的地勘单位。

2011 年 1 月 24 日,自治区国土资源厅印发《关于开展〈地质勘查资质监督管理网上申报系统〉填报工作的通知》,要求各地勘单位利用于 2011 年 1 月 18 日在国土资源部门户网站上开通的《地质勘查资质监督管理网上申报系统》开展地质勘查资质监督管理相关内容填报工作,使全区地质勘查资质监督管理工作趋于规范化。3 月 28 日,自治区国土资源厅印发《转发国土资源部办公厅关于矿产资源整装勘查区暂停受理新立探矿权采矿权申请的通知》,要求在整装勘查未结束之前,整装勘查区域停止申报市场方式出让项目。12 月 31 日,自治区国土资源厅印发《进一步完善矿业权管理促进整装勘查实施办法》,提出措施为:一是划定整装勘查区。按照找矿突破战略行动的总体部署,在重点成矿区带,以国家紧缺矿产为主攻矿种,优选成矿条件好、找矿风险大而又具有找矿突破潜力的地区设立整装勘查区,集中实施整装勘查。整装勘查区及其范围由国土资源部确定并统一发布。二是加快整装勘查区矿业权设置方案编制和审查。整装勘查区应优先保证主攻矿种勘查,非主攻矿种新设的矿业权原则上不得影响主攻矿种的整装勘查。三是优选实施整装勘查的探矿权人。在符合整合主体标准的前提下,应优先从原探矿权人中产生整合主体;对原探矿权人均达不到整合主体标准的,可以引入新的主体,整合矿业权。暂不具备整合条件的探矿权人,应按照统一的整装勘查工作部署,保证勘查资金投入和整装勘查工作进度。不参加整合又达不到整装勘查要求的探矿权人,由盟市行署政府协调由整合主体给予合理的补偿后退出。四是落实探矿权人整装勘查责任。五是严格规范探矿权转让及矿种变更。强调进一步规范财政出资勘查行为。中央和地方财政资金(不含地质勘查基金,下同)主要用于基础性地质工作、矿产远景调查等公益性地质工作及物化探异常查证,具有找矿突破条件的可开展预查和必要的普查,为社会资金开展风险勘查提供支撑。社会资金不愿投入的风险勘查,财政资金可投入开展勘查工作,原则上完成预查后,编制矿业权设置方案,向社会公开出让探矿权。地质勘查基金主要发挥政策调控和分担勘查风险的作用,自治区勘查基金经自治区政府同意可与社会投资人联合开展风险勘查,也可根据国家矿产地储备的需要,针对特殊矿种和特殊地区经自治区政府同意合资或独资开展相应的勘查工作。对于大兴安岭生态环境敏感地区,经自治区政府同意可引进优势企业开展风险勘查。但要强化管理,明确开采时应服从国家规划、生态功能区区划和产业政策,切实保护生态环境、维护民族地区的社会稳定。并指出:在符合矿业权设置方案的前提下,本着支持国有地勘单位发展壮大的原则，根据选、冶、加工一体化项目的建设情况，经自治区政府同意，可为国有地勘单位以协议方式配置勘查空白区的探矿权，调动其找矿积极性，鼓励走探采一体化道路。

2012年1月10日，根据国土资源部地质勘查司的统一部署和要求，自治区国土资源厅举办全区地质勘查成果和行业情况统计编制与网络直报系统培训班，全区各盟市国土资源局及相关地勘单位人员参加了培训。6月27日，自治区国土资源厅印发《关于自治区出资勘查项目区内社会资金投入地质勘查工作有关问题的通知》，明确提出：1∶5万航空物探综合站测量项目区、综合研究项目区和地下水调查区，以及完成的1∶5万矿产地质调查项目区（含1∶5万化探项目区和1∶5万综合方法找矿项目区），可以由社会资金投入开展地质勘查工作，具体矿业权设置要求，按照自治区国土资源厅《关于印发〈进一步完善矿业权管理促进整装勘查实施办法〉的通知》执行。正在实施的1∶5万矿产地质调查项目区（含1∶5万化探项目区和1∶5万综合方法找矿项目区），原则上社会资金暂缓进入该区域进行地质勘查工作，待工作实施完成后，按本文件规定办理。盟市确需以市场方式出让非金属矿业权，经自治区地质勘查基金中心查询出让区块与项目区已发现金属矿产异常区无重叠的，按照自治区国土资源厅《关于印发〈进一步完善矿业权管理促进整装勘查实施办法〉的通知》执行。经自治区国土资源厅、财政厅批准进入下一年度的项目库的矿产勘查项目。自项目立项入库公示起2年内，其工作区域予以保留，原则上暂停社会资金投入该区域地质勘查工作并设置探矿权。《通知》要求，各盟市国土资源局、自治区地质勘查基金中心、各项目的承担单位要密切联系、相互配合，共同推进自治区出资项目的进度和抓好项目质量，积极鼓励和引导商业性资金加大地质勘查投入力度。自治区地质勘查基金中心每年要将全部项目进展情况、新立项目任务书和设计审查意见及时抄送项目所在地盟市国土资源局，明确每个矿调项目的工作期限；各盟市国土资源局要为自治区安排的矿产勘查项目及时出具矿区范围核查意见及相关文件，依法做好项目实施工作中的有关调查工作，确保项目按期保质完成任务；各项目承担单位要严格按照法律法规的规定，及时报告项目开工情况和工作进展情况，接受项目所在地国土资源局监督检查。12月24日，自治区国土资源厅转发《国土资源部关于加强页岩气资源勘查开采和监督管理有关工作的通知》，提出了要求，明确文件自下发之日起执行，有效期5年。

1月10日，自治区国土资源厅党组成员、总工程师张宏（中）出席全区地质勘查成果和行业情况统计与网络直报系统培训开班仪式并讲话。

2013年4月20—21日，自治区国土资源厅举行“大兴安岭南麓等重要成矿区带整装勘查区遴选暨找矿突破推进会”。自治区政府国土资源特聘顾问翟裕生院士、陈毓川院士，以及国土资源部和有关科研院所的10位国内著名专家应邀参加会议，自治区国土资源厅党组成员、总工程师张宏和厅副巡视员高华出席，自治区各地勘单位负责人及相关专家120余人参加会议。经过专家们共同研究、论证，优选出国家级整装勘查区6个和自治区级集中勘查区6个，为自治区实施找矿突破工作部署提供了重要依据。6月17日，自治区国土资源厅转发中国地质调查局《关于加强整装勘查区地质调查工作的通知》,并提出了优先部署整装勘查区地质调查工作、加强整装勘查区进展跟踪与技术指导、建立整装勘查区地质资料信息社会化服务体系等贯彻落实措施。10月15日,自治区国土资源厅下发《关于开展2013年度矿产资源勘查年度检查工作的通知》,就有关要求进行了明确。

2013年4月20日,自治区国土资源厅总工程师张宏(中)和副巡视员高华(左一)与中央地质勘查基金管理中心副主任陈仁义(右一)在会议间隙进行交流。

2014年3月10日,自治区国土资源厅、沈阳地质调查中心主要领导在呼和浩特市就进一步加快自治区东部地区基础地质好矿产资源调查评价工作和落实省部(国土资源部)合作事宜举行座谈。会议认为,采取省部合作、共同出资的方式,统筹安排1:5区域地质矿产调查工作,对于尽快提高自治区东部地区基础地质工作程度和实现找矿突破具有重要意义,应当全力支持。会议研究了推进部省合作的具体措施,成立领导小组,明确了合作内容及分工,提出了工作部署及实施原则、技术标准和预算标准,并建立奖惩制度。双方共同出资开展1:5区域地质矿产调查和矿产调查评价工作从2015年启动。4月21日,自治区国土资源厅转发《内蒙古自治区人民政府关于进一步推进找矿突破战略行动的意见》,主要内容包括有总体要求、加大地质勘查工作力度、强化自治区地勘基金引导作用、加强探矿权管理、保障措施等5个方面。其中,在“加大地质勘查工作力度”中提出了强化基础地质与综合研究工作、发挥市场导向多元化投资的基础作用、落实整装勘查区各项任务、开展自治区集中勘查工作的意见;在“强化自治区地勘基金引导作用”中提出了开展地勘基金与企业合作勘查、加快地勘基金项目成果处置、推动企业垫资勘查的意见;在“加强探矿权管理”中提出了进一步规范探矿权出让、合理解决油气勘查开发与其他资源勘查开发的关系的意见;在“保障措施”中提出了优化地质勘查环境、依法实施地质勘查、加强信息资料共享、建立找矿奖励机制、加强人才队伍建设、切实提高装备水平、强化监督检查等意见。6月27日,自治区国土资源厅对自治区地质调查院《关于报送内蒙古大兴安岭中段铜多金属矿等六个整装勘查区实施方案及调整方案的请示》予以批复,同意上报的《内蒙古大兴安岭中段铜多金属矿整装勘查区实施方案》《内蒙古大兴安岭南麓铜多金属矿整装勘查区实施方案》《内蒙古浩尧尔忽洞—赛乌素地区金、铁,石墨矿整装勘区实施方案》《内蒙古阿拉善右旗扎木敖包—特拜地区晶质石墨、锌、金矿整装勘查区实施方案》《内蒙古乌拉特后旗测老庙地区铀矿整装勘查区实施方案》《内蒙古自治区乌拉特后旗霍各地区铜多金属矿整装勘查区调整方案》,并要求迅速组织编制单位与内蒙古自治区国土资源信息院(以下简称自治区国土资源信息院)对接,将本次批复的6个整装勘查区的实施方案纳入“国土资源综合信息监管平台”,实施信息化管理。12月26日,自治区国土资源厅召集重点盟市国土资源局和相关地勘单位及专家,就创新整装勘查推进模式、完善监管制度措施、强化合作勘查、集中资金力量加速实现地质勘查重大突破、提升地质勘查工作质量和进度、规范地勘基金项目管理等内容召开了全区找矿工作座谈会。会议认为,应重点在12个方面进行大胆改革创新、寻求突破。一是大力推进整装勘查,寻求找矿突破;二是做好合作勘查,完善合作勘查制度,盘活地勘市场;三是进一步加强质量管理,创新管理体制;四是探索合伙制,研究找矿奖励办法,激发地勘队伍地质找矿工作积极性；五是启动自治区大数据工程，实现地质资料共享，为自治区地质找矿服务；六是地质找矿要大胆引进新技术，采用新方法，利用中铝力拓资源开展人才培训，充分借鉴国内外先进经验，尝试在重点成矿区带开展1∶1万等大比例尺航空物探测量；七是地勘单位要转变观念，探索化解社会矛盾新机制；八是盟市要优化地质勘查外部环境，落实整装勘查工作，发挥自身优势，积极参与合作勘查，寻求在本地区找矿突破，实现共赢；九是做好境外勘查工作，站稳脚跟，逐步开拓境外市场；十是加强自治区基础地质研究，加大地质方面人才智库建设力度，发挥退休老专家、聘用院士人才优势；十一是做好重点找矿靶区综合研究，特别是浅覆盖区要探索找矿突破；十二是要搞好找矿工作顶层设计，分管领导要担当担任，其他领导积极协助，要形成齐抓共管格局，推动自治区地质找矿工作。

2015年6月9日，自治区国土资源厅印发通知，为加强对地质勘查领域重大问题、重要情况和重大新闻事件的应急处置，做好与相关新闻媒体的沟通、协调、解释等工作，化解矛盾，最大限度地消除突发事件造成的负面影响，决定成立地质勘查质量管理应急处理领导小组，领导小组办公室设在厅办公室。6月18日，印发《关于进一步加强地质勘查资质监督管理工作的通知》，要求严格落实地质勘查资质监督管理、资质备案、执业情况年报制度，各盟市国土资源局要强化监管职责，各地勘单位要认真开展自查清理。7月3日，印发《关于将自治区地质勘查基金项目转为乌兰察布市地勘基金项目的批复》，同意将该项目转为乌兰察布市地勘基金项目，项目承担单位不变。7月8日，印发《关于进一步做好矿产资源储量评审备案有关问题的通知》，要求严禁地质勘查单位外借勘查资质，地质勘查单位在提交矿产资源储量报告时要严格审查参与报告编写人员的身份条件，旗县国土资源管理部门要加强对辖区内地质勘查工作的监督管理。8月14日，印发《内蒙古自治区国土资源厅关于加强厅属地勘企业全面质量管理的通知》，强调推行全面质量管理，继续坚持“质量第一”、“信誉至上”的原则，要参照国际国内优秀企业成功经验和管理方法，将全面质量管理纳入企业管理战略目标，要高度重视质量人才培养，加强质量技术、标准培训，各地勘企业要继续坚持“三老四严”的工作作风。9月6日，印发《关于印发〈矿产资源勘查探矿工程质量管理办法〉的通知》，要求各相关地勘单位及各盟市国土资源局，对矿产资源勘查探矿工程质量管理都要遵照《矿产资源勘查探矿工程质量管理办法》执行。10月16日，印发《关于申请设立西乌珠穆沁旗花敖包特地区银铅锌多金属矿集中勘查区的批复》，同意设立西乌珠穆沁旗花敖包特地区银铅锌多金属矿集中勘查区，要求锡林郭勒盟国土资源局按照有关要求，做好后续有关工作。11月5日，印发《关于委托编制内蒙古呼伦贝尔市乌奴格吐山—甲乌拉一带铜多金属矿整装勘查等两个实施方案的通知》，要求整装勘查实施方案（修编）要严格按照国土资源部整装勘查区实施方案编制要求进行编制，要符合国家和自治区的矿产资源产业政策和相关法律法规，要以矿产资源规划为依据并与相关规划相衔接，新设矿业权要依据充分且须综合考虑整装勘查区内已建和规划建设的基础设施等不易设置矿业权的限制性因素。12月16日，印发《关于做好2015年度地质勘查成果通报网络直报工作的通知》，对各盟市国土资源局和相关地勘单位地勘成果数据填报和审核工作进行部署，并提出要求。

第二节 专项规划

为了保证全区各项地质勘查工作有序推进，自治区国土资源厅在“十一五”和“十二五”期间，主要根据实际工作现状和需要，组织有关单位开展了全区地质勘查规划和煤炭勘查专项规划及有关专题工作方案的编制工作,重点对各时期全区及重点区域地质勘查工作的目标和任务进行了明确。

一、地质勘查规划

(一)"十一五"规划

2004—2005 年,根据国土资源部《关于开展省级地质勘查规划编制工作的通知》要求,自治区国土资源厅委托自治区国土资源信息院开展全区地质矿产勘查规划编制工作,并于 2005 年 12 月向国土资源部地质勘查司上报了规划成果初审稿。2006 年初,国务院发布《国务院关于加强地质工作的决定》,国土资源部根据形势变化,对省级地质勘查规划编制又提出了新的要求。为此,自治区国土资源信息院于 2006 年 4 月—2007 年 5 月在原规划稿基础上进行了修编,于 2007 年 7 月由自治区国土资源厅向国土资源部上报了《内蒙古自治区地质勘查规划(2006—2010 年)》(以下简称《勘查规划》)送审稿。2007 年 11 月,经国土资源部预审并进一步修改、完善后,《勘查规划》由自治区国土资源厅正式发布实施。

《勘查规划》编制基准期为 2005 年,规划期为 2006—2010 年,展望至 2015 年。其明确了"十一五"期间全区地质勘查工作的总体思路和工作目标任务,重点对"十一五"期间全区各项地质勘查工作进行了全面规划和部署。

《勘查规划》确定的指导思想为:以全面、协调、可持续的科学发展观为指导,全面贯彻中央关于人口、资源、环境的基本国策,以保障经济社会可持续发展和全面建设小康社会为目标,大力加强全区地质勘查工作。通过加大基础性、公益性地质工作的力度,努力提高全区基础地质工作程度;围绕自治区做大做强能源重化工产业的需要,重点开展能源矿产和有色金属、黑色金属矿产等优势资源及地下水资源的勘查;同时,以市场为导向,拓宽投融资渠道,积极引导和鼓励社会资金开展商业性矿产勘查工作,为促进自治区工业化进程和国民经济快速、健康、可持续发展,构建社会主义和谐社会,努力提高全区矿产资源的保障能力。

《勘查规划》确定的总体目标为:自治区基础性、公益性地质调查和矿产资源调查评价与勘查工作取得重要进展,全区地质研究和地质工作程度得到显著提高,并建立地质资料社会化服务体系。政府宏观调控作用和市场对资源的基础配置作用得到有效发挥,建立起竞争有序和公正、公开、透明的全区探矿权市场,商业性地质勘查形成规模。以能源矿产煤和非能源矿产铜、铅锌、铁、金、银及地下水等为重点的地质找矿和矿产勘查工作取得重大突破,为快速做大做强自治区能源重化工产业,实现自治区国民经济和社会发展"十一五"规划目标,提供可靠的矿产资源保障。

《勘查规划》确定的分类工作目标为:

在基础性、公益性地质工作方面:完成重要成矿区带以铁、铜、铅、锌、金、银、钼等金属矿产为重点的 1∶5 万矿产远景调查和 1∶5 万航空物探综合站测量工作,并开展和完成重要成矿区带 1∶20 万区域重力测量及重要能源基地和重要城市的 1∶5 万专项区域地质调查;完成 1∶20 万区域化探空白区常规方法测量,环境、城市、农业化探测量取得初步成果;水文地质、环境地质和灾害地质调查取得明显成效;地质资料开发利用不断加强,开展一批基础性地质研究项目,完成重要成果资料图文数字化任务,并建立地质资料社会化服务体系。

在重要矿产资源勘查方面:全区煤炭资源勘查取得重大成果,预获煤炭资源量(含 334)3500 多亿吨,新增详查资源储量 1000 亿吨,为国家及矿山建设提供一批煤炭资源后备基地。其他重要矿产资源勘查取得重要突破,发现和评价具大、中型远景的矿产地 10～15 处,力争形成 5 处以上大型后备资源基地,并预期新增资源储量:铁矿石 6 亿吨、铜 700 万吨、铅锌 1500 万吨、银 7000 万吨、金 100 吨、钼 430 万吨、岩盐 100 亿吨、油页岩 50 亿吨。地下水资源勘查得到进一步加强,发现和评价可供利用的大中型水源地 15～20 处。

在商业性矿产勘查方面:建立起较为完善的全区商业性地质勘查机制,形成竞争有序和公正、公开、透明的探矿权交易流转市场,全区商业性地质勘查得到大规模发展。

《勘查规划》将商业性矿产勘查的重点矿种分为鼓励勘查矿种和限制勘查矿种两类,除此之外的其他矿种均列为允许勘查矿产。鼓励勘查矿种是符合国家和自治区相关产业政策及市场需求,并在我区具有一定的找矿前景的矿产,包括:煤炭、油页岩、铁、锰、铬、铜、铅、锌、钼、铝、镍、金、银、铂族、铍、铌、钽、锂、铋、水泥用灰岩及大理岩、冶金及化工用灰岩、高岭土、石膏、硅石(石英岩、脉石英)、饰面用石材(花岗岩、辉绿岩、玄武岩)、巴林石、叶蜡石、天然碱、岩盐、钾盐、二氧化碳气、地下水。限制勘查矿种是属于国家规划管理或国家宏观调控限制开发的矿产,主要包括石油、天然气、铀、稀土、钨、锡、锑等。将商业性矿产勘查区划分为鼓励勘查区、限制勘查区和禁止勘查区。其中,鼓励勘查区是鼓励社会各类投资开展针对鼓励商业性勘查矿种的勘查区域。对于煤炭资源,在国家规划区和自治区政府出资勘查的煤田范围内,工作程度已达普查或详查以上的矿区均属于鼓励勘查区;对于金属、非金属矿产,在国家规划区、自治区重点规划勘查区和各类含煤盆地之外,将主要分布鼓励勘查矿种且成矿地质条件有利并具有一定找矿线索和找矿潜力的地区,划定商业性鼓励勘查区。限制勘查区是属于限制进行有关商业性矿产勘查活动的区域,一般为国家规划管理或国家宏观调控限制开发矿产的主要矿产地或成矿区。禁止勘查区为严格禁止开展一切商业性矿产勘查活动的区域。其主要包括:国家级和自治区级自然保护区的核心地区,重要地质遗迹保护区、风景名胜、森林公园、地质公园和历史文物保护区;军事禁区,国防工程设施圈定区;重要工业区,大型水利工程设施区,防洪工程设施保护区;机场、铁路、高速公路及重要公路两侧可视范围内;属于主要水系、重要湖泊、水库及重要水源地。

(二)“十二五”规划

2011 年 1 月 7 日,自治区政府办公厅印发《内蒙古自治区地质勘查“十二五”规划》(以下简称《“十二五”规划》)。《“十二五”规划》是由自治区国土资源厅组织制定,主要总结了“十一五”期间全区地质勘查工作取得的历史性进展,分析了“十二五”全区地质勘查工作面临的形势,提出“十二五”地质勘查工作的安排意见和保障措施。

《“十二五”规划》指出,“十一五”期间,全区地质勘查累计投入 1403.8 亿元,其中非油气矿产投入 296.8 亿元(包括国家投入 13.5 亿元、自治区财政投入 67.4 亿元、社会投入 215.9 亿元),是“十五”期间投入的两倍;石油天然气勘查开发投入 1107 亿元,占全国的十分之一。勘查总面积 50.62 万平方千米,是 2006 年的 5 倍。这 5 年是自治区地质勘查工作投入最多、地质市场最活跃、找矿效果最明显的 5 年,是地勘单位经济发展和体制改革深入发展,也是逐步形成和健全完善勘查开发一体化机制的 5 年。特别是自治区地质勘查专项资金的建立,进一步降低了商业性矿产勘查风险,引导和拉动地勘单位、企业、社会投资开展矿产勘查工作。

《“十二五”规划》确定的指导思想为:以科学发展观为统领,紧紧围绕自治区党委、政府的中心工作,贯彻落实国土资源部提出的“公益先行,基金衔接,商业跟进,整装勘查,快速突破”地质找矿新机制和地质找矿“三年有重大进展,五年有重大突破,八年重塑地质找矿新格局”目标(“358”目标),积极发挥自治区国有地勘单位的主力军作用,进一步加强自治区基础地质工作,狠抓黑色金属、有色金属、贵金属以及重要非金属矿产的找矿突破。充分发挥自治区地质勘查基金的引导作用,积极争取国家资金的投入,建立政府引导,国家、地方和企业三方联动,社会资金跟进的矿产资源勘查管理新机制。基本原则:坚持有利于国家和自治区经济社会又好又快发展的原则,坚持地质勘查与区域经济发展相结合的原则,坚持市场出让和有偿使用的原则,坚持统一部署、合理规划的原则,坚持加强基础、整装勘查的原则。

《"十二五"规划》确定的主要工作任务:在基础地质工作方面,1:20 万各类专业区域调查工作基本覆盖全区,1:25 万区调工作覆盖 90% 以上;完成可测范围内的 1:5 万航空物探站测量工作;加强重点成矿区带的 1:5 万区调、矿调工作,工作面积占可测面积比例提高 10 个百分点,同时加强综合研究,分区域编制探矿权设置方案,基本实现矿业权按规划整体、有序的出让。对煤的勘查的方针是"以需定勘",即根据国家和自治区经济建设和能源化工工业的发展需要进行勘查,主要是进行为矿区总体规划和开发设计服务的详查和部分的勘探,同时加强炼热焦等优质煤的勘查和缺煤地区的找煤工作。对重点矿种找矿,主要抓铁、铜、铅、锌、金、银等矿产的勘查和找矿突破。铁矿勘查工作主要部署在华北地台北缘成矿带和阿拉善盟黑鹰山成矿带及二连—东乌旗成矿带,争取新增铁矿大中型铁矿区 8 ~ 10 处;铜、铅、锌等有色金属及金、银贵金属矿产勘查,主要部署在华北地台北缘、大兴安岭成矿带和阿拉善的北山成矿带,争取新增铜金属资源储量 150 万吨、铅锌金属资源储量 750 万吨、金资源储量 100 吨、银资源储量 6000 吨。根据钨钼勘查成果,适当开展有大型规模前景的钼钨矿勘查工作。在地勘单位改革方面,深入推进地勘单位内部企业化改革,探索股份制经营,到"十二五"末经营收入达到 270 亿元,利税达到 13 亿元,职工人均年收入增长 15%;在自治区重点成矿区带发现大中型矿产地 5 处以上,在境外发现大中型矿产地 3 处以上;每年建成中型以上矿山企业 2 座以上;培育 1 ~ 2 个矿业企业成功上市,进入自治区工业企业 20 强。主要保障措施包括:一是坚持和完善目前有效的地质勘查和矿政管理政策;二是完善地勘投入多元化体制,保证地质勘查资金投入,"十二五"期间自治区地质勘查规划总投入 255 亿元(不含油气),其中争取国家投入 15 ~ 20 亿元,自治区投入 40 ~ 50 亿元,拉动社会投入 200 亿元;三是加强地质勘查管理,发挥地勘基金的作用,建立完善中央、自治区政府和企业相互联动的新机制,探索组建地质勘查基金投资管理公司,完善地质勘查基金的成果处置制度;四是提升项目质量管理水平,提高资金使用效率;五是注重技术创新,用新理论新方法指导地质找矿;六是建立"两种资源、两个市场"机制,发挥地缘优势,实施矿产资源境外勘查战略,鼓励有实力企业和地勘单位实施"走出去"战略。

二、煤炭勘查专项规划

2004 年,自治区国土资源厅委托自治区煤田地质局编制了《内蒙古煤炭资源勘查专项规划(2003—2010)》(以下简称《煤炭勘查规划》)。4 月 21 日,自治区国土资源厅向自治区政府上报了关于编制《煤炭资源勘查规划》情况的报告。8 月 31 日,按照国土资源部《关于加强煤炭资源勘查开采管理的通知》要求,自治区国土资源厅向国土资源部上报了《关于尽快审批〈内蒙古煤炭资源勘查专项规划〉的请示》。经国土资源部审查,并经自治区政府批复,12 月 31 日由自治区国土资源厅将《煤炭勘查规划》印发实施。

《煤炭勘查规划》主要从煤炭资源的勘查、开发现状和发展趋势出发,在对全区 335 处煤产地和

183处预测资源赋存区进行梳理基础上，筛选122处尚未进行开发的煤产地进行规划，规划总面积1.5万平方千米，纳入规划的查明资源储量1518.88亿吨。规划的总体目标为：提供规划期内自治区经济发展必需的煤炭资源保障；满足可持续发展所需的后备资源；建立煤炭资源规范化的宏观调控管理体系；保证在市场经济条件下合理有序地设置矿业权。近期目标（至2005年），各勘查阶段面积之和在6000平方千米左右，获得资源储量550亿吨；远期目标（2006—2010年），全区勘查面积总和超过8000平方千米，预获资源储量500亿吨。至规划期末，勘探阶段规划区37个，规划面积1189.6平方千米，预获资源储量304.58亿吨。其中，详查阶段规划区22个，规划面积4889.12平方千米，预获资源储量404.39亿吨；普查阶段规划区11个，规划面积2004.7平方千米，预获资源储量155.09亿吨；预查阶段规划区52个，规划面积6933.2平方千米，预获资源储量212.89亿吨。

《煤炭勘查规划》的主要特点：一是以实现自治区确定的7个5000万吨级以上煤炭生产基地为基础，侧重于构建大型以上煤炭基地，实行规模勘查、集约开发；二是充分考虑全区煤炭资源分布的不均衡、煤种的匹配关系、盟市经济发展的客观需要等因素，力求保持煤炭资源可持续、协调发展；三是通过规划，实现对煤炭发展能力进行宏观调控，对矿业权总体布局作出指导性安排；四是通过对勘探、详查、普查、预查四个阶段工作规划，确保各阶段预获资源的比例保持在适当的范围之内（本次规划为2:2.6:1:1.4），使各勘查阶段协调递进，煤炭产业可持续发展；五是突出强调煤炭资源勘查活动的商业性运作，对地质调查工作只作了指导性安排。

三、专题工作方案

（一）主要成矿区带工作规划及探矿权设置方案

2008年3月17日，经自治区政府批准，自治区国土资源厅印发《内蒙古自治区主要成矿区带地质工作规划及探矿权设置方案》（以下简称《设置方案》）。《设置方案》涉及的范围为自治区主要成矿区带，规划的矿种是非煤固体矿产，规划区总面积89.87万平方千米。具体划分为三个区域：地质工作统一部署区域，主要是国家在重点成矿区带统一部署的战略性示范项目工作区域；航空物探综合测量项目实施区域，主要是正在实施的航空物探综合测量区域；探矿权市场出让规划区，包括1:5航空物探综合测量规划区域和已完成验收、成果报告通过评审备案、项目管理机构认定不再续做的自治区财政专项资金安排的矿产勘查项目区域以及已完成并不再续做的国家大调查项目区域和其他区域。

《设置方案》按照国土资源部地质工作统一部署要求和有关管理规定，并依据国土资源部与自治区政府签署的统一部署工作协议，确定中央和地方地质工作统一部署区域主要包括大兴安岭成矿带已研究划定的五个区域，总面积21.3万平方千米。其中，对"得尔布干成矿带南段矿产资源调查评价规划区"的统一部署工作思路为：国家大调查专项安排中大比例尺区域地质调查、化探和重力调查及必要的矿产远景调查，在此基础上优选找矿靶区，组织多元投资开展必要的找矿示范项目，拉动社会投入，加快该区域整体商业性矿产勘查进程；对"甘河—乌尔其汉矿产资源调查评价规划区"的统一部署工作思路为：在中大比例尺区域地质、区域化探和区域重力调查及大比例尺航空物探调查的基础上，优选找矿靶区，开展必要的找矿示范项目，拉动社会投入，加快该区域整体商业性矿产勘查进程；对"阿尔山—梨子山—博克图矿产资源调查评价规划区"的统一部署工作思路为：系统总结该区域多年地质工作成果，填补基础地质工作空白，寻找成矿有利靶区，开展必要的找矿示范项目，拉动社会投入，加快该区域整体商业性矿产勘查进程；对"二连—东乌旗矿产资源调查评价规划区"的统一部署工作思路为：在已完成1:5万航空物探综合测量工作的基础上,利用地面物化探方法填补与蒙古国边界地区航空物探综合测量空白区,固定、筛选、查证各类异常区,寻找成矿有利靶区,开展必要的找矿示范项目,拉动社会投入,加快该区域整体商业性矿产勘查进程;对"西乌旗—霍林郭勒矿产资源调查评价规划区"的统一部署工作思路为:系统总结综合该区域多年地质工作成果,填补基础地质工作空白,寻找成矿有利靶区,开展必要的找矿示范项目,拉动社会投入,加快该区域整体商业性矿产勘查进程。

《设置方案》确定的航空物探综合测量项目实施区域,主要包括已经部署实施的1:5万航空物探综合测量项目区。目的是通过采用大比例尺航空物探综合方法测量,圈定、解译和重点查证各类异常,为合理规划设置探矿权,降低勘查风险,拉动商业性勘查提供基础地质资料。项目区总面积24.9万平方千米,其中含统一部署地质工作区10.6万平方千米。对"内蒙古二连浩特—东乌旗1:5万航空物探综合站勘查",面积5.7万平方千米,由自治区政府和中国地质调查局联合出资勘查;对"内蒙古大兴安岭中南段1:5万航空物探综合站勘查和内蒙古锡林浩特—巴林左旗一带1:5万航空物探综合站勘查",总面积19.2万平方千米,包括中国地质调查局与自治区统一部署的西乌旗—霍林郭勒矿产资源调查评价规划区5.4万平方千米,已列入自治区财政专项资金项目,项目计划和部分项目资金已下达到承担单位,于2008年开展工作。

《设置方案》确定在已规划的1:5万航空物探综合测量区域、已完成并不再续做的自治区财政专项资金安排的地质勘查项目区域及已完成的中央大调查项目区域和其他区域,以招标、拍卖和挂牌方式设置探矿权。根据上述原则,在综合分析研究3~4级成矿带的基础上,结合工作部署,在全区划分出7个探矿权招拍挂规划区,主要包括规划的1:5万航空物探综合测量项目区,总面积43.67万平方千米。已经规划的1:5万航空物探成矿区带,是寻找铜、铅、锌、钼、金,铁等重要矿产的远景区,自治区地质勘查专项基金拟于2009—2010年安排资金组织实施1:5万航空物探综合测量。

《设置方案》提出,对上述各类区域按照规划和工作进度,采取分区分类滚动管理方式。在地质工作安排和矿业权设置上,要进一步听取各地区的意见和建议,达成一致和共识,形成共同落实工作方案的合力。

(二)鄂尔多斯盆地(内蒙古部分)矿产资源勘查开发区划

2010年10月14日,根据国土资源部有关工作部署,自治区国土资源厅印发《关于开展〈鄂尔多斯盆地(内蒙古部分)矿产资源勘查开发规划研究〉工作的通知》,安排自治区地质调查院为项目承担牵头单位,自治区国土资源信息院、自治区地质环境监测院为项目参加单位,开展鄂尔多斯盆地(内蒙古部分)矿产资源勘查开发区划研究工作。11月22日,中国地质调查局下达"鄂尔多斯盆地(陕西、内蒙古)矿产资源勘查开发区划"项目任务书,并明确项目的主要任务为:系统分析鄂尔多斯盆地(内蒙古)矿产资源勘查开发利用现状,对鄂尔多斯盆地(内蒙古)矿产资源勘查、开发潜力与环境承载力进行综合研究,提出合理的勘查开采空间布局和开发时序,为鄂尔多斯盆地矿产资源勘查开采专项规划提供技术支撑,进而为该地区矿产资源有序勘查开发的监管提供规划依据,实现矿产资源的综合勘查、综合开发和综合利用的目标。2011年6月,由自治区地质调查院等单位共同完成并提交了《鄂尔多斯盆地(内蒙古部分)矿产资源勘查开发区划》(以下简称《勘查开发区划》)成果。

《勘查开发区划》文字报告主要包括前言、研究现状、矿业权设置及叠置现状、资源分布潜力及勘查开采潜力、资源区划、时序安排及分区管理、总体工作布局、矿产资源勘查开发区划建议、促进资源开发和环境保护的协调发展、保障措施等10个部分。在"资源区划"中,将鄂尔多斯盆地(内蒙古部分)区划分为三级。一级区划主要依据油气矿产资源的自然分布及区域地质构造特征并结合省级行政区划,将整个鄂尔多斯盆地共划分为五个大区,内蒙古涉及1个一级分区,即A区;二级分区依据油气、煤、岩盐、铀矿、铝土矿、油页岩等本次区划研究的主要矿产资源的分布,区域地质构造,结合省(区)、市(地区、盟)行政区划界限等因素划分,内蒙古涉及的二级分区有4个,分别为A1、A2、A3、A4区;三级分区主要依据区划研究的矿种分布特征、矿业权分布现状划分,并充分与区内的国家规划煤炭基地、国家规划煤炭矿区、重要煤矿区、矿业工业园区相结合,内蒙古划分了11个三级规划区。

《勘查开发区划》针对"时序安排及分区管理"提出的建议为:矿业权叠置区的勘查工作应综合勘查、整装勘查,其资源开发总的原则是不破坏其他矿种的前提下开发矿产资源,并充分考虑重要矿产资源需求紧缺程度,确定开采的先后顺序;开发时序总的原则是油气先行、铀矿优先,煤层气与煤炭实行先采气后采煤,并依据不同的客观条件可尝试采用多种形式的开发模式。针对"总体工作布局"提出:勘查工作以东胜煤田国家规划区、准格尔煤田国家规划区、纳林希里区、乌审召—黄陶勒盖区、布牙土—巴音乌素区、通史—仓窑湾区、上海庙区划定9个煤炭资源重点勘查区,2011—2015年对上述区域1000米以浅、2015—2020年对1200米以浅,进行煤炭资源普查、详查及勘探工作,并对富含煤层气资源区域进行综合勘查;以伊旗—乌审旗区、鄂尔多斯南部区为岩盐重点勘查区。划定康巴什中心城市、东胜区市区、准格尔召乡水源地、成吉思汗陵保护区、西鄂尔多斯自然保护区乌海区5个禁止勘查开采区。针对"矿产资源勘查开发区划建议"提出:加强矿产资源综合勘查和整装勘查;优化矿产资源开发利用布局;有序推进煤炭煤层气资源综合勘查开发;综合勘查开采岩盐等其他资源。针对"促进资源开发和环境保护的协调发展"提出:严格矿产开发的环境保护;加快矿山地质环境的治理恢复;发展绿色矿业,建设绿色矿山。针对"保障措施"提出:健全矿产资源法规体系,完善勘查开发各项制度;建立完善矿产资源勘查开发协调管理机制;完善矿产资源开发收益分配机制;进一步完善矿业权市场,建立地质资料共享体系;组织实施矿产资源重大项目,建立勘查开发保障工程;推进矿产资源勘查开发科技与工艺创新;严格矿产资源规划落实,强化规划的实施管理。

(三)内蒙古自治区找矿突破战略行动实施方案(2011—2020年)

2012年1月12日,根据国土资源部、国家发展与改革委员会、科技部、财政部编制的《找矿突破战略行动纲要(2011—2020年)》和国土资源部有关要求,自治区国土资源厅委托自治区地质调查院牵头、自治区地质勘查基金中心配合共同开展《内蒙古自治区找矿突破战略行动实施方案(2011—2020年)》(以下简称《实施方案》)编制工作。经多次广泛征求区内外院士、专家、学者和相关部门及单位意见,对《实施方案》进行认真修改和完善后,于6月1日自治区国土资源厅召开厅长办公会议研究讨论通过,并明确上报自治区政府批准,由自治区国土资源厅、发改委、财政厅、科技厅联合行文实施。10月31日,自治区政府批复,原则同意《实施方案》,并要求自治区国土资源厅严格按照相关文件精神及联审部门意见,认真组织实施,确保不影响当地人民群众正常的生产生活。

《实施方案》主要是落实国家确定的找矿突破战略行动目标,重点围绕加强基础地质调查与研究、加强重要和优势矿产勘查、开展矿产资源节约与综合利用等方面的任务进行安排部署,实施周期为2011—2020年。

《实施方案》确定的指导思想为:

以科学发展观为统领,围绕国家、自治区经济社会建设和资源勘查开发战略,按照地质找矿工作规律和市场经济规律,加强基础地质工作,以矿产资源整装勘查为抓手,积极争取国家资金的投入,充分发挥自治区地质勘查基金的引导作用和国有地勘单位的主力军作用,全面推进“公益先行,商业跟进,基金衔接,整装勘查,快速突破”地质找矿新机制,狠抓重要矿产资源的找矿突破,着力打造以市场为导向、以社会投资为主体的多元投资体制,推进矿产资源利用方式的转变,全面增强自治区矿产资源的保障能力,并为全国的能源和资源保障供给做出贡献。基本原则为:国家和自治区经济社会又好又快发展的原则;基础先行,重点勘查与整装勘查并进的原则;重点突出,统筹矿产资源勘查、开发与保护的原则;坚持改革,创新地质找矿新机制的原则;市场导向,政府与企业合力推进的原则;科技支撑,矿产勘查与综合利用高效发展的原则;保护环境,统筹矿产资源勘查开发与生态环境保护的原则;依法实施,加强矿产资源勘查开发监管的原则。总体目标为:用8到10年的时间,实现主要含油气盆地、含煤盆地、重要矿产资源整装勘查区、重点勘查区、重要找矿远景区及老矿山地质找矿、覆盖区找矿的突破,建立一批油气资源和重要固体矿产资源基地。结合国家、自治区主体功能区划、区域产业布局和重大基础设施建设,加强矿产资源综合利用和水资源勘查,形成一批国家级能源基地、有色金属生产加工基地、新型化工加工生产基地和稀土综合利用深加工基地。构建一套完整的矿产资源勘查开发创新体系及地质工作新体制,打造3~5个具有国际竞争力的资源性企业集团,为国家和自治区经济又好又快发展提供有力的资源保证。

《实施方案》确定的各阶段工作主要目标为:

1. 到2013年实现地质找矿重大进展。基础地质调查与研究工作程度得以提高,围绕整装勘查区找矿突破全面开展基础地质调查,全区1:25万各类基础地质工作有所提高,重点成矿带找矿远景区1:5万区域地质调查及矿产远景调查工作有较大进展。重要矿产资源找矿勘查有较大进展,新发现石油、天然气远景区8~10处,争取设立铀、铁、铜、铅锌银、金等国家级重点矿种整装勘查区10处以上,新发现重要矿种大中型矿产地5~8处,新增资源储量(333及以上)煤炭250亿吨、铁矿石量3~5亿吨、铜金属量80万吨、铅锌金属量400万吨、金金属量50吨、银金属量3000吨,建立2~3个矿产资源示范基地。同时,有效提升矿产资源勘查开发管理能力,初步形成适应市场经济规则的矿产资源勘查运行新机制和管理制度。

2. 到2015年实现找矿重大突破。基础地质调查与研究工作程度有较大进展,部署或完成新确定的整装勘查区基础地质调查,1:25万基础地质工作进展较大,1:5万区域地质调查完成可测图幅面积的45%左右,基本完成重点成矿带主要找矿远景区1:5万矿产远景调查。重要矿产资源找矿勘查有重大突破,新发现石油、天然气大中型矿产地2~3处,页岩气勘查有较大进展,累计申报设立国家级整装勘查区10~15处,煤炭、铁矿石、铜金属量、铅锌金属量、金金属量、银金属量等累计新增查明资源储量有较大增长,完成1:10万重点地区(旗县)地下水资源勘查与区划30个,实施严重缺水区找水改水勘查项目20个以上。累计建立矿产资源节约与综合利用示范基地5~10处,基本查清全区大宗、紧缺和优势矿产的资源节约与综合利用状况。矿产资源管理能力与水平明显提升,深化矿产资源勘查开发制度建设,建立竞争有序、统一高效的矿业权市场,基本形成全区管理有规、市场有序、调控有效、监督有力的矿产资源勘查开发局面。

3. 到2020年,重塑矿产勘查开发格局。到2020年,累计查明资源储量分别为煤炭4230亿吨、铁矿石50~55亿吨、铜金属量约1100万吨、铅锌金属量近5000万吨、金金属量800吨、银金属量41 500吨,较大程度地提高紧缺和重要矿产资源保障程度。优势矿产钼金属资源储量累计新增600万吨,形成2~3处超大型的钼矿产资源基地。加大战略新兴产业矿产资源勘查力度,新增资源储量铷

(Rb_2O)5000 吨、锂(Li_2O)20 万吨、铌钽($Nb_2O_5+Ta_2O_5$)15 000 吨。建设形成国家级能源基地、有色金属生产加工基地、新型化工生产加工基地和稀土综合利用深加工基地,形成国家重要的战略新兴产业矿产资源基地和铀矿资源基地,再塑自治区矿产资源集约化、规模化勘查开发格局。全面推进国有地勘单位改革,培养出一批具有国际竞争力的资源性企业集团。初步完成以矿业权为核心的市场化改革,以总量调控、双向调节为核心的矿产资源管理体制改革,形成自治区矿政管理新格局。

第三节　地勘资质管理

根据国务院《地质勘查资质管理条例》及相关法律法规规定,地质勘查资质管理是实行部、省两级审批登记制度。其中,海洋地质调查、石油天然气矿产勘查、航空地质调查资质和各类甲级勘查资质由国务院国土资源主管部门审批颁发,其他均由省级国土资源主管部门审批颁发。按照国土资源部《地质勘查资质注册登记办法》和《关于开展地质勘查资质注册登记工作的通知》要求,2005 年 7 月自治区国土资源厅下发《关于开展全区地质勘查资质注册登记工作的通知》,开始启动全区地质勘查资质注册登记工作。2007 年 12 月,根据国土资源部《关于开展地质勘查资质注册登记清理检查工作的通知》要求,自治区国土资源厅下发《关于开展地质勘查资质注册登记清理检查工作的通知》,对全区地质勘查资质注册登记清理检查工作进行了布置。2008 年 4 月,自治区国土资源厅转发《国土资源部办公厅关于做好地质勘查资质注册登记清理检查工作的补充通知》,进一步提出有关要求,并于当年 5 月向国土资源部报送了《内蒙古自治区地质勘查资质清理检查工作总结》。

2008 年 10 月—2009 年 1 月,根据《国土资源部关于贯彻实施〈地质勘查资质管理条例〉有关问题的通知》要求,自治区国土资源厅对新设乙、丙级地质勘查资质进行了受理、审查、公示、发证、公告,并明确凡地质勘查资质的新设、延续、变更、注销一律在各盟市国土资源局进行报件接收和初审。至此,全区地质勘查资质注册登记制度全面建立。

至 2009 年底,全区共有 131 家单位持有效期各类地质勘查资质为 325 个。其中,由国土资源部颁发甲级地质勘查资质 67 个,占 20.62%;由自治区国土资源厅颁发乙级地质勘查资质 145 个,占 44.62%;丙级资质 113 个,占 34.77%。按地质勘查资质类别统计:区域地质调查 9 个,占 2.77%;液体矿产勘查 19 个,占 5.85%;气体矿产勘查 8 个,占 2.46%;固体矿产勘查 121 个,占 37.23%;水、工、环地质调查 35 个,占 10.77%;地球物理勘查 30 个,占 9.23%;地球化学勘查 9 个,占 2.77%;地质钻(坑)探 52 个,占 16.0%;地质实验测试 42 个,占 12.92%。

至 2010 年底,全区共有 143 家单位持有效期各类地质勘查资质为 325 个。其中,由国土资源部颁发甲级地质勘查资质 75 个,占 23.08%;由自治区国土资源厅颁发乙级勘查资质 137 个,占 42.15%;自治区国土资源厅颁发丙级勘查资质 113 个,占 34.77%。按地质勘查资质类别统计:区域地质调查 10 个,占 3.08%;液体矿产勘查 20 个,占 6.15%;气体矿产勘查 8 个,占 2.46%;固体矿产勘查 123 个,占 37.85%;水、工、环地质调查 37 个,占 11.38%;地球物理勘查 32 个,占 9.85%;地球化学勘查 11 个,占 3.38%;地质钻(坑)探 55 个,占 16.92%;地质实验测试 29 个,占 8.92%。与 2009 年相比,甲级资质有所增加,乙级资质有所减少,分资质类别的地质实验测试资质也减少较多。2010 年,全区共有 112 个单位进行各类地质勘查资质申领。其中,由国土资源部审批颁发各类甲级地质勘查资质 12 个,占 10.71%;由自治区国土资源厅颁发各类乙级资质 67 个,占 59.82%;自治区国土资源厅颁发各类丙级勘查资质33个,占29.47%。

2008—2015年内蒙古自治区申领各类地质勘查资质情况统计表

表4-1-1　　单位:个

资质类别＼年度		2008—2009	2010	2011	2012	2013	2014	2015
总计		325	112	29	46	25	15	23
合计	甲级	67	12	9	8	2	8	3
	乙级	145	67	10	28	22	6	10
	丙级	113	33	10	10	1	1	10
区域地质调查	甲级	5	1	1	0	0	0	0
	乙级	4	2	0	2	2	0	0
液体矿产勘查	甲级	3	0	0	0	0	0	0
	乙级	9	3	0	1	2	1	3
	丙级	7	3	2	0	0	0	0
气体矿产勘查	甲级	6	0	0	0	0	1	0
	乙级	2	1	0	0	2	0	0
固体矿产勘查	甲级	30	8	6	3	0	5	2
	乙级	38	23	7	2	2	0	2
	丙级	53	8	0	0	0	1	1
工环地质勘查	甲级	4	1	0	0	1	0	0
	乙级	18	7	0	4	0	2	1
	丙级	13	6	3	0	1	0	0
地球物理勘查	甲级	3	0	1	0	0	1	0
	乙级	11	9	1	3	2	1	0
	丙级	16	2	2	0	0	0	3
地球化学勘查	甲级	0	0	0	0	1	0	0
	乙级	6	3	1	0	0	1	1
	丙级	3	3	1	1	0	0	0
地质钻探	甲级	11	2	1	1	0	0	1
	乙级	20	7	0	0	12	0	1
	丙级	21	11	2	9	0	2	6
地质实验测试	甲级	5	0	0	4	0	1	0
	乙级	37	12	1	16	0	0	2

2009—2015年内蒙古自治区有效期各类地质勘查资质情况统计表

表4-1-2　　　　单位：个

资质类别 \ 年度		2009	2010	2011	2012	2013	2014	2015
总　计		325	325	337	380	352	362	385
合　计	甲级	67	75	84	92	84	92	95
	乙级	145	137	145	180	169	174	184
	丙级	113	113	108	108	99	96	106
区域地质调查	甲级	5	6	7	7	7	7	7
	乙级	4	4	4	6	8	8	8
液体矿产勘查	甲级	3	3	3	3	2	2	2
	乙级	9	9	9	10	12	13	16
	丙级	7	8	10	9	9	7	7
气体矿产勘查	甲级	6	6	6	6	4	5	5
	乙级	2	2	2	2	4	4	4
固体矿产勘查	甲级	30	36	42	45	42	47	49
	乙级	38	39	46	48	50	50	52
	丙级	53	48	33	27	24	25	26
水工环地质勘查	甲级	4	4	4	4	5	5	5
	乙级	18	20	20	24	23	25	26
	丙级	13	13	16	15	16	15	15
地球物理勘查	甲级	3	3	4	4	4	5	5
	乙级	11	15	16	19	21	22	22
	丙级	16	14	16	14	11	9	12
地球化学勘查	甲级	0	0	0	0	1	1	1
	乙级	6	7	8	8	7	8	9
	丙级	3	4	5	6	6	5	5
地质钻探	甲级	11	12	13	14	14	14	15
	乙级	20	17	17	10	22	22	23
	丙级	21	26	28	37	33	35	41
地质实验测试	甲级	5	5	5	9	5	6	6
	乙级	37	24	23	39	22	22	24

至2015年底,全区140多家单位共持有效期各类地质勘查资质385个。其中,由国土资源部颁发甲级勘查资质95个,占16.88%;由自治区国土资源厅颁发乙级勘查资质184个,占47.79%;丙级勘查资质106个,占27.53%。按地质勘查资质类别统计:区域地质调查15个,占3.90%;液体矿产勘查25个,占6.49%;气体矿产勘查9个,占2.34%;固体矿产勘查127个,占32.99%;水、工、环地质调查46个,占11.95%;地球物理勘查39个,占10.13%;地球化学勘查15个,占3.90%;地质钻(坑)探79个,占20.52%;地质实验测试30个,占7.79%。在"十二五"期间,全区共有138个单位进行各类地质勘查资质申领。其中,由国土资源部审批颁发各类甲级地质勘查资质共30个,占21.74%;由自治区国土资源厅颁发各类乙级资质76个,占55.07%;自治区国土资源厅颁发各类丙级勘查资质32个,占23.19%。与"十一五"期间相比,乙级以上地质勘查资质数量占比有较大提高,丙级勘查资质数量占比大幅度下降,并且在各类资质类别构成中,固体矿产勘查资质数量占比有所下降,地质钻(坑)探资质数量所有上升。

第四节　地勘基金管理

一、基金与机构设立

2004年初,为促进自治区矿业经济的可持续发展,自治区党委和政府决定从当年起由自治区财政安排专项资金开展全区地质勘查工作,开创了自治区地质找矿事业发展的新局面。4月24日,自治区政府办公厅印发《内蒙古自治区地质矿产勘查项目和资金管理办法》(以下简称《办法》)。《办法》明确:自治区地质矿产勘查项目是指由自治区政府确定的基础地质矿产调查及勘查、地下水资源勘查和地质找矿综合研究项目以及国家安排需要自治区配套的地质矿产勘查项目,自治区地质矿产勘查项目专项资金是指由自治区财政预算安排、矿产资源补偿费安排、地勘单位地勘经费安排、矿业权价款和使用费安排以及其他渠道筹集的专项资金。自治区国土资源厅主要负责项目管理,自治区财政厅主要负责项目资金的预算管理。成立地质矿产勘查项目招投标委员会,代表自治区政府行使招标人权利,自治区地质矿产勘查项目和承担单位原则上采取招投标方式确定。《办法》还明确了自治区地质矿产勘查项目专项资金的基本原则、使用范围、投入方式。《办法》规定:自治区每年年初安排并落实的地质矿产勘查专项资金,于当年6月底之前分配下达到地区和部门。自治区地质矿产勘查专项资金纳入自治区财政预算统一管理,专款专用。自治区国土资源厅于每年年底向社会发布下一年度《内蒙古自治区地质矿产勘查项目投资指南》。项目申报单位和地区按照项目投资指南的要求,组织编报项目申请书和有关申报材料。项目和资金安排实行专家评审、招投标的方式确定。5月19日,自治区政府办公厅印发《关于成立自治区地质勘查项目招标委员会的通知》,由自治区副主席赵双连任项目招标委员会主任委员,自治区政府副秘书长史青晓和自治区国土资源厅厅长黄·阿拉腾别立格任副主任委员,成员包括自治区国土资源厅、自治区发展和改革委员会、自治区财政厅、自治区推进工业化进程领导小组办公室、自治区监察厅、自治区审计厅等部门的有关领导,在自治区国土资源厅设地质勘查项目招标委员会办公室(以下简称地勘项目办),办公室主任由自治区国土资源厅副厅长郭战英兼任。

2006年,为加强自治区地质矿产勘查项目的技术管理,在地勘项目办组建技术部。2007年2月

12 日,自治区政府印发《内蒙古自治区矿产资源有偿使用管理办法(试行)》明确,为增强自治区矿产资源对国民经济和社会可持续发展的保障能力,加大自治区财政对地质矿产勘查投入力度,形成矿产资源勘查投入良性循环机制,自治区政府决定设立自治区地质勘查基金。并明确了自治区地质勘查基金来源包括自治区财政预算安排(含从自治区所得矿产资源补偿费和探矿权采矿权使用费及价款中划入部分)和其他资金。对自治区地质勘查基金全额投资的勘查成果,由自治区人民政府统一调控,除对重点项目以协议方式出让外,其余一律以市场方式出让矿业权;对自治区地质勘查基金与社会投资或其他资金合作投资的勘查成果,可以通过项目合同等方式决定矿业权的处置。同时明确,成立自治区地质勘查基金中心,负责地勘基金项目的组织实施及日常管理工作,代表政府行使出资人的职责。自治区地质勘查基金中心依法拥有自治区出资项目的矿业权,其他单位均不得代表政府行使出资人的职责和拥有矿业权及收益。自治区地质勘查基金由自治区财政厅、国土资源厅共同管理,自治区财政厅主要负责地质勘查基金的预算和资金管理,自治区国土资源厅主要负责地质勘查基金的项目管理。自治区地质勘查基金中心设在自治区国土资源厅。

2009 年 12 月,经自治区政府批准,在地勘项目办技术部基础上,正式组建自治区地质勘查基金中心,为自治区国土资源厅直属正处级事业单位,主要职责是:根据自治区国民经济和社会发展计划,编制自治区地质勘查基金专项勘查规划和年度工作计划,提出地质勘查基金投资方向,经审查批准后负责落实;组织开展地质勘查基金项目的采集、前期调研和立项论证工作,实施地质勘查基金项目招投标工作;组织开展地质勘查基金项目设计审查、质量监督检查、成果验收等日常工作;依法管理地质勘查基金项目探矿权及矿业权价款以折股形式上缴所形成的股权,保障地质勘查基金项目的找矿成果和投资收益,管理和发布地质勘查基金项目的地质成果;负责组建和管理地质勘查基金项目监理工作,组建地质和经济专家库等基金管理支撑机构;受委托负责中央地质勘查基金项目的日常管理工作。

二、相关制度与管理

2007 年 12 月 24 日,自治区国土资源厅印发《关于进一步加强和完善自治区财政出资委托项目承担单位持有勘查许可证的地质矿产勘查项目管理工作的通知》(以下简称《通知》)。《通知》指出:自治区财政出资地质矿产勘查项目实施三年多来,取得了一批重要找矿成果,保障了自治区经济社会发展需求,促进了国有地勘单位的改革发展。但是,实施中也出现了一些不容忽视的问题,特别是 2004 年、2005 年委托项目承担单位持有勘查许可证的一批矿产勘查项目,承担单位拖延提交地质成果报告、私自引入社会资金实施勘查甚至开发等问题比较突出,项目验收和价款评估程序不规范,易造成自治区项目成果流失。《通知》要求:要进一步强化项目验收管理工作。一是自治区全额投资或地方、企业、地勘单位匹配资金的矿产勘查项目,野外工作及工作量投入截止到项目通过野外验收之日。成果报告截止时间和主要工作量,要与野外验收截止的时间和认定完成的主要工作量一致。其中,匹配资金项目要依据总投资和设计书验收。二是自治区全额投资或地方、企业、地勘单位匹配资金的矿产勘查项目,项目立项前自筹或引入社会资金已经形成投入的,必须在项目验收时提供自筹和社会资金投入的拨款凭证、财务报表、任务书、地质报告或原始地质资料、主管部门验收意见等,由项目办审定并确定各方投资比例。三是自治区全额投资或地方、企业、地勘单位匹配资金的矿产勘查项目的验收程序,按项目管理规定和相关要求原则进行野外验收。通过野外验收后,编写相应的地质勘查报告,提交项目办进行最终验收。涉及资源储量的,必须通过项目办最终验收后方能提交储量评审机构和备案机关评审备案。四是自治区全额投资或地方、企业、地勘单位匹配资金的矿产勘查项目,没有通过项目办野外验收和最终验收的,不得进入报告评审备案程序;涉及资源储量没有评审备案的,不得进入探矿权价款处置程序。五是凡已转让探矿权或已领取了采矿许可证、但未进行价款处置的自治区全额投资或地方、企业、地勘单位匹配资金的项目,一律按上述规定处理。《通知》强调:要严格执行项目管理规定。自治区全额投资项目未经自治区政府同意,未与项目办签订合作勘查协议,项目承担单位一律不得自行投入或引入社会资金合作勘查,擅自投入、引入社会资金合作勘查的一律不予认可。各项目承担单位必须严格按批准的设计加快项目的组织实施,及时上报项目进展情况和取得的成果。项目完工后及时向项目办申请野外验收并按时提交成果报告进行最终验收,同时要按有关规定向地质资料管理机构汇交地质资料。今后,凡违反自治区财政出资地质矿产勘查项目有关规定和本通知精神的,要进行严肃处理,收回项目资金和矿权,取消承担项目资格。

2009年,自治区地质勘查基金中心重新修订、编制了《内蒙古自治区地质勘查基金项目和资金管理办法》等一系列项目和专家管理办法,并制定了单位内部各项规章制度,进一步细化了内设机构职责,完善了项目管理工作机制,强化了基金项目的质量和进度管理,使全区地质勘查基金项目管理更加规范。一是建立了地勘基金项目的立项初审及论证机制,保证了地勘基金项目的立项工作规范化运行。每年先由自治区地质勘查基金中心根据《内蒙古自治区矿产资源总体规划》及相关地质勘查专项规划,组织编写年度工作总体勘查方案和项目计划安排意见,报自治区国土资源厅、财政厅审批,并发布“年度自治区地勘基金项目立项指南”;之后,由各方面地勘单位根据“自治区地质勘查基金项目立项指南”,组织进行项目立项材料申报;最后,再由自治区地质勘查基金中心组织专家对各单位申报的立项材料进行论证,论证通过的项目进入地勘基金项目库。从而保证自治区地勘基金项目立项工作的规范化运行。二是采取直接委托、优选和招标的方式确定项目承担单位,保证了项目在阳光下运行。对于自治区地质勘查基金中心及各盟市财政部门与自治区国土资源主管部门共同筛选确定并通过论证的地勘项目,原则上采取优选方式确定项目承担单位;对于财政部、国土资源部安排的需省级资金配套的项目,采取委托方式确定项目承担单位;对于自治区地质勘查基金中心和自治区地质调查院选定的基础地质调查项目,以公开招标的方式确定项目承担单位。三是建立了严格项目设计审查、变更制度,并为项目制定切实可行的实施方案。对于已安排实施的地勘基金项目,由项目承担单位根据项目任务书编写设计方案,设计方案由自治区地质勘查基金中心聘请相关专家进行设计审查,并实行主审专家负责制;对于设计方案不符合规范要求的,以及预算不符合要求的,一律退回重编;对于项目的实物工作量及实施进度需要进行重大调整的,必须严格履行变更批准程序。四是建立了分级负责的项目质量管理措施、野外验收制度,保障了自治区地质勘查项目的施工质量。2004—2007年,每年均由地勘项目办派出检查验收组,赴野外进行质量检查及野外验收工作。从2009年开始,为加强地勘基金项目的管理,自治区国土资源厅决定由自治区地勘局、有色地勘局、煤田地质局负责其所属地勘单位所承担项目的野外质量监管及野外验收工作,并负责对相关项目的立项申请、设计、成果报告进行初审;由自治区地质勘查基金中心主要负责其他及外省地勘单位所承担项目的全面质量管理,并派人参加自治区地勘局、有色地勘局、煤田地质局组织的相关项目的质量检查、验收工作。自2011年起,为进一步加强自治区地勘基金项目野外质量检查和资金使用效益管理,在自治区地质勘查基金中心成立了项目质量监控部,专门负责其他及外省地勘单位承担的地质勘查基金项目野外施工质量和资金使用的监督管理工作。另外，还明确在任务书规定的时间内完不成项目的承担单位，不能承担下年度基金项目。五是建立了完善的项目财务检查、竣工决算制度，保障了自治区地质勘查基金项目资金使用合理、合规、合法。自治区政府委托自治区财政厅对项目经费使用进行监管，并建立健全了各类项目的财务检查及竣工决算管理制度。在项目立项和设计审查时，采取经济审查专家负责制，由经审专家根据国家颁布的预算标准和技术专家确定的工作量进行项目费概算和设计预算审查，保证了项目概算、预算的科学性、合理性、合法性。在项目实施过程中，由自治区财政厅负责组织，并派出由有经验的财务专家组成检查组赴项目承担单位进行检查。实施项目结束后，由自治区地质勘查基金中心牵头，与相关地勘单位的上级财务管理部门共同组织经济审查专家对各项目进行竣工决算初审，经初审后，再由自治区财政厅组织安排项目竣工决算，最终审核项目经费使用的合法性。

2011 年 6 月 23 日，自治区国土资源厅、财政厅印发《关于自治区 2011 年度地质勘查基金项目立项有关问题的通知》，明确地勘项目立项原则：强化基础性地质工作，重点安排非煤矿产勘查项目，根据需要安排煤炭勘查项目，适度安排水文地质勘查项目。明确地勘项目申报与承担单位的确定原则：基础性地质调查项目，由自治区地质勘查基金中心会同自治区地质调查院研究选区，提出初步调查项目清单，报自治区国土资源厅会商财政厅同意后，提交立项评审会论证，对同意立项的，项目承担单位采取招标方式确定；非煤矿产勘查续作项目和自治区政府拟配置资源的煤炭勘查续作项目，由自治区地质勘查基金中心提出初步意见报自治区国土资源厅和财政厅同意后，由原承担单位继续承担续作项目，并按照有关规定编写立项申报材料，经其主管部门初审后报自治区地勘基金中心，提交立项评审会论证；从基础性地质调查项目中筛选的矿产勘查项目和“集中勘查”大项目，一是由各盟市国土资源局、财政局联合委托具有乙级（含乙级）以上固体矿产勘查资质的地勘单位编写立项材料并提出申请，二是由自治区地勘局、自治区有色勘查局、自治区煤田地质局组织其所属乙级（含乙级）以上固体矿产勘查资质的地勘单位编写立项材料提出申请；水资源勘查项目由各盟市国土资源局、财政局依据立项原则、工作部署及本地区需求，按资金计划（乌海市申报项目总金额不超过 500 万元，其他盟市申报项目总金额不超过 1000 万元）联合提出拟申报项目清单，报请盟行政公署、市人民政府同意后，聘请自治区专业水文地勘单位作为项目承担单位，按照相关要求编写立项申报材料，申报单位编写的立项申报材料经主管部门初审后，连同盟市政府意见由盟市国土资源局、财政局一并联合上报自治区国土资源厅、财政厅，经自治区国土资源厅、财政厅研究同意后，提交立项评审会论证。受自治区国土资源厅、财政厅委托，自治区地质勘查基金中心负责具体组织实施项目立项的国土资源厅和财政厅最终审定，并就项目执行情况、存在的问题、取得的成果等，定期向两厅总结、分析、报告。

2011 年 10 月 25 日，自治区国土资源厅印发《关于加强自治区地质勘查基金项目实施进度管理的通知》，对 2007 年以前、2008 年下达任务书的地勘项目未完成野外验收、成果报告评审和资料汇交的，以及 2009—2011 年下达任务书的除矿调项目以外各类项目，分别明确了各项目承担单位完成原始资料和成果资料的时限。2009 年及以后下达任务书的矿调项目，各项目承担单位按 3 + 1 原则（即地质矿产调查工期 3 年，增加 1 年资料整理时间）完成野外验收、成果报告评审和资料汇交等各项工作并提交竣工决算报告。2012 年及以后下达任务书的除矿调项目以外各类项目，各项目承担单位按任务书要求时间加 1 年资料整理时间，其中项目续作的为续作任务书要求时间加 1 年资料整理时间，完成野外验收、成果报告评审和资料汇交等各项工作并提交竣工决算报告。并提出：从 2012 年开始，无故拖延地勘项目实施进度，未能按要求按时完成地勘项目工作的项目承担单位，暂停承担自治区地勘基金项目。自治区地质勘查基金中心要在任务书下达后,及时审查批复设计,并跟踪管理各年度地勘项目的实施进度。12月15日,自治区国土资源厅、财政厅印发《关于进一步加强自治区地质勘查基金项目野外施工质量及资金使用监管有关问题的通知》决定,为加强除内蒙古地质矿产勘查开发局、煤田地质局、有色地勘局(以下简称“三大局”)以外其他地勘单位承担的地质勘查基金项目野外施工质量和资金使用的监督管理工作,暂依托自治区地质调查院组建内蒙古自治区地质勘查基金项目质量管理监控部(以下简称自治区地勘基金项目质量监控部),具体负责此类项目野外施工质量及资金使用情况的监管工作。并要求,自治区地质勘查基金项目质量监控部要在自治区地质勘查基金中心的业务指导下,依据国家有关法律、法规、项目管理的规范性文件、设计书及任务书,勘查规范规程,认真开展对三大局以外地勘单位承担的地质勘查基金项目野外工作施工质量和资金使用情况的监督检查工作。三大局要继续严格按照自治区国土资源厅《关于加强自治区地质勘查基金项目管理的通知》明确的项目管理职责,内容及要求,成立专门管理机构,配备专职管理人员,负责本局系统承担项目的野外施工质量和资金使用监督管理工作,落实项目监管责任,保证所属各单位承担项目野外施工和原始资料的质量,监督项目资金依法合规使用。自治区地质勘查基金中心要在自治区国土资源厅、财政厅的领导下具体指导、监督、检查三大局质量监管机构和自治区地勘基金项目质量监控部的日常工作。要全面负责自治区地质勘查基金项目质量和资金使用的监督管理工作;负责制定全区地质勘查基金项目质量管理年度工作实施方案;负责审核三大局及自治区地勘基金项目质量监控部提交的项目质量监控实施方案和报告;负责对自治区地勘基金项目质量监控部和三大局承担的质量监控项目进行抽查;负责处理解决项目质量监管争议,涉及重大争议的事项要及时上报;负责自治区国土资源厅、财政厅交办的其他项目质量和资金使用管理工作。自治区地勘基金项目质量监控部和三大局质量监管机构对项目监督检查的工作经费由自治区财政统一安排,按照不超过年度项目总经费2%的比例从自治区地质勘查专项经费安排,据实列支,专款专用。自治区地勘基金项目质量监控部和三大局质量监管机构要制定检查工作管理办法、工作方案及年度工作计划,报自治区地质勘查基金中心审核备案,确保检查工作有序开展,务求取得实效。自治区财政监督局可根据年度工作任务对相关项目进行专项检查。自治区财政厅也可根据实际情况委托评审中心或中介机构对重点项目进行评审和绩效评价。

2011年6月30日,自治区国土资源厅党组成员、总工程师张宏(左二)在武警黄金第二支队乌拉山哈德门沟金矿自治区地勘基金勘查项目现场检查指导工作。

2012年6月12日,自治区国土资源厅印发《内蒙古自治区地质勘查基金项目野外施工质量及资金使用监管总体方案》和《内蒙古自治区地质勘查基金项目野外施工质量及资金使用检查实施细则(试行)》,并要求:三大局质量监管机构要高度重视自治区地质勘查基金项目野外施工质量及资金使用监管工作,对已完成野外验收的项目要督促承担单位按时完成项目的报告评审、资料汇交、竣工决算等后续工作。项目建设期一般不得超过三年,未按时完成建设任务的项目单位,近三年内不得组织申报项目。自治区地质勘查基金中心要加大监督检查力度,对于尚未完成中途中止、变更和调整的项目,要按规定履行报批程序,并将项目剩余资金及时足额缴回自治区财政。对于已完成野外验收的地质勘查项目,要及时将竣工财务决算汇总表等相关资料上报自治区国土资源厅审核,经自治区国土资源厅审核后上报自治区财政厅进行评审批复。各相关部门、单位要切实加强对地质勘查项目的管理,按时建立地质勘查项目常年跟踪评审机制,做到项目竣工一个财务决算批复一个,以便及时发挥资金效益并推进成果转化。

2013 年 3 月 12 日,自治区国土资源厅印发《关于进一步加强自治区地质勘查基金项目质量管理的通知》,进一步明确自治区地质勘查基金中心、自治区地勘局、自治区煤田地质局、自治区有色地勘局、自治区地质调查院和各盟市、旗县国土资源局监管职责。强调:要强化质量管理制度体系建设。建立项目质量管理专家库,实行质量监管负责制,并建立项目承担能力审查制度、施工质量管理机制、诚信制度、报告制度、例会制度、通报制度。决定从 2013 年起,自治区地勘基金项目全面实行项目合同管理。要强化项目质量的检查与抽检工作;建立项目质量的奖惩机制;严肃质量检查、抽查和督查的有关纪律。为加强项目质量管理的组织领导,自治区国土资源厅成立地质勘查基金项目质量管理领导小组。职责是:研究制定自治区地质勘查基金项目质量管理办法、要求,措施;听取自治区地质勘查基金中心对项目质量检查、督查总体情况的汇报,督查自治区地质勘查基金中心在质量管理工作的履职情况;研究解决项目检查、督查中发现的重大质量问题。领导小组办公室设在地质勘查处,负责具体工作。并要求各盟市国土资源局、有关单位要强化项目质量管理的组织领导,层层明确责任人,落实工作经费。

自治区地勘基金项目的呼伦贝尔市新巴尔虎左旗罕达盖铁铜矿普查技术人员在外业工作现场检查岩心。

2013 年 6 月 6 日,自治区国土资源厅在全区通报没有完成自治区地质勘查基金项目的承担单位。6 月 17 日,自治区国土资源厅印发《内蒙古自治区地质勘查基金项目管理办法》,进一步规范自治区地质勘查基金项目管理。7 月 10 日,自治区国土资源厅、财政厅印发《关于申报 2014 年度自治区地质勘查基金项目有关问题的通知》(以下简称《通知》)。明确 2014 年度自治区地质勘查基金项目的立项原则和要求:按照自治区政府已批复的《内蒙古自治区找矿突破战略行动实施方案(2011—2020 年)》总体思路为指导,以 1:5 万矿调工作以及非煤固体矿产勘查项目为重点;突出优选重点勘查项目,加大勘查投入力度,力争勘查成果的重大突破;按需安排煤炭勘查项目,确保已确定煤炭开发项目的落地;适度安排地下水资源勘查项目,服务经济和城镇化建设及改善缺水区人民生存与生活质量;积极开展国家和自治区紧缺、重点大宗支柱性矿产集中勘查选区工作,推动利用自治区地质勘查基金开展集中勘查项目试点和创新,以及引导、推行“3 +2”模式企业开展商业性集中勘查工作。地质勘查基金项目安排重点和范围:强化基础性地质工作项目,加大 1:5 万矿调投入力度,三年内安排完成全区 1:5 万矿调可扫面积;加强集中勘查等重点勘查项目中的综合研究工作,有计划安排与矿产勘查紧密结合,切实指导矿产勘查与地质找矿工作的综合研究项目,优先安排自治区聘请的院士及首席专家提出的研究课题。重点安排非煤固体矿产勘查项目,2014 年度主要安排铁、铜、金、铅、锌、银、锰、钴、镍、铬、铀等金属矿产和稀有、稀土、分散元素矿产,以及具有大型远景的重要非金属矿产勘查。继续加强自治区主要成矿带的矿产勘查工作,并向兴安盟、赤峰市、乌兰察布市和阿拉善盟以及自治区贫困地区、革命老区资源条件较好的地区倾斜。优先安排具有大中型成矿前景的金属矿产勘查续做项目;自治区 1∶5 万矿调、1∶5 万化探、综合方法找矿、1∶5 万航空物探等基础类项目内筛选出来的具有较好找矿前景的新立勘查项目;具有大型以上规模前景的非金属矿产勘查项目。根据需要安排煤炭勘查项目。适度安排地下水资源勘查项目。继续开展集中勘查选区和集中勘查工作。以国家紧缺、自治区具有优势的铁、铜、金、铅、锌、银,锰、钴、镍、铬等金属矿产,以及新兴产业所需稀土、稀有金属等战略性矿产为主攻矿种;主要选自 1∶5 万矿调等基础工作完成或正在实施地区,且 1∶5 万地、物、化等资料显示的成矿地质条件有利,已发现找矿线索或矿化区域范围大,包括多个找矿靶区,有形成大中型矿床潜力的地区;主要部署在自治区重要成矿带,其范围可以是一个矿田、矿集区、五级成矿带或其他成矿潜力较大的地区,面积以 500~800 平方千米为宜,一般不超过 1000 平方千米;集中勘查选区矿业权设置要相对简单,且不存在重要基础设施建设、各类保护区等影响矿业权设置的区域;同一个项目区内勘查矿种和成矿类型要有成因联系。《通知》并对申报方式、申报单位资质和预算标准等有关问题提出具体要求。

三、项目实施及成效

2004—2015 年,自治区专项地质勘查资金共安排各类勘查项目 1594 个,投入资金 84.74 亿元,项目遍布全区 12 个盟市。共安排煤炭勘查项目 276 个,投入资金 40.31 亿元,占总投入额的 47.57%;安排非煤矿产勘查项目 833 个,投入资金 24.12 亿元,占 28.46%;安排基础地质调查项目 276 个,投入资金 12.61 亿元,占 14.88%;安排地下水勘查项目 209 个,投入资金 7.70 亿元,占 9.09%。自治区地勘基金各类项目的实施已取得显著成效,主要体现在五个方面。

1. 全区基础地质调查程度得到显著提高。

(1)2004 年自治区地质勘查专项资金正式启动至 2015 年,安排 1∶5 万区域矿产地质调查项目 177 个,面积 25.7 万平方千米(719 个图幅),国家安排项目 20 个,面积 2.93 万平方千米(87 个图幅),共计完成全区可实施面积(62.32 万平方千米)的 62%。明显提高了自治区成矿地质背景的研究程度,而且 1∶5 万矿调项目共圈定 1∶5 万地面磁异常 3250 余处,地球化学异常 3889 余处,新发现矿(化)点等找矿线索 300 余处。

(2)安排综合方法找矿项目 19 个,完成 1∶5 万地球化学测量面积 2.3 万平方千米,1∶5 万高精磁测量 0.8 万平方千米,1∶5 万地质草测 1.8 万平方千米。圈定 1∶5 万化探综合异常 802 处,1∶5 万高精度磁异常 117 处,新发现矿化点 37 处。

(3)安排 1∶5 万化探项目 11 个,总面积 1.4 万平方千米(39 个图幅),圈定化探综合异常 521 处,确定找矿远景区 56 处,确定找矿靶区 60 处,发现矿化点 28 处。

(4)安排航空物测项目 19 个,工作面积 64.18 万平方千米,已圈定航空物探异常 9700 余处,为自治区矿产勘查选区提供了一批找矿靶区。

(5)安排综合研究项目 47 个,涉及研究成矿地质背景、勘查方法技术及找矿方向,为矿产勘查实现找矿突破打下坚实的基础。其中,2006 年和 2007 年设立的三个院士研究项目,编制了一系列基础地球化学图件及相关成果图件,形成了较为系统的基础资料及成果资料,建立了自治区大型矿床成矿模型、区域成矿模式、区域矿产成矿系列、区域成矿谱系等理论,确定了大型矿床勘查靶区,提出了矿产勘查工作部署建议。

2. 全区煤炭勘查获得重大突破。

2004—2015 年共安排煤炭勘查项目 276 个,基本摸清了自治区煤炭资源家底,新增煤炭资源储量(查明的和预测的)超过 5500 亿吨。

(1)东胜煤田:共获得煤炭资源量 3800 多亿吨。基本摸清了东胜煤田国家规划区以外煤炭资源赋存情况。东胜煤田煤层埋深在 1000 米以浅的区域基本做到普查,部分区域做到详查。

2006 年 10 月,自治区煤田地质局 109 地质队在呼伦贝尔市伊敏煤田伊敏外围区开展地勘基金项目煤炭普查。

(2)二连盆地群:查明煤炭资源量 380 多亿吨。

(3)海拉尔盆地群:查明煤炭资源量 1130 多亿吨。

(4)缺煤找煤地区:在阿右旗潮水盆地、四子王旗沙尔花、集宁供济堂、呼伦贝大杨树达尔宾等缺煤地区找到可采煤层、新获煤炭资源量约 30 亿吨。

(5)炼焦用煤地区:在鄂托克旗苏亥图地区,阿左旗呼噜斯泰、黑山等地区新发现焦煤产地,新增炼焦用煤资源量达 20 亿吨以上。

3. 重点非煤固体矿产勘查取得显著成果。

2004—2015 年共安排矿产勘查项目 833 个。先后发现了包头哈达门金矿床、兴和曹四夭钼矿床等大型超大型矿床规模 6 处,并发现兴安盟科尔沁右翼前旗银矿、锡盟东乌旗银矿、赤峰阿鲁科尔沁旗铅锌矿等中型矿床 11 处,发现小型矿床 20 余处。包头市哈达门及外围岩金矿普查是自治区 2004 年安排的矿产勘查项目,2007 年、2011 年、2012 年进行了续作,自治区财政累计投入资金 11 287 万元。截至 2011 年底,哈达门金矿区最大金矿脉 313 号脉单脉新增金资源量 64. 40 吨;兴和县曹四夭钼矿床为自治区 1∶5 万矿调区发现并进行勘查的超大型矿床,2009 年安排预查,2011 年和 2012 年进行续作,自治区财政累计投入资金 5328 万元,初步估算钼金属资源量 230 万吨,其中有一个钻孔见厚度 23 米的铅矿体。

4. 全区地下水资源勘查惠及百姓。

至 2015 年,自治区地勘基金安排地下水勘查项目 209 个,为全区 12 个盟市、57 个旗县及重要口岸、工业园区找到了水源地。探明可供持续开发利用的中、大型水源地 60 余处。

(1)严重缺水地区找水:安排 15 个项目,为地方成井 175 眼,单井出水量 30 ~ 3200 立方米/日,解决了缺水区 110 250 人、36 270 头牲畜的饮水问题。

(2)缺水地区水文地质调查:在乌兰察布市集宁区东部找水圈定面积约 120 平方千米的富水区;在察哈尔右翼后旗白音查镇北 10 千米的玄武岩地区发现了富水地带,可找到集中供水水源地 1 处,解决集宁区部分供水问题;为商都县屯垦队马铃薯基地规划区成井34眼,水量均能满足灌溉需求;为额济纳旗赛汉陶来工业园区圈定面积约650平方千米富水区,有望寻找出一处符合饮用水标准的中小型水源地一处;在乌拉特中旗海流图镇圈定后备水源地一处。

(3)缺水城镇供水水源地详查:共安排66个项目,均圈定了可作为集中供水的富水地段,找到66处水源地。评价出特大型水源地3处,大型水源地15处,中型水源地42处,小型水源地6处。水质均符合饮用水标准。

(4)地热勘查:在呼包平原、西辽河平原、鄂尔多斯盆地成井9眼,深度在2600米以内。先后为鄂尔多斯市杭锦旗七星湖旅游区、恩格贝、乌海市、巴彦淖尔市临河区、包头市滨海区、呼和浩特市土左旗哈素海地区、乌素图地区、通辽市科尔沁区、鄂托克旗苏米图苏米格庙地区、鄂尔多斯达拉特旗找到了地下热水,为自治区绿色能源开发利用奠定基础。

(5)基础水文地质调查:实施34个项目,完成1:10万水文地质调查面积13.03万平方千米,显著提高自治区水文地质研究程度。

5. 基金项目探矿权市场出让,有力拉动了社会资金投入。

2007年,自治区政府出台《内蒙古自治区矿产资源有偿使用管理办法》,规定除重点项目以协议方式出让外,其余一律以市场方式出让矿业权。进一步规范了矿产资源有偿配置及矿业权市场管理。社会资金踊跃投入地质矿产勘查领域。2008年专项资金以市场方式将46宗探矿权推向市场。至2015年,基金中心向自治区国土资源厅提交可进行竣工决算初审项目共计428个,其中86个项目进入探矿权市场处置程序。专项资金项目形成的探矿权市场出让,有力地拉动了社会资金投入矿产勘查。地质找矿成果非常突出。

第五节　地勘工作统计

一、基础地质调查

基础地质调查是超前性、公益性、基础性地质工作,主要包括区域地质调查、区域地球物理调查、区域地球化学调查、区域遥感地质调查、区域水文地质调查、区域矿产调查等,由国家和自治区财政投入资金安排开展工作。

(一)区域地质调查

截至2000年底,全区累计完成1:20万区域地质调查233幅,调查面积104.20万平方千米,覆盖率为88.08%,可调查区域基本实现全覆盖;累计完成1:5万区域地质调查254幅,调查面积8.59万平方千米,覆盖率为7.26%,仅占可调查区域面积64万平方千米的13.42%。与国际接轨的全区1:25万区域地质调查工作尚未开展。

2003年8月,自治区地质调查院技术人员在大兴安岭林区开展区域地质调查工作。

2000—2015 年内蒙古自治区区域地质调查完成情况统计表

表 4 - 1 - 3

工作年度	调查图幅及面积	1∶25 万 区域地质调查	1∶20 万 区域地质调查	1∶5 万 区域地质调查
至 1999 年	图幅数(幅)	—	233	233
	面积(km^2)	—	1 042 038	78 520
2000	图幅数(幅)	—	—	21
	面积(km^2)	—	—	7345
2001	图幅数(幅)	1	—	28
	面积(km^2)	8509	—	9276
2002	图幅数(幅)	1	—	4
	面积(km^2)	11 725	—	1586
2003	图幅数(幅)	8	—	2
	面积(km^2)	86 088	—	744
2004	图幅数(幅)	3	—	5
	面积(km^2)	14 502	—	1950
2005	图幅数(幅)	4	—	—
	面积(km^2)	50 577	—	—
2006	图幅数(幅)	16	—	21
	面积(km^2)	174 900	—	8000
2007	图幅数(幅)	8	—	—
	面积(km^2)	100 000	—	—
2008	图幅数(幅)	—	—	6
	面积(km^2)	—	—	2107
2009	图幅数(幅)	—	—	—
	面积(km^2)	—	—	—
2010	图幅数(幅)	18	—	86
	面积(km^2)	93 500	—	17 852
2011	图幅数(幅)	4	—	63
	面积(km^2)	95 400	—	23 426
2012	图幅数(幅)	4	—	94
	面积(km^2)	38 492	—	35 710
2013	图幅数(幅)	1	—	10
	面积(km^2)	5500	—	3362
2014	图幅数(幅)	—	—	20
	面积(km^2)	—	—	28 991
2015	图幅数(幅)	5	—	35
	面积(km^2)	10 000	—	27 258

至2005年底,全区累计完成1∶25万区域地质调查17幅,调查面积17.14万平方千米,覆盖率14.49%;累计完成1∶20万区域地质调查图幅及面积与2000年比较没有变化;累计完成1∶5万区域地质调查293幅,调查面积9.94万平方千米,覆盖率为8.40%。

至2010年底,全区累计完成1∶25万区域地质调查41幅,调查面积53.98万平方千米,覆盖率为45.63%;累计完成1∶20万区域地质调查图幅及面积与2000年比较没有变化;累计完成1∶5万区域地质调查314幅,调查面积12.75万平方千米,覆盖率10.77%。

至2015年底,全区累计完成1∶25万区域地质调查73幅,调查面积65.34万平方千米,覆盖率为55.30%;累计完成1∶20万区域地质调查图幅及面积与2000年比较没有变化;累计完成1∶5万区域地质调查图幅有801幅,调查面积28.62万平方千米,覆盖率37.37%,占可调查区域面积64万平方千米的44.72%。

(二)区域地球物理调查

2000—2015年内蒙古自治区区域地球物理调查完成情况统计表

表4-1-4

工作年度	调查图幅和面积	区域重力调查			区域航磁调查						
		1∶100万	1∶25万	1∶20万	1∶100万	1∶50万	1∶20万	1∶10万	1∶5万	1∶5万综合站	1∶2.5万
至1999	图幅(幅)	14	—	105	—	—	—	—	—	—	—
	面积(万 km^2)	107.3	—	40.86	43.7	1	30.8	18.3	44	—	8.4
2000	图幅(幅)	—	—	—	—	—	—	—	—	—	—
	面积(km^2)	—	—	—	—	—	—	—	—	—	—
2001	图幅(幅)	—	—	2	—	—	—	—	—	—	—
	面积(km^2)	—	—	11 200	—	—	—	—	—	—	—
2002	图幅(幅)	—	—	2	—	—	—	—	—	—	—
	面积(km^2)	—	—	7333	—	—	—	—	—	—	—
2003	图幅(幅)	—	—	2	—	—	—	—	—	—	—
	面积(km^2)	—	—	10 300	—	—	—	—	—	—	—
2004	图幅(幅)	—	—	9	—	—	—	—	—	—	—
	面积(km^2)	—	—	75 419	—	—	—	—	—	—	—
2005	图幅(幅)	—	—	9	—	—	—	—	—	—	—
	面积(km^2)	110 000	—	45 624	—	—	—	—	—	—	—
2006	图幅(幅)	—	—	23	—	—	—	—	—	—	—
	面积(km^2)	—	—	95 000	—	—	—	—	—	—	—
2007	图幅(幅)	—	—	23	—	—	—	—	—	—	44
	面积(km^2)	—	—	96 477	—	—	—	—	—	34 000	18 000
2008	图幅(幅)	—	—	5	—	—	—	—	—	—	—
	面积(km^2)	—	—	25 000	—	—	—	—	—	24 000	—

续表

工作年度	调查图幅和面积	区域重力调查			区域航磁调查						
		1:100 万	1:25 万	1:20 万	1:100 万	1:50 万	1:20 万	1:10 万	1:5 万	1:5 万综合站	1:2.5 万
2009	图幅(幅)	—	—	—	—	—	—	—	—	—	—
	面积(km^2)	—	—	—	—	—	—	—	—	165 000	—
2010	图幅(幅)	—	—	7	—	—	—	—	—	410	—
	面积(km^2)	—	—	39 247	—	—	—	—	—	160 000	—
2011	图幅(幅)	—	5	—	—	—	—	—	—	—	—
	面积(km^2)	—	27 700	850	—	—	—	—	—	88 300	—
2012	图幅(幅)	—	2	—	—	—	—	—	—	—	—
	面积(km^2)	—	15 500	—	—	—	—	—	—	94 000	—
2013	图幅(幅)	—	3	—	—	—	—	—	—	—	—
	面积(km^2)	—	29 950	—	—	—	—	—	93 824	—	—
2014	图幅(幅)	—	2	—	—	—	—	—	—	—	—
	面积(km^2)	—	17 550	—	—	—	—	—	—	—	
2015	图幅(幅)	—	—	—	—	—	—	—	—	—	—
	面积(km^2)	—	—	—	—	—	—	—	—	—	—

截至 2000 年底,全区累计完成 1:100 万区域重力调查 14 幅,面积 107.26 万平方千米,覆盖率达 90.67%;累计完成 1:20 万区域重力调查 105 幅,面积 40.86 万平方千米,覆盖率为 34.54%。累计完成 1:100万区域航磁调查面积 43.7 万平方千米,覆盖率为 36.94%;累计完成 1:50 万区域航磁调查面积 1 万平方千米,覆盖率为 0.84%;累计完成 1:20 万区域航磁调查面积 30.8 万平方千米,覆盖率 26.04%;累计完成 1:10 万区域航磁调查面积 18.3 万平方千米,覆盖率为 15.47%;累计完成 1:5 万区域航磁调查面积 44 万平方千米,覆盖率 37.19%;累计完成 1:2.5 万区域航磁调查面积 8.4 万平方千米,覆盖率 7.1%。

至 2005 年底,全区累计完成 1:100 万区域重力调查面积实现 100% 全覆盖;累计完成 1:20 万区域重力调查 129 幅,面积 55.85 万平方千米,覆盖率为 47.2%。累计完成的区域航磁调查各种比例尺工作面积与 2000 年比较没有变化。

至 2010 年底,全区除 1:100 万区域重力调查已全覆盖外,累计完成 1:20 万区域重力调查 187 幅,面积 81.42 万平方千米,覆盖率 68.82%;累计完成 1:100 万、1:50 万、1:20 万、1:10 万、1:5 万区域航磁调查面积与 2000 年比较没有变化;累计完成 1:5 万航空物探综合测量面积 38.3 万平方千米,覆盖率 32.37%;累计完成 1:2.5 万区域航磁调查面积 10.2 万平方千米,覆盖率 8.62%。

至 2015 年底,全区 1:100 万区域重力调查已全覆盖,累计完成的 1:25 万区域重力调查 12 幅,面积 9.07 万平方千米,覆盖率达 7.67%;累计完成 1:20 万区域重力调查 187 幅,面积 81.51 万平方千米,覆盖率达 68.9%;累计完成的 1:100 万、1:50 万、1:20 万、1:10 万、1:2.5 万区域航磁调查面积与 2010 年比较没有变化;累计完成的 1:5 万区域航磁调查面积 53.38 万平方千米,覆盖率 45.12%;累计完成 1:5 万航空物探综合测量面积 56.53 万平方千米,覆盖率 47.78%。

(三)区域地球化学调查

2010 年 6 月,自治区地质调查院地质人员在大兴安岭林区进行区域地球化学调查化探采样。

截至 2000 年底,全区累计完成 1:20 万区域地球化学调查 122 个图幅,面积 55.44 万平方千米,覆盖率 46.86%;累计完成 1:5 万区域地球化学调查 9 个图幅,面积 0.33 万平方千米,覆盖率 0.28%。

至 2005 年底,全区累计完成 1:20 万区域地球化学调查共 157 个图幅,面积 70.71 万平方千米,覆盖率为 59.77%;累计完成 1:5万区域地球化学调查共 45 个图幅,面积 1.36 万平方千米,覆盖率为 1.15%。

至 2010 年底,全区累计完成 1:20 万区域地球化学调查 162 个图幅,面积 72.37 万平方千米,覆盖率 61.17%;累计完成 1:5 万区域地球化学调查 423 图幅,面积 16.16 万平方千米,覆盖率 13.66%。

至 2015 年底,全区累计完成 1:25 万区域地球化学调查 10 图幅,面积 7.25 万平方千米,覆盖率 6.13%;累计完成 1:20 万区域地球化学调查图幅和面积与 2010 年比较没有变化;累计完成 1:5 万区域地球化学调查 445 图幅,面积 16.9 万平方千米,覆盖率 14.29%。

(四)区域遥感地质调查

全区仅在 2011 年和 2013 年分别开展了 4 个图幅和 34 个图幅的 1:5 万区域遥感地质调查,调查总面积 1.34 万平方千米,全区覆盖率仅 1.13%。

(五)区域矿产调查

全区 1:5 万区域矿产调查工作是从“十一五”才正式开始。至 2010 年底,全区累计完成 1:5 万矿产专项调查 522 个图幅,调查面积 20.26 万平方千米,覆盖率 17.13%;累计完成 1:5 万矿产远景调查 308 图幅,调查面积 10.41 万平方千米,覆盖率为 8.8%。

至 2015 年底,全区累计完成 1:5 万矿产专项调查 1054 个图幅,调查面积 39.53 万平方千米,覆盖率 33.42%;累计完成 1:5 万矿产远景调查 548 个图幅,调查面积 18.82 万平方千米,覆盖率 15.91%。

(六)区域水文地质调查

截至 2000 年底,全区累计完成 1:20 万区域水文地质调查面积 87.57 万平方千米,覆盖率 74.02%;累计完成 1:10 万区域水文地质调查面积 30.99 万平方千米,覆盖率 26.2%。

至 2005 年底,全区累计完成 1:20 万区域水文地质调查面积与 2000 年相同;累计完成 1:10 万区域水文地质调查面积 32.25 万平方千米,覆盖率 27.26%。

至 2010 年底,全区累计完成 1:25 万区域水文地质调查面积 8.77 万平方千米,覆盖率 7.41%;累计完成 1:20 万区域水文地质调查面积与 2000 年相同;累计完成 1:10 万区域水文地质调查面积 32.52 万平方千米,覆盖率为 27.49%。

至 2015 年底,全区累计完成 1:25 万区域水文地质调查面积 14.57 万平方千米,覆盖率 12.32%;累计完成 1:20 万区域水文地质调查面积与 2000 年相同;累计完成 1:10 万区域水文地质调查面积 33.43 万平方千米,覆盖率为 28.26%。

2000—2015 年内蒙古自治区区域地球化学调查完成情况统计表

表 4－1－5

工作年度	调查图幅及面积	1:25 万 区域地球化学调查	1:20 万 区域地球化学调查	1:5 万 区域地球化学调查
至 1999 年	图幅数（幅）	—	112	9
	面积（km²）	—	515 365	3276
2000	图幅数（幅）	—	10	—
	面积（km²）	—	39 013	—
2001	图幅数（幅）	—	8	36
	面积（km²）	—	38 841	10 336
2002	图幅数（幅）	—	6	—
	面积（km²）	—	34 510	—
2003	图幅数（幅）	—	11	—
	面积（km²）	—	27 903	—
2004	图幅数（幅）	—	6	—
	面积（km²）	—	31 247	—
2005	图幅数（幅）	—	4	—
	面积（km²）	—	20 263	—
2006	图幅数（幅）	—	—	344
	面积（km²）	—	—	136 000
2007	图幅数（幅）	—	—	—
	面积（km²）	—	—	—
2008	图幅数（幅）	—	5	30
	面积（km²）	—	16 590	10 500
2009	图幅数（幅）	—	—	—
	面积（km²）	—	—	—
2010	图幅数（幅）	—	—	4
	面积（km²）	—	—	1500
2011	图幅数（幅）	2	—	8
	面积（km²）	21 182	—	2350
2012	图幅数（幅）	5	—	4
	面积（km²）	28 730	—	1500
2013	图幅数（幅）	—	—	10
	面积（km²）	—	—	3500
2014	图幅数（幅）	2	—	—
	面积（km²）	16 100	—	—
2015	图幅数（幅）	1	—	—
	面积（km²）	6500	—	—

2000—2015 年内蒙古自治区区域遥感地质、区域矿产调查及区域水文地质调查完成情况统计表

表 4－1－6

工作年度	调查图幅及面积	1:5 万区域遥感地质调查	区域矿产调查		区域水文地质调查		
			1:5 万专项	1:5 万远景	1:25 万	1:20 万	1:10 万
至 1999	图幅数(幅)	—	—	—	—	—	—
	面积(km^2)	—	—	—	—	875 742	309 867
2000	图幅数(幅)	—	—	—	—	—	—
	面积(km^2)	—	—	—	—	—	—
2001	图幅数(幅)	—	—	—	—	—	—
	面积(km^2)	—	—	—	—	—	—
2002	图幅数(幅)	—	—	—	—	—	—
	面积(km^2)	—	—	—	—	—	—
2003	图幅数(幅)	—	—	—	—	—	—
	面积(km^2)	—	—	—	—	—	—
2004	图幅数(幅)	—	—	—	—	—	—
	面积(km^2)	—	—	—	—	—	12 596
2005	图幅数(幅)	—	—	—	—	—	—
	面积(km^2)	—	—	—	—	—	—
2006	图幅数(幅)	—	344	—	—	—	—
	面积(km^2)	—	136 000	—	87 700	—	812
2007	图幅数(幅)	—	—	158	—	—	—
	面积(km^2)	—	—	55 284	—	—	—
2008	图幅数(幅)	—	—	150	—	—	—
	面积(km^2)	—	—	48 847	—	—	1730
2009	图幅数(幅)	—	—	—	—	—	—
	面积(km^2)	—	—	—	—	—	200
2010	图幅数(幅)	—	178	—	—	—	—
	面积(km^2)	—	66 647	—	—	—	—
2011	图幅数(幅)	4	178	7	—	—	—
	面积(km^2)	1411	66 647	2316	—	—	—
2012	图幅数(幅)	—	202	5	—	—	—
	面积(km^2)	—	70 271	1825	—	—	2490
2013	图幅数(幅)	34	78	210		—	—
	面积(km^2)	12 000	27 303	73 568	—	—	2374
2014	图幅数(幅)	—	74	18	—	—	—
	面积(km^2)	—	28 461	6351	—	—	—
2015	图幅数(幅)	—	—	—	—	—	—
	面积(km^2)	—	—	—	58 000	—	4230

二、矿产勘查

(一)在期实施项目

2000 年,除石油、天然气和放射性矿产勘查项目外,全区在期实施矿产勘查项目共有 362 个,此后几年在期项目除 2003 年有小幅减少外,到 2005 年已大幅增长为 1723 个。2006 年因大量矿产勘查项目结题,致使在期实施项目数量比上年大幅减少 603 个,但从 2007—2010 年又呈现快速增长趋势,到 2010 年在期项目总数达到历年最高峰的 4089 个。从 2010 年下半年开始,由于受国际次贷危机和经济复苏乏力影响,国内外矿业市场疲软,全区矿产勘查投入逐年减少,致使矿产勘查在期项目数量也呈现逐年下降趋势,特别是 2011 年在期项目数量比上年大幅减少 900 个,随后几年在期项目保持小幅波动,至 2015 年降为 3109 个。全区非油气类矿产勘查项目,至“十五”末比 2000 年增长 3.76 倍,至“十一五”末比“十五”末增长 1.37 倍,至“十二五”末比“十一五”末减少了 23.97%。

2000—2015 年内蒙古自治区分矿类非油气矿产勘查在期项目数量统计表

表 4-1-7　　单位:个

矿类 年度	能源矿产	黑色金属矿产	有色金属矿产	贵金属矿产	非金属矿产	水气矿产	合计
2000	45	3	58	232	12	12	362
2001	8	26	172	170	35	3	414
2002	13	44	248	244	62	11	622
2003	33	33	219	165	46	4	500
2004	77	166	280	265	53	1	842
2005	247	321	787	279	79	10	1723
2006	167	160	535	175	82	1	1120
2007	267	738	773	81	54	9	1922
2008	296	313	1440	353	153	10	2565
2009	439	677	1872	694	155	13	3850
2010	461	740	1911	733	226	18	4089
2011	353	629	1484	628	85	10	3189
2012	256	531	1529	727	147	13	3203
2013	171	554	1723	634	121	11	3214
2014	165	481	1744	682	137	7	3216
2015	103	459	1682	643	222	0	3109

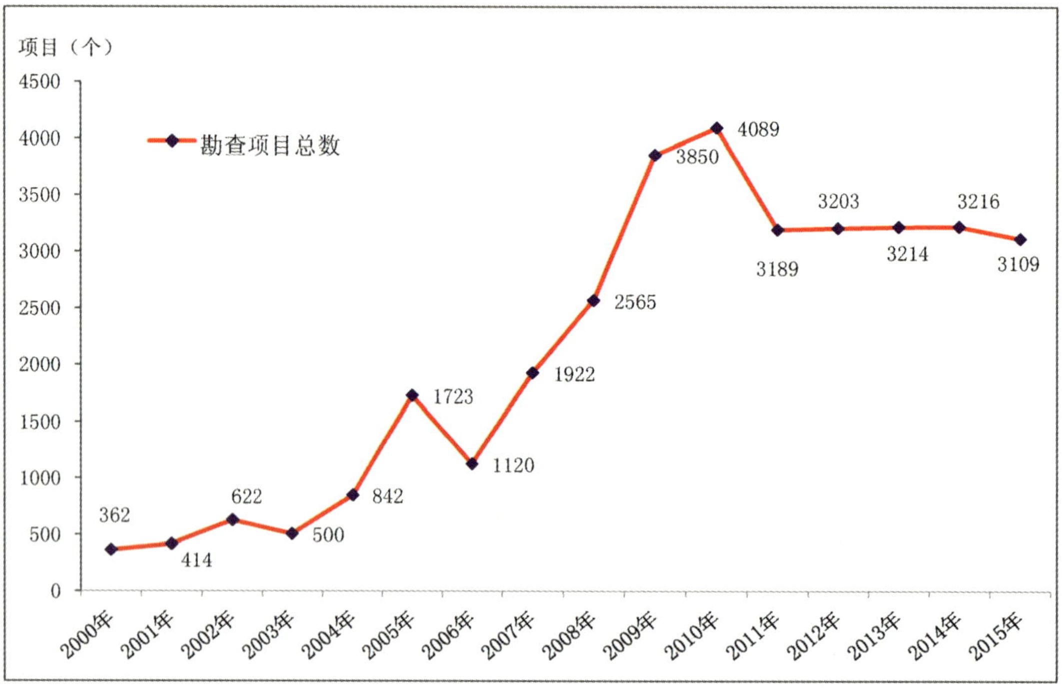

图 4－1－1　2000—2015 年内蒙古自治区非油气类矿产勘查在期项目总数变化

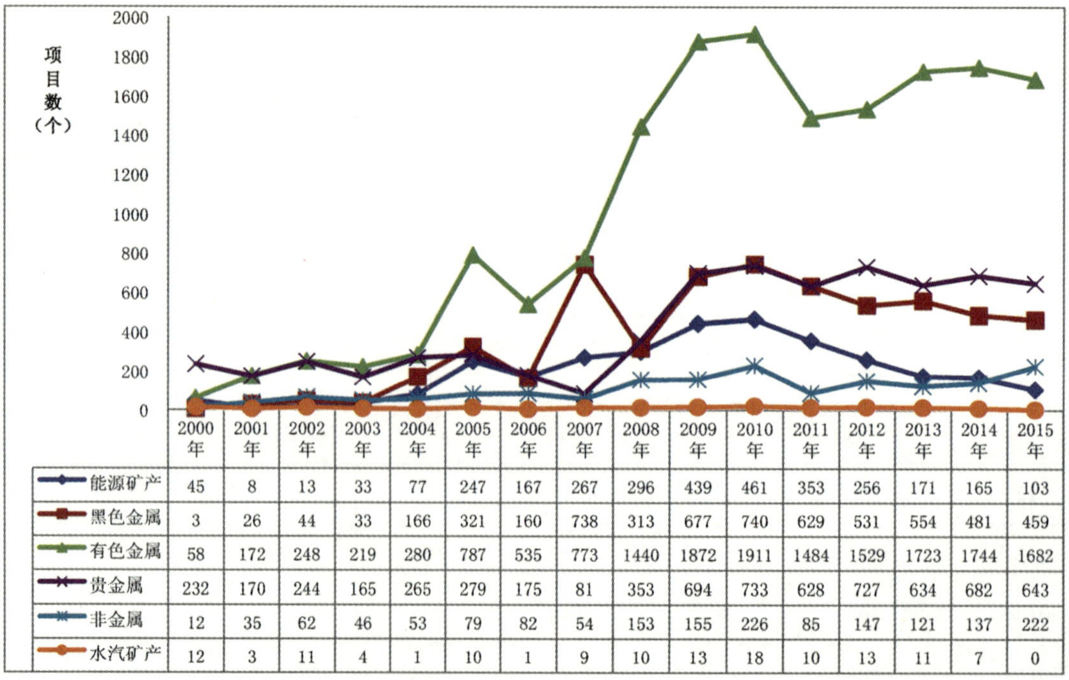

	2000年	2001年	2002年	2003年	2004年	2005年	2006年	2007年	2008年	2009年	2010年	2011年	2012年	2013年	2014年	2015年
能源矿产	45	8	13	33	77	247	167	267	296	439	461	353	256	171	165	103
黑色金属	3	26	44	33	166	321	160	738	313	677	740	629	531	554	481	459
有色金属	58	172	248	219	280	787	535	773	1440	1872	1911	1484	1529	1723	1744	1682
贵金属	232	170	244	165	265	279	175	81	353	694	733	628	727	634	682	643
非金属	12	35	62	46	53	79	82	54	153	155	226	85	147	121	137	222
水汽矿产	12	3	11	4	1	10	1	9	10	13	18	10	13	11	7	0

图 4－1－2　2000—2015 年内蒙古自治区非油气矿产勘查分矿类在期项目数变化

2000—2015 年内蒙古自治区分盟市非油气类矿产勘查在期实施项目统计表

表 4-1-8　　单位：个

年度	呼和浩特市	包头市	乌海市	赤峰市	通辽市	鄂尔多斯市	呼伦贝尔市	兴安盟	锡林郭勒盟	乌兰察布市	巴彦淖尔市	阿拉善盟	合计
2000	21	28	2	42	13	4	33	4	55	25	47	43	317
2001	24	34	3	113	20	13	29	9	41	28	52	60	426
2002	43	50	3	160	27	10	51	21	74	63	73	71	646
2003	65	94	11	319	59	47	104	48	166	136	145	165	1359
2004	127	273	12	437	53	96	165	54	263	268	263	281	2292
2005	148	386	16	856	118	212	430	89	661	465	378	329	4088
2006	109	3	0	303	32	42	202	50	15	141	79	153	1129
2007	126	176	15	731	112	176	469	149	749	313	294	343	3653
2008	114	253	24	766	115	236	674	140	824	328	343	326	4143
2009	117	297	27	873	120	164	822	219	854	404	377	388	4662
2010	123	244	16	858	99	173	781	207	791	361	323	416	4392
2011	96	240	15	815	99	137	731	205	709	302	305	381	4035
2012	102	227	16	798	108	141	748	240	765	287	305	354	4091
2013	124	225	13	812	104	136	720	194	699	307	310	406	4050
2014	136	214	14	796	129	95	746	142	667	347	315	452	4053
2015	118	211	12	801	88	80	660	160	592	323	298	442	3785

（二）资金投入

全区各类矿产勘查资金投入，除石油、天然气和放射性矿产勘查外，主要以社会资金投入为主(一般占 70% 及 80% 以上)，国家和地方政府财政投入主要发挥前期引导作用。在“十五”期间，全区非油气类矿产勘查投入资金总额约 32 亿元，每年均保持一定增长。到“十一五”期间，国内外矿业市场活跃，全区矿产勘查投入资金大幅增加，特别是在 2007 年和 2008 年增长幅度最大，在 2008 年投入资金达到历年最高峰 72.15 亿元，并使得全区“十一五”期间各类矿产勘查累计投入资金达到 260.36 亿元。2008 年后，由于受国际次贷危机和国际矿业市场疲软及国内经济下行影响，全区矿产勘查投入资金逐年减少，至 2015 年降为 31.59 亿元。总体上，在“十一五”期间全区非油气类矿产勘查投入资金总额比“十五”期间增长 7.14 倍。到“十二五”期间，由于受世界经济复苏乏力和国内经济下行影响，全区非油气类矿产勘查投入资金总额 210.21 亿元，比“十一五”下降近 20%。

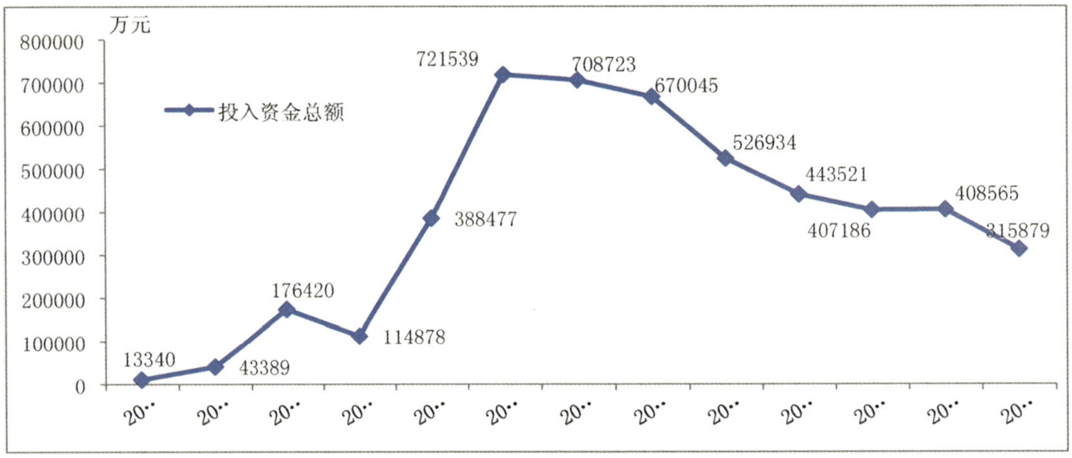

图 4－1－3　2003—2015 年内蒙古自治区非油气矿产勘查投入资金总额变化

2003—2015 年内蒙古自治区分矿类非油气矿产勘查投入资金总额情况统计表

表 4－1－9　　单位：万元

矿类 / 年度	能源矿产	黑色金属矿产	有色金属矿产	贵金属矿产	非金属矿产	水气矿产	合计
2003	2950	280	4393	5190	496	31	13 340
2004	23 498	2087	9702	7478	619	5	43 389
2005	45 804	9207	109 169	10 320	1166	754	176 420
2006	59 241	6224	33 859	9374	6026	154	114 878
2007	232 464	27 010	97 536	13 636	15 656	2175	388 477
2008	283 949	52 660	306 662	67 830	8563	1875	721 539
2009	290 677	47 407	232 346	116 517	18 321	3455	708 723
2010	256 217	61 856	178 153	126 512	40 403	6904	670 045
2011	93 415	57 766	271 021	92 387	10 658	1687	526 934
2012	47 702	69 909	245 135	67 327	11 798	1650	443 521
2013	71 268	65 646	183 960	74 706	10 306	1300	407 186
2014	115 075	25 589	178 790	75 486	9585	4040	408 565
2015	37 816	33 800	158 495	67 620	18 148	0	315 879

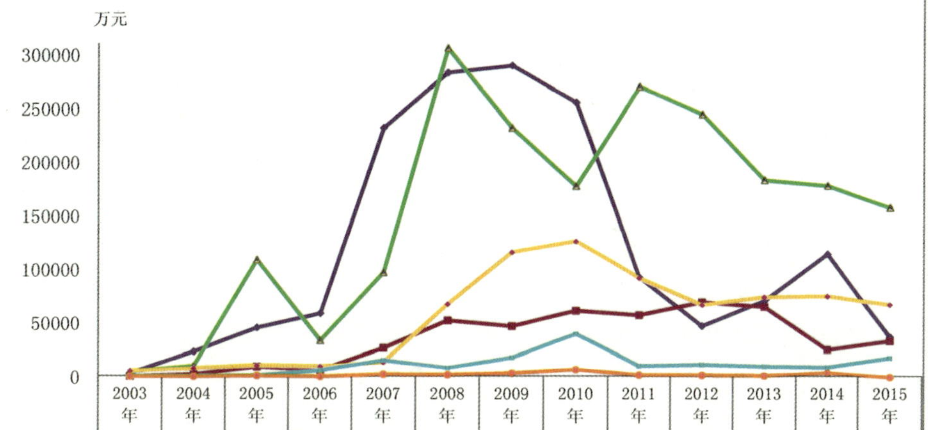

	2003年	2004年	2005年	2006年	2007年	2008年	2009年	2010年	2011年	2012年	2013年	2014年	2015年
能源矿产	2950	23498	45804	59241	232464	283949	290677	256217	93415	47702	71268	115075	37816
黑色金属	280	2087	9207	6224	27010	52660	47407	61856	57766	69909	65646	25589	33800
有色金属	4393	9702	109169	33859	97536	306662	232346	178153	271021	245135	183960	178790	158495
贵金属	5190	7478	10320	9374	13636	67830	116517	126512	92387	67327	74706	75486	67620
非金属	496	619	1166	6026	15656	8563	18321	40403	10658	11798	10306	9585	18148
水汽矿产	31	5	754	154	2175	1875	3455	6904	1687	1650	1300	4040	0

图 4－1－4 2003—2015 年内蒙古自治区非油气矿产勘查分矿类投入资金变化

（三）完成实物工作量

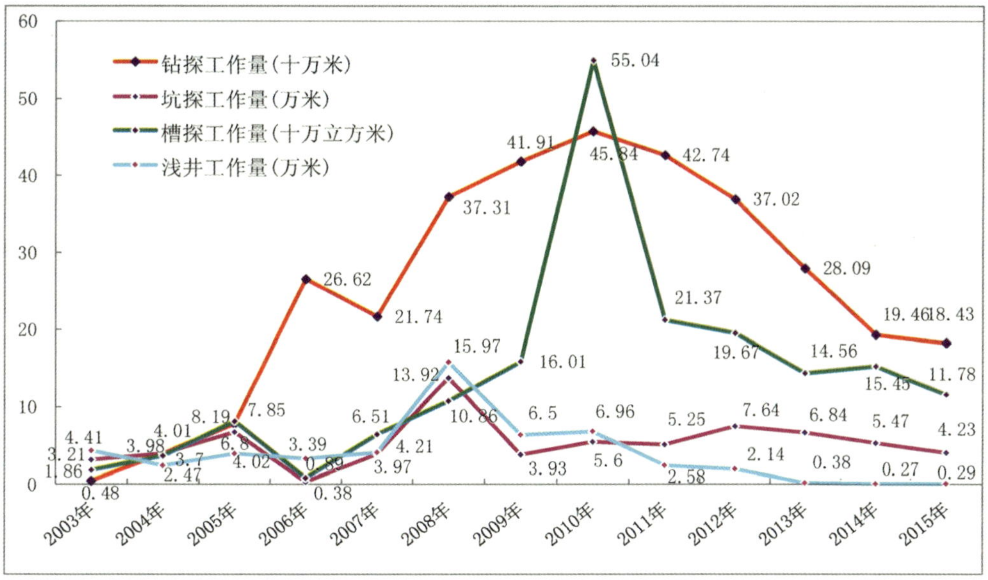

图 4－1－5 2003—2015 年内蒙古自治区非油气类矿产勘查完成实物工作总量变化图

全区非油气类矿产勘查所完成的钻探工作量，在“十五”和“十一五”期间总体上呈现逐年增加趋势，而到“十二五”期间则呈现逐年递减趋势。在 2010 年，全区非油气类矿产勘查完成的钻探工作量达到历年最高峰的 458.37 万米，比“十一五”末的 2005 年增长近 6 倍，但到 2015 年钻探工作量下降到 2010 年的 1/3 左右。

全区非油气类矿产勘查所完成的坑探工作量，在各年度总体上变化不大。除 2006 年完成的坑探工作量为历年最低的 0.38 万米和 2008 年完成历年最高的 13.92 万米外，其他各年度完成坑探工作量都在3~7万米之间波动。

全区非油气类矿产勘查所完成的槽探工作量,在“十五”和“十一五”期间,除2006年因在期项目减少而下降为历年最低的8.94万立方米外,其他各年度完成槽探工作量均呈增长趋势,其中2010年完成槽探工作量增长最大,达到历年最高的550.36万立方米,比“十五”末的2005年增长了5.72倍。在“十二五”期间,因经济下行和投入减少等因素影响,全区完成槽探工作量总体呈现逐年下降趋势,至2015年已降到仅为2010年的1/5左右。

全区非油气类矿产勘查所完成的浅井工作量,在2008年以前各年度基本在2~5万米之间波动,至2008年大幅增长达到历年最高峰的15.97万米,此后各年度则呈现出逐年下降趋势,至2015年已下降到仅为2008年的1.8%。

2000—2015年内蒙古自治区分矿类非油气矿产勘查完成钻探工作量统计表

表4-1-10 单位:米

年度\矿类	能源矿产	黑色金属矿产	有色金属矿产	贵金属矿产	非金属矿产	水气矿产	合计
2000	—	—	—	—	—	—	—
2001	—	—	—	—	—	—	—
2002	—	—	—	—	—	—	—
2003	19 166	0	9092	17 025	2582	0	47 865
2004	314 341	8021	38 820	35 051	1995	0	398 228
2005	51 011	68 217	541 653	111 858	12 397	0	785 136
2006	2 480 967	41 801	91 577	32 789	15 330	0	2 662 464
2007	1 973 422	30 100	102 693	28 977	28 300	10 013	2 173 505
2008	1 937 716	224 313	706 045	813 231	31 550	18 126	3 730 981
2009	2 316 208	327 403	1 080 080	371 815	77 821	17 670	4 190 997
2010	2 555 482	450 080	989 856	386 599	171 675	30 057	4 583 749
2011	1 589 375	330 198	1 777 776	479 462	78 176	18 228	427 3215
2012	1 058 320	308 322	1 748 377	493 680	75 509	18 000	3 702 208
2013	788 121	280 623	1 209 954	460 158	52 048	18 000	2 808 904
2014	275 470	119 053	1 157 196	347 137	46 446	956	1 946 258
2015	180 354	153 121	1 257 425	201 548	50 126	0	1 842 574

2000—2015 年内蒙古自治区分矿类非油气矿产勘查完成坑探工作量统计表

表 4－1－11　　单位：米

年度＼矿类	能源矿产	黑色金属矿产	有色金属矿产	贵金属矿产	非金属矿产	水气矿产	合计
2000	—	—	—	—	—	—	—
2001	—	—	—	—	—	—	—
2002	—	—	—	—	—	—	—
2003	12 981	80	9164	9479	435	0	32 139
2004	7401	11 121	13 497	7673	421	0	40 113
2005	3984	12 465	41 093	3009	7469	0	68 020
2006	0	353	2727	727	0	0	3807
2007	0	100	36 768	2676	200	0	39 744
2008	2367	7496	67 052	52 659	9672	0	139 246
2009	0	6481	16 499	11 787	4554	0	39 321
2010	0	7744	18 032	12 822	17 415	0	56 013
2011	18 228	13 078	9790	11 037	319	0	52 452
2012	8029	12 932	40 158	14 667	608	0	76 394
2013	0	9663	37 006	20 678	1085	0	68 432
2014	0	3708	23 892	22 533	4602	0	54 735
2015	0	9125	21 551	11 143	512	0	42 331

2000—2015 年内蒙古自治区分矿类非油气矿产勘查完成槽探工作量统计表

表 4－1－12　　单位：万立方米

年度＼矿类	能源矿产	黑色金属矿产	有色金属矿产	贵金属矿产	非金属矿产	水气矿产	合计
2000	—	—	—	—	—	—	—
2001	—	—	—	—	—	—	—
2002	—	—	—	—	—	—	—
2003	2.20	1.24	5.23	8.84	1.08	0	18.59
2004	3.15	5.41	11.83	14.57	2.00	0	36.96
2005	10.83	16.49	38.67	11.39	3.76	0.73	81.87
2006	0	0.91	3.66	2.00	2.37	0	8.94
2007	0	2.03	27.03	23.22	12.8	0	65.08
2008	8.42	11.6	40.44	42.47	5.64	0	108.57
2009	2.99	12.36	108.51	34.00	2.20	0	160.06
2010	2.70	16.91	156.72	37.95	336.08	0	550.36
2011	2	52.95	101.95	45.64	11.19	0	213.73
2012	2.18	48.94	94.15	43.59	7.79	0	196.65
2013	0.28	41.96	59.56	39.72	4.04	0	145.56
2014	0.83	12.44	93.91	42.43	4.87	0	154.48
2015	1.5	42.1	49.1	20.1	5.00	0	117.8

2000—2015 年内蒙古自治区分矿类非油气矿产勘查完成浅井工作量统计表

表 4 - 1 - 13　　单位:米

矿类 年度	能源矿产	黑色金属矿产	有色金属矿产	贵金属矿产	非金属矿产	水气矿产	合计
2000	—	—	—	—	—	—	—
2001	—	—	—	—	—	—	—
2002	—	—	—	—	—	—	—
2003	12 209	11 195	13 304	6577	792	0	44 077
2004	7236	3821	6808	6220	640	0	24 725
2005	5011	12 405	20 379	1673	729	38	40 235
2006	2406	7396	14 502	5446	4132	0	33 882
2007	0	11 160	21 700	9120	100	0	42 080
2008	118 120	2592	19 610	17 669	1697	0	159 688
2009	1072	12 875	38 775	12 321	0	0	65 043
2010	964	13 721	33 484	13 199	8267	0	69 635
2011	900	2152	16 978	5005	780	0	25 815
2012	0	1987	13 602	5709	140	0	21 438
2013	0	2126	996	548	160	0	3830
2014	0	186	1475	1039	0	0	2700
2015	0	1235	1000	500	123	0	2858

(四)取得重大成果

全区除石油、天然气和放射性矿产勘查外,在“十五”期间,由于国内矿业市场初建,地质勘查工作投入较少,各类矿产勘查取得的重大成果仅有 3 项。“十一五”期间,全区矿业市场极为活跃,地质勘查成果显著,非油气类矿产勘查取得重大成果共有 41 项,比“十五”期间增长 12.67 倍。“十二五”期间,由于受美国次贷危机和世界经济复苏乏力影响,全区各类矿产勘查投入大幅减少,取得的重大勘查成果减少为 17 项,比“十一五”期间减少近六成。

2000—2015年内蒙古自治区非油气类矿产勘查取得的重大成果一览表

表4-1-14

取得成果年度	项目名称	矿权人	主要矿种	资源储量单位	查明资源储量	矿床规模	勘查单位	项目工作时间
2001	内蒙古克什克腾旗黑勒塔拉银多金属矿	内蒙古地质矿产勘查开发局	银矿	金属吨	400	中型	内蒙古第九地质矿产勘查开发院	2000—2001年
2001	内蒙古苏尼特左旗红格尔金矿	中国人民武装警察部队黄金第四支队	金矿	金属吨	4.58	中型	中国人民武装警察部队黄金第四支队	2000年
2001	内蒙古额济纳旗月牙山金矿	中国人民武装警察部队黄金第八支队	金矿	金属吨	4.58	中型	中国人民武装警察部队黄金第八支队	2000年
2007	内蒙古自治区新巴尔虎左旗—鄂温克族自治旗呼和诺尔煤田东区、西区煤炭普查	内蒙古自治区地质勘查基金管理中心	煤矿	亿吨	217	大型	内蒙古自治区煤田地质局231勘探队	2007年
2007	内蒙古自治区鄂温克族自治旗红花尔基煤田东区煤炭资源普查	内蒙古自治区地质勘查基金管理中心	煤矿	亿吨	70	大型	内蒙古自治区煤田地质局109勘探队	2006—2007年
2007	内蒙古自治区东胜煤田乌审召九区、二区煤炭普查	内蒙古自治区地质勘查基金管理中心	煤矿	亿吨	50	大型	内蒙古自治区矿业开发总公司	2007年
2007	内蒙古自治区额济纳旗国庆钨矿普查	内蒙古自治区地质勘查基金管理中心	钨矿	WO_3万吨	2	大型	西安地质矿产研究所	2006—2007年
2008	内蒙古自治区东胜煤田艾来五库沟—台吉召地段普查	中央地质勘查基金管理中心	煤矿	亿吨	200.38	大型	内蒙古自治区矿产实验研究所	2007—2008年
2008	内蒙古自治区东乌珠穆沁旗高力罕煤田鼎辉区煤炭普查	锡林郭勒盟鼎辉矿业有限公司	煤矿	亿吨	4.41	大型	内蒙古自治区煤田地质局104勘探队	2007—2008年
2008	内蒙古自治区伊敏煤田伊敏河东区外围煤炭勘探	呼伦贝尔市大雁勘测规划设计有限责任公司	煤矿	亿吨	33.41	大型	呼伦贝尔市大雁勘测规划设计有限责任公司	2007—2008年
2008	内蒙古自治区准格尔煤田刘三圪旦勘查区煤炭普查	内蒙古自治区地质勘查基金管理中心	煤矿	亿吨	34.33	大型	内蒙古自治区矿业开发总公司	2006—2008年
2008	内蒙古自治区陈巴尔虎旗巴彦哈达勘查区煤炭勘探	呼伦贝尔市经纬矿业开发有限责任公司	煤矿	亿吨	18.19	大型	内蒙古自治区第六地质矿产勘查开发院	2006—2008年

续表1

取得成果年度	项目名称	矿权人	主要矿种	资源储量单位	查明资源储量	矿床规模	勘查单位	项目工作时间
2008	内蒙古自治区西乌珠穆沁旗吉林高勒浩沁勘查区第二区块煤炭普查	西乌珠穆沁旗浩沁天成矿业有限公司	煤矿	亿吨	12.79	大型	东北煤田地质局101勘探队	2007年
2008	内蒙古包头市哈达门沟矿区及外围岩金普查	中国人民武装警察部队黄金第二支队	金矿	万吨	31.09	大型	中国人民武装警察部队黄金第二支队	2008年
2008	内蒙古自治区东胜煤田纳林希里煤炭普查	自治区财政和企业共同出资项目	煤矿	亿吨	201.90	大型	内蒙古煤炭建设工程(集团)总公司	2007—2008年
2008	内蒙古自治区鄂温克族自治旗红花尔基煤田东区煤炭普查	内蒙古自治区地质勘查基金管理中心	煤矿	亿吨	231.81	大型	内蒙古自治区煤田地质局109勘探队	2006—2008年
2008	内蒙古自治区达尔罕茂明安联合旗翁公山矿区铁矿详查	内蒙古朝顺矿业有限公司	铁矿	亿吨	3.27	大型	锡林郭勒盟灵通矿业发展有限责任公司	2008年
2008	内蒙古自治区苏尼特右旗毕力赫矿区Ⅱ矿带15－40线岩金矿详查	苏尼特金曦黄金矿业有限责任公司	金矿	万吨	21.91	大型	中国人民武装警察部队黄金地质研究所	2008年
2009	内蒙古自治区东胜煤田唐公梁勘查区煤炭预查项目	国土资源部中央地质勘查基金管理中心	煤矿	亿吨	22.10	大型	中国煤炭地质总局勘查总院	2009年
2009	内蒙古自治区东胜煤田大营勘查区煤炭普查	国土资源部中央地质勘查基金管理中心	煤矿	亿吨	22.59	大型	内蒙古自治区地质调查院	2009年
2009	内蒙古自治区东胜煤田锡尼布拉格勘查区煤炭普查	国土资源部中央地质勘查基金管理中心	煤矿	亿吨	24.99	大型	北京中煤大地技术开发公司	2009年
2009	内蒙古自治区东胜煤田新胜勘查区煤炭普查	国土资源部中央地质勘查基金管理中心	煤矿	亿吨	31.69	大型	中国煤炭地质总局特种技术勘探中心	2009年
2009	内蒙古自治区东胜煤田车家渠勘查区煤炭普查	国土资源部中央地质勘查基金管理中心	煤矿	亿吨	28.60	大型	内蒙古自治区地质工程有限责任公司	2009年
2009	内蒙古自治区东胜煤田公尼召勘查区煤炭普查	国土资源部中央地质勘查基金管理中心	煤矿	亿吨	47.96	大型	内蒙古有色地质矿业有限公司	2009年
2009	内蒙古自治区东胜煤田楚鲁图梁勘查区煤炭普查	国土资源中央部地质勘查基金管理中心	煤矿	亿吨	146	大型	内蒙古自治区矿产实验研究所	2009年

续表 2

取得成果年度	项目名称	矿权人	主要矿种	资源储量单位	查明资源储量	矿床规模	勘查单位	项目工作时间
2009	内蒙古自治区东胜煤田红庆河勘查区煤炭普查	国土资源部中央地质勘查基金管理中心	煤矿	亿吨	32.89	大型	内蒙古自治区地质调查院	2009 年
2009	内蒙古自治区东胜煤田布牙土煤炭预查	内蒙古自治区地质勘查基金管理中心	煤矿	亿吨	200	大型	内蒙古自治区煤田地质局 117 勘探队	2009 年
2009	内蒙古自治区呼和诺尔煤田西区煤炭详查	内蒙古自治区地质调查院	煤矿	亿吨	200	大型	内蒙古自治区 115 地质队	2009 年
2009	内蒙古自治区新巴尔虎左旗诺门罕煤炭普查	内蒙古自治区地质调查院	煤矿	亿吨	201.44	大型	内蒙古自治区有色地质勘查局一〇八队	2007—2009 年
2009	内蒙古自治区陈巴尔虎旗特兰图煤炭预查	内蒙古自治区地质调查院	煤矿	亿吨	43.88	大型	内蒙古自治区煤田地质局 109 勘探队	2008—2009 年
2009	内蒙古自治区乌拉特后旗东升庙矿区三贵口南矿段硫锌矿勘探	紫金矿业集团股份有限公司	锌矿	万吨	205.06	大型	紫金矿业集团股份有限公司	2007—2008 年
2009	内蒙古自治区乌拉特后旗查干花矿区钼多金属矿详查	内蒙古自治区第一地质矿产勘查开发院	钼矿	万吨	26	大型	内蒙古自治区第一地质矿产勘查开发院	2008—2009 年
2009	内蒙古自治区卓资县大苏计矿区钼矿详查	内蒙古自治区有色地质勘查局和内蒙古中西矿业有限公司合作投资	钼矿	万吨	11.43	大型	内蒙古自治区有色地质勘查局综合普查队	2006—2009 年
2009	内蒙古自治区伊金霍洛旗—乌审旗矿区岩盐矿普查	内蒙古自治区地质调查院	岩盐	亿吨	37.34	大型	内蒙古有色地质矿业有限公司	2005—2009 年
2010	内蒙古自治区东胜煤田公尼召勘查区煤炭普查	中央地质勘查基金管理中心	煤矿	亿吨	60	大型	内蒙古有色地质矿业有限公司	2009—2010 年
2010	内蒙古自治区东胜煤田纳林希里煤炭普查	内蒙古自治区地质勘查基金管理中心	煤矿	亿吨	201.90	大型	内蒙古煤炭建设工程（集团）总公司	2007—2009 年
2010	内蒙古自治区东胜煤田黄陶勒盖及扩区煤炭普查	内蒙古自治区地质勘查基金管理中心	煤矿	亿吨	102.57	大型	内蒙古煤炭建设工程（集团）总公司	2007—2009 年
2010	内蒙古自治区东胜煤田巴彦柴达木矿区煤炭详查	内蒙古自治区地质勘查基金管理中心	煤矿	亿吨	91.37	大型	内蒙古煤炭建设工程（集团）总公司	2007—2009 年

续表 3

取得成果年度	项目名称	矿权人	主要矿种	资源储量单位	查明资源储量	矿床规模	勘查单位	项目工作时间
2010	内蒙古自治区东胜煤田纳林河矿区煤炭详查	内蒙古自治区地质勘查基金管理中心	煤矿	亿吨	50.28	大型	内蒙古煤炭建设工程(集团)总公司	2007—2009 年
2010	内蒙古自治区鄂尔多斯市东胜煤田乌兰陶勒盖煤炭普查	内蒙古自治区地质勘查基金管理中心	煤矿	亿吨	54.67	大型	内蒙古煤炭建设工程(集团)总公司	2006—2009 年
2010	内蒙古自治区阿拉善右旗扎木敖包铁锌石墨矿普查	内蒙古自治区地质勘查基金管理中心	石墨	万吨	177	大型	内蒙古地质勘查有限责任公司	2009—2010 年
2010	内蒙古自治区乌拉特后旗查干花矿区钼多金属矿勘探	内蒙古自治区第一地质矿产勘查开发院与内蒙古金荣矿业有限公司共同勘查项目	钼矿	万吨	50	大型	内蒙古自治区第一地质矿产勘查开发院	2008—2010 年
2010	内蒙古自治区乌拉特后旗查干德尔斯矿区钼多金属矿普查	内蒙古自治区第八地质矿产勘查开发院	钼矿	万吨	18.3	大型	内蒙古自治区第八地质矿产勘查开发院	2007—2010 年
2011	内蒙古自治区准格尔煤田呼查梁煤炭预查	内蒙古自治区地质勘查基金管理中心	煤矿	亿吨	85	大型	内蒙古自治区煤田地质局 153 勘探队	2010—2011 年
2011	内蒙古自治区呼和诺尔煤田楚伦区煤炭预查	内蒙古自治区地质勘查基金管理中心	煤矿	亿吨	102.16	大型	内蒙古自治区 115 地质队	2010—2011 年
2012	内蒙古自治区锡林浩特市石灰窑稀有金属及锡钨矿普查	内蒙古自治区地质勘查基金管理中心	Rb_2O	万吨	87.36	大型	内蒙古自治区矿产实验研究所	2005—2011 年
2013	内蒙古自治区兴和县曹四夭钼矿详查	乌兰察布市地质勘查专项基金	钼矿	万吨	45.94	大型	河南省地质矿产勘查开发局第二地质勘查院	2011—2013 年
2014	内蒙古自治区东胜煤田大牛地煤炭普查	内蒙古自治区地质勘查基金管理中心	煤矿	亿吨	54.30	大型	内蒙古自治区第一地质矿产勘查开发院	2007—2013 年
2014	内蒙古自治区陈巴尔虎旗煤田东明西区煤炭详查	内蒙古自治区地质勘查基金管理中心	煤矿	亿吨	54.30	大型	内蒙古自治区煤田地质局 109 勘探队	2007—2013 年
2014	内蒙古自治区阿拉善左旗库井沟矿区石墨矿详查	阿拉善盟盛达能源有限责任公司	石墨	万吨	259.66	大型	内蒙古龙旺地质勘探有限责任公司	2009—2014 年
2015	内蒙古自治区西乌珠穆沁旗巴其北煤炭普查	内蒙古自治区地质勘查基金管理中心	煤矿	亿吨	59.12	大型	内蒙古自治区第九地质矿产勘查开发院	2009—2015 年
2015	内蒙古自治区东乌珠穆沁旗白音霍布尔勘查区煤炭普查	内蒙古自治区地质勘查基金管理中心	煤矿	亿吨	29.84	大型	内蒙古自治区第九地质矿产勘查开发院	2011—2015 年

续表 4

取得成果年度	项目名称	矿权人	主要矿种	资源储量单位	查明资源储量	矿床规模	勘查单位	项目工作时间
2015	内蒙古自治区新巴尔虎右旗三角地勘查区煤炭详查	内蒙古自治区地质勘查基金管理中心	煤矿	亿吨	1.57	大型	内蒙古自治区第六地质矿产勘查开发院	2011—2015 年
2015	内蒙古自治区苏尼特左旗乌兰敖包蛇纹岩矿详查	内蒙古自治区苏尼特左旗博鑫矿业有限责任公司	化肥用蛇纹岩	亿吨	6.33	大型	内蒙古龙旺地质勘探有限责任公司	2012—2015 年
2015	内蒙古苏尼特右旗阿其图乌拉苏木白音敖包蛇纹岩矿详查	北京炬宏达矿业投资有限公司	化肥用蛇纹岩	亿吨	3.09	大型	北京勘察技术工程有限公司	2012—2014 年
2015	内蒙古自治区乌拉特中旗大乌淀矿区晶质石墨矿地质详查	乌拉特中旗蒙晋龙腾工贸有限责任公司	石墨	万吨	1545	大型	辽宁省化工地质勘查院	2011—2015 年
2015	内蒙古自治区乌拉特中旗哈达图矿区晶质石墨矿普查	内蒙古自治区有色地质勘查局 511 队	石墨	万吨	252	大型	内蒙古自治区有色地质勘查局 511 队	2007—2015 年
2015	内蒙古自治区阿拉善左旗查汗木胡鲁矿区晶质石墨矿勘探	包头市金宝利格投资有限公司	石墨	万吨	703	大型	内蒙古第八地质矿产勘查开发有限责任公司	2014—2015 年
2015	内蒙古自治区乌海市呼珠不沁希勒石灰岩矿地质详查	乌海市城建投融资有限责任公司	水泥用石灰岩	亿吨	3.98	大型	内蒙古第八地质矿产勘查开发有限责任公司	2008—2015 年
2015	内蒙古自治区达茂旗庆达木饰面花岗岩矿普查	内蒙古联邦地质勘查有限责任公司	饰面用花岗岩	万立方米	1378	大型	包头市绥远工贸有限公司	2013—2015 年

第六节 专项工作

为贯彻落实《国务院关于加强地质工作的决定》的有关精神和要求，国土资源部于 2006 年部署启动了全国矿产资源潜力评价工作。2007 年 3 月 19 日，自治区国土资源厅印发《关于开展全区矿产资源潜力评价工作的通知》，就开展全区矿产资源潜力评价工作进行全面部署，并明确由自治区地质调查院为项目牵头单位，自治区煤田地质局、自治区地质矿产勘查院、自治区第十地质矿产勘查开发院、自治区国土资源勘查开发院、自治区国土资源信息院、中化地质矿山总局内蒙古地质勘查院为项目参加单位，共同承担完成全区矿产资源潜力评价项目。为加强相关工作组织领导，10 月 30 日自治区国土资源厅印发《内蒙古自治区国土资源厅关于成立全区矿产资源潜力评价和储量利用调查工作领导小组的通知》，成立了由厅长白盾任领导小组组长、副厅长赵保胜和副巡视员高华任副组长的全区矿产资源潜力评价和储量利用调查工作领导小组，统一负责全区矿产资源潜力评价和全区矿产资源储量利用现状调查的组织领导工作。

全区矿产资源潜力评价项目的总体目标任务为:

全面开展本自治区重要矿产资源潜力预测评价,在现有地质工作程度基础上,基本摸清本自治区重要矿产资源"家底",为矿产资源保障能力和勘查部署决策提供依据。一是在现有地质工作程度基础上,全面总结本自治区基础地质调查和矿产勘查工作成果和资料,充分应用现代矿产资源预测评价的理论方法和GIS评价技术,开展本自治区非油气矿产煤炭、铀、铁、铜、铝、铅、锌、锰、镍、钨、锡、金、铬、钼、锑、稀土、银、硼、磷、硫、萤石、菱镁矿、重晶石等的资源潜力预测评价,估算本自治区有关矿产资源潜力及其空间分布,为研究制定国家矿产资源战略与国民经济中长期规划提供科学依据。二是以成矿地质理论为指导,深入开展本自治区范围的区域成矿规律研究;充分利用地质、物探、化探、遥感和矿产勘查等综合成矿信息,圈定成矿远景区和找矿靶区,逐个评价成矿远景区资源潜力,并进行分类排序;编制本自治区成矿规律与预测图,为科学合理地规划和部署矿产勘查工作提供依据。三是建立并不断完善本自治区重要矿产资源潜力预测相关数据库,特别是成矿远景区的地学空间数据库、典型矿床数据库,为今后开展矿产勘查的规划部署研究奠定扎实的信息基础。

全区矿产资源潜力评价项目具体工作目标任务:

1. 在本自治区范围内完成非油气矿产煤炭、铀、铁、铜、铝、铅、锌、锰、镍、钨、锡、金、铬、钼、锑、稀土、银、硼、磷、硫、钾盐、锂、萤石、菱镁矿、重晶石25种矿种预测工作,在Ⅳ-Ⅴ级成矿区内圈定预测区。工作比例尺为1:20万—1:25万,原始资料应用以1:20万—1:25万比例尺数据为主,成图比例尺为1:150万。

2. 预测非油气类煤炭、铁、铜、铝、铅、锌、锰、镍、钨、锡、金、铬、钼、锑、稀土、银、硼、磷、硫、萤石、菱镁矿、重晶石22种矿种未查明资源量及其地下1000—2000米以上空间分布(铀矿由全国统一预测,钾盐和锂矿在自治区基本无查明资源则不预测)。

3. 建立和完善能够满足本自治区动态资源评价工作需要的有关数据库、专家系统及固体矿产区域评价系统。

4. 提出本自治区矿产勘查近期及中长期部署建议及方案。预测自治区今后20年矿产资源的探明趋势、开发产能增长趋势以及矿产资源开发基地的战略布局。

5. 建立煤炭、铁、铜、铝、铅、锌、锰、镍、钨、锡、金、铬、钼、锑、稀土、银、硼、磷、硫、萤石、菱镁矿、重晶石22种矿种的典型矿床成矿模型及成矿区(带)及矿集区的区域成矿模式。

6. 完成自治区新一轮成矿区(带)及成矿地质构造环境及成矿规律研究。

全区矿产资源潜力评价项目实施过程:

按照全国项目办的统一部署和要求,全区潜力评价项目实施主要分为三个阶段进行。

1. 第一阶段(2007至2011年3月):按照全国煤炭项目办下发的煤炭资源潜力评价编写提纲要求,从2007年5月开始进行煤炭设计编写,于12月底通过全国项目办审查;2008年5月完成煤炭层序地层与构造控煤培训后,重点收集相邻省(区)资料,并于当年完成巴彦宝力格、胜利、白音华、白音乌拉4个矿区的主要图纸编制;2009年全面完成19个矿区(海拉尔4个、二连11个、绍根、集宁、准格尔、东胜)的主要图纸编制,并梳理了全区183个预测区的资源量,基本完成了项目80%的工作量;2010—2011年3月,将矿区级评价工作调整为赋煤带3个、煤田2个、矿区2个进行评价并提交成果。非煤矿产是从2007年6月在北京完成全方位的技术培训,于11月完成项目总体设计并通过全国项目办评审;2008年完成了全区1:50万地质图数据库、工作程度数据库、矿产地数据库及重力、航磁、化探、遥感、重砂等基础数据库的更新与维护；2008—2009 年开展了典型示范区研究；2010 年 6 月编制完成全区 1∶25 万标准图幅建造构造图、实际材料图，全区 1∶50 万、1∶150 万物探、化探、遥感及自然重砂基础图件，铁、铝单矿种数据库通过全国及华北地调中心综合信息集成组的审查验收；至 2011 年 3 月，金、铜等 8 个矿种数据库通过全国项目组的验收，并完成了铜、铅、锌、金、钨、锑、稀土、磷等矿种的资源潜力评价并通过审查验收，经修改、完善将各类报告、图件及数据库向全国项目办及天津地调中心进行了汇交。

2. 第二阶段（2011 年 3 月至 2012 年 8 月）：于 2011 年底前完成了铁、铝、金、铜共 10 个单矿种数据库向华北地调中心和全国项目办进行成果汇交；于 2012 年 6 月完成银、铬、锰、镍、锡、钼、硫、萤石、菱镁矿、重晶石等 10 个矿种的资源潜力评价工作及各专题成果报告编制及单矿种数据库建设，并通过了全国项目办评审验收，于 8 月底前完成相关资料的修改、完善，并按照要求分专题进行复核和成果资料汇交。

3. 第三阶段（2012 年 8 月至 2013 年 10 月）：于 2012 年 12 月底完成了钼、银等 10 个矿种数据库成果向全国项目办和华北地调中心进行成果汇交；开展以Ⅲ级成矿区带为单元的各专题研究工作，编写地质背景、成矿规律、矿产预测、重力、磁法、遥感、自然重砂、综合信息专题报告，并在各专题报告基础上编写完成全区矿产资源潜力评价总体成果报告及工作报告，于 2013 年 6 月完成各专题汇总报告及图件的编制并通过自治区国土资源厅组织的初审，于 7 月通过了全国项目办组织的评审验收并均被评为优秀级。

全区矿产资源潜力评价工作从 2006 年启动，至 2013 年完成，历时 8 年时间，参加人员众多，仅项目组技术人员就多达 272 人。共投入资金达 1.72 亿元，其中中央财政投入 2690 万元，自治区财政投入资金 1.45 亿元。工作范围涉及自治区全境，主要对中华人民共和国成立以来的地质、矿产、重力、磁法、地球化学、自然重砂、遥感、数据库建设及各类综合研究资料进行了系统的梳理、汇总，共收集、整理、编绘资料图件数万份，完成各类报告 121 份，编制图件 15 844 张，建立成果数据库 6986 个，编写说明书 7418 份。

全区矿产资源潜力评价项目提交成果：

1. 项目总体文字报告：

《内蒙古自治区矿产资源潜力评价工作报告》1 份；

《内蒙古自治区矿产资源潜力评价成果汇总报告》1 份，附图 9 张；

全区各单矿种（组）潜力评价成果报告 20 份，附图 140 张，图册 14 套。

2. 地质构造背景工作成果：

1∶25 万实际材料图 103 张，数据库 103 个；

1∶25 万建造构造图 134 张，数据库 134 个，说明书 134 份；

预测工作区地质构造专题底图 179 张，数据库 179 个，说明书 179 份；

省级地质构造图件（含大地构造相图、五要素图）6 张，数据库 1 个，说明书 6 份；

地质背景专题报告 1 份。

3. 成矿规律及矿产预测工作成果：

典型矿床成矿要素图 152 张，数据库 152 个，说明书 152 份；

典型矿床成矿模式图 152 张；

典型矿床预测要素图 152 张,数据库 152 个,说明书 152 份;
典型矿床预测模型图 152 张;
典型矿床预测成果图 152 张;
预测工作区成矿要素图 177 张,数据库 177 个,说明书 177 份;
预测工作区成矿模式图 177 张;
预测工作区预测要素图 177 张,数据库 177 个,说明书 177 份;
预测工作区预测模型图 177 张;
预测工作区矿产预测成果图 552 张,数据库 290 个,说明书 290 份;
全区单矿种(组)预测类型分布图 20 张,数据库 20 个,说明书 20 份;
全区单矿种(组)区域成矿规律图 20 张,数据库 20 个,说明书 20 份;
全区区域成矿规律图 1 张,数据库 1 个,说明书 1 份;
全区矿产预测综合成果图 4 张;
全区勘查工作部署建议图 22 张,数据库 22 个,说明书 22 份;
全区未来勘查矿产开发基地预测图 21 张,数据库 21 个,说明书 21 份;
全区单矿种专题规律报告 19 份;
全区单矿种专题预测成果报告 19 份;
全区成矿规律专题成果报告 1 份;
全区矿产预测课题成果报告 1 份。

4. 重力工作成果:
典型矿床重力类图件 320 张,说明书 161 份;
预测工作区重力类图件 3186 张,数据库 531 个,说明书 531 份;
全区类重力图件 90 张,数据库 8 个,说明书 4 个;
重力异常定量解释图 94 张;
重力专题报告 22 份。

5. 磁测工作成果:
典型矿床磁法类图 966 张,数据库 586 个,说明书 586 个;
预测工作区磁法类图件 791 张,数据库 696 个,说明书 696 份;
全区类磁法图件 8 张,数据库 8 个,说明书 8 份;
磁法异常定量解释图 798 张;
磁测专题报告 6 份。

6. 化探工作成果:
典型矿床化探类图件 538 张;
预测工作区化探类图件 2782 张,数据库 2291 张,说明书 2658 份;
全区类化探图件 296 张,数据库 111 个,说明书 116 份;
全区地球化学预测重要矿种的找矿预测图 896 张;
化探专题报告 15 份。

7. 遥感工作成果:

典型矿床遥感类图件 276 张,数据库 205 个,说明书 205 份;

预测工作区遥感类图件 708 张,数据库 531 个,说明书 531 份;

1∶25 万分幅类图件 544 张,数据库 408 个,说明书 408 份;

全区类遥感图件 4 张,数据库 2 个,说明书 2 份;

遥感专题报告 3 份。

8. 自然重砂工作成果:

预测工作区自然重砂类图件 149 张,数据库 75 个,说明书 75 份;

全区类自然重砂图件 40 张,数据库 15 个,说明书 15 份;

重砂专题报告 3 份。

9. 煤炭潜力评价工作成果:

煤田地质图 8 张,数据库 8 个,说明书 8 份;

煤田构造纲要图 8 张,数据库 8 个,说明书 8 份;

聚煤岩相古地理图 20 张,数据库 20 个,说明书 20 份;

煤类分布图 11 张,数据库 8 个,说明书 8 份;

煤炭资源预测评价图 8 张,数据库 8 个,说明书 8 份;

煤炭资源勘查开发现状图 8 张,数据库 8 个,说明书 8 份;

其他辅助性分析研究图件 20 张,数据库 10 个,说明书 11 份;

煤炭专题报告 8 份。

10. 数据库更新维护:

地质工作程度数据库数据 6904 条(其中新增 3225 条);

矿产地数据库数据 2162 条(其中新增 2112 条);

1∶50 万地质图空间数据库数据 18 幅;

1∶20 万—1∶25 万地质图空间数据库数据 131 幅;

区域重力数据库更新维护数据 9 万条;

区域航磁数据库更新维护数据 7 万条;

1∶20 万化探数据库更新维护数据 15 万条(其中新增 27 000 条);

自然重砂数据库更新维护数据 167 幅;

遥感影像数据库 ETM 数据 102 景;

典型矿床数据库数据 15 万条;

数据库建设专题报告 1 份。

全区矿产资源潜力评价项目取得的主要成效:

1. 首次按照同一个技术要求编制了覆盖自治区中—东部地区的 1∶25 万国际分幅的实际材料图 103 幅,并以建造构造为核心内容,编制了覆盖全自治区的 1∶25 万国际分幅的建造构造图 134 幅,为今后各项地质工作提供了丰富的实际资料。同时,首次以岩石构造组合为核心内容,以大地构造相分析为方法编制覆盖全区的 1∶50 万大地构造图,充分反映了全区总体大地构造环境及其时空演化特征。

2. 对内蒙古大地构造分区认为属于西伯利亚板块、华北板块和塔里木板块的结合部位。西伯利亚板块与华北板块的结合带认为位于索伦山—西拉木伦蛇绿混杂岩带,二连浩特—贺根山蛇绿混杂岩带与索伦山—西拉木伦蛇绿混杂岩带之间广阔的锡林浩特中间地块的基底杂岩特征更多地接近于华北地块的特征,其归属有待进一步研究。西伯利亚板块与塔里木板块的界线主要在新疆境内,延入内蒙古的界线为恩格尔乌苏蛇绿混杂岩带。另外,对乌拉山岩群、集宁岩群、色尔腾山岩群、二道洼岩群、宝音图岩群、白云鄂博群、渣尔泰山群、温都尔庙群的时代和石炭系—二叠系的划分及侏罗纪火山岩均形成一定新认识。

3. 对全区煤、铁、铝、金、铜、铅锌、钨、锑、稀土、钼、银、锰、镍、铬、锡、磷、硫、萤石、重晶石、菱镁矿等重要矿产的时空分布规律进行了研究总结,研究了重要矿床(点)的成因类型、成矿时代、控矿因素等成矿特征,划分了矿产预测类型,矿产预测亚类,划分了预测工作区,确定了典型矿床,编制了各单矿种预测类型及预测工作区分布图。在全国统一Ⅲ级成矿区带基础上,首次对全区进行了全覆盖Ⅳ级成矿区带划分,对综合矿种进行了Ⅴ级矿集区划分,共划分34个Ⅳ级成矿区带,148个综合矿种Ⅴ级矿集区,编制完成内蒙古综合矿种Ⅳ、Ⅴ级成矿区带图;对自治区重要Ⅲ级成矿区带的地质背景、成矿特征及演化进行了总结,共划分成矿系列42个,其中前寒武纪成矿系列8个,古生代成矿系列15个,中新生代成矿系列19个,并进一步划分出亚系列44个,建立了区域成矿谱系。以各单矿种预测成果为基础,结合已发现矿床,提出了矿产勘查工作部署建议,共提出工作部署建议区946个(普查区425个、详查区273个、勘探区248个),为未来矿产勘查工作提供依据。对全区20个金属及非金属重要矿种圈定最小预测区5038个,其中A类最小预测区894个、B类最小预测区1641个、C类最小预测区2503个。煤炭资源共划分3个赋煤区,11个赋煤带,11个煤田,69个矿区,35个煤产地,2个远景区。筛选煤炭预测区82个,预测基本单元136个。

4. 首次估算和系统汇总了全区煤、铁、铝、金、铜、铅、锌、钨、稀土、锑、磷、钼、银、镍、锰、锡、铬、萤石、硫铁矿、重晶石、菱镁矿等重要矿种的资源量,并预测了各类矿产未查明资源量及其地下2000米以上空间分布情况。按照预测精度(334-1、334-2、334-3)、深度(500米以浅、1000米以浅、2000米以浅)、预测方法类型(沉积型、侵入岩体型、火山岩型、变质型、复合内生型、层控内生型)、最小预测区级别(A类、B类、C类)、可利用性(可利用、暂不可利用)、可信度(≥0.75、≥0.5、≥0.25),分别对各单矿种进行资源量统计分析,对重要矿产的分布现状及矿产潜力进行了评价,并说明了各类矿产重要成矿带及预测资源量空间分布特征。

5. 按照国家、自治区相关产业政策的要求,依据全区矿产资源特点、地质工作程度及环境承载能力,统筹考虑全区经济、技术、安全、环境等因素,结合各单矿产资源预测结果,在综合考虑当前矿产资源分布和预测成果等因素的基础上,进行了未来开发基地划分,以促进矿产资源勘查工作的科学安排和合理布局。全区共划分未来开发基地88个,完成各单矿种未来开发基地图20张。

6. 全面建立和完善了全区各类地学基础数据库,同时利用GeoPEX集成数据库系统实现了全区矿产资源潜力评价图件、报告、编图说明书、元数据等一体化管理,为更好地规划、管理、保护和合理利用矿产资源,并进行全区地质矿产勘查工作部署提供了基础数据支撑。

第二章　矿产资源开发管理

矿产资源开发管理的目的是维护矿产资源的国家所有权，促进矿产资源合理开发利用和保护，实现矿产资源开发与生态环境的良性循环。其主要内容包括矿业权管理、矿业权出让、矿业开发利用、矿业开发监督管理、矿业权纠纷调处等工作。

第一节　矿业权管理

按照《中华人民共和国矿产资源法》《矿产资源勘查区块登记管理办法》《矿产资源开采登记管理办法》和《探矿权采矿权转让管理办法》等相关法律法规规定，探矿权实行部、省两级审批登记管理制度，采矿权管理实行部、省、市、县四级审批登记管理制度。

一、制度建设与管理

2000 年 6 月 30 日，自治区国土资源厅转发国土资源部《关于采矿许可证换证工作有关问题的通知》，明确自治区采矿许可证换证工作截止到 2000 年 12 月 31 日结束，对未在规定的时间内换领国土资源部统一印制的采矿许可证的，原采矿许可证一律废止，如继续采矿，按非法采矿查处。要求各级采矿权登记机关要在严格执行国家、自治区有关法律、法规的前提下，本着换证与规范采矿权管理并举的原则，严格依法行政，确保换证质量。同时，为加强对采矿许可证换证工作的领导，自治区国土资源厅对原自治区地矿厅采矿许可证换证工作领导小组做了调整，由厅长韩云彬任领导小组组长，副厅长赵保胜任副组长。7 月 18 日，自治区国土资源厅对赤峰市国土地矿局《关于办理地热资源采矿许可证工作有关问题的请示》批复，明确：按照国土资源部《关于转发矿泉水地热管理职责分工文件的通知》和《关于开展勘查许可证、采矿许可证工作有关规定的通知》要求，以及全区采矿许可证换证工作安排，对由于历史原因“开采矿泉水、地热水，用于商业经营的企业单位”未办理采矿许可证的，均应在 2000 年 12 月 1 日前办理采矿许可证或采矿登记手续，逾期未办理手续的，按无证采矿处理。在矿泉水、地热水补办证过程中，要严格执行中编办、国土资源部的有关规定，由旗县级人民政府签署矿区范围意见书，凭取水许可证，按照国务院《矿产资源开采登记管理办法》要求，办理采矿许可补办登记手续。对于事业单位开采地热水的，其事业单位代码证可比照营业执照进行登记。

2001 年 1 月 9 日，自治区国土资源厅转发国土资源部《关于继续对稀土等 8 种矿产暂停颁发采矿许可证的通知》，明确从 2001 年 1 月至 2001 年 12 月 31 日，对稀土、钨、锡、锑、煤、钼、重晶石、萤石等八种矿种继续暂停颁发采矿许可证。国土资源部曾于 1999 年 4 月 23 日印发《关于对稀土等八种矿产暂停颁发采矿许可证的通知》指出，一个时期以来，我国稀土、钨、锡、锑、煤、钼、重晶石、萤石等矿产的生产能力和产量出现过剩，供过于求，资源利用率低，损失浪费严重，环境污染问题突出，尤其是稀土、钨、锡、锑等我国优势矿产的开采，总规模严重失控，开采秩序、出口秩序混乱，必须采取有力措施予以遏制，决定至 2000 年 12 月 31 日，对拟新建的稀土、钨、锡、锑四种矿产的开采项目暂停审批和颁发采矿许可证，对拟新建的矿山建设规模为中、小型的煤、钼、重晶石和萤石 4 种矿产的开采项目暂停审批和颁发采矿许可证。2 月 26 日,自治区国土资源厅印发《关于开展采矿许可证换证复查工作的通知》,对复查的组织、内容、要求做出具体安排。3 月 5 日,自治区国土资源厅转发国土资源部《关于转发授权颁发新建矿山采矿许可证有关规定的通知》,明确从 2001 年 1 月 1 日起,新建矿山颁发采矿许可证的授权权限调整为按矿床规模进行划分,开采《矿产资源开采登记管理办法》附录中的油页岩、地热、锰、铬、钴、铁、硫、石棉、矿泉水 9 矿种和附录其他矿种中型(含)以下矿床申请采矿权的,授权给省、自治区、直辖市国土资源管理部门审批并颁发采矿许可证。并强调:在采矿权审批中应切实加强对矿产资源开发利用方案的审查,确保开采规模与矿床储量规模相适应,采矿权人资质条件与开采规模相适应,把严而又严的资源管理政策落在实处;各单位对上述授权事项必须严格掌握,不得再行授权,在实施中不得越权发证;对授权的采矿许可证审批发证必须严格把关,不得降低标准,被授权单位对所颁发的采矿许可证要承担相对的行政责任,并按采矿权信息系统的管理要求及时备案。3 月 26 日,自治区国土资源厅向国土资源部矿产开发管理司函报《内蒙古自治区采矿许可证换证工作总结》。4 月 17 日,自治区国土资源厅印发《关于尽快办理采矿许可证换证登记手续的通知》,部署办理采矿许可证换证登记工作。8 月 27 日,自治区国土资源厅、财政厅印发《关于采矿权使用费征收管理有关问题的补充通知》,明确矿山企业应缴纳的采矿权使用费,由地质矿产主管部门的征费机构负责征收。属于自治区地质矿产主管部门登记管理范围的,由自治区国土资源厅直接征收或由其委托的机关征收,未受委托的任何单位和部门不得擅自收取(自治区国土资源厅直接征收和委托征收的矿山企业目录由国土资源厅统一公布);属于盟市地质矿产主管部门登记管理范围的,由盟市地质矿产主管部门负责征收。同时,对采矿权使用费票据管理、采矿权使用费减免审批、采矿权使用费管理做出具体规定。

2002 年 5 月 11 日,自治区国土资源厅建立采矿权审批登记会审制度。明确采矿权审批登记会审工作由矿产开发管理处牵头组织,规划与科技处、地质勘查处、资源储量处、地质环境处参加。为减少审批环节,会审工作与矿产资源开发利用方案专家评审会一并进行。根据会审所掌握的情况和各处室的职能职责,各处室的意见均要在采矿权审批责任表上会签。考虑到法定受理期限,各处室审核时间不得超过两个工作日,否则视为同意。制度明确各处室负责审查的主要内容。规定在采矿权审批登记发证审查期间,各处室有关工作人员不准私自向采矿权申请人通报、透露审查情况。确需与申请人交换意见的必须报请负责采矿权管理工作的主管领导同意。7 月 30 日,自治区国土资源厅印发《关于立即处理煤矿采矿许可证换证遗留问题的通知》,强调:2001 年 12 月底前自治区国土资源厅未收到换证资料的煤矿不再列入换证范围处理。对验收不合格,决定关闭的煤矿,各盟市国土资源局要以文件形式,将关闭名单及时报告自治区国土资源厅,自治区国土资源厅将对关闭煤矿的采矿许可证予以注销。10 月 28 日,自治区国土资源厅转发国土资源部《关于采矿权评估和确认有关问题的通知》,规定:选取储量数据、成本参数等各项参数应有合法的依据;评估机构更改提供者提供的原参数时,必须有可靠的依据,要充分说明更改的理由,矿区范围内探明的、控制的储量、基础储量、资源量均应参与采矿权价款的计算,可以综合利用的共伴生矿种,与主矿种一并参与计算采矿权价款。11 月 22 日,自治区政府办公厅印发《内蒙古自治区人民政府办公厅关于办理煤炭矿山采矿许可证延续登记手续问题的通知》,指出:自治区人民政府同意将自治区采矿权登记管理机关已换发的煤矿采矿许可证的有效期延续至 2003 年 12 月 31 日(不含注销、吊销证照矿山、关闭矿山和宝日希勒矿区)。此前采矿许可证到期的煤矿必须在 2003 年 12 月 31 日之前办理完延续登记手续,否则,所持采矿许可证自行废止。12 月 2 日,自治区国土资源厅印发《关于矿山企业采矿许可证延续问题的紧急通知》,要求各级国土资源管理部门一定要加强采矿许可证的延续管理工作,本着“为经济发展服务,为矿山企业服务”的宗旨,加强有关法律、法规的宣传,并做好采矿许可证延续工作。

2003 年 2 月 21 日,自治区政府公布《内蒙古自治区实施西部大开发若干政策措施的规定》。其中,第三十一条规定:探矿权人投资勘查获得具有开采价值的矿产地后,可优先依法获得采矿权。允许将勘查费用计入递延资产,在开采阶段分期摊销。以中外合营方式勘查开采非油气矿产资源,中方以探矿权、采矿权入股的,由中方提供相关地质成果资料,探矿权、采矿权按规定依法评估作价。第三十三条规定:在内蒙古由国家出资勘查形成的探矿权、采矿权价款,按有关规定,符合下列条件之一者,经批准,可部分或全部转为国有矿山企业或地勘单位的国家资本:勘查或开采石油、天然气、煤层气、富铁矿、优质锰矿、铬铁矿、铜、镍、金、银、钾盐、铂族金属、地下水等矿产资源;在国家、自治区确定的扶贫开发重点地区和重点开发地区勘查、开采矿产资源;大中型矿山企业因资源枯竭,勘查接替资源;国有矿山企业经批准进行股份制改造或对外合营时,国有资本持有单位以探矿权、采矿权价款入股;国有矿山企业由于自然灾害等不可抗拒的原因,缴纳探矿权、采矿权价款确有困难。第三十四条规定:在内蒙古勘查、开采矿产资源,符合下列条件之一者,可申请减缴或免缴探矿权、采矿权使用费:石油、天然气、煤层气、铀、富铁矿、优质锰矿、铬铁矿、铜、钾盐、铂族金属、地下水等矿产资源的勘查,大中型矿山企业为寻找接替资源申请的勘查,运用新技术、新工艺提高综合利用水平(包括低品位、难选冶的矿产资源开发及老矿区尾矿利用)的矿产资源开发,政府主管部门认定的其他情形。探矿权使用费,第一个勘查年度可以免缴,第二第三个勘查年度可减缴 50%,第四至第七个勘查年度可减缴 25%。10 月 23 日,自治区政府批转自治区国土资源厅《关于深化矿业权有偿使用制度改革培育和规范矿业权市场的意见》,提出了深化矿业权(包括探矿权、采矿权)有偿使用制度改革及培育和规范矿业权市场的指导思想、主要任务、主要措施。强调:煤和国家出资勘查形成矿产地的探矿权以及用作普通建筑材料砂、石、粘土的采矿权,必须采取有偿竞争的方式出让,其他矿种的采矿权,凡符合条件的全部采取有偿竞争的方式出让,尚不具备采取有偿竞争方式出让的,必须采取有偿协议的方式出让。

2004 年 3 月 11 日,自治区国土资源厅印发《内蒙古自治区矿区开发利用规划管理办法(试行)》,包括总则、立项与编制、审查批准与实施、附则等 4 章 13 条。其主要目的是为了加强矿产资源规划实施管理,有效运用规划手段对矿产资源勘查、开发利用进行宏观调控,保护和合理利用自治区矿产资源,促进矿山生态环境改善,保障经济社会可持续发展。同日,自治区国土资源厅印发《关于成立矿业开发项目审查委员会的通知》,由副厅长孔燕燕任审查委员会主任,成员包括厅各有关处室负责人,在厅矿产开发管理处设办公室负责日常工作,从科研院所和有关部门聘请地质、采矿、选矿、经济等专业具有高级技术职称和一定实践经验的专家若干名,建立专家库,并按项目需要组成专家组,参与全区矿区开发利用规划或矿业开发项目的评审工作。4 月 29 日,自治区国土资源厅印发《关于采矿许可证到期未申请延续矿山办理采矿登记手续有关事宜的通知》,对矿山办理采矿登记手续提出处理的意见:依据矿产资源法律法规的规定,责令未依法申请延续的矿山企业立即停止开采,对采矿许可证到期未提出延续申请仍在开采的矿山给予行政处罚;处罚后,按原批准的矿区范围按新办证程序为原采矿权人重新办理采矿许可证,在未取得采矿许可证期间,不得继续开采;7 月 10 日之前仍未提出延续登记申请的,原批准的矿区范围依法收归国有,以竞争方式重新出让采矿权。6 月 22 日,自治区国土资源厅印发通知,根据国土资源部分配自治区钨精矿(三氧化钨65%)生产总量指标1100吨,下达锡林郭勒盟太仆寺旗钨精矿生产指标100吨、东乌珠穆沁旗钨精矿生产指标1000吨,并要求盟和旗国土资源局加强对本地区钨矿开采和销售情况的监督管理。8月19日,自治区政府印发《内蒙古自治区人民政府关于进一步加强煤炭资源矿业权设置及重点转化项目资源配置管理工作的意见》,强调:要按照规划和有关法律法规,划定鼓励、限制、禁止开采区域,规定煤炭资源勘查开采准入条件和生态环境准入条件,对矿业权申请人的资质条件进行严格审查。开发利用煤炭资源必须做到符合规划,布局合理,建设规模与储量规模相适应,保证资源回采率达到国家标准,防止出现以采代探、圈而不探、大矿小开、一矿多开、只占不开等违法违规现象。凡被停止开采的煤矿、吊销和注销采矿许可证的煤矿、采矿许可证过期失效的煤矿、未设立矿业权的矿区和需要进一步整合的煤矿都要纳入专项矿区规划中。要深化矿业权有偿使用制度,加快培育和规范矿业权市场。搞好煤炭转化项目资源配置,促进煤炭资源深度开发利用。严格规范审批程序,加大依法管理力度。

2005年3月30日,自治区主席在锡林郭勒盟主持召开主席办公会议,研究资源开发利用的有关问题。会议议定:大型整装煤田包括未探明的大型整装煤田的矿权设置由自治区政府统筹管理,其他煤田的矿权设置一律由盟市管理。资源配置必须坚持"两个50%"的原则,即就地转化量不少于50%、外运量不超过50%。对资源开发项目的审批,要严格执行规划和层级管理。各项矿权的设置与审批需由盟市提出配置意见,配置意见的相关报告必须由盟市党政一把手共同签字。自治区国土资源厅依法办理相关手续。未经盟市许可,自治区有关部门不得受理矿权审批。除胜利、白音华煤田以及未探明的整装煤田外,其他小型零散煤田探矿权由锡林郭勒盟管理,并可根据项目配置资源,根据就地转化水平和规模制定优惠政策。对于锡盟行署筛选上报的几个今年要开工项目的资源配置问题,国土资源厅要在4月底前办理完探矿权、采矿权手续。5月10日,自治区国土资源厅印发《关于煤炭采矿权价款评估确认缴纳有关问题的通知》,对采矿权价款评估范围、评估机构、煤炭资源储量计算标准和采矿权价款价格、评估结果确认、采矿权价款的缴纳,予以明确。8月30日,自治区国土资源厅印发《关于尽快处理停产整顿的乡镇煤矿及关闭煤矿采矿许可证的通知》。要求对内蒙古煤矿安全监察局《关于停产整顿乡镇煤矿名单的函》所附名单的煤矿,以盟市为单位依法收回并暂扣采矿许可证;对自治区人民政府2004年、2005年决定关闭的煤矿采矿许可证,自治区国土资源厅已在《内蒙古日报》上公告注销或吊销,各盟市国土资源局负责收缴。

2006年5月22日,自治区国土资源厅印发通知,根据国土资源部分配自治区钨精矿(三氧化钨65%)生产总量指标1300吨,下达锡林郭勒盟太仆寺旗钨矿钨精矿生产指标100吨、东乌珠穆沁旗钨矿钨精矿生产指标1200吨,并强调钨矿企业不得擅自扩大生产能力,如要扩能和修改开发利用方案必须经过审批。9月29日,自治区国土资源厅印发《关于进一步加强矿产资源开发利用方案编制及审查工作的通知》,就有关方案编制和审查工作进一步进行了规范。10月12日,自治区国土资源厅印发《关于进一步规范矿业权设点受理初审和市场出让的通知》,对设点受理的范围、操作程序、初审的要求、矿业权市场出让等有关要求,作出具体规定。

2007年7月9日,自治区国土资源厅印发《关于设立非法采矿、破坏性采矿造成矿产资源破坏价值鉴定委员会的通知》,决定设立自治区非法采矿、破坏性采矿造成矿产资源价值鉴定委员会(以下简称鉴定委员会),由副厅长赵保胜任鉴定委员会主任,由厅矿产开发管理处负责管理工作,自治区国土资源信息院负责组织有关专家进行鉴定,提出鉴定报告并向鉴定委员会汇报鉴定情况,最终由自治区国土资源厅出具鉴定结论。9 月 10 日，自治区国土资源厅印发《关于规范探矿权采矿权管理有关问题的补充通知》，规定：自 2007 年 10 月 8 日起，属自治区国土资源厅发证的所有采矿权登记项目，全部由盟市设点受理审查，受理及报送时限按照自治区国土资源厅《关于进一步规范矿业权设点受理初审程序和市场出让的通知》要求办理。采矿权延续必须严格执行提前 30 天受理的规定，超过期限的一律不得受理。自治区国土资源厅发证采矿权，由企业直接向盟市国土资源局申请延续，符合法律法规规定延续条件的，要依法予以受理，不得私自增加受理条件。采矿权确因特殊原因造成灭失，且不超过 6 个月，原采矿权人申请继续开采的，由盟市国土资源局征得盟市政府同意后，向自治区国土资源厅报告。自治区国土资源厅批复后，由盟市国土资源局对其无证开采行为进行处罚，以有偿出让的方式，按照新办证程序予以办理。盟市国土资源局要定期清理矿业权登记信息，对已过期灭失、吊销的勘查或采矿许可证和政府决定关闭矿山的采矿许可证，要在灭失、吊销勘查、采矿许可证之日或政府决定关闭矿山之日起 60 日内依据有关规定依法予以公告或注销。属自治区国土资源厅发证的，盟市国土资源局要及时报告自治区国土资源厅，由自治区国土资源厅予以公告或注销。采矿权人可以将有偿取得的采矿权向银行抵押，采矿权人和抵押银行应当自抵押采矿权之日起 30 日内向登记管理机关备案。

2008 年 5 月 28 日，自治区国土资源厅印发《关于进一步加强设点受理初审探矿权采矿权备案工作的通知》，要求各盟市国土资源局要对 2008 年之前设点受理初审的全部文件资料经整理后分批次报送自治区国土资源厅备案一套，此项工作在 2008 年 10 月 31 日之前完成；从 2008 年 6 月 1 日起设点受理初审颁发勘查许可证、采矿许可证的档案随同受理审批的全部文件资料每 2 个月向自治区国土资源厅备案一次，审批确认表按照设点初审要求报送并备案。9 月 28 日，自治区国土资源厅转发《国土资源部办公厅关于做好部登记的采矿权有偿处置工作的通知》，并提出了贯彻执行的具体要求。11 月 6 日，自治区国土资源厅印发《关于实施〈内蒙古自治区矿山地质环境治理保证金管理办法〉中涉及采矿权登记有关问题的通知》，明确：新建矿山采矿权申请人在划定矿区范围后，申请办理采矿登记时须提交经备案的矿山地质环境保护与综合治理方案、与盟市国土资源行政主管部门签订的矿山地质环境治理责任书、保证金存储回执和采矿登记其他有关资料，否则，不予受理采矿权的申请。并规定：从 2009 年 5 月 1 日起，采矿权人在办理采矿许可证延续、变更、转让和年检（包括国土资源部颁发固体矿产采矿许可证）手续时，须按照《内蒙古自治区矿山地质环境治理保证金管理办法》规定提交经备案的矿山地质环境保护与综合治理方案、与盟市国土资源行政主管部门签订的矿山地质环境治理责任书、保证金存储回执和其他有关资料。

2010 年 4 月 15 日，自治区国土资源厅下发通知，根据国土资源部分配自治区稀土氧化物开采总量控制指标 5 万吨，全部分配给包头钢铁（集团）有限责任公司（以下简称包钢）；钨精矿（三氧化钨 65%）开采总量控制指标 2100 吨，分配给东乌珠穆沁旗钨矿主采 1000 吨、太仆寺旗金地钨业有限责任公司钨矿主采 300 吨、西乌珠穆沁旗道伦达坝二道沟铜多金属矿综合利用 400 吨、赤峰市维拉斯托矿业有限责任公司铜锌多金属矿综合利用 400 吨。5 月 6 日，自治区国土资源厅印发《关于暂停办理矿业权扩大矿区范围等有关申请项目的通知》，强调：按照国土资源部等十二部门《关于进一步推进矿产资源开发整合工作的通知》和《内蒙古自治区人民政府办公厅转发自治区国土资源厅等部门关于进一步推进矿产资源开发整合工作实施意见的通知》要求，为确保按期完成全区矿产资源开发整合工作任务，经自治区人民政府同意，决定在全区暂停办理矿业权扩大矿区范围等有关申请项目。5 月 31 日，自治区国土资源厅印发《关于进一步做好盟市国土资源局颁发采矿许可证管理工作的通知》，要求各盟市国土资源局要按照《矿产资源法》《矿产资源开采登记管理办法》和国土资源部《关于印发〈矿产资源储量规模划分标准〉的通知》《关于规范勘查许可证采矿许可证权限有关问题的通知》和《内蒙古自治区矿产资源管理条例》《内蒙古自治区人民政府关于印发〈内蒙古自治区矿产资源使用管理办法(试行)〉的通知》等有关规定，进一步完善采矿权审核出让工作，规范市场出让方式和程序，严禁化整为零、越权发证。7 月 27 日，自治区国土资源厅印发《关于矿产资源开发整合中采矿登记有关问题的通知》，明确：在矿产资源开发整合工作中，参与整合的矿山，原采矿许可证均是在盟市国土资源局办理的，整合后矿山的采矿登记手续仍由盟市国土资源局审批；原采矿许可证凡在自治区国土资源厅办理的，整合后矿山的采矿登记手续由自治区国土资源厅审批；在对矿产资源开发整合进行采矿权登记时，各盟市国土资源局要按照自治区整顿和规范矿产资源开发秩序领导小组批准的矿产资源开发整合实施方案，依据法律法规的规定进行采矿登记；具体登记程序应严格按照《关于规范探矿权采矿权管理有关问题的补充通知》和《关于印发探矿权、采矿权申请材料实行电子文档申报标准的通知》执行。9 月 17 日，自治区国土资源厅印发《关于盟市发采矿许可证行政审批程序纳入厅电子政务行政审批管理系统的通知》，要求自 2010 年 10 月 13 日起，盟市发采矿权行政审批工作全部纳入厅矿业权行政审批系统进行。

2011 年 3 月 28 日，自治区国土资源厅转发《国土资源部办公厅关于矿产资源整装勘查区暂停受理新立探矿权采矿权申请的通知》，明确在整装勘查未结束之前，整装勘查区域停止申报市场方式出让项目。7 月 14 日，自治区国土资源厅印发《内蒙古自治区进一步完善采矿权登记管理有关问题实施办法》，共 39 条，对规范划定矿区范围管理，进一步规范采矿权新立、延续和审批管理，严格采矿权转让、变更条件和审批管理，规范采矿权抵押备案、注销条件以及其他有关规定予以明确。

2012 年 2 月 6 日，自治区国土资源厅下发通知，就国土资源部下达自治区 2012 年第一批稀土氧化物开采总量控制指标 2.5 万吨，全部分配给包钢；钨精矿(三氧化钨 65%)开采总量控制指标 1050 吨，分配给东乌珠穆沁旗钨矿主采 300 吨、太仆寺旗金地钨业有限责任公司钨矿主采 350 吨、西乌珠穆沁旗道伦达坝二道沟铜多金属矿综合利用 200 吨、赤峰市维拉斯托矿业有限责任公司铜锌多金属矿综合利用 200 吨。12 月 15 日，自治区国土资源厅印发《关于进一步规范采矿权新立延续有关事宜的通知》，就进一步规范采矿权新立、延续审查工作，提高对开采矿山的监督管理质量，提出具体要求。12 月 31 日，自治区国土资源厅印发通知，就采矿权抵押备案申请的基本条件、申请的要件、抵押备案情形、抵押备案的通知与解除备案作出具体规定。

2013 年 10 月 20 日，自治区国土资源厅印发《关于探矿权抵押备案和完善采矿权抵押备案有关事宜的通知》，要求深化和完善矿业权抵押备案工作。指出：矿业权抵押是抵押申请双方自愿并协商一致，以采矿权或探矿权抵押融资的行为，其风险由双方共同承担。登记备案机关只负责在抵押备案期间冻结被抵押的采矿权或探矿权，未经抵押权人同意，不办理矿业权转让、变更手续，在抵押备案期间申请办理矿业权延续手续时，不需要征求抵押权人意见。未经自治区政府研究同意配置资源的企业煤炭风险探矿权，以及按照国家和自治区规定的最低开采规模转采后查明资源储量不能满足 5 年服务年限的探矿权，其抵押备案申请不予办理。并明确申请探矿权抵押备案的基本条件、探矿权抵押备案申请的要件及其他事宜。

2014 年 7 月 3 日，自治区国土资源厅下发通知，根据国土资源部下达自治区 2014 年稀土氧化物开采总量控制指标轻稀土 5.95 万吨，全部分配给包钢；钨精矿（三氧化钨 65%）开采总量控制指标 1500 吨（其中主采 1000 吨），分配给时丹达矿业有限公司巴林左旗东山湾矿区东南外围银钨钼多金属矿主采 400 吨、东乌珠穆沁旗钨矿主采 200 吨、太仆寺旗金地钨业有限责任公司钨矿主采 400 吨，分配给赤峰市维拉斯托矿业有限责任公司铜锌多金属矿综合利用 300 吨、西乌珠穆沁旗道伦达坝二道沟铜多金属矿综合利用 200 吨，并要求相关国土资源管理部门要采取措施，进一步加强钨矿和稀土矿开采总量控制工作。8 月 4 日，自治区国土资源厅印发通知，就进一步简化自治区采矿权抵押备案有关事宜做出具体规定。12 月 30 日，自治区国土资源厅公示自治区矿产资源开发利用专家名单。

2015 年 6 月 6 日，自治区国土资源厅下发通知，根据国土资源部下达自治区 2015 年稀土氧化物开采总量控制指标轻稀土 5.95 万吨，全部分配给包钢；钨精矿（三氧化钨 65%）开采总量控制指标 1500 吨（其中主采 1000 吨），分配给内蒙古时丹达矿业有限公司巴林左旗东山湾矿区东南外围银钨钼多金属矿主采 400 吨、东乌珠穆沁旗钨矿主采 200 吨、太仆寺旗金地钨业有限责任公司钨矿主采 400 吨，分配给赤峰市维拉斯托矿业有限责任公司铜锌多金属矿综合利用 300 吨、西乌珠穆沁旗道伦达坝二道沟铜多金属矿综合利用 200 吨。并要求相关国土资源管理部门要采取有效措施，进一步加强钨矿和稀土矿开采总量控制工作，要落实专人负责对矿山企业控制指标执行情况进行检查监督，旗县国土资源局应通过核查统计报表、生产台账、资源储量消耗、销售与纳税票据等，加强监督，发现超指标生产、假借主采其他矿种之名偷采、不按规定按时上报数据、不接受监督检查等行为及时依法查处。7 月 28 日，自治区国土资源厅印发《转发内蒙古自治区人民政府办公厅关于进一步深化和谐矿区建设工作的通知》，要求坚持在政府的领导下开展和谐矿区建设工作，力争在制度建设上取得突破，开展一次和谐矿区建设工作专项检查，全面客观总结和谐矿区建设工作。8 月 7 日，自治区国土资源厅印发《内蒙古自治区国土资源厅关于印发自治区矿产资源领域专项整治行动工作实施方案的通知》，要求在全区范围内开采一次矿业权全面清查，重点从违法违规出让转让矿业权等 4 个方面梳理查找问题，限期整改纠正，并以建立矿产资源管理长效机制为目标，根据国土资源部关于 5 个方面制度建设“成熟一个，出台一个”的思路，及时跟进，结合实际，对相关制度进行完善和细化。8 月 14 日，自治区国土资源厅印发《关于简化矿业权管理审批程序的函》，函告简化煤炭配置井田调整程序，经自治区人民政府批准已同意配置煤炭资源，且所在地盟行政公署、市人民政府核实配置项目已建成，需要调整配置井田的，由有关盟行署、市人民政府提出调整意见报自治区国土资源厅办理相关手续；全面清理本地区设定的矿业权前置审批条件，取消额外的前置审批程序，非煤矿产矿权出让和转让及延续变更登记时，所在地政府不再层层出具意见，严格按国家和自治区有关规定办理相关手续。8 月 31 日，自治区国土资源厅印发《关于普通建筑材料用砂、石、粘土矿采矿权简化审批的指导意见》，要求整合调整矿业权登记管理要件：将普通建筑材料用砂、石、粘土矿开发利用规划和矿业权设置方案及储量报告统一纳入旗县级普通建筑材料用砂、石、粘土矿开发利用专项规划，作为矿产资源总体规划专题研究之一，由旗县区人民政府组织编制并实施，重点解决规划布局、开采总量、矿山环境保护目标和最低开采规模等问题，盟市国土资源局审查通过后，利用信息系统直接报国土资源部上图入库，不再进行备案审核，规划局部修编一并采取以上方式予以解决；根据普通建筑材料用砂、石、粘土矿质量、用途和区位情况，划定不同的区域，通过评估机构咨询等适当方式，确定不同区域的基准采矿权价款，报盟市国土资源局备案后，由旗县区人民政府发布执行，作为市场出让采矿权的最低价格，不再评估确定底价，依据市场变化情况，按上述程序,每1—2年调整更新一次普通建筑材料用砂、石、粘土矿采矿权基准价款;普通建筑材料用砂、石、粘土矿市场出让采矿权后,竞得企业只编制普通建筑材料用砂、石、粘土矿开发与保护综合方案,将原需编制的矿产资源开发利用方案、土地复垦方案和矿山地质环境恢复治理方案(含地灾评估内容),以及按照审批权限其他相关部门同意合并的方案与报告类材料,一并纳入综合方案,其他部门不同意合并或取消前置审批的,从其规定。同时要求:进一步优化布局,建立分区管理制度,在普通建筑材料用砂、石、粘土矿开发利用专项规划中划分开发集中区、允许区和备选区;坚持生态优先,生态脆弱区、开发后严重影响人民生产生活的区域和国家规定的"三区两线"可视范围内不得设置普通建筑材料用砂、石、粘土矿采矿权;坚守安全底线,普通建筑材料用砂、石、粘土矿应严格按有关要求,履行非煤矿山建设项目安全设施"三同时"手续,取得安全生产许可证后方可生产;完善市场出让制度,普通建筑材料用砂、石、粘土矿是国家规定必须实行市场出让采矿权的矿产,各地必须严格执行市场出让制度。9月6日,自治区国土资源厅印发《转发〈水利部、国土资源部、交通运输部关于进一步加强河道采砂管理工作的通知〉的通知》,要求各地结合本地实际,明确采砂管理牵头部门和协作部门,落实责任主体,要建立联合监管机制、共同执法机制、定期会商机制、重大问题协调机制和信息资源共享机制,通过强化制度建设、狠抓源头治理、加强日常巡查、严格依法查处、注重教育引导等多种有效形式,始终保持对河道违法违规采矿行为的高压严打态势。10月27日,自治区国土资源厅印发《关于转发〈国土资源部关于采矿权人为他人债务提供担保的采矿权抵押备案有关问题的通知〉的通知》,要求采矿权人以其拥有的采矿权为抵押物,为他人贷款债务提供担保而申请抵押备案的,应提交的申请资料、具备的条件、备案通知及抵押解除等相关要求,按照《国土资源部关于进一步完善采矿权登记管理有关问题的通知》第二十八条至三十一条规定执行,其中抵押备案申请书需抵押人、抵押权人及债务人三方分别签字盖章。11月16日,自治区国土资源厅印发《关于加强哈达门地区矿产资源保护的通知》,要求中国人民武装警察部队黄金第二支队单位加大该区域保护和巡查,发现违法盗采行为及时制止和报告,配合国土资源部管理部门依法查处非法行为,切实维护国家矿产资源和探矿权人合法权益不受侵害,避免国家矿产资源遭到破坏。

二、矿业权设置方案报备

根据国土资源部2005年9月下发的《关于规范勘查许可证采矿许可证权限有关问题的通知》和2006年2月下发的《关于进一步加强煤炭资源勘查开采管理的通知》要求,对国家规划矿区和对国民经济具有重要价值矿区,由国土资源部批准其矿业权设置方案并备案后,方可办理矿业权审批。为此,自治区国土资源厅从2006年开始正式组织开展相关矿业权设置方案的编制、审查及上报备案工作。

2006年2月16日,自治区国土资源厅向国土资源部上报《关于呈报内蒙古自治区两个煤炭国家规划矿区探矿权设置方案的报告》。5月16日,自治区国土资源厅印发《关于进一步规范矿业权管理加强煤炭资源勘查开采管理的意见的通知》,对有关矿业权设置方案的审查等作出具体规定。5月31日,自治区国土资源厅向国土资源部上报《关于呈报国家投资完成内蒙古自治区东胜、准格尔两个煤炭国家规划区普查工作方案的报告》;9月26日,上报《关于呈报内蒙古自治区胜利、伊敏、白音华三个煤炭国家规划矿区矿业权设置方案的报告》;11月13日,上报《关于呈报内蒙古自治区扎赉诺尔、宝日希勒、霍林河三个煤炭国家规划矿区矿业权设置方案的报告》；11 月 16 日，上报《关于内蒙古自治区鄂尔多斯上海庙非国家规划矿区矿业权设置方案的备案报告》。

2007 年 10 月 29 日，自治区国土资源厅印发《关于对内蒙古自治区大雁矿区矿业权设置方案的批复》，原则同意专家组评审意见，如国家发改委批复的矿区总体规划有变化，要对矿业权设置方案进行相应调整，要求严格按照批准的矿业权设置方案合理设置矿业权。

2008 年 3 月 17 日，自治区国土资源厅向国土资源部上报《关于上报〈内蒙古自治区主要成矿区带地质工作规划及探矿权设置方案〉的报告》。同日，自治区国土资源厅印发《内蒙古自治区主要成矿区带地质工作规划及探矿权设置方案》，就自治区主要成矿区带的探矿权设置提出方案。

2009 年 4 月 29 日，自治区国土资源厅印发《关于印发〈内蒙古自治区主要成矿区带 2009 年度地质工作规划及探矿权设置方案〉的通知》，指出：经自治区人民政府同意，2008 年以来自治区主要成矿区带地质工作规划及探矿权设置方案实行分区分类滚动管理模式。按照有关要求，结合内蒙古自治区 2009 年度地勘工作实际，修编了《内蒙古自治区主要成矿区带地质工作规划及探矿权设置方案》印发，请结合实际，认真贯彻执行。同日，自治区国土资源厅向国土资源部上报《关于〈内蒙古自治区巴彦宝力格煤田矿业权设置方案〉的请示》。并于同日，向乌兰察布市国土资源局下发《关于〈内蒙古乌兰察布市玫瑰营子煤炭矿区矿业权设置方案〉的批复》，批准乌兰察布市玫瑰营子煤炭矿区设置 3 个矿业权单元，其中采矿权 1 个、探矿权 2 个。5 月 13 日，自治区国土资源厅向国土资源部上报《关于上报〈内蒙古自治区主要成矿区带 2009 年度地质工作规划及探矿权设置方案〉的报告》，说明：按照内蒙古自治区主要成矿区带地质工作规划及探矿权设置方案实行分区分类滚动管理的模式，结合自治区地勘工作实际，在 2008 年编制的《内蒙古自治区主要成矿区带地质工作规划及探矿权设置方案》的基础上，修编制定了《内蒙古自治区主要成矿区带 2009 年度地质工作规划及探矿权设置方案》。5 月 26 日，自治区国土资源厅向国土资源部上报《关于〈内蒙古自治区白彦花煤田矿业权设置方案〉审批备案的请示》；8 月 3 日，向国土资源部上报《关于呈报〈内蒙古自治区贺斯格乌拉煤炭矿区矿业权设置方案〉的报告》；9 月 27 日，向国土资源部上报关于《内蒙古自治区东胜煤田纳林希里矿区矿业权设置方案》备案的请示；10 月 26 日向国土资源部上报《内蒙古自治区大雁矿区矿业权设置方案》的报告。11 月 10 日，自治区国土资源厅对《内蒙古自治区大雁矿区矿业权设置方案》予以批复。

2011 年 2 月 25 日，自治区国土资源厅向国土资源部上报《关于报请批准〈内蒙古自治区宝日希勒煤炭国家规划矿区矿业权设置方案（2010 年修编版）〉的请示》。3 月 3 日，自治区国土资源厅上报《关于加强整装勘查区矿业权管理的意见》，提出建立政府引导、多元投资和地质工作规划部署与探矿权设置有机结合、相互协调的科学管理的新机制，形成矿产资源勘查开发科学管理、合理布局的长效机制，构建资本和技术相结合的整装勘查工作，保障自治区矿业经济又好又快发展。3 月 10 日，自治区国土资源厅向国土资源部上报《关于对修编的〈内蒙古自治区宝日希勒煤炭国家规划矿区矿业权设置方案〉进行审查的请示》；3 月 23 日，上报《关于〈内蒙古自治区呼伦贝尔市五九煤炭矿区矿业权设置方案〉备案的报告》；3 月 29 日，上报《关于〈内蒙古自治区察哈尔右翼前旗集宁煤田马莲滩煤炭矿区矿业权设置方案〉备案的报告》；4 月 20 日，上报《关于报请批准〈内蒙古自治区鄂尔多斯新街煤炭矿区矿业权设置方案（国家规划矿区）〉的请示》；5 月 27 日，上报《关于〈内蒙古自治区五间房煤炭矿区矿业权设置方案〉备案的报告》；8 月 18 日，上报《关于报请批准〈内蒙古自治区准格尔煤田玻璃沟井田采矿权设置论证报告〉的请示》;9月8日,上报《关于〈内蒙古自治区苏尼特右旗赛罕高毕煤炭矿区矿业权设置方案〉备案的报告》;9月28日,上报《关于〈内蒙古锡林郭勒盟正镶白旗宝力根套海煤炭矿区矿业权设置方案〉备案的报告》。

2013年7月2日,自治区国土资源厅印发《关于进一步完善矿业权设置方案编制审查工作的通知》,就矿业权设置方案的编制及委托、受理审查、登记备案及批复、审查专家组及档案管理做出明确规定。国家规划矿区、能源类矿区、整装勘查矿区、1:5万矿调区及1:5万物化探调查区由厅委托编制单位;其他矿业权设置方案编制工作由盟(市)国土资源局委托编制单位,跨盟(市)的由厅委托编制单位。国家规划矿区、能源类矿区、整装勘查矿区、1:5万矿调区及1:5万物化探调查区、矿业权整合和矿业权范围调整的矿业权设置方案必须由具备相应类别固体矿产勘查甲级或具备相应矿山工程设计甲级资质的单位编制;其他类型矿业权设置方案必须由具备相应类别固体矿产勘查乙级以上(包括乙级)或具备相应矿山工程设计乙级以上(包括乙级)资质的单位编制。原则上按照矿业权管理权限采取分级受理审查的方式进行。审查机构在接到送审的矿业权设置方案后,经审验其送审材料齐全、设置方案符合要求,予以受理;受理后(3个工作日内)请有关专家进行预审,在预审的基础上组织专家(5个工作日内)进行会议审查。国家规划矿区和整装勘查矿区矿业权设置方案报部备案并批复;1:5万矿调区及1:5万物化探调查区和涉及《矿产资源勘查区块登记管理办法》《矿产资源开采登记管理办法》规定的34个重要矿种的矿业权设置方案(包括单独探矿权转采矿权、矿业权整合及矿业权范围调整),由厅出具意见报国土资源部备案后厅出具批复文件,其他矿区矿业权设置方案(包括单独探矿权转采矿权、矿业权整合及矿业权范围调整)和第三类型矿产资源矿业权设置方案,由盟(市)国土资源局出具意见报厅批复。

三、矿业权审批登记

(一)探矿权登记

2000年,由于国际矿业市场疲软和国内矿业市场初建,全区非油气类矿产(不包括石油、天然气及放射性铀矿等)探矿权登记数量较少。当年全区审批登记探矿权共186个(包括新立150个、变更26个、延续7个、注销3个),其中国土资源部审批登记14个、自治区国土资源厅审批登记172个,至2000年底全区共有在期有效探矿权317个。

2001—2005年,国际、国内矿业市场逐渐活跃,全区探矿权新立登记数量逐年急剧增加,同时到后期的探矿权延续登记数量也大幅增加,使得全区在期有效探矿权数量保持逐年大幅增加态势。“十五”期间,全区共审批登记探矿权6754个(包括新立3599个、变更623个、延续1991个、保留46个、注销495个),其中国土资源部审批登记76个、自治区国土资源厅审批登记6678个。至2005年底,全区非油气类矿产在期有效探矿权共有4088个,与2000年底相比,在期有效探矿权增加近12倍。

2006—2010年,国际和国内矿业市场十分活跃,全区探矿权新立登记一直保持较大数量,旧矿权到期延续登记处于集中办理期,矿权变更登记也较为频繁,除2006年矿权到期未及时办理延续登记使得在期有效探矿权数量大幅减少,以及2006年和2007年全区矿业权整合力度较大并注销一批探矿权外,全区在期有效探矿权数量一直保持在4000多个的水平。“十一五”期间,全区共审批登记探矿权14 208个(包括新立2377个、变更3449个、延续7117个、保留162个、注销1103个),其中国土资源部审批登记729个、自治区国土资源厅审批登记13 479个,比“十五”期间审批登记的探矿权数量增加 1.1 倍。至 2010 年底,全区非油气类矿产在期有效探矿权共有 4392 个,与 2005 年底相比,在期有效探矿权增加 7.44%。

2011—2015 年,因受世界经济复苏乏力和国内矿业市场逐渐趋冷影响,全区探矿权新立登记数量有所减少,但变更和延续登记数量还保持较大数量,使得全区在期有效探矿权数量保持较为平稳,但 2015 年探矿权变更和延续登记数量明显减少,使得当年全区在期有效探矿权数量也明显减少。“十二五”期间,全区共审批登记探矿权 13 142 个(包括新立 1035 个、变更 8052 个、延续 3173 个、保留 571 个、注销 311 个),其中国土资源部审批登记 537 个、自治区国土资源厅审批登记 12 605 个,比“十一五”期间审批登记探矿权数量减少了 7.5%。至 2015 年底,全区非油气类矿产在期有效探矿权共有 3785 个,与 2010 年底相比,在期有效探矿权数量减少了 13.82%。

2000—2015 年内蒙古自治区探矿权由国土资源部审批登记情况统计表

表 4-2-1

登记类型 / 年度	新立数（个）	变更数（个）	延续数（个）	保留数（个）	注销数（个）	合计（个）
2000	3	8	0	0	3	14
2001	7	5	1	0	1	14
2002	3	1	4	0	5	13
2003	12	0	0	0	4	16
2004	2	9	3	2	4	20
2005	7	4	2	0	0	13
2006	19	6	55	2	0	82
2007	9	34	53	1	0	97
2008	17	40	156	11	0	224
2009	12	28	52	15	0	107
2010	16	37	142	23	1	219
2011	14	29	46	20	0	109
2012	7	53	35	31	3	129
2013	0	35	54	32	3	124
2014	12	9	29	38	1	89
2015	2	25	21	33	5	86

2000—2015 年内蒙古自治区探矿权由自治区国土资源厅审批登记情况统计表

表 4-2-2

登记类型 年度	新立数(个)	变更数(个)	延续数(个)	保留数(个)	注销数(个)	合计(个)
2000	147	18	7	0	0	172
2001	265	16	47	2	65	395
2002	241	24	65	0	59	389
2003	525	38	207	0	80	850
2004	1417	160	338	14	77	2006
2005	1120	366	1324	28	200	3038
2006	305	397	1766	23	336	2827
2007	921	762	1621	22	629	3955
2008	476	680	1203	29	59	2447
2009	355	464	857	12	55	1743
2010	247	1001	1212	24	23	2507
2011	154	3311	1002	30	60	4557
2012	73	1188	758	63	38	2120
2013	217	1209	546	91	43	2106
2014	309	1332	396	129	116	2282
2015	247	861	286	104	42	1540

2000—2015 年内蒙古自治区非油气类矿产在期有效探矿权分盟市统计表

表 4-2-3　单位：个

盟市 年度	呼和浩特市	包头市	乌海市	赤峰市	通辽市	鄂尔多斯市	呼伦贝尔市	兴安盟	锡林郭勒盟	乌兰察布市	巴彦淖尔市	阿拉善盟	合计
2000	21	28	2	42	13	4	33	4	55	25	47	43	317
2001	24	34	3	113	20	13	29	9	41	28	52	60	426
2002	43	50	3	160	27	10	51	21	74	63	73	71	646
2003	65	94	11	319	59	47	104	48	166	136	145	165	1359
2004	127	273	12	437	53	96	165	54	263	268	263	281	2292
2005	148	386	16	856	118	212	430	89	661	465	378	329	4088
2006	109	3	0	303	32	42	202	50	15	141	79	153	1129
2007	126	176	15	731	112	176	469	149	749	313	294	343	3653

续表

盟市 / 年度	呼和浩特市	包头市	乌海市	赤峰市	通辽市	鄂尔多斯市	呼伦贝尔市	兴安盟	锡林郭勒盟	乌兰察布市	巴彦淖尔市	阿拉善盟	合计
2008	114	253	24	766	115	236	674	140	824	328	343	326	4143
2009	117	297	27	873	120	164	822	219	854	404	377	388	4662
2010	123	244	16	858	99	173	781	207	791	361	323	416	4392
2011	96	240	15	815	99	137	731	205	709	302	305	381	4035
2012	102	227	16	798	108	141	748	240	765	287	305	354	4091
2013	124	225	13	812	104	136	720	194	699	307	310	406	4050
2014	136	214	14	796	129	95	746	142	667	347	315	452	4053
2015	118	211	12	801	88	80	660	160	592	323	298	442	3785

（二）采矿权登记

2000年，由于国内矿业权市场初建和采矿权登记工作不断规范化，主要是采矿权的变更登记和新立数量较大。全年全区审批登记采矿权共1110个（包括新立210个、变更895个、延续4个、注销1个），其中国土资源部审批登记1个、自治区国土资源厅审批登记626个、各盟市审批登记483个。至2000年底，全区非油气类矿产（不包括石油、天然气及放射性铀矿等）在期有效采矿权共有1640个。

2001—2005年，随着国际、国内矿业市场逐渐活跃，全区采矿权新立登记数量逐年增加，同时到期采矿权延续登记和变更登记也较多，全区在期有效采矿权数量保持每年增长10%以上的态势。“十五”期间，全区共审批登记采矿权6785个（包括新立2594个、变更1582个、延续2500个、注销109个），其中国土资源部审批登记46个、自治区国土资源厅审批登记2296个、各盟市国土资源局审批登记4443个。至2005年底，全区非油气类矿产在期有效采矿权共有4473个，与2000年底相比，在期有效采矿权数量增加1.73倍。

2006—2010年，由于国际和国内矿业市场十分活跃，全区采矿权登记数量逐年增长，特别是变更和延续数量大幅增长。“十一五”期间，全区共审批登记采矿权17394个（包括新立3765个、变更4282个、延续7792个、注销1555个），其中国土资源部审批登记80个、自治区国土资源厅审批登记3796个、各盟市国土资源局审批登记13 518个，比“十五”期间审批登记的采矿权数量增加1.56倍。至2010年底，全区非油气类矿产在期有效采矿权共有5512个，与2005年底相比，在期有效采矿权数量增长23.23%。

2011—2015年，自治区为实现矿业规模化发展，积极推进全区矿业权整合，使全区在期有效采矿权数量逐年减少。“十二五”期间，全区共审批登记采矿权13 219个（包括新立978个、变更3981个、延续7830个、注销430个），其中国土资源部审批登记102个、自治区国土资源厅审批登记3676个、各盟市国土资源局审批登记9441个，比“十一五”期间审批登记的采矿权数量有小幅减少。至2015年底，全区非油气类矿产在期有效采矿权共有4266个，与2010年底相比，主要因矿业权整合使在期有效采矿权数量减少22.61%。

2000—2015 年内蒙古自治区由国土资源部审批登记采矿权情况统计表

表 4-2-4

年度 \ 登记类型	新立数（个）	变更数（个）	延续数（个）	注销数（个）	合计
2000	—	1	—	—	1
2001	—	18	—	—	18
2002	—	—	1	—	1
2003	1	4	—	—	5
2004	—	9	1	—	10
2005	5	7	—	—	12
2006	13	9	—	2	24
2007	2	7	—	—	9
2008	9	7	—	—	16
2009	1	12	4	—	17
2010	6	5	3	—	14
2011	3	50	2	—	55
2012	4	13	1	—	18
2013	3	11	2	—	16
2014	1	2	2	—	5
2015	4	2	2	—	8

2000—2015 年内蒙古自治区由自治区国土资源厅审批登记采矿权情况统计表

表 4-2-5

年度 \ 登记类型	新立数（个）	变更数（个）	延续数（个）	注销数（个）	合计
2000	65	558	3	—	626
2001	36	318	10	—	364
2002	30	90	230	—	350
2003	37	151	255	—	443
2004	66	119	292	—	477
2005	80	277	292	13	662
2006	115	272	406	99	892
2007	165	221	339	61	786

续表

年度＼登记类型	新立数（个）	变更数（个）	延续数（个）	注销数（个）	合计
2008	124	165	434	80	803
2009	65	95	422	22	604
2010	56	293	349	13	711
2011	44	923	305	9	1281
2012	58	114	417	5	594
2013	44	108	471	4	627
2014	50	77	492	3	622
2015	26	51	469	6	552

2000—2015 年内蒙古自治区由盟市级审批登记采矿权情况统计表

表 4－2－6

年度＼登记类型	新立数（个）	变更数（个）	延续数（个）	注销数（个）	合计
2000	145	336	1	1	483
2001	209	107	32	3	351
2002	301	39	321	17	678
2003	358	171	176	40	745
2004	654	143	287	12	1096
2005	817	129	603	24	1573
2006	1217	255	744	232	2448
2007	848	348	489	499	2184
2008	636	601	1993	413	3643
2009	281	596	1354	89	2320
2010	227	1396	1255	45	2923
2011	173	1722	706	55	2656
2012	122	352	1265	133	1872
2013	148	255	1214	35	1652
2014	128	167	1262	125	1682
2015	170	134	1220	55	1579

2000—2015 年内蒙古自治区非油气类矿产分盟市在期有效采矿权统计表

表 4－2－7　　　　单位：个

年度＼盟市	呼和浩特市	包头市	乌海市	赤峰市	通辽市	鄂尔多斯市	呼伦贝尔市	兴安盟	锡林郭勒盟	乌兰察布市	巴彦淖尔市	阿拉善盟	合计
2000	29	47	23	573	152	214	157	62	53	147	36	147	1640
2001	42	85	89	644	209	423	236	76	75	217	47	179	2322
2002	44	135	86	647	246	454	318	93	154	296	67	187	2727
2003	63	250	103	598	255	608	388	123	272	234	94	204	3192
2004	163	415	104	588	276	667	373	145	335	230	147	228	3671
2005	236	478	102	802	345	912	363	162	432	231	172	238	4473
2006	260	514	162	1143	439	1212	357	205	639	286	226	257	5700
2007	289	465	221	1175	469	1291	389	237	717	333	313	280	6179
2008	251	377	200	1064	398	1087	350	291	685	323	296	242	5564
2009	251	334	202	1097	410	1001	363	264	707	334	314	244	5521
2010	321	374	180	998	356	1006	408	290	660	335	363	221	5512
2011	225	282	130	801	352	929	313	239	650	263	284	208	4676
2012	213	269	129	866	335	928	297	215	660	259	337	212	4720
2013	221	278	147	917	323	911	306	182	613	265	325	222	4694
2014	196	259	114	875	350	893	281	177	591	283	332	240	4591
2015	161	243	109	880	321	825	279	203	505	237	275	228	4266

截至 2015 年底内蒙古自治区非油气类矿产分矿类在期有效采矿权统计表

表 4－2－8　　　　单位：个

盟市＼矿类	能源矿产	黑色金属	有色金属	贵金属	稀有稀土	非金属	水气	合计	开采面积(km^2)
呼和浩特市	3	18	0	15	0	124	1	161	77.87
包头市	15	65	4	9	0	147	3	243	208.52
乌海市	48	7	0	0	0	54	0	109	217.20
赤峰市	43	60	129	87	0	557	4	880	922.74
通辽市	19	6	10	1	0	285	0	321	249.40
鄂尔多斯市	327	14	0	0	0	481	3	825	4232.10
呼伦贝尔市	36	6	23	2	0	206	6	279	514.20
兴安盟	6	9	10	0	0	175	3	203	257.21

续表

盟市 \ 矿类	能源矿产	黑色金属	有色金属	贵金属	稀有稀土	非金属	水气	合计	开采面积（km^2）
锡林郭勒盟	27	25	25	6	3	416	3	505	865.35
乌兰察布市	0	58	11	11	0	156	1	237	227.14
巴彦淖尔市	3	74	11	12	0	173	2	275	216.68
阿拉善盟	29	29	10	5	0	153	2	228	419.68
全区合计 有效采矿权	556	371	233	148	3	2927	28	4266	8408.10
全区合计 有效采矿权开采面积（km^2）	5381.27	611.58	483.88	296.60	9.19	1603.19	22.39	8408.10	

第二节 矿业权出让

矿业权出让主要是根据《中华人民共和国矿产资源法》《矿产资源勘查区块登记管理办法》《矿产资源开采登记管理办法》《探矿权采矿权转让管理办法》等法律法规，由各级国土资源主管部门以矿产资源国家所有权人的代理人资格将探矿权、采矿权出让给不特定矿业权申请人的行为。一般矿业权出让方式包括批准申请、协议、招标、拍卖和挂牌 5 种。自 1998 年国务院出台《探矿权采矿权转让管理办法》和自治区国土资源厅成立后，按照相关法律法规的规定，自治区对矿业权实行严格的审批制度，停止了对国家出资勘查并已探明的矿产地及空白地的无偿出让。在自治区国土资源厅的大力支持下，自 2002 年部分盟市开始探索以竞争方式出让矿业权。经过几年的努力和实践，在充分调研的基础上，吸取区内外探矿权、采矿权市场建设的先进经验，自治区国土资源厅于 2003 年 5 月主持起草了《关于深化矿业权有偿使用制度改革培育和规范矿业权市场的意见》并上报自治区人民政府，自治区人民政府以“内政字[2003]343 号”文批转全区实施。该文件规定凡属国家出资勘查形成矿产地的矿业权和符合规定的砂、石、粘土的采矿权在延续、变更时必须有偿取得，逐步解决矿业权市场建设中存在“双轨制”问题；凡属规定范围的矿业权出让行为必须采取有偿竞争的方式进行，规范矿业权一级市场行为；另外，为支持国有矿山企业的改革、改组、改制，充分利用西部大开发的优惠政策，保持社会稳定，决定利用一年左右的时间将全区国有矿山企业、地勘单位的矿业权价款转增为国家资本金（基金）。同时，自治区国土资源厅又相继下发了《内蒙古自治区矿业权招标拍卖挂牌管理办法（试行）》《内蒙古自治区用作普通建筑材料砂石、粘土采矿权拍卖工作程序暂行规定》《内蒙古国土资源厅首批探矿权挂牌出让工作方案》等，逐步建立了自治区矿业权市场出让的相关规章制度。以 2003 年 12 月自治区国土资源厅首次成功组织金属矿产矿业权市场出让——呼伦贝尔市谢尔塔拉铁锌矿采矿权拍卖和阿拉善左旗淖尔套磁铁矿普查探矿权挂牌出让为标志，全区矿业权有偿使用制度改革取得新突破。而以 2008 年 10 月内蒙古自治区矿业权交易中心正式成立对外挂牌办公为标志，全区矿业权市场出让工作全面纳入规范化轨道。

2000 年，自治区国土资源厅为了培育和发展全区矿业权市场，在处理换证遗留问题的基础上，对换证中要求进行评估转让的矿业权进行了彻底清理，对于属国家出资勘查所形成的探矿权、采矿权，督促采矿权人尽快办理评估手续,努力规范采矿权流转行为。9月,举办了全区范围内的矿业权出让转让培训班,进一步加大矿法及其配套法规特别是《探矿权、采矿权出让转让管理暂行办法》的宣传力度,研讨矿业权招投标、拍卖的具体工作程序和方法,为矿业权市场出让工作奠定了基础。

2001年1月2日,自治区国土资源厅转发国土资源部《矿业权出让转让管理暂行规定》,包括总则、矿业权出让、矿业权转让、监督管理、附则等5章,共69条。其明确:探矿权、采矿权为财产权,统称为矿业权,适用于不动产法律法规的调整原则。依法取得矿业权的自然人、法人或其他经济组织称为矿业权人。矿业权人依法对其矿业权享有占有、使用、收益和处分权。矿业权的出让由县级以上人民政府地质矿产主管部门根据《矿产资源勘查区块登记管理办法》《矿产资源开采登记管理办法》及省、自治区、直辖市人民代表大会常务委员会制定的管理办法规定的权限,采取批准申请、招标、拍卖等方式进行。出让矿业权的范围可以是国家出资勘查并已经探明的矿产地、依法收归国有的矿产地和其他矿业权空白地。8月31日,自治区国土资源厅向国土资源部开发司报送《关于报送采矿权及采矿权市场有关情况的函》,就自治区采矿权管理及采矿权市场情况进行了报告,说明为培育和发展自治区采矿权市场,2001年下半年在处理换证遗留问题的基础上,对换证中要求进行评估转让的采矿权进行彻底清理,属国家出资勘查所形成的探矿权、采矿权的,督促采矿权人尽快办理评估手续,努力规范采矿权流转行为。9月,召开了全区范围内的采矿权出让转让培训班,进一步加大对《探矿权、采矿权出让转让管理暂行办法》等矿法及其配套法规的宣传力度,同时研讨了采矿权招标、拍卖的具体工作程序和方法,摸清全区已探明且未开发的矿产地,为采矿权招标、拍卖工作奠定良好基础。2001年,自治区在规范矿业权流转方面进行了有益的探索,对八〇一稀土矿等3个探矿权和黄岗梁铁锡多金属矿等2个采矿权出让、转让进行了审批,收取和处置探矿权、采矿权价款8551.66万元;额仁陶勒盖银锰矿等3个采矿权的出让、转让工作有序推进,全区矿业权市场初步确立。

2002年8月16日,自治区国土资源厅向国土资源部上报《内蒙古自治区矿业权(采矿权部分)市场调研报告》,其中就有关情况进行了说明:截至2002年6月,自治区共有采矿权5130个,有偿审批采矿权100个(含1998年以后探矿权人申请获得采矿权);共办理转让审批22件,采矿权总交易额6730.1万元,涉及应处置采矿权价款5488.57万元,其中已转增国家资本金3136.48万元;出让采矿权5个,总价值7312.6万元,处置采矿权价款7312.6万元,转增国家资本3个,总价值1699.67万元;拍卖采矿权1个,成交价格为168万元。在采矿许可证换证过程中,发现已发生事实转让的300余个,自治区国土资源厅均下达了限期1年办理采矿权评估转让的意见。10月28日,自治区国土资源厅印发《转发采矿权评估和确认有关问题的通知》,并于12月4日又印发《内蒙古自治区国土资源厅关于推荐拍卖出让采矿权、探矿权项目的通知》,明确拍卖的采矿权、探矿权为厅负责审批发证的并已查明矿产地的采矿权、探矿权;对涉及全区矿产资源储量表上矿产地的采矿权、探矿权,由厅组织筛选,对未涉及全区矿产资源储量表上矿产地的采矿权、探矿权,由盟市国土资源局负责推荐。同时,明确了拍卖的采矿权、探矿权的主要原则。

2003年6月13日,自治区国土资源厅印发《内蒙古自治区用作普通建筑材料砂、石、粘土采矿权拍卖工作程序暂行规定》,对用作普通建筑材料砂、石、粘土采矿权拍卖工作的选点、准备、实施、登记、收益分配做出具体规定,并规范全区用作普通建筑材料砂、石、粘土(小型及以下规模)采矿权拍卖工作程序;7月24日,印发《关于转发〈探矿权采矿权招标拍卖挂牌管理办法(试行)〉的通知》,要求各盟市国土资源行政管理部门要深入学习和认识到国家采取以招标拍卖挂牌方式出让探矿权采矿权是改革行政审批制度的重大举措，同时要提高各级政府对探矿权采矿权招标拍卖挂牌工作重要性、必要性的认识，严格按照规定积极稳妥地推进本辖区采矿权招标拍卖挂牌工作，使广大探矿权采矿权申请人深入了解探矿权采矿权招标拍卖挂牌工作的范围、要求、程序，积极配合全区探矿权招标拍卖挂牌工作。11 月 19 日，印发《内蒙古自治区矿业权招标拍卖挂牌管理办法（试行）》（以下简称《办法》），共 6 章 47 条，自发布之日起施行。《办法》对矿业权招标、拍卖、挂牌出让、监督及违约责任做出具体规定。并明确：矿业权权属无争议，且除自治区级重点项目所需资源的矿业权外的其他国家出资并探明的矿产地、依法收归国有的矿产地、登记机关认为宜于采用招标、拍卖、挂牌方式重新出让矿业权的，以及除国家、自治区重点建设项目和重要公路、铁路建设所需普通建筑用砂、石、粘土矿产确不宜采取招标、拍卖、挂牌的方式出让外的其他用作普通建筑材料的砂、石、粘土矿产地，一般应以招标、拍卖、挂牌方式出让矿业权。全年，自治区国土资源厅组织有偿出让采矿权 83 宗，出让金额 7339.18 万元；出让探矿权 46 宗，实现价款 1.03 亿元，收缴价款 5500 万元。其中，呼伦贝尔市谢尔塔拉铁锌矿采矿权以高出底价 4.2 倍的 6300 万元成功拍卖，敲响了全区金属矿产采矿权拍卖的第一锤；而自治区国土资源厅委托阿拉善盟国土资源局挂牌出让的阿拉善左旗淖尔套磁铁矿普查探矿权，以高出起拍价 32.2 倍的 161 万元成交，开创自治区探矿权有偿竞争出让的先河。

12 月 2—4 日，自治区国土资源厅组织在呼伦贝尔市召开全区矿产资源管理暨矿业权招拍挂工作会议，期间与会代表现场观摩了谢尔塔拉铁锌矿采矿权拍卖实况。

2004 年 1 月 15 日，自治区国土资源厅向国土资源部矿产开发管理司上报《关于报送〈内蒙古自治区探矿权采矿权市场建设调研报告〉的函》，主要就矿业权市场建设的基本情况、矿业权有偿出让制度建设情况、采矿权转让等情况进行了报告，并从 6 个方面提出了相关意见和建议；2 月 3 日，又上报了《关于煤炭资源矿业权出让情况的报告》，主要就自治区煤炭资源规划矿区采矿权出让及相关情况进行了报告。3 月 23 日，自治区人民政府副主席赵双连主持召开专题会议，听取了自治区国土资源厅地质勘查及矿产资源开采工作汇报，研究和审议了自治区国土资源厅提出的《内蒙古自治区 2004 年首批矿产资源勘查项目》《2004 年度探矿权招拍挂项目》《内蒙古自治区矿产资源开发重点项目》和《2004 年度采矿权招拍挂项目》。自治区人民政府孙宝厚、史青晓，自治区国土资源厅黄·阿拉腾别立格、孔燕燕、郭战英，自治区发改委丁生莲，自治区工业办张志诚，自治区财政厅张华，自治区环保局王龙等相关领导参加了会议，会议最终批准自治区国土资源厅上报的 2004 年首批矿产资源勘查开发计划项目，即矿产勘查项目 93 个、探矿权招拍挂项目 54 个、矿产资源开发重点项目 163 个和采矿权招拍挂项目 17 个。

2005 年 4 月 21 日，自治区国土资源厅印发《关于加强属盟市发证的采矿权转让初审工作的通知》，决定委托盟市国土资源局受理并初审属盟市发放采矿许可证的采矿权转让申请资料。并确定：采矿权转让的初审，在自受理之日起 10 个工作日内对转让申请进行审查，做出拟同意或不同意的初审意见，并填写《采矿权转让初审责任表》；初审不同意的，要书面说明理由退回申请；采矿权转让的审批，经初审同意的,盟市国土资源局要在5个工作日内以特快专递或专人报送的方式,报自治区国土资源厅审查备案,自治区国土资源厅在10个工作日内下发《采矿权转让批复》。同时要求,各盟市国土资源局要严格按照有关规定做好转让资料的初审工作,不得无故拒绝受理符合本通知规定范围内的正常转让申请,也不得弄虚作假,在资料不全的情况下通过采矿权转让初审。10月31日,自治区国土资源厅印发《关于进一步规范自治区政府出资项目探矿权转让管理的通知》强调,对自治区政府出资勘查的探矿权,各承担项目的地质勘查单位不得以各种名义私自转让、买卖探矿权,确需转让或合作、借资勘查的,必须报经自治区政府批准同意,否则不予批准,出现的后果由相应的地质勘查单位承担;承担自治区出资勘查项目的地勘单位要严格按照自治区人民政府下发《内蒙古自治区地质矿产勘查项目和资金管理办法》(内政办字[2004]149号)要求,做好地质勘查工作,确保自治区出资勘查项目的顺利实施。

2006年5月16日,经自治区政府同意,自治区国土资源厅印发《关于进一步规范矿业权管理加强煤炭资源勘查开采管理的意见的通知》,对全区煤炭资源矿业权出让管理及基本原则、矿业权市场出让的具体操作程序及其他要求作出具体规定,并要求各盟市、旗县国土资源管理部门切实加强对煤炭探矿权、采矿权人履行义务的监督检查,发现违法行为要立即依法查处,煤炭探矿权人自领取勘查许可证未满2年的,或没有按照批准的勘查设计(方案)组织施工和投入资金的,不予批准转让。10月12日,自治区国土资源厅印发《关于进一步规范矿业权设点受理初审和市场出让的通知》,对矿业权设点受理的范围、操作程序、初审要求、矿业权市场出让等有关要求作出具体规定。全年,除自治区重大项目和自治区出资勘查项目外,自治区组织的各类矿业权出让全部实施了市场出让;由自治区国土资源厅委托盟市组织探矿权市场出让197宗,成交156宗,成交探矿权价款总额1.5亿元,市场化率76.5%;采矿权有偿出让970宗,成交采矿权价款总额1.5亿元,其中自治区国土资源厅直接出让的采矿权全部进行了市场出让。

2007年2月12日,自治区政府印发《内蒙古自治区矿产资源有偿使用管理办法(试行)》。其中,第十三条对新出让的矿业权做出具体规定:除国务院批准的重点矿产资源开发项目和为国务院批堆的重点建设项目提供配套资源的矿产地;列入自治区政府出资勘查计划的项目,经自治区政府批准为重点建设项目提供配套资源的矿产地;两个以上矿业权实施资源整合后,需扩大周边不宜再设置新的矿业权的区域;已设矿业权但矿体外延部分或周边不宜再设置新的矿业权的边角区域;地下水、矿泉水、地热资源的勘查;国家出资安排的为危机矿山寻找接替资源的找矿项目、矿产资源补偿费勘查项目、国有地质勘查单位实施国家计划安排的地质勘查项目和中央、自治区地质勘查基金(含自治区财政出资)安排的煤炭勘查项目;经自治区人民政府批准需进行协议出让的区域,可以有偿协议出让外,其他一律实行市场方式出让矿业权。第十四条规定:无须勘查可直接设置采矿权的矿种(普通建筑用砂石、粘土;烧制白灰用石灰岩、型砂等);无争议的已灭失探矿权,矿产资源勘查工作程度已达到详查,且符合规划、矿业权设置方案和开采设计要求的矿产地;无争议的已灭失采矿权或以往有过采矿活动的区域,符合规划、矿业权设置方案要求,经核实存在可供开采矿产资源储量或有经济价值的矿产地,应以市场方式出让采矿权。第十五条规定:非煤矿种探矿权原则按照批准的勘查规划和探矿权设置方案出让。3月9日,自治区政府办公厅印发《关于研究矿产资源配置事项审核办理程序的会议纪要》,指出:2月9日自治区副秘书长史青晓主持召开会议,研究矿产资源配置项目审核办理程序事宜;会议强调,为国家和自治区大型煤转化和煤炭资源综合利用重点项目配置煤炭资源和通过拍卖煤炭资源筹措资金进行资源开发基础设施建设事宜以及向国土资源部报送涉及资源配置的公文,必须提请自治区政府主席办公会议研究；会议明确，各有关部门要按照自治区资源配置有关文件精神，对申请资源配置的煤转化项目进行严格审核，自治区国土资源厅根据国家和自治区矿产资源管理、配置有关要求，对申请区域勘查情况、矿业权设置情况、是否符合矿业权设置方案、有偿使用落实情况和转化项目土地征用情况等进行审核，结合各部门审核结果提出意见。当年，自治区委托盟市市场出证矿业权242宗，成交额2.7亿元，自治区本级共收矿业权价款35亿元。

2008年5月19日，自治区国土资源厅印发《关于严格执行市场方式出让矿业权的通知》，要求各盟市要严格执行《内蒙古自治区矿产资源有偿使用管理办法(试行)》中第十三、十四条的规定，对规定应当以市场方式出让矿业权的，一律以市场方式出让，对规定需要进行勘查后才能办理采矿权的矿种，应当以市场方式出让探矿权，违反规定的，严肃追究盟市国土资源局有关领导的责任。要进一步规范和完善市场方式出让矿业权行为，提高服务意识和办事效率，严禁超越政策设置准入条件，严禁吃、拿、卡、要和权钱交易行为。各盟市要对2005年10月12日以后出让的矿业权开展一次专项清查工作，逐个进行自查，凡发现违反《意见》和《通知》规定的行为，要立即进行纠正，并于2008年7月底前将清查报告上报厅纪检组。7月17日，自治区国土资源厅印发《关于加强含铁砂石矿管理的通知》，明确：含铁砂石矿按照普通砂石矿进行管理。各盟市国土资源局要组织有关专家对拟出让的含铁砂石矿区域进行实地踏查，圈定范围，估算资源量，编制相关地质资料及开发利用规划，征求水利、林业部门的意见后，报盟行政公署、市人民政府批准，以市场方式直接出让采矿权。10月17日，自治区国土资源厅印发《关于内蒙古自治区矿业权交易中心挂牌的通知》，明确：自通知下发之日起，内蒙古自治区矿业权交易中心对外挂牌办公，设在内蒙古自治区土地储备登记中心，其主要工作职责是承办自治区以招标、拍卖、挂牌方式出让的矿业权的资料整理、现场踏查、文件编制并具体组织实施出让探矿权、采矿权的招标、拍卖和挂牌工作，负责确认交易结果。并明确招标、拍卖、挂牌方式(出让)矿业权价款的分成比例按照《内蒙古自治区人民政府关于印发〈内蒙古自治区矿产资源有偿使用管理办法(试行)〉的通知》的规定执行。12月16日，自治区国土资源厅印发《内蒙古自治区矿业权市场交易管理暂行办法》，共24条。其明确了自治区矿业权交易中心的主要职责是受自治区国土资源厅和矿业权人的委托进行矿业权市场交易活动，提供矿业权登记管理机关以市场方式出让矿业权和矿业权人委托矿业权交易机构进行矿业权市场交易相关的法律和技术服务，对盟、市矿业权交易机构提供业务指导；同时，对矿业权市场交易活动有关事项做出了具体规定。

2009年11月20日，自治区国土资源厅向国土资源部办公厅上报《关于加强和规范矿业权市场建设的调研报告》。其根据《国土资源部办公厅关于围绕重大问题开展调查研究的通知》(国土资厅函[2009]743号)精神，就改革探矿权出让管理的措施、进一步规范探矿权管理的政策措施及建议、加强采矿权登记管理的有关规定、进一步加强探矿权采矿权转让管理的措施及建议等4个方面的内容认真进行了调研，并提出了具体意见。当年，由自治区矿业权市场出让交易平台完成4个批次的105个非煤探矿权挂牌出让工作，成功出让90个，总收益1.44亿元。

2010年5月21日，自治区国土资源厅向国土资源部矿产开发管理司上报了全区矿业权出让管理情况报告，说明：2006—2009年底，自治区共出让矿业权3186个，其中探矿权1754个、采矿权1432个，包括有申请在先和协议出让探矿权873个，均属自治区财政出资安排的计划项目和经自治区人民政府批准支持三大地勘单位、包头钢铁集团、森工集团改革发展协议配置的项目。以招标拍卖挂牌方式出让矿业权2313个，其中招标5个、拍卖253个、挂牌2055个，招标拍卖挂牌出让矿业权所占比例为72.5%。矿业权出让价款共计30.39亿元,其中招标拍卖挂牌出让价款16.10亿元,占总出让价款53%。5月31日,自治区国土资源厅印发《关于进一步做好盟市国土资源局颁发采矿许可证管理工作的通知》,要求各盟市国土资源局进一步完善采矿权审核出让工作,规范市场出让方式和程序,严禁化整为零、越权发证。当年,由自治区矿业权市场出让交易平台完成3个批次的63个非煤探矿权挂牌出让工作,成功出让53个,总收益3.24亿元。

2011年6月10日,自治区国土资源厅转发《国土资源部关于建立健全矿业权有形市场的通知》,并要求加快建立和完善矿业权有形市场。已经建立交易机构的盟市,要完善功能,健全制度;尚未建立交易机构的盟市,要结合本地实际情况,采取新建、在已有事业单位增加职能或利用土地交易机构、政府建立的产权或公共资源交易平台等方式加快建设矿业权有形市场,旗县级原则上不建立矿业权交易机构。落实矿业权交易机构职能。有条件的地区要商请编制部门确定矿业权交易机构职能和人员编制,选拔懂专业、熟悉法律的工作人员,落实人员经费和维护正常运转的工作经费,确定能够满足矿业权交易的工作地点,做到人员、经费和场地三落实。加强对矿业权交易全过程的监督管理,确保矿业权交易公正、公开进行。矿业权出让、转让要全部进场交易。6月14日,自治区国土资源厅印发《关于内蒙古自治区矿业权转让鉴证有关事宜的通知》,规定自治区境内所有矿业权的转让一律在依法设立的同级矿业权交易机构中进行公开交易。涉及自治区和国土资源部发证的统一在自治区矿业权交易机构进行交易,盟市发证的在各盟市矿业权交易机构中进行。按照矿业权审批管理权,矿业权转让一律在审批机关设立的同级矿业权交易机构的鉴证下签订矿业权转让合同,国土资源部审批的矿业权转让委托自治区矿业权交易机构实施鉴证。由厅审批的矿业权转让先由盟市国土资源局受理,申请人提交除转让合同以外的其他转让材料。盟市国土资源局对转让申请及有关材料进行初审,转让双方符合转让条件的,出具《矿业权转让合同鉴证通知书》并附加盖矿业权审批专用章或公章的转让申报材料一套,并要求转让双方在5个工作日内到自治区矿业权交易机构办理签订转让合同鉴证。转让双方未按规定办理转让合同签订鉴证的,造成矿业权过期的,其后果由转让双方承担。涉及国土资源部审批的矿业权转让,盟市只出具矿业权调查意见和矿业权人履行法定义务情况的证明材料。9月15日,自治区国土资源厅转发《国土资源部办公厅关于加快推进建立地(市)级矿业权交易机构的通知》,要求各盟市国土资源局要根据国土资源部和自治区国土资源厅有关文件精神,制定矿业权有形市场建设方案,加快建设步伐,确保在2011年底前建成,做到机构挂牌、人员到位并按职能运转。已经建立交易机构的,要完善交易和范围功能,健全交易管理制度;尚未建立交易机构的,结合本地区实际,采取新建、在已有事业单位增加职能或利用土地有形市场、政府建立的产权或公共资源交易平台等方式加快建设矿业权有形市场,要将机构建设与制度建设同步进行。旗县级原则上不建立矿业权交易机构。12月31日,自治区国土资源厅在《进一步完善矿业权管理促进整装勘查实施办法》中强调,规范完善矿业权出让管理,严格按矿业权设置方案出让矿业权,严格矿业权协议出让管理。当年,全区矿业权市场出让交易平台完成28个非油气探矿权挂牌出让,收益1.5亿元;成功组织实施了东胜煤田转龙湾井田采矿权公开拍卖,成交价款78亿元,创造了国内首例采矿权拍卖最高价。矿业权市场为自治区"以矿补勘"的多元化投资良性循环和滚动发展的地质工作新机制注入了活力,并促进了矿产资源的综合开发利用,对全区经济发展起到了重要的拉动作用。

2012年2月22日,自治区国土资源厅转发国土资源部《矿业权交易规则(试行)》,包括总则、公告与登记、交易形式及流程、确认及中止和终止、公示公开、交易监管、法律责任及争议处理、附则等,共8章46条，自2012年3月1日实行，有效期5年。当年，全区完成1个批次24个探矿权挂牌出让，成交21个，总计价款4974万元。全年完成矿业权转让鉴证202宗，其中探矿权162宗，转让总额15.1亿元；采矿权40宗，转让总额46.0亿元。全年收取矿业权转让价款总额59.93亿元，其中采矿权8.34亿元、探矿权51.59亿元。

2013年，自治区通过市场出让方式出让矿业权85个，成交金额87 979万元。其中出让探矿权84个，成交金额86 024万元；出让采矿权1个，成交金额1955万元。

2014年8月19日，自治区国土资源厅印发《关于严格规范矿业权市场出让工作有关事宜的通知》。要求各盟市，为提高矿业权出让率，在申报市场出让矿业权前，应认真做好前期相关工作，要简化办理程序。自治区国土资源储备交易登记中心取消按批次出让制度，自治区国土资源厅委托文件下发后3个工作日内进行公告，以招标方式出让、转让矿业权的，应在投标截止日30日前发布公告；以拍卖、挂牌方式出让、转让矿业权的，应在公开拍卖日或挂牌起始日20日前发布公告。同时明确，内蒙古自治区国土资源储备交易中心（以下简称自治区国土资源储备交易中心）不再对拟出让区域相关情况实地核实，交由盟市国土资源局完成。除拟市场出让项目对竞买资格设定有特殊要求的，其他委托的市场出让项目，以及委托文件已对出让条件做出规定的项目，自治区国土资源储备交易中心编制的出让方案不再以正式文件上报自治区国土资源厅审查。自治区国土资源储备交易中心按照国土资源部印发的《矿业权交易规则（试行）》等相关要求，依法进行市场出让，将市场出让结果以正式文件报自治区国土资源厅。当年，全区进行采矿权转让35个，转让金额9.20亿元；通过市场挂牌出让探矿权140个，成交金额4.33亿元；挂牌出让采矿权1个，成交金额18.8万元。

2015年8月31日，自治区国土资源厅印发《关于矿业权价款管理有关事宜的通知》，明确：市场出让的矿业权，成交价款数额较大，竞得人一次性缴纳有困难的，可以分期缴纳。在市场出让矿业权时，自治区矿业权交易中心应在出让公告和成交确认书中载明分期缴纳矿业价款的内容，并要明确责任分工。10月9日，自治区国土资源厅印发《转发国土资源部关于严格控制和规范矿业权协议出让管理有关问题的通知》，要求从严控制协议出让，勘查、开采项目出资人已经确定，并经矿业权登记管理机关集体会审、属于要求情形之一的，准许以协议方式出让探矿权、采矿权；要严格规范协议出让，符合协议出让情形的，申请人需要向登记管理机关提供相关材料。当年，全区采矿权转让54个，成交金额共计8955万元；通过市场挂牌出让探矿权53个，成交金额7890万元；挂牌出让采矿权1个，成交金额1065万元。

第三节　矿业开发利用

自治区作为经济基础相对比较薄弱的少数民族地区，依托丰富的矿产资源发展矿业及其延伸产业，对地方经济发展，转变传统经济增长方式和调整产业结构，促进工业化和城镇化建设，具有重大意义。全区已开发利用的矿产有120多种，主要开发利用的为煤炭、石油、天然气、铁矿、铜矿、铅锌矿、金矿、银矿、萤石矿、水泥灰岩、砂石粘土等20余种，为自治区国民经济和社会发展提供了重要资源保障和驱动力。

一、矿山企业及从业情况

2000年，除石油、天然气、地热外，全区共有非油气类矿山企业4534个，大部分为小型企业，中型及以上矿山66个，占全区矿山总数的1.46%。实际（开采）生产矿山（点）3582个，从业人数30.5万人。在已开发的矿产地中,大矿小开现象较为突出。

至2005年,全区共有非油气类矿山企业4397个,从业人数22.91万人,其中中型及以上矿山企业146个,占全区矿山总数的3.32%。与2000年相比,矿山企业总数减少137个,从业人数减少7.59万人,但大、中型矿山企业增加80个,大矿小开现象逐步改变。

至2010年,全区共有非油气类矿山企业4469个,从业人员25.79万人,大、中型矿山企业有381个,占全区矿山总数的8.52%。按经济类型统计,全区共有内资矿山企业4449个,其中中型及以上规模矿山企业375个;有港、澳台商及外商投资矿山企业20个,其中中型及以上规模矿山6个。与2005年相比,矿山企业总数增加72个,从业人数增加2.88万人,大、中型矿山企业增加了235个,大矿小开现象得到较大改善。

至2015年,全区共有非油气矿山企业4776家,从业人员23.33万人,其中有大、中型企业579个。按经济类型统计,全区共有内资矿山企业4755家,占全区矿山企业的99.56%,其中中型及以上规模矿山企业563家,占内资矿山企业总数的11.71%;港、澳台商投资矿山企业13个,有中型矿山12个。与2010年相比,矿山企业总数增加307个,从业人数减少2.46万人,大、中型矿山企业增加198个,增长近52%,大矿小开现象得到根本改变。

2000—2015年内蒙古自治区非油气类矿山企业情况统计表

表4-2-9

年度	矿山企业数量（个）	按企业规模统计数量（个）				按企业经济类型统计数量（个）			业人数（万人）
		大	中	小	小矿	内资	港、澳台商投资	外商投资	
2000	4534	66		—	—	—	—	—	30.5
2001	4547	66		—	—	—	—	—	29.18
2002	4656	12	—	—	—	—	—	—	27.88
2003	4638	13	—	—	—	—	—	—	27.54
2004	4019	95	—	—	—	—	—	—	20.78
2005	4397	61	—	—	—	—	—	—	22.91
2006	4459	73	—	—	—	—	—	—	22.88
2007	4480	131	218	1837	2294	—	—	—	24.07
2008	4102	92	222	1684	2104	4083	6	13	27.58
2009	4457	106	259	1927	2165	4437	4	16	26.34
2010	4469	110	271	1970	2118	4449	4	16	25.79
2011	4336	123	282	1962	1969	4317	3	16	27.43
2012	4499	153	288	2100	1958	4482	3	14	28.19
2013	4870	171	342	2358	1999	4846	12	12	28.92
2014	4832	220	354	2513	1745	4807	13	12	27.12
2015	4776	213	366	2501	1696	4755	13	8	23.33

二、矿业开发情况

2000—2015年内蒙古自治区非油气类矿山企业开发利用情况统计表

表4－2－10

年度	矿山企业数量(个)	开发利用矿产数量(种)			列入《储量表》已利用矿产地(处)	矿山企业实际采矿能力(亿吨/年)	年产矿量(亿吨)
		合计	已列入《储量表》矿产	未列入《储量表》矿产			
2000	4534	88	58	30	—	1.78	1.51
2001	4547	89	62	27	719	—	1.43
2002	4656	91	62	29	734	—	1.75
2003	4638	99	66	33	761	—	2.08
2004	4019	96	66	30	761	—	2.54
2005	4397	107	66	41	770	2.90	2.84
2006	4459	112	66	46	844	3.23	3.21
2007	4480	114	66	48	1046	4.24	3.91
2008	4102	113	66	47	1086	5.61	5.10
2009	4475	114	84	30	1133	6.19	6.09
2010	4469	116	84	32	1227	8.36	8.62
2011	4336	113	83	30	878	10.27	10.52
2012	4499	114	83	31	999	10.79	10.75
2013	4870	122	83	39	1051	10.79	10.41
2014	4832	122	83	39	1119	10.11	9.63
2015	4766	120	83	37	1142	9.26	8.13

2000年，除石油、天然气和地热外，全区4534个非油气类矿山开发利用矿产有88种，矿山实际生产能力为1.78亿吨/年，年产矿量为1.51亿吨。

至2005年，全区4397个非油气类矿山开发利用矿产107种，矿山实际生产能力2.9亿吨/年，年产矿量为2.84亿吨。与2000年相比，开发利用矿产增加13种，矿山实际生产能力增加1.12亿吨/年，增长62.92%；年产矿量增加1.33亿吨，增长88.08%。

至2010年，全区4469个非油气类矿山开发利用矿产116种，矿山实际生产能力达8.36亿吨/年，年产矿量为8.62亿吨。与2005年相比，开发利用矿产增加9种，矿山实际生产能力增加了5.46亿吨/年，增长1.88倍；年产矿量增加5.78亿吨，增长2.04倍。

至2015年，全区4766个非油气类矿山开发利用矿产120种，矿山实际采矿能力为9.26亿吨/年，年产矿量为8.13亿吨/年。与2010年相比,开发利用矿产增加4种,矿山实际生产能力增加0.9亿吨/年,增长10.77%;年产矿量减少0.49亿吨,下降5.68%。其中,2011年和2012年,随着国际市场矿产品价格的持续走高,全区矿业开发异常活跃,致使矿山企业实际生产能力和年产量都达到最高峰(接近11亿吨),但此后几年随着矿业市场逐步走软,矿山企业实际生产能力和年产量均逐年下降。

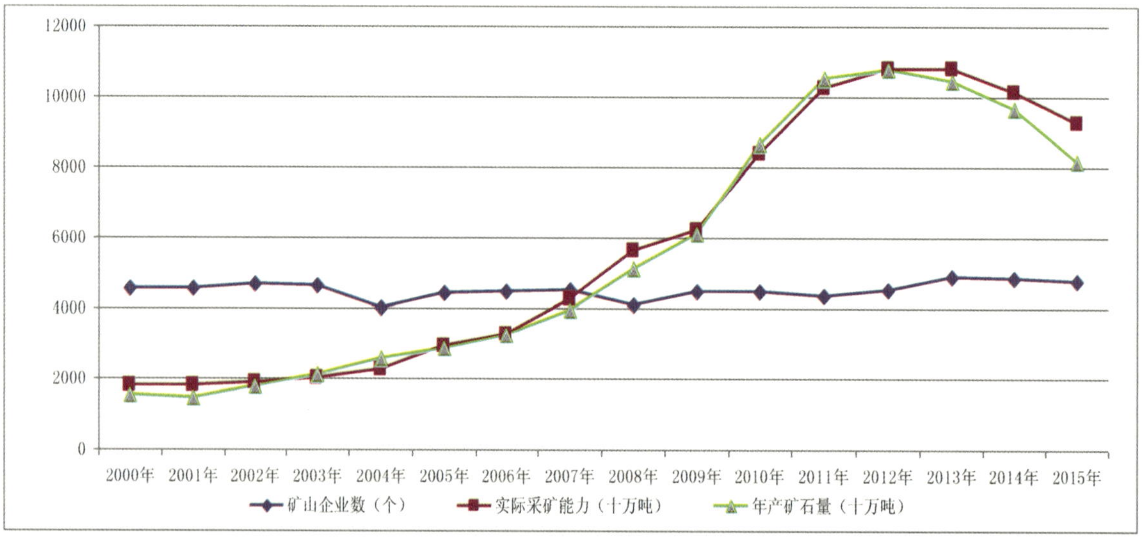

图4-2-1 2000—2015年内蒙古自治区非油气类矿山企业采矿能力及产量变化图

三、矿业产值及经济效益

2000年,全区非油气类矿山企业工业总产值96.16亿元,矿产品销售收入达96.16亿元,利润总额3.64亿元,矿业人均产值3.15万元。

至2005年,全区非油气类矿山企业年工业总产值为357.17亿元,综合利用产值41.8亿元,矿产品年销售收入307.71亿元,利润总额43.64亿元,矿业人均产值15.58万元。与2000年相比,年工业总产值增加261.01亿元,增长2.71倍;年矿产品销售收入增加211.55亿元,增长2.2倍;利润总额增加40亿元,增长近11倍;人均产值增加12.43万元,增长3.95倍。

至2010年,全区非油气类矿业年工业总产值为1859亿元,综合利用产值154.18亿元,矿产品销售收入1469.32亿元,利润总额336.44亿元,人均产值72.07万元。与2005年相比,年工业总产值增加1501.83亿元,增长4.2倍;综合利用产值增加112.38亿元,增长2.69倍;年矿产品销售收入增加1161.61亿元,增长3.78倍;年利润总额增加322.8亿元,增长近7.4倍;年人均产值增加56.49万元,增长3.63倍。

至2015年,全区非油气类矿业年工业总产值1149.5亿元,年综合利用产值61.9亿元,年矿产品销售收入1066.9亿元,年利润总额137.7亿元,人均产值49.26万元。与2010年相比,年工业总产值减少709.5亿元,下降38.17%;综合利用产值减少92.28亿元,下降59.85%;年矿产品销售收入减少402.42亿元,下降27.37%;年利润总额减少228.74亿元,下降62.42%;年人均产值减少22.81亿元,下降31.65%。其中,2011年和2012年,随着国际市场矿产品价格的持续走高,全区矿山企业经济效益达到高峰,但随后几年由于国际市场经济复苏乏力,国内矿业市场逐步走软,全区矿山企业经济效益也逐年下降。

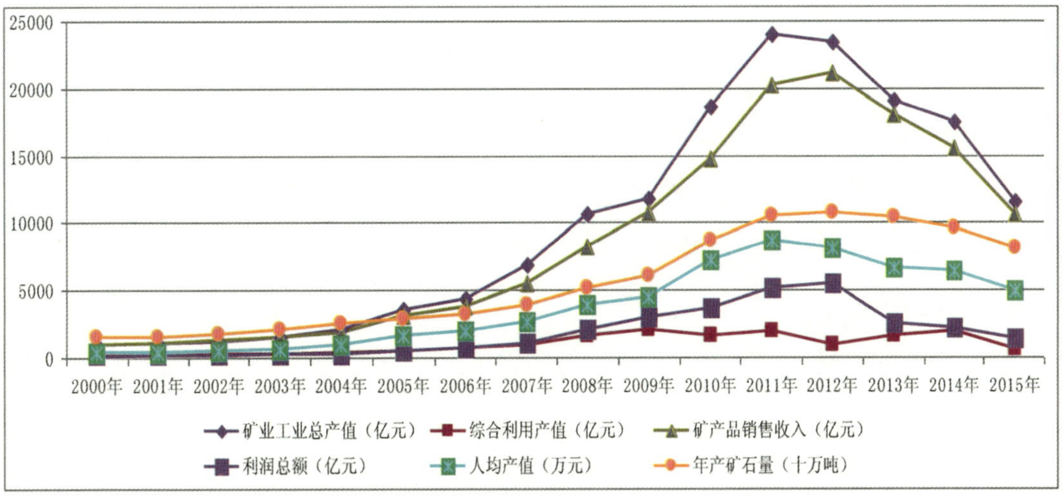

图 4－2－2　2000—2015 年内蒙古自治区非油气类矿山企业经济效益变化图

2000—2015 年内蒙古自治区非油气类矿山企业经济效益情况统计表

表 4－2－11

年度	矿业工业总产值（亿元）	综合利用产值（亿元）	矿产品销售收入（亿元）	利润总额（亿元）	人均产值（万元）
2000	96. 16	—	96. 16	3. 64	3. 15
2001	104. 21	—	101. 3	6. 5	3. 57
2002	115. 05	—	121. 18	9. 5	4. 13
2003	146. 74	—	142. 97	21. 18	5. 33
2004	201. 06	—	186. 52	19. 86	8. 59
2005	357. 17	41. 8	307. 71	43. 64	15. 58
2006	435. 49	68. 0	379. 6	68. 73	19. 03
2007	685. 77	87. 3	553. 23	106. 12	26. 56
2008	1067. 01	158. 77	820. 76	204. 50	38. 69
2009	1172. 36	205. 25	1072. 32	301. 38	44. 5
2010	1859. 0	154. 18	1469. 32	366. 44	72. 07
2011	2392. 83	189. 25	2024. 37	510. 68	87. 24
2012	2334. 53	93. 82	2116. 5	542. 81	80. 75
2013	1910. 40	161. 27	1806. 48	248. 6	66. 05
2014	1744. 87	193. 78	1553. 85	216. 89	64. 33
2015	1149. 5	61. 90	1066. 9	137. 70	49. 26

第四节　矿业开发监督管理

加强矿产资源开发利用监督管理是维护正常的矿产资源开发利用秩序的重要手段。自治区各级国土资源管理部门通过不断健全完善矿产资源开发利用监督管理和执法监察长效机制,加强矿业秩序整顿、资源整合、矿山年检等工作,积极推进全区矿产资源的有效保护和合理利用。

一、矿业秩序整顿

2000年1月13日,自治区矿业秩序整顿工作领导小组向国土资源部报送《内蒙古自治区实现矿业秩序根本好转工作规划(2000—2002年)》的函,制定了实现全区矿业秩序根本好转的指导思想和整顿目标,矿业秩序根本好转的标准,实现矿业秩序根本好转的主要措施,工作方法和步骤。矿业秩序根本好转的标准:健全完善规章制度,深入贯彻《矿产资源法》;巩固矿业秩序整顿成果,实现依法行政、依法办矿;矿产开发监督管理实现规范化;积极推进资源利用方式从粗放向集约转变,做到保护和合理利用矿产资源;通过深化改革,使矿业经济的各种利益关系得到理顺。实现矿业秩序根本好转的主要措施:建立适应发展社会主义市场经济要求的集中统一、精干高效、依法行政、具有权威性的资源管理新体制,强化执法队伍建设,提高地矿行政综合执法水平;强化宏观调控职能,引导全区矿业经济健康发展;将矿业秩序整顿工作列入各级政府和所属部门年度政绩考核目标;加大联合执法工作力度,强化对矿业秩序进行综合治理;抓住煤炭"关井压产"和采矿许可证换发的有利时机,把矿业秩序整顿工作引向深入,促进矿业秩序向着有序科学化方向发展;加强检查验收工作,确保整顿质量。实现矿业秩序根本好转分准备、组织实施、检查验收3个阶段进行。5月31日,自治区国土资源厅下发《内蒙古自治区国土资源厅转发关于清理整顿河道采砂紧急函的通知》,要求各级地质矿产管理部门立即联合河道管理部门,对照《紧急函》所提出的标准,对列入整顿范围的采砂户依法进行检查,该取缔的取缔,该整改的整改,确保河道畅通,安全度汛。7月17日,自治区国土资源厅向国土资源部报告了开展河道采砂清理整顿工作情况。在国土资源部《关于清理整顿河道采砂紧急函》下发后,自治区人民政府立即责成自治区国土资源厅组织开展清理整顿工作。自治区国土资源厅就清理整顿工作进行了部署,要求各盟市、旗县将河道采砂作为矿业秩序整顿的一项重要内容,切实加强领导,注重部门间的配合,畅通工作渠道,要按照《关于清理整顿河道采砂紧急函》所提出的标准,对列入整顿范围的采砂户(企业)依法进行全面检查,该取缔的取缔,该整改的整改,确保不留死角。按照整顿工作的要求,结合采砂秩序整顿,开展了砂石市场治理工作。对一些重点地区,尤其是黄河、桃儿河、海拉尔河、霍林河等重要河流沿岸进行了专项治理。对列入整顿范围的采砂户进行了全面检查,共整顿制止无证开采172个,对92家违法开采给予了行政处罚,限期整改20家,申请人民法院强制执行2家,限期完善补办有关手续的15家,对20多家危及防洪设施安全的采砂点强行予以搬迁,持证规范开采局面已基本形成。8月10日,自治区国土资源厅向国土资源部上报《关于钨矿开采秩序治理整顿情况的报告》。国土资源部、国家经贸委《关于对钨业生产经营秩序进行清理整顿的通知》下发后,自治区国土资源厅组织人员,对全区钨矿开采现状进行了调查研究,印发了《内蒙古自治区钨矿开采秩序治理整顿工作实施方案》,提出了整顿标准,目标和时限要求,明确了整顿方法、步骤和原则。按照方案的安排部署,全区各级政府认真组织开展了钨矿开采秩序治理整顿工作。自治区两次组织人员对钨矿开采秩序整顿情况进行检查，提出整改意见。经整顿，全区钨矿开采秩序已达到国经贸产业[1999]636号文要求的各项标准，实现了依法开采。11月21日，自治区国土资源厅向国土资源部矿产开发管理司报送《内蒙古自治区维护正常矿业秩序加强矿产资源保护和合理开发管理工作措施的函》，就自治区维护正常矿业秩序加强矿产资源保护和合理开发管理工作措施情况进行了报告。自治区根据国土资源部《关于维护正常矿业秩序加强矿产资源保护和合理开发管理工作的通知》要求，对全区矿业秩序维护工作做了全面部署，提出了具体目标、步骤、方法、措施和工作重点，并要求全区各地要进一步高度重视矿业秩序维护工作，切实加强政府对该项工作的领导，确保矿业秩序健康有序发展。结合换证、年检等其他工作的开展，对维护矿业秩序执行情况进行了检查，针对存在的问题提出了改正要求。自治区国土资源厅机构改革后，及时对全区矿业秩序整顿工作领导小组进行调整，进一步明确了各部门职责，形成了政府领导，各部门分工协作、齐抓共管的工作格局。加快了对西河珍珠岩无证群采和乌达、海勃湾矿务局大矿小开等典型案件的处理速度，使这些久拖未决、影响较大的遗留问题基本上得到解决。

2001年3月9日，自治区国土资源厅印发《转发国土资源部〈关于2001年矿产开发监督管理工作安排意见〉的通知》。6月25日，自治区国土资源厅向国土资源部报送了《内蒙古自治区国土资源厅整顿矿业经济秩序规范矿业权市场实施方案》。同日，自治区国土资源厅转发国土资源部办公厅《关于落实国务院办公厅关闭国有煤矿矿办小井和乡镇煤矿停产整顿工作的通知》，要求各盟市地矿局组织力量，对辖区内以往发放的各类煤矿采矿许可证进行清理，并分别情况进行处理。对需报自治区国土资源厅注销的，要列出名单，由自治区国土资源厅统一注销；对需盟市、旗县申明废止的，要尽快申明废止，并将申明废止且至今尚未关闭的煤矿，及时报同级人民政府实施关闭。并与同日，自治区国土资源厅转发国土资源部《关于进一步整顿矿业经济秩序规范矿业权市场的通知》，要求各地加强领导，统一部署，扎扎实实做好整顿矿业经济秩序规范矿业权市场工作。8月2日，自治区经济贸易委员会、国土资源厅、煤炭工业局联合印发《关于整改通辽扎哈淖尔地区露天矿的批复》，同意通辽市人民政府提出的将扎哈淖尔露天矿合法保留并整改成年产50万吨规模的正规矿井，同时彻底关闭该地区乱采滥挖的小露天矿。8月30日，自治区国土资源厅印发《关于进一步贯彻落实国土资源部办公厅〈关于落实国务院办公厅关于关闭国有煤矿矿办小井和乡镇煤矿停产整顿工作的紧急通知〉的通知》，明确对于各级人民政府和关井压产领导机构决定关闭的煤炭企业，应由所在旗县地质矿产主管部门负责收缴采矿许可证正、副本，交原发证机关注销并存档。未依法取得采矿权或列入关闭对象，以及既未列入关闭对象也未列入保留对象的煤炭企业继续进行采矿活动的，盟市、旗县地质矿产主管部门要及时报告同级人民政府，由有关部门负责关闭。9月27日，自治区人民政府副主席岳福洪主持召开办公会议暨自治区煤矿安全生产专项整治工作领导小组第九次全体成员会议，专门研究了《关闭整顿小煤矿和煤矿安全生产问题》。9月29日，自治区国土资源厅下发《关于贯彻落实维护正常矿业秩序保护和合理开发矿产资源意见的通知》；同日，下发《关于尼尔基水库淹没区矿产资源抢采有关问题的批复》，批复指出：为了使矿产资源在水库淹没前得以合理开发利用，呼盟地矿局应会同旗县地质矿产主管部门尽快组织淹没区的矿山企业编制具体抢采方案，并负责组织实施，同时要加强抢采的监督管理工作，可能减少因开采时间短、开采量大等因素造成的资源破坏与浪费，抢采及补偿费用要合理使用，一是对淹没区矿山企业给予合理的补偿，二是用于地质勘查和矿产资源的保护，三是要专款专用，禁止挪作他用。11月20日，自治区国土资源厅向国土资源部上报《内蒙古自治区国土资源厅关于全区矿产资源管理秩序治理整顿情况的报告》,就全区矿产资源管理秩序治理整顿工作进展情况进行报告:为了贯彻落实全国矿产资源管理秩序治理整顿工作会议精神,由自治区政府副主席周维德签发了《关于在全区范围内深入开展矿产资源管理秩序治理整顿的紧急通知》;组织召开了自治区维护矿业秩序工作领导小组会议,就进一步加强领导,强化保证措施,进行了研究和部署;由自治区人民政府召开了全区矿产资源管理秩序治理整顿工作电视电话会议,在全区范围内对治理整顿工作进行了部署和发动。在全面部署的同时,继续加大矿产资源管理秩序治理整顿工作力度,狠抓工作落实。一是组织人员对阿拉善盟、乌海市、巴彦淖尔盟(今巴彦淖尔市)、锡林郭勒盟进行检查,提出了检查意见,要求有关盟市限期办理;二是确立了吉林宝力格银矿、朝不楞铁矿和东升庙等 18 个治理整顿重点矿区,并进行了跟踪督查;三是对已设置的矿业权进行监督检查,遏制了"跑马占荒"和以权谋私等违法勘查开发、非法转让等行为;四是坚持治理整顿与加强管理相结合,研究制定了行政审批、政务公开、行政责任追究等工作制度,抓紧编制矿产资源总体规划,规范新建矿山准入条件;五是成立 4 个督查工作组、验收组,分赴各盟市进行督查。全区依法取缔无证采矿 50 余家,调处越界采矿 40 余起,查处各类违法行为 300 余起。11 月 30 日,自治区国土资源厅转发《国务院办公厅转发国土资源部关于进一步治理整顿矿产资源管理秩序意见的通知》,要求各级地矿主管部门要结合当地矿种和管理混乱的矿区,集中力量进行综合治理整顿。坚决取缔无证采矿、持勘查许可证非法采矿,依法制止并杜绝越界采矿和非法转让矿业权等违法行为。对于严重污染环境、浪费资源、安全没有保障、技术落后的小矿山,要配合有关部门予以关闭。对于没有按批准的设计或开采方案进行开采造成资源浪费的矿山,要停产整顿。要采取措施,设法堵塞非法开采的矿产品进入市场的渠道。12 月 24 日,自治区人民政府办公厅印发《关闭和合法保留小煤矿管理责任追究暂行规定》,共 14 条。明确凡按国家规定应当关闭而未予关闭、整顿后未达到验收标准而继续保留、已关闭但擅自恢复生产的小煤矿,追究直接责任人和当地政府有关负责人的行政责任。同时,对所称关闭的小煤矿、整顿后保留的小煤矿必须符合的条件做出具体解释。强调:全区所有关闭和合法保留的小煤矿实行责任制管理。嘎查村、苏木乡镇、旗县(市、区)、盟市和国有重点煤矿都要建立关闭和合法保留小煤矿档案,做到责任明确,监管到位。2001 年,全区矿业秩序整顿工作,首先对在期的 419 个勘查许可证和 4915 个采矿许可证全部进行了清理,使 9 个越权发放的采矿许可证、20 个范围交叉发放的勘查许可证和 95 个违反法定程序发放的采矿许可证得到纠正,并杜绝了越权发证。共清理各类违法勘查开采行为 1375 起,其中取缔无证开采 360 个,查处越界开采 222 起、持勘查许可证采矿 4 起、违法转让采矿权 66 起,停产整顿矿山 1583 家,关闭不合格矿山 713 家。为了震慑违法行为,防止反弹,对违法工具予以没收,对非法矿井予以炸毁,对违法人员予以遣散。按照查事与查人相结合的原则,报请公安部门对 37 个拒不停止违法开采的人员给予了行政拘留。整顿期间全区共关闭 68 个石灰石矿、91 个存在安全隐患的小矿和 6 个小选厂,封停石灰窑 60 个,全面取缔了小氰化点、小汞碾等制污点。清理非法采砂 80 多户,关闭了 16 个在公路两侧可视范围内的砂石场和 1 处在耕地取土的砖瓦厂,全区矿产资源乱采滥挖得到了有效治理。按照兼顾经济效益与环境效益的原则,治理小矿矿区面积 7000 多亩,在矿区生态环境治理方面作了有益探索。

2002 年 1 月 7 日,自治区国土资源厅下发《关于尽快调查处理鄂托克旗苏级石膏矿区开采秩序的通知》。3 月 8 日,自治区国土资源厅印发《关于贯彻落实国土资源部〈2002 年矿产资源管理秩序治理整顿工作安排意见〉的通知》,要求:凡换发采矿许可证前,已经形成事实的各类采矿权转让,经登记管理机关批准同意缓办相关手续，并已换领新的采矿许可证的矿山，必须在规定期限内办理评估转让手续；已经办理换证手续的矿山未经批准转让采矿权的和未经批准转让探矿权的，依法给予行政处罚，限于4月底之前办理转让审批手续；对逾期不改正和以承包等方式擅自将采矿权转给他人进行开采的，要依法查处，情节严重的，要吊销勘查许可证和采矿许可证。凡被列入治理整顿对象、重点是开采规模未达到相应矿产小型开采规模上限化率和选矿回收率达不到设计要求，以及违反规定不综合回收共伴生矿产，造成资源破坏损失的，予以关闭；对于不按设计开采和施工、采富弃贫未经批准擅自丢弃矿体的，责令限期整改。整改仍不合格，造成矿产资源破坏损失的，予以关闭。除国土资源部《2002年矿产资源管理秩序治理整顿工作安排意见》规定的几个重点外，还要将在大中型矿区开采的小石膏矿、小铁矿和小石灰矿等列入重点治理整顿对象，依法予以清理。对符合招标拍卖条件的，不再通过行政审批授予矿业权。2002年起，凡属新出现的越权、违反法定程序和矿区范围重叠发放的采矿许可证，以及未经批准，人为分割矿体，变相在大中型矿产地发放的采矿许可证，必须予以撤销。为加强对矿产资源管理秩序治理整顿工作的领导，推动治理整顿工作的深入开展，自治区国土资源厅决定成立矿产资源管理秩序治理整顿督查工作领导小组，负责全区矿产资源管理秩序治理整顿工作的组织、协调、实施、督查和验收工作，厅长韩云彬任组长、副厅长赵保胜、郭战英任副组长，领导小组下设办公室，负责治理整顿的日常工作。同时，自治区国土资源厅决定设立举报电话，接收社会监督。5月16日，自治区国土资源厅转发《关于加强非煤矿山安全整治工作的意见》；7月16日，对通辽市国土资源局《关于澄清收购、加工、销售油田压裂砂采矿权属问题的请示》做出批复，压裂砂属硅砂，系矿产资源，开采硅砂必须依法办理采矿许可证；7月31日，向自治区政府上报《内蒙古自治区国土资源厅关于全区矿产资源管理秩序治理整顿情况的报告》；8月6日，向自治区人民政府副主席周维德上报《关于东升庙矿区矿管秩序治理整顿进展情况的报告》；9月11日，印发《转发国土资源部和国家煤矿安全监察局协调解决汝箕沟矿区开采及安全生产问题会议纪要的通知》；9月29日，印发《转发国土资源部关于对风景名胜区、铁路、公路沿线附近采矿活动和河道采砂进行专项治理整顿的通知》；11月15日，向巴彦淖尔盟（今巴彦淖尔市）国土资源局下发《贯彻落实国土资源部办公厅〈关于东升庙多金属硫铁矿区进一步治理整顿及采矿权处置有关问题的通知〉的通知》。2002年，自治区国土资源厅按照国土资源部的统一部署，并根据自治区人民政府颁布的《关于维护正常矿业秩序保护和合理开发矿产资源的意见》，组成检查组深入矿山督查1000多人次，对全区煤炭、黄金、有色金属矿产的26个重点矿区进行了集中整顿，检查矿山300多个，下发整顿督查通知100余份，清理违法勘查、开采行为1375起，其中取缔无证开采矿山360个，查处越界开采、以探代采236起，处理非法转让采矿权66起。停产整顿矿山1583家，关闭不合格矿山713家。报请有关部门对37名违法开采人员给予行政拘留，纠正4起旗县政府违法行为。全国人大常委会《矿产资源法》执法检查组对自治区贯彻执行《矿产资源法》情况检查后，认为自治区地方立法针对性强，宣传教育深入广泛，治理整顿重点突出，制度建设完善，依法行政比较到位。

2003年3月10日，自治区国土资源厅向国土资源部上报《关于东升庙矿区矿产资源管理秩序治理整顿及采矿权设置情况的报告》；3月25日，下发《关于印发市（地）县（市）级国土资源主管部门矿产资源监督管理暂行办法的通知》，要求各级国土资源主管部门对本行政区内矿产资源的勘查、开发利用和保护进行全程监督和管理，加强对矿产资源勘查和开采的管理，严格对探矿权人、采矿权人依法进行探矿和采矿行为的监督；4月4日，转发国土资源部《2003年整顿和规范矿产资源管理秩序工作安排意见》的通知,要求各盟市国土资源局结合当地实际,制定专项整治方案,确定整治重点和措施,凡不符合自治区和盟市矿产资源规划,在禁采区内采矿的、无采矿许可证(包括持有无效证件)的,一律予以关闭,整顿和规范矿产资源管理秩序要和日常监督管理工作结合起来,矿产资源监督管理工作主要由盟市、旗县国土资源局具体落实,各盟市要按照国土资源部制定的《市(地)县(市)级国土资源主管部门矿产资源监督管理暂行办法》的要求,切实履行监督管理职责。4月16日,根据国家和自治区有关法律法规和国土资源部《矿产督察工作制度》,为了加强对矿产资源保护和合理利用的监督管理,促进矿山企业提高保护和合理利用矿产资源的水平,自治区国土资源厅印发《内蒙古自治区矿产督察员工作暂行规定》,明确矿产督察员是国土资源主管部门的派出人员,国家级矿产督察员由国土资源部授予资格并聘任,自治区国土资源厅矿产督察员办公室(设在厅矿管处)负责对矿产督察员日常工作的领导和管理。并对矿产督察员职责和工作内容做出18项具体规定:(1)了解和掌握所督察矿山企业的基本情况,如企业的历史沿革、企业规模、经济类型、矿产品方案、经济效益情况。了解企业周边地区的开发情况,对企业的影响等。(2)监督检查矿山企业采矿许可证的有效性和合法性,采矿权人是否为采矿许可证持有者,有无非法转让采矿权的行为。(3)监督检查采矿权人是否在批准的矿区范围内进行采矿活动,有无超层越界。(4)监督检查采矿权人是否按照批准的开发利用方案或矿山设计进行采矿活动,有无擅自修改开发利用方案、扩建生产规模等重大事项发生,而未向登记机关报告的行为。有无乱采滥挖、采富弃贫等破坏和浪费矿产资源的行为。(5)监督检查采矿权人有无应变更采矿许可证登记事项而未到登记机关变更的。(6)检查和核实采矿权人占用矿产资源储量情况、年度动用储量情况、矿区范围内储量变动情况、年末保有储量数量、非正常损失量等。检查是否按规定建立了储量台账。(7)监督检查采矿权人综合开采和综合回收矿产资源的情况,对有用共伴生矿产,暂不能利用的,是否采取了措施,分别堆放,妥善保护。(8)监督检查采矿权人尾矿排放或利用情况,矿山环境保护情况,矿山土地复垦、"三废"处理等生态环境恢复情况。(9)对国家限量生产的矿产,监督检查采矿权人是否按照下达给企业的控制指标组织生产,有无超指标生产或不按规定将矿产品销售给无产品收购资格的企业和单位。(10)监督检查采矿权人是否按期缴纳采矿权使用费、采矿权价款和矿产资源补偿费,有无拖欠和瞒报等情况。(11)监督检查采矿权人是否按规定及时填报《矿山企业矿产资源开发利用情况基础报表》和矿产资源储量统计有无虚报、瞒报、拒报等情况,检查年检报告和年度报告的编写上报情况。(12)监督检查矿山企业对上次督察意见的落实和整改情况。(13)监督检查采矿权人有无违反矿产资源法律法规的其他情况。(14)了解所督察的矿山企业矿区范围内有无其他非法进入的无证采矿者,对矿山企业正常生产秩序的干扰以及资源的破坏情况等。(15)了解采矿权人对国土资源行政管理工作的意见和建议。(16)了解盟市和旗县国土资源主管部门对矿产督察员提出的督促矿山企业整改或处罚的行政管理工作有无行政行为不力、行政不作为和行政违法等情况。(17)总结和报告矿产资源开采的先进典型和经验。(18)完成矿产督察员办公室交办的其他工作。5月12日,自治区国土资源厅办公室转发国土资源部办公厅《关于在安全生产过程中切实加强矿山企业监督管理工作的通知》,要求安全生产监督部门决定停产整顿的矿山,国土资源主管部门须及时收回采矿许可证,经安全监督部门验收合格签字同意后,返还采矿许可证,矿山企业方可恢复生产。对停产整顿期间擅自进行生产的矿山,要按无证采矿处罚。安全生产监督部门决定关闭的矿山,原发证机关应按程序吊销或注销其采矿许可证。新建矿山开发利用方案中有关安全生产的方案,必须通过安全生产监督部门的审查同意,并签署意见;未经安全生产监督部门的审查同意,不得发放采矿许可证。5月15日,自治区国土资源厅印发通知,就2003年矿产督察工作做出具体安排,同时要求督察工作可采用一般督察、重点督察和跟踪督察相结合的方式进行,督察员可根据企业的不同情况和不同时期的特点,灵活掌握督察方式和督察时间,发现有违法、违规行为的矿山企业,要跟踪督察,负责到底,每个应督察矿山全年的现场督察不少于4次。2003年,自治区国土资源厅为巩固矿产资源管理秩序治理整顿成果,确保自治区重点工业发展对矿产资源的需求,进一步规范建筑材料和煤炭的开采秩序,及时组织编制了砂石、粘土开发规划和全区煤炭资源的勘查专项规划。同时,按照国土资源部的统一部署,并根据自治区人民政府颁布的《关于维护正常矿业秩序保护和合理开发矿产资源的意见》,先后组织检查组两次深入矿山进行实地督查。共清理各类违法开采案件700余起,责令停产整顿矿山115家,关闭不合格矿山28家,吊销采矿许可证1个。

2004年3月16日,自治区政府办公厅印发《内蒙古自治区人民政府办公厅关于调整自治区维护矿业秩序工作领导小组的通知》,由自治区副主席赵双连任领导小组组长,自治区政府副秘书长史青晓、自治区国土资源厅厅长黄·阿拉腾别立格任副组长,成员由相关厅局领导组成。领导小组办公室设在自治区国土资源厅,办公室主任由自治区国土资源厅副厅长孔燕燕兼任。4月19日,自治区政府办公厅印发《关于进一步整顿和规范矿产资源勘查开发秩序工作意见》,明确了整顿和规范矿产资源开采秩序的指导思想、工作任务、工作内容和方法、保障措施、整治工作和监督检查时间安排。工作内容为:全面检查探矿权采矿权审批发证工作,开展对重点矿区、优势矿产、非法转让、以采代探、煤炭资源的专项整治工作。自治区维护矿业秩序治理整顿领导小组负责全区整顿与规范矿产资源勘查开发秩序工作的组织部署,对各盟市的工作予以指导、协调、督促检查和验收。各盟市维护矿业秩序治理整顿领导小组,在地方人民政府的领导下,要认真履行保护资源,维护本地区正常和良好的矿业秩序的职责,加强领导、落实责任。各相关部门要各司其职、各负其责、协调配合,采取有效措施,共同做好本地区整顿与规范矿产资源勘查开发秩序工作。5月12日,自治区国土资源厅印发《转发内蒙古自治区人民政府办公厅内政办字[2004]140号文件的通知》,要求认真贯彻执行《关于进一步整顿和规范矿产资源勘查开发秩序工作意见》,对执行过程中出现的新问题、新情况,及时反馈国土资源厅;5月25日,印发《关于开展全区矿产资源勘查开发秩序督促检查工作的通知》,详细说明了督查的目的,督查的内容,督查工作的时间等具体要求;5月26日,向国土资源部上报《关于乌海市骆驼山矿区浅部火区情况的报告》,详细报告了对乌海市骆驼山煤田火区情况进行调查了解的基本情况和对火区治理的措施及建议;7月6日,向包头市国土资源局下发通知,要求对白云铁矿西矿进行彻底的清理整顿,取缔任何形式的非法采矿,对个体业主是否依法采矿,是否超越规定的开采范围采矿进行调查取证,如违法事实清楚,将依法吊销采矿许可证,对非法采矿造成矿产资源破坏或严重破坏的将移送司法机关,追究刑事责任,并要求将清理整顿工作情况及调查取证报告于7月底前报国土资源厅。7月27日,自治区维护矿业秩序工作领导小组向兴安盟行政公署印发《关于立即纠正兴安盟突泉县违法拍卖三个煤炭采矿权问题的通知》指出,自治区整顿和规范矿产资源勘查开发秩序督查组现场调查、取证、核实,兴安盟突泉县拍卖的3个煤炭采矿权,属非法拍卖,要求接到通知后立即纠正其违法拍卖行为,并将处理结果上报自治区整顿与维护矿产资源管理秩序领导小组办公室。8月11日,自治区国土资源厅印发明传电报,要求赤峰市国土资源局组成调查组,依法对赤峰市松山区红花沟地区无证采金问题进行调查处理。10月21日,中央电视台《焦点访谈》栏目播出包头市白云鄂博西矿偷挖盗采情况。之后,自治区党委、政府和国土资源部领导批示,要求自治区国土资源厅和包头市进行查处。自治区国土资源厅和包头市委、政府分别召开厅长办公会,书记、市长办公会,专题研究部署调查工作,成立了由自治区国土资源厅和包头市政府牵头,各有关旗县区、市直有关部门和包头钢铁(集团)有限责任公司参加的治理整顿偷挖盗采白云鄂博西矿调查组,开展了详细的调查工作,并做出处理决定。12月1日,自治区国土资源厅向国土资源部上报《关于中央电视台〈焦点访谈〉报道"谁在鼓励偷采盗挖"事件的调查报告》;12月15日,向国土资源部矿产开发管理司上报了《关于不符合开采条件的稀土锡矿开采企业整改情况的报告》。

2005年4月29日,自治区国土资源厅印发《关于坚决整治非法开采乱采滥挖矿产资源行为的紧急通知》,指出:一些盟市辖区内非法开采、乱采滥挖、以采代探等违法开采矿产资源的行为有所抬头。为预防和及时整治非法开采、乱采滥挖和以采代探问题,各盟市要充分发挥基层监督管理职能,加强动态巡查工作。盟市、旗县国土资源部门要与当地煤炭主管部门、劳动安全主管部门密切配合,动员各方面力量,加强矿产资源国家所有和矿产资源法律法规的宣传,提高群众依法办矿的意识,维护良好的矿产资源开发秩序。在整治工作中发现的新情况、新问题,及时报国土资源厅。6月7日,自治区国土资源厅印发通知,责成赤峰市国土资源局组织人员对大黑山自然保护区内非法采矿问题进行调查处理。8月30日,自治区国土资源厅印发通知,要求各盟市国土资源局对自治区煤矿安全监察局《关于停产整顿乡镇煤矿名单的函》所附名单的煤矿,以盟市为单位依法收回并暂扣采矿许可证。对自治区人民政府2004年、2005年决定关闭的煤矿采矿许可证,自治区国土资源厅已在《内蒙古日报》上公告注销或吊销,各盟市国土资源局负责收缴。12月16日,自治区国土资源厅印发通知,要求锡林郭勒盟国土资源局落实国土资源部《整顿和规范矿产资源开发秩序举报电话记录表》涉及的锡林郭勒盟东乌珠穆沁旗存在非法转让钨矿探矿权、采矿权现象,做好查处工作。2005年,自治区各级国土资源管理部门采取切实有效措施,贯彻落实国务院《关于全面整顿和规范矿产资源开发秩序的通知》精神,严厉打击无证勘查和开采、越界开采等违法行为,进一步加强矿产资源勘查监督管理工作,规范矿产资源勘查行为,有效维护了矿产资源勘查开发秩序。

2006年3月14日,自治区国土资源厅针对乌海市、鄂尔多斯市盗采滥挖明煤问题,分别印发通知,强调加大打击力度,坚决遏制盗采滥挖明煤问题。要求乌海市国土资源局从重从快履行对乌达矿区内阿左旗乌素图产销公司等7家煤矿越界开采违法行为的处罚;责成鄂尔多斯市国土资源局直接立案依法查处,自治区国土资源厅将挂牌督办。并要求乌海市、鄂尔多斯市国土资源局要积极主动争取政府的支持,结合整顿和规范矿产开发秩序工作,组织一次专项整治,多种手段并举,重典治乱。4月4日,自治区国土资源厅、公安厅印发《关于开展严厉打击非法开采盗采矿产资源专项整顿工作的紧急通知》,就全区范围内开展严厉打击非法开采盗采矿产资源专项整顿工作进行部署。要求严厉打击盗采非法开采矿产资源的违法犯罪行为,严厉查处收购加工非法矿产品行为。明确国土资源部门负责非法采矿的监管和查处,涉嫌犯罪的及时报告或移交公安机关;公安部门负责打击非法开采盗采矿产资源的违法犯罪行为,加强对矿山火工品购买、运输、储存和使用过程的监管,打击非法制造买卖、运输、储存和使用火工品的违法犯罪行为。4月30日,自治区国土资源厅、发展与改革委员会、公安厅、监察厅、财政厅、商务厅、工商行政管理局、环境保护局、安全生产监督管理局转发国土资源部、国家发展与改革委员会、公安部、监察部、财政部、商务部、国家工商行政管理局、国家环境保护局、国家安全生产监督管理局《关于印发〈2006年整顿和规范矿产资源开发秩序工作方案〉的通知》,要求各地结合自治区整顿规范矿产资源开发秩序领导小组《关于切实做好整顿和规范矿产资源开发秩序工作的通知》要求和本地区的实际,突出重点,制定好各盟市2006年整顿和规范工作具体方案。在2006年6月底前全面完成本地区的“三查”工作,完成对矿山安全生产、生态环境保护的专项整顿以及各类选矿厂、尾矿库的清理工作;2006年底前全面完成非煤矿山的资源整合工作。进一步强化盟市、旗县国土资源管理部门的监管职能,加强矿产资源管理队伍的建设,保障人员、经费和监管设备的落实。各级人民政府作为本次整顿和规范矿产资源开发秩序工作的责任主体,要进一步加强组织领导,将整顿和规范工作纳入政府年度工作目标,建立政府主导、部门联动、社会参与、责任落实的工作机制,一级抓一级,层层抓落实。5月10日,自治区副主席赵双连主持召开会议,听取自治区验收组对全区煤矿整顿关闭第一阶段检查验收情况汇报,并就下一步工作提出了具体要求。会议认为,经各盟市和自治区有关部门的共同努力,全区关闭小煤矿工作取得了阶段性成果。会议要求,坚决按国家和自治区要求的目标、数量和标准,在5月底前完成关闭小煤矿任务。妥善处理好关闭煤矿工作过程中出现的特殊问题。自治区国土资源厅要加快资源整合手续审批的进度,按照已知储量报告办理采矿手续,要求在2006年6月20日前完成。自治区监察厅对国土资源厅办理资源整合、配置审批手续和内蒙古电力集团公司双回供电系统建设工作,要实施全过程服务监察,确保如期完成任务。要加大整治力度,严厉打击偷采盗采煤炭资源行为。会议还对下一步煤矿整顿关闭和安全生产工作的有关事宜提出了具体要求。9月15日,自治区国土资源厅印发《关于开展严厉打击非法开采盗采矿产资源的紧急通知》,要求各盟市国土资源局对辖区内每个探矿权、采矿权进行逐一排查,对存在不按开发利用方案开采、不按勘查规范或勘查实施方案开展勘查工作的要及时下达停工责令改正通知书,限期改正。对拒不改正的,会同有关部门严肃处理。要严厉打击盗采矿产资源的违法犯罪行为;坚决取缔无照无证采矿;严厉查处以采代探、乱采滥挖和越界采矿行为;对违法行为要在当地政府的领导下、坚决取缔,防止复发。

2006年,在全区继续开展“三查”工作,并以旗县为单位,采取拉网式检查、定期巡查、督查和重点区域蹲守等措施,全面排查清理和严厉打击各种违法违规行为。全区累计查处矿产资源勘查开采中出现的各类违法违规案件1268起,责令停产整顿矿山1185个,关闭整改不合格矿山916处,吊注销勘查许可证107个、采矿许可证614个,据不完全统计,全区对7人追究了刑事责任。从煤矿撤资350人,其中国家机关工作人员335人,国有企业负责人5人,共撤资925.79万元。通过整顿,全区以往各类违法、违规案件得到全面清理,新发案件同比下降了50%以上。整顿关闭不具备安全生产条件煤矿,到6月底已完成关闭810处小煤矿的既定目标,占2005年初地方煤矿总数的62%。全区保留地方煤矿498个,其中正常生产的煤矿52处,单井技改煤矿220处,整合后技改煤矿226处。关闭了不具备安全生产条件、破坏环境的100多个非煤矿山和污染环境的矿产品下游加工企业348家。矿山安全生产、环境资源保护工作得到进一步强化。全区煤矿整合划定工作中共划定矿区范围210处,占全区应整合煤矿总数的95%,已办理整合采矿许可证31个。通过资源整合工作,实现了煤矿的集约化和规模化开发,矿山布局趋于合理;矿山安全投入、安全管理和技术装备水平得到了提升,矿山环境治理工作得到了加强;基本解决了国有矿山内的小矿问题和遗留下来的上下层开采问题;提高了煤炭资源利用水平,整合技改后,煤炭资源回采率将提高近20%,节约资源相当于新上20余座百万吨矿井。

2007年8月14日,自治区国土资源厅印发《关于积极配合安全生产监督管理部门做好非煤矿山安全生产监督管理工作的通知》。11月9日,自治区国土资源厅向鄂尔多斯市人民政府发函,共商落实曾培炎副总理在鄂尔多斯煤炭基地建设规划缺位工艺落后上的批示意见。提出结合自治区人民政府转来的新闻媒体反映的问题及曾培炎副总理所作的重要批示,实事求是地总结煤炭资源开发管理工作所取得的成绩和存在的问题。并将下一步贯彻曾培炎副总理重要批示的意见,以文字材料反馈国土资源厅。12 月 14 日,自治区国土资源厅向国土资源部开发司上报鄂尔多斯地区煤炭资源规划及开发管理有关情况。提出以"十七"大精神为指导,认真贯彻曾增炎副总理的批示精神,坚持走可持续发展之路,继续抓好自治区煤炭产业发展规划、煤炭矿区总体规划和矿业权设置方案,以规划为指导,做到没有规划不设置新的矿业权、不核准新建项目。在已完成煤矿资源整合的基础上,继续加大煤矿资源整合力度,到 2010 年,全区煤炭生产企业控制在 200 家以内,矿井总数控制在 400 处以内,资源回收率提高到 60% 以上。继续深化煤炭资源有偿使用改革工作,努力调整国家、企业和矿区农牧民三者之间的利益关系,构建和谐矿区。加大投入力度,解决矿山地质环境历史欠账问题和火区治理问题,并按照谁破坏、谁治理的原则,全面实施矿山地质环境治理保证金制度,督促采矿权人依法履行生态环境保护义务,努力构建生态矿业。

2008 年 1 月 30 日,自治区国土资源厅向国土资源部上报《关于村矿矛盾成为内蒙古部分矿区稳定隐患有关情况的报告》,主要内容为:自治区政府副主席赵双连对处理新闻媒体反映的村矿矛盾问题做出批示,要求提出处理意见。村矿矛盾问题是煤炭产业改革和发展中出现的重要问题,关系到矿区稳定,自治区将继续高度重视此项工作,积极寻求解决这一矛盾的治本之策。一是依法打击严重干扰煤矿企业正常生产秩序的违法行为,为煤炭企业创造一个宽松和发展氛围。二是加大对煤炭企业的管理力度,使之严格履行法律法规规定的各项义务。三是全面实施矿山环境恢复治理保证金制度,有效治理矿山开发中的环境破坏问题。四是引导煤炭企业增强社会责任感,在企业发展的同时积极回报社会。另外,解决煤炭生产与地方居民关系问题是一个大政策,建议国家出台吨煤提取专项收费逐步解决煤炭企业开发资源引起的社会补偿问题,形成解决村矿矛盾的长效机制。7 月 7 日,自治区国土资源厅向国土资源部报告河砂资源及开发管理情况。自治区采矿登记矿种为河砂的采矿许可证共 249 个,其中呼和浩特市 27 个,包头市 48 个,鄂尔多斯市 130 个,兴安盟 7 个,通辽市 28 个,赤峰市 8 个,乌兰察布市 1 个,其他 5 个盟市均无河道采砂情况。按照自治区政府《关于深化矿业权有偿使用制度培育和规范矿业权市场意见的通知》要求,自 2004 年起,建筑用砂、石、粘土矿以招拍挂市场方式出让设置采矿权,同时对到期延续的采矿权实行有偿协议延续,统一纳入到有偿使用轨道。盟(市)、旗(县)两级国土资源部门严查各类矿产资源违法行为。几年来累计查处取缔违法采砂 200 多起。

2009 年 1 月 4 日,自治区国土资源厅向自治区政府报送《关于向自治区人大常委会报送落实全区整顿和规范矿产资源开发秩序工作审议意见的报告》。2009 年,全区共查处各类矿产资源违法行为 479 起,其中无证开采 373 起,越界开采 29 起,无证勘查 4 起,越界勘查 2 起,其他 19 起,罚没款 735.48 万元。

2010 年 2 月 26 日,自治区国土资源厅向国土资源部办公厅报告自治区河道采砂工作情况。自治区河道采砂采矿许可证均由各盟市国土资源局发证,全区发放河道采砂采矿许可证 261 个,其中鄂尔多斯市 139 个(其中 70 家停产)、赤峰市 47 个、包头市 29 个、乌兰察布市 26 个、乌海市 16 个、通辽市 4 个。5 月 28 日,自治区国土资源厅向国土资源部办公厅函报稀土等矿产开发秩序专项整治行动视频会议落实情况。自治区政府分管副秘书长参加视频会议,并作出批示,要求自治区国土资源厅制定实施方案,抓紧组织实施。自治区国土资源厅召开厅长专题会议,研究贯彻落实稀土等矿产开发秩序专项整治行动的具体措施，向分管主席作了汇报。经自治区政府同意，以自治区整顿和规范矿产资源开发秩序领导小组名义下发了《内蒙古自治区稀土等矿产开发秩序专项整治行动实施意见》，决定于2010年6月至11月开展稀土等矿产开发秩序专项整治行动，成立了自治区、盟市及旗县三级领导机构，明确了各级政府、有关部门的责任。2010年，全区矿产资源开发秩序整顿和资源整合得到全面落实，稀土等矿产专项整治工作全面完成。

2011年3月3日，自治区国土资源厅向国土资源部报告自治区稀土等矿产资源开发秩序专项整治工作自查情况。通过专项整治工作，违法违规行为得到严肃查处，监督管理水平得到进一步提高，矿山企业结构得到明显优化。白云鄂博矿区专营目标得到基本体现，勘查开发实现了包头钢铁(集团)有限责任公司专营，选用、加工、销售逐步集中。自治区稀土专营政策得到国家发展和改革委员会、经济和信息化委员会、国土资源部等有关部委的支持。由自治区国土资源厅起草的《蒙鲁川三省(区)3市(州)轻稀土矿产开发监管区域联合行动方案》得到国土资源部和其他省市的认可。3月29日，自治区整顿和规范矿产资源开发秩序领导小组办公室通报全区矿产资源开发整合工作情况。自治区2010年矿产资源开发整合工作共确定45个发证矿种整合区(不含普通建筑用砂石、粘土等盟市发证矿种整合区)，计划参与整合的矿业权数共302个，计划整合后矿业权数缩减至193个，矿业权人压缩到152个。实际参与整合矿业权数306个，其中探矿权101个，采矿权205个；实际整合后保留矿业权数187个，比计划多压缩了6个，其中探矿权92个，采矿权95个；保留矿业权人138个，比计划多压缩了14个。确定挂牌督办整合矿区17处，占整合矿区数的37.8%。确定挂牌督办整合矿区17处，占整合矿区数的37.8%。自治区45个矿产资源开发整合矿区已完成42个，3个未完成整合任务的矿区，2个划入2011年整合任务，在2011年6月底前完成；1个因位于大青山国家级自然保护区内已从整合方案中取消。7月19日，自治区整顿和规范矿产资源开发秩序领导小组办公室印发《关于进一步推进加强矿业生产管理保护环境保障民生工作的通知》指出，按照紧急通知精神，各盟市和相关部门采取有效措施，认真开展矿业秩序整顿和规范工作，共排查矿山企业4774个，排查出各类资源违法违规行为1155宗，立案查处371宗，责令停产484家，关闭268家，现场制止取缔800宗，取得了明显成效。要求巩固工作成果，持续推进加强矿业管理保护环境工作；优化矿业布局，加快转变经济发展方式；结合卫片执法检查，继续严厉查处违法违规行为；建立共享机制，切实保护矿区农牧民合法权益；限期整改，构建矿业科学持续发展长效机制。12月12日，自治区国土资源厅印发《关于对矿产资源勘查开采监督管理及矿产资源整合工作进行督查的通知》，根据《国土资源部关于健全完善矿产资源勘查开采监督管理和执法监察长效机制的通知》《关于继续推进全区矿产资源开发整合工作的通知》要求，决定对2010—2011年度全区矿产资源勘查开采监督管理及矿产资源整合工作进行督查。

2012年2月29日，根据国土资源部《关于重组矿产督察员队伍的通知》《关于印发〈矿产督察工作制度〉的通知》和《关于健全完善矿产资源勘查开采监督管理和执法长效机制的通知》的有关要求，自治区国土资源厅印发通知决定聘任自治区地方级矿产督察员，并于5月24日发布公告，聘任孙树清等65人为自治区地方级矿产督察员。10月17日，自治区国土资源厅向各盟市国土资源局、厅属各单位印发《关于切实做好党的十八大召开前安全生产监督管理工作的通知》，要求认真履行国土资源管理职责，积极配合安全监督管理等有关部门做好安全生产检查工作；提高思想认识，加强组织领导，进一步落实安全生产责任；深入开展安全隐患排查治理和专项整治；加强应急值守和防范工作；继续配合抓好安全生产领域“打非治违”工作。

2013 年 12 月 1—20 日,根据自治区政府办公厅关于印发《内蒙古自治区 2013 至 2015 年金属非金属矿山整顿关闭工作实施方案》《内蒙古自治区 2013 年度金属非金属矿山整顿关闭检查验收工作方案的通知》要求,为确保完成 2013 年度全区金属非金属矿山整顿关闭任务,自治区政府组织自治区发展和改革委员会、经济和信息化委员会、国土资源厅、财政厅、公安厅、环保厅、工商局、安全生产监督管理局及电力等九部门人员,组成 5 个工作组,对全区 12 个盟市金属非金属矿山整顿关闭工作进行了检查验收。共抽查了 25 个旗县,现场检查了 57(户)处关闭企业现场。整顿关闭任务完成情况:2013 年,全区公告关闭金属非金属矿山企业 395 户,完成年度整顿关闭任务(348 户)的 113%。其中,公告关闭合法或证照齐全的企业 164 户,占关闭企业总数的 41.5%;公告关闭非法或证照不齐全的企业 231 户,占关闭企业总数的 58.5%。

2014 年 5 月 7 日,自治区政府办公厅印发《内蒙古自治区人民政府办公厅关于调整自治区煤矿整顿关闭领导小组兼自治区煤炭企业兼并重组工作领导小组组成人员的通知》,由自治区副主席王波任领导小组组长,自治区经济和信息化委员会主任王秉军和自治区政府副秘书长曹晓斌任副组长,成员包括:自治区经济和信息化委员会副主任、自治区煤炭工业局局长王俊峰,自治区国土资源厅副厅长王杰,自治区公安厅副厅长张有恩,自治区地方税务局副局长包清泉,内蒙古煤矿安全监察局总工程师张瑞庭,自治区工商行政管理局副巡视员利军,自治区能源开发局总工程师郝大庆,自治区煤炭工业局副局长郭银泉;领导小组办公室设在自治区经济和信息化委员会(煤炭工业局),办公室主任由王俊峰兼任。

2015 年 9 月 6 日,自治区国土资源厅在呼和浩特市组织召开全区矿产资源领域专项整治行动工作调度会。会议学习讨论了《内蒙古自治区矿产资源领域专项行动工作实施方案》,听取了各盟市就矿产资源领域专项整治行动工作进展情况、存在问题及下步工作安排,副厅长王杰作会议总结讲话,并要求各方面高度重视专项整治工作,周密部署,扎实推进,认真梳理存在问题,建立台账,逐项落实整改任务,确保按时完成整治工作。

9 月 6 日,全区专项整治行动工作调度会现场。

二、资源整合

2003 年 7 月 21 日,自治区国土资源厅在上报自治区政府《关于整合开发乌拉特后旗东升庙西矿区的意见》中提出,同意巴彦淖尔盟(今巴彦淖尔市)行署新提出的整体开发、规模开采的意见,整合形式可以通过收购或者联合重组的方式进行,19 勘探线以西可以通过拍卖等竞争方式出让矿权,现有企业经整合后国土资源厅将协助盟行署帮助企业依法办理采矿登记手续。

2005 年 4 月 12 日,自治区国土资源厅印发《关于对小煤矿资源整合的实施意见》,提出了煤炭资源整合的条件、操作办法、政策措施。12 月 21 日,自治区国土资源厅印发《关于煤炭资源整合中办理采矿许可证合并及有偿使用有关问题的通知》,对办理采矿许可证合并的原则、办理采矿许可证合并的程序、整合煤矿应提交的资料、整合后煤矿采矿权价款的确定、采矿权价款的缴纳等问题做出具体规定。

2007 年,全区全面开展了矿产资源整合工作。按照《国务院办公厅转发国土资源部等部门对矿产资源开发进行整合意见的通知》要求和自治区 2007 年第一次政府常务会议确定的整顿和规范第二阶段工作任务,自治区国土资源厅负责起草了《内蒙古自治区矿产资源整合总体方案》,并以自治区政府办公厅名义下发,确定了自治区所有非煤矿产资源从探、采、选、冶一体化进行资源整合的整体要求。自治区国土资源厅组织专家对全区 12 个盟市非煤矿产、3 个重要矿种和 5 个重点矿区和资源整合方案进行了审查、批复。至 2007 年底,煤、稀土、钨 3 个重要矿种,乌达煤矿区、万利煤矿区、白云鄂博铁矿区、白音诺尔铅锌矿区、甲乌拉铅锌矿区 5 个重点矿区资源整合工作已基本完成;其他矿种的资源整合工作取得积极进展,全区共完成了 47 个非煤整合区域的资源整合工作,关闭选矿厂及下游加工企业 335 家。为确保整规工作落到实处,自治区国土资源厅组织人员对全区 12 个盟市整规工作的进展情况进行了多次全面督查,对发现的问题及时提出了督办意见并研究解决的办法。全年新发案件 469 起,同比下降 50.8%,全区各类违法、违规案件得到及时查处和有效遏制。

2008 年,按照自治区矿产资源整合总体方案,全区确定实施资源整合的煤矿区 230 处,已全部完成整合工作。煤炭采矿权由原来的 1300 多个减少到 606 个,矿山平均生产能力由不足 9 万吨/年,提高到 82.55 万吨/年,资源回采率提高 20% 以上,平均采区回采率已达 70% 以上,矿井机械化程度达到 80%,年均节约煤炭资源 4000 万吨,相当于新上 30 余座百万吨矿井。非煤矿产资源的整合工作也取得一定进展,完成 158 个区域的非煤矿山资源整合工作,关闭选矿厂及下游加工企业 335 家,减少矿业权 1189 个。鄂尔多斯、赤峰等地积极探索资源整合的新举措,通过资源整合,矿山布局趋于合理,矿业产业结构调整基本到位,资源开发集约化、规模化和永续利用水平大幅度提高,资源利用效率得到进一步提升。

2009 年 9 月 24 日,自治区国土资源厅向自治区政府报告全区非煤矿产资源整合工作进展情况。按照《国务院关于全面整顿和规范矿产资源开发秩序工作的通知》《国务院办公厅转发国土资源部等部门对矿产资源开发进行整合意见的通知》的要求和自治区政府的统一部署,全区各级政府和各有关部门深入扎实地开展了非煤矿产资源整合工作,并取得阶段性成效。全区矿业权布局合理,整合区内矿山布局渐趋合理,矿产资源配置得到明显优化。全区确定的 326 个非煤资源整合区完成 158 个整合区域的资源整合工作,其中确定的 106 个重点整合区完成 81 个。矿山企业及结构明显优化,通过整合资源向有实力的大企业集中,矿业权数从整合前的 2575 个减少到整合后的 1386 个,减少矿业权 1189 个,减少 46.2%。整合区内共关闭无合法矿石来源的选矿厂及下游加工企业 335 家,减少 35.2%。开发利用水平明显提高,整合后的矿山企业应用先进技术,改进生产工艺,使非煤矿产资源开采回收率和选矿回收率显著提高,全区金属矿产回采率均在 85% 以上,露天开采达到 95% 以上,各类矿产选矿回收率明显提高。整合或关闭了不具备安全生产条件、未领取安全生产许可证以及存在重大安全隐患的矿山企业 1581 家,保留的矿山安全生产状况明显好转。共关闭 335 家无矿山来源、破坏污染环境的选矿厂和下游加工企业。整合后的大企业规模化、集约化水平大幅提高,保护生态环境的意识增强。按照自治区政府的要求,各盟市积极推行矿山地质环境治理保证金制度,开展矿山环境保护与综合治理方案的编制备案。10 月 30 日,全区矿山企业共存储保证金 2.66 亿元。

2010 年 4 月 8 日,自治区国土资源厅召开全区矿产资源开发整合实施方案编制工作视频会议,布置矿产资源开发整合实施方案的编制工作。4 月 30 日,自治区国土资源厅印发《关于印发内蒙古自治区进一步推进矿产资源开发整合工作实施方案的通知》,并随文印发《内蒙古自治区进一步推进矿产资源开发整合工作实施方案》和《各盟市进一步推进矿产资源开发整合工作实施方案的审查意见》;同时,向国土资源部报送《关于内蒙古自治区进一步推进矿产资源开发整合工作实施方案备案的报告》。5月31日,自治区国土资源厅印发《关于进一步做好盟市国土资源局颁发采矿许可证管理工作的通知》,要求各盟市国土资源局要按照全区关于进一步推进矿产资源开发整合工作实施方案及自治区稀土等矿产开发秩序专项整治行动实施意见的要求,集中精力抓紧完成资源整合和专项整治工作任务,按时依法办结资源整合审批手续和违法违规案件查处工作。7月1日,国土资源部通报表扬第一批47个全国矿产资源开发整合先进矿山,包头钢铁(集团)有限责任公司白云鄂博铁矿、内蒙古伊泰宝山煤炭有限责任公司宝山煤矿受到通报表彰。9月14日,自治区整顿和规范矿产资源开发秩序领导小组办公室根据《国土资源部关于省级矿产资源开发整合重点挂牌督办矿区名单的公告》,通报自治区矿产资源开发整合重点挂牌督办矿区工作进展情况。有自治区级挂牌督办整合区17处,责任单位均为盟行政公署或市政府,责任人为盟市行政负责人。12月12日,自治区国土资源厅印发《关于对矿产资源勘查开采监督管理及矿产资源整合工作进行督查的通知》,部署对2010—2011年矿产资源勘查开采监督管理及矿产资源整合工作进行督查。12月31日,自治区国土资源厅印发《进一步完善矿业权管理促进整装勘查实施办法》,对整装勘查矿业权整合提出措施。2010年,全区共完成矿产资源开发整合矿区42个,对其中17个整合区进行挂牌督办。整合后矿业权减少119个,占参与整合矿业权数的38.9%;矿业权人减少168个,占参与整合矿业权人54.9%。全区矿产资源开发整合后,缩减采矿权497个。截至2010年底,全区整合关闭煤矿近800处,非煤矿山1600多处。通过整合和技改,自治区煤矿数量由2005年的1378个减少到2010年的598个;平均单井产能由2005年不足14万吨提高到140万吨,30万吨以下矿井全部退出市场;资源回采率由2005年的20%提高到60%以上,机械化生产水平由35%提升到90%以上;原煤产量由2005年的2.6亿吨增至2010年的7.87亿吨。地下开采的金属矿产回采率达到85%以上,露天开采达到95%以上;各类非煤矿产选矿回收率提高2个百分点,综合回收共伴生矿种能力提高10%,矿产资源开发利用水平有了大幅度提高。2010年,全区注销关闭了610户非煤矿山企业,非煤矿山死亡人数由2007年的118人下降到2010年的62人,原煤百万吨死亡率由2005年的0.5减少到目前的0.05,安全生产水平居全国第一位。

2011年,通过矿产资源开发整合,有效扭转了开发利用小、散、乱的局面。全区共排查矿业开发及勘查项目9181个,排查矿业开发企业及项目5368个,现场取缔违法违规项目467个,责令停产整顿矿山887个,立案查处733宗,关闭矿山73个。自治区矿业联合会起草并下发了“内蒙古自治区发展绿色矿业建绿色矿山工作实施方案”和“内蒙古自治区绿色矿山建设工作暂行管理办法”。同年获批国家级节约与综合利用项目21项,获奖励资金1.2亿元;获批节约与综合利用示范工程项目4项,获取资金0.22亿元。完成国土资源部、财政部与自

2011年4月,自治区国土资源厅副厅长赵保胜(左一)在阿拉善盟国土资源局检查指导矿产资源整合工作。

治区政府签订建设白云鄂博稀土、铁及铌矿产资源综合利用示范基地的签字仪式和授牌，总投资 8.8 亿元，自治区政府和包头市政府、包头钢铁（集团）有限责任公司签订了责任书。国土资源部批准准格尔煤炭、高岭土综合示范利用基地。

2012 年 8 月 24 日、25 日，自治区国土资源厅组织在乌兰察布市召开全区深化矿产资源整合促进优势特色产业发展现场会，副厅长王杰出席会议并讲话。会议研究讨论深化矿产资源管理及整合相关措施，对今后一个时期资源整合进行了部署，同时与会代表到内蒙古瑞盛新能源有限公司现场参观石墨资源整合及精深加工产品。9 月 24 日，国土资源部通报表扬第二批 31 个全国矿产资源开发整合先进矿山。自治区有准格尔旗长滩阳圪楞煤炭有限责任公司长滩煤矿等 4 个矿山受到表扬。

8 月 24 日，全区深化矿产资源整合现场会会场。

三、监督检查

2000 年 8 月 26 日，自治区国土资源厅向国土资源部上报 2000 年全区矿山企业年检情况。2000 年，由于自治区正处于政府机构改革的关键时期，机构合并和人员变动较大，矿山年检任务艰巨。为了确保各项年检工作任务的顺利完成，自治区国土资源厅对全区矿山年检工作做了统一部署。将矿山年检纳入地矿行政管理年度考核目标范围，对年检自检、抽检的数量、质量要求和完成时限做出明确规定，提出了年检的工作重点。各盟市地矿局普遍抽调专人组成了年检工作领导小组，负责本行政区年检的组织、协调工作，并针对存在的问题，及时提出指导意见。自治区国土资源厅还采取深入基层检查、抽查、指导盟市年检工作和电话催办等方式，及时掌握全区年检工作动态，督促基层地矿部门按要求全面开展矿山年检工作。全区共有国有、集体和个体矿山企业应检数分别为 404 个、2768 个和 1557 个。截至 6 月底，有 393 家国有矿山、2052 家集体矿山和 1305 家个体矿山完成了年检，自检率分别达到 97.3%、74.1% 和 83.8%；自治区、盟市和旗县三级地矿主管部门共对 351 家国有矿山、1242 家集体矿山和 812 家个体矿山进行了抽检，抽检率分别为 86.9%、44.9% 和 52.2%。平均自检率和抽检率分别为 79.3% 和 50.9%。非国有重点矿山年检率和抽检率分别为 86.3% 和 55.8%。年检的各项指标实际完成值均已超过自治区年度目标考核要求。清理了一批因长期停产或资源枯竭而名存实亡的矿山，共注销采矿许可证 178 个。对年检工作进行了新的尝试：一是将现行的年检制度同年度报告检查制度结合开展，要求矿山企业在进行自检的同时，提交年度报告，说明有关情况，积极为新年检制度的实施作准备。二是在全区推行了矿山企业到地矿部门年检和实地抽查相结合的工作方式，部分地区实行了年检注册制，对存有问题的矿山，不予注册，并建议列为关停对象，推动了年检工作的深入开展，为年检走向制度化创造了条件。三是在部分地区推行了年检互检工作制，由盟市地矿局组织成立多个年检互检工作组，对本行政区域内旗县的年检工作进行互检。这样，既保证质量，又增加了相互学习的机会，也为今后开展年检工作积累了经验。

2001 年 11 月 23 日,自治区国土资源厅向国土资源部上报 2001 年全区矿山年检工作情况。2001 年,全区国有、集体和个体矿山企业应检数分别为 415 家、2420 家和 2105 家,截至 6 月底,有 405 家国有矿山、2135 家集体矿山和 1928 家个体矿山完成自检,自检率分别达到 97.6%、88.2% 和 91.6%。自治区、盟市、旗县三级地矿管理部门共对 352 家国有矿山、1353 家集体矿山和 1144 家个体矿山的年检进行了抽检,抽检率分别为 84.8%、55.9% 和 54.3%。67 家大中型矿山自检率和抽检率全部达到了 100%,3011 家小型矿山企业自检数和抽检数分别为 2868 家和 2334 家,自检率:自检率和抽检率分别为 95.3% 和 77.5%。全部矿山平均自检率和抽检率分别为 90.4% 和 57.7%。全区共取缔无证及其他非法开采矿山 28 家,吊销采矿许可证 107 个,调处越界纠纷 53 起,停产整顿矿山 22 家,限期整改矿山 51 个。通过年检,巩固了矿产资源管理秩序整顿成果。

2002 年 11 月 22 日,自治区国土资源厅向国土资源部上报 2002 年全区矿山企业年检情况。2002 年,全区国有(包括国有控股)、集体和个体矿山企业应检数分别为 286 家、2787 家和 1621 家。截至 10 月底,有 286 家国有矿山、2289 家集体矿山和 1589 家个体矿山完成自检,自检率分别达到 100%、82.1% 和 98%。自治区、市、旗县三级国土资源行政管理部门共对 258 家国有矿山、1804 家集体矿山和 873 家个体矿山的年检进行了抽查,抽检率分别为 90.2%,64.7% 和 53.9%。平均自检率和抽检率分别达到 88.7% 和 62.5%。全区具备一定规模的重点矿山年检率和抽检率分别为 93.6% 和 76.5%。年检期间全区共取缔非法开采 224 个,停产整顿矿山 183 个,注销采矿许可证 15 个,查处侵权越界行为 31 起,有效地维护了矿产资源管理秩序。11 月 25 日,自治区国土资源厅印发《内蒙古自治区国土资源厅转发国土资源部关于 2002 年度矿山统计年报及部分项目快报工作有关问题的通知》。

2003 年 12 月 15 日,自治区国土资源厅向国土资源部矿产开发管理司上报《内蒙古自治区矿山企业矿产资源开发利用情况分析报告》,向国土资源部及有关领导提供了自治区矿产资源开发的技术经济和管理的基本数据;12 月 20 日,又上报了自治区稀土、锡、锑矿山企业的有关材料。

2004 年 4 月 21 日,自治区国土资源厅向各盟市国土资源局印发《转发国土资源部关于加强和完善矿产开发利用年度检查工作有关问题的通知》,提出了贯彻落实的具体意见,并要求各盟市国土资源局依法查处违法行为,加强对实施年检工作的内部监督和奖惩。7 月 20 日,自治区国土资源厅向国土资源部开发司上报《关于内蒙古自治区 2004 年矿产开发利用年度检查工作的报告》,主要内容为:根据国土资源部《关于加强和完善矿产开发利用年度检查工作有关问题的通知》(国土资发[2004]64 号)精神,自治区认真组织开展了矿山年检工作。按照全区年检工作安排,各盟市具体实施对辖区范围内矿山企业的年检工作,自治区国土资源厅于 6 月上旬组成了 4 个检查组,结合整顿与规范矿产资源勘查开采秩序工作,对全区矿山企业年检工作进行了抽查。抽检矿山 2103 个,抽检率为 50.52%。与上年度相比,年检率与抽检率分别增长 4% 和 3%。制定“三率”指标的矿山 3603 个,考核 2582 个,分别占实检矿山的 86.57% 和 62.04%。综合利用矿山 201 个。本次年检,共查处各类违法行为 223 起,其中取缔非法采矿 75 起,注销采矿许可证 11 个,吊销采矿许可证 1 个(注销吊销均为盟市发证的矿山企业),查处越界开采 135 起,追缴补偿费 3.1 万元,罚没款 13 万元,没收矿石 46.2 万吨,刑事处罚 1 起。为了确保矿山年检工作的顺利开展,国土资源厅对全区的年检工作进行了统一部署。各盟市成立了年检工作组,制定了年检工作方案。许多盟市还将年检工作列入了年终责任目标的考核范畴。部分盟市还在年检工作中,按照开发与保护、管理与服务并重的原则,做到寓管理于服务中,通过技术服务、业务咨询、协调关系等方式,为矿山企业排忧解难,帮助企业解决问题,受到了企业的好评,密切了管理部门与矿山企业的关系。如鄂尔多斯市对年检中发现的问题,除按照法律法规的规定办理外,积极采取措施,对发现有纠纷的51个矿山进行了测量鉴定,帮助28个矿山进行了通风及贯通测量;对重点煤田准格尔露天矿附近的40余座煤矿及杭锦旗境内两大硝湖进行了重新测量。通过年检,各盟市进一步掌握了本地区矿山企业的矿产资源开发利用情况及履行法定义务情况,为今后加强监督管理工作奠定了基础。一些违法现象得到了及时处理,矿业秩序进一步好转。经过多年的努力,自治区矿山企业的年检工作已逐步走上规范化、制度化、科学化的轨道,年检内容、要求、程序已被矿山企业接受和认可,绝大多数矿山能够主动接受并配合年检,监督管理工作正向深层次发展,管理效果逐年提高。

2005年6月14日,自治区国土资源厅向国土资源部上报《关于内蒙古自治区2004年度矿产开发利用年度检查工作的报告》。主要情况为:自治区有持证矿山4916个,应检矿山4890个,实际检查矿山4710个,年检率96.32%。抽检矿山2830个,抽检率57.87%。与上年相比,年检率与抽检率均增长7%。制定"三率"指标的矿山3289个,考核2692个,分别占实检矿山的69.83%和57.15%。综合利用矿山1717个。本次年检,共查处违法行为357起,其中取缔非法采矿234起,注销采矿许可证92个(盟市发证),查处越界开采31起,追缴补偿费11.2万元,罚没款161.15万元,没收矿石2000.9吨,刑事处罚1起。

2011年8月31日,自治区国土资源厅向国土资源部储量司上报《关于报送内蒙古自治区矿产资源开发利用年度检查工作总结的函》。主要内容为:截至2010年底,自治区共有采矿企业5076个,其中国土资源部发证68个、自治区国土资源厅发证1210个、盟市国土资源局发证3798个,参加年检的矿山企业共5076个,年检率100%。对2694个矿山企业年检情况进行抽检,抽查率为53%。存在问题:采矿权年检工作目前仍执行《关于加强和完善矿产资源开发利用年度检查工作有关问题的通知》,具体年检内容不明确,不能有效地对矿山企业实施监管,已不能适应目前矿政管理工作的需要;由于部分矿产品市场较好,受利益驱动,导致无证非法采矿、非法承包、出租、转让采矿权现象有所抬头,由于其隐蔽性强,监管工作任务繁重,查处难度大;砂、石等普通建筑材料和零星分散资源盟市发证采矿权大多矿区小,开发利用方案简单,建议实事求是、简化程序,按便捷服务的原则,简化"三率"考核程序与方式;由于矿山企业不能正确认识年检工作的重要性,不能按照要求准确全面的编写年度报告书,不能按要求提供图纸资料。部分重点矿山企业没有建立矿产品销售收入台账,尤其是储量核查检测工作,存在拖延、搪塞等现象,推进难度较大。土地复垦方案和地质环境治理方案补做需要一定的周期,该项工作短时间内规范难度较大。

2013年1月25日,自治区国土资源厅印发《关于进一步完善矿产开发利用年度检查工作的通知》。6月19日,向国土资源部矿产资源储量司函报《内蒙古自治区2012年矿产开发利用年度检查工作总结》。2012年,自治区矿产资源开发利用年检应检矿山4555个,实检矿山4555个,年检率100%,其中部发证84个,自治区发证1221个,市发证3250个;旗县实地抽查的矿山企业数3189个,实地检查比率70.01%;盟市抽检矿山数567个,抽检率12.45%;年检不合格矿山65个,年检合格率为94.97%。已设立采矿权标识牌的矿山有3889个,提交储量年报矿山4424个,提交矿产资源储量统计表4421份,开采回采率达标矿山4434个。

2015年9月6日,自治区国土资源厅印发《转发〈水利部、国土资源部、交通运输部关于进一步加强河道采砂管理工作的通知〉的通知》,要求各地结合本地实际,明确采砂管理牵头部门和协作部门,落实责任主体,要建立联合监管机制、共同执法机制、定期会商机制、重大问题协调机制和信息资源共享机制。通过强化制度建设、狠抓源头治理、加强日常巡查、严格依法查处、注重教育引导等多种有效形式,始终保持对河道违法违规采矿行为的高压严打态势。

第五节　矿业权纠纷调处

矿业权纠纷一般类型繁多、法律关系复杂。妥善处理各类重大矿业权纠纷,对于规范矿业秩序,保护各方面利益,促进矿产资源合理开发利用均具有重要意义。

2001 年 3 月 23 日,自治区国土资源厅向伊盟地矿局、乌海市矿管局下发《关于调查处理采矿权纠纷的紧急通知》,针对乌海市海勃湾国营农场架子山、东大山铁矿与伊盟郝义爱铁矿存在的严重资源纠纷问题,并鉴于上述铁矿采矿许可证均已过期无效,要求伊盟地矿局、乌海市矿管局立即责令两矿停止生产,在问题没有得到彻底解决之前,不得擅自开采,否则按非法采矿处理,同时要求抓紧做好协调工作,促成双方尽快达成协议后,统一办理换证手续。

2002 年 3 月 2 日,自治区国土资源厅厅长韩云彬收到加拿大驻中国大使馆商务公使麦若彬先生致自治区主席乌云其木格信的抄送件,及时召开厅长办公会议听取有关汇报,提出了解决问题的意见,并向自治区人民政府汇报。3 月 11 日,自治区国土资源厅副厅长郭战英率工作组赴阿盟,代表自治区人民政府协调处理来信反映的问题。3 月 13—21 日,工作组先后听取了大漠公司、阿拉善左旗人民政府及有关部门的汇报,查阅了相关资料,并到矿区进行了实地调查。之后,协调、督促双方进行了认真磋商,研究继续合作的条件和方式。通过协调和双方磋商,最终达成协议。11 月 19 日,自治区国土资源厅向达拉特旗北国商城煤炭经营公司复函。2002 年 10 月 10—12 日,自治区国土资源厅调查组先后到达拉特旗国土资源局、达拉特旗法院、达拉特旗工商局、鄂尔多斯市国土资源局等单位对群众反映达拉特旗红色联办矿和杨家沟煤矿权属问题进行了调查,并现场对当事人和原采矿许可证经办人进行了询问了解,初步查清了两矿山的基本情况和存在的问题,经研究决定将调查核实有关事宜函告达拉特旗北国商城煤炭经营公司。

2004 年 11 月 9 日,自治区国土资源厅向乌海市国土资源局下发《关于尽快协调处理陈继云采矿与张润平探矿权范围争议问题的通知》,责成乌海市国土资源局本着尊重历史、照顾现实的原则再次进行协调处理,妥善解决双方争议问题,并在 11 月底前将协调处理结果上报。

2007 年 5 月 11 日,自治区国土资源厅向鄂尔多斯市政府发《关于商请处理两个资源整合煤矿争议的函》,说明两个案件是在资源整合过程中利益调整而产生的矛盾,按照自治区煤矿整顿关闭和资源整合工作要求,应属当地政府解决的问题。为此,请尽快对两案件中煤矿整合事宜进行协调处理,以便自治区国土资源厅能够按照自治区政府要求,履行国土资源管理部门在煤矿资源整合工作中的职责。同时建议:若协调整合各方能够达成一致意见,由鄂尔多斯市确认其整合协议的真实性后,自治区国土资源厅依法办理资源整合中的采矿权手续;若协调整合各方达不成一致意见,请提出对两案件的具体解决办法,报自治区整顿关闭领导小组备案后,自治区国土资源厅按照修改后的意见办理有关手续。

2007 年 9 月 17 日,自治区国土资源厅向自治区政府上报《关于蒙辽交界区域铁矿开采引发纠纷问题的专题报告》。报告说明:8 月 24 日,自治区国土资源厅副厅长赵保胜率有关处室、赤峰市国土资源局、敖汉旗政府、敖汉旗民政局等部门人员与辽宁省国土资源厅副巡视员刘玉君一行举行会谈，分别听取了北票市政府和敖汉旗政府的情况说明，并就有关问题进行磋商后，双方达成共识。由于封养界边界确定问题不属于国土资源部门管辖范围，建议由内蒙古自治区和辽宁省两省区民政部门进行确认，因涉及自然保护区等事宜，必要时需请林业部门参加。封养界内矿产资源的管理权限应由国土资源部重新确认并核定。从维护稳定的大局出发，在两省区未达成一致意见前，暂停封养界内一切矿产资源开发活动，避免激化矛盾，引发大规模群众事件。哪一方在矛盾未解决前进行开采，哪一方要对所引发的一系列问题负全部责任。两省区国土资源厅应尽快向省区政府提交专题报告，建议由省区政府责成民政部门对封养界等问题进行确定，之后再确认采矿权。建议北票市政府和敖汉旗政府进一步协调争取达成一致意见。

第三章　矿产资源储量管理

矿产资源储量管理是矿政管理工作的基础,其包括资源储量评审备案、资源储量登记、矿山资源储量动态监管、压覆矿产资源审批、矿产资源价款评估备案、矿产资源补偿费征收、地质资料管理与服务等工作,主要目的是维护矿产资源国家所有和矿业权人合法权益,了解和掌握矿产资源的家底,为政府及相关部门进行矿产资源管理与决策提供矿产资源储量相关信息和依据。

第一节　资源储量评审备案

按照全国有关矿产资源储量评审相关制度设计,在2000年之前,矿产资源储量评审工作是由全国矿产资源委员会或省区级矿产资源委员会负责评审并批准的程序进行;从2001年至2003年6月,矿产资源储量评审工作改为由国土资源部或省区级国土资源行政主管部门批准设立的矿产资源储量评审机构通过评审后,再由相应国土资源行政主管部门进行认定的管理制度;自2003年6月之后,矿产资源储量评审认定制度又改为由相应国土资源行政主管部门进行备案和监督管理制度。

一、机构及队伍建设

2000年3月27—31日,自治区国土资源厅举办全区首批矿产储量评估师培训班,培训内容主要学习《矿产资源储量评审认定办法》《矿产储量评估师执业资格制度暂行规定》《矿产储量评估师管理办法》《固体矿产资源/储量分类》及《固体矿产资源储量套改技术要求》,自治区首批12名矿产储量评估师参加培训。5月,首批增补的3名矿产储量评估师通过培训。

2001年8月27日,自治区国土资源厅确定首批60名具备相应矿产资源储量评审员资格。11月1日,自治区国土资源厅印发《内蒙古国土资源厅关于组建矿产资源储量评审机构的通知》,根据国土资源部等五个部委联合颁发的《矿产资源储量评审认定办法》和国土资源部《矿产资源储量评审机构资格管理暂行办法》的要求,自治区国土资源厅成立内蒙古自治区矿产资源储量评审中心(以下简称自治区储量评审中心),与自治区地质调查院合署办公,承担全区矿产资源储量评审及相关工作。

2002年3月27日,自治区国土资源厅印发《关于进一步规范盟市矿产资源储量评审认定管理工作的通知》,要求各盟市组建具有独立法人资格的矿产资源储量评审机构,由自治区国土资源厅授予资格后开展评审工作。12月16—20日,自治区国土资源厅在呼和浩特市举办第二批矿产储量评估师培训班,同时对第一批15名矿产储量评估师进行业务继续教育培训。

2003年,自治区国土资源厅完成首批15名矿产资源储量评估师的考核、注册工作。6月4日,经自治区国土资源厅审查,由所在盟市国土资源主管部门初审推荐的赤峰市矿产资源储量评估有限责任公司、呼和浩特市科瑞房地产咨询评估有限责任公司、包头市拓源地质工程有限责任公司、兴安盟美日国土资源开发服务中心、巴彦淖尔盟(今巴彦淖尔市)宝玉石协会、乌兰察布盟(今乌兰察布市)矿产资源储量评审服务中心等6个盟市矿产资源储量评审机构,符合规定要求,确认盟市矿产资源储量评审资格。

2004年,自治区国土资源厅确认盟市矿产资源储量评审机构1个。全区有11个盟市组建并确认盟市级矿产资源储量评审机构,共有经过确认的储量评审员80人。

2005年7月,国土资源部批复同意北京中矿联咨询中心在自治区境内从事由自治区国土资源厅负责备案的矿产资源储量评审工作。全年,自治区国土资源厅新确认盟市矿产资源储量评审资格的评审机构3个,确认自治区第三批矿产储量评审员10人。截至年底,全区共有自治区级矿产资源评审机构2个,盟市矿产资源储量评审机构12个,注册矿产储量评估师22人,自治区矿产储量评审员80人。

2006年,自治区国土资源厅新确认盟市矿产资源储量评审机构1个。6月1—15日,自治区国土资源厅组织对盟市矿产资源储量评审机构主要技术负责人进行了业务培训,培训主要内容包括评审的程序、内容和要求等。

2007年和2008年,自治区国土资源厅和各盟市国土资源局对所管辖储量评审机构、评审专家从其职业信誉角度进行了考核,自治区储量评审中心、北京中矿联咨询中心内蒙古工作部以及12个盟市评审机构及其所聘用的评审专家均通过考核。2008年,全区各级评审机构对2009年度聘用储量评审专家进行了重新确定,并报自治区国土资源厅进行备案,共聘用储量评审专家128人,其中27人具有全国储量评估师资格。

2009年4月1日,自治区国土资源厅印发《关于开展矿产资源储量评审工作检查的通知》,决定对所管理备案的评审机构的评审工作进行检查。自治区国土资源厅对自治区储量评审中心、北京中矿联咨询中心内蒙古工作部的制度建设与执行情况、工作环境、聘用评审业务人员状况、评审资料及档案管理等方面进行了检查,并对2001年至2008年度由评审机构评审、备案的近2000份各类报告要件和评审意见书按5%的比例进行了抽检。

2010年1月,自治区国土资源厅组织对自治区储量评审中心、北京中矿联咨询中心内蒙古工作部及其评审专家进行2009年度评审工作档案资料抽查和年度考核,各盟市也对评审机构、评审专家的监督管理工作进一步进行了规范。全年,新确认盟市矿产资源储量评审资格的评审机构1个。

2012年8月,北京中矿联咨询中心内蒙古工作部停止受理由自治区国土资源厅备案的各类矿产资源储量报告的评审工作。

2014年,自治区国土资源厅新确认具有盟市矿产资源储量评审资格的评审机构1个。2015年,确认更名盟市矿产资源储量评审资格的评审机构1个。截至2015年底,全区共有自治区级矿产资源评审机构1个,盟市矿产资源储量评审机构14个,注册矿产储量评估师27人。

二、评审认定与备案

(一)相关制度及管理

2001年2月5日,自治区国土资源厅印发《内蒙古自治区零星分散矿产资源储量评审认定暂行办法》和《内蒙古自治区普通建筑材料用砂、石、粘土矿产资源储量评审认定暂行办法》。其主要是根据国土资源部等五部委1999年7月15日印发的《矿产资源储量评审认定办法》和国土资源部2000年7月7日印发的《矿产资源储量评审认定工作有关规定》文件精神,正式将全区矿产资源储量评审工作由自治区矿产资源委员会负责评审、批准,改为经自治区国土资源厅批准或确认的有关评审机构通过评审后,再由自治区国土资源厅或盟市国土资源局进行认定的工作制度。3月20日,自治区国土资源厅印发《内蒙古自治区盟市地矿行政主管部门开展零星分散矿产及普通建筑材料用砂、石、粘土矿产资源储量评审认定工作有关规定》(以下简称《规定》),进一步推进和落实相关办法的实施。《规定》明确:除另有规定或特殊情况外,评审矿产资源储量应向评审机构提出申请,并提供矿产资源储量评审申报表一式两份,勘查单位勘查资格证、有效勘查许可证或采矿许可证复印件一式两份,对提交送审资料真实性的书面承诺一式两份,矿产资源储量报告2份。评审机构完成评审、并经申报单位修改完善后,作为申请认定材料之一报盟市地矿行政主管部门。评审普通建筑材料用砂、石、粘土矿产资源储量要求的材料,可以依照《内蒙古自治区普通建筑材料用砂、石、粘土矿产资源储量评审认定暂行办法》中有关要求予以简化。评审机构自收齐材料之日起5日内,应当作出是否予以受理的决定,并以书面或其他方式直接通知申报人,不予受理的应说明理由。《规定》要求:矿产资源储量评审机构,应是具有法人地位的单位或组织,由管理人员及评审人员组成。因评审业务量小而无必要组建独立评审机构的,可按照规定的审批程序,由具有相应专业技术、业务能力的现有单位或组织进行评审。评审由盟市地质矿产主管部门负责认定的资源储量,其评审机构的评审资格,必须经盟市地质矿产主管部门初审,报自治区国土资源厅审查认定。评审机构组织评审的具体工作,必须由具有相应资格的矿产储量评估师或矿产储量评审员承担。矿产储量评审员,是指由盟市地质矿产主管部门初审、推荐,经内蒙古国土资源厅认定,具有受聘评审盟市地矿行政主管部门负责认定的矿产资源储量及承担相关业务工作资格的专业技术人员。矿产储量评审人员应遵纪守法,具有良好的职业道德;具有地质勘查或采选(冶)矿专业中级或中级以上技术职称(或资格);身体健康,年龄不超过65周岁。各盟市地质矿产主管部门对属地评审机构及储量评审员,在业务上给予指导和监督管理,并在每一年度年末对其进行年检和资格审查,其结果于下年度二月底前报国土资源厅备案。根据被评审项目的矿种、矿床类型或规模,矿产资源储量评审可选择专家独立评审,召开评审会议评审,与有关部门会审。评审工作必须实行严格的回避制度。评审机构不得聘请与矿业权人有直接或间接利益关系,以及具有行政隶属关系的评审人员承担评审工作。评审矿产资源储量,评审机构必须形成评审意见书。矿产储量评审人员的个人署名评审意见,由评审机构保存,格式可参照矿产资源储量评审意见书。评审意见书应自签发之日起5日内书面通知送审单位并告知评审结果,10日内送交相应地质矿产主管部门认定。送审单位对评审结果有重大异议的,可在收到书面通知书5日内,向负责认定的地质矿产主管部门提出书面复审申请。地质矿产主管部门自收到复审申请之日起10日内,应当作出是否受理的决定。决定予以复审的,复审工作应自受理之日起20日内完成,并形成复审意见,下达送审单位和相应的评审机构。复审后仍有异议的,由自治区地质矿产主管部门组织有关专家仲裁。评审机构将评审结果报盟市地质矿产主管部门认定时,提供加盖评审机构印章的评审意见书,经评审修改后的矿产资源储量报告2份(完成认定后,一份由盟市地质矿产主管部门留存,一份作为备案材料之一上报国土资源厅),送审单位提交评审机构评审的其他材料各1份。矿产资源储量认定书,要在收齐认定材料后规定的时间内下达。有特殊情况未在规定时间内下达的,必须在《矿产资源储量认定责任表》备注栏中注明原因。开采普通建筑材料用砂、石、粘土矿产且年开采规模小于5000立方米的矿山,申请认定的资源储量,应由1~2名有工作经验的专业技术人员经过相应的野外地质调查填制矿产资源储量计算表,并按规定向具认定权限的地质矿产主管部门直接申请矿产资源储量认定。符合认定要求的,认定机关可直接在申报人提交的矿产资源储量计算表上签章,完成认定手续,不必再另文下达认定书。由盟市地矿行政主管部门签发的认定书,自签发之日起20日内报自治区国土资源厅备案。备案应提交评审、认定书各一份;经评审、认定后的矿产资源储量报告一份。认定后留存及备案材料的内容，任何人不能再修改、变动。凡涉及矿业权人利益的评审、认定材料及信息，评审、认定机构及备案材料留存机构必须予以保密。由于泄密，给矿业权人造成经济损失的，其后果由有关责任人承担。盟市评审、认定管理权限的补充说明，凡与34种主要矿产（国务院241号令附录所列）共生或伴生矿种的资源储量，其评审、认定管理工作由自治区或国土资源部负责。凡涉及在国家或自治区政府综合经济管理部门立项或向银行贷款、股票上市所依据的零星分散矿产及普通建筑材料用砂、石、粘土矿产资源储量，其评审、认定管理工作由自治区或国土资源部负责。11月29日，自治区国土资源厅印发《关于加强矿产资源储量评审认定工作的通知》，指出：普通建筑材料用砂、石、粘土矿产及其他零星分散矿产资源的储量评审认定工作，按照《内蒙古自治区零星分散矿产资源储量评审认定暂行办法》和《内蒙古自治区盟市地矿行政主管部门开展零星分散矿产及普通建筑材料用砂、石、粘土矿产资源储量评审认定工作有关规定》要求办理。中型（含中型）以上规模普通建筑材料用砂、石、粘土矿产，其他小型（零星分散矿产除外）及小型矿床规模以上固体矿产，凡作为矿山建筑依据提交评审认定的矿产资源储量，其矿床规模应已初步查明，矿床（整体或部分）工程控制程度一般应达到详查（含详查）以上，同时提供相应的矿床开发可行性评价资料。所提供的相关资料应满足综合评价与合理利用矿产资源的需要。

2002年3月27日，自治区国土资源厅印发《关于进一步规范盟市矿产资源储量评审认定管理工作的通知》，强调：矿产资源储量评审认定程序必须依照自治区国土资源厅发文要求执行；各盟市应组建具有独立法人资格的矿产资源储量评审机构，必须由自治区国土资源厅授予资格后方能开展工作；各盟市国土资源局务必做好辖区内零星分散矿产资源储量评审机构及评审人员的指导、监督管理工作。11月29日，自治区国土资源厅印发《关于矿产资源储量评审范围有关问题的通知》，明确：具有有效矿业权的，评审范围应与批准的矿业权范围相一致或不大于矿业权范围，评审申报人应为矿业权人；需要调整或变更矿区范围的，应依据相应的登记管理机关重新划定的矿区范围进行申报与评审；依据已灭失矿业权所形成的矿产资源储量报告及相关地质资料出让矿业权、新建矿山的，首先依据已形成的原矿产资源储量报告（符合相应审批权限的单位或机构批准）到有矿业权登记管理权限的机关办理划定矿区范围手续，然后依据原报告和划定矿区范围的批复文件，编制矿产资源储量核实报告及可行性评价资料；地质资料取得与利用不合法的，不得受理评审。

2003年6月5日，自治区国土资源厅转发国土资源部《关于加强矿产资源储量评审监督管理的通知》（以下简称《通知》），要求自文件下发之日起，全区各级国土资源行政主管部门对所负责的矿产资源储量评审工作不再进行认定，按照国土资源部的要求，统一设立备案和监督管理制度。《通知》明确：除由国土资源部管理评审工作并负责备案的矿产资源储量外，其他矿产资源储量的评审监督管理和备案工作由自治区各级国土资源行政主管部门负责。其中《矿产资源开采登记管理办法》附录所列34个主要矿种的矿产资源储量及其他矿种矿床规模在中型以上（含中型）的矿产资源储量仍由自治区矿产资源储量评审机构进行评审，报自治区国土资源行政主管部门备案。除34个主要矿种以外，其他矿种矿床规模在小型以下的矿产资源储量，原则上由盟市矿产资源储量评审机构进行评审，报有相应采矿权管理权限的盟市国土资源行政主管部门备案和监督管理。盟市国土资源行政主管部门在出具备案证明后20日内，应将评审意见书、修改完善复制后的正式地质报告（包括附图、附表、附件等）、电子文档及备案证明等相关材料一式一份报送自治区国土资源厅。报自治区国土资源行政主管部门办理矿产资源储量评审备案手续的，须提供下列文件和资料：加盖评审机构印章的矿产资源储量评审意见书,一式六份;经评审,修改完善复制后的正式矿产资源储量报告(包括附图、附表、附件等)和矿床开发的可行性评价有关资料一式二份(有电子文档的,同时报送电子文档一式二份);报告编制单位资质证明复印件,一式一份;勘查许可证、采矿许可证或划定矿区范围批复文件复印件;备案机关认为应当提交的其他有关资料报盟市国土资源行政主管部门备案的材料要求,可参照前款,由各盟市国土资源行政主管部门具体制定。尚未成立有资格的矿产资源储量评审机构的盟市,应按照《关于进一步规范盟市矿产资源储量评审认定管理工作的通知》有关要求,尽快组建盟市矿产资源储量评审机构并报厅进行资质认定。评审机构尚未组建之前,对其管理权限范围内的矿产资源储量报告,可委托其他有资格的矿产资源储量评审机构进行评审。评审机构必须按照《固体矿产资源/储量分类》《固体矿产地质勘查规范总则》《固体矿产勘查/矿山闭坑地质报告编写规范》和有关矿种(类)最新地质勘查规范及其他有关规范的技术要求,组织评审专家以高度负责的精神对委托评审的地质报告独立进行评审。专家评审意见和评审意见书必须说明评审依据的主要法律、法规、规定及技术标准、规范、规定、要求等,做到格式规范、依据充分、结论明确。评审专家必须提交署名的评审意见,并对其真实性、合规性负责。评审机构对评审意见书的真实性、合规性负全部责任。符合下列要求的,国土资源行政主管部门应在10个工作日内出具备案证明:备案材料齐全,符合要求;承担评审工作的机构具有相应资格;评审工作中聘请的评审专家具有相应资格,并且专家人数符合有关规定要求;评审程序符合有关规定要求;评审工作依据合法、有效。矿业权人可依据予以备案的矿产资源储量报告,直接办理矿产资源储量登记或变更登记和地质资料汇交手续。各级国土资源行政主管部门对其主管的矿产资源储量评审机构的评审工作,每年都要进行不少于5%～10%的抽检;对年评审地质报告数量较少的单位,抽检总份数不得少于3份。凡评审报告及评审意见书有严重技术失误并造成不良影响或弄虚作假的,依据《矿产资源储量评审机构资格管理暂行办法》第十五条、第十六条、第十七条等有关规定处理;对与其有关的矿产储量评估师、矿产储量评审员按照《矿产储量评估师执业资格制度暂行办法》第十一条的规定处理。在国家对评审备案监督管理未出台新规定以前,凡本通知未涉及的矿产资源储量评审工作及其监督管理办法,可参照国土资源部等五部委联合颁布的《矿产资源储量评审认定办法》和国土资源部办公厅印发《矿产资源储量评审认定工作有关规定》及自治区国土资源厅印发《内蒙古自治区零星分散矿产资源储量评审认定暂行办法》《内蒙古自治区普通建筑材料用砂、石、粘土矿产资源储量评审认定暂行办法》《内蒙古自治区盟市地矿行政主管部门开展零星分散矿产及普通建筑材料用砂、石、粘土矿产资源储量评审认定工作有关规定》等文件执行。10月8日,自治区国土资源厅印发《关于认真做好矿产资源储量核实工作的通知》,对全区矿产资源储量核实与评审、备案工作进行了规范。要求:矿产资源储量核实要严格执行国家、行业颁布的规范、规定和制度,坚持实事求是的原则和科学严谨的态度。承担矿产资源储量核实工作的单位和工作人员,必须到实地进行调查、核实,并根据需要搜集、编制相关图件、资料,严禁在矿产资源储量核实工作中闭门造车,编造、变造各种图件、资料和矿产资源储量核实报告。凡涉及核销已开采矿产资源储量的,须提供充分的地质资料依据,尤其是矿山生产使用的第一手地质资料。如地下开采矿山采掘工程水平投影图和纵投影图(剖面图)以及采空区、陷落区、充填区平面图、剖面图和纵投影图,露天开采矿山阶段综合平面图和剖面图、采剥验收平面图等,并将其主要图件作为报告附图;矿山无能力提供规范图件或提供资料不全,不能满足核实报告编制需要的,应由承担核实的地勘单位进行实地简测,并提供相关资料。对矿产资源储量发生较大变化的,变化地段应有足够的工程控制和理论根据。矿区范围拟进行调整的,应把原采矿许可证范围内和扩大或缩小矿区范围内的矿产资源储量及其变化情况分别予以核实,相关内容在核实报告中予以详细反映,阐述清楚。评审单位在受理核实报告时,应要求送评单位提供调查核实的原始地质资料及其报告编制依据的以往主要成果地质资料,并将其纳入报告审查范围。核实报告及其评审意见书均应把资源储量核实的方式、方法,核实工作采用的手段及投入工作量,依据的资料及其来源等阐述清楚。必要时,评审机构应组织评审专家组进行实地调查,对存在重大问题的,要提出专题调查报告。在核实报告的评审工作中,要把工业指标的合理性审查作为优先审查的内容。核实报告改变原报告按国家规定程序制定、下达的工业指标或所采用一般工业指标的,应提供由有资质单位承担完成的工业指标可行性研究或论证报告。否则,评审机构不予通过评审,行政主管部门不予备案、登记。各级国土资源行政主管部门要加强对评审机构和承担核实工作单位的监督管理。自治区及各盟市矿产资源储量评审机构、承担核实工作的单位要加强对从业人员的职业道德教育,坚持诚实、守信和公正、公平原则,进一步提高矿产资源储量核实工作质量。对在矿产资源储量核实报告编制、评审中有违规行为的,要追究有关单位及当事人的责任。

2004 年 3 月 12 日,自治区国土资源厅印发《关于矿产资源储量评审备案工作中存在问题的几点处理意见》。明确:送评审备案资料,除按自治区国土资源厅转发国土资源部《关于加强矿产资源储量评审监督管理的通知》规定报送相关资料外,根据项目情况,还应补充凡矿业权人、编制报告的地勘单位已更名,且与其原证件所用名称不一致的,应由相关部门出具变更名称的证明材料;申请新设矿业权,利用保护期内地质资料编制矿产资源储量核实报告,矿业权人及报告编制单位均不是地质资料汇交人的,应按照内蒙古国土资源厅《关于矿产资源储量评审范围有关问题的通知》等相关规定,提供地质资料汇交人同意利用的证明;划定矿区范围批复所确定的开采标高与矿体(层)实际分布标高不一致的,经评审机构预审后,应由采矿权申请人向采矿权登记发证机关提出申请;确需调整的,重新确定开采标高,并由登记机关出具调整意见,按调整后的范围估算资源储量;原采矿许可证标高范围与矿体(层)分布标高不一致的,或原采矿许可证标高范围内无工业矿体(层)存在的,经评审机构预审核实后,应由采矿权人向采矿权登记机关申请变更矿区范围,同意变更的,按变更后的矿区范围估算资源储量,否则按原采矿许可证的范围估算资源储量。矿区范围内存在已办理重要建设工程压覆矿产资源储量登记手续的,在进行矿产资源储量估算时应扣除压覆范围;对于原采矿许可证或划定矿区范围批复确定的矿区范围内,凡涉及铁路、公路、工厂、水库、村庄和各种大型建筑物或建筑群压覆地下矿产资源且确不能进行开采的,经评审机构预审后,应由采矿权人或采矿权申请人向采矿权登记机关提出变更或调整划定矿区范围(扣除压覆区的范围)的申请,评审机构应以变更或调整划定的矿区范围进行评审,否则该区的压覆矿产资源储量不予通过评审;核实被压覆的矿产资源,必须实地施测建设工程地面位置,测定拐点坐标,依据相关规范确定各矿体(层)被压覆的范围,估算其被压覆的矿产资源储量数量(原资源储量类型不变)。关于开采消耗、残留或剩余资源储量,已开采矿区提供的采掘工程平面图,应标明矿山企业名称、比例尺,国家通用坐标方厘网,矿区范围、拐点编号(应与矿业权证拐点编号对应一致)、矿体(层)编号、已采空区范围、回采区范围、开拓范围等,由施测单位加盖公章,并经当地盟市或旗县国土资源行政主管部门实地核查后,出具是否予以认可的证明材料;施测单位应对其出具资料的真实性负责,依据核定的采空区范围,采用原参数,估算消耗的矿产资源储量,凡已无法准确实测的老窑(老窿)范围,其以往开采的基本情况应由属地盟市国土资源行政主管部门,依据相关档案、资料,经实地勘察、检测或核查后,出具证明材料,按所确定的范围,以原查明资源储量予以核销;采矿权人停办或者关闭矿山残留或者剩余的矿产资源储量,应在闭坑地质报告通过评审后,由采矿权人填写相应登记书,与申请办理评审备案的资料一并送备案管理机关,同意备案后,办理残留矿产资源储量登记手续。固体矿产地质勘查报告和矿山闭坑报告应按照《固体矿产勘查/矿山闭坑地质报告编写规范》规定的编写准则和要求,参照附录的编写提纲进行编制。矿产资源储量核实报告章节内容应符合《矿产资源储量核实报告编写提纲及格式》要求,特别是对矿山建设规模与生产情况(包括历年的采出量、实际回采率等),金属矿产的矿石加工选冶工艺流程,核实报告依据的原地质报告名称、核实范围内原查明资源储量,采用的工业指标及其依据,核实工作的方式、方法,核销资源储量的依据,探采对比等内容必须阐述清楚,并对其负责。国家相关规定实施前,以开发利用方案代替可研或预可研报告的,其经济评价内容应能达到相关规定要求。送评报告及其附图、附表、附件的内容、格式、载质(及其电子文档)等要符合地质资料汇交的要求。凡弄虚作假、伪造地质资料的,一经查实,按照《地质资料管理条例》等有关规定予以处罚。评审机构对矿产资源储量报告内容、质量及其合规性等进行独立评审,对评审意见书的真实性、合规性及其结论性意见负责;评审意见书应参照《转发国土资源部关于加强矿产资源储量评审监督管理的通知》(内国土资发[2003]81 号)附件《〈××报告〉矿产资源储量评审意见书》的格式、内容要求编制;对矿产资源储量核实报告应严格按《关于认真做好矿产资源储量核实工作的通知》(内国土资办发[2003]82 号)有关要求进行审查;评审意见应以通过评审的核实报告内容为依据,对采用的工业指标,核实工作方式、方法,核实矿区范围内的开采情况,矿区范围内原提交资源储量、本次核实的资源储量及其变化,是否存在核销资源储量、压覆资源储量和剩余保有资源储量及其核实依据等阐述清楚;对压覆矿产资源范围的拐点坐标应予明确;重点对核实增减、压覆、核销资源储量的合理性、可靠性进行评述,并提出结论性意见。备案机关主要是对报送备案材料和评审意见书进行合规性检查,符合要求的,出具备案证明;根据有关规定对评审工作实施监督管理,对送备案的资料进行随机检查;凡发现评审意见书及其相关资料等送备案资料存在严重缺陷、错误的,违规通过评审的,不予受理备案,已办理备案的应予撤销,情节严重的,依据有关规定追究有关单位及当事人的责任。

2005 年 6 月 6 日,自治区国土资源厅印发《关于进一步规范矿产资源储量报告编制等有关工作的通知》和《内蒙古自治区矿产资源储量报告质量评定办法》,进一步规范全区矿产资源储量报告及其评审、备案监督管理工作。10 月 28 日,自治区国土资源厅印发《内蒙古自治区矿产资源评审备案工作指南》,在总结以往矿产资源储量评审、认定、备案工作的基础上,归纳历次提出的相关规定和要求,对矿产资源储量评审资料的送达与受理、报告预审、评审受理、评审结果备案、印发与存档等作出具体规定,指导全区规范开展矿产资源储量评审、备案工作。

2007 年 3 月 15 日,自治区国土资源厅转发国土资源部《关于印发〈固体矿产资源储量核实报告编写规定〉的通知》,并要求:核实范围内的勘查程度达不到核实目的要求的勘查程度,应补充地质勘查工程,提交相应的勘查或补充勘查报告,同时对补充勘查前的勘查程度、资源储量及其变化情况予以阐明。凡需要进行工业指标论证的,均应按规定提供与之相适应的矿石选冶加工技术试验或实际选冶生产流程资料。根据矿区实际,确需对本规定附录"核实报告编写提纲"进行适当调整的,其核实内容应能满足本规定要求。开采矿区,核销消耗资源储量,涉及向国家缴纳价款的,除应符合本规定外,同时应满足《关于矿产资源储量评审备案工作中存在问题的几点处理意见》和《关于进一步规范矿产资源储量报告编制等有关工作的通知》等有关规定要求。3 月 16 日,自治区国土资源厅印发《关于进一步规范矿产资源储量评审工作的通知》，明确：为切实加强矿产资源储量报告编制质量，对于存在未经野外验收，即未通过最终野外验收和提供野外验收报告或地质勘查监理报告进行报告编写的；未按《固体矿产勘查/矿山闭坑地质报告编写规范》和有关规范、规定编写报告，未按要求附全附图、附表、附件等资料的；送审资料的原始责任不明确，报告内容与原始资料和基础资料不吻合或并无原始和基础资料依据的；与以往提交成果变化大，其变化原因尚未查明的；隐瞒或篡改以往勘查、开采情况的；扩大或缩小查明资源储量数量、提高或降低资源储量类型、随意改变报告实际可达到的最高勘查工作阶段的；送审资料不全或存在其他粗制滥造、弄虚作假情形等问题的送审报告，自治区国土资源厅要求评审机构不应予以受理；已受理的，不得通过评审。评审过程中，必须检查原始资料，抽查其内部（自检、互检、单位检查等）和外部质量控制资料。对勘查工作质量情况和基础资料的可靠性进行审查、评估、评价。对送审资料有疑问的，评审机构应当要求矿业权人（或其委托的勘查实施单位）对相关资料进行举证或补正，必要时应到实地调查或查证。发现有粗制滥造、弄虚作假情形的，应及时上报评审备案管理机关。一经查实，有关单位和人员将列入违规违信名单，向社会公布，并按照地质资料管理和地质勘查资质管理的有关规定予以处罚。送审报告各项勘查内容，包括勘查区（矿区）地质、矿体（层）地质、开采技术条件、矿石加工技术性能和综合评价等勘查研究程度以及勘查、测绘等工程质量、样品采取、测试、试验质量等，均应达到相应规范规定要求。达不到规定要求的，不予通过评审，或以各项勘查内容可以达到的最低勘查及其控制程度确定报告的控制程度和勘查阶段，即将报告作“降级（资源储量类型）和降阶段”处理，退回、重新编制报告。

2010 年 7 月 27 日，自治区国土资源厅印发《关于超贫磁铁矿矿产资源储量管理有关要求的通知》。提出超贫磁铁矿质量建议指标：边界品位（mFe）6%，工业品位（mFe）8%，矿床规模达中型以上者，可适当降低；超贫磁铁矿开采技术条件建议指标：最小可采厚度 2～4 米，夹石剔除厚度 2～4 米；露天开采矿山最终边坡角≤60°，剥采比 0.5∶1。需将评价矿区（床）所估算的超贫磁铁矿查明矿产资源储量总量，折算成符合一般工业指标（mFe20%）要求的选铁（贫铁）矿石磁铁矿石（简称磁性铁标矿）矿石量，并对照《矿区矿产资源储量规模划分标准》铁（贫矿）划分标准，确定评价矿区（床）矿产资源储量规模。超贫磁铁矿资源储量报告，均应计算相应磁性铁标矿矿石量。此外，开展超贫磁铁矿地质勘查工作，原则上应按照《铁、锰、铬矿地质规范》等标准规范执行。

2015 年 7 月 8 日，自治区国土资源厅印发《关于进一步做好矿产资源储量评审备案有关问题的通知》要求，严禁地勘单位外借勘查资质，地勘单位在提交矿产资源储量报告时要严格审查参与报告编写人员的身份条件；旗县国土资源管理部门要加强对辖区内地质勘查工作的监督管理；自治区地勘局、自治区煤田地质局、自治区有色地勘局所属的地勘单位提交矿产资源储量报告必须经所属局进行初审并出具局初审意见；矿产资源储量评审中心召开的矿产资源储量报告评审会，必须要求报告编制单位的分管领导或总工程师参会；储量评审专家在对矿产资源储量报告评审过程中要把原始地质资料和地质勘查工程质量作为报告评审的重点；矿产资源储量评审中心要加强对全区地勘队伍报告编制和储量评审专家的专业培训，每年培训不少于 1 次；从严控制储量评审中心在编工作人员参与储量报告的评审。

（二）评审认定与备案情况

2000 年上半年，由自治区矿产资源委员会评审并下达矿产资源储量报告决议书 3 件；下半年，由自治区国土资源厅组织评审并下达矿产资源储量批准书 19 件。

2001年,自治区国土资源厅组织评审并下达矿产资源储量批准书34件。

2002年,自治区国土资源厅进行矿产资源储量报告评审认定63件。其中,普查28件、详查26件、勘探9件;按矿类划分,能源矿产32件、金属矿产24件、非金属矿产7件;按矿床规模划分,中型6件、小型57件;已开采利用59件。

2003年,自治区国土资源厅进行矿产资源储量报告的评审认定23件,进行评审备案75件。各盟市完成的矿产资源储量报告评审认定或备案共194件。

2004年,由自治区国土资源厅管理评审备案的矿产资源储量报告384件,其中勘查报告有45件,矿山资源储量核实报告有339件。由各盟市国土资源局负责评审备案的矿产资源储量报告有236件,涉及矿产有26种。

2005年,由自治区国土资源厅管理评审备案的矿产资源储量报告有454件。其中,有核实报告376件、普查报告36件、详查报告37件、勘探报告5件;按矿床规模分,有中型36件、小型418件;已开采利用的有376件,占总数的近83%。由各盟市国土资源局负责评审备案的矿产资源储量报告有315件,涉及矿产34种,其中乙类矿产118件(约占37%)、甲类矿产179件(约占63%)。由于从2004年开始资源储量核实报告评审大幅增加,致使2005年比2000年全区通过评审的各类矿产资源储量报告增加了近35倍。

2006年,全区评审备案的矿产资源储量报告共有1147件。其中,由国土资源部负责评审备案的矿产资源储量报告有71件;由自治区国土资源厅管理评审、备案420件,包括国土资源部矿产资源储量评审中心评审1件、内蒙古矿产资源储量评审中心评审137件、北京中矿联咨询中心评审282件;由各盟市国土资源管理部门负责评审备案656件,涉及矿产39种,包括乙类矿产185件、甲类矿产471件。

2007年,全区评审备案的矿产资源储量报告共有807件,其中自治区国土资源厅评审备案307件,各盟市国土资源局评审备案500件。

2008年,全区评审备案的矿产资源储量报告共有730件。其中,由国土资源部进行评审备案30件,由自治区国土资源厅进行评审备案267件,由各盟市国土资源局进行评审备案433件。

2009年,全区评审备案矿产资源储量报告共有592件。其中,由国土资源部评审备案34件,自治区国土资源厅评审备案181件,各盟市国土资源局评审备案377件。与往年相比,由盟市国土资源局评审备案的预查报告数量显著减少,通辽市、鄂尔多斯市、赤峰市、乌海市等盟市增加了矿山资源储量年度报告的评审并建立了相关制度。

2010年,全区评审备案矿产资源储量报告共398件。其中,国土资源部评审备案39件,自治区国土资源厅评审备案197件,各盟市国土资源局评审备案162件。与“十五”期间相比,“十一五”期间因资源储量核实报告评审备案数量逐年减少,致使全区评审备案报告数量从2006年最高峰逐年下降,但比“十五”期间评审备案报告总数仍增加2倍多。

2011年,全区评审备案的矿产资源储量报告共424件。其中,国土资源部评审备案36件,自治区国土资源厅评审备案204件,各盟市国土资源局评审备案184件。

2012年,全区评审备案的矿产资源储量报告共397件。其中,国土资源部评审备案29件,自治区国土资源厅评审备案211件,各盟市国土资源局评审备案157件。

2013年,全区评审备案的矿产资源储量报告共358件。其中,国土资源部评审备案35件,自治区国土资源厅评审备案 187 件，各盟市国土资源局评审备案 136 件。

2014 年，全区评审备案的矿产资源储量报告共 422 件。其中，国土资源部评审备案 37 件，自治区国土资源厅评审备案 175 件，各盟市国土资源局评审备案 210 件。

2015 年，全区评审备案的矿产资源储量报告共 377 件。其中，国土资源部评审备案 10 件，自治区国土资源厅评审备案 169 件，各盟市国土资源局评审备案 198 件。“十二五”期间，受世界经济复苏乏力和国内经济下行影响，全区矿产勘查投入逐年减少，全区评审备案的各类矿产资源储量报告数量与“十一五”相比减少 46%。

第二节　资源储量登记

一、相关制度及管理

1995 年，原地质矿产部颁发《矿产储量登记统计管理暂行办法》。为积极推进《矿产储量登记统计管理暂行办法》的实施，原自治区地矿厅于 1997 年部署在全区各盟市启动开展矿山地质检测工作。主要涉及矿产 50 余种，开展地质检测的矿山企业 3000 余家，检测工作于 2000 年 8 月底结束。2000 年 12 月 11 日，自治区国土资源厅印发《关于全区完成地质简测、矿产储量补登记工作情况的通报》。至 2000 年 8 月底，全区对 2827 个无地质资料的矿山企业进行了地质简测，共完成 4719 个矿山企业占用储量补登记的任务，并建立了全区矿产资源储量登记库。原自治区资源委员会办公室先后抽检 1793 份地质简测资料，按盟市分批下达了抽检意见。在占用储量补登记工作开展前，全区有 20% 的国有矿山和 70% 的集体及个体矿山基本上没有地质资料，其占有和消耗的矿产资源储量无法纳入统计管理。通过地质简测和矿产储量补登记工作，为自治区各类矿山企业占有的矿产资源储量纳入统计管理、实现基本摸清矿产资源家底的目标奠定了基础。

2004 年 4 月 3 日，自治区国土资源厅转发国土资源部《关于开展矿产资源储量登记工作的通知》明确，自治区国土资源厅负责全区矿产资源储量登记的管理工作，办理厅发证的探矿权人查明矿产资源储量、采矿权人占用、残留矿产资源储量登记，并办理由自治区人民政府批准建设用地的压覆矿产资源储量登记；各盟市国土资源局是本行政区域内矿产资源储量登记工作的管理机关，负责办理辖区内由本级发证的采矿权占用、残留矿产资源储量登记。在自治区辖区内从事相关活动的探矿权人、采矿权人、建设单位等均要自觉履行矿产资源储量登记义务，进行矿产资源储量登记，并接受国土资源行政主管部门的管理和监督。

2006 年 3 月 15 日，自治区国土资源厅印发《关于切实加强全区矿产资源统计工作的通知》。要求各盟市国土资源局由一名副局长负责主抓本行政区的矿产资源登记统计工作，加强矿产资源统计力量，设岗专人专职，做好组织领导、制度建设、工作协调、疏通渠道和资金支持等工作。在矿产资源统计年报制度的基础上，建立矿产资源统计季报和半年报制度。各级国土资源局都要设一名懂地质并会操作电脑的专业技术人员专门负责矿产资源日常统计实际工作，具体负责本行政区内《年度固体矿产资源统计基础表》《季度矿产资源统计基础表》及《矿产资源储量登记书》的填报、数据库建设和维护工作。要做好对旗县国土资源局、矿山企业的矿产资源统计工作部署、技术业务定期培训、协调和组织指导矿山企业矿产资源开发利用统计报表的填报工作，并完成检查、汇总、上报和建立各生产矿山矿产资源开发利用统计数据库工作。各级国土资源局应要求辖区内所有生产矿山恢复和建立季报、半年报、年报制度和固定的联络员制度,并逐步建立月报制度,同时要建立好矿产资源统计台账和原始记录档案。各级国土资源局在检查核实的基础上应按独立的矿山企业利用现行统计软件系统建立矿山矿产资源统计数据库,并按矿种将汇总后的合格数据(包括含有基础数据的光盘)逐级上报。各盟市国土资源局从2006年开始,分别于每年的4月10日前、7月10日前、10月10日前,向自治区国土资源厅矿产资源储量处报送要求矿种的矿产资源开发统计季报或半年报一份,于次年1月20日前,向自治区国土资源厅矿产资源储量处报送上年度固体矿产资源统计基础表(所有矿种)数据库光盘各一份后转自治区国土资源信息院汇总。矿产资源季报、半年报统计的矿种包括:煤、铁、锰、铬、铜、铅、锌、铝土矿、钨、锡、钼、铋、金、银、稀土、铌、钽、萤石、石墨、石膏、硫、磷、水泥灰岩、饰面石材、高岭土、膨润土、盐湖和盐类矿产(包括天然碱、芒硝、石盐、钾盐等矿产)。9月21日,自治区国土资源厅印发《关于进一步加强矿产资源储量登记工作的通知》,要求各级国土资源局进一步加强领导,增强矿产资源登记工作力度,切实提高矿产资源登记工作整体水平。

2007年,全区各盟市共完成35个矿种2233个矿山的资源储量检测工作,为矿山储量动态监管与矿产资源储量统计、资补费征收,保证矿产资源储量统计数据真实可靠,为合理规划、有效利用矿产资源、提高矿产资源回采率,杜绝超层越界、采富弃贫、采厚弃薄、破坏浪费资源的违法行为和矿业纠纷的发生,维护矿产资源国家所有权和采矿权人的合法权益、实现资源补偿费征收与消耗资源储量挂钩等工作奠定基础。3月,自治区国土资源厅在呼和浩特市分批召集各盟市国土资源局相关工作人员举办2006年度矿产资源统计数据会审会议,主要对2006年度矿产资源(登记)统计数据会审,并部署2007年一至四季度矿产资源储量统计快报工作。12月10—13日,自治区国土资源厅在呼和浩特市举办全区矿产资源登记统计数据库(整合)培训班,主要部署2007年固体矿产资源统计工作,并学习应用国土资源部新下发矿产资源登记统计管理软件和矿产资源储量空间数据库系统,研讨交流矿产资源登记统计工作经验。各盟市国土资源局和部分旗县国土资源局从事矿产资源登记统计工作的有关人员参加了培训。

2008年2月24—29日,自治区国土资源厅在呼和浩特市分批召开2007年度矿产资源统计数据会审会议。主要对2007年度矿产资源相关统计数据进行汇总,并研讨矿产资源储量登记统计有关问题。

2009年11月23日,自治区国土资源厅转发国土资源部办公厅《关于做好2009年度固体矿产资源统计工作的通知》,要求各盟市国土资源局负责组织开展本行政区所有矿区(产地)的矿产资源登记统计工作。

2011年4月27日,自治区国土资源厅印发《关于进一步加强矿山储量检测年报和管理工作的通知》(以下简称《通知》)。《通知》要求,矿山企业每年要由符合规定要求的检测机构或人员,独立开展矿山储量检测,建立矿山储量台账,进行矿山储量动态管理,按时填报年度《矿产资源统计基础表》并提交《矿山储量年报》。《通知》明确:自治区国土资源厅负责全区矿山储量检测矿产资源统计、矿山储量年报监督管理工作的部署、汇总、指导和监督管理。盟市国土资源行政主管部门负责本行政区域内矿山储量检机构和检测人员执业情况的监督管理、矿山储量检测报告及矿产资源储量统计结果的审查、现场抽查和汇总分析,依据有关规定核准应核销的矿产资源储量。旗县级国土资源行政主管部门负责本行政区域内矿山企业占用矿产资源储量检测的监督实施,指导、督促采矿权人按要求开展矿产资源储量检测工作、提交储量年报和《矿产资源统计基础表》，经初审汇总后上报所属盟市国土资源局。各级国土资源行政主管部门开展矿山矿产资源储量动态监督管理工作所需经费，依据《内蒙古自治区财政厅、国土资源厅、中国人民银行呼和浩特中心支行关于调整矿产资源补偿费入库比例和缴库方式的通知》文件规定，纳入同级财政预算管理，专款专用。《通知》还明确：矿山企业按照法定的义务应建立矿山地测机构。矿山地测机构，不但担负矿山采掘（剥）生产作业的技术指导、矿山矿产资源开采利用、保护及其资源储量日常工作，还要管理矿山储量台账，编制矿山生产有关图件和《矿山储量年报》，填报《年度矿产资源统计基础表》等工作。矿山企业地测机构应具有实施本矿山地质测量工作的设备仪器；具有从事承担本矿山地质、采矿、测量专业技术人员；有健全的矿山地质测量技术、质量与资料管理制度；国土资源行政主管部门规定的其他条件。矿山企业无能力设置地测机构或地测机构不符合规定要求的，应聘用符合资质条件的检测机构，进行矿山矿产资源储量年度检测，编制《矿山储量年报》。矿山企业建立的检测机构和聘用的检测人员应当向盟市国土资源行政主管部门备案，经盟市国土资源行政主管部门对申报的检测机构及检测人员、专家审查认可后，予以备案。盟市国土资源行政主管部门，应建立检测机构和检测人员信息数据库，对其执业信誉实施动态监督管理。《通知》指出：盟市国土资源行政主管部门负责组织有相关专业且一定数量高中级技术职称的专家组成专家组对辖区内所有矿山提交的《矿山储量年报》进行审查。审查的重点是：检测机构及其检测人员符合规定要求，且已经备案；《矿山储量年报》编制符合国土资源部有关《矿山储量年报编写格式》等相关规定要求；开采消耗资源储量是否符合实际；采区回采率计算等内容符合相关规定要求；填报的《矿产资源统计基础表》符合规定要求，其中相关矿山储量数据，与《矿山储量年报》中的数据一致。盟市国土资源行政主管部门每年要对矿山企业提交的年度《矿山储量年报》，结合实际按一定比例进行实地抽查。承担抽查的机构应具有丙级（含）以上测绘和地质勘查资质。12 月 1 日，自治区国土资源厅转发国土资源部办公厅《关于做好 2011 年度固体矿产资源统计工作的通知》，部署全区 2011 年度固体矿产资源统计工作。12 月 12 日，自治区国土资源厅印发《关于进一步规范矿产资源储量登记有关事宜的通知》，要求原则上按《矿产资源登记统计管理办法》中规定的时限办理矿产资源储量登记，但根据实际情况，可当年评审备案当年完成办理矿产资源储量登记手续。其中，矿产资源储量登记由探矿权人、采矿权人、项目压覆矿产的建设单位依照有关规定办理矿产资源储量登记手续。各类《登记书》中的栏目要按储量登记书填写说明要求，依据最新储量评审备案证明及有效勘查许可证、采矿许可证等有关材料如实填写。经储量评审机构、下级管理机关等部门审查无误后，报自治区国土资源厅办文大厅，实行网上办理。管理相对人提供的资料包括：矿产资源储量登记书（包括登记书数据库报盘）；矿产资源储量评审备案证明（评审意见书）；探矿权人、采矿权人同时提交勘查许可证或者采矿许可证复印件；项目压覆矿产的建设单位同时提交国土资源部或省级国土资源行政主管部门同意压覆重要矿产资源的批准文件；地质资料汇交凭证复印件；其他有关材料。因客观因素影响，申请补办矿产资源储量登记手续的，矿权人等必须出具补办登记申请（说明补办原因和提供相关证明材料），无正当理由需重新评审备案后方可办理。但评审备案证明（评审意见书）最长有效时时间不得超过 5 年。

二、资源储量登记情况

2005 年，全区矿产资源储量登记工作正式启动。全年由自治区国土资源厅完成矿产资源储量登记书 65 份，其中包括查明登记 49 份、占用登记 3 份、压覆登记 13 份。

2006年,由自治区国土资源厅完成矿产资源储量登记书265份,其中包括查明登记181份、占用登记28份、压覆登记56份。

2007年,由自治区国土资源厅完成矿产资源储量登记书381份,其中包括查明登记167份、占用登记190份、压覆登记24份。

2008年,由自治区国土资源厅完成矿产资源储量登记书243份,其中包括查明登记151份、占用登记82份、压覆登记10份。

2009年,由自治区国土资源厅完成办理矿产资源储量登记书259份,其中包括查明登记132份、占用登记102份、压覆登记25份。

2010年,自治区国土资源厅完成办理矿产资源储量登记书316份,其中包括查明登记书103份、占用登记书160份、压覆登记书53份。"十一五"期间,全区完成矿产资源储量登记总数为1464份,其中查明登记734份、占用登记562份、压覆登记168份。

2011年,自治区国土资源厅完成办理矿产资源储量登记书327份,其中包括查明登记书90份、占用登记书165份、压覆登记书72份。

2012年,自治区国土资源厅完成办理矿产资源储量登记书278份,其中包括查明登记书108份、占用登记书124份、压覆登记书46份。

2013年,自治区国土资源厅完成办理矿产资源储量登记书299份,其中包括查明登记书112份、占用登记书136份、压覆登记书51份。

2014年,自治区国土资源厅完成办理矿产资源储量登记书295份,其中包括查明登记书75份、占用登记书140份、压覆登记书80份。

2015年,自治区国土资源厅完成办理矿产资源储量登记书275份,其中包括查明登记书68份、占用登记书124份、压覆登记书83份。"十二五"期间,全区完成矿产资源储量登记总数为1474份,其中查明登记453份、占用登记689份、压覆登记332份,与"十一五"完成矿产资源储量登记总数基本相当,但其中查明登记数量减少而压覆登记登记数量增加比较明显。

第三节 矿山储量动态监管

1997年,为贯彻落实《矿产储量登记统计管理暂行办法》,原自治区地矿厅在全区部署开展了地质检测工作,涉及矿产50余种,参与矿山企业3000余家,总体检测工作于2000年8月底结束。

2004年12月27日,自治区国土资源厅印发《内蒙古自治区矿山矿产资源储量核查检测管理暂行办法》,从2005年起在全区范围内正式开展矿山矿产资源储量核查检测工作。

2006年5月23日,自治区国土资源厅转发国土资源部《关于全面开展矿山储量动态监督管理的通知》,要求各盟市综合运用法律、经济和必要的行政手段,加强矿产开发全程储量动态监督管理。积极培育和规范矿山地质测量机构(简称地测机构),加强对矿山地测机构的规范管理和指导、服务工作,加强相关人员的政策法规和技术业务培训。各级国土资源管理部门要认真履行矿产资源开发利用督管理职能,把矿山年度检测结果作为矿产资源储量登记统计、矿产资源补偿费征收、矿产资源储量核实(采掘资料)和矿山矿产资源储量核销的依据,未按规定开展矿产资源储量检测或检测结果不符合要求的矿山,不予通过矿产资源开发利用年检。

2007 年 4 月 9—11 日，自治区国土资源厅在呼和浩特市举办全区矿山储量动态监督管理暨矿产资源登记统计培训班。对各盟市国土资源局分管矿产资源储量的副局长以及矿产资源储量管理人员、主要矿业旗县国土资源局矿产资源储量管理人员、各盟市国土资源局批准在本地区开展矿山核查检测的地质测量机构主要负责人、各盟市的主要矿山企业技术负责人、自治区及盟市评审机构有关人员进行工作要求和技术业务的培训。4 月 29 日，自治区国土资源厅转发国土资源部《关于开展矿山储量动态监督管理检查工作的通知》，要求各盟市国土资源局按照《关于在全区开展矿山矿产资源储量核查检测工作的通知》和《内蒙古自治区矿山矿产资源储量核查检测管理暂行办法》等有关文件精神，认真总结经验，做好检查准备。

2008 年 10 月 13 日，自治区国土资源厅转发《国土资源部关于印发〈矿山储量动态管理要求〉的通知》，并要求各盟市国土资源局要按照国土资源部《矿山储量动态管理要求》，进一步规范矿山储量动态管理工作。《矿山储量动态管理要求》分为总则、矿山地质测量、资源储量分类、资源储量估算、资源储量损失、回采率、源储量报销、矿山资源储量台账、矿山储量年报、附则等十个部分。

2009 年 12 月 28 日，自治区国土资源厅印发《关于进一步提升矿山储量动态监管工作水平全面加强矿山储量动态年报制度的通知》，要求各盟市国土资源局从 2010 年开始，要按照国土资源部《矿山储量动态管理要求》和自治区国土资源厅《内蒙古自治区矿山矿产资源储量核查检测管理暂行办法》等规定要求，将矿山储量年报制度覆盖到全部开采矿种和地区，全面提升矿山储量动态监管水平。要按照全覆盖的要求，对辖区内所有开采矿种都要进行储量动态监管。要按照常态化的要求，将矿山储量动态监管与矿产资源储量登记统计、资补费征收、矿山年检紧密结合，凡未提交矿山储量年报或者矿山储量年报不合格者，一律不予通过年检。2009 年，巴彦淖尔、呼伦贝尔、赤峰、鄂尔多斯、通辽、包头等盟市，实行年度检测与资补费征收挂钩以及与矿山年检、采矿证延续、变更、转让等挂钩，保证了年度监测工作的顺利进行。至 2009 年底，全区实有矿山数 3135 个，共有地质测量机构 160 个，其中矿山自有 109 个，国土资源行政主管部门设立 9 个，社会中介 42 个；应当开展矿山储量监督管理矿山数 2522 个，实际开展矿山储量监督管理矿山数 1645 个，占 65. 23%；涉及矿种 25 个，约占四分之一；年度完成年报抽查数 1135 份，占应当开展数的 45%；审查通过年报 2036 份，占提交矿山储量年报数 2336 份的 87. 16%。

2011 年 8 月 22 日至 11 月 16 日，自治区国土资源厅分两个检查组，分别对包头市、兴安盟、通辽市、乌海市、巴彦淖尔市、阿拉善盟、鄂尔多斯市及呼和浩特市、赤峰市、呼伦贝尔市、满洲里市、乌兰察布市、锡林郭勒盟、二连浩特市进行检查。检查内容包括储量动态管理工作制度建设、矿山储量检测机构情况、《矿山储量年报》编制情况、矿山"一账三图"情况、《年度矿产资源统计基础表》填报情况等。并对全区 30 家矿山企业的煤、铁等 13 个矿种进行了抽查。通过检查了解，各盟市国土资源局基本形成年报及报表审查制度，建立了长效机制。巴彦淖尔市国土局下发《巴彦淖尔市矿山资源储量核查检测年度报告编写提纲》，统一技术规范和要求，科学编制严格审查，同时把矿山资源储量检测作为采矿许可证年检、延续、变更和采矿权转让的基础依据；包头市国土资源局下发《关于完善矿产资源储量管理工作的实施意见》《关于加强对开采矿产资源行为进行监督管理的通知》，从提高审查质量的角度规范矿山储量年报的编制水平；呼伦贝尔市国土局严格《矿山储量年报》审查制度，提高了编制质量；阿拉善盟国土局严把质量关，审查工作根据规范等要求进行。各盟市国土资源局把"一账三图"作为储量动态管理的工作重心。严格"一账"〔矿山生产（动用）储量台账〕的建立，严格"三图"（矿山采掘现状平面图、井上下对照图、资源储量估算图)要件。存在主要问题包括：虽然全区普遍开展了矿山储量年报和储量动态管理工作,但后续贯彻落实有关要求不够,即事中监督检查不够,事后审查验收不够;部分矿山企业编制的《矿山储量年报》依据的地质勘查成果及时更新不够,致使年度矿山储量台账建立到位不够,《矿山储量年报》与年度《矿产资源统计基础表》数值衔接差,与实际生产数据和新近的地质勘查成果资料及开采情况出入较大;对矿山储量检测机构与检测人员进行相应的年度考核与考评不够,相应的资料不全,监管不够到位;部分矿山储量检测机构编制《矿山储量年报》章节安排不全面,主要内容阐述不全或深度不够,图表不够规范、完整,编制质量较差;开采消耗资源储量统计数值准确度较低,与矿山生产实际统计数据有一定的偏差,各项回采率计算等内容与实际不一致;对矿山"三率"指标统计与年度矿山储量"一账三图"收集运用不够,《矿山储量年报》编制与审查有流于形式现象;个别矿山企业的矿山储量年报与矿山资源统计基础表、全区储量表的数据不一致、不对口;中小规模的矿山企业缺少专业工程技术人员,未有专人负责矿山生产(动用)储量台账的建立、更新、修改;基层国土资源管理部门从事储量管理工作人员专业技术力量相对较弱,对管理工作方法和程序不熟悉,监管不到位。

第四节　压覆矿产资源审批

一、相关制度及管理

2001年3月,依据《矿产资源法》第三十三条和国土资源部《关于规范建设项目压覆矿产资源审批工作的通知》要求,自治区国土资源厅正式开展建设项目压覆矿产资源审批工作。3月18日,自治区国土资源厅转发国土资源部《关于规范建设项目压覆矿产资源审批工作的通知》,并明确今后凡在自治区需要办理压覆矿产资源的用地建设项目,用地单位必须向自治区国土资源厅资源储量管理部门提交建设项目的批准文件,要求核实建设项目用地是否压覆矿产资源的书面申请,申请内容要说明建设项目名称、用途、用地面积、地理中心点经纬度坐标、国家通用直角坐标系统(6度分带或3度分带)标注的用地范围各拐点坐标及范围示意图及其他有关资料。按照建设用地项目的具体情况,需要盟市地矿主管部门进行审查核实的,由自治区国土资源厅资源储量管理部门向当地盟市地矿行政主管部门下达通知书;需要进行调查、评估的,在自治区或盟市地矿行政主管部门的指导下,由用地单位委托有资质的单位承担并提交调查或评估报告。根据盟市地矿行政主管部门或有关单位提交的资料,在建设单位完善相关手续后,自治区国土资源厅将依照国土资源部《关于规范建设项目压覆矿产资源审批工作的通知》确定的权限要求,为用地单位出具相应的证明材料或下达批复意见。自治区国土资源厅根据所掌握资料,可以直接确认用地建设项目不压覆重要矿床的,可省略调查程序,直接出具未压覆重要矿床证明材料。

2003年2月19日,自治区国土资源厅印发《内蒙古自治区国土资源厅关于建设项目压覆矿产资源调查核实工作有关问题的通知》。要求：凡是准备建设铁路、公路、工厂、水库、输油管道、输电线路和各种大型建筑物或者建筑群的,建设用地单位必须在建设项目可行性研究阶段,向自治区国土资源厅提出建设用地是否压覆矿产资源的核实申请。建设单位提出核实申请时,应当提交按要求填报的《建设用地压覆矿产资源核实申报表》,主要包括建设项目名称、建设单位名称、征地用途、地理位置、征地面积等,并应附有建设用地范围示意图和建设用地范围主要拐点国家通用平面直角坐标(3 度分带或 6 度分带)及其数据软盘;项目建议书批复文件;建设单位有关资质证明;根据有关规定应当提交的其他资料。压覆矿产资源是指因建设项目实施后导致矿产资源不能开发利用。但是建设项目与矿区重叠而不影响矿产资源正常开采的,不做压覆处理。自治区国土资源行政主管部门根据用地单位提供的申报材料,依据所掌握的资料,经审查核实,能确定不压覆已查明矿产资源或可不做压覆处理的,10 个工作日内予以批复。对矿产资源压覆情况难以确定,需要进行调查核实的,10 个工作日内书面通知申报人,并按如下要求办理:用地单位持由自治区国土资源行政主管部门出具的《建设用地压覆矿产资源调查核实通知书》,到自治区地质资料馆藏机构(必要时,包括受国务院国土资源行政主管部门委托的地质资料保管单位)办理地质资料核实手续。地质资料馆藏机构依据已汇交的地质资料,对建设项目用地范围内是否压覆已查明矿产资源的情况进行核实,并出具核实结果的证明材料。经由地质资料馆藏机构核实,证明不压覆矿产资源的,自治区国土资源行政主管部门在接到馆藏机构出具的证明材料后 10 个工作日内下达批复意见。凡涉及压覆已查明矿产资源的,建设用地单位可直接委托有资质的单位(暂确定为自治区境内有资质的地勘单位、矿山建设设计研究单位及自治区国土资源信息院)进行实地调查,对拟压覆矿产资源的压覆范围、矿产种类、数量、质量、矿产资源储量类型予以核实,对拟压覆矿产资源的经济价值及压覆的可行性等进行研究论证,最终提交相应调查核实与评估的综合性研究评价报告。建设项目确需压覆已查明重要矿产资源的,由用地单位提出申请,同时提交压覆矿产资源调查核实评估报告。自治区国土资源行政主管部门组织专家或委托相关评审机构对提交的报告进行审查,重点是对拟压覆矿产资源的真实性、合理性、可行性进行审查,广泛听取各方面的意见,对是否准予压覆提出结论性意见和建议,并形成由专家组组长签名或由评审机构提交的审查意见书。依据审查意见,建议准予压覆重要矿产资源的,自治区国土资源行政主管部门在资料完备后 10 个工作日内按审批程序出具压覆重要矿产资源的证明材料,连同评估报告一并报国土资源部批准。建设项目确需压覆非重要矿产资源的,由用地单位提出申请,矿产地所在盟市国土资源行政主管部门组织审查,形成审查意见后,由盟市国土资源行政主管部门报自治区国土资源行政主管部门批复。自治区国土资源行政主管部门收到压覆非重要矿产资源调查核实与可行性评估报告及盟市国土资源行政主管部门出具的审查意见等相关材料后进行最终审查,必要时应进行会审。准予压覆非重要矿产资源的,应在资料完备后 10 个工作日内下达批复意见。自治区国土资源行政主管部门不准予压覆矿产资源的,应说明理由并建议改址或重新选址,自作出决定后 10 个工作日内书面通知建设用地单位。建设用地单位对该决定有异议的,应在接到通知后 10 个工作日内书面提出复审申请,不准予压覆重要矿产资源的可直接要求国土资源部裁决。自治区国土资源行政主管部门准予压覆非重要矿产资源的,建设用地单位应填写《建设项目压覆矿产资源申报登记表》一式五份,在自治区国土资源行政主管部门办理压覆矿产资源申报登记手续;建议准予压覆重要矿产资源的,参照上述办法先办理压覆矿产资源预申报登记手续,待国土资源部批准后按国家规定办理压覆矿产资源登记手续。批准压覆矿产资源范围内已有矿业权设置、对矿业权人造成经济损失的,建设用地单位应予补偿,按国家有关规定,由用地单位与矿业权人签订补偿协议,并报批准压覆的部门备案。矿业权人应及时到原发证机关依法办理相应的矿区范围变更或注销手续。旗县级国土资源行政主管部门在上报单独选址建设用地审批手续时,必须附具自治区国土资源厅关于压覆矿产资源调查核实的批复文件或证明材料。压覆矿产资源的必须附具《建设项目压覆矿产资源申报登记表》。盟市级国土资源行政主管部门要对是否压覆矿产资源内容进行严格审核,对于未按要求开展此项工作的建设用地项目,不予办理用地手续的申请转报工作。

2010 年 4 月 10 日,自治区国土资源厅印发《关于进一步规范建设项目用地压覆矿产资源调查核实工作有关事宜的通知》。明确压覆矿产资源审批应遵循原则为:不压覆或尽量少压覆矿产资源;不影响矿产资源正常开采的,不作压覆处理;采矿权范围内,其矿业权人实施的生产、生活设施,不作压覆处理。采矿权人实施的生产、生活设施,确需建在采矿权范围外的,原则上不得压覆已查明矿产资源;保护资源与保护建设工程并举,且宏观效益最大化;避让与依法保护相关权利人合法权益;符合国家和自治区相关规定。同时,对压覆审批申报材料及要求和建设项目压覆矿产资源审批程序进一步进行了明确。9 月 8 日,国土资源部印发《国土资源部关于进一步做好建设项目压覆重要矿产资源审批管理工作的通知》,强调:(一)凡建设项目实施后,导致其压覆区内已查明的重要矿产资源不能开发利用的,都应按本通知规定报批。未经批准,不得压覆重要矿产资源。建设项目压覆区与勘查区块范围或矿区范围重叠但不影响矿产资源正常勘查开采的,不作压覆处理。矿山企业在其本矿区范围内的建设项目压覆矿产资源不需审批。炼焦用煤、富铁矿、铬铁矿、富铜矿、钨、锡、锑、稀土、钼、铌钽、钾盐、金刚石矿产资源储量规模在中型以上的矿区原则上不得压覆,但国务院批准的或国务院组成部门按照国家产业政策批准的国家重大建设项目除外。(二)建设项目压覆重要矿产资源由省级以上国土资源行政主管部门审批。压覆石油、天然气、放射性矿产,或压覆《矿产资源开采登记管理办法》附录所列矿种(石油、天然气、放射性矿产除外)累计查明资源储量数量达大型矿区规模以上的,或矿区查明资源储量规模达到大型并且压覆占 1/3 以上的,由国土资源部负责审批。(三)建设项目选址前,建设单位应向省级国土资源行政主管部门查询拟建项目所在地区的矿产资源规划、矿产资源分布和矿业权设置情况,各级国土资源行政主管部门应为建设单位查询提供便利条件。不压覆重要矿产资源的,由省级国土资源行政主管部门出具未压覆重要矿产资源的证明;确需压覆重要矿产资源的,建设单位应根据有关工程建设规范确定建设项目压覆重要矿产资源的范围,委托具有相应地质勘查资质的单位编制建设项目压覆重要矿产资源评估报告。建设项目压覆已设置矿业权矿产资源的,新的土地使用权人还应同时与矿业权人签订协议。(四)国土资源行政主管部门应加强协调,做好建设项目压覆重要矿产资源审批管理与土地管理的衔接。凡申请办理土地预审或用地审批的,要按照有关规定,提交省级国土资源行政主管部门出具的未压覆重要矿产资源证明或压覆重要矿产资源储量登记有关材料。否则,不予受理其用地申请。在市级土地利用总体规划编制阶段,本级国土资源行政主管部门应根据当地已探明重要矿产资源储量分布状况,以及矿产资源规划安排的矿产资源勘查、开发利用和保护情况,充分考虑城市建设发展涉及压覆重要矿产资源问题,合理确定城市发展方向和新增城市建设用地布局。有条件的地方,可以统一开展调查,编制压覆重要矿产资源调查报告,经省级国土资源行政主管部门组织专家审查后,办理压覆重要矿产资源储量预登记。在土地利用总体规划确定的城市建设用地范围内,已办理压覆重要矿产资源储量预登记的,不再办理项目压覆重要矿产资源审批手续,但市县国土资源行政主管部门应在出让或划拨用地前,到省级国土资源行政主管部门办理压覆重要矿产资源登记手续。

2014 年 7 月 24 日,自治区国土资源厅印发《内蒙古自治区国土资源厅关于做好国家和自治区重点建设项目压覆矿业权管理工作的通知》,强调:(一)建设项目压覆矿业权的补偿,原则上应按无偿取得与有偿取得区别对待。所压覆区域涉及矿产资源储量的,依据压覆矿业权区域内原核实保有资源储量(即扣除已消耗资源储量),按其在当时缴纳的价款和资金占用费计算,并分担压覆区域勘查投入;所压覆区域矿业权有偿取得时不涉及矿产资源储量的,依据当时有偿取得的价款额,按压覆矿业权面积比例计算,并分担压覆区域勘查投入。无偿取得的矿业权,只补偿压覆区域分担的勘查投入。压覆采矿权范围内已建的开采设施投入和须搬迁相应设施的,补偿其直接损失。(二)建设项目压覆矿产资源的,建设单位应当按照国家和自治区有关规定,编制建设项目压覆矿产资源评估报告,委托中介机构评估压覆矿业权的补偿费用,与被压覆的矿业权人协商确定补偿费用并签订压覆协议,按照规定办理压覆矿产资源储量审批登记手续。(三)被压覆的矿业权人应当积极支持国家、自治区重点项目建设,按照国家、自治区有关规定,及时与建设单位签订压覆协议,办理矿业权范围变更手续或出具不在压覆区域进行勘查、开采活动的承诺。矿业权人不办理矿业权范围变更手续或不出具不在压覆区域进行勘查、开采活动的承诺的,自行承担产生的后果。(四)建设单位或被压覆的矿业权人对补偿费用有异议的,可申请建设项目所在地人民政府组织仲裁,对拒不执行仲裁决定的,建设单位可申请人民法院强制执行。(五)凡拖延签订压覆协议,导致建设项目用地报批不能及时组件的,由盟行政公署、市人民政府负责协调解决,并出具限期协调解决签订压覆协议、积极采取措施防止因压矿纠纷引发群体事件和安全生产事故的承诺函,可作为办理压覆矿产资源审批的依据。(六)对于压覆煤炭采矿权的资源储量3000万吨以上的,煤炭采矿权人在按照自治区有关规定办理完采矿权范围变更手续或出具不在压覆区域进行开采活动的承诺后,可向盟行政公署、市人民政府提出配置与压覆等量的煤炭资源储量的申请,经盟行政公署、市人民政府同意,报请自治区人民政府研究配置。10月8日,自治区国土资源厅印发《关于进一步做好建设项目压覆矿产资源审批管理工作的通知》,强调:(一)建设单位应当在建设项目可行性研究阶段及建设项目选址前,向建设项目所在地盟市国土资源局或内蒙古自治区国土资源信息院,了解矿产资源分布情况和矿业权设置情况。建设项目完成立项审批和确定用地范围后,按照《关于进一步规范建设项目用地压覆矿产资源调查核实工作有关事宜的通知》(内国土资字〔2010〕259号)要求,及时提出压覆矿产资源申请,办理相关手续。(二)建设项目压覆矿产资源评估报告,应符合(国土资发〔2010〕137号)文件要求。按矿业权(即各有关探矿权、采矿权)内、外分别估算压覆矿产资源储量、确定压覆矿产资源范围;无查明或预测矿产资源的地段,依据用地单位所提供资料,分别确定相关占地范围;并满足压覆矿业权协议(简称压覆协议)的相关内容需要。(三)建设项目压覆矿产资源涉及矿业权的,建设用地单位与矿业权人应依据(国土资发〔2010〕137号)文件要求签订压覆协议,作为办理压覆矿产资源审批的依据。压覆协议应包括建设项目名称,压覆矿业权名称、矿业权证号、矿业权有效期限,压覆矿业权范围、压覆矿产资源储量,矿业权人同意放弃被压覆的范围,双方各自权利义务及补偿方式并承诺保证安全生产、相互避让、不开采压覆矿产资源等内容。对于建设单位与矿业权人在短期内难以签订补偿协议的,建设单位与矿业权人可先签订意向性协议,协议应包括建设单位承诺按有关规定给予矿业权人合理补偿、矿业权人同意压覆等内容,即可按照有关规定的履行压矿审批手续,经批准后可组卷报批用地。用地报批期间,建设单位应依据(内国土资发〔2014〕179号)规定原则完成给予矿业权人补偿,办理压覆登记手续。用地批准后,尚未完成补偿、办理压覆登记手续的,省级国土资源主管部门不得转发用地批复,市、县国土资源主管部门不得办理供地手续。凡拖延签订压覆协议,导致建设项目用地报批不能及时组件的,特别是国家、自治区重点建设项目,由盟行署、市政府负责协调解决,并出具限期协调解决签订压覆协议,积极采取措施防止因压矿纠纷引发群体事件和安全生产事故的承诺函,可作为办理压覆矿产资源审批的依据。压覆矿产资源批准文件下达后,由建设项目所在地盟市国土资源局负责将批准文件送达相关矿业权人,并负责督促建设用地单位和相关矿业权人,按照(国土资发〔2010〕137号)文件要求,及时办理压覆矿产资源登记和变更矿业权范围手续,并在收到压覆矿产资源批准文件后,须在45个工作日内,建设用地单位到国土资源厅办理压覆矿产资源储量登记手续,矿业权人到原发证机关办理相应的勘查区块或矿区范围变更手续。若所压覆矿业权退出被压覆区域后,将导致矿业权范围分割不合理、对矿产资源开发利用产生严重不利影响的,在收到压覆矿产资源批准文件后,须在45个工作日内,由矿业权人提出,并经原发证机关批准后,可不再办理矿业权变更手续。但矿业权人应向原发证机关出具不在被压覆区域进行勘查或开采活动的承诺。矿业权人未按上述规定办理相应勘查区块或矿区范围变更手续,或者不出具不在压覆区域进行勘查或开采活动的承诺的,自行承担产生的后果。(四)建设项目压覆矿业权补偿,原则上应按无偿取得与有偿取得区别对待。(五)各级国土资源行政主管部门,在本级城市建设土地利用总体规划编制过程中,应按照国土资发〔2010〕137号文件要求,委托具有相应地质勘查资质的单位开展压覆矿产资源调查工作。涉及压覆矿产资源的,须编制规划建设用地压覆矿产资源调查报告,经自治区国土资源行政主管部门组织专家审查后,办理压覆矿产资源预登记手续。(六)凡已办理压覆矿产资源预登记手续的土地利用总体规划范围内(拟)建设项目,和已提出压覆矿产资源申请单独选址建设项目,在建设项目未被取消之前,(拟)建设项目用地范围及其影响区域内,各级国土资源主管部门不予受理新的采矿权申请事项。12月2日,自治区国土资源厅印发《内蒙古自治区国土资源厅关于简化办理建设项目用地未压覆矿业权和矿产资源手续的通知》,明确在单独选址建设项目用地时,经自治区国土资源信息院查询既未压覆矿业权又未压覆矿产资源的项目,自治区国土资源信息院出具的"建设项目用地未压覆矿业权及矿产资源核实证明"可直接作为建设项目单位组件报批用地依据,厅不再行文批复。

2015年7月3日,自治区国土资源厅印发《关于当前建设项目压覆矿产资源审批管理工作中几个具体问题的通知》,要求:各盟市国土资源局要严格依照国土资源部和自治区国土资源厅相关文件规定办理压覆矿业权的核查工作,对于工作中出现的问题要及时主动地研究解决,不得随意或变相要求基层国土资源部门或盟行政公署、市人民政府出具证明、意见;对于涉及煤炭和非煤中、大型矿区(床)的,不再要求盟行政公署或市人民政府出具是否同意压覆矿产资源的书面意见;对于压覆已查明重要矿产资源和涉及矿业权的压覆申请,符合批准条件的,国土资源厅自受理之日起在10个工作日内完成审批;对未压覆已查明重要矿产资源的,自治区国土资源信息院在收到压覆核实申请后3个工作日内出具未压覆证明,对压覆已查明重要矿产资源的,在收到压覆核实申请后20个工作日内完成评估报告。

二、压覆资源审批情况

2001年,自治区国土资源厅受理和批复建设项目用地压覆矿产资源报件15件。

2002年,自治区国土资源厅受理和批复建设项目用地压覆矿产资源报件20件。

2003年,自治区国土资源厅受理和批复建设项目地压覆矿产资源报件73件。其中,压覆重要矿产资源有3件,批准压覆煤炭资源储量共2.38亿吨。

2004年,自治区国土资源厅受理和批复建设项目地压覆矿产资源报件241件。其中,压覆重要矿产资源共49件,报国土资源部审批有39件,批准压覆煤炭资源储量共27.06亿吨、铁矿资源储量

193.77万吨。

2005年，自治区国土资源厅受理和批复建设用地压覆矿产资源报件170件。其中，压覆重要矿产资源共27件，报国土资源部审批有22件，批准压覆煤炭资源储量共13.43亿吨。“十五”期间，全区共受理和批复建设用地压覆矿产资源报件共519件，其中压覆重要矿产资源报件79件。

2006年，自治区国土资源厅受理和批复建设用地压覆矿产资源报件455件。其中，压覆重要矿产资源共51件，报国土资源部审批有39件，批准压覆煤炭资源储量共11.13亿吨、芒硝矿石量1.49亿吨、金矿金属量15.87公斤。

2007年，自治区国土资源厅受理和批复建设用地压覆矿产资源报件388件。其中，压覆重要矿产资源共24件，报国土资源部审批有16件，批准压覆煤炭资源储量共7.24亿吨、芒硝矿石量3.09亿吨。

2008年，自治区国土资源厅受理和批复建设项目用地压覆矿产资源报件335件。其中，压覆重要矿产资源共82件，报国土资源部审批有6件。

2009年，自治区国土资源厅受理和批复建设项目用地压覆矿产资源报件375件。其中，压覆重要矿产资源共40件，报国土资源部审批8件。

2010年，自治区国土资源厅受理和批复建设项目用地压覆矿产资源报件575件。其中，压覆重要矿产资源共40件，报国土资源部审批8件。“十一五”期间，全区共受理和批复建设用地压覆矿产资源报件共2128件，其中压覆重要矿产资源报件237件；与“十五”相比，报件总量增加了3倍多，压覆重要矿产资源报件增加了2倍。

2011年，自治区国土资源厅受理和批复建设项目用地压覆矿产资源报件536件，其中压覆重要矿产资源有59件。

2012年，自治区国土资源厅受理和批复建设项目用地压覆矿产资源报件398件，其中压覆重要矿产资源有33件。

2013年，自治区国土资源厅受理和批复建设用地压覆矿产资源报件384件，其中压覆重要矿产资源有49件。

2014年，自治区国土资源厅受理和批复建设用地压覆矿产资源报件415件，其中压覆重要矿产资源有42件。

2015年，自治区国土资源厅受理和批复建设用地压覆矿产资源报件615件，其中压覆重要矿产资源有63件。“十二五”期间，全区共受理和批复建设用地压覆矿产资源报件共2348件，其中压覆重要矿产资源报件246件；与“十一五”相比，报件总量增加10.34%，压覆重要矿产资源报件增加3.80%。

第五节 矿业权价款评估备案

一、相关制度及管理

1998年2月12日，国务院发布《矿产资源勘查区块登记管理办法》《矿产资源开采登记管理办法》《探矿权采矿权转让管理办法》（国务院令第240、241、242号），规定了申请和转让国家出资勘查形成探明矿产地的探矿权、采矿权，应当缴纳经评估确认的探矿权、采矿权价款。1999年3月30日国土资源部印发《探矿权采矿权评估管理暂行办法》和《探矿权采矿权评估资格管理暂行办法》,以及2002年9月2日国土资源部印发《关于采矿权评估和确认有关问题的通知》,对探矿权、采矿权的评估确认管理作出了具体规定。2003年1月16日,国土资源部印发《关于加强探矿权评估监督管理的通知》,规定国土资源管理部门不再对探矿权评估结果进行确认,改由国土资源部和省级国土资源管理部门进行备案。

2003年10月28日,自治区政府批转自治区国土资源厅《关于深化矿业权有偿使用制度改革培育和规范矿业权市场意见》,全面要求矿业权人评估缴纳矿业权价款。

2004年12月31日,自治区政府印发《内蒙古自治区人民政府关于加快发展能源重化工业进一步推进煤炭资源优化配置的意见》,对全区煤炭有偿出让、转让矿业权价格进行了规定,并要求国土资源厅抓紧制定相关评估及缴纳具体规定。

2005年5月10日,自治区国土资源厅印发《关于煤炭采矿权价款评估确认缴纳有关问题的通知》,就全区煤炭矿业权评估及其结果确认和价款缴纳作出了具体规定。12月21日,自治区国土资源厅印发《关于煤炭资源整合中办理采矿许可证合并及有偿使用有关问题的通知》,其中规定整合后煤矿采矿权价款的确定不进行评估,由自治区国土资源厅直接计算。

2006年7月25日,国土资源部印发《关于调整矿业权价款确认(备案)和储量评审备案管理权限的通知》,规定国土资源部颁发的勘查许可证和采矿许可证的矿业权价款评估确认(备案)和处置工作由国土资源部负责,其余由省(区、市)国土资源管理部门负责。至此,自治区国土资源厅全面开展了对所颁发勘查许可证和采矿许可证的矿业权价款评估报告的确认(备案),并逐步加强了全区矿业权评估管理工作。

2007年2月12日,自治区政府印发《内蒙古自治区矿产资源有偿使用管理办法(试行)》,2011年5月16日,自治区政府印发《关于调整煤炭资源矿业权价款有关问题的通知》,2013年10月11日,自治区政府办公厅印发《关于调整煤炭矿业权最低评估出让价格的通知》,对各时期的全区煤炭矿业权评估最低出让价格标准作出了规定。

内蒙古自治区煤炭矿业权最低评估出让价格表

表4-3-1　　单位:元/吨

自治区政府发文时间	文号	矿业权	无烟煤	焦煤、1/3焦煤、肥煤、气煤、瘦煤	炼焦配煤	贫煤、贫瘦煤、瘦煤	优质动力煤	褐煤
2007年3月1日	内政发〔2007〕14号	采矿权	8~9	7~8	5.5~6.8	5~6	2.5~3.5	1.5
		探矿权	6	6	4	3	2	1
2011年5月16日	内政发〔2011〕63号	采矿权	17	15	—	11	5	3
2013年10月11日	内政办发〔2013〕123号	采矿权	8.5	7.5	—	5.5	3	1.5

2008年12月2日,自治区国土资源厅《转发国土资源部关于规范矿业权评估委托有关事项的通知》,要求在自治区范围内,凡需要进行矿业权价款评估的项目,一律采用公平、公开、公正方式选择和委托有矿业权评估资格的评估机构承担。新设立矿业权或出让、转让自治区出资勘查项目矿业权,需要进行矿业权价款评估的项目,应按照矿业权审批权限由自治区国土资源厅或盟市国土资源行政主

管部门负责矿业权价款评估委托工作。已有矿业权,除自治区出资勘查项目外,涉及应向国家缴纳矿业权价款,需要进行矿业权价款评估的项目,由盟市国土资源行政主管部门负责矿业权价款委托工作。同日,自治区国土资源厅印发《转发国土资源部关于规范矿业权评估报告备案有关事项的通知》,要求对采矿权评估报告确认,统一改为对采矿权评估报告备案。整合煤矿采矿权价款不再由自治区国土资源厅直接计算,改为统一委托评估机构评估后备案。自治区对矿业权评估报告的合规性审查工作将严格按照国土资源部文件要求执行,矿业权评估机构需按要求向备案机关报送矿业权评估报告及相关材料。

2009 年 2 月 17 日,自治区国土资源厅印发《关于规范委托评估矿业权价款有关事项的通知》,以及 2010 年 1 月 6 日自治区国土资源厅印发《关于规范矿业权价款评估有关事项的补充通知》,对自治区新出让的矿业权或转让自治区出资勘查项目的矿业权均进行矿业权价款评估作出新的规定。矿业权价款评估工作采用公开方式选择评估机构完成,公开选择矿业权评估机构工作由国土资源厅资源储量处、政策法规处、执法监察局、纪检监察室等处室共同参与进行。选择矿业权评估机构的方式为计算机随机"摇号"抽取,做到公开、公正、透明,防止评估机构间的不正当竞争,维护正常的市场秩序。同时,采取矿业权价款评估结果网上公示措施,除市场出让项目涉及底价保密不予公开外,其他评估结果在自治区国土资源厅网站上公示 10 天,征求社会各界对矿业权价款评估结果提出修改建议,在无修改建议或有修改建议经评估机构合理解释后,才对评估报告进行(备案)核收。并严格矿业权价款评估结果备案(核收)工作流程,由国土资源政务大厅统一受理矿业权价款评估报告,建立网上审核、网上会签、发放备案(核收)证明制度,国土资源厅工作人员不再与评估机构人员直接接触。

2010 年 9 月 30 日,自治区国土资源厅印发《关于非煤矿业权价款管理有关问题的通知》,重新确定了委托评估与直接计算价款的界限,明确除有工程控制的矿床、矿(化)点及地质施工工作量的需委托评估机构评估价款外,原则上按单位面积价款定值计算矿业权价款。在处置矿业权价款时涉及国家出资非公益性地质工作的亦进行矿业权价款处置,防止国有资产流失。

2011 年 4 月 28 日,自治区国土资源厅转发国土资源部《关于加强矿业权评估行业管理的通知》。要求从 2011 年起,在内蒙古从事矿业权评估活动的机构,凡报国土资源厅备案的评估报告,除附备案申请函外,还要同时报《矿业权评估报告参数表》,并于次年 1 月 10 日前报《矿业权评估报告备案一览表》和《矿业权二级市场评估报告情况一览表》。矿业权评估机构必须提高评估报告质量,从 2011 年 7 月 1 日起,凡是一个评估报告三次退回修改的,将取消一个轮次参加摇号的报名资格。矿业权评估机构要严格在规定的时间签订合同,凡经摇号已中选的评估机构,未在规定的时间内将评估机构盖章的评估合同送到国土资源厅的,取消已中选项目,重新摇号。矿业权评估机构要按合同约定的时限条款提交评估报告,如有特殊情况,需书面申请延期时间,原则上延长一次,不超过 10 个工作日。如没有在合同约定的时限提交评估报告,或经批准延期后,仍没有按期提交评估报告的,将取消二个轮次参加摇号的报名资格。进一步规范评估委托矿业权价款管理工作。属于盟市委托的评估项目,严格按照公开、公平、公正的原则,采取公开的方式确定。也可申请国土资源厅资源储量处代为组织公开摇号选择矿业权评估机构。

2012 年 12 月 31 日,自治区国土资源厅印发《关于处置矿业权价款有关问题的通知》,针对煤炭生产勘探增加资源储量和改变开采方式发现有未处置价款资源储量等情况,就补充处置矿业权价款有关问题进行了规定,为进一步做好矿业权价款的收缴工作奠定基础。

2015 年4 月1 日,自治区国土资源厅印发《关于切实做好矿业权价款处置有关问题的通知》,规定凡开采国家出资探明矿产地且未进行矿业权价款处置的矿山企业,必须评估缴纳矿业权价款。因管理体制、行政区划等原因未向自治区地质资料管理部门汇交地质资料而在探矿权出让时按空白区出让的探矿权,按《财政部、国土资源部关于探矿权采矿权有偿取得制度改革有关问题的补充通知》规定评估缴纳矿业权价款。矿山企业扩大产能,必须对可动用属国家出资探明矿产地且尚未进行有偿化处置的资源储量进行评估并缴纳价款。5 月 11 日,自治区国土资源厅印发《关于处置矿业权价款有关问题的补充通知》规定,符合《关于切实做好矿业权价款处置有关问题的通知》文件规定的第一种情形补充处置国家出资部分矿业权价款时,对国家和企业出资形成价款的具体评估分割方法按《关于处置矿业权价款有关问题的通知》执行。国家出资完成详查出让的煤炭探矿权,矿权人完成勘探增加查明资源储量的,应对增加部分资源储量按国家与企业投入工作量的重置成本比重补充处置价款。直接出让地热水、矿泉水采矿权未处置价款的,应按有关评估方法评估后处置矿业权价款。

二、评估备案情况

2001 年,属自治区经国土资源部评估确认的矿业权价款项目 4 个,确认价款 4. 21 亿元。其中,评估确认探矿权项目 1 个,确认价款 136. 4 万元;评估确认采矿权项目 3 个,确认价款 4. 20 亿元。

2002 年,属自治区经国土资源部评估确认的矿业权价款项目共 25 个,其中评估确认探矿权项目 11 个、采矿权项目 14 个。

2003 年,属自治区经国土资源部评估确认(备案)的矿业权价款项目共 92 个,其中评估备案探矿权价款项目 36 个,评估确认采矿权价款项目 56 个。由自治区国土资源厅评估备案的探矿权价款项目 5 个,备案价款 30. 75 万元。

2004 年,经国土资源部评估备案的探矿权价款项目 11 个,备案价款 1. 62 亿元;评估确认的采矿权价款项目 238 个,确认价款近 9 亿元。由自治区国土资源厅评估备案的探矿权价款项目 54 个,备案价款 1. 62 亿元。

2005 年,经国土资源部评估确认(备案)的矿业权价款项目 141 个,确认(备案)价款 16. 98 亿元。由自治区国土资源厅评估备案探矿权价款项目 27 个,备案价款 0. 39 亿元;评估确认采矿权价款项目 36 个,确认价款 0. 77 亿元。

2006 年,由国土资源部评估备案的探矿权价款项目 5 个,备案价款 1. 12 亿元;评估确认采矿权价款项目 18 个,确认价款 7. 72 亿元。自治区全面开展矿业权价款评估确认(备案)工作,由自治区国土资源厅评估备案探矿权价款项目有 54 个,备案价款 11. 53 亿元;评估确认采矿权价款项目有 87 个,确认价款 10. 64 亿元;整合计算采矿权价款项目有 143 个,确认价款 48. 88 亿元。

2007 年,经国土资源部评估备案的探矿权价款项目 6 个,备案价款 22. 64 亿元。由自治区国土资源厅评估备案的探矿权价款项目 78 个,备案价款 59. 62 亿元;评估确认的采矿权价款项目 50 个,确认价款 5. 76 亿元;整合计算的采矿权价款项目 74 个,确认价款 16. 09 亿元。

2008 年,经国土资源部评估备案的探矿权价款项目 1 个,备案价款 0. 57 亿元;评估确认的采矿权项目 1 个,确认价款 4. 11 亿元。由自治区国土资源厅评估备案探矿权价款项目 61 个,备案价款 42. 87 亿元;评估确认采矿权价款项目 40 个,确认价款 20. 99 亿元;整合计算的采矿权价款项目 26 个,确认价款 5. 66 亿元。

2009 年，经国土资源部评估备案探矿权价款项目 2 个，备案价款 3.25 亿元。自治区开始实行公开摇号选择评估机构和评估结果网上公示制度，由自治区国土资源厅组织公开摇号选择评估机构 7 次，确定了 27 个项目的评估机构；进行网上公示 23 次，共有 48 个矿业权价款评估报告摘要在自治区国土资源厅网站上进行了公示。由自治区国土资源厅备案矿业权价款项目有 75 个，重新计算褐煤价款项目有 2 个，共备案价款 77.75 亿元（其中，探矿权项目 53 个，价款 72.45 亿元；采矿权项目 24 个，价款 5.30 亿元）。

2010 年，经国土资源部评估备案探矿权价款项目 2 个，备案价款 3.25 亿元；评估备案采矿权价款项目 3 个，备案价款 34.57 亿元。自治区国土资源厅组织公开摇号选择评估机构 13 次，确定了 53 个项目的评估机构；进行网上公示 74 次，共有 125 个矿业权价款评估报告摘要在自治区国土资源厅网站上进行了公示。由自治区国土资源厅评估备案矿业权价款项目 150 个，备案价款 75.82 亿元（其中，探矿权项目 123 个，价款 40.31 亿元，采矿权项目 27 个，价款 35.51 亿元）。

2011 年，经国土资源部评估备案探矿权价款项目 2 个，备案价款 0.42 亿元。自治区国土资源厅组织公开摇号选择评估机构 7 次，确定了 32 个项目的评估机构；进行网上公示 55 次，共有 87 个矿业权价款评估报告摘要在自治区国土资源厅网站上进行了公示。由自治区国土资源厅评估备案矿业权价款项目 94 个，备案价款 8.68 亿元（其中，探矿权项目 74 个，价款 1.36 亿元，采矿权项目 20 个，价款 7.32 亿元）。

2012 年，经国土资源部评估备案探矿权价款项目 2 个，价款 0.32 亿元；评估备案采矿权价款项目 1 个，备案价款 9.99 亿元。自治区国土资源厅组织公开摇号选择评估机构 6 次，确定了 30 个项目的评估机构；进行网上公示 47 次，共有 70 个矿业权价款评估报告摘要在自治区国土资源厅网站上进行了公示。由自治区国土资源厅评估备案矿业权价款项目 148 个，备案价款 6.12 亿元（其中，探矿权评项目 66 个，价款 0.88 亿元；采矿权项目 8 个，价款 5.16 亿元；计算矿业权价款项目 74 个，价款 850 万元）。

2013 年，经国土资源部评估备案探矿权价款项目 2 个，备案价款 2.42 亿元。自治区国土资源厅组织公开摇号选择评估机构 10 次，确定了 47 个项目的评估机构；进行网上公示 49 次，共有 72 个矿业权价款评估报告摘要在自治区国土资源厅网站上进行了公示。由自治区国土资源厅评估备案矿业权价款项目 215 个，备案价款 57.05 亿元（其中，探矿权项目 75 个，价款 49.02 亿元；采矿权项目 20 个，价款 7.76 亿元；计算矿业权价款项目 120 个，价款 0.27 亿元）。

2014 年，自治区国土资源厅组织公开摇号选择评估机构 12 次，确定了 63 个项目的评估机构；进行网上公示 43 次，共有 56 个矿业权价款评估报告摘要在自治区国土资源厅网站上进行了公示。由自治区国土资源厅评估备案矿业权价款项目 279 个，备案价款 11.75 亿元（其中，探矿权项目 63 个，价款 7.94 亿元；采矿权项目 21 个，价款 2.69 亿元；计算矿业权价款项目 195 个，价款 1.12 亿元）。

2015 年，自治区国土资源厅组织公开摇号选择评估机构 12 次，确定了 103 个项目的评估机构；进行网上公示 65 次，共有 76 个矿业权价款评估报告摘要在自治区国土资源厅网站上进行了公示。由自治区国土资源厅评估备案矿业权价款项目 132 个，备案价款 90.84 亿元（其中，探矿权项目 106 个，价款 9.89 亿元；采矿权项目 26 个，价款 80.95 亿元）。

第六节 资源补偿费征收

一、相关制度及管理

2000年8月3日,自治区国土资源厅印发《关于严格按规定缴纳矿产资源补偿费的通知》,明确自治区直属矿山企业矿产资源补偿费应直接向自治区国土资源厅及时足额缴纳,停止向盟市地矿行政主管部门缴纳。9月18日,自治区国土资源厅印发《关于做好矿产资源补偿费征收入库工作的通知》,要求各盟市地矿局依法征收,加大力度,特别是对欠费较多的纳费人要依法清欠,依法追缴,不能再出现新的欠费。要结合换发采矿许可证,对欠缴矿产资源补偿费的矿山企业进行一次清缴。对于欠费较多、拒不缴费、又不能提出缴费计划的矿山企业,征收部门不能出具手续,换证部门不予换证。要做好稽查工作,盟市地矿部门要加强对旗县级地矿部门的稽查,重点稽查征收情况,入库情况以及是否存在截留、坐支问题。各级地矿部门要加强对矿山企业的稽查,重点稽查是否存在弄虚作假、少申报、少缴费问题。自治区国土资源厅将结合征费对部分盟市、旗县地矿部门进行稽查,发现有截留、坐支不完成入库任务的问题将严肃处理。

2001年,自治区国土资源厅强化纳费登记、申报、稽查、催缴、处罚制度和措施。所有的大中型矿山企业征收费实现与回采率挂钩,建立了全区征收数据信息库。

2002年,自治区国土资源厅为加强矿产资源补偿费征收管理工作,成立征收办公室,对考核盟市完成矿产资源补偿费入库任务进行调整,核定最低入库任务为考核征收面、征收率和入库率等7项指标。2月20日,自治区国土资源厅印发《关于减缴海勃湾矿务局等10家矿山企业2001年度矿产资源补偿费的批复》,同意海勃湾矿务局等10家矿山企业减缴2001年度矿产资源补偿费。2月26日,自治区国土资源厅印发《关于下达2002年矿产资源补偿费征收入库考核指标的通知》,明确考核指标的重点为征收面、征收率和入库率。3月27日,自治区国土资源厅印发《关于开展矿产资源补偿费自收汇缴专用收据检查工作的通知》,决定对全区矿产资源补偿费自收汇缴专用收据进行全面检查,主要检查专用收据的购领情况、使用情况、保管情况以及专用收据有关的其他资料,包括历年来矿产资源补偿费征收、上缴、使用情况的记账凭证和财务账簿等资料。6月13日,自治区国土资源厅印发《关于对矿产资源补偿费征管工作存在问题进行整改的通知》,根据财政部矿产资源补偿费核查组对呼和浩特市、包头市国土资源局及所属旗县区的征管机构进行核查中发现的问题,要求呼和浩特市、包头市国土资源局必须组织所属区县征管部门按照《矿产资源补偿费征收管理规定》和自治区有关矿产资源补偿费征收管理使用方面的规定限期整改。12月12日,自治区国土资源厅印发《关于做好矿产资源补偿费年度考核工作的通知》,部署对盟市国土资源局2002年度矿产资源补偿费征收管理进行考核工作。

2004年2月10日,自治区财政厅、国土资源厅印发《关于矿产资源补偿费缴库有关问题的通知》,对全区矿产资源补偿费入库管理办法进行调整,规定矿产资源补偿费收入收缴将不再实行集中汇缴的入库方式,按照预算级次,实行就地缴库,就地分成的办法,各级国土资源部门一律取消矿产资源补偿费收缴过渡户。旗县级征收的矿产资源补偿费的40%直接缴入中央金库,剩余的60%就地缴入同级金库;盟市级征收的矿产资源补偿费的40%直接缴入中央金库,24%缴入自治区金库,36%缴入盟市金库；自治区本级征收的矿产资源补偿费的40%直接缴入中央金库，29%缴入自治区金库，31%缴入盟市金库。改变入库管理办法后，自治区不再向盟市办理返还。3月5日，自治区国土资源厅印发《关于进一步加强矿产资源规费征收管理工作的通知》，要求：各盟市认真贯彻执行矿产资源征费管理的有关法律、法规和配套管理办法，做到依法征收；进一步加大矿产资源规费的征收力度；加强矿产资源收费的入库管理工作；加强矿产资源规费征收管理的监督、检查工作；进一步加强队伍建设，不断开展对征管人员的业务、技术和素质的教育培训工作，努力提高征管人员的工作水平和工作效率。3月11日，自治区国土资源厅印发《关于下达2004年矿产资源补偿费征收入库考核指标的通知》，决定继续将全区矿产资源补偿费征收入库考核工作的重点放在矿产资源补偿费的征收面、征收率和入库率3个指标上，各盟市征收面达到90%以上，征收率达到70%以上，并按新的入库管理办法确保分级足额入库。6月15日，自治区国土资源厅、财政厅印发《关于减缴海勃湾矿务局等13家矿山企业2003年度矿产资源补偿费的批复》，同意海勃湾矿务局等13家矿山企业减缴2003年度矿产资源补偿费。9月7日，自治区国土资源厅转发国土资源部《关于进一步加强大中型矿山企业、重点地区和主要矿种矿产资源补偿费征管工作的通知》，要求各盟市国土资源局加强对旗县区征管工作的指导、检查和监督，严格按照自治区国土资源厅《关于下达2004年矿产资源补偿费征收入库考核指标的通知》规定的考核办法进行考核，不断充实和完善考核内容，使矿产资源补偿费征收管理工作更加规范化。自治区国土资源厅将鄂尔多斯市、赤峰市、通辽市、呼伦贝尔、阿拉善盟、巴彦淖尔市、乌兰察布市确定为全区的重点征费地区，加强对上述盟市的检查、监督和指导工作。各盟市也要做好本地区大中型矿山企业、重点旗县和主要矿种的调查工作。每个盟市都要确定本地区征费的主要矿种和2—3个旗县为重点征费地区，加强检查、监督和指导工作。各级国土资源管理部门要严格按照《内蒙古自治区财政厅、国土资源厅关于矿产资源补偿费缴库有关问题的通知》要求，做好矿产资源补偿费的入库管理工作，大中型矿山企业应由企业直接填缴款书办理缴库，小型及零星分散企业缴纳的矿产资源补偿费，国土资源管理部门也必须及时办理缴库，绝不允许挪用、坐支征收的矿产资源补偿费。9月8日，自治区政府印发《内蒙古自治区人民政府关于调整矿产资源补偿费征收权限的通知》，决定将原矿产资源补偿费的征收权限按隶属关系划分分级征收改变为按企业设计规模划分分级征收。各级国土资源部门的征收范围是：自治区负责征收大型以上规模（含企业集团）及石油天然气、煤成气、神华集团公司所属和跨省（区）跨盟市行政区域各类矿山企业的矿产资源补偿费；盟市负责征收中型及跨旗县区域各类矿山企业的矿产资源补偿费；旗县负责征收小型及零散矿山企业的矿产资源补偿费。矿山企业联合、兼并、重组后，以其新设立企业的设计总规模确定征收权限。自治区负责征收的企业名单由自治区国土资源厅商财政厅另行联合下发。11月29日，自治区国土资源厅、财政厅印发《关于确认自治区征收矿产资源补偿费企业名单的通知》，从2005年1月自治区开始征收中国石油华北油田二连分公司等26家矿山企业的矿产资源补偿费。12月17日，自治区国土资源厅印发《关于进一步做好全区矿产资源补偿费缴库统计工作的通知》，要求各盟市要组织一次入库情况的专门检查，严格按新的缴库办法规定，就地将征收的矿产资源补偿费全额办理入库。年终要安排好专职人员与同级国库对账，切实做到缴库数据统计准确无误。未按自治区财政厅、国土资源厅《关于矿产资源补偿费缴库有关问题的通知》要求办理缴库手续的单位，应在自查的基础上予以纠正。特别是征收矿产资源补偿费后，没有及时缴库或未依照分库比例缴库，以及“缴款书”预算科目名称中款号、项目栏等填写错误的单位，应立即改正。各级国土资源管理部门要按照自治区财政厅、国土资源厅、人民银行呼和浩特中心支行《关于矿产资源补偿费缴库有关问题的补充通知》要求,主动与同级国库建立专人联系和回执联登记签收制度,定期取回"缴款书"回执联,将复印件传送自治区国土资源厅。从2005年起,矿产资源补偿费入库情况表采取月制度,报送时间为下一个月15日前。报表报送情况将纳入矿产资源补偿费征收、入库管理情况的考核内容。

2006年,自治区国土资源厅对矿产资源补偿费的入库比例做出调整。各级征收部门征收的矿产资源补偿费40%直接缴入中央金库,自治区本级征收的29%缴入自治区金库,21%缴入盟市金库,10%缴入旗县金库。盟市本级征收的24%缴入自治区金库,26%缴入盟市金库,10%缴入旗县金库。旗县本级征收的60%就地缴入同级金库。入库比例调整后,各级征收部门征收的矿产资源补偿费的缴库方式方法仍按自治区财政厅、国土资源厅、人民银行呼和浩特市中心支行《关于矿产资源补偿费缴库费有关问题的补充通知》办理。各级国土资源部门每月与同级国库对账,分清旗县、盟市、自治区三级入库数明细。地方留成的矿产资源补偿费属于矿产资源专项资金,主要用于地质勘查、矿山保护和征收部门补助经费。各级财政门对留用地方的矿产资源补偿费要全部纳入部门预算管理,严格控制支出。4月26日,自治区国土资源厅印发《关于下达2006年矿产资源补偿费征管工作考核指标的通知》,明确各盟市征收面达到90%以上,征收率达到75%以上,并按新的入库管理办法确保分级足额入库。6月5日,自治区国土资源厅转发国土资源部《关于加强矿产资源补偿费征收管理促进煤矿回采率提高的通知》,要求全面复查煤炭矿山企业的核定开采回采率。严格复查标准,规范复查程序;从严审查煤炭矿山企业的实际开采回采率。加强对煤炭矿山企业动用资源储量的动态监管工作;明确实际开采回采率测算方式;规范实际开采回采率管理。强化对煤炭矿山企业矿产资源补偿费征收。补偿费应征额度按照《矿产资源补偿费征收管理规定》第五条执行,即应缴纳矿产资源补偿费金额=矿产品实际销售收入×补偿费费率×开采回采率系数。开采回采率系数=核定开采回采率÷实际开采回采率。核定开采回采率以自治区国土资源厅终审反馈的数据为准。7月5日,自治区国土资源厅转发国土资源部《关于加强矿产资源补偿费征收管理的通知》,要求各盟市国土资源局认真贯彻落实《矿产资源补偿费征收管理规定》,矿产资源补偿费由各级国土资源行政主管部门负责征收,各地方政府不能以一票制征收税费的办法,随意制定征收标准,代替国土资源部门征收矿产资源补偿费。如确实需要要由某个部门代征某个矿种的矿产资源补偿费,也必须由同级国土资源部门出具委托书,严格按照规定的计算公式计征,做到应收尽收。征收矿产资源补偿费要严格按照矿产品销售收入和规定的费率并乘以回采率系数计征,不得随意核定应征费额,更不得随意减征免征,力争做到矿产资源补偿费覆盖所有矿山企业和所有矿种,避免漏征。8月11日,自治区国土资源厅、区财政厅印发《关于减缴大雁煤业有限责任公司等11家矿山企业2005年度矿产资源补偿费的批复》,同意大雁煤业有限责任公司等11家矿山企业减缴2005年度矿产资源补偿费。9月19—22日,自治区国土资源厅在呼和浩特市举办全区矿产资源补偿费征收管理与煤矿开采回采率计算培训班,对补偿费申报表等有关报表的填写、煤炭资补费征收中有关开采回采率计算的问题进行了详细讲解,各盟市国土资源局、矿业重点旗县国土资源局资补费征管人员和自治区国土资源厅直接征收资补费企业的申报资补费有关人员,共计98人参加。

2007年3月8日,自治区国土资源厅印发《关于下达2007年矿产资源补偿费征管工作考核指标的通知》,明确各盟市征收面达到95%以上,征收率达到75%以上,资源补偿费征收要进一步与回采率挂钩,并按新的入库办法确保分级足额入库。5月11日,自治区国土资源厅印发《关于进一步做好矿产资源补偿费征收管理工作的通知》,要求矿产资源补偿费要严格按照矿产品销售收入和规定的费率并乘以回采率系数计征,做到应收尽收,全额入库。要强化依法征收,充分发挥征收机关的职能作用。同时,要结合国土资源管理工作,强化补偿费征收措施和手段。加强矿产资源补偿费征收管理基础工作。各矿必须建立纳费情况档案,包括纳费登记表、《矿产资源补偿费月(季)度申报表》、征管机关的稽查记录、企业缴纳补偿费情况统计表等。建立补偿费征收台账,加强对采矿权人申报的《矿产资源补偿费月(季)度申报表》及附表提供的矿产品产量销售量、销售收入、回采率系数等资料的审核工作。征管机关要做好补偿费征收入库情况统计工作,按规定的时间报送《矿产资源补偿费征收、入库基本情况表》和《矿产资源补偿费入库情况统计表》。做到征管工作规范有序,缴费情况一目了然。要完善补偿费征收管理,促进资源回采率的提高。12 月 26 日,自治区国土资源厅印发《关于矿产资源补偿费免(减)缴申请及审批程序的通知》指出,在自治区行政区域内开采矿产资源并依法足额缴纳矿产资源补偿费的所有采矿权人,符合免(减)缴矿产资源补偿费条件的,均可以申请免(减)缴矿产资源补偿费。自治区政府和自治区国土资源厅、自治区财政厅是矿产资源补偿费免(减)缴审批机关,不经审批机关批准,任何单位和个人不得擅自免(减)缴矿产资源补偿费。申请免缴矿产资源补偿费必须符合国务院《矿产资源补偿费征收管理规定》第十二条规定的下列情形之一:从废石(矸石)中回收矿产品的;按照国家有关规定经批准开采已关闭矿山的非保安残留矿体的;国务院地质矿产主管部门会同国务院财政部门认定免缴的其他情形。申请减缴矿产资源补偿费必须符合国务院《矿产资源补偿费征收管理规定》第十三条规定的下列情形之一:从尾矿中回收矿产品的;开采未达到工业品位或者未计算储量的低品位矿产资源的;依法开采水体下、建筑物下、交通要道下的矿产资源的;由于执行国家定价而形成政策性亏损的;国务院地质矿产主管部门会同国务院财政部门认定减缴的其他情形。免(减)缴矿产资源补偿费申请必须由采矿权人提出,其他任何单位及个人提出的免(减)缴矿产资源补偿费申请,征收机关不予受理。免(减)缴矿产资源补偿费每年申报审批一次。次年 2 月底以前申报上年度矿产资源补偿费免(减)申请,逾期申报不予受理。采矿权人申请免(减)缴矿产资源补偿费,需写出免(减)缴矿产资源补偿费书面申请文件,填写《免(减)缴矿产资源补偿费申请书》,并提交技术资料和财务资料及征收机关和财政部门要求上报的其他资料,一式四份同时上报征收机关。由旗县级国土资源部门负责征收资源补偿费的矿山企业,申请免(减)缴矿产资源补偿费的申请文件、申请书和有关资料,报旗县级国土资源部门初审,并由旗县级国土资源部门会同财政部门签署意见盖章后,报盟市国土资源部门,盟市国土资源部门会同财政部门签署意见盖章后,报自治区国土资源厅。由盟市级国土资源部门负责征收资源补偿费的矿山企业,申请免(减)缴矿产资源补偿费的申请文件、申请书和有关资料,报盟市国土资源部门初审。并由盟市级国土资源部门会同财政部门签署意见盖章后,报自治区国土资源厅。自治区国土资源厅负责征收资源补偿费的矿山企业,申请免(减)缴矿产资源补偿费的申请文件、申请书和有关资料,报所在盟市国土资源部门初审。并由盟市级国土资源部门会同财政部门签署意见盖章后,报自治区国土资源厅。各级征收机关应在收到采矿权人报送的申请文件、申请书及有关资料后的一月内,会同同级财政部门共同对采矿权人提出的免(减)理由及有关资料进行实地核实,分别签署具体审核意见,上报上一级征收机关。自治区国土资源主管部门收到由盟市级国土资源部门报送的矿山企业申请免(减)缴矿产资源补偿费的申请文件、申请书和有关资料,二个月内会同自治区财政主管部门对所有资料进行全面审查和部分资料进行现场抽查后审批。审批免(减)缴幅度以文件形式发送采矿权人,抄送该采矿权人所在地资源补偿费征收机关和财政机关,同时抄报国土资源部和财政部备案。减缴幅度超过50%的,由自治区国土资源部门会同自治区财政部门审核同意后,报自治区人民政府批准。免(减)缴矿产资源补偿费从批准文件下发之日起执行。在免(减)缴申请未批准之前,纳费人仍须依规定按时缴纳资源补偿费。经批准免(减)缴的矿产资源补偿费,纳费人可凭批准文件按规定办理有关手续。纳费人在批准的免(减)缴矿产资源补偿费期限内仍须向征收机关按时报送《矿产资源补偿费月(季)度申报表》和各类矿产品的产量、销售量、销售收入、销售价格等有关资料。纳费人以提供虚假材料等方式骗取资源补偿费免(减)的,一经查出,征收管理机关除追缴应缴纳的资源补偿费外,并依据《矿产资源补偿费征收管理规定》(国务院令第150号)第十五条中的有关规定予以处罚。

2009年10月30日,自治区国土资源厅、财政厅印发《关于减缴大雁煤业有限责任公司等6家矿山企业2008年度矿产资源补偿费的批复》,同意大雁煤业有限责任公司等6家矿山企业减缴2008年度矿产资源补偿费。11月18日,自治区国土资源厅印发《关于矿产资源补偿费征收管理专项检查情况的通报》,就6—9月在全区开展矿产资源补偿费征收管理工作专项检查情况进行了通报。

2010年1月28日,自治区国土资源厅印发《关于下达2010年矿产资源补偿费征管工作考核指标的通知》,明确各盟市征收面达到100%,征收率达到100%,资源补偿费征收要进一步与开采回采率挂钩,做到应收尽收,并按新的入库管理办法确保分级足额入库。考核工作重点放在矿产资源补偿费的规范征收和科学管理上,确保实现依法征收、全额入库。4月9日,自治区国土资源厅印发《关于认真落实矿产资源补偿费征收管理系统建设试点工作的通知》,要求由自治区国土资源信息院承担,在鄂尔多斯市和赤峰市开展全国矿产资源补偿费征收管理信息系统建设的试点工作。主要是以新疆国土资源厅开发的矿产资源补偿费征收管理信息系统为基础,结合内蒙古征收管理工作实际,组织建立矿产资源补偿费征收管理信息系统。经过2年的试点、培训和推广,全区矿产资源补偿费征收管理信息系统于2012年正式建成并运行,全面实现了全区矿山企业相关信息网上申报和各级国土资源主管部门进行网络审查的功能。6月26日,自治区国土资源厅组织赤峰市、鄂尔多斯市国土资源局和自治区国土资源信息院有关人员赴新疆国土资源厅学习矿产资源补偿费征收管理信息软件。11月22日,自治区财政厅、国土资源厅、中国人民银行呼和浩特中心支行印发《关于调整矿产资源补偿费入库比例和缴库方式的通知》,从2011年1月1日起,将全区矿产资源补偿费入库分成比例调整为:各级征收部门征收的矿产资源补偿费40%缴入中央国库,15%缴入自治区国库,15%缴入盟市国库,30%缴入旗县国库。

2011年3月22—23日,自治区国土资源厅组织对鄂尔多斯市国土资源局、准格尔旗国土资源局负责征收矿产资源补偿费管理人员,进行了矿产资源补偿费征收管理信息系统建设试点地区软件培训。4月2日,自治区国土资源厅印发《关于委托征收矿产资源补偿费的通知》,将自治区国土资源厅征收的神华集团包头矿业有限公司等25家矿产资源补偿费征收工作委托相关盟市国土资源局征收,委托期限为2011年1月1日至2015年12月31日。6月16—17日,自治区国土资源厅组织对赤峰市国土资源局、克什克腾旗国土资源局负责征收矿产资源补偿费管理人员,以及克什克腾旗所属的矿山企业负责缴费人员,进行矿产资源补偿费征收管理信息系统建设试点地区软件培训。6月27日至8月13日,自治区国土资源厅组织检查组对12个盟市和所属42个旗县(市、区)2009—2010年度矿产资源补偿费征管机构和征收、入库管理情况进行检查,还延伸检查了110家矿山企业的缴费情况。检查中发现的主要问题包括:机构设置和人员配备不足,多数盟市和旗县(市、区)国土资源局普遍未设立资源补偿费征管机构及配备专职征管人员，很多旗县国土资源局还在使用《矿产资源补偿费自收汇缴专用收据》，零星分散的小型企业，个别地方规模较大的企业、还没有实现矿山企业直接就地缴库。存在的缴库方式包括：先缴入财政非税收入账户，后缴入国库；先缴入本单位基本账户，再办理入库；先缴入补偿费征收过渡账户，再办理入库；先上缴市财政收付中心，后缴入国库。前三种入库方式违反了《内蒙古自治区财政厅、国土资源厅关于矿产资源补偿费缴库有关问题的通知》的规定。很多旗县政府要求国土资源局将收取的资源补偿费先存入财政非税收入专户，计算地方财政收入后再办理分成缴库，存在晚缴、少缴库和截留上级财政收入情况。存在审计部门收缴资源补偿费问题。存在地方政府实行的税费捆绑“一站式”征收问题。上述情况使国土资源部门无法对相关矿山企业实行有效的监管。并造成应从价计征的资源补偿费征费，改变为从量计征，无法与矿产品质量好坏、与动用资源储量情况挂钩。严重违反了国务院《矿产资源补偿费征收管理规定》。征管部门掌握的矿山企业《矿产资源补偿费月（季）度申报表》申报内容填写不全，审核数额栏无征管部门审核签字、盖章。有的不是企业填报，而是由征管人员自己一年一次填写，填表人、审核人无签名。个别地方资源补偿费征收台账数据与报表数据不符，与入库数不符。矿山企业（砂石、粘土）没有统一的《矿产资源补偿费月（季）度申报表》，而是采用核定征收，核定程序不完善、征收标准不统一。未严格按照《矿产资源补偿费征收管理规定》的计算标准计征资源补偿费，存在计费标准不统一、少征、欠缴问题。存在征收煤炭企业资源补偿费，与开采回采率系数挂钩标准不准确或不挂钩的问题。10 月 8 日，自治区国土资源厅印发《关于 2011 年全区矿产资源补偿费大检查情况的通报》，要求各盟市必须对照检查组提出的问题和整改建议，制定切实可行的办法，采取强有力的措施，做好整改工作。10 月 28—29 日，自治区国土资源厅在呼和浩特市举办全区矿产资源补偿费征收管理信息系统培训班，主要就矿产资源补偿费（外网）申报和矿产资源补偿费审核（内网）及管理等内容，对全区各盟市国土资源局征管科负责人、征管人员及各旗县国土资源局征管人员进行了培训。11 月 24 日，自治区国土资源厅印发《关于使用机打矿产资源补偿费缴款书的通知》，规定从 2012 年 1 月 1 日全区统一使用由自治区财政厅统一监制的机打《内蒙古自治区矿产资源补偿费专用缴款书》，不再使用由财政部监制的《中华人民共和国国土资源部矿产资源补偿费专用缴款书》。

2013 年 4 月 1 日，自治区国土资源厅印发《关于进一步做好矿产资源补偿费征收管理工作的通知》，要求征收煤炭企业资源补偿费要与开采回采率挂钩。对于开采其他矿种的矿山企业，在征收资源补偿费与开采回采率挂钩上，应依据国土资源部发布的响应矿种回采率指标，未发布矿种回采率指标的，执行开发利用方案核准的指标。

二、资补费征收情况

2000 年，全区共完成矿产资源补偿费征收入库 2270 余万元。其中，自治区国土资源厅直接征收的矿山企业基本实现征费与开采回采率系数挂钩和及时、规范化缴费，巴彦淖尔盟（今巴彦淖尔市）、兴安盟、伊克昭盟（今鄂尔多斯市）完成年度征收任务率较高。

2001 年，全区共完成矿产资源补偿费征收入库 2500 万元，比上年增长 10%。根据有关矿产资源补偿费减免政策规定，自治区国土资源厅与财政厅共同对符合减免条件的 10 家矿山企业依法进行审查，按政策批复减缴资补费 996 万元。

2002 年，全年完成矿产资源补偿费征收入库 3745 万元，比上年增长 7.12%。

2003 年,全年征收入库矿产资源补偿费 4547 万元,比上年增长 21.42%。

2004 年,全区征收入库矿产资源补偿费 8835 万元,比上年增长 94.30%,入库额跻身全国前十位。

2005 年,全区共征收入库矿产资源补偿费 1.82 亿元,比上年增长 105.55%。其中,厅直接征收 9440 万元,比上年增长 117%,占全区入库额的 52%;盟市征收入库 8720 万元,比上年增长 94%。“十五”期间,全区累计征收入库矿产资源补偿费 3.90 亿元,其中油气约占 19%(7400 万元),煤矿约占 70%(1.1 亿元),其余为金属及非煤矿产;比“九五”期间征收入库额增长 4.92 倍,连续三年受到国土资源部的表扬,征收入库额跻身全国前十位。主要采取的措施包括:一是进一步完善三级征收管理体制。自治区从 1998 年起开始实行矿产资源补偿费三级征收制度,即国土资源厅征收中央、自治区所属及跨省(区)矿山企业的矿产资源补偿费,盟市国土资源局征收盟市所属企业矿产资源补偿费,旗县国土资源局征收旗县及以下属矿山企业矿产资源补偿费。全区征收入库任务分级下达。随着多数企业已实行政企分开、自主经营,隶属关系已逐渐取消的实际情况,按照《内蒙古自治区矿产资源管理条例》的有关规定,2004 年自治区人民政府下发《内蒙古自治区人民政府关于调整矿产资源补偿费征收权限的通知》,将原按隶属关系划分分级征收矿产资源补偿费的征收权限,改变为按企业设计规模划分分级征收的标准:自治区负责征收大型以上规模(含企业集团)及石油天然气、煤成气、神华集团公司所属和跨省(区)跨盟市行政区域共计 26 家各类矿山企业的矿产资源补偿费;盟市负责征收中型及跨旗县区域各类矿山企业的矿产资源补偿费;旗县负责征收小型及零星分散矿山企业的矿产资源补偿费。矿山企业联合、兼并、重组后,以及新设立企业的设计总规模确定征收权限。自治区和盟市两级的征收额约占全区征收额的 70%。二是建立科学的考核办法,推进全区征收管理工作规范化。由过去以考核入库数为重点的自治区、盟市、旗县征费工作目标责任制,层层签订责任状,指标分解、目标明确、责任清楚的做法,改为制定新的考核办法,内容包括征收面、征收率、征收额、入库率、纳费登记、矿产资源补偿费月(季)度申报表、征收台账、矿产资源补偿费和采矿权使用费征收、入库基本情况报表等八项指标,采取百分制计分办法进行量化考核,每年年底组织专人对各盟市进行考核,并每年组织一次对基层国土资源部门矿产资源补偿费自收汇缴专用收据的收缴工作,查清基层国土资源部门的实际征收数,并结合考核工作对各盟市进行逐项打分,按分数高低评出先进集体进行表彰奖励。新的考核办法提高了矿产资源补偿费的征收面和征收率,推进了全区矿产资源补偿费征收管理向着规范化方向发展。三是改革入库管理办法。自治区国土资源厅、财政厅、人民银行联合制定新的入库管理办法:改变原有的逐级汇缴、集中办理入库的方式,实行就地缴库,就地分成的办法。这个办法考虑到旗县一级征收矿产资源补偿费的数额少,财政保障程度低的实际情况,对旗县一级征收的矿产资源补偿费,只要求 40% 直接缴入中央金库,地方留成部分全部留给旗县就地缴入同级金库。调动了旗县的征收积极性,不同程度地提高了旗县国土资源部门的财政保证程度。自治区和盟市征收的矿产资源补偿费 40% 直接缴入中央金库,地方留成部分按分成比例分别缴入自治区金库和盟市金库。新的入库管理办法,要求各级国土资源部门一律取消矿产资源补偿费收缴过渡户,从源头上堵住了截留、坐支矿产资源补偿费的渠道,确保了自治区征收矿产资源补偿费的全额入库。

2006 年,全区征收入库矿产资源补偿费 3.30 亿元,比上年增长 81.32%。

2007 年,全区共征收入库矿产资源补偿费 5.61 亿元,比上年增长 70%。

2008 年,全区共征收入库矿产资源补偿费 8.44 亿元,比上年增长 50.45%。其中,自治区国土资源厅直接征收 3.67 亿元,比上年增长 59%,占全区入库额的 43.5%;盟市旗县入库额 4.77 亿元,比上年增长 44.2%，占全区入库额的 56.5%。

2009 年，全区共征收入库矿产资源补偿费 11.96 亿元，比上年增长 41.73%。其中，自治区国土资源厅直接征收 5.13 亿元，比上年增长 39.9%，占全区入库额的 42.9%；盟市旗县入库额 6.83 亿元，比上年增长 43.1%，占全区入库额的 57.1%。另外，据不完全统计，全区各级征收部门共清理历年矿山企业欠缴矿产资源补偿费 2.1 亿元。

2010 年，全区共征收入库矿产资源补偿费 16.89 亿元，比上年增长 41.22%，列全国第三位。其中：入中央财政 6.76 亿元、入自治区财政 2.15 亿元、入盟市财政（含旗县市区）7.97 亿元，分别比上年增长 41.8%、18.97% 和 48.16%，均创历史最好水平。"十一五"期间，全区累计征收入库矿产资源补偿费 46.2 亿元，比"十五"期间征收入库额增长 10.85 倍。

2011 年，全区共征收入库矿产资源补偿费 24.34 亿元，比上年增长 44.12%。其中：入中央财政 9.75 亿元，比上年增长 44.21%；入自治区财政 3.65 亿元，比上年增长 69.57%；入盟市旗县（区）10.94 亿元，比上年增长 37.16%。

2012 年，全区矿产资源补偿费征收入库额 26.11 亿元，比上年增长 7%，列全国第二位。

2013 年，全区矿产资源补偿费征收入库 21.75 亿元，比上年减少 16.70%，列全国第三位。其中，入中央财政 8.70 亿元，入自治区财政 3.27 亿元，入盟市旗县财政 9.78 亿元。

2014 年，全区矿产资源补偿费征收入库额 21.11 亿元，比上年减少 2.94%。

2015 年，全区矿产资源补偿费征收入库额 7.31 亿元，比上年减少 65.35%。"十二五"期间，全区累计征收入库矿产资源补偿费 100.62 亿元，比"十一五"征收入库额增长 1.18 倍。

第七节　地质资料管理与服务

一、相关制度及管理

2000 年 7 月 10 日，自治区国土资源厅转发国土资源部《关于发布〈公益性地质资料提供利用暂行办法〉的通知》，明确非商业性地质工作取得的各类公益性地质资料，凡按要求汇交到自治区国土资源厅资料管理部门的，均公开提供社会利用。资料利用单位或个人收集国家出资形成的各类公益性地质成果资料时，由自治区国土资源厅资料借阅保管机构按照有关规定统一收取资料印制工本费。涉及国家机密的公益性地质成果资料，仍按照原地矿部、国家保密局《关于印发〈地质矿产工作中国家秘密及其密级具体范围的规定〉的通知》执行。各有关地勘单位凡在自治区境内所形成的各类公益性地质资料，均须按国家规定，在验收合格之日起一个月内，将该项目资料目录及汇交计划时间表上报国土资源厅矿产资源储量处。

2002 年 2 月，自治区国土资源信息院正式挂牌成立，并明确负责全区地质资料的统一保管与社会化服务工作职责。9 月，自治区国土资源厅转发国土资源部办公厅《关于开展地质资料清理维护工作的通知》，要求：从事地质工作的地质资料汇交单位要对本单位保管的成果地质资料进行清理，按通知规定的格式和要求，填写成果地质资料目录登记表；对《地质资料管理条例》实施前应当向地质矿产主管部门汇交而未汇交的地质资料，汇交单位要填写欠交成果地质成果资料登记表；同时，自治区国土资源信息院要根据清理、保护登记的结果，将地质资料划分为公开、保护和保密 3 类，按照《地质资料管理条例》的规定进行管理和提供社会利用。同时,自治区国土资源厅举办了全区地质资料清理、保护工作培训班,系统组织学习《地质资料管理条例》和地质资料管理的有关规定和技术要求,全区各地勘单位有关人员参加了培训。

2003 年 1 月,自治区国土资源厅印发《内蒙古国土资源厅关于做好〈地质资料管理条例实施办法〉贯彻实施工作的通知》,对欠交地质资料补交时限、资料汇交范围、份数、质量及保护登记程序等方面提出了明确要求和奖惩措施。

2004 年 3 月 2 日,自治区国土资源厅、财政厅印发《关于保护期内国家出资勘查开发取得的地质资料有偿利用问题的通知》,要求自治区地质资料管理部门和地质资料汇交人加强保护期内国家出资勘查、开发取得的地质资料的管理,非经汇交人同意和自治区国土资源厅批准,任何单位与个人不得擅自披露或非法有偿转让有关资料。各级国土资源行政主管部门组织出让探矿权、采矿权,需要利用保护期内国家出资勘查形成的地质资料时,应认真审查地质资料来源的合法性,对以不正当手段获取保护期内地质资料的,国土资源行政主管部门不予出让其探矿权、采矿权。在矿业权出让时,需要利用国家出资勘查、开发取得的地质资料的,以无偿方式出让时,地质资料有偿使用费额度由矿业权申请人与地质资料汇交人协商确定,并支付地质资料汇交人;以有偿方式出让时,资料有偿使用费依据评估、确认后的矿业权价款按以下累进比例提取,100 万元(含 100 万元)以下按 20%,100～500 万元(含 500 万元)按 15%,500 万元以上按 10%,由矿业权登记部门支付地质资料汇交人。矿业权价款按有关规定转增国家资本金(基金)的,由矿业权申请人按以上比例支付地质资料汇交人。地质资料汇交人应将地质资料有偿使用费列入单位的地勘发展基金。地质勘查单位取得地质资料有偿使用费后,已利用的地质资料不再列入保护目录,地质勘查单位不再享有地质资料保护的权益。旗县级以上人民政府及有关部门因救灾等公共利益,需利用保护期内国家出资勘查、开发取得的地质资料,可以无偿利用。国务院地质矿产主管部门的有关规定发布实施后,本通知自行废止。

2008 年 4 月 7 日,自治区国土资源厅转发国土资源部《关于印发〈实物地质资料管理办法〉的通知》。要求地质资料汇交必须依据《地质资料管理办法》《地质资料管理条例实施办法》《实物地质资料管理办法》有关规定,在汇交地质成果资料之前,按规定向实物地质资料馆藏机构报送实物地质资料目录清单,并履行汇交手续;汇交成果地质资料时,应将原始地质资料目录清单作为附件一并汇交。否则,按未完成地质资料汇交处理。应当向自治区实物地质资料馆藏机构汇交的实物地质资料,在自治区实物地质资料库建成之前,国家出资(包括中央和地方财政出资)及非国家出资的勘查项目,承担地勘工作的地勘单位为其实物地质资料保管单位。自治区实物地质资料库建成后,按自治区实物地质资料馆藏机构的要求进行汇交,并按规定办理汇交手续。实物地质资料的汇交、保管等相关费用应在地质工作总费用中足额列支。应当由汇交人保管的有重要价值的实物地质资料,必须按规定保管。应当采用库房保管而汇交人不具备库房保管条件的,应委托有条件的地勘单位保管。由汇交人自行保管或委托保管的实物地质资料保存情况的材料以及委托保管合同,在办理汇交手续时一并汇交。同时,明确由自治区国土资源信息院负责全区实物地质资料管理相关工作。4 月 28—29 日,自治区国土资源厅举办全区成果地质资料电子文件汇交验收与报告编制评审工作培训班。培训内容:成果地质资料电子文档制作及相关要求;固体矿产勘查报告编制、评审受理及评审备案要求;评审要点及评审意见书内容要求。12 个盟市及满洲里市、二连浩特市国土资源局,2 个评审中心及拥有地质勘查资质单位的 165 人参加培训。培训班邀请有关专家授课,编制《矿产地质勘查规范汇编》和《矿产资源储量管理文件汇编》作为培训班学习材料。7 月 4 日，自治区国土资源厅转发国土资源部、国家保密局《涉密地质资料管理细则》，并要求自治区国土资源信息院尽快完成涉密地质资料清理工作和后续的计算机录入与档（件）鉴印标示工作；各资料保管单位须建立涉密资料借阅的具体办法。9 月 16 日，自治区国土资源厅转发国土资源部《关于实施〈原始地质资料立卷归档规则〉的通知》，要求相关单位对原始地质资料的立卷归档及保管工作要配备必要的人员和资金，并依照《原始地质资料立卷归档规则》做到原始地质资料保管的标准化、规范化。11 月 14 日，自治区国土资源厅印发《关于制定地质档案工作突发事件应急处置管理办法的通知》，要求自治区国土资源信息院遵照国家档案局中央档案馆档函［2008］207 号印发的《档案工作突发事件应急处置管理办法》的规定，制定地质档案工作突发事件应急处置管理办法，做好地质档案保管维护工作。11 月 26 日，自治区国土资源厅印发《关于开展全区实物地质资料清理工作的通知》，部署开展全区实物地质资料清理工作。要求通过对现存地质资料登记统计，全面掌握自治区各类（岩矿心、光薄片、岩矿标本、化探副样等）实物地质资料保存现状，为下一步制定实物地质资料管理办法提供依据。主要工作内容为清理各类现存的实物地质资料，包括岩矿心、光薄片、岩矿标本、化探副样、岩屑等。并要求各地勘单位、矿山企业将本单位现存的各类实物地质资料分类统计，按要求认真填报，将填报结果一式两份报所在地盟市国土资源局，须明确保存状况、存放地点、有无专人负责管理等。12 月 19 日，自治区国土资源厅印发《关于进一步做好涉密地质资料管理工作的通知》，要求各单位依照《涉密地质资料管理细则》，在借阅涉密地质资料前，携带完备材料，到自治区国土资源信息院地质档案馆办理《涉密地质资料借阅复制证书》。借阅涉密地质资料的单位，须依照涉密地质资料借阅管理要求，携带完备材料履行借阅手续，借阅单位对所借阅的地质资料负有保密责任。自治区国土资源信息院地质档案馆须严格审核借阅单位携带材料是否真实、有效、齐备。在办理借阅复制涉密地质资料时，工作人员和借阅复制人都应认真填写涉密地质资料借阅复制登记表。

2009 年 3 月 2 日，自治区国土资源厅转发《国土资源部、国家保密局关于做好涉密地质图开发利用工作的通知》，就涉密地质图的使用、涉密地质图的处理、处理地质图的审查、建库与提供利用服务等作出了规定。4 月 22 日，自治区国土资源厅转发《国土资源部办公厅关于切实为扩大内需项目做好地质资料信息服务工作的通知》，要求自治区国土资源信息院制定自治区关于切实为扩大内需项目做好地质资料信息服务工作实施方案，并负责开展需求调研、馆藏地质资料深度开发、健全完善服务平台和提供相关服务等工作。8 月 5 日，自治区国土资源厅转发《国土资源部办公厅关于开展实物地质资料管理情况摸底调查工作的通知》，并要求自治区地勘局、有色地勘局、煤田地质局负责所属地勘单位（包括各类项目）摸底调查工作的部署与数据汇总工作。自治区地质调查院、自治区地勘项目办要督促区内、外项目承担单位做好相关的调查摸底工作，同时负责管辖的政府出资勘查项目的调查摸底数据库汇总工作。各地勘单位、矿山企业及有关单位要按照本通知要求认真做好清理、统计填报和数据录入工作。自治区国土资源信息院负责指导全区实物地质资料摸底调查工作，汇总分析全区实物地质资料摸底调查数据并建成自治区实物地质资料管理现状数据库，编写《内蒙古自治区实物地质资料管理情况摸底调查总结报告》。

2010 年 1 月 25 日，自治区国土资源厅印发《关于进一步规范涉密地质资料管理有关问题的通知》，对涉密地质资料管理有关事宜作出规定。5 月 27 日，自治区国土资源厅转发《国土资源部关于加强地质资料汇交管理的通知》，要求各盟市国土资源局、各有关单位进一步提高依法汇交、自觉履行地质资料汇交义务的法律意识,及时汇交或补交地质资料,并确保地质资料(纸质及电子文档)真实、可靠,符合汇交要求;各级国土资源行政主管部门要切实加强地质资料汇交工作的监督管理;建立矿业权管理、项目管理、地质资料管理的协同联动机制,构建多方位地质资料汇交监管体系;自治区国土资源信息院要加强对盟市地质资料管理的业务指导,积极与有关盟市共同探索、建立盟市地质资料馆藏机构部分汇交地质资料委托代接受、保管与转送管理制度,为推进全区地质资料管理职能向盟市国土资源行政主管部门延伸创造条件;水文地质、工程地质、环境地质和灾害地质勘查(察)地质资料,其成果经有关部门或单位审查验收的,一律纳入汇交范围;以往应该汇交未汇交的,按照要求清欠、补交。6月12日,自治区国土资源厅印发《关于开展地质资料清欠工作的通知》,安排部署全区地质资料清欠工作。

2011年8月,自治区国土资源厅印发《关于开展钻孔基本信息清查工作的通知》,部署开展全区钻孔基本信息清查工作,并开展了相关技术培训工作。

2012年10月8日,自治区国土资源厅转发《国土资源部办公厅关于深入推进地质资料信息服务集群化为找矿突破战略行动提供服务的通知》,就加强地质资料汇交网上监管、加快推进整装勘查区和重点成矿区带地质资料信息服务集群化、加强服务监督等方面提出要求,特别是进一步强调汇交人必须依法按期汇交成果、原始、实物地质资料,且汇交纸质资料的同时必须汇交电子文档。11月22—25日,自治区国土资源厅举办地质资料汇交管理培训班,培训主要内容包括:地质资料管理业务及保密政策介绍;原始地质资料立卷归档规则;成果地质资料(纸质、电子文档)汇交要求;实物地质资料管理规定和汇交管理要求;地质资料汇交软件的使用。同时,进行了地质资料汇交管理相关问题研讨,各地勘单位地质资料管理工作分管领导、资料汇交管理人员及汇交业务人员参加培训。

二、地质资料汇交

2000年,全区共接收汇交各类地质资料62档,其中包括区域地质调查资料5档,矿产勘查资料45档,水文地质、工程地质、环境地质及灾害地质调查资料8档,地质科学研究1档,其他3档。按规定向全国地质资料馆转交地质资料30档。至2000年底,全区馆藏地质资料总计为6666档。

2001—2005年,全区共接收汇交各类地质资料1671档,其中包括区域地质调查资料113档,矿产勘查资料1338档,水文地质、工程地质、环境地质及灾害地质调查资料145档,地球物理、地球化学及遥感地质调查资料36档,地质科学研究19档,技术方法研究3档,其他17档。向全国地质资料馆转交各类地质资料1371档。至2005年底,全区馆藏地质资料达8337档,与2000年相比增长25.07%。

2006—2010年,全区共接收汇交各类地质资料3175档,其中包括区域地质调查资料23档,矿产勘查资料3054档,水文地质、工程地质、环境地质及灾害地质调查资料64档,地球物理、地球化学及遥感地质调查资料11档,地质科学研究13档,技术方法研究1档,其他9档。向全国地质资料馆转交各类地质资料1153档。至2010年底,全区馆藏地质资料达1.15万档,与2005年相比增长38.08%。

2011—2015年,全区共接收汇交各类成果地质资料3874档(含2014年从全国地质资料馆收集的292档自治区有关油气地质资料),并实现了纸质资料和电子文档一并汇交要求。其中包括,区域地质调查资料181档,矿产勘查资料2526档,水文地质、工程地质、环境地质及灾害地质调查资料806档,地球物理、地球化学及遥感地质调查资料42档,地质科学研究9档,技术方法研究3档,其他307档(含292档油气地质资料)。向全国地质资料馆转交各类地质资料1384档。至2015年底,全区馆藏地质资料达 1.54 万档，与 2010 年相比增长 33.91%。

2000—2015 年内蒙古自治区接收汇交地质资料统计表

表 4-3-2

资料类别 / 年度	合计（档）	区调（档）	矿产勘查（档）	水工环调查（档）	物化遥调查（档）	地质科学研究（档）	技术方法研究（档）	其他（档）	转交全国馆（档）
2000	62	5	45	8	0	1	0	3	30
2001	30	3	13	9	0	1	0	4	30
2002	150	6	85	34	0	16	3	6	150
2003	317	71	197	31	12	1	0	5	151
2004	519	4	473	30	11	0	0	1	41
2005	655	29	570	41	13	1	0	1	999
2006	604	1	598	3	1	1	0	0	363
2007	670	2	659	5	1	0	0	3	248
2008	660	4	627	23	3	3	0	0	90
2009	561	4	530	23	2	2	0	0	195
2010	680	12	640	10	4	7	1	6	257
2011	862	11	468	380	1	2	0	0	147
2012	653	30	465	155	1	0	0	2	192
2013	738	87	521	116	10	3	0	1	278
2014	1045	11	590	130	16	3	2	293	385
2015	576	42	482	25	14	1	1	11	382

三、资料利用服务

2000 年，全区地质资料借阅利用共接待各方面人员 288 人次，提供借阅资料 566 份次、9628 件次，向社会提供公益性基础地质资料 758 套。

2001—2005 年，全区接待各方面地质资料借阅利用人员 9754 人次，提供借阅资料达 2.29 万份次、57.73 万件次，向社会提供公益性基础地质资料 417 套。与“九五”期间相比，全区地质资料的借阅利用有较大幅度增加。

2007 年底，自治区国土资源综合档案

自治区国土资源信息院全区地质资料馆现有馆藏库房和密集架等设施。

办公大楼建成并投入使用,使得全区地质资料馆藏库房及办公服务环境得到全面改善,并达到甲级专业档案馆建设标准。其中,地质资料馆藏库房的使用面积为590平方米,相关借阅利用及办公等附属设施的使用面积达243平方米,馆藏库房资料载具全部使用密集架,共有103列,并配备了防磁柜等各类设备。

2009年底,由自治区国土资源信息院与北京大学地球与空间科学学院共同研发的《内蒙古自治区地质资料管理与服务信息系统》通过验收并投入使用,并依托其建立了电子阅览室,实现了全区地质资料的信息化管理与服务。

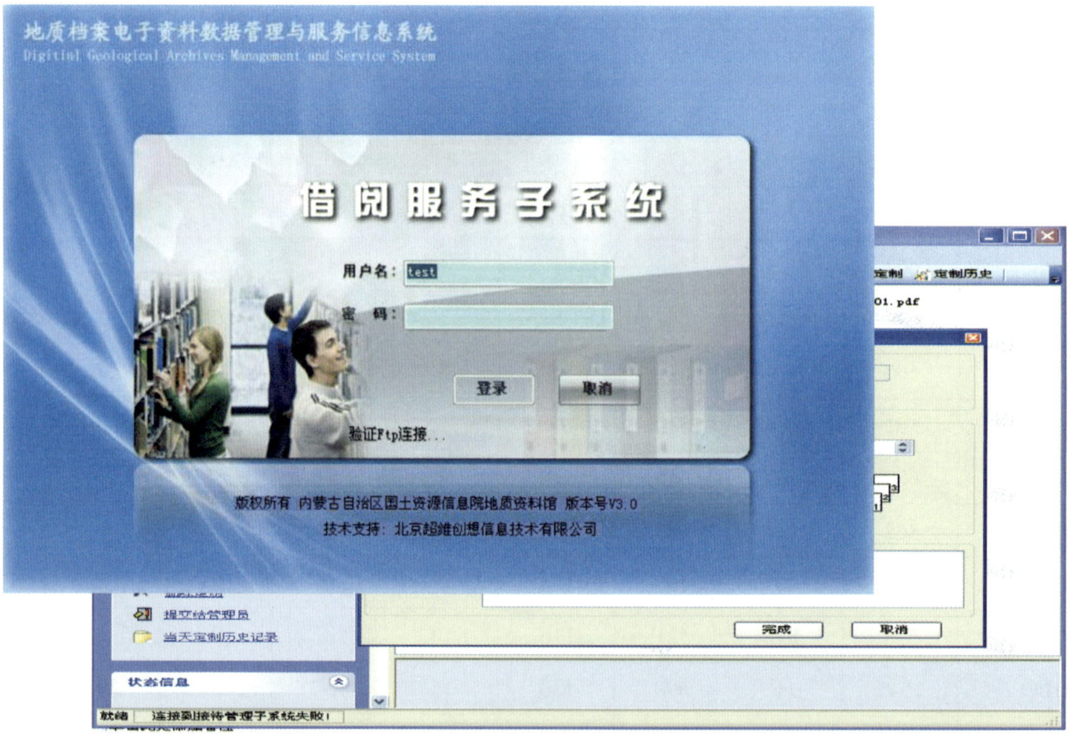

建立的"内蒙古自治区地质资料管理与服务信息系统"主界面及相关信息查询界面截图。

2006—2010年,全区共接待各方面地质资料借阅利用人员1.38万人次,提供借阅资料达7.13万份次、132.63万件次。与"十五"期间相比,全区接待各方面地质资料借阅利用人次增长41.48%,提供借阅资料份次增长2倍多。同时,根据矿业权人申请建立保护期地质资料339档,并进行国家出资探明矿产地及矿业权有关信息核实1818件。

社会各方面地质资料借阅人员在自治区地质资料电子阅览室查询借阅有关地质资料。

2011—2015年,全区共接待各方面地质资料借阅利用人员7230人次,提供借阅资料达3.9万份次、322.62万件次。与"十一五"期间相比,因受到国际和国内矿业市场周期性趋冷影响,全区接待各方面地质资料借阅利用人次减少47.6%,但提供借阅资料件次增长 1.43 倍。另外,建立保护期地质资料累计 430 档;进行国家出资探明矿产地及矿业权有关信息核实 2412 件,比“十一五”增长 32.67%。

2000—2015 年内蒙古自治区地质资料借阅利用情况统计表

表 4-3-3

借阅资料情况 / 年度	借阅资料人次(人次)	借阅资料份次(份次)	借阅资料件次(件次)
2000	228	566	9628
2001	300	700	10 000
2002	1600	8600	68 000
2003	2388	6499	124 658
2004	3184	9834	254 826
2005	2282	7270	119 845
2006	2962	5422	146 731
2007	1797	14 528	227 977
2008	2932	5702	195 233
2009	3123	9103	235 994
2010	3027	36 574	520 384
2011	2135	11 233	384 165
2012	1429	8431	370 140
2013	823	3910	450 339
2014	1098	7263	927 669
2015	1745	8191	1 093 921

第八节 专项工作

一、资源储量套改

1999 年 6 月,国土资源部印发《关于开展矿产资源储量套改工作的通知》,要求各省区按照国家质量技术监督局批准发布的《固体矿产资源/储量分类》标准,开展矿产资源储量套改工作。从 1999 年下半年开始,原自治区地矿厅启动全区矿产资源储量套改工作。

2000 年,自治区国土资源厅成立并承接组织开展全区矿产资源储量套改工作。至年底,除呼和浩特市外,其他 11 个盟市均按要求完成国有矿山企业占用矿产资源储量的套改任务,通辽市、呼伦贝尔盟(今呼伦贝尔市)等6个盟市还基本完成非国有矿山企业占用上表储量的套改工作,全区共有710个矿山的占用储量套改成果通过自治区国土资源厅组织的审查验收。

2001年2月5日,自治区国土资源厅印发《关于进一步加强矿山企业占用矿产资源储量套改工作的通知》,明确2001年矿山企业占用储量套改所依据的矿产资源储量数据截止时间为:甲类矿产1999年底、乙类矿产2000年底。4月18日,自治区国土资源厅印发《关于调整内蒙古自治区矿产资源储量套改领导小组成员的通知》,由自治区国土资源厅厅长韩云彬任领导小组组长,副厅长赵保胜任副组长,成员包括自治区发展计划委员会、自治区煤炭工业局、自治区经济委员会、自治区地勘局、自治区煤田地质局、自治区有色地勘局及自治区国土资源厅的有关负责人,进一步强化了全区矿产资源储量套改工作的组织领导。

至2001年底,自治区国土资源厅组织完成全区53种矿产、153个矿区及4300多个矿山的矿产资源储量套改阶段性任务,提交成果通过全国储量套改工作领导小组组织的验收,并得到较高评价,有2个单位因此获得国土资源部表彰。

二、地质资料图文数字化

自治区国土资源信息院在组织开展全区馆藏地质资料的图文数字化工作。

根据国土资源部《关于开展地质资料目录数据库建设和地质资料数字化的通知》要求,2002年自治区国土资源厅正式启动全区地质资料目录数据库建设和馆藏地质资料数字化工作。项目由自治区国土资源信息院承担,于2003年1月底首先利用Access数据库管理系统建立了全区馆藏6908档地质资料目录数据库,并通过国土资源部组织的审查验收。

至2005年底,自治区国土资源信息院累计完成了1964档馆藏地质资料的图文数字化任务,占全区馆藏地质资料总量的23.56%。其中,扫描、编辑图件20.16万张,扫描编辑正文、附表、附件等文字36.13万页,刻录光盘3589张。

2006—2010年,共完成馆藏地质资料图文数字化任务4966档,占全区馆藏地质资料总量的43.47%。其中,扫描、编辑图件14.80万张,扫描编辑正文、附表、附件等文字56.56万页,刻录光盘8312张。与"十五"相比,"十一五"完成馆藏图文数字化任务增加3002档,增长1.53倍。

2011—2012年,共完成馆藏地质资料图文数字化任务1196档,扫描、编辑图件3.21万张,扫描编辑正文、附表、附件等文字23.55万页,刻录光盘882张。至2012年底,全区馆藏地质资料为1.3万余档,其中除1300余档馆藏参考资料无须数字化外,馆藏可数字化的地质资料已全部完成图文数字化,形成电子文档共有1.18万档。其中,通过图文数字化项目实施累计完成的电子文档有8126档,包括扫描图件38.17万张、文字116.24万页,刻录光盘1.28万张;按照"地质成果资料汇交格式要求"进行汇交的电子文档共有3627档。总计存储的地质资料电子文档数据量达8TB。

三、资源储量利用现状调查

2008 年 7 月 7 日，根据国土资源部《关于开展全国矿产资源储量利用调查工的通知》和《关于印发全国矿产资源利用现状调查总体实施方案的通知》等文件要求，自治区国土资源厅印发《关于开展全区矿产资源利用现状调查工作的通知》，决定从 2008 年 7 月开始在全区范围内开展煤炭、铁、锰、铬、铜、铅、锌、镍、钨、锡、锑、钼、稀土、金、银、铋、钴、铌、钽、铍、锆、磷、硫、硼、萤石、菱镁矿等 26 个矿种的资源储量核查工作。成立由自治区国土资源厅厅长任组长、分管副厅长任副组长的核查工作领导小组，主要负责全区矿产资源利用现状调查工作的统一领导和总体工作部署；下设领导小组办公室，厅资源储量处处长任主任，为领导小组具体办事机构；同时成立由各方面专家组成的全区矿产资源利用现状调查技术委员会，具体负责全区储量核查成果的评审验收工作。明确在自治区国土资源信息院设全区矿产资源利用现状调查项目办公室，主要承担全区项目的具体组织实施、技术指导、核查成果汇总和数据库建设等工作；委托自治区煤田地质局具体负责全区煤炭资源的储量核查及汇总；同时要求全区 12 个盟市国土资源局设立本盟市项目办公室，具体负责本辖区内各矿区储量核查任务委托和工作督查等工作。

全区矿产资源利用现状调查是全国矿产资源利用现状调查工作的重要组成部分，为全国矿产资源利用现状调查项目子项目。核查基准日为 2009 年 12 月 31 日，项目实施期为 2008—2012 年。项目实施目的为：通过开展全区主要矿产资源利用现状调查(储量核查)，进一步摸清矿产资源家底，盘活资源存量，为国家和自治区经济建设和宏观决策提供依据，同时也为国土资源管理工作提供基础支撑。主要任务包括 4 个方面：

1. 按照全国项目统一技术要求，对截至 2009 年 12 月底全区煤炭、铁、锰、铬、铜、铅、锌、镍、钨、锡、锑、钼、稀土、金、银、铋、钴、铌、钽、铍、锆、磷、硫、硼、萤石、菱镁矿等 26 个核查矿种的 1605 个核查矿区进行储量核查，获取各矿产上表和未上表矿区翔实、准确的资源储量结构、数量、品质、空间分布、占用与未占用及压覆等情况的基础数据，摸清资源家底，编制各矿区核查成果，并建立相关矿区核查成果数据库。

2. 利用矿区核查成果完成 26 个单矿种成果汇总，全面分析各矿产查明资源储量、保有资源储量、消耗资源储量的数量、类型、质量、分布和占用情况，并进行相关分析，提出开发利用建议，同时建立全区汇总数据库。

3. 利用储量核查成果数据库与矿产资源储量数据库进行衔接，清理和更新全区矿产资源储量库数据。

4. 汇总和总结全区矿产资源利用现状调查工作成果，全面分析各类矿产资源储量的数量、类型、质量、分布和占用情况，并进行开发利用及保障能力分析，提出有关矿产资源勘查与开发利用布局等建议，为国家和自治区经济建设及宏观决策提供依据。

全区矿产资源利用现状调查项目实施大体分为以下 7 个阶段：

1. 前期工作准备阶段(2008 年 1—6 月)：主要是由自治区国土资源信息院按照全国项目办制定的统一要求，并结合自治区的实际，编制完成《内蒙古自治区矿产资源储量利用现状调查工作实施方案》，并及时上报全国项目办进行审查备案。同时，进行了相关经费的落实工作。

2. 工作部署及技术培训阶段(2008 年 7 月至 2009 年 4 月)：主要是由厅正式下发《关于开展全区

矿产资源利用现状调查工作的通知》,对全区矿产资源利用现状调查工作进行了全面部署。同时,由各盟市国土资源局完成本辖区相关矿区核查任务的委托,并由全区项目办组织专家到各盟市进行技术指导和业务培训。2009年4月,由厅项目领导小组办公室组织并由全国项目办专家授课,在呼和浩特市举办了全区矿产资源利用现状调查工作培训研讨班,参加人员主要是全区12个盟市国土资源局的分管领导、各盟市项目办工作人员和各项目承担地勘单位的技术人员,培训总人数达到280多人。

3. 外业核查及成果编制阶段(2009年5月至2010年10月):主要是由各盟市国土资源局组织相关项目承担单位,完成本辖区内的核查矿区外业核查及成果编制等工作。由于全区核查工作任务繁重,工作量巨大(核查矿区达1605个),再加上落实资金不足,项目实施应该比较困难。为了确保全区工作任务的顺利完成,自治区国土资源厅领导高度重视,主要采取行政推动手段和措施,要求各级国土资源管理部门都要参与此项工作并作为重要工作来抓,各项目承担单位必须从为政府提供技术支撑和服务的高度来认识和组织开展工作;同时,结合有关矿政管理措施,督促矿业权人参与和配合储量核查工作。由于措施得力,全区矿区外业核查及成果编制工作较为顺利,于2010年8月底前即完成了全区1191个非煤矿区和600多个煤炭采矿权的外业核查、成果编制及数据库建库工作,并于2010年10月底前完成了全区12个盟市各类核查矿区成果初审、上报和自治区级的审查验收。

4. 完善和单矿种汇总阶段(2010年11月至2012年2月):主要是由自治区国土资源信息院负责对各盟市提交的1191个非煤矿区核查数据库进行进一步修改和完善,并按照全国项目办的统一要求,对全区19个全国核查非煤矿产开展单矿种汇总和相关成果编制,并经初审后陆续提交全国项目办,于2011年底前完成了相关单矿种汇总成果的全国审查和验收。同时,由自治区煤田地质局组织进行全区414个煤炭核查矿区的成果编制和汇总,成果经厅组织初审后,提交全国项目办通过了全国评审验收。此外,至2012年2月底前,由自治区国土资源信息院全面完成了全国审查验收的20个单矿种汇总成果的进一步修改完善及6个自治区确定核查的单矿种汇总成果编制及审查验收工作。

5. 资源储量数据库清理及"两库"衔接阶段(2012年2—5月):由自治区国土资源信息院组织人员开展全区矿产资源储量数据库数据的清理,并与全区储量核查成果数据库数据进行对比和清查梳理工作,按时完成了核查成果数据库与储量数据库的衔接及全国审查验收。

6. 总体成果汇总和总结阶段(2012年5—7月):由自治区国土资源信息院负责对全区26个核查矿种1605个核查矿区成果数据库进行进一步检查和数据汇总,并按照全国项目办统一要求,完成全区项目工作总结、总体报告编制、成果初审及成果上报和全国项目办审查验收。

7. 成果图集编制和成果汇交阶段(2012年8—12月):由自治区国土资源信息院完成全区项目总体汇总成果的进一步修改、完善和各项核查成果图集的编制、制印及最终相关成果的汇交等工作。

全区矿产资源利用现状调查项目工作经费主要由中央财政、自治区财政、盟市地方财政和矿业权人四方面解决,累计投入资金达1.53亿元。先后参与工作的地勘单位共有51家,全部具有乙级以上固体矿产勘查资质,其中自治区所属地勘单位有44家,外省地勘单位有7家,共投入工作人员818人。取得的主要成绩有6个方面:一是摸清了自治区核查矿种的资源储量家底,并获得了较为准确、翔实的资源储量基础数据。对全区26个核查矿种的已有2100多个矿区进行了合理划分,并通过对比分析,找出了资源储量变化的原因,取得了较为准确的各矿区各矿产累计查明资源储量、保有资源储量(包括基础储量、占用、未占用量)及累计消耗资源储量等重要数据,并更正了原矿产资源储量表中的一些重大错误,而且一些重要矿产的保有资源储量有较大增加。其中:煤炭增加资源储量57.60亿吨、预测资源储量(334?)531.31亿吨,稀土矿增加资源储量1倍多,镍、钼、钴、铋、铌、磷矿和萤石矿等资源储量也都有较大幅度增长。二是掌握了全区主要矿产资源的占用及开发利用现状,为矿政管理及宏观决策提供了重要信息和依据。本次核查不仅涵盖了26个核查矿种原上表矿区漏统计和漏登记部分,而且还涵盖了26个核查矿种未上表的开采矿山,不仅调查了解了各核查矿产的开发利用情况,而且还厘清了矿山归属关系及各类矿产的资源储量占用、未占用情况,并查清了其资源储量的类型、质量、分布、占用、消耗及压覆等情况的数量,清理了26个核查矿种以前已消耗但一直挂账未注销的资源储量,所获取的信息较以往矿政管理工作中所掌握的各方面信息更全面、更准确,为国家和自治区制定经济社会发展规划和资源合理开发利用与保护及宏观决策等提供了依据。三是建立了储量核查成果数据库,为进一步提高全区矿产资源储量管理水平和效率奠定了基础。本次工作建立的全区核查矿种成果数据库,包括26个核查矿种的1605个核查矿区的资源储量数据和在GIS平台下形成的各矿区各矿体的图形数据,将资源储量数据、矿山开发利用数据与采矿权数据融为一体,并实现了由一维属性数据管理向二维半空间数据管理的飞跃。有关矿产资源储量数据不再仅仅局限于数字和表格,而是由矿区—矿体—块段层层递进,数据与空间平面图形一一对应,立体展现了矿产资源储量的分布,可实现资源储量变化的可视化操作。其对于完善矿产资源储量管理,进一步提高矿政管理水平和效能将发挥重要作用,同时从技术层面上为全区矿产资源储量动态监测工作创造了条件并提供了重要基础数据支持。四是分析了核查矿种的资源保障能力和开发利用趋势,提出了勘查与开发利用布局建议。主要依据26个核查矿种的储量核查结果,结合其在自治区的资源分布与开发利用现状,分析了各矿产资源的保障能力和开发利用趋势,并对全区矿产资源勘查工作部署提出了建议,同时与自治区经济发展格局进行衔接,对有关矿业产业布局也提出了规划建议,其中针对煤炭资源未占用资源储量提出了10个重点勘查区、12个重点开发区,针对金属矿产资源提出了17个重点勘查区和12个重点开发区。五是完成了“两库”衔接,清理了储量数据库中的错误和水分。通过利用核查成果数据库数据,对全区矿产资源储量数据库数据的错误和水分进行清理、更正,为今后储量管理统计工作更为准确、全面以及储量动态监测奠定了基础。六是提交了各类核查成果,为今后国土资源管理工作及生产、科研积累了较丰富的资料和信息。本次矿产资源利用现状调查工作提交的主要成果包括:《内蒙古自治区矿产资源利用调查报告》及附图23张、附表10册;煤炭、铁、锰、铬、铜、铅、锌、镍、钨、锡、锑、钼、稀土、金、银、铋、钴、铌、钽、铍、锆、磷、硫、硼、萤石、菱镁矿26个单矿种汇总报告及附图、附表;1605个核查矿区核查报告及附图、附表;核查成果数据库,包括全区核查成果汇总数据库、26个单矿种汇总数据库、1605个核查区成果数据库,总数据存储容量为100GB。提交的成果资料和信息丰富,为国家和自治区制定有关资源战略、编制矿产资源规划、进行相关宏观政策调整,以及矿产资源科学管理提供了科学依据,并为国土资源部门高效履行矿政管理职能,特别是进行矿权设置和资源配置等工作,提供了全面、准确的资源储量信息和资料。

四、地质资料信息服务集群化

2010年8月24日,自治区国土资源厅转发《国土资源部关于印发〈推进地质资料信息服务集群化产业化工作方案〉的通知》,要求自治区国土资源信息院负责编制全区地质资料信息服务集群化产业化工作方案。12月15日,自治区国土资源信息院编制完成《内蒙古自治区推进地质资料信息服务集群化产业化工作实施方案(2010—2015)》(以下简称《实施方案》),并由自治区国土资源厅上报国土资源部备案。

《实施方案》明确全区地质资料信息服务集群化产业化工作的指导思想为：以科学发展观为指导，以需求为导向，以提高地质资料管理水平和信息社会化服务能力为目标，构建广泛服务社会，灵活多样的服务机制。通过对地质资料信息的集群开发，为自治区经济社会发展提供系列、权威、集群化地质资料信息产品，逐步形成地质资料信息服务产业，为建立服务型国土资源部门和提升宏观调控能力提供有力支撑。明确工作基本原则为：坚持公共服务、全面覆盖、互联互通、维护权益、逐步推进、共同参与原则，全面提升地质资料馆藏机构的管理和服务水平。

《实施方案》确定的主要工作目标是：完成全区成果、原始和实物地质资料的清理，对其中应数字化的重要地质资料进行数字化，并建成相关数据库；完成现有各类地质资料信息数据库整合并做好及时更新和维护，初步完成全区地质资料数据中心的建设；建立全国统一标准的共享服务平台和互联互通的网络服务体系，实现地质资料信息服务渠道和服务方式多元化；服务找矿突破战略行动，及时提供能满足不同需求的地质资料信息服务产品，推进地质资料信息服务产业的发展。

《实施方案》确定的主要工作任务包括 4 个方面：

1. 制定全区推进地质资料信息服务集群化工作实施方案，对各项任务做出详细安排，并将其列入自治区国民经济和社会发展“十二五”规划中的地矿专题和全区第二轮矿产资源总体规划中。

2. 积极推进全区地质资料数据中心建设；完成全区原始、实物地质资料清理，重要地质资料数字化、重要钻孔数据库建设和地质工作程度数据库更新维护工作；建设全区地质资料共享服务平台和网络服务体系。

3. 全力服务找矿突破战略行动，开展重要成矿区带地质资料信息服务集群化，并对外提供服务工作。首先在白云鄂博矿区、内蒙古东乌旗地区铅锌矿整装勘查区、内蒙古哈达门沟地区金矿整装勘查区开展试点工作，摸索经验后全面展开，到 2015 年底形成全区各重要成矿区带和重要成煤盆地的地质资料信息服务集群。

4. 以政府、企事业单位和社会公众等三层面为服务对象，科学划分类别和层次，定制差异化服务产品，努力建设全区集群化地质资料信息服务基地。

2012 年 10 月 8 日，自治区国土资源厅转发《国土资源部办公厅关于深入推进地质资料信息服务集群化为找矿突破战略行动提供服务的通知》，对推进地质资料信息服务集群化工作提出了新要求。为此，自治区国土资源信息院又编制了《内蒙古自治区推进地质资料信息服务集群化产业化(整装勘查区)工作方案(2013—2015)》，进一步明确了全区地质资料信息服务集群化工作的技术路线，并以全区整装勘查区地质资料信息集群化为主要内容，利用现代信息技术平台为手段，充分挖掘地、物、化、遥、矿、钻孔等地质成果信息，整合共享服务内容，实现历史数据、当前数据和未来数据一体化动态海量数据管理，提高地质资料共享服务程度，发挥好地质资料的社会与经济效益，为全区找矿突破战略行动和经济社会发展提供地质信息支撑。同时，根据实际落实资金，确定 2013 年—2015 年的主要工作任务是在完成白云鄂博矿区、锡盟东乌珠穆沁旗地区铅锌矿整装勘查区、包头哈达门沟地区金矿整装勘查区的地质资料集群化产业化试点工作基础上，全面开展全区找矿突破战略行动确定的各整装勘查区(不包括铀矿勘查)的地质资料信息集群化工作，为实现全区地质找矿突破提供全面资料信息服务。

全区地质资料信息服务集群化工作主要由自治区国土资源信息院承担完成。项目实施主要分为两个阶段：第一阶段从2010—2012年底，主要完成《内蒙古自治区推进地质资料信息服务集群化产业化工作实施方案》(2010—2015年)编制，并开展全区原始地质资料和实物地质资料的清理、馆藏可图文数字化资料的扫描、白云鄂博矿区等矿区地质资料图件矢量化、涉密公益性地质资料的去密化数据加工并建立非涉密地质资料数据库、重要钻孔基本信息数据库建设、全区地质资料共享服务平台及网络服务体系搭建等工作。第二阶段从2013—2015年底，主要进行全区地质资料数据中心建设、各整装勘查区各类资料属性数据库建库和重要成煤盆地的各类地质资料信息服务集群，并开展以政府、企事业单位和社会公众等三层面为服务对象的全面地质资料信息服务。

项目实施取得的主要成果包括：

1. 提出了《内蒙古自治区地质资料信息服务集群化工作技术指南》，为今后全区地质资料相关信息化工作提供了技术标准和规范。

2. 建立了全区地质资料集群化管理应用系统，实现相关资料信息化管理。采用ArcGIS平台和Creatar三维平台进行二次开发，数据库采用Oracle 10g，系统采用C/S模式，应用微软公司Windows平台上的Visual Studio 2010作为开发工具，实现了对相关地质资料信息数据的录入、查询和管理等功能。

3. 完成了各整装勘查区各类地质资料数据的集中打包和相关属性数据库建设。特别是对国土资源部批准设立的7个整装勘查区和白云鄂博矿区的各类地质资料建立了空间属性数据库，主要包括11626张地形地质图、区域地质图、水文地质图、物化探综合图、工作程度图的矢量化和ArcGIS数据格式转换，可实现相关地图属性数据的查询和分析。

4. 编制了《内蒙古自治区整装勘查区(矿区)地质资料检索指南》。建立了各整装勘查区地质资料目录数据库，包括各整装勘查区内的区域地质、矿产地质、水文地质、工程地质、环境地质、地球物理、地球化学、遥感等地质调查和勘查资料，为自治区找矿突破战略行动利用各类资料提供了便利。

5. 编制了《内蒙古自治区公益性、基础性地质调查成果资料目录检索图册》。其一方面展示了自治区地质调查工作的现状，另一方面也为引导社会各方面充分利用现有地质资料，发挥其应有作用与价值提供了翔实信息。

6. 建立了白云鄂博矿区和哈达门沟地区金矿整装勘查区的三维地质模型。将矿区内钻孔柱状图、剖面图、中断图、地质图和各种解释成果及地质概念模型综合在一起，采用合理的建模方法生成三维地质模型，可重现地层、岩体、构造的不规则边界和空间几何特征等地质信息及其之间的关系，实现三维地质体空间分布特征的可视化表达。

五、重要矿产资源“三率”调查与评价

2012年10月11日，根据《国土资源部关于开展重要矿产资源“三率”调查与评价工作的通知》要求，自治区国土资源厅印发《关于开展重要矿产资源“三率”调查与评价工作的通知》，部署全区重要矿产资源“三率”调查与评价工作。并明确以2011年12月31日为基期，以煤炭、铁、锰、铜、铅、锌、镍、钨、锡、钼、稀土、金、银、硫铁矿、石墨和普通萤石16个矿种为主要调查矿种，以其1524个采矿权在期矿山企业的2009年度、2010年度和2011年度的生产数据为调查对象，基本查清以上矿种“三率”和采选及综合利用技术工艺现状，科学评价矿山企业开发利用矿产资源水平，建立全区重要矿产资源“三率”调查与评价数据库。确定自治区国土资源信息院为全区重要矿产资源“三率”调查与评价工

作的技术业务支撑单位,负责调查与评价工作的技术指导、培训、成果汇总和数据库建设等工作。各盟市相应成立重要矿产资源“三率”调查与评价工作领导小组,负责组织本盟市行政辖区内“三率”调查工作的组织实施,落实矿山“三率”调查表的填报及成果数据的核查等工作。10月18—19日,自治区国土资源厅组织召开了全区重要矿产资源“三率”调查与评价工作部署会议,并进行了相关业务技术培训。邀请全国“三率”调查与评价项目专家授课,讲解矿山“三率”调查表填报要求,培训重要矿产资源“三率”调查报盘系统。12月4日,自治区国土资源厅印发《关于进一步加快全区重要矿产资源“三率”调查与评价工作组织实施的通知》,要求各盟市国土资源局、各有关单位按照《内蒙古自治区重要矿产资源“三率”调查与评价工作实施方案》,加快推进“三率”调查与评价工作。

2013年2月1日,自治区国土资源厅转发《国土资源部办公厅关于做好重要矿产资源“三率”调查评价实地核查工作的通知》,部署全区“三率”调查评价实地核查工作。要求各盟市国土资源局组织相关技术支撑单位,对本行政辖区内的矿山“三率”调查表进行实地核查。同时,自治区国土资源信息院编制了“三率”调查评价实地核查工作实施方案。实地核查按照大中型矿山企业实地核查率100%,小型及以下矿山企业实地核查率10%的要求进行。3月20日,自治区国土资源厅印发《关于做好重要矿产资源“三率”调查评价实地抽查的通知》,部署全区重要矿产资源“三率”调查评价实地抽查工作。6月19日,自治区国土资源厅印发《内蒙古自治区矿产资源“三率”管理暂行规定》,得到国土资源部矿产资源储量司高度评价。

2014年6月20日,自治区国土资源信息院按照全国重要矿产资源“三率”调查与评价统一要求,编制完成《内蒙古自治区重要矿产资源“三率”调查与评价报告》和《内蒙古自治区重要矿产资源“三率”实地核查报告》,并通过自治区国土资源厅组织的专家组初审。7月4—5日,《内蒙古自治区重要矿产资源“三率”调查与评价报告》和《内蒙古自治区重要矿产资源“三率”实地核查报告》通过全国重要矿产资源“三率”调查与评价项目办公室(中国地质科学院郑州矿产综合利用研究所)(以下简称全国项目办)组织的专家组审查验收,并被评定为优秀等级。

全区先后参与重要矿产资源“三率”调查与评价工作的技术支撑单位共有30个,调查矿山企业1524个,投入各类工作人员约2000多人,投入资金359万元。在开展调查工作的1524个矿山中,包括有大型矿山132个、中型矿山195个,有生产矿山企业876个、未生产矿山企业648个。开展并完成实地核查的矿山企业共605个,其中132个大型矿山企业和195个中型矿山企业全部完成实地核查;实地核查的小型及以下矿山企业共278个,核查率为23%,抽查矿山企业80个。

根据调查评价结果:在全区16个矿种的“三率”指标中,开采回采率总体较高,平均最高的是露天开采的稀土矿(98.58%),平均最低的是地下开采的锰矿(81.23%);煤矿原煤入洗率最高为100%、最低为23.97%,其他矿种选矿回收率平均最高的是石墨矿(90.53%),平均最低的是稀土矿(53.02%)。在所调查的876个生产矿山中,除煤炭、锰矿、钨矿、钼矿、普通萤石和石墨矿为单一矿种外,其他矿产共伴生组分综合利用率平均最高的为锡矿(82.80%),平均最低的为铁矿(13.27%)。除锰矿无选矿外,其他矿种综合利用率均较高,平均最高的为铜矿(83.08%),最低的为稀土矿(38.03%)。尾矿、废石、废水总体利用情况较差,大多数矿山的尾矿、废石未利用。矿坑水、选矿回水利用差异较大,但总体情况较好。自治区中西部缺水地区,矿坑水、选矿回水利用率非常高,多数近100%利用。东部地区矿坑水、选矿回水利用情况相对较差,尤其大小兴安岭地区地表水、地下水充沛,矿坑水、选矿回水利用一般较差。

在开展全区重要矿产资源“三率”调查与评价工作的同时，根据国土资源部关于开展铁、铜、铅、锌、稀土、萤石、钾盐等矿产资源合理开发利用“三率”指标研究和2013年重点工作部署，2013年全国项目办委托自治区国土资源信息院开展了全国岩矿型稀土矿产资源“三率”指标的研究工作。2013年8月，自治区国土资源信息院提交《岩矿型稀土矿产资源开发利用“三率”指标研究报告》和《稀土资源合理开发利用“三率”最低指标要求（试行）》成果，并通过国土资源部矿产资源储量司组织的专家组审查，后国土资源部以“2013年第21号”公告，将《稀土资源合理开发利用“三率”最低指标要求（试行）》发布实施。2014年全国项目办又委托自治区国土资源信息院开展了华北地区重点矿区“三率”实地调查工作，要求以实地考察和召开座谈会方式，重点对华北地区50个矿山企业进行实地调查。2014年11月，自治区国土资源信息院提交工作成果，并顺利通过全国项目办组织的专家组审查验收。

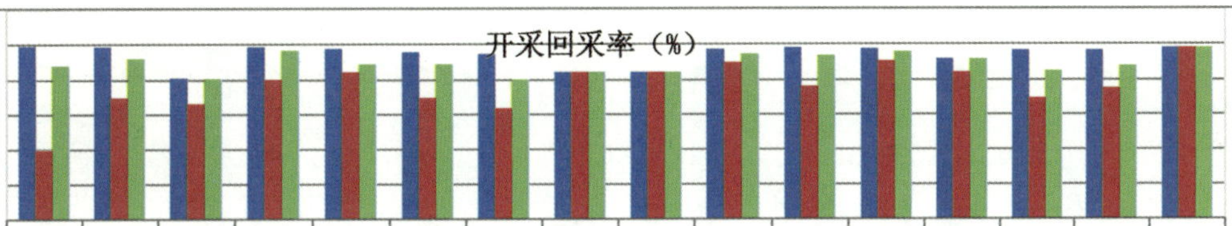

	煤炭	铁矿	锰矿	铜矿	铅矿	锌矿	镍矿	钨矿	锡矿	钼矿	金矿	银矿	硫铁矿	石墨	普通萤石	稀土矿
最高值	99.40	98.99	81.72	98.90	98.00	96.00	95.00	85.00	85.00	97.70	98.68	98.00	92.18	97.00	97.00	98.58
最低值	40.00	70.00	66.67	81.00	85.00	70.00	64.00	85.00	85.00	90.00	77.00	91.00	85.00	70.00	76.00	98.58
平均值	88.16	92.25	81.23	96.95	88.93	88.95	80.86	85.00	85.00	94.98	94.04	96.30	91.88	85.61	88.05	98.58

图4-3-1 内蒙古自治区重要矿产开采回采率统计图表

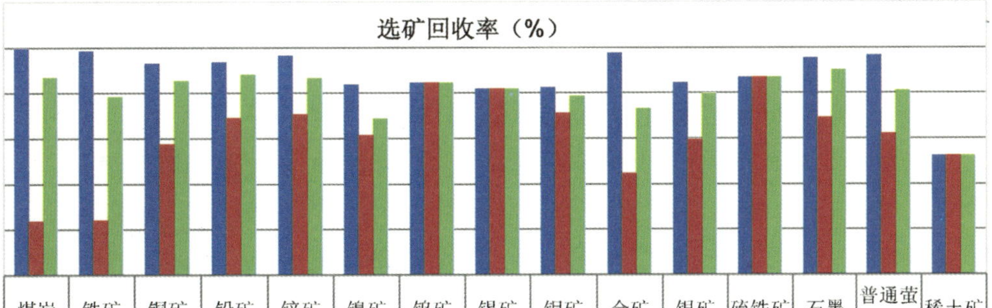

	煤炭	铁矿	铜矿	铅矿	锌矿	镍矿	钨矿	锡矿	钼矿	金矿	银矿	硫铁矿	石墨	普通萤石	稀土矿
最高值	100.00	98.94	93.43	93.99	96.92	84.08	84.93	82.23	82.76	97.92	84.95	87.25	95.77	97.00	53.02
最低值	23.97	24.41	58.06	69.33	70.89	61.84	84.93	82.23	71.47	45.22	59.88	87.25	69.41	62.52	53.02
平均值	87.16	78.64	85.65	88.46	86.90	68.98	84.93	82.23	78.91	73.45	79.99	87.25	90.53	81.42	53.02

图4-3-2 内蒙古自治区重要矿产选矿回收率统计图表

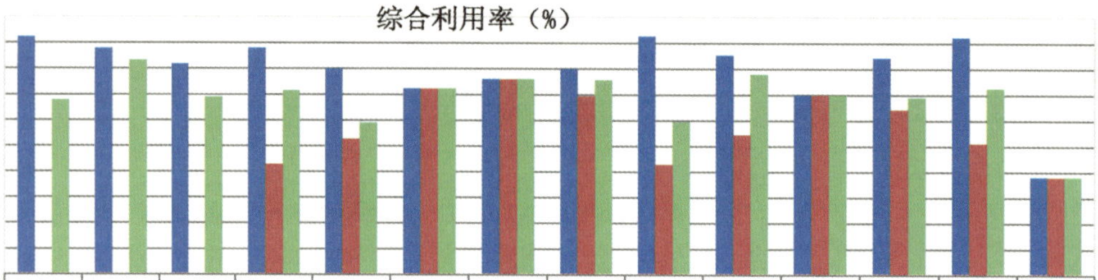

	铁矿	铜矿	铅矿	锌矿	镍矿	钨矿	锡矿	钼矿	金矿	银矿	硫铁矿	石墨	普通萤石	稀土矿
最高值	92.11	87.73	81.65	87.86	79.75	72.22	75.90	79.87	92.62	85.15	69.97	84.18	92.18	38.03
最低值	0.00	0.00	0.00	42.84	52.73	72.22	75.90	69.43	42.93	54.44	69.97	64.27	51.12	38.03
平均值	67.73	83.08	68.84	71.43	58.88	72.22	75.90	75.53	59.50	77.80	69.97	68.90	72.14	38.03

图4-3-3　内蒙古自治区重要矿产综合利用率统计图表

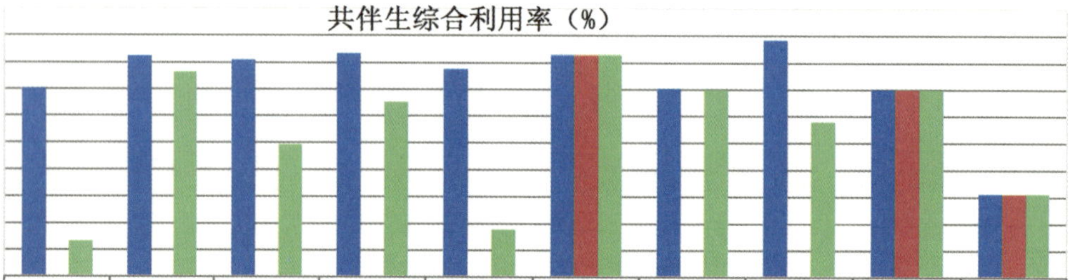

	铁矿	铜矿	铅矿	锌矿	镍矿	锡矿	金矿	银矿	硫铁矿	稀土矿
最高值	70.26	82.42	81.00	83.23	77.66	82.80	70.20	88.30	69.96	31.10
最低值	0.00	0.00	0.00	0.00	0.00	82.80	0.00	0.00	69.96	31.10
平均值	13.27	76.38	49.20	65.17	17.68	82.80	69.98	57.82	69.96	31.10

图4-3-4　内蒙古自治区重要矿产共伴生综合利用率统计图表

六、重要钻孔数据库建设

2013年8月，根据《国土资源部关于开展全国重要地质钻孔数据库建设工作的通知》要求，自治区国土资源厅责成自治区国土资源信息院编制《内蒙古自治区重要地质钻孔数据库建设项目实施方案》(以下简称《项目实施方案》)，并牵头开展全区重要地质钻孔数据库建设工作。

《项目实施方案》中明确了项目的主要工作任务为：完成全区6.83万个地质工作形成归档(除油气、海洋、放射性矿产外)且信息较完整的重要钻孔资料的收集、整理、整饰及数字化，建立全区重要地质钻孔图片库，同时选择1万个有代表性的钻孔著录属性信息，建立重要地质钻孔属性库，最终形成公益性地质资料信息产品，为找矿突破战略行动和社会公众提供地质钻孔图文资料信息服务。项目实施期为2013—2015年12月。2014年1月28日，自治区国土资源厅正式下达项目任务书并予以实施。

全区重要地质钻孔数据库建设项目实施可划分为以下5个阶段：

1. 前期工作及技术培训阶段(2013年8—12月)：主要是落实项目实施的相关组织机构及项目组人员，组织开展相关调研和技术人员培训，并编制完成项目实施方案。

2. 资料收集整理阶段(2014 年 1—6 月):主要是对全区地质资料馆馆藏资料进行梳理、筛选,并通过与已完成的钻孔清查信息进行对比,确定尚未汇交的地质资料并开展相关资料的收集工作。

3. 图片库和属性库建设阶段(2014 年 6—12 月):在前期实验工作基础上,由自治区国土资源信息院选取重要地质钻孔,利用国土资源部实物地质资料中心开发的数据采集系统,按照项目技术规范要求,将"三图一表"等信息逐一录入系统。同时,由协作单位共同对重要地质钻孔属性库进行试验性建库,并就可操作性、实用性进行论证,制定了属性库建设基本原则,及时完成了 1 万个重要地质钻孔属性库建库工作。

4. 数据质量检查验收阶段(2015 年 4—6 月):由项目承担单位严格按照项目规程,分别对已完成入库 69178 个钻孔数据进行严格检查,自检互检率均为 100%。2015 年 4 月 17 日,自治区国土资源厅组织召开钻孔数据库数据验收会议,并邀请全国重要地质钻孔数据库建设项目负责人参加,对承担单位提交的有关钻孔数据库数据进行了抽检和验收。

5. 数据成果汇总和成果提交阶段(2015 年 7—12 月):主要由自治区国土资源信息院依据《全国重要地质钻孔数据库建设工作技术要求》,编制完成《内蒙古自治区重要地质钻孔数据库工作报告(2013—2015 年度)》。

最终项目提交成果包括:全区 2845 个地勘项目的 69 178 个重要地质钻孔图片数据库和 217 个地勘项目的 10 000 个重要地质钻孔属性数据库,其中有工程布置图 4761 张、勘探线剖面图 23 840 张、钻孔柱状图 82 441 张、样品分析结果表 151 370 页,数据存储量 1063GB。

第四章 地质环境管理

地质环境管理工作的主要内容包括地质环境与地质灾害调查、地质灾害防治、地下水环境监测、地质遗迹保护与地质公园管理、矿山地质环境保护与治理、地热及矿泉水管理等工作。2003 年 7 月 25 日,自治区第十届人民代表大会常务委员会第四次会议通过《内蒙古自治区地质环境保护条例》,为全区地质环境管理工作提供了法律依据。

第一节 地质环境与灾害调查

一、环境地质调查

2000 年,根据国土资源部有关工作部署和要求,自治区国土资源厅组织开展了全区 1∶200 万地质环境区划报告编制工作,并制定了防砷改水计划。

2001—2002 年,自治区国土资源厅组织开展了全区部分地区 1∶5 万环境地质调查工作。主要完成了阿拉善盟、巴彦淖尔盟(今巴彦淖尔市)、乌海市、鄂尔多斯市等地区环境地质调查,调查面积 45 万平方千米,调查点 1300 个,调查路线长 3.8 万千米。

2001—2003 年,根据国土资源部部署,自治区国土资源厅组织开展了全区 1∶50 万区域环境地质调查工作,调查面积 118.3 万平方千米,基本查清全区区域环境地质背景及开发利用自然资源诱发的各种主要地质灾害,并在此基础上开始编制全区地质灾害防治规划。

2004 年,由中国地质调查局安排,自治区地质调查院承担了“内蒙古河套经济区生态地球化学调查”项目。该项目经费总概算 3600 万元,由自治区政府和中国地质调查局各出资 50%,调查面积 3.2 万平方千米。项目实施历时 6 年,分为 4 个层次 4 个阶段完成。主要运用地球化学测量方法,对项目区中的土壤、地表和浅层地下水、植物及农作物、放射性、同位素、第四纪环境地质等 7 大范围 54 项指标进行了全面测量调查。共采集土壤、动植物、水体样品 5.34 万件,分析测试数据 93 万个,编制基础性图件近百幅,提交内蒙古河套农业经济区地球化学调查工作报告和专题报告 19 份。2010 年 12 月 20 日,在中国地质调查局组织下,组成以中国工程院赵文津院士、陈毓川院士和中国科学院张本仁院士为正、副组长的专家组,对项目提交成果进行了审查验收。调查成果表明,涵盖呼和浩特市、包头市、巴彦淖尔市的河套地区,土壤环境优良,一类优质土壤占 91.24%。经过对河套地区小麦、玉米、甜瓜、蔬菜等大宗农作物营养元素、种植适应性的系统研究评价,确定该区内 99% 以上土地适宜种植绿色和无公害农产品,为创建内蒙古绿色农产品基地提供地球化学基础资料。调查成果通过对河套农业经济区土、大气、浮尘、水体悬浮物、大气可吸入颗粒物的砷、氟等元素分布规律、控制因素和迁移转化途径进行了系统研究,对营养元素和有害元素可能产生的生态效应进行了客观评价,并为河套地区农业区域规划、合理配方施肥、土地污染治理、农产品安全、地方病防治和新农村建设提供地球化学依据。此外,该项目成果还建立了数据库信息系统,为进一步实现成果的推广应用,加快成果转化,并进行数据资料的更新维护、查询、统计等有效管理,为自治区制定开发与管护、生态保护与建设、土地利用与农业区划、环境治理与健康、城市建设等社会不同专业领域基础数据资料共享,提供了基础信息平台。

自治区地质调查院技术人员正在河套地区开展农业生态地球化学调查项目的外业数据采集工作。

二、地质灾害调查

1998 年,根据国土资源部有关部署,原自治区地矿厅组织开展了全区突发性地质灾害调查工作。主要是对全区滑坡、崩塌、泥石流、地面塌陷、地裂缝、煤层自燃等突发性地质灾害进行摸底调查,实地调查滑坡 5 处、泥石流 4 处、地面塌陷 4 个矿区、煤层自燃 2 个矿区,初步掌握了区内突发性地质灾害的分布规律和发育特征,并对发现的地质灾害点作出初步评价,从此也拉开了自治区地质灾害防治工作的序幕。从 2001 年开始,自治区国土资源厅组织开展了全区受地质灾害威胁严重的旗县(市、区)地质灾害调查与区划工作。

2001—2002 年,内蒙古自治区地质环境监测总站(以下简称自治区地质环境监测总站)承担完成包头市石拐区、扎兰屯市、突泉县和赤峰市元宝山区 4 个县(市、区)的地质灾害调查与区划工作,调查面积 2.34 万平方千米,调查地质灾害隐患点 192 个。

2003 年,自治区地质环境监测院承担完成兴和县地质灾害调查与区划工作,完成调查面积 3519 平方千米,调查点 477 处。

2004—2005 年,自治区地质环境监测院承担完成土默特左旗、土默特右旗、喀喇沁旗、准格尔旗 4 个旗的地质灾害调查与区划工作,完成调查面积 1.58 万平方千米,调查点 2212 个。至 2005 年底,全区累计完成 9 个旗县(市、区)地质灾害调查与区划工作,调查面积 4.27 万平方千米,查出地质灾害隐患点 544 个。

2006 年,自治区地质环境监测院承担完成克什克腾旗、巴林右旗、武川县、卓资县、察哈尔右翼中旗 5 个旗(县)的地质灾害调查与区划工作,完成调查面积 4.27 万平方千米,查出隐患点 278 个。

2007 年,自治区地质环境监测院、自治区地质调查院、内蒙古自治区第一水文地质工程地质勘查院(以下简称自治区水勘一院)等单位,承担完成呼和浩特市和林格尔县、清水河县,通辽市扎鲁特旗、科尔沁右翼前旗、科尔沁右翼中旗,赤峰市林西县、巴林左旗,巴彦淖尔市乌拉特前旗、乌拉特中旗,阿拉善盟阿拉善左旗,共10个旗(县)的地质灾害调查与区划工作,完成调查面积17.69万平方千米,查出地质灾害隐患点508个。

2008年,自治区地质环境监测院等单位完成呼伦贝尔市陈巴尔虎旗、鄂温克旗,兴安盟扎赉特旗,通辽市奈曼旗,赤峰市红山区、翁牛特旗、阿鲁科尔沁旗,乌兰察布市丰镇市、察哈尔右翼后旗,鄂尔多斯市东胜区、伊金霍洛旗,乌海市乌达区、海南区、海勃湾区,阿拉善盟阿拉善右旗15个旗县(市、区)的地质灾害调查与区划工作,完成调查面积17.88万平方千米,查出地质灾害隐患点631个。

2009年,自治区地质环境监测院等单位承担完成了呼和浩特市新城区、玉泉区、托克托县,包头市固阳县,通辽市库伦旗,赤峰市松山区、敖汉旗,锡林郭勒盟太仆寺旗、正蓝旗、多伦县,乌兰察布市察哈尔右翼前旗、凉城县,巴彦淖尔市五原县、临河区、杭锦后旗共15个旗县(市、区)的地质灾害调查与区划工作,完成调查面积5.58万平方千米,查出地质灾害隐患点467个。

2010年,自治区国土资源厅组织自治区地质环境监测院等单位,在已完成的54个旗县(市、区)地质灾害调查与区划成果基础上,开展了《内蒙古自治区县(市)地质灾害调查与区划综合研究报告》编制工作,划定了地质灾害易发区和地质灾害防治分区,并建立了全区县(市)地质灾害综合信息系统。提交成果通过国土资源部组织的专家评审并被评定为优秀。

2010—2012年3月,由自治区地质环境监测院等单位承担完成呼和浩特市回民区和赛罕区,包头市九原区,呼伦贝尔市莫力达瓦达斡尔族自治旗和阿荣旗,兴安盟阿尔山市,赤峰市宁城县,鄂尔多斯市达拉特旗,巴彦淖尔市乌拉特后旗等9个旗县(市、区)的地质灾害的调查与区划工作。至此,全区共完成山地丘陵区63个旗县(市、区)1:10万地质灾害调查与区划工作,调查面积55.91万平方千米,查出地质灾害隐患点2512个,其中崩塌1236处,滑坡101处,泥石流779条,地面塌陷392处,地裂缝4条,受威胁人口13.17万人,潜在经济损失62亿元。

2013—2015年,自治区国土资源厅组织自治区地质环境监测院等单位开展了《内蒙古自治区大兴安岭山地南段地质灾害高易发区地质环境调查项目(1:5万)》工作。主要工作内容包括地质灾害、矿山地质环境和地质遗迹调查3个部分,工作区范围包括大兴安岭山地南段的扎兰屯市、突泉县、科尔沁右翼中旗、巴林左旗、阿鲁科尔沁旗、克什克腾旗、翁牛特旗等12个旗(县、市),其中地质灾害调查面积14.91万平方千米。至2015年,该项目全面完成地质灾害调查工作任务,同时开展了《内蒙古自治区阴山山地东段(燕山段)地质灾害高易发区地质灾害调查(1:5万)》,并启动了《内蒙古自治区阴山山地中西段地质灾害高易发区地质灾害调查(1:5万)》工作。至此,全区共有34个旗县(市、区)开展了1:5万地质灾害调查工作。

第二节 地质灾害防治

一、防治工作管理

(一)组织工作机构

1998年,根据国土资源部有关要求,自治区成立全区地质灾害防治领导小组,组长由自治区副主席周维德兼任,并在原自治区地矿厅设立领导小组办公室。同时,全区 12 个盟(市)也相继建立盟市级地质灾害防治领导小组,并有 90 个旗(县)建立了旗(县)级地质灾害防治领导小组。

2003 年 5 月 26 日,自治区国土资源厅转发国土资源部《关于建立全国汛期地质灾害防治应急指挥系统的通知》。同时,按照国土资源部有关要求,自治区国土资源厅成立以副厅长赵保胜为指挥长的全区汛期地质灾害应急指挥部和应急分队,统一指导全区的汛期地质灾害防治工作。6 月 23 日,自治区政府办公厅印发《内蒙古自治区人民政府办公厅关于成立自治区地质灾害防治工作领导小组的通知》,决定成立以自治区副主席郭子明为组长,自治区政府办公厅副主任盖文山、自治区国土资源厅厅长黄·阿拉腾别立格为副组长的自治区地质灾害防治工作领导小组,并在自治区国土资源厅设立领导小组办公室,具体负责全区地质灾害防治工作的日常管理事宜。

2004 年,自治区政府成立以自治区副主席郭子明为组长的自治区地质灾害防治工作领导小组和东、中、西部汛期应急指挥部。各盟市也相应成立地质灾害防治领导小组、地质灾害防治和应急指挥部。

2005 年 1 月 18 日,自治区国土资源厅成立国土资源特大生产安全事故和地质灾害应急指挥中心和救援分队。应急指挥中心主要职责:负责国土资源特大生产安全事故和地质灾害应急救援工作的统一指挥工作;统一协调和指挥全区国土资源特大生产安全事故和地质灾害应急救援工作;统一规划、组织和协调全区国土资源特大生产安全事故和地质灾害应急救援力量和资源;组织制定自治区国土资源特大生产安全事故和地质灾害应急、救援预案。国土资源特大生产安全事故和地质灾害应急指挥中心办公室设在自治区国土资源厅地质环境处,总指挥为自治区国土资源厅副厅长赵保胜。救援分队主要任务:及时赶赴事故现场和地质灾害现场参加应急调查工作;为国土资源特大生产安全事故发生现场及周边地区提供水文、水源等资料,为事故现场救援及周边水源不受污染提供信息;分析预测特大事故和地质灾害发生的风险,及时发布预警信息;及时向自治区救援指挥中心通报灾区现场情况,编写应急调查报告;建立集事故、灾害信息监测、信息分析处理系统、网络化信息传输、信息发布于一体的生产安全事故和地质灾害应急指挥业务系统;开展汛期地质灾害的巡回检查工作;及时传送国土资源地质灾害险情或灾情信息,建立群测群防网络,以进一步强化预警避险能力。

2007 年 7 月 26 日,自治区国土资源厅转发《内蒙古自治区人民政府关于进一步加强应急管理工作的意见》,要求各盟市国土资源局要进一步建立健全地质灾害应急管理机构,包括领导机构、指挥机构、办事机构,做到地质灾害应急管理的具体工作有人管,有人去办。

2009 年 4 月 23 日,自治区国土资源厅印发《关于调整自治区地质灾害应急防治指挥部办公室的通知》,自治区地质灾害应急防治指挥部办公室主任由自治区国土资源厅厅长白盾兼任,副主任由副厅长赵保胜兼任。办公室职责:组织协调有关突发地质灾害应急处理工作;组织拟订突发性地质灾害应急工作方针、政策和措施报应急防治指挥部审批;汇集、上报险情灾情和应急处置与救灾进展情况;提出具体的应急处置与救灾方案和措施建议;组织有关部门和专家分析灾情发展趋势,对灾害损失及影响进行评估,为地质灾害应急防治指挥部决策提供依据;组织应急防治与救灾的新闻发布工作;承担地质灾害应急防治指挥部日常工作和交办的其他工作。

2011 年 7 月 15 日,经内蒙古自治区机构编制委员会(以下简称自治区编委)批复,成立内蒙古自治区地质灾害应急中心(以下简称自治区地质灾害应急中心),在自治区地质环境监测院加挂牌子,下设应急调查监测室和预报预警群防室 2 个工作机构,主要承担全区重大地质灾害应急调查、监测预警和应急处置技术指导,为盟市、旗县做好地质灾害防治工作提供技术支撑,并开展防灾减灾知识宣传和应急处置技术培训等工作。

(二)防治管理

2002年8月22日,自治区国土资源厅转发国土资源部《关于进一步做好当前地质灾害防治工作的紧急通知》,要求各盟市国土资源局加强地质灾害易发区危险点的监测工作。

2003年2月18日,自治区国土资源厅转发国土资源部《关于做好2003年地质灾害防治工作的通知》要求,各盟市国土资源局认真落实地质灾害防治工作责任制;完善监测网络;以政府名义下发地质灾害防灾预案;加大宣传力度,让广大群众了解地质灾害基本知识。

2005年5月27日,自治区国土资源厅转发《内蒙古自治区人民政府办公厅关于做好地质灾害隐患点排查工作的通知》要求,各盟市国土资源局成立地质灾害排查领导小组,充分发挥领导作用,把工作落到实处。在6月份有重点地开展一次全区性的地质灾害摸底排查工作,特别对露天采矿场要检查是否按开发利用方案开采,对排查中不符合方案者,要立即停止,进行整顿。同时要对公路、铁路重要交通干线、城镇居民点逐点进行排查,发现隐患点要及时处理,切实落实各项防治措施。

2006年3月23日,自治区国土资源厅转发国土资源部《关于做好2006年地质灾害防治工作的通知》要求,各盟市国土资源局加大县市地质灾害调查工作力度;编制地质灾害防治规划,完善各级地质灾害应急预案体系;加大矿山地质灾害防治和环境治理力度;以人为本,加强监测预报;严格执行地质灾害危险性评估制度。4月25日,自治区国土资源厅印发《关于贯彻落实2006年全国地质灾害防治电视电话会议精神的通知》,转发国土资源部副部长贠小苏、中国气象局副局长许小峰讲话,部署全区地质灾害防治工作。9月21日,自治区国土资源厅转发国土资源部《关于做好当前地质灾害防治工作的通知》,部署全区地质灾害防治工作。

2007年6月5日,自治区国土资源厅转发国土资源部《关于进一步加强地质灾害防治工作的紧急通知》要求,各盟市国土资源局要加强地质灾害预报预警工作,组织协调有关部门组成工作组,认真检查各项防灾工作落实情况,进一步落实隐患点的监测责任人,确保人民生命财产安全。8月6日,自治区国土资源厅转发国土资源部《关于加强近期地质灾害防治工作的紧急通知》。要求各盟市国土资源局克服麻痹思想,密切关注气象变化,及时发布地质灾害预警预报、地质灾害预警信息,做好地质灾害危险点受威胁群众的前期准备和撤离工作。

2008年1月11日,自治区国土资源厅转发国土资源部办公厅《关于贯彻落实突发事件应对法加强地质灾害应急防治工作的通知》要求,各盟市国土资源局要完善应急预案体系,加强防治机构建设。认真实施国家《突发地质灾害应急预案》,结合自治区《突发公共事件应急预案》,进一步完善各盟市地质灾害应急预案,积极与当地政府及有关部门协调,建立健全地质灾害防治指挥机构,做到机构到位,要在全面开展地质灾害调查的基础上,对发现的地质灾害隐患点,积极开展地质灾害群测群防工作,一有灾情,立即启动预案,转移受威胁群众,确保人民生命财产安全。各级国土资源部门要充分利用电视、广播、报纸等媒体开展人员到位。全面推进地质灾害排查和监测预警工作。丘陵山区的地方国土资源部地质灾害防治和基本知识的宣传教育,提高人民群众对地质灾害防治工作的认识和自救、互救能力。同日,自治区国土资源厅印发《关于贯彻落实〈全国地质灾害防治"十一五"规划〉的意见》要求,各盟市国土资源局进一步完善地质灾害防治体系,加强机构和预警系统建设,加强宣传,提高干部群众的防灾意识。4月1日,自治区国土资源厅转发国土资源部《关于做好2008年地质灾害防治工作的通知》要求，各盟市国土资源局认真编制年度地质灾害防治方案。加强协作，做好地质灾害预测。加强监督检查，落实各项制度。

2009 年 7 月 30 日，自治区国土资源厅印发通知，部署贯彻落实 2009 年全国汛期地质灾害防治工作会议精神。要求各盟市国土资源局全面落实防灾责任制。加强监测，做好地质灾害避险；严格职守，确保信息系统畅通；认真监管，确保防患于未然；要认真贯彻《地质灾害防治条例》和《内蒙古自治区地质环境保护条例》，在同级人民政府的领导下，会同铁路、交通、建设、水利、学校等相关部门，积极进行会商，按职责安排好地质灾害防治工作，尽最大努力减少因各类工程活动引发和加剧地质灾害造成的人员伤亡和财产损失。同日，自治区国土资源厅转发《内蒙古自治区政府办公厅关于印发自治区中小学校舍安全工程实施方案的通知》，要求各盟市国土资源局切实发挥专业指导作用，积极协调本区域专业部门和技术力量，指导协助地方政府进行校舍地质灾害排查和鉴定，建立健全校舍安全档案，按照自治区中小学校舍安全工程实施方案要求，为工程实施提供技术支撑的基础保障。9 月 22 日，自治区国土资源厅印发《关于开展中小学校舍安全排查“回头看”的通知》，要求各盟市国土资源局指定专人负责此项工作，明确责任，落实任务，确保完成期限，切实把涉及地质灾害的中小学校舍安全排查工作落到实处。

2011 年 8 月 22 日，自治区政府转发《国务院关于加强地质灾害防治工作的决定》，要求各地区充分认识做好汛期地质灾害防治工作的重要意义，高度重视极端天气给地质灾害防治工作带来的不利影响，把地质灾害防治工作作为关系民生的一件大事来抓，切实加强组织领导，严格落实各项制度，最大限度地减少地质灾害给人民群众生命财产造成的损失。11 月 24 日，自治区国土资源厅组织有关处室、相关盟市国土资源局召开特大型地质灾害防治项目公开确定勘查设计单位会议，公开摇号确定呼和浩特市土左旗白只户井沟泥石流治理工程、黄河沿岸内蒙古段地质灾害塌陷成因调查、额尔古纳市七卡泥石流治理工程项目的勘查设计承担单位。12 月 15 日，自治区国土资源厅印发《内蒙古自治区国土资源厅重大突发地质灾害应急工作程序》。规范重大突发地质灾害应急工作。

2012 年 7 月 2 日，自治区国土资源厅转发《内蒙古自治区人民政府印发自治区贯彻落实国务院关于加强地质灾害防治工作决定重点分工方案的通知》要求，各级国土资源管理部门主动协调联系当地有关部门，认真落实防治责任。盟市国土资源局要结合本地实际，制定本级的分工方案，使地质灾害防治制度化、常态化，形成部门联动、专群结合的地质灾害防治体系。

（三）相关资质管理

2002 年，自治区国土资源厅全面开展对全区地质灾害防治工程单位资质进行规范化管理。全区共有地质灾害防治工程勘查甲级证书单位 5 家，乙级证书单位 4 家；有地质灾害防治工程施工资质单位 2 家，其中甲级单位 1 家，乙级单位 1 家；有地质灾害防治工程设计资质单位 2 家，其中乙级单位 1 家；丙级单位 1 家；有地质灾害防治工程监理资质单位 1 家。

2003 年 10 月 22 日，自治区国土资源厅转发国土资源部《关于开展 2003 年度地质灾害防治工程单位资质年检的通知》。同时，按照国土资源部部署，对自治区水勘一院等 7 个单位的 9 个资质证书进行了审查。审查结果，全部合格。

2006 年 3 月 3 日，自治区国土资源厅授予内蒙古自治区国土资源勘查开发院（以下简称自治区国土资源勘查院）等 23 个单位地质灾害危险性评估乙级、丙级资质；授予自治区煤田地质局等 17 个单位地质灾害治理工程勘查丙级资质；授予自治区地质环境监测院等 20 个单位地质灾害治理工程设计乙级和丙级资质;授予包头钢铁集团有限责任公司勘察测绘研究院等3个单位地质灾害治理工程施工丙级资质。7月24日,自治区国土资源厅根据《地质灾害防治条例》和《地质灾害危险性评估单位资质管理办法》及《地质灾害治理工程勘查设计施工单位资质管理办法》的规定,审查同意换发内蒙古自治区地质矿产勘查开发院(以下简称自治区矿产勘查院)等5个单位地质灾害治理工程勘查乙级资质,内蒙古自治区第十地质矿产勘查开发院(以下简称自治区地勘十院)等3个单位地质灾害治理工程设计乙级、丙级资质,自治区水勘一院地质灾害治理工程施工乙级资质。

2008年10月7日,自治区国土资源厅根据国土资源部办公厅《关于地质灾害危险性评估和地质灾害治理工程勘查设计施工监理甲级资质单位换证有关问题的通知》精神,组织专家对自治区地质环境监测院、自治区地勘十院、自治区水勘一院、内蒙古自治区第二水文地质工程地质勘查院(以下简称自治区水勘二院)、内蒙古自治区第四水文地质工程地质勘查院(以下简称自治区水勘四院)提交的换证材料进行核查。五家资质提交的材料齐全,换证材料合格。

2012年6月4日,自治区国土资源厅印发《关于进一步加强地质灾害危险性评估等资质管理工作的通知》,规范地质灾害危险性评估资质受理、审批和发证,明确专业技术人员认定标准和设备认定标准,统一质量管理体系、业绩考核条件。并明确各级国土资源行政主管部门应对资质单位的活动进行监督检查,检查内容主要是资质单位的业务手册(如实记载其工作业绩和存在主要问题)、技术成果和资质图章管理以及技术人员培训等情况。自治区国土资源厅负责全区资质管理的监督检查工作,盟市国土资源局负责本辖区内甲、乙级资质单位的监督检查工作;旗县国土资源局负责本辖区内丙级资质单位的监督检查工作。

2012年,经国土资源部审查,自治区水勘四院、自治区地勘十院、自治区水勘二院地质灾害危险性评估甲级资质获准换证,自治区水勘二院地质灾害治理工程设计甲级资质获准换证,自治区地质环境监测院、自治区水勘一院、自治区国土资源勘查院地质灾害危险性评估甲级资质获准换证,自治区水勘二院地质灾害治理工程勘查甲级资质获准换证,自治区地勘十院、自治区地质环境监测院地质灾害治理工程勘查甲级资质获准换证,自治区地勘十院、鄂尔多斯市地质工程勘察有限责任公司地质灾害治理工程施工甲级资质获准换证。

二、防治规划及预案编制

(一)防治规划编制

2003年11月24日,国务院第394号令公布《地质灾害防治条例》,自2004年3月1日起施行。其中,第十一条第二款规定:县级以上地方人民政府国土资源主管部门会同同级建设、水利、交通等部门,依据本行政区域的地质灾害调查结果和上一级地质灾害防治规划,编制本行政区域的地质灾害防治规划,经专家论证后报本级人民政府批准公布,并报上一级人民政府国土资源主管部门备案。

2004年7月21日,由自治区国土资源厅组织编制的《内蒙古自治区地质灾害防治规划》通过国土资源部地质环境司、规划司组织的专家组审查。9月24日,自治区政府印发《内蒙古自治区人民政府关于印发自治区地质灾害防治规划的通知》要求,各级人民政府、各有关部门要高度重视地质灾害防治工作,充分认识地质灾害防治工作的重要性、紧迫性和艰巨性。各级人民政府主要领导要对本辖区的地质灾害防治工作负总责,各地要建立和完善领导责任制和岗位责任制,把地质灾害防治工作列入议事日程,确保自治区地质灾害防治总体目标的实现。各盟市以及地质灾害防治任务较重的旗县国土资源行政主管部门,要依据上一级地质灾害防治规划,结合本地区地质灾害发育现状和发展趋势,编制本行政区的地质灾害防治规划,经专家论证后报本级人民政府批准公布,并报上一级人民政府国土资源行政主管部门备案。各级人民政府、各有关部门要进一步加大地质灾害防治工作和管理力度,积极开展地质灾害应急调查和治理工作,地质灾害防治经费要列入地方财政预算,并建立群测群防体系,维护人民生命财产安全,促进自治区经济社会可持续发展。

2005 年 5 月 11 日,自治区国土资源厅印发《关于贯彻实施内蒙古自治区地质灾害防治规划的通知》要求,各级国土资源主管部门做好本行政区域地质灾害防治的组织、协调、指导和监督工作。组织好本行政区域的地质灾害防治规划编制工作。在编制和实施土地利用规划、矿产资源规划及编制城市总体规划、村庄、集镇规划,要将地质灾害防治规划作为其重要组成部分,充分考虑地质灾害防治要求,避免和减轻地质灾害造成的损失。此后至 2008 年,全区先后完成包头市、巴彦淖尔市、乌海市、阿拉善盟、乌兰察布市、通辽市、兴安盟、赤峰市、呼伦贝尔市、呼和浩特市、锡林郭勒盟、鄂尔多斯市 12 个盟(市)级的地质灾害防治规划编制工作。

2011 年,由自治区国土资源厅组织编制完成《内蒙古自治区地质灾害防治规划(2011—2015 年)》,并经专家审查后上报国土资源部备案。2012 年 8 月,《内蒙古自治区地质灾害防治规划(2011—2015 年)》经自治区政府批准,由自治区发改委、国土资源厅联合颁布实施。

(二)防治预案编制

全区各年度的地质灾害防治预案的编制均由自治区国土资源厅组织开展。其主要确定全区地质灾害的分布区(段)及重点防范区,由自治区政府发布实施,或经自治区政府同意由自治区国土资源厅发布实施。

2001 年 4 月 26 日,自治区政府办公厅印发《内蒙古自治区 2001 年地质灾害防灾预案》;5 月 24 日,自治区国土资源厅印发《关于贯彻落实〈内蒙古自治区 2001 年地质灾害防灾预案〉的通知》。

2002 年 4 月 22 日,自治区国土资源厅印发《内蒙古自治区 2002 年地质灾害防灾预案》和《汛期地质灾害防灾预案编制要求》。并于当年组织编制了呼伦贝尔市扎兰屯市泥石流、兴安盟突泉县宝石乡和学田乡泥石流、鄂尔多斯市西柳沟泥石流和呼伦贝尔市大雁煤矿、扎赉诺尔煤矿、赤峰市元宝山—平庄煤矿地面塌陷等十余处重点地质灾害隐患点的地质灾害防灾预案。

2003 年,由自治区政府印发了《内蒙古自治区 2003 年地质灾害防灾预案》。

2004 年 5 月 19 日,自治区政府办公厅印发《内蒙古自治区 2004 年地质灾害防灾预案》。

2005 年 5 月 19 日,自治区政府办公厅印发《内蒙古自治区 2005 年地质灾害防治预案》;6 月 9 日,自治区国土资源厅转发《内蒙古自治区人民政府办公厅关于印发 2005 年地质灾害防灾预案的通知》要求,各盟市国土资源局依据上级地质灾害防治预案,结合本地实际,编制本级防灾预案,报本级政府发布实施。按照防灾预案要求,做好本行政区内的地质灾害防治工作,将防治措施落实到位,责任到人。

从 2007—2015 年,经自治区政府同意,由自治区国土资源厅发布了各年度全区地质灾害防治方案。

三、地质灾害危险性评估

根据国土资源部《地质灾害防治管理办法》和《关于实行建设用地地质灾害危险性评估的通知》要求,从 2000 年开始,自治区国土资源厅组织对全区各类重大工程建设项目开展建设用地地质灾害危险性评估工作。

2000 年 5 月,应呼和浩特市引黄供水工程项目部的申请,自治区国土资源厅安排自治区水勘一院对引黄河蒲滩拐取水口岸边泵站建设用地进行地质灾害危险性评估。调查滑坡隐患点位于托克托县引黄供水工程蒲滩拐黄河取水口公路东北侧、岸边泵站东北侧的湖积台地,经调查后提交了《呼和浩特市引黄供水工程岸边泵站建设用地地质灾害危险性评估报告》,指出岸边泵站北侧紧靠的湖积台地具有滑坡地貌特征,预测地质灾害危险性大,不宜作为建设用地,同时提出了防治措施。

2000—2003 年,自治区国土资源厅共组织开展建设用地地质灾害危险性评估 75 项。其中,2000 年完成相关评估 8 项(包括一级评估 2 项、二级评估 6 项),2001 年完成相关评估 18 项(包括一级评估 7 项、二级评估 11 项),2002 年完成相关评估 20 项(包括一级评估 6 项、二级评估 14 项),2003 年完成相关评估 29 项(包括二级评估 23 项、三级评估 6 项)。

2003 年 7 月 25 日,自治区十届人大常委会第四次会议通过《内蒙古自治区地质环境保护条例》规定,采矿权人新建、改建、扩建矿山要严格执行地质环境影响评价制度,必须由具有相应资质的单位进行地质灾害危险性评估。

2004 年 4 月 27 日,自治区国土资源厅转发《国土资源部关于加强地质灾害危险性评估工作的通知》明确,建设用地危险性评估报告、专家评审意见和备案登记表是办理用地手续的重要依据之一。确定地质灾害危险区、易发区以《内蒙古自治区地质灾害防治规划》为依据。易发区以外一般不进行地质灾害危险性评估。各级国土资源主管部门要按照自己的职责范围,作好备案管理工作。9 月 24 日,自治区政府颁布《内蒙古自治区地质灾害防治规划》要求,各盟市和地质灾害防治任务较重的旗县编制本行政区域的防治规划,报本级人民政府批准发布,作为地质灾害防治和地质灾害危险性评估的重要依据。

2005 年 8 月 30 日,自治区国土资源厅印发《关于印发〈内蒙古自治区建设项目地质环境影响评价技术要求〉(试行)的通知》,对全区建设项目地质环境影响评价工作从技术上进行了规范。

2006 年 2 月 15 日,自治区国土资源厅印发《关于进一步规范地质灾害危险性评估工作的通知》指出,地质灾害危险性评估从 1999 年开始,经过 6 年来的实践,为减少人为诱发地质灾害,从源头上控制、减少地质灾害的发生发挥了作用。各盟市国土资源局、地质灾害危险性各评估单位要进一步完善地质灾害危险性评估工作程序,严格评估工作质量,保证有效实物工作量的投入。严格执行地质灾害危险性三级备案和备查制度,盟市国土资源部门负责二级评估备案并及时上报自治区国土资源厅,旗县国土资源部门负责三级评估备案并将备案资料及时上报盟市国土资源部门。各级国土资源部门要建立相应的地质灾害危险性评估数据库,定期汇交评估资料。建立地质灾害危险性评估抽查制度,以实现地质灾害危险性评估工作对建设工程的安全保障。加强地质灾害危险性评估技术人员的专业培训。评估单位要把提高评估人员专业水平和素质作为一项重要工作来抓,不断提高评估成果质量,逐步建立评估人员持证上岗制度。10 月 10 日,自治区国土资源厅转发国土资源部《关于开展地质灾害危险性评估工作检查的通知》,对全区实行《地质灾害危险性评估单位资质管理办法》和《国土资源部关于加强地质灾害危险性评估工作的通知》文件以来的工作情况进行大检查工作部署。11 月,自治区国土资源厅成立以副厅长赵保胜为组长的检查领导小组,有针对性地对盟市国土资源局和地质灾害危险性评估单位进行抽查,主要检查资质使用、评估报告质量、备案、评估报告审查、评估开展等 5 个方面的情况。

2004—2006 年，自治区国土资源厅组织完成有关地质灾害危险性评估报告有 613 份，其中一级评估 225 份、二级评估 105 份、三级评估 283 份。

2007—2008 年，自治区国土资源厅组织完成有关地质灾害危险性评估报告 197 份，均为一级评估。

2009—2011 年，自治区国土资源厅组织完成建设项目用地地质灾害危险性评估 970 项，其中 2009 年完成评估 320 项（一级评估 128 项），2010 年完成评估 330 项（一级评估 130 项），2011 年完成评估 320 项（一级评估 130 项）。

2013 年 10 月 17 日，自治区国土资源厅就地质灾害危险性评估工作有关事宜发布公告。公告明确了地质灾害危险性评估工作的主要依据、全区地质灾害危险性评估范围、备案程序、备案要求。评估范围：在地质灾害易发区进行工程建设应当在可行性研究阶段进行地质灾害危险性评估。编制地质灾害易发区的城市总体规划、村庄和集镇规划时，应当对规划区进行地质灾害危险性评估。备案程序：建设单位委托有相应地质灾害危险性评估资质单位编制评估报告。按照相关文件要求承担项目资质单位到当地盟市国土资源局办理评估资质和项目备案。聘请自治区地质环境评审专家对评估报告进行评审，提出评审意见。属一级评估的，经专家组评审的评估报告，直接报送自治区国土资源厅地质环境处备案。属二级、三级评估的，经专家组评审的评估报告，分别到当地盟市、旗县国土资源局备案。

2014 年 12 月 9 日，国土资源部发布公告，取消地质灾害危险性评估备案制度。一级评估报告不再报送省级国土资源主管部门备案，二级评估报告不再报送市（地）级国土资源主管部门备案，三级评估报告不再报送县级国土资源主管部门备案。各级评估报告都不再报送上级国土资源主管部门审查，涉及国务院法规和部门规章的管理制度按相关程序办理。

四、应急调查与汛期检查

（一）应急调查

2004 年，自治区国土资源厅组织相关单位重点对包头市石拐区大发培训楼滑坡和包头市石拐区大发区采空区塌陷、包头市石拐区国庆乡东山村采空区塌陷、乌海市海南区西来峰矿区地面塌陷进行了应急调查，并对地质灾害点（隐患点）提出了具体防治措施。

2008 年 5 月 12 日，四川省汶川县发生 8 级地震。自治区国土资源厅根据国土资源部《关于进一步做好地震灾区地质灾害隐患排查紧急通知》要求和自治区党委、政府关于抗震救灾的一系列指示精神，及时予以落实，并于 5 月 23 日向自治区支援四川省抗震救灾工作领导小组上报了《落实国土资源部关于做好地震灾区地质灾害隐患排查紧急通知的报告》。5 月 29 日，根据国土资源部的统一调动，自治区国土资源厅组织所属 6 个单位的 46 名地质专家为主体的地质灾害应急调查队，赴甘肃省文县地震重灾区开展地质灾害调查、排查和评估工作。出发时，自治区国土资源厅在呼和浩特市举行欢送抗震救灾队伍出发仪式，自治区党委常委、政府常务副主席任亚平出席仪式并为调查队伍授旗和下达出发命令。调查队通过 18 天的工作，完成了文县 12 个乡镇的地质灾害调查、排查和评估工作，共排查地质灾害隐患点 230 处，其中崩塌 127 处，滑坡 86 处，泥石流 10 处，原地重建 5 处，异地重建 2 处。6 月 6 日，国务院副总理李克强在甘肃省文县碧口抗震救灾现场听取了自治区国土资源厅抗震救灾地质灾害应急排查情况汇报并给予高度评价。在此次支援灾区地质灾害隐患点排查工作中，自治区国土资源厅和所属 7 个单位及 46 人受到国土资源部和自治区政府表彰。

2008 年 6 月,自治区地质灾害应急调查队人员在文县灾区现场进行地质灾害隐患点排查。

2008 年 6 月,国土资源部部长徐绍史(右二)在文县救灾现场听取自治区国土资源厅地质灾害应急排查队工作汇报。

2009 年 9 月,自治区国土资源厅组织对乌兰察布市察哈尔右翼前旗玫瑰营六号行政村三号村恒源玄武岩矿突发山体滑坡进行了应急调查,并提出了治理建议。10 月,根据自治区有关工作部署和要求,自治区国土资源厅派出 4 个督查组,对全区中小学校舍安全工程进行排查和鉴定。主要在各盟市初步调查和统计的基础上,4 个督查组深入 12 个盟市 32 个旗、县进行地质灾害排查,实地排查校舍 44 所,确定地质灾害隐患点 22 处。

2010 年,自治区国土资源厅及时组织并派出地质灾害应急工作组,分别于 3 月 23 日、5 月 17 日、8 月 28 日和 11 月 5 日,对卓资县旗下营镇厂合少村山体崩塌、托克托县境内引黄供水工程岸边泵站滑坡隐患、兴和县朱家营河段泥石流、呼和浩特市新城区哈拉沁沟采石场崩塌进行了应急调查,并提交了应急调查报告,提出了地质灾害治理建议。

2011 年,自治区国土资源厅及时派出地质灾害应急工作组,分别于 4 月 12 日、8 月 23 日和 12 月 5 日,对呼和浩特市哈拉沁沟抽水蓄能电站公路沿线山体崩塌、鄂尔多斯市拉特旗树林召镇樊圪堵村地面塌陷、呼和浩特市回民区霍寨沟采石场崩塌隐患进行了应急调查,提交了应急调查报告,提出了地质灾害治理建议。

2012 年 8 月,自治区国土资源厅派出检查小组,对全区 12 个盟市地质灾害防治各项工作情况进行全面检查,并对重点地质灾害隐患点进行现场排查。12 月 21 日,自治区国土资源厅印发《关于做好呼和浩特市回民区霍寨沟不稳定斜坡地质灾害隐患点处置工作的通知》,要求呼和浩特市国土资源局按照《关于呼和浩特市回民区霍寨沟不稳定坡地质灾害隐患点调查报告》应急处置措施,进一步落实责任,做好相应防治工作。

2013 年 7—10 月,自治区地质灾害应急中心组织人员对呼和浩特市新城区哈拉沁大沟二道沟泥石流灾害、哈拉沁大沟南口抽水蓄能电站以北 8.8 千米处崩塌灾害点、鄂尔多斯市达拉特旗展旦召苏木福茂城地面塌陷灾害进行了应急调查,并提交应急调查报告,提出了防治建议。

2014 年 3 月 23 日,自治区地质灾害应急中心组织调查组对锡林浩特市大唐国际矿业公司胜利东二号露天煤矿排土场滑坡进行应急调查,提交了应急调查报告,提出防治建议。

2015 年,自治区国土资源厅组织人员对 4 月 15 日阿拉善左旗巴彦牧仁地区 5.8 级地震次生灾害、4 月 24 日霍林河露天煤业股份有限公司一号露天矿和霍林郭勒宝发煤业有限公司采坑边帮滑坡灾害、8月7日和林格尔县舍必崖村地裂缝地质灾害隐患、准格尔旗蒙祥矿业公司矿区外围煤层自燃及乡道边坡崩塌灾害进行了应急调查。自治区地质灾害应急中心组织人员对呼和浩特市、包头市、赤峰市、乌兰察布市、巴彦淖尔市等盟市21个地质隐患点进行了巡测工作。根据各灾害隐患点现状与往年情况的变化对比,预测了地质灾害隐患点发展趋势,编写了年度《内蒙古自治区地质灾害巡测报告》。

(二)汛期检查

2003年,自治区国土资源厅根据国土资源部《关于开展汛期地质灾害防治工作检查和关于切实做好当前地质灾害防治工作的紧急通知》的要求,组织三个检查组,分赴自治区东、中、西部地区,进行了汛期地质灾害防治巡回检查。

2007年5月17日,自治区国土资源厅转发国土资源部《关于做好2007年地质灾害防治和开展2007年汛期地质灾害防治工作检查的通知》要求,各盟市国土资源局联合有关部门组成检查组,于6月上旬之前对本行政区内的汛期地质灾害进行检查,全面掌握地质灾害的基本情况和发展动态,全面推进《地质灾害防治条例》,进一步落实建设项目地质灾害危险性评估制度和地质灾害防治工程“三同时”(地质灾害治理工程与建设项目同时设计、同时施工、同时验收)制度。

2009年6—8月,自治区国土资源厅组成3个地质灾害检查组,深入7个盟市进行汛期地质灾害防治工作。

2010年6月22日至7月16日,自治区国土资源厅派出3个地质灾害汛期检查小组(总计15人次),赴全区12个盟市和2个计划单列市进行了汛期地质灾害防治工作检查。在初步排查基础上,深入到30个旗县(市、区)进行了汛期地质灾害排查,确定地质隐患点14处。8月10日,根据国土资源部《关于组织开展“汛期地质灾害隐患再排查紧急行动”的通知》精神,结合全区地质灾害防治工作的总体部署,自治区国土资源厅派出12个排查小组(共50人次),对已经完成地质灾害调查与区划的54个县(旗、市、区)进行为期一个月的全面再核查,确定地质灾害隐患点180处。8月21日,自治区国土资源厅召开紧急会议,就贯彻落实国土资源部全国地质灾害防治工作紧急视频会议精神,研究部署进一步做好全区地质灾害防治工作;会后,派出督查组对面临强降雨的赤峰市、通辽市、兴安盟、呼伦贝尔市、满洲里市等地区进行工作督查。同日,自治区国土资源厅印发《关于贯彻落实国土资源部地质灾害防范紧急视频会议精神全力做好汛期地质灾害防治工作的紧急通知》,要求各盟市国土资源局把地质灾害防治工作作为近期工作的重中之重,坚决防止和克服麻痹松懈思想和侥幸心理,按照《突发地质灾害防治应急预案》的规定,进一步健全和完善汛期值班、灾情速报、专报制度,确保通讯畅通,信息传递准确及时。并要求各盟市国土资源局要立即组成工作组,把城镇、乡村、居民点、交通沿线、重大建设工程区、旅游区(点)、中小学校舍(区)、矿山采空区和排土场等区域作为重点,把《内蒙古自治区2010年地质灾害防治方案》确定的重点区域作为重点,尤其是根据气象预报近期将出现强降雨的东部和中部地区,要进行一次全面的再部署、再巡查、再排查、再检查和再落实。

2011年7月15日至8月10日,自治区国土资源厅派出3个地质灾害汛期检查组(共15人次),深入全区12个盟市和2个计划单列市进行了汛期地质灾害防治工作检查。

2013年7月4日至8月2日,自治区国土资源厅地质环境处和自治区地质灾害应急中心组成联合检查组,对全区12个盟市的地质灾害防治工作进行检查,并对22个旗县(市、区)地质灾害防治工作进行了抽查,对32个地质灾害点进行了核查。

2014 年 6—7 月,自治区国土资源厅地质环境处和自治区地质灾害应急中心组成联合检查组,对全区 12 盟市地质灾害防治工作进行了全面检查,并对 23 个旗县(市、区)地质灾害防治工作进行了抽查,对 14 个地质灾害隐患点进行了核查。

2015 年,自治区国土资源厅组织对全区 12 个盟市地质灾害防治工作进行了检查,对其中 26 个旗县(区)进行了抽查,实地检验了 44 个地质灾害隐患点,并通报了 2015 年度全区汛期地质灾害防治工作检查情况。

五、灾情与预报预警

(一)灾情报告

2000 年、2001 年,全区大部分地区降水量较正常年份少,地质灾害发生的频数和强度相对减弱,除几个较大矿山外(如东胜煤矿、准格尔煤矿、大雁煤矿、扎赉诺尔煤矿、包头石拐煤矿等)出现小型滑坡、泥石流和地裂缝外,基本上没有发生重大地质灾害。

2002 年 4 月 22 日,自治区国土资源厅发文明确建立地质灾害速报制度。6 月 10 日,自治区国土资源厅转发国土资源部《关于进一步规范地质灾害灾情信息报送和新闻报道的通知》。要求各盟市各级国土资源行政主管部门严格按照地质灾害分级标准,认真做好自己职责范围内的灾情信息报送和相关工作。

2003 年 6 月 25 日,自治区国土资源厅转发国土资源部《关于进一步完善地质灾害报告制度的通知》,要求各盟市国土资源局高度重视地质灾害报告制度。积极组织力量开展汛期重点地区的险情巡查工作。发现地质灾害隐患点后,要按照速报制度的要求,及时向上级主管部门报告。并协调当地政府有关部门,做好应急防治和跟踪监测工作。全年,自治区突发性地质灾害发生 28 起,估算直接经济损失 1224.2 万元。灾害发生总数比上年上升 17 起,死亡人数增加 4 人。发生的地质灾害主要有崩塌、滑坡、泥石流、地面塌陷和地裂缝。在 28 起地质灾害中,由于降雨等自然因素诱发的有 12 起,由于公路建设、采矿等人类工程活动引发的有 16 起,分别占发生灾害总数的 43% 和 57%。人类工程活动引发的地质灾害 2003 年呈上升趋势。

2004 年 7 月 19 日,自治区国土资源厅印发《关于做好地质灾害灾情速报与信息反馈的通知》要求,各地做好地质灾害灾情速报与信息反馈工作。全年,全区发生地质灾害 33 起,其中崩塌 3 起、地面塌陷 30 起,造成直接经济损失 3705 万元,以鄂尔多斯市最为严重,经济损失 3000 万元。突发性地质灾害的地区有包头市、呼伦贝尔市、赤峰市、鄂尔多斯市、阿拉善盟,发生时间一般在 3—9 月份,尤其汛期 7—8 月份更为集中,约占总数的 70%。

2005 年,全区发生地质灾害 36 起。其中崩塌 2 起,滑坡 1 起,地面塌陷 33 起。造成直接经济损失 3600 余万元。灾害发生总数比上年上升 3 起,直接经济损失较上年增加 45 万元。突发性地质灾害的地区有呼和浩特市、包头市、通辽市、赤峰市、鄂尔多斯市、阿拉善盟。主要集中在中西部的低山丘陵区。发生时间一般在 3—9 月。

2006 年,全区发生地质灾害 45 起。其中崩塌 2 起,泥石流 17 起,地面塌陷 22 起,直接经济损失 4430 万元。灾害发生总数比上年上升 10 起,直接经济损失较上年度增加 220 万元。地质灾害主要发生在呼和浩特市、包头市、赤峰市、乌兰察布市、鄂尔多斯市。集中在中西部的低山丘陵区。发生时间一般在 3—9 月。

2007 年 6 月 13 日,自治区国土资源厅转发国土资源部地质环境司《关于切实做好地质灾害灾情和险情速报工作的紧急通知》,要求各盟市国土资源局认真落实汛期 24 小时专人值班制度,公布各级值班电话,保证信息畅通无阻,并严格执行《关于进一步完善地质灾害速报制度和月报制度的通知》的规定,按规定时限将速报和月报上报自治区国土资源厅地质环境处和自治区地质环境监测院。全年,自治区发生地质灾害 35 起,其中崩塌 6 起、泥石流 13 起、地面塌陷 16 起,直接经济损失 3200 万元。灾害发生总数比上年下降 10 起,直接经济损失较上年减少 1230 万元。突发性地质灾害主要发生在呼和浩特市、包头市、赤峰市、鄂尔多斯市、巴彦淖尔市、阿拉善盟。分布在低山丘陵区。发生时间一般在 4—9 月。

2008 年,全区发生地质灾害 34 起,其中崩塌 2 起,滑坡 1 起,泥石流 20 起,地面塌陷 11 起,直接经济损失 2400 万元;地面塌陷造成 5 人死亡。灾害发生总数比 2007 年下降 1 起,直接经济损失较上年度减少 800 万元。突发性地质灾害主要分布在呼和浩特市、呼伦贝尔市、赤峰市、鄂尔多斯市,主要发生在低山丘陵区,时间集中在 4—9 月份。

2009 年,全区发生地质灾害 30 起,其中崩塌 3 起,滑坡 2 起,泥石流 13 起,地面塌陷 12 起,直接经济损失 1960 万元。灾害发生总数比 2008 年下降 4 起,直接经济损失较上年度减少 440 万元。突发性地质灾害主要分布在包头市、呼伦贝尔市、赤峰市、乌兰察布市、鄂尔多斯市的低山丘陵区。时间集中在 4 ~9 月。

2010 年,全区发生地质灾害 26 起,其中崩塌 7 起,滑坡 2 起,泥石流 3 起,地面塌陷 14 起。地质灾害主要危及公路、农田、草地和人员安全。直接经济损失 1640 万元。造成 3 人死亡。灾害发生总数比上年度下降 4 起,直接经济损失较上年度减少 320 万元。突发性地质灾害主要发生在东部和中部低山丘陵区,分布在呼和浩特市、包头市、赤峰市、乌兰察布市、鄂尔多斯市等地区。时间集中在 5—8 月。

2011 年,全区发生突发性地质灾害 9 起,其中崩塌 1 起,滑坡 1 起,泥石流 2 起,地面塌陷 5 起,直接经济损失 1080 万元。地质灾害发生总数比 2010 年下降 17 起,直接经济损失较上年度减少 560 万元。全区突发性地质灾害主要发生在东部和中部的低山丘陵区、高原区,分布在包头市、呼伦贝尔市、赤峰市、鄂尔多斯市,时间集中在 5—8 月。

2012 年,全区发生突发性地质灾害 24 起,其中崩塌 1 起,滑坡 4 起,泥石流 1 起,地面塌陷 18 起,直接经济损失 833 万元。

2013 年,全区共发生突发性地质灾害 65 起(包括矿山地质灾害 64 起),其中崩塌 1 起,滑坡 4 起,泥石流 1 起,地面塌陷 59 起,直接经济损失 427 万元。地质灾害发生总数较上年度增加 41 起,直接经济损失较上年度减少 406 万元。各类灾害的发生时间大部分集中在 6—8 月份。

2014 年,全区共发生突发性地质灾害 56 起,均为矿山地质灾害。其中崩塌 2 起、滑坡 6 起、地面塌陷 48 起,造成 1 人死亡、2 人失踪,直接经济损失 6095. 90 万元,较上年度增加 5668. 60 万元。

2015 年,全区地质灾害易发区共涉及 63 个旗县,共发育地质灾害隐患点 2387 处。其中崩塌 1219 处,滑坡 77 处,泥石流 693 条,地面塌陷 396 处,地裂缝 2 处。全区共发生突发性地质灾害 70 起(包括矿山地质灾害 67 起),其中崩塌 2 起,滑坡 8 起,泥石流 1 起,地面塌陷 59 起。直接经济损失约 3411. 16 万元,未造成人员伤亡。

(二)预报预警

2004年5月1日,自治区国土资源厅与内蒙古气象局合作,正式开展全区地质灾害气象预警预报工作。每年汛期的5—9月为预报工作时段,具体业务工作由自治区地质环境监测院与内蒙古气象台联合承担。自治区地质环境监测院负责编写了《内蒙古自治区地质灾害预报预警实施方案》和《开展地质灾害气象等级预报工作实施方案》,建立了地质灾害气象预报预警模式、地质灾害历史资料数据库及全区地质灾害易发区内气象站点逐日降水量资料数据库。

2010年9月29日,自治区国土资源厅与内蒙古气象局就地质灾害气象预警预报合作及成果共享签订了《内蒙古国土资源厅与内蒙古气象局业务合作框架协议》。

2010年9月29日业务合作签字仪式,自治区国土资源厅厅长白盾(右三)出席,副厅长赵保胜(右二)代表国土资源厅签字并与内蒙古气象局领导交换协议书。

2013年8月,全区地质灾害气象预警预报系统经自治区国土资源厅与自治区气象局联合调试,通过相关成果验收,并正式开始运行。

全区各年度地质灾害气象预警预报情况为:2004年进行预报11次;2005年发布三级预报16次;2006年发布三级预报3次,成功预报1次;2007年发布三级预报6次,成功避让地质灾害1起;2008年发布三级预报21次;2009年发布三级预报8次;2010年发布三级预报8次;2011年发布三级预报16次;2012年发布三级预报25次;2013年发布三级预报26次,成功预报2次;2014年发布三级预报16次,二级预报1次,一级预报1次;2015年发布三级预报12次,二级预报2次。

六、地质灾害监测

(一)群测群防

从2000年10月开始,自治区国土资源厅组织对包头市石拐区大发滑坡地质灾害隐患点实施专业监测。2001—2002年,自治区国土资源厅在包头市的石拐区和呼伦贝尔盟(今呼伦贝尔市)的扎兰屯市组织建立了群众和专业人员相结合的监测体系。主要对当地重要的地质灾害点进行监测,了解灾害点的动态变化;建立健全地质灾害隐患巡查和灾害速报制度;建立地质灾害群测群防网络和地质灾害数据库。其中,对包头市石拐区大发滑坡和红旗山滑坡两个地质灾害隐患点进行了专业监测,在大发滑坡部署监测点10个(包括位移监测点9个,地下水监测点1个),在红旗山滑坡部署位移监测点6个。

从2004年起,自治区国土资源厅开始在全区已完成1∶10万地质灾害调查与区划工作的旗县(市、区)建立群测群防地质灾害监测网点。至2015年,全区有63个旗县(市、区)布设群测群防网点共2365个。

2010年,为实现对地质灾害隐患点监测的群测群防、齐抓共管,并建立自上而下的预警系统,自治区国土资源厅组织编制通讯录和群测群防网络图,采取县包乡、乡包村、村包户、监测责任人包点的办法，逐级落实地质灾害防治责任单位和责任人。7—12月，赤峰市、包头市、巴彦淖尔市、呼伦贝尔市先后举办5期地质灾害防治“五到位”（对辖区内居民建房和地质灾害隐患简要评估到位、对地质灾害隐患点群测群防员联系到位、对地质灾害隐患点组织巡查到位、对地质灾害防治宣传材料发送到位、发生地质灾害灾情险情预案和人员到位）宣传培训班，并将地质灾害防治“五到位”宣传培训工作落实到各乡镇国土资源所。

2011年7月17日，自治区国土资源厅会同呼和浩特市人民政府，在呼和浩特市土默特左旗陶思浩区域服务中心沟门村麻达赖沟举办自治区首次泥石流地质灾害群测群防紧急避险应急演练现场会。8月31日，自治区国土资源厅印发《关于进一步落实和完善地质灾害群测群防网络建设的通知》，要求从实际情况出发，以突发性地质灾害为防治重点，以群测群防为主要手段，坚持“以人为本”、“预防为主”、“避让和治理相结合”的方针，全面规划，建设好群测群防网络体系，将地质灾害的危害减少到最低，保障全区人民群众的生命和财产安全。

2012年9月，自治区财政划拨专项进行自治区地质灾害应急中心“地质灾害应急会商系统及应急装备建设”的车载卫星通信系统、室内会商系统设备全部安装到位，并通过自治区国土资源厅组织的验收。9月28—30日，自治区地质灾害应急中心在四川省成都市举办全区地质灾害防治宣传培训会议，全区12个盟市和2个计划单列市的政府分管领导，国土资源局分管局长、地质环境科科长，地质灾害易发区的63个旗县（市、区）政府分管领导和国土资源局局长，共计128人参加培训。10月下旬，自治区地质灾害应急中心在自治区东、中、西部选取11个地质灾害隐患点，进行了“应急会商野外操作演练”。

2013年6月18—19日，自治区地质灾害应急中心在乌兰察布市察右中旗举办地质灾害防治培训暨应急避险演练现场会议。全区12个盟市和满洲里市、二连浩特市及地质灾害易发区63个旗县（市、区）的政府分管领导及各级地质灾害防治工作人员共计234人参加。6月19日，国土资源部地质灾害应急管理办公室、自治区国土资源厅和乌兰察布市人民政府在察右中旗乌

2013年6月19日应急演练的不同场景。从上而下分别为：察右中旗乌兰哈业苏木老窑沟泥石流地质灾害应急演练观摩现场；部署在各监测点监测人员向指挥部报告情况；飞行器升空检查泥石流发生灾害情况；村干部向避险村民做安抚宣传。

兰哈页苏木老窑沟联合举办地质灾害应急演练。参加演练的有国土资源部应急技术指导中心、自治区地质环境专家、察右中旗政府和相关部门人员、乌兰哈页苏木老窑沟第四中学师生、当地村民、武警黄金第二支队官兵等共计350余人。12个盟市和满洲里市、二连浩特市及地质灾害易发区63个旗县(市、区)国土资源局主管地质灾害防治工作的180余人观摩了演练。

2014年4—7月,自治区地质灾害应急中心分别在鄂尔多斯市准格尔旗龙口镇榆树湾村、呼伦贝尔市鄂温克族自治旗巴彦塔拉达斡尔民族乡温都日嘎查、巴彦淖尔市乌拉特中旗德岭山镇兴丰村姚亮湾沟开展了地质灾害应急演练。

2004—2015年内蒙古自治区群测群防地质灾害监测网点统计表

表4-4-1

年度	设监测网点的旗(县、市、区)	布设群测群防网点	地质专业监测点	备注
2004年	5个	196个	2个	地质专业监测点:包头市石拐区大发滑坡、红旗山危岩体。
2005年	—	389个	—	
2006年	—	783个	—	
2007年	24个	1328个	—	
2008年	39个	1510个	—	
2009年	54个	1910个	—	
2010年	54个	2159个	—	
2011年	63个	2365个	—	
2012年	63个	2365个	—	建立以预防为主的地质灾害监测、预警预报体系,形成较为完善的地质灾害群测群防网络。
2013年	63个	2365个	—	
2014年	63个	2365个	—	
2015年	63个	2365个	—	根据1:5地质灾害调查成果,对17个旗县市(区)群测群防网络和地质灾害数据库进行完善与更新。

(二)"十有县"建设

2010年,赤峰市元宝山区、阿鲁科尔沁旗和乌兰察布市丰镇市、察哈尔右翼中旗被国土资源部命名为地质灾害群测群防"十有县"(十有:有组织、有经费、有规划、有预案、有制度、有宣传、有预报、有监测、有手段、有警示)。全区已建成9个地质灾害群测群防"十有县"。

2010年4月9日,自治区国土资源厅印发《关于进一步加强地质灾害群测群防"十有县"建设的通知》。国土资源部公布的地质灾害群测群防"十有县",自治区有突泉县、准格尔旗、兴和县、卓资县、包头市石拐区。自治区国土资源厅要求,"十有县"所在盟市国土资源局要进一步督促旗县落实《地质灾害群测群防体系“十有县”建设要求》。已完成县(市)地质灾害调查与区划工作的其他49个旗县(市)所在盟市国土资源局,要积极按照《国土资源部关于开展地质灾害群测群防“十有县”建设的通知》要求,认真落实地质灾害群测群防工作,按照“十有县”各项要求建设的同时,重点要争取当地政府对地质灾害防治工作的投入。

2013年中央财政下达资金180万元,为“十有县”配备了应急调查车辆。2014年全区有14个旗县被国土资源部命名为地质灾害防治高标准“十有县”。

七、专项防治

(一)达拉特旗西柳沟泥石流防治

1998年7月5日、12日,伊克昭盟(今鄂尔多斯市)达拉特旗西柳沟出现暴雨,形成两次较大规模的泥石流,将设在黄河主河道上的包钢3个供水口淤埋,造成包钢停产3天,经济损失达1亿元。为减轻和防止西柳沟泥石流对包钢取水口的突发性威胁,自治区地质环境监测总站于1999年7月至2000年9月开展了西柳沟泥石流应急防治工程,并提交了《内蒙古自治区西柳沟泥石流应急防治工程勘查报告》和《内蒙古自治区西柳沟泥石流应急防治工程可行性研究报告》。2000年10月20日,提交成果通过自治区国土资源厅初审;11月14日,通过国土资源部地质环境司组织的终审。

2009年,财政部、国土资源部下达内蒙古特大型地质灾害防治经费,经自治区国土资源厅安排471万元开展了达拉特旗西柳沟泥石流治理工程。

(二)扎兰屯市东山泥石流防治

1998年8月14日,呼伦贝尔盟(今呼伦贝尔市)扎兰屯市东山沟发生大规模泥石流,淹没民房50余户,造成危房150余户,波及1804户;冲毁道路3条、大棚60多亩;封堵了市区铁东办事处4个居委会范围内的道路,致使交通中断,停电停水,造成直接经济损失近300万元。为防止泥石流再次发生,自治区地质环境监测总站于1999年7月至2000年9月开展了扎兰屯市区泥石流灾害调查工作,提交了《内蒙古自治区扎兰屯市区泥石流灾害调查报告》和《内蒙古自治区扎兰屯市东山泥石流灾害综合治理可行性研究报告》及《内蒙古自治区扎兰屯市东山泥石流灾害综合治理勘查报告》。2000年9月17日,提交成果通过自治区国土资源厅组织的审查验收。

2001—2002年,自治区国土资源厅组织实施了扎兰屯市地质灾害调查和区划工作,并编制了扎兰屯市泥石流防灾预案,建立群测群防网络体系。

(三)包头市石拐区大发滑坡、红旗山危岩体防治

2000年10月、2001年10月,自治区国土资源厅组织有关单位对包头市石拐区大发滑坡布置监测点进行监测,其中大发滑坡布置移位监测点9个,地下水监测点1个。对红旗山危岩体的三组裂隙的监测频率为每周一次,雨季加密。

2001年11月15日,自治区国土资源厅组织自治区地质环境监测总站和自治区水勘一院等单位的专家,对包头市石拐区红旗山体裂缝进行了现场调查。调查认为,红旗山稳定岩体为一大型崩塌、滑坡,遇暴雨或其他外力作用,极易发生崩塌、滑坡,直接威胁滑坡体下工人村居民的生命财产安全。12月7日,自治区国土资源厅印发《关于抓紧认真做好石拐红旗山滑坡地质灾害防治工作的通知》,要求包头市地矿局督促石拐区地矿局认真坚持值班制度、险情巡察制度和灾害速报制度,指派专人对滑坡体进行定期监测,做好详细记录,强化监测、预测、预报工作,提出具体的防灾预案,并加紧组织实

施。同时,加强地质灾害预防、避让知识宣传工作,采取多种方式大力开展地质灾害预防宣传活动,普及防治地质灾害基本知识。要协助当地人民政府制定遇灾疏散、救助方案,确保一旦发现险情采取紧急措施,迅速疏散人口,并向上级政府和主管部门报告。

2001—2002 年,自治区国土资源厅组织实施了石拐区地质灾害调查和区划工作,建立群测群防网络体系。

(四)交通沿线地质灾害防治

2003 年 7 月 3 日,自治区国土资源厅转发国家三部局《关于加强公路沿线地质灾害防治工作的通知》要求,各盟市国土资源局配合交通管理部门对辖区内公路进行一次全面检查,在查明公路沿线地质灾害危险点和隐患点的基础上,协助交通部门编制年度公路沿线地质灾害防灾预案。督促建设单位在公路施工前进行地质灾害危险性评估,检查建设单位是否按评估报告提出的防治建议采取了相应的措施,防患于未然。

2008 年 9 月 5 日,自治区国土资源厅转发《国土资源部铁道部关于加强铁路沿线地质灾害防范工作的通知》要求,各级国土资源管理部门认真贯彻落实国务院办公厅《关于做好当前地质灾害防范工作的意见》,协助铁路部门定期对影响既有铁路安全的地质灾害隐患点进行排查,发现隐患点要及时处理,切实落实各项防治措施。加强铁路沿线地质灾害防治力度,对铁路两侧和线路安全保护区范围内工程建设和人类活动诱发地质灾害的行为,要积极配合铁路部门解决予以制止,确保既有铁路线的运输安全。

2009 年,财政部、国土资源部下达自治区特大型地质灾害防治经费,经自治区国土资源厅安排 300 万元实施了鄂温克自治旗海拉尔—伊敏铁路 K67 +460 段滑坡治理工程。

(五)清水河县城湾地区煤矿地质灾害综合治理

呼和浩特市清水河县城湾地区煤矿开采多年,造成环境地质问题较多,以地面塌陷和地裂缝最为突出。2007 年,自治区财政厅和国土资源厅批准实施呼和浩特市清水河县城湾地区煤矿地质灾害综合治理工程。2010 年 7 月 15—16 日,自治区国土资源厅和财政厅联合组织工程验收领导小组和专家组,呼和浩特市国土资源局组织实施的清水河县城湾地区煤矿地质灾害综合治理工程进行了审查验收。

第三节　地下水监测

一、监测工作管理

全区地下水监测工作由自治区地质环境监测院承担。其下设有呼和浩特、包头、赤峰、通辽、集宁、乌海、河套 7 个监测站,鄂尔多斯市的地下水监测工作由自治区水勘二院代管。监测区域包括呼和浩特市、包头市、赤峰市、通辽市、集宁区、鄂尔多斯市、乌海市和河套地区,监测重点集中于监测城市的市区及近郊周边地区。监测项目有地下水水位、水质、水温、泉流量动态监测等,同时对部分地表水及废水进行监测。

2001 年 3 月 31 日,自治区国土资源厅转发国土资源部《关于加强地下水监测监督管理的通知》要求,各盟市地矿局要组织有关单位加强地下水的监测。

2003 年 6 月 30 日，自治区国土资源厅和地震局联合向自治区政府上报《关于在呼和浩特市回民区西龙王庙等地发现地下水温度异常的报告》，自治区政府副主席郭子明批示。8 月 19 日，自治区国土资源厅印发关于落实自治区主席对呼市发现地下水温度异常报告指示的通知，就落实自治区领导批示进行部署，并组织有关专家深入现场对呼市市区水井温度异常现象进行调查研究。

2005 年 7 月 12 日，自治区国土资源厅办公室印发《关于加强地下水动态监测孔保护工作的通知》，要求各盟市国土资源局切实做好地下水动态监测孔的保护工作。

2006 年 1 月 5 日，自治区国土资源厅转发国土资源部《关于进一步做好地下水环境监测工作的通知》，要求各盟市旗县国土资源局按照国土资源部有关要求，在收集分析本辖区地下水资源分布、利用现状基础上，结合本地区可能发生的地下水环境污染事件，抓紧编制地下水应急监测预案。自治区地质环境监测院和各地质环境监测分院协助驻地国土资源部门编制当地地下水应急监测预案。切实履行监测、监督防止地下水过量开采与污染的职责。自治区地质调查院和自治区地质环境监测院要积极参与各盟市水资源规划编制、实施和水资源安全保障供给工作，按规划做好应急水源地的勘查工作。各盟市国土资源局和自治区地质环境监测院要对现有地下水监测网点、监测项目进行评估，并对尚未建立监测分院的盟市积极推进机构建设工作，加强地下水监测网的建设。提高地下水环境污染突发事件应对能力，确保人民正常用水供给。

2012 年 12 月 19 日，自治区国土资源厅印发《内蒙古自治区国土资源厅关于进一步加强全区地质环境监测工作的意见》，强调：要紧紧围绕自治区生态文明建设和建设资源节约型、环境友好型社会总要求，依托自治区、盟市现有相关专业队伍，创新体制机制，拓宽服务领域，实行“一个单位，多块牌子，双向管理，服务全局”的管理模式，全区各盟市全面建立地质环境监测机构，逐步实现全区地质环境监测地区、监测内容的全覆盖，全面履行全区地质环境监测职责，为推进全区生态文明建设做出应有贡献。呼和浩特市、包头市、通辽市、赤峰市、乌兰察布市集宁区、乌海市等 6 个地质环境监测分院，隶属于自治区地质环境监测院，是自治区地质环境监测院下设的科级机构，其编制、人员、费用、资产由自治区地质环境监测院负责管理。直属分院应当创新机制，扩展工作领域，提升监测与服务水平。呼伦贝尔市、满洲里市、兴安盟、锡林郭勒盟、二连浩特市、鄂尔多斯市、巴彦淖尔市、阿拉善盟等盟市，结合本地区实际，组建或以挂靠盟市国土资源行政主管部门直属相关专业事业单位的方式，建立盟市级地质环境监测机构，承担当地盟市国土资源行政主管部门地质环境监测技术业务支撑工作，依据自治区地质环境监测院与当地盟市国土资源行政主管部门的约定，开展相关地质环境监测工作。

2013 年，全区地质环境监测机构建设按照“一个单位，多块牌子，双向管理，服务全局”的管理模式，在呼伦贝尔市、兴安盟、锡林郭勒盟、鄂尔多斯市、巴彦淖尔市、阿拉善盟、满洲里市、二连浩特市建立了地质环境监测机构。至此，盟（市）级地质环境监测机构全部建立。

2014 年，自治区国土资源厅组织完成国家地下水监测工程（内蒙古部分）的初步设计工作。同时，全区 14 个主要城市地下水监测网建设与维护工作启动，对全区城市地下水监测站网现状和地下水监测现状进行了摸底调查，并在原有 7 个城市地下水监测网的基础上，对地下水监测的空白区进行了监测网部署。

从 2002 年至 2015 年，自治区国土资源厅连续 14 年发布了各年度的《内蒙古自治区地质环境公报》。

二、地下水监测

(一)监测网点

2000年,全区地下水监测总控制面积为4116平方千米,有各类地下水监测点1285个。

2001年,全区地下水监测面积4217平方千米,有各类地下水监测点929个。

2002年,全区地下水监测总控制面积为4071平方千米,有各类地下水监测点1160个(其中包括河套地区的一个国家级监测点)。

2003年,全区地下水监测面积4034平方千米,有各类地下水监测点1149个。

2004年,全区地下水监测总面积4034平方千米,有各类地下水监测点1149个。全年共采集监测数据1720组,取水样372个。提交主要城市地下水水情通报及水情预报8份。

2005年,全区地下水监测总面积4270.7平方千米,有地下水监测点995个,其中,国家级监测点1个,共采集监测数据22 142组,取水样389件。

2006—2015年,全区地下水监测控制面积4293.7平方千米。各类地下水监测点,2006年有923个,采集监测数据22 536组,取水样389件;2007年有987个,采集监测数据21 586组,取水样387件;2008年有938个,采集监测数据21 048组,取水样393件,提交地质环境监测报告1份;2009年有895个,采集监测数据21 429组,取水样390件,提交地质环境监测报告1份、地下水水情通报1份。2010年有各类地下水监测点899个,采集监测数据21 138组,取水样384件;提交了全区地质环境监测报告、地下水水情通报;完成呼和浩特市、包头市区10个国家监测孔修复和孔口保护工作;根据国家地下水监测工程项目可行性研究报告会议的精神,编制《国家地下水监测工程项目可行性研究报告》。2011年,全区有各类地下水监测点883个,采集监测数据20 949组,取水样380件;完成通辽市、赤峰市10个国家监测孔的洗孔和孔口保护工作;提交全区地质环境监测报告1份、地下水水情通报1份。2012年,全区有各类地下水监测点842个,采集监测数据21 092组,取水样336件;完成集宁10个国家监测孔的洗孔和孔口保护工作;提交地质环境监测报告1份,提交地下水水情通报1份。2013年全区有各类地下水监测孔821个,采集监测数据20 084组,取水样318件,完成20个省级监测孔的洗孔和孔口保护工作,提交地质环境监测成果报告1份。2014年全区有各类地下水监测孔826个,采集监测数据20 046组,取水样368件,完成20个省级监测孔的洗孔和孔口保护工作,提交地质环境监测成果报告1份。2015年全区有各类地下水监测点810个(其中国家级55个,省级455个,统测点300个),采集监测数据21 772组,取水样368件。针对监测孔破坏、淤堵现象,2015年启动了地下水监测网维护工作,对呼和浩特、包头、集宁、乌海淤堵监测孔进行了修复。

地质环境监测技术人员在外业采集监测数据。

（二）地下水位动态

据全区已有7个主要城市监测区的地下水位监测动态数据，2002年地下水位变化趋势以上升为主的有呼和浩特、集宁、乌海3个监测区；地下水位明显下降的有包头、通辽、赤峰3个监测区，地下水位保持基本稳定的为东胜监测区。

2003年，在全区7个主要城市监测区中，地下水位以上升为主的有呼和浩特、包头、集宁和东胜4个监测区，地下水位变化趋势为下降的有通辽、赤峰、乌海3个监测区。

2004年，全区7个主要城市监测区中，地下水位以下降为主的有包头承压水、通辽、赤峰、乌海4个监测区，以上升为主的有呼和浩特、包头潜水、集宁、东胜4个监测区。

2005年，全区7个主要城市监测区中，地下水位变化趋势以下降为主的包括呼和浩特、包头、通辽、东胜、乌海5个监测区，地下水位变化趋势基本稳定的包括赤峰、集宁2个监测区。

2006年，全区7个主要城市监测区中地下水位以下降为主的有呼和浩特、包头承压水、通辽、集宁、乌海5个监测区，包头潜水、赤峰和东胜3个监测区地下水位基本稳定。

2007年，全区7个主要城市监测区中，地下水位变化趋势基本稳定的有赤峰和集宁2个监测区，其余城市的地下水位变化趋势均以下降为主。地下水位下降较严重的主要是呼和浩特承压水和包头承压水。呼和浩特承压水强烈下降区，主要分布在西北部的西乌素图、东部南店、黄金机修厂及东郊一带，分布面积646.25平方千米，占监测区总面积的89.76%；包头承压水强烈下降区呈面状分布于监测区西部，分布面积459.30平方千米，占监测区总面积的77.54%。

2008年，低水位期地下水位与上年同期相比，在全区7个主要城市监测区中，赤峰监测区的地下水位变化趋势以弱下降为主，下降区面积381.1平方千米，占监测区总面积的88.76%。其余城市监测区的地下水位基本稳定。

2009年，低水位期地下水位与上年同期相比，呼和浩特承压水、包头承压水和通辽、赤峰、集宁潜水地下水位变化趋势以下降为主，其余城市的地下水位基本稳定。

2010年，低水位期地下水位与上年同期相比，呼和浩特、包头承压水、赤峰、通辽地下水位变化趋势以下降为主，其余地下水位基本稳定。

2011年，低水位期地下水位与上年同期相比，呼和浩特、包头承压水、通辽、赤峰、集宁5个监测区的地下水位变化趋势以下降为主，包头潜水、东胜、乌海3个监测区的地下水位基本稳定。

2012年，低水位期地下水与上年同期相比，呼和浩特承压水、包头承压水、集宁潜水3个监测区地下水位变化趋势以弱下降为主，包头潜水以弱上升为主，其余以基本稳定为主。

2013年，低水位期地下水与上年同期相比，呼和浩特潜水、乌海潜水2个监测区水位变化趋势以弱上升为主，包头承压水以弱下降为主，其余监测区以基本稳定为主。

2014年，低水位期地下水与上年同期相比，呼和浩特、包头承压水、赤峰、通辽4个监测区均以下降为主，其余以基本稳定为主。

2015年，低水位期地下水与上年同期相比，包头承压水水位急剧下降，呼和浩特潜水和乌海潜水水位基本稳定，东胜潜水以弱上升为主，其余地下水水位以弱下降为主。

2002 年内蒙古自治区主要城市监测区地下水位总体变化趋势表

表 4－4－2

监测区名称	含水层类型	总体趋势	平均变幅(米)	最大变幅(米)
呼和浩特	潜水	上升为主	0.76	3.61
	承压水	上升为主	1.16	5.32
包头	潜水	下降为主	－0.63	－3.03
	承压水	明显下降	－0.50	－4.93
赤峰	潜水	明显下降	－1.49	－4.38
通辽	潜水	明显下降	－0.97	－2.89
乌海	潜水	上升为主	－0.12	－0.76
集宁	潜水	上升为主	0.96	4.02
东胜	潜水	基本稳定	—	—

2003 年内蒙古自治区主要城市监测区地下水位总体变化趋势表

表 4－4－3

监测区名称	含水层类型	总体趋势	平均变幅(米)	最大变幅(米)
呼和浩特	潜水	上升为主	0.85	2.38
	承压水	上升为主	1.00	2.37
包头	潜水	上升为主	1.05	3.02
	承压水	上升为主	1.00	4.37
赤峰	潜水	下降为主	－0.66	－2.90
通辽	潜水	下降为主	－0.319	－1.30
乌海	潜水	下降为主	－0.71	－1.71
集宁	潜水	上升为主	0.83	4.74
东胜	潜水	上升为主	0.27	2.80

2004 年内蒙古自治区主要城市监测区地下水位总体变化趋势表

表 4－4－4

监测区名称	含水层类型	总体趋势	平均变幅(米)	最大变幅(米)
呼和浩特	潜水	上升为主	0.68	3.14
	承压水	上升为主	0.39	2.43
包头	潜水	上升为主	1.35	3.65
	承压水	下降为主	－3.49	－13.61
赤峰	潜水	下降为主	－0.63	－3.00
通辽	潜水	下降为主	－0.86	－4.12
乌海	潜水	下降为主	－0.17	－0.64
集宁	潜水	上升为主	0.64	2.78
东胜	潜水	上升为主	0.81	1.31

2005 年内蒙古自治区主要城市监测区地下水位总体变化趋势表

表 4－4－5

监测区名称	含水层类型	总体趋势	平均变幅(米)	最大变幅(米)
呼和浩特	潜水	下降为主	－0.82	－4.21
	承压水	下降为主	－1.16	－4.68
包头	潜水	下降为主	－1.82	－6.26
	承压水	下降为主	－2.30	－7.76
赤峰	潜水	基本稳定	0.67	－2.85
通辽	潜水	下降为主	－0.48	－1.73
集宁	潜水	基本稳定	0.25	6.52
乌海	潜水	下降为主	－0.17	－2.22
东胜	潜水	下降为主	－0.25	－1.37

2006 年内蒙古自治区主要城市监测区地下水位总体变化趋势表

表 4－4－6

监测区名称	含水层类型	总体趋势	平均变幅(米)	最大变幅(米)
呼和浩特	潜水	下降为主	－0.89	－6.24
	承压水	下降为主	－1.72	－3.12
包头	潜水	基本稳定	1.83	3.62
	承压水	下降为主	－4.56	－13.73
赤峰	潜水	基本稳定	1.01	—
通辽	潜水	下降为主	－0.27	－1.34
集宁	潜水	下降为主	0.74	－3.49
乌海	潜水	下降为主	－0.38	—
东胜	潜水	基本稳定	－1.09	1.87

2007 年内蒙古自治区主要城市监测区地下水位总体变化趋势表

表 4－4－7

监测区名称	含水层类型	总体趋势	平均变幅(米)	最大变幅(米)
呼和浩特	潜水	下降为主	－0.82	－4.21
	承压水	下降为主	－1.16	－4.68
包头	潜水	下降为主	－1.82	－6.26
	承压水	下降为主	－2.30	－7.76
赤峰	潜水	基本稳定	0.67	－2.85
通辽	潜水	下降为主	－0.48	－1.73
集宁	潜水	基本稳定	0.25	6.52
乌海	潜水	下降为主	－0.17	－2.22
东胜	潜水	下降为主	－0.25	－1.37

2008 年内蒙古自治区主要城市监测区地下水位总体变化趋势表

表 4-4-8

监测区名称	含水层类型	总体趋势	平均变幅(米)	最大变幅(米)
呼和浩特	潜水	基本稳定	—	—
	承压水	基本稳定	—	—
包头	潜水	基本稳定	—	—
	承压水	基本稳定	—	—
赤峰	潜水	弱下降为主	-1.22	-9.32
通辽	潜水	基本稳定	—	—
集宁	潜水	基本稳定	—	—
乌海	潜水	基本稳定	—	—
东胜	潜水	基本稳定	—	—

2009 年内蒙古自治区主要城市监测区地下水位总体变化趋势表

表 4-4-9

监测区名称	含水层类型	总体趋势	平均变幅(米)	最大变幅(米)
呼和浩特	潜水	基本稳定	—	—
	承压水	下降为主	-2.04	-5.12
包头	潜水	基本稳定	—	—
	承压水	弱下降为主	-1.77	-6.33
赤峰	潜水	弱下降为主	-1.40	-5.32
通辽	潜水	弱下降为主	-0.68	-1.96
集宁	潜水	下降为主	-0.55	-2.16
乌海	潜水	基本稳定	—	—
东胜	潜水	基本稳定	—	—

2010 年内蒙古自治区主要城市监测区地下水位总体变化趋势表

表 4-4-10

监测区名称	含水层类型	总体趋势	平均变幅(米)	最大变幅(米)
呼和浩特	潜水	弱下降为主	-1.34	-4.86
	承压水	弱下降为主	-2.39	-8.57
包头	潜水	基本稳定	—	—
	承压水	下降为主	-2.38	-21.11
赤峰	潜水	强下降为主	-4.06	-8.96
通辽	潜水	弱下降为主	-0.44	-1.49
集宁	潜水	稳定-弱下降	-1.00	-6.30
乌海	潜水	基本稳定	-0.23	—
东胜	潜水	基本稳定	—	—

2011年内蒙古自治区主要城市监测区地下水位总体变化趋势表

表4－4－11

监测区名称	含水层类型	总体趋势	平均变幅（米）	最大变幅（米）
呼和浩特	潜水	弱下降为主	－1.59	－5.53
	承压水	弱下降为主	－2.13	－5.78
包头	潜水	基本稳定	—	—
	承压水	下降为主	－1.95	－5.96
赤峰	潜水	弱下降为主	－1.09	－1.84
通辽	潜水	弱下降为主	－0.68	－2.05
集宁	潜水	下降为主	－1.02	－4.78
乌海	潜水	基本稳定	—	—
东胜	潜水	基本稳定	—	—

2012年内蒙古自治区主要城市监测区地下水位总体变化趋势表

表4－4－12

监测区名称	含水层类型	总体趋势	平均变幅（米）	最大变幅（米）
呼和浩特	潜水	基本稳定	—	—
	承压水	弱下降为主	－0.54	－2.29
包头	潜水	弱上升为主	1.20	1.95
	承压水	弱下降为主	－1.02	－1.76
赤峰	潜水	基本稳定	—	—
通辽	潜水	基本稳定	—	—
集宁	潜水	弱下降为主	－1.13	－5.35
乌海	潜水	基本稳定	—	—
东胜	潜水	基本稳定	—	—

2013年内蒙古自治区主要城市监测区地下水位总体变化趋势表

表4－4－13

监测区名称	含水层类型	总体趋势	平均变幅（米）	最大变幅（米）
呼和浩特	潜水	弱上升	＋0.81	＋6.15
	承压水	基本稳定	＋0.45	＋4.26
包头	潜水	基本稳定	－0.45	－1.89
	承压水	弱下降	－1.78	－6.35
赤峰	潜水	基本稳定	＋0.15	＋8.12
通辽	潜水	基本稳定	－0.15	＋2.77
集宁	潜水	基本稳定	＋0.24	＋13.00
乌海	潜水	弱上升	＋0.75	＋1.79
东胜	潜水	基本稳定	－0.36	－2.24

2014 年内蒙古自治区主要城市监测区地下水位总体变化趋势表

表 4－4－14

监测区名称	含水层类型	总体趋势	平均变幅(米)	最大变幅(米)
呼和浩特	潜水	下降为主	－1.24	－6.18
	承压水	下降为主	－1.53	－5.97
包头	潜水	基本稳定	－0.14	－3.18
	承压水	下降为主	－1.88	－4.38
赤峰	潜水	下降为主	－1.30	－5.16
通辽	潜水	下降为主	－0.73	－3.27
集宁	潜水	基本稳定	－0.005	－11.93
乌海	潜水	基本稳定	＋0.40	－2.24
东胜	潜水	基本稳定	＋0.17	＋1.46

2015 年内蒙古自治区主要城市监测区地下水位总体变化趋势表

表 4－4－15

监测区名称	含水层类型	总体趋势	平均变幅(米)	最大变幅(米)
呼和浩特	潜水	基本稳定	－0.27	－6.12
	承压水	弱下降为主	－1.25	－7.51
包头	潜水	弱下降为主	－1.30	－3.89
	承压水	急剧下降	－3.74	－9.59
赤峰	潜水	弱下降为主	－1.19	－5.16
通辽	潜水	弱下降为主	－0.73	－2.70
集宁	潜水	弱下降为主	－0.26	－15.26
乌海	潜水	基本稳定	＋0.45	－2.10
鄂尔多斯	潜水	弱上升为主	＋1.11	＋1.60

(三)地下水质动态

据全区已有 7 个主要城市监测区的地下水质监测动态数据,2002 年与上年相比,水质变差的有赤峰潜水、包头潜水和承压水、呼和浩特承压水;水质基本稳定的为呼和浩特潜水、通辽潜水、乌海潜水、集宁潜水、东胜潜水。

2003 年,与上年相比水质变差的有赤峰潜水、通辽潜水、集宁潜水、乌海潜水;基本稳定的有呼和浩特潜水和承压水、包头潜水和承压水、东胜潜水。

2004 年,与上年相比水质变差的有呼和浩特潜水、东胜潜水、乌海潜水;基本稳定的有呼和浩特承压水、包头潜水和承压水;水质变好的有通辽潜水、赤峰潜水、集宁潜水。

2005 年,与上年相比水质变差的有通辽潜水;水质变好的有集宁潜水和乌海潜水;其余水质基本保持稳定。

2006 年,与上年相比水质变差的有包头潜水、东胜潜水;基本稳定的有包头承压水;水质好转的有呼和浩特潜水和承压水、通辽潜水、赤峰潜水、集宁潜水及乌海潜水。

2007 年,与上年相比水质变差的有赤峰潜水、通辽潜水、集宁潜水、乌海潜水;基本稳定的有呼和浩特潜水和承压水、包头潜水和承压水;水质好转的只有东胜潜水。

2008 年,与上年相比水质变差的有通辽潜水、集宁潜水;基本稳定的有呼和浩特潜水和承压水、包头潜水和承压水、赤峰潜水、乌海潜水;水质好转的只有东胜潜水。

2009 年,与上年相比水质变差的有包头潜水、集宁潜水;基本稳定的有呼和浩特潜水和承压水、包头承压水、赤峰潜水、通辽潜水、乌海潜水;水质好转的只有东胜潜水。

2010 年,与上年相比水质变差的有赤峰、通辽、东胜潜水;基本稳定的有呼和浩特潜水和承压水、包头潜水和承压水、集宁潜水、乌海潜水。

2011 年,与上年相比水质变差的有包头承压水、集宁潜水;基本稳定的有呼和浩特潜水、包头潜水、赤峰潜水、乌海潜水;水质好转的有呼和浩特承压水、通辽潜水、东胜潜水。

2012 年,与上年相比水质变差的有包头潜水和承压水、集宁潜水、乌海潜水;基本稳定的有赤峰潜水;水质好转的有呼和浩特潜水和承压水、通辽潜水、东胜潜水。

2013 年,与上年相比,集宁潜水水质有所好转,其他监测区的水质保持基本稳定。

2014 年,城市地下水水质达优良级别的只有呼和浩特潜水、承压水;达良好级别的有包头承压水、赤峰潜水;包头潜水、通辽潜水、集宁潜水在部分地区出现较差级别。与上年度相比,集宁潜水水质有所好转,其他监测区的水质保持基本稳定。

2015 年,城市地下水水质优良级别的有呼和浩特承压水、鄂尔多斯潜水;水质良好级别的有呼和浩特潜水、赤峰潜水;包头潜水、包头承压水、通辽潜水、集宁潜水在部分地区出现较差级别。与上年度相比,呼和浩特潜水和承压水、包头潜水和承压水、集宁潜水水质变差,其他监测区水质保持基本稳定。

2002 年内蒙古自治区主要城市监测区地下水水质变化统计表

表 4-4-16

监测区名称	含水层类型	与上年相比地下水水质变化趋势		
		水质变化趋势	水质好转及主要变化指标	水质恶化及主要恶化指标
呼和浩特	潜水	基本稳定		
	承压水	水质变差		总硬度、亚硝酸盐、氨氮、铁
包头	潜水	水质变差		总硬度、矿化度、硫酸盐、硝酸盐、氯化物、氟化物
	承压水	水质变差		总硬度、矿化度、硝酸盐、氯化物、砷
赤峰	潜水	水质变差		总硬度、矿化度、硫酸盐、硝酸盐、氟化物、酚
通辽	潜水	基本稳定		
集宁	潜水	基本稳定		
乌海	潜水	基本稳定		
东胜	潜水	基本稳定		

2003年内蒙古自治区主要城市监测区地下水水质变化统计表

表4-4-17

监测区名称	含水层类型	与上年相比地下水水质变化趋势		
		水质变化趋势	水质好转及主要变化指标	水质恶化及主要恶化指标
呼和浩特	潜水	基本稳定		
	承压水	基本稳定		
包头	潜水	基本稳定		
	承压水	基本稳定		
赤峰	潜水	水质变差		硫酸盐、氨氮、六价铬、溶解性总固体
通辽	潜水	水质变差		铁、氨氮、耗氧量
集宁	潜水	水质变差		溶解性总固体、硝酸盐、锰
乌海	潜水	水质变差		氯化物、硫酸盐、总硬度、矿化度
东胜	潜水	基本稳定		

2004年内蒙古自治区主要城市监测区地下水水质变化统计表

表4-4-18

监测区名称	含水层类型	与上年相比地下水水质变化趋势		
		水质变化趋势	水质好转及主要变化指标	水质恶化及主要恶化指标
呼和浩特	潜水	水质变差		总硬度、三氮、铁、锰
	承压水	基本稳定		
包头	潜水	基本稳定		
	承压水	基本稳定		
赤峰	潜水	水质变好	氨、总硬度、矿化度	
通辽	潜水	水质变好	Fe、NH_4^+、NO_2^-、F^-、总硬度、矿化度	
集宁	潜水	水质变好	总硬度、矿化度、硝酸盐氮	
乌海	潜水	水质变差		总硬度、矿化度、硫酸根、氯化物、硝酸根
东胜	潜水	水质变差		总硬度、矿化度、三氮

2005年内蒙古自治区主要城市监测区地下水水质变化情况表

表4－4－19

监测区名称	含水层类型	与上年相比地下水水质变化趋势	
		水质变化趋势	主要变化指标
呼和浩特	潜水	基本稳定	
	承压水	基本稳定	
包头	潜水	基本稳定	
	承压水	基本稳定	
赤峰	潜水	基本稳定	
通辽	潜水	水质变差	总硬度、硝酸盐、亚硝酸盐、氨氮、氯化物、氟化物、铁、锰
集宁	潜水	水质变好	硝酸盐、亚硝酸盐、氯化物
乌海	潜水	水质变好	矿化度、硫酸根、硝酸盐、亚硝酸盐、氨氮、氯化物、锰
东胜	潜水	基本稳定	

2006年内蒙古自治区主要城市监测区地下水水质变化情况表

表4－4－20

监测区名称	含水层类型	与上年相比地下水水质变化趋势	
		水质变化趋势	主要变化指标
呼和浩特	潜水	水质好转	暂时硬度、总碱度、游离性二氧化碳、氯、重碳酸根
	承压水	水质好转	总硬度、钠、氯、硫酸根、重碳酸根
包头	潜水	水质变差	总硬度、pH值、溶解性总固体、亚硝酸根、化学耗氧量
	承压水	基本稳定	
赤峰	潜水	水质好转	pH值、总硬度、氯、硝酸根、氟
通辽	潜水	水质好转	总硬度、硝酸盐、亚硝酸盐、氨氮、铁、锰、砷
集宁	潜水	水质好转	pH值、硝酸盐、亚硝酸盐
乌海	潜水	水质好转	溶解性总固体、硫酸根、硝酸盐、亚硝酸盐、氨氮、氯化物
东胜	潜水	水质变差	总硬度、溶解性总固体、氯化物

2007 年内蒙古自治区主要城市监测区地下水水质变化情况表

表 4－4－21

监测区名称	含水层类型	与上年相比地下水水质变化趋势	
		水质变化趋势	主要变化指标
呼和浩特	潜水	基本稳定	
	承压水	基本稳定	
包头	潜水	基本稳定	
	承压水	基本稳定	
赤峰	潜水	水质变差	铁
通辽	潜水	水质变差	总硬度、溶解性总固体、铁、锰、氨氮、耗氧量
集宁	潜水	水质变差	溶解性总固体、氯化物、硝酸盐、氟化物、汞
乌海	潜水	水质变差	氯化物、硝酸根、氨氮、六价铁
东胜	潜水	水质好转	总硬度、总固体硫酸盐、硝酸盐氮、氯化物、氯化物、亚硝酸盐氮、耗氧量、硫酸盐、溶解性总固体

2008 年内蒙古自治区主要城市监测区地下水水质变化情况表

表 4－4－22

监测区名称	含水层类型	与上年相比地下水水质变化趋势	
		水质变化趋势	主要变化指标
呼和浩特	潜水	基本稳定	
	承压水	基本稳定	
包头	潜水	水质变差	总硬度、pH 值、溶解性总固体、亚硝酸根、化学耗氧量
	承压水	基本稳定	
赤峰	潜水	基本稳定	
通辽	潜水	水质变差	pH 值、亚硝酸盐、氨氮、铁、锰
集宁	潜水	水质变差	溶解性总固体、氯化物、硝酸盐、氟化物、汞
乌海	潜水	基本稳定	
东胜	潜水	水质好转	总硬度、氨氮、硫酸盐、硝酸盐氮、氯化物、亚硝酸盐氮、耗氧量、溶解性总固体

2009 年内蒙古自治区主要城市监测区地下水水质变化情况表

表 4－4－23

监测区名称	含水层类型	与上年相比地下水水质变化趋势	
		水质变化趋势	主要变化指标
呼和浩特	潜水	基本稳定	
	承压水	基本稳定	
包头	潜水	水质变差	总硬度、溶解性总固体、Cl^-、SO_4^{2-}、NO_3^-、NO_2^-
	承压水	基本稳定	
赤峰	潜水	基本稳定	
通辽	潜水	基本稳定	
集宁	潜水	水质变差	挥发酚、pH 值、NO_3^-、溶解性总固体、Cl^-
乌海	潜水	基本稳定	
东胜	潜水	水质好转	总硬度、总固体、SO_4^{2-}、Cl^-、COD、NO_3^-、NO_2^-、氨氮

2010 年内蒙古自治区主要城市监测区地下水水质变化情况表

表 4－4－24

监测区名称	含水层类型	与上年相比地下水水质变化趋势	
		水质变化趋势	主要变化指标
呼和浩特	潜水	基本稳定	各组分含量基本无变化
	承压水	基本稳定	各组分含量基本无变化
包头	潜水	基本稳定	各组分含量基本无变化
	承压水	基本稳定	各组分含量基本无变化
赤峰	潜水	水质变差	NO_2^-、F－As 含量升高
通辽	潜水	水质变差	pH 值、亚硝酸盐、氨氮、铁、锰
集宁	潜水	基本稳定	各组分含量基本无变化
乌海	潜水	基本稳定	各组分含量基本无变化
东胜	潜水	水质变差	总硬度、总固体、SO_4^{2-}、Cl^-、COD、NO_3^-、NO_2^-、氨氮含量升高

2011 年内蒙古自治区主要城市监测区地下水水质变化情况表

表 4 -4 -25

监测区名称	含水层类型	与上年相比地下水水质变化趋势	
		水质变化趋势	主要变化指标
呼和浩特	潜水	基本稳定	
	承压水	水质好转	
包头	潜水	基本稳定	
	承压水	水质变差	总硬度、溶解性总固体、Cl^-、SO_4^{2-}、NO_3^-、NO_2^-
赤峰	潜水	基本稳定	
通辽	潜水	水质好转	
集宁	潜水	水质变差	挥发酚、pH 值、NO_3^-、溶解性总固体、Cl^-
乌海	潜水	基本稳定	
东胜	潜水	水质好转	

2012 年内蒙古自治区主要城市监测区地下水水质变化情况表

表 4 -4 -26

监测区名称	含水层类型	与上年相比地下水水质变化趋势	
		水质变化趋势	主要变化指标
呼和浩特	潜水	水质好转	总硬度、溶解性总固体、亚硝酸盐、氨氮、耗氧量、铁含量降低
	承压水	水质好转	硝酸盐含量降低
包头	潜水	水质变差	总硬度、氯化物、硫酸盐、亚硝酸盐含量升高
	承压水	水质变差	总硬度、氯化物、硫酸盐、氟化物含量升高
赤峰	潜水	基本稳定	各组分含量基本无变化
通辽	潜水	水质好转	溶解性总固体、硫酸盐、氯化物、铁、锰、硝酸盐、亚硝酸盐、氨氮、耗氧量含量降低
集宁	潜水	水质变差	总硬度、溶解性总固体、氯化物、硫酸盐、硝酸盐、硫酸盐、亚硝酸盐含量升高
乌海	潜水	水质变差	矿化度、硫酸盐、硝酸盐含量升高
东胜	潜水	水质好转	总硬度、溶解性总固体、氯化物、硫酸盐、硝酸盐、亚硝酸盐、氨氮、耗氧量含量降低

2013 年内蒙古自治区主要城市监测区地下水水质变化情况表

表 4－4－27

监测区名称	含水层类型	与上年相比地下水水质变化趋势	
		水质变化趋势	主要变化指标
呼和浩特	潜水	基本稳定	各组分含量基本无变化
	承压水	基本稳定	各组分含量基本无变化
包头	潜水	基本稳定	各组分含量基本无变化
	承压水	基本稳定	各组分含量基本无变化
赤峰	潜水	基本稳定	各组分含量基本无变化
通辽	潜水	基本稳定	各组分含量基本无变化
集宁	潜水	水质好转	总硬度、pH 值、挥发性酚、六价铬含量降低
鄂尔多斯	潜水	基本稳定	各组分含量基本无变化
乌海	潜水	基本稳定	各组分含量基本无变化

2014 年内蒙古自治区主要城市监测区地下水水质变化情况表

表 4－4－28

监测区名称	含水层类型	与上年相比地下水水质变化趋势	
		水质变化趋势	主要变化指标
呼和浩特	潜水	基本稳定	各组分含量基本无变化
	承压水	基本稳定	各组分含量基本无变化
包头	潜水	基本稳定	各组分含量基本无变化
	承压水	基本稳定	各组分含量基本无变化
赤峰	潜水	基本稳定	各组分含量基本无变化
通辽	潜水	基本稳定	各组分含量基本无变化
集宁	潜水	水质好转	总硬度、溶解性总固体、SO_4^{2-}、NO_3^-、pH 值、Cr^{6+}含量降低
乌海	潜水	基本稳定	各组分含量基本无变化
鄂尔多斯	潜水	基本稳定	各组分含量基本无变化

2015年内蒙古自治区主要城市监测区地下水水质变化情况表

表4-4-29

监测区名称	含水层类型	与上年相比地下水水质变化趋势	
		水质变化趋势	主要变化指标
呼和浩特	潜水	变差	总硬度、溶解性总固体、NO_3^-、氨氮、耗氧量、Mn、Cr^{6+}含量升高
	承压水	变差	总硬度、溶解性总固体、Cd^+、Mn、NO_2^-、氨氮、耗氧量含量升高
包头	潜水	变差	溶解性总固体、Cl^-、SO_4^{2-}、NO_2^-、F^-含量升高
	承压水	变差	总硬度、溶解性总固体、SO_4^{2-}、NO_3^-、NO_2^-、CODMn含量升高
赤峰	潜水	基本稳定	各组分含量基本无变化
通辽	潜水	基本稳定	各组分含量基本无变化
集宁	潜水	变差	总硬度、溶解性总固体、CN^-、Hg、Cd^+、氨氮、Fe、As、Cr^{6+}、Mn含量升高
乌海	潜水	基本稳定	各组分含量基本无变化
鄂尔多斯	潜水	基本稳定	各组分含量基本无变化

(四)环境地质问题

自治区主要城市开采地下水所诱发的环境地质问题主要为地下水降落漏斗。据已有监测数据,2002年全区主要城市监测区形成的降落漏斗有6个,漏斗面积为3.25~423.3平方千米,漏斗中心水位降落最大可达22.65米,年降幅最大可达5.98米。

2003年、2004年,全区主要城市监测区已形成的降落漏斗与上年相比,赤峰制药厂范围有所缩小,缩小3平方千米。其他漏斗均有所扩大,呼和浩特西水厂漏斗扩大1.5平方千米,包头古城湾漏斗扩大1平方千米,包头万兴公漏斗扩大18.4平方千米,赤峰一水源地漏斗扩大0.55平方千米,赤峰二水源地漏斗扩大1.37平方千米,赤峰露天矿疏干区漏斗扩大2平方千米,通辽玻璃厂降落漏斗扩大3.55平方千米。乌海市又生成一个新的降落漏斗。漏斗中心水位除包头古城湾漏斗、通辽玻璃厂漏斗呈上升趋势外,其余呈下降趋势,最大上升为1.29米(包头古城湾),最大下降值为11.59米(赤峰露天矿疏干区漏斗)。

2005年,各监测区已经形成的降落漏斗,除赤峰制药厂、通辽玻璃厂、东胜区东部漏斗范围有所缩小,东胜白家渠漏斗基本稳定外,其他漏斗均略有扩大,其中呼和浩特西水厂、包头万兴公漏斗分别增加33.25平方千米、26.8平方千米。漏斗中心水位除包头古城湾、赤峰制药厂、通辽玻璃厂、东胜城区东部及东胜白家渠漏斗中心水位呈上升趋势外,其余呈下降趋势,最大上升为1.29米(赤峰制药厂漏斗),最大下降值为2.22米(乌海海勃湾热电厂)。

2006年,各监测区已形成的降落漏斗,除包头万兴公、赤峰制药厂、东胜沙沙圪台漏斗范围有所缩小,海勃湾城区漏斗基本稳定外,其他漏斗均不同程度有所扩大,其中呼和浩特西水厂、赤峰元宝山、通辽玻璃厂漏斗分别增加 8.25 平方千米、5.53 平方千米和 3.5 平方千米。漏斗中心水位除呼和浩特市西水厂、赤峰制药厂、通辽玻璃厂、沙沙圪台水源地呈上升趋势，包头古城湾、通辽第二水厂水源地保持稳定趋势外，其余均呈下降趋势，最大上升值为 2.96 米（赤峰制药厂漏斗），最大下降值为 2.62 米（包头万兴公漏斗）。

2007 年，各监测区已经形成的降落漏斗，除海勃湾热电厂漏斗、东胜沙沙圪台漏斗范围有所缩小外，其他漏斗均略有扩大，其中呼和浩特西水厂漏斗、包头毛其来漏斗和万兴公漏斗分别增加 18 平方千米、17.8 平方千米、29.9 平方千米；漏斗中心水位除包头万兴公、赤峰元宝山、通辽第二水厂、海勃湾热电厂呈上升趋势外，其余均呈下降趋势，最大上升值为 2.54 米（包头万兴公漏斗），最大下降值 5.39 米（赤峰制药厂漏斗）。

2008 年，各监测区已经形成的降落漏斗区面积与上年相比，明显减小的有呼和浩特西水厂漏斗、包头毛其来漏斗、赤峰露天矿疏干区漏斗和赤峰元宝山电厂漏斗；鄂尔多斯市伊金霍洛旗沙沙圪台漏斗（ZK09 及沙沙圪台地段）和乌海市海勃湾城区漏斗面积略有增大，其他漏斗区面积变化不大。

2009 年，各监测区已经形成的降落漏斗与上年相比，大部分呈扩大趋势。呼和浩特市西水厂、包头市麻池镇万兴公水源地均长期开采承压水而得不到补给，致使漏斗面积逐渐扩大，中心水位逐年下降；包头市毛其来水源地，赤峰市元宝山电厂和一、二水源地，通辽市东郊工业区水源地，以上水源地均开采潜水，大气降水虽在一定程度上可补给地下水，但其远不能满足开采的需求，上述降落漏斗的面积明显扩大，中心水位基本呈下降趋势；乌海市海勃湾热电厂水源地、王元地水源地漏斗面积缩小，热电厂漏斗中心水位上升了 0.66 米；鄂尔多斯市沙沙圪台水源地漏斗面积有所缩小，但中心水位仍在下降；赤峰露天矿疏干区漏斗无明显变化，中心水位仍呈下降趋势。

2010 年，各监测区已经形成的降落漏斗与上年相比，大部分呈扩大趋势。呼和浩特市西水厂水源地均长期开采承压水而得不到有效补给，致使漏斗面积逐渐扩大，中心水位逐年下降；赤峰二水源地和露天矿疏干区漏斗、鄂尔多斯市东胜区均开采潜水，但其远不能满足开采的需求，因此上述降落漏斗的面积有明显的扩大，中心水位基本呈下降趋势；赤峰一水源地、元宝山电厂漏斗面积有所缩小，但中心水位仍呈下降趋势；通辽第二水厂开采漏斗、中心水位无明显变化；其余水源地漏斗面积有所扩大，但中心水位变化不大。

2011 年，各监测区已经形成的降落漏斗与上年相比，大部分呈扩大趋势。呼和浩特市西水厂、包头打不气漏斗因长期开采承压水而得不到有效补给，致使漏斗面积逐渐扩大，但由于开采量减少，通辽工业区及第二水厂长期开采潜水，大气降水虽在一定程度上可补给地下水，但其远不能满足开采的需求，因此上述降落漏斗的面积有明显的扩大，中心水位基本呈下降趋势；赤峰一水源地、元宝山电厂漏斗、赤峰露天矿疏干区漏斗、赤峰制药厂漏斗面积有所缩小，中心水位无明显变化；鄂尔多斯东胜区沙沙圪台漏斗面积略有缩小，虽降水量有所减少，开采量变化不大，但区外引水力度加大，以致中心水位呈上升趋势。

2012 年，各监测区已经形成的降落漏斗与上年相比，大部分呈缩小趋势。呼和浩特市西水厂、包头打不气漏斗虽长期开采承压水，但 2012 年降水量较大，致使承压水得到一定程度的补给，漏斗面积有所缩小，但中心水位处于下降趋势；包头毛其来漏斗、赤峰制药厂漏斗、通辽第二水厂长期开采潜水，大气降水虽在一定程度上补给了地下水，因此上述降落漏斗的面积有所缩小，中心水位基本呈上升趋势；赤峰一水源地、露天矿疏干区漏斗、通辽工业区漏斗面积有所扩大，虽大气降水补给量增加，但开采量大幅减少(主要是工业开采量减少),一水源地、通辽工业区中心水位有上升趋势;元宝山电厂漏斗面积虽有缩小,但中心水位仍呈下降趋势;乌海海勃湾电厂漏斗面积扩大,中心水位处于下降趋势;鄂尔多斯东胜区沙沙圪台漏斗消失。

2013 年,各监测区已形成的降落漏斗有 10 个。与上年度相比,中心水位急剧下降的有 2 个,弱下降的有 3 个,急剧上升的有 1 个,基本平稳的有 4 个。其中,赤峰元宝山电厂漏斗中心水位大幅上升 6.69 米;包头毛其来漏斗、包头打不气漏斗、赤峰一水源漏斗、通辽第二水厂漏斗、乌海海勃湾热电厂漏斗中心水位均出现较大幅度下降,下降幅度为 0.65 ~ 3.97 米。呼和浩特西水厂漏斗、赤峰露天矿疏干区漏斗、赤峰制药厂漏斗、通辽东郊工业区漏斗中心水位变化不大。降落漏斗面积明显扩大的有包头打不气漏斗、通辽东郊工业区漏斗、乌海海勃湾热电厂漏斗,面积明显缩小的有呼和浩特西水厂漏斗、赤峰露天矿疏干区漏斗、赤峰元宝山电厂漏斗,其余漏斗面积与上年度相比变化不大。

2014 年,各监测区已形成的降落漏斗有 8 个。与上年度相比,中心水位急剧下降的有赤峰制药厂漏斗,下降幅度为 2.17 米;弱下降的有包头打不气漏斗、通辽东郊工业区漏斗,下降幅度为 0.77 米 ~ 0.94 米;弱上升的有包头毛其来漏斗,上升幅度为 0.75 米;基本稳定的有呼和浩特西水厂漏斗、海勃湾热电厂漏斗、赤峰元宝山电厂漏斗、赤峰一水源漏斗;赤峰元宝山电厂漏斗、通辽第二水厂漏斗消失。降落漏斗面积明显扩大的有呼和浩特西水厂漏斗、赤峰露天矿疏干区漏斗、乌海海勃湾热电厂漏斗;面积明显缩小的有包头打不气漏斗、通辽东郊工业区漏斗;其余漏斗面积与上年度相比变化不大。

2015 年,各监测区已形成的降落漏斗有 9 个。与上年度相比,中心水位急剧下降的有赤峰一水源、制药厂漏斗、乌海蒙西漏斗,下降幅度分别为 4.84 米、4.93 米、2.1 米;弱下降的有呼和浩特西水厂漏斗,下降幅度为 0.92 米;弱上升的有包头毛其来漏斗,上升幅度为 0.98 米;基本稳定的有包头打不气漏斗、赤峰露天矿疏干区漏斗、通辽工业区漏斗;新增赤峰二水厂漏斗。降落漏斗面积明显扩大的有呼和浩特西水厂漏斗,面积明显缩小的有包头打不气漏斗,通辽东郊工业区漏斗;其余漏斗面积与上年度相比变化不大。

第四节　地质遗迹保护与地质公园管理

内蒙古地区地质遗迹数量众多,类型齐全,分布广泛。截至 2015 年,全区已建立地质遗迹保护区 17 处,其中国家级 1 处,自治区级 8 处,自治区级以下 8 处,总面积 27.07 万公顷。已批准建立地质公园 21 处,其中世界级 2 处、国家级 7 处、自治区级 12 处,总面积 48.64 万公顷。建立国家级矿山公园 4 处,总面积 4.16 万公顷。

一、地质遗迹保护

(一)遗迹调查与规划

1999 年 12 月 8 日,由国土资源部地质环境司组织专家组在呼和浩特市召开评审会议,评审通过自治区环境监测总站提交的《内蒙古自治区地质遗迹调查报告》。该项目首次对自治区全区范围的地质遗迹分盟市进行调查,基本查明自治区境内地质遗迹的类型、发布和现状。对全区地质遗迹保护区的规划提出建设性意见,其中国家级 6 个、自治区级 22 个、旗县级 38 个,共 66 个。

2005—2006 年,自治区国土资源厅开展全区地质遗迹调查与保护规划工作,调查地质遗迹点 101

处，发现一批地质遗迹。主要类型有古生物化石遗迹、地址剖面和构造剖面、地质地貌景观、水体景观、矿业开采遗迹。

2008 年 10 月 24 日，国土资源部地质环境司和自治区国土资源厅组织审查会议，审查通过自治区环境监测院提交的《内蒙古自治区地质遗迹调查报告》和《内蒙古自治区地质遗迹保护规划》。

2010 年 6 月 28 日，自治区国土资源厅、财政厅组织评审验收会议，审查通过由乌兰察布市国土资源局组织实施的“乌兰察布兴和县恐龙化石调查与评价项目(2007 年度)”。

(二)遗迹保护

1. 古生物化石保护

“九五”期间，自治区建立了“二连恐龙化石自然保护区”和“乌拉特后旗巴彦满都呼恐龙化石自然保护区”。

2001 年 2 月 19 日，自治区国土资源厅印发《关于加强对准格尔旗黑代沟地区哺乳类动物化石保护的通知》，要求伊克昭盟(今鄂尔多斯市)地矿局组织准格尔旗地矿局向当地政府汇报，建立旗级地质遗迹保护区，成立保护区管委会，制定保护规划，落实保护措施，并采取措施禁止已挖掘出的化石外流。准格尔旗哺乳类动物化石集中分布在黑代沟、布尔陶亥、窑沟、大路卯等乡，化石种类主要为独角犀、大唇犀、叉角鹿、三趾马、鬣狗、各种龟类化石等，品种多而集中，蕴藏量极为丰富，原地埋藏，保存完好，具有重要的科研价值和保护价值。

2002 年 10 月 25 日，自治区国土资源厅转发国土资源部《古生物化石管理办法》，自 2002 年 10 月 1 日起施行。当年，锡林郭勒盟国土资源局建成自治区第一个恐龙及矿产品陈列馆，陈列该地区的恐龙化石标本和矿产品。

2003 年 4 月 18 日，自治区政府批准额济纳旗马鬃山古生物化石地质遗迹保护区、阿拉善左旗恐龙化石保护区、乌拉特后旗巴彦满都呼恐龙化石保护区为自治区级自然保护区。6 月 17 日，国家文物局和国土资源部联合下发《关于进一步明确古生物化石保护管理工作的通知》，明确古猿、古人类化石及其与人类活动有关的第四纪古脊椎化石的保护、管理由国家文物局负责，其他古生物化石的保护、管理由国土资源部门负责。自治区国土资源厅与文化厅联合转发了该文件。10 月 14 日，自治区国土资源厅转发国土资源部《关于进一步明确古生物化石保护管理工作的通知》，要求各盟市国土资源局加强自治区古生物化石的保护工作，禁止任何单位和个人擅自采掘、买卖古生物化石，确保宝贵的古生物化石资源不遭受破坏。11 月 4 日，自治区国土资源厅向自治区政府报告二连盐池恐龙化石埋藏区管理及恐龙化石挖掘、研究情况。当年，自治区国土资源厅组织四子王旗国土资源局开展了四子王旗哺乳动物化石保护区建设工作，建立了犀牛化石博物馆，并在保护区核心区设立了网围栏，对化石进行抢救性挖掘和就地复原工作，发现一大批珍贵动物化石。同时，根据《内蒙古自治区地质环境保护条例》和国家文物局、国土资源部《关于进一步明确古生物化石管理工作的通知》及自治区党委办公厅批办意见，同锡林郭勒盟行署、二连浩特市政府进行协调，调整恐龙化石自然保护区重新归口国土资源部门管理。

2005 年 11 月 2 日，自治区国土资源厅印发《关于进一步加强古生物化石保护管理的通知》，指出：凡拥有古生物化石产地的盟市国土资源局，都要成立相应的古生物化石保护管理机构，明确责任，建立健全管理制度。遵照有关法律法规，充分利用激励机制，切实保护和管理好本辖区内的古生物化石。科研机构、高等院校及各级博物馆为了科学研究、教学和科学普及的需要，在国家级古生物化石保护区采掘古生物化石的,由国土资源部组织古生物化石专家评审;在自治区级古生物化石保护区采掘古生物化石或者在自治区级古生物化石保护区外采掘重点保护的古生物化石的,由国土资源厅组织古生物化石专家评审,评审通过后方可进行采掘工作。采掘所在地的县级国土资源部门负责对本地区古生物化石的采掘活动进行监督管理,对违反《古生物化石管理办法》和《内蒙古自治区地质环境保护条例》规定,擅自采掘古生物化石,有权制止并视情节予以处罚。生产建设等活动中发现的古生物化石应立即上报当地国土资源部门,按照《古生物化石管理办法》第六条的规定,认真做好现场保护、科学采掘、登记造册、按规定保存等工作的全程监督管理,严禁古生物化石的损坏和流失。

2006 年 4 月,有关媒体反映“宁城县农民上山盗采,贩子上门收购,商铺向外销售,化石在这里已经成为‘盗销’一条龙的‘致富’产业,化石富集地遭到严重破坏”。此事引起国务院、国土资源部领导的关注。根据国土资源部和自治区人民政府主要领导的批示,自治区国土资源厅及时部署和开展了对宁城县古生物化石管理专项治理工作。4 月 19 日,根据国土资源部领导的指示,自治区国土资源厅致函赤峰市人民政府,请赤峰市人民政府组织开展宁城古生物化石保护与管理专项治理整顿工作。通过半年的整顿,盗挖盗采行为得到遏制。6 月 5 日,自治区国土资源厅印发《关于批准内蒙古龙昊地质古生物研究所在锡林郭勒盟北部、二连浩特市、四子王旗开展抢救性发掘工作的通知》,同意内蒙古龙昊地质古生物研究所在锡林郭勒盟北部、二连浩特市、四子王旗开展抢救性发掘古生物化石工作。11 月上旬,宁城县国土资源局成功追缴“禽龙”化石一具。当年,在二连盆地发现一批重要恐龙化石,在四子王旗发现了犀牛、三趾马哺乳动物化石,在乌拉特中旗、兴和县也分别发现多种类型恐龙足迹、尾椎等化石。

2007 年 12 月 23 日,自治区国土资源厅评审通过由中国地质大学(北京)第四纪地质与生态环境研究所、自治区地质环境监测院合作完成的《内蒙古自治区古生物化石数据库管理系统建设》成果。当年,自治区国土资源厅在争取国家 220 万元资金的基础上,追加 100 万元对宁城县古生物化石进行保护。

阿巴嘎旗鸭嘴龙躯干部分骨骼化石

2008 年 9 月 11—14 日,自治区国土资源厅配合二连浩特市人民政府在二连浩特市举办“中国地质学会旅游地学与地质公园研究分会第 23 届年会暨二连恐龙地质公园建设与旅游发展战略研讨会”,原国土资源部副部长夏国治、中科院院士刘嘉麒、国务院参事谢又予,以及来自全国旅游地学、地质公园、地质遗迹保护管理部门的 210 位学者和专家参加大会。自治区主席巴特尔接见与会专家、学者,参观了二连浩特恐龙化石埋藏馆。会上,吉尼斯世界纪录认证官吴晓虹女士宣布了二连窃蛋龙类恐龙获得吉尼斯世界纪录,向二连浩特市政府颁发了吉尼斯世界纪录证书。当年,巴彦淖尔市乌拉特后旗巴彦满都呼地区新发现 6 具较完整的恐龙化石,乌兰察布市兴和县恐龙化石调查也新发现一批珍贵的恐龙化石。

2010 年 5 月 10 日、7 月 13 日,自治区国土资源厅函复中国科学院脊椎动物与古人类研究所,同意中国科学院脊椎动物与古人类研究所在锡林郭勒盟阿巴嘎旗开展古生物化石野外调查、研究和少量发掘工作;在乌兰察布市四子王旗江岸苏木巴润敖包乌拉乌苏一带开展古近代纪生物地层野外调查、研究工作。并按《古生物化石管理办法》要求，做好古生物化石保护。对发掘出来的古生物化石进行及时登记和妥善保管，按月向阿巴嘎旗、四子王旗国土资源局备案。6月22日至7月7日，自治区国土资源厅、财政厅验收通过由乌兰察布市国土资源局组织实施的“二连浩特市晚白垩世恐龙化石资源保护项目（2007年度）”、巴彦淖尔市国土资源局组织实施的“巴彦淖尔市乌拉特后旗巴彦满都呼白垩纪恐龙化石保护项目（2007年度）”、宁城县国土资源局组织实施的“内蒙古宁城县地质遗迹（古生物化石）保护项目（2006年度）”和“内蒙古宁城县地质遗迹（古生物化石）保护项目（2007年度）”。

宁城县道虎沟辽西螈化石

2012年2月28日，自治区国土资源厅转发《国土资源部关于印发〈国家古生物化石分级标准（试行）〉和〈国家重点保护古生物化石名录（首批）〉的通知》。

2013年，中央财政支持自治区开展古生物化石产地地质遗迹保护工程2项；内蒙古自治区古生物化石专家委员会正式成立，制定并发布了《内蒙古自治区古生物化石专家委员会章程》；审定古生物化石乙级收藏单位1个、丙级收藏单位2个。

2014年，自治区国土资源厅启动“重点保护古生物化石收藏登记”工作。对全区16个古生物化石收藏单位进行了登记，共登记重点保护古生物化石975余件；完成重点保护古生物化石登记647个属种，基本查清区内古生物化石收藏单位的化石收藏情况，初步完成自治区首批重点保护古生物化石名录编制。

2015年，自治区国土资源厅完成《内蒙古自治区古生物化石保护规划（2013—2020年）》编制工作，并启动莫力达瓦旗白垩系热河生物群和阿拉善盟白垩系恐龙动物群化石产地调查及化石抢救性挖掘工作。

2. 地质遗迹保护

1998年4月，自治区政府批准建立二连浩特自治区级恐龙化石自然保护区。

2000年，自治区建立赤峰市克什克腾旗及巴林左旗“冰臼”自然保护区和鄂托克旗恐龙足迹化石自治区级自然保护区。

2001年，自治区国土资源厅开展二连盆地查干诺尔恐龙自然保护区、鄂托克旗恐龙足迹自然保护区项目的立项、设计编制和审查工作。安排8处地质遗迹保护区的建设工作，建立和完善了阿

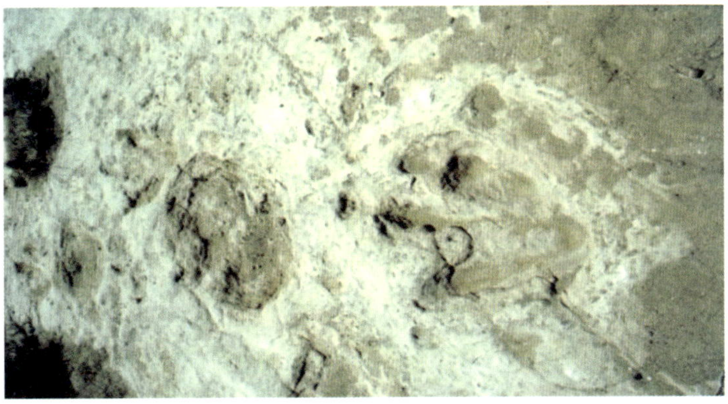
鄂托克旗恐龙足迹化石

拉善左旗、鄂托克旗、锡林郭勒盟三处地质遗迹科普陈列设施。组织了以地质遗迹保护为主题的“4.22”宣传活动。

2002年,自治区新建保护区7个,保护面积21.74万平方千米,其中新建自治区级地质遗迹保护区4个。国土资源部安排保护区建设资金110万元,开展了2个保护区的建设工作;自治区国土资源厅安排资金30万元,开展了6个保护区的建设工作。

2003年,自治区国土资源厅、环保局、林业厅联合对区内自然保护区进行检查。自治区国土资源厅重点检查了地质遗迹自然保护区建设、管理状况以及存在的问题和保护区土地使用及划界立标情况。

2004年11月18日,自治区国土资源厅印发《关于对地质遗迹保护项目进行检查验收的通知》,决定对近年来安排的地质遗迹保护项目进行检查和验收。当年,全区安排地质遗迹保护和地质公园建设项目19个,总投资955万元,其中中央财政投入600万元、自治区财政投入355万元,并由自治区财政拨付专项资金40万元保护宁城县化石遗迹。

2005年,全区安排的地质遗迹保护和地质公园建设项目16个,其中国家项目2个、自治区项目14个;中央财政投入资金330万元,自治区财政投入资金1222万元。当年,自治区国土资源厅安排开展了第二轮全区地质遗迹保护调查与规划编制工作;全区新发现的地质遗迹点有3处,均为古生物化石产地。

2006年,全区安排地质遗迹保护和地质公园建设项目17个,总投资1470万元,其中中央财政投入330万元、自治区财政投入1140万元。12月15日,阿拉善盟行政公署邀请有关专家在巴彦浩特镇召开评审会,评审通过《内蒙古自治区阿拉善盟地质遗迹保护规划》。

2007年,全区安排地质遗迹保护和地质公园建设项目17个,总投资3090万元,其中中央财政投入790万元、自治区财政投入2300万元。6月13日,自治区国土资源厅与二连浩特市人民政府、中国科学院古脊椎与人类研究所在北京奥运新闻中心联合召开世界最大似鸟恐龙新闻发布会。自治区国土资源厅厅长白盾就二连盆地发现世界最大似鸟恐龙化石的科学价值作了介绍,国内外75家新闻媒体参加发布会。该成果发表在英国《自然》杂志,被美国《时代》周刊评为2007年度世界十大科学新发现中的第7位。

2008年8月24日,国土资源部地质环境司和自治区国土资源厅共同组织专家组,审查通过由自治区地质环境监测院提交的《内蒙古自治区地质遗迹调查报告》和《内蒙古自治区地质遗迹保护规划》。2008年,全区安排地质遗迹保护和地质公园建设项目16个,总投资5190万元,其中中央财政投入1790万元,自治区财政投入3400万元。

2009年,全区安排地质遗迹保护和地质公园建设项目20个,总投入资金9200万元。其中,中央财政安排项目4个,投入1100万元;自治区财政安排项目16个,投入8100万元。组织专家验收2007年前的项目15个。鄂托克旗恐龙足迹国家地质公园遗迹自然保护区建设经国家七部委检查评估,被评为优秀级成果。

2010年6月24日和7月2—3日,自治区国土资源厅、财政厅验收通过锡林郭勒盟国土资源局组织实施的“内蒙古自治区锡林浩特—阿巴嘎旗火山地质遗迹保护项目(2007年度)”和克什克腾旗国土资源局组织实施的“克什克腾世界地质公园地质遗迹保护建设项目(2008年度)”。当年,自治区国土资源厅安排地质遗迹保护和地质公园建设项目13个,投入资金5800万元;其中国家项目2个,投入资金 1800 万元，自治区项目 11 个，投入资金 4000 万元。

2011 年，全区安排地质遗迹保护与地质公园建设项目 12 项，投入资金 6210 万元。其中，国家项目 5 项，中央财政投入 2393 万元；自治区项目 7 项，自治区财政投入 3817 万元。共验收历年地质遗迹保护与地质公园建设项目 5 个，项目投入 3800 万元。

2012 年 9 月，由中国地质大学（北京）田明中、自治区国土资源厅王剑民等编著，中科院院士翟裕生、刘嘉麒作序的《天造地景——内蒙古地质遗迹》出版。翟裕生院士在序中写道：这部专著融合科学、艺术和美学 3 个角度，全面、系统、生动、形象地介绍了内蒙古地区每一种地质遗迹类型的科学内涵和研究价值，同时也从不同侧面充分展示了这些地质遗迹所显现的旖旎风光，是一部兼具科学研究和科普意义的著述，具有广泛的实用性和重要的参考价值。当年，全区安排地质遗迹保护与地质公园建设项目 11 项，投入资金 4400 万元。验收历年地质遗迹保护与地质公园建设项目 7 项，项目投入为 2150 万元（自治区财政 1260 万元、中央财政 890 万元）。

鄂尔多斯市鄂托克旗境内的寒武纪奥陶纪地质构造分界面

巴彦淖尔市乌拉特前旗境内的中元古界什那干剖面

2013 年和 2014 年，自治区国土资源厅、财政厅继续加大对区内地质遗迹保护与地质公园建设的支持力度。其中，2013 年自治区财政安排地质遗迹保护和地质公园建设项目 15 项，投入资金 4800 万元；2014 年自治区财政安排地质遗迹保护和地质公园建设项目 11 项，投入资金 4137 万元。中央财政共安排古生物化石产地保护项目 4 项，投入资金 4502 万元。

2015 年，巴彦淖尔国家地质公园、鄂尔多斯国家地质公园列入国家“十三五”地质遗迹保护项目；同时，中央财政安排呼伦贝尔市、兴安盟、通辽市、赤峰市的重要地质遗迹调查与评价工作，投入资金 50 万元。

二、地质公园管理

（一）地质公园建设

1999 年 10 月，阿尔山地质公园经阿尔山市人民政府批准建立市（县）级地质公园，兴安盟行政公署批准建立盟级地质公园。

2001 年，自治区国土资源厅完成内蒙古克什克腾国家地质公园申报工作。

2002 年 8 月 12 日，内蒙古克什克腾国家地质公园经国土资源部批准正式揭碑开园，当年实现旅游 60 万人次，旅游收入 1.26 亿元。12 月 6 日，自治区国土资源厅印发《关于成立自治区地质遗迹（地质公园)领导小组及评审委员会的通知》,明确由自治区国土资源厅副厅长郭战英任领导小组组长,在厅地质环境处设领导小组办公室;第一届自治区地质遗迹(地质公园)评审委员会由12人组成。12月16日,自治区国土资源厅批准建立阿尔山火山温泉自治区级地质公园。

2003年,自治区国土资源厅组织中国地质大学、中科院有关人员组成项目组,对阿尔山地区进行了地质公园建设的科学考察、研究工作;同时,组织自治区地质遗迹(地质公园)评审委员会对阿尔山市人民政府申报建立阿尔山国家级地质公园材料进行初审,并向国土资源部进行推荐。

2004年1月19日,国土资源部批准建立内蒙古阿尔山火山温泉地质公园晋升为国家级地质公园。11月28日,自治区国土资源厅批准建立阿拉善自治区级沙漠地质公园。当年,自治区国土资源厅组织开展中国克什克腾世界地质公园申报材料的编写、地质公园建设、中外专家考察,并且通过国内评审;同时还争取国家地质公园建设项目2个,经费600万元。

2005年2月11日,中国克什克腾世界地质公园通过巴黎联合国教科文组织世界地质公园评审,正式晋升为世界地质公园。8月3日,国土资源部批准赤峰巴林石矿山公园、满洲里扎赉诺尔矿山公园为国家矿山公园。8月24日,经国土资源部地质遗迹评审委员会评审,阿拉善沙漠地质公园晋升为国家级沙漠地质公园,成为国内唯一的国家级沙漠地质公园。12月19日,自治区国土资源厅批准鄂托克自治区级地质公园。

2006年4月5日,自治区国土资源厅验收通过克什克腾旗国土资源局实施的《克什克腾国家地质公园晋升世界地质公园地质遗迹保护》《克什克腾世界地质公园地质遗迹保护建设》项目。9月9日,内蒙古阿尔山火山温泉国家地质公园开园揭碑。10月,巴彦淖尔市人民政府批准建立巴彦淖尔市级地质公园。12月,鄂尔多斯市人民政府批准建立鄂尔多斯市级地质公园;自治区国土资源厅批准建立二连浩特自治区级地质公园、巴彦淖尔自治区级地质公园、鄂尔多斯自治区级地质公园。当年,中国克什克腾世界地质公园接待游客130万人次,旅游收入4亿元;内蒙古阿尔山火山温泉国家地质公园接待游客67.23万人次,实现收入3.2亿元。

2007年3月6日,国土资源部组织专家组对自治区国土资源厅提交的《克什克腾世界地质公园内拟建大唐国际发电有限公司火电厂、煤化工及配套工程项目可行性论证报告》进行评审。同意在克什克腾世界地质公园三级保护区内建设大唐国际发电有限公司火电厂、煤化工及配套工程项目。8月21日,中国克什克腾世界地质公园博物馆和公园主碑按期竣工,完成揭碑仪式开园。9月19日,阿拉善国家地质公园博物馆和主碑全面完成,揭碑开园,12月23日,自治区地质遗迹(地质公园)评审委员会组织专家在呼和浩特市召开会议,同意建立内蒙古宁城自治区级地质公园。当年,阿拉善国家地质公园成立公园管理局,编制10人,为准处级;中国克什克腾世界地质公园实现旅游150万人次,收入3.5亿元;阿拉善国家地质公园实现旅游85.6万人次,收入3.8亿元;内蒙古阿尔山国家地质公园1—8月旅游达到50.97万人次,实现收入3.39亿元。

2008年8月1日,自治区国土资源厅批准将内蒙古磴口地质公园更名为内蒙古巴彦淖尔地质公园。8月28日,国土资源部批准建立内蒙古满洲里市扎赉诺尔矿山公园;当月,满洲里扎赉诺尔国家矿山公园开园揭碑。10月,在北京召开的第五批世界地质公园推荐评审会上,阿拉善沙漠国家级地质公园获得2008年度晋升世界级地质公园的资格。11月,来自世界地质公园、国家地质公园、联合国教科文组织、国土资源部等方面的专家深入阿拉善沙漠公园进行实地考察。2008年,中国克什克腾世界地质公园旅游165万人次,收入4.88亿元。内蒙古阿尔山国家地质公园旅游45.52万人次,收入3.6

亿元,分别同比增长29%、51%。

2009年4月,二连浩特地质公园被国土资源部评为中国首批资源类国土资源科普基地。6月16日,国土资源部组织有关专家对《集宁至通辽铁路扩能改造工程克什克腾世界地质公园遗迹影响评价报告》进行评审。同意集宁至通辽铁路扩能改造工程穿越克什克腾世界地质公园。7月21日,国土资源部批准建立内蒙古巴林石国家矿山公园。8月11日,国土资源部批准建立内蒙古二连浩特国家级地质公园。8月12日,内蒙古巴林石国家矿山公园在赤峰市巴林右旗尼格尔图山开园揭碑。8月18日,克什克腾世界地质公园通过联合国教科文组织专家中期评估,地质公园管理机构被批准为正处级。8月23日,联合国教科文组织的专家对阿拉善沙漠国家地质公园进行考察,称阿拉善地质公园博物馆是"所见到的最好的博物馆"。当月,国土资源部批准建立内蒙古宁城国家级地质公园。12月8日,世界地质公园网络秘书处决定批准阿拉善沙漠地质公园加入"联合国教科文组织支持的世界地质公园网络"。12月28日,自治区地质遗迹(地质公园)评审委员会组织专家在呼和浩特市召开会议,同意建立翁牛特自治区级地质公园。2009年,中国克什克腾世界地质公园、中国阿拉善沙漠世界地质公园及阿尔山国家地质公园旅游人数660万人,旅游收入24.9亿元。分别同比增长94%、76%。

2008年8月,满洲里扎赉诺尔国家矿山公园举行开园揭碑仪式,自治区国土资源厅副厅长孔燕燕(右二)出席并剪彩。

2010年3月2日,国土资源部办公厅批复《中国克什克腾世界地质公园规划(2009—2020)》《中国阿拉善沙漠世界地质公园规划(2009—2020)》《内蒙古阿尔山火山温泉国家地质公园规划(2009—2020)》。12月31日,自治区国土资源厅批准建立呼伦—贝尔湖自治区级地质公园、扎兰屯自治区级地质公园、鄂伦春自治区级地质公园、四子王旗自治区级地质公园。当年,国土资源部批准建立内蒙古林西大井国家矿山地质公园、内蒙古额尔古纳国家矿山地质公园,成为中国第二批国家级矿山公园。

2011年7月3日,巴彦淖尔自治区级地质公园揭碑开园。9月26日,中国阿拉善沙漠世界地质公园揭碑开园。当年,财政部、国土资源部下达自治区国家级地质遗迹保护项目预算2393万元,专项用于克什克腾世界地质公园、阿拉善沙漠世界地质公园、二连浩特国家地质公园、宁城国家地质公园(古生物化石)、阿尔山火山温泉国家地质公园地质遗迹保护建设。中国克什克腾世界地质公园、中国阿拉善沙漠世界地质公园、内蒙古阿尔山国家地质公园接待游客

7月3日,巴彦淖尔自治区级地质公园举行揭碑开园仪式。

522.44 万人，旅游收入 33.6 亿元。分别同比增长 15.5%、29.3%。

2012 年 9 月 17 日，内蒙古二连浩特国家地质公园举行揭碑开园仪式，国土资源部、内蒙古国土资源厅和二连浩特市市委、市政府主要领导参加揭碑仪式。同日，内蒙古自治区地质公园建设研讨会在二连浩特召开。12 月 9 日，自治区国土资源厅批准授予内蒙古清水河老牛湾、内蒙古巴林左旗七涡山、内蒙古锡林郭勒草原火山为自治区地质公园资格。2012 年，国土资源部批准内蒙古宁城国家地质公园命名。批准内蒙古鄂尔多斯地质公园、内蒙古巴彦淖尔地质公园为国家地质公园资格。克什克腾地质公园、阿拉善地质公园、阿尔山地质公园、二连浩特地质公园接待游客 624.95 万人次，旅游收入 43.21 亿元；分别同比增长 19.6%、28.5%。

9 月 17 日，内蒙古二连浩特国家地质公园揭碑开园仪式现场。

2013 年，克什克腾世界地质公园和阿拉善沙漠世界地质公园顺利通过联合国教科文组织的中期评估检查。阿拉善沙漠世界地质公园被评为全国最美地质公园第一名。内蒙古宁城国家地质公园和内蒙古巴彦淖尔国家地质公园相继揭碑开园；内蒙古清水河老牛湾地质公园、内蒙古锡林郭勒草原火山地质公园、内蒙古四子王地质公园分别通过验收并正式命名，相继揭碑开园。内蒙古察右中旗黄花沟地质公园、内蒙古察右后旗乌兰哈达火山地质公园、内蒙古通辽市大青沟地质公园取得自治区级地质公园资格。截至 2013 年 10 月，克什克腾、阿拉善及阿尔山、二连浩特、鄂尔多斯、巴彦淖尔、宁城等 12 家地质公园接待游客共 921.7 万人次，旅游收入 64.5 亿元；分别同比增长 47.48% 和 49.26%。

中国阿拉善沙漠世界地质公园博物馆

2014 年，由国土资源部批准，内蒙古清水河地质公园、内蒙古四子王地质公园获国家地质公园建设资格。内蒙古巴林左旗七锅山地质公园、内蒙古扎兰屯地质公园、内蒙古鄂伦春地质公园、内蒙古呼伦—贝尔湖地质公园分别通过自治区验收并正式命名。内蒙古乌拉特中旗海流图地质公园取得自治区级地质公园资格。截至 2014 年 10 月，克什克腾、阿拉善及阿尔山、二连浩特、鄂尔多斯、巴彦淖尔、宁城等 15 家地质公园接待游客 1087.35 万人次，旅游收入 92.52 亿元。分别同比增长 17.97%、43.44%。

2015 年 10 月，内蒙古清水河国家地质公园揭碑开园。内蒙古凉城地质公园、内蒙古苏尼特地质公园取得自治区级地质公园建设资格。年内，自治区安排地质公园建设项目 3 项，投入资金 759 万元。

（二）地质公园简介

1. 世界地质公园

中国克什克腾世界地质公园

中国克什克腾世界地质公园，位于内蒙古赤峰市西北部的克什克腾旗，总面积 1343.82 平方千米。集花岗岩奇峰石林、岩臼群、火山地貌、地热温泉、湖泊等景观为一体，分为 1 个中心、9 个园区、4 个游赏单元的格局。1 个中心是位于旗政府所在地经棚镇的地质公园接待服务中心；9 个园区分别是阿斯哈图园区、黄岗梁园区、浑善达克园区、热水园区、青山园区、达里诺尔园区、平顶山园区、西拉木伦河园区、乌兰布统园区；4 个游赏单元分别为阿斯哈图花岗岩—沙地云杉—黄岗梁冰川遗迹游赏单元，达里诺尔火山群—贡格尔草原游赏单元，浑善达克沙地—西拉木伦河园游赏单元，青山花岗岩地貌—平顶山冰川遗迹游赏单元。

中国克什克腾世界地质公园阿斯哈图花岗岩石林景观

中国阿拉善沙漠世界地质公园

中国阿拉善沙漠世界地质公园，位于内蒙古西部，属阿拉善盟管辖，总面积 630.37 平方千米。是以沙漠、戈壁等风成地貌为主，集沙漠湖泊、峡谷、风蚀花岗岩等多种地质遗迹类型为一体的特大型沙漠奇观地质公园。是中国唯一系统而完整展示风力地质作用过程和地质遗迹的地质公园，也是全球唯一的沙漠世界地质公园。分为 3 个园区：阿拉善左旗境内的腾格里园区；阿拉善右旗境内的巴丹吉林园区；额济纳旗境内的居延海园区。又划分为 10 个景区。腾格里园区位于阿拉善盟东部，包括月亮湖景区、通湖景区、敖伦布拉格峡谷景区；巴丹吉林园区位于阿拉善盟中部，包括巴丹吉林沙漠景区、曼德拉山岩画景区、额日布盖峡谷景区、海森楚鲁风蚀地貌景区；居延海园区位于阿拉善盟西部，包括胡杨林景区、居延海景区、黑城文化遗存景区。

中国阿拉善沙漠世界地质公园巴丹吉林园区沙漠景观

中国阿拉善沙漠世界地质公园腾格里园区敖伦布拉格峡谷景区景观

2. 国家级地质公园

内蒙古阿尔山国家地质公园

内蒙古阿尔山国家地质公园天池园区景观

内蒙古阿尔山国家地质公园,位于内蒙古东北部的兴安盟阿尔山市,地处大兴安岭西南山麓,总面积802.58平方千米。是以火山口湖、堰塞湖以及火山熔岩地貌和温泉为主要特色,突出火山地貌、温泉群地貌、花岗岩地貌、第四纪高原蛇曲河流等多种地质地貌景观为主体,融合森林等自然景观。是中国境内最大的火山温泉国家级地质公园。由天池园区、温泉园区、玫瑰峰园区、口岸园区、好森沟园区5个园区组成。

内蒙古宁城国家地质公园

内蒙古宁城国家地质公园,位于内蒙古赤峰市宁城县,总面积80.17平方千米。以中生代古生物化石遗迹群为核心景观,包括两个园区一个走廊。两个园区:道虎沟化石遗迹园区、热水温泉园区;一个走廊:连接2个园区的五处化石保护点(区)。道虎沟化石遗迹园区发现獭形狸尾兽、远古翔兽、天义初螈、孟氏中生鳗在内的众多珍贵的代表性古生物化石。

内蒙古二连浩特国家地质公园

内蒙古二连浩特国家地质公园,位于内蒙古高原中部,锡林郭勒盟西北部的二连浩特市,总面积70平方千米。以拥有丰富的白垩纪恐龙化石资源、完整的中生代地层和白垩纪晚期堆积地层地质遗迹为主要特征,辅以二连盐湖、伊林驿站遗址博物馆等景观资源。根据园内地质遗迹的地理分布及成因特征、地域组合类型和结构、其他景观资源、人文资源的完整性、旅游环境条件及旅游资源开发前景的差异性,行政区域和管理权属等因素,确定为“一个中心一个园区”的范围格局。一个中心是二连浩特旅游综合服务中心,即二连浩特市地质博物馆;一个园区是二连盐池恐龙化石园区。

内蒙古鄂尔多斯国家地质公园鄂托克—萨拉乌苏园区景观。

内蒙古鄂尔多斯国家地质公园

内蒙古鄂尔多斯国家地质公园,位于内蒙古西南部的鄂尔多斯市,总面积398.88平方千米。以第四纪地层剖面、响沙、鄂尔多斯人遗迹、查布恐龙足迹化石以及新构造地质地貌等典型地质遗迹为主体景观,融合沙漠风光、水体景观和历史文化资源。根据地质遗迹分布和地域上的组合特点,划分为两个园区:鄂托克—萨拉乌苏园区、黄河沙漠湖泊园区。

内蒙古巴彦淖尔国家地质公园

巴彦淖尔国家地质公园，位于内蒙古西部的巴彦淖尔市，总面积314.01平方千米。以天然的原始地质遗迹为特征，突出以花岗岩石林地貌、火山地貌为主体地质景观，结合沙漠景观、草原景观、河流景观、湖泊景观和典型的地层剖面组合等。划分为两个园区：磴口沙漠湖泊园区、巴音满都呼恐龙化石园区。磴口沙漠湖泊园区包括黄河三盛公景区、纳林湖景区、刘拐沙头景区、奈伦湖景区和冬青湖景区。以乌兰布和沙漠为主体；巴音满都呼恐龙化石园区发现的"精美临河盗龙"化石，被确定为驰龙类的一个新属种，是世界上保存最为完好的白垩纪晚期小型肉食龙类标本之一。

内蒙古巴彦淖尔国家地质公园"精美临河盗龙"化石

内蒙古四子王地质公园

内蒙古四子王地质公园，位于乌兰察布市四子王旗境内，总面积101.94平方千米。是以古近纪和新近纪典型剖面、古哺乳动物化石及花岗岩地貌景观为主，以历史文化古迹、航天飞船着陆基地、草原景观为辅的地质公园。分为九个景区：脑木更景区、南梁三趾马化石景区、乌兰哈达花岗岩奇峰景区、夏日哈达花岗岩奇峰景区、敖德其沟花岗岩奇峰景区、王爷府景区、希拉穆仁庙景区、神舟飞船着陆场景区、葛根塔拉草原景区。

内蒙古四子王旗地质公园乌兰哈达花岗岩奇峰景观

内蒙古清水河老牛湾国家地质公园

内蒙古清水河老牛湾地质公园，位于呼和浩特市清水河县境内，处于黄河晋陕大峡谷最北端的蒙晋交界处，清水河县单台子乡最南端，总面积28.54平方千米。主要包括地层剖面、河流地貌、黄土地貌、流水侵蚀地貌等地质地貌景观。以规模宏大的峡谷地貌，丰沛灵动的瀑布景观，以及华北北缘相对完整的一套古生代地层系统、古生物化石等组成公园内主要的地质遗迹。是一个涵盖地质地貌、水体景观、地质剖面、地质构造、古生物五大类地质遗迹类型的地质公园。

内蒙古清水河老牛湾国家地质公园老牛湾堡景观

3. 自治区级地质公园

内蒙古翁牛特地质公园

内蒙古翁牛特地质公园,位于赤峰市中部的翁牛特旗境内,总面积123.92平方千米。以典型的花岗岩地貌景观、河流景观、沙积地貌景观为主,辅以独特的构造行迹(西拉木伦断裂带)、水体景观等,景区内及周边的人文景观有上窑旧石器文化遗址、梵示寺、元国公张应瑞墓和翁牛特左翼旗王府。分为勃隆克景区、灯笼河景区、西拉木伦河景区、其甘景区、响水景区。

内蒙古呼伦—贝尔湖地质公园

内蒙古呼伦—贝尔湖地质公园,位于呼伦贝尔市西南部的新巴尔虎右旗境内,总面积90.33平方千米。以花岗岩地貌为主,以湖积地貌、湖蚀地貌为辅,融湖泊景观、湿地景观、草原景观及浓郁的蒙古风情为一体,分为呼伦湖景区、贝尔湖景区、乌兰诺尔景区、阿敦楚鲁景区。

内蒙古扎兰屯地质公园柴河天池园区月亮湖景观

内蒙古扎兰屯地质公园

内蒙古扎兰屯地质公园,位于呼伦贝尔市南部的扎兰屯市,总面积30.45平方千米。以火山天池、火山熔岩等火山地貌为主,融合基浪剖面、河谷玄武岩等地质遗迹资源。包括2个园区:柴河镇绰尔河沿岸的玛尔式火山—河谷玄武岩园区、森林公路沿线的柴河天池园区。

内蒙古鄂伦春地质公园

内蒙古鄂伦春地质公园,位于呼伦贝尔市鄂伦春自治旗,总面积64.88平方千米。以火山地貌景观、森林景观、河流景观、湿地景观为主。包括两个园区:阿里河园区、诺敏河园区。

内蒙古鄂伦春地质公园阿里河园区嘎仙洞景观

内蒙古巴林左旗七锅山地质公园

巴林左旗七锅山地质公园,位于赤峰市巴林左旗,地处大兴安岭南段东麓中低山丘陵区,总面积28.11平方千米。以"天然锅穴"(岩臼)及花岗岩地貌为主。分为七锅山景区、花加拉嘎景区。

内蒙古锡林郭勒草原火山地质公园鸽子山园区火山口景观

内蒙古锡林郭勒草原火山地质公园

锡林郭勒草原火山自治区级地质公园,位于锡林浩特市境内,总面积139.95平方千米。以原始草原风光和火山地质遗迹景观为主,分为平顶山园区和鸽子山园区。平顶山园区主要地质遗迹为贝力克多阶熔岩台地火山地貌景观,是由数十个火山口组成的多阶玄武岩台地;鸽子山园区是全新世火山中基本未遭受风化剥蚀的玄武质火山,有喷气锥、喷气碟、火山口、熔岩流等。锥体雄伟壮观,破火口形态奇异,熔岩流规模宏大。大面积的喷气锥(碟)数量和完整性在国内外也极其少见。

内蒙古察右中旗黄花沟地质公园

内蒙古察右中旗黄花沟地质公园,位于乌兰察布市察右中旗,总面积23.5平方千米。公园以宏伟秀丽的花岗岩险峰、峡谷,平坦的玄武岩台地及火山口湖群,独特的高山草甸草原,宏大的风电场,丰富的人文遗迹为特点,是一个集科学研究、科学普及、观光旅游于一体的地质公园。

内蒙古察右后旗乌兰哈达火山地质公园

内蒙古察右后旗乌兰哈达火山地质公园,位于乌兰察布市察右后旗,面积170平方千米。是一个以火山地貌景观为主的地质公园,包括火山、火山熔岩、火山碎屑堆积等三个亚类,是发育于华北陆块区上的一处第四纪火山地质遗迹,并有尖山硅化木—碧玉景区、蒙古大营古岩画景区。

内蒙古乌兰哈达地质公园火山群—中炼丹炉火山锥景观

内蒙古通辽大青沟地质公园

内蒙古通辽大青沟地质公园,位于通辽市科左后旗,总面积61.36平方千米。以构造地貌景观(断裂带)、水体地貌(泉水景观、湖沼景观、河流景观)、砂积地貌为主。园区内有三条断裂带,2000余处泉水,有由地下水沿断裂带渗透出来汇聚而成的小青湖,由数百个天然泉眼汇集而成的莲花湖。科尔沁沙地是中国四大沙地中面积最大的一个沙地,为固定沙丘、半固定沙丘、流动沙丘相结合的地貌景观。

内蒙古海流图地质公园

内蒙古海流图地质公园,位于巴彦淖尔市乌拉特中旗海流图镇,总面积19.7平方千米。由恐龙足迹园区、花岗岩石林园区组成。恐龙足迹园区是恐龙在温度、黏度、颗粒度非常适中的地表行走时留下的脚印,赋存于侏罗纪砂砾岩层面上,出露的恐龙足迹有多组,对于研究白垩纪恐龙的生态环境及其演化有很重要的价值。花岗岩石林园区,石林连绵数千米,最典型的是同和太奇石林区。

内蒙古凉城蛮汉山地质公园

内蒙古凉城蛮汉山地质公园,位于乌兰察布市察右前旗,总面积7.57平方千米,是一个以花岗岩地貌为主要类型的地质公园。

内蒙古苏尼特地质公园

内蒙古苏尼特地质公园,位于锡林郭勒盟苏尼特左旗,总面积62.32平方千米,是一个以草原花岗岩峰丛地貌为主要类型的地质公园。

内蒙古苏尼特地质公园草原花岗岩峰丛地貌景观

4. 国家矿山公园

内蒙古赤峰巴林石国家矿山公园

内蒙古赤峰巴林石国家矿山公园产巴林石矿标本

内蒙古赤峰巴林石国家矿山公园,位于赤峰市巴林右旗,总面积96平方千米。有4个景区:矿产遗迹游览区、自然生态保护区、民族风情体验区、草原风情观赏区,是一个集矿产遗迹、火山遗迹、草原、沙地、河流和民族风情为一体的综合性国家矿山公园。主要景观有矿山采掘遗址、遗迹展示及公园标志性建筑石神主碑、印石广场、金石甬道、文化墙浮雕等。公园所在的特尼格尔图山是世界珍稀矿产资源巴林石的唯一产地,其找矿标志、岩浆活动、古巴林石加工和现代开采遗迹都达到珍稀级。结合沙地景观、草原景观、河流景观,并融合了丰富多彩的蒙古族风情。

内蒙古满洲里扎赉诺尔国家矿山公园

内蒙古满洲里扎赉诺尔国家矿山公园,位于满洲里市扎赉诺尔矿区,距满洲里市区24千米,坐落在呼伦贝尔大草原腹地。总面积312.38平方千米。以矿业遗迹、古生物化石为主体,体现扎赉诺尔矿业发展史。分为露天景观广场、矿山博物馆两个景区。露天矿景区以矿业遗迹景观为主体,即灵泉露天矿典型褶皱带、“扎赉诺尔群”煤层剖面、煤田F断层遗迹、煤田地质构造等。矿山博物馆集中展示扎赉诺尔煤业开发与煤业遗迹。

内蒙古林西大井国家矿山公园

内蒙古林西大井国家矿山公园,位于赤峰市北部的林西县大井镇,总面积2.5平方千米。以保护区内遗存的古铜矿矿业遗址为主。分为大井镇与矿山公园两部分。矿山公园部分进一步划分为矿业遗迹景区、现代生产景区、矿业文化景区、生态体验区。

内蒙古额尔古纳国家矿山公园

内蒙古额尔古纳国家矿山公园,位于呼伦贝尔市西北部的额尔古纳市室韦俄罗斯族民族乡,总面积5.25平方千米。公园以丰富的沙金矿业遗址和浓郁的黄金文化为主体,以优美的自然景观和多样性的民族特色为补充,塑造了我国北部边陲独特的矿山公园面貌。规划的空间结构布局为“一轴一带两片区”,一轴为吉拉林河谷,一带为景观长廊带,两片区为观光片区和游客体验片区。作为独立的矿山公园景观结构,以矿业遗迹景观和矿山生物多样性景观为主,展示矿业生产遗迹、生产设备变迁,突出矿山生态恢复景观效果。

第五节　矿山地质环境保护与治理

一、保护与治理规划

2001 年，自治区国土资源厅编制《内蒙古自治区矿山生态环境治理规划研究报告》，针对自治区矿业开发诱发的地质灾害及环境地质问题，提出治理规划建议。

2005 年 5 月 11—13 日，自治区国土资源厅在呼和浩特市召开全区矿山地质环境调查规划工作会议。布置全区矿山地质环境调查与评估工作任务，成立全区矿山地质环境调查规划工作领导小组。决定由内蒙古地质环境监测院组成项目组，赴实地进行调查、核查工作。11 月 26 日，自治区国土资源厅评审通过霍林河露天煤业股份有限公司提交的《霍林河矿区环境综合治理五年规划》。

2006 年 11 月 12 日，自治区国土资源厅组织编制的《内蒙古自治区矿山环境保护与治理规划（2006—2015 年）》，通过国土资源部组织的评审。该工作于 2005 年由中国地质调查局部署，由自治区地质环境监测院承担。调查各类矿山 4004 个，其中实地调查、核查矿山 296 处，涉及大中型矿山 156 个，小型矿山 140 个。基本查明全区矿业开发对土地资源和地质地貌景观、水资源的破坏，矿山地质灾害的类型、规模、损失与危害，矿山环境污染问题及矿山地质环境保护与治理现状。为合理开发矿产资源、保护矿山地质环境、矿山环境整治、矿山生态恢复与重建，为实施矿山地质环境监督管理提供了基础资料和依据。

2010 年 5 月 10 日，自治区国土资源厅转发《国土资源部关于发布实施〈全国矿山地质环境保护与治理规划（2009—2015 年）〉的通知》。5 月 25 日，国土资源部会同国家发展改革委员会、国家能源局、环境保护部、国家煤矿安全生产监督管理总局组织有关专家，在北京召开评审会，审查通过自治区地质环境监测院承担编制的《内蒙古自治区废弃矿井治理规划》成果。

2011 年 11 月 22 日，自治区国土资源厅组织有关专家，邀请自治区政府办公厅、发改委、经济建设委员会、国有资产监督管理委员会、财政厅、环境保护厅、水利厅、交通厅、科技厅、农牧业厅及各盟市国土资源局，评审通过由自治区地质环境监测院编制的《内蒙古自治区矿山地质环境保护与治理规划（2011—2015 年）》。该规划确定矿山地质环境保护区 100 处，治理工程 94 项，规划期内全区矿山地质环境保护与治理工作共需工作经费 29. 50 亿元。

二、矿山地质环境调查与监测

2000 年，自治区国土资源厅安排资金 25 万元，对全区 120 个重点矿山进行实地调查，基本掌握了全区各类矿山存在的主要问题及其发展趋势，并提出防治措施。对包头市石拐矿区、白乃庙铜矿区进行现场调查，组织开展了矿山环境恢复立项申报工作。

2001 年 5 月 25 日，自治区国土资源厅评审通过自治区地质环境监测总站提交的《内蒙古自治区矿山地质环境调查报告》。

2006 年，自治区国土资源厅编制完成自治区矿山地质环境调查评价与评估报告。

2007 年，自治区国土资源厅组织开展全区煤矿采空区塌陷与尾矿库调查、全区矿山地面塌陷调查、全区矿山尾矿库地质调查。

从2010年开始,自治区国土资源厅启动全区矿山地质环境动态监测工作,并成为一项常态性工作,主要由自治区地质环境监测院对全区范围内所有在建、生产及闭坑矿山的地质环境现状进行动态监测。矿山企业为监测的责任主体,监测数据由旗县、盟市两级国土资源主管部门核查、审查,上报自治区地质环境监测院审核。自治区地质环境监测院对监测数据进行整理、分析、统计,编制全区年度矿山地质环境形势分析报告,为矿山地质环境保护与治理提供基础资料。

2012年,自治区国土资源厅针对矿区内存在的矿山地质环境问题,提出矿山地质环境保护与治理对策与建议。同时开展了《内蒙古自治区呼伦贝尔能源矿产集中开采区矿山地质环境调查项目》《内蒙古自治区矿山地面塌陷发育规律及治理模式》《内蒙古自治区矿山地质环境动态遥感监测及信息系统研究》《内蒙古自治区大兴安岭林区矿业开发与生态环境保护研究》等项基础性研究工作。

2013年,中国地质调查局、自治区国土资源厅启动自治区第二轮矿山地质环境调查工作,对全区所有矿山的地质环境现状进行填表调查,对所有大中型矿山和矿产资源集中开采区及小型矿山群采区中的典型小型矿山进行实地核查。调查成果数据同时录入全国矿山地质环境管理平台。

2014年,自治区投入财政资金2015万元,下达宝日希勒等12个资源型城市矿区1∶5万矿山地质环境调查工作。

2015年,自治区国土资源厅组织完成《大兴安岭南段地质灾害高易发区矿山地质环境调查》和《内蒙古大兴安岭林区矿产资源勘查开发与生态环境保护研究》项目,并组织开展了《矿产资源集中开采区矿山地质环境承载力评价研究》和《锡林郭勒草原矿山地质环境治理模式研究》工作,还启动了《内蒙古自治区矿山环境恢复与治理技术方法研究》。同时,开展了鄂尔多斯市东胜矿区矿山地质环境动态监测示范区建设、全区矿产资源集中开采区矿山地质环境动态遥感监测工作,并监测了7个矿产资源集中开采区,涉及24个煤炭和金属矿区。

三、矿山地质环境恢复治理

(一)治理工作管理

2008年,自治区国土资源厅全面开展全区矿山地质环境恢复治理工作。11月,自治区国土资源厅确定和建立了《矿山环境保护与综合治理方案》评审专家库。

2009年8月18日,自治区国土资源厅转发《国土资源部办公厅关于做好矿山地质环境保护与恢复治理方案编制审查及有关工作的通知》。9月11日,自治区第十三次政府常务会议审议通过《内蒙古自治区矿山地质环境治理实施方案》。10月9日,自治区国土资源厅印发《内蒙古自治区矿山地质环境保护与治理恢复方案评审工作规则》。全年,自治区国土资源厅与财政厅共同组织专家对95个《矿山地质环境治理恢复可行性研究报告》进行了审定,并按时上报国土资源部通过评审。

2010年6月,自治区财政厅、国土资源厅联合下发《内蒙古自治区矿山地质环境治理专项资金和项目管理办法(试行)》。该办法共分6个章节、31个条目,主要从自治区本级矿山地质环境治理专项资金预算、拨付、使用及绩效考评到项目申报、立项审查、管理实施、检查验收、成果档案管理及监督检查等方面作出明确规定。当年,自治区国土资源厅组织审查矿山地质环境治理恢复方案393个,与财政厅共同组织专家对2009年度41个矿山地质环境保护和治理恢复项目设计进行了评审,其中国家项目6个,自治区项目35个,并对103个可行性研究报告进行了审定。

2011年,自治区国土资源厅加大对矿山地质环境治理项目实地核查力度,对申报项目实施设计资料审查、实地核查,再进行终审。规范项目论证、评审、下达程序要求,加快项目审查速度,实现了地质环境项目当年申报、当年论证、当年下达和当年批复实施。先后分三个批次,对2010年自治区和国家地质环境项目及2006年、2007年、2008年、2009年变更或补充设计,下达设计批复意见48项。在项目安排上,增加矿山地质环境调查和地质灾害勘查项目,确保治理项目安排依据充分、资料可靠、决策科学。同时,启动全区矿山地面塌陷发育规律及治理措施研究、全区矿山地质环境遥感数据库建设及动态监测研究。并受理和组织专家评审由厅发证的矿山地质环境保护与恢复治理方案208项,187项通过专家评审,合格率为90%。

2012年2月21日,自治区国土资源厅印发《关于矿山地质环境保护与恢复治理方案编制工作有关事宜的通知》。进一步规范全区矿山地质环境保护与恢复治理方案编制工作。4月23日,自治区国土资源厅印发《关于矿山地质环境治理与工矿废弃地复垦调整利用工作相结合的通知》指出:申报矿山地质环境治理项目与工矿废弃地复垦调整利用工作,治理目标要符合土地利用总体规划,与相关规划相衔接。按照"宜农则农、宜林则林、宜建则建、因地制宜"的原则,有效增加治理区耕地、园地、林地、牧草地、建设用地。申报自治区财政矿山地质环境治理专项资金项目,属国有矿山历史遗留的或治理责任主体灭失的矿山地质环境问题、现状地类为无主的工矿建设用地、拟选项目区符合内国土资字[2012]119号文件要求和当地《旗县(市、区)废弃居民点和工矿废弃地复垦调整利用实施规划》、治理区能有效增加耕地、园地、林地、牧草地,并提供相关证明材料的,在项目安排上将给予倾斜。9月5日,自治区国土资源厅印发《内蒙古自治区"矿山复绿"行动方案》,在全区范围内部署开展"矿山复绿"行动。自治区国土资源厅成立"矿山复绿"领导小组,办公室设在地质环境处,具体负责领导小组日常工作。自治区地质环境监测院设立全区"矿山复绿"行动指导办公室,负责全区"矿山复绿"行动日常业务工作,负责制定相关技术要求,承担全区重点地区、重要工程的调查工作,制定全区实施方案,组织开展业务培训,进行技术业务指导,负责全区相关资料汇总、整理、研究,编发工作简报交流有关情况,编制《内蒙古自治区"矿山复绿"行动实施方案》。"矿山复绿"实施区域主要包括重要自然保护区、景观区、居民集中生活区的周边和重要交通干线、河流湖泊直观可视范围(以下称"三区两线")。总体目标:到2015年,使"三区两线"周边范围内突出的矿山地质环境问题基本得到整治,矿山生态环境得到初步改善;新建矿山和生产矿山严格实行矿山地质环境治理保证金制度,最大限度地减少因矿业开发所引发新的矿山地质环境问题。决定由自治区地质环境监测院牵头,各盟市国土资源局负责完成本区域摸底调查工作。至11月底,各盟市国土资源局全部完成所辖区域"矿山复绿"野外摸底调查,并重点对"三区两线"范围内重要交通干线两侧以及重要居民集中生活区周边地形地貌景观严重破坏的区域进行实地调查。自治区地质环境监测院于12月底,编制完成《内蒙古自治区"矿山复绿"行动实施方案》,建立全区"矿山复绿"地质环境信息空间数据库管理系统。

2013年4月18日,自治区国土资源厅、财政厅印发《关于进一步加强矿山地质环境保护与治理有关事宜的通知》,坚持政府主导,部门搭台,构建多级多元投入机制,对以奖代投项目管理做了具体规定。6月20日,自治区国土资源厅印发《内蒙古自治区地质环境专家管理暂行办法》。当年,自治区国土资源厅还相继印发《内蒙古自治区矿山地质环境治理工程验收标准》《内蒙古自治区矿山土地复垦专篇编制技术要求》和《内蒙古自治区矿山地质环境分期治理及土地复垦方案编制技术要求》,与财政厅联合印发了《内蒙古自治区矿山地质环境治理工程预算定额标准(试行)》,以规范矿山地质环境治理工程技术标准和预算定额标准。

2015年3月17日,自治区政府第42次常务会议审议通过《内蒙古自治区矿山地质环境治理办法》(以下简称《办法》),自2015年5月1日起施行。《办法》共4章37条。内容上包含了自治区所有的矿山地质环境恢复治理和土地复垦活动。为体现"简政放权"的改革精神,规定盟行政公署,设区的市人民政府国土资源行政主管部门可以将普通建筑材料使用砂、石、粘土的矿山地质环境治理保证金缴存、使用管理,委托旗县级人民政府国土资源管理部门实施。《办法》调高了露天采矿保证金缴存额度和提高治理保证金保证程度;提出了开采普通建筑材料使用砂、石、粘土矿,应当一次性全额缴存保证金;突出强调了采矿权人应当在矿山开采前首先对拟损毁的耕地、林地、牧草地进行表土剥离并单独存放,剥离的表土用于矿山地质环境恢复治理。强化处罚力度,将未履行矿山地质环境治理义务的矿山企业违法行为纳入社会信誉体系,列入矿山地质环境治理诚信档案黑名单,与企业信用信息公示系统资源共享,确保全区矿山地质环境治理工作落到实处。年内,与《办法》相配套的《内蒙古自治区矿山地质环境治理方案编制技术要求》和《内蒙古自治区矿山地质环境分期治理方案编制技术要求》相继出台。8—9月,自治区国土资源厅组织开展全区矿山地质环境治理督查工作,重点对全区矿山地质环境治理项目执行情况、生产矿山地质环境治理情况进行监督检查。在此基础上,制定了全区矿山地质环境治理考核指标评价办法。

按绿色矿山相关要求建设的呼伦贝尔市伊敏煤田

(二)治理保证金制度

1. 保证金制度建设

2003年7月25日,自治区第十届人大常务委员会第四次会议通过《内蒙古自治区地质环境保护条例》的第二十一条规定,矿山地质环境治理实行保证金制度。采矿权人应当缴纳矿山地质环境保证金,专户管理。地质环境保证金归采矿权人所有,专项用于该采矿权人采矿破坏地质环境的治理。保证金收取、使用和管理的具体办法由自治区人民政府制定。

2008年5月15日,自治区政府印发《内蒙古自治区矿山地质环境治理保证金管理办法》,全区建立矿山地质环境治理保证金制度,自2008年8月1日起实施。8月13日,自治区国土资源厅印发《关于实施〈内蒙古自治区矿山地质环境治理保证金管理办法〉的通知》,规范保证金管理。

2009年8月18日,自治区国土资源厅转发《国土资源部办公厅关于做好矿山地质环境保护与恢复治理方案编制审查及有关工作的通知》,并明确保证金存储按《内蒙古自治区矿山地质环境治理保证金管理办法》第十一条、第十二条、第十三条执行。保证金的存储数额,不得低于矿山地质环境治理恢复所需费用。根据《内蒙古自治区矿山地质环境治理保证金管理办法》计算出的保证金存储数额,低于"方案"预算经费的,按"方案"预算存储保证金。

2011 年 2 月 17 日，自治区国土资源厅印发《关于油气、水气类矿山企业编制矿山地质环境保护与治理恢复方案和存储保证金的通知》要求，对油气、水气类矿产申请办理采矿证时，按照《矿山地质环境保护与治理恢复方案编制规范》编制矿山地质环境保护与治理恢复方案，并按采矿权批准权限，报具有相应审批权的国土资源行政主管部门组织专家评审和审查工作。保证金的存储标准和存储办法，按照《内蒙古自治区矿山地质环境治理保证金管理办法》执行。保证金的存储数额，不得低于矿山地质环境保护与治理恢复所需费用。保证金的监督和管理按照《内蒙古自治区矿山地质环境治理保证金管理办法》和《关于实施〈内蒙古自治区矿山地质环境治理保证金管理办法〉的通知》执行。9 月 2 日，自治区国土资源厅印发《关于贯彻落实〈内蒙古自治区矿山地质环境治理保证金管理办法〉有关问题的通知》，对矿山地质环境治理恢复保证金的缴存标准等有关问题作出了说明。

2012 年，自治区国土资源厅、财政厅对《内蒙古自治区矿山地质环境治理保证金管理办法》进行修订，于 2013 年 2 月 22 日经自治区人民政府办公厅印发实施。新修订的《内蒙古自治区矿山地质环境治理保证金管理办法》主要内容包括下放审批权、转变管理方式、合并土地复垦与矿山治理两个方案、简化工作程序、强化监管措施。为落实新修订的管理办法，2013 年 4 月 19 日，自治区国土资源厅、财政厅联合印发《内蒙古自治区矿山地质环境治理保证金管理办法实施细则》，对治理方案（分期治理方案）编制及评审、保证金缴存、矿山地质环境治理与验收、保证金制度监督管理及相关法律责任提出明确要求。

2015 年 3 月 17 日，自治区政府第 42 次常务会议审议通过《内蒙古自治区矿山地质环境治理办法》，自 2015 年 5 月 1 日起施行，《内蒙古自治区矿山地质环境治理保证金管理办法》同时废止。

2. 制度落实与培训

2008 年 11 月，自治区国土资源厅举办贯彻实施《内蒙古自治区矿山地质环境治理保证金管理办法》培训班，各盟市国土资源局分管局长、科长及资质单位 170 人参加学习培训。

2009 年，自治区国土资源厅组织区内资质单位参加国土资源部安排的 8 期《矿山地质环境保护与治理恢复方案编制规范》专业培训。12 月，在呼和浩特市举办为期 3 天的《矿山地质环境保护与治理恢复方案编制规范》培训班，360 人参加培训。25—27 日，受国土资源部地质环境司委托，在呼和浩特市举办了矿山地质环境保护与治理恢复方案编制培训班。培训对象为各盟市国土资源局地质环境科科长及相关人员，以及符合《矿山地质环境保护规定》要求的拟承担"治理方案"编制业务的乙级和丙级资质单位。培训内容为矿山地质环境保护管理有关法律法规和政策规定以及"治理方案"管理相关要求；"治理方案"编制的相关技术规范、标准和技术要求。至年底，全区有 1673 个矿山存储保证金 4.36 亿元。

2010 年，全区有 3330 个矿山企业存储保证金 10.03 亿元。存储保证金的矿山数占矿山总数的 62.4%。全区有 335 家矿山投入治理资金 4.26 亿元，进行矿山地质环境恢复治理。全区矿山企业治理地面塌陷面积 30.34 平方千米、固体废弃物堆放面积 52.45 平方千米、露天采坑面积 65.99 平方千米、尾矿库面积 1.7 平方千米；恢复耕地 178.3 公顷，林地 3063 公顷，草地 3950 公顷，建设用地 118 公顷。有 3050 家编制了矿山地质环境恢复治理方案。

2011 年 7 月 20 日至 8 月 5 日，自治区国土资源厅对全区各盟市保证金管理制度执行情况进行全面检查。10 月 18 日，自治区国土资源厅发文，通报检查情况：至 2011 年，全区共有矿山 5144 家，已缴存首期治理保证金的有 4240 家，未缴存的有 904 家。已缴存企业占矿山企业总数的 82.43%，实际缴存保证金 132 915.63 万元。未缴存的 904 家企业中，有 122 家属于国土资源部发证，271 家属于停产或者关闭状态，428 家小型非金属矿山处于整合阶段，83 家矿业权没有到期等其他原因没有涉及采矿权延续等办理事宜。首期保证金缴存率高的盟市有呼伦贝尔市、通辽市、赤峰市、锡林郭勒盟、巴彦淖尔市、二连浩特市等。各地基本上都能按照《办法》要求进行核定和缴存保证金,大部分矿产资源丰富的盟市明确了矿山地质环境治理保证金实行分级管理的制度。盟市国土资源局对管辖范围内(盟市级及以上发证的)矿山企业保证金的核定、存储和管理负责,部分盟市委托旗县区国土资源局负责辖区内小型非金属矿山和砂石、粘土保证金的核定、存储和管理。各盟市旗县分别与4229家矿山企业签订《矿山地质环境治理恢复责任书》。保证金的核定、计算规范准确,明确专人计算、专人复查、专人审查的工作程序,实行保证金核定、存储分离,由科室核定,到指定的农行或建行存储、管理。缴存分期基本正确。在办理采矿权新立、延续、变更、转让延续时严格按照《办法》规定执行。各盟市国土资源局均按照《办法》要求,与自治区财政厅所确定的所在地建行或者农行签订了保证金缴存管理协议,在其所辖区支行开设保证金专用账户,且均未发现有挪用保证金及利息等违法行为。二连浩特市、通辽市、锡林郭勒盟、鄂尔多斯市、包头市、乌兰察布市、呼和浩特市等7个盟市,按照自治区国土资源厅《关于实施〈内蒙古自治区矿山地质环境治理保证金管理办法〉的通知》要求,执行较好,即以盟市国土资源局与当地指定银行支行签署保证金存储协议,由矿山企业设立专户存储保证金、一户一账,实行定期对账制度,并定期给矿业权人提供明细。矿业权人凭保证金开户及存款通知书办理相关手续。绝大部分盟市建立了保证金和治理恢复方案备案台账和档案,一矿一档,做到了每个矿山企业档案5项资料齐全,即矿山地质环境治理保证金登记卡片、矿山地质环境治理责任书、保证金开户和缴存通知书、保证金缴存发票复印件、矿山地质环境保护与治理恢复方案及备案材料。

2012年9—12月,自治区国土资源厅再次对全区各盟市保证金管理制度执行情况进行全面检查。至2012年底,全区保证金首期缴存率为93.22%,实际存储保证金21.37亿元。

2013年5—6月,自治区国土资源厅先后于呼和浩特市和赤峰市召开三期“全区矿山地质环境治理及土地复垦相关技术业务培训会”,对盟(市)、旗县地质环境管理工作者及从事地质环境治理工作的相关技术人员进行培训,参加人员共计900人。全年,全区有4795家矿山企业编制了《矿山地质环境保护与综合治理方案》,方案编制率为95.82%;已缴存矿山地质环境治理保证金的矿山企业4875家,占矿山企业总数的97.46%;实际缴存保证金23.37亿元。全区生产矿山已完成首期保证金治理任务的矿山企业有1417家,共投入治理资金约16.12亿元,累计完成治理面积约365.84公顷。

2014年,全区有4768家矿山企业编制了《矿山地质环境保护与恢复治理及土地复垦方案》,综合治理方案编制率为98.07%,有1347家矿山企业编制了《矿山地质环境保护与分期治理及土地复垦方案》。已缴存保证金的矿山企业4766家,缴存率为98.02%,保证金实际缴存274 151.86万元,返还12 033.97万元,结转36 222.67万元。有1099家矿山企业完成首期矿山地质环境治理任务,共投入治理资金93 600万元,累计完成治理面积5.06万公顷,其中2014年度完成治理面积1.04万公顷。

2015年5月,自治区国土资源厅组织举办了《内蒙古自治区矿山地质环境治理办法》及相关实施细则培训班,各盟市、旗县地质环境负责人及执法支队相关人员共230人参加培训。当年,全区在期矿山4716家,其中编制了《矿山地质环境治理方案》的4660家,编制了《矿山地质环境保护与恢复治理和土地复垦分期治理方案》的2016家;已缴存矿山地质环境保证金的矿山4666家,已编制方案矿山的保证金缴存率为98.9%;矿山地质环境治理保证金实际缴存30亿元,较上年增加9.51%;返还资金1.27亿元,较上年增加5.29%;结转资金5.98亿元,较上年增加65.01%。有1407家矿山企业完成首期矿山地质环境治理任务,共投入治理资金19.55亿元,累计完成治理面积6.5万公顷,其中

2015 年完成治理面积 1.54 万公顷。

（三）治理项目管理

2001 年 1 月 17 日，包头市石拐煤矿矿山环境恢复治理项目经国土资源部批准立项。

2003—2004 年，财政部、国土资源部下达自治区 12 个矿山环境治理项目。其中，2003 年实施项目有 7 个，分别为：内蒙古大雁矿区地裂缝地面沉降区地质灾害治理工程、宝日希勒煤矿矿区地质环境治理恢复项目、扎赉诺尔矿区地下水恢复治理工程、包头市石拐区国庆乡磁窑沟地裂缝煤矸石治理项目、通辽市霍林河煤矿集团矿山地质环境综合治理项目、赤峰市平庄煤业公司矿区地质环境恢复治理项目、乌兰察布市兴和县石墨矿矿山地质环境治理恢复项目，至 2003 年底除包头市石拐区国庆乡磁窑沟地裂缝煤矸石治理项目仍进行外，其余项目均已初步验收。2004 年实施项目有 5 个，分别为：内蒙古清水河塔尔梁煤矿矿山环境治理项目、内蒙古鄂托克旗黑龙贵煤矿矿山治理项目、内蒙古苏尼特右旗毕力赫金矿矿山环境治理项目、内蒙古兴和县石墨矿矿山环境治理项目、内蒙古通辽市霍林河煤矿矿山环境治理项目，除内蒙古通辽市霍林河煤矿矿山环境治理项目已初步验收外，其余项目均在实施中。2004 年，全区矿山地质环境综合治理面积为 1688.65 公顷，累计综合治理面积 4573.48 公顷。

2005 年，自治区共有矿山环境恢复治理项目 15 个，恢复治理面积 209.52 公顷。其中，中央财政安排项目 5 个，投入资金 1100 万元；自治区财政安排项目 10 个，投入资金 1330 万元。同时，自治区国土资源厅对霍林河、大雁、扎赉诺尔、宝日希勒煤矿等 4 个国家矿山地质环境恢复治理项目进行初步验收，并于 12 月 23 日验收通过包头市石拐区国土资源局承担的《包头市石拐区煤矿矿山环境恢复治理项目》。至 2005 年底，全区累计矿山环境综合恢复治理面积 4783 公顷。

2006 年 3 月，自治区国土资源厅组成专家组，验收通过乌兰察布市兴和县石墨矿矿山地质环境治理项目一期工程、乌兰察布市四子王旗白乃庙铜矿矿山地质环境治理项目一期工程；4 月，初步验收通过内蒙古平煤（集团）矿山环境治理项目元宝山煤矿三井地面塌陷治理工程项目。全年，自治区共安排 23 个矿山环境恢复治理项目，其中国家项目 6 个，自治区项目 17 个。中央投入资金 3100 万元，自治区财政投入资金 2618 万元，恢复治理面积 3147 公顷。至 2006 年底，全区共完成矿山环境综合恢复治理项目 33 个，恢复治理面积 4995.25 公顷。

2007 年，自治区国土资源厅组织实施 19 项矿山地质环境恢复治理项目，其中国家项目 8 项，自治区项目 11 项。中央投入资金 4000 万元，自治区财政投入资金 2000 万元，恢复治理面积 1017.02 公顷。至 2007 年，全区组织实施矿山环境综合恢复治理项目 65 个，投入资金 1.56 亿元，累计治理面积为 7114.93 公顷，已验收项目 29 个。

2008 年，自治区国土资源厅组织实施 26 个矿山环境恢复治理项目，其中国家投资治理项目 8 项，自治区投资治理项目 18 项，总投资 9450 万元，恢复治理面积为 3214 公顷。

2010 年 2—7 月，自治区国土资源厅、财政厅组织有关领导和专家组成验收组，验收通过《内蒙古察右中旗金盆矿区地质环境恢复治理工程》《阿拉善左旗巴润别立镇图日根嘎查废弃粘土矿地质环境恢复治理工程》《阿拉善左旗图兰泰盐湖矿区地质环境恢复治理工程》《锡林郭勒盟锡林浩特煤矿三期矿山地质环境恢复治理工程》《乌兰察布市四子王旗白乃庙铜矿矿山地质环境治理（三期）工程》《巴彦淖尔市乌拉特后旗巴音宝力格镇东砂坑矿山地质环境治理工程》《乌海市乌达区巴音赛沟煤矿矿山地质环境治理工程》《内蒙古自治区科尔沁左翼后旗砂矿地质环境治理项目》。至 2010 年底，全区累计治理矿山面积约 1.65 万公顷。恢复林地 4600 公顷，草地 5600 公顷，耕地 214 公顷，建设用地

284 公顷。通过土地置换,全区矿山地质环境治理工程已累计提供建设用地 2033 公顷。

2011 年 5 月 23 日,自治区国土资源厅、财政厅组织有关专家,验收通过《内蒙古自治区乌拉特中旗温根煤矿矿山地质环境治理项目》。

2012 年,自治区争取中央财政资金治理项目 1 项,资金 9000 万元;自治区财政资金治理项目 20 项,资金 22 778 万元。其中,呼和浩特市大青山前坡治理项目引起自治区政府和呼和浩特市政府的重视,投入治理资金 1 亿元。

2013 年,自治区实施矿山地质环境治理"以奖代投"办法,建立自治区、盟市、旗县、企业等多级投入机制,充分发挥各级财政专项资金的引导作用,确保矿山地质环境保护与治理工作收到实效。全年,自治区国土资源厅组织实地验收自治区东部、西部区矿山地质环境治理项目共计 41 项,经费 2.80 亿元,验收治理面积 3646 公顷。

2014 年,自治区财政采用各盟市 2013 年度矿山地质环境治理本级专项资金投入情况、矿山地质环境治理项目资金使用和治理面积完成情况、"十二五"规划期内矿山地质环境治理项目治理面积各占分配份额三分之一的三因素法,综合计算并下达"以奖代投"专项资金 5000 万元。全年,自治区财政安排 9 项本级矿山地质环境治理综合项目,项目资金 2663 万元;自治区国土资源厅组织完成验收矿山地质环境治理项目 25 项,经费 1.95 亿元,治理面积 1891 公顷。

2015 年,中央财政安排赤峰市元宝山平庄矿区矿山地质环境治理示范工程 1 项,项目资金 9524 万元;自治区财政安排矿山地质环境治理项目 4 项,项目资金 8508 万元;地方各级政府用于本地区矿山地质环境恢复与治理投入资金共计 3.52 亿元。自治区财政和各盟市财政分别下达"以奖代投"专项资金 5000 万元和 1.41 亿元。自治区国土资源厅组织完成验收矿山地质环境治理项目 8 项,资金 5385 万元,治理面积 5.71 公顷。

2001—2015 年,国家和自治区先后投入矿山地质环境保护与治理专项资金共 25.42 亿元,安排治理项目 303 项。其中,中央财政投入资金 7.60 亿元,安排治理项目 63 项;自治区财政投入资金 17.82 亿元,安排治理项目 240 项。

(四)落实"十项民生工程"

2010 年,矿山地质环境治理恢复列为自治区"十项民生工程"之一。自治区国土资源厅成立"十民生工程"领导小组,厅长任组长、分管副厅长任副组长,对全区矿山地质环境治理工作进行统一领导。制定了实施"十项民生工程"、开展矿山地质环境治理实施方案;下发了年度矿山地质环境治理项目申报指南,明确 2010 年矿山地质环境项目必须坚持以有利于改善民生、有利于恢复生态和有利于提高土地利用效率为原则,优先安排涉及人民生命财产安全的大型煤矿、火区和历史上形成的矿山沉陷区,以及能够改善城镇人居环境的矿山地质环境治理项目,紧紧围绕"十项民生工程",做好 2010 年矿山地质环境治理项目的申报工作。全年,全区共安排矿山地质环境治理项目 34 个,投资 3.06 亿元,计划治理矿山面积 25 平方千米以上;完成矿山地质环境治理恢复项目 38 个,投入治理资金 2.69 亿元,恢复治理面积 3000 公顷,其中恢复草地 1824 公顷、林地 241 公顷、耕地 296 公顷、建设用地 299 公顷;共治理矿区塌陷面积 485 公顷,回填采坑 366 处,回填面积 368 公顷;清理固体废弃物堆积 498 处,占地面积 420 公顷;完成土石方工程量 1820 万立方米,恢复建设用地预计实现受益近 4 亿元,地质环境整治直接受益群众约 8.2 万人。

2011 年、2012 年,自治区政府把"继续加大矿山地质环境治理恢复力度"作为"十项民生工程"的内容。2011年,计划实施国家项目3个、争取中央投资1.15亿元,自治区安排项目31个、投资1.91亿元,计划共完成治理面积2000公顷。2012年,自治区本级财政计划投资2.6亿元,安排矿山地质环境治理项目20个,安排八大资源型城市矿区矿山地质环境调查项目12个,争取赤峰市元宝山平庄矿区矿山地质环境治理示范工程项目中央专项资金9524万元。

第六节　地热及矿泉水管理

一、地热

(一)地热管理

2000年8月30日,自治区国土资源厅转发国土资源部《关于加强地热、矿泉水勘查、开采管理的通知》,并要求各盟市地矿局切实加强对地热、矿泉水等矿产资源勘查、开采的监督管理。

2001年8月21—23日,自治区国土资源厅在呼和浩特市召开全区地质环境管理暨矿泉水、地热专业委员会工作会议。主要贯彻国土资源部、自治区人大常委会、自治区政府关于地质环境和矿泉水、地热管理相关法律、法规和工作部署,分析、研究全区地质环境形势,落实工作任务。

2003年1月17日,自治区国土资源厅转发国土资源部《关于进一步加强地热、矿泉水资源管理的通知》,就地热和矿泉水资源相关管理进一步进行了明确。

2006—2007年,根据国土资源部有关部署和要求,自治区国土资源厅组织开展了全区地热资源勘查开发、保护和现状调查,并向自治区政府和国土资源部上报了《内蒙古自治区地热资源概况及开发利用现状》报告。

(二)地热勘查

2000年,自治区国土资源厅对7处地热点进行调查,实施了呼和浩特市地热勘查施工,找到了可供利用的地热资源。

2004—2009年,自治区陆续开展地热资源勘查项目10个,投入资金5067万元。完成热水深井4眼,热水浅井14眼,评价出地热流体天然补给资源量8900立方米/日,D级地热流体可采资源量5400立方米/日。鄂尔多斯市杭锦旗七星湖旅游区地热资源井深2500米,水温53℃,出水量为2300立方米/日;通辽市地热井井深3004米,水温43℃,出水量900立方米/日;鄂尔多斯市恩格贝地热井井深2000米,水温34℃,出水量136立方米/日;赤峰市克什克腾旗、敖汉旗扩大地热勘探范围,所施工的地热勘探孔单井出水量500~900立方米/日,出水温度50℃~70℃,扩大了热水的利用范围。

2007—2008年,自治区国土资源厅组织开展了内蒙古阿尔山—柴河地热资源调查。初步调查结果表明,该区火山活动带地下热能较丰富,垂直火山活动带轴线的断裂是该区良好的导热通道,良好的储水空间为温泉提供了较丰富的地下水资源。

2008年,由自治区国土资源厅组织实施的地热勘查项目,在鄂尔多斯恩格贝生态建设示范区打出水温38.5℃,单井涌水量200立方米/日的地下热水。热水中有益微量元素锶含量为14.92毫克/升,锂含量为0.27毫克/升,偏硅酸含量为29.15毫克/升,偏硼酸含量为15毫克/升,均达到医疗矿泉水水质标准。呼和浩特地下热水普查项目,在南二环大台村打出一口深3253米的热水井,水温38℃,出水量189立方米/日的热水井。水化学类型为Cl-Na型,热水中锶、氡达到医疗矿水命名浓度,溴、钡的含量具有医疗价值。

2009 年,自治区国土资源厅实施地热勘查 5 项。其中,通辽市地热普查完成一眼地热井,井深 3004 米,地热水水头高出地面 24.2 米,自流量 120 立方米/日,出水量 900 立方米/日,出水温度 43℃。为优质低温热矿水,具有较高的医疗价值。

包头市地热普查成功打出地热水。

2010 年,自治区国土资源厅开展地热资源勘查 4 项,投入资金 2130 万元。其中包头市滨河新区地热井自流量 2927 立方米/日,井口出水温度 63℃,矿化度 3.18 克/升,水质达到医疗和饮用天然矿泉水标准。呼和浩特市土默特左旗哈素海地区地热井深度 3500 米,井口出水温度 55℃,热水矿化度 4 克/升,为 NaCI 型矿水。乌海市地热资源普查项目、临河区地热资源普查项目,井口出水温度 40℃ ~60℃。安排包头市、巴彦淖尔市临河区浅层地温(热)能调查评价项目 2 个。

群众围观包头地热普查井涌出地热水。

利用地热水现场煮熟鸡蛋。

2011 年,自治区国土资源厅组织实施地热勘查项目 8 个。其中,呼和浩特市乌素图地区地热普查,热水井位于回民区东部,井深 2503 米,井口自流量为 384 立方米/日,井口出水温度 62℃,试验涌水量为 720 立方米/日,初步水质分析,矿化度 7.8 毫克/升,水质较好;巴彦淖尔市临河区地热资源普查,施工热水井深度 2009 米,试验出水量 2256 立方米/日,井口出水温度 57℃,初步水质分析,矿化度 47 克/升,为 NaCI 型矿水;通辽市科尔沁区地热资源普查项目,热水井深度 1306.5 米,试验出水量 985.22 立方米/日,井口出水温度 45℃,初步水质分析,矿化度 1.3 克/升,通过与邻区对比分析,大致确定西辽河平原科尔沁区周围 1000 ~ 1300 米范

通辽市科尔沁区地热井进行抽水试验。

围内，普遍存在储热层，是一个接近中型的地热田；鄂托克旗苏米图苏米格庙地区地热普查项目，热水井井深1500米，井口出水温度35.5℃，试验出水量985.22立方米/日，地热层为三叠系和侏罗系地层，打破了以往认为三叠系和侏罗系中水量小的观念，实现了水量的突破。

恩格贝旅游区地热井施工现场。

2012年，自治区国土资源厅组织实施的10个地热勘查项目，有3个项目完成地热井施工。其中，达拉特旗树林召地区地热资源普查，施工的一眼地热井，井深2601.88米，自流量2472立方米/日，水温61℃；抽水试验出水量为2642立方米/日，水温63℃。地热水矿化度2.81克/升，是自治区已施工地热井矿化度最低的一眼。水中偏硅酸和氟含量高，分别为49.4毫克/升、2.6毫克/升，均达到且超过理疗热矿水命名指标。另外H_2S气体及其他微量元素如锶、溴、碘含量也较高。鄂尔多斯市恩格贝地区地热资源预可行性勘查，在黄河南岸、库布其沙漠中段的恩格贝旅游区施工一眼地热井，深度1990米。井口出水温度45℃，出水量420立方米/天，水质良好。宁城县热水镇地热资源预可行性勘查，已完成5眼地热井，井深300～500米，出水温度88℃左右，单井出水量1200～1400立方米/日，基本查明热水镇控热构造，圈定地热分布范围。2013年，自治区国土资源厅组织地热井施工项目2个，其中，达拉特旗德胜太区地热资源预可行性勘查，施工一眼地热井深2604米，水头高度+28.88米，自流量1680立方米/日，水质良好。该项目扩大了呼包平原地热田的分布范围。

2014年12月，内蒙古地质工程公司在土左旗台阁牧进行地热勘查下地热井套管。

2014年，自治区国土资源厅组织实施续作地热勘查项目10个，其中土默特右旗地热资源普查，成功施工了一眼深2408.25米的地热井，扩大了呼包平原地热田的分布范围。地热井最大出水量2148.24米/日，出水温度53℃，水头高度10.74米，流体水化学类型属Cl－Na·Ca型，总矿化度5877.60毫克/升，总碱度292.80毫克/升。该井水温、水量、水质均满足地热井开发的要求。

2004—2014年，全区共安排地热勘查项目79项，投入资金2.25亿元，先后在河套平原、鄂尔多斯盆地、西辽河平原、二连盆地群、海拉尔盆地以及已有温泉点进行了地热调查与地热井施工，成井30多眼。

2015年，自治区国土资源厅组织实施地热勘查项目新增热水井5处，并启动全区主要旅游景区地热资源勘查前期工作。至2015年底，全区已发现的热水田有20余处，多数为含锶、锂和氡的热矿水。

二、浅层地温能评价

2010年,自治区国土资源厅组织制定了《内蒙古自治区浅层地温(热)能调查评价工作方案》,并启动了浅层地温能调查评价工作。安排浅层地热(温)能调查评价项目2个,投入资金1004万元。

2011年,自治区国土资源厅组织,争取到中国地质调查局首批确定的《呼和浩特市浅层地温能调查评价》项目,并顺利通过项目设计评审。

2012年,通过省部合作工作模式,自治区完成呼和浩特市浅层地温能调查评价工作;同时,安排地质勘查基金1124万元,完成了地市级城市包头市、巴彦淖尔市的浅层地温能调查评价工作。

2013年,自治区国土资源厅组织编制了《内蒙古自治区地市级城市和国家级经济技术开发区浅层地温能调查评价工作方案》。年度新增热水田2处,分别位于包头市土默特右旗萨拉齐镇和鄂尔多斯市达拉特旗德胜太区。

至2014年底,全区利用地源热泵系统的项目有176个,在建及已建成的浅层地温能利用面积总和超过600万平方米。全区浅层地温能利用形式以地下水源热泵为主,主要开采层位为第四系承压含水层,个别开采潜水或微承压水,井深一般小于200米,地下水源的温度一般在12℃~15℃。

2015年,“呼和浩特市浅层地温能开发利用示范工程”开展了供暖、制冷及地温恢复监测工作。

三、矿泉水管理

2000年,自治区国土资源厅组织对24家矿泉水厂家进行水质检测分析及水源地勘查和技术鉴定,对84处矿泉水点进行清理。

2001年,自治区成立了全区第五届饮用天然矿泉水技术评审组。同时,自治区国土资源厅印发《内蒙古自治区国土资源厅关于切实加强全区矿泉水管理工作的通知》,就加强全区矿泉水管理工作进行进一步明确。

2002年,自治区国土资源厅组织对全区矿泉水水源地开展年检。进行年检的矿泉水水源地共有93处,年检合格的为69处,年检不合格和未参加年检的有24处。同时,根据国土资源部《关于换发国家级矿泉水鉴定证书有关问题的通知》要求,对1999年以前发放的国家级鉴定证书进行统一换证,换发国家级鉴定证书的矿泉水水源地有25家,换发自治区级鉴定证书的矿泉水水源地有88处。

2003年8月8日,自治区国土资源厅印发《关于委托开展自治区矿泉水水源地水质检测的通知》,将2003年度自治区矿泉水质检测工作委托内蒙古自治区水文地质工程地质中心承担。全年,全区参加年检的矿泉水单位共有65家,全部年检合格。

2004年,自治区国土资源厅组织鉴定矿泉水水源3处。

2005年,全区参加矿泉水水源年检的为49处。

2006年,全区通过注册登记的矿泉水水源地64处,参加矿泉水水源年检的为46处,未参加矿泉水年检的有18处。

2007年,全区通过国家级注册登记的矿泉水水源地5处,参加年检的矿泉水水源地56处,未参加年检的17处。

2008年,自治区国土资源厅组织有关专家对矿泉水水源地进行了实地检查,现场取样对水质进行检测。检查结果显示,大部分厂家水源地保护良好,但个别水源地存在一定污染,对此进行了现场纠正,并提出限期整改意见。为加强对矿泉水企业的约束和管理,自治区国土资源厅对检测结果在自治区国土资源厅网站和内蒙古日报进行了公告。当年,全区参加矿泉水水源年检换证的有48处,未参加换证的11处。

2009年9月,国家天然矿泉水技术评审组,评审通过自治区水勘四院提交的《内蒙古自治区兴安盟阿尔山市远望山饮用天然矿泉水调查评价报告》和《内蒙古自治区兴安盟阿尔山市五里泉饮用天然矿泉水调查评价报告》。当年,全区参加矿泉水年检换证的水源地48处,未参加换证的16处。

2010年,全区参加矿泉水年检换证的水源地48处。其中,矿泉水年检13处,矿泉水换证34处,新增加注册矿泉水水源地1处。未参加矿泉水年检换证的水源地18处。

2011年,自治区国土资源厅委托有关单位对矿泉水水源地的水质进行了检测,对不符合要求的厂家提出整改措施,对个别矿泉水指标超标现象进行了复检。当年,全区参加矿泉水年检换证的水源地41处(不合格1处);参加矿泉水换证的4处,未参加矿泉水年检换证的水源地10处。

2012年,全区参加矿泉水年检的厂家有38家,年检全部合格。未参加年检的厂家有13家。

2013年,自治区国土资源厅组织对全区矿泉水水源地保护和水质进行了检查和检测,对年检合格的矿泉水企业重新核实并换发了矿泉水注册登记证书。当年,全区参加年检的矿泉水水源地38家,年检合格换证37家,不合格未换证1家;未参加年检的矿泉水水源地有2家。

2014年,全区参加年检的矿泉水水源地共38家,年检合格的35家,不合格的3家。

2015年,自治区国土资源厅启动全区矿泉水资源普查前期工作,并对全区已评审通过且已注册登记的矿泉水企业进行了矿泉水水源地年检工作。参加年检矿泉水企业共35家,其中合格的33家,不合格的2家;未参加年检的矿泉水企业有5家。

第五篇

测绘管理

第一章 基础测绘

根据《测绘法》《基础测绘条例》《测绘成果管理条例》《测绘标志保护条例》和《内蒙古自治区测绘管理条例》等法律法规，内蒙古自治区国土资源厅（以下简称自治区国土资源厅）履行全区基础测绘、测绘行业管理及地图管理等工作的统一监督管理职能；各盟市国土资源管理局和旗县国土资源管理局分别负责本行政区域内相关测绘工作的统一监督管理职能。

第一节 规划编制

一、编制管理

2003年11月，依据《测绘法》《基础测绘条例》《内蒙古自治区测绘管理条例》《内蒙古自治区基础测绘规划编制纲要》及自治区经济发展战略对基础测绘的需要和基础测绘发展，自治区国土资源厅组织内蒙古自治区测绘事业局（以下简称自治区测绘事业局）开展了相关规划编制工作，并于2004年5月26日编制完成《内蒙古自治区基础测绘规划（2005—2014年）》〔以下简称《基础测绘规划（2005—2014年）》〕。2004年11月23日，自治区政府以《关于内蒙古自治区基础测绘规划的批复》批准实施。

2005年3月，自治区国土资源厅根据国家测绘局《关于认真做好测绘发展规划工作的通知》精神，并结合全区基础测绘发展状况，在已有《基础测绘规划（2005—2014年）》基础上，开始组织编制基础测绘中长期规划，并成立了以厅长黄·阿拉腾别立格为组长、副厅长元重举和自治区测绘事业局局长吴齐文为副组长的规划编制领导小组。2006年1月，自治区国土资源厅组织编制完成了《内蒙古自治区2005—2014年基础测绘中长期规划》上报国家测绘局，同时组织编制完成《内蒙古自治区测绘事业发展第十一个五年规划纲要》。

2007年1月24日，自治区国土资源厅在呼和浩特市召开全区测绘工作会议，对各盟市编制本级基础测绘中长期规划和测绘事业发展“十一五”规划工作进行了部署。至2007年底，各盟市国土资源局组织编制完成本级基础测绘中长期规划和测绘事业发展“十一五”规划，并部署了所辖旗县级基础测绘中长期规划的编制工作。2008年，全区各旗县级基础测绘中长期规划和测绘事业发展“十一五”规划编制陆续完成。

2009年5月6日，国务院通过《基础测绘条例》，于2009年8月1日起施行。由于已编制的《基础测绘规划（2005—2014年）》已不适应《基础测绘条例》和自治区社会经济发展的要求，按照内蒙古自治区发展和改革委员会（以下简称自治区发改委）《关于申报自治区“十二五”专项规划的通知》精神，自治区国土资源厅印发《关于修订内蒙古自治区基础测绘规划和编制测绘事业发展第十二个五年规划的通知》，决定成立以副厅长王富友为组长、自治区测绘事业局局长吴齐文为副组长的规划编制领导小组，负责相关规划编制的组织领导和协调工作，并将全区基础测绘规划由2005—2014年修订为2011—2020年，具体工作由自治区测绘事业局承担。

2010年,自治区测绘事业局全面开展了全区基础测绘规划、全区测绘事业发展“十二五”规划和全区“十二五”基础测绘规划的编制工作。同时,自治区国土资源厅督促各盟市继续做好本级基础测绘规划和“十二五”测绘事业发展规划的编制工作,并部署了旗(县、市)开展基础测绘中长期规划编制工作。修订后的全区基础测绘规划稿经与自治区相关厅局及盟市规划对接并征求意见,于2010年12月1日通过国家测绘局和自治区发改委、内蒙古自治区财政厅(以下简称自治区财政厅)、内蒙古大学、内蒙古师范大学等单位组成的专家评审论证。2011年1月,进一步与国家测绘局有关规划和自治区国民经济发展“十二五”规划对接后,《内蒙古自治区基础测绘规划(2011—2020年)》〔以下简称《基础测绘规划(2011—2020年)》〕正式编制完成,并于3月30日经自治区政府批准实施。同时,自治区国土资源厅组织编制完成了《内蒙古自治区测绘事业发展第十二个五年规划》(以下简称《测绘事业发展“十二五”规划》)。

至2013年,全区各盟市及旗县级的基础测绘中长期规划(2011—2020年)基本都已编制、修订完成。

2015年,自治区国土资源厅组织完成《内蒙古自治区测绘地理信息事业“十三五”发展规划大纲》的编写和评审工作。

二、规划内容

(一)《基础测绘规划(2005—2014年)》

规划总体目标为:

到2014年全面完成自治区1:1万比例尺地形图基础测绘40万平方千米,使自治区1:1万比例尺地形图覆盖率达到33.8%,并在此基础上完成自治区地理空间框架建设,在此期间重点城市、重点工业区按更新周期进行更新,基本满足国民经济和社会发展对基础测绘服务的需求,确保及时为自治区各级政府提供优质高效的测绘服务。2014年以后基础测绘工作全面进入更新周期。

规划项目及任务为:

建立自治区现代大地空间定位系统:完成GPS C级大地控制网的建设,达到C级网覆盖全区40万平方千米在国家GPS A、B级点的基础上完成GPS C级网的建设,使GPS C级网覆盖自治区重点地区并整体平差。GPS C级点的密度要保证每6幅1:1万图(150平方千米)有一个,C级点的边长应在10－15千米之间,这样全自治区应布设GPS C级点2700点。此项工作计划用10年时间完成,每年完成270点。继续完成全区40万平方千米内三等水准测量工作,在国家一、二等水准点的基础上加密三等水准点才能满足1:1万基础测绘的高程需要,特别是河套平原、土默川平原、西辽河流域等产粮区,地势平坦,水利设施齐全,高等级的水准网在这些地区尤其重要,三等水准网的测量应尽快安排,计划三等水准的施测长度为5000千米,施测的地区以平原地区为主,其他地区为辅,计划每年安排的三等水准测量工作为500千米,三等水准测量要与GPS C级点测量相结合,施测过程中要尽量联测路线附近的GPS C级点。

基础地理信息数据的生产:建立更新机制,其中重点城市、重点工业区每5年更新一次,这一区域主要集中在呼和浩特、包头、临河、乌海、集宁沿线及东胜,区域面积为5万平方千米;重点经济及农业开发区每10年更新一次,这一区域主要集中在河套平原、西辽河流域、鄂尔多斯市南部、东风航天城、赤峰地区及海拉尔区、满洲里市、二连浩特市,区域面积为20万平方千米;潜在的经济发展区及农业区每15年更新一次,这一区域主要集中在锡林郭勒盟南部、兴安盟南部、呼伦贝尔市南部,区域面积为15万平方千米。自治区国民经济、国防建设和社会发展急需的基础测绘成果根据自治区政府的要求不受更新周期的限制及时进行更新，更新的顺序为呼和浩特和各盟市所在地区、满洲里、二连浩特、农区、农牧林交错区。计划测绘1∶1万地形图范围在北纬38°～50°之间，按照自治区范围内1∶1万地形图覆盖面积40万平方千米计算，合1∶1万地形图图幅数应为17 390幅；重点城市、重点工业区5年更新一次，测绘面积5万平方千米，合1∶1万地形图2170幅，每年需完成1∶1万地形图测绘434幅；重点经济及农业开发区每10年更新一次，测绘面积20万平方千米，合1∶1万地形图8700幅，每年需完成1∶1万地形图测绘870幅；潜在的经济发展区及农业区每15年更新一次，测绘面积15万平方千米，合1∶1万地形图6520幅，每年需完成1∶1万地形图测绘435幅。计划在2005—2014年这10年时间内完成空白区1∶1万地形图测绘工作，应完成15 644幅图，每年的工作量为1565幅，其中每年新测1∶1万地形图为1131幅，每年更新1∶1万地形图为434幅。完成的内容包括数字线划地图（DLG）的生产、数字高程模型（DEM）的生产、数字正射影像图（DOM）的生产。

基础地理信息数据库的建设：建立航空摄影影像数据库；建立卫星影像数据库；建立数字线划地图（DLG）数据库；建立数字高程模型（DEM）数据库；建立正射影像图（DOM）数据库。

重点城镇数字地形地籍数据采集与建库：到2014年完成自治区200平方千米的重点城镇数字地形地籍数据采集与建库。

基础地理信息数据传输网络体系的建设：2005年完成基础地理信息数据传输网络体系的建设，要求具有分发服务功能。

自治区综合区情地理信息系统的建设：以自治区1∶25万地形数据库为基础，在2014年以前初步建成自治区综合区情地理信息系统，重点城市、重点工业区建成更大比例尺地形数据库为基础的自治区综合区情地理信息系统；2005年要建立1∶25万地形数据库，完成自治区行政区划界线、地名、公路建设信息系统，以后每年做2－3个专题，如重点工程、城镇规划、生态环保、基础设施建设、退耕还林还草、机场建设和土地利用调查等信息系统。每年要针对自治区党委、政府的要求，利用基础测绘成果做一些现势性强的专用地图、挂图、地图集册。

规划实施保障措施为：加强基础测绘财政投入；加强基础测绘组织管理；加强基础测绘队伍建设；加强基础测绘技术创新；加强基础测绘质量监督。

（二）《基础测绘规划（2011—2020年）》

规划总体目标为：

2011—2015年，全面建成信息化测绘体系；完成自治区1∶1万比例尺数字地形图测制65万平方千米，使自治区1∶1万比例尺地形图覆盖率达到55%；完成全区三维基础地理空间框架建设；建立40%的旗县（区）地理信息公共服务平台；地理区情监测成为基础测绘日常业务，应急测绘机制和能力建设基本完成；实现基本比例尺地形图定期、动态和按需要更新，基本满足国民经济和社会发展对基础测绘服务的需要。2016—2020年，全面建成自治区高精度的现代大地测量基准；完成自治区1∶1万比例尺数字地形图测制面积90万平方千米，使自治区1∶1万比例尺地形图覆盖率达到75%；建立自治区80%的旗县（区）地理信息公共服务平台；实现基本比例尺地形图数据库实时更新，全面满足国民经济和社会发展对基础测绘服务的需求，确保及时为自治区各级政府提供优质高效的测绘服务。

规划主要任务为：

现代化测绘基准体系建设：覆盖全区的全球导航卫星（GNSS）连续运行参考站、覆盖全区的GPS

B、C级高精度平面控制网、覆盖全区的Ⅰ、Ⅱ、Ⅲ等高程控制网及厘米级的似大地水准面精化模型成果。2011—2015年建成覆盖全区的全球导航卫星(GNSS)连续运行参考站服务网;在覆盖全区GPS B级网的基础上加密GPS C级网;2016—2020年完成覆盖全区的Ⅲ等高程控制网。

基本比例尺地形图测制:2011—2015年完成1∶1万比例尺数字地形图面积22万平方千米,每年完成新测制面积4.4万平方千米,更新面积1万平方千米。2016—2020年,每年新测1∶1万比例尺数字地形图面积4.4万平方千米,更新面积1.25万平方千米。2016—2020年自治区1∶1万比例尺数字地形图力争覆盖自治区面积的75%。

基础地理信息数据库建设:根据已完成的基础测绘成果和收集的新资料完善和更新自治区"大地测量基准数据库""测绘档案资料数据库""基础地理信息数据库"。

基础地理信息公共服务平台建设:完成全区范围内基础地理信息资源整合,在基础地理信息数据库基础上建立起国家、自治区及地方的地理信息资源共享机制,实现全区基础地理信息资源的标准一致和互联互通,搭建自治区共享的地理最终公共服务平台。

数字城市、新牧区、新农村建设:到2020年,完成自治区80%旗县(区)的基础地理信息库建设,在此基础上搭建该地区的基础地理信息公共服务平台。每年需安排8个旗县(区)的"数字旗县"建设,每个旗县(区)平均按照20平方千米规划区进行1∶1000比例尺数字地形图测制。每年完成自治区20个新农村(牧区)1∶1000比例尺数字地形图测制。

地理区情监测:2011—2015年,建立与自治区相关部门稳定的跨部门地理区情监测机制;建立地理区情检测标准体系;建设一支满足地理区情检测要求的专业化队伍;实现部分区情数据发布。

测绘应急保障及信息化测绘技术装备建设:建设应急测绘保障服务系统;建立专业的应急测绘队伍和快速机动的地理信息获取、处理、交换、发布平台的基础设施。围绕地理信息的数据采集、数据处理、交换网络系统装备,实现在自然灾害、公共突发事件发生时及时有效、全面准确地提供事故灾害发生区域的应急测绘成果。

系列地图编制:2011—2015年,编制出版"内蒙古自治区地图""内蒙古自治区卫星影像图""内蒙古自治区地图集地图""内蒙古自治区交通图册"及各盟市、旗县挂图,并实现3—5年一更新。所有编制出版的地图、地图集制作网络电子地图。

测量标志保护:通过实施测量标志普查,掌握测量标志保护现状,健全测量标志管护网络,建立责权利相结合的测量标志保护制度。

信息化测绘生产、资料档案存储分发与地理信息产业基地建设:"十二五"时期全面完成数字化测绘向信息化测绘的转变,建设信息化测绘生产、资料档案存储分发与地理信息产业基地,测绘生产与服务模式发生根本的改变。

规划实施保障措施:制度政策保障;组织结构和人才保障;财力保障;队伍保障;技术保障;安全保障。

(三)《测绘事业发展"十二五"规划》

主要包括8个部分,即:"十一五"时期的成就及存在的主要问题;测绘发展面临的形势;指导思想、基本原则与发展目标;主要任务;重大工程;经费预算;保障措施;规划实施。

规划发展目标为:

"十二五"期间初步形成完善的测绘管理运行机制和现代化测绘事业布局,基本建成数字内蒙古地理空间框架，形成完善的现代化测绘公共服务运行机制，地理信息产业初步形成规模，基本实现向信息化转型。到2015年形成相对合理的测绘行政管理体制和运行机制，建立起完善的统一监管法规政策体系，对测绘规划计划、测绘重大项目、测绘资质、测绘执业资格、测绘成果、测绘标准化、测绘成果质量、地图市场等方面的管理进一步深化。对地籍测绘、房产测绘、界线测绘、工程测量等专业测绘的统一监管取得突破；数字内蒙古地理空间框架基本建成，完成自治区测绘基准的现代化，形成现代化测绘基准系统更新维护机制，完成覆盖全区的全球导航卫星（GNSS）连续运行参考站建设，参考站数量达到200座。测制1∶1万基本比例尺地形图22万平方千米。更新1∶1万基本比例尺地形图5万平方千米。测制大比例尺地形图1100平方千米。自治区基础地理信息数据库建设基本完成，盟（市）、县级基础地理信息数据库建设和更新全面推进。自治区14个地市级城市完成数字城市地理空间框架建设，部分旗县政府所在地城市进入"数字城市"行列。"一村一图"工程取得进展；完成地理信息公共服务平台建设，实现基础地理信息服务方式的转变，进一步完善测绘应急保障能力和机制，基本形成对重要自然灾害与突发事件的应急响应能力；测绘技术装备水平明显提高，初步形成航空遥感和地面外业数据采集相互配套的基础地理信息准实时的获取能力，地面外业数据采集的自动化程度显著提高。测绘成果档案存储条件的现代化建设全面完成。

规划主要任务为：

加速推进测绘基准体系的现代化。建设150座全球导航卫星（GNSS）连续运行参考站，到2015年实现全区基本覆盖；完成500个GPS C级点布测，实现重点地区覆盖；施测1万千米Ⅲ等水准，到2015年实现全区农田基本覆盖。

加速建设数字内蒙古地理空间框架。重点完成22万平方千米1∶1万基本比例尺地形图测绘；开展新农村建设规划用图"一村一图"测绘工程，完成1100平方千米大比例尺地形图测绘，全面更新自治区基础地理信息数据库、影像库；建立起基础地理信息资源共享机制。

着力发展现代化测绘公共服务。加快提升地理信息网络化服务水平；加快测绘公共服务产品开发；尽快形成应急测绘保障服务业务能力。

加强地理区情监测。到2015年建立与自治区相关部门稳定的跨部门地理区情监测机制，建立地理区情监测标准体系，建立一支满足地理区情监测要求专业化队伍，实现部分区情数据发布；到2020年全面实施地理区情监测。

大力提升测绘技术装备水平。进一步提升地理信息自动化处理能力，在显著改善测绘成果档案存储条件的基础上大力提升地理信息快速获取能力，改善外业生产保障条件和安全生产条件，并形成应急测绘保障服务体系。

积极促进地理信息产业发展。围绕经济社会发展和社会公众对地理信息的迫切需求，统筹规划地理信息产业优先发展领域，完善促进地理信息产业发展政策，强化地理信息企业科技自主创新能力，全面提升地理信息资源的社会化应用水平。

强化测绘科技创新，坚持"科技兴测"提升测绘生产力。

规划重大工程为：信息化测绘生产、资料档案存储分发与地理信息产业基地建设项目；内蒙古自治区专题图数据库建设；"兴边富民"测绘项目。

规划保证及实施措施为：加强测绘组织管理；加强基础测绘财政投入；加强需求分析；加强人才培养；建立完善的规划实施机制；建立规划、计划与年度预算衔接机制。

第二节　基础设施建设

一、国家基础测绘设施

1999年11月1日,国家发展和改革委员会批复由国家测绘局组织实施国家重大基本建设——国家基础测绘设施建设B类单位工程。自治区相关建设工程由原内蒙古自治区测绘局(以下简称自治区测绘局,2000年更名为自治区测绘事业局)承担。

2001年9月,自治区测绘事业局正式组织实施国家基础测绘设施建设项目。主要开展基础地理信息管理服务技术体系、基础地理信息数据生产技术体系和基础地理信息系统数据传输网络建设。其中,基础地理信息管理服务技术体系沉淀在内蒙古自治区基础地理信息中心(以下简称自治区地理信息中心),该体系由数据质检、数据建库、信息分发服务管理、产品制作、开发应用、网络运行支持6个系统构成;基础地理信息数据生产技术体系沉淀在内蒙古自治区航空遥感测绘院(以下简称自治区航遥测绘院),该体系由数字摄影测量、地图扫描数字化、遥感数据处理、生产管理质检、生产支持系统构成,主要进行数据采集、生产管理和生产支持;基础地理信息数据传输网络(局域网)沉淀在自治区地理信息中心,主要建设自治区测绘事业局局域网,主干为千兆,桌面为百兆的高速数据传输局域网,实现网络化数据交换、储存备份、数据管理与分发服务。数据传输网络中心机房设在自治区地理信息中心,主要负责链接信息数据生产技术体系和数据管理服务技术体系。2003年2月,总体项目竣工并投入使用,项目总投资为401.06万元。

二、全球定位系统接收机检定场

2002年,内蒙古自治区测绘产品质量监督检验站(以下简称自治区测绘产品质检站)承担在土默特左旗建立全球定位系统(GPS)检定场一座。2003年,自治区测绘产品质检站承担在呼和浩特市建设全球定位系统(GPS)接收机检定场一座,并于2004年4月12日经自治区国土资源厅批复开始启用。2006年,自治区测绘产品质检站承担在呼和浩特市玉泉区桃花乡建成全球定位系统(GPS)接收机检定场超短基线场一座;在呼和浩特市赛罕区黄合少镇、土默特左旗台阁牧镇各建成中长基线场一座;完成呼和浩特市全球定位系统(GPS)接收机检定场的建设和量源传递。

三、比长基线场

1980年,原内蒙古自治区测绘局在呼和浩特白塔机场内建立比长基线场一座。其为国家一等基线,比长基线场长2.05千米,由12个不同间距的基本点组成。

2004年,自治区国土资源厅重新建设和溯源比长基线场。2005—2007年,自治区测绘产品质检站负责重新建设和溯源呼和浩特市白塔机场内长度1千米的比长基线场,并经国家第一测量大队进行量值溯源复测、认定,同时在通辽市机场新建一条长1千米的比长基线场。2008年,自治区测绘产品质检站与巴彦淖尔市国土资源局联合完成了临河区比长基线场选点、埋石工作,并于2009年建成投入使用。

四、多功能检测平台

2003年,自治区测绘产品质检站承担在呼和浩特市赛罕区兴安北路建成25米长的多功能检测平台，并成立校准实验室。

五、GPS 单机站

2007 年 10 月，自治区测绘产品质检站承担在包头市建成 GPS 单机站，自治区国土资源厅组织相关专家对该单机站进行了现场测试和鉴定。

六、仪器设备

2003 年，自治区测绘产品质检站负责引进 JSJ 综合检测仪。2006 年，自治区测绘事业局所属单位投入 900 多万元购置全数字摄影测量工作站 16 套和 GPS 自动安平水准仪、扫描仪、车辆等测绘生产设备。2006—2007 年，自治区国土资源厅安排 140 多万元专款购置工作用车。2011 年，自治区财政为自治区测绘事业局安排设备购置资金 1750 万元，引进"像素工厂"影像快速处理系统、IP－S2 移动测量系统、无人机航空摄影系统和便携式野外数据采集系统等仪器装备。同时，自治区测绘事业局自筹资金 560 万元购置数码航空摄影相机。

自治区测绘事业局组织对购置的数码航空摄影相机设备进行验收。

七、测绘仪器检定中心

2007 年，经自治区国土资源厅组织协调，自治区测绘产品质检站在巴彦淖尔市临河区建设了一个测绘仪器检定中心，主要为自治区西部地区测绘仪器检验检定提供服务。

第三节　项目及资金投入

一、管理制度

2001 年，自治区国土资源厅制定《内蒙古自治区基础测绘项目管理办法（试行）》，对全区基础测绘项目管理进行了规范。

2002 年 3 月 1 日，自治区财政厅转发财政部关于《基础测绘经费管理办法》的通知，明确自治区国土资源厅负责全区基础测绘经费的申报、审核、汇总并编报年度基础经费预算、决算，审核、下达基础测绘项目经费预算，监督检查基础测绘经费的管理和使用情况。

二、项目实施

（一）全球定位系统（GPS）建设项目

1. 现代大地测量基准

利用国家测绘局布测在自治区境内的 84 个 GPS B 级点作为建立自治区 GPS 网的起算点，所有

Ⅰ、Ⅱ等水准点路线及Ⅲ等水准路线作为大地水准面精化高程计算依据，Ⅰ、Ⅱ等水准点作为Ⅲ等水准联测起闭点。控制网的平面坐标系统采用1954北京坐标系和1980西安坐标系。投影采用高斯——克吕格投影，按6°分带，高程系统采用1985国家高程基准。全区GPS框架点分布：中西部地区10个点，中东部地区10个点，西部地区18个点，框架点平均边长为200千米。GPS基本点的平均边长为30—50千米，盟市所在地基本网点平均边长为7—10千米。

自治区测绘事业局布设的GPS点

2007年，自治区测绘事业局开始组织实施全区现代大地测量基准建设，并完成了自治区中西部地区（呼和浩特市、包头市、乌兰察布市、巴彦淖尔市）GPS B级网布测，测设GPS B级点318点。2008年，组织实施自治区中东部地区现代大地测量基准GPS B级网建设，完成了兴安盟、通辽市、赤峰市、锡林郭勒盟GPS B级点341点的布测及大地水准面精化。2009年，组织实施自治区西部地区（阿拉善盟）、东北部地区（呼伦贝尔市）现代大地测量基准GPS B级网建设，完成了自治区西部地区GPS B级点201点的布测及大地水准面精化Ⅲ等水准测量。2012年，组织完成自治区境内GPS B级点布测850个，全区现代测量基准体系基本建立。

2. GPS C级点测量

2000年，自治区测绘事业局负责在通辽测区测设GPS C级控制点1个，布设GPS C级和D级网，测设GPS C级控制点96个。在锡林浩特市测区布设GPS C级网，测设GPS C级控制点100个。2001年，在海拉尔测区布设GPS C级网，测设GPS C级控制点80个。2003年，在赤峰测区布设GPS C级控制点80个。2005—2007年，在全区布测GPS C级点控制网，同时进行似大地水准面精化，分别在赤峰市、兴安盟、包头市、乌兰察布市集宁区测区布测GPS框架点和基本点219个，控制面积9万平方千米。其中，赤峰测区框架点和基本点78个，控制面积5.1万平方千米。兴安盟测区框架点和基本点39个，控制面积2.5万平方千米；包头—集宁测区框架点和基本点102个，控制面积14万平方千米。2006年，自治区测绘事业局与武汉大学合作完成赤峰市、兴安盟测区7.6万多平方千米大地水准面精化。2012年，自治区测绘地理信息局在自治区境内布测GPS C级点100个。2013年，完成巴彦淖尔市100个GPS C级点布测。2014年，完成乌兰察布市100个GPS C级点布测。2015年，完成了通辽市50个GPS C级点布测和800千米三等水准测量。

3. GPS D级点测量

2000年，由自治区测绘事业局负责布设临河GPS D级网，测设GPS D级点47个。由内蒙古自治区煤田地质勘测队在锡林郭勒盟马辛呼都格布设D级GPS网，测设D级点1个。

（二）全球导航卫星系统（GNSS）连续运行参考站项目

2006年，自治区国土资源厅结合自治区基础测绘现状和需求，规划在2007—2009年期间，利用国家专项补助经费，在呼和浩特市、包头市、鄂尔多斯市、阿拉善盟阿拉善左旗建成16个全球导航卫星系统连续运行参考站组成的全球导航卫星系统连续运行参考站综合服务系统项目。8月15日，自治区财政厅、国土资源厅联合向财政部、国家测绘局上报《关于2006年度边远地区少数民族地区基础测绘专项补助经费的请示》，申请相关经费支持。12月，财政部、国家测绘局批准申请项目实施，并以《关于2006年度边远地区、少数民族地区基础测绘专项补助经费项目审核意见的通知》给予专项补助经费。为此，自治区国土资源厅开始组织实施呼和浩特、包头地区全球导航卫星系统连续运行参考站建设项目，具体工作由自治区测绘事业局实施。

2007年7月31日，自治区国土资源厅组织成立呼和浩特市、包头市、鄂尔多斯市建设全球导航卫星系统连续运行参考站项目领导小组和工作小组，副厅长杨仁选任领导小组组长，自治区测绘事业局副局长赵新刚任工作小组组长。

2008年，呼和浩特、包头地区全球导航卫星系统连续运行参考站项目完成呼和浩特市、包头市13个台站的土建工作，并开始安装调试仪器设备，于年底投入运行。

2010年，自治区国土资源厅继续安排自治区中部地区全球导航卫星系统连续运行参考站综合服务网项目建设，全年完成全球导航卫星系统连续运行参考站8个。至年底，全区已开通运行的全球导航卫星系统连续运行参考站共53个。

2010年，自治区测绘事业局领导到连续运行参考站现场检查指导工作。

2011年，自治区国土资源厅组织自治区测绘事业局利用国家边远、少数民族基础测绘项目补助经费建设的呼和浩特市、包头市、鄂尔多斯市、阿拉善左旗全球导航卫星系统连续运行参考站综合服务网项目，按计划建设完成。至年底，全区已建成并开通使用的全球导航卫星系统连续运行参考站61座。

2012年，自治区国土资源厅组织更名后的自治区测绘地理信息局按计划实施自治区全球导航卫星系统连续运行参考站综合服务网项目，至年底可提供服务的全球导航卫星系统连续运行参考站数量达到106座。

2013年，自治区测绘地理信息局负责完成了国家测绘地理信息局委托建设的6个全球导航卫星系统连续运行基准站及自治区20个全球导航卫星系统连续运行基准站的建设，实现了自治区旗（县、区）政府所在地全球导航卫星系统连续运行参考站全覆盖。可提供服务的全球导航卫星系统连续运行参考站数量达到115座。

2014年，自治区测绘地理信息局负责完成26座全球导航卫星系统连续运行参考站的土建和设备采购安装。至年末，自治区境内可提供服务的全球导航卫星系统连续运行参考站有126座。

2015年，自治区测绘地理信息局完成了全球导航卫星连续运行参考站项目

全球导航卫星系统连续运行参考站

年度任务,可提供服务的基准站数量达到160座。

(三)似大地水准面精化项目

2005年6月,自治区国土资源厅组织向国家测绘局申请并经批准实施赤峰市、兴安盟地区似大地水准面精化项目,由自治区测绘事业局与武汉大学测绘学院联合实施。项目在建立赤峰市、兴安盟地区高精度三维CPS空间控制网的同时,结合重力测量数据,确定区域似大地水准面,建立统一的坐标体系。2006年底,项目实施各项工作完成,实现了赤峰市、兴安盟地区7.6万平方千米精化区域范围内用GPS测定高程,代替Ⅳ等及等外水准测量。2015年,完成全区第二次大地水准面精化项目。

2007年5月,自治区测绘事业局组织对赤峰地区似大地水准面精化项目成果评审验收。

(四)水准测量项目

自治区水准测量主要以Ⅱ、Ⅲ、Ⅳ等水准测量为主。由自治区测绘事业局负责组织实施。

2000年,在锡林浩特市施测Ⅳ等水准网66.9千米,埋设Ⅳ等水准标石65座。

2001年,在海拉尔测区布设Ⅳ等水准环,埋设Ⅳ等水准标石80座。

2003年,在赤峰测区完成Ⅲ、Ⅳ四等水准测绘500千米。

2007年,在自治区中西部地区(乌海市、巴彦淖尔市、包头市、呼和浩特市、乌兰察布市)施测Ⅲ等水准2400千米。

2007—2009年,施测Ⅲ等水准测量4800千米。

2010年,完成自治区东部地区Ⅲ等水准测量1000千米。

2011年,完成Ⅲ等水准测量1000千米。

2012年,完成Ⅲ等水准测量5000余千米。

2013年,完成巴彦淖尔地区Ⅲ等水准测量1000千米。

2014年,完成Ⅲ等水准测量1000千米。

(五)航空摄影影像数据及航空摄影测量项目

1. 航空摄影影像数据

2001年,自治区国土资源厅组织进行的航空摄影任务包括:完成乌海地区1:8000比例尺摄影,面积591.5平方千米;1:1.5万比例尺摄影,面积82平方千米。完成海拉尔地区1:8000比例尺摄影,面积116平方千米;1:5万比例尺摄影,面积3.57万平方千米。完成呼和浩特市地区1:3000比例尺摄影,面积150平方千米;1:8000比例尺摄影,面积800平方千米;1:1万比例尺摄影,面积600平方千米;1:2.7万比例尺摄影,面积600平方千米。完成赤峰测区、通辽测区、河套地区、固阳县地区、齐齐哈尔测区与自治区相接地区及阿荣旗1:3.2万比例尺摄影,面积分别为8996平方千米、2.09万平方千米、2.38万平方千米、3893平方千米、2.39万平方千米、1.2万平方千米。另外,呼和浩特市勘察测绘管理处委托东方航空公司太原航空摄影有限公司在呼和浩特地区进行了 4 种比例尺航空摄影：1∶3000比例尺（黑白），面积198平方千米；1∶8000比例尺（黑白），面积800平方千米；1∶1.2万比例尺（真彩色），面积1100平方千米；同时还完成呼和浩特市托克托县燕山营子乡、新营子镇，和林格尔县城关镇，土默特左旗台阁牧乡，武川县可可以力更镇，清水河县喇嘛湾镇、王桂窑子乡黑白片航空摄影，摄影比例尺均为1∶8000，面积共523.25平方千米。

2002年，自治区国土资源厅安排进行海拉尔测区航空摄影，完成1∶8000比例尺（真彩色）摄影面积60平方千米，完成1∶4000比例尺（黑白）摄影面积82.5平方千米。

2003年，自治区国土资源厅安排进行科尔沁地区1∶3.2万比例尺航空摄影，面积7.97万平方千米；进行呼伦贝尔市莫力达瓦测区1∶3.2万比例尺航空摄影，面积1.39万平方千米。

2003—2004年，自治区国土资源厅安排完成的航空摄影任务有：采用IMU/DGPS摄影技术，在锡林郭勒盟地区进行1∶3.2万和1∶5万两种比例尺摄影，面积共10.59万平方千米；在大兴安岭地区进行1∶5万比例尺摄影，面积15.14万平方千米。呼和浩特地区进行1∶2.5万比例尺（黑白）摄影，面积7806平方千米；进行1∶8000（真彩色）比例尺摄影，面积880平方千米。包头地区进行1∶2.5万比例尺（黑白）摄影，面积5483平方千米。进行1∶3.2万比例尺摄影，霍林郭勒地区摄影面积8.22万平方千米，乌兰察布地区摄影面积6.94万平方千米。

2003年，在呼伦贝尔市莫力达瓦测区开展无人机摄影。

2005年，自治区国土资源厅安排完成的航空摄影任务有：进行阿拉善盟额济纳旗黑城遗址航空摄影；进行通辽市地区1∶6000比例尺摄影，面积354平方千米。

2006年，自治区国土资源厅安排完成的航空摄影任务有：进行包头市地区、鄂尔多斯地区1∶2万比例尺摄影，面积分别为912平方千米、54平方千米；进行成吉思汗陵地区、包头市建成区1∶8000比例尺摄影，面积分别为12平方千米和800平方千米，其中成吉思汗陵地区成图比例尺为1∶2000。赤峰市区和赤峰市9个旗县1∶4000比例尺摄影，面积共550平方千米。临河地区1∶4000和1∶8000比例尺摄影，面积共200平方千米。

2007年，自治区国土资源厅安排完成的航空摄影任务有：进行阿拉善左旗、阿拉善右旗、额济纳旗、开发区和乌兰浩特市区1∶4000比例尺数字航空摄影，其中阿拉善左旗、阿拉善右旗、额济纳旗、开发区摄影面积共150平方千米，乌兰浩特市区摄影面积150平方千米。

自治区测绘地理信息局领导和技术人员在检查数码航空相机影像成果。

2009 年,自治区国土资源厅安排完成的航空摄影任务有:进行正蓝旗—承德地区 1:3.2 万比例尺摄影,面积 7.42 万平方千米;进行苏尼特右旗、苏尼特左旗、西乌珠穆沁旗、呼和浩特地区、科尔沁区1:2.5万比例尺摄影,摄影面积分别为 6071 平方千米、5941 平方千米、1.19 万平方千米、2102 平方千米、1.19 万平方千米;进行通辽市地区 1:4000 比例尺摄影,摄影面积 300 平方千米。

2010 年,自治区国土资源厅安排完成的航空摄影任务,工作面积为 8.4 万平方千米。

2011 年,自治区国土资源厅安排完成的航空摄影任务有:进行新巴尔虎左旗、乌拉盖地区 0.4 米分辨率,摄影面积分别为 2.55 万平方千米和 1.07 万平方千米;进行牙克石—扎兰屯地区 1:2.5 万比例尺摄影,摄影面积 6.87 万平方千米。

2013 年,自治区测绘地理信息局利用 UCE 数码航空相机完成自治区境内 54 个航飞项目,航摄面积 4.70 万平方千米,获取 6.2 万张影像数据。

2014 年,自治区测绘地理信息局完成自治区 38 个旗县的高分辨率数字彩色影像的航空摄影,航摄面积 4000 平方千米。

2015 年,自治区测绘地理信息局完成 30 个旗县(区)政府所在地高分辨率航空影像摄影,覆盖面积 2800 多平方千米。

2. 航空摄影测量

2001 年,自治区测绘事业局组织完成了通辽测区 1:1 万比例尺地形图航测 732 幅,乌海测区 1:1 万比例尺地形图航测 71 幅。

2002 年,自治区测绘事业局组织完成了固阳测区 1:1 万比例尺地形图航测 92 幅,河套测区 1:1 万比例尺地形图航测 300 幅。

2003 年,自治区国土资源厅下达自治区测绘事业局基础测绘项目 10 个。包括河套测区 1:1 万比例尺地形图数字航测、印刷 463 幅;赤峰测区航测外业 358 幅。全区 1:1 万比例尺地形图已覆盖自治区主要城市。

2004 年,自治区测绘事业局组织完成了赤峰测区 1:1 万比例尺地形图航测外业 500 幅,数字线划图、数字高程模型各 500 幅航测,乌兰察布市测区 1:1 万比例尺地形图 200 幅航测外业。

2005 年,自治区测绘事业局组织完成了赤峰市、乌兰察布市和兴安盟三个地区 1:1 万比例尺地形图测绘外业 1353 幅,内业 1418 幅。

2006 年,自治区测绘事业局组织完成了全区基础测绘航测外业 1747 幅图,面积 4.4 万平方千米;航测内业 1941 幅图,面积 4.85 万平方千米。全区已完成 1:1 万比例尺地形图覆盖面积占自治区总面积的 19.3%。

2007 年,自治区测绘事业局组织完成了赤峰市、扎赉特旗、鄂伦春自治旗、莫力达瓦达斡尔族自治旗、阿拉善盟等地区 1:1 万比例尺地形图航测外业调绘 1802 幅,航测内业成图 1497 幅;更新包头地区 1:1 万比例尺地形图 216 幅,面积 0.54 万平方千米。全区 1:1 万比例尺地形图覆盖面积已占自治区总面积的 22.4%。

2008 年,自治区测绘事业局组织完成了呼和浩特市、包头市、鄂尔多斯市、锡林郭勒盟地区 1:1 万比例尺地形图航测外业 1673 幅,航测内业 1560 幅。完成呼和浩特地区 1:1 万比例尺地形图更新 184 幅。全区 1:1 万比例尺地形图面积达到 30.4 万平方千米,占自治区总面积的 25.7%。

2009 年,自治区测绘事业局组织完成全区 1:1 万比例尺地形图航测外业 2727 幅,航测内业 2880

幅。更新鄂尔多斯地区1:1万比例尺地形图200幅。全区1:1万比例尺地形图面积达到39万平方千米，占自治区总面积的32.9%。

2010年，自治区测绘事业局组织完成全区1:1万比例尺地形图航测外业1859幅，航测内业1762幅。更新航测外业509幅，航测内业253幅。1:1万比例尺基础地理数据入库2015幅。至年底，全区1:1万比例尺地形图面积达到42.1万平方千米，占自治区总面积的35.6%。

2011年，自治区测绘事业局组织完成全区1:1万比例尺地形图航测外业2148幅，航测内业1820幅；更新航测外业64幅，航测内业320幅。1:1万比例尺基础地理数据入库1479幅。全区1:1万比例尺地形图面积达到46.3万平方千米，占自治区总面积的39.1%。

2012年，更名为自治区测绘地理信息局组织完成全区1:1万比例尺地形图航测外业1448幅，内业2260幅，更新航测内外业592幅。完成1:1万比例尺基础地理数据入库851幅。全区1:1万比例尺地形图面积达到52.2万平方千米，占自治区总面积的44.2%。

2013年，自治区测绘地理信息局组织完成全区1:1万比例尺地形图航测外业1458幅，航测内业1794幅，更新872幅。全区1:1万比例尺地形图覆盖面积达到55.6万平方千米，占自治区总面积的47.9%。

2014年，自治区测绘地理信息局组织完成全区1:1万比例尺地形图测绘1475幅，更新460幅。全区1:1万比例尺地形图覆盖面积达到61.7万平方千米，占自治区总面积的52.15%。

2015年，全年安排1:1万比例尺地形图测绘1069幅，更新1:1万比例尺地形图测绘41幅，新增1:1万比例尺地形图覆盖面积2.4万平方千米。

（六）卫星影像数据及卫星遥感测量项目

1. 卫星影像数据

1999年，由原内蒙古自治区测绘局获取美国Land—Sat卫星影像数据105景，覆盖全区范围。其中8波段的分辨率可达到15米。

2001年，自治区测绘事业局获取法国SPOT卫星影像数据556景，分辨率为10米，覆盖全区范围。

2003年，自治区测绘事业局获取高分辨率卫星影像数据18景，分辨率为1米，面积2426.29平方千米。其中，呼和浩特地区面积628.91平方千米，赤峰地区273.85平方千米，东胜地区358.98平方千米，包头地区1164.55平方千米。

2005年，自治区测绘事业局获取的高分辨率卫星影像数据包括：阿拉善左旗地区面积63.39平方千米，二连浩特地区63.78平方千米，集宁地区145.08平方千米，乌海地区633.72平方千米，乌兰浩特地区237.94平方千米，满洲里地区438.78平方千米，通辽地区423.14平方千米，临河地区299.12平方千米。

2009年，自治区测绘事业局获取卫星影像数据包括：Rapid Eye数据源，分辨率6.5米，采样间隔5米，覆盖全区范围；Spots、Alos、Ps数据源，分辨率2.5米，采样间隔2.5米，其中Spots数据源数据覆盖全区范围，Alos、Ps数据源数据分布集中在科尔沁左翼后旗；World View数据源，分辨率0.5米，采样间隔0.5米；Quick Bird数据源，分辨率0.6米，采样间隔0.5米，数据源主要分布在呼和浩特市、通辽市、赤峰市、乌海市和包头市。

2011—2012年，自治区测绘事业局（2012年8月更名为自治区测绘地理信息局）获取的卫星影像数据包括：全区101个旗县级行政区划单位高分辨率卫星影像，覆盖旗县政府所在地，其中呼和浩特市9个旗县,覆盖面积1115.83平方千米;包头市9个旗县,覆盖面积2463.44平方千米;鄂尔多斯市8个旗县,覆盖面积2374.59平方千米;乌海市3个旗县,覆盖面积233.59平方千米;阿拉善盟3个旗县,覆盖面积142.87平方千米;巴彦淖尔市7个旗县,覆盖面积996.20平方千米;赤峰市12个旗县,覆盖面积792.46平方千米;通辽市8个旗县,覆盖面积1127.78平方千米;乌兰察布市11个旗县,覆盖面积1082.77平方千米;兴安盟6个旗县,覆盖面积559.95平方千米;锡林郭勒盟12个旗县,覆盖面积1205.47平方千米;呼伦贝尔市13个旗县,覆盖面积3156.25平方千米。

2013年,自治区测绘地理信息局获取和处理完成的资源三号卫星遥感数据,分辨率2米,覆盖全区范围,但在阿拉善盟、鄂尔多斯市、包头市、呼伦贝尔市有部分漏洞,约4.10万平方千米。

2. 卫星遥感测量

2001年,自治区测绘事业局应用遥感技术制作"内蒙古交通多媒体演示系统",并被移植到自治区西部大开发网站;制作完成"内蒙古阴山山脉大青山山体乔灌木覆盖遥感动态监测"系统,对大青山生态环境20多年来的变化与现状进行展示;完成1:25万比例尺"阿拉善盟生态环境系列遥感项目""内蒙古河套灌区土地盐碱化及其应用现状遥感动态监测"和"集通铁路生态评价分析卫星影像图"。

2002年,自治区测绘事业局应用遥感技术完成的主要项目有:国家"1:25万地形图更新项目"子项目"内蒙古自治区1:25万影像数据库";澳大利亚政府援助阿拉善盟自然保护项目"2002年阿拉善盟卫星影像图"和"雅布赖地热异常数字影像"制作;西部大开发省际通道"内蒙古呼(呼和浩特)—海(海拉尔)大通道地质灾害评估项目"——基于RS与GIS的新巴尔虎左旗地表覆盖调查;国土资源部2001—2002年区域地质环境调查项目——基于RS与GIS内蒙古自治区区域地质环境调查、环境监测遥感图像、耕地保护数字影像图;海拉尔区城市大气污染、水体污染、固体堆放物污染数字影像图;自治区"井口分布位置图"、"水系卫星影像图";全数字真彩色"呼和浩特市数字影像图"。

2005—2008年,自治区测绘事业局运用高分辨率卫星、航空影像数据,编制了呼和浩特市、包头市、通辽市、赤峰市影像地图集和阿拉善盟综合地图集。

2010—2011年,自治区测绘事业局利用高分辨率卫星影像建立自治区"三维影像演示系统"(即"三维测绘基准"),为各种比例尺测图和数字城市建设提供测绘基准。2011年5月7日,自治区科学技术厅组织专家组对自治区测绘事业局等单位完成的"三维测绘基准"项目成果进行了鉴定验收。

2011年5月7日,内蒙古三维测绘基准研究与建立项目成果鉴定验收会现场。

(七)数字化及系统建设项目

1."数字内蒙古"地理空间框架建设

2004年,自治区测绘事业局开始组织实施"数字内蒙古"地理空间框架建设,相关数据库建设工作全面展开。至2008年,基本建立"现代大地空间定位系统"和"地理空间信息数据库",并建立起地理空间信息基础数据、交换服务网络、法规标准和组织结构四大体系,实现了基础测绘数据更新和数据共享两个机制，基本完成“数字内蒙古”地理空间框架建设。同时，自治区国土资源厅主持全面开始GPS大地控制网、自治区现代大地控制网和卫星定位连续运行基准站建设，完成部分地区大地水准面精化工作，建立自治区1∶25万、1∶5万比例尺卫星影像数据库和重点发展地区1∶1万比例尺航空影像数据库、数字线划地形图数据库、数字高程模型数据库；完成了自治区境内山区、一般地区和江河流域、洪水防范区三种类型精度高程模型数据库的建设，建立起自治区综合区情地理信息系统和自治区政务地理信息系统，“数字内蒙古”地理空间框架建设主要任务基本完成。

2.“数字城市”地理空间框架建设

2006年，国家测绘局组织在全国开展“数字城市”地理空间框架建设项目。自治区国土资源厅按照国家测绘局部署和要求，首先在包头市和通辽市开展“数字城市”地理空间框架建设试点工作。

2007年7月，国家测绘局组织专家对“数字包头”项目设计书进行评审，通过“数字包头”“数字通辽”试点项目。同年国家测绘局将“数字包头”“数字通辽”“数字乌海”“数字满洲里”列为国家“数字城市”地理空间框架建设试点项目。

2008年，“数字城市”地理空间框架建设正式开始在自治区实施，自治区国土资源厅首先实施了“数字包头”、“数字通辽”地理空间框架建设项目，并开展了“数字满洲里”的立项和设计工作。

2009年，自治区测绘事业局承担实施国家测绘局“数字城市”试点项目——“数字乌海”“数字通辽”和“数字满洲里”地理空间框架建设项目，经国家测绘局专家组审查通过。国家测绘局批准实施的“数字包头”和“数字通辽”地理空间框架建设试点项目，自治区国土资源厅组织自治区测绘事业局按照设计书的设计逐项实施。国家测绘局批准的首批“数字城市”地理空间框架建设推广项目“数字乌海”和“数字满洲里”开始实施。

2010年，自治区国土资源厅组织自治区测绘事业局继续开展“数字包头”和“数字通辽”地理空间框架试点项目。同年，开始实施“数字乌海”“数字满洲里”“数字呼和浩特”数字城市地理空间框架建设。6月21日，经国家测绘局批复，同意将呼和浩特等6城市列入国家测绘局2010年“数字城市”地理空间框架建设推广计划，并确立在全国开展“数字城市”地理空间框架建设工程。

2011年，自治区测绘事业局承担完成“数字呼和浩特”和“数字乌海”的1∶1万、1∶5万、1∶25万比例尺地形图数据建库工作；自治区国土资源厅组织完成“数字鄂尔多斯”和“数字呼和浩特”的立项和总体设计书审查工作。经国家测绘局（后更名为国家测绘地理信息局）先后批复，新增设“数字呼和浩特”“数字赤峰”“数字巴彦淖尔”“数字鄂尔多斯”“数字阿拉善盟”5个城市为“数字城市”地理空间框架建设推广项目。同时，自治区测绘事业局具体实施的“数字包头”“数字通辽”地理空间框架建设试点项目不断推进，“数字乌海”和“数字满洲里”地理空间框架建设也步入实施阶段。

2012年9月4日，国家测绘地理信息局在包头市组织数字包头成果验收会会场。

2012年，自治区国土资源厅已组织实施自治区11个盟（市）、2个旗（县、市）“数字城市”地理空间框架建设。由自治区测绘地理信息局完成了“数字包头”和“数字乌海”的数据更新入库和“数字满洲里”1∶5万建库和规划三维建模工作;“数字包头”地理空间框架建设项目通过国家测绘局审查验收,包头市被国家测绘地理信息局授予“全国数字城市建设示范市”;“数字乌海”建设项目通过自治区国土资源厅组织审查的验收。6月12日,自治区测绘地理信息局与阿拉善盟行政公署、巴彦淖尔市政府签订“数字地理空间框架建设项目共建共享协议”。

2012年9月4日,国家地理信息局副局长李维森(右)向包头市授予“全国数字城市建设示范市”标牌。

2013年,自治区测绘地理信息局组织完成了呼伦贝尔市、满洲里市、兴安盟、通辽市、锡林郭勒盟锡林浩特市、二连浩特市、乌兰察布市、巴彦淖尔市等地区地形数据建库。

2014年,自治区国土资源厅组织专家对“数字兴安盟”和“数字额济纳旗”地理空间框架建设项目设计书进行了评审,并对“数字通辽”和“数字锡林浩特”进行审查验收。至2014年底,自治区完成建设并开始应用的盟市级“数字城市”地理空间框架建设为“数字呼和浩特”“数字包头”和“数字乌海”,在建的“数字城市”地理空间框架建设有9个盟市级和12个旗县级。

2015年一季度,自治区国土资源厅组织完成了“数字阿尔山”和“数字陈巴尔虎”的立项审批,两个地区的数字城市项目正式实施。二季度,组织开展为期12天的“数字城市”建设监督检查工作,相关旗县政府的分管领导对接,召集项目承接、建设单位了解项目进展情况并现场解决存在的难题。三季度,组织完成“数字锡林浩特”成果验收,国家测绘地理信息局副局长李维森出席验收会并对工作成效给予充分肯定。四季度,自治区国土资源厅印发《内蒙古自治区国土资源厅关于进一步加快数字城市建设的通知》,把数字城市建设纳入各盟市国土资源局重点考核内容;同时,组织完成“数字锡林郭勒盟”地理空间框架建设项目设计书的评审并正式实施;组织完成“数字巴彦淖尔”和“数字阿拉善”成果的预验收。

3. 测绘成果数字化建设

从2001年开始,自治区测绘事业局进行了1∶1万比例尺数字线划地图生产,同时对1997—2004年期间在内蒙古中部、赤峰市元宝山区、通辽市、乌海市、包头市固阳县、河套等测区施测的2936幅1∶1万比例尺模拟测绘成果采用扫描矢量化方法进行数字化。2004年后,基础测绘已经全部采用数字化作业方式,数字化测绘成果完全取代传统模拟地形图成果。至2014年末,共完成自治区境内1∶1万比例尺数字线划地图约1.2万幅,面积28.8万平方千米。

从2004年开始,自治区测绘事业局进行了1∶1万比例尺数字高程模型和数字正射影像图的生产。至2014年,共完成全区1∶1万比例尺数字高程模型生产约1.2万幅,面积达28.8万平方千米;完成1∶1万比例尺数字正射影像图约12 000幅,覆盖面积28.80万平方千米。

2006年,自治区测绘事业局开始组织实施“测绘成果档案资料数字化”项目,主要对永久性保存的测绘资料档案进行数字化,实现以数据库形式管理和维护永久性保存的测绘资料档案数据。

2007年,自治区国土资源厅安排资金570万元设立“地理信息公共服务数字化”项目,由自治区测绘事业局组织实施。2008—2009 年，自治区测绘事业局全面组织开展“地理信息公共服务数字化”建设，同时组织实施“内蒙古自治区基础地理信息（档案资料）数据库”建设。整合完成了 1997—2002 年期间测制的 2065 幅 1∶1 万比例尺模拟地形图矢量化；整合 2003—2008 年期间测制的 7172 幅 1∶1 万比例尺数字线划图、数字高程模型、数字正射影像图数据入库；同时，完成测绘档案资料 3123 卷、69 338 件（册）的扫描、信息采集、录入和全区所有模拟测绘档案永久保存卷的数字化，运用“智能光盘库海量存储矩阵系统”进行网络化管理，并对测绘成果资料数字化成果实行异地备份存放。另外，整合数字化测绘成果，建立了全区地理信息数据库系统，包括大地测量基准数据库和测绘档案资料数据库及基础地理信息数据库，有全区各等级三角点 52 245 个、水准点 20 221 个、测绘成果资料 3233 卷及各种历史地图和各种比例尺纸质地形图 17 851 幅。共完成 1∶1 万数字地形图入库 4831 幅，刻录、检查数据光盘 1473 张，数据光盘著录与上架 1620 张，航摄影像扫描数据归档与刻录光盘 926 张，整理卷宗 163 卷。

自治区测绘科技档案馆在组织开展档案资料的数字化工作。

2008 年，自治区国土资源厅副厅长杨仁选（右三）在自治区测绘科技档案馆检查指导档案资料数字化建设。

4. 基础地理信息公共服务平台建设

2010 年，自治区国土资源厅安排资金 349 万元设立“内蒙古自治区基础地理信息公共服务平台”项目，由自治区测绘事业局组织实施。

2011 年，自治区财政安排资金 1860 万元，由自治区测绘事业局组织实施“内蒙古 · 天地图”项目。其属于中国互联网地图服务网站“天地图”节点。

2012 年，“内蒙古自治区基础地理信息公共服务平台”公众版正式上线运行，包括 1∶1 万比例尺地形图 6181 幅，更新呼和浩特、包头地区 1∶1 万比例尺地形图 400 多幅，并实现了与国家主节点互联互通。

2013 年，建成“内蒙古自治区基础地理信息公共服务平台”政务版，并向自治区政府及有关部门提供利用。“天地图 · 内蒙古”建设接入国家主节点，并完成了教育、医疗、气象等方面 6 项示范应用。

2014 年，“天地图 · 内蒙古”建设项目通过自治区国土资源厅组织的专家验收。政务版数据提供自治区 4 个厅局利用，相关示范应用完成 8 项。服务覆盖 1∶1 万地形图 6181 幅，更新呼和浩特市、包头市地区地形图 400 多幅，并实现与国家主节点的互联互通。

2015 年，内蒙古自治区地理信息公共服务平台“天地图 · 内蒙古”政务版通过验收，公众版接入国家主节点，软、硬件环境搭建完毕，进行了“天地图”国家主节点的数据融合，完成 5500 幅 1∶1 万融合数据的前期预处理。其应用包括自治区政府辅助决策行政管理地理信息系统、自治区国土资源管理与监测地理信息系统、自治区应急联动地理信息服务系统、与“数字城市”地理信息空间框架建设成果互联互通示范等4个方面,在11个部门开展了推广应用。

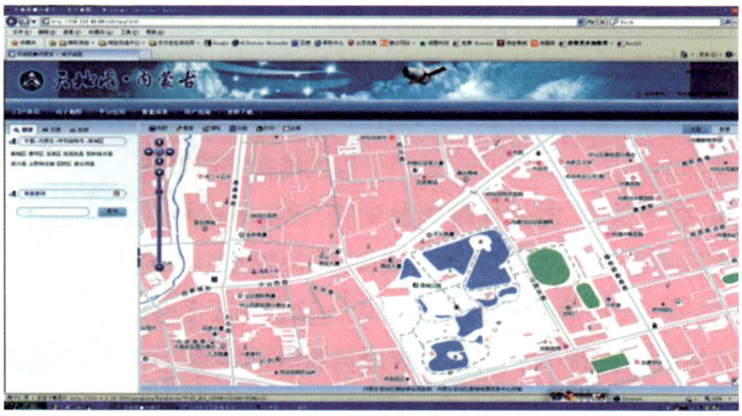

“天地图·内蒙古”有关信息网页截图

5. 自治区应急地理信息平台建设

2015年,按照国家应急测绘保障能力建设项目实施总体部署,结合自治区的实际,由自治区地理信息局组织开展应急综合数据库建设,并完成了基础地理信息数据的补充更新、应急专题数据丰富、系统开发(运维管理子系统)以及三维场景建设等工作,添加了地理信息软件和演示设备,能够在突发情况下,有效发挥应急保障作用。自治区应急测绘保障体系已纳入各级政府应急管理体系,全年投入700万元的应急装备全部投入使用,地理信息无人机应急系统完成在各种条件下的演练项目,能够进行航拍、快速出图,为水利、林业、气象、地震、国土、公安等部门提供应急测绘保障20余次。

三、经费投入

2004年2月23日,自治区国土资源厅向自治区政府上报《关于将基础测绘纳入国民经济和社会发展计划的请示》。11月23日,自治区政府在《关于内蒙古自治区基础测绘规划的批复》中明确:“将基础测绘纳入本级国民经济和社会发展年度计划及财政预算”。至此,自治区基础测绘资金落实建立了长效投入机制。

2004—2006年,自治区本级财政三年累计投入基础测绘经费为5987万元。

2007年,自治区级财政投入基础测绘经费、专项工作经费、国家项目地方匹配经费总计4166万元。

2008年,自治区本级财政投入基础测绘经费4508万元。

2009年,自治区本级财政基础测绘经费投入1亿元,其中7260万元用于1∶1万比例尺地形图生产,2740万元用于其他测绘项目。落实国家基础测绘航空摄影、数字城市、建设社会主义新农村(牧区)测绘保障服务项目等经费1300万元。

2010年,自治区级财政基础测绘项目经费投入总计7865万元。其中,中央财政投入965万元,自治区本级财政投入6900万元。为提高测绘应急保障能力,自治区投入信息化测绘装备建设经费1750万元。

2011年,自治区本级财政基础测绘项目投入总计9000万元,其中基础测绘1∶1万比例尺地形图生产项目5830万元,其他测绘项目2270万元,“数字城市”省级匹配经费900万元。

2012年,中央财政、自治区本级财政基础测绘项目经费投入1亿元,其中用于基础测绘项目7650万元,其他测绘项目2350万元。

2013年,中央财政和自治区本级财政基础测绘项目经费投入12 253万元。

2014年,自治区本级财政基础测绘项目经费投入7000万元,其中用于基础测绘经费4940万元,其他测绘项目2060万元。

2015年,全区基础测绘经费投入为5000万元。

第二章　测绘行业管理

第一节　资质管理

一、管理制度

2000 年 8 月 8 日,《测绘资格审查认证管理规定》经国家测绘局常务会议修订通过,并经国土资源部批准授权发布,自 2000 年 9 月 1 日起施行。《测绘资格审查认证管理规定》第三条规定：国务院测绘行政主管部门负责管理全国的测绘资格审查认证工作;省、自治区、直辖市人民政府管理测绘工作的部门负责管理本行政区域内的测绘资格审查认证工作。9 月 1 日,自治区国土资源厅制订《开展测绘资格复审换证工作方案》,明确：自治区国土资源厅测绘管理处负责组织全区测绘资格复审换证工作,主要负责甲级测绘资格复审换证的初审,并负责办理乙、丙、丁级测绘单位测绘资格的复审换证工作;各盟、市测绘主管部门负责组织实施本行政区域内的测绘资格复审换证工作,具体负责丙、丁级测绘单位的测绘资格复审换证的初审工作。

2002 年 3 月 4 日,依据国家测绘局颁布的《“测绘资质证书”持证单位年度检验办法》《测绘资格审查认证规定》,自治区国土资源厅制定《内蒙古自治区实施〈“测绘资格证书”持证单位年度检验办法〉细则》,并经厅长办公会议审议通过施行。同时,废止原内蒙古自治区测绘局制定的《内蒙古自治区测绘资格年度检验实施办法》。

2004 年,新修订发布的《测绘法》将原规定的“测绘资格”更名为“测绘资质”,同时修改了测绘资质条件以及管理体制等规定。2 月 16 日,国家测绘局发布了重新制定的《测绘资质管理规定》和《测绘资质分级标准》,为自治区测绘行政主管部门测绘资质相关管理工作提供了依据。11 月 22 日,自治区国土资源厅印发《测绘资质单位管理制度达标考核办法(暂行)》。

2009 年 3 月 12 日,国家测绘局印发新修订的《测绘资质管理规定》和《测绘资质分级标准》,于 6 月 1 日起施行,同时废止 2004 年 2 月 16 日发布的《测绘资质管理规定》《测绘资质分级标准》。5 月 12 日,自治区国土资源厅转发新修订的《测绘资质管理规定》《测绘资质分级标准》。

2010 年 1 月 6 日,根据国家测绘局《关于测绘资质分级标准调整问题的批复》意见和《测绘资质分级标准》,自治区国土资源厅对自治区测绘资质通用标准和专业标准进行了调整,并报送国家测绘局核准备案。调整后的通用标准从主体资格、专业技术人员、仪器设备、办公场所、质量管理、档案和保密管理、测绘业绩七个方面做了严格规定。调整后的专业标准包括：大地测量专业标准、摄影测量与遥感专业标准、工程测量专业标准、考核标准、地籍测绘专业标准、房产测绘专业标准、行政区域界线测绘专业标准、地理信息系统工程专业标准、地图编制专业标准、导航电子地图制作专业标准、海洋测绘专业标准、互联网地图服务专业标准,对每一专业甲、乙、丙、丁级测绘资质单位的人员规模、仪器设备、作业限额、专业范围、作业标准、保密管理都进行了翔实、明确的规定。其与《测绘资质管理规定》和《测绘资质分级标准》一并作为自治区和各盟市测绘行政主管部门进行测绘资质管理和测绘资质分级的依据。

二、资格审核

2000年,自治区国土资源厅组织开展了全区测绘资格的复审换证工作。主要完成10个甲级测绘单位的初审工作,并报国家测绘局复审换证;同时,完成了80%乙级以下测绘单位的资格复审。

2003年7月,自治区国土资源厅印发通知决定,在全区开展测绘资质抽查工作。按照国家测绘局测绘资格抽查要求,确定9项符合本次监督检查要求的测绘项目。重点监督检查甲、乙级测绘资格单位,并增加对丙、丁级测绘资格单位的监督检查比例。自治区国土资源厅共抽查全区甲级测绘资质单位10个,抽查比例为100%;乙级测绘资质单位16家,抽查比例为41%;丙、丁级测绘资质单位26家,抽查比例为14.9%。综合监督检查比例为23.2%。受检单位包括测绘、地质、水利、交通、城建、电力、林业、草原、房产等行业测绘资格单位。抽查工作历时一个半月。全年,自治区国土资源厅受理测绘资格报件28件,按时审批测绘资格单位28家,其中乙级1家、丙级11家、丁级16家。由于测绘资格标准及办法尚未修订,《测绘资格证书》暂未更换。

2005年,自治区国土资源厅受理测绘资质审批件40件,按时审批37家,其中乙级2家、丙级13家、丁级22家。11月5日,自治区国土资源厅组织召开测绘专题会议,加大复审换证工作的力度,共完成254家测绘资质的复审换证。

2009年,自治区对测绘资质单位的复审换证工作实行网上审批。按照国家测绘局要求,进行了测绘资质行政许可在线办理数据补录。应参加数据补录的测绘资质单位447家,实际补录完成404家,审核404家,通过审核386家。

2011年,自治区国土资源厅根据新修订的《测绘资质管理规定》和《测绘资质分级标准》完成全区481家测绘资质单位的复审换证工作。通过复审换证455家,缓期换证13家,注销13家,降低等级1家,核减业务范围3家。全年新审批32家。

2012年,经自治区国土资源厅审核,新审批注册测绘资质单位54家,7家升级,注销1家,增加业务范围7家。按照国家测绘地理信息局的要求,自治区国土资源厅组织完成全区测绘资质复审的收尾工作。

2015年,完成全区618家测绘资质单位复审换证工作,其中通过资格审查的有563家(其中甲级16家,乙级133家,丙级244家,丁级170家),注销55家;完成了111家测绘资质单位的各类变更业务,受理了34家单位新申请测绘资质、升级等业务。

三、年检注册

2002年,自治区国土资源厅根据国家测绘局《关于2002年度〈测绘资格证书〉持证单位年检工作的通知》及《内蒙古自治区实施〈测绘资格证书〉持证单位年度检验办法》,对自治区测绘持证单位开展了年检。甲级测绘持证单位的年检由国家测绘局组织进行,乙、丙、丁级测绘持证单位的年检由自治区国土资源厅与各盟市国土资源局共同组织实施。全年,自治区国土资源厅共批准测绘资格单位200家,取消不合格测绘资格单位28家,年检测绘资格单位142家。

2006年,自治区国土资源厅通过测绘资质年度注册,建立测绘资质单位挂牌经营制度、测绘仪器检定制度、测绘质量与测绘资质挂钩制度。在测绘资质年检中对存在问题的资质单位分别作出缓期注册、限期整改、不予注册和注销处理。全年，自治区国土资源厅复审换证各类资质单位205家，新办证和升级的测绘资质121家，注销测绘资质33家，并对予以确认的测绘资质单位和被依法注销的测绘资质单位在网上予以公布。

2007年，根据国家测绘局《关于做好2007年测绘资质年度注册工作的通知》精神，自治区国土资源厅对符合年度注册要求的311家(甲级12家、乙级64家，丙级97家、丁级138家)持有《测绘资质证书》的单位进行年度注册，经批准注册测绘资质的单位274家(甲级12家、乙级58家、丙级83家、丁级121家)，缓期注册的单位29家(乙级5家、丙级9家、丁级15家)，注销测绘资质单位13家，吊销测绘资质单位2家，不予注册测绘资质单位8家(乙级1家、丙级5家、丁级2家)。对缓期和不予注册的37家测绘资质单位，自治区国土资源厅要求为期三个月的整改，结合整改情况，对其中25家测绘单位重新给予注册，并在全区进行通报批评。

2008年，自治区国土资源厅印发《关于做好2008年测绘资质年度注册工作的通知》，明确自治区国土资源厅测绘管理处负责组织全区甲级测绘资质单位的年度注册，委托各盟市国土资源局组织本级行政区域内乙级以下资质单位的年度注册工作。年度测绘资质单位注册工作分为自查、盟市国土资源局对本行政区域内测绘资质单位检查并建立信用档案和填注注册意见和审查三个阶段，从2008年3月1日开始至6月10日结束。全区应参加年度注册测绘资质单位375家(甲级12家、乙级80家、丙级113家、丁级170家)，通过自治区国土资源厅批准注册测绘资质单位351家(甲级12家、乙级73家、丙级100家、丁级166家)，缓期注册测绘资质单位20家，注销测绘资质单位4家。自治区国土资源厅共受理测绘资质报件72个，批准57个(新办测绘资质单位41个、升级14个、增加作业范围2个)，退件15个。

2009年，自治区国土资源厅对应该注册的381家(甲级13家、乙级89家、丙级112家、丁级167家)测绘资质单位进行了注册。经审核，准予注册测绘资质单位347家(甲级13家、乙级86家、丙级100家、丁级148家)，缓期注册26家(乙级3家、丙级8家、丁级15家)，不予注册2家(丙级1家、丁级1家)，注销6家(丙级3家、丁级3家)。

2012年，自治区国土资源厅对所有测绘资质单位实行网上审查审批。年度全区拥有各级测绘资质单位550家，应参加年度注册的286家，经自治区国土资源厅审查认证，通过注册测绘资质单位285家。

2013年，国家测绘地理信息局要求2012年6月30日前审批的测绘资质单位参加2013年度注册。按此要求，自治区本年度参加注册测绘资质单位有506家(甲级12家、乙级121家、丙级169家、丁级204家)。经自治区国土资源厅审查认证，准予注册测绘资质单位491家(甲级12家、乙级121家、丙级165家、丁级193家)，缓期注册测绘资质单位9家，不予注册测绘资质单位2家，注销测绘资质单位4家，核减业务范围5家。

2014年初，自治区国土资源厅下发《关于做好2014年测绘资质年度注册工作的通知》，5月底完成全区测绘资质年度注册工作。年度全区应参加注册的测绘资质单位532家(甲级14家、乙级127家、丙级186家、丁级205家)。经自治区国土资源厅审核，准予注册的测绘资质单位505家，缓期注册测绘资质单位21家，注销测绘资质单位6家。

2015年，全区新增甲级测绘资质单位2家，审批新申请丙级测绘资质单位19家，丁级测绘资质单位1家，办理增加业务范围，资质等级申请7项。

四、专业培训

2005 年,自治区国土资源厅举办十期“测绘专业技术暨职业道德培训班”,自治区测绘资质单位 1600 余人接受培训并通过考试。

2008 年,自治区国土资源厅举办三期“全区测绘资质管理和测绘统计软件暨涉密测绘成果管理人员岗位培训班”,聘请有关专家讲授测绘统计、测绘资质申报应用软件和测绘保密法律法规等知识。全区 400 多人参加培训,经过考试,合格者获得结业证书。

2009 年,自治区国土资源厅举办四期“全区测绘资质管理暨测绘统计网络直报系统”培训班,自治区测绘行业 520 余人参加了培训。培训的主要内容包括:测绘统计、测绘资质申报软件应用和测绘新技术等。

第二节　市场监管

一、监督管理

2000 年,伊克昭盟(今鄂尔多斯市)土地勘测设计院在未领取测绘资格证书的情况下,承揽了成吉思汗陵经济开发区规划平面图和地籍测绘任务。自治区国土资源厅下发《关于责令伊盟土地勘测设计院停止非法测绘活动的通知》,指出其行为违反了《测绘法》和《内蒙古自治区测绘管理条例》的有关条款,责令立即停止一切测绘活动。

2001 年,自治区国土资源厅批准包头市测绘管理处启用包头市 97 独立坐标系统(该系统高程采用 1985 国家高程基准),并同意销毁青山区、昆都仑区 90 版 1∶1000 比例尺地形图,启用更新后1∶1000 比例尺地形图及其数字产品。

2002 年,自治区国土资源厅在全区范围内进行独立平面坐标系统检查清理。规定此次清理对未经盟市以上测绘主管部门审批的独立坐平面标系统限期补办审批手续,对同一地区存在两个以上相对独立平面坐标系统改用一个相对独立平面坐标系统,任何独立平面坐标系统必须与 1980 西安坐标系统相联系,即有部分点与 1980 坐标系重合,并有特定的转换参数。各盟市测绘主管部门对本行政区域内已存在的独立平面坐标系统进行自查清理,于 2003 年初自查清理完毕,并将自查清理情况上报自治区国土资源厅。

2004 年,修订后的《测绘法》将原规定的“测绘工作证件”制度修改为“测绘作业证”制度。为落实“测绘法”的规定,自治区国土资源厅对从事野外作业的测绘人员和需要持有“测绘作业证”的人员配发“测绘作业证”,将原来的“测绘工作证”收回并销毁。

2006 年,自治区国土资源厅完善了测绘行政许可程序,规范涉及测绘资质证书年检及注销、测绘作业证复审、甲乙丙丁级测绘资质审批、未公开测绘成果审批、地图编制出版审核、测量标志迁建审批、测绘成果目录汇交、发布重要地理信息数据审核、测绘统计资料备案等 17 项行政许可事项的依据、内容和时限。根据国家测绘局《关于开展测绘领域不正当交易行为自查自纠工作的通知》精神,制定了自查自纠专项工作实施方案,就自查自纠的组织实施、范围、重点和指导原则、工作步骤和要求提出具体要求。

2007年，按照人事部和国家测绘局部署，自治区国土资源厅会同自治区人事厅联合下发《关于在全区开展注册测绘师职业资格考试与考核认定工作的通知》，在全区开展注册测绘师资格考核认定申报工作。经国家测绘局考核、评审、认定，全区有6名测绘技术人员取得注册测绘师资格。9月上旬，自治区国土资源厅配合自治区人大常委会环境资源委员会对呼和浩特市、通辽市、赤峰市、锡林郭勒盟4个地区贯彻实施《测绘法》和《内蒙古自治区测绘管理条例》情况及加强测绘市场管理，规范依法行政工作进行调研，并向自治区政府提交了调研报告。8月16日，自治区国土资源厅编印《测绘法规文件汇编》。9月13日，国务院印发《关于加强测绘工作的意见》（以下简称《意见》）。当月，自治区国土资源厅多次组织自治区内测绘系统单位法人、专家、技术人员召开座谈会，研究落实《意见》的措施。之后，经过多次研究，自治区国土资源厅起草了自治区政府落实《意见》的实施方案。

2008年2月，自治区政府转发《国务院关于加强测绘工作的意见》提出：要认真组织学习《意见》精神，进一步增强做好测绘工作的紧迫性和责任感；进一步理顺测绘管理体制，完善统一监管机制；进一步加强基础测绘工作，提高保障能力；加快基础地理信息化建设，提高测绘公共服务水平；坚持依法行政，加大测绘法制建设和执法力度；加强测绘基础设施建设，提高测绘装备水平和质量；提高测绘队伍素质，推进科技创新。

2009年，自治区国土资源厅开展对测绘生产单位的测绘生产质量、地理信息市场、地图市场、成果保密的专项检查。

2011年10月，以自治区人大常委会副主任郝益东和自治区人大环资委、国土资源厅和环保厅有关人员组成调研组，到呼和浩特、包头、鄂尔多斯所辖旗（县、区）就测绘法律法规贯彻执行情况进行了实地考察调研，并就自治区测绘事业发展及加强测绘工作向自治区政府提交了专题报告。

2012年，自治区国土资源厅部署2012年自治区测绘地理信息行政执法检查工作，下发了《关于对测绘地理信息市场及测绘资质单位进行执法检查的通知》，并对执法检查作了部署和时间安排。各测绘资质单位和涉密测绘成果使用单位按照检查内容和要求，进行自查自检。各盟市检查组按照通知要求对本地区测绘地理信息市场、资质单位及涉密成果使用单位进行了检查。检查涉及的测绘资质单位有402家，涉密测绘成果使用单位52家，检查地图市场14个。经检查，对116家测绘资质单位下发整改通知书，并限期改正，对7家测绘资质单位立案调查。

2013年，自治区国土资源厅组织开展《内蒙古自治区测绘地理信息市场管理办法》的前期调研。按照2011年国家测绘地理信息局《关于加强测绘地理信息法制建设的若干意见》的要求，自治区法制办将国土资源厅纳入对依法行政工作年度考核范畴。当年，自治区国土资源厅与自治区国家安全厅联合查办的锡林郭勒地区"无人驾驶飞机非法航测案"，被国家安全部和国家测绘地理信息局评为优秀涉外测绘执法案件二等奖。

二、专项治理

2009年2月17日，自治区政府办公厅转发《国务院办公厅转发国家测绘局等部门关于整顿和规范地理信息国家市场程序意见的通知》。2月24日，国家测绘局等七部（署、局）联合制定《全国地理信息市场专项治理工作方案》，同时国家测绘局印发《关于印发全国地理信息市场专项治理工作方案的通知》。3月16日，国家测绘局等部门联合召开"全国地理信息市场专项治理工作"电视电话会议，自治区国土资源厅、国家安全厅、保密局、新闻出版局和自治区测绘事业局、自治区测绘产品质检站领导和相关人员参加会议。当日,自治区国土资源厅并主持召开第一次自治区“地理信息市场专项整治”工作联席会议,对自治区开展“地理信息市场专项治理”工作作了动员和部署。4月初,自治区国土资源厅召开第二次联席会议,成立由6个厅局有关领导组成的全区“地理信息市场专项整治”工作领导小组。领导小组主要职责指导各相关部门开展整顿和规范地理信息市场秩序工作,统筹部署涉及全局的重大任务,协调解决专项治理工作中的重大问题。4月23日,自治区国土资源厅等6厅局联合制订印发《内蒙古自治区地理信息市场专项整治工作方案》,对专项整治工作的指导思想、工作目标、工作依据、工作重点、职责分工、工作安排、工作要求等做了部署;并派人员参加由全国“地理信息市场专项整治”工作领导小组举办的“全国地理信息市场专项整治学习班”。5月7日,自治区“地理信息市场专项整治”工作领导小组组长、自治区国土资源厅副厅长王富友在《内蒙古日报》刊发《整顿地理信息市场秩序、保障国家安全和利益》的答记者问。9月14—17日,自治区国土资源厅等6厅局联合对呼和浩特、包头、鄂尔多斯三市的国土资源、保密、工商等6个局和测绘资质单位开展“地理信息市场专项整治”情况进行了全面检查。

2010年5月18日,自治区“地理信息市场专项整治”工作领导小组成员与自治区国土资源厅、国家安全厅、工商行政管理局、新闻出版局、国家保密局、通信管理局、测绘事业局、测绘产品质检站有关人员参加了“全国地理信息市场专项整治总结暨表彰”电视电话会议。锡林郭勒盟国土资源局、乌海市国土资源局被国家测绘局评为全国“地理信息市场专项整治”工作先进集体,自治区有3人被评为先进个人。

2011年,自治区国土资源厅按照国家测绘地理信息局法规与行业管理司《关于进一步做好地理信息市场专项治理“回头看”行动后续工作的通知》精神,在全区开展地理信息市场专项整治工作“回头看”和“问题地图”专项治理及涉密测绘成果保密检查工作。3月30日,自治区国土资源厅派人参加了国家测绘地理信息局举办的全国地理信息市场专项整治工作“回头看”行动培训班。5月26日,自治区国土资源厅派人参加国家测绘地理信息局召开的“问题地图”专项治理第一阶段工作交流会暨互联网地图监管系统推广会议。11月,自治区国土资源厅就自治区及各盟市、测绘资质单位开展地理信息市场专项整治工作“回头看”作了部署,转发了全国地理信息市场专项治理领导小组印发的《关于开展地理信息市场专项治理工作“回头看”行动的通知》和《关于印发〈全国地理信息市场专项治理“回头看”行动工作要点〉的通知》。

三、相关培训

2012年4月6—15日,自治区国土资源厅举办三期“全区测绘地理信息管理工作培训班”,全区测绘地理信息管理部门和测绘资质单位法人520多人参加岗位培训。培训内容包括涉密测绘成果保密安全、测绘统计、依法测绘、测绘资质管理以及测绘新技术应用等。并对培训人员进行了保密知识、依法测绘、测绘资质、测绘统计及测绘新技术应用考试,为考试合格者颁发“全区测绘地理信息保密安全管理工作培训”结业证书。

2012年6月25—27日,为贯彻落实《国务院关于加强法治政府建设的意见》和国家测绘地理信息局《关于加强测绘地理信息行政执法工作的意见》精神,自治区国土资源厅举办了全区测绘地理信息行政执法培训班,全区12个盟市、2个计划单列市和101个旗县(市、区)主管测绘地理信息工作的局、科、股长共计230人参加培训。

第三节 房产测绘管理

一、管理制度

2001 年,根据建设部和国家测绘局令第 83 号《房产测绘管理办法》,自治区国土资源厅、建设厅制定了《内蒙古自治区实施房产测绘管理办法》,并于 10 月 22 日以《关于印发内蒙古自治区实施〈房产测绘管理办法〉细则的通知》印发各盟市测绘行政主管部门、建设局(委)、房管局执行。

二、业务培训

2001 年 11 月,自治区国土资源厅为了贯彻执行建设部、国家测绘局发布的《房产测绘管理办法》和自治区国土资源、建设厅联合印发的《内蒙古自治区实施〈房产测绘管理办法〉细则》,举办“房产测绘培训班”。培训对象是自治区各盟市、旗县测绘主管部门的测绘管理人员和取得房产测绘资格业务项目或拟申请开展房产测绘业务项目的单位负责人和有关技术人员。培训的主要内容是《房产测绘管理办法》《内蒙古自治区实施〈房产测绘管理办法〉细则》《房产测量规范》及房产面积测算的相关规定、房产产权产籍及房产档案基础知识、建筑结构基础知识及相关专用计算机软件的应用操作知识。

三、监督管理

2004 年 6 月 23 日,自治区国土资源厅印发《关于开展房产测绘质量专项监督检查的通知》,决定在全区开展房产测绘质量专项监督检查工作。6—8 月间,自治区国土资源厅统一组织全区范围内的房产测绘资质单位的专项监督检查。对房产测绘资质单位进行房产测绘质量专项监督检查和重点抽查。监督检查的主要内容是房产测绘资质单位的质量保证体系和典型房产测绘产品质量。各盟市测绘行政主管部门协同自治区国土资源厅搞好对本行政区域内的房产测绘资质单位的专项监督检查工作。自治区国土资源厅委托自治区测绘产品质检站承担房产测绘质量监督检查的具体工作。

2009 年 1 月 19 日,自治区国土资源厅、建设厅联合印发《关于进一步加强房产测绘管理工作的通知》要求,各级房地产行政主管部门和国土资源部门加强对本地区房产测绘行业的监督管理,规范房产测绘行为。重点做好房产测绘资质管理,规范房产测绘行为,维护全区房产测绘市场健康发展;保证房产测绘成果完整性和准确性;加强队伍建设,提高房产测绘人员整体素质;建立健全完善的房产测绘质量保证体系。

第四节 质量监管

2001 年,自治区测绘产品质检站完成自治区航遥测绘院施测的包头—麻黄沟高等级公路一期工程1∶2000比例尺地形图 200 幅、内蒙古乔泰国土勘测技术有限公司施测的鄂尔多斯市东胜区 1∶2000 比例尺地形图,面积 40 平方千米的检查验收任务。

2003 年,根据国家测绘局《关于开展全国测绘质量监督检查活动的通知》精神及《2003 年全国测绘质量监督检查方案》,自治区国土资源厅、自治区质量技术监督局联合印发《关于开展全区测绘质量大检查的通知》《2003 年内蒙古自治区测绘质量监督检查实施方案》,在全区范围内开展测绘质量监督检查工作。检查工作分为各个测绘资质单位自查、自治区检查和抽查两个阶段。检查测绘质量的重点是：质量、技术管理的职能落实及人员配备；质量责任制度、奖励制度的建立及执行情况；产品生产全过程质量管理制度的执行情况；生产技术标准、规范的执行情况；产品使用过程中的质量服务情况；各类质量记录是否完备和准确。受检测绘产品生产时间为2000—2002年间各测绘单位生产的各项测绘产品。监督检查的重点单位是甲、乙级测绘资质单位，同时也增加了对丙、丁级测绘资质单位的监督检查比例。共抽查全区甲级测绘资质单位10家，乙级16家，丙丁级26家，受检查测绘资质单位占资质单位总数的23.2%。抽查测绘资质单位业务范围包括测绘、地质、水利、交通、城建、电力、林业、草原、房产等。通过检查，对存在问题多的3家单位做出了限期改正的决定，取消了1家丁级测绘单位的资格。本次监督检查，查出了问题和不足，如：质检机构不健全、没有专门的质检人员、质量保证体系及作业指导书没有完全覆盖业务范围、缺少奖惩制度、测绘仪器检定时效超限等。通过检查促进了测绘资质单位质量意识、质量管理水平，完善了质量监管体制，规范了质量行为。

2004年，自治区测绘产品质检站对包头万水泉1:1000比例尺航测地形图测绘成果进行验收。

2005年8月18日，自治区测绘产品质检站为加强与其他省区测绘管理部门在测绘质量监管方面的合作、交流，进一步加强自治区测绘质量的监督管理，在呼和浩特市举办晋冀鲁豫五省(区)测绘产品质量监督检验站工作交流会。

2006年3月1日，自治区国土资源厅组织自治区测绘事业局、自治区测绘产品质检站召开基础测绘项目检查验收办法现场办公会议，主要对测绘产品质量检查验收进一步进行规范。5月26日，自治区国土资源厅转发《关于加强测绘质量管理工作的通知》。6月至7月8日，为贯彻落实国家测绘局《关于开展1:1万基础测绘产品质量专项监督检查活动的通知》精神，自治区国土资源厅成立基础测绘产品质量专项监督检查领导小组，对"十五"期间自治区完成的1:1万比例尺基础测绘地形图进行专项监督检查和生产单位自查，共抽检1:1万比例尺基础测绘地形图343幅。根据自治区国土资源厅加强测绘单位内部基础测绘成果管理的要求，自治区测绘事业局针对本局在"十五"期间生产的基础测绘成果，在抽查工作中发现的质量不合格问题，对相关责任人进行了清退、经济处罚、降职等处罚，并在各单位设立了基础测绘成果质量检查科室，同时制订了《内蒙古自治区测绘事业局1:1万比例尺地形图测绘实施大纲及测绘项目管理办法(试行)》。自治区国土资源厅对部分盟市甲、乙级测绘资质单位生产的测绘产品开展了质量检查，并将检查结果进行公告。自治区测绘产品质检站检验1:1万比例尺基础测绘外业1081幅图，内业检验数字产品1410幅；委托检验1:1000比例尺数字产品80幅，1:1万比例尺数字产品27幅；检验检定全站仪180多台、GPS接收机83台。另外，按照国家测绘局的要求，自治区国土资源厅对自治区内持证测绘单位的质量管理和产品质量状况开展调研，并组织检查组对呼和浩特市、包头市、乌海市、鄂尔多斯市、阿拉善盟范围内开展测绘的测绘资质单位进行了测绘成果质量监督检查，检查测绘资质单位26家(甲级资质2家、乙级资质24家)，检查的主要内容包括测绘资质单位的质量管理体系和测绘产品质量，受检测绘产品为2005—2006年间完成的测绘产品。

2007年，自治区测绘产品质检站对呼市、包头等6个盟市部分甲、乙级测绘资质单位进行强制质量检验；检查验收了自治区蒙泰煤业公司在不连沟煤矿工程控制测量GPS D级点、Ⅳ等水准点37.7千米；全年验收基础测绘外业1:1万比例尺地形图1264幅，GPS控制点地形图10幅，基础测绘"3D"产品2054幅，检测检验GPS接收机137台，全站仪238台，水准仪176台，电子经纬仪43台，光学经纬仪17台，手持测距仪9部。自治区科学技术厅和自治区测绘事业局组织测绘专家对赤峰市、兴安盟地区似大地水准面精化项目进行评审，中国工程院院士宁津生、张祖勋参加评审。经专家审议，该项目达到了国际先进水平。为了保证自治区测绘事业局承接的国家财政部、国家测绘局筹建呼包鄂三地区全球导航卫星系统（GNSS）连续运行参考站项目符合标准要求，自治区国土资源厅组织自治区地震、气象、国土规划等部门的领导和专家召开座谈会，并先后组织专业技术人员赴三地区进行调研考察。

2008 年 5 月 6 日，根据国家测绘局《关于开展全国省级重点测绘工作成果质量监督检查的通知》要求，自治区国土资源厅印发通知，部署开展全区省级重点测绘工程成果质量监督检查工作，并成立以副厅长杨仁选为组长、有关部门主要领导组成的监督检查领导小组，由自治区测绘产品质检站负责监督检查的具体实施，同时根据监督检查工作的要求以及选取项目情况，编制了《2008 年全区省级重点测绘工程成果质量监督检查工作方案》《2008 年全区省级重点测绘工程成果质量监督检查技术方案》和《2008 年全区省级重点测绘工程成果质量监督检查技术方案实施细则》。监督检查的范围是 2005 年 1 月至 2007 年 12 月甲级测绘资质单位在自治区境内承担完成的重点测绘工程项目。完成对自治区 12 个甲级测绘资质单位承担完成的 12 项省级重点测绘工程的成果质量监督检查，被监督检查单位占甲级测绘资质单位的 10%。受检的甲级测绘单位完成的省级重点测绘工程：自治区地图印制院完成的赤峰测区航测 1:1 万比例尺地形图 3D 成果 106 幅；自治区水利水电勘测设计院完成的克什克腾旗上头地风电场可研阶段测量四等水准 66.8 千米，GPDD 极点 7 座，1:1 万比例尺地形图面积 103 平方千米；自治区电力勘测设计院完成的香港能源控股有限公司四子王旗江岸（2#）49.5MW 风电场1:5000比例尺场址地形图 55 平方千米；包头市测绘院完成的土默特右旗地形图 1:1000 比例尺地形图 52 幅；自治区航遥测绘院完成的国道 110 呼和浩特—老爷庙一级公路地形图测绘、GPS E 极点 270 个、四等水准 400 千米、1:2000 地形比例尺图 260 幅；自治区土地勘测规划院完成的呼和浩特市绕城高速公路勘测定界 1:2000 比例尺地形图 114 幅；呼和浩特市勘察测绘研究院完成的国家高速公路网（北京—乌鲁木齐公路临河—乌力吉段）GPS Ⅳ等水准测量 140 千米、1:2000 比例尺地形图 250 幅；自治区测绘院完成的赤峰测区航测 1:1 万比例尺地形图 3D 成果 88 幅；自治区地质测绘院完成的白音华煤田 1:1 万比例尺全野外数字测绘 GPS D 级点 35 个、1:1 万比例尺地形图面积 500 平方千米；自治区交通设计研究有限责任公司完成的桑根达来—上都一级公路测量 50 千米；包钢勘查测绘研究院完成的包钢巴润矿业公司西矿尾矿库 1:1000 比例尺地形图面积平方千米；核工业 208 大队完成的东胜地区沙圪台地段施测的 1:5000 比例尺地形图 4 幅。经过对数字线划图、数字高程模型、数字正射影像图、工程测量、地形图测绘、地籍测量、GPS 定位、Ⅳ等水准测量各个测绘项目的检查，这些项目在生产过程中，各测绘单位全部按照相应的国家标准规范、图式或行业标准执行，并全部根据具体项目编制有技术设计书和技术总结。所使用的测绘仪器均经过检定并在有效期内使用。受检的测绘项目的数学精度符合相应的规范、规程和技术设计书的要求，作业方法与计算方法正确，地形图和地籍图的地理精度符合相应的图式、规范、规程要求。等级 GPS 定位与等级水准测量的标石选埋符合相应规范要求。全区重点测绘工程成果质量监督检查工作从 5 月开始，至 12 月结束。

2008 年，自治区测绘产品质检站对呼和浩特、包头、鄂尔多斯、巴彦淖尔、乌海、阿拉善 6 个盟市部分甲、乙级测绘资质单位的测绘产品质量进行抽查；至 12 月，完成基础测绘产品外业及内业的检查验收，检定全站仪 269 台，GPS 接收机 248 台、水准仪 223 台、光学经纬仪 19 台、电子经纬仪 30 台、手持测距仪 25 台、测量用尺 18 副。

2009年,自治区国土资源厅完成对呼和浩特、包头、鄂尔多斯、巴彦淖尔、乌海、阿拉善盟(市)部分甲、乙级测绘资质单位的测绘产品质量抽检工作。自治区测绘事业局与测绘各项目承担单位签订《基础测绘项目责任书》,对试行的《内蒙古自治区基础测绘1:1万地形图测制技术大纲》进行修订和完善,对所属生产单位基础测绘成果实行质量互检,严格执行二级检查制度。还抽取局属四个单位生产的48幅地形图送至陕西测绘局质量监督检验站进行检验。

2010年6月,自治区国土资源厅开展了全区2010年测绘成果质量监督检查,检查范围是2008年1月至2009年12月自治区甲级测绘资质及乙级测绘资质拟申甲级测绘资质单位生产的测绘成果。完成了对内蒙古乔泰国土勘测技术有限公司、包头市绘宇测绘服务有限公司、内蒙古灵信房产评估有限公司、自治区地质测绘院、自治区电力勘测设计院、核工业二〇八大队、呼和浩特勘察测绘研究院、自治区交通设计院有限公司完成的606幅地形图、GPS B级点92个、D级点37个、E级点110个、Ⅲ水准30千米、Ⅱ导线点94个的成果质量检查。

2011年,根据国家测绘局《2011年测绘成果质量监督检查的通知》精神,自治区国土资源厅对呼和浩特市、包头市、巴彦淖尔市、鄂尔多斯市的7家乙级测绘资质单位和3家丙级测绘资质单位在2009年1月至2010年12月期间生产的1:500、1:1000、1:5000比例尺地形图进行检查。经检查,合格产品测绘资质单位7家,不合格产品测绘资质单位的3家。自治区测绘产品质检站完成了1:1万比例尺"3D"成果外业检验2043幅,"3D"成果内业1828幅;完成自治区电力设计院、地质测绘院等单位检验项目4项;检验鉴定GPS接收机382台,全站仪376台,水准仪205台,经纬仪60台;并引进由国家测绘地理信息局第一测绘大队研制的多功能检测平台,开展全站仪周期误差检定、手持测距仪、钢卷尺等检定项目。

2012年,自治区国土资源厅根据国家测绘地理信息局《关于开展2012年测绘地理信息成果质量监督检查的通知》要求,成立自治区"2012年测绘地理信息成果质量监督检查领导小组",并于4月26日印发《关于开展2012年测绘地理信息成果质量监督检查的通知》,同时制定了《2012年测绘地理信息成果质量监督检查工作方案》。主要抽查检验自治区测绘院、航遥测绘院、地图院、地质测绘院、煤田地质勘测队5家甲级测绘资质单位在2010年1月至2011年12月期间生产的1:1万比例尺地形图、数字线划图、数字高程模型、数字正射影像图、制图数据等产品。抽查检验的主要内容为:测绘单位测绘地理信息成果质量和质量管理体系,包括成果质量、执行标准及规范、仪器设备检定情况和法律法规规定的内容。

2013年1—4月,自治区测绘产品质检站受国家基础地理信息数据库动态更新项目部委托,对2012年黑龙江测绘地理信息局在自治区开展的1:5万比例尺地形数据库重点要素的更新成果进行了抽查。

2014年,自治区测绘地理信息局组成产品质量检查组,对局属各单位的基础测绘与地理国情普查内外业测绘成果进行了检查。

2014年,自治区航遥测绘院质量管理人员在外业对有关测绘成果进行实地质量检查。

2015 年 5 月 27 日，自治区第一次地理国情普查领导小组办公室组织召开了全区第一次地理国情普查技术质量会议，通报了国情普查数据预验收及修改、整理情况，全面部署标准时点核查数据生产攻坚阶段技术质量工作。7 月 15 日，国家第一次全国地理国情普查办公室在乌兰察布市组织召开地理国情普查成果质量复核工作会议，对自治区完成的 245 幅 1:1 万地理国情普查数据进行了抽查。

第五节　成果档案管理

一、管理制度

2002 年 6 月 21 日，自治区政府第七次常委会议修订发布《内蒙古自治区测绘成果管理实施办法》，对基础测绘成果和专业测绘成果内容作了明确规定，并确定自治区测绘行政主管部门对全区测绘成果实行监督和管理，负责全区基础测绘和专业测绘成果的接收、整理、储存和提供使用，其他部门负责本部门专业测绘成果的管理工作。各盟市的测绘行政主管部门负责本行政区域内的测绘成果管理和监督工作。自治区测绘成果档案资料主要由内蒙古自治区测绘科技档案资料馆（以下简称自治区测绘科技档案馆）集中统一管理，并根据保管和使用情况制定相应的管理规章制度。自治区测绘成果资料的管理与应用，严格执行国家的有关规定，并按照测绘工作中秘密事项密级划分原则和《关于领取、使用、保存测绘成果的保密管理规定》及《对外经济合作提供资料保密暂行规定》等相关法规进行管理和向政府各部门及社会提供测绘成果资料。

二、成果管理

（一）目录管理

2001—2002 年，由自治区测绘事业局组织编制《内蒙古自治区测绘成果目录》第二集，主要收集 1980—2001 年（个别测区、城市至 2002 年）期间自治区及区外各测绘单位及有关部门在自治区境内完成的各类测绘项目。内容主要包括：大地测量、基本比例尺地形图测绘、航天遥感、航空摄影和各类挂图、图集、专题地图以及盟市所在地大比例尺地形图、重大工程项目的测绘成果。采用成果统计表与成果分布图的形式，按年代顺序进行表示。成果统计表注明成果的测区名称、施测单位、作业年代、使用仪器、作业依据及方法、精度、等高距、坐标和高程系统等情况。成果分布图表示点位、图形、路线、范围等情况。

2008 年，按照国家测绘局有关要求，自治区测绘事业局开始组织建设“内蒙古自治区测绘成果目录分发系统”。至 2009 年，初步建立相对独立的全区测绘成果目录信息分发服务子站点，与国家测绘局主站点实现链接，并实现了全区测绘成果资料目录的信息化管理与服务。另外，还组织编纂了《内蒙古自治区测绘档案资料馆馆藏测绘档案整理与目录信息采集》提供利用。

（二）信息系统管理

2005 年，依据《测绘成果管理条例》规定，自治区测绘科技档案馆建立了“测绘成果资料档案管理信息系统”。主要以自治区现有测绘资料档案管理模式为依据，以空间数据库、GIS、MIS、WEBGIS 为技术手段，通过磁盘阵列、光盘库、服务器、网络设备及相应的软件系统为支持，建立了基于盘阵、光盘一体化的网络存储管理体系和测绘成果资料档案的安全、高效管理及分发服务体系。

(三)地图产品系统管理

2006 年,自治区测绘科技档案馆建成“内蒙古地图产品管理系统”。主要采用 apcgis + oraile 模式,由视图管理、产品入库、查询、统计、提取、维护、参数设置等主要功能模块组成,按照用户需求导入、浏览、查询、提取,实现了相关地图产品及数据的高效、便捷管理。

三、成果汇交

2003 年 1 月 28 日,自治区国土资源厅根据《测绘法》《内蒙古自治区测绘成果管理实施办法》和国家测绘局《关于汇交测绘成果目录副本的实施办法》,印发《关于汇交测绘成果目录副本的通知》,要求凡在自治区范围内施测的、符合国家基准和技术标准的测绘成果,均需上交测绘成果目录和副本。强调测绘成果汇交力度,基础测绘成果实行统一汇交模式,基础测绘成果通过验收后统一归档,统一对外提供服务。同时,进一步强调了自治区国土资源厅负责全区测绘成果的监督与管理,各盟市国土资源局负责本辖区测绘成果目录和副本汇交的监督管理;自治区测绘科技档案馆负责接收各单位汇交的测绘成果,特别是包括地籍测绘成果目录,普通地图、专题地图目录,省市界线目录,重大工程测量成果。同时将测绘成果目录和副本汇交情况作为测绘资格年检的一项重要内容。

2014 年,自治区测绘地理信息局完成自治区 5 个旗县测区 1∶1 万比例尺地形图 2062 幅内外业成果汇交。至年底,自治区测绘科技档案馆存有区内外测绘单位汇交的测绘档案 6550 卷,文书档案 70 卷,会计档案 249 卷;自治区各种比例尺地形图 17 851 幅;国家各等级三角点 52 245 点;Ⅰ水准点 2185 点,Ⅱ水准点 3820 点,Ⅲ水准点 306 点;国家 GPS 网 B 级点 84 点;国家重力点 178 点;自治区专题数据 13.1 千兆;数字线划图、数字高程模型、数字正射影像图、数字栅格地图成果数据 337.73 千兆;SPOT(法国地球观测卫星)、TM(美国资源卫星)等卫星影像数据 792 景(170.61 千兆);系列比例尺地形图(1∶100 万、1∶50 万、1∶25 万、1∶20 万、1∶10 万、1∶5 万、1∶1 万)信息数据 17 479 条;大地控制点信息数据 58 260 条;其他测绘成果信息数据 892 147 条;收集、汇交的各专业测绘部门大地成果、地形图和技术设计书、成果鉴定等测绘资料及与全国其他省、自治区、直辖市、测绘局交换的测绘档案等。汇交地图编绘资料包括:自治区测绘局、自治区测绘事业局、测绘地理信息局历年出版的地图集、地图册、专题地图集和普通挂图。

四、成果保密管理

(一)管理制度

2001 年,自治区国土资源厅印发《内蒙古自治区涉密基础测绘成果资料提供使用管理办法(试行)》,对全区涉密基础测绘成果资料提供利用管理工作进行了规范。

2006 年 7 月 24 日,自治区国土资源厅根据《测绘成果管理条例》的有关规定,印发《关于测绘成果实行集中管理和提供的通知》,决定保密测绘成果实行集中管理提供,并做出五条具体规定下发自治区测绘事业局执行。

2008 年,自治区国土资源厅与生产和使用测绘成果的单位签订测绘成果数据保密协议,同时引进数据成果保密狗技术进行测绘成果保密管理。

2009 年 4 月 1 日,自治区国土资源厅转发《国家测绘局关于进一步加强涉密测绘成果管理工作的通知》。12 月 7 日,转发《国家测绘局关于加强涉密地理信息数据应用安全监管的通知》。

2011 年 6 月 29 日，自治区国土资源厅印发《内蒙古自治区涉密基础测绘成果资料提供使用管理办法（试行）》，同时废止 2001 年试行的《内蒙古自治区涉密基础测绘成果资料提供使用管理办法》。

（二）保密检查

2003 年，自治区国土资源厅与自治区国家保密局联合下发《关于开展全区测绘成果保密检查的通知》。自治区国土资源厅决定从 7 月下旬开始，对各盟市测绘成果使用单位在 2000—2002 年期间使用涉密测绘成果是否按照国家保密法规进行管理、是否存在泄密现象进行实地抽查。并成立抽查小组，对呼和浩特市、包头市、呼伦贝尔市、通辽市、赤峰市、鄂尔多斯市进行抽查。抽查内容包括涉密测绘成果资料的索取、保管、使用等。

2004 年，自治区国土资源厅、自治区国家保密局联合印发《关于开展全区测绘成果保密检查的通知》。自治区国土资源厅成立测绘成果保密检查领导小组，于 7 月 15 日至 9 月 18 日期间对呼伦贝尔市、锡林郭勒盟、乌兰察布市、鄂尔多斯市共 28 家使用保密测绘成果的单位开展了检查。

2010 年，自治区测绘事业局重新调整测绘成果保密领导小组成员，对局属各单位的保密工作提出明确要求，并进行全面检查，对局域网、互联网进行物理隔离，安装了“涉密数据介质加密系统”，防止测绘数据在生产、存储、使用和交换过程中泄密。

2011 年，自治区国土资源厅组织在全区开展涉密测绘成果保密检查，并对自治区国土资源系统测绘单位的保密工作进行检查。针对检查情况，自治区国土资源厅制订保密措施，规定：经依法审批获得涉密地理信息数据的企事业单位，必须遵守国家保密法律、法规和有关规定，建立健全保密管理制度，不得擅自向其他单位和个人复制、提供、转让或转借涉密地理信息数据。严禁任何单位和个人未经批准擅自对外提供涉密地理信息数据；涉密地理信息数据只能用于被许可的范围。使用后不再使用的涉密地理信息数据用户要按照国家相关规定及时销毁、并报涉密地理信息数据提供单位备案，或请提供单位核对、回收，统一销毁；在使用涉密地理信息数据中，必须严格管理，设定涉密环境，科学合理确定使用人，落实责任，确保使用过程中涉密地理信息数据及其衍生品的安全。严禁涉密项目在公开环境下使用，特别是在互联网上使用；各测绘行政主管部门要依法依规对持有涉密地理信息数据的用户运行的地理信息系统进行定期或不定期的检查。同年，自治区国土资源厅联合自治区国家保密局等有关部门检查互联网动态地图服务网站 10 个，互联网静态地图服务网站 262 个。自治区国土资源厅、自治区国家保密局联合转发国家测绘地理信息局、国家保密局《关于开展涉密测绘成果保密检查的通知》，按照国家测绘地理信息局通知要求，自治区国土资源厅在全区测绘行业和用图单位开展了涉密测绘成果保密自查和抽查。

2012 年 3 月 5—7 日，自治区生产、使用和保管涉密测绘成果单位接受了由国家测绘地理信息局、国家保密局组成的全国测绘成果保密检查小组的涉密测绘成果保密抽查。全国测绘成果保密检查小组重点抽查了自治区测绘地理信息局和呼和浩特市勘察测绘研究院。年内，自治区国土资源厅组织开展了全区测绘行业和使用地理信息单位涉密测绘成果保密单位自查和抽查工作。

2013 年，自治区国土资源厅两次开展系统内涉密测绘成果保密检查，重点围绕各部门、单位制定的保密制度落实情况、涉密人员、计算机、网络管理情况进行检查。对生产、使用、保存涉密测绘地理信息成果单位的保密情况进行抽查。建立起保密工作台账。

（三）保密培训

2011 年，自治区国土资源厅按照国家测绘局测绘成果司《关于报送涉密测绘成果管理人员岗位培训有关事宜的函》、《关于涉密测绘成果管理人员岗位培训有关事宜的函》的有关要求,组织举办四期涉密测绘成果管理人员岗位培训班,全区16家测绘管理部门、450家测绘持证单位及部分测绘成果使用单位的涉密测绘成果管理人员近500人参加培训。培训的主要内容:国家保密工作面临的形势;保密管理的政策法规;计算机及信息系统安全保密管理制度与措施;涉密测绘成果管理政策法规。

2012年4月5—15日,自治区国土资源厅举办三期全区各盟市测绘管理部门和测绘资质单位法人岗位培训班,共培训570余人。培训的主要内容:测绘成果保密安全工作存在的问题和对策、测绘成果安全和使用规则。

2015年,按照国家测绘地理信息局的工作部署,自治区国土资源厅制定了全区保密检查工作方案,落实责任处室,并及时下发《关于开展全区测绘地理信息保密检查工作的通知》。同时,联合自治区保密局、自治区国家安全厅等部门开展了专项检查工作。各盟市相互联动,全年共组织、指导全区402家测绘资质单位开展保密工作自查活动,对218家重点测绘资质单位进行了抽查,下发整改通知书13份并要求在10月前全部完成整改。另外,从1月初到5月末,共组成3个检查组对承担自治区第一次全国地理国情普查任务的7家生产单位的涉密测绘资料使用情况进行了检查,对发现的问题提出整改意见,提高了各作业单位的保密意识。

五、成果提供与服务

(一)公共服务

1998—2002年,自治区测绘科技档案馆共向政府各部门和自治区各行业提供各种比例尺地形图3.2万余张,大地控制点成果6600多个。

2004年,自治区测绘事业局组织研发了“档案信息管理服务系统”和“内蒙古测绘数据资料公共查询系统”,并将所有的档案成果全部录入系统,实现了统一建档、数字化管理与服务。同时,开发建设了“内蒙古自治区空间信息公共服务平台”,综合应用地理信息系统、遥感应用技术、网络、数据库、虚拟现实技术、多媒体等技术,在网络环境下为政府决策和应急指挥、防灾减灾、经济开发及社会各行业提供空间信息应用与服务。另外,还开发研制了“内蒙古区情地理信息系统”,以地理空间信息为载体,集成自治区自然资源、经济资源、生态环境、社会发展统计档案等专题信息,利用地理信息系统的图形表现和空间分析能力,并以地图展示为主,嵌入或配以图形图像、声音视频、文本表格等多种表现形式,通过网络平台能够准确、形象、生动、直观地提供全方位、多要素、多时态的区情信息。自治区测绘科技档案馆开始利用“档案信息管理服务系统”和“内蒙古测绘数据资料公共查询系统”向自治区党政机关和各行业提供数字地理信息。

2005年,自治区测绘事业局组织为自治区政府门户网站提供了有关电子地图数据服务,并为自治区撤乡并镇提供1:2.5万比例尺地形图5000余张;向各方面提供系列比例尺地形图18 946张;数据成果1142MB;三角点和水准点5060点;其他数据176幅(景)。

2006年,自治区测绘事业局组织为赤峰市9个旗县行政中心、阿拉善盟3个旗县行政中心、一个开发区提供1:1000比例尺地形图测绘面积270平方千米;为自治区党委和组织部开展的共建社区、帮扶结对工作中提供了旅游地图和《经济地图集》服务。同时,为自治区政府研发了“政务地理服务系统”在自治区政务网上上线运行,并被国务院信息办列为国家试点项目。全年,提供各种比例尺地形图15 026幅,数字地图1602幅,专题数字成果140幅,控制点成果5257份,航空相片洗印、扫描1046

幅，卫星影像7景。

2007—2008年，自治区国土资源厅组织开展“内蒙古基础地理信息系统”建设，主要是在各级基础地理信息数据库的基础上，分类构建基础地理信息公共平台，向社会各界提供基础地理信息服务。同时，建成“自治区政务地理信息服务系统”等12个行业系统，通过向自治区有关部门提供1∶1万比例尺地图数据和基础地理信息资料及地理空间信息技术支持，建立共建共享和项目合作机制。另外，自治区测绘事业局组织建立了“内蒙古自治区地图出版数据库管理系统”，同时配合“国家地理信息分发服务系统建设”以及“自治区基础地理信息数据库建设”，建成“内蒙古自治区地理信息分发服务系统”，并向社会提供了相关信息服务。2007年，提供各种比例尺纸质地形图21 171张；4D产品582幅；数据5956.4MB；大地成果点6236个，其中GPS B级点7个，三角点4674个，水准点1555个，洗印相片8321张，扫描数据4687张，卫星遥感影像4景，面积64 957平方千米。2008年，提供各种比例尺地形图7649幅，计24 572张，数字地图7306幅，控制点成果8421点，航空相片洗印、扫描10 609片，卫星影像3景。

2009年12月7日，自治区国土资源厅印发《内蒙古自治区应急测绘保障服务工作预案》，要求各盟市国土资源局进一步健全完善测绘应急保障体系，研究制定或完善本地区测绘应急保障预案，成立本级测绘应急保障领导和办事机构，组建测绘应急保障队伍。全年，提供1∶5万比例尺地形图8197幅，专题数字成果图163幅，1∶1万比例尺数字化地图成果26 935幅，洗印航摄相片17 772片，航摄相片扫描9743片，各等级三角控制点16 600余个，水准点1868个，GPS点85个，完成航摄影像扫描数据归档与刻录光盘926张，整理案卷163卷。

2010年，自治区测绘科技档案馆为自治区各级党政部门提供各类挂图400多幅，各类地图集、地图册3000本。为自治区各行业提供各种比例尺地形图1.7多幅，专用地图1万多幅，数字成果3000多幅，航摄相片8000多张，航摄像片数据9000多张，各等级控制点22 500多个。

2011年，自治区测绘科技档案馆为自治区各级党政部门提供精装挂图300多幅，分类地图集、地图册2000多册。为自治区各行业提供各种专题地图1万多幅，各种比例尺地形图1万多张，航摄相片0.75万片，航摄像片扫描数据0.6万片，各等级大地点成果1.5万个，数字测绘成果7855幅（数据26 477MB），专题数据库成果6841幅（境界数据），卫星遥感资料3000MB。

2012年，自治区地理信息局组织建成“内蒙古自治区基础地理信息公共服务平台”公众版上线运行，为社会公众提供了边界的相关信息服务。全年，为自治区各部门提供各种地图（挂图）和专用图6万多张，为自治区各行业、重大工程项目提供各种比例尺地形图6848幅，4D测绘成果15 195幅（1 040 555MB），专题及数据库成果（地名、境界数据）9082幅，航摄底片扫描数据41 318片，航摄相片24 931片，各等级三角点、水准点成果16 089个，GPS点3266个。

2013年，自治区地理信息局组织建成“内蒙古自治区基础地理信息公共服务平台”政务版，为自治区政府及相关部门利用提供了服务。为自治区党政军机关及有关部门提供各类地图500多幅，各类地图集、地图册8000多册和全区的影像资料。为自治区重大工程项目提供各种比例尺地形图7600多张，各类控制点13 000多个，专题及数据库成果（境界数据）3773幅，卫星影像314GB，航片16 700多片。

2014年，自治区地理信息局为自治区党政领导和部门提供框图140套；布图300多幅，挂图300多幅，地图集（册）5000多集（册）和其他地图成果。为自治区各行业提供地理信息、地形图资料7000

幅,大地控制点 9000 余个,航片 7 万余张,航摄相片扫描数据 7 万多片,数字成果 6 万多幅。

2015 年,自治区测绘地理信息局组织为自治区党委、政府及有关厅局提供推拉式地图 1 套,框图 40 套,地图集 80 多本,布图 180 多幅,挂图 2000 多幅,各类图册 3000 多幅(册),各类控制点近 4000 个。同时,向社会各界提供水准点 5000 多个,提供地形图 4000 多张,并为自治区环境保护、不动产登记、农村土地承包经营权确权及自治区党委政府和呼和浩特市政府重大项目提供了相关服务。

(二)共建共享

2005 年 8 月,自治区国土资源厅在自治区测绘事业局正式开通"内蒙古测绘网站"。

2006 年,自治区测绘事业局与自治区交通厅签署"基础地理信息数据共建共享协议"。根据协议,自治区测绘事业局向自治区交通厅无偿提供 1∶5 万核心地形要素、数字高程模型、数字正射影像等基础地理信息数据及相应的元数据,1∶2.5 万基础地理信息数据及更新数据(2002 年版)。自治区交通厅则向自治区测绘事业局无偿提供自治区公路数据、内河航道电子地图数据及更新数据、公路技术等级标准规范等。双方还将共同开展自治区公路(含农村公路)管理系统及其他管理系统的更新维护,建立公共维护的互动更新机制,并于每年 12 月底交换已有最新成果。在共建共享合作过程中,严格成果的使用范围,不允许向第三方提供。同时,加大对成果知识产权的保护力度,加强成果数据保密工作,维护双方权益,保证国家保密数据不流失、不外泄。

2007 年,自治区测绘事业局与交通厅、民政厅、地勘局分别签订地理信息成果共建共享协议,开展基础地理信息共建共享工作。与自治区地震局、气象局签署"呼包鄂地区全球导航卫星定位系统共建共享协议"。与自治区林业厅签署了"基础地理信息数据共建共享协议"。由自治区测绘事业局开发的"政务地理信息服务系统"经过优化,作为自治区基础推荐平台,通过自治区信息办验收。

2008 年,自治区测绘事业局与自治区林业厅签署"基础地理信息数据共享协议",并与自治区地震局、气象局签署"呼包鄂地区全球导航卫星定位系统共建共享协议"。

2009 年,自治区测绘事业局对原"内蒙古测绘网站"进行大幅度修改、完善改版。改版后的"内蒙古测绘网站"重点突出地图、地理信息资源服务、共享的重点。

2010 年,自治区测绘事业局与自治区公安厅、环境保护局签署地理信息共建共享协议。

2011 年,自治区测绘事业局与自治区防洪抗旱指挥部签署"关于基础地理信息共享共建与合作的协议"。

2012 年 6 月 12 日,自治区测绘地理信息局与阿拉善盟行政公署、巴彦淖尔市政府签订了"数字地理空间框架建设项目共建共享协议"。

2013 年,自治区测绘地理信息局与黑龙江省测绘地理信息局签署"战略合作协议",双方将在现代测绘基准、基础测绘地理国情监测、数字城市建设、地理信息公共服务平台建设、科技创新、技术交流与合作、人才队伍建设等方面开展合作。同时,"天地图·内蒙古"建设接入国家主节点,并完成教育、医疗、气象等方面 6 项示范应用。

2014 年,"天地图·内蒙古"政务版数据提供自治区 4 个厅局利用,相关示范应用完成 8 项。服务覆盖 1∶1 万地形图 6181 幅,更新呼和浩特市、包头市地区地形图 400 多幅,并实现与国家主节点的互联互通。

2015 年,内蒙古自治区地理信息公共服务平台"天地图·内蒙古"公众版接入国家主节点。其应用包括自治区政府辅助决策行政管理地理信息系统、自治区国土资源管理与监测地理信息系统、自治区应急联动地理信息服务系统、与“数字城市”地理信息空间框架建设成果互联互通示范等4个方面，在11个部门开展了推广应用。

第六节　测量标志管理

一、管理权属

根据国务院1997年1月1日发布实施的《测量标志保护条例》规定，国务院测绘行政主管部门主管全国的测量标志保护工作；国务院其他有关部门按照国务院规定的职责分工，负责管理本部门专用的测量标志保护工作；县级以上地方人民政府管理测绘工作的部门负责本行政区域内的测量标志保护工作。据此，自治区国土资源厅、各盟市、旗县人民政府测绘行政主管部门负有对本行政区域内的测量标志进行保护、对破坏测量标志的行为依法进行查处的责任。

二、标志数据

至2014年，自治区境内有国家测绘局施测的国家重力点178个，国家1992—1994年期间施测的B级GPS控制点84个，自治区级B级GPS控制点853个，各等级三角点47218个，水准点26 138个。

三、建档管理

2001年，自治区国土资源厅决定在包头市开展永久性测量标志档案建档试点工作，建档的测量标志包括各等级天文点、重力点、三角点、水准点、军用控制点等地面土木、钢质觇标、标石、GPS控制点永久性测量标志。建档档案资料范围主要包括国家和自治区有关测量标志的法律法规、规章制度，测量标志委托管理书、委托保管登记表、汇总表和分布图，测量标志检查、普查、维修资料和其他有关测量标志的资料。

四、标志普查

2002年10月11日，自治区国土资源厅印发《关于开展全区测量标志普查建档工作的通知》，决定在全区开展测量标志普查工作。普查建档项目承担单位为自治区测绘产品质检站，分项目承担单位为各盟市国土资源局。12月19—20日，自治区国土资源厅组织召开全区测量标志普查建档工作布置会议，明确自治区国土资源厅负责测量标志普查建档工作的指导检查，各盟市国土资源局是分项目承担单位，负责本辖区的测量标志普查建档、统计和汇总上报，各盟市国土资源局负责测绘管理工作人员参加了会议。

2003年，全区测量标志普查建档项目承担单位全面展开测量标志普查建档工作。自治区国土资源厅测绘管理处和自治区测绘产品质检站有关人员到自治区西部盟市进行了测量标志普查建档工作检查指导。

2005年，由于自治区和各盟市投入测量标志普查经费严重不足，专业人员缺少，普查工作进展缓慢，共普查Ⅳ等以上三角点17 525个，其中标石、标架完整的526个，标石完整的4907个，全部破坏的标石标架12 092个，完整率仅占3.1%。全区测量标志普查建档工作告一阶段，自治区国土资源厅测绘管理处召开全区测量标志普查建档工作阶段性总结会议。

2008 年,自治区国土资源厅争取自治区财政专项资金 279 万元,组织开展全区测量标志的普查和测量标志管理信息系统的建设。项目由自治区测绘事业局和盟市、旗县(区)国土资源局共同实施。自治区国土资源厅为各盟市、旗县配置了测量标志存储、更新、服务软件;自治区测绘事业局负责普查国家Ⅰ、Ⅱ等三角点和Ⅰ、Ⅱ等水准点,包括相应等级的国家天文点、重力点、导线点和 GPS 点;各盟市、旗县(区)承担本行政区域内Ⅲ、Ⅳ等测量标志的普查工作。全区年度普查测量标志共计 13 000 余点,在此基础上,自治区各级测绘行政管理部门重新绘制点位略图,建立测量标志管理信息系统,办理和发放了委托保管手续及配发测量标志保管员证。

2009 年,自治区国土资源厅又争取自治区财政专项资金 321 万元,继续开展全区测量标志普查建库工作。经普查发现,自治区境内Ⅰ、Ⅱ、Ⅲ、Ⅳ等测量标志被破坏情况较为严重。

2013 年,自治区国土资源厅组织完成了呼和浩特市、包头市地区Ⅰ、Ⅱ、Ⅲ等三角点和 150 个 GPS B 级点的维护。

五、标志迁建

2000 年,通辽市舍—霍公路施工段一座国家永久性水准点标志需要拆除,该施工段指挥部在没有采纳测绘行政管理部门意见的情况下擅自拆除乌—鲁Ⅱ等国家水准点永久性测量标志。自治区国土资源厅根据《测绘法》和《测绘标志保护条例》有关条款,对责任单位做出经济处罚。

2003 年,呼和浩特绕城公路建设开发有限责任公司建设绕城公路占用国家Ⅰ、Ⅱ等水准点,自治区国土资源厅发文要求施工方采取措施,确实保护国家水准点的精度,并在施工结束后对该水准点进行了现场验收。

2004 年,鄂尔多斯东胜经济技术开发区在规划建设中无法避开国家Ⅳ等三角点,需要迁建,自治区国土资源厅委托鄂尔多斯市国土资源局根据国家有关规定,选定迁建位置,并在自治区国土资源厅测绘处指导下组织实施迁建和迁建后的检查验收。

2005 年,呼和浩特绕城公路建设开发有限责任公司建设绕城公路占用国家Ⅰ、Ⅱ等水准点,自治区国土资源厅同意将Ⅰ134(锡呼)、Ⅱ20、Ⅱ21 三个水准点迁建。重建选址及组织实施重建任务由自治区测绘院和呼和浩特勘察测绘研究院承担完成。

2006 年,国家测绘局在呼和浩特市土默特左旗第六小学校园内布设国家永久性等级水准点。2007 年,该校建设需要迁移该水准点,并报告自治区国土资源厅。自治区国土资源厅同意迁建,并对迁建的位置和埋设方法提出具体要求。迁建后的水准点经测绘主管部门检查验收符合标准要求。

2008 年,鄂尔多斯市东胜经济开发区城市总体规划和城市建设项目需迁建设在该区域的国家第 182 号 GPS 控制点。自治区国土资源厅根据国家测量标志管理有关规定,经调查核实后,同意迁建。鄂尔多斯市国土资源局《关于准格尔旗昶旭煤炭有限公司申请迁建控制点的报告》申请迁建设在川掌石卜尔台庙国家Ⅳ等三角点,该控制点属于永久性测量标志。迁建工作在测绘主管部门的监督指导进行。迁建后的控制点经测绘行政主管部门验收符合精度要求。

2009 年,乌海市国土资源局向自治区国土资源厅请示移动 110 国道乌达公铁立交桥引桥大地坐标点,自治区国土资源厅批准迁建该大地坐标点,并要求乌海市国土资源局组织实施新大地坐标点建设工作。同年,自治区国土资源厅批准了鄂尔多斯市国土资源局迁建国家水准点Ⅱ松乌 15—1 和设在巴彦淖尔市杭锦后旗工业园区内国家等级三角点测量标志的迁建。

2010年，自治区国土资源厅完成赤峰市、乌海市、鄂尔多斯市、乌海市乌达区巴彦赛沟北侧等地区的测量标志迁建工作。鄂尔多斯市国土资源局根据当地城市规划建设要求，需要迁建设在东胜区白彦门肯的国家Ⅱ等三角点。经自治区国土资源厅同意，当地测绘行政主管部门对该三角点进行了改造和保护。

2010年，自治区国土资源厅对赤峰市国土资源局《关于对确定地下水准点保护范围的请示》作出批复：本着既要满足当地经济建设需要，又要保护好测量标志的原则，同意采取不异地迁建，实行就地保护的方案。规定在该水准点20米半径范围内严禁取土、爆破等影响其稳固性的施工和建设，严加保护。同时要树立显著标志，防止意外破坏。同意该水准点纳入统一景观设计，设计方案需征得自治区测绘行政主管部门的意见。该水准点设在赤峰市境内的Ⅰ哈赤78－1是国家最高级别的水准点，是赤峰地区地壳变形监测、确定赤峰地区高程基准的基准点，也是赤峰地区地方独立坐标系统的基准点。

第七节 重大工程测绘

一、基础建设测绘

2000—2004年，自治区测绘事业局承担完成了国（省）道改造选线设计、东胜准格尔铁路建设，鄂尔多斯煤转油项目选址，飞机场选址，天然气输送管道设计测绘，包头、通辽、海拉尔、呼和浩特市建设规划测绘，应用航空、遥感和计算机技术进行阿荣旗土地资源调查，集—通铁路生态建设工程测绘等项目。

外业测绘人员在读图核对地形。

测绘人员在寒冬中进行外业实测。

2006年，自治区测绘事业局承担完成：包头—东胜—神木铁路工程建设测绘；呼和浩特机场候机楼变形监测、跑道方格测量；通辽市霍林河市国土资源利用现状地理信息系统建设；伊金霍洛旗矿产数据库的数据符号化；赤峰市基础地理数据库建设项目的调研、专业设计书编写以及1∶25万、1∶5万数字化测图数据处理；乌审旗1∶1万比例尺地形图测绘；鄂尔多斯市红庆河等地区1∶2000地形图测绘；赤峰市九个旗县行政中心、阿拉善盟三个旗县行政中心、一个开发区1∶1000比例尺航测数字化地形图测绘（面积270平方千米）；风沙源工程察哈尔右翼后旗项目测绘；临河区、元宝山区、平庄1∶1000比例尺数字化测图；托电工业园区及道路1∶1000比例尺数字化带状态测绘；自治区公路局“农村三级公路数据库”系统1∶5万电子图制作；呼伦贝尔市1∶5万比例尺GIS数据制作585幅；中国援助南太平洋库克群岛公路工程项目测绘。为阿拉善盟巴彦浩特镇、鄂尔多斯市杭锦旗、巴彦淖尔市乌拉特前旗等地区提供 1∶1 万和 1∶2000 比例尺地形图技术服务和经费支持;为莫力达瓦达斡尔族自治旗投入测绘经费 700 多万元完成航测外业 479 幅首级控制,相片连测和调绘,497 幅数字摄影测量和“3D”产品、数字正射影像图成果。

2007 年,自治区国土资源厅按照国家测绘局和国家文物局的要求,部署和开展自治区长城资源测绘调查工作。此项工作由自治区考古研究所与自治区测绘事业局共同组织实施。

2007—2009 年,自治区测绘事业局承担完成了乌兰浩特市 1∶2000 数字地形图测绘(面积 150 平方千米);乌兰浩特—阿尔山一级公路地形图测绘;绥满国道主干线甘南—博克图公路地形图测绘;呼和浩特市金桥热电厂地形图测绘;赤峰市区、乌兰察布市区、巴彦淖尔市区 1∶1000 和 1∶2000 数字化测图;海拉尔机场 3 个环平面图制作;呼和浩特市机场西导航环平面图制作、气象观测点测绘,阿尔山、包头、鄂尔多斯、白塔机场工程测绘;航测公路带状图 200 多千米;1∶10 万比例尺伊金霍洛旗矿产资源分布及开发利用现状图;鄂尔多斯市东胜区数字正射影像图(面积 3375 平方千米);鄂尔多斯市园林绿化遥感测试与分析。

2011 年,自治区测绘事业局承担完成了内蒙古公路现状图、呼和浩特海关口岸分布图和各盟市交通旅游图编制;完成了城市规划 1∶500、1∶1000、1∶2000 比例尺数字地形图测绘;公路 1∶2000 带状地形图测绘;水库 1∶5000 比例尺地形图测绘;土地整理 1∶2000 地形图测绘;土地利用调查、土地变更调查、公路和其他建设用地勘测定界测量。

2013 年 11 月 9 日,巴丹吉林沙漠必鲁图峰高程测绘成果验收会会场。

2013 年 6 月,自治区国土资源厅安排专项资金,由内蒙古自治区测绘院对阿拉善盟境内的世界沙漠地质公园必鲁图峰高程进行测绘。施测过程中采用了全球卫星定位系统(GPS)、重力测量、精密水准测量和似大地水准面精化等测绘技术,确保了数据的精准可靠。11 月 9 日,国家测绘地理信息局在呼和浩特市组织专家对项目测绘成果进行了验收。

2015 年 9 月 24 日,巴丹吉林沙漠必鲁图峰高程数据(1611.009 米)经国务院批准,由国家测绘地理信息局予以公告并启用。这项重要测绘成果填补了中国沙漠地形重要地理信息数据的空白,为国土资源管理、国防建设、环保、气象、生态治理、旅游等提供了精确地理信息数据。当年,自治区地理信息局组织完成了阿尔山市、陈巴尔虎旗、额尔古纳市城镇化建设地形图测绘项目。

二、地理国情普查

2013 年 3 月,国务院决定从 2013 年至 2015 年开展第一次全国地理国情普查工作,明确普查对象为全国陆地国土范围内的地表自然和人文地理要素,普查内容:一是自然地理要素的基本情况,包括地形地貌、植被覆盖、水域、荒漠与裸露地等的类别、位置、范围、面积等,掌握其空间分布状况;二是人文地理要素的基本情况,包括与人类活动密切相关的交通网络、居民地与设施、地理单元等的类别、位置、范围等，掌握其空间分布现状。

2013 年 4 月，以呼和浩特市赛罕区为试点区域的全国第一次地理国情普查内蒙古试点项目启动。8 月 19 日，国务院召开全国电视电话会议，就全面开展全国第一次地理国情普查工作进行部署。9 月，自治区政府印发《内蒙古自治区人民政府转发国务院关于开展第一次全国地理国情普查的通知》。10 月，自治区国土资源厅组织编制完成《内蒙古自治区第一次全国地理国情普查实施方案》和《第一次全国地理国情普查技术文件汇编》(一、二集)及《内蒙古自治区第一次全国地理国情普查经费预算》，并举办两期地理国情普查技术培训班。11 月，自治区 7 个甲级测绘资质单位全面开展呼和浩特市新城区、回民区、玉泉区、土左旗、武川县、和林县、乌兰察布市凉城县等 7 个区域的地理国情普查试点及 7 个旗县面积约 1.5 万平方千米测绘内外业试生产。同时，自治区测绘地理信息局承担完成自治区地理国情普查面积约 40 万平方千米范围的正射影像图制作和其他有关资料的收集、整理、分析工作。

2013 年 10 月，自治区国土资源厅组织第一次地理国情普查技术培训班会场以及参加培训人员进行外业技术交流。

2014 年 8 月 25 日，由全国地理国情普查领导小组办公室(以下简称全国地理国情普查办)主办、中国测绘科学研究院承办、自治区国土资源厅协办的全国地理国情普查技术交流与培训会在呼和浩特市召开。会议由国家测绘地理信息局国土测绘司副司长孔金辉主持，国家测绘地理信息局副局长李维森、自治区国土资源厅副厅长陈伟、中国测绘科学研究院副院长刘纪平分别在开幕式上致辞。会议通过技术研讨、经验交流、技术培训和交流答疑等方式，从国情普查工作技术应用、遥感影像处理解译、监测技术与实践、技术服务保障、信息化质检平台等 15 个方面对国情普查工作进行深入交流研讨和培训。针对地理国情普查内业解译和外业调绘软件、影像处理软件和 eBee 无人机、基本统计和质检软件三部分具体软件应用，以分会场形式进行交流答疑，以达到全面提升全国地理国情普查工作效率及整体

2014 年 8 月 25 日，全国地理国情普查技术交流与培训会会场。

水平的目的。全国30个省市的200余名代表参加了交流培训。

2015年3月17—18日,全国地理国情普查办组织以国家基础地理信息中心副主任刘若梅为组长一行4人来自治区对地理国情普查工作进行检查指导。3月15—30日,全国地理国情普查办过程质量监督抽查第一小组的8名专家,在组长李畅同志带领下,对自治区参加普查工作的5个单位进行了监督抽查。4月7日,自治区国土资源厅组织召开第一次全国地理国情普查标准时点统一核准动员会,自治区国土资源厅副厅长陈伟出席会议并讲话,自治区地理国情普查项目承担单位的负责人及技术人员参加了会议。会议传达学习了张高丽副总理对第一次全国地理国情普查工作的重要批示精神和国家测绘地理信息局局长库热西·买合苏提在第一次全国地理国情普查标准时点核准工作会上的讲话精神,并根据全国地理国情普查标准时点核准工作安排,结合自治区实际,对全区普查标准时点核准工作进行了动员部署。7月15日至8月1日,全国地理国情普查办质量复核小组一行8人来自治区开展地理国情普查成果第一批复核工作。

3月,全国地理国情普查办监督抽查人员到实地抽查了解情况。

7月,全国地理国情普查办质量复核组人员到实地质量复核检查。

9月15—24日,全国地理国情普查办成果质量复核组对自治区第一次全国地理国情普查成果检验结果中的部分样本以及样本外部分成果进行了第二批质量复核,检验结果全部符合国家要求。至年底,全面完成自治区承担的8个盟市66个旗县市区38.9万平方千米(涉及1:1万正摄影像图17 212幅)的国情普查标准时点核准工作,成果全部通过国家质检组的各项检查,合格率100%。所完成的地表覆盖数据集、地理国情要素数据集、普查数据元数据与解译样本数据,均通过验收并按期全部向国家汇交,同时接收了黑龙江测绘地理信息局负责完成的呼伦贝尔、锡林郭勒、巴彦淖尔、阿拉善4个地区国情普查的全部数据,并完成与相邻8省区的接边。至此,已查清自治区102个旗县区地表自然和人文地理要素,包括地形地貌、植被覆盖、水域、荒漠与裸露地、交通网络、居住地与设施和地理单元等,建立全区地理国情数据库,全面完成自治区第一次全国地理国情普查任务。

三、新农村(牧区)建设

2006年,自治区国土资源厅印发《内蒙古自治区国土资源厅关于推进社会主义新农村(牧区)建设的实施意见》,提出了15个方面的工作意见,同时印发《关于开展为社会主义新农村建设提供测绘保障服务需求调查的通知》。各盟市按照通知要求开展了测绘保障服务需求的调查工作。自治区测绘事业局根据地方实际需要，为兴安盟扎赉特旗巴彦套海嘎查选派测绘技术人员调绘、绘制1∶1万比例尺地形图，并为扎赉特旗嘎查规划提供了所需的测绘地理信息；同时，为阿拉善盟所在地巴彦浩特镇、鄂尔多斯市杭锦旗、乌兰察布市及其开发区进行了1∶2000比例尺地形图测绘。

2007年，自治区国土资源厅根据国家测绘局《关于确定新农村测绘保障服务示范单位和项目的函》的要求，结合自治区实际和需要，组织有关部门和专家对自治区新农村（牧区）建设拟列单位测绘项目进行筛选，确定阿拉善左旗为自治区建设社会主义新农村（牧区）测绘保障试点单位，阿拉善左旗吉兰泰镇哈图陶勒盖嘎查、孪井滩移民示范区塔日阿图嘎查两个点列为新农村（牧区）测绘保障服务示范项目区，并向国家测绘局上报《阿拉善左旗建设社会主义新农村（牧区）测绘保障服务项目总体实施方案》。此外，为兴安盟扎赉特旗巴达尔胡镇扶贫点投入扶贫资金37万元，并投资500多万元测制该旗1∶1万地形图473幅。

2008年，自治区国土资源厅按照国家测绘局的有关要求，确定呼伦贝尔市莫力达瓦达斡尔族自治旗列为建设社会主义新农村测绘保障试点单位，并将“莫力达瓦达斡尔族自治旗数字农村地理信息系统”作为新农村（牧区）测绘保障服务示范项目。自治区测绘事业局承担完成阿拉善左旗新农村（牧区）建设测绘保障服务示范项目试点工作，并投入资金400多万元，完成了兴安盟扎赉特旗1∶1万比例尺地形图航测测绘内业工作493幅。

2009年，自治区国土资源厅组织完成国家测绘局2007年新农村建设测绘保障服务示范项目——阿拉善左旗孪井滩生态移民项目示范区塔日阿图嘎查、吉兰泰镇哈图陶勒盖嘎查测区1∶2000比例尺数字线划地形图测绘，面积42平方千米。按照国家测绘局的有关部署和要求，确定阿拉善盟孪井滩生态移民示范区和腾格里工业园区作为2009年自治区新农村（牧区）建设测绘保障服务示范项目，自治区测绘事业局完成了相关1∶2000比例尺地形图航测任务。另外，经国家测绘局审核批复，丰镇市作为2009年自治区新农村建设测绘保障服务示范项目。

2010年，自治区测绘事业局承担完成了丰镇市新农村建设测绘保障项目1∶1000比例尺地形图测绘，面积55平方千米。

2011年，自治区测绘事业局承担完成了莫力达瓦达斡尔族自治旗、乌兰察布市丰镇市的建设社会主义新农村（牧区）测绘保障服务示范项目。

2012年，自治区国土资源厅组织完成扎赉特旗建设新农村（牧区）航摄项目，航摄面积100平方千米。同时，组织完成新农村（牧区）测绘保障项目1∶1000比例尺地形图测绘，面积20平方千米。

2013年，为推进社会主义新农村（牧区）建设，自治区国土资源厅组织完成的主要工作包括：“武川县新农村（牧区）建设测绘保障服务示范项目立项”；武川县、宁城县1∶1000比例尺地形图测绘和鄂尔多斯、二连浩特、阿拉善盟等盟（市）、乡（镇）1∶500比例尺地形图测绘，面积100平方千米；呼和浩特、赤峰部分城镇1∶1000、1∶2000比例尺地形图测绘；通辽市、赤峰市、巴彦淖尔市等地区乡（镇）农村宅基地使用权、农村集体建设用地使用权及城镇村庄外围国有土地使用权调查；鄂尔多斯市现代农业高效节水工程、河套灌区跨盟市水权转换乌兰布和灌域试点工程测绘等测绘项目。

2014年，自治区测绘地理信息局承担完成了自治区国土资源厅确定的自治区4个旗（县）新农村（牧区）1∶1000比例尺地形图测绘项目。

第三章　地图管理

第一节　地图审核

一、管理制度

2006 年 6 月 23 日,国土资源部令第 34 号公布《地图审核管理规定》,自 2006 年 8 月 1 日起施行。其第三条确定:“省、自治区、直辖市测绘行政主管部门监督管理本行政区域内的地图审核管理工作”。据此,自治区国土资源厅监督管理全区地图审核和监督管理工作,主要依据地图审核管理有关法规和标准,对送审地图的国界线、省、市(自治区)行政区域界线(包括中国历史疆界)、特别行政区界线等重要的地理要素及名称和国务院测绘行政主管部门规定需要审查的其他地图,是否符合国家有关地图内容表示和保密的规定进行审核。

2006 年 9 月 8 日,自治区国土资源厅印发《关于转发中华人民共和国国土资源部办公厅令第 34 号〈地图审核管理规定〉的通知》,并依据《地图编制出版管理条例》和《地图审核管理规定》,结合自治区实际制定了《内蒙古自治区地图审核程序的有关规定》。

二、业务培训

2006 年 9 月,自治区国土资源厅测绘处负责人及相关专业技术人员参加了国家测绘局举办的全国地图审核人员培训班。

2008 年 6 月,自治区国土资源厅测绘处负责人及相关专业技术人员参加国家测绘局举办的第二期全国地图审核人员培训班。

2009 年,自治区国土资源厅组织自治区测绘事业局和部分甲级测绘资质单位的地图审核、安全审校和编图人员参加了国家测绘局举办的第二期全国地图审核与安全审校人员培训班。

2010 年 5 月 13—15 日,自治区国土资源厅组织自治区测绘事业局和部分甲级测绘资质单位的地图审核、安全审校和编图人员参加国家测绘局举办的第三期全国地图审核与安全审校人员培训班。

第二节　地图编制

一、管理制度

2000 年 6 月 26 日,依据 1995 年 10 月 1 日施行的《地图编制出版管理条例》,自治区国土资源厅印发《关于规范地图编制活动的通知》,要求凡编制地图的单位和个人,必须依法取得自治区级以上测绘主管部门核发的《测绘资格证书》及核准的地图编制项目。外省(自治区)的单位和个人在自治区从事地图编制活动,还必须到自治区国土资源厅测绘管理处备案;以编制地图为目的,公开向社会征集信息（同时收取费用）的单位和个人必须具备工商行政管理机关核发的广告经营许可证，并到盟、市以上测绘主管部门进行登记，在取得测绘任务登记证后，方可开展信息征集活动。

2000 年 9 月 1 日，国家测绘局印发《关于加强地图产品管理工作的通知》。11 月 20 日，自治区国土资源厅、对外贸易经济合作厅、工商行政管理局、新闻出版局联合印发《关于加强我区地图产品管理工作的通知》，对全区地图产品管理进一步进行规范。

2002 年 7 月 29 日，自治区国土资源厅、新闻出版局、工商行政管理局联合在《内蒙古日报》发布通告，要求对插附地图的书报刊出版物（含内部刊物）在编制、出版、印刷前按规定进行送审。

二、编制出版

（一）地图集

2004 年，出版了《内蒙古自治区国土资源经济地图集》。

2005 年，出版了《内蒙古地下水资源图集》。

2007 年，出版了《内蒙古自治区地图集》蒙汉文两种文字，《内蒙古自治区开发区图集》和《阿拉善盟综合地图集》

2014 年，出版《内蒙古自治区地图集》。

2015 年，更新出版《内蒙古自治区地图集》，并编制出版《内蒙古历史沿革地图集》。

2007 年，自治区政府副秘书长史青晓（左二）与自治区国土资源厅副厅长杨仁选（左一）共同审查、指导地图出版工作。

（二）卫星影像地图集、卫星影像图

1. 卫星影像地图集

2005 年，出版《包头市影像地图集》和《和浩特市影像地图集》。

2007 年，出版《赤峰市影像地图集》和《通辽市影像地图集》。

2008 年，出版《阿拉善盟综合地图集》。

2. 卫星影像图

2003 年，编制了自治区卫星影像图、包头市航空影像图、鄂尔多斯卫星影像图、赤峰市数字影像图。

2004 年，编制了呼和浩特市正射影像图、乌海市海勃湾区遥感影像图。

2008 年，自治区测绘地理信息局为鄂尔多斯市制作卫星影像图。

2006 年，编制了呼和浩特市卫星影像图、呼和浩特城区影像图、呼和浩特市城中村改造摸底影像调查图、满洲里市正射影像图、包头市航空影像图。

2007 年,编制呼和浩特市卫星遥感影像图。

2008 年,编制了鄂尔多斯影像图。

2014 年,编制了根河市高分辨率正射影像挂图、新巴尔虎右旗高分辨率正射影像挂图、呼和浩特市高分辨率正射影像挂图、呼和浩特市区 1∶1000 比例尺彩色正射影像图 816 幅。

(三)地图册、挂图

1. 地图册

2000 年,出版了《呼和浩特市实用地图册》,32 开本,84 页。

2001 年,出版了《内蒙古自治区地图册》,32 开本。

2003 年,出版了《赤峰市行政区划简册》,32 开本。

2004 年,出版了《内蒙古自治区行政区划简册》,32 开本,262 页。

2005 年,出版了《内蒙古自治区地图册》,32 开本,171 页。

2008 年,出版了《凉城县地图册》。

2009 年,出版了《内蒙古自治区地图册》。

2013 年,出版了《内蒙古省级领导干部联系贫困县工作手册》。

2014 年,出版了《内蒙古自治区地图册》。

2015 年,编制出版《内蒙古自治区地图册》。

2. 挂图

2000 年,编制了呼和浩特市区图、宁城县地图、苏尼特左旗地图、宁城县政区图。

2001 年,编制了达拉特旗树林召镇城市总体规划用地现状图、达拉特旗树林召镇城市总体规划(1999—2020 年)城市规划总图、包头市行政区划图、乌审旗地图、奈曼旗地图、杭锦旗地图、扎鲁特旗地图、鄂托克前旗地图。

自治区测绘事业局技术人员在进行地图制印审核。

2003 年,编制了自治区地图、呼和浩特市标准街道地名图、锡林浩特市地图、通辽市街区图、内蒙古自治区地图(布图)、赤峰市行政区划图、镶黄旗地图、陈巴尔虎旗地图。

2004 年,编制了兴安盟行政区划图、乌兰察布市行政区划图、西乌珠穆沁旗地图、东乌珠穆沁旗地图、兴和县地图、伊金霍洛旗国土资源分布图、阿鲁科尔沁旗行政区划图、奈曼旗行政区划图、正镶白旗行政区划图、鄂尔多斯市地图。

2005 年,编制了包头市市四区街区图、呼和浩特市街区图、呼和浩特市地图、苏尼特右旗行政区划图、锡林浩特市城区图。

2006 年,编制了鄂伦春自治旗行政区划图、莫力达瓦达斡尔族自治旗行政区划图、牙克石市行政区划图、根河市行政区划图、新巴尔虎右旗行政区划图、新巴尔虎左旗行政区划图、太仆寺旗地图、苏尼特左旗地图、二连浩特市行政区划图、阿拉善左旗地图、鄂托克旗地图、呼和浩特市城区图。

2007 年，编制了锡林郭勒盟地图、阿拉善盟地图、呼和浩特市城区图（中英两种文字）、察哈尔右翼后旗地图、赤峰市中心城区地名图、科尔沁左翼中旗地图、额尔古纳市行政区划图、阿荣旗行政区划图、霍林郭勒市城区图、扎兰屯市行政区划图、凉城县地图。

2008 年，编制了自治区地图（蒙汉两种文版）、锡林浩特市行政区划图、包头市区图、正蓝旗地图、鄂温克族自治旗行政区划图、额济纳旗地图、元宝山区行政区划图、松山区行政区划图、阿拉善右旗地图、海拉尔市行政区划图、呼和浩特市城区图、呼和浩特市城区图（英文版）、托克托县地图、阿拉善盟地图。

2009 年，编制呼和浩特市地图、包头市地图、鄂尔多斯市地图、根河市地图、霍林郭勒市地图、陈巴尔虎旗地图、托克托县地图，呼和浩特市、包头市、通辽市城区地图，乌审旗系列地图。

2010 年，自治区测绘事业局更新了自治区党委、政府以及各有关部门领导办公室挂图。

2011 年，自治区国土资源厅、自治区党委宣传部印发《关于认真组织好内蒙古红色旅游地图编制发行工作的通知》，自治区测绘事业局编制发行"内蒙古红色旅游图"，共计 3 张，包括 6 个主题。

2012 年，更新了呼伦贝尔市大部分旗县行政图。

2013 年，编制了新巴尔虎左旗行政区划图、太仆寺旗行政区划图、阿鲁科尔沁旗行政区划图、西乌珠穆沁旗行政区划图、奈曼旗行政区划图、乌兰察布市行政区划图。

2014 年，编制了基于平板电脑领导工作用图、兴安盟领导工作用图，阿拉善盟、锡林郭勒盟、包头市等 9 个盟市的单全开地图，自治区盟市和旗县行政区划图。

2015 年，编制了《内蒙古自治区系列挂图》，及时更新了 10 个盟市和部分旗县的地图，为自治区交通、旅游、电力等部门制作了专题地图，完成《内蒙古建设国家向北开放桥头堡和沿边经济带规划工作用图》和《中国"一带一路"中的内蒙古丝绸之路经济带》的地图编制，并为自治区实施"十个全覆盖"及重大工程编制工作用图。

（四）国家西部地区县（市）挂图工程

国家西部地区县（市）挂图工程由中国测绘科学研究院负责技术设计与组织实施，是由国家、省（自治区、直辖市）、县（市、旗）共同投资的基础性测绘工程，是西部 15 个省（自治区）测绘部门共同参与完成的重要地图制图与空间信息工程项目。2001 年 4 月，自治区国土资源厅组织自治区测绘事业局承担该项目并开始实施。根据项目总体要求，自治区 7 个市、5 个盟的 101 个旗、县、市、区行政区划中，除呼和浩特市、包头市、赤峰市、乌海市的县级区不做单独图幅外，其余盟市、旗县均做单独图幅。该项目以国家测绘局基础地理信息数据库、高分辨率卫星影像数据及其他多种测绘资料为基础，采用基于地理信息系统的全数字计算机桌面制图新工艺，为和呼和浩特市四区（新城区、回民、玉泉、赛罕）、和林格尔县、土默特左旗、托克托县、武川县，包头市三区（东河、昆都仑、青山）、达尔罕茂明安联合旗、固阳县、土默特右旗，呼伦贝尔市海拉尔区、阿荣旗、陈巴尔虎旗、额尔古纳市、鄂伦春自治旗、鄂温克族自治旗、根河市、满洲里市、莫力达瓦达斡尔族自治旗、新巴尔虎右旗、新巴尔虎左旗、牙克石市、扎兰屯市，兴安盟乌兰浩特市、阿尔山市、科尔沁右翼前旗、科尔沁右翼中旗、突泉县、扎赉特旗，通辽市科尔沁区、霍林郭勒市、开鲁县、科尔沁左翼后旗、科尔沁左翼中旗、库伦旗、奈曼旗、扎鲁特旗，赤峰市三区（红山、元宝山、松山）、阿鲁科尔沁旗、敖汉旗、巴林右旗、巴林左旗、喀喇沁旗、克什克腾旗、林西县、宁城县、翁牛特旗，锡林郭勒盟锡林浩特市、阿巴嘎旗、东乌珠穆沁旗、西乌珠穆沁旗、多伦县、二连浩特市、苏尼特右旗、太仆寺旗、镶黄旗、正蓝旗、苏尼特左旗、正镶白旗，乌兰察布盟集宁市（今乌兰察布市集宁区)、察哈尔右翼前旗、察哈尔右翼中旗、察哈尔右翼后旗、丰镇市、化德县、凉城县、商都县、四子王旗、兴和县、卓资县,鄂尔多斯市东胜区、达拉特旗、鄂托克旗、鄂托克前旗、杭锦旗、乌审旗、伊金霍洛旗、准格尔旗,巴彦淖尔盟临河市(今巴彦淖尔市临河区)、磴口县、杭锦后旗、乌拉特后旗、乌拉特前旗、乌拉特中旗、五原县,乌海市,阿拉善盟阿拉善右旗、阿拉善左旗、额济纳旗共89个旗(县、区)编制出版了89幅全开幅面、不同比例尺的行政区划挂图和卫星影像挂图,该项目历时三年,于2003年6月完成。

(五)电子地图

2005年,自治区测绘事业局为自治区政府门户网站提供有关电子地图。研制开发了"内蒙古自治区综合性电子地图"和"内蒙古自治区气候电子地图"。

2006年,自治区测绘事业局更新自治区政府门户网站有关电子地图。

2006—2007年,自治区测绘事业局完成"内蒙古网络电子地图"。

2007年,自治区测绘事业局制作"内蒙古自治区公路电子地图","航测公路带状图","内蒙古自治区监控电子地图"。

2008年,自治区测绘事业局制作"呼和浩特地区网络电子地图","内蒙古自治区林业厅森林资源管理信息系统电子地图","内蒙古自治区公安厅行动技术总队全区电子地图"。

2011年,自治区测绘事业局完成对自治区公安厅电子信息系统升级更新。进行了民政、环保、气象等部门现势资料收集工作,为自治区党政领导制作了"专用触摸屏电子地图"。

第三节　地图市场监管

一、整顿规范市场秩序

2001年10月8日,国务院办公厅《转发国家测绘局等部门〈关于整顿和规范地图市场秩序的意见〉的通知》。12月31日,自治区政府办公厅印发自治区国土资源厅制定的《内蒙古自治区整顿和规范地图市场秩序实施方案》,对全区整顿和规范地图市场秩序提出要求并进行了部署。

2002年1月,自治区成立整顿和规范地图市场秩序领导小组,自治区副主席周维德任组长,自治区政府办公厅副主任盖文山、自治区国土资源厅厅长韩云彬任副组长,成员有自治区工商管理局、新闻出版局、外经贸厅、外事办、呼和浩特海关领导。领导小组负责指导、协调、监督和检查验收整顿和规范地图市场工作,并就整顿和规范地图市场秩序工作的检查范围、内容、步骤和措施作了安排。各盟市国土资源局和自治区测绘单位按照《方案》要求,先后成立了整顿和规范地图市场秩序工作领导机构,开展了整顿和规范地图市场秩序专项行动。1月,自治区国土资源厅、工商管理局领导参加国家测绘局组织的整顿和规范地图市场秩序培训。3月,自治区国土资源厅与各盟行署、市政府检查指导各盟市整顿和规范地图市场秩序工作。5月,自治区国土资源厅、工商管理局领导再次参加国家测绘局组织的整顿和规范地图市场秩序培训。6月3—5日,自治区国土资源厅举办了为期三天的"整顿和规范地图市场秩序"培训班,各盟市国土资源局分管测绘工作的局长及测绘职能科室负责人,甲、乙级测绘资质单位地图编制人员参加培训。6月,自治区国土资源厅厅长韩云彬在《内蒙古日报》就整顿和规范地图市场秩序发表了署名文章,分管副厅长接受媒体采访。8月22日,自治区整顿和规范地图市场秩序领导小组办公室、呼和浩特市整顿和规范地图市场秩序领导小组办公室开展整顿和规范地图市场秩序专项整治活动，并对呼和浩特市各大商场销售的地球仪、地图产品、中国民航售票厅和候机楼航线图进行检查。9月，自治区国土资源厅完成为期9个月的培训和自查两个阶段的工作。12月3日，自治区国土资源厅、工商行政管理局联合印发《关于对开展整顿和规范地图市场秩序工作进行抽查的通知》。12月5—17日，自治区整顿和规范地图市场秩序领导小组对全区整顿和规范地图市场秩序情况进行抽查，重点检查、处理在全区整顿和规范地图市场秩序工作中出现的重点、难点问题，各盟市自查工作的落实情况，各级测绘主管部门地图编制出版管理职责的落实情况，完善自治区盟（市）两级编制出版地图的审核制度。抽查地区是包头市、鄂尔多斯市、呼伦贝尔市、兴安盟、通辽市、赤峰市。12月30日，自治区国土资源厅向国家整顿和规范地图市场秩序领导小组办公室上报抽查情况。

二、市场检查

2002年5月9日，自治区国土资源厅转发国家测绘局行业管理司《关于查处中国人寿保险公司广告的紧急通知》。5月21日，自治区国土资源厅测绘处印发《关于查处中国人寿保险公司广告的紧急通知》，部署各盟市国土资源局立即对中国人寿保险公司广告进行查处。各盟市按照国家测绘局、自治区国土资源厅的要求进行检查，发现呼和浩特市、锡林郭勒盟各有一块属于查处的广告。在自治区国土资源厅、盟（市）国土资源局与“整顿和规范地图市场秩序领导小组”及检查人员现场监督下对其进行了拆除。

2003年，为配合国家测绘局做好对全国各地地图市场现状的调查工作，摸清自治区地图市场的情况以及存在的问题，自治区国土资源厅及各盟市开展地图市场调查。此次地图市场调查，由自治区国土资源厅、工商、新闻出版部门共同实施。重点对网络上登载的，特别是大型企业网站上展示、销售的网络地图进行检查。

2005年8月，自治区国土资源厅执法监察局配合《北方新报》对自治区内一起地图违法案件展开深入调查和依法处理。

2006年7月18日，自治区国土资源厅按照全国国家版图意识宣传教育和地图市场监管协调指导小组办公室《关于认真做好政府部门网站地图自查的通知》要求，组织召开由自治区九部委有关部门参加的网站地图自查联席会议，制定自治区网站地图自查工作计划。重点对网上地图进行了自查、抽查。自治区国土资源厅执法监察局对2006年发现的两期违法编制、出售地图案件进行调查。在鄂尔多斯、呼和浩特市等地发现冒名自治区地图制印院多次收费的事件得到制止。工商部门对一些在销的地图进行了查封。

2007年初，自治区国土资源厅配合国家测绘局对包头市昆都仑区夏花苑名瓷高档礼品总会个别单位销售的“问题”地球仪进行核实查处，工商部门做出商品下架、停止销售的处理决定。10月，按照国家测绘局《关于查处北京城际高科信息技术有限公司导航电子地图产品的紧急通知》精神，自治区国土资源厅对呼和浩特地区销售导航电子地图仪器的公司进行全面检查。同时还对巴彦淖尔市、鄂尔多斯市、呼和浩特市等地出现假冒“巴彦淖尔市临河区最新城区图”和冒名地图编制资质单位进行编制地图收费等违反地图市场秩序的行为会同当地测绘行政主管部门进行调查处理。年内，会同呼和浩特海关对入境涉及中国版图的不法地图制品进行扣押处理。对未按新闻出版部门规定进行审批,擅自在书刊上印发地图的违法案件进行处理。根据全国国家版图意识宣传教育和地图市场监管协调指导小组办公室《关于做好互联网地图和地理信息服务违法违规专项治理自查阶段有关工作的通知》精神,组织有关厅局对设在自治区的2个矢量地图网站和191个静态地图网站的地图、图件进行全面检查。通过检查发现有9个网站存在错绘、漏绘国界线等严重问题,对此问题作出全部下网处理。

至2007年底,自治区国土资源厅会同自治区工商行政管理、新闻出版、宣传、教育、海关等部门在全区范围内共清理、查扣各种"问题地图"产品、涉及地图的广告、宣传品共计1377件(张)。

2011年,自治区国土资源厅完成国家测绘地理信息局分配给自治区清查的272个网站,检查动态互联网地图服务网站10个,静态互联网地图网站262个,并填写了检查记录表,查出的主要问题已及时上报国家测绘地理信息局,对查出的有问题网站进行了相应的处理。

2012年4月16日,全国国家版图意识安全教育和地图市场监管协调指导小组印发《深化"问题地图"专项治理行动工作方案》。年内,自治区国土资源厅对自治区互联网地图和地理信息服务市场开展检查。

2015年,按照国家版图监管指导组《关于印发全国国家版图意识宣传教育和地图市场监管协调指导小组2015年工作要点的通知》精神,自治区国土资源厅继续对全区互联网地图和地理信息服务市场进行了监督检查,对问题地图进行了查收,并对自治区范围内民国时期地图进行了全面清查。经过严格审查,全年发放审图号27个。

三、宣传教育

2005年11月8日,为贯彻落实《国务院办公厅转发测绘局等部门关于加强国家版图意识宣传教育和地图市场监管意见的通知》,自治区国土资源厅、党委宣传部、外事办公室、教育厅、商务厅、工商行政管理局、新闻出版局、呼和浩特海关联合制定《关于加强国家版图意识宣传教育和地图市场监管的意见》,成立了自治区国家版图意识宣传教育和地图市场监管协调指导小组,自治区国土资源厅副厅长元重举任组长,自治区外事办公室、教育厅、商务厅、工商行政管理局、新闻出版局分管领导,呼和浩特海关领导任副组长。11月25日,自治区政府办公厅转发《关于加强国家版图意识宣传教育和地图市场监管的意见》,要求进一步提高人民群众的国家版图意识,维护国家版图尊严,正确使用中国地图,促进地图市场健康发展。自治区各委、办、厅、局,各大企业、事业单位均按要求,采取多种形式开展了"国家版图意识宣传教育和地图市场监管工作"活动。各盟行政公署、市人民政府都组织开展了本行政区域内"国家版图意识宣传教育和地图市场监管工作",并于12月15日将本地区执行情况向自治区国土资源厅作了书面报告。

2007年,自治区国土资源厅组织开展了国家版图意识宣传教育活动,自治区各甲级测绘单位在《内蒙古日报》登载专题文章。各盟市国土资源局组织本地区测绘资质单位也都开展了国家版图意识的宣传活动。

2015年,自治区国土资源厅借助"4·22"世界地球日及"6·25"全国土地日等契机,组织摆放宣传板,设置宣传栏,大力宣传测绘地理信息工作。在世界地球日科普宣传周活动期间,在内蒙古工业大学设置测绘科普宣传点,通过播放专题宣传视频、布置宣传展板,大力宣传国情普查、普及测绘地理信息知识。在"8·29"测绘法宣传日,全区各盟市均开展了丰富多彩的宣传活动。另外,按照国家版图意识宣传教育和地图市场监管办公室的要求，自治区国土资源厅与有关部门联合开展了版图意识宣传教育“进学校、进社区、进媒体”活动，提高了社会各界对国家版图的关注度。

四、专项治理

2008 年，自治区国土资源厅与自治区党委宣传部、外事办公室、教育厅、民政厅、商务厅、新闻出版局、工商行政管理局、通信管理局、呼和浩特海关联合转发全国国家版图意识宣传教育和地图市场监管协调指导小组《关于对互联网地图和地理信息服务违法违规行为进行专项治理的通知》，并部署开展互联网地图和地理信息服务违法违规行为专项治理工作。在专项治理中，自治区国土资源厅对已掌握的 198 个网站进行逐个检查，检查出 9 个网站存在“问题地图”，责令其进行自纠，对其进行了跟踪检查和处理。

第六篇

法治建设

第一章　依法行政与法治建设

第一节　立法与立法协调

一、地方性法规起草送审

2000年，内蒙古自治区国土资源厅（以下简称自治区国土资源厅）代自治区政府起草《内蒙古自治区实施〈中华人民共和国土地管理法〉办法（草案）》和《内蒙古自治区地热资源管理条例（草案）》，于当年10月15日经自治区第九届人民代表大会常务委员会第十九次会议审议通过，于公布之日起施行。2003年7月25日，自治区国土资源厅代自治区政府起草的《内蒙古自治区地质环境保护条例（草案》，经自治区第十届人大常委会第四次会议审议通过，于公布之日起施行。

2005年7月29日，由自治区国土资源厅修改和送审的《内蒙古自治区测绘管理条例（草案）》，经自治区第十届人大常委会第十七次会议审议通过。

二、政府规章及规范性文件起草送审

2000年，自治区国土资源厅代自治区政府起草《内蒙古自治区矿泉水管理办法（草案）》和《内蒙古自治区矿产资源有偿使用管理办法》。

2001年6月25日，自治区政府印发《城镇国有土地使用权招标拍卖管理办法和土地市场管理暂行办法》；自治区政府办公厅印发《关于建立国有土地储备制度的通知》。

2003年，自治区国土资源厅按照自治区政府立法规划和要求，补充、完善了《内蒙古自治区农村牧区宅基地管理办法（草案）》，报送自治区政府审议；起草《内蒙古自治区土地使用权挂牌交易管理办法（草案）》和《内蒙古自治区土地收购储备管理办法（草案）》报请自治区政府审议，再次向自治区政府报送《内蒙古自治区农村牧区宅基地管理办法（草案）》（第二稿）。

2012年，自治区国土资源厅代自治区政府草拟《内蒙古自治区闲置土地处置实施办法（草案）》，报自治区人民政府审议；起草了《内蒙古自治区地质环境治理保证金管理办法（草案）》和《内蒙古自治区级土地储备办法（草案）》，报送自治区政府审议；起草并报请自治区政府下发《关于培育和规范矿业权市场，全面推进矿业权有偿使用制度实施意见》和《内蒙古自治区矿业权招标、拍卖、挂牌出让管理暂行办法》。

2015年，自治区国土资源厅按照自治区政府的要求，经反复征求相关部门意见，对《内蒙古自治区矿山地质环境治理办法（征求意见稿）》修改完善后，提交自治区政府常务会议研究通过，于3月27日由自治区政府颁布第212号政府令发布。进一步修改了《内蒙古自治区农村牧区宅基地管理办法（草案）》，报自治区政府审议。

三、部门规范性文件起草发布

2000 年,自治区国土资源厅起草制定了加快全区国土资源保护与合理利用的若干优惠政策。印发《普通建筑用砂、石、粘土及零星分散矿产资源的管理办法》和《农用地转用规划审查暂行规定》及《内蒙古自治区国土资源违法案件行政处罚审批办法》。

2001 年,自治区国土资源厅制定下发《内蒙古自治区零星分散矿产资源储量评审认定暂行办法》和《内蒙古自治区普通建筑材料用砂、石、粘土矿产资源储量评审认定暂行办法》及《内蒙古自治区盟市地矿行政主管部门开展零星分散矿产及普通建筑材料用砂、石、粘土矿产资源储量评审认定工作有关规定》。

2002 年 7 月 22 日,自治区国土资源厅发文,征求对《内蒙古自治区基本农田保护实施细则》和《内蒙古自治区农村牧区宅基地管理办法》两个草案的意见。

2003 年,自治区国土资源厅印发《内蒙古自治区探矿权登记审批管理工作规则》《内蒙古自治区地质勘查监督管理暂行规定》《内蒙古自治区土地开发整理规划成果审查报批办法》《内蒙古区级土地整理复垦项目管理暂行办法》《内蒙古自治区探矿权登记审批管理工作规则》,并建立探矿权审批厅长办公会议会审制度。

2004 年,自治区国土资源厅制定印发《内蒙古自治区矿产资源规划实施管理暂行办法》和《内蒙古自治区矿山矿产资源储量核查检测管理办法》。

2005 年,自治区国土资源厅制定印发《内蒙古自治区矿产资源储量报告质量评定办法》和《内蒙古自治区矿产资源储量评审备案工作指南》。

2006 年,自治区国土资源厅制定印发《内蒙古自治区土地利用总体规划修改报批暂行办法(修订)》。

2007 年,自治区国土资源厅制定印发《内蒙古非法采矿、破坏性采矿造成矿产资源破坏价值鉴定程序的规定》。根据《中华人民共和国土地管理法实施条例》的规定,按照国土资源部的工作部署安排,结合自治区实际,在广泛调查研究的基础上,草拟《内蒙古自治区征地补偿安置争议裁决办法(草案)》,于 2007 年 11 月 23 日报送自治区人民政府审议批准。

2008 年,自治区国土资源厅根据《中华人民共和国矿产资源法》、最高人民法院关于审理非法采矿、破坏性采矿刑事案件具体应用法律若干问题的解释及有关规定,制定印发《内蒙古自治区非法采矿、破坏性采矿造成矿产资源破坏价值鉴定程序的规定》,向自治区政府法制办公室(以下简称自治区政府法制办)报备了《内蒙古自治区地质勘查项目招标投标代理机构管理暂行办法》,经自治区政府同意印发《内蒙古自治区征地补偿安置争议裁决办法》。

2009 年,自治区国土资源厅制定印发《内蒙古自治区土地集约利用评价成果验收办法(试行)》《内蒙古自治区建设用地动态监测管理暂行办法》《内蒙古自治区区域城镇建设用地增加与农村建设用地减少相挂钩工作管理办法(试行)》《关于进一步加强农用地转用和土地征收审查报批工作的通知》《关于印发内蒙古自治区工业用地最低价标准的通知》。

2010 年,自治区国土资源厅拟定《内蒙古自治区防范违法用地警示约谈制度》(代拟稿),报自治区政府办公厅;制定印发《内蒙古自治区土地集约利用评价成果验收办法(试行)》《内蒙古自治区建设用地动态监测管理暂行办法》《内蒙古自治区区域城镇建设用地增加与农村建设用地减少相挂钩工作管理办法》《关于进一步加强农用地转用和土地征收审查报批工作的通知》《内蒙古自治区工业用地最低价标准》《内蒙古自治区防范违法用地警示约谈制度》。

2011 年，自治区国土资源厅制定印发《矿产资源勘查实施方案管理办法》。

2012 年，自治区国土资源厅制定印发《内蒙古自治区国土资源厅行政效能监督考核办法（试行）》《关于进一步提高国土资源行政审批效率有关问题的通知》《内蒙古自治区农村土地整治项目和地质环境治理项目工程施工比价招投标实施办法》《内蒙古自治区级土地储备办法（草案）》起草送审工作。

2013 年，自治区国土资源厅研究制定《内蒙古自治区国土资源厅规范性文件制定实施办法》。

四、立法协调

2000 年 11 月 16 日，自治区国土资源厅提请自治区人大常委会将《内蒙古自治区天然矿泉水资源管理办法》和《内蒙古自治区地质环境管理条例》分别纳入 2000 年和 2001 年立法计划。

2001 年 4 月 10 日，自治区国土资源厅向国土资源部报送《关于“十五”期间立法设想的报告》，提出“十五”期间制定地质灾害防治、地质环境管理、矿泉水管理、国土资源规划管理、土地利用规划、土地市场管理办法、国有土地使用权招标拍卖管理办法、农村牧区集体土地使用权流转管理办法、土地登记规则、土地整理办法、测绘任务登记办法、测绘项目招标投标管理办法、测量标志保护管理办法、地图编制实施办法、基础测绘管理办法、地理信息发布管理办法、地籍测绘管理办法、用作普通建筑材料的砂石粘土和零星分散矿产资源开采登记办法等 18 个项目立法设想。

2002 年 1 月 17 日，自治区国土资源厅向自治区人大常委会提交对《中华人民共和国水法（修订草案）》修改意见，从 5 个方面提出 5 条修改意见。4 月 11 日，自治区国土资源厅向自治区人大常委会提交《关于对鄂伦春自治旗环境保护条例修改意见》；4 月 16 日，向呼和浩特市人大常委会提出《关于对呼和浩特市土地管理条例的修改意见》，共提出 38 条修改意见；11 月 25 日，对国土资源部《关于探矿权人申请采矿权的有关规定》《政策性关闭破产企业采矿权处置意见》提出修改意见，共提出 10 条修改意见。2002 年，自治区国土资源厅还向自治区人大常委会等相关部门提交关于对《中华人民共和国防风治沙法（草案）》《内蒙古自治区关于严禁盲目移民开荒加强生态环境保护的通知》《内蒙古自治区生态环境保护纲要》《呼和浩特市封山育林管理办法》《内蒙古自治区实施高等教育法办法（草案）》《中华人民共和国海域使用管理办法（草案）》《鄂伦春自治区流动人口管理条例》《内蒙古自治区实施节约能源法办法（草案）》《内蒙古自治区邮政管理办法（草案）》《关于中华人民共和国测绘法修订草案》《内蒙古国有资产经营公司章程》《内蒙古自治区进一步扩大招商引资的补充政策规定》《内蒙古自治区实施国务院关于禁止在市场经济活动中实行地区封锁的办法》《内蒙古自治区鼓励外商投资条例》《内蒙古自治区关于清理有关个体私营经济发展政策文件的意见》《中华人民共和国农村土地承包法（征求意见稿）》《内蒙古自治区鼓励外商投资和横向联合优惠政策的补充规定（试行）》等政策法规草案、立法征求意见的修改意见反馈。

2003 年，自治区国土资源厅结合工作实际，制定《内蒙古自治区国土资源（2003—2007 年）立法规划》。6 月 13 日，自治区国土资源厅经对自治区人大常委会《关于征求〈自治区人大常委会五年（2003—2007）立法规划（草案）〉意见》认真研究，提出《关于对〈自治区人大常委会五年（2003—2007）立法规划（草案）〉的修改建议》，报自治区人大常委会法制工作委员会，提请自治区人大常委会在立法规划中增加《内蒙古自治区土地登记条例》项目的建议。

2005 年,自治区国土资源厅配合自治区政府完成重大问题调查研究工作;参加自治区政府组织的重大信访案件排查活动,开展了被征地农牧民安置补偿情况、煤矿关闭和煤炭资源整合等重要课题的调查研究工作,撰写了调研报告,出台了相关政策;完成各类政策法规征求意见答复 129 件次,审查各类规范性文件 21 件次,完成自治区人大常委会、政协议案、提案答复意见 6 件次,参与相关法律协调各种会议 57 次。

2006 年,自治区国土资源厅承办自治区人大常委会、政协提案和国土资源部、自治区政府法制办法律协调事项等 50 件,配合自治区人大常委会、政府对土地矿产进行执法检查验收。

2007 年 11 月 7 日,自治区国土资源厅根据《自治区人民政府法制办公室关于报送五年(2008—2012)法规规划建议项目和 2008 年地方性法规和政府规章立法项目的通知》要求,报送自治区国土资源厅五年(2008—2012)地方性法规规划建议项目和 2008 年地方性法规和政府规章立法计划。拟修改《内蒙古自治区实施〈中华人民共和国土地管理法〉办法》立法计划、《内蒙古自治区矿产资源管理条例》立法计划,拟制定《内蒙古自治区土地登记条例》立法计划、《内蒙古自治区古生物化石保护条例》。

2010 年,自治区国土资源厅对全国人大常委会、国土资源部、自治区人大常委会、自治区政府《内蒙古自治区著作权管理办法》《呼和浩特市城乡规划条例》《包头市城乡规划条例》《内蒙古自治区发展蒙医药中医药条例》《内蒙古自治区农村牧区饮用水管理条例》《内蒙古自治区无线电管理条例》《内蒙古消防条例》《内蒙古按比例安排残疾人就业办法》《包头市供热条例》《中华人民共和国自然遗产保护法》《内蒙古自治区内部审计办法》《内蒙古自治区行政执法人员资格认证和行政执法证件管理办法》《内蒙古自治区城镇供热管理条例》《内蒙古自治区基本草原保护条例》《内蒙古自治区特种设备安全监察条例》《国家地质公园管理办法》《国土资源行政处罚办法》《内蒙古自治区科技进步条例》《内蒙古自治区邮政条例》《中华人民共和国地图管理条例》《包头市湿地管理条例》《内蒙古自治区气象灾害预警信号发布与传播办法》《中华人民共和国刑法修正案(八)》《中华人民共和国水土保持法》《内蒙古自治区人民政府关于修改部分规章的决定》《内蒙古自治区事业单位国有资产管理办法》等 27 项法律、法规、地方性法规、行政规章修订草案提出修改意见。

2011 年,自治区国土资源厅再次完成自治区政府交办的配合做好《土地管理法》修改涉及征地补偿专项调研工作;配合国土资源部完成差别化政策调研工作;完成自治区《基本草原保护条例》征求意见及相关草案的四稿修改;完成全国人大常委会、国土资源部、自治区人大常委会、自治区政府《呼和浩特气象条例》《内蒙古自治区体育市场条例》《内蒙古自治区邮政条例》《内蒙古自治区就业促进条例》《法制内蒙古建设的第六个五年规划》《进一步推荐依法行政和加快建设法治国土意见》《关于加强行政执法与刑事司法衔接工作的实施意见》《国土资源管理系统开展法制宣传教育的第六个五年规划(2011—2015)意见》《关于征求内蒙古自治区实施义务教育法办法》《关于征求国土资源中长期人才发展规划意见》《关于开展土地管理法修订书面调研》《关于征求内蒙古自治区酒类管理办法意见》《关于征求内蒙古自治区民用机场管理条例(草案)》《关于征求包头市饮用水水资源保护条例意见》《关于征求土地估价师管理办法意见》《关于征求中华人民共和国清洁生产促进法修正案(草案)》等 16 项法律、法规、地方性法规、行政规章修订草案修改意见。

2012 年,自治区国土资源厅重点完成自治区政府法制办,自治区人大常委会相关法律法规草案、政策文件的修订征求意见和答复意见,并参加相关研讨会。

2013 年,自治区国土资源厅完成《内蒙古自治区集体建设用地使用权抵押暂行管理办法(草案)》

审核修改征求意见和送审工作,经自治区政府发布并实施;配合完成《内蒙古自治区集体建设用地使用权抵押暂行管理办法》操作规则出台工作;按照自治区主席巴特尔对自治区地质勘查用地批示要求,形成签报文件,并起草《内蒙古自治区地质勘查临时用地管理指导意见(草案)》,经过论证、评估和自治区相关厅局反复征求意见修改,送交自治区政府审议;完成《内蒙古自治区闲置用地处置实施办法(草案)》,征求相关部门意见,并经法制办审核后,经再次修改,报送自治区政府审议;完成《内蒙古自治区地下水管理办法》《内蒙古自治区政府拟交地方性法规草案和制定规章程序规定》等18件次自治区人大常委会、政府相关法规、规章的征求意见的修改答复文件,并参加相关的论证会议。

2014年,自治区国土资源厅向自治区政府法制办提交《城镇住房保障条例(征求意见稿)》《内蒙古自治区阿拉善沙漠世界地质公园保护办法》修改意见。按照自治区人大常委会法制工作委员会关于对现行有效地方性法规涉及行政审批事项进行梳理的要求,对在自治区国土资源厅执行的《内蒙古自治区实施〈中华人民共和国土地管理法〉办法》《内蒙古自治区矿产资源管理条例》《内蒙古自治区测绘管理条例》《内蒙古自治区地热管理条例》《内蒙古自治区地质遗迹保护条例》等5部地方性法规,进行了行政许可情况梳理报告。

五、法律、法规与规范性文件清理

(一)法律、规章清理

2002年1月14日,自治区国土资源厅向国土资源部上报《关于报送内蒙古自治区国土资源法规规章清理的报告》,报告自治区开展国土资源法规规章清理工作情况。

2002年3月21日,自治区国土资源厅向自治区政府上报《关于清理地方性法规政府规章及有关政策文件的报告》,汇报地方性法规、政府规章及有关政策文件清理工作情况。

(二)国土资源管理法律

2000年底前执行的国土资源管理法律、法规清理

1. 土地管理

《中华人民共和国土地管理法》颁布于1986年6月25日,实施于1987年1月1日,修订于1998年8月29日。《中华人民共和国城市房地产管理法》颁布于1994年7月5日,实施于1995年1月1日。

2. 地质矿产管理

《中华人民共和国矿产资源法》颁布于1986年3月19日,实施于1986年10月1日,修订于1996年8月29日。

3. 测绘管理

《中华人民共和国测绘法》颁布于1992年12月28日,实施于1993年7月1日。

(三)国土资源管理行政法规

2000年底前执行的国土资源管理行政法规清理:

1. 土地管理

《中华人民共和国城镇土地使用税暂行条例》颁布于1988年9月27日,实施于1988年11月1日。《土地复垦规定》颁布于1988年11月8日,实施于1989年1月1日。《中华人民共和国城镇国有土地使用权出让和转让暂行条例》颁布于1990年5月19日,实施于1990年5月19日。《外商投资

开发经营成片土地暂行规定》颁布于1990年5月19日,实施于1990年5月19日。《大中型水利水电工程建设征地补偿和移民安置条例》颁布于1991年2月15日,实施于1991年5月1日。《中华人民共和国土地增值税暂行条例》颁布于1993年12月13日,实施于1994年1月1日。《中华人民共和国土地管理法实施条例》颁布于1998年2月24日,实施于1999年1月1日。《城市房地产开发经营管理条例》颁布于1998年7月20日,实施于1998年7月20日。《基本农田保护条例》颁布于1998年12月27日,实施于1999年1月1日。

2. 地质矿产管理

《矿产资源监督管理暂行办法》颁布于1987年4月29日,实施于1987年4月29日。《全国地质资料汇交管理办法》颁布于1988年5月20日,实施于1988年7月1日。《矿产资源补偿费征收管理规定》颁布于1994年2月27日,实施于1994年4月1日。《中华人民共和国矿产资源法实施细则》颁布于1994年3月26日,实施于1994年3月26日。《矿产资源勘查区块登记管理办法》颁布于1998年2月12日,实施于1998年2月12日。《矿产资源开采登记管理办法》颁布于1998年2月12日,实施于1998年2月12日。

3. 测绘管理

《中华人民共和国测绘成果管理规定》颁布于1989年3月21日,实施于1989年5月1日。《中华人民共和国地图编制出版管理条例》颁布于1995年7月10日,实施于1995年10月1日。《测量标志保护条例》颁布于1996年9月4日,实施于1997年1月1日。

4. 其他

《国家科学技术进步奖励条例》颁布于1999年4月28日,实施于1999年4月28日。

(四)国土资源管理部门规章

2000年底前执行的国土资源管理部门规章清理:

1. 土地管理

《划拨土地使用权管理暂行办法》发布于1992年3月8日,实施于1992年3月8日。《股份有限公司土地使用权管理暂行规定》发布于1994年12月3日,实施于1994年12月3日。《土地监察暂行规定》发布于1995年6月12日,实施于1995年6月12日。《协议出让国有土地使用权最低价确定办法》发布于1995年6月28日,实施于1995年6月28日。《土地权属争议处理暂行办法》发布于1995年12月18日,实施于1996年2月1日。《土地违法案件查处办法》发布于1995年12月18日,实施于1996年3月1日。《土地利用总体规划编制审批规定》发布于1997年10月28日,实施于1997年10月28日。《国有企业改革中划拨土地使用权管理暂行规定》发布于1998年2月17日,实施于1998年3月1日。《土地利用年度计划管理办法》发布于1999年3月2日,实施于1999年3月2日。《建设用地审查报批管理办法》发布于1999年3月2日,实施于1999年3月2日。《闲置土地处置办法》发布于1999年4月28日,实施于1999年4月28日。《关于违反土地管理规定行为行政处分暂行办法》发布于2000年3月2日,实施于2000年3月2日。《建设项目用地预审管理办法》发布于2001年7月25日,实施于2001年7月25日。

2. 地质矿产管理

《全国地质资料汇交管理办法》发布于1988年5月20日,实施于1988年7月1日。《全国地质资料汇交管理办法实施细则》发布于1989年6月26日,实施于1989年6月26。《矿产督查员工作暂行办法》发布于1989年12月2日,实施于1990年1月1日。《地质勘查市场管理暂行办法》发布于1991年2月19日,实施于1991年5月1日。《地质勘查单位资格管理办法》发布于1991年9月3日,实施于1991年9月3日。《违反矿产资源法规行政处罚办法》发布于1993年7月19日,实施于1994年1月1日。《矿产储量登记统计管理暂行办法》发布于1995年1月3日,实施于1995年1月3日。《地质遗迹保护管理规定》发布于1995年5月4日,实施于1995年5月4日。《地质灾害防治管理办法》发布于1999年3月2日,实施于1999年3月2日。

3. 测绘管理

《测绘工作证管理规定》发布于1995年1月14日,实施于1995年7月1日。《地图审核管理办法》发布于1996年12月24日,实施于1997年1月1日。《测绘资格证书持证单位年度检验办法》发布于1997年6月27日,实施于1997年10月1日。《国家基础地理信息数据使用许可管理规定》发布于1999年12月22日,实施于1999年12月22日。《测绘行政处罚程序规定》发布于2000年1月4日,实施于2000年1月4日。《测绘行政执法证管理办法》发布于2000年1月4日,实施于2000年1月4日。《测绘资格审查认证管理规定》发布于2000年8月8日,实施于2000年9月1日。

(五)国土资源管理地方性法规

2000年底前执行的国土资源管理地方性法规清理:

1. 土地管理

《内蒙古自治区实施〈中华人民共和国土地管理法〉办法》颁布于2000年10月15日,实施于2000年10月15日。

2. 地质矿产管理

《内蒙古自治区矿产资源管理条例》颁布于1989年11月17日,实施于1990年1月1日,修订于1999年7月31日。《内蒙古自治区地热资源管理条例》颁布于2000年10月15日,实施于2000年10月15日。

3. 测绘管理

《内蒙古自治区测绘管理条例》颁布于1998年4月16日,实施于1998年4月16日。

(六)国土资源管理政府规章

2000年底前执行的国土资源管理政府规章清理:

1. 土地管理

《内蒙古自治区土地复垦实施办法》发布于1991年5月9日,实施于1991年5月9日。《内蒙古自治区土地监察办法》发布于1992年6月13日,实施于1992年6月13日。《内蒙古自治区农村牧区宅基地管理办法》发布于1992年6月24日,实施于1992年6月24日。《内蒙古自治区基本农田保护实施细则》发布于1997年3月17日,实施于1997年3月17日。

2. 地质矿产管理

《内蒙古自治区矿产资源管理条例实施细则》发布于1992年10月9日,实施于1992年10月9日。《内蒙古自治区矿产资源补偿费征收管理实施办法》发布于1994年6月29日,实施于1994年4月1日。

3. 测绘管理

《内蒙古自治区测绘成果管理实施办法》发布于1990年12月18日,实施于1990年12月18日。

(七)废止的国土资源管理法规、规章

2002年1月17日,根据国土资源部的要求和自治区党委办公厅关于适应国家加入WTO进程清理地方性法规、地方政府规章和其他政策措施工作的安排和部署,自治区国土资源厅按照清理工作的三项原则(法制统一原则、非歧视原则、公开透明原则),对国土资源管理现行有效的地方性法规、规章及规范性文件进行清理,向国土资源部报告清理情况。自治区国土资源厅对与重新修订并颁布实施的《中华人民共和国土地管理法》和《中华人民共和国矿产资源法》两部上位法不相适应的地方性法规和政府规章予以清理,发现《内蒙古自治区基本农田保护条例实施细则》《内蒙古自治区农村牧区宅基地管理办法》两部政府规章都是依据原《土地管理法》制定,明显存在与新法相互抵触的情况,而《内蒙古自治区矿产资源管理条例实施细则》则是根据1989年通过的原《内蒙古自治区矿产资源管理条例》制定的。1999年修改后的《内蒙古自治区矿产资源管理条例》颁布实施,1989年通过的《内蒙古自治区矿产资源管理条例》同时废止。因此与之相配套的《内蒙古自治区矿产资源管理条例实施细则》也应废止。根据法制统一原则的要求,必须对以上规章进行清理。经与内蒙古自治区政府法制办协商,决定对《内蒙古自治区基本农田保护条例实施细则》《内蒙古自治区农村牧区宅基地管理办法》予以废止重新修订,对《内蒙古自治区矿产资源管理条例实施细则》予以废止。

2003年3月26日,自治区国土资源厅转发国土资源部《关于废止部分部门规章的决定和停止执行部分规范性文件的通知》废止部门规章7件,停止执行部门规范性文件136件。

(八)规范性文件清理

2010年12月16日,自治区国土资源厅致函自治区政府法制办:根据自治区政府关于开展规范性文件清理的要求,自治区国土资源厅对《内蒙古自治区人民政府1980年—1999年规范性文件目录》的36项涉及自治区国土资源厅管理业务的规范性文件和《内蒙古自治区人民政府2000年—2009年规范性文件目录》的37项涉及自治区国土资源厅职能的规范性文件,逐一进行了清理。对照相关要求,经对目录所列1980—1999年、2000—2009年两个阶段以自治区政府名义所发布的73件涉及国土资源管理规范性文件清理,其中1980年—1999年目录内36件,经过清理提出保留建议的6件,提出失效建议的30件;2000—2009年目录内37件,提出保留建议的20件,提出失效建议的17件。同时自治区国土资源厅按要求对1947年—2009年期间所有涉及国土资源管理范畴的,包括以原自治区相关职能管理部门(农委、地矿厅、土地管理局、测绘局)和国土资源厅等所制发的具有规范属性的国土资源管理文件进行了全面清理。对包括原自治区农委、地质矿产厅、土地管理局、测绘局等所制发的涉及土地、矿产和测绘行政管理文件,经以往数次清理和此次清理,均属于适用期已过或者管理对象已消失的规范性文件,按“失效”处理。对1999年以前涉及国土资源管理相关规范性文件,基本适用本次清理原则的“废止”和“失效”条件,不具有保留意义。对2000—2009年的国土资源管理规范性文件(具有一般规范管理属性的文件)进行全面梳理,共计148件,其中依据清理原则清理后,按“失效”处理36件,按“有效”处理110件,需要修改执行的2件。

2000—2009 年内蒙古自治区国土资源厅规范性文件清理目录

表 6 - 1 - 1

序　号	责任者	文　号	标　题	清理意见	备　注
1	自治区国土资源厅	内国土资发[2000]20 号	关于协助开展自治区矿山地质环境调查的通知	失效	
2	自治区国土资源厅	内国土资字[2000]22 号	关于开展汛期地质灾害防治工作检查的函	失效	
3	自治区国土资源厅	内国土资字[2000]26 号	关于做好地质环境保护宣传工作的通知	失效	
4	自治区国土资源厅	内国土资办发[2000]34 号	关于认真做好建设用地信息发布工作的通知	失效	
5	自治区国土资源厅	内国土资发[2000]72 号	关于认真做好扶贫开发城镇移民用地服务工作的通知	失效	
6	自治区国土资源厅	内国土资发[2000]88 号	关于印发《内蒙古自治区各级土地利用总体规划成果备案归档工作方案》的通知	失效	
7	自治区国土资源厅	内国土资字[2000]88 号	关于印发《农用地转用规划审查暂行规定》的通知	失效	
8	自治区国土资源厅	内国土资发[2000]98 号	关于开展自治区矿泉水水源地年检换证的通知	失效	
9	自治区国土资源厅	内国土资办发[2000]124 号	关于认真做好汛期地质灾害防治工作的紧急通知	失效	
10	自治区国土资源厅	内国土资字[2000]128 号	关于加强地质遗迹保护和古生物化石管理的通知	失效	
11	自治区国土资源厅	内国土资发[2000]133 号	关于进一步加强企业改制中地价评估和土地资产处置管理工作的通知	有效	
12	自治区国土资源厅	内国土资发[2000]50 号	转发关于加强地热、矿泉水勘查开采管理的通知	有效	
13	自治区国土资源厅	内计费字[2000]1129 号	关于清理规范中介服务收费降低部分中介服务收费标准的通知	有效	
14	自治区国土资源厅	内国土资发[2001]8 号	关于印发《内蒙古自治区零星分散矿产资源储量评审认定暂行办法》和《内蒙古自治区普通建筑材料用砂、石、粘土矿产资源储量评审认定暂行办法》的通知	有效	
15	自治区国土资源厅	内国土资字[2001]12 号	关于切实加强全区矿泉水管理工作的通知	失效	
16	自治区国土资源厅	内国土资字[2001]15 号	关于所属事业单位改革的意见	失效	
17	自治区国土资源厅	内国土资办发[2001]28 号	关于印发《内蒙古自治区盟市地矿行政主管部门开展零星分散矿产及普通建筑材料用砂、石、粘土矿产资源储量评审认定工作有关规定》的通知	有效	
18	自治区国土资源厅	内国土资发[2001]33 号	转发关于加强地下水监测监督管理的通知	失效	
19	自治区国土资源厅	国土资发[2001]44 号	关于改革估计结果确认和土地资产审批办法的通知	失效	
20	自治区国土资源厅	内国土资发[2001]54 号	转发关于规范建设项目压覆矿产资源审批工作的通知	失效	
21	自治区国土资源厅	内国土资发[2001]99 号	关于进一步加大清理、清查和处置闲置土地工作力度的通知	失效	
22	自治区国土资源厅	内国土资字[2001]373 号	关于加强矿产储量评审认定工作的通知	失效	

续表1

序　号	责任者	文　号	标　题	清理意见	备　注
23	自治区国土资源厅	内国土资发[2002]7号	关于进一步规范和加强企业改制中土地资产处置审批和土地估计报告备案管理通知	失效	
24	自治区国土资源厅	内国土资发[2002]38号	关于印发《全区土地利用管理统计报表制度》的通知	失效	
25	自治区国土资源厅	内国土资发[2002]39号	内蒙古自治区国土资源厅转发自治区政府办公厅关于进一步加强建设项目用地预审工作的通知	失效	
26	自治区国土资源厅	内国土资发[2002]42号	关于印发《内蒙古自治区国有农场土地确权规定》(暂行)的通知	有效	
27	自治区国土资源厅	内国土资办发[2002]44号	转发国土资源部办公厅关于开展地质资料清理保护工作的通知	失效	
28	自治区国土资源厅	内国土资发[2002]173号	关于矿产储量评审范围有关问题的通知	有效	
29	自治区国土资源厅	内国土资发[2002]176号	关于印发内蒙古自治区盟市及重要旗县矿产资源规划审批管理办法的通知	失效	
30	自治区国土资源厅	内国土资发[2002]226号	转发国土资源部关于进一步规范地质灾害灾情信息报送和新闻报道的通知	失效	
31	自治区国土资源厅	内国土资发[2003]16号	关于建设项目压覆矿产资源调查核实工作有关问题的通知	有效	
32	自治区国土资源厅	内国土资发[2003]65号	关于贯彻国土资源部改革土地估计人员和机构监督管理方式的意见	有效	
33	自治区国土资源厅	内国土资发[2003]70号	关于印发《内蒙古自治区探矿权登记审批管理工作规则》的通知	有效	
34	自治区国土资源厅	内国土资发[2003]71号	关于印发《内蒙古自治区地质勘查监督管理暂行规定》的通知	有效	
35	自治区国土资源厅	内国土资发[2003]81号	转发国土资源部关于加强矿产资源储量评审监督管理的通知	有效	
36	自治区国土资源厅	内国土资办发[2003]82号	关于认真做好矿产资源储量核实工作的通知	有效	
37	自治区国土资源厅	内国土资字[2003]85号	关于印发《内蒙古自治区土地开发整理规划成果审查报批办法》的通知	失效	
38	自治区国土资源厅	内国土资字[2003]135号	关于盟市矿产资源规划编制有关问题的指导意见	失效	
39	自治区国土资源厅	内国土资字[2003]272号	转发国土资源部关于建立探矿权年度检查制度的通知	有效	
40	自治区国土资源厅	内国土资字[2003]455号	关于印发《内蒙古自治区区级土地整理复垦项目管理暂行办法》的通知	失效	
41	自治区国土资源厅	内国土资字[2003]510号	关于积极扶持个体私营经济发展的实施意见	失效	
42	自治区国土资源厅	内国土资字[2004]7号	关于保护期内国家出资勘查开发取得的地质资料有偿利用问题的通知	失效	
43	自治区国土资源厅	内国土资办发[2004]14号	关于开展矿泉水注册登记工作通知	有效	
44	自治区国土资源厅	内国土资办发[2004]22号	转发部关于加强地质灾害危险性评估工作的通知	有效	
45	自治区国土资源厅	内国土资发[2004]59号	关于认真做好核实矿业权设置情况工作的通知	有效	
46	自治区国土资源厅	内国土资发[2004]74号	转发国土资源部关于进一步加强大中型矿山企业、重点地区和主要矿种矿产资源补偿征管工作的通知	失效	

续表 2

序 号	责任者	文 号	标 题	清理意见	备 注
47	自治区国土资源厅	内国土资办发[2004]90 号	关于在全区开展矿山矿产资源储量核查检测工作的通知	有效	
48	自治区国土资源厅	内国土资发[2004]107 号	关于确认自治区征收矿产资源补偿费企业名单的通知	有效	
49	自治区国土资源厅	内国土资发[2004]124 号	关于印发《内蒙古自治区矿山矿产资源储量核查检测管理暂行办法》的通知	有效	
50	自治区国土资源厅	内国土资字[2004]172 号	关于矿产资源储量评审备案工作中存在问题的几点处理意见	有效	
51	自治区国土资源厅	内国土资发[2004]223 号	内蒙古自治区国土资源厅转发国土资源部关于开展资源储量登记工作的通知	有效	
52	自治区国土资源厅	内国土资字[2004]687 号	关于开展重点城镇土地价格调查和地价动态监测工作的通知	有效	
53	自治区国土资源厅	内国土资发[2005]21 号	关于印发《内蒙古自治区土地利用总体规划修改暂行办法》的通知	失效	
54	自治区国土资源厅	内国土资发[2005]27 号	关于开展清理整顿闲置土地和违法圈占土地工作的通知	有效	
55	自治区国土资源厅	内国土资办发[2005]44 号	关于加强地下水监测与保护工作的通知	有效	
56	自治区国土资源厅	内国土资发[2005]54 号	关于试行设点受理审批探矿权的通知	有效	
57	自治区国土资源厅	内国土资发[2005]57 号	转发国土资源部关于加强矿产资源补偿费征收管理促进煤矿回采率提高的通知	有效	
58	自治区国土资源厅	内国土资发[2005]66 号	关于加强设点审批探矿权采矿权收费管理有关事宜的通知	有效	
59	自治区国土资源厅	内国土资发[2005]73 号	关于公布内蒙古自治区协议出让国有土地使用权最低价标准的通知	有效	
60	自治区国土资源厅	内国土资发[2005]77 号	关于加强盟市、旗县(市、区)建设用地审查报批管理工作的通知	有效	
61	自治区国土资源厅	内国土资发[2005]99 号	内蒙古自治区国土资源厅关于加强国土资源执法监察工作的意见	修改	—
62	自治区国土资源厅	内国土资字[2005]119 号	转发自治区政府办公厅关于加强气象探测环境和设施保护工作的通知	有效	
63	自治区国土资源厅	内国土资发[2005]133 号	关于做好土地利用总体规划修改报批工作的通知	有效	
64	自治区国土资源厅	内国土资字[2005]211 号	转发关于加强世界地质公园建设的通知	有效	
65	自治区国土资源厅	内国土资字[2005]290 号	关于进一步规范矿产资源储量报告编制等有关工作的通知	有效	
66	自治区国土资源厅	内国土资字[2005]303 号	关于煤炭采矿权价款评估确认缴纳有关问题的通知	有效	
67	自治区国土资源厅	内国土资字[2005]305 号	关于开展全区地质环境调查规划工作的通知	失效	
68	自治区国土资源厅	内国土资字[2005]333 号	关于贯彻实施内蒙古地质灾害防治规划的通知	有效	
69	自治区国土资源厅	内国土资字[2005]372 号	关于印发《内蒙古自治区矿产资源储量报告质量评定办法》的通知	有效	
70	自治区国土资源厅	内国土资字[2005]543 号	关于进一步规范探矿权采矿权评估报告备案确认工作程序的通知	有效	

续表 3

序　号	责任者	文　号	标　题	清理意见	备　注
71	自治区国土资源厅	内国土资字[2005]679 号	关于印发《内蒙古自治区矿产资源储量评审备案工作指南》的通知	有效	
72	自治区国土资源厅	内国土资字[2005]686 号	关于进一步加强古生物化石保护管理的通知	失效	
73	自治区国土资源厅	内国土资字[2005]829 号	关于煤炭资源整合中办理采矿许可证合并及有偿使用有关问题的通知	有效	
74	自治区国土资源厅	内国土资字[2005]856 号	关于印发建设用地报件材料规范文本的通知	修改	
75	自治区国土资源厅	内国土资发[2006]1 号	内蒙古自治区国土资源厅关于加强和改进国土资源信访工作的意见	有效	
76	自治区国土资源厅	内国土资字[2006]56 号	转发自治区突发性地质灾害应急预案的通知	有效	
77	自治区国土资源厅	内国土资发[2006]73 号	转发国土资源部关于加强矿产资源补偿费征收管理的通知	有效	
78	自治区国土资源厅	国土资厅发[2006]82 号	关于尽快向社会公布城镇房地产开发土地供应及开发利用情况的通知	有效	
79	自治区国土资源厅	内国土资发[2006]88 号	关于进一步规范地质灾害危险性评估工作的通知	有效	
80	自治区国土资源厅	内国土资发[2006]102 号	转发国土资源部关于调整矿业权价款确认(备案)和储量评审备案管理权限的通知	有效	
81	自治区国土资源厅	内国土资发[2006]121 号	关于进一步规范矿业权设点受理初审和市场出让的通知	有效	
82	自治区国土资源厅	内国土资发[2006]122 号	关于印发《内蒙古自治区土地利用总体规划修改报批暂行办法》(修订)的通知	有效	
83	自治区国土资源厅	内国土资发[2006]123 号	关于进一步加强建设项目用地预审工作的通知	有效	
84	自治区国土资源厅	内国土资字[2006]504 号	关于地籍管理基础工作若干问题的补充规定	有效	
85	自治区国土资源厅	内国土资字[2006]557 号	关于开展全区矿泉水年检的通知	失效	
86	自治区国土资源厅	内国土资字[2006]71 号	转发关于进一步完善地质灾害速报制度和月报制度的通知	有效	
87	自治区国土资源厅	内国土资发[2006]771 号	关于对固体矿产选冶加工试验送审资料有关要求的通知	有效	
88	自治区国土资源厅	内国土资字[2006]870 号	关于对当前矿业用地中有关问题的处理意见	有效	
89	自治区国土资源厅	内国土资字[2006]892 号	转发国土资源部关于开展地质灾害评估工作检查的通知	失效	
90	自治区国土资源厅	内国土资字[2006]977 号	对当前自治区道路、管线建设项目用地涉及基本农田与调整规划的意见	失效	
91	自治区国土资源厅	内国土资发[2007]52 号	转发国土资源部关于全面实施《固体矿产资源储量\分类》国家标准和勘查规范有关事项的通知	有效	
92	自治区国土资源厅	内国土资字[2007]78 号	关于落实工业用地招标拍卖挂牌出让制度有管问题的通知	有效	
93	自治区国土资源厅	内国土资发[2007]79 号	关于印发《内蒙古非法采矿、破坏性采矿造成矿产资源破坏价值鉴定程序的规定》的通知	有效	

续表4

序　号	责任者	文　号	标　题	清理意见	备　注
94	自治区国土资源厅	内国土资发[2007]85号	关于转发自治区矿山环境保护与治理规划(2006—2015)的通知	有效	
95	自治区国土资源厅	内国土资发[2007]92号	转发国土资源部关于进一步做好地质资料保护登记管理工作的通知	有效	
96	自治区国土资源厅	内国土资发[2007]111号	关于严格属地管理进一步加强执法监察维护国土资源市场秩序的意见	有效	
97	自治区国土资源厅	内国土资发[2007]112号	关于规范探矿权采矿权管理有关问题的补充通知	有效	
98	自治区国土资源厅	内国土资字[2007]126号	关于印发《第二轮全区矿产资源总体规划编制工作安排意见》的通知	有效	
99	自治区国土资源厅	内国土资字[2007]182号	关于进一步规范矿产资源储量评审工作的通知	有效	
100	自治区国土资源厅	内国土资字[2007]184号	关于转发国土资源部《固体矿产资源储量核实报告编写规定》的通知	有效	
101	自治区国土资源厅	内国土资字[2007]236号	转发国土资源部关于印发《〈煤、泥炭地质勘查规范〉实施指导意见》的通知	有效	
102	自治区国土资源厅	内国土资字[2007]281号	关于加强土地市场动态监测工作的通知	有效	
103	自治区国土资源厅	内国土资字[2007]433号	关于印发《内蒙古自治区国土资源系统行政执法监督办法》的通知	有效	
104	自治区国土资源厅	内国土资发[2007]458号	转发国土资源部关于进一步加强地质灾害防治工作的紧急通知	有效	
105	自治区国土资源厅	内国土资字[2007]1004号	关于矿产资源补偿费免(减)缴申请及审批程序的通知	有效	
106	自治区国土资源厅	内国土资发[2008]17号	关于贯彻落实全国地质灾害“十一五”规划的意见	有效	
107	自治区国土资源厅	内国土资发[2008]26号	关于印发《内蒙古自治区主要成矿区带地质工作规划及探矿权设置方案》的通知	有效	
108	自治区国土资源厅	内国土资发[2008]37号	转发国土资源部《实物地质资料管理办法》的通知	有效	
109	自治区国土资源厅	内国土资办发[2008]52号	关于地质环境保证金管理办法的通知	有效	
110	自治区国土资源厅	内国土资发[2008]56号	关于加强因公出国(境)管理的意见	有效	
111	自治区国土资源厅	内国土资发[2008]57号	关于印发内蒙古国土资源系统组团出国(境)考察项目管理办法的通知	有效	
112	自治区国土资源厅	内国土资发[2008]99号	关于印发《内蒙古自治区国土资源违法案件协查暂行办法》的通知	有效	
113	自治区国土资源厅	内国土资发[2008]107号	关于印发《内蒙古自治区国土资源群体性信访事件应急预案》的通知	有效	
114	自治区国土资源厅	内国土资发[2008]110号	关于实施内蒙古自治区地质环境保证金管理办法的通知	有效	
115	自治区国土资源厅	内国土资发[2008]127号	关于印发《内蒙古自治区国土资源执法监察动态巡查责任制(试行)》的通知	有效	
116	自治区国土资源厅	内国土资发[2008]128号	关于印发《内蒙古自治区国土资源违法案件管辖办法》的通知	有效	

续表 5

序　号	责任者	文　号	标　题	清理意见	备　注
117	自治区国土资源厅	内国土资发[2008]129 号	关于印发《内蒙古自治区国土资源执法监察应急处置办法》的通知	有效	
118	自治区国土资源厅	内国土资字[2008]170 号	关于印发《内蒙古自治区盟市、旗县级矿产资源总体规划编制指南及成果要求》的通知	有效	
119	自治区国土资源厅	内国土资发[2008]180 号	内蒙古自治区国土资源厅关于印发《内蒙古自治区矿业权市场交易管理暂行办法》的通知	有效	
120	自治区国土资源厅	内国土资字[2008]447 号	关于规范煤炭探矿权流转转让有关问题的通知	失效	
121	自治区国土资源厅	内国土资字[2008]490 号	转发国土资源部国家保密局关于印发涉密地质资料管理细则的通知	有效	
122	自治区国土资源厅	内国土资字[2008]514 号	关于印发《内蒙古自治区国土资源厅计算机信息系统保密管理规定(试行)》的通知	有效	
123	自治区国土资源厅	内国土资字[2008]664 号	转发国土资源部、铁道部关于加强铁路沿线地质灾害防范的通知	有效	
124	自治区国土资源厅	内国土资字[2008]715 号	关于进一步加强和规范土地整理及复垦项目工程招标投标等事项的通知	失效	
125	自治区国土资源厅	内国土资字[2008]810 号	转发国土资源部关于印发《矿业权评估管理办法(试行)的通知》	有效	
126	自治区国土资源厅	内国土资发[2008]848 号	关于实施《内蒙古自治区矿山地质环境治理保证金管理办法》中涉及采矿权登记有关问题的通知	有效	
127	自治区国土资源厅	内国土资字[2008]900 号	转发国土资源部关于规范矿业权出让评估委托有关事项的通知	有效	
128	自治区国土资源厅	内国土资字[2008]901 号	转发国土资源部关于规范矿业权评估报告备案有关事项的通知	有效	
129	自治区国土资源厅	内国土资字[2008]963 号	关于进一步做好涉密地质资料管理工作的通知	有效	
130	自治区国土资源厅	内国土资发[2009]19 号	关于规范委托评估矿业权价款有关事项的通知	有效	
131	自治区国土资源厅	内国土资发[2009]30 号	关于印发《内蒙古自治区建设用地动态监督管理暂行办法》的通知	有效	
132	自治区国土资源厅	内国土资发[2009]81 号	关于印发《内蒙古自治区城镇建设用地增加与农村建设用地减少相挂钩工作管理办法(试行)》的通知	有效	
133	自治区国土资源厅	内国土资发[2009]95 号	关于发布《内蒙古自治区土地开发整理工程建设标准(试行)》的通知	有效	
134	自治区国土资源厅	内国土资字[2009]117 号	转发《国土资源部 国家保密局关于做好涉密地质图开发利用工作的通知》	有效	
135	自治区国土资源厅	内国土资发[2009]136 号	关于调整全区矿产资源利用现状调查有关工作部署的通知	有效	
136	自治区国土资源厅	内国土资发[2009]155 号	关于进一步加强农用地转用和土地征收审查报批工作的通知	有效	
137	自治区国土资源厅	内国土资发[2009]165 号	关于印发内蒙古自治区工业用地最低价标准的通知	有效	
138	自治区国土资源厅	内国土资字[2009]176 号	关于矿产资源利用现状调查工作有关事宜的通知	有效	
139	自治区国土资源厅	内国土资字[2009]178 号	关于开展矿产资源储量评审工作检查的通知	有效	

续表 6

序　号	责任者	文　号	标　题	清理意见	备　注
140	自治区国土资源厅	内国土资字［2009］212 号	关于进一步全面推进土地市场动态监测监管系统运行的通知	有效	
141	自治区国土资源厅	内国土资字［2009］221 号	关于调整自治区应急防治指挥部办公室的通知	有效	
142	自治区国土资源厅	内国土资发［2009］302 号	关于提交县市地质灾害区划报告的通知	失效	
143	自治区国土资源厅	内国土资字［2009］469 号	关于印发《内蒙古自治区盟市级土地利用总体规划大纲及成果审查手册》的通知	有效	
144	自治区国土资源厅	内国土资函［2009］492 号	转发国土资源部储量司关于为扩大内需项目提供地质资料信息服务工作的函		
145	自治区国土资源厅	内国土资字［2009］496 号	关于印发《内蒙古自治区矿产资源利用现状调查成果编制与提交有关意见》的通知	有效	
146	自治区国土资源厅	内国土资字［2009］650 号	关于矿产资源储量审批实行政务大厅接件受理的通知	有效	
147	自治区国土资源厅	内国土资发［2009］656 号	关于印发内蒙古自治区地质环境保护与治理方案评审工作规则的通知	有效	
148	自治区国土资源厅	内国土资字［2009］853 号	关于进一步提升矿山储量动态监管工作水平全面加强矿山储量动态年报制度的通知	有效	

2010 年内蒙古自治区国土资源厅已失效的规范性文件目录

表 6－1－2

序　号	文　号	标　题	备　注
1	内国土资发［2000］20 号	关于协助开展自治区矿山地质环境调查的通知	
2	内国土资字［2000］22 号	关于开展汛期地质灾害防治工作检查的函	
3	内国土资字［2000］26 号	关于做好地质环境保护宣传工作的通知	
4	内国土资办发［2000］34 号	关于认真做好建设用地信息发布工作的通知	
5	内国土资发［2000］72 号	关于认真做好扶贫开发城镇移民用地服务工作的通知	
6	内国土资发［2000］88 号	关于印发“内蒙古自治区各级土地利用总体规划成果备案归档工作方案”的通知	
7	内国土资字［2000］88 号	关于印发《农用地转用规划审查暂行规定》的通知	
8	内国土资发［2000］98 号	关于开展自治区矿泉水水源地年检换证的通知	
9	内国土资办发［2000］124 号	关于认真做好汛期地质灾害防治工作的紧急通知	
10	内国土资发［2000］128 号	关于加强地质遗迹保护和古生物化石管理的通知	
11	内国土资发［2001］2 号	关于切实加强全区矿泉水管理工作的通知	
12	内国土资字［2001］15 号	关于所属事业单位意见	
13	内国土资发［2001］33 号	转发关于加强地下水检测监督管理的通知	
14	内国土资发［2001］44 号	关于改革估计结果确认和土地资产审批办法的通知	
15	内国土资发［2000］20 号	关于协助开展自治区矿山地质环境调查的通知	

2015 年,自治区国土资源厅按照自治区政府法制办的要求,将 2001 年至 2014 年底前自治区政府和自治区国土资源厅发的现行有效的规范性文件梳理汇总成《自治区人民政府我厅代拟的现行有效规范性文件目录》和《内蒙古自治区国土资源厅规范性文件目录》,上报自治区政府法制办审定。

2001—2014 年内蒙古自治区国土资源厅规范性文件清理目录

表 6 - 1 - 3

序号	发文机关	文号	文件名称	施行日期	有效期
一、继续有效规范性文件目录(55 件)					
1	内蒙古自治区国土资源厅	内国土资字[2001]373 号	关于加强矿产资源储量评审认定工作的通知	2014.1.1	5 年
2	内蒙古自治区国土资源厅	内国土资发[2001]8 号	关于印发《内蒙古自治区零星分散矿产资源储量评审认定暂行办法》《内蒙古自治区普通建筑材料用砂、石、粘土矿产资源储量评审认定暂行办法》的通知	2014.1.1	5 年
3	内蒙古自治区国土资源厅	内国土资发[2001]28 号	内蒙古国土资源厅关于印发《内蒙古自治区盟市地矿行政主管部门开展零星分散矿产及普通建筑材料用砂、石、粘土矿产资源储量评审认定工作有关规定》的通知	2014.1.1	5 年
4	内蒙古自治区国土资源厅	内国土资字[2002]173 号	关于矿产资源储量评审范围有关问题的通知	2014.1.1	5 年
5	内蒙古自治区国土资源厅	内国土资发[2003]16 号	内蒙古自治区国土资源厅关于建设项目压覆矿产资源调查核实工作有关问题的通知	2014.1.1	5 年
6	内蒙古自治区国土资源厅	内国土资发[2003]71 号	关于印发《内蒙古自治区地质勘查监督管理暂行规定》的通知	2014.1.1	5 年
7	内蒙古自治区国土资源厅	内国土资办发[2003]82 号	关于认真做好矿产资源储量核实工作的通知	2014.1.1	5 年
8	内蒙古自治区国土资源厅	内国土资字[2004]172 号	关于矿产资源储量评审备案工作中存在问题的几点处理意见	2014.1.1	5 年
9	内蒙古自治区国土资源厅	内国土资发[2004]60 号	关于切实加强矿产资源勘查监督管理工作的通知	2014.1.1	5 年
10	内蒙古自治区国土资源厅	内国土资发[2004]59 号	关于认真做好核实矿业权设置情况工作的通知	2014.1.1	5 年
11	内蒙古自治区国土资源厅	内国土资发[2004]124 号	关于印发《内蒙古自治区矿山矿产资源储量核查检测管理暂行办法》的通知	2014.1.1	5 年
12	内蒙古自治区国土资源厅	内国土资发[2005]77 号	关于加强盟市、旗县(市、区)建设用地审查报批管理工作的通知	2014.1.1	5 年
13	内蒙古自治区国土资源厅	内国土资发[2005]54 号	关于试行设点受理审批探矿权的通知	2014.1.1	5 年
14	内蒙古自治区国土资源厅	内国土资字[2005]290 号	关于进一步规范矿产资源储量报告编制等有关工作的通知	2014.1.1	5 年
15	内蒙古自治区国土资源厅	内国土资字[2005]372 号	关于印发《内蒙古自治区矿产资源储量报告质量评定办法》的通知	2014.1.1	5 年
16	内蒙古自治区国土资源厅	内国土资发[2005]61 号	关于设点受理审批属厅发证的采矿权延续和探矿权转采矿权事宜的通知	2014.1.1	5 年
17	内蒙古自治区国土资源厅	内国土资字[2005]294 号	关于加强属盟市发证的采矿权转让初审工作的通知	2014.1.1	5 年

续表 1

序　号	发文机关	文　号	文件名称	施行日期	有效期
18	内蒙古自治区国土资源厅	内国土资字［2005］829 号	关于煤炭资源整合中办理采矿许可证合并及有偿使用有关问题的通知	2014. 1. 1	5 年
19	内蒙古自治区国土资源厅	内国土资字［2006］88 号	关于进一步规范地质灾害危险性评估工作的通知	2014. 1. 1	5 年
20	内蒙古自治区国土资源厅	内国土资发［2006］121 号	关于进一步规范矿业权设点受理初审和市场出让的通知	2014. 1. 1	5 年
21	内蒙古自治区国土资源厅	内国土资发［2006］288 号	关于加强地质勘查行业管理的通知	2014. 1. 1	5 年
22	内蒙古自治区国土资源厅	内国土资字［2007］004 号	关于矿产资源补偿费免(减)缴申请及审批程序的通知	2014. 1. 1	5 年
23	内蒙古自治区国土资源厅	内国土资字［2007］182 号	关于进一步规范矿产资源储量评审工作的通知	2014. 1. 1	5 年
24	内蒙古自治区国土资源厅	内国土资字［2007］37 号	关于印发《内蒙古自治区地质勘查项目招标投标代理机构管理暂行办法》的通知	2014. 1. 1	5 年
25	内蒙古自治区国土资源厅	内国土资发［2007］79 号	关于印发《内蒙古非法采矿、破坏性采矿造成矿产资源破坏价值鉴定程序的规定》的通知	2014. 1. 1	5 年
26	内蒙古自治区国土资源厅	内国土资发［2008］180 号	内蒙古自治区国土资源厅关于印发《内蒙古自治区矿业权市场交易管理暂行办法》的通知	2014. 1. 1	5 年
27	内蒙古自治区国土资源厅	内国土资字［2009］567 号	关于规范矿业权延续审批有关问题的通知	2014. 1. 1	5 年
28	内蒙古自治区国土资源厅	内国土资字［2009］547 号	关于规范探矿权市场出让工作有关问题的通知	2014. 1. 1	5 年
29	内蒙古自治区国土资源厅	内国土资发［2009］98 号	关于进一步规范矿产资源勘查开发管理有关问题的通知	2014. 1. 1	5 年
30	内蒙古自治区国土资源厅	内国土资发［2009］19 号	关于规范委托评估矿业权价款有关事项的通知	2014. 1. 1	5 年
31	内蒙古自治区国土资源厅	内国土资字［2009］478 号	关于实行矿业权网上审批管理工作的通知	2014. 1. 1	5 年
32	内蒙古自治区国土资源厅	内国土资发［2010］260 号	关于印发《内蒙古自治区占补平衡土地整治项目管理办法(试行)》的通知	2014. 1. 1	5 年
33	内蒙古自治区国土资源厅	内国土资字［2010］8 号	关于规范矿业权价款评估有关事项的补充通知	2014. 1. 1	5 年
34	内蒙古自治区国土资源厅	内国土资字［2010］7 号	关于印发《内蒙古自治区矿业权实地核查检查验收办法》的通知	2014. 1. 1	5 年
35	内蒙古自治区国土资源厅	内国土资发［2009］21 号	关于印发《内蒙古自治区开发区土地集约利用评价项目成果验收办法(试行)》的通知	2014. 1. 1	5 年
36	内蒙古自治区国土资源厅	内国土资发［2009］30 号	关于印发《内蒙古自治区建设用地动态监督管理暂行办法》的通知	2014. 1. 1	5 年
37	内蒙古自治区国土资源厅	内国土资发［2009］165 号	关于印发内蒙古自治区工业用地出让最低价标准的通知	2014. 1. 1	5 年
38	内蒙古自治区国土资源厅	内国土资发［2009］155 号	关于进一步加强农用地转用和土地征收审查报批工作的通知	2014. 1. 1	5 年
39	内蒙古自治区国土资源厅	内国土资发［2009］81 号	关于印发《内蒙古自治区城镇建设用地增加与农村建设用地减少相挂钩工作管理办法(试行)》的通知	2014. 1. 1	5 年

续表2

序　号	发文机关	文　号	文件名称	施行日期	有效期
40	内蒙古自治区国土资源厅	内国土资发[2011]1号	关于建设项目压覆矿业权有关事宜的通知	2014. 1. 1	5年
41	内蒙古自治区国土资源厅	内国土资发[2011]104号	关于进一步加强矿山储量检测年报和管理工作的通知	2014. 1. 1	5年
42	内蒙古自治区国土资源厅	内国土资发[2011]179号	关于印发《内蒙古自治区进一步完善采矿权登记管理有关问题实施办法》的通知	2014. 1. 1	5年
43	内蒙古自治区国土资源厅	内国土资字[2011]500号	关于印发《内蒙古自治区国土资源厅内部审计办法(试行)》的通知	2014. 1. 1	5年
44	内蒙古自治区国土资源厅	内国土资字[2011]501号	关于印发《内蒙古自治区国土资源厅政府采购管理办法(试行)》的通知	2014. 1. 1	5年
45	内蒙古自治区国土资源厅	内国土资字[2011]681号	关于印发《内蒙古自治区国土资源违法违规案件公开通报和挂牌督办办法》的通知	2014. 1. 1	5年
46	内蒙古自治区国土资源厅	内国土资字[2011]817号	关于印发《内蒙古自治区国有土地使用权拍卖资格评审工作规定(试行)》的通知	2014. 1. 1	5年
47	内蒙古自治区国土资源厅	内国土资字[2011]875号	关于进一步加强自治区地质勘查基金项目野外施工质量及资金使用监管有关问题的通知	2014. 1. 1	5年
48	内蒙古自治区国土资源厅	内国土资字[2011]910号	关于印发《进一步完善矿业权管理促进整装勘查实施办法》的通知	2014. 1. 1	5年
49	内蒙古自治区国土资源厅	内国土资发[2012]113号	《内蒙古自治区农村土地整治项目和地质环境治理项目工程施工比价招投标实施办法(试行)》	2014. 1. 1	5年
50	内蒙古自治区国土资源厅	内国土资字[2012]820号	内蒙古自治区国土资源厅关于规范采矿权抵押备案有关事宜的通知	2014. 1. 1	5年
51	内蒙古自治区国土资源厅	内国土资字[2012]660号	关于非煤矿产探矿权申请部分区块转采矿权、采矿权深部勘查及采矿权登记时限等有关问题的通知	2014. 1. 1	5年
52	内蒙古自治区国土资源厅	内国土资发[2012]116号	关于印发《内蒙古自治区地质勘查基金项目野外施工质量及资金使用监管总体方案》《内蒙古自治区地质勘查基金项目野外施工质量及资金使用检查实施细则(试行)》的通知	2014. 1. 1	5年
53	内蒙古自治区国土资源厅	内国土资字[2012]367号	关于自治区出资勘查项目区内社会资金投入地质勘查工作有关问题的通知	2014. 1. 1	5年
54	内蒙古自治区国土资源厅	内国土资字[2013]37号	关于进一步完善矿产开发利用年度检查工作的通知	2014. 1. 1	5年
55	内蒙古自治区国土资源厅	内国土资发[2006]123号	关于进一步加强建设项目用地预审工作的通知	2014. 1. 1	5年

二、废止和失效规范性文件目录(12件)

1	内蒙古自治区国土资源厅	内国土资字[2003]455号	关于印发《内蒙古自治区区级土地整理复垦项目管理暂行办法》的通知	2014. 1. 1	5年
2	内蒙古自治区国土资源厅	内国土资字[2006]1020号	关于进一步改进自治区出资勘查项目勘查环境的通知	2014. 1. 1	5年
3	内蒙古自治区国土资源厅	内国土资字[2006]836号	关于加强自治区地质勘查项目管理的通知	2014. 1. 1	5年
4	内蒙古自治区国土资源厅	内国土资发[2007]112号	关于规范探矿权采矿权管理有关问题的补充通知	2014. 1. 1	5年

续表3

序　号	发文机关	文　号	文件名称	施行日期	有效期
5	内蒙古自治区国土资源厅	内国土资发[2007]43号	关于进一步做好矿产资源补偿费征收管理工作的通知	2014.1.1	5年
6	内蒙古自治区国土资源厅	内国土资字[2007]987号	关于进一步加强和完善自治区财政出资委托项目承担单位持有勘查许可证的地质矿产勘查项目管理工作的通知	2014.1.1	5年
7	内蒙古自治区国土资源厅	内国土资发[2008]26号	关于印发《内蒙古自治区主要成矿区带地质工作规划及探矿权设置方案》的通知	2014.1.1	5年
8	内蒙古自治区国土资源厅	内国土资字[2011]31号	关于印发《内蒙古自治区土地整治项目管理办法》(暂行)的通知	2014.1.1	5年
9	内蒙古自治区国土资源厅	内国土资字[2011]383号	关于内蒙古自治区矿业权转让鉴证有关事宜的通知	2014.1.1	5年
10	内蒙古自治区国土资源厅	内国土资发[2013]132号	关于印发《内蒙古自治区矿山地质环境治理保证金管理办法实施细则》的通知	2014.1.1	5年
11	内蒙古自治区国土资源厅	内国土资字[2010]675号	关于规范城乡建设用地增减挂钩项目用地报件材料的通知	2014.1.1	5年
12	内蒙古自治区国土资源厅	内国土资字[2013]380号	关于进一步完善矿业权设置方案编制审查工作的通知	2014.1.1	5年
三、拟修改后重新公布的规范性文件目录(1件)					
1	内蒙古自治区国土资源厅	内国土资字[2011]866号	关于印发《内蒙古自治区涉密基础测绘成果资料提供使用管理办法》(暂行)的通知	2014.1.1	5年

第二节　依法行政与执法监督

一、规范性文件管理

2006年,自治区国土资源厅制定印发规范性文件1件。

2007年,自治区国土资源厅根据《内蒙古自治区行政执法监督条例》和有关规定,制定发布《内蒙古自治区国土资源系统行政执法监督办法》。其将“规章和规范性文件的合法性”纳入法制机构监督范围,在行政执法监督方式中确定了法制机构“参加有关会议、会签有关文件,对上级国土资源管理部门法制机构对行政执法监督发现与法律、法规相违背的规章、规范性文件,责令改正或者提请国土资源行政主管机关予以撤销,要求旗县级以上国土资源行政主管部门制定的规范性文件,应当在文件印发之日起30日内报送本级人民政府和上级国土资源管理部门备案”等,使全区国土资源系统规范性文件制定在程序制度和备案登记、备案审查、公布、情况报告及通报、定期评估清理、责任追究等备案监督制度等更加健全完善,厅机关在制发规范性文件时严格履行调研论证、广泛征求意见、法制机构合法性审查、集体讨论决定、公开公布等程序。全年,自治区国土资源厅制定下发规范性文件3件,其中在法定期限内备案的1件,制发未备案2件,所制发的规范性文件没有内容违法件和自行修正的规范性文件。

2009年,自治区国土资源厅致函自治区政府法制办:根据自治区政府法制办《关于报送2009年度规范性文件目录的通知》的要求,按照《内蒙古自治区规范性文件制定和备案审查办法》(自治区人民政府令第35号)的有关规定,自治区国土资源厅对2009年度所制定发布的《内蒙古自治区土地集约利用评价成果验收办法(试行)》《内蒙古自治区建设用地动态监测管理暂行办法》《内蒙古自治区区域城镇建设用地增加与农村建设用地减少相挂钩工作管理办法》《关于进一步加强农用地转用和土地征收审查报批工作的通知》《内蒙古自治区工业用地最低价标准》5件规范性文件,进行合法性初步审查,认为制定程序合法、依据充分、与相关法律、法规不存在抵触现象,具有管理现实性和可操作性。

2011年1月24日,自治区国土资源厅致函自治区政府法制办:按照《内蒙古自治区规范性文件制定和备案审查备案办法》的有关规定,自治区国土资源厅对2010年度印发的《关于组织申报地质勘查资质有关事宜的通知》《关于规范矿业权价款评估有关事项的补充的通知》《关于进一步规范建设项目用地压覆矿产资源调查核实工作有关事宜的通知》《关于进一步规范涉密地质资料管理有关问题的通知》《关于进一步规范建设用地置换报件材料的通知》《矿产资源勘查实施方案管理办法》《转发国土资源部关于印发地质勘查监督管理办法的通知》《转发国土资源部关于印发地质勘查单位从事地质勘查业务活动范围规定的通知》《关于组织申报地质勘查资质有关事宜的通知》等9个规范性文件进行了审查,上述9个文件属于规范性文件范畴,符合宪法和法律、法规、规章的规定;符合国家和自治区现行有效的政策措施;为加强行政管理、维护公民、法人其他组织的合法权益所必需;属于国土资源厅法定职责范围、符合立法技术要求。其中转发国土资源部的两个文件也因提出了结合自治区实际的具体规范要求,纳入了规范性文件,按照相关的规定履行审查备案程序。2011年,自治区国土资源厅全年审查规范性文件6件,全部依法向自治区法制办备案。

2012年,自治区国土资源厅完成规范性文件备案5件:其中4件为依程序向自治区法制办备案,一件是上年度已备案文件,经自治区法制办审查发现该文件存在“自设行政审批事项的情况”,自治区国土资源厅依照自治区法制办提出的整改意见,整改后进行了重新备案。

2013年,自治区国土资源厅研究制定《内蒙古自治区国土资源厅规范性文件制定实施办法》。规定对整装勘查、土地利用改革等方面涉及国土资源的重点问题,在组织做好规范性文件的调研起草工作的同时,要认真做好依法规范性文件合法性审查,严格按照自治区政府的要求,开展规范性文件清理、统一登记备案,及时向自治区人民政府备案登记并公告。

2014年,自治区国土资源厅开展“内蒙古自治区国土资源厅规范性文件管理系统”建设调研,并委托自治区国土资源信息院组织进行相关系统建设。

2015年,按时完成了自治区国土资源厅出台的《关于规范自治区矿业权转让签证有关事宜的通知》和《内蒙古自治区矿山地质环境治理办法实施细则》的备案工作。同时,结合自治区法制办关于规范性文件“三统一”的要求,对“内蒙古自治区国土资源厅规范性文件管理系统”设计进行了调整并已通过专家组审查验收。

二、行政执法监督

2000年8月29日,自治区国土资源厅印发《内蒙古自治区国土资源厅行政执法责任制实施方案》,明确了行政执法责任制指导思想、实施范围和目标、基本步骤、任务以及组织领导。成立了行政执法责任制评议考核领导小组,副厅长王庆良为组长,相关处室负责人为成员。领导小组办公室设在政策法规处,负责日常工作。10月12日,自治区国土资源厅印发《内蒙古自治区国土资源厅行政执法责任制度》,共有《国土资源管理干部法律学习培训制度》《法制宣传制度》《行政执法情况报告制度》《行政执法人员持证上岗制度》《行政执法罚款分离制度》《违法行为举报制度》《行政执法举报投诉制度》《过错和错案追究制度》《重大行政处罚被案审查制度》《行政处罚听证制度》等11项工作制度。11月23日，自治区国土资源厅印发《内蒙古自治区国土资源厅全面推进依法行政的实施方案》，成立自治区国土资源厅依法行政工作领导小组，厅长韩云彬任组长，副厅长黄·阿拉腾别立格、王庆良、赵保胜、元重举任副组长。成员由相关处室负责人组成。领导小组办公室设在政策法规处。

2001年5月16日，自治区国土资源厅印发《关于贯彻内蒙古自治区2001年依法治区工作要点的实施意见》，部署2011年国土资源依法治区工作。7月27日，自治区国土资源厅印发《关于表彰全区土地执法模范县的决定》，授予乌兰察布盟（今乌兰察布市）丰镇市、赤峰市翁牛特旗、通辽市科左后旗、乌海市海勃湾区等4个旗（市、区）全区土地执法模范县称号，予以表彰。10月9日，自治区国土资源厅印发《关于开展依法行政检查工作的通知》。

2003年，自治区国土资源厅转发《国土资源部关于进一步推进依法行政的通知》，要求在全区开展依法行政检查验收工作，创建依法行政示范基地，编印《自治区国土资源厅依法行政手册》，制定《内蒙古自治区国土资源厅全面推进依法行政实施方案》。6月23日至7月13日，自治区派出6个工作组到12盟市开展依法行政督查工作。7月31日，自治区国土资源厅向自治区政府报送《关于推行行政执法责任制工作情况的报告》就提高行政执法人员的自身素质和执法水平，切实推进行政执法责任制，完善内部制约机制和保证各项制度切实落到实处，营造良好的执法环境等方面的情况，作了全面汇报。8月12日，自治区国土资源厅印发《关于在行政审批中加强政策法规工作的通知》，明确国土资源厅政策法规处参与国土资源厅行政审批工作的主要任务：审查拟提交厅长办公会议之前审批的事项适用法律是否正确，程序是否合法；厅行政审批会议要有政策法规处人员出席；厅相关处室提交会议审批事项的有关文件要送政策法规处；提交厅长办公会议研究上报自治区政府和以本厅名义发布的法规性、规范性、政策性文件，必须事先由政策法规处审查，提出审查报告；各盟市国土资源局、厅直属单位向厅请示的涉及法律法规、大政方针的事项，主办处室提出处理意见后要送政策法规处会签后送厅领导签发。

2005年3月30日，自治区政府印发《内蒙古自治区人民政府关于表彰全区依法行政先进集体和先进个人的通报》，赤峰市巴林右旗国土资源局、阿拉善盟国土资源局被评为全区依法行政先进集体，郭仕臣等4人被评为全区依法行政先进个人，受到通报表彰。全年，自治区国土资源厅组织各类执法听证7次，指导基层执法听证12次。

2006年，自治区国土资源厅按照国土资源部《国土资源管理系统全面推进依法行政规划（2006—2010年）》的要求，在广泛征求意见的基础上，制定了2006年全区国土资源管理系统全面推进依法行政计划；按照自治区政府的要求，对《土地管理法》《矿产资源法》《测绘法》等法律以及《土地管理法实施条例》《矿产资源法实施细则》《测绘成果管理条例》等26个行政法规、地方性法规和32个部委以及政府规章等的执法依据进行梳理，确认自治区国土资源厅共有行政许可项目14项，非行政许可项目6项，行政处罚92项，行政强制1项，行政征收13项，行政确认4项，行政裁决4项，其他具体行政行为5项；编印了《内蒙古自治区国土资源厅行政执法依据》《内蒙古自治区国土资源厅依法行政手册》；完成2001—2005年国土资源政策法规汇编，制定了《全区国土资源行政执法监督管理办法》。

2009年，自治区国土资源厅印发《内蒙古自治区国土资源厅法制工作手册》，对厅机关各个行政执法工作岗位在行政执法依据、行政执法职权等方面程序流程进行了全面梳理甄别和规范。制定了国土资源行政审批事项工作规则，对自治区国土资源厅行政执法职权范围内的14项行政许可审批项目、6 项非行政许可审批项目、94 项行政处罚项目、13 项行政征收项目、4 项行政确认项目、4 项行政裁决项目、1 项行政强制项目和 5 项其他具体行政行为等,明确了适用范围、办事依据、申报材料要件、申请地点、办理条件、主办处室职责、协办处室职责、主办处室审查人、主办处室审核人、主管领导、收费依据及收费标准、工作时限,制定了工作规则和工作流程,全面规范了自治区国土资源厅行政执法工作。

2010 年,自治区国土资源厅办理土地管理行政许可审查 805 件,其中建设用地预审 275 件、建设用地审批 530 件。

2011 年,自治区国土资源厅完成自治区政府部署的行政执法主体资格认证工作;完成续编《国土资源政策法规汇编(2006—2010 年)》工作;制定了《征地统一年产值标准和征地区片综合地价成果更新工作方案》;办理土地管理行政许可审查 4865 件,其中建设用地预审 280 件、建设用地审批 601 件;矿业权配置类 3984 件,测绘资质、资格审查 26 件。

2012 年,自治区国土资源厅办理土地管理行政许可审查 963 件,其中建设用地预审 240 件、建设用地审批 723 件;矿业权配置类 230 件,测绘资质、资格审查 32 件。按照自治区政府法制办的统一部署,开展了 2011 年度厅本级、盟市国土资源局行政执法案卷评查工作,并对呼和浩特市、包头市、呼伦贝尔市和满洲里市进行现场评查,评查结果在全区进行了通报。在自治区政府 2012 年度依法行政工作考核中被评为成绩突出单位;自治区国土资源厅政策法规处、包头市国土资源局等 6 个单位、8 名个人分别获国土资源部推进依法行政工作先进集体、先进个人称号。

2013 年,自治区国土资源厅重点开展了规范行政行为全力推进依法行政工作。根据《国土资源部办公厅关于印发〈国土资源部关于进一步推进依法行政实现国土资源管理法治化的意见〉任务分解方案(2011—2015 年)的通知》,结合《内蒙古自治区人民政府关于加强法治政府建设的实施意见》,制定下发了《内蒙古自治区国土资源厅关于贯彻国土资源部〈进一步推进依法行政实现国土资源管理法治化实施意见的任务分解方案(2011—2015 年)〉实施意见》。

2014 年,自治区国土资源厅依据行政许可法定原则,针对原有的 89 项行政许可审批事项(非行政许可审批事项),经过反复细致核对甄别,确定整合保留 33 项,拟下放审批项目 5 项,拟取消审批项目 5 项。经自治区政府法制办审核后,确定自治区国土资源厅行政许可审批 12 项;非行政许可性审批 20 项,两类总计 32 项,加之拟下放取消审批项目各 5 项,较原总数的 89 项压缩减少 57 项,压缩整合减少率约为 64%。

2015 年,自治区国土资源厅对探矿权新立审批(包括厅和盟市审批新立)、建设用地审批、建设用地预审、规划修改审批、测绘资质审批、地质灾害危险性评估资质单位评审及网上会签等 703 件进行了执法监督,重点是对相关申报材料在贯彻《行政许可法》和《行政执法法》等相关程序不规范、时限违法等问题进行了纠正、完善,并对全部 12 次、103 个评估项目的摇号进行了现场监督。

三、行政审批制度改革

2001 年 1 月 17 日,自治区国土资源厅印发《关于成立内蒙古自治区国土资源厅行政审批制度改革领导小组的通知》,由厅长韩云彬任组长,副厅长王庆良任副组长,相关处室负责人为成员,领导小组办公室设在厅政策法规处。2 月 10 日,自治区国土资源厅向自治区行政审批改革领导小组报送《关于报送行政审批制度改革各项报表及清理汇总意见的报告》。汇报自治区国土资源厅有审批、审核、备案事项 63

项,拟保留 37 项,减少 44.4%;其中审批事项 40 项,拟保留 15 项,申请新增 2 项,清理后审批事项减少 62%;有审核事项 16 项,拟保留 15 项(其中审批改为审核 4 项);有备案 7 项,拟保留 5 项。

2002 年,自治区国土资源厅向自治区政府上报《关于行政审批制度改革情况的报告》,就行政审批项目清理、主要做法和存在问题作了全面汇报,并提出工作建议。

2013 年,自治区国土资源厅按照《内蒙古自治区人民政府办公厅关于开展贯彻落实国务院取消和下放行政审批项目事项情况自查工作的通知》的要求,依据行政许可法定原则,对现有行政许可(非行政许可审批项目)进行全面梳理、压缩和整合。经过反复细致核对甄别,初步确定现有法律、法规依据的行政许可审批事项为 17 项,其中土地管理 4 项,(主要为代自治区政府行使职权)矿政管理 8 项,测政管理 5 项,(有 1/2 为非经常类审批)。现有部门规章、规范性文件依据设置的非行政许可性审批(核准、审查、备案)事项共 19 项,其中土地管理 3 项,矿政管理 10 项,测政管理 6 项。压缩精简后,自治区国土资源厅行政许可性审批与非行政许可性审批两类总计 36 项行政审批内容,较原总数的 89 项减少 53 项,压缩归并减少率约为 59.6%。

2014 年,自治区国土资源厅依据行政许可法定原则,开展了行政审批项目清理工作,对行政审批事项包括行政许可、非行政许可审批项目等所有行政权力逐项进行全面梳理、压缩和整合工作。对原有的 89 项行政许可审批事项(非行政许可审批事项),确定整合保留 33 项,拟下放审批项目 5 项,拟取消审批项目 5 项。经自治区政府法制办审核后,确定自治区国土资源厅行政许可审批 12 项,非行政许可性审批 20 项,两类总计 32 项,加之拟下放取消审批项目各 5 项,较原总数的 89 项压缩减少 57 项,压缩整合减少率约为 64%。按照《内蒙古自治区人民政府关于切实做好行政权力梳理工作的通知》的统一部署,建立了由厅长负总责,分管领导负责,指定专人具体办理的工作机制。对自治区人民政府已公告的 12 项行政许可事项,编制完成行政权力运行流程图和行政服务指南,并经自治区政府法制办确认后,在厅门户网站上公告。对全厅行政权力按照行政处罚、行政强制措施、行政强制执行、行政确认、行政给付、行政奖励、行政征收、行政监督检查、其他行政权力等九类分别归入相应类别。经梳理,自治区国土资源厅申报依法拥有行政处罚、行政强制措施、行政强制执行、行政确认、行政征收、行政监督检查和其他行政权力共 7 类,172 项行政权力事项。其中:行政处罚类 119 项,行政强制措施类 1 项,行政强制执行类 1 项,行政确认类 21 项,行政征收类 10 项,行政监督检查类 16 项,行政权力其他类 4 项。未涉及行政给付和行政奖励两类行政权力。

2015 年,自治区国土资源厅进一步开展了国土资源行政审批项目清理工作,完成对行政审批事项包括行政许可、非行政许可审批项目等所有行政权力逐项进行梳理、压缩和整合工作,全部取消非行政许可审批项目,行政许可事项只保留 12 项。对自治区政府已公告的 12 项行政许可事项编制完成了行政权力运行流程图和行政服务指南,并经自治区政府法制办确认,在自治区国土资源厅门户网站进行公告。同时,对自治区国土资源厅行政权力进行了全面梳理,申报依法拥有行政处罚、行政确认、行政征收、行政监督检查和其他行政权力共五类,有 125 项行政权力事项,其中行政处罚类 103 项、行政确认类 1 项、行政征收类 4 项、行政监督检查类 11 项、其他类 6 项,并经自治区政府法制办审核确认后在自治区国土资源厅门户网站进行公告。此外,按照自治区政府法制办的要求,梳理编制《内蒙古自治区国土资源厅权责清单》,向全社会公示征求意见,经自治区政府法制办确认后对外公布。

第三节　行政复议与应诉

一、行政复议

2000 年 9 月 5 日,自治区国土资源厅成立行政复议协调领导小组,副厅长王庆良为组长,相关处室负责人为成员,办公室设在政策法规处。

2001 年 4 月 30 日,自治区国土资源厅向国土资源部上报《关于赤峰市红山区城郊乡拆迁农民住宅涉及土地补偿问题的请示》。6 月 16 日,自治区国土资源厅答复呼和浩特市土地局《关于非法交易土地适用法律的问题》。12 月 8 日,自治区国土资源厅对自治区政府法制办《关于内蒙古电影制片厂申请复议案审查情况的报告》提出具体意见。

2003 年 9 月 5 日,自治区国土资源厅印发《关于成立内蒙古自治区国土资源厅行政复议委员会的通知》,明确行政复议委员会的主要任务及人员组成,行政复议办公室的工作职责等。

2005 年,自治区国土资源厅全年受理各类行政复议案件 3 件,全部结案;行政复议答辩事项 11 件。

2010 年,自治区国土资源厅全年受理并做出行政复议决定案件 3 件,受理行政复议并及时做出答复的案件 17 件。

2011 年,自治区国土资源厅按照国土资源行政复议管理系统数据库建设及行政案件档案管理的要求,将历年来的行政案件整理建档,81 件行政案件录入国土资源行政复议管理系统,完成国土资源行政案件数据库建库工作。共承办行政复议案件 15 件,其中:自治区国土资源厅作为复议机关,受理的不服盟市国土资源局行政行为的行政复议案件 10 件(涉地 9 件、涉矿 1 件),结案 9 件(不予受理 4 件、下达行政复议决定维持原行政行为 5 件)。作为被申请人,全年参加行政复议案件 5 件(涉地 4 件、涉矿 1 件),其中自治区人民政府法制办受理的行政复议案 4 件(维持原具体行政行为 2 件、正在审理的 2 件);国土部受理的行政复议案 1 件。

2012 年,自治区国土资源厅承办行政复议案件 19 宗;自治区国土资源厅作为复议机关,受理的不服盟市国土资源局行政行为的案件 12 宗(涉地 12 宗),结案 9 宗(不予受理 1 宗、下达行政复议决定撤销原行政行为 6 宗、告知结案 1 宗,驳回复议申请 1 宗);作为被申请人参加行政复议案件 7 宗(涉地 7 宗),其中自治区法制办行政复议案 6 宗,正在审理的 2 宗、维持原具体行政行为 4 宗;国务院法制办行政复议案 1 宗。

2013 年,自治区国土资源厅承办行政复议案件 29 件,其中,自治区国土资源厅作为复议机关,受理的不服盟市国土资源局行政行为的案件 12 件,结案 11 件(撤回申请 1 件、不予办理 1 件、驳回复议申请 2 件、维持原具体行政行为 2 件、撤销原具体行政行为 5 件);作为被申请人参加行政复议案件 17 件,其中自治区法制办审理复议案 12 件(结案 2 件),国土资源部办理复议案件 5 件(全部受理前协调化解,未予受理)。

2014 年,自治区国土资源厅承办行政复议案件 42 件,其中,自治区国土资源厅作为复议机关,办理的不服盟市国土资源局行政行为的案件 24 件,结案 21 件(不予受理 7 件、驳回复议申请 4 件、维持原具体行政行为 1 件、撤销原具体行政行为 1 件,责令履行 8 件);作为被申请人参加行政复议案件 18

件,其中自治区法制办审理复议案11件(结案2件),国土资源部办理复议案件7件(结案5件)。配合国土资源部办理涉及国土资源部已审批的"鄂尔多斯市露天煤矿采矿用地改革试点工作"行政复议案件;协调并完成自治区人民法院关于郭进华信访案件情况复函。按照"谁行为,谁负责"的工作原则,明确法制工作机构与业务承办处室工作职责,做好自治区、盟市两级国土资源部门受理的行政复议案件审理工作。加强与人民法院、自治区政府法制办的联系和沟通,建立预防和化解行政争议专题联席会议制度。

2015年,自治区国土资源厅承办行政复议案件共39件。其中,自治区国土资源厅审理的不服盟市国土资源局行政行为的案件10件,结案9件(终止审理1件、责令履行信息公开义务2件、维持原具体行政行为3件、撤销原具体行政行为3件),1件审理中;自治区政府法制办审理的复议案件有28件;国土资源部审理的复议案件为1件(已结案,责令履行信息公开义务)。

二、行政诉讼应诉

2006年,自治区国土资源厅依法规范行政行为,将行政应诉工作以前由政策法规处配合,调整为由政策法规处牵头,相关业务处室局配合。制定了《内蒙古自治区国土资源厅行政应诉工作规则》,明确厅机关内部出庭应诉、复议答复的工作职责。认真履行行政应诉职责,基本实现有诉必应,认真答辩。及时向法庭和复议机关提交自治区国土资源厅做出具体行政行为的相关依据和证据,参与法院和复议机关的行政诉讼和复议活动过程。年内行政管理相对人不服自治区国土资源厅做出具体行政行为的行政诉讼和行政复议案件共15起。其中,经审理有1起被确认违法,2起被撤销,其余均予维持。全年出庭20余次,参加听证会、案情协调会、调查会等30多次。对案件中反映出的工作缺陷,及时改进。通过行政应诉,总结经验,汲取教训,有效规范行政行为。对一些简单行政争议案件探索简易处理办法。对2起不符合受理条件的复议申请及时告知了申请人,并为当事人指出了解决问题的途径和办法;对其他2宗行政争议案件也进行了妥善处理,避免行政赔偿900多万元。组织举办一期全区国土资源法律法规和执法操作实务学习班。

2010年,自治区国土资源厅办理行政诉讼并及时提出答辩案件10件21个具体行政行为。

2011年,自治区国土资源厅承办行政诉讼案件24件(一审8件,二审14件,申诉2件),其中赛罕区人民法院审理7件(涉地1件、涉矿6件),在呼和浩特市中级人民法院2件(涉矿2件,一审1件、二审1件),自治区高级人民法院二审13件(涉地3件、涉矿10件),自治区高级人民法院申诉案件2件(涉地1件、涉矿1件)。与自治区人民政府法制办、自治区高级人民法院、呼和浩特中级人民法院和赛罕区法院举办工作交流专题会议;组织法律工作人员对《内蒙古自治区工矿废弃地调整使用管理办法》(征求意见稿)进行研究,提出书面修改意见,就"内蒙古吉林郭勒二号露天煤矿有限公司非法占地建设矿山、无证开采煤矿资源案件",提出法律意见。在坚决执行法院判决的同时,配合各级法院创新审判方式,探索化解行政争议新机制,组织协调相关政府、国土资源局配合法院调解,在"案结事了人和"上下功夫,注重行政纠纷的实质性解决,努力从根本上化解矛盾,协调处理了一批行政案件。

2012年,自治区国土资源厅承办行政诉讼案件10宗(一审8宗,二审2宗):赛罕区法院审理6宗(涉矿5宗),呼和浩特市中院3宗(涉矿2宗,涉地1宗;一审2宗、二审1宗),自治区高院二审1宗(涉地1宗)。按照国土部要求统一启用国土资源行政复议管理系统的文件精神,结合行政复议、诉讼案件档案管理的实际情况,将历年来案件材料比较全的案件档案整理归档,录入国土系统行政复议管理系统,建立内蒙古自治区国土资源行政复议管理系统。

2013 年,自治区国土资源厅承办行政诉讼案件 9 件(一审 6 件、二审 3 件)。其中,赛罕区法院审理 5 件,呼市中院审理 3 件,自治区高院审理 1 件。加强与自治区高院、自治区政府法制办的联系和沟通,建立预防和化解行政争议专题联席会议制度。与自治区高院签署《自治区高级人民法院与自治区国土资源厅建立良性互动机制备忘录》。组织责任人出庭应诉、相关人员参加行政诉讼案件旁听;建立完善行政争议案件处理情况通报制度;多次和各级法院座谈,针对自治区矿产资源整合过程中的一些典型案例和法院交换意见。

2014 年,自治区国土资源厅承办行政诉讼案件 6 件(一审 4 件、二审 2 件):赛罕区法院审理 4 件(原告撤诉结案 1 件、维持 3 件);呼市中院审理 2 件(维持 1 件、审理中 1 件)。组织好责任人出庭应诉工作,积极组织相关人员参加行政诉讼案件旁听。做好典型案例分析研讨,建立完善行政争议案件处理情况通报制度。

2015 年,自治区国土资源厅共承办行政诉讼案件 12 件(一审 10 件、二审 2 件)。其中,呼和浩特市赛罕区法院审理 9 件(原告撤诉 2 件、败诉 3 件案件类型全部政府信息公开、维持 4 件),呼和浩特市中院审理 2 件(1 件发回重审、1 件正在审理),自治区高级人民法院审理 1 件(维持原判)。

第四节　普法与法制教育

一、“三五”普法

“三五”普法,即第三个全民普法五年规划。在 2000 年之前,“三五”普法和依法治理工作分别由原自治区地质矿产厅、土地管理局、测绘局分别组织实施。根据上级部署,三个部门把普法和依法治理工作列入党组重要议事日程,制定了“三五”普法宣传教育规划和年度计划。层层召开动员大会,广泛进行思想发动。成立以主要领导为组长、有关处室负责人为成员的“三五”普法领导小组,下设领导小组办公室,具体负责普法工作的组织和开展。针对人员变化情况,及时调整、补充“三五”普法组织机构成员,确保普法工作的连续性。据不完全统计,三个部门共组建“三五”普法和依法治理领导小组 228 个,成员 875 名,设立法制宣传教育办公室 228 个,配备专兼职工作人员 426 名。订购了国家统一印制的“三五”普法教材,据不完全统计,共订购各类普法教材 4.5 万册。建立专项经费,专款专用,共投入“三五”普法宣传教育专项经费 500 万元以上。

在“三五”普法期间,原自治区地质矿产厅、土地管理局采取不同形式,对乡镇(苏木)领导和 600 多家矿山企业负责人进行上岗培训。1999 年,原自治区地质矿产厅领导深入盟市、旗县、矿山、开发区送法上门。新《矿产资源法》《土地管理法》颁布后,全区共举办新法培训班 358 期,参加人数达 7500 人。

2000 年自治区国土资源厅成立后,“三五”普法工作进入检查验收阶段。2000 年 5 月 8 日,自治区国土资源厅印发《关于认真做好全区国土资源管理系统“三五”普法检查验收工作的通知》,部署全区国土资源系统“三五”普法检查验收工作。10 月 25 日,对全区国土资源系统“三五”普法工作实绩突出的 37 个先进集体和 77 名先进个人予以表彰。2001 年 2 月 9 日,国土资源部表彰国土资源系统 1996—2000 年法制宣传教育先进集体先进个人,锡林郭勒盟锡林浩特市土地矿产局、赤峰市地质矿产局被评为先进集体，自治区国土资源厅邢俊、刘伟华，乌海市土地管理局王建新、自治区航空遥感测绘院程水木被评为先进个人，受到表彰。2001 年 3 月 15 日，经自治区直属机关依法治理领导小组办公室考核验收，确认自治区国土资源厅为“三五”普法和依法治理合格单位。

2001 年 6 月 30 日，自治区党委、政府表彰 1996—2000 年度全区法制宣传教育和依法治理工作先进集体、先进个人，乌海市土地管理局、巴彦淖尔盟（今巴彦淖尔市）土地管理局被评为先进集体，受到表彰。8 月 24 日，自治区直属机关工委、直属机关普法依法治理领导小组表彰“三五”普法依法治理先进单位、先进办公室和先进个人、先进工作者，自治区国土资源厅获“依法治理先进单位”称号，自治区国土资源厅普法依法治理领导小组办公室获“先进办公室”称号，自治区测绘院党委书记张守业、自治区国土资源厅苑秀萍（女）获“先进个人”称号，自治区土地勘测设计院党团人事办公室主任付德明获“先进工作者”称号。

二、“四五”普法

根据中共中央、国务院关于转发《中央宣传部、司法部〈关于在公民中开展法制宣传教育的第四个五年规划〉的通知》和国土资源部、自治区直属机关工委关于开展法制宣传教育和依法治理工作第四个五年规划的精神，2001 年 11 月 22 日，自治区国土资源厅制定、印发《内蒙古自治区国土资源管理系统开展法制宣传教育和依法治理工作的第四个五年规划》，分准备、实施、检查验收三个阶段，于 2001—2005 年在全区国土资源管理系统开展了法制宣传教育和依法治理工作。简称“四五”普法。

主要做法：一是建立领导机制，确保普法的顺利实施。自治区国土资源厅根据厅领导工作岗位变化，适时调整组建以厅主要领导为责任人、各相关处室责任人参加的普法工作领导机构，厅属各事业单位和各盟市、旗县国土资源行政主管部门也加强了对本部门普法领导机构的建设，在实践中做到了“两个坚持”（坚持把普法工作纳入一把手工程，坚持把普法工作纳入部门责任目标考核）、“五个到位”（认识到位、责任到位、精力到位、投入到位、奖惩到位）。厅党组每半年听取一次普法依法治理工作情况汇报，及时研究解决普法依法治理工作中存在的问题，形成各负其责、齐抓共管的良好局面，使普法工作真正步入一个全新的阶段。二是完善工作机制，做到普法的“五个落实”。组织落实：各级均成立了专门的办事机构；规划落实：保证了年初有计划，包括普法规划、年度计划和实施方案；年中有指导，年底有总结；责任落实：通过《国土资源厅领导班子成员年度实绩考核责任目标》《国土资源厅机关各处室年度责任目标》以及《考核盟市国土资源局责任目标实施办法》等，将执法权限和执法责任层层分解落实到各厅长、盟市国土资源局及机关各处室；骨干落实：各普法机构配备固定的工作人员，负责日常的法制宣传教育工作；经费落实：各级国土资源行政主管部门都把普法依法治理经费纳入年度支出预算，做到了专款专用。三是健全监督机制，保持普法的强劲态势。各级国土资源行政主管部门都建立了行之有效的监督机制，把普法工作作为责任目标考核的重要内容，与业务工作同研究、同部署、同检查、同考核、同奖惩，保证了普法目标的实现。同时，在党委领导、政府实施、人大常委会监督、全社会共同参与的工作运行机制内，自觉接受各级党委、人大常委会、政府、政协的监督。设立公开咨询电话、举报信箱和投诉电话，尽可能通过多种渠道，主动接受群众的监督。

“四五”普法期间，全区各级国土资源行政主管部门在开展平时的法制宣传教育工作的同时，紧紧围绕“4·22”地球日、“6·25”土地日、“8·29”测绘法宣传日、“12·4”法制宣传日等宣传主题，广泛开展多种形式的宣传活动。特别是在 3 个方面有新突破：一是领导干部学法用法意识明显增强。自治区国土资源厅把加强领导干部学法用法守法当作工作的重中之重,采取了一些行之有效的措施。在党校开办国土资源管理法律法规课程,在报刊、电视、广播开办国土资源法律专栏,邀请领导参加国土资源部门组织的普法宣传活动,就国土资源工作的重大问题经常向有关领导请示汇报等。通过多种渠道,使各级领导全面了解国土资源法律法规,从法理上掌握国土资源法律法规的基本内涵,增强对国土资源管理工作的理性认识,养成依法决策、依法行政、依法管理、依法办事的思维方式和行为习惯。二是行政执法人员学法用法水平有所提高。按照"四五"普法规划要求,自治区国土资源厅组织6次集体学法,举办了4次处级以上干部法制讲座,着重学习了部门法、专业法及与本职工作密切相关的法律法规。每年年底,在国土资源系统组织一次法律知识考试,保证了处级以上在职干部参考率达到100%,考试合格率达到98%;在职一般干部参考率达到100%,考试合格率达到95%。在2001—2004年查处的6960起案件中,各级行政执法人员知法、守法、护法,做到了问题事实清楚,适用法律恰当,处理程序合法,既保护了国家、集体利益,维护了当事人的合法权益,又纠正了违法乱纪行为。三是用地、用矿大户学法用法的自觉性有所提高。通过送法上门、以案现身说法、现场处理违法案件、召开听证会等形式,重点对城郊接合部的广大农牧民、用地大户和采矿大户进行法制宣传教育,重点培养资源法制意识和维权意识,使他们更加自觉地珍惜和保护土地、矿产资源,做到依法办事,守法经营,自觉履行各项义务。

2003年6月25日,自治区国土资源厅副厅长郭战英(中)参加土地日普法宣传并现场为群众发放普法资料。

"四五"普法期间,全区各级国土资源管理部门以行业普法为基础,深化依法治理工作。一是加强了法制建设,在立法方面,《内蒙古自治区实施〈中华人民共和国土地管理法〉办法》《内蒙古自治区地热资源管理条例》《内蒙古自治区地质环境保护条例》已由自治区人大常委会颁布实施。同时,自治区国土资源厅根据国土资源的工作重心,相继出台了《内蒙古自治区国有土地储备管理办法》《内蒙古自治区挂牌出让国有土地使用权管理办法》《土地市场管理暂行办法》以及矿业权招标拍卖方面等规范性文件。自治区国土资源厅还根据自治区党委、政府和国土资源部的要求,对每年发布的规范性文件进行了全面清理,废止了与经济社会发展要求不相适应的规范性文件。二是加强了制度建设。各级国土资源行政主管部门紧密联系自身实际,在充分发扬民主、广泛征求意见的基础上,健全和完善了依法行政的各项制度,即社情民意反映制度、社会公示制度、社会听证制度、专家咨询制度和责任追究制度等,确保制度的科学性、正确性、合法性、规范性和有效实施。三是进一步深化了基层普法工作。继续坚持学法与用法、普法与执法、民主建设与法制实践相结合,普法与精神文明建设、思想道德建设相结合,普法与社会治安综合治理相结合,切实加大了基层普法依法治理的力度,努力做到严格执法与提供法律服务双到位。通过法律咨询、法律援助、法律培训、送法上门等活动,较好地解决了群众反映强烈的热点、难点问题,一些重大违法案件,得到认真查处,实现了维护个人权益与维护社会稳定的统一。四是广泛开展了普法调研活动。自治区国土资源厅普法办公室对全区国土资源系统"四五"普法依法治理的基本情况进行了详细调查统计，为继续做好普法依法治理工作提供了科学的决策依据。组织各盟市国土资源行政主管部门的工作人员在全区范围内进行了巡回检查，深入开展普法依法治理调查研究活动，并撰写了部分有价值的调查报告。

三、“五五”普法

按照中共中央、国务院批转的《中央宣传部、司法部关于在公民中开展法制宣传教育的第五个五年规划》、自治区依法治区领导小组办公室《关于深入开展法制宣传教育推进依法治理工作的第五个五年规划》，国土资源部《全国国土资源系统开展法制宣传教育的第五个五年规划(2006—2010年)》、国家测绘局《测绘系统开展法制宣传教育的第五个五年规划》的文件精神，自治区国土资源厅研究制定了《关于贯彻落实国土资源部开展法制教育第五个五年规划(2006—2010年)的实施意见》，分准备、实施、检查验收三个阶段，于2006年至2010年在全区国土资源系统开展了第五个五年普法活动。简称“五五”普法。

2006年，自治区国土资源厅在总结“四五”普法工作的基础上，召开会议，进行动员部署，适时启动“五五”普法工作。根据厅领导班子成员和工作人员岗位调整，建立了以厅长为组长、分管副厅长为副组长和各职能处室主要负责人为成员的厅“五五”普法和依法行政领导小组，下设办公室。厅属事业单位和各盟市旗县国土资源局也都成立了相应的普法领导机构，配备了普法工作人员。

“五五”普法期间，自治区国土资源厅为确保“五五”普法落到实处，组织人员系统学习《公务员法》《行政处罚法》《物权法》《矿产资源法》《土地管理法》《行政复议法》《行政诉讼法》等法律法规，开展预防土地渎职犯罪教育活动。投入普法及宣传年工作专项经费179.47万元，为系统人员学习订购学习资料，制作宣传版面、印刷小册子和传单，普及国土资源法律法规及相关知识。先后制作国土资源政策法律法规和典型案例的宣传图版480余块，发放国土资源管理法律法规48.76万册，传单等10万余份。编印2001—2005年国土资源政策法规文件1000余册。组织五个盟市分管土地、矿产资源、国土资源执法监察的盟市长参加国家举办的国土资源专题研修班。对全区盟市、旗县(市)、苏木、乡(镇)、村党政主要负责人和分管负责人全面开展了国土资源法律知识宣传教育培训活动，举办旗县市(区)，苏木、乡(镇)，嘎查(村)级干部培训班603期，培训人数24 960人，其中培训旗县市(区)干部310人、培训苏木、乡(镇)级干部2730人，培训嘎查(村)级干部21 920人，国有农牧场、经济开发区等其他领导干部1640人。以培训基层国土资源所工作人员为重点，举办以国土资源法律法规的基本制度、基本知识和基本原则的应知应会为内容的培训班600多期。举办领导干部法制讲座254场，举行法律知识考试310次，社会普法培训17 628人次，公务员普法培训3335人次，创建“依法办事示范单位”60家。借助新闻媒体、报刊，宣传国土资源政策法规，在内蒙古人民广播电台、内蒙古电视

2006年8月29日，自治区国土资源厅副厅长元重举(左二)参加测绘法宣传日活动。

台播出5期专题节目。召开新闻发布会,把国土资源法制宣传与查处各类土地矿产资源违法案件、调处土地权属纠纷相结合,对一些典型的国土资源违法案件进行公开曝光,以案释法。在开展日常法制宣传教育的同时,每年还以“4·22”地球日、5月中旬“科普宣传周”、“6·25”土地日、“8·29”测绘法宣传日、“12·4”法制宣传日等活动为平台,开展专题普法711场,集中宣传《矿产资源法》《土地管理法》《测绘法》等国土资源法律法规。

“五五”普法期间,自治区国土资源厅把普法工作同依法行政工作紧密结合起来,从完善制度入手,强化监督,以普法促和谐,推动“五五”普法工作在国土资源系统深入开展。对厅机关89人的行政执法人员资格进行认证,并组织全体人员参加政府法制办举办的法律法规知识培训,厅机关全体公务员和所属执法监察总队全体人员都持有自治区人民政府统一印制的行政执法证件。针对现行国土资源管理相关工作程序存在权力过于集中、办事程序烦琐、工作效率不高的问题,认真研究并分析了来自社会各方面的意见和建议,对工作思路进行及时调整。在土地审批工作中,对须报国务院审批的用地项目,要求盟市、旗县,在规定时限完成审查报批工作,对属于自治区审批权限内的用地项目,只要资料齐全,审批时限由15个工作日缩短为12个工作日。对矿业权的审批登记,采取在盟市进行设点审查,由盟市职能部门承担受理和初审,厅机关不直接受理,只要符合法定条件,盟市审查合格后,自治区国土资源厅即以确认审批的办法。在实施规范性文件制定备案审查方面,凡是以自治区国土资源厅下发或是上报自治区政府以政府名义下发的文件,都必须交由相关处室审查,必要时组织专家进行合法性、合理性以及可行性的评估和论证。并在规定时间内将已出台的规范性文件向有关部门上报备案。开展行政执法依据梳理。按照自治区政府的要求,自治区国土资源厅对《土地管理法》《矿产资源法》和《测绘法》等九部法律以及《土地管理法实施条例》《矿产资源法实施细则》和《测绘成果管理条例》等21部行政法规、5部地方性法规和24部部委规章以及8部政府规章等的执法依据进行梳理。经过梳理,共有行政许可项目94项,行政强制1项,行政征收13项,行政确认4项,行政裁决4项,其他具体行政行为5项。编制印发了《内蒙古自治区国土资源厅行政执法依据》和《内蒙古自治区国土资源厅依法行政手册》,并在自治区国土资源厅的门户网站向全社会进行了公布。

2010年,自治区国土资源厅完成全区国土资源系统依法行政五年规划总结验收和“五五”普法检查验收工作。

四、“六五”普法

按照中共中央、国务院批转的《中央宣传部司法部关于在公民中开展法制宣传教育的第六个五年规划》和《全国人民代表大会常务委员会关于进一步加强法制宣传教育的决议》、国土资源部《国土资源管理系统开展法制宣传教育的第六个五年规划(2011—2015年)》、自治区“六五”普法依法治理规划目标任务的要求,2011年10月14日,自治区国土资源厅研究制定《内蒙古自治区国土资源管理系统“六五”普法法制国土建设工作规划(2011年—2015年)》,明确指导思想、工作目标、主要任务、工作步骤、具体要求,分为宣传准备、组织实施、检查验收三个阶段,从2015年开始,至2015年底,在全区国土资源系统开展了“六五”普法法制国土建设工作。

“六五”普法期间,自治区国土资源厅健全领导机制,确保“六五”普法顺利实施。2011年10月,调整依法行政(“六五”普法)领导小组组成人员,厅党组书记、厅长白盾任组长,副厅长孔燕燕任副组长,厅机关各处(室、局)主要负责人为成员。领导小组(“六五”普法)办公室设在政策法规处,并设置了普法联络员。2012 年 4 月，由于领导班子成员分工变动，再次调整依法行政（“六五”普法）领导小组组成人员。2012 年 11 月，因厅机关处室人员调整，又对领导小组办公室成员、普法联络员进行了调整。厅属事业单位和各盟市旗县国土资源行政主管部门也成立相应的领导机构，编制了工作规划，做到了组织到位、责任到位、形成各负其责、齐抓共管的良好局面，使普法工作健康有序开展。

全区国土资源管理系统根据“六五”普法法制国土建设“树立法治理念，弘扬法治精神，培育法制文化”的任务要求，组织开展各项活动，全面推进法制国土建设工作。自治区国土资源厅依法行政和普法工作与自治区“六五”普法依法治理和国土资源部“六五”普法法制国土推进依法行政相结合，有计划地组织全区国土资源管理系统干部，特别是领导干部深入学习《宪法》《行政强制法》《行政许可法》《行政复议法》以及国土资源管理相关法律、法规等，不断规范行政行为，增强学法、遵法、守法、用法的自觉性。全区国土资源系统按照国家、自治区普法要求，为全体干部、职工分别订购了《“六五”普法学习读本》《公务员学法用法读本》《领导干部学法用法读本》《“六五”普法职工学法用法读本》《“六五”普法推荐读物普法漫画》等普法专用材料，还购入《行政强制法》《行政强制法释义》等书籍作为普法材料，同时先后组织矿山企业、房地产开发企业和地质环境治理、土地开发整理等社会中介机构进行普法专业知识培训。各级国土资源管理部门组织派遣人员参加了自治区、盟市、旗县普法办及法制部门举办的各种普法、法制专业培训。

“六五”普法中，自治区国土资源厅将弘扬法治精神，形成全社会学法、用法、守法的社会氛围，作为全区国土资源管理系统“六五”普法依法治理法制国土和推进依法行政工作的重要内容，努力推动各级国土资源管理部门及其工作人员自觉在《宪法》和法律的范围内活动，带头维护《宪法》和法律的权威。进一步完善重大决策跟踪反馈和责任追究相关制度，逐步健全了公众参与重大立法、重大决策等制度；不断健全规章和规范性文件“实时清理”，自动更新机制；全面规范了依法行政评价考核体系，并量化考核指标，开展了经常性的考核和检查；进一步完善了自治区国土资源厅法制工作手册，完善了法定行政许可、审批、登记、发证和行政处罚等工作流程、规则；通过国土资源信访接待室及其完善的接待工作规则，畅通了社会群众诉求渠道，正确引导公众依法维权，并设立自治区国土资源厅 12336 咨询投诉电话，对社会公众提供法律服务。

自治区国土资源厅注重培育国土资源法制文化。健全完善了厅党组中心组集体学法、会前学法和法制讲座等制度，建立了国土资源系统处级领导干部任职前法律知识培训考核制度。通过开展“送法工程”，出现一批如阿拉善盟额济纳旗国土资源管理法律法规进牧户、进保护区，包头市土右旗国土资源管理法律法规进农村、进农户，乌兰察布市凉城县国土资源管理法律法规进单位、进村镇，赤峰市克什克腾旗国土资源管理法律法规进矿山、进企业，呼伦贝尔市阿荣旗国土资源管理法律进校园、进机关，满洲里市国土资源管理法律进军

2015 年 6 月 25 日，自治区国土资源厅副厅长王富友（中）参加土地日普法宣传活动。

营、进企业的模范市县,受到国土资源部的表彰。

全区国土资源管理系统继续以每年的“4·22”地球日、5月中旬的“科普宣传周”、“6·25”土地日、“8·29”测绘法宣传日、“12·4”法制宣传日等活动载体,围绕“弘扬法治精神,培育法制文化”的主题,在本单位办公场所营造宣传氛围,组织丰富多样、群众喜闻乐见的宣传活动,组织干部职工参加全国百家网站中国特色社会主义法律体系知识竞赛活动,利用国土资源管理门户网站、博客、短信信息等形式进行国土资源管理普法法制教育。厅领导积极参加各项普法宣传活动,在自治区各主要媒体撰文宣传国土资源法律法规知识。厅领导以及厅相关处室负责人参加内蒙古人民广播电台《行风热线》直播节目,与管理相对人进行咨询互动,宣传国土资源管理法律知识。此外,自治区国土资源厅还编印了《国土资源政策法规文件汇编(2006—2010年)》(1—6册),发放给相关单位、处室及各盟市、旗县国土资源部门。

2015年8月12日,自治区国土资源厅副厅长王富友(左一)带领厅相关处室到呼和浩特市武川县送法下乡。

“六五”普法期间,为落实普法规划做好督促,自治区国土资源厅每年按时向国土资源部、自治区依法治区领导小组提交相关工作报告。2013年,自治区国土资源厅根据国土资源部《关于开展国土资源管理系统推进依法行政和“六五”普法中期检查督导的通知》精神,以及自治区司法厅、人力资源和社会保障厅《关于组织开展“六五”普法依法治理中期检查督导的通知》部署安排,对照中央宣传部、司法部、全国普法办《全国“六五”普法依法治理中期检查督导考核评估细则》,组织开展了法制宣传教育“六五”规划中期检查和评比先进推荐工作。建立完善法制宣传教育“六五”规划确立的各项制度,从组织领导、制度建设、特色活动、档案台账、宣传教育成效等方面量化考核,组织各盟市、旗县国土资源部门的自查自评、互查互评、抽查评定等工作,总结推广先进经验及做法,督促完善相关工作并完成评比先进推荐工作。通辽市国土资源局等5个单位和李学东等8名个人获国土资源部系统“六五”普法工作先进单位和个人。2015年11月10日,自治区国土资源厅“六五”普法依法治理工作通过自治区“六五”普法依法治理检查验收。

第二章　执法监察

第一节　执法监察建设

一、机构与职责

2000 年 4 月 7 日，根据《内蒙古自治区人民政府办公厅关于印发自治区国土资源厅职能配置内设机构和人员编制规定的通知》精神，自治区国土资源厅内设执法监察局，其职责为：组织对国家土地资源、矿产资源和测绘方面的法律、法规执行情况进行监督检查，拟定国土资源和测绘执法监督及违法案件查处的办法，组织开展对土地规划、农地转用、土地征用、土地资产处置、土地使用权和矿业权交易行为及测绘违法行为的监督检查，依法组织查处重大违法案件。

2004 年 7 月 13 日，自治区编委批复，同意成立内蒙古自治区国土资源执法监察总队（以下简称自治区国土资源执法总队），为自治区国土资源行政执法机构，正处级建制，由自治区国土资源厅管理。执法监察总队所需人员和经费从自治区国土资源厅机关和直属事业单位中选调和划拨，人员依照公务员管理。主要职责是：宣传贯彻执行国家和自治区有关土地资源、矿产资源、测绘方面法律法规和政策。监督检查土地资源，矿产资源和测绘方面法律法规执行情况。对土地利用总体规划、年度利用计划、矿产资源开发利用规划、土地和矿产资源保护；行政监督检查。受委托组织土地资产处置、土地使用权和矿业权交易行为及测绘违法行为的监督检查。受委托对探矿权、采矿权审批发证、矿产资源储量审批，矿产资源补偿费征管、造地费征收、新增建设用地补偿费征收等行政行为依法进行监察，并纠正违法违规行为。负责土地资源和矿产资源重大违法案件、测绘违法案件的调查和取证工作，并依法提出处理意见。协助有关部门实施行政处罚的强制执行，配合司法机关对违法犯罪行为依法追究法律责任。参与土地、矿业秩序、测绘市场秩序的治理整顿工作。配合有关部门对矿产品流通进行监督检查。对盟市国土资源执法监察队伍进行业务指导。承办自治区人民政府及自治区国土资源行政主管部门交办的其他工作。内设四个科级机构：办公室、一支队、二支队、三支队。

2005 年 10 月 18 日，自治区国土资源厅党组根据自治区政府关于国土资源管理体制改革的精神和实际工作需要，印发《关于印发内蒙古自治区国土资源厅各处室职能的通知》，确定执法监察局的职能为：组织对国家土地资源、矿产资源和测绘方面的法律、法规执行情况进行监督检查，拟定国土资源和测绘执法监督及违法案件查处的办法，组织开展对土地规划、农地转用、土地征收、征用、土地资产处置、土地使用权和矿业权交易行为及测绘违法行为的监督检查，依法组织查处重大违法案件；领导执法监察总队开展执法监察业务工作，并指导全区执法监察机构和队伍的执法监察业务工作；受理、接待有关土地资源、矿产资源等方面来信来访，承办自治区党委、政府、国土资源部交办处理的信访事项，对重大信访事项负责调查核实，提出处理意见。

2009 年 12 月 8 日，根据《内蒙古自治区人民政府办公厅关于印发自治区国土资源厅主要职责内设机构和人员编制规定的通知》精神，自治区国土资源厅设执法监察局，其职责是：组织对土地、矿产资源和测绘方面的法律、法规执行情况进行监督检查；组织实施土地、矿产资源和测绘执法监察及违法案件查处的相关法规；组织查处重大土地、矿产和测绘违法案件，领导执法监察总队开展执法监察工作，指导全区国土资源执法监察工作；受理、接待、办理涉及国土资源方面的人民群众来信来访，协调、处理国土资源部、自治区交办的信访事项。同时，经自治区编办批复，自治区国土资源执法总队内设信访室，科级机构由4个增加至5个。

二、队伍建设

2001年4月7日，自治区国土资源厅印发《关于开展全区国土资源执法监察人员岗位培训实施持证上岗的通知》，部署开展全区国土资源执法监察人员岗位培训工作。要求全区国土资源执法监察系统全体人员在上半年均接受一轮培训，取得国土资源执法监察资格，实现自治区国土资源执法监察系统全体人员持证上岗。

2002年，自治区国土资源厅转发国土资源部《关于加强国土资源执法队伍建设的通知》要求，各级执法监察机构和队伍在机构改革到位后，要抓紧建立和完善各项规章制度，落实三项制度，开展经常性的法律法规和业务知识学习，加强队伍建设。同时，自治区国土资源厅执法监察局转发国土资源部《关于加强国土资源执法监察人员培训的通知》，决定从2002年8月份开始，陆续对全区盟市级国土资源执法监察机构在编在岗人员和专业队伍在岗在编人员进行分期培训，实现执法监察人员全部持证上岗。明确旗县级以下的国土资源执法监察机构和专业队伍人员培训工作。并分别于8月10日、11月23日，举办全区国土资源执法监察培训班。

2004年7月13日，经自治区编委批复，自治区国土资源执法总队核定行政执法专项编制35名，其中，处级领导职数3名(1正，2副)，科级领导职数8名(4正，4副)。总队长由自治区国土资源厅执法监察局局长兼任。设国土资源综合执法处级专员8名(4正，4副)。

2008年，在巴彦淖尔市国土资源执法监察体制创新试点工作的基础上，自治区国土资源厅先后安排呼和浩特市、包头市、呼伦贝尔市、鄂尔多斯市、乌海市、乌兰察布市的国土资源执法监察体制创新试点工作，并向各盟市编办致函。包头市、鄂尔多斯市、乌海市、呼伦贝尔市、乌兰察布市的国土资源执法监察体制创新工作已经完成。全区建成国土资源所583个，从事国土资源执法监察人员共有2057人，其中1743人全额拨款，各执法监察机构、队伍和国土资源所均不同程度配备了汽车、摩托车、GPS、电脑、摄像机、照相机等装备。兴安盟扎赉特旗和科右中旗国土资源局为执法监察人员及其家属分别购买保额为10万元、5万元的人身保险。

2009年，自治区国土资源厅发挥执法监察专员的作用，按照“专员专区”和“上包片、下联点”的工作思路，每个专员包3个盟市，对辖区内违法案件和信访事项全程跟踪，重点督办。

2010年，自治区国土资源厅制定《内蒙古国土资源执法监察业务骨干“千人培训计划”实施方案》，举办全区国土资源执法监察和信访工作培训班，邀请国土资源部的领导和有关专家传道授业，答疑解惑，共培训各级执法人员近400人。分批次组织各级执法人员参加国土资源部组织的培训班，多渠道、多途径开展盟市间互查、互检。利用国土资源部、国家土地督察北京局的检查、验收、互查等机会，派人参加跨区域的检查，学习其他省(区、市)的先进做法和成功经验。编印全区执法监察文件汇编，作为执法人员日常工具用书，做到人手一册，方便日常学习。对全区国土资源执法监察工作先进集体和先进个人进行了表彰。

2012年8月30日，根据自治区编办《关于自治区国土资源厅所属事业单位调整规范意见和批复》，自治区国土资源执法总队行政执法专项编制36名，工勤编制1名，处级领导职数11名(5正，6副)。同时，自治区国土资源厅执法监察局和自治区国土资源执法总队合署办公，实行"一套人马两块牌子"的管理模式，建立了统一指挥、统一行动、协调一致的工作体制。自治区国土资源厅分别致函尚未高配的6个盟市政府，积极推动国土资源执法监察机构(队伍)尽快实行升格或干部高配。通辽市监察支队主要负责人实现了高配。对全区执法监察机构、队伍及国土所人员、装备情况进行了全面摸底。邀请和组织有关处室负责人就地质环境治理的业务知识开展培训，编印《矿山地质环境治理培训手册》。

2013年，自治区国土资源厅利用换发新版执法监察证的时机，用一年的时间在全系统执法监察人员中开展了"大学习、大转变、大提高"主题教育活动，着重解决干部职工思想认识不统一、工作作风浮躁、工作节奏不协调等问题。活动中采用统一部署教育学习内容和适时派出人员赴部分盟市进行集中辅导授课及统一考试等方式，及时掌握教育活动进展情况和实施效果。全区共举办各级国土资源执法监察培训班15期，培训人员4300余人次；其中，自治区对4000余人进行了统一考试，基本实现了对全区执法监察人员的轮训。自治区国土资源厅执法监察局、自治区国土资源执法总队以主动适应当前工作需要为目标，强化队伍法律知识、业务知识、廉政知识的培训学习，组织两期共470余人参加的业务骨干培训班。9月12日，自治区国土资源厅在鄂尔多斯市召开"全区国土资源公安联合执法现场会暨国土资源执法监管共同责任机制联席会议"，落实《内蒙古自治区人民政府关于印发自治区和谐矿区建设试点工作方案的通知》中关于"建立国土、公安联合执法机制"的精神，推动国土与公安部门联合执法。会议邀请国家土地督察北京局、自治区党委巡视办公室、纪委监察厅、高院、高检、公安厅的有关领导参加。至2013年，全区共有4个盟市12个旗县区国土资源部门开展了与公安的联合执法工作，成立国土资源警察大队(中队)8个，设立国土资源公安派出所或警务室13个，共配备公安人员148人。

2014年，为强化国土资源执法监管，自治区国土资源厅在乌兰浩特、锡林浩特、包头、乌海四个地区设立综合执法专员办公室，派驻专员开展工作。主要职责是完成厅党组部署的矿山地质环境治理、涉地涉矿群众合法权益保护和其他专项工作。3月，综合执法专员相继进驻各专员办开展巡查、督察工作。向盟市派驻综合执法专员是省级国土资源管理部门的首次尝试。

2015年，全区专员派驻工作不断推进。5月，自治区国土资源厅召开厅长办公会议，专题研究综合执法专员的工作保障等事宜，为各专员办拨付了专项经费、配备了执法车辆，确保各专员办在工作中发挥更大作用，取得更大实效。11月，自治区国土资源厅在巴彦淖尔市组织召开全区国土资源违法案件剖析观摩交流暨案卷评查工作会议。会议听取了巴彦淖尔市国土资源局典型经验介绍，实地观摩了巴彦淖尔市临河区国土资源派出所、国土资源专业审判庭、土地纠纷人民调解委员会以及基层国土所和"十个全覆盖"建设项目，剖析、观摩了各地国土资源行政执法案卷，探讨了当前国土资源执法监察工作存在的主要问题以及今后的努力方向，对进一步规范全区国土资源系统行政执法行为，完善行政执法监督制度，提高工作人员素质和办案质量及案卷管理水平，起到积极推动作用。

三、制度建设

2006年，自治区国土资源厅与自治区检察部门建立工作联系制度和案件移交制度，对违法违规批地进行联合办案，实行查事与查人相结合，保证违法案件的顺利查处。

2008年，为巩固和扩大百日行动成果，自治区国土资源厅从预防、查处、共同责任和部门联动四个方面,积极推动土地执法监管长效机制建设。在土地违法违规行为预防方面,对原有《内蒙古自治区国土资源执法监察实施细则》进行修订,进一步理顺执法监察机构与队伍的关系,明确了执法监察内容、案件办理程序,规定了过错和错案责任追究、违法案件查处定期报告、举报、投诉制度、联席会议制度、案件会审、报告备案、违法案件统计、执法监察人员持证上岗、行政执法罚款收缴分离、案件督办等国土资源执法监察制度;重新制定了《内蒙古自治区国土资源执法监察动态巡查责任制》,突出了动态巡查属地管理原则,强化了责任制的考核和奖励惩罚机制;适应国土资源执法监察新形势,充分发挥基层国土资源所预防和制止国土资源违法行为的作用,印发了《进一步强化基层国土资源所执法监察职能的通知》。在土地违法案件查处方面,制定了《内蒙古自治区违法案件管辖办法》(含异地查办案件),明确划分了自治区、盟市、旗县土地、矿产资源违法案件查处范围;制定了《内蒙古自治区国土资源执法监察应急处置办法》和《内蒙古自治区国土资源群体性信访事件应急预案》,进一步完善群体性信访事件及违法案件快速查处程序。在土地执法部门联动方面,建立了公安、检察、纪检监察、法院、国土资源等相关部门联合执法机制,完善违法案件移送制度,联合印发《内蒙古自治区国土资源违法案件协查暂行办法》。此外,还计划在土地执法共同监管方面,制定《内蒙古自治区建设用地批后监督管理办法》,完善土地管理的"全程监管"机制;积极争取自治区政府的支持,组织协调发展改革、规划、建设、电力、银行、工商等部门,建立《土地违法行为部门联动遏制机制》,共同遏制违法占地建设行为。

2009 年,自治区国土资源厅按照国土资源部的部署,完成矿产资源执法监察有关情况和"模范执法先进县"以及全区"国土资源执法监察现状、问题和对策"、"执法监察机构队伍建设和乡镇国土所执法能力建设情况"的调研任务;完成《土地违法案件查处办法》《违反矿产资源法规行政处罚办法》《国土资源执法监察动态巡查工作规范》《建立矿产资源执法监管长效机制》和《卫片执法检查规范》(征求意见稿)的征求意见工作。完成土地、矿产资源违法和信访情况月报、季报工作,对违法案件查处情况和信访情况进行统计汇总。结合卫片执法检查,及时分析研判执法监察和信访工作形势,认真查找问题,提出应对措施和管理建议。畅通举报渠道,搭建违法线索统一处理平台,开通 5 部"12336"国土资源违法举报电话,并从二级单位抽调 3 名工作人员专门接听、记录和整理,为便于少数民族群众举报,专门聘请 1 名懂蒙古语的接线员。积极创新思路,完善监管措施和监管机制。签订了《联席会议框架协议》,建立了国家土地督察机构与自治区人民政府定期联席会议制度,互通信息,加强交流。在鄂尔多斯市开展了构建保障和促进科学发展土地管理共同责任机制的试点工作。制定《内蒙古自治区国土资源厅防范违法用地警示约谈暂行办法》和《自治区人民政府办公厅关于构建共同监管机制有效遏制土地违法行为的通知》。

2010 年,为切实发挥执法监察专员作用,自治区国土资源厅执法监察局对专员包片盟市进行调整和重新划分,按照"专员专区"和"上包片、下联点"的工作思路,进一步加大了对辖区内违法案件和重要信访事项的跟踪督办力度。对呼和浩特武川县、乌海市、鄂尔多斯市和巴彦淖尔市等地的信访案件进行了实地督办。

2011 年,自治区国土资源厅执法监察局围绕执法监察机构队伍建设情况、职能职责发挥情况、体制机制运行情况开展了实地调研,形成《内蒙古自治区国土资源执法监察体制机制调研报告》,起草了《关于加强国土资源执法监察工作的意见》,对全区执法监察机构(队伍)和装备情况进行摸底。按季度向社会通报违法违规情况和 12336 违法线索受理情况。对全区 2011 年度土地违法违规情况和历史违法用地开展实地调研,从制度和政策层面深入分析违法用地产生的原因,研判违法违规用地形势，提出处理对策。开展国土资源执法监管共同责任机制建设情况调研，了解共同责任机制建设进展情况和存在的问题。召开全区国土资源共同责任机制建设现场会，邀请共同责任机制单位一起探讨推进共同责任机制的方法和措施，学习共同责任机制建设的好经验、好做法，推动共同责任机制建设向纵深发展。与自治区纪委监察厅加强联动，先后3次对重大典型违法案件开展联合调查。

2012年，自治区国土资源厅、自治区党委巡视工作领导小组办公室印发《自治区国土资源厅与自治区党委巡视工作领导小组办公室关于建立工作协作机制的意见》，将国土资源执法监管工作纳入对地方党委领导班子和领导干部的巡视范围，为协调巡视机构对地方党委领导班子和领导干部贯彻落实国土资源管理政策情况开展监督检查提供依据；推进国土公安联合执法机制，起草了《内蒙古自治区关于建立联合执法机制加强重点地区矿业执法监管工作的指导意见》。推动矿产资源集中的盟市、旗县建立国土公安联合执法队伍，开展联合执法。针对自治区矿山地质环境治理监管薄弱的问题，将矿山地质环境治理和土地复垦作为执法监管的重点内容。5月份，组织人员先后赴赤峰市、锡林郭勒盟、乌海市、鄂尔多斯市就地质环境治理情况开展了实地调研。起草并印发了《关于进一步加强矿山地质环境治理执法监管的通知》和《关于实行临时用地区域限批的暂行规定》。10月份，组成4个督导组，对全区矿山地质环境治理情况开展了实地督导。

2013年，自治区国土资源厅根据执法监察局、自治区国土资源执法总队合署办公现状及工作开展情况，在执法监察总队原有工作制度的基础上，对《内蒙古自治区国土资源执法监察总队工作职责》等13项制度进行集中修改和完善。出台《内蒙古自治区国土资源系统领导干部定期接待群众来访工作实施细则》等十项信访工作制度，进一步规范国土资源矛盾纠纷排查化解工作，保证信访工作规范有序，提高化解矛盾纠纷的能力。

2014年，为实现专员派驻的规范化和制度化，自治区国土资源厅相继出台《派驻方案》《工作规范》和《工作计划》等文件，对专员派驻做出具体规定和要求。按照国土资源部关于“省级国土资源主管部门是组织开展本地区卫片执法监督检查工作的主体，对本地区卫片执法监督检查工作和成果负总责”的工作要求，印发《内蒙古自治区土地矿产卫片执法监督检查工作规范（试行）》和《内蒙古自治区开展2014年土地矿产卫片执法监督检查工作实施方案》，指导全区卫片执法监督检查工作。在制度层面将盟市、旗县（市、区）人民政府确定为本辖区卫片执法监督检查的第一责任人，负责组织协调有关部门按照各自职能，履行职责并承担相应责任。对卫片执法监督检查的任务、内容、程序、方法提出明确要求，对各级国土资源部门及相关业务部门的具体分工进行细化，并对约谈问责的主体进行了明确界定。印发《内蒙古自治区国土资源行政处罚自由裁量权执行标准（试行）》和《内蒙古自治区国土资源行政处罚自由裁量权执行标准适用规则（试行）》，对全区旗县（市、区）以上国土资源行政主管部门行使行政处罚自由裁量权进行规范和监督，进一步规范全区国土资源行政执法行为，指导案件查办工作。

2015年5月15日，自治区国土资源厅印发《关于国土资源综合执法专员派驻工作保障事宜的通知》明确：根据工作需要，自治区国土资源执法总队适时将工作经费拨付到各专员派驻点盟市国土资源局账户，首次拨款每个派驻点盟市国土资源局金额10万元，用于各专员办固定电话费、车辆燃油费、车辆维修费、过路过桥费、外聘人员工资及差旅费。要专款专用，不得挪作他用，保证专员工作需要。调配到各专员办的车辆由派驻点盟市国土资源局统一管理和使用，保证专员工作用车。驾驶员由派驻点盟市国土资源局聘用和管理。车辆产生的费用从拨付的工作经费中列支。根据《内蒙古自治区国土资源厅2015年第二十二次厅长办公会议纪要》精神,按每人每月535元的标准,根据实际驻点天数给予驻点专员生活补贴。国土资源执法总队办公室和各专员要做好考勤登记。出差期间的差旅费由总队按规定报销。年内,自治区国土资源厅执法监察局(总队)针对重点工作开展了专题调研,相继进行开工项目用地情况、建筑用砂石粘土、铁路压覆矿产资源以及卫片相关情况等调研10余次,通过调查研究,掌握了相关重点工作的基本情况和基层的真实情况,从中发现共性、个性问题,找出解决问题的方法和措施,为上级研究及出台政策措施提供了可靠依据。

第二节　违法案件查处

2000年,全区全年发现土地违法案件2592件,涉及土地面积841.44公顷,其中耕地72.4公顷。立案查处土地违法案件2444件,涉及土地面积812.13公顷,其中耕地71.80公顷。分别占发现的94.3%、96.5%和99.2%。2000年处理结案2353件,涉及土地面积750.55公顷,其中耕地70.74公顷,分别占立案的96.2%、92.4%和98.5%。全年追缴罚没款288.14万元。配合自治区人大常委会对全区部分盟市执行《土地管理法》及其配套法规情况进行检查,先后深入基层100余次查办违法案件,处理自治区政府及国土资源部交办案件5起,责成盟市国土资源管理部门查处违法案件10起,收缴及追缴罚没款118万元。其中,自治区国土资源厅直接立案查处的3起违法案件均已结案,结案率达100%。自治区国土资源厅将维护全区矿业秩序,引导矿业的可持续发展作为重点,对整顿中发现的违法案件进行清理和查处,结案率达95%。会同呼和浩特市测绘管理处的执法人员共同查处了呼市赛罕区金河镇、农科院、罗家营3起测量标志损毁案,并制止了金河镇乾通渠管理站建筑房违法毁标用地案件。包头市测绘管理处在整顿规范测绘市场工作中,查处各类违法测绘案件15起,破坏测量标志案件2起,结案率100%,其中重点查处包钢基西23米钢标破坏案1起。

2001年,全区立案查处土地违法案件1523件,结案1491件,结案率97%,案件发生率比上年下降15.7%,其中土地违法案件上年下降21%,但涉案土地面积增长100%。全区在查处国土资源违法案件中,其中对32名违法责任人员提出行政和党纪处分建议。依法查处违法勘查、开采行为800余起,其中,取缔无证探矿、采矿175家,查处越界采矿75起,吊销采矿证113个,停产整顿矿山500余家。

2002年,全区重点整治清理自新的土地管理法颁布以来发生的16项违法违纪行为,完善和规范国有土地资产管理10项制度。查处各类土地违法案件1034件,结案991件,结案率96%。对全区煤炭、黄金、有色金属矿产的26个重点矿区进行集中整顿,检查矿山300多个,下发整顿督查通知100余份,清理违法勘查、开采行为1375起,其中取缔无证开采矿山360个,查处越界开采、以探代采236起,处理非法转让采矿权66起。停产整顿矿山1583家,关闭不合格矿山713家。报请有关部门对37名违法开采人员给予行政拘留,纠正4起旗县政府违法行为。

2003年上半年全区立案查处土地违法523件,涉及土地面积321公顷(其中耕地97.47公顷),立案率为76.6%。其中历年隐漏案件94件,涉及土地面积125.7公顷(其中耕地37.41公顷),分别占立案总数的18.0%、40.3%、38.4%。发生案件立案429件,涉及土地面积186.3公顷,分别占立案总数的82.2%、59.7%、61.6%。至2003年6月底,结案255件,涉及土地面积140.9公顷(其中耕地49.66公顷)。其中处理上年未结案件3件,处理历年隐漏案件15件,处理本年发生案件237件,结案率为49%。2003年上半年未结案件302件,涉及土地面积183.9公顷(其中耕地52.99公顷)。半年共拆除构建物 44 000. 36 平方米；收回土地 2. 6 公顷，其中耕地 0. 01 公顷；收缴罚没款 133. 43 万元。全区各盟市共清理出闲置土地 757 宗，面积 129. 14 公顷。清理各类违法开采案件 700 多起，责令停产整顿矿山 115 家，关闭不合格矿山 28 家，吊销采矿许可证 1 个。

2004 年，全区立案查处土地违法案件 1467 件，结案 1229 件；彻底查结 1999 年以来遗留的土地违法案件 361 件，涉地面积 4276. 67 公顷。1999 年以来依法批准征收集体土地 756 宗，发生的 19. 42 亿元补偿费全部到位。

2005 年，全区发现土地违法案件 2000 件，涉及土地面积 2279. 87 公顷（其中耕地 438. 05 公顷）。属于当年发生的 1935 件，涉及土地面积 2173. 25 公顷（其中耕地 414. 55 公顷），分别占当年发现的 96. 8%、95. 3%、94. 6%。共立案查处土地违法案件 1029 件，涉及土地面积 1742. 93 公顷（耕地 265. 52 公顷）。其中历年隐漏案件 41 件，涉及土地面积 94. 18 公顷（耕地 23. 50 公顷），分别占立案总数的 4. 0%、5. 4%、8. 9%。当年未结案件 82 件，涉及土地面积 558. 75 公顷（耕地 25. 46 公顷）。共拆除构建物 8838. 24 平方米，没收构建物 332. 54 平方米；收回土地 97. 86 公顷，其中耕地 37. 25 公顷；收缴罚没款 607. 47 万元。动态巡查发现违法案件 2410 起，涉及土地面积 857. 90 公顷（耕地 102. 77 公顷）。其中盟市 16 件，县级 8 件，乡级 15 件，村组集体 74 件，企事业单位 324 件，个人 1973 件。责任人追究情况，刑事案件移送 3 人。

2006 年，全区立案查处土地违法案件 1122 件，涉及土地面积 5996. 84 公顷，其中耕地面积 189. 82 公顷；已结案 913 件，涉及土地面积 1553. 34 公顷，其中耕地面积 145. 98 公顷；收回土地面积 86. 82 公顷，其中耕地面积 22. 18 公顷，收缴罚没款 3105. 36 万元。涉及 4 起土地刑事案件已移送公安机关调查处理。9 月 15 日，自治区对社会公布 10 起矿产资源违法案件的查处结果。9 月 20 日，自治区再次召开新闻发布会，公布自治区公开查处的 8 起土地违法案件和 6 起矿产资源违法案件。10 月份，自治区国土资源厅配合相关单位组成专案组，对鄂尔多斯市准格尔旗准格尔召镇煤炭企业违法露天开采煤炭资源进行集中整治。全区查处矿产资源勘查开采中出现的各类违法违规案件 1826 起，罚没款 1722. 59 万元，对 67 人追究刑事责任，其中立案查处矿产资源违法案件 406 件，结案 375 件；吊销勘查许可证 1 个、采矿许可证 2 个，自治区本级吊注销勘查许可证 197 个、采矿许可证 614 个。新发案件同比下降了 50% 以上。

2007 年，全区国土资源系统开展日常执法、土地执法“百日行动”、土地违法违规案件专项查处行动、卫星遥感监测执法检查、土地出让专项清理、农村土地突出问题专项整治、国土资源市场秩序治理整顿。全区立案查处土地违法案件 1184 件，涉及土地面积 3963. 37 公顷。立案查处矿产资源违法案件 387 件，与上年相比下降 28%。在违法案件查处中，给予行政处分 29 人、党纪处分 7 人，刑事案件移送 25 人，刑事处罚 1 人。年底，自治区召开新闻发布会，公开查处内蒙古鑫桥建筑工程有限责任公司“以租代征”非法占用耕地等 10 件土地违法案件。

2008 年，全区共立案查处土地违法案件 578 件，涉地面积 669. 51 公顷（耕地 66. 34 公顷），处理结案 390 件，涉地面积 271. 90 公顷（耕地 7. 65 公顷）。拆除构筑物 63. 52 万平方米，没收构筑物 302 平方米，收回土地 2. 06 公顷（耕地 0. 1 公顷），收缴罚没款 2313. 9 万元。共立案查处矿产资源勘查开采中出现的各类违法违规案件 384 起，其中超层越界 18 起，无证开采 346 起，其他 20 起。共结案 304 起，收缴罚没款 560. 81 万元。给予党纪政纪处分 3 人，涉嫌刑事犯罪移送 27 人。

自治区国土资源厅对 2007 年底自治区公开查处 10 件土地违法案件进行跟踪督办，社会反响强烈,震慑作用明显。

2009 年,全区共发现土地违法行为 734 起,涉及土地面积 1598. 78 公顷(其中,耕地 167. 94 公顷),同比分别下降 34. 81% 和 79. 28%,降幅高于全国的 33. 5% 和 43. 2%;立案 602 起,涉及土地面积 1468. 48 公顷(其中,耕地 143. 45 公顷),立案率 82. 0%,同比增加 8. 84%;结案 784 件(包括处理上年未结案件及当期发生和历年隐漏案件),涉及土地面积 1856 公顷(其中,耕地 207. 27 公顷)。当年新发生土地违法行为 635 起,涉及土地面积 1008. 58 公顷(其中,耕地 39. 51 公顷),同比分别下降 40. 31% 和 27. 40%;立案 503 起,立案率 79. 21%,涉及土地面积 878. 27 公顷(其中,耕地 15. 02 公顷);结案 495 件,涉及土地面积 845. 92 公顷(耕地面积 13. 79 公顷),结案率 98. 41%,同比增加 21. 63%。全年,共立案查处矿产资源违法案件 427 件,同比下降 21. 36%,结案 425 件,结案率 99. 53%,结案率同比增加 9. 48%;共拆除构建物 12 万平方米,没收构建物 4. 8 万平方米,收回土地 4. 8 公顷,收缴罚没款 7661. 25 万元;给予党纪政纪处分 45 人,移送司法机关 41 人;共受理部执法局和北京督察局等上级交办案件 46 件,已上报 37 件,办结率 80. 43%;厅本级通过“12336”举报电话受理有效举报 321 件次,已全部交盟市处理,其中以重大线索交办 3 件。受理部转办的“12336”举报线索 178 件,直接转办 152 件,重点交办 16 件。

2010 年,全区共立案查处土地违法案件 479 件(包括当期发生和历年隐漏案件),涉及土地面积 1376. 44 公顷(其中,耕地面积占 28. 51 公顷)。动态巡查制止 69 起。拆除构建物 3. 7 万平方米;没收构建物 52 万平方米;收回土地 33. 56 公顷;共处罚没款 3412. 41 万元。给予政纪处分 19 人;移送司法机关追究刑事责任 3 人。查处矿产资源违法案件 308 件,处罚没款 1091. 3 万元。此外,对内蒙古三鑫高岭土公司非法占地案、林西弘晟包装袋有限公司非法占地案等十起典型土地违法案件查处结果进行了公开通报。通过查处,违法违规行为得到有效遏制,全社会依法用地意识进一步提高。全年,自治区国土资源厅执法监察局加大对专员辖区内违法案件和重要信访事项的跟踪督办力度,共交办盟市各类违法案件 101 件;全区通过 12336 举报电话接受举报线索 772 件,其中自治区国土资源厅直接接收线索 124 件,全部交盟市或转有关部门办理;盟市 487 件,旗县 161 件;接收部转办违法线索 294 件,已上报 205 件。

2011 年,全区共立案查处当年发生土地违法案件 353 件,涉及土地面积 11 929. 95 亩(其中耕地 1036. 2 亩)。共拆除构建物 75 488 平方米;没收构建物 636 535 平方米;收回土地 82. 45 公顷(其中耕地 25. 98 公顷);共收缴罚没款 6234. 7 万元。给予党政纪处分 48 人,移送司法机关 9 人。立案查处矿产资源违法案件 462 件,共处罚没款 13 489. 9 万元。自治区国土资源厅制定发布《内蒙古自治区国土资源违法违规案件公开通报和挂牌督办办法》,对阿拉善盟阿左旗瀛海建材有限公司违法占地案等 5 起案件的调查处理结果进行了公开通报。对巴彦淖尔市乌拉特后旗、赤峰市宁城县、鄂尔多斯市东胜区等 6 起重大违法案件开展督办,并跟踪督促依法依规处理到位。与自治区纪委监察厅加强联动,先后 3 次对重大典型违法案件开展联合调查。

2012 年,全区通过日常监管共发现土地违法案件 643 件,涉及土地面积 1250. 09 公顷(其中耕地面积 317. 28 公顷)。立案查处 543 件,涉及土地面积 1030. 37 公顷(其中耕地面积 220. 42 公顷),宗地数、涉地面积同比分别增加 22. 95% 和 1. 34%;结案 437 件,结案率 80. 48%。共收缴罚没款 7904. 16 万元,拆除构建物 69. 94 万平方米,没收构建物 179. 01 万平方米,收回土地 6. 23 公顷,给予党政纪处分 83 人,移送司法机关追究刑事责任 1 人。立案查处矿产资源违法案件 223 件,同比下降

63.2%；结案212件，结案率95.07%；共收缴罚没款583.61万元。通过严格日常监管，国土资源秩序得到进一步规范，全年没有出现典型违法违规案件。此外，对包头市杨圪楞煤矿瓦斯爆炸事件进行了实地调查。

2013年，全区通过日常监管共发现土地违法案件215件，涉及土地面积7234.95亩（耕地754.05亩）。立案查处194件，涉及土地面积7127.1亩（耕地730.65亩）；结案128件，结案率66%。共收缴罚没款2957.55万元，拆除构建物1.36万平方米，没收构建物4.9万平方米，收回土地19.95亩。给予党纪处分1人，行政处分4人。立案查处矿产资源违法案件153件，结案148件，结案率96.7%；共收缴罚没款293.72万元。自治区国土资源厅在加强日常执法监察工作的同时，加大对重大典型违法案件的查处力度，先后对察右前旗平地泉镇违法占地案、土右旗海子乡杜守将村违法征地案、土左旗沙尔营煤炭物流交易中心违法用地案、乌兰察布市集宁区商务科技文化中心违法占地案、丰镇市黑土台镇南瓦窑村违法占地案、和林县云计算项目违法用地案等进行了实地调查，并督促相关部门认真做好查处整改工作。

2014年5月，自治区国土资源厅下达《国土资源领域违法违规案件挂牌督办通知书》，将乌兰察布市四子王旗白乃庙铜矿区违法开采案列为厅挂牌督办案件。在全区范围内相继开展打非治违专项行动、全区矿山地质环境治理集中整治专项行动、重大违法问题大排查和全区国土资源未结案件双月攻坚专项行动等一系列整治工作。未结案件双月攻坚行动集中查处一批典型违法案件，化解一批历史积案，推动一些久拖不决的重点难点问题得以解决。截至2014年11月，全区已有731件未结案件得到销案，销案率达97.2%。11月27日，自治区政府召开进一步规范国土资源管理推动重点问题整改电视电话会议，针对土地督察、土地审计和卫片执法监督检查发现的问题，研究部署重点问题专项整改工作。自治区政府巴特尔主席在会上发表重要讲话，要求各级政府充分认识规范国土资源管理的重大意义，各盟市行政一把手负总责，对发现的问题进行专项整改。12月2日，自治区邀请国家和自治区十余家媒体召开新闻发布会，对全区14起土地和矿产违法案件进行挂牌督办和公开通报，集中打击、整治一批当前表现突出的违法行为，对违法者产生了极大震慑。随后，呼和浩特市、赤峰市等盟市相继进行了盟市级挂牌督办和公开通报，赤峰市还对两个违法问题严重的旗县区实行了土地限批；通辽市、兴安盟等盟市也已筛选典型案件，准备报请盟市政府批准后进行挂牌督办和公开通报。全年，全区共查办涉地违法案件1230件，其中查办2014年新发生的涉地违法案件667件，涉及土地面积1486.9公顷（耕地面积101.83公顷）；收缴罚没款5740.12万元，没收构建物578.86万平方米，拆除违法建筑物70.01万平方米，收回土地82.03公顷；给予党政纪处分102人，移送司法机关3人；立案查处涉矿违法案件398件，收缴罚没款2977.29万元，给予党政纪处分4人，移送司法机关3人。全区国土资源管理秩序持续向好，土地矿产违法违规行为呈逐年下降趋势。

2015年，自治区国土资源厅执法监察局（总队）按照自治区国土资源厅总体工作部署，加大执法监管力度，强化督察督办，充分发挥派驻专员办的职能作用以及基层国土所的前沿阵地作用，严厉查处各类违法违规行为。先后组织开展全区范围内的国土资源未结案件双月攻坚、开工项目及用地情况集中清查、砖厂、高尔夫球场及小产权房专项清理整治等多项专项行动。通过严格监管和执法，有力查处了一批违法违规案件，震慑了违法者的嚣张气焰，积极维护了群众合法权益及社会和谐稳定，土地矿产违法违规行为呈逐年下降趋势。3月和10月，先后开展全区2014年、2015年开工项目及用地情况集中清查专项行动，掌握了大量真实情况，为上级决策提供了可靠依据，同时也有效遏制了土地违法违规行为,进一步规范了土地开发利用秩序。7 月,进一步加大对国土资源重大典型违法案件的挂牌督办和公开通报力度,公开通报 4 起典型违法案件,并对 4 起典型违法案件进行挂牌督办,通过对重大典型违法案件的挂牌督办和公开通报,进一步树立了国土资源执法监察权威。全年,全区共立案查处涉地违法案件 537 起,涉及土地面积 1374.55 公顷(其中耕地面积 226.69 公顷);共收缴罚没款 4249.21 万元,拆除构建物 10.04 万平方米,没收构建物 54.17 万平方米,收回土地 25.59 公顷,给予党政纪处分 31 人;查处涉矿违法案件 307 起,收缴罚没款 535.19 万元,给予党政纪处分 1 人。

第三节　卫片检查

2000 年 10 月 23 日,自治区国土资源厅转发《国土资源部关于依法查处卫星遥感监测执法检查中发现的土地违法行为的通知》;12 月 15 日,转发国土资源部《关于利用 2000 年度卫星遥感监测成果开展土地执法检查的通知》。

2001 年 9 月 4 日,自治区国土资源厅转发国土资源部办公厅《关于严肃查处卫星遥感监测执法检查发现的土地违法行为的通知》。

2000—2001 年,按照国土资源部的统一部署,自治区在呼和浩特地区先后开展了两次卫片监测执法检查。

2002 年 4 月 26 日,自治区国土资源厅转发《国土资源部关于利用 2001 年度卫星遥感监测成果开展土地执法检查的通知》。成立自治区土地执法检查工作领导小组,国土资源厅厅长韩云彬任领导小组组长,副厅长王庆良任副组长。自治区国土资源厅要求,对查出的土地违法行为,必须及时逐件立案查处,该拆除的拆除,该没收的没收,该罚款的罚款,该收回的收回,并按要求时限上报查处结果。依法应当给予行政处罚而不给予行政处罚的,自治区国土资源厅将依据《土地管理法》第 72 条责令有关土地行政主管部门作出行政处罚或者直接给予行政处罚,并建议所在地政府给予有关土地行政主管部门的负责人行政处分。

2008 年,按照国土资源部应用遥感技术开展的第八次土地执法检查的要求,自治区在对呼、包二市新增建设用地情况调查、统计、汇总的基础上,按照相关法律规定,对违法违规用地逐宗进行了处理。统计数据显示,2007 年、2008 年,呼包二市新增建设用地 442 宗,面积 35 414.75 公顷(耕地 12 234.20公顷)。其中违法用地 295 宗,面积 191 616.7 公顷(耕地 8365.90 公顷)。违法用地宗地数、面积分别占新增建设用地宗数和面积的 66.70%、55.39%。经查实,280 宗违法用地全部为未批先用。其中,共立案查处 271 件,立案率为 96.79%。已查处到位 153 件,处理到位率为 56.46%。收缴罚没款 2429.69 万元,没收违法建筑物 25.56 万平方米,拆除违法建筑 21.42 万平方米,经处罚后补办手续 8 件,面积 655.60 亩。移送司法机关 23 件 23 人,移送纪检监察机关 16 件,提出党纪政纪处分建议 16 人。本年度全区卫片执法检查共发现违法用地 145 宗,自行纠正 3 宗;立案 142 宗,结案 142 宗,结案率 100%;落实罚款 8059.74 万元,拆除建筑物面积 41.88 万平方米,没收建筑物面积 42.42 万平方米,复垦土地面积 1.01 万平方米。依法提出党政纪处分 82 人,已落实 45 人。移送司法机关 14 人,落实 7 人。

2009 年,为确保卫片执法检查工作有序进行,按照国土资源部统一部署,自治区国土资源厅及时成立了领导小组,并指定专人作为联络员。呼和浩特、包头、乌海、赤峰、通辽 5 个卫片执法检查城市按照要求成立了以市政府主要领导任组长、相关部门参加的卫片执法检查领导小组。召开了年度卫片执法检查工作部署暨经验交流会，举办卫片执法检查视频培训班，邀请国土资源部执法监察局的同志就卫片执法检查的相关内容进行了专题讲解，确保工作有序推进。明确指定5名国土资源综合执法专员各包一市，进行专门督促和检查，建立了卫片执法检查工作进展情况周报制度。结合国土资源部工作检查，对呼和浩特、包头、赤峰3个城市进行了重点抽查和针对性指导。8月1日至11日，派出4个督察组对全区卫片检查查处整改工作进行全面督察。针对呼和浩特市的查处整改工作，8月21日，派出三个督察组，对全市4个区45宗违法用地进行重点督察，并将督察意见及时反馈市政府。结合《卫片执法检查工作规范》，制定了卫片执法检查整改情况验收标准，对五城市卫片执法检查工作进行了初步验收，并顺利通过国家验收。

2010年，自治区政府成立了以主席任组长，分管副主席任常务副组长，相关部门负责人为成员的全区土地卫片执法检查工作领导小组，制定并印发了实施方案。自治区成立组织机构的规格之高、行动之迅速走在了全国前列，受到了国土资源部的高度赞扬。各盟市也成立了由政府主要领导任组长的领导小组，形成了政府主导、国土资源、监察、人力资源等部门密切协作的工作机制，为做好卫片执法检查工作提供了有力的组织保障。同时，自治区国土资源厅以学习《土地矿产卫片执法检查工作规范（试行）》和《土地卫片执法检查信息系统》为主要内容，以基层一线工作人员为重点对象，组织2期培训班，对各盟市、旗县450多人进行了集中培训，并组织相关盟市执法监察人员到区外调研。自治区土地卫片执法检查领导小组先后召开全区视频推进会、汇报会、图斑审核统计会、重点地区推进会等，对各地工作实时跟踪调度，及时掌握各地情况，有序推进卫片执法检查工作。组成6个督导组，先后3次进行集中督促指导，督促各地按照统一的外业核查方法、内业审核程序和具体的检查标准，开展自查和图斑增补工作。全区共调查疑似图斑5852个，涉及4323宗地，面积508 681.2亩。实际占用新增建设用地1632宗，面积170 034.32亩（耕地22 632.42亩，基本农田394.37亩）。其中，违法用地281宗，面积24 453.21亩（耕地1527.07亩），并将核查情况如实、按时上报国土资源部。分城市纵向比较，土地卫片执法检查发现的违法用地呈逐年下降态势。为提高土地卫片执法检查工作的社会影响力和知名度，自治区国土资源厅召集自治区、呼市两级主流媒体进行新闻通气。在厅门户网站建立《土地卫片执法检查工作专栏》，开设政策法规、工作进展、信息动态、在线答疑、重要通知等内容，拓宽与盟市、旗县的沟通和交流，与基层实时互动。建立卫片执法检查联系人制度、工作周报制度等，完善上下联动工作机制。编发《土地卫片执法检查工作简报》46期，得到了国土资源部的充分肯定和高度赞扬。按照边核查边整改的原则，自治区组织各地对核查出的违法用地及时开展查处整改。全区上年度土地卫片执法检查违法用地宗地数、面积和耕地面积分别占新增建设用地宗地数、面积和耕地面积的比例为17.22%、14.38%和6.75%。违法用地281宗已全部立案，立案率为100%；结案281宗，结案率100%；共处罚没款10 593.52万元；没收违法构建物508.77万平方米；拆除违法建筑物36.80万平方米；复耕土地面积493.6亩；党政纪处分59人；移送司法机关13人，刑事处罚9人；申请强制执行22件。上年度土地卫片执法检查工作已全部通过自治区级验收，土地卫片执法检查实现"零约谈"和"零问责"。经自治区人民政府同意，自治区国土资源厅出台《内蒙古自治区防范违法用地警示约谈制度》等。与监察厅联合开展查处监测时段外违法用地专项行动。加强与领导小组成员的沟通，及时通报有关情况，与自治区检察院召开了年度联席会议。

2011年7月15日，自治区政府组织召开全区2010年度土地卫片执法检查重点地区工作推进视频会议，各盟市、旗县政府主要领导和分管国土资源工作的领导以及有关部门负责人在分会场出席会议，自治区副主席赵双连在自治区国土资源厅主会场出席会议并作重要讲话。会议要求，各盟市政府，特别是问题比较严重的包头市、巴彦淖尔市、乌海市海勃湾区、赤峰市松山区4个重点地区要逐一排查和解决问题，自治区将组织工作组进行督查和督办。当年，全区土地矿产卫片执法检查工作第二次实现全覆盖，首次利用土地变更调查成果第一次开展矿产卫片执法检查，是全区国土资源管理的重点工作之一。通过采取加强组织领导、统筹安排、提前部署、制定方案、落实责任、强化调度、督促检查、创新方式等措施，圆满完成各项核查、查处整改任务。核查成果：2010年度全区土地矿产卫片执法检查共核查涉及土地图斑15 252个，面积527 047.84亩，其中，耕地63 774.46亩。最终确认违法用地1030宗，面积116 185亩，其中，耕地13 744.95亩，扣除政策因素，全区违法占用耕地面积占新增建设占用耕地面积比例均控制在5%以下。违法勘查开采矿产资源236个，其中违法勘查1个，违法开采235个。查处整改成果：全区1030宗违法用地中，已立案查处1017宗，另有非立案查处拆除复耕13宗，立案率100%；下达处罚决定书969件；申请强制执行的287件；已收缴罚没款16 215.84万元；已没收构建物3904.16万平方米；已拆除构建物75.04万平方米；已没收违法所得380.84万元；已复耕土地面积112.29亩；已落实党、政纪处分334人；已追究刑事责任11人。全区236个违法勘查开采矿产资源中，已立案查处229件，立案率100%；非立案查处4件；非立案不查处3件。截至2011年，申请强制执行的34件；已收缴罚没款303.55万元；已没收违法所得1281.8万元；已没收违法采出矿产品10 541吨；已对17名负有责任的人员给予党政纪处分。查处整改基本到位。验收成果：按照国土资源部要求，派出4个验收组对全区12个盟市和满洲里市、二连浩特市卫片执法检查工作开展了实地验收，配合国土资源部完成了抽查验收，并全部顺利通过国家验收。

7月15日召开的视频会议自治区国土资源厅主会场。

2012年，自治区国土资源厅执法局将卫片执法检查工作作为全年工作的重中之重，通过采取提前部署、加强业务培训、与年度土地变更调查深度结合、加强督促检查、加强沟通协调等一系列措施，推动卫片执法检查工作。全区违法用地总面积从年初的11.68万亩下降到年底4.62万亩，耕地面积从2.11万亩下降到0.34万亩；全区违法占用耕地面积占新增建设占用耕地面积的比例从18.42%下降到3.76%，下降14.66个百分点；全区耕地面积超15%的地区从年初5个盟市、18个旗县下降到耕地面积比都在15%以下。全区经卫片核查确认949宗违法用地，共立案查处902宗，非立案查处47宗；立案率100%，结案882件，结案率97.78%。下达行政处罚决定书902件，申请强制执行257件。共收缴罚没款19 066万元；没收构建物1680.93万平方米；拆除违法建筑物面积26.43万平方米，拆除复耕土地面积26.5亩；对471名负有责任人员给予党政纪处分，对8名责任人追究刑事责任。土地卫片执法检查通过国家土地督察北京局的验收。全区2011年度矿产卫片执法检查发现的130个违法勘查开采矿产资源案件，共立案查处112件，非立案处理9件，不处理9件，立案率100%。应收缴罚没款1295.01万元,已落实1295.01万元;没收违法所得24 867.82万元,已落实24 867.82万元;没收违法采出矿产品14 780.58吨,已落实14 780.58吨;对41名负有责任的人员给予党政纪处分,已全部落实;申请强制执行19件,已全部落实。结案112件,结案率100%,国土部门履行职责到位率100%,查处整改到位率100%。矿产卫片执法检查通过了国土资源部组织的书面验收。全区卫片执法检查实现"零约谈、零问责"的目标。

2012年9月8—12日,国土资源部矿山卫片执法检查督导组到自治区对卫片问题图斑进行实地督导检查。

2013年,自治区国土资源厅要求各盟市国土资源局结合年度土地变更调查工作,主动介入,认真核查,对违法违规行为提前开展查处整改,积极做好各方面的工作。3月份,利用国土资源执法监察培训班的机会,召开全区卫片执法检查汇报会,逐一听取各盟市情况汇报。对违法违规问题严重地区,则通过采取个别谈话、重点督促等措施,全力化解。6月下旬,组成两个督查组,对矿产疑似违法图斑数较多的赤峰市、鄂尔多斯市、锡林郭勒盟、呼伦贝尔市等四盟市进行督查,督查结果作为重点矿产违法案件进行公开曝光和挂牌督办。7月初,对奈曼旗永和嘉泰矿业有限公司越界开采铁矿石案、扎兰屯市大丰矿业公司越界开采铁矿石案等6起矿产违法案件查处结果进行公开通报。8月20日,召开全区2012年度土地矿产卫片执法检查工作推进视频会议,集体约谈了呼和浩特市、包头市、赤峰市、乌兰察布市、兴安盟等5个地区。9月底,由厅领导带队,执法监察、法规、规划、耕保、利用、地籍、矿管、勘查等业务处室组成3个验收组,对全区12个盟市、102个旗县区土地矿产卫片执法检查工作进行了自治区级验收。期间,验收组会同盟市人民政府重点约谈了达拉特旗、土左旗、集宁区、察右后旗、卓资县和宁城县。11月初,对乌兰察布市察哈尔园区中旭机械制造有限公司违法用地案进行了挂牌督办。全区土地卫片核查情况:国土资源部下发2012年度土地疑似违法图斑4191个,面积228 481.4亩,其中耕地面积55 389.42亩;下发疑似违法用地线状地物图斑118个,面积12 160.2亩,无耕地。经各盟市实地核查,自治区通过信息系统上报2552宗,面积237 225.72亩,其中耕地55 223.31亩。判定核查图斑中合法用地1596宗,面积204 102.08亩,其中耕地52 598.16亩;违法用地956宗,面积33 123.64亩(耕地2625.15亩);军事用地30宗,面积3406.43亩(耕地165.82亩)。全区违法用地面积占新增建设用地总面积的比例为7.47%,违法占用耕地面积占新增建设用地占用耕地总面积的比例为2.3%。核查确认的956宗违法用地中,共立案查处832宗,非立案查处124宗,立案率100%;结案821件,结案率(履职到位率)98.67%。截至10月15日,共下达行政处罚决定书823件,申请强制执行187件。共收缴罚款11 854.91万元,到位率为96.6%;没收构建物698.09万平方米,到位率为97.58%;拆除违法建筑物面积45.65万平方米;对474名负有责任的人员给予党政纪处分,到位率为97.5%。全区矿产卫片核查情况:国土资源部下发自治区2012年度矿产卫片图斑932个,经实地核查,合并为892个图斑。其中合法图斑292个,占总图斑数的32.73%;伪变化图斑347个,占总图斑数的38.90%;违法勘查开采矿产资源矿点253个,占总图斑数的28.36%。253个违法勘查开采矿产资源案件中,已立案查处155

件,非立案处理47件,不处理51件,立案率100%。收缴罚款356.79万元,已落实296.49万元;没收违法所得12 162.1万元,已落实1439.1万元;没收违法采出矿产品18 014吨,已落实18 014吨;对40名负有责任的人员给予党政纪处分,已全部落实;已申请强制执行18件,已全部落实。

2014年,按照国土资源部关于"省级国土资源主管部门是组织开展本地区卫片执法监督检查工作的主体,对本地区卫片执法监督检查工作和成果负总责"的工作要求,自治区国土资源厅印发《内蒙古自治区土地矿产卫片执法监督检查工作规范(试行)》和《内蒙古自治区开展2014年土地矿产卫片执法监督检查工作实施方案》,部署和指导全区卫片执法监督检查工作。10月28日,召开2014年卫片执法监督检查工作专题会议。11月27日,自治区人民政府组织召开约谈会,对卫片执法监督检查中发现违法问题较为严重的3个盟市、9个旗县(市、区)和3个重点项目建设用地单位进行警示约谈。随后,呼和浩特市、赤峰市、呼伦贝尔市、乌兰察布市政府也相继召开约谈会,对违法问题严重的旗县区进行警示约谈。12月初,自治区国土资源厅组成4个验收组,对全区2014年卫片执法监督检查工作进行省级验收。12月29日,厅领导专题听取了验收组的工作汇报,并对下一步工作进行了安排部署。

2015年,国土资源部将卫片工作的组织权放到省一级,根据全区工作实际,自治区国土资源厅加强领导,精心组织,首次实现了自治区、盟市、旗县区三级土地变更调查和卫片执法检查同步启动和同时推进,确保了2014年度卫片工作顺利进行。自治区国土资源厅分管领导先后组织召开工作推进、数据对接和验收汇报等业务会议,分析研判全区卫片形势,对相关问题提出应对措施和解决办法。自治区国土资源厅执法监察局(总队)将卫片工作作为执法监察的重中之重,通过采取提前部署、强化业务培训、与年度土地变更调查深度结合、加强督促检查和沟通协调等一系列措施,全力推动卫片工作。根据工作实际,及时转变工作思路,将卫片作为检验日常执法监察工作成效的重要手段,加强督促检查力度,强化动态巡查,积极推动工作重心向日常执法监察转变,切实做到对违法违规行为早发现、早制止、早报告。同时,聘请专业队伍,对重点疑似图斑逐个进行全面核查,确保卫片数据的客观、真实、准确,为自治区开展约谈问责提供可靠依据。7月,自治区政府召开2014年度土地矿产卫片执法监督检查警示约谈会,对2014年度卫片工作中违法问题严重的察右后旗、科右中旗、土默特左旗、卓资县、海拉尔区等5个旗县区人民政府主要领导进行警示约谈。

第四节　督查与动态巡查

2008年,自治区国土资源厅将执法监察工作重点从查处违法案件转移到预防违法案件上来,积极探索"预防为主,事前防范与事后查处相结合"的国土资源监管长效机制,对全区动态巡查和违法行为快速反应工作进行规范,进一步明确和强化基层国土所动态巡查、制止违法行为的职能职责。在鄂尔多斯市开展了国土公安机制试点,将公安机制引入国土资源动态巡查工作中。

2009年,自治区国土资源厅执法监察局被指定为与国家土地督察北京局(以下简称北京局)的联络部门。按照北京局的要求,认真落实北京局专员派驻工作。积极筹措经费,精心安排派驻工作所需的办公及食宿场所、配备办公车辆和办公生活设施、用品,为督察专员如期派驻提供了保障。配合国家土地督察北京局开展调研联系点工作,督促各联系点按时上报相关材料;配合北京局开展农用地转用和土地征收审批事项实地核查;配合北京局完成2009年保障性住房用地供应计划情况的落实检查;配合北京局在赤峰市、乌兰察布市6个旗县(区)开展例行督察工作,并针对发现的基础工作薄弱等7个方面问题积极督促各地整改。配合自治区政府纠风办检查惠农惠牧政策落实情况,配合自治区纪委检查全区廉政建设情况,配合自治区联席会议办公室赴陕西、甘肃、宁夏开展信访问题调研,配合发改委等部门调查高尔夫球场用地问题。

2010年,自治区国土资源厅执法监察局配合北京局对乌兰察布市、赤峰市例行督察整改情况进行实地督导。6月份,自治区政府土地例行督察整改验收组对乌兰察布市、赤峰市例行督察整改工作进行评估验收,并通过自治区验收组的验收。配合北京局对鄂尔多斯市构建和保障科学发展土地共同责任机制试点工作进行指导,并完成验收工作;对呼和浩特市开展土地例行督察工作,并完成整改方案制定、督促和自检工作。配合北京局开展对全区各盟市的"保发展保红线"宣讲活动。

2011年,自治区国土资源厅落实动态巡查责任制,加大动态巡查力度,全年通过动态巡查制止违法行为307件,挽回经济损失145.78万元。同时,加强对动态巡查工作的抽查和监督检查,动态巡查工作进一步规范,巡查责任得到有效落实。同时,不断创新巡查方法,在包头白云鄂博矿区开展视频监控试点。配合北京局在包头市开展土地例行督察工作,完成对包头市土地例行督察工作的自治区自检。组织完成对呼和浩特市、赤峰市例行督察整改情况进行实地督导和验收。呼和浩特市、包头市、赤峰市例行督察整改工作通过北京局的验收,包头市还顺利通过国家土地督察局总督办的交叉验收。配合完成重点交办案件调查整改。对包头市东河区南海生态体育公园项目开展整改;对乌兰察布市凉城县"岱海人家休闲俱乐部"项目开展调查和整改,及时反馈调查情况,提交整改意见。配合北京局完成土地管理和利用情况的分析,并按时上报分析报告;完成对例行督察地区耕地占补平衡情况调研和监测点违法形势专项调研。

2014年,北京局对全区2013年度农用地转用、土地征收审批和土地利用总体规划执行情况进行集中核查,并重点筛选产能严重过剩行业项目用地情况。自治区国土资源厅执法监察局(总队)组织人员参加审核督察,赴盟市实地核查项目建设和用地情况,督促各地规范土地利用和管理。4月,配合北京督察局开展国家土地督察机构整装性调研,对各地维护被征地农牧民合法权益,特别是对征地补偿安置标准、信息公开及补偿安置和被征地农牧民社会保障等情况是否符合规定和落实到位进行调研。4月至6月下旬,北京督察局在兴安盟和锡林郭勒盟开展例行督察,自治区国土资源厅驻乌兰浩特和锡林浩特专员办执法专员全程参与,并从赤峰市和通辽市选调十余名业务骨干参与内外业核查工作。例行督察中发现的问题主要涉及耕地保护、违法违规出让土地、土地出让金收支管理不规范、违规办理土地登记、擅自改变土地用途、违法违规占用土地等方面。两地均成立了整改领导小组,组织相关部门制定方案,确定时间表,落实责任人,积极进行整改落实,自治区国土资源厅、执法监察总队也多次派专人督办两盟的整改落实情况。12月底,自治区政府对兴安盟和锡林郭勒盟的整改工作进行了省级验收。

第五节　信访工作

2001年,自治区国土资源厅受理群众来信来访397件,其中集体来访68批,办结率100%。自治区领导批示和上级部门交办的信访案件9件,均及时处理并上报处理结果,结案率100%。自治区国土资源厅向盟市国土资源局交办信访案件结案率97%。自治区国土资源厅执法局及有关处室协调处理重要信访案件13起,调查处理重大土地权属及矿产资源纠纷5起。对于处理难度较大的重要信访案件,厅领导亲自率领工作人员深入基层,带动了信访工作整体水平的提高。对于重大信访案件或遇有紧急情况,都做到了及时上报,及时与事发地政府沟通。

2002年,自治区国土资源厅受理来信136件,接待来访112批,总计358人次。其中集体来访34批,332人次。协助自治区党委、政府信访局接待处理集体来访12起、2500多人次。赴鄂尔多斯市、巴彦淖尔盟(今巴彦淖尔市)、呼和浩特市的4个旗县调查处理了厅领导批示重大案件4件。自治区领导批示和上级信访部门交办的9件信访案件全部办结,并及时上报处理情况和结果。自治区国土资源厅向盟(市)国土部门交办信访案12件,全部办结并上报。对于调查处理难度较大的重要信访案件,自治区国土资源厅协调自治区有关部门,先后4次召集有关盟市领导和相关部门负责人召开厅长办公会议,专题研究解决重大信访问题。针对因土地引起的信访问题,专门就农牧民群众的信访情况做了调查研究,在分析类型、成因的基础上提出措施和建议。坚持和完善自治区国土资源厅领导接访日制度,将每月一次的接访改为每周一次,由厅领导轮流接访,实现每周不空岗。

2003年,自治区国土资源厅加大初信初访受理工作力度,努力将问题解决在初始阶段。畅通信访渠道,确保信访热线电话的畅通和有效运行;简化办信程序,减少从来信演变为来访;引导上访群众通过法律渠道维护自身利益,妥善分流涉法上访问题。健全责任追究,解决对信访工作不负责任的问题;继续推行"逐级上访""分级受理"制度,抓重点问题的解决和重点地区的治理,坚持群众越级集体上访通报制度,对重大紧急上访问题通过《要情通报》随时通报给有关地区、部门的主要领导。继续实行处理群众信访问题"联席会议"、"请上来"和"走下去"制度。

2004年,全区国土资源系统受理群众来信来访13 180件,38 120人次。自治区国土资源厅受理来信1379件,接待来访1294批8379人次;回答电话咨询和土地涉法问题1568次。信访案件办理率100%。自治区本级组织联合调查组先后赴10个盟市处理信访案件36件。对属于盟市管辖的土地信访案件,及时交当地政府及有关部门处理。按时报结了全国人大常委会交办的反映包头市河东乡壕赖沟村干部非法倒卖集体土地3000亩等信访案件4件;中央六部委督办的包头高新区农民进京访等3个案件;办结国土资源部交办的信访案件9件。建成全区国土资源系统四级信访工作网络,有专兼职信访工作人员360多人,形成"纵到底、横到边"的信访工作网络,保证了信访渠道的畅通。办理全国人大常委会、国务院及国土资源部、国家六部委信访督查组和中央农村土地征用问题工作小组、自治区信访联席办、自治区党委政府、自治区党委政府信访局交办的各类土地案件132件,按时上报处理结果132件,结案率达100%。自治区国土资源厅接待群众越级集体访、重复非正常集体访72起,2032人次,阅批群众来信82件。实行领导包案制度,即"包接待、包协调、包处理、包稳定",采取"请上来、走下去"的办法解决信访问题。召开信访专题会议15次,集中研究解决信访案件17件;听取有关盟市、旗县领导汇报11次,协调解决信访案件11件。

2005年,自治区国土资源厅接待来信来访960批(件)、4377人次。中央督办的7件土地征收信访案件得到妥善解决,全区47个开发区全部通过国家"两规审查",调查处理了6起多年悬而未决的土地权属纠纷。先后11次深入包头研究解决稀土高新区因征地补偿引发的农民集体多次上访事件,经中央农村土地征用问题专项工作小组实地调研,此案得以终结。

2006年,自治区国土资源厅受理群众来信200件,接待群众来访273批次、1123人次,回答电话咨询264人次。

2007年,自治区国土资源厅共受理群众来信102件,接待群众来访164批次、584人次,其中集体访18批次、212人次,与2007年同期相比,来信减少了31.22%;来访的批次减少了18.9%、人次减少了51.45%,其中集体访的批次和人次分别下降了64.2%和33.97%。排查涉及土地征收征用矛盾纠纷132件,涉及人数2572人,已化解矛盾纠纷89件。

2008年,自治区国土资源厅受理群众来信来访510件次,接待来访群众972人次。受理国土资源部交办重信重访事项74件,办结率84%。同时对国土资源部转来的133件来信和48起来访事项进行督察督办。受理自治区党委政府信访局交办的信访事项复核件11件,办结率为100%。

2009年,自治区国土资源厅共受理群众来信314件次,与去年同期相比,来信减少了7.37%。受理群众来访187批次、1012人次,与去年同期相比,来访批次减少36.39%、人次减少19.04%。其中,集体访批次减少25.71%,人次减少18.47%。加强与自治区联席会议办公室、自治区党委政府信访局和地方人民政府、国土资源部门以及驻地公安机关的沟通、协调与配合,及时通报重要信访事项,寻求支持,共编写《信访情况反映》11期。实行敏感时期和重点时段信访接待"零报告制度",适时启动《内蒙古自治区国土资源群体性信访事件应急预案》,将重要信访事项逐级向上级领导汇报。贯彻落实《中共中央办公厅国务院办公厅转发中央处理信访突出问题及群体性事件联席会议〈关于领导干部定期接待群众来访的意见〉等三个文件的通知》、自治区处理信访突出问题及群体性事件联席会议精神,制定印发了《关于领导干部定期接待群众来访的实施意见》等三个文件,规定厅领导每季度接访不少于1次,厅机关各处室负责人每周轮流到信访接待室接访1天。充分发挥执法监察专员作用,按照专员专区,上包片、下联点的工作思路,轮流接访,对包片区域内的信访问题跟踪督办。同时,执法监察局全体工作人员也轮流值周接访,确保每日接访人员不少于3人,实行正常工作时间不间断、及时化解矛盾,促进案结事了,息诉罢访。

2010年,自治区国土资源厅本级共受理群众来信292件次,同比下降7%。来访333批次、1254人次。完成自治区联席会议交办信访事项12件,完成信访复核件27件,信访接待工作日趋规范化、程序化。全区共有10人获全国国土资源执法监察和信访工作先进个人、6个单位获先进集体,受到国土资源部通报表扬。按照国土资源部及自治区党委、政府关于信访工作的一系列重要指示,将国土资源信访工作情况以《信访情况反映》的形式向全区通报,进一步加强与自治区联席会议办公室、自治区党委政府信访局和地方人民政府、国土资源部门以及驻地公安机关的协调配合。全年共参加自治区联席会议20余次,坚持实行敏感和重点时段信访接待"零报告制度"。抽调3名厅级领导和1名处级干部参加自治区深入推进社会矛盾化解领导小组和领导小组办公室工作,确保做到中央层面交办信访事项100%解决,自治区交办80%解决。进一步落实厅领导季度和厅机关各处室每周轮流接访工作,充实信访接待人员,更新和配置信访接待室的电视机、电脑等硬件设施。

2011年,自治区国土资源厅信访维稳工作实行各处室轮流值班制,将自治区执法监察总队能力强、素质高的干部充实到信访工作岗位,确保正常工作时间接访人员不间断,对来访群众,耐心听取诉求,做到"有访必接,有接必办"。全年厅本级共受理群众来信305件次,接待来访群众540批次、2502人次。对群众各类来信来访,全部登记造册,并按不同地区、不同类别进行了分类统计,信访工作台账进一步健全,对信访人的相关信息可以随时查询,信访档案管理更加规范。按照专员专区,上包片、下联点的工作思路,对专员包片区域进行了重新划分,落实了信访事项责任人和责任区域,强化了执法监察专员信访工作职能,加大了信访事项跟踪督办力度。全年共对27件信访事项进行了督办,对久拖不决和疑难复杂信访案件由厅分管领导亲自督办。对一般信访案件交由盟市办理,全年共交由盟市办理信访事项88件,反馈49件,办结率55.68%。全年共组织召开各类信访协调会8次,完成信访复核件11件,及时化解了矛盾,促进了案结事了和息诉罢访。制定出台《内蒙古自治区国土资源系统群体性事件应急预案》,进一步细化了工作内容,明确了职责分工,完善了预警机制。加强信息报送和沟通,就重大信访问题及时与自治区联席会议办公室、自治区信访局和地方人民政府、国土资源部门沟通,对群体性、突发性事件做到提前介入,主动应对,共编写《信访情况反映》7期。实行敏感时期和重点时段信访接待"零报告制度",对信访维稳工作出现的新情况、新问题,及时传达,定期公开通报。扎实开展信访工作"基层基础建设年"活动,进一步夯实信访工作基础,将矛盾化解在基层,把问题解决在当地。充分发挥"12336"违法举报电话方便快捷的特点,认真做好违法举报的接收、记录、转交办、催办、咨询、汇总和分析研判工作,将"12336"作为了解群众诉求、研判国土资源管理形势的重要窗口,功能日趋完善,作用愈加明显。全年全区通过"12336"接受各类咨询和违法举报694个,同比下降10.1%。接收违法举报线索470件,转办国土资源部违法举报线索67件。对厅本级接收的举报和部转办的一般违法线索,全部交盟市办理,对重大违法线索,直接调查核实,限期反馈结果。部转办重大违法线索(土地类)3件,都已反馈。

2012年,自治区国土资源厅不断完善信访工作制度,强化源头治理和预警机制建设,对原有《内蒙古自治区国土资源厅办理群众来信工作规则》《内蒙古自治区国土资源厅接待群众来访工作规则》等5项制度进行了修订完善;制定并印发《关于切实规范和加强国土资源系统信访维稳工作的意见》《内蒙古自治区国土资源系统预防和处置信访维稳群体性事件应急预案》和《内蒙古自治区农村牧区集体土地征收征用社会稳定风险评估暂行办法》。全年共受理群众来信243件次,同比下降25.51%;接待群众来访343批次、1908人次,同比分别减少36.48%和23.74%。坚持按季度定期通报信访维稳情况,对疑难复杂信访事项和群众反映强烈的突出问题,及时向有关部门反映,对个别信访问题突出的地区及时启动了约访和诫勉谈话。召开了全区国土资源信访维稳工作座谈会,分析研判国土资源信访维稳形势,部署工作。按照专员专区,上包片、下联点的工作思路,落实了信访事项责任人和责任区域,并建立包案制度,强化"五包"责任(包掌握情况、包思想教育、包解决化解、包人员稳控、包息诉息访),使信访事项件件有人管,事事有人办。全年共办理重点信访事项287件,有效化解219件,化解率74%;完成信访复核案件7件。对重点时段和敏感时期信访维稳工作实行"零报告"和值班制度。开展四级联创齐争活动,积极推进"12336"违法线索服务示范窗口建设。按照"畅通渠道,完善机制,提升效率"的要求,"12336"违法线索举报工作以提高为民服务水平为目标,不断畅通举报渠道,规范工作流程,加强违法线索的督办力度,全年共受理违法举报线索220件,同比下降72%,反馈179件,反馈率81.36%。与此同时,以开展部、省、市、县四级"联创齐争"活动为平台,不断创新管理模式,自治区、包头市、赤峰市喀喇沁旗"12336"违法线索举报中心因工作成绩突出,被国土资源部评为"全国百家12336为民服务示范窗口"。

2013年,自治区国土资源厅直接受理群众来信310件,来电563次,接待群众来访278批次,2231人次。自治区国土资源厅执法监察局、执法监察总队以《内蒙古自治区国土资源厅信访事项交转办处理规定》为总的工作规范,以案结事了、息诉罢访为总的工作目标,不断创新工作方式方法,努力化解社会矛盾。截至10月底,共办理各类信访事项1521件,答复率100%。其中,作为重点信访事项办理416件(厅直接调查处理11件),有效化解316件,化解率75%;作为一般信访事项转有关部门办理

1105 件，代自治区政府完成信访复查复核案件 2 件。在重点信访案件处置过程中，注重加强与自治区党委督查室、自治区党委巡视办、自治区维稳办、综治办、信访问题联席办及自治区信访局等部门的协调配合，开展重点信访案件联合攻坚，努力探索重点信访案件问题的合理解决机制，推动各类信访问题的妥善解决。

2014 年，自治区国土资源厅畅通部、厅、盟市、旗县区四级信访渠道，及时掌握、处理违法违规线索。对社会和群众反映强烈、违法征占农牧民土地规模较大的违法线索，自治区国土资源厅执法监察局（总队）直接调查，妥善处理。同时，落实厅领导包重点案件和定期接访等政策措施，进一步强化一把手负总责的信访工作责任制，有效化解信访矛盾。3 月，自治区国土资源厅执法监察局（总队）与厅人事处并会同内蒙古自治区地质矿产勘查开发局，有效化解内蒙古第四地质矿产勘查开发院退休职工的信访矛盾。8 月下旬，国土资源部调研组对自治区国土资源系统深入贯彻落实党的群众路线，扎实做好国土资源信访工作进行调研。认为自治区国土资源厅高度重视信访工作，面对经济大转型、大调整、大提升新形势下出现的新情况、新问题，准确把握，积极应对，各部门互相配合，职责明确，措施得力，信访工作成效显著。12 月 25 日，自治区国土资源厅副厅长王富友与信访和“12336”工作人员座谈，专题听取工作情况汇报，提出工作要求。全年，自治区国土资源厅受理群众来信来电 1396 件次，接待群众来访 232 批次、828 人次，比上年来访大幅下降，集体访下降显著；办理各类信访事项 1748 件，比上年下降 13%，信访答复率 100%，答复满意率 90%；其中，作为重点信访事项办理 446 件，有效化解 356 件，化解率 80%，作为一般信访事项转有关部门办理 1302 件；重点完成自治区政府转北京局信访核实案件 13 件，国土资源部办公厅交转办案件 3 件，国土资源部执法监察局交转办案件 6 件，自治区联席办交办案件 6 件；交转办案件均反馈交转办部门，反馈率 100%；厅本级完成信访事项复查 6 件、复核 6 件，代自治区政府完成复核 3 件；重点对十余起久拖不决的疑难信访问题进行攻坚，收到了很好效果。

2015 年，在工作中畅通部、厅、盟市、旗县区四级信访渠道，及时掌握、处理违法违规线索。对重信重访、疑难复杂信访事项和群众反映强烈的突出问题，直接调查，妥善处理。同时，通过定期通报信访维稳情况，落实领导包重点案件和定期接访等措施，进一步强化“一把手负总责”的信访工作责任制，有效化解信访矛盾。在接访工作中严把信访入口关，注重把涉法涉诉信访事项纳入法制轨道解决，充分发挥行政复议、行政仲裁、行政诉讼、政府确权等法定程序化解涉地涉矿矛盾，引导群众依法表达合理诉求。在重点信访案件处置过程中，注重加强与自治区维稳办、综治办、信访问题联席办及自治区信访局等部门的协调配合，积极探索重点信访问题的合理解决机制，推动各类问题妥善化解，收到了明显效果。全年，自治区国土资源厅本级共受理来信 340 件次、来电 624 次；接待群众来访 196 批次、648 人次，其中集体访 42 批次，346 人次。来信与上年相比基本持平，来电、来访均有明显下降，全区国土资源信访形势平稳、有序。

第六节　专项行动

一、土地市场秩序治理整顿

2002 年，根据国务院、国土资源部、自治区人民政府的要求，自治区成立以副主席周维德为组长，自治区国土资源厅、监察厅等9个厅局为成员的内蒙古自治区整顿和规范土地市场秩序从源头上防治腐败工作领导小组,重点整治清理自新土地管理法颁布以来发生的16项违法违纪行为,完善和规范国有土地资产管理10项制度。年内查处各类土地违法案件1034件,结案991件。

2003年3月6日,根据党中央、国务院领导同志的指示和国土资源部的统一部署,自治区人民政府印发《关于进一步治理整顿土地市场秩序工作实施方案的通知》。自治区人民政府决定从2003年2月至7月,集中治理整顿全区土地市场秩序,使严重扰乱土地市场秩序的非法占地、非法转让行为得到查处,违规设立的各类园区得到清理,土地执法中的错误做法得到纠正,各项管理制度真正得到落实。进一步开展以强化土地法制观念、落实制度建设、促进管理到位和严肃查处严重扰乱土地市场秩序的行为为重点的自查自纠活动。从依法行政教育入手,进一步治理整顿土地市场秩序。成立自治区进一步治理整顿土地市场秩序从源头上防治腐败工作领导小组,自治区政府分管副主席郭子明任组长,自治区国土资源厅厅长韩云彬、自治区监察厅厅长孙显谦任副组长,自治区发改委、法制办、教育厅、科技厅、财政厅、建设厅、农牧业厅、审计厅、国资委、工业办、信访局等13个厅局为成员单位,领导小组督查办公室设在自治区国土资源厅。

2004年3月,自治区政府办公厅印发《关于做好治理土地市场秩序检查验收工作的通知》,对治理土地市场秩序检查验收工作做出安排。3月22日,自治区土地市场秩序治理整顿督查办公室发出通知,决定召开全区土地市场秩序治理整顿检查验收工作调度会,贯彻国土资源部进一步治理整顿土地市场秩序检查验收工作督导组在自治区督导中提出的意见和建议,安排部署土地市场秩序治理整顿统计汇总工作,做好迎接自治区检查验收组、国务院五部委联合验收组验收的各项准备工作。4月3日,自治区人民政府办公厅印发《内蒙古自治区人民政府办公厅关于分组验收治理整顿土地市场秩序工作的通知》。6月至9月,自治区人大常委会组成以分管副主任为组长的执法检查组,对全区贯彻执行《中华人民共和国土地管理法》《内蒙古自治区实施〈中华人民共和国土地管理法〉办法》的情况进行检查。检查组于8月13日听取自治区政府的汇报,从8月16日至9月2日,先后赴赤峰、通辽、鄂尔多斯、包头、呼和浩特市及10个旗县区进行重点抽查。执法检查组通过听取汇报、座谈、查阅资料和实地检查等形式,主要了解1999年到2004年以来全区土地利用总体规划和土地利用年度计划的执行情况,土地用途管制、耕地占补平衡、基本农田保护和建设用地审批及总量控制制度的执行情况,征用集体土地的补偿安置情况,国有土地有偿使用情况,土地违法行为及查处情况和各类开发区(园区)的清理整顿情况。此次检查是自1998年《中华人民共和国土地管理法》修订和2000年《内蒙古自治区实施〈中华人民共和国土地管理法〉办法》实施以来,自治区人大常委会进行的第一次土地管理专项执法检查。

2006年,自治区土地市场治理整顿工作结合自治区开发区的实际情况,及时制定落实开发区四至范围工作方案,并在全区作了统一部署。测绘单位对全区47个开发区四至范围进行实地勘测定界,并按照测绘标志规程统一制作了界桩,按规定进行埋设,限定开发区随意漂移现象。继续停止开发区新设、升级和扩区,有效遏制了大量圈占土地特别是耕地的行为。经过努力,其中45个开发区的四至范围已通过国土资源部的审核和公告,面积为2.41万公顷;剩余两个未通过国家发改委的审核,予以撤销。

二、土地执法百日行动

2007年9月,国土资源部部署在全国国土资源系统实施土地执法"百日行动"。10月,自治区国土资源厅成立以白盾厅长为组长、厅党组成员为成员的自治区土地执法百日行动领导小组,统一领导全区土地执法百日行动。从厅机关、厅属有关单位抽调10名同志组成领导小组办公室,具体负责百日行动日常工作。“百日行动”中,全区共清理出以租代征、违反土地利用总体规划扩大工业用地规模和未批先用三类土地违法违规案件315件,面积239 443.81亩。“回头看”清查出的违法违规案件194件,面积79 467.71亩。这些案件的查处,直接关系到百日行动成果的巩固、项目用地的规范及地方经济的发展,为此,2008年全区组织6个工作组对12个盟市和部分旗县案件查处工作进行督办,已全部查处的情况是:共拆除非法构筑物2件,没收构筑物2件,收缴罚没款1175.51万元,退回耕地25 860.56亩。对土地违法违规给予责任人纪律处分及刑事处罚移送的共计45人,其中按党纪政纪处分25人;刑事处罚移送20人。已补办用地手续35件,正在办理的30件。另外,国土资源部在自治区确定的两个重点整改地区和7件省级重大典型案件,均已整改和查处到位。

三、双保行动

(一)保增长保红线行动

按照国土资源部“保增长保红线行动”(以下简称“双保行动”)的工作部署,自治区国土资源厅制定《内蒙古自治区国土资源厅保增长保红线行动工作实施方案》,计划从2009年3月1日开始,至11月30日结束,集中9个月时间,开展“双保行动”。分为启动部署、调研宣传、督察推进、评估总结四个阶段。

2009年3月31日,国土资源部“双保行动”视频会议结束后,自治区国土资源厅及时向自治区政府作了汇报。把“双保行动”列入全年中心工作,成立以厅长为组长、分管副厅长为副组长、相关处室负责人参加的领导小组并设立办公室,落实联系人。召开视频会议,制定“双保行动”实施方案,出台完善土地利用规划体系,加强规划对扩大内需项目的统筹保障等支持经济发展的八项具体措施。包头市制定了落实“双保行动”五项服务制度,阿拉善盟出台抓好用地保障体系建设等五项系统工程,满洲里市建立“规划、计划、占补、审批、服务”五大保障措施,采取“一对一”的服务方式,开辟扩大内需项目和重大项目用地报批“绿色通道”,以“保障用地,确保扩内需保增长调控政策落到实处;密切跟踪,及时反馈和提出调整完善土地调控政策的意见或建议;严防反弹,继续巩固和依法维护土地管理良好秩序”为重点,全面落实“双保行动”。

在调研宣传阶段,全区国土资源系统以积极主动服务和严格规范管理为基调,紧紧围绕“双保行动”各阶段中心任务,通过报刊、电视、广播、网站专栏、工作简报等形式,多角度、全方位的宣传开展“双保行动”的重要意义、先进典型和工作成效。5月8日,自治区党委副书记、自治区政府主席巴特尔批示:“开展‘双保行动’是落实科学发展观的具体体现,更是实现扩内需保增长的重要举措。全区各级政府、国土资源部门要按照国土资源部和国家土地督察北京局的统一部署,加强领导、落实责任制,做到既积极主动搞好服务,保障重点建设项目用地,又严格规范管理,坚持最严格的耕地保护制度和节约用地制度,努力使全区‘双保行动’取得实实在在的成果,为自治区经济社会发展做出贡献。”自治区政府副主席赵双连也做出重要批示,要求国土资源厅抓紧抓好抓出成效。赵双连副主席和国土资源厅厅长白盾分别在新闻媒体发表题为《以科学发展观指导保增长保红线行动实现自治区经济社会平稳较快发展》《践行科学发展观落实双保行动任务服务和促进自治区经济社会平稳较快发展》的署名文章。各级地方政府和国土资源管理部门领导也积极响应,盟市政府领导纷纷发表署名文章,做出批示或指示。加强舆论引导,营造舆论氛围。全区各级国土资源部门共在省级媒体发表新闻20余篇,市级宣传报道近100篇,自治区本级编发“双保行动”简报45期,自治区国土资源厅被推荐为全国“双保行动”新闻宣传先进单位。

从5月初开始,自治区国土资源厅组成5个督导组,由厅领导带队,赴全区各盟市,开展主动服务地方经济发展、构建保障和促进科学发展新机制等“双保行动”专题调研和督导,认真听取各项目单位和有关部门对用地保障服务的意见和建议,并针对项目进度和存在的问题,提出解决方案。一系列的督导,确保“双保行动”不走偏,避免了规避规划调整、计划控制和行政审批,以预审代审批、批而未供、供而未用、未批先用或批少占多,占补平衡和“先补后占”不落实、征地拆迁、安置补偿不到位等苗头性、倾向性问题。同时就扩大内需项目落实情况、用地需求、指标缺口等进行调研,完成《建设用地未批先占和零星矿产资源以采代探问题专题调查报告》《关于扩大内需双保行动项目用地保障和政策执行情况调研报告》和《内蒙古自治区土地利用年度计划考评报告》,提出核减报批要件,提高用地审批效率和实行先行用地等措施。针对农村集体土地流转中存在的问题,组织呼和浩特等七个调研联系点认真开展“农村集体土地使用权流转情况”等专题调研。

5月底,国土资源部“三项检查”组来自治区检查耕地保护责任目标落实情况、“双保行动”开展情况和“卫片执法检查”进展情况时,对自治区三项工作特别是“双保行动”给予高度肯定。

在开展“双保行动”中,针对自治区地域东西跨度大,情况复杂等特点,自治区国土资源厅坚持因地制宜,分类指导,不搞“齐步走”和“一刀切”。在工作部署上,既坚持整体进度大体一致,又坚持时间服从质量;在任务要求上,既提出共性的目标任务,又从不同地区的实际出发提出差别化要求;在方式方法上,既做好“规定动作”,又突出实践特色,增强工作的针对性和实效性。

8月27日,按照国土资源部《关于保增长保红线行动后续阶段重点工作安排的通知》安排,自治区国土资源厅印发通知,就全区国土资源系统“双保行动”后续阶段重点工作做出安排和部署。9月至10月间,按照国土资源部《关于在保增长保红线中加快处理批而未用土地等工作的通知》要求,汇总形成自治区批而未用土地清理情况并逐宗制定了处理意见。按时向北京督察局上报自治区2009年上半年审批的建设用地自查情况、“双保行动”督察推进阶段工作总结以及扩大内需项目地质资料信息服务工作情况。12月7日,向国家土地督察北京局报送“双保行动”工作总结。自治区国土资源厅此次“双保行动”采取的措施及取得的成效:一是积极主动服务,做好用地保障;二是严格规范管理,确保政策措施落实到位;三是加强执法监管,保障依法用地;四是积极探索监管机制,构建执法监管长效机制。存在的问题:一是调研评估针对性不够强,政策支撑力度偏弱,国土资源保障服务需进一步加强;二是土地管理共同责任机制仍需要进一步完善:三是对管理体制机制和政策层面的问题系统分析不够,制度性成果较少,创新性不强。

2010年1月12日,自治区国土资源厅表彰全区“双保行动”成效显著单位和先进个人。自治区国土资源厅执法局等30个成效显著单位、自治区“双保行动”领导小组成员单位沈红梅等52名先进个人受到表彰。

(二)保发展保红线工程2010年行动

2010年,按照国土资源部印发的《保发展保红线工程——2010年行动方案》要求,自治区国土资源厅以积极推动经济发展方式转变为主线,以稳增长、调结构、促转变、保红线为主要任务,在全区国土资源系统继续组织实施保发展保红线工程。

2010 年 4 月 20 日，国土资源部“保发展保红线工程——2010 年行动”视频会议结束后，自治区国土资源厅结合全区实际，研究制定了《内蒙古自治区保发展保红线工程——2010 年行动实施方案》，安排细化了 9 项重点任务 35 项具体工作，其中专项行动安排 5 项，基础支撑工作安排 4 项。按照职能分工进一步将任务落实到处室，明确工作目标，完成时限，落实工作责任，确保了各项工作的顺利进行。为扩大“双保工程”的舆论影响力，进一步加大同步宣传力度，定期编发《保发展保红线工作简报》，及时报送各地的重要信息、工作情况和典型经验。在厅门户网站开辟“双保工程”专栏，及时宣传工作推进情况、成效和经验。围绕“双保工程”的行动主题，充分利用“4·22”世界地球日和“6·25”全国土地日等重大活动，邀请内蒙古电台、电视台进行现场跟踪报道。赵双连副主席在内蒙古日报发表署名文章。自治区国土资源厅在内蒙古人民广播电台举办的“行风热线”直播节目中，将“双保工程”2010 年行动内容做了综合介绍。通过大力宣传，向全社会传递了国土资源部门“保发展、保红线”的积极态度和坚强决心，增强了社会民众对国土资源管理的认知度。

按照有保有压、突出重点的原则，积极落实“双保工程”，进一步提高建设用地审查报批速度和质量，有力地保障了一大批交通、能源、水利等公益性基础设施和教育、卫生、保障性住房等民生项目的用地需求，限制了高耗能、高污染等项目的用地，对自治区产业结构优化升级起到了积极作用。对鄂尔多斯市、包头市违规建设高尔夫球场案和阿拉善盟瀛海建材有限公司违法占地案进行了严厉查处，开展了清理闲置房地产用地工作，对城郊接合部占用集体土地建房和违规建设低密度高档别墅行为进行了集中整治，进一步防范和遏制了苗头性、倾向性和区域性问题的发生。

（三）保发展保红线工程 2011 年行动

2011 年，国土资源部继续组织开展“保发展保红线工程”工作。按照国土资源部“保发展保红线工程——2011 年行动”的工作部署，自治区国土资源厅印发《内蒙古自治区保发展保红线工程——2011 年行动实施方案》，共安排中心任务、专项工作和策应工作 3 大项 24 小项具体工作，并且按照职能分工到处室，明确到个人。为保证“双保工程”各项任务按时保质完成，及时组织人员随时掌握各项任务的办理进度。加强日常监督检查力度，召开工作调度会，通报工作进展情况，分析存在的问题，督促责任单位按时上报各类报告。与此同时，进一步加大舆论宣传，定期编发《保发展保红线工作简报》，及时向各级政府、国土资源管理部门及相关部门宣传政策和典型经验。发“双保行动”简报 25 期，并且在厅门户网站开辟“双保工程”专栏，及时宣传工作推进情况、成效和经验。

（四）保发展保红线工程 2012 年行动

2012 年初，按照自治区人民政府的统一部署，自治区国土资源厅在全区范围内组织开展了土地和矿产资源违法行为“百日整改”行动，集中 100 天时间，对 2010 年度土地矿产卫片执法检查未查处整改到位和 2011 年新发生的土地矿产违法行为进行了集中整治。对违法违规行为逐项列出清单，确定整改责任人，限定整改时间，严肃查处整改。通过专项行动，发现和处理了一批无证勘查开采、违法占地、补偿不到位、生产运输影响周边群众生产生活以及污染环境的行为，为全年卫片执法检查工作的顺利推进奠定了重要基础。

同时，按照国土资源部《保发展保红线工程 2012 年行动方案》和电视电话会议精神，紧紧围绕“稳增长、调结构、抓改革、促和谐”工作目标，以“节约集约保发展，严格规范守红线”为主题，深入推进保发展保红线工程 2012 年行动。自治区副主席王波对开展“双保工程 2012 年行动”做出重要批示，自治区国土资源厅制定了《内蒙古自治区保发展保红线工程 2012 年行动实施方案》，共安排主体工作和基础工作 34 项,按照职能职责分工逐项落实到各处室,并加强日常督促,确保工作有序推进。

自治区国土资源厅执法局牵头对鄂尔多斯市历史遗留违法用地进行清理消化,利用历年结余建设用地计划指标,共化解违法用地 5000 公顷。按照国家土地督察北京局年度例行督察工作安排,配合对鄂尔多斯市、巴彦淖尔市土地利用和管理情况开展例行督察,督促上述地区对例行督察发现的涉及耕地保护、农用地转用和土地征收等 8 个方面共 883 个问题认真开展整改,并受到国家土地督察北京局的书面表扬。配合国家土地督察北京局开展了未利用地调研,进一步探索在我区实行差别化的土地管理政策。配合国家土地督察北京局开展例行督察"回头看",督促有关地区严格按照例行督察要求整改落实到位。

(五)保发展保红线工程 2013 年行动

1. 保发展保红线工程 2013 年行动

2013 年,自治区国土资源厅按照国土资源部《保发展保红线工程 2013 年行动方案》和相关会议精神,结合实际,研究制定了《内蒙古自治区保发展保红线工程 2013 年行动实施方案》,从土地规划管控、节约集约用地、耕地保护等 3 个方面共细化出重点任务 15 项,基础支撑工作 13 项,并逐一分解到各处室,共同推进各项任务的落实。同时,主动转变执法理念,以重要经济带、重点产业园区以及重大项目为重点,全力以赴做好"疏"的工作,重在督促规范和完善用地、用矿手续。

为确保"双保工程 2013 年行动"各项重点任务落实到位,3 月,自治区国土资源厅执法监察局对全区 2012 年度土地征收转用及土地管理等方面进行审核督察,共发现四大类 11 项问题。5 月初,对通辽市土地利用和管理情况开展例行督察,共发现 8 大类 700 多个问题,督促对问题进行认真整改。同时,配合国家土地督察北京局对自治区废弃居民点和工矿废弃地调整利用、临时用地审批试点、工业园(开发区)基本情况、"十二五"以来土地综合整治项目等四项工作进行调研。6 月下旬,由厅领导带队组成 3 个督导组,分赴各盟市对上半年重点任务推进落实情况进行督导检查。通过召开座谈会、实地检查等方式,听取各地在重点任务推进方面存在的问题和面临的困难,对相关问题及时给予政策咨询和技术指导。7 月,开展例行督察"回头看",督促有关地区严格按照例行督察要求整改落实到位。10 月上旬,按照国家土地总督察的统一部署,在全区范围内开展为期 3 个月的维护被征地农民合法权益专项督察工作,整改纠正征地补偿安置不落实、违规征占土地侵害农民合法权益等问题。全面展开各项排查、自查清理和整改工作,排查各类线索 1447 个。自治区国土资源厅于 12 月初组成工作组对各地整改情况进行了核查、验收。

2. 三项行动

2013 年,自治区国土资源厅还开展了矿山地质环境治理执法监察和土地复垦项目台账核查、整顿煤炭物流场所用地清理等三项专项行动。

针对矿山地质环境治理执法监察的特点和要求,自治区国土资源厅确立"突出重点、以点带面、整体推进"的工作思路,从东、中、西部各选一片进行重点推进。先期将东部的霍林河,中部的锡林郭勒盟、武川县,西部的乌海市、鄂尔多斯市棋盘井作为重点地区,在全面调查的基础上,提出整改措施,开展监督检查,并结合矿业权年检,建立矿山地质环境治理执法台账。对行风热线反映的武川县克力沟、小壕赖沟、中后河矿山地质环境问题,联合相关部门进行了实地核查,分门别类提出整改方案,督促当地政府及国土资源部门进行落实和监管。5 月中旬,结合自治区纪委监察厅组织开展的严肃工作纪律、整顿工作作风专项督察,对全区矿山地质环境治理情况再次进行了抽查和检查,共检查矿山企业24个，对进一步开展矿山地质环境治理工作起到了积极的推动作用。

对于工矿废弃地复垦工作，建立了土地复垦项目用地实地核查台账，对需复垦的面积、位置、地类等进行了摸底调查。4月份，组成四个督查组，对涉及废弃居民点和工矿废弃地复垦利用的乌兰察布市、巴彦淖尔市、鄂尔多斯市、阿拉善盟、赤峰市、兴安盟、满洲里市等盟市的土地复垦项目进行了专项督查。共核查7盟市101个批次（其中涉及北京局审查的66个批次）的档案资料，并到实地对每个批次的项目区进行了现场踏查。11月，结合2012年度卫片执法检查工作，对各地2012年度的土地复垦项目完成情况进行实地核查、抽查。

为加强对全区煤炭物流场所用地情况的监管，规范土地市场秩序，严厉打击和有效遏制煤炭物流场所违法违规用地行为，利用3个月的时间，对全区范围内所有煤炭物流场所用地情况，尤其是高速公路、国道、省道两侧煤炭储存、中转场所用地进行清理整顿。通过专项行动，推动各地进一步提高认识，强化监管，全面规范各地煤炭物流场所用地，维护社会的和谐稳定。其中呼和浩特市玉泉区、土左旗、托县，包头市土右旗，乌兰察布市兴和县等地煤炭物流场所用地情况被列为清理整顿工作的重点地区。在各盟市、旗县两级政府及国土资源部门的共同努力下，清理整顿工作进展顺利，成效显著，尤其是呼和浩特—托县公路两侧煤场整治受到社会的广泛好评。通过清理整顿工作，共清查出煤炭物流场所1092家，涉及除兴安盟、乌海市以外的12个盟市（含满洲里市、二连浩特市），总面积110 787.27亩，其中耕地面积31 626.3亩，其他土地面积79 160.98亩；清查违法用地项目648个，总面积36 824.13亩，其中耕地面积13 105.59亩，其他土地面积23 718.54亩。违法用地项目数占总数的59.3%，违法用地面积占总面积的33.2%。在648个违法用地项目中，立案506件，结案382件。共收缴罚没款893.81万元，拆除违法建筑面积81 737.67平方米，没收违法建筑物面积17 678.09平方米；党纪政纪处分建议29人，落实8人；移送76宗，落实63宗。共清理违法经营煤炭场所441家，面积19 080.19亩，其中耕地面积6407.73亩；已恢复土地面积14 010.79亩；清运煤炭152.37万吨。

第七篇
科技及对外交流与信息化

第一章　科技发展

内蒙古自治区国土资源厅（以下简称自治区国土资源厅）通过实施国土资源科技发展规划及科技攻关项目，大力开展相关科普活动，积极推进全区国土资源科技发展。

第一节　科技发展规划

一、中长期科技发展规划

2004 年 10 月至 2005 年 5 月，根据国土资源部《关于部署开展省级国土资源中长期科技发展规划的通知》要求，自治区国土资源厅组织编制了《内蒙古自治区国土资源中长期科技发展规划（2006—2020）》（以下简称《自治区国土资源中长期科技发展规划》），经组织专家论证和审查后，于 2005 年 6 月 30 日报送国土资源部。

《自治区国土资源中长期科技发展规划》是在总结全区国土资源科技发展现状和存在差距的基础上，根据自治区经济社会发展趋势和资源特点，从土地资源调查评价与利用、矿产资源调查评价与利用、国土资源信息化建设、地质灾害防治与地质环境保护、基础测绘等领域制定了中长期科技发展的总体思路、奋斗目标及主要任务。

规划制定的总体目标

认真总结和深刻认识自治区国土资源科技发展现状及问题，跟踪当代国土资源科技的前沿，切实转变国土资源科技发展思路、战略部署和工作重心，启动一批对增强国土资源科技实力和对自治区经济社会发展具有带动性、标志性的重大科技项目，提高科技工作对国土资源管理工作的服务能力和水平，力争若干基础较好的领域实现技术跨越，一些关键领域或主导当代国土资源科技发展的主流领域取得突破性进展，为国土资源调查、评价、监测、规划和合理利用及系统建设研究提供理论、技术支撑。建立和完善自治区国土资源科学技术发展的新体制，提高整体科技创新能力，培养和造就出一批适应 21 世纪科技发展要求的科技创新人才，保障国土科技的持续发展，实现建设国土资源科技强区的战略目标。

规划制定的主要任务

分析评价现状，积极反思，明确国土资源科技发展的成绩和面临的问题与挑战；开展国土资源管理决策支持体系研究，推动国土资源决策科学化；加强基础研究，瞄准科技前沿，与科研院所积极合作，实施重大工程，攀登科技高峰；加强技术创新，完善国土资源调查、评价与监测等技术体系，重点围绕土地利用调查评价与监测、土地利用规划、矿产资源规划及勘查评价、地质灾害监测与防治等方面的技术创新工作，建立和完善航空航天遥感调查与监测、国土资源信息技术、地质灾害监测与防治，开发、引进、消化一批先进实用、配套的高新技术，促进自治区高新技术在国土资源工作中的应用，推动国土资源管理的信息化和国土资源调查的现代化；加强科技成果的转化与应用，推动科学普及工作，完善科技成果管理体系，整合和集成重要成果，扩大国土资源科技成果的应用前景，组织力量进行基础性和公益性科技成果的推广应用,重点推广应用一批先进实用技术,提高国土资源调查、评价、监测、规划、保护和合理利用水平,积极发展科技咨询、科技信息和技术服务机构,完善科技成果转化、推广服务体系,利用各种传播媒体,大力宣传与基本国情区情、基本国策和国土资源保护与合理利用有关的科技知识,切实增强全民的资源忧患和保护意识,提高公众执行资源国策的自觉性;加强人才培养和科技队伍建设,完善科技创新体制和机制,根据自治区国土资源工作的需要,加大科技创新人才计划的实施力度,在全面提高科技人员整体水平的基础上,制定国土资源科技人才战略,实施国土资源科技创新人才培养计划,重点培养和造就一批科技帅才、中青年学术带头人和青年科技骨干,形成若干个具有明显优势和特色的科技攻关群体,保证国土资源科技事业后继有人;加强土地环境、成矿地质条件、地质环境保护和地质灾害防治研究,促进资源开发利用和生态环境协调发展,重点开展土地生态系统的保护研究,脆弱生态系统调控与恢复理论和技术研究,水资源合理利用和生态重建研究,地质环境效应与保护研究等。

二、"十二五"科技规划

2012 年 3 月,根据《国土资源部关于印发国土资源"十二五"科学和技术发展规划的通知》和《内蒙古自治区"十二五"科技发展规划纲要》要求,自治区国土资源厅制定了《内蒙古自治区国土资源"十二五"科学技术发展规划》。

规划主要通过分析形势与需求,明确了"十二五"期间全区国土资源科技发展的指导思想、发展目标、主要任务及保障措施。确定"十二五"期间全区国土资源科技发展的主要原则为:坚持需求引领,强化应用,突出重点;坚持推广应用,加强协作配合;坚持统筹协调,支撑发展。提出主要发展目标为:推广和应用一批土地资源、矿产资源、地质环境相关领域勘查技术方法,国土资源管理科技水平达到国际先进;推广和应用一批地质找矿和地质灾害防治关键技术和仪器装备;协助建立重点实验室、野外科研基地、工程技术中心,提升国土资源科技自主创新和应用能力;培养和引进一批高层次创新型人才、青年科技创新人才,国土资源科技创新队伍不断壮大。从推动国土资源重点领域科技创新与应用、大力建设科技支撑体系和创新应用体系两个方面,提出 27 项主要工作任务,即:加强土地调查与监测技术推广和应用;加强土地规划与调控科学研究与推广和应用;加强土地综合整治的理论、方法与技术研究及推广和应用;加强耕地监测与保护体系技术研究及推广和应用;深入开展找矿理论和方法技术成果推广;深入加强地质找矿综合研究;深入开展新能源勘查科技创新与推广和应用;强化矿产综合利用技术推广和应用;强化推广尾矿资源开发利用技术应用;深化土地资源节约集约利用技术的应用;大力推进地灾防治和地质环境保护技术方法研究与应用;大力推进地质碳汇和二氧化碳地质储存技术研究与应用;大力推进地热资源勘查、开发利用关键技术研究;大力推进主要自然灾害及其土地利用风险评价研究;加强国土资源信息化科技的推广与应用;完善国土资源综合管理科学体系;加强土地管理体制与机制创新研究;加强地质矿产管理体制与机制创新的研究与应用;加强科研基础条件平台体系建设;加强质量监督检测体系建设;加强国土资源科普基地建设;加强国土资源科普活动;加强国土资源科普作品创作;加快卫星应用体系建设;加强国土资源对地观测技术创新与应用;加强国土资源科技创新队伍建设;培养造就创新应用型国土资源科技人才。

第二节　科技项目与成果

据不完全统计,2000—2015 年,全区国土资源系统在土地资源管理、地质矿产资源与地质环境、测绘技术及应用等方面组织实施的重大科技项目达 174 项,并取得一批重要成果,其中获得国土资源部和自治区科技进步奖的有 7 项,获得国土资源部优秀成果奖的有 4 项,获得中国测绘学会和自治区测绘学会科技进步奖的有 16 项。

一、土地资源管理

自 2000 年起,自治区国土资源厅在土地资源管理方面组织实施的重大专题研究项目有 58 项,其中获得国土资源部科技进步奖和优秀成果奖的各有 2 项。

内蒙古自治区土地资源重大科技成果一览表

表 7 - 1 - 1

序号	项目及成果名称	主要完成单位	项目实施期限	作用与意义	获奖情况		
					等次	授奖机关	时间
1	呼和浩特市土地利用总体规划及其专题研究	内蒙古自治区土地勘测规划院、呼和浩特市国土资源局	1997 年 5 月至 2000 年 10 月	开展了呼和浩特市土地利用总体规划及其专题研究,进行了科学分析和规划布局,对推进全市合理利用土地资源及提升土地管理水平有重要的促进作用。	优秀成果二等奖	国土资源部	2001 年
2	包头市土地利用总体规划及其专题研究	包头市国土资源局、内蒙古土地勘测规划院、包头市农业区划办公室	1997 年 10 月至 2000 年 12 月	开展了包头市土地利用总体规划及其专题研究,进行了科学分析和规划布局,对推进全市合理利用土地资源及提升土地管理水平有重要的促进作用。	优秀成果一等奖	国土资源部	2001 年
3	内蒙古自治区土地资源开发利用规划研究	内蒙古自治区土地勘测规划院	2000 年 1 月至 2001 年 4 月	对自治区土地资源开发利用、土地与生态环境状况等方面进行了深入系统的研究,为全区土地资源开发利用与生态环境保护、土地开发与整治等方面提供了依据,并为国土资源部进行中西部地区土地资源开发利用规划研究课题提供了资料。			
4	内蒙古自治区土地与生态环境状况研究	内蒙古自治区土地勘测规划院	2000 年 1 月至 2001 年 4 月	通过对全区土地与生态环境状况的深入系统的研究,为自治区合理利用土地资源与保护生态环境提供了重要依据,并为国土资源部编制《西部大开发国土资源开发利用规划》提供了资料。	科技进步二等奖	国土资源部	2003 年
5	华北区试点乡(镇)土地利用总体规划编制研究	中国土地勘测规划院、内蒙古自治区土地勘测规划院	2000 年 8 月至 2002 年 3 月	为推进乡(镇)土地利用总体规划编制规程的形成提供了丰富的成果资料和有力技术支持,并为推进国土资源部土地管理标准研究课题的完成发挥了重要作用。	科技进步二等奖	国土资源部	2004 年
6	西部大开发内蒙古自治区土地资源调查评价研究	内蒙古自治区土地勘测规划院	2000 年 6 月至 2003 年 8 月	开展全区土地资源调查进行科学分析和评价,对全区土地管理中实行土地开发、整理、复垦等项目管理具有参考作用,并为自治区土地利用总体规划的设计和编制提供重要的准确数据基础和依据。			

续表1

序号	项目及成果名称	主要完成单位	项目实施期限	作用与意义	获奖情况		
					等次	授奖机关	时间
7	内蒙古自治区耕地最大产量——成本指数研究	内蒙古自治区土地勘测规划院	2001年4月至2002年8月	为全区农用地分等工作的整体推进和按时、保质、保量完成并提交成果起到了关键性作用,是农用地分等工作中的一个重要阶段性技术成果。			
8	内蒙古自治区农用地(耕地)等别调查与评价研究	内蒙古自治区土地勘测规划院、内蒙古农业大学、盟市国土资源局	2001年4月至2009年1月	是一项重要的区情、区力调查和复杂而浩大的系统工程,为国土资源大调查土地领域的一个整装成果,填补了全区土地基础研究的空白,第一次实现了全区等级的全面比较。全区农用地分等成果与土地详查相配套、与“金土工程”相衔接,是一项面向国土资源管理改革与发展需要,不断深化土地科技研究的一个重要成果。			
9	内蒙古自治区土地开发整理规划与专题研究	内蒙古自治区土地整理中心、内蒙古自治区土地勘测规划院	2002年5月至2004年10月	可以科学指导土地开发整理活动、合理安排土地开发整理项目,使土地开发整理工作健康有序地开展,保障耕地保护目标的实现,促进土地的规模经营,改善生态环境和生活条件、提高人们的生活质量,充分发挥土地开发整理的社会、经济和生态效益,实现土地资源可持续利用,推进农业、农村现代化建设具有重要意义。			
10	内蒙古自治区土地利用现状变更调查分析	内蒙古自治区土地勘测规划院	2002年1月至2008年12月	通过土地变更调查,可适时掌握土地利用动态变化情况,并保持土地利用现状调查数据的现势性和准确性。其成果是衡量各地非农业建设占用耕地是否实现占补平衡的依据,也是各级政府及相关部门制定规划、计划及科学决策的可靠依据。			
11	呼和浩特市市辖四区土地利用更新调查	呼和浩特市国土资源局、内蒙古土地勘测规划院、呼和浩特市国土资源局赛罕分局、玉泉分局、新城分局、回民分局	2003年3月至2004年12月	首次利用卫星遥感技术开展土地利用调查,具有示范和推广作用,为广泛应用“3S”技术摸索一定经验。通过市四区土地利用更新调查,获取了科学真实基础数据,为制定国民经济与社会发展规划及其相关政策,政府宏观调控土地资源开发与利用,因地制宜地统筹安排国民经济及各部门生产和建设用地,加强土地管理与保护,开展土地登记和利用分析等方面,提供了现势性强的基础资料。			
12	“省级收储模式”在推动全区土地收储事业健康发展中的探索	内蒙古自治区土地储备登记中心	2003年3月至2009年11月	对更好地发挥市场配置土地资产的基础性作用,有效盘活国有土地资产,推动全区土地收储工作健康发展,具有重要意义。			
13	内蒙古自治区耕地保护与土地开发整理信息系统开发建设	内蒙古自治区土地整理中心	2003年11月至2007年12月	该系统建设对于实现全区耕地保护信息化管理,促进土地整理工作,实现信息共享,确保耕地总量动态平衡目标实现,为自治区国土资源管理系统及有关部门提供迅速、准确的数据查询服务,均具有重要意义。			

续表 2

序号	项目及成果名称	主要完成单位	项目实施期限	作用与意义	获奖情况		
					等次	授奖机关	时间
14	内蒙古自治区土地利用总体规划及其专题研究(2006—2020 年)	内蒙古自治区土地勘测规划院	2004 年 7 月至 2009 年 12 月	开展全区土地利用总体规划专题研究，进行科学分析与规划布局，为全区节约集约和合理利用土地资源提供了重要依据，并对推进全区合理利用土地资源及提升全区土地管理水平具有重要的促进作用。			
15	全国五十万人口以上城市及国家级开发区土地利用动态遥感监测	内蒙古自治区土地勘测规划院	2005 年 1 月至 2009 年 12 月	为全国新技术新方法在国土资源管理的应用与推广起到带头作用，同时为本地区的国土资源调查、规划、保护、管理与合理利用提供现势性数据，并为及时掌握土地利用现状和变化信息与违法用地执法监察提供了技术支持。			
16	内蒙古粮食主产区与基本农田土地整理潜力评价研究	内蒙古自治区土地整理中心	2005 年 7 月至 2006 年 12 月	项目成果为自治区土地整理工作提供了决策依据，并为自治区争取更多的土地整理资金提供了基础数据。			
17	东中部粮食主产区基本农田整理工程实施方案编制研究	内蒙古自治区土地整理中心	2005 年 7 月至 2008 年 8 月	该项工作对东中部粮食主产区基本农田整理工程做出统筹安排，制定相应政策措施，有计划、有步骤地做好工程实施工作等方面，具有重要意义。			
18	重点煤炭基地土地复垦工程实施方案编制研究	内蒙古自治区土地整理中心	2005 年 7 月至 2008 年 8 月	为自治区重点煤炭基地土地复垦工程项目规划、设计、实施确定了明确的目标、任务、方针、投资标准及保障措施提供了决策依据，对国土资源综合整治、提高粮食综合生产能力、保护生态环境具有重大意义。			
19	内蒙古自治区补充耕地数量质量实行按等级折算研究	内蒙古自治区土地整理中心	2005 年 7 月至 2008 年 8 月	该项研究成果解决了耕地占补平衡工作中占多补少、占优补劣及耕地质量等诸多问题。以确保自治区耕地占补平衡和保有量目标的实现，提高农业综合生产能力，实现国家粮食安全战略目标，均具有深远意义。			
20	内蒙古自治区土地利用重大问题研究	内蒙古土地勘测规划院、内蒙古师范大学	2005 年 8 月至 2008 年 4 月	进一步理清规范工作中存在的突出问题和矛盾，提出了解决问题的措施和建议，对推进自治区土地利用总体规划及提升全区土地管理水平具有重要意义。			
21	内蒙古自治区征地统一产值标准和征地区片综合地价研究	内蒙古自治区土地勘测规划院	2005 年 11 月至 2009 年 4 月	该项目成果为自治区各旗县征地补偿提供了科学的土地价值计算方法和补偿标准，为国土资源管理的科学化、人性化管理，保持国民经济和社会可持续发展，促进构建和谐社会具有重大作用和意义。			
22	鄂尔多斯市达拉特旗和准格尔旗征地统一产值标准研究	鄂尔多斯市土地勘测规划院	2005 年 11 月至 2009 年 4 月	为征地补偿提供了科学的土地价值计算方法和补偿标准，对国土资源科学化、人性化管理，保持国民经济可持续发展，促进构建和谐社会具有重大作用和意义。			

续表3

序号	项目及成果名称	主要完成单位	项目实施期限	作用与意义	获奖情况		
					等次	授奖机关	时间
23	内蒙古自治区志·土地志	内蒙古自治区国土资源厅、内蒙古自治区土地勘测规划院	2005年12月至2008年1月	以翔实的调查数据揭示出自治区境内土地资源的类型、分布及其利用情况。为国土资源更为有效、合理地开发、利用提供了宝贵的财富。			
24	内蒙古自治区土地开发整理项目权属管理试点研究	内蒙古自治区土地整理中心	2006年1月至2007年1月	成果基本满足多数地区土地开发整治项目权属调整和变更要求,具有很好的技术指导作用,对促进和规范土地开发整理中权属管理工作起到一定的技术支撑作用。			
25	内蒙古自治区基本农田保护示范区建设方案编制研究	内蒙古自治区土地整理中心	2006年4月至2007年8月	通过基本农田保护示范区建设研究,对提高自治区综合农业生产能力,确保粮食安全,实现建设新农村目标具有重要意义。			
26	内蒙古自治区未利用地资源开发利用潜力研究	内蒙古自治区土地勘测规划院、内蒙古农业大学	2007年4月至2007年12月	揭示了全区未利用地数量、类型、空间分布和独特的利用潜力优势;对实现国家重要的产业结构调整、协调区域发展等宏观政策目标的实现具有重大作用。			
27	内蒙古自治区农用地定级与估价	内蒙古自治区土地勘测规划院	2007年9月至2008年8月	为进一步培育和完善当地农用地市场、建立健全地价体系、规范农用地交易行为,对加强宏观调控,合理利用宝贵土地资源,促进社会经济发展具有重要意义。			
28	内蒙古自治区土地整理工程建设标准研究	内蒙古自治区土地整理中心、内蒙古土地整理规划设计有限责任公司	2007年9月至2009年7月	通过该项目的实施,对自治区土地开发整理工作进行规范化、标准化管理,促进自治区土地开发整理事业有序、健康发展,均起到积极的作用。			
29	阿拉善盟综合地图集编制	阿拉善盟国土资源局、内蒙古自治区地图制印院、阿拉善盟国土资源勘测规划院	2007年8月至2009年6月	该项目的完成对阿拉善盟政府决策部门和科研机构进行盟情综合分析,开展经济和社会科学的创新性研究,探索区域生态环境等问题,提供了系统的、基础性的研究资料,为地方经济和社会发展提供了测绘保障服务。			
30	鄂尔多斯市达拉特旗农用地定级与估价	鄂尔多斯市土地勘测规划院、达拉特旗国土资源局	2007年9月至2008年8月	该项成果为鄂尔多斯市全面开展旗县级农用地定级估价工作积累了经验,以指导全市农用地定级估价工作。同时对提高农用地集约利用水平,保护和改善生态环境,促进土地资源的可持续利用,提高土地资源对社会经济可持续发展的保障能力等方面,有着重要意义。			
31	内蒙古自治区基准地价数据库平台建设研究	内蒙古自治区土地勘测规划院、各盟市国土资源局	2008年1月至2009年12月	以旗县级数据库为基本单元,采用统一规范标准,对其内部所涉及各种重要的经济和社会信息进行分层统计和分类汇总,从而建立小区域时序上的纵向分析数据基础和上级区域(盟市级、自治区级)宏观多角度土地市场调控的横纵向分析数据基础。制定了较为超前和完善的技术方案,并积极开展了相关平台技术软件的研发工作,属全国首家,处于技术领先水平。			

续表4

序号	项目及成果名称	主要完成单位	项目实施期限	作用与意义	获奖情况		
					等次	授奖机关	时间
32	呼和浩特市城市土地定级与基准地价更新研究	内蒙古自治区土地勘测规划院、呼和浩特市国土资源局	2008年1月至2009年8月	对呼市土地定级与基准地价更新研究，有利于呼和浩特市土地市场的健康发展，开放式的呼和浩特市土地定级估价信息系统具有一定的社会经济价值。			
33	内蒙古自治区第二次土地调查田坎系数测算与应用研究	内蒙古自治区土地勘测规划院	2008年3月至2009年3月	全面掌握全区田坎系数数量、类型、分布情况，形成现势性较强的数据成果，对全区第二次土地调查进行田坎面积的扣除提供全面、准确、可靠的依据。为有效保护和合理利用土地资源提供科学支撑。			
34	内蒙古盟市旗县控制面积及接合图表制作与应用研究	内蒙古自治区土地勘测规划院	2008年3月至2009年3月	全区盟市、旗县控制面积及接合图表的应用，保证了全区第二次土地调查行政界线不重不漏、全区面积汇总准确无误。对全区第二次土地调查工作的顺利开展起了重要作用。			
35	内蒙古盟市旗县控制面积及接合图表制作与应用研究	内蒙古自治区土地勘测规划院	2008年3月至2009年3月	全区盟市、旗县控制面积及接合图表的应用，保证了全区第二次土地调查行政界线不重不漏、全区面积汇总准确无误。对全区第二次土地调查工作的顺利开展起了重要作用。			
36	土地整治项目工程施工质量评定标准研究	国土资源部土地整理中心、内蒙古自治区土地整理中心、山东省水利工程监理公司等	2008年6月至2009年10月	该项研究成果填补了土地整治项目工程施工质量评定无标准体系的空白，解决了施工质量控制问题，为土地整治项目工程验收提供了标尺、技术依据，减少施工建设中各种摩擦和不和谐的社会因素，为科学管理、文明施工提供基础保障，增强参与各方的责任感、安全感，提高决策的科学性。			
37	内蒙古自治区开发区土地集约利用评价	内蒙古自治区土地勘测规划院、各盟市国土资源局	2008年7月至2009年6月	通过对土地利用集约评价，实施节约集约化用地，以此引导开发区甚至整个社会形成节约和珍惜利用土地的氛围，实现土地利用方式的根本转变，造成土地资源的开发和利用的新途径，为经济建设和土地管理可持续和谐发展提供基础。			
38	内蒙古自治区农用地产能核算	内蒙古自治区土地勘测规划院、旗县（市、区）国土资源局	2008年8月至2009年8月	对农用地综合生产能力的定量分析，成果具有综合性、宏观性和直观性等特点，广泛地应用于土地整理、土地规划、耕地占补平衡等领域。作为全国率先开展农用地产能核算的七省区之一，为全国农用地产能核算工作提供了参考依据。			
39	内蒙古自治区满洲里市边境经济合作区、进口资源加工园区土地集约利用评价	内蒙古自治区土地勘测规划院	2008年9月至2009年12月	该项目的完成对提高开发园区用地管理水平，建立健全园区土地节约集约利用考核制度与长效机制，增强土地参与者宏观调控的能力，构建资源节约型社会具有重要意义。			

续表5

序号	项目及成果名称	主要完成单位	项目实施期限	作用与意义	获奖情况		
					等次	授奖机关	时间
40	包头稀土高新技术产业开发区土地集约利用评价	内蒙古自治区土地勘测规划院	2008年10月至2009年2月	全面系统掌握土地集约利用状况，推动开发区土地利用管理基础信息建设，为开发区扩区升级审核、动态监控及有关政策制定提供依据，为节约集约利用土地创造良好氛围，使节约集约土地的共同责任落到实处，都具有重要作用和意义。			
41	乌兰察布市废弃建设用地复垦与置换研究	内蒙古自治区土地勘测规划院、乌兰察布市土地勘测规划院	2009年2月至2009年9月	该项研究成果对推进自治区国土资源科技进步工作，加大废弃建设用地复垦与置换，扩展建设用地空间，优化土地利用结构，节约集约利用土地，改善农业生产条件和生态环境、促进城镇化、工业化和农牧业产业化发展，均具有重大意义。			
42	内蒙古自治区利用高精度正射影像数据实现城镇土地资源管理	内蒙古自治区土地勘测规划院、北京四维空间数码科技有限公司	2009年8月至2010年3月	在城镇土地利用的管理工作中运用遥感、航测、地理信息等现代技术，通过正射影像数据的获取，掌握了真实的全区主要城镇土地的基础数据，对信息化、网络化管理，建立和完善土地调查、统计制度和登记制度，实现土地资源信息服务，满足经济社会发展、土地宏观调控及国土资源管理的需求。对推动全区土地管理工作的现代化具重要意义。			
43	内蒙古自治区土地市场动态监测监管系统建设研究	内蒙古自治区土地勘测规划院	每年1—12月	土地市场动态监测监管系统建设为各级政府因地制宜、客观合理制定土地政策，参与国民经济和房地产市场宏观调控提供决策服务。为社会公众提供地价信息服务，利用地价杠杆调节城市土地资源配置，合理引导投资方向，确保土地市场正常健康地发展具有重要意义。			
44	内蒙古重点城市土地价格动态监测体系建设研究	内蒙古自治区土地勘测规划院、各盟市国土资源局	每年1—12月	建立城市土地价格动态监测体系，科学分析和评价自治区重点城市土地价格，对推进自治区国土资源科技进步工作有着重要的意义。			
45	重点地区土地综合承载力研究	内蒙古土地调查规划院	2011年1月至2012年12月	研究重点地区的土地承载力，为政府决策提供依据。			
46	西部能源开发与耕地新垦区土地生态状况调查	内蒙古自治区土地调查规划院	2011年4月至2012年12月	从生态角度出发摸清西部能源开发与耕地新垦区的土地状况，为该地区今后土地开发利用提供依据。			
47	全国土地变更调查核查与监理方法研究	内蒙古自治区土地调查规划院	2011年6月至2012年5月	整理总结现有土地变更调查核查与监理工作中应用的方式与方法，分析现有方法中的不足，为强化核查与监理工作提出改进措施。			

续表6

序号	项目及成果名称	主要完成单位	项目实施期限	作用与意义	获奖情况		
					等次	授奖机关	时间
48	2011年度农用地质量等级更新调查评价与监测	内蒙古自治区土地调查规划院	2011年12月至2012年11月	对耕地质量进行监测并运用指数、回归模型、综合评价等方法更新质量等级，为土地利用总体规划、耕地占补平衡、基本农田调整、土地整治等工作提供支持。			
49	西部能源开发与耕地新垦区土地生态状况调查与评估	内蒙古自治区土地调查规划院	2011—2015年	开展西部能源开发与耕地新垦区土地生态状况调查与评估，构建西部能源开发与耕地新垦区土地生态状况基础性指标和区域性特征指标的土地生态状况调查与评估指标体系，研制土地生态状况调查与评估技术标准与规范，摸清自治区及重点区域土地生态状况，为重点区域土地生态状况动态监测和预警提供支持，为全面推进土地资源管护模式转变，切实提升区域生态安全保障能力，构建绿色国土空间格局提供强力科技和信息支撑。			
50	内蒙古鄂尔多斯能源开发区土地资源数量-质量-生态监测与持续利用野外科研基地建设	内蒙古自治区土地调查规划院	2012年12月至2014年12月	鄂尔多斯能源开发区地域广阔，土地利用类型多样，随着能源与矿产资源的开发与利用，原本脆弱的生态系统面临着严峻考验，耕地特别是基本农田的保护已经刻不容缓。土地资源数量、质量、生态监测与持续利用野外观测基地建设已成为社会经济发展、土地资源可持续利用的首要任务，为合理调整土地利用结构和农业生产布局、制定农业区划和土地规划提供科学依据，并为进行科学土地管理创造条件。			
51	矿业用地制度改革研究	内蒙古自治区土地调查规划院	2013—2015年	落实保障矿产资源开发的用地需求，实现政府、企业与农牧民三方共赢，规范矿产资源的开发管理，建设和谐矿区，积极转变发展方式，创新管理思路，通过对采矿用地的供应、审批、补偿以及退出机制的探索和研究、积极推动矿业用地制度改革创新，充分发挥土地与矿产资源结合的最佳效益，加强生态环境保护，提高矿业用地节约集约利用水平，从而探寻一条既能解决矿地矛盾又能保障自治区、地方、企业、农牧民根本利益的采矿用地新模式。			
52	内蒙古宜耕沙地保护性开发关键技术与示范	内蒙古自治区土地调查规划院	2014—2016年	研发宜耕沙地精准快速调查与更新技术、保护性开发评价技术和保护性开发区域规划与项目工程设计技术，集成和创新沙地开发生态保护建设技术与高效多功能农田建设技术，研制宜耕沙地保护性开发决策支持信息系统，并在典型地区进行技术集成与示范，形成一套科学可行的先进的宜耕沙地保护性开发技术，为查清宜耕沙地资源质量与环境条件，优化土地利用格局，在保护生态环境的前提下合理开发宜耕沙地，实现开垦后的耕地高效和可持续利用提供技术支撑。			

续表7

序号	项目及成果名称	主要完成单位	项目实施期限	作用与意义	获奖情况		
					等次	授奖机关	时间
53	内蒙古自治区农村牧区居民点用地规模和宅基地控制标准制定	内蒙古自治区土地调查规划院	2014—2015年	一是研究根据农牧民生产生活特点从宅基地的实际出发,将自治区宅基地使用分为农区、农牧结合区、牧区三种类型,分别制定相应标准;二是改革简化农牧民宅基地审批办法,明确存量建设用地审批权限为乡镇级人民政府,新增宅基地的审批权限多为旗县级人民政府;三是尊重农牧民意愿、保障农牧民权益的原则下,发挥农牧民自治制度,依法盘活和利用好现有宅基地,积极探索开展农村牧区超标准宅基地的有偿使用,鼓励农村牧区集体经济组织成员腾退“一户一宅”之外、闲置的宅基地,农村牧区居民可以通过转让方式充分利用闲置宅基地;四是根据国家先行先试的政策,结合农村土地制度三项改革内容,对先行先试地区在宅基地管理方面的政策创新提供良好条件和更大的空间。			
54	典型地区无人机应用研究	内蒙古自治区土地调查规划院	2014年3月至2015年3月	以典型区域土地管理相关工作项目为基础,对无人机的相关应用进行研究。			
55	露天采矿临时用地试点动态监测系统建立	内蒙古自治区土地调查规划院	2015年	在2011年国家批复的鄂尔多斯采矿用地方式改革试点范围内,选择典型矿区,对土地资源的数量、质量和生态状况展开动态监测。具体内容包括:批复临时采矿用地指标的使用情况、复垦情况及复垦后土地质量、耕种情况、开采带来的生态破坏以及复垦后的生态恢复情况等等。			
56	内蒙古自治区不动产登记实施细则	内蒙古自治区土地调查规划院	2015—2016年	主要研究明确不动产登记簿、规范登记程序、登记类型、登记办理以及登记资料的查询、保护和利用等,进一步明确不动产登记资料的范围,规定由不动产登记机构管理,纳入统一的不动产登记信息管理基础平台。			
57	内蒙古“三规合一”技术方法研究	内蒙古自治区土地调查规划院	2015—2016年	三规差异化对比分析;三规约束性指标的衔接、规划地类的衔接、规模的衔接、空间布局的衔接、规划期限的衔接;规划底图的确定;三规衔接的可行性分析等。			
58	内蒙古自治区土地征收制度研究	内蒙古自治区土地调查规划院	2015—2017年	主要研究缩小土地征收范围、规范土地征收程序,并完善对被征地农民合理、规范、多元保障机制。			

二、地质矿产及地质环境

2000—2015年,自治区国土资源厅在全区地质矿产资源和水文地质、工程地质、环境地质等方面组织实施的重大科技项目有91项,其中获得国土资源部和内蒙古自治区科技进步奖的有5项,获国土资源部优秀成果奖的有2项。

内蒙古自治区地质矿产资源重大科技成果一览表

表7－1－2

序号	项目及成果名称	主要完成单位	项目实施期限	作用与意义	获奖情况		
					等次	授奖机关	时间
1	内蒙古自治区阿拉善左旗朱拉扎嘎及外围金矿评价	内蒙古自治区地质调查院	1998年1月至2000年12月	经调查在该区圈定金矿体22个、提交金资源量32 396千克。该层控型、特大型、朱拉扎嘎金矿的发现，填补了阿拉善地区没有大型金矿床的空白，对拉动地方经济的发展，起到了举足轻重的作用。			
2	内蒙古苏尼特左旗巴彦哈尔——昌特敖包地区金矿资源评价总结	内蒙古自治区有色地质勘查局综合普查队	1998年10月至2000年10月	通过勘查评价发现巴彦哈尔大型金矿，至2006年共提交金的金属量14 224千克。首次确立了苏尼特左旗巴彦哈尔至昌特敖包地区金矿成矿带金铁地位，并提出了本区的成矿模式。			
3	额济纳平原地下水勘查与生态环境地质调查	内蒙古自治区呼和浩特水文地质工程地质中心	1996年1月至2000年12月	该项成果对西北干旱区水资源与生态环境的研究指出了新思路、新方法，对今后进一步开展西北干旱区的调研工作具有重要指导意义。			
4	吉兰泰盐湖资源环境与可持续发展研究	内蒙古自治区地质环境监测院、中国科学院青海盐湖研究所、吉兰泰盐化集团公司	1996年3月至2000年12月	研究成果的应用在国内外湖盐行业中尚属首家，具有国际领先水平。得到专家学者的重视，并给予高度评价。可作为国内外干旱区湖盐补水的指导性范本并值得推广。对保护盐湖周边的生态环境，提高盐湖使用年限具有重大意义。	科技进步二等奖	内蒙古自治区	2002年
5	内蒙古大青山绿岩型金矿评价	内蒙古自治区地质调查院	2000年1月至2002年12月	在大青山地区太古界绿岩带金矿找矿方面取得了重大进展，进一步肯定了自治区境内绿岩型金矿前景。同时该金矿的开发利用，必然促进本地区的经济发展。			
6	内蒙古1∶25万白云鄂博幅（K49C003002）区域地质调查修测	内蒙古自治区地质调查院	2000年1月至2002年12月	该报告已被广泛利用，特别为“全国地质矿产远景调查”“内蒙古自治区矿产远景地质调查”的立项论证提供基础地质资料。			
7	内蒙古自治区地下水资源	内蒙古自治区第一水文地质工程地质勘查院	2000年1月至2003年12月	《内蒙古自治区地下水资源》是我区50年来地下水资源评价的高度总结，是我区第二轮地下水资源评价成果，必将推动我区地下水资源勘查工作的快速发展。			
8	内蒙古自治区矿产资源总体规划（2001—2010年）及其专题研究	内蒙古地质调查院、内蒙古地质环境监测总站、内蒙古煤矿设计研究院	2000年12月至2002年3月	通过全面系统分析研究全区矿产资源状况，提出了2001～2010年全区矿产资源调查评价与勘查、开发利用与保护及矿山地质环境恢复治理的指导思想、规划目标及保障措施，为促进矿产资源规划管理的规范化、科学化奠定了基础。	优秀成果二等奖	国土资源部	2002年
9	内蒙古1∶25万满都拉（K49C002002）幅区域地质调查修测	内蒙古自治区地质调查院	2001年1月至2003年12月	该项目所获资料和成果，明显提高了调查区基础地质研究程度，对认识中亚造山带形成演化具有重要意义。			

续表1

序号	项目及成果名称	主要完成单位	项目实施期限	作用与意义	获奖情况		
					等次	授奖机关	时间
10	松辽平原西部(奈曼—库伦)地下水资源调查评价	内蒙古自治区地质调查院	2001年1月至2001年12月	通过项目实施缓解了部分地区人畜用水紧张状况,受到当地政府和群众的好评。并对该地区地下水开发模式、找水方法及找水方向进行了较详细的研究,为类似地区下一步地下水的开发利用具有指导意义。			
11	华北北部荒漠化生态环境地质调查评价	内蒙古自治区地质调查院	2001年1月至2002年12月	首次从地学角度研究了荒漠化的成因、发生与发展规律,对探讨荒漠化形成因素进行了深入分析,揭示了荒漠化发生发展内在联系及演变规律,对推动荒漠化研究、指导荒漠化防治工作具有重要指导意义。			
12	内蒙古自治区1:50万环境地质调查	内蒙古自治区地质环境监测院	2001年3月至2003年12月	为国家和自治区制定防灾、减灾和国土开发与整治、经济建设和社会发展规划以及地质环境管理提供了宏观决策依据。对指导全区“地质灾害危险性评估”和开展“县市级地质灾害调查”工作意义重大。			
13	内蒙古自治区克什克腾旗拜仁达坝矿区银多金属矿详查	内蒙古自治区第九地质勘查开发院、地质矿产勘查开发局	2001年1月至2004年12月	经过勘查发现的银多金属矿是北方地区最大矿床,具有重大找矿意义。不仅为国家找到了一个贵金属和有色金属矿产资源基地,而且为带动我国大兴安岭地区的地质找矿工作起到决定性作用。			
14	内蒙古自治区严重缺水区地下水勘查	内蒙古自治区地质调查院	2001年1月至2005年12月	该项目对全区严重缺水区进行了系统分析研究,总结了在不同类型严重缺水地区勘查找水工作方法的适用性和有效性,为今后类似地区勘查找水起到了明显的示范作用。	科技进步一等奖	国土资源部	2006年
15	松辽平原西部(敖汉—翁牛特)地下水资源调查评价	内蒙古自治区地质调查院	2002年1月至2002年12月	该项目实施过程中为地方成井4眼,抽水试验总涌水量达1519.91立方米/日,解决了1342人、3664头牲畜的饮用水,并解决了700亩地的灌溉用水等问题,为当地的生存起到了重要作用。			
16	内蒙古1:25万小乌尔其汗幅(K51C002003)区调修测	内蒙古自治区地质调查院	2002年1月至2004年12月	该项目弥补了本地区地质工作的空白,对全面总结大兴安岭地区中新生代岩浆活动规模,岩浆岩成矿控矿作用起到了重要推动作用。			
17	内蒙古自治区矿产资源储量空间数据库建设	内蒙古自治区国土资源信息院	2002年3月至2004年2月	该数据库为矿政管理工作中十分重要和极为实用的基础性数据库,在矿产资源储量管理、矿业权设置、建设项目用地压覆矿产资源核实及矿产资源规划等工作中均可发挥重要作用。	科技进步二等奖	国土资源部	2007年
18	内蒙古自治区阿拉善盟矿产资源规划(2001—2010年)	阿拉善盟国土资源局、宁夏回族自治区地质矿产调查院	2002年4月至2004年2月	成果提高了设置探矿权、采矿权的科学性和合理性,为矿产资源的保护和合理开发利用提供了科学依据,为保护矿山地质环境、地质遗迹以及地质公园建设提供了科学指导。	优秀成果二等奖	国土资源部	2004年

续表 2

序号	项目及成果名称	主要完成单位	项目实施期限	作用与意义	获奖情况		
					等次	授奖机关	时间
19	内蒙古 1∶25 万扎兰屯市幅（K51C004002）区调修测	内蒙古自治区地质调查院	2003 年 1 月至 2005 年 12 月	该项目的实施，作为数字化填图演练，为现今后内蒙古自治区地质调查院的矿产、地质调查项目全面实现地质数字的野外采集培养了众多技术力量。			
20	内蒙古二连—东乌旗成矿带铜矿评价	内蒙古自治区地质调查院	2003 年 1 月至 2007 年 12 月	经调查发现的 86 处异常均进行了矿权设置，其中 6 处已成为矿产地。在学术上发现本区具有环太平洋构造叠加的特殊性。			
21	西辽河平原地下水资源及其环境问题调查评价	内蒙古自治区地质调查院、吉林省地质调查院、辽宁省地质调查院	2003 年 1 月至 2005 年 12 月	该项成果得到专家充分肯定，一致认为：在许多方面取得了突破性认识，提高了该区水文地质与环境地质研究程度，积累了盆地地下水资源及其环境问题调查评价的宝贵经验，代表了我国水文地质研究的较高水平。			
22	鄂尔多斯盆地（内蒙古）桌子山岩溶水勘查	内蒙古自治区地质调查院	2003 年 1 月至 2005 年 12 月	该项目应用多种先进方法、手段进行全面系统地研究岩溶水富集运移规律，基本查明了本区岩溶水文地质条件，并在找水方面获得了突破。不仅解决了地区供水不足，对发展地区经济、提高人民生活水平及改善生态环境具有深远意义。			
23	鄂尔多斯盆地（内蒙古）白垩地下水勘查	内蒙古自治区地质调查院	2003 年 1 月至 2005 年 12 月	鄂尔多斯盆地地下水勘查研究程度可与国际大型盆地相对比，在许多方面取得不少突破性认识，积累了水文地质勘查研究的宝贵经验，代表水文地质研究的前沿水平。	科技进步一等奖	国土资源部	2008 年
24	内蒙古自治区矿产资源勘查与开发投资指南（2004）	内蒙古自治区国土资源信息院	2003 年 8 月至 2004 年 2 月	为了招商引资，向国内外投资商介绍全区矿产资源勘查与开发投资项目，并积极推进全区矿业权市场建设，共优选出 84 项矿产资源勘查项目和 25 项矿产资源开发项目，向社会各界进行推介。			
25	内蒙古自治区地质灾害防治规划	内蒙古自治区地质环境监测院	2003 年 9 月至 2004 年 4 月	该项目成果的应用创造了较高的社会效益，避免和减轻了地质灾害造成的损失，维护了社会稳定，保障了自治区经济的持续发展。对推进国土资源科技进步具有重要意义。			
26	内蒙古 1∶25 万红格尔幅、巴音乌拉幅、阿巴嘎旗幅、吉尔格朗图苏木幅、二连浩特市幅区域地质调查修测	内蒙古自治区地质调查院	2004 年 1 月至 2006 年 12 月	在修测区已发现乌日图等中～大型钼多金属矿床多处，哈达特等中～小型铅锌银矿床多处，还有锡、铜等矿点多处。对地方矿业发展起到推动作用。			

续表3

序号	项目及成果名称	主要完成单位	项目实施期限	作用与意义	获奖情况		
					等次	授奖机关	时间
27	内蒙古正蓝旗北部浑善达克沙地地下水资源普查	内蒙古自治区地质环境监测院	2004年5月至2008年12月	该项成果完成的同时在重点区采用“探采结合”方式成井8眼,为当地地下水资源合理利用提供了找水成井示范。对当地今后地下水开发利用规划和生态环境保护具有指导意义。			
28	内蒙古自治区五原县防砷改水水文地质勘查	内蒙古自治区地质环境监测院	2004年9月至2006年07月	成果提出五原县高砷地下水的环境和成因、高砷地下水和低砷地下水的空间分布规律,重点查明低砷水的水质水量,提出不同水质地下水的开发利用方案。防砷改水水文地质勘查的突破性成果,为我区砷中毒的研究、防治提供了理论和方法依据。			
29	内蒙古自治区矿产资源勘查与开发投资指南(2005)	内蒙古自治区国土资源信息院	2005年1月至2005年8月	为了招商引资,向国内外投资商介绍全区矿产资源勘查与开发投资项目,并积极推进全区矿业权市场建设,共优选出113项矿产资源勘查项目,向社会各界进行推介。			
30	内蒙古自治区矿山环境调查与评价	内蒙古自治区地质环境监测院	2005年1月至2006年4月	通过该项目的实施,基本摸清了全区矿山地质环境现状及其开发利用对生态环境的影响,为矿山地质环境管理和制定相关的政策法规提供了科学依据。			
31	内蒙古自治区矿山环境保护与治理规划	内蒙古自治区地质环境监测院	2005年1月至2005年12月	该规划根据矿类、开采方式采用定性的方法,将全区划分出28个矿山环境影响严重区,35个较严重区。对下一步自治区矿山地质环境恢复治理项目申报和资金使用安排提供了重要依据。			
32	内蒙古自治区地质勘查规划(2006—2010)	内蒙古自治区国土资源信息院	2005年1月至2006年12月	对全区成矿地质条件和矿产资源发布及潜力进行分析研究,对全区2006~2010年期间的地质勘查工作进行了全面部署,为全区地质矿产勘查工作提供了指导及依据。			
33	内蒙古达来庙地区矿产远景调查	内蒙古自治区地质调查院	2005年1月至2007年12月	通过三年的系统地质工作,新发现矿点、矿化点及矿化蚀变带24处,圈定物化遥异常区及找矿靶区分别29处、27处、3处、11个。最终提供矿产勘查靶区20余处,已确定的4处具有大、中型钼、钨、铜多金属矿床已全部进入勘查和开发,带动了当地经济快速发展。			
34	内蒙古大狐狸山地区矿产远景调查	内蒙古自治区地质调查院	2005年1月至2007年12月	通过三年的系统地质工作,新发现矿点、矿化点及矿化蚀变带7处,圈定物化异常区及找矿靶区分别43处、15处、3处、8个。最终向相关部门提供矿产普查区4处,并已确定的2处具有大、中型多金属矿床。极大地推动了当地矿业开发工作。			
35	内蒙古自治区地质遗迹调查与保护规划	内蒙古自治区地质环境监测院	2005年3月至2008年12月	提升了全区地质遗迹调查评价的深度和广度,对推进全区地质遗迹保护工作有着重要意义。该项成果为自治区地质遗迹的保护和地质公园建设提供了科学指导。			

续表 4

序号	项目及成果名称	主要完成单位	项目实施期限	作用与意义	获奖情况		
					等次	授奖机关	时间
36	内蒙古自治区乌审旗苏里格气田供水水源地勘查	内蒙古自治区地质调查院	2005 年 10 月至 2006 年 12 月	通过项目的实施，为苏里格气田找到第四系及白垩系地下水水源地 1 处，解决了该区的水资源需求问题，拉动地方经济建设的快速发展。			
37	内蒙古自治区伊金霍洛旗—乌审旗地区岩盐矿普查	内蒙古有色地质矿业有限公司	2005 年 11 月至 2009 年 4 月	通过勘查在该普查区发现岩盐矿，成果填补了内蒙古自治区无深海岩盐矿的空白，为自治区重化工业的快速了展提供了资源保障。			
38	二连巨盗龙的发现与研究	中科院古脊椎动物与古人类研究所、内蒙古自治区龙昊地质古生物研究所、内蒙古自治区国土资源厅、二连浩特市国土资源局	2005 年 12 月至 2006 年 12 月	二连巨盗龙的发现与命名，填补了窃蛋龙类的一个空白，改变了国际科学界对恐龙向鸟类演化的传统理论，是我国科学界对鸟类起源研究的重大贡献，在恐龙进化史上有重要的科学价值。2007 年被美国《时代》杂志评为年度科学领域十大发现之一；2008 年被吉尼斯世界纪录总部认证为“世界最大的似鸟恐龙”；2009 年 3 月二连巨盗龙化石入选全球八大著名化石。			
39	内蒙古自治区大矿、富矿成矿系统及找矿预测研究	内蒙古自治区地质调查院 中国地质大学(北京)	2005 年 12 月至 2008 年 12 月	通过对区域地质构造演化特征、成矿事件、成矿区带的深入研究，阐明大型金属矿床的成矿地质环境；研究区内主要大型矿床的成因、分布特征，研究重要成矿区带的主要成矿系统，以及通过对区内与邻区(国内外)大矿产出环境和成矿条件的对比研究，建立典型大型矿床成矿模式和地、物、化、遥综合找矿模型；开展区内大型矿床的找矿潜力和预测研究，圈定区内大型矿床勘查靶区，为自治区矿产勘查工作部署提供依据，并有重点地进行靶区验证，争取有重要发现。			
40	内蒙古自治区区域成矿规律及重要矿产成矿预测地球化学综合研究	内蒙古自治区地质调查院 中国地质大学(北京)	2005 年 12 月至 2008 年 12 月	运用先进的区域地球化学理论、方法、技术，对内蒙古重要成矿区带的地质地球化学过程、约束成矿物理化学、热动力条件及其限制成矿空间、区域性元素富集特征、元素浓集地球化学过程和演化趋势进行了综合研究。解析了内蒙古全区地质构造环境，从岩石学、地球化学对壳幔物质成分及演化特征做了详细的研究，具有开创性，为今后区域地球化学深入研究打下了坚实的基础；同时首次提出兴蒙造山带物质来源的新观点，为内蒙古大地构造研究提供了新资料。			
41	内蒙古自治区新巴尔虎左旗海日嘎乌拉等四幅 1:5 万区域矿产调查	内蒙古自治区地质调查院	2006 年 1 月至 2008 年 12 月	通过区调报告完成的同时，在工作区发现矿产勘查靶区 15 处，均进入矿产普查阶段。其中一处铁铜矿 2010 年已投产，另一处 2010 年局部进行详查。矿业的发展带动了当地经济的发展。			

续表5

序号	项目及成果名称	主要完成单位	项目实施期限	作用与意义	获奖情况		
					等次	授奖机关	时间
42	内蒙古自治区鄂尔多斯市乌兰格尔煤田煤炭普查	内蒙古自治区地质调查院、煤田地质局151勘探队	2006年3月至2007年5月	经普查在该区施工钻孔125个,累计进尺6 8709米,提交煤炭资源总量26.54亿吨。另外本区各层煤含有氯、磷、硫份,可作为煤化工原料,也可建设从开采到深加工的"一条龙"煤业生产线,有助于带动地方经济及相关产业的发展。			
43	内蒙古自治区正镶白旗北部水文地质普查	内蒙古自治区第一水文地质工程地质勘查院	2006年3月至2008年4月	是沙漠地区水文地质勘查的范例,为今后沙漠找水提供了方向,对推动水文地质勘查科技进步具有较重要的意义。同时也带动该区地方经济的发展。			
44	内蒙古自治区鄂托克旗达拉图鲁水源地水文地质详查	内蒙古自治区地质调查院	2006年3月至2008年10月	该项目开展了详查区地下水循环的环境同位素研究,进行了地下水同位素特征分析,为定量评价地下水的可更新能力提供科学依据。			
45	内蒙古自治区克什克腾旗维拉斯托矿区锌铜多金属矿详查	内蒙古地质勘查有限责任公司	2006年4月至2007年5月	该项目在引入社会资金进行风险勘查,对矿山多金属进行研究并进行了评价,实现了当年勘查当年投入矿山建设。在大兴安岭中南段西坡地区实现找矿重大突破。			
46	内蒙古自治区卓资县大苏计斑岩型钼矿详查	内蒙古自治区有色地质勘查局综合普查队	2006年4月至2008年7月	该矿床的成功发现,弥补了对本区成矿区带条件的认识不足,为本区带进一步开展地质勘查工作提供了依据和内蒙古中西部地区寻找壳源型斑岩型矿床提供了经验,对本成矿区带找矿有现实意义。			
47	内蒙古自治区煤炭资源勘查规划(2006年至2015年)	内蒙古自治区地质调查院	2006年5月至2007年5月	通过对全区煤炭资源进行相关专题研究,明确了2006~2015年全区煤炭资勘查工作的指导思想、基本原则、规划目标,为全区煤炭资源勘查工作部署提供了依据。			
48	内蒙古自治区新巴尔虎左旗莫达木吉区煤炭资源预查	内蒙古自治区地质调查院、内蒙古煤田地质局231勘探队	2006年6月至2006年12月	经勘查该普查区提交估算的煤炭总资源量为76-70亿吨。煤矿的开发,可带动地方经济及相关产业的发展,对我国实施振兴东北老工业基地将起到重要作用。			
49	内蒙古自治区新巴尔虎左旗诺门罕煤炭普查	内蒙古自治区有色地质勘查局108队	2006年6月至2009年9月	诺门罕煤田的发现和勘查,对海拉尔凹陷内含煤盆地的勘查评价具有类比性和指导意义。	科技成果一等奖	国土资源部	2012年
50	内蒙古自治区鄂托克旗棋盘井库计水源地水文地质详查	内蒙古自治区地质调查院	2006年9月至2008年10月	该项目在实施过程中,结合地方需要,采用"探采结合"方式为地方成井4眼。该水源地的发现有望彻底解决困扰棋盘井多年的水资源短缺问题,为当地经济快速发展提供了有力支持。			

续表 6

序号	项目及成果名称	主要完成单位	项目实施期限	作用与意义	获奖情况		
					等次	授奖机关	时间
51	内蒙古自治区达拉特旗三响梁水源地水文地质详查	内蒙古自治区地质调查院	2006 年 9 月至 2008 年 10 月	在该地区利用了 GMS 软件、Areview 地理信息系统及遥感影像等技术手段对当地水文地质特征进行系统探索性研究。同时采用"探采结合"的方式，为当地成井 5 眼，圈定 2 处中型的远景水源地，为当地经济建设提供了地下水资源保障。			
52	内蒙古自治区杭锦旗伊克乌素水源地水文地质详查	内蒙古自治区地质调查院	2006 年 9 月至 2008 年 10 月	该项目通过研究，建立了植被变化动态变化模型，解决了地下水开采与生态环境恶化的矛盾，提出了应对生态变化所应采用的方式方法。对达到资源、环境、社会协调发展具有现实意义。			
53	内蒙古自治区鄂托克前旗上海庙水源地供水水文地质详查	内蒙古自治区地质调查院	2006 年 10 月至 2008 年 12 月	本项成果为上海庙开发区找到浅层地下水水源地一处，提交地下水可开采量 2×10^4 立方米/日，解决了上海庙开发区目前的饮用水、基本建设用水及绿化用水。同时通过 ZK28 号深孔的施工，又寻到水量丰富白垩系深水层承压水，为下一步在此地区开展白垩系深层承压水及地热勘查指明了方向。			
54	蒙古国重要矿产资源及矿业政策研究	内蒙古自治区国土资源信息院	2006 年 10 月至 2008 年 3 月	首次系统划分了蒙古国 3 个成矿区 17 个成矿带，为今后在蒙古国进行地质科研的地质勘查与矿产开发工作奠定了基础，是目前国内对蒙古国矿产资源研究程度最高、最系统的科研成果之一。为投资者提供了参考依据。			
55	内蒙古重要矿产资源潜力评价及成矿规律研究	内蒙古自治区地质调查院、中国地质科学院矿产资源研究所	2006 年 12 月至 2009 年 12 月	通过成矿区带的地质矿产综合研究，建立典型矿床成矿模型、区域成矿模式、区域矿产成矿系列、区域成矿谱系，总结区域成矿规律（优先选出大兴安岭成矿带）；对区内重要矿产资源（铁、铜、铅、锌、锡、钨、钼、稀土、金、银、镍等 11 个项目）进行资源潜力评价，圈定成矿远景区和找矿靶区，提出矿产勘查工作部署建议；通过对预测区的野外调查，提交大型金属矿产预测靶区 1－2 处；通过完成研究任务，培养本地区高层次地学科技骨干。			
56	内蒙古自治区察哈尔右翼中旗油篓沟金矿区及外围绿岩型金矿普查	内蒙古自治区矿产实验研究所	2007 年 1 月至 2007 年 12 月	该项目完成后扩大了本区金矿开发的后备基地，开拓了本区层控绿岩型找矿思路，对推动本区勘查与开发一体化意义重大。			
57	内蒙古自治区察右中旗脉金矿选厂尾矿金银铜综合开发利用	内蒙古自治区矿产实验研究所	2007 年 1 月至 2008 年 12 月	该项目采用制粒堆浸工艺，可有效回收利用低品位尾矿资源，提高资源利用率。其成果对推进运用新技术、新方法，促进矿产资源综合开发利用能力，提高矿产资源对经济社会可持续发展的保障能力具有重要意义。			

续表 7

序号	项目及成果名称	主要完成单位	项目实施期限	作用与意义	获奖情况		
					等次	授奖机关	时间
58	内蒙古自治区矿产资源总体规划(2008—2015年)及其专题研究	内蒙古地质调查院、内蒙古地质环境监测院、内蒙古国土资源信息院	2007年1月至2009年6月	全面系统进行全区地质及矿产资源相关五个方面的专题研究,提出了2008~2015年全区矿产资源勘查、开发利用与保护及矿山地质环境恢复治理的指导思想、规划目标、主要任务及保障措施,为全区矿产资源管理及规划设施提供了依据。			
59	内蒙古自治区油页岩矿产资源调查评价	内蒙古自治区国土资源信息院、中国地质调查局西安地质调查中心	2007年1月至2008年12月	全面收集区域地质调查、煤田地质、石油地质、水文地质及油页岩等调查资料,并进行二次开发;以油页岩、炭质页岩为线索,通过路线地质剖面调查(或剖面测量)及样品分析,进一步了解不同沉积盆地油页岩特征及分布;开展油页岩成矿地质条件研究,探索影响油页岩形成的主控地质因素;开展油页岩资源潜力调查,以沉积盆地为单元,对区内含油页岩盆地(或地区)油页岩资源前景进行分类;对区内典型油页岩矿床进行解剖,研究油页岩矿床开采在经济上的可行性和对环境的影响程度;进行油页岩资源量预测,为开发油页岩资源决策提供基础性资料依据。			
60	内蒙古自治区矿产资源潜力评价	内蒙古地质调查院及内蒙古煤田地质局、内蒙古地质矿产勘查院、内蒙古第十地质矿产勘查开发院、内蒙古国土资源勘查开发院、内蒙古国土资源信息院、中化内蒙古地质勘查院	2007年1月至2013年12月	对中华人民共和国成立以来的地质、矿产、重力、磁法、地球化学、自然重砂、遥感、数据库建设及各类综合研究资料进行了系统的梳理、汇总;以各类基础数据为支撑,板块理论、成矿系列理论为指导,使用规范而有效的资源评价方法、技术,全面、准确、客观地评价内蒙古矿产资源潜力以及空间布局;为更好地规划、管理、保护和合理利用矿产资源,也为部署矿产资源勘查工作提供基础资料,为自治区编制中长期发展规划提供科学依据。			
61	内蒙古自治区矿山尾矿库地质环境调查	内蒙古自治区地质环境监测院	2007年3月至2009年6月	通过该项目的实施,进一步查明了全区矿山尾矿库存在的环境地质问题、发育特征及潜在地质灾害隐患,为今后修建科学合理尾矿库提供了依据,并为保护和恢复治理矿山环境提供了决策和技术支持。			
62	内蒙古1∶25万翁图乌兰、额仁高壁苏木、东乌旗、新庙、朝克乌拉幅区调修测	内蒙古自治区地质调查院	2007年9月至2008年8月	该项目的实施,作为数字化填图演练,为内蒙古自治区地质调查院的地质矿产调查项目全面实现地质数字的野外采集培养了众多技术力量。			
63	内蒙古自治区乌达区地质灾害调查与区划	内蒙古自治区第一水文地质工程地质勘查院	2008年3月至2008年12月	项目是自治区县市地质灾害调查工作规划的第一批项目,该项目的完成为后续县市工作的开展有指导作用,对推动全区水文地质勘查科技进步具有重要意义。			

续表 8

序号	项目及成果名称	主要完成单位	项目实施期限	作用与意义	获奖情况		
					等次	授奖机关	时间
64	内蒙古东乌珠沁旗珠尔嘎银铅锌矿及外围普查	内蒙古自治区矿产实验研究所	2008 年 5 月至 2009 年 3 月	该普查工作中第一次在区域上发现赋存于侏罗纪二长花斑岩中的钼矿体,为在该区今后寻找钼矿提供了新的思路,为一条重要的找矿线索。			
65	内蒙古矿业权交易平台建设	内蒙古自治区土地储备登记中心	2008 年 12 月至 2009 年 11 月	内蒙古矿业权交易平台的建立,推动了自治区、盟市、旗县三级国土资源部门矿权交易工作的健康发展。			
66	等离子体质谱法测定岩石、矿物、土壤中的 28 种稀有金属元素、稀散元素、稀土元素	内蒙古自治区矿产实验研究所	2009 年 5 月至 2009 年 11 月	通过研发形成一个完整、系统、科学、高效的操作方法,推进了我区新技术、新方法的应用。为我区稀有金属元素、稀散元素、稀土元素的地质工作、矿调、选冶工作提供准确、可靠的数据。			
67	内蒙古自治区矿业权实地核查	内蒙古自治区国土资源信息院	2009 年 6 月至 2011 年 12 月	对全区探矿权、采矿权设置实地核查,全面清理和采集各类信息,并进行相关分析研究,为全区矿政管理提供可靠依据。			
68	内蒙古自治区矿产资源利用现状调查	内蒙古自治区国土资源信息院	2009 年 7 月至 2012 年 12 月	对全区煤炭、铁、锰、铬、铜、铅、锌、镍、钨、锡、锑、钼、稀土、金、银、磷、硫铁矿、硼、萤石、铋、钴、铌、钽、铍、锆 25 个矿种,约 965 个矿区(大型 49 个、中型 121 个、小型 675、未上表 120 个)的资源储量核查,获取准确、翔实的各类保有资源储量、结构、数量、品质、空间分布、占用情况等基础数据,更新全区矿产资源储量库数据,对不同矿种和不同类型资源开发利用潜力、保障程度和资源安全水平做出科学论证。			
69	内蒙古自治区铁矿勘查选区研究	内蒙古自治区地质调查院	2011 年 8 月至 2014 年 5 月	在矿产资源潜力评价等综合研究成果基础上,对全区 1∶5 万航空物探测量资料和 1∶5 万地面磁法测量资料进行综合整理与分析研究,对圈定的大量局部磁异常结合区域地质背景、区域重力和化探等相关资料进行推断解译、筛选排序,分年度提出航磁、地磁异常查证项目选区和铁矿勘查选区建议。重点对内蒙古沉积变质铁矿成矿远景区内 1∶5 万航磁、地磁数据分析处理,提出寻找隐伏沉积变质铁矿选区。			
70	内蒙古自治区多金属矿集中勘查选区研究	内蒙古自治区地质调查院	2011 年 8 月至 2014 年 12 月	以国家紧缺及自治区具有优势的铜、铅、锌、金、银等有色金属、贵金属矿产,以及新兴产业所需稀土、稀有金属等战略性矿产为主攻矿种,兼顾镍、铬、钨、锡、钼等金属矿产,在自治区近年来实施的金属矿产成矿系统、找矿预测研究及矿产资源潜力评价等综合研究项目的基础上,选择重要成矿区段和矿集区,结合自治区 1∶5 万矿调等基础性地质工作和矿产勘查取得的新资料、新成果,提出多金属矿产集中勘查选区,为自治区多金属矿集中勘查项目设立提供依据。			

续表9

序号	项目及成果名称	主要完成单位	项目实施期限	作用与意义	获奖情况		
					等次	授奖机关	时间
71	阿拉善及周边地区煤层气勘探前景分析与优选	内蒙古煤炭建设工程(集团)总公司	2011年12月至2013年12月	通过分析内蒙古阿拉善及周边地区煤层展布特征、煤层含气性能,预测煤层气资源量,并最终优选煤层气开发的有利目标区。			
72	内蒙古自治区重要矿产资源“三率”调查与评价	内蒙古自治区国土资源信息院	2012年1月至2013年12月	对矿山企业基本情况,矿山资源储量,矿山采选情况,矿产品销售等经济指标,以及共伴生、低品位、难选冶资源利用情况、尾矿等矿山废弃物利用情况、矿产资源开发利用技术状况等方面的开展调查研究,为资源管理提供依据。			
73	内蒙古自治区找矿突破战略行动实施方案(2011—2020年)	内蒙古自治区地质调查院	2011年1月至2013年12月	全面部署基础地质工作。确定了以石油、天然气、煤层气、页岩气、煤炭、铀、铁、铜、铅锌银、金和稀土、铷、锂、铌、钽、锗、晶质石墨等战略性新兴产业所需的矿产及地下水、重要非金属等矿产资源为重点,以矿产资源整装勘查和重点勘查项目勘查、重要找矿远景区勘查为主要抓手,开展自治区找矿突破战略行动,打造以市场为导向、以社会投资为主体的多元投资体制。在矿产资源节约与综合利用方面,开展全区重要矿产资源节约与综合利用现状及潜力调查、矿产资源节约与综合利用专项工作和矿产资源节约与综合利用基地建设,推进矿产资源利用方式的转变。			
74	内蒙古自治区兴和县曹四夭超大型钼矿床成矿规律研究	内蒙古自治区地质调查院、中国地质科学院矿产资源研究所、河南省地质矿产勘查开发局第二地质勘查院	2012年1月至2014年12月	以矿床成矿系列等现代矿床学理论为指导,深入研究矿床区域大地构造背景,矿床地质特征与形成条件。采用先进的方法手段对曹四夭超大型钼矿床进行解剖,研究地层、构造、岩浆岩及围岩蚀变与矿床关系;分析总结成矿控矿因素和成矿地质规律;探索成矿物质来源与形成机制,查明矿床成因。建立成矿模式和综合找矿模型,指导矿床勘查工作部署,并在矿区外围开展区域成矿预测,指导地质找矿。			
75	内蒙古自治区页岩气潜力调查评价及开发利用选区研究	内蒙古自治区地质调查院	2012年7月至2014年12月	全面收集和系统整理自治区境内各盆地(群)石油、煤田钻井、地震、物探以及综合性研究等各类相关资料;综合国内外现行评价指标,开展页岩气远景区、有利区、目标区选区评价,研究总结页岩气分布与富集规律,调查了解页岩气资源潜力;提出页岩气开发利用工作部署建议,为制定自治区页岩气开发利用战略目标和中长期规划提供依据。优选页岩气富集且近期能够开发利用的目标区实施参数井钻探验证,为下一步开发利用页岩气提供基础资料。			

续表 10

序号	项目及成果名称	主要完成单位	项目实施期限	作用与意义	获奖情况		
					等次	授奖机关	时间
76	二连盆地煤层气(游离气)资源调查选区及评价	内蒙古煤炭建设工程(集团)总公司	2012 年 12 月至 2013 年 12 月	通过对二连盆地煤层气(游离气)的构造条件、封盖条件、储层条件等进行系统研究,对盆地内煤层气(游离气)资源进行评价,筛选出煤层气资源的有利勘查区,确定煤层气试验井井位,并设计试验井方案。			
77	内蒙古自治区大兴安岭山地南段地质灾害高易发区地质环境调查(1∶5 万)	内蒙古自治区地质环境监测院	2012 年 12 月至 2014 年 12 月	开展地质灾害调查、矿山地质环境调查和地质遗迹调查,为地质环境保护与治理等工作提供资料和依据。			
78	内蒙古自治区矿山地质环境动态遥感监测研究及信息系统建设	内蒙古自治区地质环境监测院	2012 年 12 月至 2014 年 12 月	选择典型矿山(区域)矿山地质环境动态遥感监测研究,建立矿山地质环境动态遥感监测信息系统,为今后开展自治区重点矿山(区域)地质环境动态遥感监测进行技术准备,实现对我区矿山地质环境的有效监控。			
79	内蒙古大兴安岭矿业开发与生态环境保护研究	内蒙古自治区地质环境监测院	2012 年 12 月至 2014 年 12 月	以林区矿产资源开发对生态环境影响为研究对象,探讨适合林区特点的矿产资源勘探开发方式、生态环境保护与恢复的模式和技术。			
80	东北地区(内蒙古自治区)地质系列图件编制与综合研究	内蒙古自治区地质调查院	2013 年 1 月至 2015 年 12 月	系统总结 20 多年来内蒙古自治区区域地质调查、矿产勘查和专题研究最新成果,特别是地质大调查实施以来开展的 1∶5 万、1∶25 万区域地质调查及各类专题研究取得的新资料、新进展,按照《中国区域地质志工作指南》等要求,开展内蒙古自治区区域地层、地质构造、火山岩、侵入岩、变质岩、第四纪地质、地球物理和深部地质等综合研究,重新厘定区域地质构造格架、地层划分系统,编制内蒙古自治区地质、构造、岩浆岩、第四系、航磁、重力等地质系列图件,建立空间数据库。针对重大基础地质问题,加强专题研究。			
81	内蒙古自治区呼和浩特、包头地面沉降调查监测前期工作	内蒙古自治区地质环境监测院	2013 年 1 月至 2015 年 12 月	对工作区开展地面沉降调查了解沉降条件现状,确定地面沉降监测点位置,健全网络保护国家设施及居民安全。			
82	内蒙古自治区阿拉善盟盐湖型钾盐资源遥感综合调查	内蒙古国土资源信息院	2013～2015 年	充分收集、分析研究区遥感、地质、物探、化探资料的基础上,通过遥感解译和野外验证,建立解译和找矿标志,利用遥感地质和物化探等综合手段,全面调查第四纪盆地的(含)钾盐情况,圈定划分钾盐成矿远景区,总结该区第四纪盐湖盆地地质特征和形成演化规律,查明钾盐矿床成矿条件,为钾盐专项调查及勘查提供依据。			

续表 11

序号	项目及成果名称	主要完成单位	项目实施期限	作用与意义	获奖情况		
					等次	授奖机关	时间
83	内蒙古区域地质调查与片区总结(地质志)	内蒙古自治区地质调查院	2013—2017年	系统总结自治区区域地质调查、矿产勘查和专题研究新成果,特别是地质大调查实施的1:5万、1:25万区域地质调查及各类专题研究取得的新资料、新进展,按照有关要求,开展自治区区域地层、地质构造、火山岩、侵入岩、变质岩、第四纪地质、地球物理和深部地质等综合研究,重新厘定区域地质构造格架、地层划分系统,编制自治区区域地质系列图件,建立空间数据库。针对重大基础地质问题,加强专题研究。为城市规划、工程建设、资源利用、环境保护、防灾减灾等提供基础地质资料,为社会公众提供公益性相关信息。			
84	内蒙古自治区地质环境图系编制工作方案	内蒙古自治区地质环境监测院	2014年1月至2014年12月	通过收集整理我区大量的基础数据,成原图件采用统一的地理底图,技术要求,建库标准编制图系并实现动态管理和更新。			
85	内蒙古自治区赤峰市巴彦淖尔市有色金属集中开采区土壤和地下水环境重金属污染调查与风险评价	内蒙古自治区地质环境监测院	2014年1月至2014年12月	了解区域自然环境及地质环境条件、土地利用、社会经济、涉重企业生产、废水废渣排放情况及涉重企业生产活动对地质环境影响状况。详细调查地表土壤以及典型区域包气带土壤,受体及暴露情形,生态环境,以及大量土壤样品以及地下水样品的采集与分析,查明调查区域土壤和地下水环境重金属污染情况、污染程度以及致病情况,获取风险评价要求的技术参数。开展区域污染评价工作以及风险评价,依据评价结果,结合调查区域自然地理条件,划分污染治理和风险防范分区,提出消除或降低污染风险的建议或措施。			
86	内蒙古自治区矿产地质与区域成矿规律综合研究(矿产志)	内蒙古自治区地质调查院	2014—2018年	通过开展全区矿产地质与区域成矿规律综合研究,全面总结全区矿产全貌及重要成矿规律,提升矿产地质研究的科学水平,为新时期找矿工作提供科学理论支撑,为政府部门提供矿产资源领域决策的参考资料,为地质工作者提供工具书,为国民提供权威性的普及读物。			
87	内蒙古高尔旗—朝不楞矿带铜多金属矿成矿规律与找矿方向研究	内蒙古自治区地质调查院	2014—2016年	收集整理研究区1:5万地质、物探、化探、遥感和矿产勘查等资料;运用先进的成矿理论与方法,以铜多金属为主攻矿种,以区内新发现的典型矿产为主要研究对象,开展区域成矿地质背景、含矿岩石建造、岩浆活动与成矿动力学机制等研究;分析含矿地层、成矿岩体、控矿构造和主要地质事件对成矿的控制作用;构建区域成矿发生过程和不同矿床类型的时空联系,总结成矿规律,建立铜多金属矿区域成矿模式、综合找矿模型和成矿系统;圈定成矿远景区和大型远景矿床勘查靶区,提出矿产勘查工作部署建议。			

续表 12

序号	项目及成果名称	主要完成单位	项目实施期限	作用与意义	获奖情况		
					等次	授奖机关	时间
88	内蒙古自治区阿巴嘎旗高尔旗—查干楚鲁图浅覆盖区多金属矿综合找矿方法技术试验研究	内蒙古自治区地质调查院	2014 年 5 月至 2015 年 5 月	利用各种物探技术方法和手段，大致确定玄武岩盖层厚度，大致了解其下部成矿地质环境和地质构造特征。			
89	内蒙古自治区主要矿产资源对 2020 年、2025 年和 2030 年国民经济建设	内蒙古国土资源信息院	2014—2016 年	主要研究全区 27 种优势矿种未来对自治区经济社会可持续发展的保障能力，并研究矿业的产业布局、产业结构与区域经济社会发展布局关系，建立矿产资源保障程度动态分析与决策支持系统，以推动矿产资源安全保障体系建设，为国家宏观决策和国民经济中长期规划提供科学依据。			
90	内蒙古自治区突泉县—巴林右旗地区铜多金属矿成矿规律及勘查选区研究	内蒙古自治区地质调查院	2014 年 5 月至 2016 年 5 月	全面收集整理、认真分析总结研究区 1∶5 万地质、物探、化探、遥感和矿产勘查以及综合研究等资料，编制相关图件。运用先进的成矿理论与方法，以铜多金属矿为主攻矿种，对区内的典型矿床进行解剖，研究成矿地质背景与矿床地质特征，总结成矿规律，圈定成矿远景区和找矿靶区，通过野外查证，选择矿产勘查区，提出矿产勘查工作部署建议。			
91	内蒙古自治区矿产资源产业规划研究	中国地质科学院矿产资源研究所战略研究中心、内蒙古国土资源信息院	2015—2016 年	主要通过研究我国经济增速换档期的矿产资源产业发展趋势，分析判断和预测国内外矿产品供需形势，并针对自治区重点矿种开发利用提出相关建议；结合国家“十三五”规划中绿色发展理念，提出全区矿产资源开发与生态保护协同发展的模式；结合自治区煤炭资源优势及化解产能过剩，对优化煤化工产业结构布局规划进行研究。			

三、测绘技术与应用

2000 年至 2015 年，自治区测绘部门组织实施的重大科技项目有 29 项，其中获得中国测绘学会科技进步奖的有 5 项，获内蒙古自治区测绘学会科技进步奖有 11 项。

内蒙古自治区测绘技术与应用重大科技成果一览表

表7-1-3

序号	项目名称	主要完成单位	项目实施期限	作用与意义	获奖情况		
					等次	授奖机关	时间
1	全数字真彩色呼和浩特市城市规划	内蒙古自治区测绘事业局	2001年1月至2001年11月	该项目具有信息丰富、翔实、直观、数据现势性好、管理动态性强、应用广泛等特点,使城市规划管理科学化、规范化,实现了信息化。			
2	测量仪器检定软件V2.0开发研究	内蒙古测绘产品质量监督检验站	2002年1月至2003年4月	该软件的研发成功,极大节省了人力物力,提高了检定工作效率。是目前国内最为系统全面的测量仪器检定视窗版软件,一经推广必将前景可观。	科技进步一等奖	内蒙古测绘学会	
3	《今日伊金霍洛》多媒体信息系统	内蒙古自治区测绘事业局	2002年5月至2004年5月	该多媒体信息系统作为反映旗县综合信息的样板,对扩大地理信息服务范围、增强测绘服务能力、推进测绘科技进步有着积极的作用和意义。	科技进步二等奖	内蒙古测绘学会	2005年
4	内蒙古呼和浩特市GPS检定场建设	内蒙古测绘产品质量监督检验站	2002年10月至2003年9月	该项成果经国家测绘局五次检定,其精确度、稳定性和可靠性均符合国家标准,具有准确性、权威性和科学性。			
5	西部地区县市挂图工程内蒙古分项目研发	内蒙古自治区测绘事业局	2003年1月至2004年12月	该项目填补了我区旗县没有行政区划和影像图的空白,彻底改变了我区地图品种少、地图信息陈旧的局面。为我区各旗县市区域经济的发展提供了多方位、深层次的测绘技术服务与保障。	科技进步二等奖	中国测绘学会	2004年
6	内蒙古自治区政务地理信息系统	内蒙古自治区测绘事业局	2003年5月至2004年12月	该系统为自治区电子政务空间信息网络化服务搭建了一个应用平台,它能进行空间信息展示、分析处理、共建共享并支持跨平台应用,为基于空间地理信息的政务信息资源整合奠定了良好的基础。	科技进步三等奖	中国测绘学会	2006年
7	内蒙古自治区国土资源经济地图集	内蒙古自治区测绘事业局	2003年5月至2004年12月	该图集客观翔实地反映自治区国土资源及相关经济建设等方面所取得的成就,为自治区领导和各部门及专业人士了解内蒙古提供了科学、完整的空间信息服务保障。先进的数字制图技术对推动我区数字制图事业的发展和测绘科技进步,具有重要意义。	科技进步三等奖	中国测绘学会	2006年
8	内蒙古自治区基础地理信息数据库	内蒙古自治区测绘事业局	2004年1月至2008年12月	该数据库的建立,为测绘数字化向信息化迈进奠定了基础,方便查询和储存,极大地推进了自治区基础地理信息数据的管理和应用、测绘数据和测绘技术的共建共享。	科技进步三等奖	内蒙古测绘学会	2008年
9	科尔沁沙地生态环境和地理空间信息库	内蒙古自治区航空遥感测绘院	2004年5月至2004年11月	该项成果能分析沙地生态环境变化特征,及时发现生态环境存在问题,寻找其成因和对策,为快速可持续应用提供了技术保障。对沙区的生态环境监督、管理和决策具有重要意义。			

续表 1

序号	项目名称	主要完成单位	项目实施期限	作用与意义	获奖情况		
					等次	授奖机关	时间
10	呼和浩特市影像地图集	内蒙古自治区测绘事业局、呼和浩特市国土资源局	2005 年 4 月至 2005 年 12 月	图集用清晰的航空和卫星影像、直观的地图语言，真实地反映了呼和浩特市经济建设和城市发展取得的成就，为城市规划、道路建设、土地管理、环境保护等提供了重要依据。			
11	呼和浩特市比长基线场和通辽市比长基线场建设	内蒙古测绘产品质量监督检验站	2005 年 3 月至 2006 年 9 月	该项成果经国家测绘局三次检定，其精确度、稳定性和可靠性均符合国家标准，在自治区具有权威性和科学性。应用上能满足生产单位的时间和效率要求，为自治区测绘事业健康发展提供了测绘仪器质量保障。			
12	赤峰地区似大地水准面精化	内蒙古自治区测绘事业局	2005 年 6 月至 2006 年 12 月	该项成果推动了自治区高精度似大地水准面精化工作的全面开展，建立全区高精度三维（GPS）大地控制基准。对推进现代大地测量高新技术的高速发展具有重要意义。	科技进步三等奖	中国测绘学会	2007 年
13	内蒙古自治区似大地水准面精化	内蒙古自治区测绘事业局	2005 年 6 月至 2006 年 12 月	该项目在建立赤峰市高精度三维（GPS）空间控制网的同时，结合局部重力测量数据，建立高精度三维控制网并确定区域似大地水准面。对满足 21 世纪初期城市建设和发展对坐标系的基本要求，保障国家、地区地理信息数据的交换和共享，有着重要意义。	科技进步三等奖	中国测绘学会	2007 年
14	内蒙古自治区地图集	内蒙古自治区测绘事业局	2006 年 3 月至 2007 年 4 月	《内蒙古自治区地图集》以全新的理念和现代测绘技术编制出版，探索出一条符合实际需求和科学发展的地图集编制模式，对今后编制大型地图开阔了思路，奠定的技术基础。			
15	内蒙古 1∶5 万公路电子地图底图数据库管理系统	内蒙古自治区测绘事业局	2006 年 10 月至 2007 年 12 月	该项目采用现代手段制作完成的全区 1∶5 万公路网电子地图数据库，推动了自治区信息化公路管理工作的开展，使各级领导和公路管理部门能够全面了解全区公路现状并及时更新有关数据具有重要作用和意义。			
16	内蒙古森林资源管理信息系统建设	内蒙古自治区测绘事业局	2007 年 1 月至 2009 年 12 月	该项目成果是内蒙古林业信息化建设的基础，对内蒙古林业的森林资源基础信息管理系统、生态公益林管理系统、资源林政管理系统等具有重要意义。			
17	内蒙古高精度三维动态测绘基准研究与建立	内蒙古自治区测绘事业局、武汉大学	2007 年 5 月至 2011 年 5 月	本项目旨在突破卫星导航定位综合服务和大区域精密似大地水准面确定关键技术，建立现代化的全球卫星定位导航综合信息服务系统，确定高精度高分辨率似大地水准面模型，构建内蒙古自治区高精度、三维、动态测绘基准，为促进内蒙古自治区经济可持续与健康的发展提供快速、精确的地球空间信息和服务。成果填补了内蒙古自治区在测绘基础研究领域的空白。			

续表2

序号	项目名称	主要完成单位	项目实施期限	作用与意义	获奖情况		
					等次	授奖机关	时间
18	内蒙古测绘科技档案数字化	内蒙古自治区测绘事业局	2007 年 9 月至 2009 年 12 月	该项目的实施推动了自治区基础地理信息(档案资料)数据库建设和地理信息公共服务数字化,实现了全区测绘档案信息化和测绘成果档案目录网络化,具有重要意义。			
19	内蒙古明长城资源调查	内蒙古自治区测绘事业局	2008 年 1 月至 2009 年 12 月	该项目的完成,为实施长城保护工程、开展科学研究提供辅助决策支持平台。本成果勘测的基础地理信息数据为建立整体明代长城真三维地理信息系统奠定了基础。			
20	全球导航卫星系统(GNSS)连续运行参考站综合服务网	内蒙古自治区测绘事业局、气象局、地震局	2008 年 1 月至 2011 年 12 月	该项目是目前国际上主要的地面地理信息采集设施。其成果随着经济建设的发展,它将在智能交通、车载导航、现代物流、手机定位等诸多领域发挥作用,对我区经济建设发展有着极大的、深远的意义。			
21	库克群岛拉罗汤加公路改扩建勘测	内蒙古自治区测绘事业局	2008 年 8 月至 2008 年 12 月	该项目实施中运用了先进的仪器及数字化测绘技术,在纵断面测量中使用了新方法,并在后来的国内外项目中得到推广及使用。提升了我国对外影响,并使自治区测绘工作迈上新台阶。			
22	利用卫星影像测制 1:1 万地形图技术研究	内蒙古自治区航空遥感测绘院	2009 年	为应用卫星遥感影像数据开展 1:1 万地形图测制提供了方法和技术。	二等奖	内蒙古测绘学会	2010 年
23	GIS 在少管所三维辅助管理系统中的应用	内蒙古自治区航空遥感测绘院	2011 年 5 月至 2011 年 8 月	该项目实现基于三维地图的视频监控、警力部署等辅助管理、决策功能。提升监狱、管教所的信息化管理水平。	一等奖	内蒙古测绘学会	2011 年
24	利用无人机航空摄影测量技术制作回民区 1:2000 正射影像图	内蒙古自治区航空遥感测绘院	2011 年 6 月至 2011 年 8 月	该项目为回民区旧城区改造提供测绘服务支持。形成的技术路线可为城镇化建设和应急测绘提供高效的服务保障。	二等奖	内蒙古测绘学会	2011 年
25	POS 辅助航空摄影的像控点布设技术研究	内蒙古自治区航空遥感测绘院	2012 年 9 月至 2013 年 1 月	通过 POS 系统来改进像控点布设,实现外业控制作业的大大减少,可极大提升生产效率,节约成本和时间。本项目成果为以后的航空摄影测量项目的设计实施提供了技术依据,形成了较完整可靠的工艺方案,填补了自治区空白,为以后自治区乃至国内大量的航摄项目实施提供了思路和参考。	二等奖	内蒙古测绘学会	2014 年

续表3

序号	项目名称	主要完成单位	项目实施期限	作用与意义	获奖情况		
					等次	授奖机关	时间
26	数字包头地理空间框架建设	包头市国土局、包头市国土资源信息中心、内蒙古自治区地图院	2008年7月至2012年9月	按照“数字城市”的理念和框架，采用统一的数据模型和标准，建立了全市统一、唯一、权威的地理信息公共平台，打破了行业、部门间的信息壁垒，建立了新的跨行业、跨部门、跨平台的数据共享方式，实现了多领域间的信息交换共享。项目成果除在消防、环保和国土资源管理领域应用外，还在公安、统计等多个部门领域以及社会公众服务等方面得到成功应用，提升了城市管理服务功能，为全市经济社会发展与和谐社会建设发挥了重要作用。	一等奖	内蒙古测绘学会	2013年
27	内蒙古自治区快速出图应急服务项目	内蒙古自治区地图院	2013年3月至2013年12月	快速成图系统可以极快地完成快速成图任务，满足内蒙古应急测绘保障服务需要。自动综合、标准化成图是关键技术，也是国际性难题，目前采用结合半自动化工艺，设计严格的专业技术设计，支持标准化成图，一些编辑工作又人工完成，关键时刻能保障快速出图任务。实现为政府、社会提供快速、优质地图服务的目的。	二等奖	内蒙古测绘学会	2014年
28	内蒙古巴丹吉林沙漠必鲁图主峰峰顶高程测量	内蒙古自治区地图院	2013年6月至2015年	这项重要测绘成果填补了中国沙漠地形重要地理信息数据的空白，为国土资源管理、国防建设、环保、气象、生态治理、旅游等提供了精确地理信息数据。	一等奖	内蒙古测绘学会	2015年
29	内蒙古自治区第一次全国地理国情普查数字正射影像图研制	内蒙古自治区地图院	2014年	为全面完成自治区第一次全国地理国情普查任务提供了基础数据保障。	二等奖	内蒙古测绘学会	2015年

第三节　科普活动

一、科普计划

2005年，根据《中华人民共和国科学技术普及法》和国土资源部《国土资源科学技术普及行动纲要》，并结合工作实际，自治区国土资源厅组织编制了《内蒙古自治区国土资源科学技术普及计划（2005—2010年）》（以下简称《科普计划》）。

《科普计划》制定的总体目标为：到2010年，初步建成全区国土资源科普体系框架，推出一批优秀的科普基地，形成一支科普兼职队伍，出版一批科普精品；建立和完善科普工作运转的管理制度，建立有效的科普投入运行机制;国土资源科普工作群众化、社会化、经常化制度化程度有较大提高;普及国土资源调查评价、规划、管理知识,宣传和推广国土资源科学技术新成果、新方法;节约利用资源和保护资源进一步成为全社会的共同行动。

《科普计划》明确的主要任务包括三个方面:一是在科普宣传方面要加强经常性科普宣传工作。使科普宣传工作作为一项重要任务在全区国土资源系统得到广泛开展。要充分发挥地质学会、土地学会和测绘学会的作用,继续办好国土资源科普品牌"世界地球日""全国土地日""测绘法宣传日"和"科技活动周"等活动。要更新内容,创新形式,提高质量;每推出国土资源科普书刊,做好自治区国土资源厅出版的《西部资源》发行和发放工作;建成自治区、盟市国土资源科普网站(页)。国土资源科学技术的新理论、新方法得到广泛的普及、应用。二是在科普基地建设方面要建立和改扩建一批结构布局合理、功能配套、特色鲜明、类型多样的国土资源科普基地。到2006年,将自治区地矿陈列馆改扩建为国土资源博物馆;积极配合地方政府,申建国家地质公园和地质陈列馆。力争再推出2~3个盟市级国土资源科普基地。要根据国土资源部、国家环保总局和共青团中央《关于在少年儿童中开展"节约资源、保护环境,做好保护地球小主人"活动的通知》,联系所在地的学校,开展"争创李四光中队"活动。三是在科普人才培养方面,到2010年全区培养较高水平的国土资源科普带头人20人,培养科普骨干60人。

二、科普宣传

2000—2015年,自治区国土资源厅每年利用"4·22"世界地球日、科技活动周、"6·25"全国土地日和"8·29"全国测绘法宣传日,围绕不同主题,以制作科普展板、播放科普录像、发放科普材料和举行科普讲座等多种形式,积极组织全区国土资源系统开展科普宣传活动。

2000年4月22—28日,自治区国土资源厅根据内蒙古自治区科学技术厅(以下简称自治区科技厅)、自治区党委宣传部和自治区科学技术协会《关于全区第五届科普宣传周的安排意见》、国土资源部"4·22"世界地球日宣传安排,以"地质环境保护"为主题,开展了为期一周的科普宣传周活动。4月22日,在呼和浩特市新华广场,自治区副主席周德海、自治区人大常委会副主任陈瑞清等领导参加宣传,自治区国土资源厅和呼和浩特市国土资源局约200余人参加宣传活动,自治区国土资源厅厅长韩云彬现场接受记者采访。宣传内容包括地质灾害、矿山地质环境、地质遗迹资源和专家谈"21世纪喝什么水"等部分,共制作展板10块,照片近百幅,散发专刊(报纸)和材料6000余份,悬挂宣传标语10条、共计120米,并有恐龙标本、岩矿石标本等展示,引起社会广泛关注。内蒙古大学、内蒙古师范大学学生也参加了现场宣传,广大市民和青少年踊跃前来观看宣传活动,咨询相关知识的群众络绎不绝,同时内蒙古地矿陈列馆一周全天向社会开放,前来参观的中小学生近千人。为此,自治区国土资源厅被自治区评为"第五届科普宣传周先进组织单位"。

2001年3月,根据国土资源部有关文件要求,自治区国土资源厅印发《转发关于做好地质遗产保护科普宣传工作的通知》,要求各盟市地矿局认真落实,同时提出三点意见:一要认真做好地质遗产保护科普宣传工作,重点抓好4月22日"地球日"的宣传活动;二要结合本地区地质遗产保护工作实际,开展内容丰富、形式多样的科普宣传;三要利用本次活动广泛介绍、宣传当地地质遗产资源,旗县地矿部门是地质遗产保护的直接管理部门,提高保护意识,促进地方经济发展。

2002年3月,根据自治区科技厅、党委宣传部、科学技术协会《关于开展全区第七届科普活动宣传周暨第二届全国科技活动周的安排意见》和《全区第七届科普活动宣传周暨第二届全国科技活动周自治区级活动实施方案》要求，围绕“科技创造未来”的活动周主题，自治区国土资源厅及时制定了相关实施方案。4月22日，自治区国土资源厅组织人员参加了自治区人民政府办公厅组织的“世界地球日”座谈会，并组织了以“善待地球”为主题的科普宣传活动。5月18日，自治区国土资源厅厅长韩云彬带领厅机关人员参加了在呼和浩特市新华广场举行的自治区科技活动周暨“科普大篷车”的巡展启动仪式。同时，内蒙古地矿陈列馆利用18、19日两天公休日，免费为社会及中小学生社会开馆，共接待了2500多人次参观，使参观者了解了内蒙古丰富的资源优势和相关地球知识，通过观看恐龙化石模型、探讨恐龙演化，并揭露“法轮功”邪教组织的伪科学性，提高了民众科学素质。

2003年3月，自治区国土资源厅印发《转发国土资源部关于做好第34个“世界地球日”科普宣传工作的通知》提出：要加强领导，精心部署，围绕“地球日”的宣传主题，采取悬挂标语、举办法律知识咨询、散发宣传品、进行图版和实物标本展示等多种形式，开展对国土资源的宣传活动。结合与国土资源内容相关的其他宣传日（自治区科普宣传周、全国土地日、测绘法宣传日等）统筹安排，达到集中宣传，节约费用，提高宣传效果的目的。配合“地球日”的宣传，自治区国土资源厅与内蒙古电视台联合摄制《善待地球 保护资源》电视宣传片，并于4月23、24日三次播出。6月25日，自治区国土资源厅通过内蒙古广播电台“纵横118”栏目开办“规范土地市场，促进可持续发展”的第十三个全国“土地日”特别节目，共分5期，每天播出一期，每期早晚各一次，每次播出时长30分钟。

2004年4月，根据自治区科技厅、党委宣传部和自治区科学技术协会《关于举办2004年科技活动周暨全区第九届科普活动宣传周的通知》和《关于开展2004年科技活动周暨全区第九届科普活动宣传周自治区级活动的通知》要求，围绕“科技以人为本，全面建设小康”的活动周主题，自治区国土资源厅及时制定相关活动方案。活动周期间内蒙古地矿陈列馆免费对社会公众开放，共制印《国土资源科普知识》《法律法规摘录》等彩页宣传材料1万余张，制作宣传标语11条计120米、绶带100条，制作宣传展板内容和形式多样，主要包括国土资源地质科技成果硕果累累、保护地球爱护家园、基础测绘工作、“3S”技术服务于自治区经济和社会发展、合理开发利用矿产资源和土地资源、保护矿山地质环境责无旁贷等几部分。5月15日，自治区国土资源厅副厅长郭战英带领厅属15个事业单位约100人参加在呼和浩特市新华广场举行的自治区级科技活动周启动仪式，并组织专家就地矿、土地和测绘知识向社会公众进行了现场宣传和咨询解答，现场发放各类宣传材料7000余份，其中地质学会古生物研究中心现场展示的二连恐龙化石模具引起公众的极大兴趣。6月15日，自治区科技厅、党委宣传部和自治区科学技术协会授予自治区国土资源厅“优秀组织奖”。

5月15日，自治区人大常委会副主任陈瑞清（左四）、自治区科技厅厅长徐凤君（左二）、自治区国土资源厅副厅长郭战英（左三）在现场观看科普宣传周活动宣传展板。

2005年4月，根据自治区科技厅、党委宣传部和自治区科协《关于开展2005年科技活动周暨全区第十届科普活动宣传周自治区级活动的通知》要求，围绕“科技以人为本，全面建设小康”的活动周主题,自治区国土资源厅及时制定了相关活动方案。5月14日,厅领导、厅机关、厅属各事业单位100余人参加在呼和浩特市新华广场举行的2005年科技活动周暨全区第十届科普活动宣传周启动仪式,同时内蒙古地矿陈列馆一周全天向社会开放。7月19日,自治区科技厅、自治区党委宣传部和自治区科学技术协会《关于表彰2005年科技活动周暨全区第十届科普活动宣传周先进集体和先进个人的决定》,授予自治区国土资源厅为"2005年科技活动周暨全区第十届科普活动宣传周先进集体(优秀组织奖)"。

5月14日,自治区副主席连辑(前右二)由自治区国土资源厅副厅长孔燕燕(前右一)陪同,现场参观国土资源科普宣传展区。

2009年4月22日,由自治区国土资源厅、呼和浩特市人民政府主办,呼和浩特市国土资源局承办的"认识地球,保障发展了解我们的家园深部"为主题的"世界地球日"大型宣传活动在呼和浩特市新华广场举行。同日,自治区国土资源厅厅长白盾在内蒙古日报发表《认识地球 保障发展》的署名文章。5月,按照自治区科技厅、中共自治区委员会宣传部和自治区科学技术协会《关于举办2009年内蒙古科技活动周暨全区第十四届科普活动宣传周的通知》精神,继续以"携手建设创新型国家——努力构建和谐内蒙古"的主题,自治区国土资源厅就参加科普宣传活动周作出部署,明确宣传主题为"节约集约科学合理利用国土和矿产资源,创建节约型生活方式,保护环境生态,构建和谐社会",要求各单位积极制作相关宣传展板,参加5月16日上午自治区科普宣传活动周启动仪式。8月20日,自治区科技厅、中共自治区委员会宣传部和自治区科学技术协会《关于2009年内蒙古科技活动周暨全区第十四届科普活动宣传周先进集体和先进个人的表彰决定》,授予自治区国土资源厅规划与科技处为"2009年内蒙古科技活动周先进集体"、赵大勇为"2009年内蒙古科技活动周先进个人"称号。

2010年4月22日,由自治区国土资源厅、呼和浩特市人民政府主办,呼和浩特市国土资源局承办的"珍惜地球资源 转变发展方式 倡导低碳生活"为主题的第41个"世界地球日"大型宣传活动在呼和浩特市新华广场举行。内蒙古人民广播电台、内蒙古人民广播网对活动进行了全程同步直播。自治区副主席赵双连在当日的《内蒙古日报》上发表署名文章。自治区国土资源厅机关和厅属事业单位、呼和浩特市国土资源局干部职工100余人参加宣传活动。宣传现场设立咨询台,并陈列矿石和恐龙骨骼标本、展示主题宣传展板50余块,发放宣传材料千余份。

4月22日,"世界地球日"宣传活动中,自治区国土资源厅驻厅纪检组长孙建华(左一)接受新闻媒体采访。

新华社内蒙古分社、《内蒙古日报》、内蒙古广播电台、内蒙古电视台、《内蒙古晨报》、《北方新报》和凤凰卫视等十余家区内外媒体对宣传活动进行现场报道。6月25日为第20个全国“土地日”,自治区国土资源厅、呼和浩特市国土资源局在呼和浩特市新华广场举办“依法管地集约用地——促进经济发展方式转变”大型主题宣传活动。内蒙古人民广播电台、内蒙古人民广播网对活动进行了全程同步直播。自治区副主席赵双连在当天的《内蒙古日报》发表署名文章。自治区国土资源厅有关领导作客内蒙古人民广播电台直播间,向全区听众介绍自治区在土地利用、耕地保护等方面的相关举措及情况,解答群众关心的问题。在宣传活动现场,自治区和呼和浩特市两级国土资源管理部门人员向市民讲解土地管理、利用方面的政策法规,并就集约用地、保护耕地、保障发展等问题回答群众的现场咨询,同时进行“土地日”专题知识有奖竞答,展示主题宣传展板有50余块,发放宣传材料达3000余份。自治区国土资源厅机关及所属事业单位、呼和浩特市国土资源局干部职工100余人参加宣传活动,新华社内蒙古分社、《内蒙古日报》、内蒙古广播电台、内蒙古电视台、《北方新报》、《内蒙古晨报》和《呼和浩特晚报》等10余家区内外媒体对宣传活动进行了现场报道。8月29日为全国第18个测绘法宣传日,自治区测绘系统各单位和各级测绘行政主管部门利用宣传日前后一个月时间,围绕“推进数字城市建设,提升测绘公共服务水平”主题,对测绘法律法规进行了大规模宣传活动。

2011年4月,按照自治区科技厅、中共自治区委员会宣传部和自治区科学技术协会《关于举办2011年内蒙古科技活动周暨全区第十六届科普活动宣传周的通知》精神,自治区国土资源厅印发通知,要求各单位高度重视,加强领导,围绕“携手建设创新型国家——努力构建和谐内蒙古”的主题,积极组织开展好活动,并要把科技活动周作为今后科普工作的一项标志性工程来加以建设,使之长效化、制度化,推动科技工作的开展,更好地为自治区经济建设做出贡献。5月15—21日,自治区国土资源厅所属各单位按要求在呼和浩特市新华广场举行活动启动仪式,并利用展板、宣传实物和标本开展国土资源相关宣传活动。8月29日是全国第19个测绘法宣传日,为加强测绘法制宣传,普及测绘法律知识,内蒙古自治区测绘事业局(以下简称自治区测绘事业局)组织开展以“监测地理国情,服务科学发展”为主题的宣传活动,以设立宣传展台、现场解说、图片说明等方式,就自治区测绘事业发展引进的新技术、取得的新成就和测绘法律知识等方面的内容向群众作了介绍,同时展出内蒙古“数字城市”建设、地图服务、公共服务平台建设及无人机航摄知识等内容。

2012年,自治区国土资源厅在全国第十二届科普活动宣传周、世界地球日、全国土地日、测绘法宣传日,通过制作宣传栏、发放宣传材料等形式开展政务公开和政务服务宣传活动,共展出图片300余幅、宣传栏150余块,同时配合自治区主要媒体开展了“环保世纪行”采访报道活动,共刊发各类新闻稿件50余条。

2013年4月16—22日,自治区国土资源厅联合内蒙古地质学会、内蒙古师范大学、呼和浩特市国土资源局,围绕“珍惜地球资源,转变发展方式——促进生态文明、共建美丽中国”活动主题,开展了为期一周的纪念第44个世界地球日宣传活动。4月21日,260多名师生参加了在计算机信息学院报告厅举办的“纪念第44个世界地球日科普报告会”。内蒙古师范大学校长杨一江主持报告会,内蒙古地质学会理事长赵保胜、内蒙古观赏石宝玉石协会会长元重举参加报告会和校园活动,自治区国土资源厅地质环境处、自治区国土资源信息院、内蒙古观赏石宝玉石协会专家分别作了“内蒙古矿产资源及开发利用状况”“内蒙古地质遗迹保护及矿山地质环境恢复”“内蒙古宝玉石资源及发展前景”的专题报告。4月17日,国土资源部办公厅发文公布全国国土资源优秀科普作品名单,《克什克腾火山的奇幻故事》（田明中、刘航、孙继民著，地质出版社出版）入选。8 月 29 日，自治区国土资源厅组织开展 2013 年测绘法宣传日活动，主要采取发送宣传短信、设置宣传展板、闹市区 LED 屏播放宣传短片、发放宣传手册、单位门口设置宣传点等多种方式进行宣传，呼和浩特市国土资源局在市民服务大厅增设宣传点，向前来办事的人员讲解测绘地理信息相关知识，并发放宣传手册。

9 月，自治区地图印制院在社区开展“地图让生活更美好”的科普宣传活动。

2013 年 9 月，开展的科普活动中地球仪吸引了孩子们。

2014 年 3 月 20 日，自治区国土资源厅印发《转发国土资源部办公厅关于组织开展第 45 个世界地球日主题宣传活动周的通知》，明确宣传活动主题为“珍惜地球资源 转变发展方式——节约集约利用国土资源，共同保护自然生态空间”，要求各盟市国土资源局和厅属各单位结合当地实际，于 4 月 20—4 月 26 日组织开展第 45 个世界地球日宣传周活动。4 月 20 日，自治区国土资源厅与内蒙古地质学会联合举行第 45 个世界地球日宣传周活动启动仪式，自治区国土资源厅机关及所属各单位、内蒙古农业大学、内蒙古工程学校等近 600 余人参加。在启动仪式上，内蒙古地质学会理事长赵保胜、内蒙古农业大学水利与土木建筑工程学院领导和学生代表分别发言，内蒙古农业大学学生宣读“善待地球、节约资源、从我做起”的倡议书。在宣传展板和矿石标本展出现场，近千名学生教师在“节约集约利用国土资源，共同保护自然生态空间”的条幅上签字。宣传活动周期间，自治区国土资源厅有关专家分别就保护地质环境、加强生态文明建设、节约集约利用矿产资源作了专题报告。8 月 29 日，内蒙古自治区测绘地理信息局（由自治区测绘事业局更名）开展了“发展地理信息产业、地图服务大众生活”2014 年测绘法宣传日活动。局属各单位均在各自办公场所门前设置宣传展位，摆放宣传展板，悬挂宣传横幅，

在 4 月 20 日世界地球日，自治区国土资源厅副巡视员王剑民为大学生们讲解有关岩矿知识。

张贴宣传海报，以展现在实现科学发展、转变经济发展方式尤其是改善民生工作中所取得的重大成果，同时在活动现场发放全区第一次地理国情普查宣传材料。

2014 年 4 月 20 日，世界地球日宣传活动中，大学生们在宣传主题条幅上签名。

2015 年 4 月 19 日，自治区国土资源厅联合内蒙古工业大学启动以“珍惜地球资源 转变发展方式——提高资源利用效益”为主题的第 46 个世界地球日宣传周活动，内蒙古工业大学利用“内工大研究生会”微信公众平台发布相关地球日宣传活动内容。4 月 22 日，在内蒙古工业大学校园内，举办矿产资源标本展和“提高资源利用效益”建议征集及“珍惜地球资源转变发展方式——提高资源利用效益”的宣传签名活动，并在校园内循环播放“改革创新 构建国土资源管理新格局——内蒙古自治区国土资源工作改革创新实践”专题片。由全体研究生发起“提高废水利用率，关掉不必要电脑程序，走向户外，通过点滴小事促进资源有效利用，使宝贵的国土资源得到有效保护和科学利用，经济社会实现持续、健康发展”的倡议。自治区国土资源厅副巡视员王剑民向师生们作了“合理利用地球资源 打造美丽内蒙古”的专题报告，并代表自治区国土资源厅向内蒙古工业大学赠送《天造地景——内蒙古地质遗迹》书籍 20 册。自治区国土资源厅机关及所属单位、内蒙古地质学会、内蒙古土地学会、内蒙古农业大学、内蒙古工业大学、内蒙古工程地质学校等 300 余人参加活动，展出宣传展板 30 余块。《内蒙古日报》、内蒙古电视台、内蒙古广播电台等新闻媒体和记者参加宣传活动。6 月 25 日，自治区国土资源厅创新“6・25 土地日”宣传活动形式，除悬挂宣传标语、向群众发放宣传资料、讲解土地管理和土地执法相关法律法规知识等常规宣传方式外，开通手机版官网和开设微信互动平台，利用“高天厚土”和“内蒙古国土资源”两个微信平台宣传土地管理法律法规，宣讲节约集约用地的意义和益处，介绍自治区在保耕地红线、节约用地工作方面的经验做法。在现场设立 50 个二维码扫描点，群众直接扫描二维码即可了解自治区国土资源管理方面的最新动态、新闻快讯、专家评论，在线咨询或者提出意见建议，查询业务办理情况，参与热点问题讨论，共同探讨节约集约用地的新途径。

三、科普基地建设

2009 年 5 月 17 日，国土资源部公告第一批国土资源科普基地命名名单，内蒙古博物院、内蒙古鄂尔多斯市国土资源博物馆被命名为第一批国土资源科技场馆类科普基地；内蒙古二连浩特市二连白垩纪恐龙地质公园、内蒙古阿尔山火山温泉国家地质公园资源保护类被命名为第一批国土资源资源保护类科普基地。

2011 年 8 月 16 日，国土资源部下发《国土资源部关于命名第二批国土资源科普基地的通知》，内蒙古克什克腾世界地质公园、内蒙古阿拉善沙漠地质公园、内蒙古满洲里市扎赉诺尔国家矿山公园被命名为第二批国土资源资源保护类科普基地。

截至2015年,全区已建成各类地质遗迹自然保护区和地质公园21处,包括世界级地质公园2处(即克什克腾世界地质公园、阿拉善沙漠世界地质公园)、国家级地质公园7处(即阿尔山国家地质公园、二连浩特国家地质公园、宁城国家地质公园、鄂尔多斯国家地质公园、巴彦淖尔国家地质公园、四子王国家地质公园、清水河老牛湾国家地质公园)、自治区级地质公园12处(翁牛特旗地质公园、呼伦—贝尔湖地质公园、鄂伦春地质公园、扎兰屯地质公园、锡林浩特草原火山地质公园、巴林左旗七锅山地质公园、察右中旗黄花沟地质公园、察右后旗乌兰哈达火山地质公园、通辽大青沟地质公园、海流图地质公园、凉城蛮汉山地质公园、苏尼特地质公园),地质公园总面积4864平方千米。建成国家级矿山公园4处(赤峰巴林石国家矿山公园、满洲里扎赉诺尔国家矿山公园、额尔古纳国家矿山公园、林西大井国家矿山公园),矿山公园总面积416平方千米。并建有10余处地质类陈列馆(博物馆)。这些地质公园和矿山公园及陈列馆均已成为当地旅游参观和科普教育的基地。

第二章　对外交流及培训

第一节　对外交流

一、基本情况

2000 年，自治区国土资源厅办理所属单位因公出国进行相关合作项目或项目洽谈共有 9 件，包括开展蒙古国金矿开发项目 2 件，承揽埃及尼罗河农田灌溉水井项目 1 件，进行地质矿产考察和购进钻井设备验收及其他合作项目洽谈 6 件。

2001 年，自治区国土资源厅接待美国、加拿大、俄罗斯等国地学专家 17 人次，主要就恐龙化石研究、干旱地区找水、地籍管理系统和规划信息管理系统建设等互相感兴趣的问题进行了交流，并在部分项目上达成合作协议。另外，由自治区国土资源厅主办的“内蒙古中生代伸展构造国际研讨会”吸引了众多国际、国内著名学者和教授到会交流。

2002 年，自治区国土资源厅根据实际工作需要，并结合以往与美国、加拿大、澳大利亚、日本、荷兰等国开展地学研究和矿产勘查情况，组织向自治区科技厅申报了“中美大青山中生代大型逆冲推覆构造与伸展构造”“中国—意大利二连盆地含化石层位地层古生物及岩相古地理研究”“中国—荷兰内蒙古西部元古界有色金属及银金矿地质调查”“中国—日本内蒙古河套平原地下水砷污染地质地貌环境调查”等 5 个对外合作项目。同时，内蒙古自治区地质矿产勘查开发局（以下简称自治区地勘局）与加拿大明科矿业公司在阿拉善盟朱拉扎嘎地区开展了为期 3 年的地质勘查合作，并与加拿大艾芬豪矿业公司签订在自治区境内 3 个区片开展地质勘查的合作框架协议，成功引资 2000 万美元。另外，BHP 等多家国际矿业公司也表示与自治区地勘局进一步合作的意向。

2003 年，自治区地勘局与中国科学院地质与地球物理研究所联合成立内蒙古自治区地质与矿产研究中心，与加拿大明科公司、艾芬豪公司，澳大利亚必和必拓公司、瑞道克斯公司、英美公司、瑞祥公司、西部矿业公司、太平公司，英国力拓公司及美国 WMC 公司等多家国外矿业公司，合作开展或洽谈风险地质勘查工作。

2004 年，自治区地勘局依托已有地质勘查成果，广泛开展内引外联合作工作。一是与内蒙古亚蒙矿业有限责任公司合作，利用自有 5 个探矿权作为投入股份（协议评估价 1000 万元人民币）进行联合矿产勘查；二是与北方联合电力有限责任公司合作进行乌海市黄河村电石灰岩勘查，初步推算取得电石灰岩资源储量 1.53 亿吨、制碱灰岩和水泥灰岩资源量 5 亿吨以上；三是与澳大利亚瑞道克斯有限公司合作，就在鄂尔多斯地区进行金刚石勘查的合作公司组建和运行进行了协商，并进行公司注册；四是与甘肃盛达股份有限公司达成协议，就所拥有的额仁陶勒盖银矿股份进行了转让。

2005 年，自治区地勘局成立内蒙古自治区地质矿产（集团）有限责任公司（以下简称内蒙古地矿集团公司），并在阿尔及利亚、柬埔寨、蒙古国分别成立了 3 家分公司。主要按照共担风险、共享成果原则，积极开展招商引资和风险勘查，初步形成以北非、东南亚和蒙古国为基点，并向中非、印度尼西亚、越南和俄罗斯远东地区延伸格局。

2006 年,内蒙古自治区航空遥感测绘院(以下简称自治区航遥测绘院)承接完成新西兰库克群岛公路改扩建工程 1∶2000 地形图及线路测绘项目。

2007 年 3 月,内蒙古地矿集团公司在阿尔及利亚注册成立阿尔及利亚中原联合矿业有限责任公司,主要从事矿产品开发、地质勘查、测量等工作。同年,自治区测绘事业局承担完成上海市测区 1∶500修测 872 幅,1∶1000 修测 690 幅,天津市测区外环 1∶2000 地形图补测 200 幅,并开展了浙江丽水 1∶2000 地形图测绘、宁波市公路工程测绘和非洲尼日利亚工程测绘等项目。

2008 年 2 月 12 日,利用加拿大总理让·克雷蒂安访华和新疆招商引资机会,自治区国土资源厅推出自治区矿业招商引资项目 8 项。3 月,内蒙古地矿集团公司在蒙古国乌兰巴托市注册成立蒙古国阿尔泰兴安有限责任公司。11 月 11—13 日,自治区国土资源厅组织各盟市国土资源局、矿山企业和直属单位参加在北京国际会议中心召开的“2008 中国国际矿业大会”,厅长白盾就自治区矿业权市场建设、矿产资源开发管理制度建设和具体措施等问题作了交流发言。同年,自治区地勘局先后派出队伍赴阿尔及利亚、柬埔寨等国开展有关矿产资源勘查开发项目并取得初步成效,自治区航遥测绘院参与完成了非洲马拉维公路测量任务。

2009 年,为实施“走出去”战略,自治区国土资源厅组织相关地勘单位参加在澳大利亚召开的国际矿业大会。同年,自治区地勘局积极开展对外合作,与河南省地矿局合作对阿尔及利亚一处特大型铅锌矿进行开发;与中国矿业联合会所属公司共同投资在阿尔及利亚购买 3 个探矿权;与蒙古国两家公司签署合作勘查协议;与柬埔寨柬钢集团公司合作成立控股的地质勘查公司,并在柬埔寨柏威夏省开展铁矿资源勘查工作;对澳大利亚新南威尔士州矿产资源进行考察,并对一些大型金属远景区和煤炭规划区的地质工作程度、找矿潜力、合作环境有了充分认识,进行靶区筛选,确定勘查项目 30 个;分别与中国地质科学院和北京大学合作开展了“内蒙古自治区内生金属成矿规律及成矿和找矿模型”等 3 个科研项目。

2010 年,自治区地勘局与河南省地矿局合作在阿尔及利亚建设日处理矿石 2000 吨铅锌矿选厂建成(计划 2011 年初投产),其驻蒙古国资源勘查开发公司正式注册成立并开展相关工作;同时,积极组织所属单位进军新疆地质市场,共有 9 个单位在新疆设立办事机构。

2011 年 11 月,内蒙古矿业开发有限责任公司在蒙古国中央省寒冬雪地中进行煤田勘查钻探施工。

2011 年,自治区地勘局驻赞比亚实验测试公司建成运营,成为非洲规模最大和技术装备先进的矿产实验室。另外,该局专门成立境外资源部负责全局境外地质勘查工作,并有 11 个单位在国外成立公司,开展地质勘查项目 42 项,引进风险勘查资金 1.3 亿元。

2012 年,自治区国土资源厅进一步推进“走出去”战略,通过组织相关地勘单位积极参加国际矿业大会和相关活动,努力扩大对外交流。自治区地勘局所属单位在澳大利亚、加拿大、阿尔及利亚、柬埔寨等国独立登记探矿权 6 个,并在已实施的 42 个涉及金、铁、铜、铅、锌、煤等矿产勘查开发项目上取得初步成效。同时,其所属单位到印度尼西亚洽谈境外勘查业务达成合作意向,并在蒙古国成立“大正矿业有限责任公司”,还组织有关专家赴加拿大开展了矿业考察活动。

2013 年,自治区国土资源厅选派专业技术人员参与国际学术交流,安排专业技术人员参加国土资源部组织的各类境外培训班。11 月 2—5 日,组织全区地勘单位和工矿企业参加在天津市举办的“2013(第十五届)中国国际矿业大会”。另外,为积极推动地勘队伍“走出去”工作,指导自治区地勘局举办一期“国外风险勘查工作研讨会”。

2014 年,自治区国土资源厅按照国家和自治区对外开放工作总体要求,积极稳妥地推进“走出去”战略。自治区地勘局、内蒙古有色地质勘查局(以下简称自治区有色地勘局)等单位在以往开展项目基础上,不断拓展在非洲、蒙古、加拿大、澳大利亚等二十几个国家开展的地质勘查、矿山开发等方面工作,共成立国外公司 16 家,登记探矿权约 15 宗,开展矿产勘查开发合作项目 90 多个。

2015 年,自治区国土资源厅贯彻落实“向北开放”和“一路一带”战略,积极推动地勘单位“走出去”并取得新进展。10 月 20—23 日,组织全区地勘单位和工矿企业参加在天津举办的“2015(第十七届)中国国际矿业大会”。10 月 24 日,为落实“一带一路”战略,加强中蒙在矿产资源开发领域务实合作,首届中国蒙古国博览会矿产资源开发洽谈会在呼和浩特市举行。自治区副主席王波、国土资源部总工程师彭齐鸣、蒙古国国家大呼拉尔委员桑·宾巴朝克特出席会议并致辞。洽谈会上,中蒙双方签署《关于合作开展有色金属及页岩气勘查开发的协议》《共建中蒙跨境经济合作区谅解备忘录》《关于奥尤陶勒盖铜矿产业合作备忘录》等 4 个合作协议,意向投资金额 315 亿元。本次洽谈会中蒙双方合作层次较高,合作领域较宽。共签署合作意向协议 4 个,商定成熟的合作意向 4 个,具体合作领域涉及有色金属资源勘探开发、页岩气和煤层气等非常规能源的勘查开发、跨境合作区建设、矿产品延伸加工、资源产业经营和融资业务等,为中蒙两国推动资源产业合作拉开序幕。蒙古国矿产部有关司局负责人,有关重点企业负责人,国土资源部有关司局、自治区政府有关领导、自治区国土资源厅和有关盟市及有关工矿企业负责人共 300 多人参加会议。

二、实施项目

1. 矿产勘查开发项目

2007 年,内蒙古地矿集团公司所属阿尔及利亚中原联合矿业有限责任公司在阿尔及利亚已查明一处特大型铅锌矿床,矿体总长十余千米,矿体沿走向和倾向连续性较好,属密西西比型层控矿床,其外围也具有良好的找矿前景,初步确定有 10 个矿区(点)。至 2010 年该公司在纳米比亚、博茨瓦那、阿尔及利亚等国取得矿权 64 个,涉及金、锑、铅锌、铜、钨、镍等国内紧缺矿产。

2008 年,内蒙古地矿集团公司所属蒙古国阿尔泰兴安有限责任公司优选 300 多个矿权,复核出 60 个优质矿权,并对其中 10 多个进行实地勘查。

2009—2012 年,内蒙古地矿集团公司所属内蒙古地质工程有限责任公司在柬埔寨王国柏威厦省罗文县开展铁矿普查工作。柬埔寨王国蕴藏着较丰富的矿产资源,已开采的矿产有宝石、金矿、银矿、锡矿、磷矿、石灰岩和花岗岩等,另外尚有部分重金属和煤炭等矿产未得到探明和开发,总体地质工作程度低,找矿潜力较大。该公司先后派出三批地质技术人员和管理人员赴柬进行实地勘查,并取得了第一手资料。

2. 测绘勘测项目

2007 年,根据商务部援外司对援库克公路改扩建项目要求和精神,自治区航遥测绘院受中交公路规划设计院委托,承担援库克群岛拉罗汤加公路改扩建项目的设计阶段基础控制测量、1∶2000 带状地形图测量、中桩放样、横断面测量等勘测任务。库克群岛位于南太平洋,项目区地理位置:西经 159°47′—159°49′,南纬 27°12′—21°14′。该项目运用比较先进的仪器及技术,在纵断面测量中使用新方法,该方法在以后的国际和国内项目中得到推广及使用。

2012 年 11 月,内蒙古地质工程公司在柬埔寨开展铁矿勘查工作。

2008 年,根据商务部援外司对援非洲尼日尔二桥项目要求和精神,自治区航遥测绘院受中交公路规划设计院委托,承担援尼日尔共和国尼日尔二桥项目设计阶段的基础控制测量 1∶2000 带状地形图测量、中桩放样、横断面测量等勘测任务。尼日尔共和国位于非洲中西部,国土面积 92.38 万平方千米,大部分地区属撒哈拉沙漠,是撒哈拉沙漠南缘内陆国,地势北高南低,尼日尔河在境内长约 550 千米。尼日尔河二桥项目是以带动当地经济发展,解决尼亚美市尼日尔河两岸过河交通拥挤问题为主要目的中国政府经援项目,该项目首次运用常规仪器进行水下测量,节约大量人力、物力、财力,产生较大社会经济效益。随后,自治区航遥测绘院相继承担了援非洲贝宁科托努立交桥及马里、安哥拉、马拉维、肯尼亚等相关测绘勘测项目。

3. 科研合作项目

2001 年 3 月,根据内蒙古是中国恐龙化石的主要产区之一,而内蒙古的恐龙化石又多集中在西部地区,特别是西部区具有较完整的白垩纪地层,且上、下白垩纪地层中均含恐龙化石,能比较全面地反映内蒙古白垩纪恐龙生物群的全貌,同时内蒙古西部地区的恐龙生物群特征与二连盆地的恐龙生物群特征有很大的不同,表现出特有的生物地理分区,具有十分明显的典型性、多样性和代表性。开展内蒙古西部地区恐龙化石研究的国际技术合作,不仅对研究恐龙生物群组合、恢复古地理环境意义重大,而且将为“积极保护,合理开发”这一丰富的地质遗迹资源提供科学的依据,还可以弥补当前科研经费短缺、技术力量相对不足及技术手段、设备相对落后等诸多不利因素。为此,自治区国土资源厅向国土资源部国际合作与科技司申报中美合作开展内蒙古西部地区的恐龙化石研究项目,由内蒙古自治区地质学会地层古生物研究中心(代表中方)与美国芝加哥大学生物系(代表美方)共同开展工作,项目起止时间 2001 年 4 月至 2004 年 4 月,历时三年。

2003—2005 年,由二连浩特市恐龙博物馆与日本福井恐龙博物馆共同协办,连续三年开展青少年恐龙夏令营活动。在每年 7 月,由日本福井县立恐龙博物馆组织当地爱好恐龙知识的青少年到二连地区进行含恐龙化石地层考察和恐龙化石发掘现场观摩,参与人员总数达到 150 人。为了更好地对广大群众特别是各国青少年、儿童进行科学普及，夏令营尝试一种“体验式科学普及”科普方式，不仅观摩浏览，还可亲眼观看考古挖掘过程，并普及恐龙知识。

2004—2009 年，受自治区国土资源厅委托，内蒙古龙昊地质古生物研究所与日本茨城县就恐龙研究进行交流。2004 年，内蒙古龙昊地质古生物研究所将 1 具恐龙化石——内蒙古龙骨架复制品送日本茨城县展览；2007 年，将二连巨盗龙部分骨骼化石部分标本（复制品）送日本茨城县首次展览；2008 年，茨城县博物馆负责人应邀来中国访问，参观内蒙古龙昊地质古生物研究所实验室；2009 年由茨城县博物馆、群马县博物馆和日本矿物协会负责人组织的考察组来内蒙古龙昊地质古生物研究所实验室、野外研究基地进行科学考察。

2007 年，瑞典国立电视台导演 HELEN RUNDGREN 带领摄制组应邀来二连浩特市拍摄恐龙化石发掘与研究全过程。节目在瑞典播出后，引起广大观众较大兴趣。

2009 年 3 月 16 日，经过 9 年的考查、发掘和科学研究，由中美科学工作者联合开展的内蒙古恐龙考察项目第一批重要成果向社会发布。在内蒙古阿拉善地区一个恐龙化石埋藏点，发现似鸟类恐龙骨骼化石 25 具，通过对 11 具幼年恐龙化石群的发掘和科学研究，揭示出该批恐龙生存环境、生活习性、生长和群体死亡的原因。据美方芝加哥大学生物解剖系恐龙专家保罗·塞林诺教授和中方自治区古生物专家谭林介绍，这批恐龙化石埋藏十分特殊，是距今约 9000 万年的晚白垩纪地层中，同一层位同一埋藏点发现如此之多的似鸟类恐龙化石实属世界罕见。通过发掘和研究认定的 11 具恐龙骨骼化石均为幼年个体，从恐龙化石脊椎骨推断年龄为 1 ~ 7 岁之间，最为珍贵的是幼年恐龙化石群身体均朝着一个方向排列，排除后期搬移的可能性，揭示了这些幼子恐龙群体死亡时，是在向同一个方向运动时陷入湖滨泥泽中，这种集体死亡在世界恐龙埋藏学上极为罕见，对于研究恐龙生活时期的古环境古地理具有重要意义。研究中还发现，其中 1 具恐龙化石体内保存着 260 粒胃石，是截至 2009 年世界上发现恐龙胃石最多的一例。胃石中还有少量的碳质物质，代表着恐龙最后的食物，证明似鸟龙是以植物为食的恐龙种类。这群幼年恐龙群的发现，为恐龙的演化提供了重要的证据，也为鸟类是恐龙的近亲提供了佐证。该成果于 2008 年 12 月发表在波兰古生物学报上。

2009 年 6 月 19—21 日，中科院古脊椎所王元青研究员带领俄罗斯、美国、英国等国的古生物专家在二连地区进行古生物化石考察。7 月，自治区国土资源厅组团参加在日本举办的《沙漠的奇迹·2009 恐龙展》，自治区代表团展出的世界第二大恐龙骨架——25 米长的兴和龙和二连巨盗龙，首次在展览会上与世人见面。

第二节　考察培训

一、出国考察

2000 年 8 月，自治区国土资源厅李广泰等一行赴美国就土地利用管理等方面进行考察。在华盛顿与美国专家就高科技园区建设规划进行研讨交流。

2004 年 2 月，自治区测绘事业局郭党师等 5 人，应法国 EAP 国际交流中心的邀请，赴法国进行国土资源开发利用和优化配置，以及先进科技应用等方面的考察。3 月 26 日，自治区国土资源厅厅长黄·阿拉腾别立格等 4 人，随中国科学器材进出口总公司、鄂尔多斯市人民政府和内蒙古伊泰煤炭股份有限公司的联合出国团组,赴澳大利亚、新西兰进行煤矿安全技术、资源开发及采矿设备引进等方面的考察。4月23日至5月14日,自治区有色地勘局刘建兵应澳大利亚波特地质咨询公司、艾芬豪蒙古矿业公司和印度尼西亚纽撒腾格拉纽蒙特P.T.矿业公司邀请,分别前往澳大利亚、印度尼西亚进行斑岩铜矿考察。4月30日,自治区国土资源厅李玉恒等6人,应法国EAP国际交流中心之邀,赴法国进行国土资源管理方面的考察;5月30日,自治区国土资源厅副厅长孔燕燕,随国土资源部的出国团组赴荷兰、德国进行国土资源管理考察;7月19日,自治区国土资源厅徐进才、马福贵随国土资源部出国团组赴德国进行土地整理与农村发展考察。10月19日,内蒙古自治区土地勘测规划院(以下简称自治区土地勘测规划院)高和平随国土资源部出国团组赴美国进行国土规划、环境评价等方面的考察。10月底,自治区国土资源厅张英、杨新国应蒙古国科热德公司邀请,随阿拉善盟阿左旗人民政府的出国团组赴蒙古国进行煤炭勘探以及洽谈其他贸易事宜。11月,内蒙古自治区有色地质勘查局(以下简称自治区有色地勘局)副局长顾振吉应邀随自治区调研室出国团组,赴美国、加拿大进行行政管理等方面的考察。11月底,自治区国土资源厅王宗起等13人应澳大利亚昆士兰州政府发展中心和新西兰中国国际商会的赴澳大利亚、新西兰进行国土资源管理综合开发和保护等方面的学习与考察。同年,自治区测绘事业局组织局属有关单位专家出访日本,进行测绘地理信息业务和专业技术设备的学习考察。

2006年5月,应南非共和国西开普省贸易发展署的邀请,以自治区国土资源厅厅长白盾为团长、自治区地勘局局长杨永宽为副团长一行7人,对南非进行国土资源综合考察。考察期间,对南非西开普省贸易发展署的所属部门进行了访问,双方就国土资源管理和勘查开发合作等方面进行了座谈与交流,其中包括民主刚果金沙萨金刚石矿勘探与开采的股份性质合作的探讨。考察团在约翰内斯堡参观了废弃矿山、早期的金矿采选设备、钻石加工企业,考察了南非的生态环境、耕地保护等情况。

2009年12月,应澳大利亚新南威尔士州基础产业部邀请,以自治区政协副主席包俊臣为团长,包括自治区国土资源厅副厅长赵保胜、自治区地勘局赵士宝等6人组成的矿产资源考察团,对澳大利亚新南威尔士州进行矿产资源考察。考察期间,澳方有关方面负责人及专家向中方介绍了澳大利亚新南威尔士州的地质构造背景和煤、有色金属、贵金属及石油、天然气等资源分布规律,以及资源产业政策等。

二、来访

2004年5月8日至7月8日,自治区有色地勘局所属华域地质矿产勘查有限责任公司与英国力拓矿业勘探有限公司合作在自治区境内开展联合地质勘查,并根据双方协议,邀请该公司DavidRichardHopper等4名外籍专家前往二连浩特市、苏尼特左旗、东乌珠穆沁旗、阿尔山市、乌兰浩特市进行野外地质考察。

2004年5月至2005年5月,自治区地勘局与加拿大艾芬豪矿业公司合作在自治区境内联合进行地质勘查,加拿大艾芬豪矿业公司职员Forbes和Hou ZhiHui多次来华进行野外考察。

2007年夏,中美可持续发展项目美方专家10人,来呼和浩特市探望到美国参加培训的内蒙古学员,并考察这些学员在工作中如何学以致用,探讨如何改进教学手段,进一步提高教学效能,使学员在工作中能更好地将可持续发展理念应用到具体工作实践中。期间,中美双方专家一起到和林格尔县小流域治理区进行参观,美方专家肯定了当地因地制宜治理小流域区域的做法,并将其收录在教学案例中。

2008 年 4 月 17—19 日，澳大利亚前总理、英国理真商业集团董事局名誉主席鲍勃·霍克一行就合作勘查开发内蒙古矿产资源进行商务访问。18 日下午，自治区主席巴特尔会见霍克一行，并就资源开发、优势互补、合作共赢等事宜进行会谈。自治区副主席赵双连、自治区国土资源厅厅长白盾参加会谈。

2009 年 7 月 30 日，由联合国教科文助理总干事爱德伦、联合国教科文组织驻华代表辛格及其夫人沃尔特和中国地质科学院副院长董树文、中国地质大学教授田明中组成的专家组一行考察克什克腾世界地质公园。这是埃德伦博士第一次考察中国地质公园，作为联合国教科文组织高级官员和世界地质公园最高级别组织者和管理者，他对克什克腾世界地质公园规划与建设给予充分肯定。

2009 年 10 月 22 日，加拿大多伦多大学 StevenScott（高棣文）教授和劳伦森大学矿产勘探开发研究中心 HaroldGibson 教授，应邀到内蒙古自治区地质调查院（以下简称自治区地质调查院）进行火山作用与矿床成因 VolcanismandOreGenesis 讲座。高棣文（StevenScott）教授和 HaroldGibson 教授参观自治区部分矿物标本，并就成矿作用等相关地质问题与自治区地质调查院技术人员进行探讨。

三、出国培训

2002 年 10 月 18 日至 11 月 3 日，中国土地勘查规划院组织各省、自治区有关土地管理方面的人员赴澳大利亚参加学习“3S”技术运用培训班。参加培训的自治区方面人员向澳方介绍了自治区开展“土地利用调查与监测”和“土地利用变更调查”等课题研究动态，展示自治区的科研水平，加强双方的沟通与了解。

2009 年 9 月 1—21 日，由中国土地矿产法律事务中心组织的“土地融资与防范金融风险培训团”一行 27 人，赴美进行了为期 21 天的业务培训。自治区土地勘测规划院派两名专家参加。培训由加州州立大学圣伯纳蒂诺校区教授进行专题授课，内容涉及美国不动产抵押制度、美国不动产保险制度、美国不动产登记制度、美国金融衍生品市场以及美国政府金融风险防范措施等。培训期间，学员们还考察了美国抵押银行协会、美国抵押权电子登记公司、核桃市政府及社区、Iawyerstetleinsurancecorporation、cathybank 等单位和机构。进行土地融资与防范金融风险培训，是土地参与宏观调控和次贷危机导致金融危机爆发后应运而生的一个课题，其对于深化土地宏观调控理论研究和推进土地调控政策体系框架建设均具有较强的指导和借鉴意义。

第三章 信息化建设与服务

在2000年之前,自治区原地矿和测绘等部门主要开展了矿产资源储量、基础地质、基础测绘等相关数据库建设及“3S”应用等工作,购置了计算机、GPS接收机、全站仪、全数字摄影测量系统、图形扫描仪、喷墨绘图仪等适应信息化发展和数字化生产必需的设备和各类应用软件,形成一定的数字化生产能力,为全区国土资源信息化奠定了一定基础。

2001年2月,为加强全区国土资源信息化工作的领导,自治区国土资源厅成立由厅长任组长、厅各处室及直属事业单位主要负责人为成员的自治区国土资源信息化工作领导小组,统一负责全区国土资源信息化的组织领导与指导工作。2002年2月,内蒙古自治区国土资源信息院(以下简称自治区国土资源信息院)成立,进一步强化全区国土资源信息化建设与服务工作,并通过“十五”“十一五”“十二五”各时期工作,全区国土资源信息化取得长足进展。

第一节 信息化规划

一、“十五”规划

2000年5月,根据国务院办公厅《关于进一步推进全国政府系统办公自动化建设和应用工作的通知》和《全国政府系统信息化2001年—2005年发展规划纲要》要求,自治区国土资源厅提出了《内蒙古自治区“十五”国土资源信息化规划意见》,后根据国土资源部《国土资源信息化“十五”规划和2010年远景目标(纲要)》精神,由自治区国土资源信息院于2002年4月修编完成《内蒙古自治区国土资源信息化建设“十五”规划》。

规划主要目标任务为:利用现代化信息技术,建立全区国土资源信息化体系基本框架,初步实现自治区国土资源工作主流程的信息化,使我区国土资源信息化建设基本适应自治区国土资源管理和事业发展的需要。

在“十五”规划期,全区国土资源信息化主要是在原有工作基础上,积极推动国家相关信息化规范及标准的实施,重点开展了全区国土资源相关专业数据库建设。主要完成了全区矿业权数据库、矿产资源规划数据库、矿产资源储量空间数据库等建库,对已建全区矿产资源储量数据库和1∶50万地质图、1∶20万区域地质图、1∶20万水文地质图、重点地区1∶5万地质图、重点城市1∶5万水文地质图等地质基础数据库进行维护更新,并开展了地质资料目录数据库和馆藏地质资料图文数字化建设。在全区十几个旗县(市、区)进行了城镇地籍数据库建设试点,开展了城乡接合部乡级土地利用总体规划数据库建库和近30个旗县(市、区)1∶1万土地利用现状数据库建库,完成全区1∶25万全要素地形数据库和1∶5万地名数据库建库,启动了自治区经济发达地区1∶1万地形数据库和全区卫星影像数据库建设。另外,在自治区国土资源厅机关初步搭建物理隔离的内、外局域网环境,启动了全区矿业权管理系统应用,并利用互联网初步建立国土资源厅门户网站,部分实现全区国土资源信息的对外统一发布。

二、“十一五”规划

2006 年 1 月，根据国土资源部信息化工作办公室《关于加快编制省级国土资源信息化“十一五”专项规划的通知》要求，自治区国土资源厅责成自治区国土资源信息院编制完成《内蒙古自治区国土资源信息化“十一五”规划(2006—2010 年)》，并上报国土资源部信息化工作办公室备案。

《内蒙古自治区国土资源信息化“十一五”规划(2006—2010 年)》确定的工作目标任务为：一是基本建立自治区、盟市和部分旗县国土资源政务管理计算机网络系统，初步实现政务管理业务的网上审批，较大幅度提高行政管理效能；二是初步建立自治区、盟市两级国土资源数据中心，基本形成国家、自治区、盟市三级国土资源信息交换体系，实现政务信息和基础数据的远程交换与共享；三是信息资源开发利用程度基本满足社会各界对国土资源信息成果的需求，各盟市和有条件的旗县(市、区)国土资源管理部门建立对外门户网站，实现国土资源政务信息网上公开；四是基础信息积累和基础数据库建设与更新，能够满足国土资源管理和经济社会发展的需要。重点任务是组织实施金土工程建设。

在“十一五”规划期，主要完成了全区金土工程一期建设任务。包括在自治区国土资源厅新建办公大楼搭建物理隔离的国土资源内、外网络环境，实现了与国土资源部、全区 12 个盟市和 2 个计划单列市及 101 个旗县区国土资源局、10 个试点国土资源所的主干业务网和视频会议系统贯通；初步建立自治区国土资源厅本级包括建设用地审批和矿政管理等方面 70 多个业务网上审批(审核)系统，并正式建立自治区国土资源厅和全区 12 个盟市、两个计划单列市及近 60 个旗县(区)国土资源局的独立门户网站，初步形成一个以门户网站为主体的国土资源信息社会服务体系。另外，依托“第二次全国土地调查”“全国矿产资源潜力评价”“全国矿产资源利用现状调查”“全国矿业权实地核查”等国家项目实施，重点开展了包括全区农村(牧区)土地利用现状、城镇地籍、矿产资源利用现状调查、矿业权实地核查、矿产资源潜力评价等基础数据库建设；同时，还开展了其他 30 个矿政管理基础数据库建设与维护，继续进行了全区馆藏地质资料图文数字化，并对已建设的基础地质和基础地理等数据库进行了更新维护，为全区国土资源工作提供了基础数据保障。

三、“十二五”规划

2011 年，自治区国土资源厅组织编制了《内蒙古自治区国土资源信息化“十二五”规划(初稿)》。之后，根据国土资源部《国土资源信息化“十二五”规划》和 2012 年 2 月在南宁召开的“全国国土资源信息化工作会议”精神，责成自治区国土资源信息院重新进行修编，并于 2012 年 7 月 17 日以厅文件正式印发。

修编后的规划主要目标任务为：加快全区国土资源数据中心建设，实现全区土地、地质矿产基础数据库和一批基础地理、遥感影像数据库的集中存储和管理；进一步梳理和完善全区国土资源业务审批(审核)流程及功能，并加快向盟市、旗县的延伸；以实际应用为重点，加快全区国土资源“一张图”和综合监管与辅助决策系统建设，实现全区国土资源综合信息统一监管与辅助决策服务；建立全区地质灾害预警预报及应急系统，为地质灾害监测、预警和地质灾害事件应急响应和处置提供服务；建立全区矿业权和土地网上交易及监管平台，为规范全区矿业权和土地交易行为并推进相关市场体系建设提供支撑；加强全区涵盖自治区、盟市、旗县三级国土资源系统的统一门户网站群建设，全面提高全区国土资源政务公开与社会化服务水平；建立和完善全区国土资源信息网络安全体系。规划的主要任务就是组织实施金土工程二期建设,并进行地质灾害预警与应急系统和矿业权与土地网上交易系统的建设。

通过“十二五”规划的实施,如期完成全区金土工程二期建设。主要建立了自治区和盟市两级国土资源数据中心;升级改造了全区国土资源厅电子政务系统;全面建立全区国土资源网站群;初步建立全区国土资源“一张图”和综合监管与辅助决策系统;建立和完善了网络安全等级保护体系。同时,还完成全区地质灾害预警预报及应急会商系统和全区矿业权和土地网上交易及监管平台建设,并开展了各类基础数据库的建设与维护等工作。至此,全区国土资源信息化建设上一新台阶,并基本满足和适应全区国土资源管理工作需要。

第二节 数据库建设

一、基础地理信息数据库建设

2001 年 7 月,由自治区测绘事业局承担构建“数字内蒙古”地理空间基础框架中《内蒙古自治区基础地理信息数据库》建设任务,主要内容包括建立全区 1:25 万全要素地形数据库、1:5 万地名数据库、经济发达地区 1:1 万地形数据库和全区卫星影像数据库等。至 2003 年初步完成基础数据采集入库,后经数据整合,于 2008 年 12 月建立数据库管理系统,并通过自治区国土资源厅验收。

《内蒙古自治区基础地理信息数据库》包括六大类数据库,即:数字线划地形图(DLG)数据库(含 1:100 万、1:25 万、1:5 万、1:1 万矢量地形图数据)、数字高程模型(DEM)数据库(含 1:25 万、1:5 万、1:1 万数字高程模型数据)、影像数据库(含 TM、Spot、Ikonos、Quickbird 以及 1:1 万比例尺 1.0 米分辨率卫星和航空影像数据)、数字栅格地形图(DRG)数据库(为 1:5 万数字栅格地形图数据)、专题数据库(含全区车载 GPS 交通干线数据和全区土地覆盖栅格数据)、大地数据库(含全区三角点、水准点、GPG 点等大地控制点数据)。其在全区国土、能源、交通、水利、民政、人口、公安边防、资源开发利用、生态环境治理、草原沙漠化治理、防灾减灾、现代信息等方面,均发挥着重要基础性作用。

2010 年,由自治区测绘事业局承担完成全区现代测绘基准数据库建设,包括覆盖全区的 GPS B 级网、国家一二等水准网、精密似大地水准面模型与全球卫星导航连续运行参考站系统,构建了权威、唯一、统一、高精度的内蒙古三维现代测绘基准,为“数字内蒙古”基础地理空间框架建设提供了测绘基准数据库保证。

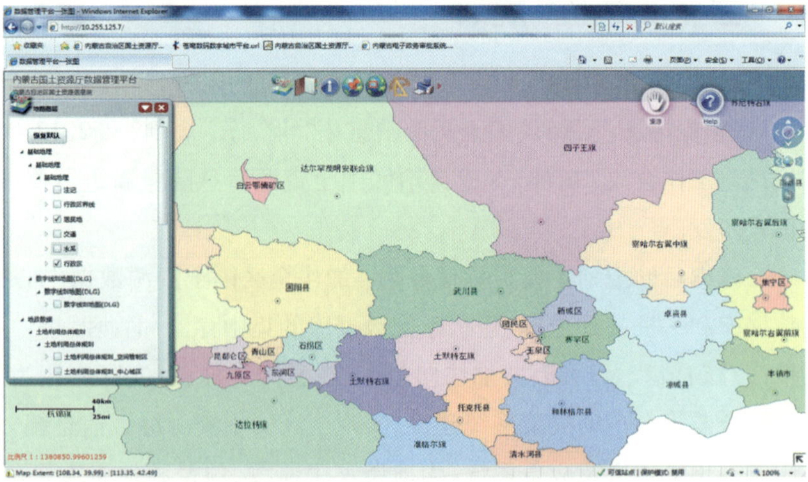

行政区数据库的局部数据显示截图

二、土地基础数据库建设

2003 年，自治区国土资源厅委托自治区土地勘测规划院制定了《内蒙古自治区旗（县）级土地利用数据库建设成果检查验收办法（试行）》，并于 5 月 27 日以厅正式文件下发实施。

2007 年 1 月，自治区国土资源信息院承担由国土资源部信息中心负责的全国金土工程项目中“内蒙古自治区数据库整合建库”任务，并签订合同。按照合同任务要求，主要是对全区 1∶100 万比例尺土地利用现状、土地利用规划、土地开发整理规划、基本农用地分等定级等已数字化数据进行整合建库。同年 9 月，自治区国土资源信息院按时完成合同规定工作任务，及时提交成果，并通过部信息中心组织的检查验收。

2009—2012 年，主要依托国家开展“第二次全国土地调查”项目，由自治区土地勘测规划院承担完成了全区农村 1∶1 万、牧区 1∶5 万数字正射影像数据库和农村 1∶1 万、牧区 1∶5 万土地利用现状数据库建设，并建立主要城市建成区 1∶1000 和 1∶2000 数字正射影像数据库和地籍数据库及其管理信息系统，同时在完成全区土地数据存储的软硬件环境搭建，建立了全区土地数据中心。

2012 年 3 月，根据国土资源部对土地利用总体规划修编工作总体部署和要求，由自治区土地勘测规划院承担完成全区土地利用总体规划数据库建设，并通过部检查验收。该项工作包括建立自治区级和 12 个盟（市）、101 个旗县（市、区）、680 个乡（镇、苏木）土地利用总体规划数据库，形成了全区、盟市、旗县、乡镇四级土地利用规划基础数据库成果，为实现全区土地规划管理信息化和建立综合监管平台奠定了数据基础。

土地利用现状数据库的局部数据显示截图

三、矿政基础数据库建设

1987—1994 年，按照地质矿产部地质矿产信息研究院的统一安排，由原内蒙古自治区地质矿产局承担完成全区三大类金属矿产、固体能源矿产、非金属矿产资源储量关系型属性数据库建库，并进行了数据库的维护更新与应用。从 1998 开始，中国地质调查局实施地质大调查项目，安排开展了全国基础地质数据库建设工作，自治区地勘局和自治区地质调查院先后承担有关任务，并按时完成全区 1∶50万地质图、1∶20 万区域地质矿产图、重点地区 1∶5 万地质矿产图、1∶20 万水文地质图、重点城市 1∶5万水文地质图、1∶20 万化探、1∶50 万区域重力、自然重砂、同位素年龄等基础数据库建设。同时，按照国土资源部有关要求，自治区国土资源厅还安排自治区国土资源信息院开展了全区地质资料目录数据库建库和馆藏地质资料图文数字化等工作。

2002 年 3 月至 2003 年 9 月，由自治区国土资源信息院承担完成国土资源部《内蒙古自治区矿产资源储量空间数据库建设》全国试点项目,并顺利通过国土资源部组织的专家评审验收。该项目建设数据库包含了全区所有查明矿产地的矿产资源储量空间分布范围及其属性数据,可用于全区矿产资源勘查与开发利用规划、矿业权设置、建设用地压覆矿评估等管理方面,并发挥重要作用。国土资源部信息中心依托该项目完成的《矿产资源储量空间数据库建设》成果,于2007年获国土资源部科技技术二等奖,并获中国信息协会2012年中国信息化(国土资源领域)成果评选二等奖。

2003年3月,由自治区国土资源信息院承担完成国土资源部下达的《内蒙古自治区矿产资源总体规划数据库》建设项目,于3月19日通过自治区国土资源厅组织的专家评审并上报国土资源部。

2009年11月,为了加快全区矿政基础数据库建设,切实为矿政管理提供全面基础信息和数据保障,自治区国土资源厅成立由分管副厅长赵保胜任组长的全区矿政管理基础数据库建设领导小组,印发了《内蒙古自治区矿产资源矿政管理基础数据库与应用系统建设规划方案》。其确定主要目标任务为:通过全区矿产资源潜力评价、矿产资源储量利用现状调查和矿业权实地核查项目的实施,及时完成相关成果数据库及其应用系统建设,为全区矿政管理工作提供相关全面、准确基础信息;进一步完善和建立自治区、盟市和旗县三级矿产资源规划数据库和全区地质勘查规划数据库,为全区矿政管理工作提供相关规划信息支持;进一步完善全区矿产资源储量登记统计数据库和储量空间数据库,并建立有关储量评审备案、资源补偿费征收等各类基础数据库,为全区矿产资源储量管理与服务等工作提供基础数据支撑;建立全区地质资料管理的各类基础数据库,并建立地质资料电子阅览室及信息服务网站,为全区矿政和地质资料管理及社会化服务提供基础数据支撑;进一步补充和完善全区矿业权管理数据库,建立矿业权档案、矿业权价款、矿业权年检、矿业权设置方案、矿业权交易等基础数据库,为全区矿业权相关管理工作提供技术支撑和决策支持;建立全区地质工作项目管理、基础地质工作程度、勘查成果统计、油气矿权信息等数据库,为全区地质勘查相关管理工作提供基础数据支撑;建立全区矿山地质环境保护与治理、地质环境项目管理、地质灾害防治、地质遗迹及地质公园、地下水监测、地热和矿泉水等基础数据库,为全区地质环境相关管理工作提供基础支撑。同时,建立健全各类相关管理制度和基础信息数据的更新维护机制,以保证各类信息数据基本能适应和满足全区矿政管理和社会化信息服务的需要。《规划》主要项目包括矿产资源规划、矿业权、地质工作项目、资源储量、地质资料、地质环境、执法监察等管理工作方面的33个基础数据库建设,其中矿产资源利用现状调查、矿业权实地核查、矿产资源潜力评价3大数据库建设主要依托"全国矿产资源潜力评价""全国矿产资源利用现状调查"和"全国矿业权实地核查"国家安排实施项目开展,其他30个数据库建设项目经费总预算2512.72万元。按照职能任务分工,各项目分别由自治区国土资源信息院、自治区地质调查院、内蒙古自治区地质环境监测院(以下简称自治区地质环境监测院)、内蒙古自治区地质勘查基金管理中心(以下简称自治区地质勘查基金中心)、内蒙古自治区国土资源执法总队(以下简称自治区国土资源执法总队)和内蒙古自治区土地储备登记中心(以下简称自治区土地储备登记中心)等6个国土资源厅属事业单位承担。其中,矿产资源利用现状调查、矿业权实地核查、地质勘查规划、地质勘查成果统计、矿产资源储量登记统计、矿产资源储量空间、矿产资源储量评审备案、矿业权管理、矿业权档案管理、矿业权价款管理、矿业权年检、矿业权设置方案、油气矿业权统计、矿产资源补偿费征收、地质资料图文数字化、涉密地质资料、地质资料汇交、国土资源行政复议等18个数据库由自治区国土资源信息院负责建设与维护;矿产资源潜力评价、国家出资地质工作项目、基础地质工作程度、矿产资源规划、矿产地等5个数据库由自治区地质调查院负责建设与维护;矿山地质环境保护与治理规划、矿山

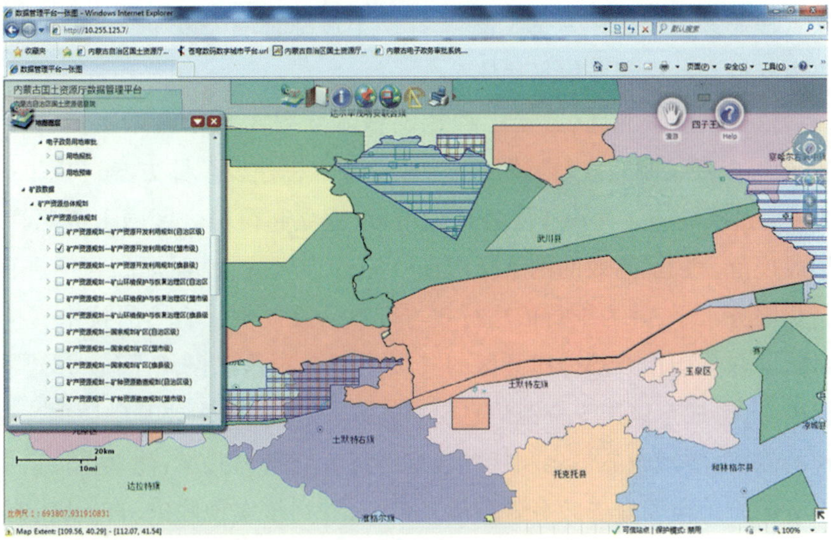

矿产资源规划数据库的局部数据显示截图

地质环境动态监测、地质环境项目管理、地质灾害防治规划、地质遗迹及地质公园、地下水监测、浅层地热能和地热与矿泉水等7个数据库由自治区地质环境监测院负责建设与维护；地质勘查基金项目管理数据库由自治区地质勘查基金中心负责建设与维护；国土资源执法监察数据库由自治区国土资源执法监察总队负责建设与维护；矿业权交易数据库由自治区土地储备登记中心负责建设与维护。2010年4月，各项目承担单位提出项目工作方案及设计，经自治区国土资源厅组织专家评审后实施。至2012年底，各单位基本完成各项目工作任务。2013年10月，自治区国土资源厅组织有关处室负责人、有关方面专家组成专家组，分别对各单位承担完成的数据库成果进行评审，均顺利通过审查验收，并及时提供矿政管理各方面利用。

四、其他数据库建设

2008年，按照中组部、自治区直属机关工委、党委组织部关于党员信息库建设工作实施方案的要求，在自治区国土资源厅机关党委建立厅机关和直属事业单位党员信息数据库。2011年，按照中组部要求，统一使用中组部研发的《中国共产党基本信息管理系统2005》软件，至此自治区国土资源厅全面实现对厅机关和直属事业单位党员队伍信息的数据库动态管理。

2011年，为了规范全区国土资源行业财务管理，自治区国土资源厅财务处委托用友集团软件公司开发了网络版“内蒙古自治区国土资源行业各类法人单位财务管理信息系统”，并要求全区国土资源系统内各单位，对2000年以来各级财政下达的已竣工项目全部进行清理，登记和录入财务管理数据库。承担自治区地勘项目的各地勘单位，都要按照自治区财政厅下达的资金指标和决算批复文件，逐一进行核对，做到所有项目的资金管理不重、不漏，并保证项目财务资料和数据的准确和完整。2012年1月，全区国土资源系统内各单位按要求完成网通专用线路租用和财务管理系统的部署；至2月28日，各单位完成财务数据库数据的初始化录入；于6月30日全面完成已竣工项目财务数据梳理和建库，并正式投入使用，同时实现全区国土资源系统财务账目的信息化管理。

第三节　金土工程

金土工程是国土资源部组织实施的面向保护资源、维护权益、支持发展、服务社会的国土资源信息化建设工程。2005年12月，国土资源部制定《金土工程建设总体方案》，明确总体框架是：以国土资源各类数据库为基础，以国土资源信息网络为纽带，以标准、制度和安全体系为保障，以国土资源各项管理业务流程优化为主线,以支撑国土资源管理决策为核心,形成互联互通、贯穿上下的政务管理、决策支持和社会服务信息化体系。

依据国土资源部《金土工程建设总体方案》,自治区国土资源厅责成自治区国土资源信息院于2006年3月编制完成《内蒙古自治区金土工程建设总体方案》(以下简称《总体方案》),明确总体目标为:通过实施自治区金土工程建设项目,建立起覆盖全区国土资源管理主要业务的政务信息化体系,形成规范、科学、高效的网络化国土资源管理模式,全面提高和促进自治区国土资源管理科学化与社会化服务水平,并为推行依法行政与行政为民提供强有力的技术支撑和信息保障。到2010年:建立自治区和各盟市及部分旗县区的三级国土资源信息网络系统,并建立自治区和盟市两级国土资源数据中心,形成全区国土资源信息交换体系,国土资源主要基础数据库建设与更新基本满足各级部门管理的需要,实现政务信息和基础数据的远程交换与共享;建立自治区和各盟市及部分旗县区的三级国土资源管理主要业务政务管理信息系统,并初步实现国家、自治区、盟市、部分旗县区四级政务管理业务的网上审批,形成对土地、矿产等资源开发利用的监管系统,大幅度提高政府管理的行政效能;形成一个统一以门户网站为形式的全区国土资源信息服务体系,实现自治区、盟市、部分旗县区三级国土资源政务信息网上公开与社会化服务。

《总体方案》确定的主要工作任务:一是完成自治区和各盟市及旗县区三级国土资源管理网络体系建设,为实现全区国土资源信息化管理与服务提供基础设施支撑;二是完成自治区和各盟市及两个计划单列市两级国土资源管理数据中心建设,建立国土资源各类信息数据的维护与更新机制,为实现全区国土资源信息远程交换与共享提供基础数据支撑;三是开展自治区、各盟市和部分旗县区的三级国土资源管理主要业务电子政务信息系统建设,推进国家、自治区、盟市及部分旗县区四级政务管理业务的网上审批,为全区土地、矿产资源的有效管理提供技术支撑和决策支持;四是开展全区统一、涵盖各盟市及部分旗县区的国土资源综合信息的门户网站及信息服务系统建设,积极推进全区国土资源政务信息网上公开,为社会及公众提供便捷的网上服务;五是建立自治区国土资源厅与各盟市国土资源管理部门相连接的视频会议系统,为及时部署和指导全区国土资源管理工作、开展有关培训等提供支持;六是建立由信息安全管理规章制度、应用安全、数据安全、网络安全等组成的全区国土资源信息安全保障体系,确保全区各级国土资源信息和系统建设、运行的规范与安全。

一、金土工程一期建设

按照国土资源部《关于开展金土工程一期建设的通知》要求和《内蒙古自治区金土工程建设总体方案》,自治区国土资源信息院于2006年12月编制完成《内蒙古自治区金土工程一期建设方案》,并报部信息化办公室通过专家审查。

2007年至2008年1月,自治区国土资源厅办公室组织开展了金土工程一期的网络与视频会议系统建设政府采购及招标等一系列工作。期间,自治区国土资源厅厅长白盾多次听取工作汇报,并在全区国土资源工作会议上强调,各级国土资源局一把手要高度重视金土工程,要做到亲自研究、亲自部署、亲自过问。

2008年3月,为全面推进全区国土资源信息化工作和组织实施金土工程,经厅长办公会议研究,于18日下发《关于成立自治区国土资源厅金土工程实施办公室的通知》明确,自治区国土资源厅金土工程实施办公室(以下简称金土办),设在自治区国土资源厅办公室,同时履行自治区国土资源厅信息化工作领导小组办事机构职责，在自治区国土资源厅信息化工作领导小组领导下，负责对全区国土资源信息化工作和全区金土工程的组织与实施。

2008 年 7 月，自治区国土资源厅本级网络系统及视频会议系统建设基本完成。于 7 月 28 日由金土办邀请国土资源部信息中心有关专家，对自治区国土资源厅本级和试点城市包头市国土资源局金土工程一期第一阶段主要工作任务进行了审查验收。

2009 年 1—4 月，全区各旗县区所配备金土工程设备陆续到位，由金土办组织各有关方面人员在自治区国土资源厅中心机房完成设备调试，同时对全区各盟市、旗县国土资源局相关人员进行了视频技术培训。至 5 月 18 日，全区国土资源主干业务网络系统正式搭建完成并开始试运行，同时要求自治区国土资源厅各类会议通知等文件，均利用主干网通过腾讯通向各盟市国土资源局下发，不再另发纸质文件。

2009 年 12 月，由金土办邀请国土资源部信息中心、自治区人民政府信息化工作办公室（以下简称自治区政府信息化办公室）、自治区财政厅、自治区政府采购中心等方面的专家组成验收组，对全区金土工程一期建设的主要成果进行了评审验收。之后，金土办委托东软集团股份有限公司（以下简称东软集团公司）对自治区国土资源厅本级电子政务系统继续开展研发和完善工作。

自治区国土资源厅中心机房

全区金土工程一期建设从 2008 年正式实施到 2011 年 4 月，历时三年多，投入资金约 5000 余万元。主要建立了覆盖全区 12 个盟市、2 个计划单列市、99 个旗县区和 10 个国土所的国土资源主干业务网络系统和视频会议系统，部署下联路由器 12 台、上联路由器 123 台、主交换机 123 台、楼层交换机 220 台、服务器 134 台、MCU12 个、视频终端 96 个，各类设备共计 2000 余台套，在厅、盟市和旗县三级国土资源管理部门建立了内外网物理隔离的局域网，并接入内网电脑近 2000 台，同时将 96 个会议点接入全国国土资源视频会议平台，为网上办公、网上报件、网上业务交流及召开全区国土资源系统各类视频会议等奠定了基础。另外，委托东软集团公司开发了国土资源厅本级的电子政务审批系统，主要包括建设用地审批、建设用地预审、矿业权审批等方面近 70 项部分业务审批功能，初步建立自治区国土资源厅网上审批（审核）工作模式，同时正式建立自治区国土资源厅门户网站，并增加了网站社会公众服务内容。

二、金土工程二期建设

2011 年 4 月，根据全区国土资源信息化建设情况，自治区国土资源厅印发《关于调整自治区国土资源厅信息化建设工作领导小组及其办事机构组成和职责的通知》。6 月 16 日，自治区国土资源厅副厅长陈伟主持召开专题工作会议，决定撤销金土办，其职能并入自治区国土资源厅信息化工作领导小组办公室（简称信息办，设在厅办公室），同时明确信息办组成人员、信息办和自治区国土资源信息院的职责分工、有关工作纪律及加快推进信息化工作的要求。6 月 21 日，自治区国土资源厅印发《研究进一步加强信息化工作有关事宜》专题会议纪要。此后,由自治区国土资源信息院根据厅专题会议精神及要求,及时开展了全区国土资源信息化“十二五”规划和金土工程二期建设方案的编制工作,并对原金土办委托东软集团公司开发但未签订正式合同的部分功能电子政务系统软件进行了全面梳理。

2011 年 11 月,自治区国土资源信息院聘请国土资源部信息中心有关专家,对东软集团公司开发完成的包含 59 项完整业务流程和 10 余项部分流程的“内蒙古自治区国土资源厅电子政务系统”软件进行了全面评估,并提出了专家评估意见,同时明确了金土工程二期建设主要内容。

2012 年 3 月,自治区国土资源信息院向自治区国土资源厅上报《关于贯彻落实全国国土资源信息化工作会议精神及下一步工作建议的报告》,提出金土工程二期项目实施建议。后经自治区国土资源厅信息化工作领导小组研究,由自治区国土资源信息院组织编制了包括国土资源数据中心、电子政务系统升级改造、“一张图”核心数据库、综合监管与辅助决策系统、综合门户网站群、网络系统等级保护等六个重点建设项目实施方案,并于 9 月底聘请国土资源部信息中心、部分省市国土资源信息中心及自治区相关部门的 9 位专家,对各项目实施方案进行了技术论证。12 月中旬,经自治区国土资源厅财务处组织专家经济审查,6 个项目最终核定总资金预算 2685 万元。

2013 年 1—6 月,由自治区国土资源信息院根据自治区国土资源厅对金土工程二期实施项目经费预算的最终批复,开展了各项目招标方案编制及履行公开招标申报等工作。6 月底至 7 月初,自治区国土资源信息院配合自治区政府采购中心分 4 次完成 10 个包的公开招标,并按程序与各中标公司签订合同。2013 年 9 月,为了全面推进无纸化办公,自治区国土资源厅又决定在金土工程二期实施项目中增加办公自动化系统建设内容(含移动办公内容)。至此,全区金土工程二期重点项目全面实施,到 2014 年 10 月底,各项目基本完成预期工作任务。

2015 年 6 月,根据金土工程二期建设各项目完成及系统试运行情况,自治区国土资源厅组织有关方面专家和厅各处室进行预验收。之后,于 2015 年 11 月正式邀请自治区信息化工作办公室、自治区政府办公厅、自治区发展和改革委员会、自治区财政厅、有关院校等 9 位专家组成验收组,对各项目最终成果进行了审查验收。

电子政务系统中建设项目用地预审模块部分功能截图

金土工程二期建设，从2013年7月实施到2015年11月全面完成，历时两年半，实际投入资金近3000万元，取得显著成效。一是进一步完善了全区国土资源数据存储及系统运行软硬件环境，配置高性能ORALCE一体机，建立自治区和盟市两级国土资源数据中心，为全区各级国土资源管理部门实施网上办公、数据传送、信息共享及数据集中管理提供保障；二是完成国土资源厅电子政务系统升级改造，建立自治区级国土资源业务“带图”辅助审批系统，并按简化审批流程要求将原89项业务流程合并为34项，大幅压缩了审批时限，提高了行政效能；三是建立贯通国土资源厅与全区各级国土资源管理部门和直属事业单位的办公自动化系统和移动办公系统，规范了系统内公文流转，并实现了无纸化办公，大大提高工作效率和时效性；四是建立全区国土资源网站群（包含厅和12个盟市、2个计划单列市及101个旗县区国土资源管理部门网站），全面建立和完善了全区各级国土资源门户网站和信息公开与社会服务体系；五是基本建立全区国土资源“一张图”核心数据库，整合入库全区基础地理、土地规划、土地利用现状、矿产资源规划、矿业权、矿产资源储量、基础地质调查等方面的37类500多个图层的数据，数据量近40TB，初步实现全区各类国土资源信息的查询统计及图形展示；六是初步建立全区国土资源综合监管及辅助决策系统，涉及地政监管、矿政监管等四大模块62项内容，为领导及相关管理工作提供了有关信息查询、比对及预警监测等辅助决策信息；七是强化了全区网络信息安全建设，并取得自治区网络安全管理部门颁发的系统等级保护三级测评证书，建立了自治区国土资源厅网络信息安全保障体系，有效保障了网络信息安全。

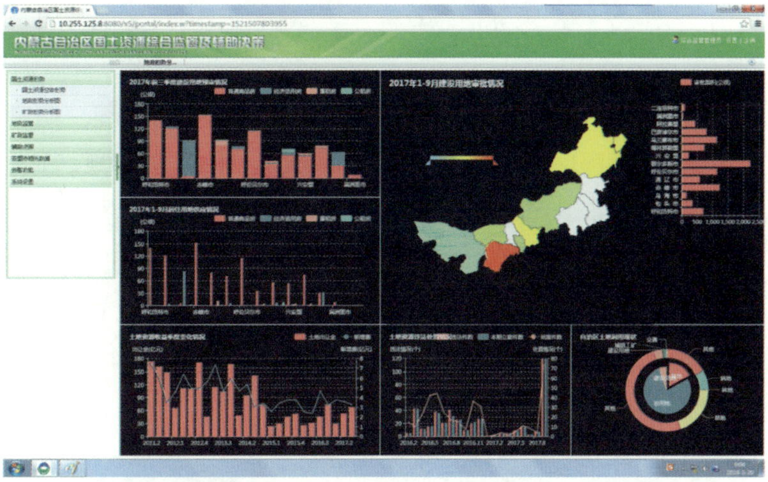

综合监管与辅助决策系统中统计模块的部分功能截图

第四节 信息化服务

从“十五”到“十二五”各时期，为积极推进全区国土资源信息化公共服务，不断提高服务质量和水平，自治区国土资源厅逐步建立和形成了以门户网站为主体，以政务大厅信息查询系统、地质资料借阅电子阅览系统、地理信息公共服务平台和地质资料共享平台等为辅的全区国土资源信息化社会公众服务与信息公开体系。

一、门户网站公共服务

2002年11月，自治区国土资源厅首次在互联网上申请外网域名及空间，初步设计了网站主页并进行信息发布。主页栏目设置有国土资源厅简介、职能机构、法律法规、政务结果查询、电子信箱、最新通知、办事指南、资源概况、标准、国土资源数据、网上服务、在线调查、期刊发布、专题报道、国土资源新闻、国土资源动态、精神文明建设、公示公告、热门话题等19个栏目，同时提供了全区成果地质资料目录数据库、对外贸易经济合作与WTO法典、法律法规全书、矿产资源总体规划、执法电子图书库和国土资源法律法规等信息查询。于2003年3月,实现与国土资源部网站和内蒙古自治区人民政府门户网站的链接。

2009年—2012年,自治区国土资源厅利用金土工程一期建设对门户网站进行了改版升级。先期设置的主栏目包括国土资源厅简介、政务公开、政策法规、国土知识、政务文件、办事指南、公众服务、重要通知等10个,各主栏目又细化为若干个子栏目,之后又陆续增加了资源概况、领导之窗、公开目录、机关党建、人事任免、资料下载、在线申报、在线查询、资质管理、资质认证、在线访谈、厅长信箱、举报信箱、视频点播、网站地图、热线电话、地质资料目录查询、应急管理、闲置土地情况、汛期地质灾害防治等29个栏目,大大丰富了门户网站的内容,同时也加强了网站信息发布与更新的及时性和时效性,取得了良好效果。

2013年,由内蒙古国土资源信息院依托金土工程二期项目实施,投资资金119万元,再次对自治区国土资源厅门户网站进行改版,同时将全区12个盟市和两个计划单列市及99个旗县区国土资源局网站全部纳入,建立了统一平台与个性化定制相结合的全区国土资源系统门户网站群。改版后的网站,进一步完善和细化了政策法规、国土知识、政务文件、办事指南、公众服务、通知通告、依申请公开、在线咨询、举报信箱等栏目,专设了“党的群众路线教育实践活动”“学习贯彻党的十八届三中全会”等专题栏目,并进一步强化了网站信息发布的及时性、全面性和互动性,同时公布了查询电话,用户可通过拨打电话及时了解和咨询相关办事流程及状态。全区国土资源系统网站群的建成,不仅增强了国土资源厅本级的信息公开平台服务能力,完善了各盟市、旗县国土资源局门户网站功能,还解决了基层国土部门技术力量缺乏、支撑条件参差不齐、网站水平差距较大的问题,同时也强化和带动了全区国土资源系统信息公开的群集效应和政府信息公开体系建设,并实现了统一风格、统一布局、上下互动、统一管理的新型网站管理模式。当年,厅门户网站荣获2013年度自治区优秀政府网站绩效考核第5名和全区工程建设领域信息公开测评第1名,并荣获国土资源部2013年度省级政务信息网上公开检查排名第3名,有5家盟市国土资源局网站进入全国前30名,有4家旗县国土资源局网站进入全国前36名,而且“在线咨询”栏目被电子政务理事会评为2013年政府网站政民互动“精品栏目奖”。

自治区国土资源厅门户网站“办事服务”和“在线咨询”栏目截图

2014 年,由内蒙古国土资源信息院进一步丰富了国土资源厅门户网站政务公开、办事服务、互动平台三大专栏内容,并增设了测绘相关栏目,增强了可读性和便捷性。于 9 月份,根据形势发展需要,又在厅门户网站开发建设了移动版(手机版)网站和“内蒙古国土资源”微信公众号,于 2015 年 10 月正式通过验收并上线运行。移动版网站是通过整合自治区国土资源厅门户网站信息内容,将二维码作为移动终端访问入口,用户可通过扫描二维码,即可进入国土资源厅移动版(手机版)网站,并通过一键生成 APP 图标,可将网站快速、便捷安装至移动终端桌面,方便用户及时浏览。同年,厅门户网站荣获 2014 年度自治区优秀政府网站绩效考核第 2 名和全区工程建设领域信息公开测评第 1 名,并荣获国土资源部 2014 年度省级政务信息网上公开检查排名第 3 名,有 6 家盟市国土资源局网站进入全国前 30 名,有 4 家旗县国土资源局网站进入全国前 36 名,而且“依申请公开”栏目被评为 2014 年政府网站“特色栏目奖”。

2015 年,按照“便民、便企、便基层”的理念,对各盟市、旗县国土资源局网站统一增设了信息公开、网上办事、服务咨询等 20 多个栏目,同时对国土资源厅门户网站加强了测绘在线申报查询等服务力度,新增了测绘资格查询专栏,包含有涉密测绘成果管理人员查询、测绘甲级资质单位查询、测绘乙丙丁级资质单位查询等多个子栏目,并对场景化服务等栏目重新完善了内容和流程。另外,为了快速、便捷、高效为社会公众提供相关征地信息查询服务,按照国土资源部有关要求,通过网站群自动抓取模式,在厅门户网站首页显著位置特别增设了征地信息专栏,内容包括征收土地公告和征地补偿安置方案公告,实现了征地相关信息在旗县、盟市、厅三级门户网站中同时发布,并使相关公告效率提升了 40%。同年,厅门户网站荣获 2015 年度自治区优秀政府网站绩效考核第 1 名和全区工程建设领域信息公开测评第 1 名,并荣获国土资源部 2015 年度省级政务信息网上公开检查第 3 名,有 6 家盟市国土资源局网站进入全国前 30 名,有 4 家旗县国土资源局网站进入全国前 36 名。

至 2015 年底,全区国土资源网站群网页共设置政务公开、办事服务、互动平台和综合业务四大版块,在厅门户网站设置了 50 个大栏目、110 个一级子栏目和 93 个二级子栏目,各盟市国土资源局网站设置了 41 个大栏目、62 个一级子栏目、67 个二级子栏目和 1 个三级子栏目,各旗县国土资源局网站设置了 40 个大栏目、52 个一级子栏目、64 个二级子栏目和 10 个三级子栏目。厅门户网站累计发布信息达 10.13 万余条,每日更新信息 10 余条,平均每日点击量近 4000 次,累计点击量达 900 余万次,形成了集信息公开、政策宣传、便民服务、业务互动和展示自治区国土资源系统形象的一体化服务窗口。

二、政务大厅信息服务

2008 年 12 月,为了营造公开、透明、高效、廉洁的政务环境,推进阳光行政,提高办事效率,自治区国土资源厅正式成立国土资源政务大厅,主要通过直接与国土资源电子政务系统链接的电子触摸屏系统和电子大屏幕,现场提供相关电子审批报件的流转情况和相关信息的实时查询与浏览,同时现场提供信息公开指南和目录、行政职能流程图、办事公开栏、办事指南及信息手册等,积极向社会公众提供窗口便民服务。

国土资源政务大厅自 2008 年底正式运行至 2015 年底,累计接待各方面人员 7.62 万人次,接收报件 4.12 万件,提供便民服务 8.36 万人次。为此,收到各方面送来感谢锦旗 7 面,2013 年 12 月 19 日,为大力推进政务公开和政务服务工作,鼓励先进,树立典型,进一步提高全区政务公开整体工作水平。

自治区政务公开领导小组在盟市和区直部门推荐基础上,经严格审核,决定命名自治区国土资源厅政务大厅等33个单位为全区政务公开示范点。

三、地质资料电子阅览服务

为实现全区国土资源档案资料的信息化管理与社会化服务,自治区国土资源信息院从2002年建院起,积极推进全区地质资料的信息化建设与服务工作。

2003年,建立全区地质资料目录数据库,并利用自治区国土资源厅门户网站实现了全区地质资料目录的全社会公开查询服务,平均每天人员访问量达1500多人次。

2009年12月,完成全区地质资料综合管理信息系统的建设,建立电子阅览室,使全区馆藏地质资料的管理和服务工作发生质的变化,实现了由原来纸质资料借阅向数字化电子档案借阅转变,不仅提高全区馆藏地质资料的管理工作水平和效率,也提高了地质资料信息共享与服务水平。

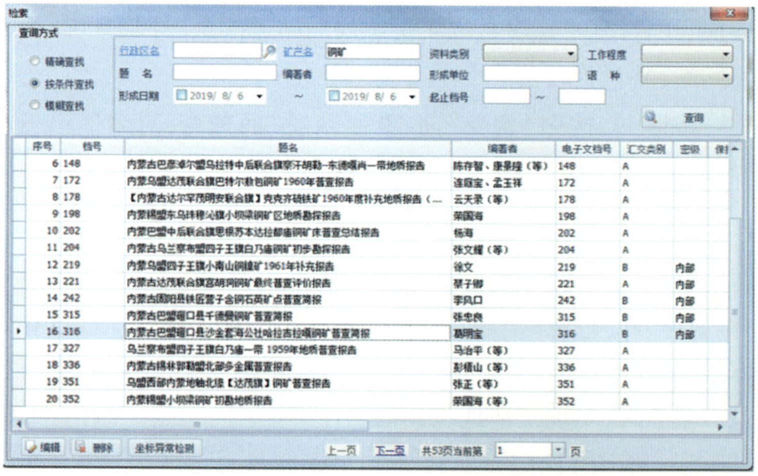

地质资料电子阅览系统中信息查询服务功能截图

2011年,全面完成全区馆藏近11000档可数字化地质资料的图文数字化建库,刻录光盘达16 000余张,存储数据总量达8TB,为全面实现地质资料信息化管理与服务提供了支撑。

2012年12月,建立全区地质资料汇交监管平台,实现成果、原始、实物地质资料的全程监管,有力提升了地质资料汇交的监督管理水平,并进一步为地质资料信息社会化服务提供了保障。

2003—2015年,每年全区馆藏地质资料借阅平均接待区内外各方面人员达2000~3000多人次,提供利用资料6000~10 000份次、15~40万件次。全区地质资料数字化建设与应用,使得相关档案资料管理与服务水平及工作效率大幅提升,并得到上级和社会各方面的充分肯定。

四、地理信息公共平台服务

2005年,自治区测绘事业局开展了“内蒙古政务地理信息系统”建设,并于11月18日在内蒙古政务网正式上线运行,向社会各界提供服务。

2010年,自治区测绘事业局启动“内蒙古自治区地理信息公共服务平台”建设项目。主要由公共服务平台公众版(天地图·内蒙古)、公共服务平台政务办及应用示范三部分组成,是以自治区、地市、旗县三级节点构成的一体化地理信息服务体系,可实现自治区地理信息资源的纵横联通和有效集成,提供一站式的地理信息服务。该项目于2012年完成与天地图国家主节点的服务器聚合和互联互通,于2014年6月项目通过专家组验收。至2015年,“天地图·内蒙古”完成教育、医疗、气象等方面示范应用,门户网站面向社会公众提供服务,可进行基于地理位置的信息浏览、查询、搜索、量算,以及路线规划等各类应用。

2014年,为适应自治区各方面应急指挥、监测监控、综合协调、信息报告等工作需要并提供相关基础地理信息及决策支撑，由自治区测绘事业局启动“内蒙古自治区应急地理信息平台”建设项目。主要建设内容分两个阶段进行，即：第一阶段重点建设实现基于二维地理信息技术的应急管理与决策，第二阶段重点建设拓展系统的应用场景，初步建立全区三维地理信息场景，开发三维指挥子系统，实现在三维场景下的应急管理和指挥。

五、地质资料共享平台服务

2010 年，根据国土资源部《推进地质资料信息服务集群化产业化工作方案》要求，由自治区国土资源信息院借助国土资源部统一开发的《全国地质资料信息集群化共享服务平台》，通过互联网向社会公众提供全区地质资料目录、非涉密公开地质资料信息、依申请和产品定制等信息共享服务。至 2015 年底，已实现 16 600 档地质资料目录信息和 135 档非涉密公开地质资料电子文件的在线社会公众服务。

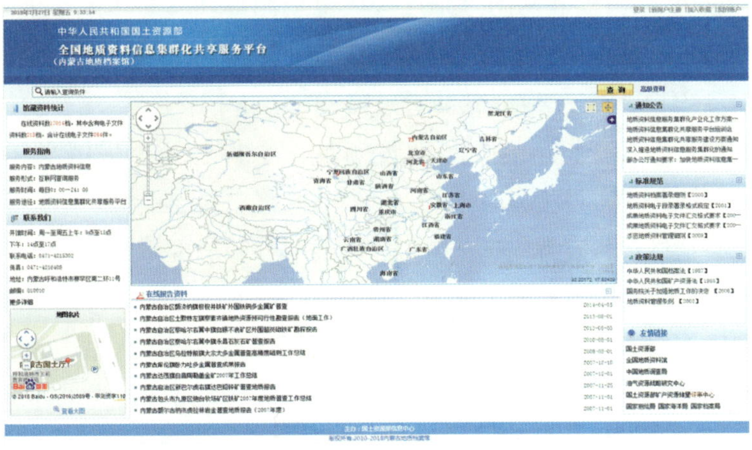

自治区地质资料信息集群化共享服务平台的部分截图

第五节　网络安全管理

一、基础网络建设

2002 年 5 月，按照国土资源部和国家有关网络安全建设要求，自治区国土资源厅在原旧址办公大楼（呼和浩特市呼伦南路 147 号）建设了物理隔离的内、外局域网，综合布线系统采用星形拓扑结构，共设计 240 个信息点。主要硬件配置为：戴尔 P3 服务器 4 台（cpu 为 700M－1G、内存为 256M），思科 3500 交换机和 2600 路由器各 1 台，70G 的 Nass 存储器 1 台；主要软件配置为：服务器操作系统选用 windows 2000 server，数据库管理软件选用 SQL server 2000，GIS 系统选用 MapGis 软件，网络防毒软件选用 InoculateIT，网络备份软件选用 ARCServe IT。6 月初，外网通过租用联通 128K DDN 专线接入互联网，各节点通过中心机房服务器、交换机和路由器访问外网网站，同时设置了防火墙以保证网络安全。11 月，在互联网上完成自治区国土资源厅门户网站域名（www. nmggtt. gov. cn）和空间及邮箱的申请，设计主页内容包括国土资源厅简介、各职能办事机构、办事程序指南、国土资源厅新闻、业务类公告、自治区国土资源概况、成果地质资料目录查询、国内外国土资源动态、国土资源类法律法规查询等。2003 年 3 月，自治区国土资源厅门户网站完成与国土资源部网站及自治区政府门户网站链接。2005 年 12 月，内网完成与国土资源部 2M 视频会议系统链接。至 2007 年，在自治区国土资源厅机关局域网仅实现了有关信息查询和电子邮件及文件数据传送等功能，并部署了由国土资源部统一开发的部分单一业务应用系统，全区各盟市除包头市国土资源局和厅主要直属事业单位建设有内部局域网外,其他12个盟市和101个旗县国土资源局基本均没有建设基础网络设施。

2008年初,自治区国土资源厅迁入新址办公大楼(呼和浩特市南二环东路11号)后,通过组织实施金土工程一期建设项目,利用租用中国联通公司2M SDH线路,于2009年5月全面完成全区国土资源主干网建设,实现了自治区国土资源厅上与国土资源部主干网、下与12个盟市、101个旗县(市、区)国土资源局及10个试点国土资源所的四级业务网及视频会议系统的贯通。其中,厅机关局域网采用H3C S9512作为核心交换机,楼层为H3C S5600－26F光纤交换机,采用N×E1模式,使用H3C SR6608路由器和网闸分别连接国土资源部和各盟市及事业单位构筑主干网;部署小型机两台、PC Server 11台、存储系统一套(12TB)、磁带备份设备一套等初步构筑厅数据中心;部署H3C F1000防火墙、H3C IPS T－200入侵防御系统、Wsus补丁服务器、瑞星网络版防病毒软件、H3C IMC智能管理中心软件,对内网客户端进行管理;互联网(外网)主要采用S3600 POE、S3100 POE交换机接入到核心S9512交换机上,使用一台H3C SR6608路由器连接到Internet,与主干网和内部局域网物理隔离,同时在自治区国土资源厅机关办公大楼的部分楼层部署10台h3c WA2210－AG无线AP,通过POE交换机接各个AP,无线客户端采用固定分配的地址,在交换机上进行ip和mac地址绑定。另外,在外网部署了网络管理、网络安全等应用服务器2台,并部署天融信NGFW4000防火墙、IDS入侵检测系统、天融信防病毒网关、瑞星网络版防病毒软件、xlog用户行为审计系统。考虑到自治区国土资源厅与自治区政府及有关部门存在工作业务联系和应用,部署PC Server 1台,采用H3C5600－26F作为核心交换机,使用一台H3C SR6608路由器连接到自治区政务外网,利用H3C S3100－18p楼层交换机,并通过光纤连接到厅相关处室。各盟市及旗县国土资源局均按两套综合布线系统进行建设,一套用于内部办公网,通过网闸和路由设备连接全区国土资源主干网,另一套用于互联网外网。全区国土资源业务网数据传输都经过物理双向网闸保护,视频会议设备部署在网闸外部,采用基于H.323协议的多级组网方式,部署视频会议MCU一台,会议终端4套及相应设备,自治区和盟市为一级组网,盟市和旗县为二级组网,经核心路由器和视频会议交换机连入网络。

至2015年底,全区国土资源主干网与其他网络完全物理隔离,并通过租用联通公司SDH专线,实现了上与国土资源部4M带宽连接,下与12个盟市、2个计划单列市国土资源局10M带宽、与101个旗县(市、区)国土资源局和10个国土资源所及15个厅属单位2M带宽的连接。同时,在厅办公大楼还部署了自治区政府专网、自治区金财专网等内网和自治区政务外网及厅外网。另外,按照自治区党委机要局要求,部署了自治区党委电子政务内网(属涉密网),网络设备和终端由党委机要局统一采购分发,机房和终端环境均按标准化建设,接入一台终端,主要用于信息上报和接收上级会议通知等。

二、制度建设

自治区国土资源厅成立以来,结合工作实际,并依据相关法律法规规定,陆续制定了涉及网络安全管理与保密工作等方面的一系列规章制度。至2015年底,制定出台的有关规章制度包括:《内蒙古自治区国土资源厅重要事项报告制度》《内蒙古自治区国土资源厅保密工作制度(修订)》《内蒙古自治区国土资源系统政务信息考评办法》《内蒙古国土资源厅政务公开指南》《内蒙古自治区国土资源政务信息网上公开制度》《内蒙古自治区国土资源厅法制工作手册》《内蒙古自治区国土资源厅互联网站管理办法》《内蒙古自治区国土资源厅计算机信息系统保密管理规定》《内蒙古自治区国土资源厅政府信息公开试行办法》,以及《内蒙古国土资源网络中心信息化工作制度》《内蒙古国土资源网络中心信息安全保密制度》《内蒙古国土资源数据中心数据管理办法》《内蒙古国土资源网络中心机房值班管理制度》等。重点规定：严格落实业务内网与互联网物理隔离制度，内网计算机等设备严禁连接互联网，严禁利用非涉密计算机等设备处理涉密文件；强化计算机信息网络技术防范和保密管理；规范政务信息发布流程，坚持“谁发布，谁负责”的信息发布审核制度，严格互联网信息发布保密审查。通过不断建立健全和完善相关制度，逐步建立了全区国土资源网络安全与管理制度体系，并为实现相关工作规范化、制度化管理提供了保障。

三、安全保障机制

通过落实网络安全责任，加强网络安全防护，建立数据备份策略，完善安全工作机制，开展信息系统安全等级保护，逐步建立全区国土资源信息安全管理工作保障机制。

1. 相关责任

2008 年 7 月，自治区国土资源厅出台《内蒙古自治区国土资源厅计算机信息系统保密管理规定》中进一步明确，全区国土资源信息安全保密管理实行分级管理，在厅党组领导下，厅保密委员会负责厅机关相关工作的组织协调，厅信息办负责厅网络信息安全和保密审查工作，内蒙古国土资源信息院主要负责相关工作的技术支撑和维护；各盟市国土资源局及各直属单位具体负责本单位计算机信息系统的保密管理和涉密审批，并指定专人负责计算机网络信息安全。

2. 网络安全防护

2002 年，自治区国土资源厅开始搭建局域网系统，并实行了内外网物理隔离制度。2008 年后，通过金土工程建设，全区各级国土资源管理部门和相关单位网络系统应用均严格遵循内、外网物理隔离，内、外网分别使用不同终端，禁止任何终端在两网间随意切换，并绑定其物理地址，同时在连接主干网的各节点，严格按照国土资源部有关要求，在数据交换区和内部办公区部署双向网闸，并在内网部署网络监控，对各类服务器均部署防火墙、入侵检测、安全审计和网络版杀毒软件。

3. 数据备份策略

一是在本级数据中心机房进行数据备份。通过金土工程一期建设，在自治区国土资源厅 8 楼中心机房已实现相关数据的实时数据备份。从 2013 年 7 月起，在厅本级数据中心机房采取数据库一体机双机实时数据备份，同时通过光纤连接 60TB 存储设备进行每日增量数据备份和每周全部数据备份。

二是进行同城数据备份。从 2015 年底开始，利用联通公司 100MB 专线，将数据中心 60TB 存储设备与内蒙古自治区电子政务灾难备份中心（联通金川机房）连接，进行每日增量数据备份和每周全部数据备份。

三是进行异地数据备份。从 2013 年底起，按照《国土资源部数据中心重庆数据备份中心管理暂行办法》及要求，每年将全区国土资源数据中心存储数据利用硬存储设备进行备份，并由专人送到重庆备份中心进行保管。

4. 安全工作机制

一是进一步明确工作人员职责和分工，落实由专人负责做好防病毒、防攻击、防篡改等日常工作，定期排查杀毒，强化正版化软件使用，完善机房安全管理措施，同时及时按照数据备份策略做好数据备份，并通过购买社会服务来保证门户网站的安全运行。

二是设置网络用户访问数据的权限,并加强网上信息管理。认真执行保密相关法律法规及制度,明确职责,采取有效措施,加强各类涉密信息资料的运转与管理。对于在电子政务外网和门户网站公开发布的信息,遵循“涉密资料不上网,上网资料不涉密”原则,并坚持“谁发布,谁负责”和一事一审、全面审查的工作机制,切实加强网上信息管理,杜绝失泄密事件发生。

三是签订保密承诺书。组织厅机关全员开展保密承诺书签订,并安排对临时机构、网管中心、政务大厅、借调人员、工勤人员等均由相关管理部门签订保密承诺书,做到责任落实到位、承诺书签订到位,不留死角。厅直属单位也都根据实际情况进行保密承诺书签订。

四是加强网络安全检查。每年都要在自查基础上,由厅办公室组织有关人员对厅机关各处室和各单位进行抽查,将网络安全教育与网络安全检查有机结合起来,不断强化安全意识,并做到以查代训。对违反相关安全和保密规定的有关领导及责任人,都要追究相关责任,并在全系统进行通报。

五是制定相关网络安全预警监测及应急预案,对可能出现的各类网络信息安全问题,都要及时采取有效措施进行处置。

5. 信息安全等级保护

根据国家信息安全等级保护制度规定,通过金土工程二期建设,对自治区国土资源门户网站系统、国土资源信息管理系统和移动办公系统等,按照第三级等级保护标准和要求开展整改、测评及检查工作,并分别于2013年12月和2014年6月取得自治区安全厅颁发的三级“信息安全等级保护测评证书”。

第八篇

机构与队伍

第一章　机　构

第一节　自治区国土资源厅

2000 年 1 月，根据中共中央、国务院印发《中共中央、国务院关于内蒙古自治区人民政府机构改革方案的通知》精神，自治区党委和政府启动设立内蒙古自治区国土资源厅(以下简称自治区国土资源厅)相关工作。2 月 20 日，自治区党委组织部印发《关于成立中共内蒙古国土资源厅党组的通知》，决定成立自治区国土资源厅党组，设书记 1 人，副书记 1 人，党组成员由自治区党委组织部任命；当日，自治区党委组织部任命韩云彬为自治区国土资源厅党组书记，黄·阿拉腾别立格为副书记。2 月 23 日，自治区第九届人民代表大会常务委员会第十四次会议审议通过，任命韩云彬为自治区国土资源厅厅长。2 月 24 日，自治区政府任命黄·阿拉腾别立格为自治区国土资源厅副厅长(正厅级)。4 月 7 日，自治区政府办公厅印发《内蒙古自治区人民政府办公厅关于印发自治区国土资源厅职能配置内设机构和人员编制规定的通知》，明确自治区国土资源厅为主管全区土地资源、矿产资源等自然资源的规划、管理、保护与合理利用和测绘管理工作的自治区人民政府组成部门，同时明确划入、划出、转变和强化的职能及主要职责。划入的职能为：原内蒙古自治区地质矿产厅的行政管理职能；原内蒙古自治区土地管理局(以下简称原自治区土地管理局)的行政管理职能；原内蒙古自治区矿产资源委员会及其办事机构的行政管理职能；原内蒙古自治区计划委员会制订国土规划和与土地利用总体规划有关的职能；内蒙古自治区测绘局(以下简称自治区测绘局)测绘管理行政职能；原内蒙古自治区冶金机械工业厅、煤炭工业局、石化工业厅等部门行使的矿产资源行政管理职能。划出的职能为：将地下水资源行政管理职能交由内蒙古自治区水利厅承担，有关矿泉水、地热水的管理职责分工按中编办发[1998]14 号文件规定执行。转变的职能为：将自治区基础性、公益性、战略性地质和矿产勘查任务，交由直属事业单位承担；将土地、矿产资源基础信息和资源利用情况、变化趋势的动态数据收集、技术处理及预测分析等职能，交由直属事业单位承担；实行政企分开，自治区国土资源厅不从事土地、矿产资源的经营活动，与所属企业脱钩，不再管理企业及企业生产经营开发活动。强化的职能为：在保护生态环境的前提下，加强自然资源的保护与管理，尤其要加强耕地保护和土地管理，保障人民生活和国家现代化建设当前和长远的需要。明确主要职责为：(1)贯彻执行国家关于国土资源、测绘管理的方针、政策和法律、法规，研究拟定自治区有关法规、条例。组织草拟土地资源、矿产资源等自然资源管理的规章；依照规定负责有关行政复议；研究拟定管理、保护与合理利用土地资源、矿产资源的政策和办法；制订土地资源、矿产资源、测绘管理的办法。(2)组织编制和实施国土规划、基础测绘规划、土地利用总体规划及年度计划和其他专项规划；参与报自治区政府审批的城市总体规划的审核，指导、审核地方土地利用总体规划；组织矿产资源的调查评价，编制矿产资源保护与合理利用规划、地质勘查规划、地质灾害防治和地质遗迹保护规划。(3)监督检查各级国土资源主管部门行政执法和土地利用、矿产规划执行情况；依法保护土地、矿产资源所有者和使用者的合法权益，承办并组织调处重大权属纠纷，查处重大违法案件。(4)拟定实施耕地特殊保护和土地开发政策，规划和指导生态退耕，实施农地用途管制,组织基本农田保护,指导未利用土地开发、土地整理、土地复垦和开发耕地的监督工作。(5)组织实施地籍管理办法,组织土地资源调查、地籍调查、土地统计和动态监测;指导土地确权、城乡地籍、土地定级和登记等工作。(6)按规定组织实施土地使用权出让、租赁、作价出资、转让、交易和政府收购管理及临时用地管理,贯彻执行国有土地划拨使用目录指南和乡镇(苏木)、村(嘎查)用地管理办法,指导农牧区集体非农土地使用权的流转管理。(7)指导基准地价、标定地价评测,审定评估机构从事土地评估的资格,确认土地使用权价格。承担须经国务院、自治区人民政府审批的各类用地的审查、报批工作。(8)依法管理矿产资源探矿权、采矿权的审批登记发证和转让审批登记;负责矿产资源开发利用、保护的监督管理;依法审核对外合作区块;承担矿产资源储量管理工作,管理地质资料汇交;依法实施地质勘查行业管理,检查确定地质勘查单位的资格,管理地勘成果;负责矿泉水、地热水的开采管理;依法管理矿产资源补偿费等费用的征收和使用;按规定审定评估机构从事探矿权、采矿权评估的资格,确认探矿权、采矿权评估结果。(9)组织编制自治区基础测绘和重大测绘项目规划,实施测绘行业管理,进行测绘资格审查。(10)组织监测、防治地质灾害和保护地质遗迹;依法管理水文地质、工程地质、环境地质勘查和评价工作,监测、监督防止地下水的过量开采与污染,保护地质环境;认定具有重要价值的古生物化石产地、标准地质剖面等地质遗迹保护区。(11)安排并监督检查财政拨给的地勘费和其他资金。(12)组织开展土地资源、矿产资源和测绘技术的对外合作与交流;推进科技进步,推广科技新成果。(13)承办自治区政府和国土资源部、国家测绘局交办的其他事项。

核定自治区国土资源厅机关行政编制79名,其中厅长1名、副厅长4名、处级领导职数29名(15正、含机关党委专职副书记1名,14副)。核定自治区政协委员云汉文、李国忱单列编制2名,此编制随人员变化进行调整;离退休人员工作机构、编制,按有关规定另行确定。

根据相关职责,自治区国土资源厅设14个职能处(室),各处室职能为:

办公室:组织协调机关日常工作,负责有关文件的起草、会议的组织、文电处理、秘书事务、信息综合、新闻宣传、档案、信访、督查、保密、保卫、机关财务及资产管理等工作。

人事教育处:负责厅机关及直属单位的人事、机构编制管理和教育、培训工作。

政策法规处:研究拟订全区国土综合开发整治、测绘、土地供应的办法措施;对国土资源行政管理及测绘方面的重大问题进行调查研究;组织起草地方性法规和规章制度并监督检查;承办行政复议事宜;负责法制宣传教育工作;指导直属事业单位的体制改革。

规划与科技处:组织编制全区性及区域性国土规划、土地利用规划、矿产资源保护利用、地质勘查、地质环境规划、基础测绘规划和科技规划;参与须经自治区人民政府审批的城市总体规划的审核工作;管理科技项目,推广科技成果和技术;组织国土资源科技合作和对外交流;负责国土资源综合统计工作。指导和审核基本农田保护、土地整理复垦开发等专项规划和地区土地利用总体规划。

财务处:组织拟定有关财务制度,对直属单位的财务和国有资产进行监督管理;承担财政拨给的地勘费和其他资金的财务管理工作;对国土资源厅管理的各项行政事业性收费进行财务监督管理;对矿产资源补偿费征收和使用进行监督;负责厅属单位的财务审计工作。

地籍管理处:贯彻执行地籍管理办法和土地调查、动态监测、地籍调查及统计的技术规范、标准并拟定实施细则;组织土地资源现状调查、动态监测、地籍权属调查、变更调查及统计;组织实施土地确权、登记、发证和权属纠纷调处规则及权属管理办法,承担调处重大土地权属纠纷。

耕地保护处:监督执行耕地特殊保护、农地保护、土地整治政策、农地转用管理办法及未利用土地开发、土地整理、土地复垦和开发耕地规定；指导农地用途管制，组织基本农田保护。

土地利用管理处：组织实施土地使用权出让、租赁、作价出资、转让、交易和政府收购管理及临时用地管理，贯彻执行国有土地划拨使用目录指南和乡镇（苏木）、村（嘎查）用地管理办法，指导农牧区集体非农土地使用权的流转管理；指导基准地价、标定地价评测；审定评估机构从事土地评估的资格；承担须经国务院、自治区人民政府审批的用地审查、报批工作。

矿产资源储量处：组织实施矿产资源储量管理办法、标准、规程、规范；建立健全矿产资源储量评审的专家系统；承担矿产资源储量管理和地质资料汇交管理工作；组织矿产资源供需形势分析；研究拟定矿产资源管理的具体办法、措施。

矿产开发管理处：依法进行采矿审批登记发证和采矿权转让审批登记；依法调处重大采矿争议、纠纷；按规定审查评估机构从事采矿权评估的资格，审核国家出资形式的采矿权评估结果；依法进行矿产资源开发、利用与保护的监督管理，依法征收矿产资源补偿费。

地质勘查处：组织实施地质勘查工作标准、规程、规范；组织实施地质勘查规划并对执行情况进行监督检查；依法进行勘查审批登记发证和探矿权转让审批登记；审核对外合作勘查、开采区块；依法调处重大地质勘查争议、纠纷；按规定审核评估机构从事探矿权评估的资格，审批地质勘查单位资格，组织确认国家出资形成的探矿权评估结果。

地质环境处：拟定地质遗迹等地质资源和地质灾害管理办法，编制并组织实施防治地质灾害和地质遗迹保护规划；组织协调重大地质灾害防治；指导地质灾害和地下水动态监测、调查评价和预报；组织认定并管理具有重要价值的古生物化石产地、标准地质剖面等地质遗迹保护区，组织保护地质遗迹和地质灾害防治。

测绘管理处：组织并管理自治区基础测绘、地籍测绘和其他重大测绘项目，指导监督测绘成果质量管理和测绘成果资料汇交，审核重要地理信息数据；审核测绘单位资格和测绘任务登记，指导保护测量标志，管理地图编制工作，审核出版的地图。

执法监察局：组织对国家土地资源、矿产资源和测绘方面的法律、法规执行情况进行监督检查，拟定国土资源和测绘执法监督及违法案件查处的办法，组织开展对土地规划、农地转用、土地征用、土地资产处置、土地使用权和矿业权交易行为及测绘违法行为的监督检查，依法组织查处重大违法案件。

机关党委：负责厅机关及在呼直属单位的党群工作。

2000 年 4 月 10 日，根据《内蒙古自治区政府直属机关人员定岗和人员分流实施细则》精神，为加强对机构改革的组织领导，自治区国土资源厅成立了机构改革工作领导小组及其办事机构，厅长韩云彬任领导小组组长，成员有黄·阿拉腾别立格、赵保胜、元重举，下设领导小组办公室。5 月 25 日，根据《内蒙古自治区政府直属机关人员定岗和人员分流实施细则（试行）》要求，自治区国土资源厅制定了《内蒙古自治区国土资源厅机关人员定岗分流实施方案》和《内蒙古自治区国土资源厅国家公务员职位分类实施方案》，对人员定岗分流的指导思想、基本原则、方法步骤、政策措施做出具体规定。6 月 17 日，自治区国土资源厅完成机关人员定岗和机构改革阶段性工作任务。在原自治区土地管理局和地质矿产厅的机构和人员基础上，并入自治区测绘局的管理职能及人员，设 17 个处室局（含机关党委、纪检组监察室、离退休人员管理处），定岗人员 82 名，包括厅长 1 人、副厅长 5 人、处长 16 人、副处长 13 人、调研员 6 人、副调研员 7 人、主任科员 23 人、副主任科员 7 人、科员 4 人，不包括纪检监察专项编制。内设机构较改革前减少了 23%，人员精简 56%。7 月 2 日，自治区国土资源厅正式挂牌，国土资源部领导和自治区副主席周维德出席挂牌仪式。

2003年12月12日,自治区国土资源厅印发通知,将国土资源技术性、辅助性、服务性工作交由厅属事业单位承担。交由内蒙古自治区测绘事业局(以下简称自治区测绘事业局)承担的工作任务为:基础测绘作业设计书编制;基础测绘作业计划的制定与实施。交由内蒙古自治区测绘产品质量监督检验站(以下简称自治区测绘产品质检站)承担的工作任务为:基础测绘项目实施过程的监督检查及成果验收;测绘产品质量监督检验、评价型检验和仲裁检验。交由内蒙古自治区土地勘测规划院(以下简称自治区土地勘测规划院)承担的工作任务为:土地利用总体规划编制方案和标准的拟定、修订;土地利用总体规划专家评审;1∶1万土地利用数据库建设技术规范编制、技术指导和预检、验收;土地权属争议前期调查、取证,土地动态监测,土地专项调查技术规范制定、业务培训和技术指导;全区土地变更调查的年报统计汇总和业务培训;农用地分等项目技术方案、成果的编制,有关业务培训和技术指导。交由内蒙古自治区地质调查院(以下简称自治区地质调查院)承担的工作任务为:申报矿产资源补偿费地勘项目的立项论证及专家评审;探矿权年检与督察;地质勘查项目检查。交由内蒙古自治区国土资源信息院(以下简称自治区国土资源信息院)的承担工作任务为:国土资源厅网络系统管理,自治区国土资源数据中心建设;全区矿产资源储量年报的资料收集、编制和出版,矿产资源储量空间数据库和地质资料图文数据库建设;建设用地压覆矿产资源的调查核实;矿山年报数据库管理,矿山企业和矿产资源开发利用情况分析报告的编制;矿区总体开发规划编制;国家出资探明矿产地查询和有关地质资料的提供利用;全区探矿权登记情况综合统计分析。交由内蒙古自治区土地登记中心(以下简称自治区土地登记中心)承担的工作任务为:土地登记前期调查、业务培训和技术指导;土地登记审批程序履行;基准地价更新、标定地价制定、地价平衡项目技术方案和成果的编制,有关业务培训和技术指导;本级土地收储年度计划的编制与实施,本级土地收储季报和年报统计汇总;土地估价师协会组建及开展协会日常工作。交由内蒙古自治区土地整理中心(以下简称自治区土地整理中心)承担的工作任务为:土地整理专项规划编制及专家评审;上报国务院审批建设项目用地的现场调查,征地材料、图件的收集与准备,补充耕地方案的落实;土地整理项目选址、现场踏查、可研报告初审及专家评审;土地整理项目规划设计及预算编制;参与土地整理补助和耕地占补项目的监督检查与验收,土地整理、补充耕地相关技术标准的制定,土地整理重点项目和示范项目的实施,土地整理技术培训和学术研究;易地土地开发,采矿企业土地复垦、绿化。交由内蒙古自治区水文地质工程地质中心(以下简称自治区水文地质中心)承担的工作任务为:矿泉水水源地水质检测;持证和卫生防护带建设情况核实;矿泉水开发利用技术指导。交由内蒙古自治区地质环境监测院(以下简称自治区地质环境监测院)承担的工作任务为:全区年度地质环境公报编制。交由内蒙古自治区矿产资源储量评审中心(以下简称自治区矿产资源储量评审中心)承担的工作任务为:矿产资源储量报告的专家评审。

2004年11月25日,中共内蒙古自治区纪律检查委员会(以下简称自治区纪委)印发《关于自治区纪委、监察厅"双派驻"机构实行统一管理工作有关问题的通知》明确,自治区纪委、监察厅"双派驻"机构是自治区纪委、监察厅的组成部分,由自治区纪委、监察厅直接领导。"双派驻"机构的工作直接对自治区纪委、监察厅负责。自治区纪委、监察厅领导按照分工分管"双派驻"机构的有关工作。实行统一管理的派驻纪检组组长一般不参与驻在部门业务分工;确需分工的,可分管驻在部门与纪检监察业务相关监督、党建等工作。

2005年10月18日,自治区国土资源厅党组根据自治区政府关于国土资源管理体制改精神和实际工作需要,印发《关于印发内蒙古自治区国土资源厅各处室职能的通知》,对机关各处室的职能配置进行了调整。

办公室:组织协调机关日常工作,文电处理、秘书事务、政务信息、新闻宣传、综合调研、档案、督查、保密、保卫、机关财务及资产管理等工作。

人事教育处:负责厅机关及直属事业单位的人事、机构编制管理和教育、培训工作;负责厅机关公务员、厅属事业单位处级干部和各盟市(含二连浩特市、满洲里市)国土资源局处级干部的考核、培训、奖惩、任免、调配、监督工作;协助自治区党委组织部做好对厅领导班子和领导干部的考核工作;协助自治区党委组织部做好对内蒙古地勘局、内蒙古有色地勘局、内蒙古煤田地质局领导班子的管理工作;负责自治区党委、政府对各盟市党委、政府的考核目标的监控工作;负责落实国家、自治区对公务员的工资、福利和保险待遇;指导监督落实国家对事业单位各类人员的工资、福利、劳动保护和保险待遇,审核、审批厅机关及二级单位正常工资晋升和离退休费的核定工作;负责厅系统专业技术人员队伍的建设(包括培训、职称评聘、外聘、定期进行继续教育等);负责行业和厅系统技术工人的培训、评定技术等级工作。

政策法规处:研究拟定全区国土综合开发整治、测绘、土地供应的办法措施;对国土资源行政管理及测绘方面的重大问题进行调查研究;负责国土资源行政管理及测绘方面的依法行政监督指导;组织起草地方性法规和规章制度并监督检查;承办行政复议、行政应诉、听证事宜,负责法制宣传教育工作;指导直属事业单位的体制改革。

规划与科技处:组织编制全区土地利用总体规划和矿产资源总体规划,组织或指导全区各级土地利用总体规划、矿产资源总体规划建设和实施管理;组织建设项目用地预审,负责全区土地利用年度计划指标管理;指导或参与相关规划和专项规划编制和审核,做好土地利用总体规划、矿产资源总体规划与相关规划的协调与衔接;组织全区国土资源综合统计数据的汇总、填报。贯彻执行国家、自治区科技与外事工作方针政策,制定全区国土资源科技发展规划、计划,组织国土资源科技合作和对外交流;组织、协调国土资源信息化建设;组织推广应用科技成果和技术标准:参与全区国土资源科技项目管理,负责有关奖项的申报。

财务处:组织拟定有关财务制度,对厅属单位的国有资产进行监督管理;负责部门预算的编制、下达;组织编报各类专项资金的项目预算,并对资金的使用情况进行监督管理;承担各类财政资金及其他资金的财务管理工作;负责政府采购工作的监督管理;对国土资源部门管理的各项行政事业性收费、专项收入的征收和使用进行财务监督管理。负责厅属单位的财务审计工作。

地籍管理处:根据国家土地管理的法律、法规及政策,拟定全区地籍管理办法;依据国家土地调查、变更调查和统计、动态监测、地籍权属调查的技术规范、标准,组织全区土地资源现状调查、动态监测、地籍权属调查、变更调查及统计;拟定土地确权、土地调查、登记发证等技术细则和权属纠纷调处规则以及权属管理办法;指导土地确权,登记发证,土地利用现状数据库、城镇地籍信息系统建设并对其成果质量进行检查监督;研究确认土地权属问题,调处并会同有关部门查处重大土地权属纠纷。

耕地保护处:依据国家法律法规和政策,拟定全区实施耕地特殊保护、农地用途管制、征地制度改革、农地开发、土地整理和复垦的政策;分析全区耕地增减动态,落实宏观调控和加强管理的措施;依据土地利用总体规划,组织对基本农田保护、土地开发、土地整理、土地复垦等工作进行专项规划编制,实施项目管理和监督检查;落实农用地转用管理办法和征地管理的有关政策,承办报国务院和自治区人民政府批准的农用地转用、征收土地和土地开发的审查、汇总、报批工作;负责耕地占补平衡措施的审核落实、监督检查和验收工作,对耕地总量减少的地区,提出限期采取补足措施的建议,并监督实施和检查验收;依法推行统一征地制度,规范征地程序和办法,指导对被征地农牧民补偿和安置的监督工作;总结推广保护耕地的典型经验,收集、整理有关信息资料,开展宣传、试点工作;承办厅领导交办的其他事项。

土地利用管理处:研究制定全区城镇地价体系;负责基准地价、标定地价的评定及地价动态监测工作的管理。组织指导实施全区农用地的分等定级、估价工作;监督指导全区国有土地使用权的出让、转让、租赁、抵押、作价出资等管理办法和土地市场交易规则,完善市场交易体系;负责全区土地收益综合统计工作;组织实施国有土地资产的处置管理,负责全区国有土地资产处置方案的核准和估价结果的备案工作;依据国家法律法规,研究制定农村牧区集体土地使用权流转办法及相关政策,贯彻落实集约、节约合理利用城镇及乡村存量建设用地的政策及管理;指导制定全区土地收购储备管理办法,实施规则;指导全区国有土地使用权的收回和延续;负责须经国务院和自治区人民政府审批的建设用地定额标准、供地方式的审查工作;指导并监督自治区土地估价师协会的自律管理;承办厅领导交办的其他事项。

矿产资源储量处:组织实施矿产资源储量管理办法、标准、规范;负责全区矿产工业指标监督管理:管理全区矿产资源储量的评审、登记、统计工作,发布统计通报;负责全区地质资料汇交、保管、利用的监督管理;对自治区范围内国家出资形成的矿产地进行认定和公告;组织全区矿产资源补偿费的征收管理;负责全区矿业权评估工作的监督管理,组织对矿业权价款评估结果的确认(备案)工作;组织开展矿产资源供需形势分析,研究拟订自治区的矿产资源政策和发展战略。

矿产开发管理处:依法办理探矿权、采矿权申请及其转让申请的受理、审查、登记发证、变更、延续(保留)、注销等工作;依法组织实施探矿权、采矿权的招标、拍卖、挂牌出让;负责组织矿产资源开采资质管理;组织编制和实施全区矿业权设置方案、重点矿区开发利用规划;负责审核确定应收缴的探矿权、采矿权价款,依法确定应收缴的探矿权、采矿权使用费,负责探矿权、采矿权使用费减免的审查;依法调处探矿权、采矿权权属争议、纠纷,保护合法探矿权、采矿权;组织矿产资源开发利用和保护的监督管理,组织全区探矿权、采矿权年度检查工作,负责全区勘查、矿产督察员队伍管理工作,组织对破坏浪费矿产资源案件的查处。

地质勘查处:组织实施地质勘查工作标准、规范;组织编制实施地质勘查专项规划和计划并对执行情况进行监督检查;实施地质勘查行业管理,负责地质勘查单位资质管理;组织开展自治区政府出资和矿业权收益、矿产资源补偿费用于矿产资源勘查等专项工作;协助国土资源部做好中央财政补助资源危机矿山接替资源勘查和中央资补费用于矿产资源勘查工作;依法调处石油、天然气、煤层气勘查开发争议、纠纷,管理石油,天然气、煤层气督查员队伍。

地质环境处:拟定地质灾害防治、地热、矿泉水、地质遗迹(地质公园)资源、矿山地质环境等地质环境保护管理办法,编制并组织实施地质灾害防治、地热、矿泉水、地质遗迹(地质公园)和矿山地质环境治理保护规划;组织监测、协调重大地质灾害预警、防治和地质灾害气象预报,指导地质灾害调查评价;负责古生物化石的保护、管理,组织认定重要价值的古生物化石产地、标准地质剖面等地质遗迹保护区,组织保护地质遗迹;负责矿泉水、地热水资源的管理,防止水源地污染;依法管理水文地质、工程地质、环境地质勘查和评价工作,指导地下水动态监测,监督防止地下水的过量开采与污染;保护地质环境。

测绘管理处：负责基础测绘发展研究，拟订自治区基础测绘规划，组织和协调自治区基础测绘项目，提出自治区基础测绘年度计划；组织和协调航空摄影、航天遥感数据的获取，编制航空摄影年度计划；对行政区域界线测绘、地籍测绘和其他重大测绘项目进行管理。组织和协调自治区基础地理信息系统的建设；监督全区测绘质量和测绘计量检定工作。负责测绘系统安全生产管理工作；负责全区测绘资质的管理工作，审核上报甲级测绘资质，审查确认测绘单位乙、丙、丁级资质。负责测绘业务证的管理；指导、管理和规范地图市场、测绘市场和测绘项目备案。监督指导全区测量标志保护和管理工作；提出测绘成果管理与应用以及地图管理的规划和年度计划，负责全区测绘成果的统一监管。审核重要地理信息数据。依法管理测绘成果资料汇交工作，指导测绘成果档案的管理工作。指导和监督全区测绘成果的保密管理工作；管理地图编制工作，审核地名在地图上的表示，审核向社会出版、展示的地图。

执法监察局：组织对国家土地资源、矿产资源和测绘方面的法律、法规执行情况进行监督检查，拟定国土资源和测绘执法监督及违法案件查处的办法，组织开展对土地规划、农地转用、土地征收、征用、土地资产处置、土地使用权和矿业权交易行为及测绘违法行为的监督检查，依法组织查处重大违法案件；领导执法监察总队开展执法监察业务工作，并指导全区执法监察机构和队伍的执法监察业务工作；受理、接待有关土地资源、矿产资源等方面来信来访，承办自治区党委、政府、国土资源部交办处理的信访事项，对重大信访事项负责调查核实，提出处理意见。

机关党委：负责机关党的思想、组织、作风建设，领导厅属单位党的工作：负责机关和领导厅属单位精神文明建设和思想道德文化建设工作；搞好机关党风廉政建设工作；协助党组管理机关党组织和群众组织的干部，与干部人事部门共同做好厅属单位党委正、副书记的提名、考察，配合干部人事部门对机关行政领导干部进行考核和民主评议；对机关行政干部的任免、调动和奖惩提出意见和建议；领导机关工会、共青团等群众组织的工作。

离退休人员工作处：贯彻执行国家、自治区有关离退休人员的方针、政策，具体负责落实厅机关离退休人员的各项待遇；组织厅机关离退休人员的政治学习和有关政治活动。有组织有领导地发挥离退休人员在社会主义建设中的作用。负责对厅直属单位的离退休工作进行检查指导，并转发和传达有关文件和会议精神：负责厅机关离退休人员的综合管理与服务。会同相关处室做好厅机关离退休人员的医疗保健、生活福利、考察学习、走访慰问和用车等服务的安排；负责厅机关离退休人员经费的管理与使用；协助家属办理机关离退休人员的丧葬和善后处理事宜；承办厅党组和自治区党委老干部局交办的有关离退休人员工作的事宜。

自治区纪委驻厅纪检组：监督检查厅机关及所属系统执行党的路线、方针、政策和决议，遵守国家法律、法规和执行国务院决定、命令的情况；贯彻落实自治区党委、政府的决定和命令的情况；上级纪检监察机关关于加强党的纪律检查工作和行政监察工作的指示、决定及重要部署情况。监督检查厅党组和行政领导班子及其成员维护党的政治纪律，贯彻执行民主集中制，选拔任用领导干部，贯彻落实党风廉政建设责任制和廉政勤政的情况。受理对厅机关及管辖范围内的党组织、党员和行政监察对象的控告、检举；受理厅机关党员和行政监察对象不服处分的申诉。经批准，初步核实厅党组和行政领导班子及其成员违反党纪政纪的问题；参与调查厅党组和行政领导班子及其成员违反党纪政纪的案件；调查厅机关处级干部违反党纪政纪的案件及其他重要案件。协助厅党组和行政领导班子组织协调驻在部门及所属系统的党风廉政建设和反腐败工作。承办自治区纪委监察厅交办的有关事项。

2008 年 7 月 3 日,自治区国土资源厅印发《关于调整处室职能的通知》,将规划与科技处承担的"组织、协调国土资源信息化建设"职能划入办公室。

2009 年 12 月 8 日,自治区政府办公厅印发《内蒙古自治区人民政府办公厅关于印发自治区国土资源厅主要职责内设机构和人员编制规定的通知》明确,根据《中共中央办公厅国务院办公厅关于印发〈内蒙古自治区人民政府机构改革方案〉的通知》〔厅字(2009)4 号〕精神,设立内蒙古自治区国土资源厅,为自治区人民政府组成部门。对自治区国土资源厅的职责做出调整。取消已由自治区政府公布取消的行政审批事项;取消相关职业技能鉴定、颁证职责;将科技成果转化具体实施的职责交给事业单位和社会中介组织;将土地评估、矿业权评估、矿产资源储量评审机构及其人员资质认定和颁证职责交给行业协会。加强土地供需调控和总量平衡,落实最严格的土地管理制度;加强自治区国土规划、土地利用总体规划的整体控制作用;加强矿产资源规划和合理开发利用管理,强化资源回采率和资源综合利用率的监管。确定自治区国土资源厅的主要职责:(1)承担保护与合理利用土地资源和矿产资源的责任。组织拟订全区国土资源发展规划;开展国土资源经济形势分析,研究提出全区国土资源供需总量平衡的政策建议;落实国家国土资源调控政策,参与自治区经济运行、区域协调、城乡统筹的研究并拟订自治区涉及国土资源的调控政策和措施;编制并组织实施自治区国土资源领域资源节约集约利用和循环经济的政策措施。(2)承担规范自治区国土资源管理秩序的责任。组织起草国土资源管理地方性法规、规章草案,制定全区国土资源保护、管理、合理利用和测绘行政管理以及地质环境保护的政策措施;监督检查土地、矿产资源和测绘等法律法规的贯彻执行情况以及土地、矿产资源规划和测绘规划的执行情况;监督指导盟市国土资源行政主管部门行政执法工作,调查处理国土资源重大违法案件,组织开展土地、矿产资源和测绘法律、法规宣传教育;组织和实施国家土地、矿产资源和测绘管理的技术标准、规程、规范和办法。(3)承担自治区优化配置国土资源的责任。编制和组织实施全区土地利用总体规划、土地整理复垦开发规划和其他专项规划、计划;组织编制矿产资源、测绘、地质勘查和地质环境等规划以及地质灾害防治、矿山环境保护等专项规划并监督检查规划执行情况;指导和审核全区各级土地利用总体规划、矿产资源规划和其他专项规划,负责全区土地利用年度计划管理;参与报国务院、自治区人民政府审批的涉及土地、矿产和测绘等相关规划的审核。(4)负责规范自治区国土资源权属管理。依法保护土地资源和矿产资源所有者和使用者的合法权益,组织承办和调处重大权属纠纷,指导土地确权;组织实施各类土地登记资料的收集、整理、共享和汇交管理,提供社会查询服务。(5)承担全区耕地保护的责任,确保土地利用总体规划确定的耕地保有量和基本农田面积不减少。组织实施耕地保护政策和措施;组织实施基本农田保护,监督占用耕地补偿制度执行情况;实施全区未利用土地开发、土地整理、土地复垦和耕地开发的监督工作;组织实施土地用途管制、农用地转用和土地征收征用,承担报国务院、自治区人民政府审批的各类用地的审核、报批工作。(6)承担及时准确提供全区土地利用各种数据的责任。制定全区地籍管理实施办法;组织全区土地资源调查、地籍调查、土地统计和动态监测;组织自治区重大土地调查专项,指导盟市地籍调查、登记和土地分等定级估价工作。(7)承担节约集约利用土地资源的责任。组织实施国家有关土地开发利用标准,指导、管理和监督城乡建设用地供应、政府土地储备、土地开发和节约集约利用;按规定组织实施土地使用权出让、租赁、作价出资、转让等管理办法,建立基准地价、标定地价等政府公示地价制度;会同农牧业部门监督集体建设用地使用权的流转,监督执行国家禁止和限制供地目录、划拨用地目录等;承担报自治区人民政府审批的改制企业的国有土地资产的处置。(8)承担规范自治区国土资源市场秩序的责任。负责全区国土资源市场秩序的监督管理,监测土地市场动态和建设用地利用情况,监测和监管地价;规范和监管矿业权市场,组织对矿业权人勘查、开采活动进行监督管理;规范和监管国土资源相关社会中介组织和行为,依法查处违法违规行为。(9)负责全区矿产资源开发的管理。依法管理权限内矿业权的审批登记发证和转让审批登记,负责实施自治区规划矿区、对国民经济具有重要价值的矿区的管理;承担实施保护性开采的特定矿种、优势矿产的开采总量控制及相关管理工作,组织编制实施矿业权设置方案。(10)负责管理全区地质勘查行业和矿产资源储量,组织实施全区地质调查评价和矿产资源勘查,负责自治区出资的地质勘查项目的立项、监管、评审验收和成果处置;组织实施国家、自治区重大地质勘查专项,管理权限内地质勘查资质、地质勘查成果;统筹管理、监督协调全区公益性地质调查和战略性矿产勘查工作。(11)承担自治区地质环境保护的责任。组织实施矿山地质环境保护,组织监督管理古生物化石、地质遗迹、矿业遗迹等重要保护区、保护地;依法管理水文地质、工程地质、环境地质勘查和评价工作,监测、监督防止地下水过量开采和污染;承担城市地质、农业地质、旅游地质的勘查和评价工作。(12)承担全区地质灾害预防和治理的责任。组织、协调和监督全区地质灾害防治工作,拟订、组织实施重大地质灾害等国土资源突发事件应急预案。(13)依法征收资源收益,规范、监督资金使用。依法组织土地、矿产资源专项收入的征管,配合有关部门拟订收益分配制度,配合有关部门指导、监督全区土地整理、土地复垦、土地开发等专项资金的收取和使用;参与管理土地、矿产等资源性资产,参与管理国家和自治区出资形成的矿业权权益,负责有关资金、基金的预算和财务、资产管理与监督。(14)推进全区国土资源科技进步。组织制定、实施国土资源科技发展和人才培养规划、计划,组织实施重要科技项目,推进国土资源信息化建设和信息资料的公共服务。(15)开展自治区国土资源开发对外合作与交流。拟订全区对外合作勘查、开采矿产资源政策并组织实施;组织协调区外矿产资源勘查,依法审批矿产资源对外合作区块;监督对外合作勘查开采行为。(16)组织编制自治区基础测绘和重大测绘项目规划,实施测绘行业管理,指导全区测绘事业工作。(17)承办自治区人民政府交办的其他事项。

根据上述职责,自治区国土资源厅设14个内设机构,各处室职能为:

办公室:负责文电、会务、机要、档案等机关日常工作;承担信息、安全保密、新闻宣传和政务公开工作;承担机关财务、资产管理、综合业务与协调处理等工作。

人事处:承办机关及直属事业单位的人事、机构编制和劳资管理;承办对各盟市国土资源局领导班子和处级干部的人事管理,承办全区各旗县国土资源局领导班子正职的审核备案;编制全区国土资源系统培训规划,组织实施干部培训工作;协助自治区党委组织部做好对厅领导班子和领导干部的考核和地勘局、有色地勘局、煤田地质局领导班子的管理;负责自治区党委、政府对各盟市党委、政府的国土资源考核目标的评价工作;负责国土资源系统专业技术人员队伍的建设、职称评聘和行业职称评审工作,负责行业工人技术等级培训和考评工作。

政策法规处:组织起草国土资源管理的地方性法规、规章草案,承担机关规范性文件的合法性审查工作;推进自治区国土资源行业依法行政,组织开展行政执法监督工作;承担行政复议、行政应诉、主持听证和相关法规、政策修订的修改与协调等工作;承担国土资源法律法规和政策的宣传工作。

财务处:贯彻执行国家各项财经法律、法规和政策,组织拟订有关财务制度;依法承担国土资源部门管理的各项行政事业性收费和专项收入征收管理工作;配合有关处室拟订国土资源收益分配制度;负责专项资金管理、部门预算、部门决算、内部审计、政府采购、国库集中支付、国有资产监督管理工作;指导盟市国土资源管理部门专项收入的征收管理工作。

规划与科技处:组织编制实施自治区境内国土规划、土地利用总体规划、矿产资源规划,指导各级土地利用总体规划、矿产资源规划建设并实施管理;参与编制和审查土地资源、矿产资源规划的调查评价、土地整理、土地复垦等专项规划;编制管理全区土地利用年度计划,并对执行情况进行监管和评估考核;承担基本建设项目用地及重大专项投资管理的建设项目用地预审工作;贯彻执行国家、自治区科技与外事工作方针政策,编制国土资源对外合作战略、规划、计划和政策;参与境外矿产资源勘查和开发项目的管理工作;组织实施重大科技计划,负责国土资源科技成果管理;承担对外及对香港、澳门特别行政区和台湾地区的合作交流;组织推广应用科技成果和技术标准;参与全区国土资源科技项目管理,负责有关奖项的申报。

耕地保护处:负责全区农田保护、农用地转用、土地征收征用和土地整理、土地复垦、土地开发有关政策落实的监督和指导;承担对盟市耕地保护责任目标考核工作;监督检查全区基本农田保护和占用耕地补偿制度落实情况;承办报国务院和自治区人民政府的农用地转用、土地征收征用和土地开发事项的报批工作。

地籍管理处:贯彻落实国家地籍管理办法;监督指导全区土地确权、登记、争议调处工作,调处重大土地权属争议;组织协调各类土地登记资料的整理、共享和汇交工作;组织实施土地调查、监测、统计工作;指导全区地籍工作。

土地利用管理处:承担自治区城乡建设用地和土地市场管理工作;规范土地使用权的出让、转让、租赁、抵押、作价出资(入股)等行为;组织实施土地供应、土地价格、土地资产和土地储备管理政策;贯彻实施国家土地开发利用标准;承担实施节约集约用地评价和农用地与建设用地分等定级工作,组织实施基准地价、标定地价等地价制度;负责对土地市场和地价实施动态监测;负责建设用地置换的监督管理工作。

地质勘查处:组织全区矿产资源调查评价,编制地质勘查专项规划,并监督检查执行情况;组织实施自治区重大地质勘查专项,负责自治区地质勘查项目计划管理与成果效益评估;实施地质勘查行业管理,负责自治区权限内地质勘查资质审批和监督管理;负责监督石油、天然气和煤层气矿产资源勘查开采活动,调处权属纠纷,管理油气督查员队伍;协助做好中央财政和中央地勘基金地质勘查项目管理工作;汇总分析全区地质勘查成果、地质勘查行业和石油、天然气、煤层气矿产资源勘查开采情况。

矿产开发管理处:负责自治区权限内探矿权、采矿权审批、登记、发证管理工作;监督管理全区矿业权市场建设,组织实施探矿权、采矿权的招标、拍卖、挂牌出让工作;编制、划定、实施自治区重点矿区矿业权设置方案;负责审核确定应收缴的探矿权、采矿权价款,依法确定应收缴的探矿权、采矿权使用费;调处重大探矿权、采矿权权属纠纷;组织探矿权、采矿权的年度检查工作。

矿产资源储量处:组织实施国家矿产资源储量管理办法、标准、规程,管理矿产资源储量评审、登记、统计,实施全区矿山储量动态监督管理;承担全区矿产资源补偿费征收、矿产地储备、压覆矿产资源管理的事项,承担全区矿业权评估和地质资料汇交管理工作;组织自治区矿产资源形势分析和战略研究。

地质环境处：组织实施地质灾害防治、地热、矿泉水、地质遗迹（地质公园）资源、矿山地质环境等地质环境保护管理法规和政策，编制并组织实施相应的地质环境保护规划，组织、协调、指导和监督地质灾害防治工作，拟订并组织实施突发地质灾害应急预案和应急处置；监督管理矿山地质环境保护与治理工作，监督实施矿山地质环境保护治理等技术规范与标准；承担古生物化石等地质遗迹保护和地质公园、矿山公园等重要保护区、保护地的监督管理；负责矿泉水、地热水资源开发利用的监督管理，防止水源地污染；依法管理水文地质、工程地质、环境地质勘查和评价工作，组织地下水动态监测，监督防止地下水的过量开采与污染造成的地质环境破坏。

测绘管理处：贯彻执行国家有关测绘工作的方针、政策及法律法规，监督检查测绘法律法规的落实情况；研究拟订自治区有关测绘工作的法规、条例及管理办法；负责全区测绘工作的行业行政管理，指导全区测绘工作；组织编制和实施自治区基础测绘和重大测绘项目规划；负责对全区测绘产品质量和测绘计量鉴定工作进行监督管理；承担全区测绘资质审查、测绘任务登记、测绘成果目录汇交、成果索取与保密、地图编制出版管理、测量标志保护、重要地理信息数据审核与发布等项工作。

执法监察局：组织对土地、矿产资源和测绘方面的法律、法规执行情况进行监督检查；组织实施土地、矿产资源和测绘执法监察及违法案件查处的相关法规；组织查处重大土地、矿产和测绘违法案件，领导执法监察总队开展执法监察工作，指导全区国土资源执法监察工作；受理、接待、办理涉及国土资源方面的人民群众来信来访，协调、处理国土资源部、自治区交办的信访事项。

机关党委：负责机关及直属单位党群工作。

离退休人员工作处：负责机关离退休人员管理工作，指导直属单位的离退休人员工作。

明确厅机关行政编制为91名；其中厅长1名、副厅长4名、总工程师1名（副厅级），处级领导职数34名，包括16正（含机关党委专职副书记、离退休人员工作处处长各1名）18副。同时，明确自治区国土资源厅对盟市国土资源行政主管部门实行业务领导。对盟市国土资源行政主管部门的领导干部实行双重管理体制，以国土资源厅党组管理为主，地方党委协助管理。任免盟市国土资源行政主管部门党政正职、副职时，国土资源厅党组要事先征求地方党委的意见。国土资源厅负责组织对无采矿许可证和超层越界开采、资源接近枯竭、不符合矿产资源规划和矿业权设置方案等矿山关闭工作及关闭是否到位情况进行监督和指导；牵头并会同有关部门对废弃矿山的治理工作进行组织指导和监督检查。国家对水资源实行统一管理，开采已探明的矿泉水、地热水由水行政主管部门在统一考虑地表水与地下水的资源状况和生活用水、农业用水、工业用水的实际需要的基础上办理取水许可证，确定开采限量。开采矿泉水、地热水，用于商业经营的企事业单位（如矿泉水厂、温泉宾馆、地热电厂等），凭取水许可证向地质矿产行政主管部门登记，办理相应的采矿许可证，并按照水行政主管部门确定的开采限量开采。

2013年3月20日，内蒙古自治区机构编制委员会（以下简称自治区编委）印发《关于自治区国土资源厅设立审计处的批复》，同意自治区国土资源厅设立审计处，主要职责为：按照自治区内部审计办法组织实施国土资源系统的内部审计工作，负责厅本级及厅属单位财务审计预算执行情况审计；配合有关部门组织和实施厅属单位及盟市国土资源局领导干部的离任审计和经济责任审计；负责国土资源系统各类专项资金的监督和审计；完成厅领导交办的其他工作任务。核定处级领导职数2名（1正1副）。至此，自治区国土资源厅核定内设机构15个，核定处级领导职数36名（17正，19副）。至2013年底，自治区国土资源厅实际内设处室18个（包括离退休人员工作处、机关党委、驻厅纪检组），机关行政编制97人。

2014年9月18日，自治区编委发批复自治区国土资源厅设立不动产登记局。明确整合后自治区国土资源厅的相关职责：负责指导监督全区土地登记、房屋登记、林地登记、草原登记等不动产登记工作；会同有关部门起草不动产统一登记地方性法规、规章草案，建立不动产统一登记制度，制定不动产争议调处政策；推进不动产登记信息基础平台建设；会同林业厅负责自治区政府确定的国有重点林区森林、林地、林木的登记发证；会同农牧业厅负责自治区政府批准的水域、滩涂渔业养殖登记发证。并要求积极推动盟市、旗县(市、区)不动产登记职责、机构整合工作，适当加强不动产力量。不动产登记主管部门实行"一站式"服务，减少颁证环节，以方便企业和群众。要做好不动产登记资料整理、移交等具体工作，保证不动产登记职责整合工作顺利实施，确保实现不动产登记工作的稳定性和连续性。同意将自治区国土资源厅地籍管理处改为内蒙古自治区不动产登记局(以下简称自治区不动产登记局)，挂地籍管理处牌子，并增加副处级领导职数1名。2015年3月20日，自治区不动产登记局正式挂牌。

2015年5月4日，自治区党委办公厅印发《关于加强自治区纪委派驻机构建设的意见》，指出自治区纪委向自治区一级党和国家机关派驻纪检机构，实行统一名称、统一管理。自治区纪委派驻国土资源厅纪检组为综合派驻机构，监督对象是：自治区国土资源厅及其直属单位、盟市垂管部门、代管的副厅级单位，以及自治区国土资源厅履行出资人职责所监管的国有企业，重点对象是综合监督单位的党政领导班子、自治区管理的干部和处级干部。其主要工作职责：督促驻在部门领导班子落实党风廉政建设主体责任，履行对驻在部门党风廉政建设的监督责任；检查驻在部门领导班子及其成员遵守党章和其他党内法规，贯彻执行党的路线方针政策和决议，遵守政治纪律和政治规矩，以及贯彻执行民主集中制、选拔任用干部、加强作风建设、依法行使职权和廉洁从政等情况，发现重要问题向自治区纪委及时报告；经自治区纪委批准，初步核实反映驻在部门领导班子及自治区管理干部的问题线索；参与调查驻在部门领导班子及自治区管理干部违犯党纪的案件；负责调查驻在部门内设机构、直属单位、盟市级垂直管理单位领导班子及其成员和下级干部违犯党纪的案件，必要时可以直接调查科级及以下干部违犯党纪的案件；受理对驻在部门党组织和党员的检举、控告，受理驻在部门党组织和党员不服处分的申诉；对驻在部门各级领导班子履行党风廉政建设主体责任不力、造成严重后果的，提出问责建议；负责本派驻机构干部的日常管理和监督，协助驻在部门做好巡视巡察工作；承办自治区纪委交办的其他事项。

第二节　所属单位

一、机构改革

2000年上半年，自治区国土资源厅实施了对内蒙古自治区地质矿产勘查开发局(以下简称自治区地勘局)属地化后的归口管理。根据《国务院办公厅关于地质勘查队伍管理体制改革方案》，并按照自治区政府领导的批示精神，组建自治区地质调查院，协调自治区人事厅等部门，采用公开招聘的方式，完成自治区地质调查院人员的录用工作。8月8日，自治区国土资源厅成立调整和组建事业单位领导小组，由厅长韩云彬任领导小组组长，副厅长元重举任副组长，成员包括厅人事教育处、政策法规处、财务处及事业单位筹备组负责人。10月25日，自治区国土资源厅根据《内蒙古自治区党委、政府关于印发自治区政府机构改革方案、实施意见和撤并及职能调整部门所属事业单位机构改革意见三个文件的通知》和自治区编委有关文件精神，提出了所属事业机构改革的意见。

2001年3月7日，自治区编委印发《关于自治区国土资源厅所属事业单位“五定”方案的批复》明确：自治区地勘局机关及其所属22个事业单位，仍按内机编发[1999]40号文(《关于自治区地质勘查队伍机构和人员的接收意见》)执行。批准成立自治区测绘事业局，为自治区国土资源厅所属相当于副厅级事业单位；内蒙古自治区测绘院（以下简称自治区测绘院）、内蒙古自治区航空遥感测绘院（以下简称自治区航空遥感测绘院）、内蒙古自治区地图制印院（以下简称自治区地图制印院）、内蒙古自治区测绘科技档案资料馆（以下简称自治区测绘科技档案馆）为自治区测绘事业局所属相当于处级事业单位；撤销内蒙古自治区测绘物资供应站、内蒙古自治区测绘职工培训中心。自治区测绘产品质检站（内蒙古自治区测绘仪器检测鉴定站）、自治区土地勘测设计院、自治区地质调查院、自治区国土资源信息院、自治区土地登记中心、自治区土地整理中心、自治区地质环境监测院、自治区国土资源厅机关事务服务中心为自治区国土资源厅所属相当处级事业单位。4月13日，自治区编委印发《关于内蒙古自治区有色地质勘查局及所属事业单位“五定”方案的批复》明确：内蒙古自治区有色地质勘查局（以下简称自治区有色地勘局）为自治区国土资源厅所属相当于副厅级事业单位。5月21日，根据自治区编委有关“五定”方案精神，自治区国土资源厅制定组建所属事业单位实施方案，在厅属事业单位全面推行聘用制。

2002年5月10日，自治区编委印发《关于调整自治区国土资源厅部分事业单位机构编制的批复》明确：同意将自治区地勘局所属的自治区水文地质中心整建制划给自治区国土资源厅管理，鉴于《关于自治区国土资源厅所属事业单位“五定”方案的批复》已批复成立自治区地质环境监测院，将自治区地勘局所属的内蒙古自治区地质环境监测总站（以下简称自治区地质环境监测总站）整建制划归国土资源厅后机构撤销；同意自治区地质调查院加挂自治区矿产资源储量评审中心的牌子。7月5日，自治区国土资源厅成立自治区地质环境监测总站和水文地质中心接收重组工作领导小组，组长为韩云彬，副组长为郭战英、赵保胜、沈晋平，负责组织领导两个单位的接收重组和人员调整及竞争上岗等项工作。

2004年7月13日，自治区编委批复，同意成立内蒙古自治区国土资源执法监察总队（以下简称自治区国土资源执法监察总队），为自治区国土资源行政执法机构，正处级建制，由自治区国土资源厅管理，其所需人员和经费从自治区国土资源厅机关和直属事业单位中选调和划拨，人员依照公务员管理；同意自治区水文地质中心并入地质环境监测院，合并后的自治区地质环境监测院仍为自治区国土资源厅所属的相当处级事业单位。

2005年3月，自治区党委和政府将自治区地勘局、自治区有色地勘局、内蒙古自治区煤田地质局（以下简称自治区煤田地质局）列入自治区直事业单位改革试点，进行内部企业化改革。按照自治区事业单位改革领导小组的统一要求，自治区国土资源厅提出《自治区地勘局、有色局、煤田地质局推进内部企业化改革的意见》，并经自治区批复实施。4月25日，自治区国土资源厅召开直属地勘单位企业化改革动员大会，地勘单位企业化改革全面展开。

二、隶属关系

1999年12月1日，自治区编委印发《关于自治区地质勘查队伍机构和人员的接收意见》，明确自治区地勘局为相当厅级事业单位,归口自治区地质矿产行政主管部门管理。

2000 年 5 月 19 日,自治区编委批复,自治区测绘产品质检站由自治区国土资源厅管理。11 月 16 日,自治区代主席乌云其木格主持召开自治区人民政府 2000 年第 11 次常务会议,同意自治区有色地勘局为自治区国土资源厅的直属事业单位,副厅级。

2001 年 3 月 7 日,自治区编委批复,批准成立自治区测绘事业局,并与自治区测绘产品质检站、自治区土地勘测设计院、自治区地质调查院、自治区国土资源信息院、自治区土地登记中心、自治区土地整理中心、自治区地质环境监测院为自治区国土资源厅所属事业单位。

2002 年 8 月 1 日,自治区水文地质中心由自治区地勘局划归自治区国土资源厅直接管理。

2003 年 1 月 2 日,经自治区编委同意,内蒙古工程学校(内蒙古地质技工学校)的隶属关系由自治区地勘局管理改为自治区国土资源厅管理。9 月 22 日,经自治区编办批准,自治区土地勘测设计院更名为内蒙古自治区土地勘测规划院(以下简称自治区土地勘测规划院),仍为自治区国土资源厅所属相当于处级事业单位。

2005 年 3 月 25 日,经自治区编委同意,自治区土地登记中心更名为内蒙古自治区土地储备登记中心(以下简称自治区土地储备登记中心),仍为自治区国土资源厅所属相当于处级事业单位。4 月 12 日,自治区政府将原隶属自治区政府工业办公室的自治区煤田地质局划归自治区国土资源厅管理。

2006 年,内蒙古工程学校(内蒙古地质技工学校)由自治区国土资源厅划转呼和浩特市管理。

2009 年 7 月 14 日,经自治区编委批准,成立内蒙古自治区地质勘查基金管理中心(以下简称自治区地质勘查基金中心),为自治区国土资源厅所属相当于处级事业单位。

2012 年 8 月 30 日,自治区编办印发《关于自治区国土资源厅所属事业单位调整规范意见的批复》明确:自治区测绘事业局更名为内蒙古自治区测绘地理信息局(以下简称自治区测绘地理信息局);自治区地图制印院更名为内蒙古自治区地图院(以下简称自治区地图院);自治区土地勘测规划院更名为内蒙古自治区土地调查规划院(以下简称自治区土地调查规划院);自治区土地储备登记中心更名为内蒙古自治区国土资源储备交易登记中心(以下简称自治区国土资源储备交易中心);自治区土地整理中心更名为内蒙古自治区土地整治中心(以下简称自治区土地整治中心);自治区测绘科技档案馆(内蒙古自治区基础地理信息中心)调整为内蒙古自治区基础地理信息中心(以下简称自治区基础地理信息中心)加挂内蒙古自治区测绘科技档案资料馆牌子。调整规范后,自治区国土资源厅保留事业单位有 15 个,即:自治区测绘地理信息局、自治区测绘院、自治区航空遥感测绘院、自治区地图院、自治区基础地理信息中心(内蒙古自治区测绘科技档案资料馆)、自治区国土资源执法监察总队、自治区土地调查规划院、自治区地质调查院(内蒙古自治区矿产资源储量评审中心)、自治区国土资源信息院、自治区国土资源储备交易中心、自治区土地整治中心、自治区地质环境监测院(内蒙古自治区环境地质研究所、内蒙古自治区地质灾害应急中心)、自治区地质勘查基金中心、自治区测绘产品质检站(内蒙古自治区测绘仪器检测鉴定站)、自治区国土资源厅机关事务服务中心。上述事业单位经费形式均为全额拨款。

2013 年 3 月 8 日,自治区政府批复自治区国土资源厅,同意组建内蒙古矿业(集团)有限责任公司(以下简称内蒙古矿业集团),为独立法人实体,按照政企分开、事企分开和管办分离要求,由自治区国土资源厅暂行出资人职责。

2015 年 3 月 25 日,自治区编委办公室(以下简称自治区编办)批复,同意在自治区国土资源储备交易中心的基础上，组建内蒙古自治区不动产登记与国土资源储备交易中心（以下简称自治区不动产登记与国土资源交易中心），仍为自治区国土资源厅所属的相当于处级公益一类事业单位。10 月 24 日，自治区政府批复自治区国土资源厅，同意组建内蒙古土地资源收储投资公司，为自治区直属国有公司，按照政企分开、事企分开和管办分离的要求，在机构设置、职能、人员、经费和财务等方面与自治区不动产登记与国土资源交易中心分开运行，实行独立核算、自主经营、自负盈亏，由自治区国土资源厅暂行出资人职责，并负责国有资产监管工作。

三、沿革

内蒙古自治区地质矿产勘查开发局

1956 年，原地质部决定撤销大区地质局，成立各省、市、自治区地质局。根据原地质部的决定，1956 年 8 月地质部内蒙古地质局筹备处成立。1957 年 2 月，国务院批准地质部成立地质部内蒙古地质局。1982 年，原地质部更名为地质矿产部，内蒙古地质局于 1983 年相应更名为内蒙古地质矿产局。

1994 年，为适应建立社会主义市场经济体制的形势，本着政事分开的原则，原内蒙古地质矿产局机关分成内蒙古自治区地质矿产厅（以下简称自治区地质矿产厅）和地矿部内蒙古地质矿产勘查开发局（以下简称内蒙古地矿局）两部分。自治区地质矿产厅列为自治区政府组成部门，内蒙古地矿局实行自治区政府和地质矿产部双重领导、以地质矿产部领导为主的体制。1999 年 6 月，地勘单位实行属地化管理，内蒙古地矿局划归自治区政府管理，更名为内蒙古自治区地质矿产勘查开发局，由自治区地质矿产主管部门管理，为正厅级事业单位。

1999 年 12 月 1 日，自治区编委印发《关于自治区地质勘查队伍机构和人员的接收意见》（内机编发[1999]40 号），接收自治区地勘局及所属 22 个事业单位为自治区所属事业单位，归口自治区地质矿产主管部门管理。核定局机关内设 14 个处级机构，事业编制 112 名；核定厅级领导职数 6 名（1 正，5 副），处级领导职数 32 名（14 正，18 副）；行政后勤人员 50 名，专业技术人员 62 名。下属 22 个相当处级事业单位：内蒙古自治区第一地质矿产勘查开发院、第四地质矿产勘查开发院、第五地质矿产勘查开发院、第六地质矿产勘查开发院、第八地质矿产勘查开发院、第九地质矿产勘查开发院、第十地质矿产勘查开发院、赤峰地质矿产勘查开发院、一〇六探矿工程队、一一五地质队、第一水文地质勘查院、第二水文地质勘查院、第四水文地质勘查院、第二地质中学、地质技工学校（内蒙古工程学校）、矿产实验研究所、地质环境监测总站、地质测绘院、国土资源勘查开发院、地质勘查院、地质局服务队、呼和浩特水文地质中心。22 个相当处级事业单位共有在职职工 9967 人，离退休职工 6017 人；共核定处级领导职数 126 名（38 正，88 副），科级干部 695 名（415 正，280 副）。1999 年 12 月 29 日，经自治区政府认定，自治区地勘局为自治区地质矿产厅直属事业单位。

2001 年 3 月 7 日，自治区机构编制委员会印发《关于自治区国土资源厅所属事业单位“五定”方案的批复》，明确自治区地勘局机关及其所属 22 个事业单位，仍按内机编发[1999]40 号文执行。核减所属事业单位事业编制 270 名。

2002 年 5 月 10 日，自治区编委印发《关于调整自治区国土资源厅部分事业单位机构编制的批复》，同意将自治区地勘局所属的内蒙古自治区水文地质工程地质中心整建制划给自治区国土资源厅直接管理。鉴于内机编发[2001]13 号文已批复成立自治区地质环境监测院，将自治区地勘局所属的内蒙古自治区地质环境监测总站整建制划归自治区国土资源厅后机构撤销，并核销原有的 176 名事业编制。经以上调整,自治区地勘局所属事业单位20个,事业编制总数9411名。

2003年1月6日,自治区编委印发《关于内蒙古工程学校(内蒙古地质技工学校)改变隶属关系的批复》,同意内蒙古工程学校(内蒙古地质技工学校)隶属关系由自治区地勘局管理改为自治区国土资源厅管理。核减自治区地勘局事业编155名。核减后,自治区地勘局事业编制总数为9256名。

2005年,自治区地勘局被列为自治区事业单位改革试点单位之一,实行内部企业化改革。

自治区地勘局新址办公大楼

2006年5月8日,自治区政府批准,由自治区地勘局组建内蒙古地质矿产(集团)有限责任公司(以下简称内蒙古地矿集团公司),实行"一套人马、两块牌子"的经营管理模式。7月28日,内蒙古地矿集团公司正式挂牌成立。

2009年2月20日,自治区编委印发《关于核减自治区地勘局、有色地勘局和煤田地质局人员编制的通知》,核减有自治区地勘局事业编制284名。

内蒙古自治区有色地质勘查局

成立于1973年。原称内蒙古冶金地质勘探公司,属原内蒙古自治区冶金厅管理。1984年归中国有色金属工业总公司直接管理,更名为中国有色金属工业总公司内蒙古有色地质勘探公司。1989年更名为中国有色金属工业总公司内蒙古有色地质勘查局。2000年7月,划归自治区政府管理,更名为内蒙古自治区有色地质勘查局,为准厅级事业局,隶属于自治区国土资源厅。

2001年4月4日,自治区编委印发《关于内蒙古自治区有色地质勘查局及所属事业单位"五定"方案的批复》,核定自治区有色地勘局为自治区国土资源厅所属相当于副厅级事业单位,主要承担自治区境内的区域地质、固体矿产地质、水文地质、工程地质、地球物理找矿、地球化学找矿的基础工作和航空遥感地质技术找矿等工作;组织局所属单位改革管理体制和经营机制,促进企业化进程。内设7个处级机构:办公室、计划财务处、人事劳资处、经营管理处、地质科技处、矿产安全处、党群工作部。核定事业编制72名;其中,专业技术人员58名,行政后勤人员14名。核定厅级领导职数2名(2副),处级领导职数21名(11正,含3名副局长和1名总工程师,10副)。所属相当处级事业单位11个:内蒙古自治区有色地质勘查局五一一队、有色地质勘查局五一二队、有色地质勘查局综合普查队、有色地质勘查局四队、有色地质勘查局六〇九队、有色地质勘查局七队、有色地质勘查局一〇八队、有色地质勘查局矿产勘查院、有色地质勘查局地质研究所、有色地质勘查局五队、有色地质勘查局服务中心。共核定11个单位事业编制1882人,核定处级领导职数43名(18正,25副),科级职数176名(89正,87副)。

2002年6月10日,自治区编委印发《关于调整内蒙古自治区有色地质勘查局内设机构和人员编制的批复》,明确自治区有色地勘局内设离退休人员管理处,撤销地质科技处,职能划归矿产勘查院承担。核定机关事业编制52名;其中,专业技术人员42名,行政后勤人员10名。

2006 年 5 月 8 日，自治区政府批准，由自治区有色地质勘查局组建内蒙古有色地质矿业（集团）有限责任公司（以下简称内蒙古有色地矿集团公司），实行“一套人马、两块牌子”的经营管理模式。8 月初，内蒙古有色地矿集团公司正式挂牌成立。

2009 年 2 月 20 日，自治区编委印发《关于核减自治区地勘局、有色地勘局和煤田地质局人员编制的通知》，核减自治区有色地勘局事业编制 18 名。

内蒙古自治区煤田地质局

成立于 1953 年。1998 年 8 月，归属内蒙古自治区煤炭工业管理局管理。

2001 年 3 月 7 日，自治区编委印发《关于内蒙古自治区煤田地质局所属事业单位“五定”方案的批复》，明确自治区煤田地质局为自治区煤炭工业局所属相当于副厅级事业单位。主要职责是：根据国家地质勘探计划，综合运用各种技术手段，在全区范围内进行煤田地质普查、详查和精查工作，探明煤炭储量及矿山开采条件，为自治区煤炭工业规划和建设提供地质资料。核定局机关内设 7 个处级机构：办公室、人事保卫处、党务工作部、计划财务处、技术处、生产处、工会。核定事业编制 81 名，其中专业技术人员为 65 名，行政工勤人员为 16 名。核定厅级领导职数 2 名（2 副），处级领导职教 22 名（11 正，含副局长 3 名和 1 名总工程师；11 副）。所属事业单位 11 个：内蒙古自治区煤田地质局 117 勘探队、煤田地质局 151 勘探队、煤田地质局 153 勘探队、煤田地质局 231 勘探队、煤田地质局 472 勘探队、煤田地质局 109 勘探队、煤田地质局 104 勘探队、煤田地质局勘测队、煤田地质局科研所、煤田地质局服务中心、煤炭工业技术学校。共核定 11 个单位事业编制 4240 人，核定处级领导职数 54 名（20 正，34 副），科级职数 251 名（131 正，120 副）。

2003 年 9 月，自治区煤田地质局归自治区政府工业办公室管理，2005 年 4 月划归自治区国土资源厅管理。

2006 年 5 月 8 日，自治区政府批准，由自治区煤田地质局组建内蒙古煤炭地质勘查（集团）有限责任公司（以下简称内蒙古煤炭地勘集团公司），实行“一套人马、两块牌子”的经营管理模式。7 月 28 日，内蒙古煤炭地勘集团公司正式挂牌成立。

2008 年 12 月 11 日，自治区编委印发《关于自治区地勘局和煤田地质局所属学校人员编制划转所在地管理的批复》，明确自治区煤田地质局 109 队子弟学校划归呼伦贝尔市海拉尔区管理，核减 20 名编制；内蒙古煤炭工业技术学校整建制划归通辽市管理，核减 104 名编制。核减后自治区煤田地质局编制人数 4197 人。

2009 年 2 月 20 日，自治区编委印发《关于核减自治区地勘局、有色地勘局和煤田地质局人员编制的通知》，核减自治区煤田地质局事业编制 459 名。核减后编制人数为 3738 名。

内蒙古自治区测绘地理信息局

1995 年 1 月 25 日，经内蒙古自治区政府批准，自治区测绘局为内蒙古建设厅所属相当于副厅级事业单位。

2000 年 4 月 7 日，根据《内蒙古自治区人民政府办公厅关于印发自治区国土资源厅职能配置内设机构和人员编制规定的通知》，撤销自治区测绘局，其行政职能并入自治区国土资源厅。

2001 年 3 月 7 日，自治区编委《关于自治区国土资源厅所属事业单位“五定”方案的批复》，批准成立自治区测绘事业局，为自治区国土资源厅所属相当于副厅级事业单位。主要职责为：主要承担自治区境内的基础测绘工作，承担自治区范围内的基础测绘、重大测绘项目、地籍测绘等项目的具体实

自治区测绘地理信息局办公大楼

施以及测绘科学技术研究、测绘信息交流，编制出版自治区行政区域地图、地图集和其他专业性地图集，负责向社会提供测绘成果，为政府及有关部门提供测绘保障服务。内设办公室、人事教育处(党务办公室、测绘工会)、生产技术处、质量检查处4个处级机构；核定事业编制29名，其中机关行政后勤人员6名，专业技术人员23名；核定厅级领导职数1名(1副)，处级领导职数11名(7正，含副局长2名、总工程师1名，4副)。所属相当于处级事业单位4个：自治区测绘院、自治区航空遥感测绘院、自治区地图院、自治区测绘科技档案馆。撤销内蒙古自治区测绘物资供应站、内蒙古自治区测绘职工培训中心。

2004年5月27日，经自治区编委批复，自治区测绘事业局撤销内设的质量检查处，设财务处。

2012年8月30日，自治区编办印发《关于自治区国土资源厅所属事业单位调整规范意见的批复》，更名为内蒙古自治区测绘地理信息局，为自治区国土资源厅所属的相当于副厅级事业单位。主要职责任务是：拟定自治区测绘地理信息产业发展规划并组织实施；承担自治区境内的基础测绘、公益性重大测绘项目；开展测绘科学技术研究、测绘信息交流，编制与出版自治区行政区域地图，保护测绘标志；承担全区测绘任务登记、测绘成果汇交工作任务，依法向社会提供测绘成果；公布地理信息数据，收集、整理、存储和管理自治区境内的测绘地理信息，并做好保密工作；承担全区测绘继续教育与培训工作。内设处级机构4个：办公室、人事教育处、生产技术处、规划财务处；核定事业编制36名。其中，专业技术人员编制29名，其他人员编制7名。核定副厅级领导职数1名，处级领导职数11名(7正，含副局长2名和总工程师1名，4副)。所属正处级事业单位4个：自治区测绘院、自治区航空遥感测绘院、自治区地图院、自治区基础地理信息中心(内蒙古自治区测绘科技档案资料馆)。截至2015年8月，自治区测绘地理信息局共有在职职工538人；其中局机关33人，自治区测绘院248人，自治区航空遥感测绘院109人，自治区地图制印院110人，自治区基础地理信息中心38人。

内蒙古自治区土地调查规划院

原称内蒙古自治区土地勘测设计院。成立于1954年。1987年从自治区农业厅全建制划归原自治区土地管理局。

2001年3月7日，自治区编委《关于自治区国土资源厅所属事业单位“五定”方案的批复》，明确自治区土地勘测设计院为自治区国土资源厅所属相当于处级事业单位。主要职责：具体承担自治区境内的土地勘测、设计、规划及有关研究等工作，为全区土地管理宏观决策提供依据和技术支持。内设科级机构10个：办公室、党团人事科、技术业务科、财务科、土地规划研究室、土地资源调查队、土地利用测量队、土地利用动态分析室、制图室、技术档案资料室。核定事业编制178名，其中专业技术人员 142 名,行政后勤人员 36 名。核定处级领导职数 5 名(2 正,3 副),科级领导职数 21 名(11 正,含总工程师 1 名;10 副)。

2002 年 5 月 10 日,自治区编委印发《关于调整自治区国土资源厅部分事业单位机构编制的批复》。同意由自治区土地勘测设计院划拨自治区土地整理中心编制 4 名,自治区土地勘测设计院全额拨款事业编制 174 名。

2003 年 9 月 22 日,经自治区编办批准,更名为内蒙古自治区土地勘测规划院。

2012 年 8 月 30 日,自治区编办印发《关于自治区国土资源厅所属事业单位调整规范意见的批复》,更名为内蒙古自治区土地调查规划院。主要职责任务是:承担辖区内土地调查、规划、评价、监测、地价分析等公共事务的技术服务工作;承担土地调查相关技术规定和质量检查标准的草拟工作;负责土地数据中心建设管理、维护更新;开展土地调查规划方面相关业务培训、指导、咨询;承担并组织完成自治区土地利用与保护方面的政策研究应用;开展土地科学应用基础理论研究及相关信息工程技术的应用开发和实验;承担征地项目报告中土地勘测定界测绘任务和相关技术性指标的审核工作。内设科级机构 11 个:办公室、组织人事科、总工办、技术业务科、财务科、土地规划分析室、土地调查分析室、土地测量分析室、土地价格分析室、土地数据中心、土地政策研究分析室。核定事业编制 167 名。其中,专业技术人员编制 117 名,其他人员编制 50 名。核定处级领导职数 5 名(2 正,3 副),科级领导职数 23 名(12 正,含总工程师 1 名;11 副)。

2012 年 11 月 12 日,自治区土地调查规划院举行更名揭牌仪式现场。

内蒙古自治区地质调查院(内蒙古自治区矿产资源储量评审中心)

1999 年,自治区编办以[1999]29 号文批复成立自治区地质调查院。

2001 年 3 月 7 日,经自治区编委明确,自治区地质调查院为自治区国土资源厅所属相当于处级事业单位。机构规格、内设机构、人员编制、人员结构,按内机编发[1999]26 号文执行。

2002 年 5 月 10 日,自治区编委印发《关于调整自治区国土资源厅部分事业单位机构编制的批复》,同意自治区地质调查院加挂内蒙古自治区矿产资源储量评审中心的牌子,负责全区矿产资源储量评审、矿床工业指标评审及相关的技术性、辅助性和服务性工作。增核处级领导职数 1 名(1 副),并增加储量评审科,增核科级领导职数 2 名(1 正,1 副)。增加后,内蒙古地质调查院处级领导职数 7 名(2 正,5 副),内设 6 个科级机构,科级职数 31 名(13 正,18 副)。

2007 年 9 月 19 日,自治区编委印发《关于自治区国土资源厅所属事业单位调整编制的批复》,同意从自治区地质调查院给内蒙古国土资源信息院调整 1 名编制。调整后,自治区地质调查院事业编制 222 名。

2012 年 8 月 30 日,自治区编办印发《关于自治区国土资源厅所属事业单位调整规范意见的批复》,自治区地质调查院主要职责任务是:承担与国家地质调查局进行项目联系,立项论证,承担国家安排的国土资源大调查中的基础性、公益性、战略性地质和矿产勘查任务;承担组织实施自治区安排的基础性、公益性、战略性地质和矿产勘查任务,对自治区地质勘查基金项目实施质量检查;承担并组织实施全区水文地质、工程地质、环境地质勘查和评价工作;收集整理并综合研究全区地质工作进展情况和最新成果,为国家和自治区安排地质勘查项目提供依据;收集整理并综合研究全区矿产资源供需情况和资源保证程度,为自治区经济发展决策提供矿情报告和依据。内设科级机构11个:办公室、党务工作部、计划财务部、生产技术部、综合规划研究室、矿产部、区调队、物化探队、水工环室、储量评审科、质量监控部。核定事业编制192名。其中,专业技术人员编制153名,其他人员编制39名。核定处级领导职数8名(2正,6副),科级领导职数31名(13正,含总工程师和总经济师各1名,18副)。2014年12月19日,自治区编办印发《关于自治区国土资源厅所属事业单位调整编制的批复》,同意将自治区国土资源厅机关事务服务中心1名编制调整到自治区地质调查院使用,经此调整后,自治区地质调查院事业编制187名。

2007年7月,新落成的自治区地质调查院办公大楼。

内蒙古自治区地质环境监测院

2001年3月7日,自治区编委《关于自治区国土资源厅所属事业单位“五定”方案的批复》,批准成立自治区地质环境监测院,为自治区国土资源厅所属相当于处级事业单位。主要职责:从事水文地质、环境地质及地质灾害等基础性数据的收集、处理、分析、研究评价、预测预报;负责全区环境地质监测和地质灾害、环境地质、地质遗迹的调查评价等工作。内设7个科级机构:办公室、计划财务科、综合研究室、地下水动态室、地质灾害监测室、地质遗迹保护室、地热与矿泉水勘查室。在12个盟市下设地质环境监测站,机构规格为科级。分别是:呼和浩特地质环境监测站、包头地质环境监测站、赤峰地质环境监测站、通辽地质环境监测站、集宁地质环境监测站、海拉尔地质环境监测站、乌兰浩特地质环境监测站、东胜地质环境监测站、锡林浩特地质环境监测站、临河地质环境监测站、乌海地质环境监测站、巴彦浩特地质环境监测站。核定自治区地质环境监测院事业编制121名;其中,机关55名,下属12个监测站66名,包括专业技术人员97名、行政后勤人员24名。核定处级领导职数4名(1正,3副),科级领导职数23名(19正、含下属12个监测站,4副)。

2004年7月13日,经自治区编委同意,自治区水文地质中心并入自治区地质环境监测院,主要职能为:参与编制和实施全区环境地质、矿山地质环境、地质遗迹调查评价、保护和地下水监测、地质灾害防治工作规划、计划;负责完成国家下达的地质环境调查、评价和治理任务;承担自治区下达的地下水资源、地质环境、地质遗迹和地质灾害调查、评价和研究任务;建立和完善全区地质环境监测站网;组织实施全区地下水环境监测综合研究工作;监督、监测防止地下水过量开采与污染,保护地质环境;对盟市地质环境监测站进行管理和业务指导;承担全区矿山地质环境调查、评价及有关的治理工作;参与制定地质环境影响评价工作大纲,开展全区地质环境影响评价工作;承担全区地质灾害的评价、监测、综合研究和预警预报;编制全区地质灾害防灾预案;承担全区汛期地质灾害应急调查工作及地质灾害鉴定；开展地质遗迹调查与评价工作，协助认定具有重要价值的古生物化石产地、标准地质剖面、地质地貌景观等地质遗迹自然保护区和地质公园；承担自治区地质环境监测及资料汇总、分析、处理以及全区地质环境信息系统的建设、管理，提交各类监测成果，编制地质环境状况公报，为政府决策部门和社会公众提供信息服务；承担全区地热水、矿泉水资源的调查评价工作。内设12个科级机构，即办公室、财务科、人事教育科、综合研究室、地质灾害防治室、地下水资源调查检测室、矿山地质环境与国土整治评价室、地质遗迹调查评价室、地热和矿泉水资源勘查室、地质环境监督检验室、水文地质工程地质研究室、信息科。下属12个盟市地质环境监测站，机构规格为科级。主要承担各盟市地质环境和地质灾害的监测工作，负责各类数据的采集和报送工作。核定人员编制250名，其中专业技术人员200名，行政后勤人员50名。核定处级领导职数6名(2正，4副)，科级领导职数48名(24正，24副)。

2012年8月30日，自治区编办印发《关于自治区国土资源厅所属事业单位调整规范意见的批复》，同意自治区地质环境监测院加挂内蒙古自治区环境地质研究所和内蒙古自治区地质灾害应急中心牌子，并增加职能有：承担各盟市地质环境和地质灾害的监测工作，承担各类数据的采集和报送工作；指导盟市、旗县地质灾害应急工作；开展地质灾害现场应急调查技术指导和相关地质灾害预警预报和趋势预测；协助编制年度地质灾害预案，起草相关技术工作规程和要求，开展防灾减灾知识宣传、应急处置等技术培训工作。下设12个盟市地质环境监测站，为其所属的科级事业单位。内设科级机构14个：办公室、财务科、人事教育科、技术部、地下水资源调查检测室、矿山地质环境与国土整治评价室、古生物化石保护研究室、地热和矿泉水资源勘查室、地质环境监督检验室、水文地质工程地质研究室、信息科、应急调查与预报预警室、群测群防与地灾监测室、地质环境项目部。核定事业编制249名；其中，专业技术人员编制175名，其他人员编制74名。核定处级领导职数6名(2正，4副)，科级领导职数52名(26正、26副，含下属12个盟市地质环境监测站科级单位领导职数12正、12副)。

内蒙古自治区国土资源信息院

2001年3月7日，自治区编委《关于自治区国土资源厅所属事业单位"五定"方案的批复》，同意撤销内蒙古自治区土地管理教育培训中心和内蒙古自治区土地管理档案馆，组建自治区国土资源信息院，为自治区国土资源厅所属相当于处级事业单位。主要职责：负责土地、地质矿产资料和国土资源科技信息的收集整理、综合分析研究和技术处理，为资源的开发利用提供信息依据；负责全区国土资源系统信息网络建设和新闻发布、宣传报道等工作。内设科级机构10个：办公室、财务部、工程技术部、资料一馆、资料二馆、科技信息中心、地理信息中心、中心网站、新闻宣传中心、国土资源博物馆。核定事业

2002年2月1日，自治区国土资源厅厅长韩云彬(右)和国土资源部信息中心副主任查宗祥(左)为自治区国土资源信息院正式成立揭牌。

编制56名,其中,专业技术人员45名,行政后勤人员11名。核定处级领导职数3名(1正,2副),科级领导职数16名(10正,6副)。

2004年3月26日,自治区编委批复,从自治区国土资源信息院划拨2名事业编制给自治区国土资源厅机关事务服务中心,划拨后自治区国土资源信息院事业编制54名。

2012年8月30日,自治区编办印发《关于自治区国土资源厅所属事业单位调整规范意见的批复》,自治区国土资源信息院为自治区国土资源厅所属的相当于正处级事业单位。其主要职责任务是:承担全区国土资源信息的收集、整理、统计、分析;承担全区国土资源信息化建设和电子政务系统及网络维护等工作。内设科级机构10个:办公室、财务部、技术工程部、矿政信息部、地质资料馆、土地档案馆、网络中心、国土资源博物馆、总工办、国土资源政务大厅。核定事业编制54名;其中,专业技术人员编制37名,处级领导职数3名(1正,2副),科级领导职数16名(10正,6副)。

内蒙古自治区土地整治中心

2001年3月7日,自治区编委《关于自治区国土资源厅所属事业单位"五定"方案的批复》,批准成立自治区土地整理中心,为自治区国土资源厅所属当于处级事业单位。主要职责:负责全区土地开发、整理、复垦项目的技术审定、业务咨询、指导和成果验收等工作。内设2个科级机构:综合科、土地开发整理科。核定事业编制8名;其中,专业技术人员6名,行政后勤人员2名。核定处级领导职数2名(1正,1副),科级领导职数3名(2正,1副)。

2002年5月10日,自治区编委印发《关于调整自治区国土资源厅部分事业单位机构编制的批复》。同意自治区土地整理中心增加编制4名(从内蒙古自治区土地勘测设计院划拨),并增加征地服务科,增加科级职数2名(1正,1副)。经调整,自治区土地整理中心事业编制12名,内设3个科级机构,科级职数5名(3正,2副)。

2012年8月30日,自治区编办印发《关于自治区国土资源厅所属事业单位调整规范意见的批复》,更名为内蒙古自治区土地整治中心。主要职责任务是:承担土地整治规划编制及审查等技术工作;承担耕地后备资源的调查评价;承担土地整治项目选址、现场踏查、科研报告的技术审查;承担土地整理项目规划设计及预算的技术审查及土地整治和耕地占补平衡项目的监督检查与验收;承担土地复垦技术审查;承担全区土地整治数据中心的建设、维护和更新等土地整治的公益性、基础性工作。内设科级机构4个:综合科、财务科、整治科、总工办。核定事业编制15名;其中,专业技术人员编制9名,其他人员编制6名。核定处级领导职数2名(1正,1副),科级领导职数6名(4正,2副)。

内蒙古自治区不动产登记与国土资源储备交易中心

2001年3月7日,自治区编委《关于自治区国土资源厅所属事业单位"五定"方案的批复》,批准成立自治区土地登记中心,为自治区国土资源厅所属相当于处级事业单位。主要职责:按照有关规定,负责对所辖范围内的国有土地进行各项登记业务工作。

2005年3月25日,经自治区机构编制委员会同意,更名为内蒙古自治区土地储备登记中心。主要职能是:负责对所辖范围内的国有土地进行各项登记业务;负责自治区人民政府土地收购储备和临时用地管理的事务性以及技术性工作;负责土地使用权租赁、作价出资转让和交易工作;负责全区基准地价、核定地价评测的事务性技术性工作;承担土地收购储备工作。

2008年10月,自治区国土资源厅决定,对外加挂内蒙古自治区矿业权交易中心牌子。

2012年8月30日,自治区编办印发《关于自治区国土资源厅所属事业单位调整规范意见的批复》,更名为内蒙古自治区国土资源储备交易登记中心。主要职责任务是:按照有关规定承担对所辖范围内的国有土地进行各项登记业务;承担土地收购储备和自治区人民政府临时用地管理的事务性以及技术性工作;承担土地使用权租赁、作价出资转让和交易工作;承担全区交易土地估价、土地登记代理的事务性、技术性工作;承担矿产资源探矿权、采矿权出让、转让的技术性、事务性工作;承担和指导全区土地整治工程和地质环境工程的招投标等相关技术性、服务性工作。

2015 年 3 月 25 日,自治区编委办公室批复,同意在自治区国土资源储备交易中心基础上组建内蒙古自治区不动产登记与国土资源储备交易中心,仍为自治区国土资源厅所属的相当于处级公益一类事业单位。其主要职责任务是:承担全区不动产登记法律、法规、政策、方法等方面的研究和分析,并提出建议;拟定全区不动产产权产籍调查,登记标准;对全区不动产登记工作进行业务检查和指导,开展不动产登记的法律咨询,并调处跨盟市和交办的不动产产权纠纷;按照有关标准指导管理系统和信息平台建设并做好汇交检查等相关工作;承担全区不动产权利证书的印刷、分发管理等工作,并开展相关人员培训和知识更新等事务性工作;承办自治区承担的不动产登记和自治区政府临时用地管理的具体事务性和技术性工作;承担土地使用权和土地交易的相关事务性和技术性工作;承担和指导全区土地整治工程和地质环境工程的招投标相关技术性事务性工作。同意从内蒙古自治区赤峰地质矿产勘查开发院划转增加事业编制 12 名,增设权籍科,并将原登记科更名为不动产登记科,增核科级领导职数 2 名(1 正、1 副)。调整后,事业编制 24 名,内设科级机构为 5 个:综合科、不动产登记科、储备科、交易科、权籍科;科级领导职数 10 名(6 正,含总工程师 1 名,3 副)。

内蒙古自治区地质勘查基金管理中心

2009 年 7 月 14 日,经自治区编委批准,成立自治区地质勘查基金中心,为自治区国土资源厅所属相当处级事业单位,由自治区财政厅、国土资源厅共同委托开展自治区地质勘查基金项目的组织实施和日常管理工作。主要职责是:根据自治区国民经济和社会发展计划,编制自治区地质勘查基金专项勘查规划和年度工作计划,提出地质勘查基金投资方向,经审查批准后负责落实;组织开展地质勘查基金项目的采集、前期调研和立项论证工作,实施地质勘查基金项目招投标工作;组织开展地质勘查基金项目设计审查、质量监督检查、成果验收等日常工作;依法管理地质勘查基金项目探矿权及矿业权价款以折股形式上缴所形成的股权,保障地质勘查基金项目的找矿成果和投资收益,管理和发布地质勘查基金项目的地质成果;负责组建和管理地质勘查基金项目监理工作,组建地质和经济专家库等基金管理支撑机构;受委托负责中央地质勘查基金项目的日常管理工作。核定事业编制 30 名(从自治区地质调查院连人带编划转)。内设 5 个科级机构:办公室、财务科、综合规划科、地质科、监理和成果管理科。核定处级领导职数 3 名(1 正,2 副),科级领导职数 11 名(5 正,6 副)。

内蒙古自治区测绘产品质量监督检验站

1995 年 1 月,经自治区编委批准,组建自治区测绘产品质检站,加挂“内蒙古自治区测绘仪器检测鉴定站”牌子,为自治区测绘局所属处级事业单位。

2000 年 5 月 19 日,自治区编委批复,自治区测绘产品质检站由自治区国土资源厅直接管理。

2001 年 3 月 7 日,自治区编委印发《关于自治区国土资源厅所属事业单位“五定”方案的批复》,明确自治区测绘产品质检站(内蒙古自治区测绘仪器检测鉴定站)为自治区国土资源厅所属处级事业单位。主要职责:承担测绘产品质量监督检验、评价型检验和仲裁检验工作;负责对自治区境内各测绘单位所用测绘仪器实施监督检验和强制检验,参与测绘仪器新产品的鉴定和检验等工作。内设 3

个科室：办公室、测绘产品质量检验室、测绘仪器检测鉴定室。核定事业编制14名；其中，专业技术人员11名，行政后勤人员3名。核定处级领导职数2名(1正，1副)，科级领导职数5名(3正，2副)。

2012年8月30日，自治区编办印发《关于自治区国土资源厅所属事业单位调整规范意见的批复》，核定事业编制19名；其中，专业技术人员编制14名，其他人员编制5名。

内蒙古自治区国土资源执法监察总队

2004年7月13日，自治区编委印发《关于成立内蒙古自治区国土资源执法监察总队并调整所属部分事业单位机构编制的批复》，同意成立自治区国土资源执法监察总队，为自治区国土资源行政执法机构，正处级建制，由自治区国土资源厅管理。主要职责是：宣传贯彻执行国家和自治区有关土地资源、矿产资源、测绘方面法律法规和政策。监督检查土地资源，矿产资源和测绘方面法律法规执行情况。对土地利用总体规划、年度利用计划、矿产资源开发利用规划、土地和矿产资源保护规划、地质灾害防治规划等执行情况进行监督检查。受委托组织开展对土地、农地转用、土地征用、土地资产处置、土地使用权和矿业权交易行为及测绘违法行为的监督检查。受委托对探矿权、采矿权审批发证、矿产资源储量审批，矿产资源补偿费征管、造地费征收、新增建设用地补偿费征收等行政行为依法进行监察，并纠正违法违规行为。负责土地资源和矿产资源重大违法案件、测绘违法案件的调查和取证工作，并依法提出处理意见。协助有关部门实施行政处罚的强制执行，配合司法机关对违法犯罪行为依法追究法律责任。参与土地、矿业秩序、测绘市场秩序的治理整顿工作。配合有关部门对矿产品流通进行监督检查。对盟市国土资源执法监察队伍进行业务指导。承办自治区人民政府及自治区国土资源行政主管部门交办的其他工作。内设4个科级机构：办公室、一支队、二支队、三支队。核定行政执法专项编制35名；其中，处级领导职数3名(1正，2副)，科级领导职数8名(4正，4副)。总队长由自治区国土资源厅执法监察局局长兼任，设国土资源综合执法处级专员8名(4正，4副)，人员依照公务员管理。

2012年8月30日，自治区编办印发《关于自治区国土资源厅所属事业单位调整规范意见的批复》，核定自治区国土资源执法监察总队内设科级机构5个，包括：办公室、一支队、二支队、三支队、信访室。核定行政执法专项编制36名，工勤编制1名；核定处级领导职数3名(1正，2副)，国土资源综合执法处级专员8名(4正，4副)。核定科级领导职数10名(5正，5副)。

内蒙古自治区国土资源厅机关事务服务中心

2000年4月8日，自治区编委印发《关于增加机关后勤服务事业编制的批复》，明确原自治区土地管理局机关事务服务中心交自治区国土资源厅管理，改称为自治区国土资源厅机关事务服务中心，并同意在原已核12名事业编制的基础上，暂增加6名事业编制。

2004年3月26日，经自治区编委批复，自治区国土资源厅机关事务服务中心事业编制22名。

2012年8月30日，自治区编办印发《关于自治区国土资源厅所属事业单位调整规范意见的批复》，自治区国土资源厅机关事务服务中心为自治区国土资源厅所属的相当于正处级事业单位。其主要职责任务是：承担厅机关后勤服务保障工作；承担厅机关基本建设以及相关区域物业管理；承担车辆等国有资产的管理、维护工作；保障机关正常运行的下设科级机构4个：综合科、财务科、后勤服务管理科、车管科。核定事业编制28名。核定处级领导职数2名(1正，1副)，科级领导职数6名(4正，2副)。

2014年12月19日，自治区编办印发《关于自治区国土资源厅所属事业单位调整编制的批复》，同意将自治区国土资源厅机关事务服务中心1名编制调整到自治区地质调查院使用。调整后，自治区国土资源厅机关事务服务中心事业编制27名。

第三节　地勘单位改革

一、地勘单位属地化改革

1999年4月30日,国务院办公厅印发《地质勘查队伍管理体制改革方案》指出:地质勘查单位统一划归到各省、自治区、直辖市,由省级人民政府国土资源主管部门归口管理,并逐步实行企业化经营。6月3日,根据国务院的文件精神和要求,国土资源部与自治区政府在呼和浩特市就原地矿部所属驻内蒙古自治区的地质勘查队伍——地矿部内蒙古地质矿产勘查开发局(含地矿部呼和浩特水文地质工程地质中心)属地化管理事宜进行了商谈,正式签署《关于地质勘查队伍属地化管理的会商纪要》(以下简称《纪要》)。国土资源部副部长蒋承菘、自治区副主席云公民出席签字仪式。《纪要》明确,自《纪要》签署之日起,原地矿部内蒙古地质矿产勘查开发局正式划归自治区政府管理。属地化后,原地矿部内蒙古地质矿产勘查开发局更名为内蒙古自治区地质矿产勘查开发局。为确保地质勘查队伍属地化工作顺利进行,单位事业性质不变,建制不变,规格不变,归口自治区地质矿产行政主管部门管理,不再层层下放。在自治区机构改革时,再就其管理体制、机构、编制统一考虑,进一步予以理顺。12月1日,按照国务院办公厅《关于印发地质勘查队伍管理体制改革方案的通知》和自治区政府办公厅《关于印发地质勘查队伍属地化管理会商纪要的通知》文件精神,自治区编委印发《关于自治区地质勘查队伍机构和人员的接收意见》,接收原地矿部内蒙古地质矿产勘查开发局及其所属22个事业单位为自治区所属事业单位。自治区地勘局为相当厅级事业单位,归口自治区地质矿产行政主管部门管理。12月29日,自治区政府印发《内蒙古自治区人民政府关于确定内蒙古地勘局的行政主管部门的批复》,认定自治区地质矿产行政主管部门为自治区地勘局的行政主管部门,自治区地勘局是自治区地质矿产行政主管部门的直属事业单位。但为了使地勘单位逐步向企业化过渡,自治区地质矿产行政主管部门对该局的管理应采取一些有别于其他直属事业单位的管理办法和措施,给予该局更大的自主权。

2000年上半年,自治区国土资源厅实施对自治区地勘局属地化后的归口管理。协助该局理顺了与自治区有关厅局的关系,明确了工资发放、劳动人事等属地管理办法。

2000年7月19日,自治区副主席周维德主持召开办公会议,研究中央下放有色金属企事业单位有关问题。根据国务院《关于调整中央所属有色金属企事业单位管理体制有关问题的通知》的精神,会议决定,自治区国土资源厅负责有色地质勘查局的接收工作。属地化后,原隶属于中国有色金属工业总公司地质勘查总局的内蒙古有色地质勘查局,更名为内蒙古自治区有色地质勘查局。

2000年11月16日,自治区代主席乌云其木格主持召开自治区人民政府2000年第11次常务会议。会议同意自治区有色地勘局为自治区国土资源厅的直属事业单位,副厅级。

二、推进地勘单位内部企业化改革

2001年3月21日,自治区国土资源厅成立地勘单位体制改革领导小组,厅长韩云彬任组长,副厅长郭战英、赵保胜任副组长。

2003年8月,自治区编办和自治区政府调研室根据自治区政府要求,对自治区地勘单位改革进行调研。9月4日,国务院办公厅印发《关于深化地质勘查队伍改革有关问题的通知》(国办发[2003]76号,以下简称76号文)。9月22－23日,国土资源部召集各省(区、市)国土资源厅、地勘局和有关行业地勘部门领导,召开了深化地质勘查队伍改革工作座谈会。10月21日,自治区国土资源厅向自治区政府请示,就贯彻落实76号文有关问题,提出地勘单位改革发展的措施和建议。

2004年11月2日,自治区有色地勘局党组在上报自治区国土资源厅党组的报告中,提出拟在有色地勘局内部实施企业化的调整和改革。11月10日,自治区副主席赵双连在自治区有色地勘局党组的报告上批示,要求自治区国土资源厅在此基础上研究可行性方案。自治区国土资源厅通过反复研究、反复讨论,并多次征求有关部门意见,与自治区政府工业办公室提出有关改革意见,并提请以自治区的名义印发《关于自治区地勘局、有色地勘局、煤田地质局推进内部企业化改革的意见》。

2005年4月12日,自治区政府批复自治区国土资源厅、自治区政府工业办公室,同意自治区地勘局、有色地勘局、煤田地质局推进内部企业化改革的意见。并明确为了统一管理,将原隶属自治区政府工业办公室的自治区煤田地质局划归自治区国土资源厅管理。

在《关于自治区地勘局、有色地勘局、煤田地质局推进内部企业化改革的意见》中,主要确定了地勘单位改革的总体原则、内容和实施步骤。

改革的总体原则:坚持事企分开的原则和企业化改革的方向,通过划开离退休人员和剥离地勘单位办社会的职能,精干主体、壮大主业,使地勘单位轻装前进,集中精力搞经营,一心一意谋发展。坚持尊重历史、照顾现实的原则。体现老人老办法,新人新办法,确保职工的合法权益。坚持统筹兼顾、稳步推进的原则。先从内部改革入手,转换经营机制,实行企业化经营,逐步向现代企业过渡。坚持原则性与灵活性相结合的原则。为扶持地勘单位的发展,维护职工的利益,改革在保留事业单位的牌子、性质和人员退休事业身份的基础上进行。

改革的内容:结合地勘单位的行业特点和发展现状,实行内部事业和企业职能分开,离退休人员与在职人员经费分开管理,积极推进地勘单位企业化经营,探索建立现代企业制度和产权制度,增强地勘单位自主经营、自负盈亏、自我约束、自我发展的能力。

将地勘单位办社会的职能移交地方。根据地勘单位企业化的改革方向,将3个局管理的中小学校、技校包括人员(含离退休)、资产、经费,下划到所在地属地管理。经费划转以2004年上级单位拨款为基数,现有差额部分(指地勘单位学校人员现行工资、补贴标准与所在地同类人员标准的差额)每年由自治区财政和三个局各按50%的比例拨付地方,时间3年,以后学校所需经费由各地财政负责。

离退休人员经费与在职人员经费分开管理。将地勘单位2004年底在册的离退休人员经费,从各地勘单位财政应拨款基数中划出,单列管理。以2004年的离退休费(工资、补贴、福利应发数)加医疗保险费用(离休人员按人均8000元,退休人员按当年实际支出数计算)为基数,由原单位管理发放,以后国家政策性调资和自治区出台的相应政策性补贴等增资费用,由自治区财政全额拨款解决,确保离退休人员老有所养,老有所医。改革后原属事业单位在编在册的正式职工符合条件退休的,按上述办法执行,并从地勘经费中核减退休费(按地勘单位经费基数切除离退休人员费用后的在职职工人均经费数核减);原在事业单位工作的劳动合同制人员,按自治区政府有关社保退休政策执行。

离退休人员经费单列后,各地勘局的离退休人员管理工作仍由各局承担,不再新增管理离退休人员的机构和编制。

在职人员经费包干，自负盈亏。改革财政补助方式，在职人员以2005年内蒙古地勘局、有色地勘局、煤田地质局地勘事业费预算为基数，分别扣除离退休人员经费和划转出的学校经费拨款补助后，剩余部分作为经费基数，实行定额管理，包干使用，自负盈亏。各单位创收部分，全部留归各单位使用。新进人员所需经费，包括工资、补贴、福利、社会保险、住房公积金等，由用人单位自行解决，财政不再增加拨款。

扩大用人自主权。实行财政补助方式改革后，不再核定事业编制，地勘单位的原有的事业编制以在编在册的实有人数为基数实行注册管理，建立档案，减少一人相应减少一名编制。新进人员单位自主聘用，同被聘人员签订劳动聘用合同，按企业职工基本养老保险规定参加养老保险。3个地勘局的内设机构及所属单位领导职数、内设机构自行调整。内设机构及所属单位的现有领导实行注册管理，新聘任的领导不再确定行政级别。

地勘单位内部实行企业化管理。在划出离退休人员经费和办社会的职能后，地勘单位要深化内部改革，实行企业化管理，增强发展活力。进一步调整优化产业结构，突出地质勘查、矿业开发、工程勘查施工等主业，利用现有资产设备，人才技术优势和已经取得的矿权，参与资源开发建设项目，进行企业化运作。改革运行机制，转换经营机制，适时组建集团公司，积极探索建立现代企业制度和现代产权制度，规范法人治理结构；大力推进"三项制度"改革，实行生产经营责任制，竞争上岗，绩效挂钩；收缩分离辅业，放开搞活小企业，将闲置或效益差的资产、企业，通过出租、拍卖、转让等形式进行处置，进一步整合资产，优化资产质量，集中力量发展优势产业和比较优势产业。

加强对地勘单位的经营管理。按照科学发展观的指导思想，积极稳妥地推进地勘单位深化体制改革和机制改革，正确处理改革、发展与稳定的关系，及时研究改革中出现的新情况新问题，保持改革顺利进行。国土资源厅要加强对地勘单位的领导和管理，建立以资产经营责任制为核心的生产、经营考核体系，进行业绩考核和综合指导，对地勘单位国有资产保值增值和经营状况进行监督管理及考核奖惩。

改革的相关政策支持：对由国家、自治区出资并由地勘单位勘查形成的矿产地，在有偿出让时，按评估价款的10%提取勘查基金，统筹用于支持地勘工作，并随着企业化改革的深入逐步提高比例。所提取的勘查基金由自治区财政列收列支，专款专用。在企业化改革的过程中，地勘单位申请出让或转让已取得的国家出资勘查形成矿产地的探矿权、采矿权，符合规定并经批准，其价款的部分或全部转增为国有地勘单位的国家资本金。积极争取中央财政的支持，今后凡属中央财政安排的对属地化地勘单位的政策性补贴，继续用于地勘单位。自治区政府每年安排的地勘项目，同等条件下优先安排自治区地勘单位。将从2005年地勘经费预算中切出的1600万元专项资金分别归还原渠道，纳入经费基数。地勘单位改革前在编在册正式职工的养老保险、住房改革支出，与自治区其他事业单位同类人员同等对待，同步实施。

2005年，为加强地勘单位改革的组织领导，自治区成立由分管副主席任组长的自治区地勘单位改革领导小组，成员单位有自治区国土资源厅、财政厅、人事厅、编办、劳动厅等部门，并在国土资源厅下设地勘单位改革办公室，负责地勘单位改革的组织协调和日常工作。明确由自治区国土资源厅地勘单位改革办公室负责加强与各地勘局的联系、协调，指导直属地勘单位进行内部企业化改革，组织生产经营责任制的实施。4月25日，自治区国土资源厅组织召开直属地勘单位企业化改革动员大会，厅长白盾作动员讲话。12月6日，自治区政府办公厅函复自治区国土资源厅，同意自治区地勘局在处置原国有划拨土地现有存量中可利用土地资产时,免征土地出让金和土地用途变更等相关费用,其收益用于冲抵改革成本或转增国家资本金。至年底,自治区国土资源厅完成地勘单位机构编制、实有人员和处级干部注册备案工作。

2006年5月8日,自治区政府批准,由自治区地勘局、有色地勘局、煤田地质局分别组建的内蒙古地矿集团公司、内蒙古有色地矿集团公司、内蒙古煤炭地勘集团公司。明确上述三个公司为自治区国有独资公司,分别为独立的法人实体,自主经营,自负盈亏,自我约束,自我发展,承担国有资产保值增值责任。自治区人民政府授权自治区国土资源厅暂时履行出资人职责,自治区国土资源厅对新组建公司授权经营,并负责有关监管工作。自治区地质矿产勘查开发局、有色地质勘查局、煤田地质局与各自组建的集团公司分轨运行。当年,自治区国土资源厅根据出资人和监管工作职责,制定了《内蒙古自治区国土资源厅直属地勘单位监管办法(试行)》和《内蒙古自治区国土资源厅直属地勘单位经营业绩考核办法(试行)》,经报自治区政府分管副主席赵双连同意,并经全区地勘单位改革发展工作会议讨论修改,于2007年5月16日印发试行。

在《内蒙古自治区国土资源厅直属地勘单位监管办法(试行)》中明确,自治区国土资源厅对厅属地勘单位的管理,遵循宏观管理,综合指导的原则,侧重加强发展规划、国有资产、改革方案、领导班子等重大问题的管理与指导。权责利相结合的原则,明确权责关系,建立健全领导班子经营业绩的激励机制与约束机制相结合的考核制度。落实地勘单位经营自主权,最大限度地调动与发挥地勘单位的积极性与创造性。坚持管理与服务相结合的原则,努力推进地勘单位的改革发展。事企分开,分类管理的原则,稳定事业、搞活企业,坚持两手抓、两手硬的原则,全面提高地勘单位的经济效益和社会效益,推动精神文明与物质文明的全面进步。主管部门对直属地勘单位履行的监管职责是,监督直属地勘单位主业重大投资、非主业投资、国有资产处置和矿业权转让。制定并组织实施资产经营责任制,对领导班子的经营业绩进行审计、考核和奖惩。加强国有资产的监管,保证国有资产的保值增值,维护国有资产所有者的合法权益。指导直属地勘单位深化改革,结构调整,事企分离,资源整合,改组改制,建立现代企业制度。检查重大经济事故、重大安全事故、重大信访事件的处理情况,落实重大事项报告制度。考核任命集团公司领导班子,对内部机构、领导职数、人事任免实行备案管理。其他需要主管部门审查审批的事项。地勘单位在实行企业化经营和转轨改制的过程中,依法享有企业的经营决策权、资产经营权、用工自主权、人事任免权、内部分配权、地勘事业费的分配。鼓励地勘单位进入商业性矿产勘查市场,投资融资进行风险勘探,实现勘查开发一体化;允许以地质找矿知识、技术入股、矿权折股等形式参与矿产勘查开发项目合作。地勘单位在集团公司重组、股份制改造方案、重大产权变动(包括分立、合并、增减资本、产权转让、资产处置、发行债券等)及对外提供担保;重大投资活动(5000万元以上),包括固定资产投资、对外投资入股、收购、兼并、合作投资;中长期发展战略和规划。集团公司的章程修订及注册资本的变更方案。集团公司领导班子薪酬方案;年度会计决算报告;经济运行中的重大安全事故、质量事故以及重大损失;年度生产经营工作安排和总结报告等方面,应向主管部门报告。自治区国土资源厅根据权责利相统一的要求,建立健全直属地勘单位领导班子经营业绩及激励约束机制相结合的考核制度,全面、真实客观反映与评价领导干部的工作实绩。

在《内蒙古自治区国土资源厅直属地勘单位经营业绩考核办法(试行)》中规定,地勘单位经营业绩考核指标包括经营、效益、发展、管理、稳定等指标。考核以国家有关规定,双方签订的经营目标责任书及直属地勘单位年度会计决算为依据。对直属地勘单位的考核,在国土资源厅厅长领导下进行。

考核每年进行一次,并在年度考核的基础上确定下一年的经营目标。年度经营目标责任书的各项考核计分采取百分制定量法,计分标准为:考核指标的基本分为100分,其中经营性收入基本分为25分,年度利润总额基本分为25分,国有资产保值增值率基本分为25分,职工人均年收入基本分为15分,安全生产基本分为10分。考核结果分为A、B、C、D、E五个等级。根据年终最后考核结果,主管部门对直属地勘单位实施奖惩。考核结果为A级,奖励领导班子第一责任人25万元,其他班子成员每人20万元;B级,奖励领导班子第一责任人20万元,其他班子成员每人15万元;C级,奖励领导班子第一责任人10万元,其他班子成员每人8万元;D级,不奖不罚;E级,写出检查,说明情况。当年考核综合得分超过130分的,另外特殊奖励领导班子20万元。当年考核综合考核结果在D级及其以下的,不发效益工资和奖金。连续三年考核结果达到B级及其以上的,给予相应的奖励和激励;连续两年考核结果为D级及以下的,将根据具体情况给予一定的经济处罚。

2008年4月和7月,国土资源部特聘专家方克定带领国土资源部地质勘查司调研组,两次赴自治区进行专题调研,首次阐述了内蒙古自治区地勘单位改革的“内蒙古地矿模式”。认为“内蒙古地矿模式”的产生,一是内蒙古矿产资源丰富,潜力巨大。良好的赋矿条件,决定了地矿工作在内蒙古经济发展中的重要战略地位。二是国内外矿业和地质勘查业发展的良好机遇。从1998年起,世界固体矿产勘查投资出现连续下降,2003年开始回升,2004年以来一直保持快速增长。2006、2007年矿产勘查投资两次创下历史新高,是上一个投资周期最高峰。“内蒙古地矿模式”的形成和发展,与全球矿产勘查复兴的周期是一致的。三是内蒙古经济发展的自身需求。内蒙古经济发展和社会发展对地质工作的需求旺盛,矿产资源的作用突出,属地化的地勘队伍要在市场上找出路,“以矿为本”势在情理之中。四是对地矿工作重要性的观念转变。面对自治区经济发展的需要和地矿经济衰弱不振的状态,自治区政府领导改变了对地矿工作的认识,采取“自上而下”与“自下而上”相结合的办法,从深化体制改革入手,全面推动三个地勘局的改革。从改革思路的确立到改革方案的制定,再到全部改革方案的实施,都是在自治区党委、政府的直接领导下进行的。在改革的过程中,国土资源厅在争取政策、制定政策、落实政策等方面起到了承上启下的作用。厅局和谐,表现为“协调有力、服从管理”。在各级政府的推动和支持下,地勘单位积极响应,克服困难,共同创造了地矿工作体制改革的新成果。

2013年3月,按照自治区政府批复,自治区国土资源厅组建内蒙古矿业集团,注册资本由自治区国土资源厅持有的内蒙古地矿集团公司、内蒙古有色地矿集团公司和内蒙古煤炭地勘集团公司三家企业全部股权评估作价和现金投入等构成。内蒙古矿业集团(含上述三家地勘企业)为独立的法人实体,按照政企分开、事企分开和管办分离的要求,在机构编制、职能、人员、经费和财务等方面与自治区地勘局、有色地勘局和煤田地质局三家事业单位分开运行,自治区国土资源厅暂行出资人职责,自治区政府国有资产监督管理委员会负责国有资产监管工件。12月13日,自治区国土资源厅印发《关于变更内蒙古地质矿产(集团)有限责任公司、内蒙古有色地质矿业(集团)有限责任公司和内蒙古煤炭地质勘查(集团)有限责任公司出资人的决定》,将自治区国土资源厅持有的内蒙古地矿集团公司(4.38亿元)、内蒙古有色地矿集团公司(0.75亿元)、内蒙古煤炭地勘集团公司(3.2亿元)(以下称三家地勘企业)的股权,无偿划转给内蒙古矿业集团持有,并负责国有资产保值增值。三家地勘企业股权资产划归内蒙古矿业集团后,领导班子的干部管理、考核管理的程序渠道暂时不变;公司设立、股权变动、兼并重组、资产处置、重大投融资等重大事项的管理,继续按照《内蒙古自治区国土资源厅直属地勘单位监管办法(试行)》所规定的职责权限执行。

第四节 国土资源管理体制改革

2000年4月7日,自治区政府办公厅印发《内蒙古自治区人民政府办公厅关于印发自治区国土资源厅职能配置内设机构和人员编制规定的通知》明确,自治区国土资源厅对盟市国土资源主管部门实行业务领导,盟市国土资源主管部门主要领导干部的任免,需事先征得国土资源厅的同意,领导班子其他成员的任免,需事先征求国土资源厅的意见。

2000年7月20日,自治区党委组织部、国土资源厅印发《贯彻中共中央组织部〈关于调整地方国土资源主管部门干部管理体制有关问题的通知〉的实施意见》,就进一步加强自治区各级国土资源主管部门领导班子建设,提出具体意见。盟市(旗县)国土资源主管部门领导干部实行双重管理体制,以盟市(旗县)党委管理为主,国土资源厅(局)党组协助管理。主管方任免国土资源主管部门党组书记、行政正职时,要事先征得上一级国土资源主管部门党组的同意;任免国土资源主管部门党组副书记、行政副职时,要事先征求上一级国土资源主管部门党组的意见。

2004年4月21日,国务院印发《国务院关于做好省级以下国土资源管理体制改革有关问题的通知》提出,要进一步理顺省级以下国土资源行政管理体制。将市(州、盟)、县(市、旗)国土资源主管部门由同级人民政府的组成部门调整为工作部门,其机构编制仍由同级人民政府管理;地区国土资源主管部门的机构编制仍由行署管理。市辖区国土资源主管部门的机构编制上受到市人民政府管理,改为国土资源分局,为市国土资源主管部门的派出机构。乡(镇)国土资源管理所的机构编制上受到县(市、旗)人民政府管理,县(市、旗)可以根据实际情况和工作需要,按乡(镇)或区域设置国土资源管理所,为县(市、旗)国土资源主管部门派出机构。4月29日,中组部印发《关于调整省以下国土资源主管部门干部管理体制的通知》,将地(市)、县(市)级国土资源主管部门的领导干部管理,从以地方党委管理为主调整为以上一级国土资源主管部门党组(党委)管理为主。国土资源主管部门党政正、副职、党组成员(党委委员)的任免,在事先征求地方党委意见的基础上,由上一级国土资源主管部门党组(党委)决定。

2004年5月14日,为了贯彻落实国务院、中组部的文件精神,确保国土资源管理体制改革的顺利进行,国土资源部召开全国国土资源厅局长座谈会,就推进省级以下国土资源管理体制改革作了具体部署。按照国务院、中组部文件精神和国土资源部的部署,自治区国土资源厅两次召开全区国土资源局长会议,传达文件和会议精神,并于8月23日分别向自治区人民政府、自治区党委组织部报送了《内蒙古自治区人民政府关于国土资源管理体制改革的实施意见》(代拟稿)、《关于调整省以下国土资源主管部门干部管理体制的实施办法》(代拟稿)。自治区政府办公厅将其印发自治区政府法制办、人事厅、编办、财政厅、监察厅、农业厅等部门提出修改意见。国土资源厅采纳各部门意见,形成新的代拟稿,于10月25日再次报送自治区政府、自治区党委组织部。12月2日,受自治区主席委托,自治区常务副主席岳福洪召开主席办公会议,研究自治区国土资源管理体制改革,原则通过《内蒙古自治区人民政府关于国土资源管理体制改革的实施意见》。会议议定,盟市国土资源管理体制改革在2004年底前完成,旗县市(区)国土改革工作在2005年春节前完成。12月3日,自治区党委组织部印发《转发〈关于调整省以下国土资源主管部门干部管理体制的通知〉的通知》明确,盟市、旗县(市、区)国土资源局(分局)设置党组,由所在地方党委审批。盟市、旗县(市、区)国土资源局(分局)领导班子成员（包括同级非领导职务）的任免，按照中组部组通字［2004］22号文件（《关于调整省以下国土资源主管部门干部管理体制的通知》）精神办理。旗县（市、区）国土资源局（分局）领导班子党政正职，向自治区国土资源厅党组备案后任免。12月23日，自治区政府召开全区国土资源管理体制改革专题会议，对国土资源管理体制改革工作再次进行部署。会上，自治区国土资源厅与各盟市委签署了盟市国土资源局领导班子和领导干部管理交接书。至此，盟市一级国土资源管理体制改革工作基本完成。

2005年1月28日，自治区国土资源厅党组印发《关于贯彻执行内组通字［2004］44号文件中有关问题的通知》，经报请自治区党委组织部同意，二连浩特市、满洲里市国土资源局领导班子和领导干部由自治区国土资源厅管理、任命。盟市国土资源局（包括二连浩特市、满洲里市国土资源局）内设机构负责人由各盟市国土资源局（包括二连浩特市、满洲里市国土资源局）党委（党组）负责任免。自治区国土资源厅按照自治区党委组织部的要求，完成盟市、旗县国土资源局干部管理体制的改革工作，对盟市国土资源局84名干部进行重新任命和档案移交，协助盟市对旗县国土资源局领导班子进行备案和任命。设立乡镇国土资源所558个，专职人员1638名。

2005年3月8日，自治区国土资源厅党组印发《关于盟市、旗县（市、区）派驻国土资源管理部门纪检监察机构实施体制改革的通知》，就各盟市、旗县（市、区）派驻国土资源管理部门的纪检监察机构体制改革，提出具体规定：各盟市、旗县（市、区）国土资源管理部门都要设立纪检监察机构，切实加强全区国土资源管理部门纪检监察工作和党风廉政建设工作。各盟市、旗县（市、区）派驻国土资源管理部门的纪检监察机构的编制仍按原管理办法管理。各盟市及二连浩特市、满洲里市派驻国土资源局的纪检组长的任免、任用，由自治区国土资源厅党组征求各盟市及二连浩特市、满洲里市党委、纪委意见后任免、任用。各旗县（市、区）派驻国土资源局的纪检组长的任免、任用，由各盟市国土资源局党组征求各旗县（市、区）党委、纪委意见后任免、任用。自治区纪委、监察厅派驻国土资源厅的纪检组及监察室，负责指导派驻各盟市、旗县（市、区）国土资源局纪检监察机构的纪检监察工作。

第二章 队 伍

第一节 自治区国土资源厅

一、人事任免

2000 年 2 月 20 日,自治区党委决定,韩云彬任自治区国土资源厅党组书记,黄·阿拉腾别力格任自治区国土资源厅党组副书记。

2000 年 2 月 23 日,自治区第九届人大常务委员会第十四次会议通过决定,任命韩云彬为自治区国土资源厅厅长。

2000 年 2 月 24 日,自治区政府决定任命黄·阿拉腾别力格为自治区国土资源厅副厅长(正厅级)。

2000 年 3 月 28 日,自治区党委决定,郭战英、王庆良、赵保胜、元重举任自治区国土资源厅党组成员;提名郭战英、王庆良、赵保胜、元重举任自治区国土资源厅副厅长。

2001 年 1 月 4 日,自治区党委决定,提名郝树森任自治区国土资源厅助理巡视员;1 月 18 日,自治区政府决定,郝树森任自治区国土资源厅助理巡视员。

2001 年 10 月 16 日,自治区党委决定,沈晋平任自治区国土资源厅党组成员、自治区纪委派驻自治区国土资源厅纪检组组长。

2002 年 4 月 10 日,自治区党委决定,王庆良不再担任自治区国土资源厅党组成员、副厅长职务,正厅级退休。

2002 年 6 月 22 日,自治区党委决定,提名高华任自治区国土资源厅助理巡视员。

2002 年 9 月 29 日,自治区党委决定,孔燕燕任自治区国土资源厅党组成员,提名孔燕燕任自治区国土资源厅副厅长,列黄·阿拉腾别立格后。

2003 年 3 月 24 日,自治区党委决定,黄·阿拉腾别立格任自治区国土资源厅党组书记;韩云彬不再担任自治区国土资源厅党组书记职务。4 月 3 日,自治区人民代表大会常务委员会第二次会议决定,任命黄·阿拉腾别立格为自治区国土资源厅厅长。

2004 年 10 月 15 日,自治区党委决定,提名王宗起挂职任自治区国土资源厅副厅长,继续挂职时间为一年。

2005 年 3 月,自治区党委决定,任命白盾为自治区国土资源厅党组书记。3 月 31 日,自治区第十届人民代表大会常务委员会第十五次会议通过决定,任命白盾为自治区国土资源厅厅长。

2005 年 4 月 5 日,自治区政府决定,免去郭战英的自治区国土资源厅副厅长职务,退休;免去郝树森的自治区国土资源厅助理巡视员职务,退休。

2005 年 11 月 11 日,自治区党委决定,提名陈喜良任自治区国土资源厅副巡视员。

2006 年 6 月 27 日,自治区党委决定,提名王富友任自治区国土资源厅副厅长,任职时间从 2004 年 12 月算起。

2006 年 9 月，自治区政府决定，杨仁选任自治区国土资源厅副厅长。

2007 年 5 月 9 日，自治区党委决定，程平任自治区纪律检查委员会派驻自治区国土资源厅纪检组组长、厅党组成员。提名免去沈晋平自治区国土资源厅巡视员职务，退休。

2008 年 3 月 24 日，自治区党委决定，提名白盾任自治区国土资源厅厅长；孙建华任自治区纪律检查委员会派驻自治区国土资源厅纪检组长、厅党组成员。

2009 年 5 月 8 日，自治区党委决定，提名元重举任自治区国土资源厅巡视员，提名免去自治区国土资源厅副厅长职务；不再担任自治区国土资源厅党组成员职务。

2010 年 4 月 7 日，自治区党委决定，提名杨仁选同志任自治区国土资源厅巡视员，提名免去自治区国土资源厅副厅长职务。

2010 年 7 月 2 日，自治区党委决定，陈伟任自治区国土资源厅党组成员，提名陈伟任自治区国土资源厅副厅长；孙建华不再担任自治区纪律检查委员会派驻自治区国土资源厅纪检组组长、国土资源厅党组成员职务；提名免去元重举自治区国土资源厅巡视员职务；提名免去陈喜良自治区国土资源厅副巡视员职务，退休。

2010 年 9 月 13 日，自治区党委印发通知，敖拉任自治区纪律检查委员会派驻自治区国土资源厅纪检组组长、厅党组成员，张宏任自治区国土资源厅党组成员。

2010 年 11 月 12 日，自治区政府决定，任命张宏为自治区国土资源厅总工程师，乌俊清为自治区国土资源厅副巡视员。

2011 年 1 月 6 日，自治区政府决定，任命王重明为自治区国土资源厅副巡视员，免去杨仁选自治区国土资源厅巡视员职务。

2011 年 3 月 30 日，自治区政府决定，任命孔燕燕为自治区国土资源厅巡视员，免去自治区国土资源厅副厅长职务；任命赵保胜为自治区国土资源厅巡视员，免去自治区国土资源厅副厅长职务。

2011 年 11 月 1 日，自治区党委决定，任命王杰为自治区国土资源厅党组成员；11 月 16 日，自治区政府决定，任命王杰为自治区国土资源厅副厅长。

2012 年 2 月 29 日，自治区党委决定，白盾不再担任自治区国土资源厅党组书记职务；赵保胜不再担任自治区国土资源厅党组成员职务。提名免去白盾自治区国土资源厅厅长职务；提名免去赵保胜自治区国土资源厅巡视员职务，退休。

2012 年 5 月 8 日，自治区政府决定，免去高华自治区国土资源厅副巡视员职务，退休。

2012 年 7 月 25 日，自治区政府决定，任命赵大勇为自治区国土资源厅副巡视员；免去乌俊清自治区国土资源厅副巡视员职务，退休。

2014 年 12 月，自治区政府决定，任命王剑民为自治区国土资源厅副巡视员。

2015 年 11 月，自治区党委决定，赵大勇任自治区国土资源厅党组成员；同月，自治区政府决定，任命赵大勇为自治区国土资源厅副厅长。

二、历任领导

2000 年

党 组 书 记：韩云彬（2 月任职）

党组副书记：黄·阿拉腾别立格（2 月任职）

党 组 成 员：郭战英(3 月任职) 王庆良(3 月任职) 赵保胜(3 月任职) 元重举(3 月任职)
厅　　　长：韩云彬(2 月任职)
副　厅　长：黄·阿拉腾别立格(2 月任职,正厅级) 郭战英(3 月任职) 王庆良(3 月任职) 赵保胜(3 月任职) 元重举(3 月任职)

2001 年

党 组 书 记：韩云彬
党组副书记：黄·阿拉腾别立格
党 组 成 员：郭战英 王庆良 赵保胜 元重举 沈晋平(10 月任职)
厅　　　长：韩云彬
副　厅　长：黄·阿拉腾别立格 郭战英 王庆良 赵保胜 元重举
驻厅纪检组长：沈晋平(10 月任职)
副 巡 视 员：郝树森(1 月任职)

2002 年

党 组 书 记：韩云彬
党组副书记：黄·阿拉腾别立格
党 组 成 员：孔燕燕(9 月任职) 郭战英 王庆良(4 月离任) 赵保胜 元重举 沈晋平
厅　　　长：韩云彬
副　厅　长：黄·阿拉腾别立格 孔燕燕(9 月任职) 郭战英 王庆良(4 月离任) 赵保胜 元重举
驻厅纪检组长：沈晋平
副 巡 视 员：郝树森 高华(6 月任职)

2003 年

党 组 书 记：韩云彬(3 月离任) 黄·阿拉腾别立格(3 月任职)
党 组 成 员：孔燕燕 郭战英 赵保胜 元重举 沈晋平
厅　　　长：韩云彬(3 月离任) 黄·阿拉腾别立格(3 月任职)
副　厅　长：孔燕燕 郭战英 赵保胜 元重举
驻厅纪检组长：沈晋平
副 巡 视 员：郝树森 高 华

2004 年

党 组 书 记：黄·阿拉腾别立格
党 组 成 员：孔燕燕 郭战英 赵保胜 元重举 沈晋平 王富友(12 月任职)
厅　　　长：黄·阿拉腾别立格
副　厅　长：孔燕燕 郭战英 赵保胜 元重举 王宗起(10 月挂职) 王富友(12 月任职)
驻厅纪检组长：沈晋平
副 巡 视 员：郝树森 高 华

2005 年

党 组 书 记：黄·阿拉腾别立格(3 月离任) 白 盾(3 月任职)

党 组 成 员：孔燕燕　郭战英(4月离任)　赵保胜　元重举　沈晋平　王富友
厅　　　长：黄·阿拉腾别立格(3月离任)　白　盾(3月任职)
副　厅　长：孔燕燕　郭战英(4月离任)　赵保胜　元重举　王宗起(10月离任)　王富友
驻厅纪检组长：沈晋平
副 巡 视 员：郝树森(4月离任)　高　华　陈喜良(11月任职)

2006年

党 组 书 记：白　盾
党 组 成 员：孔燕燕　赵保胜　元重举　沈晋平(9月离任)　王富友
厅　　　长：白　盾
副　厅　长：赵保胜　元重举　王富友　杨仁选(9月任职)
驻厅纪检组长：沈晋平(9月离任)
巡　视　员：沈晋平(10月任职)
副 巡 视 员：高　华　陈喜良

2007年

厅党组书记：白　盾
党 组 成 员：孔燕燕　赵保胜　元重举　王富友
厅　　　长：白　盾
副　厅　长：孔燕燕　赵保胜　元重举　杨仁选　王富友
驻厅纪检组长：程　平(任职5月—6月)
巡　视　员：沈晋平(5月离任)
副 巡 视 员：高　华　陈喜良

2008年

党 组 书 记：白　盾
党 组 成 员：孔燕燕　赵保胜　元重举　王富友　孙建华(3月任职)
厅　　　长：白　盾
副　厅　长：孔燕燕　赵保胜　元重举　杨仁选　王富友
驻厅纪检组长：孙建华(3月任职)
副 巡 视 员：高　华　陈喜良

2009年

党 组 书 记：白　盾
党 组 成 员：孔燕燕　赵保胜　元重举(5月离任)　王富友　孙建华
厅　　　长：白　盾
副　厅　长：孔燕燕　赵保胜　元重举(5月离任)　杨仁选　王富友
驻厅纪检组长：孙建华
巡　视　员：元重举(5月任职)
副 巡 视 员：高　华　陈喜良

2010 年

党 组 书 记:白　盾

党 组 成 员:孔燕燕　赵保胜　王富友　陈　伟(7 月任职)　敖　拉(9 月任职)　张　宏(9 月任职)

厅　　　长:白　盾

副　厅　长:孔燕燕　赵保胜　杨仁选(4 月离任)　王富友　陈　伟(7 月任职)

驻厅纪检组长:孙建华(7 月离任)　敖　拉(9 月任职)

总 工 程 师:张　宏(11 月任职)

巡　视　员:元重举(7 月离任)　杨仁选(4 月任职)

副 巡 视 员:高　华　陈喜良(7 月离任)　乌俊清(11 月任职)

2011 年

党 组 书 记:白　盾

党 组 成 员:孔燕燕　赵保胜　王富友　敖　拉　陈　伟　张　宏　王　杰(11 月任职)

厅　　　长:白　盾

副　厅　长:孔燕燕(3 月离任)　赵保胜(3 月离任)　王富友　陈　伟　王　杰(11 月任职)

驻厅纪检组长:敖　拉

巡　视　员:孔燕燕(3 月任职)　赵保胜(3 月任职)　杨仁选(1 月离任)

副 巡 视 员:高　华　乌俊清　王重明(1 月任职)

2012 年

党 组 书 记:白　盾(2 月离任)　李世镕(2 月任职)

党 组 成 员:孔燕燕　赵保胜(2 月离任)　王富友　敖　拉　陈　伟　王　杰

厅　　　长:白　盾(2 月离任)　李世镕(3 月任职)

副　厅　长:王富友　陈　伟　王　杰

驻厅纪检组长:敖　拉

总 工 程 师:张　宏

巡　视　员:孔燕燕　赵保胜(2 月离任)

副 巡 视 员:高　华(5 月离任)　王重明　乌俊清(7 月离任)　赵大勇(7 月任职)

2013 年

党 组 书 记:李世镕

党 组 成 员:孔燕燕　王富友　敖　拉　陈　伟　张　宏　王　杰

厅　　　长:李世镕

副　厅　长:王富友　陈　伟　王　杰

驻厅纪检组长:敖　拉

总 工 程 师:张　宏

巡　视　员:孔燕燕

副 巡 视 员:王重明　赵大勇

2014 年

党 组 书 记：李世镕

党 组 成 员：孔燕燕 王富友 敖 拉 陈 伟 张 宏 王 杰

厅 长：李世镕

副 厅 长：王富友 陈 伟 王 杰

驻厅纪检组长：敖 拉

巡 视 员：孔燕燕

副 巡 视 员：王重明 赵大勇 王剑民(12 月任职)

2015 年

党 组 书 记：李世镕

党 组 成 员：孔燕燕(11 月离任) 王富友 敖 拉 陈 伟 张 宏 王 杰
赵大勇(11 月任职)

厅 长：李世镕

副 厅 长：王富友 陈 伟 王 杰 赵大勇(11 月任职)

驻厅纪检组长：敖 拉

巡 视 员：孔燕燕(11 月离任)

副 巡 视 员：王重明(9 月离任) 赵大勇(11 月离任) 王剑民(9 月离任)

三、处室设置与人员编制

2000 年、2001 年，自治区国土资源厅机关内设 17 个处室(局)：办公室、人事教育处、政策法规处、规划与科技处、财务处、地籍管理处、耕地保护处、土地利用管理处、矿产资源储量处、矿产开发管理处、地质勘查处、地质环境处、测绘管理处、执法监察局、机关党委、驻厅纪检组(监察室)、离退休人员工作处，厅机关行政编制 86 人。

2002 年，自治区国土资源厅内设 17 个处室，厅机关行政编制 88 人。

2003—2005 年，自治区国土资源厅内设 17 个处室，厅机关行政编制 90 人。

2006 年，自治区国土资源厅内设处室 17 个，厅机关行政编制 94 人。

2007—2010 年，自治区国土资源厅内设处室 17 个，厅机关行政编制 95 人

2009 年 8 月 15 日，国土资源部部长徐绍史到自治区国土资源厅看望机关干部职工。

2011—2012 年,自治区国土资源厅内设处室 17 个,厅机关行政编制 97 人。

2013 年,自治区国土资源厅内设处室增加审计处,共 18 个。厅机关行政编制 97 人。

2014—2015 年,自治区国土资源厅内设处室 18 个,厅机关行政编制 97 人。

四、所属单位

2000 年,自治区国土资源厅所属单位 6 个:自治区地勘局(正厅级)、自治区有色地勘局(副厅级)、自治区土地勘测设计院(处级)、自治区地质调查院(处级)、自治区测绘产品质检站(处级)、自治区国土资源厅机关事务服务中心(处级)。

2001 年,自治区国土资源厅所属单位增加 5 个:自治区测绘事业局(副厅级)、自治区国土资源信息院(处级)、自治区土地登记中心(处级)、自治区土地整理中心(处级)、自治区地质环境监测院(处级),共有事业单位 11 个。

2002 年,自治区水文地质中心(处级)由自治区地勘局划归自治区国土资源厅管理。自治区国土资源厅所属单位共 12 个。

2003 年,内蒙古工程学校(内蒙古地质技工学校,处级)由自治区地勘局划归自治区国土资源厅管理。自治区国土资源厅所属单位共 13 个。

2004 年,自治区水文地质中心并入自治区环境地质监测院,并成立自治区国土资源执法监察总队(处级)。自治区国土资源厅所属单位为 13 个。

2005 年,自治区煤田地质局(副厅级)划归自治区国土资源厅管理。自治区国土资源厅所属单位共 14 个。

2006 年,内蒙古工程学校(内蒙古地质技工学校)划归呼和浩特市。自治区国土资源厅所属单位为 13 个。

2009 年,成立自治区地质勘查基金中心(处级),自治区国土资源厅所属单位共 14 个。

至 2012 年,自治区国土资源厅所属单位有 14 个:自治区测绘地理信息局、自治区土地调查规划院、自治区地质调查院(内蒙古自治区矿产储量评审中心)、自治区国土资源信息院、自治区国土资源储备交易中心、自治区土地整治中心、自治区地质环境监测院(内蒙古自治区环境地质研究所、内蒙古自治区地质灾害应急中心)、自治区地质勘查基金中心、自治区测绘产品质检站(内蒙古自治区测绘仪器检测鉴定站)、自治区国土资源执法监察总队、自治区国土资源厅机关事务服务中心、自治区地勘局、自治区有色地勘局、自治区煤田地质局。

2014 年 1 月,自治区党委和政府分别任命张晓兵为内蒙古矿业集团党委书记、董事长(比照正厅级干部管理),孙国龙为内蒙古矿业集团党委副书记、总经理(比照副厅级干部管理),由自治区国土资源厅正式组建成立内蒙古矿业集团(相当于正厅级)。自治区国土资源厅所属单位为 15 个。

第二节　队伍建设

一、领导班子建设

根据自治区党委组织部《关于成立中共内蒙古国土资源厅党组的通知》决定,2000 年 2 月成立自治区国土资源厅党组。

(一)思想政治建设

2003 年,自治区国土资源厅党组按照自治区党委组织部、宣传部的有关要求,坚持厅党组中心组学习制度,制定学习计划,按计划组织学习,并设立中心组学习考勤簿、专用记录本。

2005 年 5 月 25 日,自治区国土资源厅党组印发《关于调整国土资源厅党组中心组组成人员的通知》。厅党组中心组人员由厅领导、厅属单位主要领导、厅机关各处室负责人组成。厅党组中心组秘书由办公室主任陈伟兼任,具体负责厅党组中心组的日常学习安排。厅党组中心组规定,中心组学习严格实行请销假制度,因故不能参加学习的,一律履行书面请假手续。10 月 28 日,自治区国土资源厅党组印发《关于进一步改进和加强党组中心组学习的通知》,要求全区国土资源系统党组中心组学习要紧密联系国土资源工作实际,在严格依法保护耕地特别是基本农田,推行节约集约用地,合理把握土地供应的数量和用途,加快土地、矿产等资源要素市场建设,积极稳妥推进地勘单位改革,发挥新体制的效用等方面,找准职能定位,把为保障自治区经济建设顺利进行提供资源保障和优质服务摆到国土资源工作的突出位置,紧跟时代发展潮流,增强创新能力,不断研究新情况,解决新问题,形成新认识,开辟新境界,努力开创国土资源事业的新局面。要完善学习机制,改进学习方法。国土资源系统党组中心组由党组成员、各处(科)室负责人和所属事业单位负责人组成。由行政一把手任组长,分管副厅(局)长任副组长。中心组组长的职责是审定学习计划,确定研讨专题,提出学习要求,主持集中学习研讨,指导和检查中心组成员的学习情况。分管副厅(局)长协助做好上述工作。国土资源系统办公、人事等部门承担党组中心组学习的服务职能。办公室负责集中学习时间与地点的安排、人员通知、签到考勤、学习记录、学习用具的配备,以及有关学习资料的整理归档,负责学习计划、学习专题的拟定,学习资料的编辑与教材的提供,邀请授课专家学者。中心组学习秘书由办公室负责人担任。要抓好学习自查和"述学"、"评学"。每年年底,厅中心组要对全年的学习情况进行自查。自查的重点是中心组组长、副组长履行职责的情况,中心组学习计划及落实情况,集中学习的出勤情况,结合理论学习开展调查研究的情况,集中研讨的发言质量、通过学习改造主客观世界的实际成效和撰写理论文章或调研报告等情况。此外,自治区国土资源厅党组对 2000—2005 年中心组学习作了《联系实际学理论,开拓创新促发展》的专题总结。厅党组中心组运用所学理论,紧密联系工作实际,实事求是地分析来自各方面的意见,得出符合自治区国土资源管理实际的工作思路。要求机关各处室对工作职能审批程序进行全面审查,将能够下放的审批事项坚决下放到盟市,能够交由事业单位办理的事务性工作要坚决交下去。凡属自治区职权范围内的矿产资源审批事项,一律在各盟市设立审批点审批。国有土地使用权审批的前置审查工作也交由盟市办理。正确处理工学矛盾,国土资源行政审批工作季节性较明显,用地和矿产资源勘查开采的审批时效性强,为方便项目开工,方便野外工作,许多审批事项必须在夏季完成。因此,为了保证正常的集中学习,厅党组中心组学习多安排在节假日,使工作学习两不误,两促进。

2008 年 10 月 10 日,自治区国土资源厅党组印发《关于进一步加强和改进中心组学习的意见》,就加强和改进国土资源系统领导干部和中心组学习,要求大力弘扬理论联系实际的马克思主义学风,不断完善中心组学习的制度和管理,积极推进国土资源系统各级领导班子思想政治建设。

2009 年 3 月 5 日,自治区国土资源厅党组印发《中共内蒙古自治区国土资源厅党组工作规则》,对党组中心组学习做出具体规定。党组中心组学习每月举办一次集中学习,结合形势需要和重点任务、热点问题,由办公室拟定年度学习计划和相关专题,各处室主要负责人和厅属单位主要负责人参加。

个人自学要充分利用业余时间,根据学习任务要求和联系本人工作、思想实际,抓住学习的重点。中心组成员要自觉遵守学习制度,如遇有重要原因不能参加学习时,须提前向厅党组书记请假,并指定负责人代为学习,事后要通过自学及时补课。

2010年6月1日,自治区国土资源厅党组制定《关于推进学习型领导班子建设的安排意见》,强调:推进学习型领导班子建设,要在深化对马克思主义的学习、研究上下功夫,在研究解决服务保障经济社会发展中遇到的实际问题上下功夫,在研究解决影响国土资源事业科学发展的突出问题上下功夫。做到学用结合、学以致用,通过学习促使班子成员理论上更加清醒、政治上更加坚定、业务上更加精通、作风上更加过硬,科学决策、民主决策的水平明显提高,领导班子的创造力、凝聚力、战斗力不断提高。学习重点是:深入学习中国特色社会主义理论体系和核心价值体系;深入学习践行科学发展观,把学习实践活动,与加快转变国土资源管理方式结合起来,与统筹部署地质勘查、地质环境治理、土地利用和耕地保护工作结合起来,与健全完善国土资源市场体系、加强基础工作、严格执法监察、稳步推进地勘单位内部企业化改革结合起来,与全面提升国土资源综合管理水平和支撑能力结合起来,为促进经济发展方式转变和经济结构调整,推动经济社会平稳较快发展发挥好服务和支撑作用;学习掌握国土资源管理所需的知识;坚持向实践学习,向群众学习。要求在学习方法上,做到把个人自学与集体学习结合起来,把落实学习制度与学习自查结合起来,把学习型领导班子建设与争先创优、推进学习型党组织建设、改进加强党的建设工作结合起来。创新学习方法和载体,丰富学习形式,增强学习效果。强调要把学习理论同指导工作结合起来,把解决认识问题同解决实际问题结合起来,把转变思想作风同转变工作作风结合起来,把提高理论水平同提高领导水平结合起来,真正把学习成果转化为指导工作的科学思维方法和工作方法,转化为切合国土资源实际的工作思路。要通过学习,不断探究国土资源开发利用状况重要指标与经济运行主要指标之间的相互作用和动态规律,注重分析国土资源供应对经济发展的影响程度。要紧紧围绕敢于碰硬、不怕得罪人,落实工作责任制,将硬朗作风和执行力作为领导班子建设的硬任务、硬指标。

2011年1月18日,自治区国土资源厅党组印发《关于加强领导班子建设的意见》,提出:将思想建设放在首位,努力建设"学习型"领导班子。加强和改进党组(党委)中心组学习。厅党组中心组坚持每年不少于12次专题学习。各单位要制订年度学习计划并做出阶段性安排,明确学习内容和要求,精心设计学习主题,认真开展专题讲座、辅导报告,深入开展讨论交流,保证集体学习研讨的时间和质量。建立领导班子定期务虚制度。厅党组、各单位领导班子每季度开展一次务虚讨论,针对国土资源管理工作形势和任务,以改革创新精神审视自身的思想和工作,查找存在的突出问题,围绕工作职能、工作方式、工作流程和工作抓手不断发掘改进和创新的空间。加强对国土资源事业发展中重大问题的战略性、前瞻性研究。继续开展大规模培训干部。创新干部教育培训工作,根据不同类别、不同层次、不同岗位干部履行职责和发展需求,研究制定具体的培训内容和方式,增强教育培训的针对性和实效性。加强对学习的考核。健全理论学习督促检查制度,完善理论学习考核激励机制。

2014年5月11日,自治区国土资源厅党组被自治区党委宣传部授予"学习型党组织创建示范基地"荣誉称号。自治区国土资源厅党组《以中心组学习带动学习型党组织建设,推进中心工作》的典型经验被编入《自治区党委宣传部"三带三创"工作典型材料汇编》中。

(二)制度建设

2001年6月13日,自治区国土资源厅党组印发《中共内蒙古自治区国土资源厅党组关于加强自身建设的决定》,就加强自身建设做出六条决定：一是加强思想建设,与党中央保持高度一致；二是加强理论建设,坚持不懈地学习理论；三是加强组织建设,认真贯彻民主集中制；四是加强作风建设,不断改进工作作风；五是加强党风廉政建设,搞好廉洁自律；六是按照制度办事,实现工作规范化。

2009 年 3 月 5 日,自治区国土资源厅党组印发《中共内蒙古自治区国土资源厅党组工作规则》。其包括总则、职责、组织原则、党组会议、党组民主生活会、党组中心组学习、思想作风建设、党组文件管理、附则等九章,共四十五条。

2011 年 1 月 18 日,自治区国土资源厅党组印发《关于加强领导班子建设的意见》。

2012 年 4 月 20 日,自治区国土资源厅党组印发《中共内蒙古国土资源厅党组巡视工作暂行办法》,规定：巡视工作在厅党组的统一领导下进行,日常工作由驻厅纪检组监察室负责。建立巡视工作联席会议制度。联席会议成员由厅领导和驻厅纪检组监察室、人事教育处、机关党委等相关处室主要负责人组成。巡视工作联席会议在厅党组领导下,根据巡视工作年度计划和具体工作需要,组织巡视组,部署巡视工作。巡视组实行组长负责制。由 1 名组长和 2 至 3 名成员组成,组长由厅党组指定,成员由驻厅纪检组监察室、人事处、机关党委选派或组织抽调。巡视工作联席会议在驻厅纪检组监察室设立厅巡视工作办公室(以下简称巡视办),巡视办由驻厅纪检组监察室、人事处、机关党委指派专门人员组成,主要工作职责：组织协调巡视工作,研究制定巡视工作方案和相关制度,收集被巡视单位的有关情况,综合汇总相关资料,协助巡视组履行巡视职责,督促检查整改落实等。巡视对象为：各盟市国土资源局和厅属单位领导班子及其成员,以及副处级以上干部。巡视工作的主要任务：着重了解被巡视单位领导班子及其成员,特别是主要负责人贯彻执行党的路线方针政策,遵守政治纪律情况,落实科学发展观,执行自治区党委、政府重大决策和国土资源部、厅党组重要工作部署情况；执行民主集中制情况,重大项目立项、干部选拔任用、大额度资金使用等事项的民主决策、科学决策情况,领导班子及其成员的思想作风、工作作风状况；落实党风廉政建设责任制和廉政勤政情况；执行党内生活基本制度和对党员干部职工队伍管理教育情况；厅党组要求了解的其他事项。巡视结果的运用：根据厅党组的意见,巡视组向被巡视单位正式反馈巡视情况及整改意见。被巡视单位在反馈意见后 20 个工作日内报告整改措施,自整改措施报出之日起 60 个工作日内报送整改落实情况。巡视办对整改情况进行跟踪检查。被巡视单位领导班子需要进行组织调整的、班子成员需要做出组织处理的、群众意见大的领导干部,要专题报告厅党组。被巡视单位领导班子及其成员涉及违纪违法的案件线索,移送驻厅纪检组监察室调查处理。对其他需要厅机关有关职能处室掌握情况或调查处理的,分别移送相关职能处室。有关职能处室要及时办理,并按规定时限和要求向巡视办反馈。巡视组要及时整理巡视工作的有关资料,交相关部门统一归档。

2013 年 2 月 4 日,自治区国土资源厅党组印发《关于进一步改进工作作风、密切联系群众的规定》,要求：改进调查研究工作,重在研究解决具体问题。重要调研活动要形成调研报告,研究提出政策措施建议,必要时厅务会安排听取调研情况汇报。改进调研的方式方法,科学统筹安排调研工作,合理选择调研地点,切实了解地方和企业实际困难,掌握群众诉求,解决实际问题。减轻基层负担,到基层调研和督查工作一律简化接待,杜绝走形式、讲排场。近距离实地调研且条件具备的,尽量安排集体乘车,减少随行人员和随行车辆,不搞地界接送,不住超标准房,就近从简安排就餐,不接受土特产或纪念品。要提高行政审批效率。涉地、涉矿等审批事项,都要优化审批程序,再造审批流程,强化审批责任,提高审批效率。大力推行网上并联审批和审批过程公开。提高议事决策效能,坚持重大问题集体研究,努力通过专题会议研究解决工作中的问题。凡提请厅党组会议、厅务会议、厅长办公会议审议研究的议题,主办和协办单位必须认真研究协商,尽可能协调一致。会议汇报直奔主题,议定事项承办单位按要求时限完成。提高行政执行能力,面向基层和群众的重要岗位,坚持 AB 角岗位工作制度、限时办结制度和行政责任追究制度。坚持厅党组、处室(局)、厅属单位重点工作月度研究制度和绩效考核制度,完善督办方式,增强行政执行能力,高效推动工作落实。规范机关劳动纪律,严格执行请销假制度,保障出勤率,禁止在工作时间玩电脑游戏、看电影、网上炒股、健身等。改进会议活动管理,实行会议培训计划管理,杜绝随意安排会议和培训活动。严控会议次数、提高会议效率。提倡开短会、讲短话,讲话要突出主题,增强针对性。控制会议规模和时间,全区性综合工作会议参会人数不超过 100 人,时间不超过 1.5 天,合并召开的会议不超过 2 天;全区性专项业务工作会议参会人数不超过 60 人,时间不超过 1 天;厅党组会、厅务会、厅长办公会和各类专题会议原则上不超过半天;单项培训会时间不超过 2 天。严格规范公务活动。未经批准,厅机关处室(局)、厅属单位一律不得举办任何剪彩、奠基活动和庆祝会、纪念会及各类论坛等。严禁借会议参观和业务考察之名安排各类旅游活动。精简规范公文简报,进一步改进文风。改进新闻宣传,加强归口管理。强化公车管理,规范公务活动,严格公出管理和规范因公出国(境)管理。厉行勤俭节约,严格公务接待标准,压缩会议经费,加强差旅费和行政经费支出管理。降低办公费用支出。强调:领导干部要以身作则,带头严格执行改进工作作风、密切联系群众各项规定。在年度民主生活会或年度述职会上报告个人执行上述规定的具体情况,开展自我评估、自我检查。厅党组成员,机关处室(局)、厅属事业单位主要负责人,每年要向厅党组报告本人、本单位执行上述规定情况。12 月 28 日,自治区国土资源厅党组制定《中共内蒙古自治区国土资源厅党组工作规则》,分为总责、职责、组织原则、党组会议、党组民主生活、党组中心组学习、思想作风建设、党组文件管理、附则,共九章,四十五条。

(三)领导班子民主生活会

2000 年 11 月 14 日,自治区国土资源厅党组召开 2000 年度民主生活会。认真学习"三个代表"重要思想和中共十五届五中全会精神,回顾一年来的工作,研究探讨今后工作思路。党组成员在发言中认为,国土资源厅党组年初成立,面临着组建国土资源厅、测绘局并入的艰巨任务。党组各成员之间密切配合,克服困难,做了大量艰苦细致工作,精心拟定了组建方案,真正把握住了公开、公平、公正的原则,顺利完成新厅的组建。国土资源厅组建后,厅党组及时把重点转移到切实加强国土资源管理上来,狠抓机构改革、人员到位后的制度建设,全厅 12 项工作制度出台;狠抓合并后新厅的责任目标落实工作,根据自治区党委、政府下达的责任目标,厅党组就目标分解、落实进行了安排部署,进一步理清了工作思路;厅党组书记韩云彬对如何抓好国土资源厅的工作,形成一整套较完整的思路,并在党组中形成共识,统一思想,增强了党组凝聚力和战斗力。党组成员实事求是地分析了党组工作中的不足,坦诚地指出自身工作存在的问题。针对问题,提出改进意见。厅党组书记、厅长韩云彬主持会议,党组成员郭战英、王庆良、赵保胜、元重举参加会议。驻厅纪检组、机关党委、人事教育处负责人列席会议。自治区纪委、自治区党委组织部派人到会指导。

2001 年 9 月 5 日,自治区国土资源厅党组召开 2001 年度民主生活会。党组成员在发言中认为,厅党组根据年初全区国土资源工作会议确定的工作部署,以推行国有土地有偿使用制度为中心,大力开展了国有土地使用权招标拍卖工作。全区有 8 个盟市、31 个旗县开展了招标拍卖工作。强化执法监察工作,对三起非法占地案进行了调查处理,并在自治区政府的支持下在全区进行了通报,引起盟市、旗县领导的重视。国土资源调查得到加强,规划编制工作有序推进,信息网络建设步入实施阶段,办公设施更新进入尾声。改革行政审批制度工作取得成效,原有的56项审批事项精简为27项,减幅达52%。事业单位组建工作进展顺利,职能正在进一步到位。会议指出,国土资源行政工作还没有从单纯业务工作摆脱出来,存在着重目标任务完成,轻宏观调控和政策指导研究;职能转变还没有到位,职能处室把大量精力放在本应由事业单位承担的技术性、辅助性和服务性工作上,忽略了对重大政策的研究和对基层的指导;宏观调控还没有到位,突出表现在土地供应总量和矿产品供应总量控制不力,出现了国土资源的损失浪费;机关人员结构不尽合理,人力资源没有得到优化配置。会议研究讨论了今后工作思路。厅党组书记、厅长韩云彬主持会议,党组副书记黄·阿拉腾别立格及党组成员郭战英、王庆良、元重举参加会议。驻厅纪检组、机关党委负责人列席会议,自治区纪委派人到会指导。

2003年11月7日,自治区国土资源厅党组召开2003年度民主生活会。党组成员在发言中认为,2003年厅党组带领全厅干部职工克服困难,团结协作,锐意进取,使各项工作取得了较大的进展。一是加大了土地市场治理整顿力度,严格界定用地性质,认真落实中央提出的"实行最严格的耕地保护"政策。二是深化有偿使用制度改革,狠抓了国有土地使用权"招拍挂"(招标、拍卖、挂牌)工作。三是大力推进矿业权有偿使用制度改革。全区以招标、拍卖、挂牌方式出让采矿权20%,实现价款4.13亿元。四是简化办事程序,优化工作环境。对国家和自治区重点建设项目经批准可先行用地,后办理审批手续;对审批权限在自治区的用地、办矿申请,简化程序,缩短审批时限;将33项技术性、辅助性工作下放事业单位;实行政务公开,落实了办文大厅的职能。五是测绘工作发挥了作用。党组成员结合各自分管工作的实际,剖析了工作中存在的问题,提出7条改进措施。厅党组书记、厅长黄·阿拉腾别立格主持会议,党组成员郭战英、王庆良、元重举、沈晋平参加会议。副巡视员郝树森、高华,厅长助理王宗起,驻厅纪检组、机关党委、办公室负责人列席会议,自治区党委组织部派人到会指导。

2004年9月29日,自治区国土资源厅党组召开2004年度民主生活会。会议以"牢固树立科学发展观,进一步增强服务意识,提高行政效率,转变机关作风,强化干部队伍建设,为加快发展服务"为主题。党组成员在发言中认为,2004年国土资源工作取得较大进展:一是加大对全区土地市场治理整顿力度,认真落实中央提出的"实行最严格的耕地保护政策"。为了做好国务院五部委检查验收组对自治区土地市场治理整顿工作的检查验收,三次召开厅长办公会议进行部署安排。对国务院检查验收组提出的问题,提出整改建议。并协调有关部门在规定的时限内完成了整改工作。二是进一步规范和推进土地市场和矿业权市场的改革,土地市场和矿业权市场有偿出让收益保持了连年递增的好势头。三是简化办事程序,实行了一个窗口办文制度。四是开展了"执政为民、加快发展"培训教育活动和行政效能监察活动。五是完成了测绘资格审批、资质复审换证、地图宣传品专项检查、测绘成果保密检查和房产测绘成果质量检查及《内蒙古自治区测绘管理条例》(修订稿)工作。会议分析了工作中存在的问题,针对问题,提出5条改进措施。厅党组书记、厅长黄·阿拉腾别立格主持会议,党组成员郭战英、王庆良、元重举、沈晋平参加会议。副巡视员高华,厅长助理王宗起,驻厅纪检组、机关党委、办公室负责人列席会议,自治区、自治区监察厅派人到会指导。

2005年4月30日,自治区国土资源厅党组召开保持共产党员先进性教育活动专题民主生活会。主题是:深入学习实践"三个代表"重要思想,认真贯彻落实党的十六大和十六届三中、四中全会及自治区党委七届八次全委会精神,扎实推进保持共产党员先进性教育活动,牢固树立科学发展观,转变观念、转变职能、转变作风,促进国土资源管理工作再上新台阶。党组成员围绕主题,实事求是地进行党性分析,查找在理想信念、宗旨、作风、遵守纪律、立足本职发挥作用等方面存在的差距,剖析产生问题和不足的原因。同时针对厅党组征求意见中反映的问题,对厅党组整体工作进行了客观的分析和认真的反思,既肯定了成绩,也诚恳地接受各方面提出的意见建议。会议提出:要进一步认识和明确自治区国土资源厅的职能定位。应从自治区是经济欠发达的边疆少数民族地区的实际出发,适应自治区加快经济发展的需要,把为自治区经济发展提供资源保障和优质服务摆在突出位置,作为工作的出发点和落脚点,充分发挥国土资源工作在经济建设中的基础和支撑作用。解放思想,转变观念,创造性地开展工作,提高为自治区经济发展服务的能力和水平。要增强服务意识,坚持依法行政。在工作审批程序中,要简政去繁,逐步改变各地统一来国土资源厅办理报件审批的程序,在各盟市设点审批,提高办事效率,方便基层和群众。工作中要恰当处理严格监控和有效服务的关系,既要依法行政,严格管理,又要支持地方经济发展,做好服务工作,当好参谋。在执法中服务,在服务中执法。要建立规范化工作制度,规范机关内部运行,对机关现行的各项规程、制度和办法进行充实和完善,使机关工作走上规范化轨道。严格执行党员干部廉洁从政的有关规定和国土资源系统工作人员"十项规定"和"五条禁令",有针对性地建立有效的惩治和预防腐败体系,进一步规范部门行为,端正行业风气。建立高效、廉洁的工作程序和办事方式,从源头上防止腐败现象的发生。进一步加强厅领导班子和干部队伍建设。厅党组书记、厅长白盾主持会议,党组成员孔燕燕、赵保胜、元重举、沈晋平、王富友,副厅长王宗起,副巡视员高华参加会议。自治区人大常委会委员韩云彬出席会议。自治区先进性教育活动第八督导组组长、副书记叶占魁到会指导。厅机关各处室(局)、厅机关事务服务中心主要负责人列席会议。

2007 年 1 月 12 日,经自治区党委组织部批准,自治区国土资源厅党组召开述廉民主生活会。党组成员就履行岗位职责、完成分管工作任务、执行民主集中制、党风廉政责任制、个人思想能力素质等情况进行了系统总结,对个人存在问题进行了全面剖析。党组成员在述廉述职中认为,2006 年厅党组根据年初全区国土资源工作会议确定的工作部署,各项工作取得较大进展,在一些根本性、关键性的问题上取得了重大突破。一是从建立长效管理服务机制入手、充分发挥市场配置资源的基础性作用。有偿出让土地面积占土地供应总量的 79%,比上年增加 10%。全区土地收益 123 亿元,是上年的 5.6 倍。实现了非煤矿业权一律市场出让,煤炭资源配置服务于国家和自治区重大项目,实行自治区政府集体研究决策,建立了较为完善的矿产资源有偿使用制度,基本解决了"双轨制"问题。自治区本级确认矿业权价款 80.47 亿元,征收矿业权使用费和价款 15 亿元,较上年增加 5 亿元。征收额超过历年征收的总和。实现矿业产值约 500 亿元,增长 30%。关闭小煤窑、资源整合工作走在全国前列。二是地勘费投入加大,全区地勘费投入 27.8 亿元,勘查面积 17.3 万平方千米。三是有保有压确保重点工程项目用地,批准用地总面积 9559.09 公顷。批准使用未利用地 3527.62 公顷,比上年增加 1527.62 公顷。四是土地整理项目投资额度创历史新高。全年共安排土地整理资金 3.74 亿元。争取落实 2007 年国家土地整理项目投资 7.01 亿元,建设规模 4.11 万公顷,新增耕地 3188.34 公顷。是过去 5 年总和的近两倍。五是推进矿山地质环境治理,全年安排治理资金 7270 万元,通过项目实施,恢复治理面积 5927 公顷。六是严格执行执法监察保障国土资源管理和经营秩序的畅通。立案查处国土资源违法案件 2948 起,收缴罚没款 4827.95 万元。新发案件同比下降 50% 以上,召开了 3 次新闻发布会,向社会公布 8 起土地违法案件和 16 起矿产资源违法案件的查处结果。配合相关单位组成专案组,对鄂尔多斯市准格尔旗准格尔召镇煤炭企业违法露天开采煤炭资源进行了集中整治。七是地勘单位改革进展迅速,三个地勘单位全年完成总收入 31.6 亿元。八是基础测绘工作扎实推进,全年安排基础测绘经费2987万元，是上年的2.98倍。全区基础测绘覆盖面积由历年累计15.2%的基础上达到19.3%。参会党组成员结合分管的工作，查找了国土资源工作中存在的问题，提出下一步整改措施。厅党组书记、厅长白盾主持会议，厅党组成员全部参加会议，副厅长杨仁选、巡视员沈晋平、副巡视员高华、陈喜良及相关处室负责人列席会议。

2008年1月10日，自治区国土资源厅召开2007年度厅领导班子民主生活会。会议主题为：以党的十七大精神为指导，总结回顾一年来全区国土资源工作取得的成绩和存在的问题，分析面临的形势和今后的任务，通过开展批评与自我批评，认真解决在落实科学发展观、提高资源管理水平和保障能力方面存在的问题，重点解决领导干部在作风建设和廉洁从政方面存在的突出问题。会前，在机关各处室、厅属各单位、各盟市国土资源局广泛征求意见；厅党组书记白盾与党组成员谈心，对其思想和工作情况做出客观评价，在肯定成绩的同时，着重指出存在的问题，并认真听取班子成员的意见和建议；班子成员结合民主生活会主题，撰写发言提纲，相互之间进行交心谈心。会上，白盾通报了征求到的意见和建议，代表厅党组进行专题发言和自我批评。厅领导班子成员逐一进行发言。在评价厅党组时，认为国土资源厅领导班子能够紧紧围绕自治区党委、政府中心工作，开创性开展工作，是一个战斗的集体、团结的集体、努力开创工作新局面的集体。班子内始终坚持民主集中制原则，在执行大政方针上态度坚决，在重大问题的决策上体现民主，在制定发展思路上更加科学，是群众认可和拥护的领导班子。班子成员开展批评与自我批评，认真查找自己在工作中存在的问题，思考和提出改进措施。初步明确了2008年全区国土资源管理工作重点，提出全面加强行业管理、进一步提高资源保障能力的具体思路和措施。厅党组书记、厅长白盾主持会议，厅党组成员、副厅长孔燕燕、赵保胜、元重举、王富友，副巡视员陈喜良参加会议。自治区纪委、自治区党委组织部派人到会指导。8月28日，自治区国土资源厅党组召开党员领导干部专题民主生活会。根据会议要求，会前通过多种形式征求意见、建议，并进行了整理、研究，确定了会议主题。厅领导班子成员撰写了个人民主生活会发言材料，深入查找在落实科学发展观中存在的不足，着重就整改措施进行了探讨。会上大家发言踊跃，进行互评，达到了解决问题、增进感情的目的。会议确定了整改思路，提出了改进措施。会议由厅党组书记、厅长白盾主持，党组成员、副厅长孔燕燕、赵保胜、元重举，副厅长杨仁选，党组成员、副厅长王富友，厅党组成员、驻厅纪检组长孙建华，副巡视员高华、陈喜良参加会议。自治区人大常委会委员韩云彬出席会议。自治区先进性教育活动第八督导组组长、副书记叶占魁到会指导。厅机关各处室（局）、厅机关事务服务中心主要负责人列席会议。12月10日，自治区国土资源厅召开2008年度厅领导班子民主会。厅党组成员对照党员领导干部廉政建设有关要求，认真检查自身的思想意识、作风建设、廉洁自律、执政能力水平等方面的问题，结合工作实际，对照自治区党委、政府要求，检查自身在分管领域、工作开展方面存在的不足，并相应提出整改意见。同时，对厅党组提出了建议，主要集中在如何保持和总结好全区国土资源管理工作的成功经验和做法，进一步推进整体工作再上新台阶，以及解决基层干部待遇等方面的问题。会议初步明确了2009年全区国土资源管理工作的重点，提出全面加强行业管理、进一步提高资源保障能力的具体思路和措施。厅党组书记、厅长白盾主持会议，厅领导孔燕燕、赵保胜、元重举、王富友、孙建华、高华、陈喜良参加会议，自治区纪委、自治区深入学习实践科学发展观领导小组第六检查组有关领导参加会议。

2009年5月27日，自治区国土资源厅党组召开廉洁从政专题民主生活会。会议主题为：按照党风廉政建设和反腐败工作的要求，认真检查廉洁从政方面存在的问题，通过开展批评与自我批评，进一步提高思想认识,加快推进国土资源系统惩治和预防腐败体系建设,防微杜渐,强化措施,树立国土资源公正、清明、廉洁的社会形象。会前,厅党组成员结合民主生活会的主题,联系思想和工作实际,认真准备了发言提纲。会上,厅党组成员、自治区纪委驻厅纪检组长孙建华通报了开展专项治理工作情况,并就召开专题民主生活会作了说明。班子成员着重对照党员领导干部廉政建设有关要求和专项治理工作重点,逐一进行发言,认真检查自身思想意识、作风建设、廉洁自律等方面的问题,并相应提出努力方向。会议明确下步工作重点。会议由厅党组书记、厅长白盾主持,孔燕燕、赵保胜、王富友、孙建华、陈喜良参加会议。

2010 年 12 月 20 日,自治区国土资源厅召开党员领导干部专题民主生活会。会前制定了民主生活会实施方案,征求了盟市国土资源部门、厅属单位、厅机关各党支部意见。会上,厅领导班子成员按照民主生活会的内容要求,认真对照检查在贯彻落实廉政准则、《党政领导干部选拔任用工作责任追究办法》《党政领导干部选拔任用工作有关事项报告》等党政领导干部任用工作四项监督制度等方面存在的突出问题,对照检查在发扬艰苦奋斗、勤俭节约优良传统,遵守廉洁自律规定和在配车、住房、出国、公务接待、办公用房等方面存在的突出问题,深入剖析思想根源,提出了改进措施。民主生活会由白盾主持,孔燕燕、赵保胜、王富友、敖拉、陈伟、张宏、乌俊清参加会议。厅办公室、人事处、纪检组、机关党委列席会议。

2011 年,自治区国土资源厅党组以创先争优活动为主要内容召开专题民主生活会。重点查找厅机关在落实党建责任制、建设为民、务实清廉方面存在的不足,制定整改措施,以加强党组班子建设。

2012 年,自治区国土资源厅党组以全面加强机关作风建设、创先争优为主题召开专题民主生活会。普遍征求厅机关、直属单位及各盟市局党组织的意见和建议,开展谈心谈话,认真开展批评与自我批评,重点拓宽民主决策渠道,发挥民主集中制优势,积极指导厅属单位民主生活会,畅通反映问题渠道。

2013 年 11 月 8 日,自治区国土资源厅党组按照开展党的群众路线教育活动的安排,召开班子和班子成员专题民主生活会。自治区党委组织部、自治区纪委、领导,自治区第七督导组全体成员出席会议。自治区国土资源厅办公室、人事教育处、机关党委、驻厅纪检组主要负责人列席会议。

2014 年,自治区国土资源厅党组深入推进党的群众路线实践教育整改,对接"两方案一计划"整改落实后续工作,认真召开专题民主生活会。综合运用"一线工作法",领导干部坚持深入基层,问题在一线解决,作风在一线形成,成效在一线体现。

2015 年 1 月 18 日,自治区国土资源厅召开 2014 年度党员领导干部民主生活会。自治区第七督导组组长及成员出席会议。自治区国土资源厅全体厅领导及直属单位厅级领导参加会议,相关处室负责人列席会议。厅领导班子成员及直属单位厅级领导依次作了对照检查,相互开展批评与自我批评。自治区第七督导组对自治区国土资源厅下一步工作提出了建议。

二、干部队伍建设

(一)干部管理

2000 年 8 月 18 日,自治区国土资源厅党组印发《关于深入开展公务员规范化管理的通知》提出,从 2000 年 9 月开始,至年底基本完成公务员规范化管理工作任务。为加强公务员规范化管理工作,成立国土资源厅公务员规范化管理工作领导小组,厅党组书记、厅长韩云彬任组长,成员由办公室、人事教育处、政策法规处、机关党委负责人组成。

2002 年,自治区国土资源厅印发《内蒙古自治区国土资源厅主任科员以下公务员职务任免办法》。对主任科员以下的主任科员、副主任科员、科员、办事员的职务任免,提出具体方案。

2004 年,自治区调整国土资源主管部门干部管理体制,明确盟市国土资源局领导干部由上一级国土资源主管部门党组管理为主。2005 年,自治区国土资源厅党组对各盟市国土资源局领导干部进行调整和重新任命。对厅机关在同一职位上任职超过 5 年的干部进行岗位轮换,轮换范围达 85%。

2005 年 8 月 12 日,自治区国土资源厅印发《内蒙古自治区国土资源厅党组关于直属事业单位领导班子和领导干部考核工作细则》《内蒙古自治区国土资源厅党组关于对盟市国土资源局领导班子和领导干部的考核办法》。明确自治区国土资源厅党组对所属事业单位、各盟市国土资源局领导班子、领导干部考核的指导思想、基本原则。对领导班子、领导干部考核内容、考核工作的实施方法和程序,考核等次等做出规定。8 月 29 日,自治区国土资源厅党组印发《内蒙古自治区国土资源厅党组关于机关和厅属事业单位处级干部任免备案工作细则》。明确机关和厅属事业单位处级干部任免的基本原则,自治区国土资源厅对机关和厅属事业单位处级干部的管理范围,处级干部任职的基本条件和任职资格,规定了处级干部选拔任用的基本程序和实行处级干部任前公示制、新提任的处级干部实行试用期制度。10 月 18 日,自治区国土资源厅党组印发《内蒙古自治区国土资源厅党组关于旗县(市、区)国土资源局(分局)党政正职任免备案管理办法》。对全区旗县(市、区)国土资源局(分局)党政正职任免备案管理的备案任免、上报材料、审核程序、审核内容等,做出具体规定。

2008 年 3 月,自治区国土资源厅对厅机关干部进行轮岗。这是继 2005 年厅机关干部轮岗之后的第二次轮岗。4 月 7 日,自治区党委组织部检查组对自治区国土资源厅 2005 年以来贯彻执行《党政领导干部选拔任用工作条例》(以下简称《条例》)和有关规定情况进行了检查。6 月 30 日,对自治区国土资源厅执行《条例》和有关规定检查情况向自治区国土资源厅党组反馈,认为自治区国土资源厅党组贯彻执行《条例》和有关规定富有成效:一是学习收到一定成效;二是执行程序比较严格;三是对干部选拔任用工作的监督有所加强;四是干部人事制度改革得到推进。同时指出存在的主要问题,提出四条整改意见和建议。自治区党委组织部的反馈意见,自治区国土资源厅党组高度重视,及时制定整改方案。厅党组书记、厅长白盾批示:要按照反馈意见中提出的问题认真进行整改。按照自治区党委组织部的整改要求,自治区国土资源厅从五个方面进行了整改。一是开展专项检查,督促各单位解决自身存在的问题。8 月至 9 月,对所属 13 个事业单位和 14 个盟市国土资源局开展了学习贯彻《条例》情况的自查和抽查工作。重点对各单位干部任用的程序是否规范、讨论决定中是否充分发挥民主、对旗县局领导班子成员的任用是否按照干部管理权限进行、干部人事档案管理是否规范等进行了全面检查。利用检查的时机,对各单位班子成员、组织人事干部进行了培训,使他们充分认识到干部任用工作的严肃性。厅人事处完善了干部任免情况讨论研究会议制度。党组会议记录中附干部任免名单,以备查。二是加强同地方组织部门的沟通协调,着力解决违反干部管理权限的问题。采取适当的方式与地方组织部门进行沟通,明确地方组织部门与国土部门在干部管理方面的权限、职责,规范干部任用程序,逐步理顺地方国土资源管理体制。在国土资源系统内,要求各单位领导班子特别是一把手要在平时做好与当地组织部门的联系工作,严格按照规定选配干部,做到不超职数,违反程序,维护《干部任用条例》的严肃性。三是采取有力措施,加强干部培训。利用各种培训渠道,采取独立办班或增加指标的方式,分批次培训新提拔的干部。支持各盟市国土局开展对新提拔的科级干部的任职培训工作,将培训工作的完成情况列入年度考核指标,使培训工作得到较好的落实。四是利用干部轮岗交流的时机,加大竞争上岗工作力度。五是规范档案管理,补充建立考察文书档案和学习培训档案。对干部人事档案进行全面整理,重点对出生年月、学籍材料、干部任免审批表等进行检查核对,对发现的问题及时纠正,确保档案材料完整、真实。组织建立干部考察文书档案和学习培训档案,制定统一的档案整理标准,按规定完善档案内容。对于整改进展情况,自治区国土资源厅分别于7月15日、10月23日向自治区党委组织部进行了报告。8月6日,自治区国土资源厅制定《内蒙古自治区国土资源厅贯彻落实〈深入整治用人上不正之风进一步提高选人用人公信度的意见〉的具体措施》,扎实推进国土资源系统的整治工作。并就贯彻落实《深入整治用人上不正之风进一步提高选人用人公信度的意见》提出了5条措施:一是建立人事与纪检协调工作制度,结合自治区党委组织部对国土资源厅贯彻执行《条例》反馈意见,提出整治用人上的不正之风、提高选人用人公信度的具体措施;二是强化学习宣传,增强整治用人上不正之风的自觉性;三是加强制度建设,为整治用人上不正之风提供制度保障;四是强化民主监督,不断增强选人用人监督的有效性;五是加强检查指导,促进整治用人上不正之风工作落到实处。

2009年3月25日,自治区国土资源厅制定落实中央巡视组反馈问题整改工作方案,在加强领导班子和干部队伍建设方面,提出加强思想政治建设,完善干部选拔任用制度,强化教育培训,完善考评体系等四条整改措施。

2010年6月28日,自治区国土资源厅党组印发《内蒙古自治区国土资源厅关于贯彻落实干部选拔任用工作四项监督制度的意见》。对扎实抓好四项监督制度〔中央办公厅《党政领导干部选拔任用工作责任追究办法(试行)》和中央组织部《党政领导干部选拔任用工作有关事项报告办法(试行)》《地方党委常委会向全委会报告干部选拔任用工作并接受民主评议办法(试行)》《市县党委书记履行干部选拔任用工作职责离任检查办法(试行)》〕的贯彻落实,提出:要认真抓好干部选拔任用工作责任追究制度的贯彻执行,严格执行干部选拔任用工作有关事项报告制度,全面推行干部选拔任用工作“一报告两评议”制度(“一报告”,即对本级党委干部选拔任用工作情况进行报告;“两评议”,即对本级党委干部选拔任用工作情况的评议,对新选拔任用干部的评议),开展党委(党组)书记履行干部选拔任用工作职责离任检查。7月6日,自治区国土资源厅党组印发《内蒙古自治区国土资源厅直属单位党委(党组)书记履行干部选拔任用工作职责离任检查操作规程(试行)》,对盟市国土资源局党组书记、厅属事业单位党委(党总支)书记履行干部选拔任用工作职责离任检查做出具体规定。内容包括:检查内容、检查程序、民主评议等。

2012年,自治区国土资源厅对8个盟市国土资源局局长及厅机关部分处室、部分厅属单位的主要负责人进行了轮岗交流。

2014年,对盟市和厅属单位51名处级干部进行调整使用;对5个盟市国土资源局长进行轮岗交流。

2015年,自治区国土资源厅党组为贯彻落实自治区党委《关于实行党委(党组)领导班子和领导干部落实从严治党责任考责问责的暂行规定》,对自治区国土资源厅系统进一步贯彻落实工作提出3点要求、重点做好6个方面工作。有关3点要求:第一,各级党组织领导班子对职责范围内的从严治党工作负全面领导责任,书记是落实从严治党责任第一责任人;领导班子其他成员根据工作分工,对职责范围内的从严治党工作负重要领导责任;第二,凡属《规定》第三章第十条所列的11种党组织落实从严治党责任不力的情形,均要按照第十一条至第十六条所列情形问责。第三,对基层党组织领导班子和领导干部实行问责,按照干部管理权限,依照第四章第十七条4项程序进行。要重点做好的6项工作:一是全区各级国土资源部门党组织要把学习贯彻《规定》作为党内法规制度宣传教育的重点列入党委(党组)中心组学习内容,切实增强执行力;二是厅政策法规处将加强《规定》宣传教育纳入普法依法治理规划和计划中,并加强指导和检查工作;三是厅党组加强对各盟市国土资源局和厅属单位党组织落实从严治党责任的检查考核,厅机关党委负责厅属单位党建工作“三级联述联评联考”工作,并制定相应的考核办法;厅人事处负责制定全系统检查考核的评价标准、指标体系,明确检查考核的内容、办法、程序;四是厅人事处负责对各盟市国土资源局和厅属单位党组织领导班子和领导干部落实从严治党责任检查考核的组织实施;五是要加强检查考核结果运用工作,厅党组将检查考核结果作为对领导班子和领导干部总体评价选拔作用、追责问责的重要依据;六是系统内巡视工作中要加强对基层党组织领导班子和领导干部落实从严治党责任情况的巡视督查。

(二)干部考核

2000—2015 年,自治区国土资源厅根据管理范围和权限,按照考核工作的有关规定和要求,每年都要对厅机关公务员和厅属处级事业单位、盟市国土资源局年度工作实绩进行考核,并对厅属厅级、准厅级事业单位受委托进行考核。同时,成立了由厅长任组长的干部实绩考核领导小组,成员主要由厅人事教育处、办公室、机关党委、纪检监察室负责人组成,并根据厅领导变化及时对组成人员进行调整。

每年的考核工作,自治区国土资源厅都要印发年度考核工作的通知,并分别印发对厅机关公务员考核、厅属处级事业考核、盟市国土资源局考核工作的通知。结合国土资源管理工作实际,制定所属事业单位、盟市国土资源局领导班子和领导干部年度实绩考核目标,考核内容。2005 年 8 月,自治区国土资源厅党组制定《内蒙古自治区国土资源厅党组关于直属事业单位领导班子和领导干部考核工作细则(试行)》和《内蒙古自治区国土资源厅党组关于对盟市国土资源局领导班子和领导干部的考核办法(试行)》,考核工作进一步规范化。对各年度的考核情况,都经厅党组会议专题研究,对所属事业单位、盟市国土资源局领导班子和领导干部年度工作实绩做出评定,并对考核结果分别进行通报。

(三)人才工作

2004 年 8 月 6 日,自治区国土资源厅印发《内蒙古自治区国土资源厅关于进一步加强人才工作的意见》,指出:国土资源系统人才工作面临的问题是人才队伍的能力结构、知识结构、专业结构不尽合理,创新型的高层次人才缺乏,人才队伍的整体素质需要进一步提高;有利于育才、引才、聚才、用才的人才工作机制还不够完善,有利于人才辈出、人尽其才、才尽其用的人才工作环境还需进一步优化;人才总量不足,特别是直属事业单位中专业技术人才青黄不接,出现了严重的断档现象,所有这些问题都迫切需要解决。强调:要切实加强人才能力建设,加大人才培养的力度;科学选拔任用人才,充分发挥各类人才的积极作用;创新人才工作机制,建立有效的保证措施;坚持党管人才的原则,切实加强人才工作的组织领导。同日,自治区国土资源厅成立人才工作领导小组,由厅长黄·阿拉腾别力格任领导小组组长,副组长为孔燕燕、郭战英、赵保胜、元重举、沈晋平,成员包括自治区地勘局、自治区测绘事业局、自治区地质调查院、自治区土地勘测规划院主要负责人,以及 12 个盟市国土资源局局长和厅办公室、人事处、机关党委、财务处负责人。

2009—2010 年,自治区国土资源厅按照自治区人事主管部门的统一部署,面向社会公开招聘、择优录取 42 名工作人员。2010 年,自治区国土资源系统引进高层次人才 11 人,培养 20 人。全年有 2200 人参加继续教育,对 200 名申报工人技术等级人员进行了资格审查。厅属单位干部职工队伍中,从事本专业的技术人员占到了职工总数的 89%,领导班子成员中从事专业技术工作的比例占 90% 以上。至 2010 年底,全区国土资源系统各类人才 1.2 万人,其中,党政管理人才 4500 人,厅属事业单位和地勘行业各类专业技术人才7763人,占在职人员的61%。全区国土资源系统有博士37人,硕士117人,研究生学历255人,大学本科4858人,大学专科5194人;正高级工程师84人,副高级工程师863人,工程师2256人。

2011年8月5日,自治区国土资源厅制定《内蒙古自治区国土资源中长期人才发展规划(2010—2020年)》(以下简称《规划》)。《规划》明确全区国土资源人才发展的总体目标,即:到2020年,人才总量与国土资源事业发展需求相适应,人才素质大幅度提高,人才队伍结构进一步优化,人才管理体制进一步完善,机制进一步创新。到2020年,全区国土资源系统人才总量达到1.34万人,比2010年增长10%左右。地勘行业各类专业技术人才达到1万人,比2010年增长30%左右,其中资源勘查专业技术人才达到6000人,比2010年增长42%;地质勘查技能人才达到8500人,比2010年增长10%左右。到2020年,全区国土资源系统人才队伍中,受过专科以上教育的比例达到90%(2010年为84%);高级职称人才与专业技术人才的比例达到30%(2010年为22.4%);高技能人才与技能劳动者的比例达到50%以上。《规划》提出国土资源人才队伍建设的主要任务:一是引进和培养国土资源管理与经济复合型人才。2010—2015年,培养500人,引进50人;2015—2020年,培养500人,引进50人。二是选拔高层次创新型国土资源科技人才。2010—2015年,选拔培养博士20人,硕士30人;2015—2020年,选拔培养博士20人,硕士30人。三是注重培养地质找矿专业技术人才。到2015年,地质找矿专业技术人员达到6000人;到2020年,达到8000人。四是培育土地专业技术人才。到2015年,新增土地专业技术人才40人;到2020年,再增加40人。五是培育测绘地理信息技术人才。到2015年,测绘博士达到5人,硕士20人;到2020年,测绘博士达到10人,硕士40人。六是统筹推进各类国土资源人才队伍建设。到2020年,受过高等教育的人才占党政人才队伍80%以上;在矿产、土地、测绘领域,培养造就100名精通国土资源法律知识、具有较高执法水平和丰富现场执法经验的国土资源执法监察业务骨干;全区国土资源信息技术人才达到200人,大学本科以上学历人员达到80%以上;全区地质灾害应急救援队伍达到2000人,作为防灾减灾重要的基础性力量;全区地勘行业技能劳动者总量达到1万人,技师和高级技师达到4500人。《规划》制定了人才队伍建设的主要措施和保障机制,提出了组织实施的具体要求。

(四)教育培训

2003年,自治区国土资源厅按照自治区党委关于大规模培训干部的部署,组织干部培训,做到了培训经费、时间、人员"三保证"。有68人完成公务员任职培训和更新知识培训,有2名厅级后备干部参加了自治区党委组织部、自治区党校举办的中青年干部培训班;有20多人参加了自治区人事厅举办的事业单位机构改革骨干培训班。自治区国土资源厅共举办业务培训班9期,有819名基层人员参加培训。此外,自治区国土资源厅制定了干部参加学历教育学费自费公助的管理办法,鼓励和支持机关45岁以下的公务员参加相关专业高层次的学历教育,厅机关有8名公务员接受了研究生学历教育,其中有3人完成学历,1人考取了博士生。部分人员接受大学的学历教育。鼓励专业技术人员在不影响工作的前提下,参加相关专业的高层次学历教育。自治区地质调查院有4人考取博士生,有67人参加硕士研究生班的学习。

2004年,自治区国土资源厅组织厅机关72名公务员参加了为期7天的依法行政培训班,有3名厅级干部参加了内蒙古党校的盟市厅局领导干部理论培训班,有1名厅级后备干部参加了自治区党委组织部、内蒙古党校举办的中青年干部培训班,有2名处级干部参加了内蒙古党校的处级干部理论培训班,有20多人参加了自治区人事厅举办的事业单位机构改革骨干培训班。按照自治区党委组织部的部署和要求,在全区国土资源系统开展了“树组工干部形象”集中教育活动,成立了自治区国土资源系统深化和拓展“树组工干部形象”活动领导小组,对学习教育活动作了具体安排,规定了活动时间、内容,制定了活动方法。各所属事业单位人事处(科)还结合本单位职责、业务特点、岗位性质,制定了可操作性的行为规范和规章制度。学习教育活动结束时,进行了书面总结。

2005年,自治区党委、政府将自治区地勘局、自治区有色地勘局、自治区煤田地质局(以下简称三大局)列入自治区事业单位改革试点单位,企业人才的培训工作主要由三大局组织进行。自治区国土资源厅制定了《内蒙古自治区国土资源厅直属地勘单位2007—2010年企业经营管理人才培训规划》,三大局按规划组织进行培训。自治区国土资源厅按照国土资源部关于在国土资源管理部门集中开展干部培训教育活动的部署,于2005年9—11月在全区国土资源管理系统,分层次集中开展了干部培训教育活动。分别举办2期干部培训班、1期法制教育专题讲座、1期师资骨干培训班。各盟市国土资源管理部门和厅属事业单位,相应的组织开展了本部门、本单位的干部集中培训教育活动。

2006年,全区国土资源系统共举办各类培训班60多期,参加培训人员5100人次。

2007年,全区国土资源系统共举办各类培训班169期,参加人员1万多人次,同时有1400多人参加了专业技术人员继续教育培训,有1200多人参加了工人技术等级培训,外派培训500多人次。党的十七大召开后,自治区国土资源厅通过参加自治区党委组织的培训,培训厅级干部9名,处级干部1名,科级干部16名。系统内举办培训班4期,学习班21期,培训处级干部92人,科级干部714人。

2008年,按照中组部、中宣部、国土资源部、教育部、司法部、广电部组织开展对全国旗(县、区)、乡(镇、苏木)、村(嘎查)级主要领导干部进行国土资源法律知识宣传教育活动的部署,自治区国土资源厅、自治区党委组织部共同制定培训计划,利用一年时间,对全区101个旗县区、600个乡镇苏木、11 000个村嘎查的主要领导(党政一把手)进行了培训。完成由中央宣讲团对全区十二个盟市、两个计划单列市国土资源局长及宣讲业务骨干的培训,参加培训80人。各盟市旗县国土资源局也同时开展了对乡(镇、苏木)、村(嘎查)主要领导干部的培训。培训乡(镇、苏木)领导干部2051人,村(嘎查)主要领导19 264人。培训的内容主要是国土资源法律法规、依法行政、地质遗迹保护和地质灾害防治等知识。

2009年6月,继全国县(市)、乡(镇)、村级干部国土资源法律知识宣传教育培训之后,根据国土资源部办公厅《全面培训县(市)、乡(镇)国土资源管理干部工作方案》要求,自治区国土资源厅启动全区旗(县)国土资源局负责人、乡(镇、苏木)国土资源管理所干部培训工作,制定了培训工作实施方案,针对全区基层国土资源所点多、分散的实际,将培训任务逐级分解,明确职责分工。自治区国土资源厅组织旗县国土资源局长参加国土资源部组织的培训,成立讲师团,负责对盟市国土资源局培训工作进行巡回指导、检查验收。各盟市组建了50余人的师资队伍,落实经费200余万元,做好培训保障。至2011年,全区共举办培训班630期,教育培训干部2.8万多人。

2013年,自治区国土资源厅根据培训工作实行计划管理的要求,结合相关规定,改进干部培训工作,一是尽可能把培训内容相近、参加人员类似的班集中统一进行减少被培训人员的往返次数。二是尽量减少盟市国土资源局领导班子成员的多次培训,保证工作岗位领导在岗数,同时避免对多位领导进行集中培训。三是一般只培训到盟市国土资源局,确有必要培训到旗县局,须经厅领导批准方可举办。2013年,自治区国土资源厅共举办培训班18期,培训人数2700人。并对2010年以来提任的由自治区国土资源厅管理的处级干部进行了培训。

2014年10月21—24日,自治区国土资源厅举办全区国土资源系统干部素质提升培训班。培训内容:学习国家和自治区及国土资源部改革发展有关精神;国土资源相关业务创新推动具体思路和措施;加强党风廉政建设有关精神;依法行政有关知识;近期工作部署及具体思路和措施研讨。培训采取集中授课与分组讨论相结合的方式进行。盟市、旗县国土资源局和厅属单位主要负责人,厅机关各处室(局)主要负责人参加培训。当年,自治区国土资源厅选派20余名基层国土资源所所长赴国土资源部培训中心参加示范班培训。

2014年10月21日,全区国土资源系统干部素质提升培训班现场。

2015年5月27—28日,自治区测绘地理信息局举办测绘地理行业职业技能选拔赛,内容为工程测量和地图制图(地理信息数据处理)两大类实际操作及相关理论知识考试。

(五)基层国土资源所建设

截至2015年,全区102个旗县(市、区)共设置国土资源所623个,覆盖所有区域。人员编制2437人,平均每个国土资源所编制4人。其中,具有大专以上文化程度的占86.2%,初级以上专业职称的占30%。40岁及40岁以下的占57.6%。全区有86个基层国土所所长行政级别为科级,有167个基层国土资源所加挂了执法监察中队牌子。

2013年7月30日,自治区国土资源系统代表参观呼伦贝尔市基层国土资源所建设。

三、机关党的建设

2000年,自治区国土资源厅组建时,厅机关工作人员中有党员72人,原自治区土地管理局、地质矿产厅机关退休、待退休、离岗人员中有党员25人,自治区国土资源信息院、土地登记中心、土地整理中心、执法中心等4个事业单位筹备组有党员11人。6月,自治区国土资源厅在机关建立16个党支部,退休、待退休、离岗党员建立2个党支部,4个事业单位筹备组建立2个党支部。8月,经自治区国土资源厅党组同意,并请示自治区批准,自治区国土资源厅召开机关党员大会,选举产生第一届中共内蒙古自治区国土资源厅机关委员会(以下简称自治区国土资源厅机关党委)。第一届自治区国土资源厅机关党委由7人组成,分管机关党委工作的厅党组副书记、副厅长黄·阿拉腾别力格任书记,陈喜良任专职副书记。

2006年,经自治区国土资源厅党组同意,自治区国土资源厅机关党委将机关16个党支部调整为6个,厅党组成员分别编入各党支部。调整后,机关各党支部修订和完善内部的各项制度。7月,自治区国土资源厅机关党委为落实创建学习型社会和学习型政党的要求,加强基层党组织建设,制定下发

《关于创建学习型党支部的实施意见》，明确创建学习型党支部的基本标准、创建方法、总体目标和措施要求。同时加大对机关各党支部学习的指导力度，适时对各支部提出学习要求，印发重点学习目录，发放学习材料，定期督促检查。2006 年下半年，厅机关各党支部充分发挥党支部教育主阵地作用，每次学习和培训，都做到了有计划，有制度，有考勤，有档案。在抓好理论学习的同时，还通过参观"内蒙古纪念中国人民抗日战争胜利60周年大型图片展"、到呼和浩特附近的革命老区参观等多种实践活动，增强学习效果。厅党组认真落实党员领导干部带头抓党建责任制，制定《内蒙古国土资源厅党组关于党组主要负责同志带头抓党建的实施意见》，明确党组书记应履行第一责任人的职责和党组成员对分管处室、分管单位党建工作所承担的责任，使党员领导干部自觉加强对基层党建工作的领导和指导。厅党组重视和支持机关党的工作，把机关党建工作列入党组议事日程，定期听取机关党委工作汇报，专题研究并努力解决机关党建工作中的实际问题。机关党委专职副书记列席厅党组有关会议，各项活动经费得到了保证。

2007 年，自治区国土资源厅在机关和厅属单位范围内组织开展创建党建工作先进厅局活动，认真落实党员领导干部带头抓党建责任制。印发了《内蒙古国土资源厅关于开展创建党建工作先进厅局的活动通知》，建立由厅主要领导负总责，分管领导具体负责的领导责任制。完善《内蒙古国土资源厅党组关于党组主要负责同志带头抓党建的实施意见》，在自治区国土资源厅网站开设"国土资源党建工作"专栏。通过以创建党建工作先进厅局（单位）为载体，基本形成一级抓一级、一级带一级、层层抓落实的党建工作局面。9 月，自治区国土资源厅被自治区直属机关工作委员会（以下简称自治区直属机关工委）授予"自治区直属机关党建工作先进厅局"荣誉称号。

2008 年，自治区国土资源厅认真组织系统学习胡锦涛总书记关于科学发展观和构建和谐社会讲话精神，深入领会，开展解放思想大讨论，提出对策建议，努力把学习成果转化为科学发展的实践。全年组织专题辅导 28 次，参训人员 106 人，中心组学习 6 次、讨论 28 次，支部学习 335 次，领导干部深入基层调研 46 人次。全面贯彻党的十七大精神，加强国土资源工作创新和自身建设，把解决问题同完善体制、机制有机结合，积极运用经济手段参与宏观调控，为扩大内需促进经济社会平稳较快发展做好服务和监管工作。严格程序，召开民主生活会，达到了交流思想、增进团结、明确方向、促进工作的目的；加强干部队伍建设，增强政治意识和大局意识，提高能力素质，深入查找党员干部在党性党风党纪方面的不足，采取有效措施，转变机关作风，树立"为民、务实、清廉"形象。

2009 年 3 月 1 日，自治区国土资源厅印发《关于深入学习实践科学发展观进一步加强国土资源机关党建工作的意见》，就进一步加强机关党的建设工作提出具体意见。

2010 年，自治区国土资源厅进一步加强基层党组织建设，印发指导性文件，实地督导，面对面整改，确定 4 个党建工作试点单位，举办现场交流会，推动工作上新台阶。建立党建工作联系点，与帮扶单位、社区、企业、开发区、重点项目区开展共建。厅机关党委按照《中国共产党党和国家机关基层组织工作条例》，指导厅机关各党支部换届选举，根据"一岗双责"的要求，选配了新的党支部书记。3 月 8 日，自治区国土资源厅党组印发《关于加强和改进机关党的建设的意见》，重点推进 6 项工作：一是坚持服务中心、建设队伍，把业务工作的薄弱环节作为党建工作的重要抓手；二是坚持解放思想、改革创新，不断提高党员思想素质、知识素养和党性修养；三是坚持贴近基层、夯实基础，努力打造充满生机活力的基层党组织；四是坚持高标准、严要求、快节奏，积极培育昂扬向上、雷厉风行、攻坚克难的作风；五是坚持预防为主、制度为本，加快构建惩治和预防腐败体系；六是坚持试点先行、以点促面，不断探索创新党建工作方式方法,努力提升机关党建工作水平。以制度建设入手,充实完善了《流动党员管理制度》《党建工作月报制度》《党建工作书面述职制度》等。按照“讲党性、重品行、做表率”活动要求,抓好机关作风建设,增强干部服务意识。与呼和浩特市新城区公主府社区共建党员执政为民教育基地,组织干部8次入社区,召开联席会议,推动社区党的建设。

2011 年 7 月 1 日,自治区国土资源厅纪念建党 90 周年组织党员在党旗下共同宣誓。

2011 年 6 月,自治区国土资源厅被自治区党委组织部评为“党建工作先进单位”,厅机关党委被评为“先进基层党组织”。7 月 1 日,自治区国土资源厅组织召开全区国土资源系统纪念建党 90 周年暨创先争优大会,参会党员在党旗下进行了宣誓。

2012 年 4 月 16 日,自治区国土资源厅机关党委印发《关于国土资源厅机关和直属单位党组织开展基层组织建设年活动的实施方案》。根据中共中央、自治区直属机关工委的部署,就 2012 年在厅机关、厅属单位开展基层党组织建设活动做出具体部署,并制定《国土资源厅直属党组织分类定级工作要求》《国土资源厅直属机关事业单位党组织分类定级参考标准》《国土资源厅直属企业党组织分类定级参考标准》。6 月 6 日,自治区国土资源厅机关党委印发《自治区国土资源厅机关党委开展“固本强基、争创一流”主题活动方案》,部署在厅机关党支部、厅属单位基层党组织开展“固本强基、争创一流”主题活动。通过主题活动,力争达到党组织班子建设、思想建设、组织建设、作风建设、制度建设、党风廉政建设、自身建设、工作业绩等八个方面创一流的目标。配合该项主题活动,自治区国土资源厅机关党委还制定了《自治区国土资源厅机关党委开展“固本强基、争创一流”主题活动考评细则》。6 月 7 日,自治区国土资源厅机关党委印发《自治区国土资源厅机关党委 2012 年党建工作考评办法》,规定自治区国土资源厅机关党委所属党组织党建工作考评办法。考评办法分为自评、互评、群众测评、机关党委考评四个层次进行。考评结果作为年度评先评优的重要依据。8 月 28 日,自治区国土资源厅机关党委印发《内蒙古自治区国土资源厅关于进一步加强学习型党组织建设意见的通知》。就进一步加强厅属单位和厅机关各党支部学习型党组织建设,提出四条意见:一是进一步强化对学习型党组织建设工作的认识,切实加强组织领导。二是进一步健全完善学习型党组织建设各项规章制度,确保取得实效。三是进一步丰富学习型党组织建设内容,不断增强学习的吸引力。四是进一步抓好中心组学习这一关键,切实发挥示范引领作用。

2013 年 7 月 19 日,自治区国土资源厅机关党委在厅机关以支部为单位,组织开展以“为了谁、我是谁、依靠谁”为题目的“我的群众观”主题讨论会。会后,厅机关全体党员干部结合工作实际,撰写、交流讨论心得,并在机关范围内开展“我的群众观”大讨论活动。至 7 月底,自治区国土资源厅党建工作归口机关党委管理的有厅属 13 个事业单位、1 个中直企业(中国建材中心内蒙古总队),共有 149 个党组织,2855 名共产党员(其中在职党员 1896 名,离退休党员 959 名)。9 月 17 日,自治区国土资源厅机关党委举办“尽责圆梦——群众观·国土情”演讲活动。厅机关、厅属单位 11 名演讲者结合自身工作对群众路线和国土资源工作的认识作了演讲。9月26日，自治区国土资源厅机关党委组织举办党的群众路线教育实践活动先进事迹专题报告会。报告会主题为“以身边典型为镜、做为民务实清廉国土人”，厅属单位的11名报告者从不同侧面、不同角度用质朴的语言，讲述了身边的先进人物和先进集体的事迹。全系统4800名党员干部参加了报告会。12月，自治区国土资源厅机关党委被自治区党委评为先进基层党组织，受到表彰。

2013年9月26日先进事迹报告会后，自治区国土资源厅党组成员、副厅长王富友（中）与11名先进事迹报告人合影。

2014年1月6日，自治区国土资源厅副厅长陈伟参加“2013年机关党建工作述职考核大会”并述职，经过自治区党委组织部、各厅局单位现场测评，综合评定结果，国土资源厅党建工作排名第一。2月19日，自治区国土资源厅机关党委安排部署厅机关及直属单位处级党员干部参加培训。经过一周的统计汇总，厅机关及直属单位327名处级党员干部按照厅机关支部、企事业党组织，党委、总支、支部层级筹划分为8个批次，确定领导人和召集人，每个批次30人左右，分期分批参加了自治区党委组织部、自治区直属机关工委组织的为期2个月的学习培训班。2—3月，厅系统以及直属二级单位处级党员干部共90名分3批分别参加了举办的第三期、第七期、第八期党的十八届三中全会精神学习班。大力推进五型机关建设，一是深入开展“三带三创活动”，以中心组、大讲堂推动学习教育工作，出版理论书籍1册，30多篇文章获奖；二是推广“一线工作法”，加强服务型机关建设，围绕自治区“8337”发展思路，立足国土资源工作，开展“服务圆梦、尽责担当”主题实践活动；三是简政放权，推进效能型机关建设；四是在服务窗口单位开展“争创优质服务窗口”活动，为办事群众提供快捷便利服务；五是肃风正纪转变作风，推进廉洁型机关建设，做到政令畅通，令行禁止。12月12日，自治区直属机关工委领导对自治区国土资源厅机关党委档案工作进行调研，组织召开党建工作座谈会。国土资源厅机关党委在会上展示国土资源厅党建工作档案，演示《国土资源厅机关党建工作材料汇报》PPT，领导认真检查国土资源厅机关党建工作档案，对国土资源厅2014年党建工作给予高度肯定。12月18日，自治区国土资源厅召开第二届党代会和直属工会会员代表大会。厅机关和直属单位138名党员代表，代表2478名党员参加会议。大会听取和审议了陈伟代表第一届机关党委所作的题为《以法治理念和创新精神推动机关党的建设为国土资源事业改革发展提供坚强保障》的工作报告，选举产生了第二届机关党委、第一届纪委和直属工会。会后，召开第二届机关党委第一次全体会议，选举产生第二届国土资源厅机关党委、第一届机关纪委，第二届机关党委书记、机关党委专职副书记、机关党委副书记。第二届机关党委由9名委员组成。陈伟当选为第二届机关党委书记，张伟当选为专职副书记，鲍玉山当选为副书记。第一届机关纪委由7名委员组成，张伟当选为机关纪委书记（兼），鲍玉山当选为机关纪委副书记（兼）。厅领导孔燕燕、王富友、敖拉、陈伟、王重明、赵大勇出席会议。大会由厅党组成员、副厅长王富友主持。

2015年，自治区国土资源厅党组认真贯彻中央和自治区党委各项决策部署，坚持把抓好党建作为最大政绩，牢牢把握“服务中心、建设队伍”两大任务，全面履行从严管党治党责任，明责知责、履责尽责、考责问责,不断提升机关党建工作科学化水平。不断创新党建理念和工作方法,全面推进机关党的思想建设、组织建设、作风建设、制度建设和反腐倡廉建设,全力推进“三严三实”专题教育、党的群众路线教育实践活动后续整改落实、自治区党委从严治党“1+3”制度体系、打造北疆基层党建亮丽风景线等重点工作,向自治区党委群众路线教育实践活动办公室上报了有关整改落实情况,组织召开了厅党组及厅属单位民主生活会。制定印发《关于进一步加强和改进党建工作的意见》《关于建立健全党群组织的通知》《关于落实自治区党委“五个一”工作机制的意见》《做好五级示范抓引领工作通知》等文件,积极组织党员干部认真学习贯彻习近平总书记系列重要讲话精神,制定了“联述联评联考”实施办法,全年组织召开两次党建工作“联述联评联考”。注重载体创新,制定了党建片区工作方案,将15个厅属单位划为2个片区,定期开展共建。积极探索基层党建工作规律,在厅属企业推行“135”工作法,在事业单位推行“333”工作法,在窗口单位推行“三亮三比三评”工作法,在厅机关推行“三抓四比五突出”工作法,凝心聚力、改进作风,提升工作成效。11月3日,自治区党委组织部第九调研督导组到自治区国土资源厅调研督查2015年党建工作,听取了自治区国土资源厅党组成员、副厅长陈伟代表国土资源厅党组作的工作情况汇报,同时重点查阅了相关文件资料,并对部分党组织负责人进行了个别谈话。至2015年底,自治区国土资源厅机关有1个党组、1个党委、7个党支部,党员总数135名(其中在职党员85名,离退休党员48名);党建工作归口管理的15个厅属事业单位、1个中直企业(中国建材中心内蒙古总队党委)中,有1个党组、18个党委、13个党总支、134个党支部,共计166个党组织;职工总数为12 935名,党员2507名,其中在职党员1447名,离退休党员1060名,女党员55名,少数民族党员308名,大专以上学历党员1506名。当年发展党员40名。

11月3日,自治区国土资源厅党建工作汇报会现场。

四、党建专项活动

(一)组织开展保持共产党员先进性教育活动

2005年1－6月,自治区国土资源厅按照中共中央、自治区党委的部署,在厅机关及机关事务服务中心开展第一批保持党员先进性教育活动。11名厅级党员领导干部、厅机关81名党员(其中处级党员干部47人)、机关事务服务中心16名党员、31名离退休党员参加第一批保持共产党员先进性教育活动。1月19日,成立自治区国土资源厅保持共产党员先进性教育活动领导小组,厅党组书记、厅长黄·阿拉腾别力格任组长,厅党组成员、副厅长元重举和厅党组成员、驻厅纪检组长沈晋平任副组长,并设立自治区国土资源厅保持共产党员先进性教育活动领导小组办公室,从厅属事业单位抽调3人作为工作人员。同日,由厅党组成员、副厅长孔燕燕主持召开动员大会,厅长黄·阿拉腾别力格作动员讲话,厅领导和厅机关、机关事务服务中心职工、厅属事业单位党政主要领导参加会议,自治区党委先进性教育活动第八督导组成员出席会议。2月24日,印发《内蒙古国土资源厅开展以实施“三个代表”重要思想为主要内容的保持共产党员先进性教育实施方案》，对先进性教育活动做了具体安排。按照活动方案安排，分为学习动员、分析评议、整改提高三个阶段。在学习动员阶段(1—3月)，自治区国土资源厅重点抓了动员部署、学习培训和开展新时期共产党员保持先进性基本要求的大讨论三项工作。通过以支部为单位，集中学习、专题讨论、专题讲座、个人自学等形式，学习时间达到规定的40个学时。厅党组书记、厅长黄·阿拉腾别力格，厅党组成员、副厅长赵保胜作了专题学习辅导。厅机关各党支部集中进行了研讨交流。分析评议阶段(4月)，重点抓了重温入党誓词、认真查找问题、广泛征求意见、开展谈心活动、撰写党性分析材料、召开组织生活会、提出评议意见、反馈评议意见等八个环节的工作。厅领导撰写了党性分析材料，每位共产党员都填写了专题民主评议党员登记表。4月30日，自治区国土资源厅党组召开先进性教育活动专题民主生活会。厅党组书记、厅长白盾主持会议，党组成员孔燕燕、赵保胜、元重举、沈晋平、王富友，副厅长王宗起，副巡视员高华参加会议。自治区人大常委会委员韩云彬出席会议。自治区先进性教育活动第八督导组组长、副书记叶占魁到会指导。厅机关各处室(局)、厅机关事务服务中心主要负责人列席会议。在整改提高阶段(5月8日至6月30日)，重点完成制定整改方案、落实整改措施、公布整改情况等三项任务。6月7日，自治区国土资源厅召开先进性教育活动领导班子专题民主生活会情况通报大会。厅党组书记、厅长白盾代表厅党组就民主生活会情况进行通报。厅领导班子成员、机关副处级以上干部、厅属各单位班子成员参加会议。会上，机关副处级以上干部、厅属各单位班子成员共81人，对厅领导班子专题民主生活会情况通报进行满意度测评，综合满意率为90.75%，基本满意率为9.25%。6月27日，自治区国土资源厅党员先进性教育活动进行群众满意度测评。孔燕燕通报先进性教育活动情况和整改成果，元重举主持测评会议，厅机关群众、离退休职工、服务对象、民主党派代表14人参加测评，对国土资源厅先进性教育活动总体评价满意率为86%，基本满意率为14%。自治区先进性教育活动第八督导组组长、副书记叶占魁对自治区国土资源厅先进性教育活动各个环节的工作进行了督查与指导。

2005年11月至2006年3月，按照自治区党委的统一部署，自治区国土资源厅机关党委组织并指导厅属单位开展第三批保持共产党员先进性教育活动。厅属14个单位的265个基层党组织(党委32个、党总支15个、党支部218个)、4109名党员(在职党员1752名、离退休党员2331名)参加活动。在厅党组、自治区先进性教育活动第三指导组和第七督导组的领导和具体指导下，圆满完成先进性教育活动3个阶段13个环节的工作任务。368名县处级以上领导干部建立工作联系点，举办培训班320次，集中培训899名基层骨干人员。整顿基层党组织7个，新建党支部2个，充实了党组织负责人。新建、修改和完善制度193项。1980名党员参加扶贫帮困送温暖活动，慰问资金达80万元，解决群众生产生活中的实际困难4067件。继续巩固和扩大第一批先进性教育活动成果，第一批先进性教育活动中机关干部职工反映的11条意见和建议，有4条得到解决，其余7条随着工作的推进在不断地完善中。第三批先进性教育活动中厅属单位干部群众反映的264条意见和建议，已有248条得到解决，16条在落实中。落实过程中，都不定期的召开不同层面的干部职工群众大会，通报落实情况。活动结束时，进行了领导班子民主测评和先进性教育活动群众满意度测评，满意率均在95%以上。

2006年“七一”前夕，自治区国土资源厅隆重召开纪念建党85周年暨保持共产党员先进性教育活动总结表彰大会，对32个先进基层党组织、80名优秀共产党员、52名优秀党务工作者进行表彰。

(二)组织开展“一心为民、科学发展”培训教育活动

按照自治区党委的部署，2006年4—9月，自治区国土资源厅组织开展“一心为民、科学发展”培训教育活动。活动分为学习动员、学习对照、学习整改3个阶段。在学习动员阶段,厅机关先后组织召开全体干部、处室负责人动员会2次,集中学习3次,座谈会1次,厅党组中心组学习3次,其中召开理论研讨会1次。在学习对照阶段,采取自己查、相互找的方式,查找问题。厅机关4个工作组深入各个盟市及30多个旗县,面对面的听取地方各级领导、基层和服务对象的意见和建议。发征求意见函120份。在学习整改阶段,针对查找出的主要问题,在机关各处室制定整改方案的基础上,初步形成厅的整改方案。之后,几次征求机关各处室、各盟市国土资源局的意见和建议,对整改方案进行了多次修改。厅党组召开专题民主生活会,对整改措施作了进一步的补充、完善,具体研究和部署了落实工作。

在教育活动中,自治区国土资源厅坚持边学习、边查找、边整改。针对办事程序烦琐、工作效率不高的问题,厅党组要求厅机关各职能部门明确国土资源厅的职能定位,对工作职能和审批程序进行全面审查,能够下放的审批事项要坚决下放到盟市审批,能够交给所属事业单位办理的事务性工作要坚决交下去。厅党组决定,凡是属于自治区职权范围内的土地、矿产资源审批事项,一律在各盟市设立审批点审批,除国家规划矿区和大型整装煤田的矿权由自治区统筹管理外,其他煤田的矿权设置一律在盟市审批。为了做好煤炭等重点资源配置工作,防止资源审批与各地区工业项目建设计划脱节,根据《内蒙古自治区人民政府关于进一步加强煤炭资源矿业权设置及重点转化项目资源配置人民政府主席办公会议纪要》精神,考虑到自治区和各盟市对资源的宏观发展要求,自治区国土资源厅印发《关于办理行政审批事项有关问题的紧急通知》,要求凡是报自治区审批的土地和矿产资源配置申请文件,必须有各盟市主要领导签字同意,方予受理审批,以减少工作环节,推进服务保障工作到位。围绕自治区党委、政府确定的417个重大工业项目和65个交通建设项目的组织实施,做好跟踪服务,加快项目开工建设。培训教育活动取得了实效。

(三)组织开展学习实践科学发展观活动

按照自治区党委的统一部署,2008—2009年,自治区国土资源厅党组、厅机关和13个厅属单位组织开展了学习实践科学发展观活动。活动中,以构建保障和促进科学发展新机制为主题,紧紧围绕“科学发展、依法行政、破解难题、服务经济”的目标,按照学习调研、分析整改、完善体制机制三个阶段的工作要求,在认真完成自治区党委规定动作的同时,结合国土资源管理工作实际创造自选动作,把学习实践活动不断引向深入,制定了涵盖9个方面、涉及58项规定措施的整改落实方案。编辑整理了国土资源厅深入学习实践科学发展观活动《调研文集》《分析检查报告文集》《重要讲话文件汇编》《简报汇编》《长效机制汇编》《总结汇编》《大事记》等七套学习资料,厅属各单位科学发展观材料汇编10套。建立了贯彻落实科学发展观的长效机制,圆满完成各阶段的活动任务。

2010年,按照自治区党委创先争优活动领导小组《关于进一步做好学习实践活动整改落实后续工作的通知》要求,自治区国土资源厅组织开展学习实践活动整改落实后续工作。一是按照“保增长、扩内需、调结构”的要求,制定为扩大内需促进经济平稳较快发展的八项措施,涉及完善土地利用总体规划、土地利用年度计划指标安排、提高办事效率、加大土地整理复垦力度、加强地质勘查工作等方面。从建立长效机制入手,充分利用网络建设工程,制定国土资源行政服务审批事项工作规则,设定89项办理事宜的条件、职责和工作时限。二是按照整改落实方案,完成50项制度措施的制定。同时,对机关内部42项管理制度进行修改补充完善。三是全面落实自治区党委关于促进农牧业稳定发展和农牧民持续增收的要求,结合国土资源工作实际,制定措施,落实耕地保护目标责任制,层层分解耕地保护目标和任务,完善和细化耕地保护目标责任考核办法,年度考核和奖惩;扎实做好基本农田保护工作,统一规范基本农田保护标志,三级备案,建立基本农田永久保护制度;探索建立基本农田保护经济补偿机制;完善农村土地登记发证工作。各类建设项目征收集体所有土地时,均依据土地确权登记成果,对农牧民进行补偿和证明土地权属;统筹安排土地整理复垦整治工作,做好“万村整治”示范工程建设;开展集体建设用地流转调研;加强农村宅基地管理,“一户一宅”,落实宅基地“两图一表”制度;完善农用地管理,将规模化种养殖业用地纳入规划体系;维护农牧民土地权益,由自治区政府发布实施征地统一年产值标准和征地区片综合地价测算成果,实现征地、补偿、保障“三同步”。四是开展“保增长保红线”专项行动和地质找矿改革发展大讨论活动。五是以谋长远为前提,推动整改落实方案的全面到位。按照厅整改落实方案的要求,有 8 项涉及长远的制度措施,特别是土地计划动态评价制度、规划滚动修改和相应政策,矿业权市场建设等措施制度,是管长远的工作,自治区国土资源厅组织相关人员专门到福建、浙江、辽宁等地进行了调研,学习借鉴其先进经验。对活动中制定的 9 个方面、58 项整改措施,其中一项与政策相悖不再制定,其余于 2010 年底完成。

(四)组织开展创先争优活动

从 2010 年 4 月开始,按照自治区党委的部署,自治区国土资源厅在机关及所属 14 个单位、147 个党组织、2185 名党员中开展创先争优活动。2010 年 7 月,按照自治区党委和直属机关工委创先争优活动领导小组的要求,活动范围拓展到了国土资源全系统,增加了自治区地勘局、14 个盟市国土资源局党组织及辖区有关行业协会、中介机构的党组织和全体共产党员。至 2012 年底,全区国土资源系统参加创先争优活动的单位有厅机关、厅属 14 个二级单位、1 个中直企业、14 个盟(市)、101 个旗县(市、区)国土资源局的 56 个党委、62 个党组、61 个党总支、633 个党支部、9 个行业协会和中介机构,参加活动的在职党员 7660 名,离退休党员 4015 名,共 11 675 名,实现系统内党组织和党员个人全覆盖。

自治区国土资源厅开展创先争优活动主题是:“为党旗增辉,为国土添彩”。根据不同单位和部门的工作性质及内容,厅机关党组织又以“转变工作作风,增强执行力”为主题,盟市国土资源局以“保发展,保红线”“破解两难,推动科学发展”为主题,事业单位党组织以“加强管理,强化服务支撑”为主题,地勘单位党组织以“建一流队伍,创一流业绩”为主题,并按照自治区党委部署和直属机关工委安排,2010 年围绕“积极投身创先争优活动”、2011 年围绕“迎接建党 90 周年”、2012 年围绕“向党的十八大献礼”三大主题展开。分为动员部署、全面争创、完善提升、总结表彰 4 个阶段进行。

动员部署阶段:2010 年 5－6 月中旬。5 月初,自治区国土资源厅成立活动领导小组,在机关党委设立办公室负责日常工作。自治区国土资源厅党组书记、厅长白盾任组长,厅党组成员、副厅长孔燕燕任副组长并兼任领导小组办公室主任。印发了全系统创先争优活动的指导意见及“为党旗增辉,为国土添彩”工作方案。6 月 4 日,自治区国土资源厅召开深入开展创先争优活动动员大会,白盾、孔燕燕分别在大会上讲话,对活动进行了动员和部署。厅领导、厅机关全体人员、厅属单位班子成员、党办主任共 150 余人参加会议。动员大会后,各盟市、旗县国土资源局和厅属各单位党组织也都按照要求及时组建了领导机构、确定了活动主题、制订了实施方案、安排了工作计划,并全部召开动员大会进行了部署。

全面争创阶段:从 2010 年 6 月下旬至 2011 年 6 月底。按照实施方案,各单位结合工作实际,开展了公开承诺、领导点评、群众评议评先推优等四个环节的工作。2010 年 6 月 29 日,自治区国土资源厅召开庆祝中国共产党建党 89 周年暨厅直系统 2008 年以来党建工作先进单位和先进个人表彰大会,受表彰的 10 个先进集体和 280 名先进个人,在大会上发出《在深入开展创先争优活动中争创先进基层党组织,争当优秀共产党员》倡议书。6月底,厅创先争优活动领导小组办公室召开调度会,对各单位开展活动的主题、目标、载体、领导联系点、调研课题等提出针对性要求。之后下发了《关于做好创先争优活动公开承诺环节工作的通知》和《关于组织对厅直系统创先争优活动进行指导检查工作的通知》。从7月29日开始,对各单位进行检查指导。8月,调整活动领导小组成员,增补地勘局、有色地勘局、煤田地质局、测绘事业局党委(党组)书记为领导小组成员,下设4个巡回检查组;调整充实领导小组办公室人员,增补各盟市国土资源局党组书记、厅属各单位党组织书记、厅机关各党支部书记、各处室(局)负责人为领导小组办公室成员;成立4个巡回指导检查组,组长分别由厅领导兼任,成员由厅机关相关人员组成。按要求完成公开承诺环节的工作。10月下旬至11月上旬,厅4个巡回指导检查组对厅属单位公开承诺环节的工作进行指导检查,同时采取下发指导示范文件、厅领导点评引路、上报点评工作情况报告、组织观摩交流等形式进行。11月24日,自治区直属机关工委创先争优活动领导小组负责人王学文带领检查组到自治区国土资源厅对国土源系统开展创先争优活动进行了检查指导。2011年上半年,自治区国土资源厅以迎接建党90周年为主题,进一步深入开展创先争优活动,陆续下发《关于领导点评有关事项的通知》《关于建立健全典型选 树机制的通知》《关于进一步开展 好创先争优活动典型选树和领导点评工作的通知》《关于做好对承诺践诺工作回头看和党组织、党员开展新一轮承诺的通知》等文件,组织开展了百名党员干部"下访"、党员领导干部到联系点调研等项活动。基层党组织开展专项活动1400多次,全系统各级党组织承诺事项销号2000多条,厅领导带头对各自的分管单位、联系点的党组(党委)班子、党政"一把手"和所在党支部进行点评,有812个各级党组织和1000多名党员领导干部开展了点评工作。至6月底,全系统各级党组织全部开展了群众评议活动,完成新一轮承诺活动。自治区国土资源系统开展的创先争优活动走在自治区各部门的前列,受到自治区党委创先争优活动领导小组、自治区直属机关工委的肯定和好评,并先后3次在自治区直属机关工委组织召开的创先争优活动推进会上作经验介绍。7月1日,通过分级评选,自治区国土资源厅党组表彰了全系统创先争优活动的15个先进单位、85个先进党组织、100名优秀党员和100名优秀党务工作者。

11月24日,自治区国土资源厅党组成员、副厅长陈伟(左)向王学文(右)介绍国土资源系统开展创先争优活动情况。

完善提升阶段:从2011年7月至2012年4月。自治区国土资源厅主要抓了五个方面的工作:一是对创先争优活动"全面争创"阶段工作特别是新一轮公开承诺践诺情况的"回头看",进一步充实完善公开承诺的内容,提高党组织和党员公开承诺的质量。二是继续组织开展了领导点评工作。全系统各级基层党组织和领导干部亲力亲为,利用专题党组织生活会、工作汇报会或指导检查工作、深入联系点调研等形式,采取集中点评、个别点评、现场点评和随机点评等方法,对创先争优活动进行点评。三是通过召开调度会、推进会、经验交流、相互观摩等,对创先争优活动进行分类指导和督促检查。四是开展了群众评议和典型选树工作。五是做好创先争优活动由全面争创阶段转入完善提升阶段的工作，着重围绕“建党 90 周年”和“向党的十八大献礼”主题，充分发挥先进典型的示范带动作用，努力提升创先争优活动的整体水平，以优异成绩向党的十八大献礼。并按照自治区党委创先争优活动领导小组办公室《关于印发创先争优活动项目四个子项目方案的通知》精神，把《突出抓好服务行业和窗口单位创先争优活动子项目方案》和《突出抓好领导机关和领导干部创先争优活动子项目方案》及《突出抓好党群共建创先争优活动子项目方案》的内容和要求摆在突出位置，纳入“完善提升”整体活动方案中，紧密结合本单位实际，予以贯彻落实。

2010 年 10 月，自治区国土资源厅副巡视员陈喜良在自治区直属机关创先争优活动工作推进会上代表自治区国土资源厅作典型经验介绍。

总结表彰阶段：2012 年 5 — 12 月。按照中共中央确定 2012 年为基层组织建设年，结合创先争优活动，自治区国土资源厅深入开展基层组织建设年活动。5 月至 8 月，厅机关党委相继印发《关于国土资源厅机关和直属单位党组织开展基层组织建设年活动的实施方案》《国土资源厅直属党组织分类定级工作要求》《国土资源厅直属机关事业单位党组织分类定级参考标准》《国土资源厅直属企业党组织分类定级参考标准》《自治区国土资源厅机关党委开展“固本强基、争创一流”主题活动方案》《自治区国土资源厅机关党委 2012 年党建工作考评办法》《内蒙古自治区国土资源厅关于进一步加强学习型党组织建设意见的通知》，加强机关和厅属单位基层组织建设，组织、引导基层党组织和共产党员围绕中心工作，立足本职岗位创先争优。并按照总结表彰阶段的活动安排，组织开展了创先争优理论成果研讨活动，从各单位选出论文 28 篇，编印了《内蒙古自治区国土资源系统深入开展创先争优活动理论研究成果汇编》。建立创先争优长效机制，编印了《内蒙古自治区国土资源系统深入开展创先争优活动长效机制汇编》。开展典型选树和推荐工作，于 6 月 27 日，隆重召开庆祝中国共产党成立 91 周年创先争优争名升位走进前列先进事迹报告会，二连浩特市国土资源局、赤峰市翁牛特旗国土资源局、阿拉善盟阿拉善左旗敖伦布拉格国土资源所、自治区测绘院一分院党支部，巴彦淖尔市杭锦后旗国土资源局党总支书记、局长许金嵘，自治区煤田地质局 117 勘探队 7091 号标准化钻机机长杨武成分别作了先进事迹报告。在全系统组织开展学习宣传贯彻党的十八大精神活动，11 月 23 日，自治区国土资源厅党组印发《关于认真学习宣传贯彻党的十八大精神的通知》，对全区国土资源系统学习宣传贯彻党的十八大精神提出具体要求，作了全面部署。在各单位回顾总结创先争优活动开展情况的基础上，2013 年 1 月，自治区国土资源厅召开全系统创先争优总结表彰大会，对开展创先争优活动进行全面总结，对活动中涌现出的 14 类先进典型单位和个人进行了表彰。

（五）组织开展“创先争优 争名升位 走进前列”主题活动

2012 年 4 月，自治区国土资源厅党组决定利用 5 — 12 月的时间，开展“创先争优 争名升位 走进前列”主题活动。自治区国土资源厅制定了活动方案，成立活动领导小组，提出“八个走在前头”的目标任务，即业务建设、廉政建设、改革创新、维护与保障社会稳定工作、和谐矿区建设、组织建设、作风建设、依法建设走在前头。明确了活动的方法步骤和保障措施。活动分动员部署、营造氛围，自查自纠、边整边改,建章立制、巩固成果,严格考评、总结提高四个阶段进行。保障措施是:加强组织领导,统一思想认识,搞好相互协调,组织督导检查,加大宣传力度。

按照活动方案的安排,2012年5月11日,厅党组成员、副厅长陈伟到兴安盟国土资源局督导调研。5月23日,自治区国土资源厅召开全系统任务部署视频大会,对“创先争优 争名升位 走进前列”主题活动作了动员部署。6月27日,自治区国土资源厅组织召开庆祝中国共产党成立91周年暨“创先争优 争名升位 走进前列”先进事迹报告会。6月29日,经厅党组同意,厅机关党委印发通知,在全系统征集“内蒙古国土资源精神”表述语。7月,自治区国土资源厅派出3个督导组,对盟市国土资源局包括“创先争优 争名升位 走进前列”主题活动在内的7项工作进行调研和督查指导。调研后认为,各地高度重视,专题研究,周密部署,成立组织机构,制定切实可行的工作方案,各环节活动有序推进。8月14日,主题活动领导小组印发《关于做好国土资源系统“创先争优 争名升位 走进前列”活动近期重点工作的通知》,结合活动进展情况,对后3个阶段各环节的工作进行部署。于9月召开主题活动推进会,确保主题活动按部署顺利进行。11月,自治区国土资源厅把“创先争优 争名升位 走进前列”主题活动纳入深入学习宣传贯彻中共十八大精神中,对照十八大精神,认真查找国土资源部门不适应、不符合科学发展观要求的突出问题以及干部队伍建设中存在的突出问题,边查边改,建章立制,深化主题活动。2013年1月,各单位全面总结主题活动,对本单位创先争优长效机制进行再梳理、再归纳,巩固主题活动成果。在此基础上,自治区国土资源厅召开大会,对创先争优活动及“创先争优 争名升位 走进前列”主题活动作了全面总结,表彰了先进单位和先进个人。

2012年6月27日,全区国土资源系统先进事迹报告会。

(六)组织开展党的群众路线教育实践活动

2013年7—12月,按照中央和自治区党委的部署,自治区国土资源厅党组及所属14个单位、167个党组织、2491名党员干部参加第一批党的群众路线教育实践活动。活动分学习教育、听取意见,查摆问题、开展批评,整改落实、建章立制共3个环节。

在学习教育、听取意见环节,自治区国土资源厅党组坚持把学习教育贯穿活动始终,规定厅机关各党支部和厅属各单位党组织集中学习时间每月不少于4次,在职党员干部学习时间每天不少于1小时,每月不少于20学时。建立了从通读原文、二次解读、全员讨论到统一收口的学习流程,创立“8+2”学习法,“8”是在自治区6个学习专题的基础上,新增学习国土资源部和国土资源厅的重要文件、领导讲话、工作部署等两个专题;“2”是中央和自治区重要文件及时学,编印《每周学习参考》经常学。先后33次组织集中封闭学习交流,认真学习了中央、自治区党委规定书目和习近平总书记一系列重要讲话精神,始终把理论武装摆在第一位。从2013年7月开始,自治区国土资源厅党组采取个别谈话、发放调查问卷、召开座谈会、下基层包片调研、组织民主评议、参加“行风热线”系列节目等多种形式，广泛征求基层群众和服务对象的意见建议，查找厅党组领导班子、厅级党员干部和本系统在“四风”（形式主义、官僚主义、享乐主义、奢靡之风）方面存在的突出问题。活动中，全系统共召开征求意见座谈会486次，发放调查问卷6000多张，征求意见函2000多份，设立意见箱16个，直接听取了7000余名党员干部群众意见建议，征求到意见269条，其中“四风”方面的意见建议29条。厅群众路线教育实践活动领导小组办公室将征求到的意见建议，进行实事求是地梳理、汇总，形成了加强作风建设征求意见情况的报告。另外，自治区第七督导组也将谈话收集到的意见建议，和对领导班子及班子成员个人的民主测评结果及时反馈国土资源厅党组，为找准查实班子和个人“四风”方面存在的问题、进行深刻剖析、开展批评和自我批评提供了依据。自治区第七督导组评价，国土资源厅这一环节的工作广泛深入认真细致，为后续工作奠定了坚实基础。

在查摆问题、开展批评环节，自治区国土资源厅按照第二环节时间节点，从8月底开始，厅领导、厅属各单位、机关各处室负责人谈心谈话全面展开。厅主要领导与班子成员、其他厅级党员干部逐一谈心，指出存在的主要问题和不足。班子各成员之间进行谈心交心。厅领导班子和厅级党员干部紧密结合实际，反复讨论，认真撰写领导班子及个人对照检查材料。11月8日，自治区国土资源厅党组以“为民务实清廉”为主题，召开专题民主生活会。11月9日，召开专题民主生活会通报会，通报民主生活会召开情况。厅党组成员、盟市国土局党组书记、局长、部分旗县国土局局长、厅属单位领导班子成员、厅机关各处室负责人、离退休职工代表、矿山企业等服务对象参加会议。自治区第七督导组主持对国土资源厅专题民主生活会进行测评，测评结果：对专题民主生活会的总体评价，满意度为99.1%；思想认识情况满意度为100%，开展批评和自我批评情况满意度为99.1%。11月18—26日，厅属14个单位、厅机关7个党支部相继召开专题民主生活会。厅领导分别带领3个督导组和教育实践活动领导小组办公室、驻厅纪检组、人事教育处相关工作人员，全程参加了各单位专题民主生活会。在查摆问题、认真开展批评与自我批评的过程中，自治区国土资源厅党组坚持边学边改，边查边改，在整风肃纪的同时，积极建章立制，缩短了对土地、矿产、测绘类89项行政审批项目的审批时限，压缩了办公、会议、接待经费、公款出国经费，取得初步整改成效，得到干部群众的认同和服务对象积极评价。

在整改落实、建章立制环节，自治区国土资源厅党组抓住领导班子和厅级党员干部“四风”方面存在的突出问题，研究制定了“两方案一计划”（《自治区国土资源厅党组党的群众路线教育实践活动整改落实方案》《自治区国土资源厅党组党的群众路线教育实践活动专项整治方案》《自治区国土资源厅党组党的群众路线教育实践活动制度建设计划》），聚焦问题、责任到人，下大气力抓好整改。至2013年12月底，计划整改“四风”方面问题29项，已整改12项；计划专项整治突出问题16项，已整改10项。同时根据实际，围绕反对“四风”问题，抓好建章立制工作，完善已有的制度5项，制定新的制度19项，废止不适用的制度10项。第三环节工作的整体进度和工作质量，得到自治区第七督导组的充分肯定。12月，国土资源厅作为自治区第一批教育实践活动窗口单位代表，被自治区选派参加了中组部在北京举办的全国教育实践活动研讨班，并作了典型经验介绍。

2014年1—9月，自治区煤田地质局、有色地质勘查局及各盟市、旗县国土资源部门参加第二批群众路线教育实践活动。自治区国土资源厅党组建立“四个一”联系点工作机制，即厅领导每人联系一个盟市国土资源局、一个旗县（市、区）国土资源局、一个基层国土资源所和一个厅属单位。9位厅领导联系14个盟市国土资源局、13个旗县（市、区）国土资源局、16个盟市局直属事业单位、13个基层国土资源所，全程指导，努力把联系点打造成示范点，以点带面，推动整个系统教育实践活动有序开展。成立四个巡回督导组,与地方各级督导组配合,不定期抽查和检查,实现了对盟市、旗县国土资源局及645个基层所、441个直属事业单位以及9个驻盟市地质队教育实践活动督查指导工作全覆盖。坚持全面统筹指导,先后召开3次专题会议,研究第一批党的群众路线教育实践活动整改、第二批党的群众路线教育实践活动推进工作。分别召开推进会、督办会3次,调度会6次,确保全系统各层级教育实践活动扎实推进。厅领导班子成员深入基层调研150余人次,在基层一线工作达400余天。严格按照中央和自治区党委的要求,形成"目标、措施、承诺、责任、指导",深入推进整改的工作机制,认真对照"两方案一计划"抓好第一批整改,切实履行指导责任抓好第二批推进。至2014年底,国土资源厅第一批活动单位提出的683项整改任务,已完成677项,其中厅党组提出的123项整改任务,已完成122项。待上级出台相关政策后再制定制度1项。

第一、二批党的群众路线教育实践活动均取得显著成效。2014年11月22日,自治区国土资源厅在中央教育实践活动座谈会上作了典型发言。

(七)组织开展"三严三实"专题教育

2015年4月,按照中央和自治区党委要求,自治区国土资源厅党组启动"三严三实"专题教育,召开会议,印发实施方案。严格执行中央、自治区党委统一部署,按照"四个一"的总要求,紧扣各单位实际,统筹安排部署,把握关键动作,从严从实组织推进,与国土资源系统的思想作风建设、土地矿产行政审批改革、推动重大项目实施、提升事业单位效能、推动国土文化建设等紧密结合,使专题教育契合国土资源工作实际,从"严"上要求,向"实"处发力,取得阶段性成果。从4月27日起,举办践行"三严三实"暨稳增长促发展对接培训会,300多名干部参加,进一步深化思想认识,增强思想自觉。6月26日、8月28日、10月30日,厅党组召开了全区国土资源系统"严以修身、严于律己、严以用权"专题示范研讨交流会,优选矿政、地政、测绘等主体业务和独具创新观点的各级领导班子成员做示范交流,发挥引领作用。截至11月,严以修身、严于律己、严于用权专题学习研讨和专题党课全部完成,并编印成果集,多次在自治区的推进会、座谈会上作典型交流发言。11月27日,自治区国土资源厅举办全区国土资源系统"三严三实 服务国土 尽责圆梦"主题演讲,全系统12个单位26名人员讲述各单位各地区在落实自治区党委、国土资源厅党组决策、助力地方调结构、惠民生、稳增长中涌现出的事迹。自治区国土资源厅被自治区党委组织部挑选参加全区"三严三实"专题教育成果展。

五、表彰先进

2001年6月30日,自治区党委印发《内蒙古党委、政府关于表彰1996—2000年度全区法制宣传教育和依法治理工作先进集体、先进个人的决定》,对乌海市国土资源局、巴彦淖尔盟(今巴彦淖尔市)土地管理局评为先进集体,予以表彰。7月20日,自治区国土资源厅党组决定,对自治区国土资源执法监察总队党总支、自治区土地勘查设计院党委、自治区地质调查院党委等10个先进基层党组织,苑秀平等22名优秀党员,邵爱民等9名优秀党务工作者予以表彰。7月27日,自治区国土资源厅印发《关于表彰全区土地执法模范县的决定》,授予乌兰察布盟(今乌兰察布市)丰镇市、赤峰市翁牛特旗、通辽市科左后旗、乌海市海勃湾区等4个旗(市、区)全区土地执法模范县称号。

2003年8月1日,自治区国土资源厅党组决定,授予自治区土地勘查设计院党委等13个基层党组织"先进基层党组织"称号,授予刘彦等17名党员"优秀共产党员"称号,授予赵大勇等14人"优秀党务工作者"称号。8月30日,自治区党委印发《内蒙古党委、政府关于表彰自治区抗击非典先进集体和先进个人的决定》，自治区国土资源厅赵洪峰、自治区地勘局戴金春被评为“自治区抗击非典先进个人”称号。

2004 年 6 月 7 日，国土资源部在北京召开纪念中国著名地质学家黄汲清 100 周年诞辰大会，自治区地质调查院陈志勇被授予“第二届黄汲清青年地质科学奖野外地质工作奖”。11 月 18 日，国土资源部印发《关于表彰全国国土资源管理系统先进集体和先进工作者的决定》，自治区土地勘测规划院、自治区地质调查院、兴安盟扎赉特旗国土资源局、鄂尔多斯市东胜区国土资源局被授予“全国国土资源管理系统先进集体”称号，徐金成、吕金科被授予“全国国土资源管理系统先进工作者”荣誉称号。

2005 年 3 月 30 日，自治区政府印发《内蒙古自治区人民政府关于表彰全区依法行政先进集体和先进个人的通报》，赤峰市巴林右旗国土资源局、阿拉善盟国土资源局被评为全区依法行政先进集体，路智、郭仕臣等 4 人被评为全区依法行政先进个人，受到通报表彰。5 月 18 日，国土资源部印发《关于表彰全国地质资料管理先进集体和先进个人的决定》，自治区国土资源厅、自治区地质调查院、自治区有色地勘局矿产勘查院、自治区煤田地质局 117 勘探队、自治区第十地质矿产勘查开发院被评为“全国地质资料管理先进集体”；自治区国土资源信息院杨文海等 6 人被评为“全国地质资料管理先进个人”，受到表彰。6 月 10 日，国土资源部印发《关于表彰全国矿产资源规划优秀成果和先进个人的决定》。自治区《鄂尔多斯市矿产资源规划》《呼伦贝尔市矿产资源总体规划》《包头市矿产资源总体规划》三部规划获优秀成果一等奖，《内蒙古自治区矿产资源总体规划》《奈曼旗矿产资源开发利用与保护规划》《通辽市矿产资源勘查开发利用与保护规划》《阿拉善盟矿产资源规划》四部规划获优秀成果二等奖，被评为“全国矿产资源规划优秀成果”；杨新国、陈伟等 7 人被评为“全国矿产资源规划工作先进个人”。

2008 年 7 月 1 日，自治区国土资源厅党组决定，授予自治区有色地勘局机关党委等 30 个党委（党总支、党支部）“先进基层党组织”荣誉称号，授予自治区煤田地质局 153 勘探队机关党支部等 10 个党支部“学习型党支部”荣誉称号、授予自治区国土资源厅办公室等 20 个处（科）室“文明处（科）室”荣誉称号；授予苗振华等 100 名党员“优秀共产党员”荣誉称号、授予乌恩等 100 名个人“优秀党务工作者”荣誉称号，授予 30 名个人“优秀公仆”称号。7 月 31 日，自治区党委、政府召开内蒙古自治区支援抗震救灾工作总结表彰大会，自治区国土资源厅荣获“抗震救灾抢险救援先进集体”，地质环境处处长王剑民获“抗震救灾抢险救援先进个人”荣誉称号。

7 月 31 日，被自治区党委、政府表彰的自治区国土资源厅和所属单位及部分先进个人合影。

2009 年 10 月 23 日,自治区地质调查院院长张宏获得第十一次“李四光地质科学奖(野外奖)”,中央政治局常委、国务院副总理李克强在人民大会堂亲自为张宏颁发证书。

2009 年 10 月 23 日,张宏在人民大会堂接受“李四光地质科学奖(野外奖)”证书并发言。

2010 年 6 月 29 日,自治区国土资源厅召开庆祝中国共产党建党 89 周年暨厅直系统 2008 年以来党建工作先进单位和先进个人表彰大会。厅属单位有 10 个单位被评为党建工作先进单位,10 个单位的领导班子被评为学习型领导班子,30 个党组织被被评为学习型党组织,10 个党组织被评为创新型党组织,50 个处(科)室被评为文明处(科)室,110 名党务工作者被评为优秀党务工作者,100 名党员被评为优秀共产党员,50 名党员干部被评为学习型党员干部,50 人被评为人民公仆。

2011 年 6 月 20 日,自治区国土资源厅党组决定对党建工作先进集体和优秀个人予以表彰。呼和浩特市国土资源局等 15 个单位被评为“创先争优活动先进单位”;二连浩特市国土资源局党支部等 85 个党组织被评为“先进党组织”;阿拉善盟国土资源局副局长关永义等 100 名党员被评为“优秀共产党员”;自治区有色地勘局(集团公司)党委副书记米保林等 100 名党务工作者被评为“优秀党务工作者”。

2012 年 7 月,自治区地质调查院水文环境地质所党支部被自治区党委组织部命名为“全区基层组织建设示范点”。

2013 年 12 月 19 日,为大力推进政务信息公开和政务服务工作,鼓励先进,树立典型,进一步提高全区政务公开整体工作水平,自治区政务公开领导小组在盟市和区直部门推荐基础上,经严格审核,决定命名自治区国土资源厅政务大厅等 33 个单位为全区政务公开示范点。

2014 年 1 月 8 日,张伟(左二)与被自治区政府表彰人员在接受相关荣誉证书后共同合影。

2014 年 1 月 8 日,自治国土资源厅机关党委专职副书记张伟被自治区政府授予“第五届自治区人民满意的公务员”称号。

2015 年 5 月 25 日,全国地质勘查行业“最美地质队员”评选活动总结表彰会在北京召开。自治区第一水文地质工程地质勘查院韩志英、自治区有色地质勘查局综合普查队程文国、自治区煤炭地质勘查(集团)有限责任公司宋永富获“最美地质队员”称号。6 月 30 日,自治区国土资源厅党组召开全区国土资源系统庆祝中国共产党成立 94 周年暨“两优一先”表彰大会,对呼和浩特市国土资源局党组等 60 个先进基层党组织、包头市国土资源局九原分局党支部等 160 个“五型”党组织示范点、步延瑞等 120 名优秀共产党员、王付才等 100 名优秀党务工作者予以表彰，并由包头市国土资源局九原分局哈业胡同国土资源所所长韩如成等4人在表彰会上分别代表优秀共产党员、优秀党务工作者、先进基层党组织、“五型”党组织示范点作典型发言。7月1日，自治区直属机关工委表彰全区党建工作先进集体和优秀个人，自治区国土资源信息院党总支、自治区国土资源执法监察总队党总支被评为“先进基层党组织”；自治区地质调查院党委书记褚立国、自治区有色地勘局（集团公司）党委副书记米保林被评为“优秀党务工作者”；自治区国土资源厅机关党委调研员鲍玉山被评为“优秀共产党员”。7月15日，自治区直属机关工委通报表彰机关党建单项工作特色奖，自治区国土资源厅《基层党建“联述联评联考”工作的实践与探索》被评为一等奖，《积极推进学习型党组织建设》被评为二等奖。12月2日，自治区直属机关工委通报表彰区直机关“责任担当服务圆梦”主题实践活动先进集体和先进个人，自治区国土资源厅机关党委被评为先进集体，自治区煤田地质局117勘探队杨武成被评为先进个人。

6月30日全区国土资源系统表彰大会上，韩如成代表优秀共产党员发言。

六、文体活动

全区国土资源系统主要以地区或单位通过开展喜闻乐见的群众性文化体育活动，丰富广大干部职工的文化生活，发挥国土资源文化团结人、凝聚人、鼓舞人的作用，并营造积极向上的工作氛围。

2002年12月1日，自治区国土资源厅与内蒙古电视台联合举办全区国土资源系统“相聚那达慕”大型文艺会演活动，开启全区国土资源系统文化建设新征程。

2003年3月，为纪念毛泽东100周年诞辰，自治区国土资源厅组织举办全区国土资源系统“大地之韵”文艺汇演。

2007年7月20日，自治区国土资源厅举办了全区国土资源系统首届国土资源杯乒乓球比赛。

2007年7月首届全区国土资源杯乒乓球赛开幕式上，盟市国土资源局代表队入场。

2011年，在创先争优活动开展中，自治区国土资源厅机关党委在广泛征求机关干部职工意见的基础上，按照大家的兴趣爱好，成立了乒乓球、羽毛球、游泳、瑜伽等活动小组，购置了器材、聘请了教练、制定了相关制度。春节前夕，机关党委与办公室、机关事务中心共同组织了“迎新春文体活动”和“国土资源厅迎新春联欢晚会”，共设立猜谜语、乒乓球、羽毛球、台球、围棋、象棋、军棋、跳棋、扑克、器械体操等九类25个项目，向取得团体、个人比

2011 年 11 月,自治区国土资源系统参加第一届全国地勘钻探职业大赛人员合影。

赛的前三名颁发了奖品,厅机关、事务中心和调训人员、政务大厅、网络中心、二调办工作人员共 150 多人参加了活动。在 3 月 8 日“三八”妇女节,组织厅机关的女同志进行了座谈。在 4 月 18 日至 5 月初,自治区煤田地质局举办了第五届“华辰杯”青年文化艺术节,主要内容包括军事训练、业务比赛、礼仪培训、竞技体育比赛等丰富多彩的文体活动。11 月 14 日,第一届全国地勘钻探职业大赛闭幕,自治区地勘局和自治区煤田地质局的 21 名选手参加比赛,有 15 人获得优秀奖。

2012 年 5 月 16 日,自治区国土资源厅组织人员参加了自治区有关部门举办的“2012 年全国群众登山大会暨呼和浩特市体彩杯第八届万人登山活动”,荣获“优秀组织奖”和团体第三名。9—10 月,主要围绕宣传展示国土资源文化的主旨,并与国土资源管理改革和实践有机结合、深度交融,促进全区国土资源系统精神文明建设,自治区国土资源厅组织开展了全区首届国土资源“北国风·大地情”书画摄影作品征集活动。10 月 15 日,自治区国土资源厅在内蒙古展览馆举办了首届国土资源“北国风·大地情”书画摄影颁奖大会暨展览活动。

2012 年 10 月,自治区国土资源厅驻厅纪检组长敖拉(左一)对全区首届国土资源书画摄影作品征集工作进行现场指导。

2012 年 10 月 15 日,首届国土资源“北国风·大地情”书画摄影展览开幕式现场。

2013 年，自治区国土资源厅积极争创自治区级文明单位，列为区直机关文明单位创建、验收示范点。组织为灾区献爱心“博爱一日捐”，参加了自治区“万人登山”活动，举办了建党 92 周年“永远跟党走”文艺汇演，并成功举办了“尽责圆梦 · 群众观 · 国土情”主题演讲和“以身边典型为镜，做为民务实清廉国土人”先进事迹报告会。

2014 年，自治区国土资源厅以廉政文化建设为龙头，组织举办廉政书画摄影作品征集。组织全系统 446 人参加了自治区直属机关第四届职工运动会。分类指导文明单位创建，从志愿服务、道德讲堂建设、优质服务、环境改善等方面入手，开展“情系草原”图书捐赠和“博爱一日捐”活动，捐赠图书 240 套、现金 3. 63 万元。

2014 年 10 月 10 日，在区直机关第四届职工运动会开幕式上，以副巡视员王重明（前右二）为领队的自治区国土资源厅代表队入场。

2015 年 7 月 7 日，自治区国土资源厅组织代表队参加了自治区直属机关工委举办的“公仆杯”职工足球赛，进入 8 强，并被自治区直属机关工委和自治区体育局授予了“优秀组织奖”和“体育道德风尚奖”。9 月，选派自治区土地整治中心党支部书记、主任闫旭东参加区直机关“弘扬焦裕禄精神 践行社会主义核心价值观 尽责圆梦”主题演讲，获得优秀奖；同时，组织全系统举办了“三严三实 尽责圆梦 服务国土”主题演讲比赛，有 12 个单位 27 名干部职工参加，自治区党委组织部巡视员樊忠到会指导并讲话。11 月 19 日，组织代表队参加了自治区直属机关工委组织的职工乒乓球比赛，获得优秀组织奖。

第三节　廉政建设

一、党风廉政建设

（一）落实“双派驻”责任

2004 年，自治区党委办公厅、政府办公厅转发《自治区纪委、自治区党委组织部、自治区编办、监察厅关于对自治区纪委监察厅“双派驻”机构实行统一管理的实施意见》，决定对纪检监察派驻机构实行统一管理。11 月 12 日，自治区国土资源厅结合国土资源工作实际，制定《内蒙古自治区纪委、监察厅派驻国土资源厅纪检组、监察室关于统一管理后进一步加强纪检监察工作的实施意见》，深入贯彻落实自治区党委、自治区政府的决定精神。明确驻国土资源厅纪检组、监察室在实行统一管理后，受自治区纪委、监察厅领导，工作中重要问题向自治区纪委、监察厅领导请示汇报。派驻纪检组组长担任国土资源厅党组成员，但不参与国土资源厅的业务分工。纪检组长要认真履行党组成员的职责，坚决执行党组的决定，带领纪检组监察室协助厅党组做好对厅机关及国土资源系统党风廉政建设情况的调查研究,协调解决存在的问题;同时要加强对党组成员的监督,认真贯彻执行《中国共产党党内监督条例(试行)》,全系统依法行政提供政治保障。派驻纪检组监察室主要职责是加强监督检查,并协助厅党组和行政领导班子组织协调反腐倡廉工作。一要协助厅机关组织召开国土资源系统党风廉政建设工作会议,负责传达贯彻中纪委和自治区纪委关于反腐倡廉工作会议精神;二要协助厅党组分解年度党风廉政建设和反腐败工作任务;三要提出落实反腐倡廉工作任务的意见和建议。按党风廉政建设责任制的要求,厅党组对厅机关和系统内的党风廉政建设工作负主要责任,党组书记负总责,党组成员按照分工各负其责。派驻纪检组、监察室要参与厅机关的重大决策和重要活动。纪检组长作为党组成员,要参加厅机关对国土资源管理的重大决策、重要干部任免、重大项目安排、行政审批集体会审和大额资金使用等方面的研究决策过程。监察室主任应列席党员领导干部民主生活会,中心组学习会,以及工作部署等综合性会议。纪检组、监察室要积极协调与各处室的工作关系,争取各处室对纪检监察工作的理解支持和配合;积极参与厅机关和各处室开展的重要业务工作,从具体工作中增长知识了解情况。厅机关和各处室发文应送派驻纪检组、监察室,以便配合开展工作。根据国土资源系统实施体制改革的实际情况,派驻纪检组监察室要适应形势需要,提出加强纪检监察工作的意见和建议。

2006年2月27日,自治区国土资源厅党组召开会议,贯彻落实自治区"双派驻"工作会议精神。会议进一步明确,派驻国土资源厅纪检组、监察室,是自治区纪委、监察厅的派出机构,受自治区纪委、监察厅直接领导。主要职能是监督检查,协助厅党组加强党风廉政建设和组织协调反腐败工作。要求厅领导、机关各处室要支持配合纪检组、监察室的工作,更好地促进国土资源厅党风廉政建设和反腐败工作,为自治区的经济发展做好资源保障服务。

2014年7月4日,自治区国土资源厅在兴安盟召开全区国土资源系统纪检监察机构落实"三转"(转职能、转方式、转作风)工作座谈会,学习贯彻自治区纪委九届五次全会精神,研究和部署全区国土资源系统纪检机构"三转"工作。驻厅纪检组组长敖拉在会上强调,要提高落实"三转"工作的自觉性和主动性,使纪检监察机构的职责回到"监督执纪问责"的本源上来。纪检干部要专司监督执纪问责,做到四个不直接参与(行政审批、招标投标、政府采购、征地拆迁),集中力量解决反腐倡廉建设中的突出问题、重点问题。

(二)召开工作会议

2001年5月17日,自治区国土资源厅召开机关全体职工、厅属事业单位干部大会,厅党组书记、厅长韩云彬作了题为《狠抓源头防治,深入推进反腐倡廉工作》的报告,安排部署深入开展党风廉政建设的重点工作任务。

2004年3月31日,自治区国土资源厅召开全区国土资源系统党风廉政工作会议。厅党组书记、厅长黄·阿拉腾别立格讲话,提出2004年党风廉政建设工作的目标和具体要求。驻厅纪检组长沈晋平作了题为《弘扬求真务实精神,推进全区国土资源系统党风廉政建设工作》的报告,总结2003年全区国土资源系统党风廉政建设和反腐败工作,部署2004年的工作任务。

2006年5月10日,自治区国土资源厅召开全区国土资源系统党风廉政建设暨治理商业贿赂专项工作会议。厅党组书记、厅长白盾作了题为《突出重点,标本兼治,为国土资源事业健康发展提供政治保证》的讲话;驻厅纪检组长沈晋平总结了2005年全系统党风廉政建设和反腐败工作,部署2006年的工作任务;副厅长王富友作了题为《开展治理商业贿赂专项工作,净化国土资源领域工作环境》的讲话，对全系统治理商业贿赂专项工作进行了动员部署。各盟市局党组书记、纪检组长，直属事业单位党委书记、纪委书记，厅机关各处室负责人共90多人参加会议，并邀请了自治区纪委、监察厅、直属机关纪工委、自治区治理商业贿赂领导小组办公室的有关领导到会指导。会议期间，专门安排半天时间，组织参会人员到自治区警示教育基地——呼和浩特市第一监狱进行参观。

2007年4月3日，自治区国土资源厅召开全区国土资源系统党风廉政建设工作会议，总结2006年党风廉政建设和反腐败工作，部署2007年党风廉政建设和反腐败工作的任务，传达党中央、国务院和自治区党委、政府有关党风廉政建设的重要指示精神。会后，各盟市国土资源局也及时召开会议，进行贯彻落实。

2008年3月28日，国土资源部组织召开全国国土资源系统党风廉政建设工作电视电话会议。自治区国土资源厅领导班子成员及各处室（局）负责人，自治区地勘局、自治区有色地勘局、自治区煤田地质局、自治区测绘事业局主要负责人及分管纪检工作的领导，各盟市、旗县区国土资源局班子成员及相关科室负责人分别在呼和浩特分会场、各盟市分会场参加会议。9月，自治区国土资源厅召开全区国土资源系统党风廉政建设工作会议。会议对2008年前八个月党风廉政建设和反腐败工作作了回顾总结，部署了后四个月党风廉政建设和反腐败各项工作任务。自治区国土资源厅领导及厅机关各处室（局）主要负责人，各盟市国土资源局党组书记、局长和纪检组长，厅属各事业单位主要负责人及纪委书记参加会议。

2009年2月20日，自治区国土资源厅召开全区国土资源系统党风廉政建设工作会议。传达贯彻自治区纪委八届四次全会精神，总结2008年全区国土资源系统反腐倡廉工作，部署2009年党风廉政建设和反腐败工作。

2010年4月14日，自治区国土资源厅召开全区国土资源系统党风廉政建设工作会议，传达贯彻自治区纪委八届五次全体会议、自治区政府第三次廉政工作会议和全国国土资源系统党风廉政建设工作会议精神，总结2009年全区国土资源系统党风廉政建设工作，研究部署2010年全区国土资源系统党风廉政建设工作，与系统内152名处级干部签订廉洁自律承诺书。自治区国土资源厅领导，各盟市国土资源局主要负责人、纪检组长、纪检监察室主任，厅属各单位党政主要负责人、纪委书记，厅机关各处室主要负责人参加会议。

2011年4月8日，自治区国土资源厅组织召开全区国土资源系统党风廉政建设工作视频会议。自治区国土资源厅领导和厅机关全体人员，厅属事业单位领导班子成员和纪检监察干部，各盟市、旗县（市、区）国土资源局领导、国土资源管理所负责人参加会议。

2012年4月20日，自治区国土资源厅党组印发《中共内蒙古自治区国土资源厅党组巡视工作暂行办法》，并开展对盟市国土资源局和厅属事业单位的巡视监督。4月23日，全区国土资源系统党风廉政工作会议在呼和浩特市召开。会议总结了2011年党风廉政建设和反腐败工作，部署了2012年的重点工作。自治区纪委副书记韩世华出席会议并讲话。厅党组成员、驻厅纪检组长敖拉作工作报告。厅党组成员、巡视员孔燕燕主持会议。自治区国土资源厅领导，各盟市国土资源局局长、纪检组长，厅属单位负责人、纪检书记，厅机关全体干部参加会议。5月7日，自治区国土资源厅党组印发《中共内蒙古自治区国土资源厅党组2012年巡视工作方案》，首批对包头市、赤峰市、通辽市、鄂尔多斯市、阿拉善盟、二连浩特市6个国土资源局和自治区地质环境监测院、自治区土地整理中心2个厅属事业单位进行领导班子及其成员和副处级以上干部进行重点巡视，对其他盟市国土资源局结合年度考核进行一般巡视。

2014 年 2 月 27—28 日,全区国土资源工作会议暨党风廉政建设工作会议在呼和浩特市召开。厅党组成员、驻厅纪检组长敖拉作了题为《进一步加强党风廉政建设和反腐败工作,为国土资源事业发展提供有力的纪律保证》的工作报告,总结全系统 2013 年党风廉政工作,部署 2014 年工作。自治区纪委有关处室负责人,各盟市国土资源局长、纪检组长,厅机关处室负责人,厅属事业单位负责人、纪检工作负责人等 150 多人参加会议。

(三)落实党风廉政建设责任制

2000 年,自治区国土资源厅制定《落实党风廉政建设责任制实施细则》,明确各级领导干部责任。

2001 年 5 月 18 日,自治区国土资源厅党组制定《中共内蒙古自治区国土资源厅党组 2001 年党风廉政建设和反腐败工作任务分解实施意见》,明确党风廉政建设和反腐败工作遵循的原则是"谁主管谁负责",党组统一领导,党政齐抓共管,纪检组组织协调,处室各负其责。职责范围:党风廉政建设和从源头上防治腐败工作由厅党组负全面领导责任,党组书记对厅党组及党组成员负主要领导责任。厅党组成员根据工作分工对其分管的处室及部门负领导责任。厅机关各处室正职领导对本处室负直接领导责任。并将 2001 年 9 项主要工作任务分解到各处室。6 月 8 日,自治区国土资源厅党组印发《中共内蒙古国土资源厅党组关于进一步贯彻落实党风廉政建设责任制工作的通知》(以下简称《通知》)。按照"一把手负总责,分管领导各负其责,一级抓一级,层层抓落实"的要求,自治区国土资源厅党组决定成立落实党风廉政建设责任制工作领导小组,党组书记、厅长韩云彬任组长,党组成员、副厅长王庆良任副组长,成员由纪检组、监察室、机关党委、人事处、财务处负责人组成。领导小组的主要职责是:研究部署党风廉政建设责任制工作的重点任务、具体目标和工作方案;分解党风廉政建设和反腐败各项任务;组织对厅机关各处室、厅属各单位贯彻落实党风廉政建设责任制情况的督查和考核;审核违纪违法案件的责任追究;指导下级单位开展落实党风廉政建设责任制工作;向上级有关部门报告党风廉政建设责任制执行情况。《通知》强调,各单位、部门都要将执行党风廉政建设责任制情况纳入党政领导班子实绩考核目标和领导干部年度工作实绩考核之中,认真组织好执行党风廉政建设责任制情况的考核工作,加大对党风廉政建设责任制的考评及责任追究力度。

2002 年 7 月 29 日,自治区国土资源厅党组印发《国土资源厅 2002 年党风廉政建设反腐败工作任务的分解意见》,将 2002 年党风廉政建设和反腐败主要工作任务分解为 20 项,明确厅党组、党组书记、党组成员各自的责任,并将各项具体任务落实到厅党组各成员,各处室,确保责任到位。9 月 5 日,印发《国土资源厅党风廉政建设责任制考核和责任追究实施办法》。加强监督检查,严格责任考核。

2003 年 5 月 9 日,自治区国土资源厅印发《内蒙古自治区国土资源厅党组关于 2003 年党风廉政建设和反腐败工作实施意见》,提出 2003 年全区国土资源系统党风廉政建设和反腐败工作的总体要求和各项具体工作任务。驻厅纪检组根据厅领导分工,对各项工作任务进行具体分解,以《国土资源厅党组关于 2003 年党风廉政建设和反腐败工作任务的分解意见》下发各单位,把各项任务延伸到相关处室和厅属事业单位具体落实。10 月 14 日,驻厅纪检组印发《关于认真落实党风廉政建设责任制和领导干部廉洁自律工作的通知》,要求厅属各单位不断完善责任制和责任分解工作,根据领导分工把党风廉政建设和从源头治理腐败工作任务分解到每个领导成员及相应的职能部门负责,形成一把手负总责,领导成员各负其责,相关部门负责具体落实的领导机制和工作机制。有下属单位的厅属单位,要开展对下一级党政领导班子和领导干部执行党风廉政建设责任制情况的督察、检查工作,及时掌握工作开展情况，有针对性地解决工作中存在的突出问题。

2004年，自治区国土资源厅党组印发《关于2004年党风廉政建设和反腐败工作任务的分解意见》，将2004年党风廉政建设任务分解为22项，分别落实到各位党组成员，明确各自的责任，强化领导干部担负起党风廉政建设和反腐败工作的责任意识。并加强监督检查，严格责任考核。将党风廉政建设责任制的执行情况，作为领导干部民主生活会每个成员汇报的重要内容，年终评定考核干部的重要方面。通过自我检查、总结，提高执行责任制的自觉性。建立完善制约机制，把党风廉政建设责任制融入业务工作，把大力推行经营性土地及采矿权、探矿权招标拍卖挂牌出让，作为落实党风廉政建设责任制，从源头上防治腐败的一项重要措施，加大工作力度，防止和查处招标拍卖工作中的违纪行为。

2005年4月19日，自治区国土资源厅党组印发《国土资源厅党组关于2005年党风廉政建设和反腐败工作实施意见》，部署2005年党风廉政建设和反腐败工作任务。5月17日，自治区国土资源厅党组印发《关于2005年党风廉政建设和反腐败工作任务分解的意见》，将2005年党风廉政建设和反腐败工作任务分解为26项，并分别明确责任领导、责任处室。

2006年4月，自治区国土资源厅党组制定了《内蒙古国土资源厅2006年党风廉政建设和反腐败工作实施意见》和《2006年国土资源厅党风廉政建设任务分解意见》，结合国土资源管理实际，对2006年反腐倡廉工作进行了全面部署，将工作任务细化为29项，分别落实到17个处室，做到任务明确、责任清楚。有些盟市局还同责任单位、科室负责人签订了党风廉政建设目标责任状。

2007年3月15日，自治区国土资源厅党组印发《内蒙古自治区国土资源厅2007年党风廉政建设和反腐败工作实施意见》，就2007年党风廉政建设和反腐败工作提出6条具体意见：一是加强监督检查，全面落实科学发展观；二是加强思想道德教育和党纪国法教育，严格执行领导干部廉洁从政各项规定；三是加强重点环节和重要部位的监督，规范权力运行机制；四是加强查办案件力度，严厉惩治腐败行为；五是纠正损害群众利益行为，加强政风行风建设；六是深化改革和制度创新，努力完成党风廉政建设各项任务。同时，自治区国土资源厅在2002年制定的《关于党风廉政建设责任制实施意见》的基础上，结合工作实际和管理层面，又制定下发《国土资源厅党组党风廉政建设责任制实施意见》，从责任范围、责任内容、责任分工、责任要求、责任考核、责任追究等方面进行了明确，确保党风廉政建设工作与国土资源管理工作紧密结合，做到一起部署、一起落实、一起检查、一起考核。按照2007年《自治区纪委贯彻〈实施纲要〉责任部门主要任务分解表》的通知，认真抓好牵头任务的落实，制定下发了《关于反腐败抓源头工作任务的分解意见》，将由自治区国土资源厅承担的任务，分解到相关职能处室，并明确一名副厅长主抓，驻厅纪检组监察室负责协调和联络工作，并配合机关党委进行监督检查。

2008年，自治区党委、政府《关于2008年党风廉政建设和反腐败有关工作任务的分解意见》中，由自治区国土资源厅牵头的任务一项，参加的任务有三项。5月9日，自治区国土资源厅党组制定《自治区国土资源厅落实自治区党委、政府2008年党风廉政建设和反腐败有关任务的安排》，对所牵头和参加的任务进行分解，落实到相关处室和分管厅领导。8月，自治区国土资源厅党组制定《国土资源系统党风廉政建设责任制考核办法》，决定在领导班子和领导干部年度工作实绩考核时，对落实党风廉政建设情况进行考核，促进各级领导班子和领导干部更好地担负起全面领导反腐倡廉建设的责任。

2009年3月2日，自治区国土资源厅印发《内蒙古国土资源厅2009年党风廉政建设和反腐败工作任务分解意见》。将2009年党风廉政建设和反腐败工作五项主要工作任务分解为17项，落实到厅分管领导和厅机关牵头处室、协办处室。年内，厅党组和厅领导班子成员按照各自分工，认真履行职责,加强监督检查,定期分析、研究、解决党风廉政建设和反腐败工作中存在的困难和问题,主动抓好责任分工范围内的党风廉政建设和反腐败工作。厅机关各责任处室认真落实"一岗双责",主动承担工作任务,扎实抓好任务落实。

2010 年 4 月,自治区国土资源厅党组印发《中共内蒙古自治区国土资源厅党组关于 2010 年党风廉政建设和反腐败工作任务的分解意见》,将 2010 年党风廉政建设和反腐败工作 7 项主要任务分解为 25 项,落实到厅分管领导和厅机关牵头处室与协办处室。

2011 年 5 月 9 日,自治区国土资源厅党组印发《中共内蒙古自治区国土资源厅党组关于 2011 年党风廉政建设和反腐败工作任务分解意见》,明确厅党组成员工作分工和责任,厅机关各处室(局)的具体任务。将 2011 年党风廉政建设和反腐败工作分解为 25 项,落实到牵头处室与协办处室。

2012 年 8 月 10 日,自治区国土资源厅党组印发《内蒙古自治区国土资源厅党组关于 2012 年党风廉政建设和反腐败工作任务分解意见》,明确厅党组各成员 2012 年党风廉政建设和反腐败工作分工和工作责任,并将五项主要工作分解为 17 项,落实到厅机关各处室。

2013 年 1 月 25 日,全区国土资源系统党风廉政建设工作视频会议召开。自治区国土资源厅党组成员、驻厅纪检组长敖拉作题为《大力加强作风建设 不断强化监督制约 持续推进全区国土资源系统党风廉政建设》的工作报告;会议总结了 2012 年全区国土资源系统党风廉政建设和反腐败工作,部署了 2013 年的主要工作任务。厅领导、厅属单位领导班子成员和纪检监察干部及厅机关全体人员在自治区国土资源厅主会场参加会议,全区各盟市和各旗县(市、区)国土资源局 3986 人在 99 个分会场参加会议。3 月 1 日,自治区国土资源厅党组印发《中共内蒙古自治区国土资源厅党组贯彻落实党风廉政建设责任制实施细则》。明确领导班子、领导干部在履行党风廉政建设责任制中所承担的责任;并分别对领导班子主要负责人、领导班子成员、纪检监察部门(机构)提出具体要求,对责任考核和责任追究做出具体规定。该实施细则分 6 章共 34 条。3 月 6 日,自治区国土资源厅党组印发《关于进一步加强基层国土资源部门党风廉政建设工作的通知》,强调要严格执行党风廉政建设责任制。要坚持党组统一领导,党政齐抓共管,认真落实"一岗双责"。领导班子对职责范围内党风廉政建设负全面领导责任;领导班子主要负责人是职责范围内第一责任人,对本系统的党风廉政建设负总责。领导班子其他成员根据工作分工,对职责范围内的党风廉政建设负主要领导责任。党风廉政建设责任制检查考核工作每年要安排 1 至 2 次,既可与年度考核、目标考核等结合进行,也可以专门组织考核,考核结果作为对领导班子总体评价和领导干部业绩评定、奖励惩处、选拔任用的重要依据。8 月 28 日,自治区国土资源厅党组印发《中共内蒙古自治区国土资源厅党组关于 2013 年党风廉政建设和反腐败工作任务分解意见》和《内蒙古自治区国土资源厅建立健全惩治和预防腐败体系 2013 — 2017 年实施细则》。在《中共内蒙古自治区国土资源厅党组关于 2013 年党风廉政建设和反腐败工作任务分解意见》中将 2013 年党风廉政建设和反腐败工作任务分解为 18 条,明确牵头和协助处室,落实到各处室。在《内蒙古自治区国土资源厅建立健全惩治和预防腐败体系 2013 — 2017 年实施细则》中提出了总体要求和 5 项工作任务:一是坚决纠正"四风",持之以恒推进作风建设;二是严肃查处违纪违法案件,坚决严厉惩治腐败;三是发挥教育制度监督综合成效,有效预防腐败;四是认真实施惩防体系建设工程,着力解决突出问题;五是切实加强对反腐倡廉工作的领导。同时,将 5 项工作任务分解为 17 项,分别明确工作目标、工作任务、责任分工,落实到有关处室和单位。

2014 年 4 月 21 日,自治区国土资源厅党组印发《中共内蒙古自治区国土资源厅党组关于 2014 年党风廉政建设和反腐败工作任务分工意见》,明确厅党组各成员2014年党风廉政建设和反腐败工作分工和工作责任,并将6项主要工作分解为19项,落实到厅机关各处室。

(四)廉政建设公开承诺

2004年9月14日,自治区国土资源厅党组向社会和全系统做出公开承诺:认真贯彻实施《中华人民共和国行政许可法》,向社会公开行政审批事项、审批程序、审批要件及审批结果。对法定行政审批事项,均实行窗口接待、封闭运行、接办分离、限时办结制度。大型重要行政审批事项、大额资金使用均实行会审、集体决策制度。对跑官要官的,要认真贯彻执行党政领导干部选拔任用的有关规定,接受群众监督。严格执行中央和自治区规定,领导干部要带头从严律己,对违反规定的人和事要严肃批评,情节严重的交由有关部门依纪依法处理。严格遵守国土资源管理系统工作人员五条禁令,正确行使权力,维护好人民群众的利益。拒绝收受财物,管好自己的亲属和身边工作人员,绝不许他们打着领导的旗号或利用领导影响谋取私利。领导干部要带头执行党风廉政建设责任制,认真履行教育、管理、监督职责,切实抓好分管部门、单位的党风廉政建设工作,带头同各种消极腐败现象和不正之风做斗争。

(五)实行廉政建设工作例会制度

2009年3月13日,自治区纪委驻国土资源厅纪检组印发《关于实行廉政建设工作例会制度的通知》。决定从2009年开始,在自治区国土资源厅机关各处室(局)内部实行廉政建设工作例会制度。规定各处室(局)每季度要定期召开一次由其全体工作人员参加的廉政建设工作例会,也可根据本部门的工作需要,随时召开。例会召开的具体时间自定。例会由各处室(局)主要负责人主持。例会主要任务是传达自治区党委、政府和自治区纪委、国土资源厅党组关于勤政廉政建设方面的重要会议精神;通报国土资源系统廉政建设工作动态,分析系统内外党风廉政建设形势;通报典型案例等。布置任务,总结工作,交流经验。

(六)建立廉洁自律承诺书制度

2009年2月17日,自治区国土资源厅党组印发《关于实行领导干部廉洁自律承诺书制度的通知》。自治区国土资源厅党组决定对所管理的各盟市国土资源局和各直属事业单位、厅机关各处室(局)主要负责人实行廉洁自律承诺书制度。规定由驻厅纪检组监察室统一制作年度《承诺书》并确定承诺内容。《承诺书》于每年年初签订一次,承诺内容在一定范围进行公示,接受职工群众监督。践诺考评工作由驻厅纪检组监察室组织实施,考评结果进入领导干部廉政档案。系统内152名党员领导干部向厅党组签订《承诺书》。各盟市国土资源局、部分厅属事业单位积极响应,组织所属中层干部签订廉洁自律承诺书。

(七)建立国土资源系统反腐倡廉工作长效机制

2010年9月3日,自治区国土资源厅党组提出建立国土资源系统反腐倡廉工作长效机制的具体意见:一是加快职能转变,发挥市场配置资源的资源作用。要加快转变管理职能,大力推进市场化建设,强化综合监管平台建设。二是创新管理制度,加大制度防腐力度。要提高制度设计的科学化、系统化水平,增强制度的约束力和执行力,加强内部监督,规范权力运行。三是加强队伍建设,提高反腐倡廉的自觉性。要强化干部教育培训,加大干部交流力度,落实反腐倡廉工作责任。同时明确建立反腐倡廉长效机制21项具体工作的牵头处室。

二、政风行风建设

2002年,自治区国土资源系统被自治区列为民主评议行风的部门之一。自治区国土资源厅成立了由厅党组书记、厅长韩云彬任组长的民主评议行风工作领导小组,厅党组成员分别负责抓分管处室的行风建设工作。10月15日,召开了厅系统民主评议行风动员大会,韩云彬作了动员报告。同时制定了《内蒙古国土资源厅民主评议行风实施方案》,以厅机关为重点,从10月15日开始,至10月30日,利用半个月的时间,开展纠正行业不正之风集中学习教育活动。厅机关17个处室结合各自的业务,学习廉洁从政的有关规定,查找在执行政策法规和制度、管理与服务、职业道德、廉洁自律等方面存在的问题,并制定整改方案,学习及整改情况在机关干部大会上作了交流。此外,自治区国土资源厅分别从自治区人大、政协等单位,聘请了5名特邀行风监督员,建立了特邀行风监督员职责及工作联系制度,明确行风监督员应履行的职责及行使的职权,为行风评议监督开辟纳谏渠道。广泛征求地方政府、有关部门对国土资源管理工作的意见,分别向12个盟市政府、国土资源管理部门发出民主评议行风征求意见的函;与矿山企业及土地使用单位负责人举行座谈会。通过上述措施,使厅机关形象和行风得到好转。自治区政府纠风办组织对自治区48个重点部门和行业156个项目中10个突出的行风问题,集中进行民主评议测评,国土资源管理部门排在第27位。

2003年,自治区国土资源厅制定《2003年全区国土资源系统民主评议行风工作实施方案》,文件下发后,各盟市国土资源管理部门相应制定了民主评议行风工作实施方案,开展了民主评议行风工作。5月23日,自治区国土资源厅副厅长郭战英在内蒙古人民广播电台“行风热线”节目,向听众进行国土资源行风建设有关问题的现场答疑,接受社会各界质询。7月,自治区国土资源厅开展下基层服务督查工作,其中包括对民主评议行风工作的督查指导。年内,结合民主行风评议工作,完善办文大厅,实行了政务公开和“一条龙”服务。

2004年,自治区在23个部门和行业开展了以“执政为民、加快发展”为主题的民主评议行风工作,国土资源厅在行风测评排序中名列最后。对此,自治区国土资源厅党组十分重视。2005年,在保持共产党员先进性教育活动中,有针对性地加强学习,提高认识,统一思想。认真从思想、作风、工作等方面查找厅机关及党员个人存在的突出问题,加强行风建设,重树良好风尚。根据职能,自治区国土资源厅将工作定位在“三个服务”上,即为自治区经济发展服务,为社会稳定服务,为厅属单位服务。针对自治区矿产资源勘查开发呈现的良好势态,各盟市、旗县纷纷引资探矿、开矿,矿产资源开发及转化项目不断增多,而自治区点多线长,集中到自治区办理勘查证、采矿证等相关手续,给基层和企业带来诸多不便,且容易滋生腐败现象的情况,决定从5月份起,由自治区国土资源厅审批的探矿权、采矿权,实行在各盟市设点审批制度。国土资源厅定期组织人员到各盟市现场督查指导,认真执行《行政许可法》,提高行政效率。围绕自治区党委、政府确定的417个重大工业项目和65个交通建设项目的组织实施,国土资源厅将组织专门工作组进行跟踪服务,以加快项目开工建设。项目所需矿产资源和土地,属于自治区审批的,工作组将深入到项目所在地,采取现场办公的方式予以解决;属于国土资源部审批的,工作组将留驻北京配合项目实施部门做好汇报、协调、审批工作。对全区建设用地应由自治区国土资源厅负责用地预审的项目,改为用地预审申报材料由项目所在地盟市国土资源管理部门负责受理、审查,审查通过的意见报国土资源厅备案。

2007年,自治区国土资源厅根据自治区政府纠风办的工作安排,制定下发了《2007年全区国土资源系统民主评议政风行风工作的实施意见》，针对2006年行风评议中反映的问题，制定下发了《内蒙古自治区国土资源厅加强政风行风建设五项制度》。6月，组织相关处室参加“行风热线”节目，与社会各界对话，让群众深入了解国土资源管理工作。

2009年，自治区国土资源厅总结以往开展民主评议行风的工作经验，按照自治区纠风办的工作安排，针对“切实纠正和查处一些地方滥用公共利益的名义，强行征收征用土地和征收程序不规范及存在的损害群众利益的行为”，印发《关于进一步加强农用地转用和土地征收审查报批工作通知》，对单独选址建设项目用地、城市分批次建设用地和先行用地的审查报批等，作了进一步规范，完善了建设用地审批、报批管理程序，对新增建设用地的使用情况实行全程监控。在征地补偿中，以征地统一年产值和区片综合地价为底线，做到同地同价、协调平衡、公开透明。实行了征收征用土地社会保障安置审查制度，把社会保障部门的审查意见作为用地审批的前置条件，从源头上维护被征地农牧民的合法权益。

2010年，自治区国土资源厅强化行政权力监督制约机制。实行重大事项公告公示制度，对凡涉及矿业权配置、建设用地审核、地质勘查单位资质认证等事项一律在报纸和网上公示，广泛接受社会监督。实行政务信息网上发布制度，通过“金土工程”建设和改造信息发布平台，优化网上办事和公众参与等栏目，宣传国土资源政策法规，展示国土资源管理工作风貌，体现为民服务的宗旨。全年国土资源厅网站点击161万次。建立政务信息公开制度，做到办事程序、标准和结果的公开。对建设用地批准信息，登记信息，矿业权设立、登记信息、变动信息，测绘资质单位变动信息等，在公开网站上定期予以公开披露；对于涉及公民、法人具体财产权利的信息，建立档案，保证公民、法人和行政相对人随时查询；启动了政务公开查询的电子查询。建立办事时限制度、一次告知制度；设定了工作流程，并对各类业务的办理情况随意进行抽查和监督。实行“窗口办文”和网上办公，实现了行政审批事项由政务大厅统一受理、接办分离、网上报批、联网审查、限时办结、结果公开，89项行政审批事项网上并轨运行。自治区、盟市、旗县三级国土资源业务网投入使用。制定了《内蒙古国土资源厅财务管理信息化建设可行性方案》，完成财务信息管理系统平台的搭建。2010年，自治区国土资源厅行风政风评议，较2009年上升6个位次，有8个盟市国土资源局评议名次有较大提升。

2011年6月30日，自治区国土资源厅印发《内蒙古自治区国土资源厅关于2011年纠风工作的实施意见》，部署2011年全区国土资源系统纠风工作，提出11项重点工作任务：着力提升土地资源节约集约利用水平；坚决维护被征地农牧民的合法权益；进一步规范矿业权要件的审核登记工作；开展矿山企业用地后核查和矿山地质环境治理自查自纠工作；扎实推进国土资源市场机制建设；进一步加强干部队伍的思想作风建设；着力构建公开透明的政务环境；开展创建文明行业（单位）活动；进一步加强基层国土资源所建设；进一步加强国土资源执法监察；扎实做好民主评议政风行风工作。

2013年3月6日，自治区国土资源厅党组印发《关于进一步加强基层国土资源管理部门党风廉政建设工作的通知》，强调要进一步加强政风行风建设，认真学习贯彻中央关于改进作风、密切联系群众的“八项规定”和自治区党委、厅党组制定的配套措施，结合实际，制定具体措施，加强监督检查，抓好贯彻落实。进一步加强民主评议政风行风工作。加强征地监管，坚决防止征地补偿标准不合理、补偿不到位、被征地农牧民生活保障不落实等问题的发生。严肃查处违规违法占用农村集体土地，甚至强行征占农牧民土地等违纪违法行为，切实维护好农牧民的合法权益。严格执行纠风工作责任制，对一定时期内信访举报件明显增加，民主评议政风行风名次明显下降，工作人员中办事效率低、压件不办、吃拿卡要等问题，要加大问责力度，按照干部管理权限约谈其主要负责人，造成恶劣社会影响的要对其主要负责人进行问责。4月23日,自治区国土资源厅制定政风行风民主评议工作整改方案,决定利用3个月的时间,对自治区民主评议政风行风领导小组办公室《关于2012年度自治区本级民主评议政风行风工作情况通报》和自治区政府纠风办《关于对自治区国土资源厅政风行风评议结果通报》提出的问题,集中进行作风纪律整顿活动。着重治理吃拿卡要,以及庸懒散奢等突出问题,努力做到“八个不”(不拖拉、不设卡、不贪婪、不奢靡、不蛮横、不逾矩、不欺瞒、不平庸)和“三个敢于”(敢于担当、敢于创新、敢于碰硬),打一场整顿作风的总体战、翻身仗。方案提出整改事项和工作任务,制定了五项工作措施。

三、专项治理

(一)清理规范土地市场秩序

2002年5月20日,自治区国土资源厅、监察厅印发《内蒙古自治区国土资源厅、监察厅关于进一步整顿和规范全区土地市场秩序从源头上防治腐败工作的通知》。部署重点对2002年以来经营性国有土地使用,不按规定进行招标拍卖出让及新的《土地管理法》颁布以来存在的违法违纪行为进行整治。整治工作于4月开始,至12月结束。整治期间,自治区国土资源厅制定了《国有土地挂牌出让办法》等相关配套制度,转发了国土资源部《招标拍卖挂牌出让国有土地使用权规定》;与自治区监察厅联合制定了《关于国有土地使用权招标拍卖挂牌出让中违纪违法行为纪律处分的暂行规定》,并提出具体落实意见。8月20日,自治区人民政府在包头市召开了全区国有土地使用权招标拍卖现场会。11月下旬,由自治区政府组织国土资源厅、监察厅等4个有关厅局,对各盟市贯彻落实国有土地招标拍卖有关规定的执行情况,进行了检查。至2002年底,全区各盟市均建立了土地有形市场,并开展了招标拍卖。2002年全区土地实现土地收益13.6亿元,其中通过招标拍卖和挂牌(以下简称“招拍挂”)方式出让土地668宗,面积170.8公顷,占出让总面积的21.5%,实现价款7.61亿元,是2001年的2.15倍。

2003年5月,自治区国土资源厅、监察厅建立联席会议制度,决定每季度召开一次联席会议,研究解决自治区推行经营性土地使用权“招拍挂”出让存在的问题。5月25日,两厅联合印发《内蒙古自治区土地使用权招标拍卖挂牌出让情况执法监察工作实施方案》,对全区土地使用权“招拍挂”出让情况执法监察工作进行部署。6月,自治区国土资源厅研究制定了《内蒙古自治区国有土地使用权挂牌交易管理办法》,规范有关土地使用权出让行为。2003年全区实现土地收益14亿元,其中以出让方式取得土地收益11.88亿元,以“招拍挂”方式出让土地的总价款为7.6亿元,是2000年的8.65倍。2004年前三季度,全区“招拍挂”出让土地面积604.17公顷,占土地使用权出让总面积的45.6%,土地使用权“招拍挂”出让总价款8.81亿元,占土地使用权出让总价款的72.4%。

(二)贯彻“十项措施”“五条禁令”

2004年3月1日,国土资源部向社会公布国土资源系统行政为民十项措施(以下简称十项措施)、全国国土资源系统工作人员履行公务时必须遵守的“五条禁令”。十项措施包括:向社会公开依法批准的土地利用总体规划和矿产资源规划;公开矿产行政审批事项;公开土地、矿产违法案件的行政处罚全过程;公开土地、矿产方面的依法收费;公告征地及补偿安置方案、基准地价及标定地价等信息;公开土地登记、土地变更调查统计资料,土地供应计划、土地出让方案、土地出让结果,探矿权采矿权申请登记等信息;公开农村居民点用地规划;对法定行政审批事项实行窗口受理承办制度;对信访、举报等群众反映的土地、矿产违法案件线索,县级以上国土资源管理部门按职责范围立即进行分类处理，在法定期限内完成初查并决定是否立案；全国县级以上国土资源管理部门，设立国土资源法律热线，免费提供法律咨询服务。五条禁令是：禁止为补偿安置不符合法律规定的项目办理用地报批手续或以各种变通的办法为之供地发证；禁止在土地矿产等行政审批事项中为项目申请人批条子、打招呼；禁止配偶子女为本人任职单位直接管理的案件和土地、矿产资源等各项具体行政事务提供中介服务；禁止指定或向办事方授意由指定中介机构从事土地使用权、探矿权采矿权、地质灾害咨询评估和项目设计等相关工作；禁止接收基础单位和管理相对人的礼金、有价证券、支付凭证或有碍公务的宴请招待，报销应由本人或亲友承担的费用。国土资源部行政为民十项措施和"五条禁令"公布实施后，自治区国土资源厅下发学习贯彻"十项措施"和"五条禁令"的通知，在全区国土资源系统部署开展贯彻执行"十项措施"和"五条禁令"的教育活动。提出将学习贯彻"十项措施"和"五条禁令"与国土资源管理中心工作结合起来，与落实党风廉政建设责任制、推行政务公开，民主评议行风、行政效能监察工作以及自治区正在开展的"执政为民，加快发展"等活动结合起来。自治区国土资源厅领导班子把行政为民贯穿于国土资源管理工作的全过程，班子各成员经常深入盟市、旗县调查研究，听取地方政府、基层及服务对象的意见和建议，帮助基层解决实际问题。厅机关转变工作作风，主动跟踪和掌握区内建设项目情况，在项目可研阶段主动介入，提前做好用地预审等工作。修改完善办文大厅管理办法，实现了申请与审批分离。建立和推行政务信息公开制度、行政执法公示制度、行政复议和行政应诉等制度。

（三）开展行政效能监察工作

按照自治区政府的部署，自治区国土资源厅是自治区首批开展行政效能监察工作的厅局之一。2004 年 9 月，自治区国土资源厅召开动员大会，厅党组书记、厅长黄·阿拉腾别立格作了动员讲话，并印发《内蒙古国土资源厅开展行政效能监察工作实施方案》《行政效能监察有关工作制度的说明》，成立以黄·阿拉腾别立格为组长，副厅长郭战英、驻厅纪检组长沈晋平为副组长，相关处室负责人为成员的行政效能监察领导小组。11 月，厅机关各处室按要求建立岗位责任制和服务承诺制。

2005 年，自治区国土资源厅在 2004 工作的基础上，制订了 2005 年行政监察实施办法，确立以国土资源行政工作为重点，抓好完善相关效能监察制度。在全系统部署开展了《行政许可法》贯彻执行情况的自查工作。结合先进性教育活动，广泛征求盟市和服务对象的意见，查找行政管理工作中存在的问题和不足，并提出整改措施和意见。

（四）治理商业贿赂专项工作

2006 年 4 月 18 日，自治区召开电视电话会议，部署治理商业贿赂专项工作。按照中央、自治区和国土资源部的要求，4 月 27 日，自治区国土资源厅成立了治理商业贿赂专项工作领导小组。各盟市国土资源局、厅属各单位也相继成立治理商业贿赂专项工作领导小组，设立了领导小组办公室，明确了工作职责和任务。向社会公布了举报电话，电子信箱和传真电话。5 月 10 日，自治区国土资源厅召开全区国土资源系统党风廉政建设暨治理商业贿赂专项工作会议，就治理商业贿赂专项工作进行再动员、再部署。厅党组书记、厅长白盾，监察厅副厅长张元凯分别讲话，驻厅纪检组长沈晋平、副厅长王富友作了工作部署。会议期间，全体代表还到呼和浩特市第一监狱内蒙古职务犯罪警示教育基地参观。6 月中旬，分东部区、西部区两片，分别听取各盟市国土资源局治理商业贿赂专项工作进展情况。9 月中下旬，组织开展了对全区 12 个盟市、部分旗县市区国土资源局及相关直属单位、行业协会治理商业贿赂专项工作督查活动，采取听汇报、检查 18 种自查自纠表格填写情况、抽查原始档案资料、查阅有关治理商业贿赂档案材料、交换意见等形式,及时了解和掌握工作动态,发现和处理工作中的具体问题。2007 年,自治区国土资源厅按照国土资源部的部署,继续深入推进国土资源领域治理商业贿赂专项工作,针对容易产生商业贿赂行为的工作环节,制定下发了《内蒙古自治区国土资源厅关于预防和治理国土资源领域商业贿赂行为若干规定》。各级国土资源部门也相应制定了相关的制度,把一些已有的制度编印成册,便于工作人员学习执行。

(五)治理领导干部违反规定收受礼金工作

2009 年 4 月 7 日,自治区国土资源厅党组印发《内蒙古自治区国土资源厅专项治理领导干部违反规定收送礼金问题实施方案》,按照自治区党委、纪委的统一部署和要求,部署在全区国土资源系统开展专项治理领导干部违反规定收送礼金工作。成立由厅党组书记、厅长白盾任组长,副厅长孔燕燕、驻厅纪检组长孙建华任副组长的专项治理工作领导小组。4 月 8 日,召开全区国土资源系统专项治理领导干部违反规定收送礼金工作动员部署视频会议。厅党组书记、厅长白盾在会上作动员讲话,驻厅纪检组长孙建华宣读了《内蒙古自治区国土资源厅专项治理领导干部违反规定收送礼金问题实施方案》。8 月,驻厅纪检组监察室组织 4 个督查组,对各盟市国土资源局采取互检互查和重点督查等方式,进行集中检查。8 月底,自治区国土厅按规定完成专项治理领导干部违反规定收送礼金工作动员部署、自查自纠、整改建制、总结汇报各阶段工作任务。

(六)“两整治一改革”专项行动

2010 年 9 月,按照国土资源部的统一部署,自治区国土资源厅在全区国土资源系统部署开展“两整治一改革”专项行动,即:着力整治干部队伍廉洁从政存在的突出问题,着力整治土地和矿业权交易市场存在的突出问题,深入推进国土资源管理制度改革。10 月 28 日,国土资源厅党组召开全区国土资源系统视频会议,进行再动员再部署。厅党组书记、厅长白盾作动员讲话,驻厅纪检组长敖拉宣读《内蒙古自治区国土资源系统“两整治一改革”专项行动实施方案》,成立了自治区国土资源厅“两整治一改革”专项行动领导小组,设立了领导小组办公室,抽调工作人员负责日常工作。全区国土资源部门围绕土地和矿业权审核审批、规划计划、土地整理、大项资金安排、地质矿产调查评价以及项目立项、实施、验收等方面,分领导班子、处(科)室、工作人员“三个层次”,通过自查、互查,领导点,班子议等程序,初步确定廉政风险点 42 条,并就廉政风险点的表现形式、存在原因及其可能产生的后果等进行了登记备案和张榜公示。自治区国土资源厅“两整治一改革”专项行动领导小组印发了《内蒙古自治区国土资源系统土地市场整治实施方案》,解决 2009 年 1 月 1 日以来,国有建设用地出让中规避“招拍挂”、违反规定设置出让条件,领导干部违反规定插手干预土地出让审批,擅自调整修改土地出让条件,土地储备、土地供应和土地出让信息不公开不到位等问题。规定国有建设用地土地使用权出让必须进入有形交易市场,土地使用权招标拍卖挂牌出让后,擅自调整修改土地出让条件的,重新招标拍卖挂牌出让。到 2011 年 3 月底前,土地储备机构必须与其下属和挂靠的从事土地开发相关业务的机构彻底脱钩,各地国土资源部门及所属企事业单位,不得直接从事土地一级市场开发。

2011 年 3 月 11 日,自治区国土资源厅印发《2011 年自治区国土资源系统开展“两整治一改革”专项活动工作要点》,部署 2011 年全区国土资源系统“两整治一改革”专项活动,确定专项活动的主要内容:开展廉政风险点排查和自查自纠工作“回头看”;认真进行廉政风险点排查和自查自纠情况的专题分析,持续推进廉政风险防控体系建设,深入开展廉洁从政宣传教育;进一步加大对土地和矿业权市场突出问题的整治力度;积极推进土地和矿业权出让网上交易和监管,继续做好土地、矿业权市场整治工作，进一步强化国土资源执法监管；深化国土资源管理制度改革；深化行政审批制度改革，健全完善评估机构和土地储备机构管理制度；全面梳理行政审批事项，实行网上审批；进一步加强土地整治管理工作和强化党风廉政建设责任；严肃查处违纪违法案件。并明确各项活动内容的责任处室。为了确保专项行动各项目标任务的完成，3 月 25 日，制定和印发了《"两整治一改革"专项行动工作量化细则》。4 月，驻厅纪检组长敖拉分别对内蒙古土地储备交易中心（矿业权交易服务中心）、内蒙古地质矿产勘察开发局等单位进行督导。6 月，由厅领导带队，组成三个组，就全区矿业生产管理依法保护环境保障民生情况及矿山资源安全开展了实地督查。7 月，分别在东、西部地区召开了国土资源系统"两整治一改革"工作汇报会，传达自治区党委常委、纪委书记张力在国土资源厅调研"两整治一改革"专项行动工作时的讲话和全国部分省（区、市）国土资源系统"两整治一改革"工作办公室主任汇报会精神。8 月，结合国土资源部《国土资源系统"两整治一改革"工作检查评估评分表》，重新完善了涉及盟市和旗县的考评内容。9 月，由厅领导带队，对各盟市进行考评验收，抽查了 15 个旗县，提出了整改意见，对各盟市开展"两整治一改革"工作情况进行了排序。专项行动考评结果作为评比表彰先进单位和厅年终考核各盟市国土资源局的重要依据。10 月 31 日—11 月 5 日，国土资源部"两整治一改革"检查评估组依据《国土资源系统"两整治一改革"工作检查评估评分表》的 48 项考评内容，对自治区国土资源厅"两整治一改革"工作进行检查评估（满分 150 分），自治区国土资源厅得分 145 分，获得优秀档次，排在全国国土资源系统的前列。自治区国土资源厅全年形成六大机制制度性文件 93 个，减少行政审批事项 6 项；优化建设用地、矿业权审核程序，审核时间的缩短和报件简化的幅度均达到 50% 以上，确保了重大项目尽快落地；积极争取更多的新增建设用地指标，保障各类重大、重点项目和中央投资项目用地及时供地，确保了国家和自治区重点项目用地涉矿需求；土地利用总体规划和矿产资源规划审批程序严格执行专家评审、自治区相关部门审查和厅相关处室（局）网上会签，计划指标使用情况通过厅局域网（内网）适时在线显示，厅领导和涉及地政的处室对计划指标使用情况可随意查阅。

2012 年，自治区国土资源厅巩固深化"两整治一改革"专项工作。4 月 17 日，印发《2012 年自治区国土资源系统"两整治一改革"工作要点》。

四、制度建设

2002 年 6 月 2 日，自治区国土资源厅印发《国土资源厅机关车辆管理制度》，规范厅机关车辆管理工作。

2003 年 1 月 9 日，自治区国土资源厅印发《关于进一步加强公务接待工作的通知》，就改进和加强公务接待工作，避免重复接待、超标接待，提出具体规定。4 月 30 日，自治区国土资源厅办公室印发《内蒙古自治区国土资源厅领导接待群众来访工作制度》，规定厅长、副厅长、纪检组长等领导，接待群众来访采取轮流值班的方式，时间为每周二全天；原安排接待的领导如因特殊情况不能在规定时间接待的，顺延下周值班领导递补，做到接待日不空岗；每次接待都要有工作记录；领导接待后，要指定落实单位，做好跟踪督查。厅领导接待群众来访工作，实行解决问题"一条龙"工作模式；负责接待群众来访的厅领导，要负责接待问题的协调、处理。如不属分管范围内的问题，接待后应及时向分管领导移交，做到包协调、包督查、包落实，直到问题妥善解决。5 月 16 日，自治区国土资源厅办公室印发《内蒙古自治区国土资源厅办公室关于进一步加强厅机关会务管理工作的通知》，规范厅机关会务管理工作。9月2日,自治区国土资源厅印发《内蒙古国土资源厅机关财务管理暂行办法》,对流动资金管理、固定资产管理、财务开支管理做出具体规定。

2004年6月12日,自治区国土资源厅印发《内蒙古国土资源厅政务大厅暂行管理办法》,对政务大厅人员、办文程序、办文时限、办文督查、监督检查做出具体规定;明确自2004年7月1日起,由自治区国土资源厅负责的土地、地质矿产、测绘等行政审批事项,一律由自治区国土资源厅政务大厅统一受理,由各职能处(室、局)承办,最后由政务大厅发送审批结果。

2005年7月1日,自治区国土资源厅印发《内蒙古自治区国土资源厅工作规则》,分为总则、职责分工、全面履行国土资源管理行政职能、科学民主决策程序、依法行政要求、加强行政监督、会议制定、加强行政监督、公文审批制度、作风纪律,共9章63条。

2007年5月28日,自治区国土资源厅印发《内蒙古自治区国土资源厅重要事项报告制度》《内蒙古自治区国土资源厅保密工作制度(修订)》《内蒙古自治区国土资源系统政务信息考评办法(修订)》三项制度。

2008年12月3日,自治区国土资源厅印发《内蒙古国土资源政务大厅首问责任制度》《内蒙古国土资源政务大厅一次告知制度》《内蒙古国土资源政务大厅限时办结制度》《内蒙古国土资源政务大厅工作人员行为规范》《内蒙古国土资源政务大厅电子政务设备管理制度》《内蒙古国土资源政务大厅工作无缺位(A、B角)制度》《内蒙古国土资源政务大厅工作人员公(私)出管理办法》《内蒙古国土资源政务大厅窗口工作人员考评办法》《内蒙古国土资源政务大厅投诉受理办法》《内蒙古国土资源政务大厅责任追究制度》等10项制度,规范国土资源政务大厅业务流程。

2009年3月3日,自治区国土资源厅印发《内蒙古自治区国土资源厅行政审批工作规则(试行)》,规范国土资源行政审批工作;3月5日印发《内蒙古自治区国土资源厅工作规则》;3月30日印发《关于进一步严格公务接待的通知》;4月7日印发《内蒙古自治区国土资源厅机关公文处理细则》《内蒙古自治区国土资源厅公文运转暂行规定》《内蒙古自治区国土资源厅文件审修工作暂行规定》等三项制度;5月20日印发《内蒙古自治区国土资源厅机关公务卡结算财务管理暂行办法》,规范厅机关财务管理;7月24日印发《内蒙古自治区国土资源厅行政应诉工作规则》。

2010年12月30日,自治区国土资源厅印发《内蒙古国土资源厅涉密工作管理制度》,对涉密人员管理、涉密磁介质管理、涉密要害部门与部位管理、定密管理、涉密教育和培训做出具体规定,共7章55条。

2011年8月3日,自治区国土资源厅印发《内蒙古自治区国土资源厅内部审计办法(试行)》,分为:总则、机构和人员、审计内容、工作职责和权限、工作程序、附则,共6章19条;同日,印发《内蒙古自治区国土资源厅政府采购管理办法(试行)》,分为总则、政府采购组织形式、政府采购方式、政府采购程序、附则,共5章27条。

2011年8月26日,自治区国土资源厅印发《内蒙古自治区国土资源厅大额资金和重大专项资金监管暂行办法》,共17条,以加强对大额资金和重大专项资金的监管力度,提高资金使用效益,保证资金安全。

2012年11月21日,自治区国土资源厅印发《机关保密管理制度》《保密委员会工作制度》《定密解密工作制度》《涉密人员管理制度》《保密要害部门、部位管理制度》《涉密载体管理制度》《涉密信息系统管理制度》《政府信息公开保密审查制度》《保密宣传教育制度》《保密监督检查制度》等10项保密制度。

2014 年 9 月 25 日，自治区国土资源厅印发《内蒙古自治区国土资源厅公务接待管理办法》。规定一项接待活动对符合接待范围的人员，可安排一次工作餐，就餐地点尽可能安排在机关食堂或其他具有地方特色的物美价廉的餐馆。就餐标准，淡季每人不得超过 120 元，旅游旺季（七、八、九月份）不超过 144 元。接待活动中，公务用车司机或来宾、陪同人员的司机及其他非业务人员，在同一就餐地点安排工作餐，原则上每人每次不超过 60 元。来宾 10 人以下的，接待单位陪同人员不超过 3 人，来宾 10 人以上的，陪同人员不超过来宾人数的三分之一。根据接待对象具体情况和所到地区的区情，需要适当安排体现我区草原文化特色和少数民族待客习惯的敬酒、献歌、献哈达等民族礼仪的，严格控制规模、范围和时间，同一批接待对象一般只安排一次，不得多地重复安排民族礼仪活动。正厅以下来宾原则上不予安排相关民族礼仪活动。

第四节 离退休人员管理

一、工作机构与职责

2000 年 4 月 7 日，自治区政府办公厅印发《内蒙古自治区人民政府办公厅关于印发自治区国土资源厅职能配置内设机构和人员编制规定的通知》，明确自治区国土资源厅离退休人员工作机构、编制按照有关规定另行确定。6 月 17 日，自治区国土资源厅机构改革完成阶段性工作任务，设 17 个处室局，其中含离退休人员工作处。

2005 年 10 月 8 日，根据自治区政府关于国土资源管理体制改革的精神和实际工作需要，自治区国土资源厅党组印发《关于印发内蒙古自治区国土资源厅各处室职能的通知》，明确离退休人员工作处的职责为：贯彻执行国家、自治区有关离退休人员的方针、政策，具体负责落实厅机关离退休人员的各项待遇；组织厅机关离退休人员的政治学习和有关政治活动。有组织有领导地发挥离退休人员在社会主义建设中的作用。负责对厅直属单位的离退休工作进行检查指导，并转发和传达有关文件和会议精神：负责厅机关离退休人员的综合管理与服务。会同相关处室做好厅机关离退休人员的医疗保健、生活福利、考察学习、走访慰问和用车等服务的安排；负责厅机关离退休人员经费的管理与使用；协助家属办理机关离退休人员的丧葬和善后处理事宜；承办厅党组和自治区党委老干部局交办的有关离退休人员工作的事宜。

2009 年 12 月 8 日，自治区政府办公厅印发《内蒙古自治区人民政府办公厅关于印发自治区国土资源厅主要职责内设机构和人员编制规定的通知》，明确自治区国土资源厅设立离退休人员工作处，其职责为：负责机关离退休人员管理工作，指导直属单位的离退休人员工作。

2014 年，自治区国土资源厅离退休人员工作处并入人事教育处，离退休人员管理工作由人事教育处负责。

二、离退休人员工作

2000 年 6 月，自治区国土资源厅在机关建立两个离退休人员党支部，将退下来的党员干部及时编入支部，开展组织生活。至 2000 年底，自治区国土资源系统有离退休人员 8660 人，其中离休干部 420

人。厅机关直接管理服务的离退休人员 28 人,主要是来自原地质矿产厅和土地管理局的退休人员。离退休人员主要集中在自治区地勘局、自治区有色地勘局、自治区测绘局和自治区土地勘测设计院等几个单位。厅直属单位都是全额拨款的事业单位,离退休干部的各种待遇能基本保证。

2001 年 1 月 15 日,自治区国土资源厅办公室印发《国土资源厅机关离退休人员工作暂行规定》,对厅机关离退休人员的待遇、党支部活动、离退休人员活动经费等,做出具体规定。离退休人员待遇:厅机关工作人员离退休,由厅人事处按干部管理权限和规定程序办理离退休手续,《老干部离休荣誉证》《退休证》《保健证》和按规定应由机关办理的其他社会优待证件,由离退休人员工作处负责办理。机关工作人员离休或退休后,其基本政治待遇不变,离休费、退休费及住房等严格按自治区有关规定执行,除工作性福利待遇外,其他生活福利待遭与机关同级在职人员一视同仁。离退休人员可按同级在职人员阅文范围阅读文件、资料。厅级离休干部可按每人每年 300 元标准订阅报刊,厅级退休干部和其他离休干部可按每人每年 200 元标准订阅报刊,由机关财务列支或报销。厅机关举行重大庆祝纪念活动,应邀请离退休人员参加,重要报告、会议按规定通知离退休人员参加。要结合离退休人员的特点,组织老同志认真学习马列主义、毛泽东思想和邓小平理论,学习党的路线方针政策,及时向离退休人员传达中央、自治区的重要会议精神和重大决策,定期组织召开形势报告会、工作座谈会,通报有关情况,征求离退休人员的意见和建议。积极组织离退休人员参加有益于身心健康的文化娱乐体育活动,根据离退休人员的健康状况,本着节俭和就近的原则,适当安排参观工农业建设项目的活动,以丰富离退休人员的精神文化生活。厅机关设立离退休人员活动室,配置必要的图书资料、报纸杂志和文化娱乐用品,作为机关离退休人员日常学习、活动的场所,由离退休人员工作处负责管理。坚持走访、慰问离退休人员的制度。离退休人员工作处平时要注意走访看望离退休人员特别是患病住院和有其他特殊困难的老同志,及时了解离退休人员的情况,关心他们的思想、学习和生活。春节等重大节日,由厅领导带队,组织慰问离退休人员。通过走访、慰问,尽可能帮助离退休人员解决一些实际困难,体现党和组织上的关怀。离休干部符合国家有关职工探亲待遇规定的,可按规定报销往返路费;退休人员不享受国家规定的职工探亲待遇。离退休人员的医疗保健,贯彻“预防为主,防治结合”的方针。离休干部和享受保健待遇的退休干部,原则上每年集中体检一次,其他退休人员每两年体检一次。要经常组织离退休人员进行卫生保健讲座,丰富他们的治病防病和合理用药知识。离休干部的医疗费,依照自治区有关规定进行管理,在公费医疗规定的范围内继续实行实报实销的办法,由离退休人员工作处具体办理;退休人员的医疗费,纳入自治区本级职工基本医疗保险。根据机关的实际情况,适当安排离退休人员参加健康休养和康复疗养。离退休人员工作处要做好疗休养计划,使离退休人员的疗休养分期分批有组织地进行。离退休人员因公负伤、致残的,住院治疗期间可按自治区有关规定享受伙食补助,经离退休人员工作处审核后,由机关财务报销。离休干部因公致残,因疾病等原因造成饮食起居长期不能自理或年满 70 周岁,退休人员因公致残完全丧失劳动能力的,可按自治区有关规定享受护理费,由人事处按干部管理权限报有关部门批准。厅机关工作人员离休或退休后,均不予配备专车。为更好地服务于离退休人员,机关事务服务中心应固定一辆离退休人员工作用车,由离退休人员工作处和车队统一调度。厅级离退休干部看病、住院和其他离休干部急诊、重病住院,应保证用车,在机关车辆不能保证的情况下,经离退休人员工作处处长或车队队长同意,可租用车辆,费用报销。对离退休人员参加会议、听报告和其他公务活动用车也要妥善安排。离退休人员因公用车和按以上规定应保证用车的,用车免费或不予收费,因个人私事用车按规定收费。厅机关工作人员离休或退休后,原来由单位出资安装的住宅电话可予以保留,但产权仍归单位所有,个人不得随意处置。厅级离退休干部可按每人每月 50 元限额报销电话费。离退休人员党支部:按照《党章》和有关规定,本着有利于离退休干部党员参加组织活动和发挥作用的原则,成立厅机关离退休人员党支部,及时将从机关工作岗位上退下来的党员编入该支部。机关离退休干部党支部受厅机关党委的领导,其委员会以离退休干部党员为主,每两年换届选举一次,党支部委员会成员空缺时及时补选。要从离退休干部党员的实际情况出发,建立必要的组织生活制度、学习制度,定期召开支部委员会和党员大会,定期上党课,通过开展各种形式的组织活动,增强自我教育、自我管理的意识,勉励离退休人员发扬优良传统,继续写好自己的光荣历史。要加强对离退休人员党支部建设的领导,把离退休人员党支部建设纳入党建规划,制定目标,分类指导。离退休人员工作处要把加强离退休人员党支部建设作为一项重要任务,积极配合厅机关党委做好工作。离退休人员活动经费:包括离休干部特需经费与公用经费、退休职工活动经费,应单列科目,由离退休人员工作处统一掌握使用。离休干部特需经费,根据自治区有关规定主要用于解决离休干部的特殊困难,其标准为,每人每年 150 元。离休干部公用经费,主要用于离退休干部的日常文化娱乐体育活动,订阅报纸杂志等,其标准为:厅局级干部每人每年 550 元,处级干部每人每年 400 元,一般离休干部每人每年 300 元。退休职工活动经费,主要用于解决退休人员的特殊困难,日常文化娱乐体育活动,订阅报纸杂志等,其标准为:厅局级干部每人每年 400 元,处级干部每人每年 100 元,其他退休人员每人每年 40 元。离休干部特需经费与公用经费,退休职工活动经费以及离退休人员管理费,由财务处根据上一年末离退休人员数和上述标准核拨,专款专用,不准发给个人或挪作他用,当年如有结余可以结转下年度继续使用。

人　物

一、自治区国土资源厅领导名录

（一）厅级领导名录

党组书记

韩云彬（蒙古族，任职 2000 年 2 月—2003 年 3 月）

黄・阿拉腾别力格（蒙古族，任职 2003 年 3 月—2005 年 3 月）

白　盾（任职 2005 年 3 月—2012 年 2 月）

李世镕（任职 2012 年 2 月—2016 年 3 月）

党组副书记

黄・阿拉腾别力格（蒙古族，任职 2000 年 2 月—2003 年 3 月）

党组成员

孔燕燕（女，蒙古族，任职 2002 年 9 月—　　　）

郭战英（任职 2000 年 3 月—2005 年 4 月）

王庆良（2000 年 3 月—2002 年 4 月任职）

赵保胜（蒙古族，任职 2000 年 3 月—2012 年 2 月）

元重举（蒙古族，任职 2000 年 3 月—2009 年 5 月）

沈晋平（任职 2001 年 10 月—2006 年 10 月）

王富友（任职 2004 年 12 月—　　　）

程　平（任职 2007 年 5 月—6 月）

孙建华（任职 2008 年 3 月—2010 年 7 月）

敖　拉（达斡尔族，任职 2010 年 9 月—　　　）

陈　伟（任职 2010 年 7 月—　　　）

张　宏（任职 2010 年 9 月—2016 年 7 月）

王　杰（任职 2011 年 11 月—　　　）

赵大勇（任职 2015 年 11 月—　　　）

厅　　长

韩云彬（蒙古族，任职 2000 年 2 月—2003 年 3 月）

黄・阿拉腾别力格（蒙古族，任职 2003 年 4 月—2005 年 3 月）

白　盾（任职 2005 年 3 月—2012 年 3 月）

李世镕（任职 2012 年 3 月—2016 年 3 月）

副厅长

黄・阿拉腾别力格（蒙古族，任职 2000 年 2 月—2003 年 3 月）

孔燕燕(女,蒙古族,任职2002年9月—2011年3月)

郭战英(任职2000年3月—2005年4月)

王庆良(任职2000年3月—2002年4月)

赵保胜(蒙古族,任职2000年3月—2011年3月)

元重举(蒙古族,任职2000年3月—2009年5月)

王宗起(挂职2004年10月—2005年10月)

王富友(任职2004年12月—)

杨仁选(任职2006年4月—2010年4月)

陈 伟(任职2010年7月—)

王 杰(任职2011年11月—)

赵大勇(任职2015年11月—)

驻厅纪检组长

沈晋平(任职2001年10月—2006年10月)

程 平(任职2007年5月—6月)

孙建华(任职2008年3月—2010年7月)

敖 拉(达斡尔族,任职2010年9月—)

总工程师

张 宏(任职2010年—2016年)

巡视员

沈晋平(任职2006年10月—2007年)

元重举(蒙古族,任职2009年5月—2010年7月)

孔燕燕(女,蒙古族,任职2011年3月—2015年11月)

赵保胜(蒙古族,任职2011年3月—2012年3月)

杨仁选(任职2010年4月—2011年1月)

副巡视员

郝树森(任职2001年1月—2005年4月)

高 华(任职2002年6月—2012年5月)

陈喜良(任职2005年11月—2010年7月)

乌俊清(蒙古族,任职2010年11月—2012年7月)

王重明(任职2011年1月—2015年9月)

赵大勇(蒙古族,任职2012年7月—2015年11月)

王剑民(任职2014年12月—2015年9月)

(二)厅机关处室(局)领导名录

办公室

主 任

高 华(任职2000年11月—2002年6月)

陈　伟(任职 2002 年 11 月—2010 年 7 月)

王　杰(任职 2010 年 9 月—2011 年 11 月)

刘新生(任职 2012 年 8 月—　　)

副主任

范晓黎(女,任职 2000 年 11 月—2002 年 12 月)

宋　华(任职 2001 年 6 月—2005 年 11 月)

崔庆云(任职 2005 年 11 月—2008 年 12 月)

杨忠喜(任职 2006 年 11 月—2015 年 11 月)

潘学飞(任职 2008 年 12 月—2015 年 2 月)

李全和(任职 2011 年 2 月—2011 年 8 月)

张　晶(任职 2015 年 2 月—　　)

人事教育处

处　长

乌　云(女,蒙古族,任职 2000 年 11 月—2005 年 11 月)

苑秀平(女,任职 2005 年 11 月—2010 年 1 月)

姜万德(任职 2010 年 6 月—2013 年 3 月)

郭心语(任职 2015 年 1 月—　　)

副处长

杜文彬(任职 2000 年 11 月—2010 年 9 月)

孙海萍(女,任职 2010 年 9 月—　　)

刘志兵(任职 2015 年 11 月—　　)

政策法规处

处　长

徐进才(蒙古族,任职 2000 年 11 月—2002 年 8 月)

苑秀平(任职 2002 年 8 月—2005 年 11 月)

赵　昉(任职 2005 年 11 月—2008 年 12 月)

李广荣(任职 2008 年 12 月—2012 年 7 月)

斯　琴(女,蒙古族,任职 2012 年 7 月—2015 年 11 月)

赵洪峰(任职 2015 年 11 月—　　)

副处长

苑秀平(女,任职 2000 年 11 月—2002 年 11 月)

程建强(任职 2002 年 11 月—2008 年 2 月)

赵丽慧(女,任职 2008 年 12 月—2011 年 2 月)

王林平(挂职 2015 年 2 月—　　)

财务处

处　长

任青原(任职2000年11月—2001年2月)

刘建勋(任职2005年6月—2010年1月)

路宝玲(女,任职2010年5月—2015年11月)

斯　琴(女,蒙古族,任职2015年11月—　　　)

副处长

刘建勋(任职2000年11月—2005年6月)

路宝玲(女,任职2005年11月—2009年1月)

哈成杰(女,回族,任职2012年8月—　　　)

规划与科技处

处　长

陈　伟(任职2000年11月—2002年11月)

贾钟祥(任职2002年11月—2007年4月)

赵大勇(蒙古族,任职2007年4月—2012年7月)

赵远成(任职2013年3月—　　　)

副处长

李寿林(任职2000年11月—2002年11月)

杨新国(任职2002年11月—2012年4月)

斯　琴(女,蒙古族,任职2005年11月—2011年2月)

庞国平(任职2011年4月—2012年7月)

刘海明(任职2012年8月—　　　)

王海军(任职2014年11月—2015年2月)

潘学飞(任职2015年2月—　　　)

地籍管理处(不动产登记局)

处　长(局　长)

李玉春(任职2000年11月—2005年11月)

步延瑞(蒙古族,任职2005年11月—2012年7月)

赵洪峰(任职2012年8月—2015年11月)

陈巴图(蒙古族,任职2015年11月—　　　)

副处长(副局长)

高子清(任职2000年11月—2013年9月)

李德重(任职2015年2月—　　　)

沈红梅(女,蒙古族,任职2015年2月—2015年11月)

耕地保护处

处　长

郝树森(任职 2000 年 11 月—2001 年 1 月)

徐进才(蒙古族,任职 2002 年 11 月—2006 年 4 月)

陈巴图(蒙古族,任职 2006 年 11 月—2015 年 11 月)

姜飞月(蒙古族,任职 2015 年 11 月—　　　)

副处长

毅　彬(蒙古族,任职 2000 年 11 月—2002 年 11 月)

陈巴图(蒙古族,任职 2002 年 11 月—2006 年 11 月)

赵洪峰(任职 2005 年 11 月—2012 年 8 月)

姜飞月(蒙古族,任职 2012 年 7 月—2015 年 11 月)

赵丽慧(女,任职 2012 年 7 月—　　　)

土地利用管理处

处　长

乌俊清(蒙古族,任职 2000 年 11 月—2010 年 11 月)

斯　琴(女,蒙古族,任职 2011 年 4 月—2012 年 7 月)

李玉春(任职 2012 年 7 月—　　　)

副处长

孟学庆(女,达斡尔族,任职 2001 年 6 月—2004 年 5 月)

庞国平(任职 2005 年 11 月—2011 年 4 月,2012 年 7 月—2015 年 11 月)

姜飞月(蒙古族,任职 2011 年 4 月—2012 年 7 月)

赵丽慧(女,任职 2011 年 4 月—2012 年 7 月)

李陟宇(任职 2015 年 11 月—　　　)

矿产开发管理处

处　长

刘树军(2000 年 11 月—2005 年 5 月)

王　杰(任职 2005 年 6 月—2008 年 12 月)

宋　华(任职 2008 年 12 月—2011 年 2 月)

崔庆云(任职 2011 年 4 月—　　　)

副处长

赵　昉(任职 2000 年 11 月—2002 年 11 月)

王　杰(任职 2002 年 11 月—2005 年 6 月)

田　力(任职 2005 年 11 月—2008 年 12 月)

岳林浩(任职 2006 年 11 月—2015 年 2 月)

刘伟华(女,蒙古族,任职 2008 年 12 月—　　　)

周明翰(任职 2015 年 2 月—　　　)

地质勘查处

处　长

吴齐文(蒙古族,任职 2000 年 11 月—2001 年 12 月)

赵　昉(任职 2002 年 8 月—2005 年 11 月)

段孝平(任职 2005 年 11 月—2011 年 4 月)

田　力(任职 2011 年 4 月—2014 年 11 月)

刘建勋(任职 2014 年 11 月—　　　)

副处长

张　英(蒙古族,任职 2000 年 11 月—2002 年 11 月)

宋　华(任职 2005 年 11 月—2008 年 12 月)

田　力(任职 2008 年 12 月—2011 年 2 月)

于东淑(女,任职 2011 年 4 月—　　　)

王博峰(任职 2015 年 2 月—　　　)

矿产资源储量处

处　长

贾钟祥(任职 2000 年 11 月—2002 年 11 月)

张　英(蒙古族,任职 2002 年 8 月—2008 年 10 月)

王　杰(任职 2008 年 12 月—2010 年 9 月)

周会庄(任职 2002 年 11 月—2011 年 4 月)

王剑民(任职 2011 年 4 月—2014 年 12 月)

赵　昉(任职 2015 年 2 月—　　　)

副处长

王　杰(任职 2000 年 11 月—2002 年 11 月)

周会庄(任职 2002 年 11 月—2011 年 4 月)

赵文涛(任职 2015 年 6 月—　　　)

地质环境处

处　长

王剑民(任职 2000 年 11 月—2011 年 4 月)

周会庄(任职 2011 年 4 月—2014 年 11 月)

田　力(任职 2014 年 11 月—　　　)

副处长

陈　军(任职 2000 年 11 月—2006 年 4 月)

崔庆云(任职 2008 年 12 月—2011 年 2 月)

高　宏(任职2011年4月—　　　)

测绘管理处

处　长

步延瑞(蒙古族,任职2000年11月—2005年11月,2012年7月—　　　)

李玉春(任职2005年11月—2012年7月)

副处长

程建强(任职2000年11月—2002年11月)

刘占湖(任职2003年4月—2005年12月)

李育松(任职2006年11月—　　　)

执法监察局

局　长

王富友(任职2000年11月—2004年12月)

李广荣(任职2005年6月—2008年12月)

赵　昉(任职2008年12月—2015年2月)

刘常华(任职2015年6月—　　　)

副局长

李广荣(任职2000年11月—2005年6月)

姜飞月(蒙古族,任职2006年11月—2011年4月)

沈红梅(女,蒙古族,任职2008年12月—2015年2月)

李陟宇(任职2011年4月—2015年11月)

王海军(任职2015年2月—　　　)

驻厅纪检组(监察室)

纪检组副组长、监察室主任

邵爱民(任职2000年11月—2005年8月)

刘永和(任职2005年11月—2015年6月)

离退休人员工作处

处　长

刘永和(任职2000年11月—2005年11月)

李全林(任职2006年11月—2013年9月)

郭仕臣(任职2013年9月—2015年2月)

副处长

呼　和(蒙古族,任职2006年11月—2015年2月)

机关党委

专职副书记

陈喜良(任职2000年11月—2005年11月)

张　伟(女,蒙古族,任职2006年11月—　　　)

企业管理处

处　长

段孝平(任职2011年4月—2014年11月)

周会庄(任职2014年11月—2016年12月)

审计处

处　长

李广荣(任职2012年12月—2015年5月)

路宝玲(女,任职2015年11月—　　　)

二、自治区国土资源厅所属单位领导名录

内蒙古自治区地质矿产勘查开发局

党委书记

胡东宁(任职2000年3月—2004年6月)

杨永宽(蒙古族,任职2004年6月—2010年9月)

李春光(任职2010年9月—2010年12月)

王纪和(任职2011年9月—　　　)

副书记

杨永宽(蒙古族,任职2010年10月—　　　)

局　长

李国忱(任职1987年10月—2000年4月)

胡东宁(任职2000年4月—2004年6月)

杨永宽(蒙古族,任职2004年6月—　　　)

副局长

胡东宁(任职1987年10月—2000年4月)

陶格套(蒙古族,任职1995年2月—2004年10月)

吴日山(蒙古族,任职2001年1月—2004年6月)

陈　峰(任职2000年9月—2009年5月)

郑翻身(任职2001年1月—2013年4月)

吕福生(任职2001年10月—　　　)

秦玉生(挂职2004年10月—2006年11月)

巡视员

胡东宁(任职2004年6月—2006年3月)

陈　峰(任职2009年6月—2010年7月)

郑翻身(任职2013年4月—2014年4月)

吴日山(蒙古族,任职2014年4月—2016年5月)

总工程师

赵国龙(任职2000年12月—2001年)

郑翻身(任职2002年6月—2013年4月)

内蒙古自治区有色地质勘查局

党组书记

赵济群(任职1991年11月—2003年7月)

吴日山(蒙古族,任职2006年7月—2014年4月)

局　长

赵济群(任职1991年11月—2001年10月)

杨永宽(蒙古族,任职2001年10月—2004年6月)

崔养权(任职2004年7月—2007年6月)

副局长

杨永宽(蒙古族,任职1994年1月—2001年10月)

李中军(蒙古族,任职2002年1月—　　　)

顾振吉(任职1997年10月—2006年4月)

米保林(任职2001年11月—　　　)

总工程师

崔养权(任职1997年11月—2004年6月)

纪检组长

杨永宽(蒙古族,任职1991年11月—1997年10月)

顾振吉(任职1997年10月—2006年4月)

米保林(任职2006年4月—　　　)

内蒙古自治区煤田地质局

党委书记

王振林(任职1997年6月—2006年3月)

莫若平(任职2006年4月—　　　)

副书记、纪委书记

王春彦(满族,任职1999年1月—2015年5月)

局　长

王振林(任职1997年6月—2006年3月)

莫若平(任职 2006 年 4 月—　　　)

副局长

莫若平(任职 1996 年 1 月—2006 年 4 月)

邵显珉(任职 1999 年 1 月—　　　)

刘学明(任职 1999 年 1 月—2011 年 5 月)

总工程师

武　文(任职 1999 年 1 月—2012 年 6 月)

内蒙古自治区测绘地理信息局

党委书记

吴齐文(蒙古族,任职 2002 年 6 月—2015 年 9 月)

王重明(任职 2015 年 9 月—　　　)

局　长

吴齐文(蒙古族,任职 2001 年 12 月—2015 年 9 月)

王重明(任职 2015 年 9 月—　　　)

副局长

赵新刚(任职 2001 年 12 月—　　　)

郭党师(任职 2001 年 12 月—2013 年 6 月)

刘　秀(任职 2013 年 12 月—　　　)

总工程师

李　慧(任职 2002 年 6 月—2012 年 1 月)

刘　秀(任职 2012 年 1 月—2013 年 11 月)

杨俊杰(任职 2014 年 4 月—　　　)

内蒙古自治区土地调查规划院

党委书记

赵大勇(蒙古族,任职 2000 年 12 月—2007 年 4 月)

郭仕臣(任职 2008 年 8 月—2013 年 3 月)

党委副书记

赵大勇(蒙古族,任职 1995 年 12 月—2000 年 12 月)

徐进才(蒙古族,任职 2006 年 4 月—　　　)

周贵卿(任职 2012 年 7 月—　　　)

院　长

赵大勇(蒙古族,任职 2000 年 12 月—2006 年 4 月)

徐进才(蒙古族,任职 2006 年 4 月—　　　)

副院长

赵利利(任职 1995 年 12 月—2008 年 8 月)

马福贵（任职 1996 年 10 月—2013 年 1 月）
斯　琴（女，蒙古族，任职 2002 年 7 月—2005 年 7 月）
闫旭东（任职 2002 年 7 月—2013 年 1 月）
吴　全（蒙古族，任职 2008 年 12 月—　　　）
李　滢（女，任职 2013 年 1 月—　　　）
高和平（任职 2015 年 7 月—　　　）

内蒙古自治区地质调查院

党委书记

安存杰（任职 1999 年 10 月—2005 年 4 月）
张志祥（任职 2006 年 9 月—2012 年 12 月）
褚立国（任职 2013 年 3 月—　　　）

副书记

李满英（蒙古族，任职 2000 年 3 月—2014 年 4 月）
徐宗培（任职 2014 年 9 月—　　　）

院　长

张　宏（任职 1999 年 10 月—2011 年 4 月）
宋　华（任职 2011 年 4 月—）

副院长

黄占起（任职 1999 年 10 月—2004 年 6 月，正处级）
邵积东（任职 2000 年 3 月—2013 年 11 月）
张志祥（任职 2002 年 6 月—2012 年 12 月）
胡凤翔（任职 2002 年 7 月—2009 年 12 月）
陈　军（任职 2006 年 4 月—2013 年 3 月）
陈志勇（任职 2005 年 8 月—2009 年 12 月）
褚立国（任职 2006 年 9 月—2013 年 3 月）
夏　宁（女，任职 2011 年 10 月—，正处级）
高征西（任职 2011 年 12 月—　　　）
赵文涛（任职 2013 年 3 月—2015 年 6 月）
曹志忠（任职 2013 年 3 月—　　　）
许立权（任职 2014 年 9 月—　　　）
岳林浩（任职 2015 年 6 月—　　　）

内蒙古自治区矿产资源储量评审中心

主　任

张　宏（兼任 2002 年 7 月—2011 年 4 月）
宋　华（兼任 2011 年 4 月—　　　）

副主任

张志祥(兼任 2002 年 6 月—2012 年 12 月)

内蒙古自治区地质环境监测院

党委书记

李永平(任职 2004 年 12 月—2015 年 7 月)

院　长

李浩基(任职 2004 年 12 月—2010 年 4 月)

李永平(任职 2010 年 6 月—2013 年 3 月,兼任)

刘建勋(任职 2013 年 3 月—2014 年 11 月)

温挨树(任职 2014 年 11 月—　　　)

副院长

曹志忠(任职 2004 年 12 月—2013 年 3 月)

史生胜(任职 2004 年 12 月—2014 年 1 月)

王　云(任职 2004 年 12 月—　　　)

郭　伟(任职 2004 年 12 月—　　　)

陈　军(任职 2013 年 3 月—　　　)

赵振光(任职 2014 年 11 月—　　　)

内蒙古自治区国土资源信息院

院　长

乌　恩(达斡尔族,任职 2001 年 6 月—2010 年 10 月)

杨文海(回族,任职 2010 年 10 月—　　　)

副院长

杨文海(回族,任职 2001 年 6 月—2010 年 10 月)

裴兰英(女,蒙古族,任职 2001 年 6 月—　　　)

苏　文(任职 2013 年 3 月—　　　)

内蒙古自治区不动产登记与国土资源储备交易中心

主　任

董少谷(任职 2001 年 6 月—2015 年)

副主任

姜飞月(蒙古族,任职 2001 年 6 月—2005 年 4 月)

巴特尔(蒙古族,任职 2005 年 8 月—2014 年 4 月)

张　明(任职 2014 年 5 月—　　　)

内蒙古自治区土地整治中心

主　任

刘常华(任职2001年6月—2008年8月)

赵利利(任职2008年8月—2014年3月)

闫旭东(任职2014年4月—　　　)

副主任

孔志浩(任职2001年6月—2015年8月)

内蒙古自治区地质勘查基金管理中心

主　任

刘建勋(任职2010年1月—2013年3月)

陈志勇(任职2013年3月—　　　)

副主任

胡凤翔(任职2009年12月—2011年8月)

陈志勇(任职2009年12月—2013年3月)

安存杰(任职2013年3月—　　　)

杨帅师(任职2011年9月—　　　)

内蒙古自治区测绘产品质量监督检验站

站　长

格日勒图(蒙古族,任职2002年7月—　　　)

副站长

张新民(任职1996年10月—2002年5月)

彭爱文(任职1997年8月—2014年4月)

段秉刚(任职2014年4月—　　　)

内蒙古自治区国土资源执法监察总队

总队长

张　辉(任职2005年4月—2010年4月)

李浩基(任职2010年4月—2012年11月)

赵　昉(任职2014年5月—2015年2月,兼任)

副总队长

段洲荣(任职2005年4月—2013年3月)

宝　音(蒙古族,任职2005年4月—2009年1月)

刘友谦(任职2009年1月—2015年8月)

张东民(任职2014年4月—　　　)

政　委

杨忠喜(任职 2015 年 7 月—　　　)

内蒙古自治区国土资源厅机关事务服务中心

主　任

高　华(任职 2001 年 6 月—2002 年 6 月)

陈　伟(任职 2003 年 9 月—2005 年 12 月)

刘占湖(任职 2005 年 12 月—　　　)

副主任

彭建国(任职 2001 年 6 月—2002 年 7 月,正处级)

庞国平(任职 2001 年 6 月—　　　)

王福举(任职 2005 年 4 月—　　　)

刘　斌(任职 2015 年 7 月—　　　)

三、各盟市国土资源局领导名录

呼和浩特市国土资源局

党组书记

李树贵(蒙古族,任职 2005 年 1 月—2008 年 5 月)

张　建(任职 2008 年 5 月—2012 年 7 月)

温建华(任职 2012 年 7 月—2016 年 1 月)

党组成员

吴建民(任职 2005 年 1 月—2014 年 1 月)

赵常富(任职 2005 年 1 月—2009 年 4 月)

薛永刚(任职 2005 年 2 月—2013 年 5 月)

岩　林(蒙古族,任职 2006 年 9 月—　　　)

云春生(蒙古族,任职 2009 年 5 月—2013 年 5 月)

孟玉军(任职 2012 年 5 月—　　　)

温挨树(任职 2009 年 5 月—2014 年 4 月)

栗俊钢(任职 2013 年 5 月—　　　)

谢和平(任职 2013 年 5 月—　　　)

王红雄(任职 2013 年 5 月—　　　)

云幸枝(女,蒙古族,任职 2013 年 5 月—　　　)

李宝林(任职 2014 年 4 月—2016 年)

局　长

李树贵(蒙古族,任职 2005 年 1 月—2008 年 5 月)

张　建(任职 2008 年 5 月—2012 年 7 月)

温建华(任职 2012 年 7 月—2016 年 1 月)

副局长

吴建民(任职 2005 年 1 月—2014 年 1 月)

赵常富(任职 2005 年 1 月—2009 年 4 月)

薛永刚(任职 2006 年 9 月—2013 年 5 月)

岩　林(蒙古族,任职 2009 年 6 月—　　　)

孟玉军(任职 2012 年 5 月—　　　)

温挨树(任职 2013 年 5 月—2014 年 4 月)

栗俊钢(任职 2013 年 5 月—　　　)

李宝林(任职 2014 年 4 月—2016 年)

纪检组长

薛永刚(任职 2005 年 2 月—2006 年 9 月)

岩　林(蒙古族,任职 2006 年 9 月—2009 年 6 月)

云春生(蒙古族,任职 2009 年 5 月—2013 年 5 月)

云幸枝(女,蒙古族,任职 2013 年 5 月—　　　)

总工程师

栗俊钢(任职 2011 年 6 月—2013 年 5 月)

谢和平(任职 2013 年 5 月 16 日—　　　)

包头市国土资源局

党组书记

路　智(任职 2003 年 8 月—2007 年 12 月)

王重明(任职 2007 年 12 月—2011 年 6 月)

李　云(任职 2011 年 6 月—2012 年 7 月)

张　建(任职 2012 年 7 月—2016 年 4 月)

党组成员

赵　涛(任职 2003 年 8 月—2008 年 2 月)

李　云(任职 2004 年 3 月—2011 年 6 月)

樊　阔(任职 2004 年 2 月—2006 年 1 月)

敖　云(女,鄂温克族,任职 2003 年 8 月—2010 年 1 月)

王　颖(女,满族,任职 2006 年 1 月—2010 年 3 月)

吕常在(任职 2008 年 2 月—　　　)

李兰维(任职 2008 年 2 月—　　　)

郝　强(任职 2010 年 3 月—　　　)

张　强(任职 2010 年 1 月—　　　)

王芙蓉(女,任职 2011 年 6 月—　　　)

苏学杰(任职 2011 年 6 月—2015 年 5 月)

张招斌(任职 2014 年 5 月—　　　)

局　长

路　智(任职 2003 年 8 月—2007 年 12 月)

王重明(任职 2007 年 12 月—2011 年 6 月)

李　云(任职 2011 年 6 月—2012 年 7 月)

张　建(任职 2012 年 7 月—2016 年 4 月)

副局长

赵　涛(任职 2003 年 8 月—2008 年 2 月)

李　云(任职 2004 年 3 月—2011 年 6 月)

樊　阔(任职 2004 年 2 月—2006 年 1 月)

王　颖(女,满族,任职 2006 年 1 月—2010 年 3 月)

魏　忠(任职 2006 年 1 月—2014 年 1 月)

李兰维(任职 2008 年 2 月—　　　)

郝　强(任职 2010 年 3 月—　　　)

王芙蓉(女,任职 2011 年 6 月—　　　)

张　强(任职 2014 年 5 月—　　　)

纪检组长

敖　云(女,鄂温克族,任职 2003 年 8 月—2010 年 1 月)

张　强(任职 2010 年 1 月—2014 年 5 月)

吕常在(任职 2014 年 5 月—　　　)

总工程师

苏学杰(任职 2011 年 6 月—2015 年 5 月)

呼伦贝尔市国土资源局

党组书记

张秀林(任职 2001 年 11 月—2008 年 1 月)

刘珍明(任职 2008 年 2 月—2012 年 9 月)

侯言增(任职 2012 年 9 月—　　　)

党组成员

汪振杰(任职 2001 年 11 月—2002 年 5 月)

徐金城(任职 2001 年 11 月—2011 年 6 月)

陈清明(女,任职 2001 年 11 月—2009 年 8 月)

张德平(蒙古族,任职 2001 年 11 月—　　　)

青　山(蒙古族,任职 2003 年 10 月—2015 年 1 月)

刘珍明(任职 2004 年 3 月—2008 年 1 月)

张荣刚(任职 2008 年 1 月—　　　)

丁　伟(女,任职 2010 年 1 月—　　　)

敖　嫩(达斡尔族,任职 2011 年 6 月—　　　)

金　波（达斡尔族，任职 2011 年 6 月—　　　）

局　长

张秀林（任职 2001 年 11 月—2008 年 1 月）

刘珍明（任职 2008 年 2 月—2012 年 9 月）

侯言增（任职 2012 年 9 月—　　　）

副局长

汪振杰（任职 2001 年 11 月—2002 年 5 月）

徐金城（任职 2001 年 11 月—2011 年 6 月）

张德平（蒙古族，任职 2001 年 1 月—　　　）

青　山（蒙古族，任职 2003 年 11 月—2015 年 1 月）

刘珍明（任职 2004 年 3 月—2008 年 2 月）

张荣刚（任职 2008 年 1 月—　　　）

敖　嫩（达斡尔族，任职 2011 年 6 月—　　　）

纪检组长

陈清明（女，任职 2001 年 11 月—2009 年 8 月）

丁　伟（女，任职 2010 年 1 月—　　　）

总工程师

金　波（达斡尔族，任职 2011 年 6 月—　　　）

兴安盟国土资源局

党组书记

王国文（任职 2005 年 1 月—2008 年 2 月）

程建强（任职 2008 年 2 月—2012 年 6 月）

仉树春（任职 2012 年 7 月—2014 年 1 月）

张瑞新（任职 2014 年 1 月—2016 年 1 月）

党组副书记

仉树春（任职 2005 年 1 月—2012 年 7 月）

党组成员

张瑞新（任职 2012 年 7 月—2014 年 1 月）

戴成国（任职 2005 年 1 月—2012 年 8 月）

张　祥（蒙古族，任职 2005 年 1 月—2011 年 3 月）

孙　伟（任职 2005 年 3 月—　　　）

王立华（满族，任职 2005 年 2 月—2008 年 2 月）

白　龙（蒙古族，任职 2008 年 2 月—2012 年 8 月）

王曦明（任职 2011 年 3 月—2013 年 5 月）

张广军（任职 2014 年 8 月—　　　）

张科宇（任职 2012 年 8 月—　　　）

局　长

王国文(任职 2005 年 1 月—2008 年 2 月)

程建强(任职 2008 年 2 月—2012 年 6 月)

张瑞新(任职 2012 年 7 月—2016 年 1 月)

副局长

仉树春(任职 2005 年 1 月—2012 年 7 月,正处级)

戴成国(任职 2005 年 1 月—2012 年 8 月)

张　祥(蒙古族,任职 2005 年 1 月—2011 年 3 月)

孙　伟(任职 2005 年 3 月—　　　)

侯彦涛(任职 2010 年 1 月—2014 年 4 月)

王曦明(任职 2011 年 3 月—2013 年 5 月)

白　龙(蒙古族,任职 2012 年 8 月—　　　)

张广军(任职 2014 年 8 月—　　　)

纪检组长

王立华(满族,任职 2005 年 2 月—2008 年 2 月)

白　龙(蒙古族,任职 2008 年 2 月—2012 年 8 月)

张科宇(任职 2012 年 8 月—　　　)

通辽市国土资源局

党组书记

王志国(任职 2005 年 3 月—2012 年 8 月)

林文惠(任职 2012 年 8 月—　　　)

党组成员

田玉泉(任职 2005 年 3 月—2011 年 2 月)

吴宝英(蒙古族,任职 2005 年 3 月—2012 年 7 月)

桑　杰(蒙古族,任职 2005 年 3 月—　　　)

纪景海(蒙古族,任职 2007 年 4 月—　　　)

宝寒松(蒙古族,任职 2007 年 4 月—　　　)

刘中平(女,蒙古族,任职 2009 年 5 月—　　　)

刘　锋(任职 2012 男 7 月—　　　)

王英夫(任职 2013 年 1 月—2013 年 7 月)

王勤荣(任职 2013 年 1 月—　　　)

岳光泽(任职 2013 年 7 月—　　　)

局　长

王志国(任职 2005 年 1 月—2012 年 8 月)

林文惠(任职 2012 年 8 月—　　　)

副局长

田玉泉(任职 2005 年 1 月—2011 年 2 月,正处级)

吴宝英(蒙古族,任职 2005 年 1 月—2012 年 7 月)

桑　杰(蒙古族,任职 2002 年 4 月—　　　)

纪景海(蒙古族,任职 2007 年 4 月—　　　)

刘中平(女,蒙古族,任职 2009 年 5 月—　　　)

刘　锋(任职 2012 男 7 月—　　　)

宝寒松(蒙古族,任职 2013 年 1 月—　　　)

韩　杰(任职 2013 年 1 月—　　　)

纪检组长

吴宝英(任职 2005 年 2 月—2007 年 4 月)

宝寒松(蒙古族,任职 2007 年 4 月—2013 年 1 月)

王英夫(任职 2013 年 1 月—2013 年 7 月)

岳光泽(任职 2013 年 7 月—　　　)

赤峰市国土资源局

党组书记

周　玉(任职 2005 年 1 月—2008 年 2 月)

姜万德(任职 2008 年 4 月—2010 年 1 月)

张　辉(任职 2010 年 1 月—　　　)

党组成员

耿春华(任职 2005 年 1 月—2011 年 2 月)

巩常贵(任职 2005 年 1 月—2006 年 3 月)

王　林(任职 2005 年 1 月—2012 年 8 月)

司树廷(任职 2005 年 2 月—2012 年 8 月)

钟振远(任职 2006 年 3 月—　　　)

张颖达(任职 2010 年 1 月—　　　)

韩福明(任职 2011 年 3 月—　　　)

姜惠君(任职 2012 年 7 月—　　　)

张　跃(任职 2013 年 1 月—　　　)

燕武洲(任职 2013 年 1 月—　　　)

戈　明(蒙古族,任职 2013 年 1 月—　　　)

局　长

周　玉(任职 2005 年 1 月—2008 年 2 月)

姜万德(任职 2008 年 4 月—2010 年 1 月)

张　辉(任职 2010 年 7 月—　　　)

副局长

耿春华(任职 2005 年 1 月—2011 年 3 月)

巩常贵(任职 2005 年 1 月—2006 年 3 月)

王　林(任职 2005 年 1 月—2012 年 8 月)

钟振远(任职 2006 年 3 月—　　　)

张颖达(任职 2011 年 3 月—　　　)

姜惠君(任职 2012 年 7 月—　　　)

燕武洲(任职 2013 年 1 月—　　　)

纪检组长

司树廷(任职 2005 年 2 月—2012 年 8 月)

韩福明(任职 2013 年 1—7 月)

岳光泽(任职 2013 年 7 月—　　　)

总工程师

张　跃(任职 2013 年 1 月—　　　)

锡林郭勒盟国土资源局

党组书记

武进芳(任职 2005 年 1 月—2007 年 12 月)

游晓阳(任职 2007 年 12 月—2013 年 8 月)

蒋　涛(任职 2013 年 8 月—　　　)

党组成员

乌兰巴特尔(蒙古族,任职 2005 年 1 月—2013 年 5 月)

额尔敦乌拉(蒙古族,任职 2005 年 2 月—2010 年 1 月)

姜言军(任职 2010 年 10 月—　　　)

李　莘(任职 2013 年 5 月—　　　)

包乌力吉(蒙古族,任职 2013 年 5 月—　　　)

局　长

武进芳(任职 2005 年 1 月—2007 年 12 月)

游晓阳(任职 2007 年 12 月—2013 年 8 月)

蒋　涛(任职 2013 年 8 月—　　　)

副局长

乌兰巴特尔(蒙古族,任职 2005 年 1 月—2013 年 5 月)

麦贤辉(蒙古族,任职 2005 年 1 月—2010 年 10 月)

程若坤(任职 2005 年 1 月—2015 年 11 月)

姜言军(任职 2010 年 10 月—　　　)

李　莘(任职 2013 年 5 月—　　　)

纪检组长

额尔敦乌拉（蒙古族，任职 2005 年 2 月—2010 年 1 月）

包乌力吉（蒙古族，任职 2013 年 5 月—　　　）

乌兰察布市国土资源局

党组书记

郭仕臣（任职 2005 年 1 月—2008 年 5 月）

刘常华（任职 2008 年 5 月—2014 年 8 月）

陈万选（任职 2014 年 8 月—　　　）

党组成员

曹永龙（任职 2005 年 1 月—2011 年 2 月）

夏宏杰（任职 2005 年 1 月—2011 年 2 月）

贾　宾（任职 2005 年 1 月—2012 年 8 月）

王　靖（任职 2002 年 10 月—2010 年 10 月）

高建国（任职 2008 年 1 月—2014 年 2 月）

李文彬（任职 2010 年 10 月—　　　）

李　宝（任职 2011 年 2 月—　　　）

邬浩宇（任职 2013 年 1 月—　　　）

刘效雄（任职 2013 年 1 月—　　　）

张玉峰（任职 2014 年 1 月—　　　）

局　长

郭仕臣（任职 2005 年 1 月—2008 年 5 月）

刘常华（任职 2008 年 5 月—2014 年 8 月）

陈万选（任职 2014 年 8 月—　　　）

副局长

曹永龙（任职 2005 年 1 月—2011 年 3 月）

夏宏杰（任职 2005 年 1 月—2011 年 3 月）

曹　兴（任职 2005 年 1 月—2012 年 8 月）

贾　宾（任职 2005 年 1 月—2012 年 8 月）

高建国（任职 2011 年 3 月—2014 年 2 月）

李　宝（任职 2011 年 3 月—　　　）

邬浩宇（任职 2013 年 1 月—　　　）

刘效雄（任职 2013 年 1 月—　　　）

纪检组长

李文彬（任职 2010 年 10 月—　　　）

鄂尔多斯市国土资源局

党组书记

奇英杰(蒙古族,任职2002年4月—2007年8月)

温建华(任职2007年8月—2012年7月)

李　云(任职2012年7月—　　　)

党组成员

郝文国(任职2002年4月—2010年1月)

刘广荣(任职2002年4月—2011年3月)

陈万选(任职2002年4月—2008年2月)

高屹隆(任职2005年1月—2008年8月)

格西格(蒙古族,任职2005年2月—2013年5月)

陈　冰(任职2008年8月—2008年11月)

李云武(任职2010年1月—2016年)

王云飞(任职2008年1月—2014年2月)

徐金刚(任职2008年2月—2012年4月)

马　峥(任职2009年3月—2012年8月)

李宝林(任职2013年8月—2014年4月)

白慧君(任职2012年8月—　　　)

魏青云(任职2012年8月—　　　)

丁玉厚(任职2012年8月—　　　)

王挨亮(任职2013年5月—　　　)

局　长

奇英杰(蒙古族,任职2002年4月—2007年8月)

温建华(任职2007年8月—2012年7月)

李　云(任职2012年7月—　　　)

副局长

郝文国(任职2002年4月—2010年1月)

刘广荣(任职2002年4月—2011年3月)

陈万选(任职2002年4月—2008年2月)

蔺　健(任职2002年4月—2003年10月)

高屹隆(任职2005年1月—2008年8月)

陈　冰(任职2008年8月—2008年11月)

刘耀春(任职2007年4月—　　　)

徐金刚(任职2008年2月—2012年4月)

马　峥(任职2009年3月—2012年8月)

李云武(任职2010年1月—2016年)

李宝林(任职 2012 年 11 月—2014 年 4 月)
白慧君(任职 2012 年 8 月—2015 年 11 月)
魏青云(任职 2012 年 8 月—　　　　)

纪检组长

格西格(蒙古族,任职 2002 年 2 月—2013 年 5 月)
王挨亮(任职 2013 年 5 月—　　　　)

巴彦淖尔市国土资源局

党组书记

孙玉宝(任职 2005 年 1 月—2010 年 7 月)
巴雅尔(蒙古族,任职 2010 年 1 月—2014 年 8 月)
高屹隆(任职 2014 年 8 月—　　　　)

副书记

巴雅尔(蒙古族,任职 2005 年 1 月—2007 年 4 月)

党组成员

巴雅尔(蒙古族,任职 2007 年 4 月—2010 年 1 月)
薛培忠(任职 2005 年 1 月—2007 年 4 月)
张　汉(任职 2005 年 1 月—2013 年 12 月)
郭忠堂(任职 2005 年 2 月—2011 年 3 月)
罗瑞军(任职 2007 年 4 月—　　　　)
刘进升(任职 2007 年 4 月—　　　　)
包智强(蒙古族,任职 2007 年 4 月—　　　　)
刘建军(任职 2011 年 6 月—　　　　)
肖　东(任职 2011 年 6 月—　　　　)
王海军(任职 2012 年 7 月—2014 年 4 月)
段新文(蒙古族,任职 2014 年 4 月—　　　　)
邱作荣(任职 2014 年 4 月—　　　　)
周贵卿(任职 2010 年 10 月—2012 年 8 月)

局　长

孙玉宝(任职 2005 年 1 月—2010 年 1 月)
巴雅尔(蒙古族,任职 2010 年 1 月—2014 年 8 月)
高屹隆(任职 2014 年 8 月—　　　　)

副局长

巴雅尔(蒙古族,任职 2005 年 1 月—2010 年 1 月)
薛培忠(任职 2005 年 1 月—2007 年 4 月)
张　汉(2005 年 1 月—2013 年 12 月)
罗瑞军(任职 2007 年 4 月—2010 年 10 月)

刘进升(任职 2007 年 4 月—)
包智强(蒙古族,任职 2007 年 4 月—)
周贵卿(任职 2010 年 10 月—2012 年 8 月)
王海军(任职 2012 年 7 月—2014 年 4 月)
段新文(蒙古族,任职 2014 年 4 月—)

纪检组组长

郭忠堂(任职 2005 年 2 月—2011 年 3 月)
刘建军(任职 2011 年 6 月—2014 年 4 月)
邱作荣(任职 2014 年 4 月—)

总工程师

肖　东(任职 2011 年 6 月—)

乌海市国土资源局

党组书记

王俊林(任职 2005 年 1 月—2008 年 2 月)
陈万选(任职 2008 年 2 月—2014 年 8 月)
巴崖尔(蒙古族,任职 2014 年 8 月—)

党组成员

曹保全(任职 2005 年 1 月—2008 年 2 月)
白咏昌(任职 2008 年 8 月—2014 年 9 月)
贾晓光(任职 2005 年 1 月—2013 年 1 月)
于炳华(任职 2005 年 1 月—2008 年 2 月)
张豫海(任职 2008 年 2 月—2015 年 1 月)
王耀平(任职 2008 年 2 月—2013 年 1 月)
邓少玉(任职 2013 年 1 月—2014 年 8 月)
鲁润利(任职 2013 年 1 月—)
王子鹏(任职 2013 年 1 月—)
张卫东(任职 2013 年 1 月—)
王耀荣(任职 2013 年 1 月—2014 年 8 月)
徐　昊(任职 2014 年 8 月—)

局　长

王俊林(任职 2005 年 1 月—2008 年 2 月)
陈万选(任职 2008 年 2 月—2014 年 8 月)
巴崖尔(蒙古族,任职 2014 年 8 月—)

副局长

曹保全(任职 2005 年 1 月—2008 年 2 月)
白咏昌(任职 2008 年 8 月—2014 年 9 月)

贾晓光（任职 2005 年 1 月—2013 年 1 月）
于炳华（任职 2005 年 1 月—2008 年 2 月）
张豫海（任职 2008 年 2 月—2015 年 1 月）
鲁润利（任职 2013 年 1 月—　　　）
王子鹏（任职 2013 年 1 月—　　　）
徐　昊（任职 2014 年 8 月—　　　）

纪检组长

贾晓光（任职 2001 年 11 月—2008 年 2 月）
王耀平（任职 2008 年 2 月—2013 年 1 月）
邓少玉（任职 2013 年 1 月—2014 年 8 月）

总工程师

张卫东（任职 2013 年 1 月—　　　）

阿拉善盟国土资源局

党组书记

杨德峰（任职 2002 年 3 月—2010 年 7 月）
高屹隆（任职 2010 年 7 月—2014 年 8 月）
白咏昌（任职 2014 年 9 月—　　　）

党组成员

关永义（任职 2002 年 3 月—2015 年 1 月）
高屹隆（任职 2008 年 8 月—2010 年 7 月）
陈　冰（任职 2002 年 3 月—2008 年 8 月）
李　琳（女，蒙古族，任职 2005 年 2 月—　　　）
张建国（任职 2006 年 3 月—2015 年 5 月）
何　军（任职 2014 年 2 月—　　　）
任晓艳（女，任职 2010 年 10 月—　　　）

局　长

杨德峰（任职 2002 年 3 月—2010 年 1 月）
高屹隆（任职 2010 年 1 月—2014 年 8 月）
白咏昌（任职 2014 年 1 月—　　　）

副局长

关永义（任职 2002 年 3 月—2014 年 12 月）
陈　冰（任职 2002 年 3 月—2008 年 8 月）
高屹隆（任职 2008 年 8 月—2010 年 1 月）
李　琳（女，蒙古族，任职 2006 年 3 月—　　　）
张建国（2010 年 1 月—2015 年 5 月）

纪检组长

李　琳(女,蒙古族,任职 2005 年 2 月—2006 年 3 月)

张建国(任职 2006 年 3 月—2010 年 1 月)

任晓燕(女,任职 2010 年 10 月—　　　)

满洲里市国土资源局

党组书记

张志诚(任职 2006 年 3 月—2013 年 1 月)

郭志隆(任职 2013 年 1 月—　　　)

副书记

王占明(任职 2013 年 1 月—2016 年 1 月)

党组成员

郭志隆(任职 2001 年 5 月—2013 年 1 月)

王占明(任职 2003 年 2 月—2013 年 1 月)

邓宪起(任职 2006 年 3 月—　　　)

王世义(任职 2006 年 9 月—2014 年 2 月)

班增春(任职 2013 年 1 月—　　　)

局　长

张志诚(任职 2004 年 2 月—2013 年 1 月)

王占明(任职 2013 年 1 月—2016 年 1 月)

副局长

郭志隆(任职 2001 年 5 月—2013 年 1 月)

王占明(任职 2006 年 3 月—2013 年 1 月)

王世义(任职 2009 年 9 月—2014 年 2 月)

班增春(任职 2013 年 1 月—　　　)

纪检组长

邓宪起(任职 2006 年 3 月—　　　)

二连浩特市国土资源局

党组书记

张瑞新(任职 2005 年 8 月—2012 年 8 月)

马　峥(任职 2012 年 8 月—2014 年 12 月)

王军有(任职 2014 年 12 月—　　　)

党组成员

巴特尔苏和(蒙古族,任职 2005 年 8 月—　　　)

王军有(任职 2005 年 8 月—2014 年 12 月)

局　长

张瑞新(任职 2004 年 3 月—2012 年 8 月)

马　峥(任职 2012 年 8 月—2015 年 1 月)

王军有(任职 2015 年 1 月—　　　)

副局长

巴特尔苏和(蒙古族,任职 2004 年 3 月—　　　)

王军有(任职 2013 年 1 月—2014 年 12 月)

纪检组长

王军有(任职 2006 年 7 月—2014 年 12 月)

四、劳动模范、先进人物名录

(一)全国先进工作者、劳动模范

姓　名	性别	民族	工作单位	模范称号	授予单位	授予时间
张　宏	男	汉	内蒙古自治区地质调查院	先进工作者	国务院	2008 年 4 月
高荣宽	男	汉	内蒙古自治区地质矿产勘查院	五一劳动奖章	中华人民共和国总工会	2008 年 5 月
李建伏	男	汉	内蒙古自治区地质工程有限责任公司	五一劳动奖章	中华人民共和国总工会	2009 年 5 月
张志刚	男	汉	内蒙古自治区第一地质矿产勘查开发院	劳动模范	国务院	2010 年 4 月

(二)内蒙古自治区先进工作者、劳动模范

姓　名	性别	民族	工作单位	模范称号	授予单位	授予时间
王子祥	男	汉	内蒙古赤峰地质矿产勘查开发院	劳动模范	内蒙古自治区人民政府	2000 年 5 月
高永安	男	汉	内蒙古第五地质矿产勘查开发院	劳动模范	内蒙古自治区人民政府	2000 年 5 月
杨　郁	男	汉	内蒙古测绘院	劳动模范	内蒙古自治区人民政府	2000 年 5 月
段　亮	男	汉	内蒙古煤田地质局 151 队	劳动模范	内蒙古自治区人民政府	2000 年 5 月
张　宏	男	汉	内蒙古地质调查院	先进工作者	内蒙古自治区人民政府	2005 年 4 月
景胜久	男	汉	内蒙古一一五地勘院	劳动模范	内蒙古自治区人民政府	2005 年 5 月
杜　刚	男	汉	内蒙古煤田地质局	劳动模范	内蒙古自治区人民政府	2005 年 5 月
刘志刚	男	汉	内蒙古航空遥感测绘院	劳动模范	内蒙古自治区人民政府	2010 年 4 月
朱守成	男	汉	内蒙古煤田地质局 109 队	劳动模范	内蒙古自治区人民政府	2010 年 4 月
黄增芳	女	满	内蒙古地质调查院	劳动模范	内蒙古自治区人民政府	2010 年 4 月
刘　国	男	汉	内蒙古煤田地质局 231 队	先进工作者	内蒙古自治区人民政府	2010 年 4 月
徐　发	男	汉	内蒙古有色地勘局 108 队	先进工作者	内蒙古自治区人民政府	2010 年 4 月
李慧强	男	汉	内蒙古矿产实验研究所	劳动模范	内蒙古自治区人民政府	2010 年 4 月
格日勒图	男	蒙古	内蒙古测绘产品质量监督检验站	劳动模范	内蒙古自治区人民政府	2012 年 10 月
张　伟	女	蒙古	内蒙古自治区国土资源厅	人民满意公务员	内蒙古自治区人民政府	2014 年 1 月

续表

姓　名	性别	民族	工作单位	模范称号	授予单位	授予时间
哈　达	男	蒙古	内蒙古航空遥感测绘院	劳动模范	内蒙古自治区人民政府	2015 年 4 月
马德清	男	蒙古	内蒙古自治区有色地勘局 511 队	劳动模范	内蒙古自治区人民政府	2015 年 4 月
宋利华	男	蒙古	内蒙古维拉斯托矿业有限公司	劳动模范	内蒙古自治区人民政府	2015 年 4 月
陈志勇	男	汉	内蒙古自治区地质勘查基金管理中心	先进工作者	内蒙古自治区人民政府	2015 年 4 月
姚忠岭	男	汉	内蒙古自治区煤田地质局 231 勘探队	先进工作者	内蒙古自治区人民政府	2015 年 4 月
席　忠	男	汉	内蒙古第一地质矿产勘查开发院	先进工作者	内蒙古自治区人民政府	2015 年 4 月

（三）全国国土资源管理系统先进工作者

姓　名	性别	民族	工作单位	授予单位	授予时间
陈万选	男	汉	乌海市国土资源局	国土资源部、人力资源和社会保障部	2010 年 12 月
王海军	男	汉	内蒙古土地整理中心	国土资源部、人力资源和社会保障部	2010 年 12 月
程文国	男	汉	内蒙古有色地勘局综合普查队	国土资源部、人力资源和社会保障部	2010 年 12 月

（四）全国煤炭工业、测绘系统先进工作者

姓　名	性别	民族	工作单位	模范称号	授予单位	授予时间
杜凤玲	女	汉	内蒙古煤田地质局	全国煤炭工业先进工作者	人事部、中国煤炭工业协会	2005 年 5 月
张宗海	男	汉	内蒙古地图院	全国测绘系统先进工作者	国家测绘局	2006 年 9 月

（五）内蒙古自治区五一劳动奖章获得者

姓　名	性别	民族	工作单位	授予单位	授予时间
贺中银	男	汉	内蒙古地勘局地勘八院	内蒙古自治区总工会	2006 年 4 月
褚开智	男	汉	内蒙古煤田地质局 151 队	内蒙古自治区总工会	2008 年 4 月
王志民	男	汉	内蒙古煤田地质局	内蒙古自治区总工会	2008 年 4 月
冯　罡	男	汉	内蒙古地勘局地勘八院	内蒙古自治区总工会	2011 年 4 月
吕召恒	男	汉	内蒙古有色地勘局鑫昊矿业公司	内蒙古自治区总工会	2012 年 4 月
高友库	男	汉	内蒙古有色地勘局 108 队	内蒙古自治区总工会	2012 年 4 月
何奎东	男	汉	内蒙古地勘局地勘八院	内蒙古自治区总工会	2012 年 4 月
毛华人	男	汉	内蒙古自治区矿产实验研究所	内蒙古自治区总工会	2012 年 4 月
孙长玉	男	汉	内蒙古自治区矿产实验研究所	内蒙古自治区总工会	2013 年 4 月

（六）内蒙古自治区杰出人才奖、草原英才、321 人才

姓　名	性别	民族	工作单位	荣誉称号	授予单位	获奖时间
张　宏	男	汉	内蒙古地质调查院	杰出人才	内蒙古自治区人民政府	2010 年 5 月
邵积东	男	汉	内蒙古地质调查院	草原英才	内蒙古自治区党委组织部	2010 年 11 月

续表

姓 名	性别	民族	工作单位	荣誉称号	授予单位	获奖时间
夏 宁	女	汉	内蒙古地质调查院	草原英才	内蒙古自治区党委组织部	2011 年 11 月
许立权	男	汉	内蒙古地质调查院	321 人才	内蒙古自治区人民政府	2012 年 5 月
孔凡吉	男	汉	内蒙古自治区地质调查院	321 人才	内蒙古自治区人民政府	2012 年 5 月
王喜宽	男	汉	内蒙古自治区地质调查院	321 人才	内蒙古自治区人民政府	2012 年 5 月
邵积东	男	汉	内蒙古自治区地质调查院	杰出人才	内蒙古自治区人民政府	2012 年 9 月
吴 全	男	蒙古	内蒙古土地调查规划院	草原英才	内蒙古自治区党委组织部	2013 年 11 月

（七）科技工作先进个人

姓 名	性别	民族	工作单位	荣誉称号	授予单位	获奖时间
高和平	男	汉	内蒙古土地调查规划院	百名优秀青年科技人才	国土资源部	2002 年
褚开智	男	汉	内蒙古煤田地质局 151 队	青年科技奖	内蒙古自治区人民政府	2003 年 10 月
邵积东	男	汉	内蒙古地质调查院	深入生产第一线做出突出贡献的科技人员	内蒙古自治区党委、人民政府	2005 年 12 月
吴 全	男	蒙古	内蒙古土地调查规划院	“十五”科技工作先进个人	国土资源部	2006 年 1 月
褚开智	男	汉	内蒙古煤田地质局 151 队	深入生产第一线做出突出贡献的科技人员	内蒙古自治区党委、人民政府	2008 年 7 月
于跃生	男	蒙古	内蒙古地质矿产勘查院	“十一五”科技工作先进个人	国土资源部	2011 年 8 月
许立权	男	汉	内蒙古地质调查院	科技标兵	内蒙古自治区人民政府	2014 年 12 月

（八）内蒙古自治区有突出贡献中青年专家

姓 名	性别	民族	工作单位	荣誉称号	授予单位	授予时间
吴 全	男	蒙古	内蒙古自治区土地调查规划院	有突出贡献中青年专家	内蒙古自治区人民政府	2008 年
王新亮	男	汉	内蒙古自治区地质矿产勘查院	有突出贡献中青年专家	内蒙古自治区人民政府	2010 年
郝胜发	男	汉	内蒙古矿业集团有限公司	有突出贡献中青年专家	内蒙古自治区人民政府	2010 年 7 月
李艳秋	女	汉	内蒙古自治区煤炭建设生态环境研究院	有突出贡献中青年专家	内蒙古自治区人民政府	2010 年 7 月
高和平	男	汉	内蒙古自治区土地调查规划院	有突出贡献中青年专家	内蒙古自治区人民政府	2012 年
徐进才	男	蒙古	内蒙古自治区土地调查规划院	有突出贡献中青年专家	内蒙古自治区人民政府	2015 年

（九）全国优秀工会积极分子、全区思想政治工作先进个人

姓 名	性别	民族	工作单位	荣誉称号	授予单位	授予时间
方恒业	男	汉	内蒙古第八地质矿产勘查开发院	2005 至 2006 年度全区思想政治工作先进个人	内蒙古自治区党委组织部等八家单位	2008 年 1 月
卢玉环	女	汉	内蒙古煤田地质局 104 队	全国优秀工会积极分子	中华全国总工会	2013 年 8 月

五、正高级职称人员名录

姓　名	性别	民族	工作单位	资格名称	评定时间
赵国龙	男	汉	内蒙古地质矿产勘查开发局	地质矿产	1996 年 5 月
赵　云	男	汉	内蒙古地质矿产勘查开发局	物化探	1997 年 1 月
李铁军	男	汉	内蒙古矿业(集团)有限责任公司	实验测试	1997 年 12 月
陈　彻	男	蒙古	内蒙古国土资源信息院	计算机	1998 年 8 月
史生胜	男	汉	内蒙古地质环境监测院	水文工环地质	1998 年 11 月
吴齐文	男	蒙古	内蒙古测绘地理信息局	地质矿产	1999 年 6 月
孟和巴图	男	蒙古	内蒙古地质矿产勘查开发局	地质矿产	1999 年 10 月
李　志	男	汉	内蒙古地质调查院	水工环地质	1999 年 12 月
李浩基	男	汉	内蒙古地质调查院	水工环地质	1999 年 12 月
谢跃龙	男	汉	内蒙古地质矿产勘查开发局	探矿	1999 年 12 月
胡东宁	男	汉	内蒙古地质矿产勘查开发局	经济	1999 年 12 月
沈茂良	男	汉	内蒙古国土资源勘查开发院	地球物理探矿	1999 年 12 月
刘国军	男	汉	内蒙古有色地质勘查局矿产勘查院	矿产地质	2000 年 6 月
崔养权	男	汉	内蒙古有色地质勘查局	矿产地质	2000 年 12 月
陈志勇	男	汉	内蒙古地质勘查基金管理中心	区域地质调查	2002 年 7 月
莫若平	男	汉	内蒙古煤田地质局	煤田地质	2002 年 7 月
武　文	男	汉	内蒙古煤田地质局	煤田地质	2002 年 7 月
曹志忠	男	汉	内蒙古地质调查院	水文地质	2002 年 7 月
夏　宁	女	汉	内蒙古地质调查院	分析测试	2002 年 11 月
邵显珉	男	汉	内蒙古煤田地质局	煤田地质	2003 年 7 月
李艳秋	女	汉	内蒙古煤田地质局环评院	环境评价	2003 年 7 月
刘贵忠	男	汉	内蒙古国土资源信息院	地质与勘查	2003 年 12 月
丁天才	男	汉	内蒙古地质调查院	地球物理勘探	2004 年 4 月
贾　文	男	汉	内蒙古有色地质勘查局矿产勘查院	矿产地质	2004 年 7 月
苑爱华	女	汉	内蒙古基础地理信息中心	测绘	2004 年 9 月
李永平	男	汉	内蒙古地质环境监测院	物化探	2004 年 9 月
赵振光	男	汉	内蒙古地质环境监测院	水工环地质	2004 年 9 月

续表 1

姓　名	性别	民族	工作单位	资格名称	评定时间
闫秀生	男	汉	内蒙古地质环境监测院	水工环地质	2004 年 9 月
张宝生	男	汉	内蒙古地质环境监测院	水工环地质	2004 年 9 月
贾玉峰	男	汉	内蒙古国土资源信息院	地质矿产勘查	2004 年 9 月
王孝荣	男	汉	内蒙古第二水文地质工程地质勘查院	水工环地质	2004 年 9 月
孙国龙	男	汉	内蒙古矿业(集团)有限责任公司	炼铁	2004 年 9 月
吴　全	男	蒙古	内蒙古土地调查规划院	土地利用与规划	2005 年 6 月
李　慧	男	汉	内蒙古航空遥感测绘院	测绘	2005 年 1 月
王守光	男	汉	内蒙古地质调查院	地质矿产	2005 年 4 月
刘银虎	男	汉	内蒙古地质环境监测院	水工环地质	2005 年 6 月
杨所在	男	汉	内蒙古地质环境监测院	水工环地质	2005 年 6 月
沈存利	男	汉	内蒙古有色地质勘查局	矿产地质	2005 年 6 月
刘玉堂	男	汉	内蒙古有色地质勘查局地质研究所	矿产地质	2005 年 6 月
张桂兰	女	汉	内蒙古国土资源信息院	地质矿产	2005 年 6 月
邢万安	男	汉	内蒙古地质矿产勘查开发局	水工环地质	2005 年 6 月
郑翻身	男	汉	内蒙古地质矿产勘查开发局	地质矿产	2005 年 6 月
李建伏	男	汉	内蒙古地质工程有限责任公司	矿产地质	2005 年 6 月
吕　英	男	汉	内蒙古地质调查院	水文地质	2005 年 12 月
刘　秀	男	汉	内蒙古测绘地理信息局	测绘	2006 年 6 月
刘子强	男	汉	内蒙古测绘院	测绘	2006 年 6 月
田林浩	男	汉	内蒙古地质勘查基金管理中心	物化探	2006 年 6 月
孟二根	男	汉	内蒙古地质勘查基金管理中心	矿产地质	2006 年 6 月
陈　旺	男	汉	内蒙古有色地质勘查局矿产勘查院	矿产地质	2006 年 6 月
王建平	男	汉	内蒙古有色地质勘查局矿产勘查院	矿产地质	2006 年 6 月
杨文海	男	回	内蒙古国土资源信息院	地质矿产	2006 年 6 月
徐国权	男	汉	内蒙古国土资源信息院	矿产地质	2006 年 6 月
赵绎钧	男	汉	内蒙古地质矿产勘查开发局	探矿	2006 年 6 月
程　泽	男	汉	内蒙古矿业(集团)有限责任公司	实验测试	2006 年 6 月
岳茂华	男	汉	内蒙古地质环境监测院	水工环地质	2006 年 7 月

续表 2

姓　名	性别	民族	工作单位	资格名称	评定时间
任宝林	男	汉	内蒙古地质环境监测院	水工环地质	2006 年 7 月
张顺宝	男	汉	内蒙古地质环境监测院	水工环地质	2006 年 7 月
杨　亮	男	汉	内蒙古矿业开发有限责任公司	地质矿产	2006 年 12 月
杨补旺	男	汉	内蒙古地质勘查基金管理中心	地质矿产	2007 年 6 月
杨帅师	男	汉	内蒙古地质勘查基金管理中心	地质矿产	2007 年 6 月
杨俊杰	男	汉	内蒙古测绘地理信息局	测绘	2007 年 6 月
张印铎	男	汉	内蒙古航空遥感测绘院	测绘	2007 年 6 月
彭爱文	男	汉	内蒙古测绘地理信息局	测绘	2007 年 6 月
曹佩瑶	女	汉	内蒙古航空遥感测绘院	测绘	2007 年 6 月
苏美霞	女	汉	内蒙古地质调查院	物化探	2007 年 6 月
李四娃	男	汉	内蒙古地质调查院	地质矿产	2007 年 6 月
王　兵	男	汉	内蒙古地质调查院	水工环地质	2007 年 6 月
任亦萍	女	汉	内蒙古地质调查院	物探	2007 年 6 月
刘茂荣	男	汉	内蒙古第四地质矿产勘查开发院	岩矿测试	2007 年 6 月
马文学	男	汉	内蒙古第一水文地质工程地质勘查院	水工环地质	2007 年 6 月
张金有	男	回	内蒙古矿业(集团)有限责任公司	水利	2007 年 6 月
史萍华	女	汉	内蒙古矿业(集团)有限责任公司	建筑	2007 年 6 月
尹江生	男	汉	内蒙古矿业(集团)有限责任公司	选矿	2007 年 6 月
邬广云	男	汉	内蒙古地质环境监测院	水工环地质	2007 年 7 月
曹金虎	男	汉	内蒙古地质勘查基金管理中心	物化探	2007 年 7 月
褚根义	男	回	内蒙古基础地理信息中心	研究管员	2007 年 7 月
潘海涛	男	汉	内蒙古煤田地质局	煤田地质	2007 年 7 月
李利生	女	汉	内蒙古煤田地质局	机电	2007 年 7 月
刘俊友	男	汉	内蒙古煤田地质局勘测队	物化探	2007 年 9 月
于孟文	男	汉	内蒙古地质调查院	水工环地质	2007 年 12 月
褚开智	男	汉	内蒙古煤田地质局 151 队	煤田地质	2008 年 7 月
杨　郁	男	汉	内蒙古测绘院	测绘	2008 年 8 月

续表 3

姓　名	性别	民族	工作单位	资格名称	评定时间
张国强	男	汉	内蒙古有色地质勘查 512 队	测绘	2008 年 8 月
冯　贞	男	汉	内蒙古地质矿产勘查开发局	地质矿产	2008 年 8 月
赵满寿	男	汉	内蒙古地质矿产勘查开发局	物探	2008 年 8 月
马　润	男	汉	内蒙古地质勘查基金管理中心	矿产地质	2008 年 11 月
郑利军	女	汉	内蒙古航空遥感测绘院	测绘	2008 年 11 月
訾冬梅	女	蒙古	内蒙古地图院	测绘	2008 年 11 月
徐宗培	男	汉	内蒙古地质调查院	地质矿产	2008 年 11 月
季忠慧	男	汉	内蒙古地质矿产勘查开发局	地质	2008 年 11 月
张慧聪	男	汉	内蒙古第二地质矿产勘查开发院	物化探	2008 年 11 月
陈玉霞	女	汉	内蒙古第一水文地质工程地质勘查院	水工环地质	2008 年 11 月
薛志刚	男	汉	内蒙古第四地质矿产勘查开发院	地质矿产勘查	2008 年 11 月
白毅勇	男	汉	内蒙古第九地质矿产勘查开发院	矿产地质	2008 年 11 月
方　曙	男	汉	内蒙古第十地质矿产勘查开发院	地质矿产	2008 年 11 月
王玉龙	男	汉	内蒙古第四水文地质工程地质勘查院	水文地质	2008 年 11 月
王富宽	男	汉	内蒙古地质工程有限责任公司	水文地质	2008 年 11 月
李金锋	男	蒙古	内蒙古矿业(集团)有限责任公司	地质矿产	2008 年 11 月
李军辉	男	汉	内蒙古矿业(集团)有限责任公司	实验测试	2008 年 11 月
陈　军	男	汉	内蒙古地质环境监测院	水工环地质	2008 年 12 月
潘喜东	男	汉	内蒙古地质环境监测院	地球物理勘探	2008 年 12 月
杜贵旺	男	汉	内蒙古地质环境监测院	水工环地质	2008 年 12 月
杨亮平	男	汉	内蒙古地质环境监测院	水工环地质	2008 年 12 月
李虎平	男	汉	内蒙古地质调查院	水工环地质	2008 年 12 月
王　忠	男	汉	内蒙古地质调查院	矿产地质	2008 年 12 月
常忠耀	男	汉	内蒙古地质调查院	物化探	2008 年 12 月
杨国锋	男	汉	内蒙古矿业(集团)有限责任公司	选矿	2009 年 9 月
张建军	女	汉	内蒙古地质环境监测院	水工环地质	2009 年 12 月
秦玉英	女	汉	内蒙古地质环境监测院	矿产地质	2009 年 12 月

续表 4

姓　名	性别	民族	工作单位	资格名称	评定时间
李艳霞	女	汉	内蒙古地质环境监测院	水工环地质	2009 年 12 月
高　晶	女	汉	内蒙古地质环境监测院	水工环地质	2009 年 12 月
吴志勇	男	汉	内蒙古航空遥感测绘院	测绘	2009 年 12 月
何会文	男	汉	内蒙古地质勘查基金管理中心	矿产地质	2009 年 12 月
郝改枝	女	汉	内蒙古地质勘查基金管理中心	水工环地质	2009 年 12 月
周　劼	女	汉	内蒙古煤田地质局	煤田地质	2009 年 12 月
杜凤玲	女	汉	内蒙古煤田地质 153 队	煤田地质	2009 年 12 月
王利峰	男	汉	内蒙古煤田地质 117 队	钻探	2009 年 12 月
魏建平	男	汉	内蒙古煤田地质 151 队	煤田地质	2009 年 12 月
秦胜利	男	汉	内蒙古煤田地质局地质调查院	煤田地质	2009 年 12 月
赵锁志	男	汉	内蒙古地质调查院	水文地质	2009 年 12 月
王喜宽	男	汉	内蒙古地质调查院	化探	2009 年 12 月
王　惠	女	汉	内蒙古地质调查院	地层古生物	2009 年 12 月
武利文	男	汉	内蒙古地质调查院	矿产地质	2009 年 12 月
冯林刚	男	汉	内蒙古地质调查院	地质测绘	2009 年 12 月
齐瑞俊	男	汉	内蒙古土地调查规划院	土地规划	2009 年 12 月
李林华	男	汉	内蒙古有色地质勘查 108 队	化探	2009 年 12 月
关爱凤	女	满	内蒙古国土资源信息院	地质调查研究	2009 年 12 月
闫旭东	男	汉	内蒙古土地整理中心	土地利用	2009 年 12 月
宋旭日	男	汉	内蒙古土地整理中心	土地利用	2009 年 12 月
胡　波	男	汉	内蒙古地质矿产勘查开发局	地质矿产	2009 年 12 月
李文梅	女	汉	内蒙古第一水文地质工程地质勘查院	水工环地质	2009 年 12 月
徐慧芳	女	汉	内蒙古第一水文地质工程地质勘查院	水工环地质	2009 年 12 月
白德荣	男	蒙古	内蒙古第一水文地质工程地质勘查院	地质矿产	2009 年 12 月
杜　刚	男	汉	内蒙古矿业(集团)有限责任公司	地质	2009 年 12 月
刘文国	男	汉	内蒙古煤田地质局 109 队	水文地质	2010 年 12 月
张志敏	男	汉	内蒙古煤田地质局 117 队	煤田地质	2010 年 12 月

续表5

姓　名	性别	民族	工作单位	资格名称	评定时间
徐妙枝	女	汉	内蒙古煤田地质局151队	煤田地质	2010年12月
张作宁	男	汉	内蒙古测绘院	研究馆员	2010年12月
马文平	男	汉	内蒙古地图院	测绘	2010年12月
苏士杰	男	汉	内蒙古地质勘查基金管理中心	地质矿产	2010年12月
廖　蕾	女	汉	内蒙古地质勘查基金管理中心	物化探	2010年12月
李树荣	女	汉	内蒙古地质环境监测院	水工环地质	2010年12月
赵润莲	女	汉	内蒙古地质环境监测院	水工环地质	2010年12月
房利民	男	汉	内蒙古地质环境监测院	水工环地质	2010年12月
李占山	男	汉	内蒙古煤田地质局地质调查院	地质	2010年12月
康社庄	男	汉	内蒙古煤田地质局	煤田地质	2010年12月
段海彦	男	汉	内蒙古煤田地质局472队	物化探	2010年12月
罗凤文	男	汉	内蒙古煤田地质局151队	煤田地质	2010年12月
鞠文信	男	汉	内蒙古地质调查院	地质矿产	2010年12月
张　青	女	汉	内蒙古地质调查院	地球化学	2010年12月
张友宽	男	汉	内蒙古地质调查院	地质矿产	2010年12月
李新仁	男	汉	内蒙古地质调查院	地质矿产	2010年12月
郑宝军	男	汉	内蒙古地质调查院	地质矿产	2010年12月
周　莉	女	汉	内蒙古地质调查院	水工环地质	2010年12月
高和平	男	汉	内蒙古土地调查规划院	土地利用与规划	2010年12月
连贵诚	男	汉	内蒙古土地调查规划院	土地利用与规划	2010年12月
杨文华	男	汉	内蒙古有色地质勘查4队	矿产地质	2010年12月
于丽娟	女	汉	内蒙古有色地质勘查108队	水工环地质	2010年12月
李国志	男	汉	内蒙古地质矿产勘查开发局	探矿	2010年12月
李红红	男	汉	内蒙古地质矿产勘查开发局	地矿	2010年12月
康屹青	男	汉	内蒙古地质矿产勘查开发局	地矿	2010年12月
赵永贵	男	汉	内蒙古地质测绘院	测绘	2010年12月
贾　文	男	汉	内蒙古第二地质矿产勘查开发院	地质矿产勘查	2010年12月

续表6

姓　名	性别	民族	工作单位	资格名称	评定时间
丛利民	男	汉	内蒙古国土资源勘查开发院	地质矿产	2010年12月
高秀花	女	汉	内蒙古国土资源勘查开发院	物化探	2010年12月
杜玉林	男	汉	内蒙古第九地质矿产勘查开发院	矿产地质	2010年12月
王　友	男	汉	内蒙古第十地质矿产勘查开发院	地质矿产	2010年12月
朱慧忠	男	汉	内蒙古第十地质矿产勘查开发院	地质矿产勘查	2010年12月
朱明忠	男	汉	内蒙古第二水文地质工程地质勘查院	水工环地质	2010年12月
高海东	男	汉	内蒙古第二水文地质工程地质勘查院	水工环地质	2010年12月
周银贵	男	汉	内蒙古矿业开发有限责任公司	地质矿产	2010年12月
王志民	男	汉	内蒙古矿业(集团)有限责任公司	地质	2010年12月
魏富恒	男	汉	内蒙古测绘地理信息局	测绘	2011年12月
安存杰	男	汉	内蒙古地质勘查基金管理中心	物化探	2011年7月
刘还林	男	汉	内蒙古地质勘查基金管理中心	物化探	2011年7月
许立权	男	汉	内蒙古地调院	地质矿产	2011年11月
谭　强	男	汉	内蒙古地调院	地质矿产	2011年11月
乔文光	男	汉	内蒙古地质环境监测院	水工环地质	2011年12月
刘怡敏	女	汉	内蒙古地质环境监测院	水工环地质	2011年12月
张春燕	女	汉	内蒙古地质环境监测院	研究馆员	2011年12月
武　军	男	汉	内蒙古煤田地质局231队	煤田地质	2011年12月
范国强	男	汉	内蒙古煤田地质局117队	煤田地质	2011年12月
臧惠凡	女	汉	内蒙古煤田地质局153队	煤田地质	2011年12月
张福英	女	汉	内蒙古煤田地质局地质调查院	煤田地质	2011年12月
聂国印	男	汉	内蒙古煤田地质104队	煤田地质	2011年12月
宋俊锋	男	汉	内蒙古地质调查院	地质矿产	2011年12月
刘颖璠	女	汉	内蒙古地质调查院	地质矿产	2011年12月
宋　华	男	汉	内蒙古地质调查院	地质矿产	2011年12月
张　彤	女	汉	内蒙古地质调查院	地质矿产	2011年12月
闫富贵	男	汉	内蒙古地质调查院	水工环地质	2011年12月

续表 7

姓　名	性别	民族	工作单位	资格名称	评定时间
宝音乌力吉	男	蒙古	内蒙古地质调查院	地质矿产	2011 年 12 月
刘俊廷	男	汉	内蒙古地质调查院	水工环地质	2011 年 12 月
潘洪捷	男	汉	内蒙古地质调查院	水工环地质	2011 年 12 月
张玉宝	男	汉	内蒙古地质调查院	地球化学	2011 年 12 月
崔喜春	女	汉	内蒙古有色地质勘查 512 队	岩矿鉴定	2011 年 12 月
段树荣	女	汉	内蒙古有色地质勘查 108 队	化探正高	2011 年 12 月
张百胜	男	汉	内蒙古有色地质勘查 108 队	矿产地质	2011 年 12 月
付占荣	女	汉	内蒙古有色地质勘查 108 队	矿产地质	2011 年 12 月
姜建利	女	汉	内蒙古国土资源信息院	物探	2011 年 12 月
王海军	男	汉	内蒙古土地整理中心	土地利用	2011 年 12 月
吕希华	男	蒙古	内蒙古地质矿产勘查开发局	地质矿产	2011 年 12 月
王　硕	男	汉	内蒙古地质矿产勘查开发局	地质矿产	2011 年 12 月
郝通顺	男	汉	内蒙古第二地质矿产勘查开发院	地质勘查	2011 年 12 月
吕希华	男	汉	内蒙古第十地质矿产勘查开发院	地质矿产	2011 年 12 月
董万志	男	汉	内蒙古第十地质矿产勘查开发院	水工环地质	2011 年 12 月
张凤林	男	汉	内蒙古第十地质矿产勘查开发院	地质矿产勘查	2011 年 12 月
赵保中	男	汉	内蒙古矿业开发有限责任公司	地质矿产	2011 年 12 月
张凤禹	男	汉	内蒙古矿业开发有限责任公司	地质矿产	2011 年 12 月
张　峰	男	汉	内蒙古矿业(集团)有限责任公司	会计	2011 年 12 月
郝胜发	男	汉	内蒙古矿业(集团)有限责任公司	地质	2011 年 12 月
赵希兵	男	汉	内蒙古矿业(集团)有限责任公司	选矿	2011 年 12 月
杨文斌	男	汉	内蒙古矿业(集团)有限责任公司	地质	2011 年 12 月
马永涛	男	汉	内蒙古矿业(集团)有限责任公司	地质	2012 年 11 月
赵新刚	男	汉	内蒙古测绘地理信息局	测绘	2012 年 12 月
李改凡	女	汉	内蒙古测绘地理信息局	测绘	2012 年 12 月
董建平	女	汉	内蒙古航空遥感测绘院	测绘	2012 年 12 月
苏宏伟	男	汉	内蒙古地质勘查基金管理中心	地质矿产	2012 年 12 月

续表 8

姓　名	性别	民族	工作单位	资格名称	评定时间
崔来旺	男	汉	内蒙古地质勘查基金管理中心	矿产地质勘查	2012 年 12 月
王海波	男	汉	内蒙古地质勘查基金管理中心	水工环地质	2012 年 12 月
张　强	男	汉	内蒙古煤田地质局地质调查院	地质矿产	2012 年 12 月
刘东林	男	满	内蒙古煤田地质局地质调查院	地质矿产	2012 年 12 月
王建华	男	汉	内蒙古煤田地质局 151 队	地质矿产	2012 年 12 月
樊金云	男	汉	内蒙古煤田地质局 109 队	地质矿产	2012 年 12 月
孟建春	男	汉	内蒙古煤田地质局 109 队	物化探	2012 年 12 月
郭智峰	男	汉	内蒙古煤田地质局 231 队	地质矿产	2012 年 12 月
马越平	男	汉	内蒙古煤田地质局	水工环地质	2012 年 12 月
褚立国	男	汉	内蒙古地质调查院	物探	2012 年 12 月
白立兵	男	汉	内蒙古地质调查院	地质矿产	2012 年 12 月
张　梅	女	汉	内蒙古地质调查院	地质矿产	2012 年 12 月
刘寅彪	男	汉	内蒙古地质调查院	物探	2012 年 12 月
孔凡吉	男	汉	内蒙古地质调查院	物化探	2012 年 12 月
钟　仁	男	汉	内蒙古地质调查院	化探	2012 年 12 月
贾林柱	男	汉	内蒙古地质调查院	矿产地质	2012 年 12 月
郭万良	男	汉	内蒙古地质调查院	地质	2012 年 12 月
赵　军	男	蒙古	内蒙古地质调查院	物探	2012 年 12 月
王友军	男	汉	内蒙古土地调查规划院	土地规划	2012 年 12 月
吴玉成	男	汉	内蒙古有色地质勘查 4 队	水工环地质	2012 年 12 月
徐　发	男	汉	内蒙古有色地质勘查局矿产勘查院	矿产地质	2012 年 12 月
王　勇	男	汉	内蒙古国土资源信息院	物探	2012 年 12 月
吴　青	女	汉	内蒙古国土资源信息院	地质矿产	2012 年 12 月
赵鹏全	男	汉	内蒙古地质测绘院	测绘	2012 年 12 月
井卫华	女	汉	内蒙古国土资源勘查开发院	地质实验测试	2012 年 12 月
兰　强	男	蒙古	内蒙古第一水文地质工程地质勘查院	地质矿产	2012 年 12 月
万　力	男	蒙古	内蒙古第一水文地质工程地质勘查院	地质矿产	2012 年 12 月

续表9

姓　名	性别	民族	工作单位	资格名称	评定时间
张美元	男	汉	内蒙古第一水文地质工程地质勘查院	水工环地质	2012年12月
庄　云	男	蒙古	内蒙古第三地质矿产勘查开发院	地质矿产	2012年12月
王宝林	男	汉	内蒙古第四地质矿产勘查开发院	矿产地质	2012年12月
李泊洋	男	汉	内蒙古第十地质矿产勘查开发院	地质矿产	2012年12月
王振民	男	汉	内蒙古第十地质矿产勘查开发院	地球物理勘查	2012年12月
张庆洲	男	汉	内蒙古第十地质矿产勘查开发院	地质矿产勘查	2012年12月
刘荷用	男	汉	内蒙古第二水文地质工程地质勘查院	实验测试	2012年12月
王　伟	男	汉	内蒙古地质工程有限责任公司	钻探工程	2012年12月
葛桂平	男	蒙古	内蒙古矿业开发有限责任公司	地质矿产	2012年12月
徐　发	男	汉	内蒙古矿业(集团)有限责任公司	地质矿产	2012年12月
常幗雄	男	汉	内蒙古地质勘查有限责任公司	地质实验测试	2012年12月
孙青松	男	汉	内蒙古地质勘查有限责任公司	地质矿产	2012年12月
李泊洋	男	汉	内蒙古地质勘查有限责任公司	地质矿产	2012年12月
孙立斌	男	汉	内蒙古地质勘查有限责任公司	水工环地质	2012年12月
李先锋	女	汉	内蒙古矿业(集团)有限责任公司	地质实验测试	2012年12月
王　敬	男	汉	内蒙古测绘院	测绘	2013年12月
王艳君	女	满	内蒙古地质环境监测院	研究馆员	2013年12月
吴井军	男	汉	内蒙古煤田地质104队	煤田地质	2013年12月
张志强	男	汉	内蒙古煤田地质104队	煤田地质	2013年12月
张玉清	男	汉	内蒙古地质调查院	地质矿产	2013年12月
郝俊峰	男	汉	内蒙古地质调查院	地质矿产	2013年12月
徐进才	男	蒙古	内蒙古土地调查规划院	土地利用与规划	2013年12月
米保林	男	汉	内蒙古有色地质勘查局	经济	2013年12月
赵永平	男	汉	内蒙古有色地质勘查局矿产勘查院	测绘	2013年12月
余存林	男	汉	内蒙古地质矿产勘查开发局	地矿	2013年12月
王月河	男	汉	内蒙古地质矿产勘查开发局	探矿	2013年12月
张义海	男	满	内蒙古第九地质矿产勘查开发九院	测绘	2013年12月

续表10

姓　名	性别	民族	工作单位	资格名称	评定时间
韩志英	男	汉	内蒙古第一水文地质工程地质勘查院	地质矿产	2013年12月
李廷瑞	男	汉	内蒙古第二水文地质工程地质勘查院	水工环地质	2013年12月
朱光娅	女	汉	内蒙古矿业(集团)有限责任公司	会计	2013年12月
陈　罂	女	汉	内蒙古矿业(集团)有限责任公司	经济	2013年12月
王海燕	女	汉	内蒙古矿业(集团)有限责任公司	地质实验测试	2013年12月
李根兴	男	汉	内蒙古矿业(集团)有限责任公司	地质实验测试	2013年12月
罗　君	女	汉	内蒙古矿业(集团)有限责任公司	会计	2013年12月
王　彧	男	汉	内蒙古地质调查院	地质矿产	2014年8月
刘永慧	女	汉	内蒙古地质勘查基金管理中心	地质矿产	2014年8月
侯建军	男	汉	内蒙古地质调查院	水工环地质	2014年9月
张贵俊	男	汉	内蒙古地图院	测绘	2014年12月
赵计环	女	汉	内蒙古地图院	测绘	2014年12月
王　云	男	汉	内蒙古地质环境监测院	研究馆员	2014年12月
郭　伟	男	蒙古	内蒙古地质环境监测院	研究馆员	2014年12月
王虎文	男	汉	内蒙古煤田地质151队	测量	2014年12月
刘　刚	男	汉	内蒙古煤田地质153队	钻探	2014年12月
张玉忠	男	汉	内蒙古煤田地质局地质调查院	物化探	2014年12月
宋艳茹	女	汉	内蒙古土地调查规划院	会计	2014年12月
高征西	男	汉	内蒙古地调院	经济	2014年12月
李　明	女	汉	内蒙古有色地质勘查局	经济	2014年12月
王永军	男	汉	内蒙古有色地质勘查108队	水工环地质	2014年12月
高友库	男	蒙古	内蒙古有色地质勘查7队	矿产地质	2014年12月
邹建华	男	汉	内蒙古地质矿产勘查开发局	机械	2014年12月
李文贵	男	汉	内蒙古地勘九院	经济	2014年12月
崔永翔	男	汉	内蒙古地勘九院	矿产地质	2014年12月
王林祥	男	汉	内蒙古矿业(集团)有限责任公司	选矿	2014年12月
孙敬锋	男	蒙古	内蒙古矿业(集团)有限责任公司	地质实验测试	2014年12月
徐怀风	女	汉	内蒙古矿业(集团)有限责任公司	地质矿产	2014年12月

附　　录

内蒙古自治区矿产资源管理条例

1999 年 7 月 31 日，内蒙古自治区第九届人民代表大会常务委员会第十次会议通过。

第一章　总　　则

第一条　为了加强矿产资源的勘查、开发利用和保护工作，促进自治区矿业经济可持续发展，根据《中华人民共和国矿产资源法》等有关法律、法规，结合自治区实际，制定本条例。

第二条　凡在自治区内勘查、开采矿产资源，必须遵守本条例。

第三条　矿产资源属于国家所有。各级人民政府必须加强对本行政区域内矿产资源的保护工作，维护矿产资源的国家所有权。

禁止任何单位和个人侵占、破坏矿产资源。

第四条　自治区地质矿产行政主管部门根据全国矿产资源规划组织编制全区矿产资源规划，经自治区人民政府批准后实施。

根据法律规定和国家的统一规划，对可以由自治区开发的矿产资源，应当优先合理开发利用。

第五条　勘查、开采矿产资源必须经审批登记，领取勘查许可证、采矿许可证，依法取得探矿权、采矿权。

自治区保障合法的探矿权、采矿权不受侵犯。

禁止无证勘查、开采矿产资源。

第六条　勘查、开采矿产资源，必须遵守有关矿山安全、环境保护、水土保持和土地复垦的法律、法规。

第七条　探矿权和采矿权实行有偿取得制度。探矿权、采矿权可以依法转让。采矿权可以出租、抵押。个人出资取得的探矿权和采矿权可以继承、赠与。

开采矿产资源必须按照国家和自治区有关规定缴纳资源税和资源补偿费。

第八条　自治区鼓励国内外投资者在自治区内依法投资勘查、开采矿产资源，保障投资者的合法权益不受侵犯。

第九条　自治区地质矿产行政主管部门主管全区矿产资源勘查、开采的监督管理工作。自治区有关主管部门协助同级地质矿产行政主管部门进行矿产资源勘查、开采的监督管理工作。

盟市、旗县地质矿产行政主管部门主管本行政区域内矿产资源勘查、开采的监督管理工作。盟市、旗县有关主管部门协助同级地质矿产行政主管部门进行矿产资源勘查、开采的监督管理工作。

第十条 上级地质矿产行政主管部门对下级地质矿产行政主管部门违法或者不适当的行政行为有权予以改变或者撤销。下级地质矿产行政主管部门不履行法定职责的,上级地质矿产行政主管部门可以直接调查处理或者责令下级地质矿产行政主管部门履行法定职责。

第二章 矿产资源勘查审批登记

第十一条 勘查矿产资源,必须依法审批登记,领取勘查许可证,成为探矿权人。

第十二条 自治区矿产资源勘查实行统一的区块登记管理制度。

自治区地质矿产行政主管部门按照规定权限负责自治区内的矿产资源勘查审批登记工作,为自治区矿产资源勘查登记管理机关。

第十三条 探矿权申请人申请由自治区登记管理的探矿权时,应当向自治区地质矿产行政主管部门提交下列材料:

(一)申请登记书和申请的区块范围图;

(二)勘查单位资格证书复印件;

(三)勘查工作计划、勘查合同或者委托勘查证明文件;

(四)勘查实施方案及其附件;

(五)勘查项目资金来源证明;

(六)勘查登记管理机关规定提交的其他材料。

第十四条 自治区地质矿产行政主管部门对申请登记的勘查项目按照国家有关规定进行审查,自受理之日起40日内作出准予登记或者不予登记的决定,并通知申请人。不予登记的,应当告知理由。

申请人在接到准予登记通知之日起30日内,按照国家有关规定缴纳探矿权使用费和国家出资勘查形成的探矿权价款,领取勘查许可证。逾期不办理的,视为放弃申请。

第十五条 探矿权人在勘查许可证有效期间内享有法律、行政法规规定的权利,必须履行法律、行政法规规定的义务。

第三章 矿产资源开采审批登记

第十六条 开采矿产资源,必须依法审批登记,领取采矿许可证,成为采矿权人。

第十七条 矿产资源开采实行自治区和盟市地质矿产行政主管部门两级审批登记制度。自治区和盟市地质矿产行政主管部门为自治区矿产资源开采登记管理机关。

第十八条 开采下列矿产资源,由自治区地质矿产行政主管部门审批登记,并颁发采矿许可证:

(一)国务院《矿产资源开采登记管理办法》第三条第一款、第二款规定以外的可供开采的矿产储量规模为中型以上的矿产资源;

(二)国务院地质矿产行政主管部门授权审批登记的矿产资源。

开采前款以外的矿产储量规模为小型以下的矿产资源,由盟市地质矿产行政主管部门审批登记,并颁发采矿许可证。开采用作普遍建筑材料的砂、石、粘土矿产资源的,盟市地质矿产行政主管部门可以委托旗县地质矿产行政主管部门审批登记，并颁发采矿许可证。

矿区范围跨两个以上行政区域的，由所涉及行政区域的共同上一级地质矿产行政主管部门审批登记，颁发采矿许可证。

第十九条　登记管理机关应当在颁发采矿许可证之日起30日内，逐级向上一级地质矿产行政主管部门备案。

第二十条　采矿权申请人在提出采矿权申请前，持经批准的地质勘查储量报告或者相应的地质资料，向登记管理机关申请划定矿区范围。

登记管理机关自收到申请之日起30日内，作出是否同意划定矿区范围的决定。

第二十一条　矿区范围划定后，登记管理机关在规定的期限内，在该区域内不再受理新的申请。

采矿权申请人应当自收到划定矿区范围决定之日起1年内，完成办理立项、企业设立的审批手续，以及领取采矿许可证所需要的其他资料，向登记管理机关申请办理采矿审批登记，领取采矿许可证。逾期不办理且未申请延期的，视为放弃划定的矿区范围。

第二十二条　采矿权申请人申请办理采矿许可证时，应当向登记管理机关提交国务院《矿产资源开采登记管理办法》规定的资料。

开采用作普通建筑材料的砂、石、粘土和零星分散的矿产资源，申请登记的资料可以简化，具体办法由自治区地质矿产行政主管部门制定。

第二十三条　采矿登记管理机关对采矿登记申请按照有关规定进行审查，自受理之日起40日内作出准予登记或者不予登记的决定，并通知申请人。申请人在接到准予登记的通知后，按照国家规定缴纳采矿权使用费和国家出资勘查形成的采矿权价款，办理占用矿产储量登记，领取采矿许可证。

第二十四条　开采中型规模矿产资源的，采矿许可证有效期最长为20年；开采小型规模矿产资源的，采矿许可证有效期最长为10年；开采用作普通建筑材料的砂、石、粘土和零星分散矿产资源的，采矿许可证有效期最长为3年。需要继续采矿的，应当在采矿许可证有效期满30日前申请办理延续手续；逾期不办理延续手续的，采矿许可证自行废止。

第二十五条　采矿权人在领取采矿许可证之日起1年内，无正当理由且未向登记管理机关报告不进行矿山建设的，视为放弃采矿权，原登记管理机关注销采矿许可证。

第四章　探矿权和采矿权转让、出租、抵押

第二十六条　探矿权人、采矿权人可以依法将有偿取得的探矿权、采矿权以出售、作价入股等方式转让。

不得以转让荒山、荒地等土地使用权的名义转让探矿权和采矿权。

第二十七条　转让探矿权、采矿权必须符合法律、行政法规规定的条件和程序，报国务院或者自治区的地质矿产行政主管部门审批。

第二十八条　转让国家出资勘查所形成的探矿权、采矿权的，必须进行评估。

依法变更企业资产产权的，必须对国家出资勘查形成的探矿权、采矿权价款进行评估和确认，在办理探矿权、采矿权变更手续时，一次或者分期缴纳探矿权、采矿权价款。

第二十九条　采矿权人可以将有偿取得的采矿权出租。出租采矿权必须经登记管理机关批准。

登记管理机关应当自收到出租采矿权申请之日起15日内,作出批准或者不予批准的决定。

第三十条 出租采矿权应当具备下列条件:

(一)在采矿许可证有效期内;

(二)按照国家有关规定已经结清有偿取得采矿权的费用和矿产资源补偿费;

(三)采矿权属无争议;

(四)承租人有与所开采的矿种和开采规模相适应的资金、技术条件;

(五)矿山投产1年以上;

(六)登记管理机关规定的其他条件。

第三十一条 采矿权出租期间,出租人仍为采矿权人。开采矿产资源应当缴纳的有关费用由采矿权人缴纳,或者由承租人代扣代缴。

承租人不得将采矿权转租或者承包给他人。

第三十二条 采矿权人可以将有偿取得的采矿权抵押。

采矿权人应当自抵押采矿权之日起30日内向登记管理机关备案。

第三十三条 抵押采矿权应当具备下列条件:

(一)确需以抵押采矿权筹措资金;

(二)担保金额不得高于采矿权人实际投入的资金;

(三)按照国家有关规定已经结清有偿取得采矿权的费用和矿产资源补偿费;

(四)在采矿许可证有效期内;

(五)采矿权属无争议;

(六)法律、行政法规规定的其他条件。

第三十四条 抵押合同变更、终止或者解除的,采矿权人应当在事实发生之日起30日内,书面报告登记管理机关。

抵押人到期未能清偿债务,或者在抵押期间宣告解散、破产,需要转让或者终止采矿权的,应当依法办理采矿权转让或者注销审批手续。

第三十五条 个人出资取得的探矿权和采矿权可以继承、赠与。

继承、赠与探矿权和采矿权的,凭继承、赠与的公证或者证明文件,向登记管理机关办理变更登记手续。

第五章 监督管理

第三十六条 勘查、开采矿产资源,必须接受旗县级以上地质矿产行政主管部门的监督管理。

第三十七条 旗县级以上地质矿产行政主管部门调查了解勘查投入、勘查工作进展情况,对矿山企业和个体开采矿产资源的情况进行检查时,探矿权人或者采矿权人应当如实报告并提供有关资料,不得拒绝、阻碍检查,不得虚报或者瞒报。

探矿权人、采矿权人应当按照有关规定,填写矿产资源勘查或者开发利用情况统计报表,并按时报送地质矿产行政主管部门。

第三十八条 自治区对矿产储量实行统一登记管理制度。探矿权人、采矿权人按照国家规定向地质矿产行政主管部门填报年度基层矿产储量表。

第三十九条　开采矿产资源，必须采取合理的开采顺序、开采方法和选矿工艺。矿山企业的开采回采率、采矿贫化率和选矿回收率应当达到设计要求。

开采矿产资源，必须按照登记管理机关批准的矿产资源开发利用方案进行开采，不得随意增设井口或者改变开采方案，不准采富弃贫或者任意丢弃矿体。

开采矿产资源，必须按照规定测绘采矿工程平面图或者井上井下工程对照图。

第四十条　禁止在行洪的河床、滩地和岸坡堆放贮存矿石、废渣或者尾矿，防止造成行洪不畅或者堤岸破坏。边坡的开挖和矿石、废渣的堆放，应当符合边坡稳定的要求。禁止开采或者毁坏预留安全矿柱或者岩柱，防止造成滑坡、崩塌、泥石流以及地面开裂、塌陷、沉降等地质灾害。

禁止采用污染和破坏矿山环境的方法开采矿产资源。

第四十一条　采矿权人必须在终止采矿前 3 个月内向登记管理机关提交闭坑申请报告，办理审批手续。

采矿权人终止采矿后，应当依照土地管理法律法规进行土地复垦。土地复垦必须达到国家规定的标准，并经土地管理部门会同有关行业管理部门验收合格。没有条件复垦或者复垦不符合要求的，应当缴纳土地复垦费，专项用于土地复垦或者恢复植被。

第四十二条　自治区地质矿产行政主管部门根据需要，可以向重点矿山企业派驻矿产督查员或者向矿山企业集中的地区派驻巡回矿产督查员，对矿山企业和个体采矿开发利用情况进行监督检查。

第四十三条　矿产资源开采实行年检制度。年检的内容包括：

（一）矿山企业依法开采情况；

（二）矿产资源开发利用情况；

（三）地质测量机构或者人员的设置、配备以及规章制度的建立情况；

（四）矿产资源开采法定费用缴纳情况；

（五）登记管理机关规定年检的其他内容。

采矿权人必须按照规定报送有关资料，办理采矿许可证年检手续。

第六章　法律责任

第四十四条　未取得采矿许可证擅自采矿的，擅自进入国家规划矿区、对国民经济具有重要价值的矿区范围采矿的，擅自开采国家规定实行保护性开采的特定矿种的，责令停止开采、赔偿损失，没收采出的矿产品和违法所得，可以并处 20 万元以下罚款。

单位和个人进入他人依法设立的国有矿山企业和其他矿山企业矿区范围内采矿的，依照前款规定处罚。

第四十五条　超越批准的矿区范围采矿的，责令退回本矿区范围内开采、赔偿损失、没收越界开采的矿产品和违法所得，可以并处 10 万元以下罚款。

第四十六条　买卖、出租或者以其他形式转让矿产资源的，没收违法所得，并处 10 万元以下罚款。

将探矿权、采矿权倒卖牟利的，吊销其勘查许可证、采矿许可证，没收违法所得，并处违法所得

50%以下的罚款。

第四十七条 采取破坏性方法开采矿产资源的,处10万元以下的罚款,可以吊销采矿许可证。

第四十八条 未取得采矿许可证,以采矿为目的擅自进行矿山建设的,责令停止施工并恢复地形地貌,可以并处10万元以下的罚款。

第四十九条 未经批准,擅自出租采矿权的,责令限期改正,没收违法所得,可以并处违法所得50%以下罚款。

抵押采矿权未向登记管理机关备案的,责令限期备案,可以处1万元以下罚款。

第五十条 不按时规定测绘采矿工程平面图或者井上井下工程对照图的,责令限期改正,处3万元以下的罚款。

第五十一条 违反本条例第四十条第一款规定,造成滑坡、崩塌、泥石流以及地面开裂、塌陷、沉降等地质灾害的,责令限期治理,并处10万元以下的罚款。

第五十二条 本条例第四十四条、第四十五条、第四十六条、第四十八条、第四十九条、第五十条、第五十一条规定的行政处罚,由旗县级以上地质矿产行政主管部门决定。第四十七条规定的行政处罚,由自治区地质矿产行政主管部门决定。给予吊销勘查许可证或者采矿许可证处罚的,由原发证机关决定。

第五十三条 当事人对行政处罚决定不服的,可以依法申请复议,或者向人民法院提起诉讼。

当事人逾期不申请复议、不向人民法院起诉,又不履行处罚决定的,由作出处罚决定的机关申请人民法院强制执行。

第五十四条 负责矿产资源勘查、开采监督管理工作的国家工作人员和其他国家工作人员徇私舞弊、滥用职权或者玩忽职守,违法批准勘查、开采矿产资源和颁发勘查许可证、采矿许可证,或者对违法勘查、采矿行为不依法予以制止、处罚,不构成犯罪的,由其所在单位或者上级主管部门给予行政处分;构成犯罪的,依法追究刑事责任。

第七章 附 则

第五十五条 本条例自公布之日起施行。1989年11月17日内蒙古自治区第七届人民代表大会常务委员会第九次会议通过的《内蒙古自治区矿产资源管理条例》同时废止。

内蒙古自治区实施《中华人民共和国土地管理法》办法

2000 年 10 月 15 日，内蒙古自治区第九届人民代表大会常务委员会第十九次会议通过。

第一章　总　则

第一条　为了加强土地管理，保护、开发和合理利用土地资源，切实保护耕地、草原、林地，实行土地资源与资产并重管理，促进社会经济的可持续发展，根据《中华人民共和国土地管理法》（以下简称土地管理法）和有关法律、法规，结合自治区实际，制定本办法。

第二条　自治区内土地的规划、管理、保护和利用，必须遵守本办法。

第三条　自治区依法实行土地用途管制制度。用地单位和个人必须按照土地利用总体规划确定的用途使用土地。

第四条　对土地资源要坚持开发与保护相协调的原则，实行严格的土地资源保护措施，把生态环境建设与保护放在首位，提高土地资源综合利用水平。

自治区依法实行土地有偿使用制度，但是国家在法律规定范围内划拨的国有土地使用权的除外。

自治区按照社会主义市场经济要求，实行在政府调控下市场配置土地资源的原则，依法规范土地资源和资产的流转，促进土地资源市场的形成和发展。

第五条　自治区人民政府土地行政主管部门统一负责全区土地的管理和监督工作。

盟、设区的市、旗县级土地行政主管部门统一负责本行政区域内土地的管理和监督工作。

第二章　土地的所有权和使用权

第六条　自治区依法实行土地登记发证制度。

集体土地所有者、集体土地建设用地使用者和国有土地使用者，应当向旗县级以上人民政府土地行政主管部门或者其土地登记机构提出土地登记申请。

集体土地由旗县人民政府登记造册，核发《集体土地所有证》，确认所有权。集体土地的建设用地，由旗县人民政府登记造册，核发《集体土地使用证》，确认使用权。

单位和个人依法使用国有土地的，由旗县级以上人民政府登记造册，核发《国有土地使用证》、确认使用权。其中，自治区所属单位使用的国有土地的具体登记发证机关，由自治区人民政府确定。盟市所属单位使用的国有土地的具体登记发证机关，由盟行政公署、设区的市人民政府确定。

未利用的国有土地和依法收回的国有土地，由旗县级以上人民政府登记造册。

旗县级以上人民政府根据土地利用总体规划，确认草原、林地的所有权和使用权，分别依照《中华人民共和国草原法》《中华人民共和国森林法》的有关规定办理。对同一地块不得同时发放草原所有权证、草原使用证和林权证。

第七条 依法改变土地所有权、使用权或者因依法买卖、转让地上建筑物、构筑物等附着物导致土地使用权转移的,必须在改变或者合同签订之日起30日内向旗县以上土地行政主管部门提出申请,报原土地登记机关依法进行土地所有权、使用权变更登记。

依法改变土地用途的,必须自改变之日起30日内持批准文件,向旗县以上土地行政主管部门提出申请,报原土地登记机关依法进行变更登记。

第八条 依法登记的土地所有权、使用权受法律保护,任何单位和个人不得侵犯。

第九条 有下列情形之一的,由原登记机关注销土地登记:

(一)依法收回土地使用权的;

(二)土地使用权出让、租赁合同约定的期限届满,土地使用者未申请续期或者申请续期未获批准的;

(三)申请人在申请登记时隐瞒事实,伪造证明文件或者采取其他非法手段骗取登记的;

(四)因自然灾害等造成土地权利灭失所进行的土地所有权或者使用权的登记。

第三章 土地利用总体规划

第十条 各级人民政府负责组织编制本行政区域的土地利用总体规划。下级土地利用总体规划应当依据上一级土地利用总体规划编制。

各级土地利用总体规划中的建设用地总量,不得超过上一级土地利用总体规划确定的控制指标;耕地、草原和林地保有量不得低于上一级土地利用总体规划确定的控制指标。

第十一条 土地利用总体规划应当包括下列内容:

(一)规划目标和任务;

(二)土地利用结构和布局;

(三)土地利用分区;

(四)各类土地利用指标;

(五)城市、村镇建设用地控制规模;

(六)土地整理、开发、复垦和保护耕地、草原和林地的目标与任务;

(七)土地用途管制措施;

(八)实施规划的措施;

(九)其他事项。

第十二条 旗县、苏木乡镇土地利用总体规划应当划分土地利用区,明确土地用途和使用条件。

土地利用区分为基本农田保护区、基本草牧场保护区、天然林保护区、一般农田区、林业用地区、畜牧业用地区、城市建设用地区、村庄和集镇建设用地区、独立工矿用地区、水域、自然与人文景观保护区、土地开垦区、禁止开垦区、土地整理区和退耕区等。

第十三条 土地利用总体规划实行分级审批制度。

自治区土地利用总体规划报国务院批准。

呼和浩特市、包头市以及国务院指定的城市的土地利用总体规划,经自治区人民政府审查同意后，报国务院批准；盟和设区的市及旗县级土地利用总体规划，逐级报自治区人民政府批准。

旗县人民政府所在地的镇的土地利用总体规划，经盟行政公署或者设区的市人民政府审查同意后，报自治区人民政府批准。

前款规定以外的苏木乡镇土地利用总体规划，经旗县级人民政府审查同意后，报盟行政公署或者设区的市人民政府批准。

第十四条　城市总体规划、村庄和集镇规划，应当与土地利用总体规划相衔接。

在城市、村庄和集镇规划区内，城市和村庄、集镇建设用地应当符合城市和村庄、集镇规划。

第十五条　旗县级以上人民政府应当加强土地利用计划管理，编制土地利用年度计划，实行建设用地总量控制。

第十六条　土地利用年度计划的内容应当包括农用地转用计划指标、耕地保有量计划指标、土地开发整理计划指标和其他用地计划指标。

国家和自治区重点建设项目使用土地，实行年度用地计划指标单列，由自治区人民政府统一安排。

第十七条　旗县级以上人民政府应当将上级人民政府下达的农用地转用计划指标、耕地保有量计划指标和土地开发整理计划指标逐级分解，制定实施方案。没有农用地转用计划指标或者超过农用地转用计划指标的，不得批准农用地转为建设用地。

第十八条　土地利用总体规划的编制机关根据国民经济和社会发展需要，提出对土地利用总体规划进行修改，应当向原批准机关提交修改报告书，根据批准修改的文件，进行修改。土地管理法律、行政法规另有规定的除外。

上一级土地利用总体规划修改后，下一级土地利用总体规划应当予以修改的，由上一级人民政府通知下一级人民政府修改，并报原批准机关备案。

第十九条　自治区实行土地利用年度计划执行情况报告制度。

各级土地行政主管部门每半年应当将土地利用年度计划执行情况向同级人民政府作出书面报告，并同时抄报上一级土地行政主管部门。

自治区人民政府每年应当将土地利用年度计划的执行情况列为国民经济和社会发展计划执行情况的内容，向自治区人民代表大会报告。

第四章　耕地、草原、林地保护

第二十条　各级人民政府必须严格执行土地利用总体规划，严格控制耕地、草原和林地转为非农业建设用地。

非农业建设经批准占用耕地的，按照“占多少、垦多少”的原则，由占用耕地的单位负责开垦与所占耕地的数量和质量相当的耕地。没有条件开垦或者开垦的耕地不符合要求的，按照自治区人民政府规定的办法和标准缴纳耕地开垦费。

耕地开垦费由批准农用地转为建设用地的人民政府的土地行政主管部门按照国家和自治区的有关规定征收。依法应当报国务院批准的，由自治区土地行政主管部门组织征收。耕地开垦费实行专项资金管理，专项用于新耕地开垦。

第二十一条 自治区依法实行基本农田保护制度。根据土地利用总体规划,划定基本农田保护区,严格管理。

基本农田保护区以苏木乡镇为单位进行划区定界,由旗县级土地行政主管部门会同农业行政主管部门组织实施。

第二十二条 自治区依法保护基本草牧场,公益林林地、天然林林地。根据土地利用总体规划,划定基本草牧场保护区,公益林林地、天然林林地保护区,严格管理。

基本草牧场保护区以苏木乡镇为单位进行划区定界,由旗县土地行政主管部门会同畜牧业行政主管部门组织实施。公益林林地、天然林林地保护区以旗县为单位进行划区定界,由旗县土地行政主管部门会同林业行政主管部门组织实施。

第二十三条 禁止任何单位和个人闲置、荒芜耕地。已经办理审批手续的非农业建设占用耕地,一年内不用而又可以耕种并收获的,应当由原耕种该幅耕地的集体或者个人恢复耕种,也可以由用地单位组织耕种;一年以上未动工建设的,按照自治区人民政府规定的办法和标准缴纳土地闲置费,并限期动工建设。连续二年未使用的,经原批准机关批准,由旗县级以上人民政府无偿收回用地单位的土地使用权;该幅土地原为农民集体所有的,应当交由原农村集体经济组织恢复耕种。

第二十四条 在土地利用总体规划确定的土地开垦区内,开发未确定土地使用权的国有荒山、荒地、荒滩从事种植业、林业、畜牧业、渔业生产的,应当向土地所在地的旗县以上土地行政主管部门提出申请,经审查后,报有批准权的人民政府批准。

一次性开发未确定使用权的国有荒山、荒地、荒滩20公顷(不含20公顷)以下的,由旗县人民政府批准;20公顷(含20公顷)以上100公顷(不含100公顷)以下的,由盟行政公署或者设区的市人民政府批准;100公顷(含100公顷)以上600公顷(不含600公顷)以下的,报自治区人民政府批准;开发超过600公顷的,由自治区人民政府报国务院批准。

农民集体所有的荒山、荒地、荒滩等未利用土地,由本集体以外的单位和个人开发从事种植业、林业、畜牧业、渔业生产的,必须经嘎查村民会议半数以上成员或者三分之二以上嘎查村民代表的同意,经苏木乡镇人民政府审核,报旗县以上人民政府批准。

第二十五条 在土地利用总体规划划定的土地开垦区内,开垦未利用的土地,必须经过科学论证和评估,经依法批准后进行。

依法保护森林、草原、湿地,禁止毁坏森林、草原开垦耕地。禁止围湖(河)造田和侵占河滩地。

根据土地利用总体规划,对已开垦的20°以上坡地和破坏生态环境开垦、围垦的土地,以及严重沙化的耕地,有计划有步骤地退耕还林、还草、还湖(河)、还湿地。

农牧业生产结构调整涉及农用地结构调整的,应当符合土地利用总体规划确定的土地利用方向、结构和布局,并遵守国家有关规定。

第二十六条 因挖损、塌陷、压占等造成土地破坏的,用地单位和个人应当按照国家和自治区有关规定负责复垦。没有条件复垦或者复垦不符合要求的,缴纳土地复垦费,专项用于土地复垦。土地复垦费的征收办法和标准由自治区人民政府规定。

第五章 建设用地

第二十七条 建设占用土地的,应当符合土地利用总体规划和土地利用年度计划。为实施城市规划占用土地的,由旗县级以上人民政府统一征用土地,统一按项目供地,统一办理农用地转用报批手续。

禁止任何单位和个人占用城市公共绿地搞建设项目。

农用地转用和征地报批时,由土地所在地旗县以上土地行政主管部门拟订农用地转用方案、补充耕地方案和征用土地方案,经同级人民政府和上一级土地行政主管部门审核后,分批报有批准权的人民政府批准。

第二十八条 具体建设项目用地的申请程序:

(一)土地使用者应当在建设项目可行性论证时,向旗县以上土地行政主管部门提出建设用地申请。

(二)土地使用者向项目管理部门和规划管理部门申请办理立项审批和规划许可手续时,必须附具旗县以上土地行政主管部门出具的建设项目用地预审报告。

(三)建设项目批准后,土地使用者持建设项目用地预审报告、《建设用地规划许可证》立项批准文件等材料,由土地行政主管部门按照规定程序依法办理用地报批手续。

有批准权的人民政府批准用地后,由土地所在地旗县以上土地行政主管部门组织供地方案的实施。

第二十九条 旗县级以上人民政府审批建设用地,应当按照下列规定办理:

(一)具体建设项目需要占用土地利用总体规划确定的国有未利用地的,除国务院批准立项的重点建设项目、军事设施、跨省、自治区行政区域的建设项目及国务院规定的有关建设项目用地报国务院批准外,其他建设项目用地,由土地所在地旗县级以上人民政府逐级报自治区人民政府批准。

(二)具体建设项目使用以批准农用地转用、土地征用范围内的土地的,由土地所在地旗县级以上人民政府批准,并报自治区人民政府土地行政主管部门备案。

(三)农村牧区嘎查村民委员会使用本集体所有的未利用地进行非农业建设的,按照以下的审批权限办理:1 公顷(不含 1 公顷)以下的用地,由旗县级人民政府批准;超过 1 公顷(含 1 公顷),不足 3 公顷的用地,由盟行政公署、设区的市人民政府批准;3 公顷(含 3 公顷)以上的用地,逐级报自治区人民政府批准。

(四)建设占用土地涉及农用地转为建设用地的,按照土地管理法规定的权限,报自治区人民政府或者国务院批准。其中为实施苏木乡镇土地利用总体规划而将该规划确定的村庄、集镇建设用地规模范围内的农用地转为建设用地的,可由自治区人民政府授权的盟行政公署、设区的市人民政府批准。

(五)建设用地涉及征用土地的,按照土地管理法规定的权限,报自治区人民政府或者国务院批准。

建设用地经有批准权的人民政府批准后,由同级土地行政主管部门对审批结果予以公告;经国务院批准的,由自治区土地行政主管部门予以公告。

第三十条 征用基本农田的,土地补偿费为该耕地被征用前三年平均年产值的8至10倍;征用其他耕地的,土地补偿费为该耕地被征用前三年平均年产值的6至8倍。

被征耕地的青苗补偿,为当季农作物的产值。被征土地上的住宅按照有关部门规定的标准补偿;水井、管道、电缆、棚圈、围栏及其他设施,按照实际损失合理补偿。征地方案公告后抢种的作物和抢建的附着物不予补偿。

第三十一条 征用耕地的,每一个需要安置的农业人口的安置补助费,为该耕地前三年平均年产值的4至6倍,但是每公顷被征用耕地的安置补助费,最高不得超过被征用前三年平均年产值的15倍。

第三十二条 征用耕地以外其他土地的土地补偿费和安置补助费标准,由自治区人民政府参照耕地土地补偿费和安置补助费标准另行规定。

第三十三条 支付的土地补偿费和安置补助费,尚不能使需要安置的农牧民保持原有生活水平的,经自治区人民政府批准,可以增加安置补助费。但是土地补偿费和安置补助费的总和不得超过土地被征用前三年平均年产值的30倍。

征地补偿的各项费用应当自征地补偿、安置方案批准之日起3个月内全额支付给被征地的单位和个人,被征地的单位和个人应当按规定期限交付土地;征地补偿安置费用未按规定支付的,被征地的单位和个人有权拒绝交付土地。

第三十四条 为公共利益或者为实施城市规划需要收回国有土地使用权的,应当根据土地实际投入对土地使用权人给予适当补偿,具体补偿标准由自治区人民政府另行规定。

收回国有土地不补偿安置补助费和其他费用。

第三十五条 农村牧区嘎查村民委员会使用本集体所有土地兴办企业,或者与其他单位、个人以土地使用权入股、联营等形式共同举办企业、苏木乡镇、嘎查村公共设施、公益事业建设使用集体土地的,由农村集体经济组织或者建设单位向土地所在地旗县以上土地行政主管部门提出用地申请,经审核后,符合土地利用总体规划的,报有批准权的人民政府批准。

前款规定的建设用地,涉及占用农用地的,应当依法办理农用地转用审批手续。

乡镇企业不同行业的用地标准,由自治区人民政府制定。

第三十六条 农牧民建住宅使用土地的,应当向户口所在地的嘎查村民委员会以书面形式提出申请,经嘎查村民委员会讨论通过,苏木乡镇人民政府审查,报土地所在地旗县以上人民政府批准。涉及占用农用地的,依法办理农用地转用审批手续。

第三十七条 农牧民有下列情况之一的,宅基地申请不予批准:

(一)结婚后单独立户男女一方已有宅基地的;

(二)出租、出卖或者以其他形式转让宅基地及地上建筑物,再申请宅基地的;

(三)无当地户口的。

第三十八条 农牧民一户只能拥有一处宅基地,其宅基地面积的标准由自治区人民政府另行规定。

第三十九条 建设项目施工和地质勘查需要临时使用国有或者农民集体所有土地的,由土地所在地旗县以上土地行政主管部门批准。使用国有土地的,应当与有关土地行政主管部门签订临时使用土地合同;使用农民集体所有土地的,应当与土地所属的农村集体经济组织或者村民委员会签订临时使用土地合同。合同的内容一般包括：临时使用土地期限、临时使用土地补偿费、双方的权利与义务、违约责任等事项。

临时使用农用地的，补偿费可以按照该地前三年平均年产值与临时使用年限的乘积数计算；使用建设用地的，可以按照土地所在地国有土地年租金与临时使用年限的乘积数计算。

第六章　国有土地有偿使用

第四十条　除土地管理法第五十四条所列项目外，其他各类建设项目用土地，应当采取出让、租赁、作价出资或者入股等有偿使用方式提供国有土地使用权。

土地使用权的出让由旗县级以上人民政府统一组织，土地行政主管部门负责实施，采用拍卖、招标、协议等方式出让。但城市规划区域范围内的经营性建设项目用地应当按照国家有关规定采用公开招标、拍卖方式出让。

第四十一条　以出让、租赁、作价出资或者入股等有偿使用方式使用国有土地的，按照下列规定办理：

（一）土地使用者提出申请，选择土地有偿使用方式；

（二）进行土地价格评估；

（三）旗县以上土地行政主管部门与土地使用者签订土地有偿使用合同；

（四）旗县级以上人民政府审批；

（五）土地使用者依法申请土地登记，土地登记机关发土地证书。

划拨土地使用权依法以转让、出租、抵押等形式交易的，按照前款规定办理土地有偿使用手续。

第四十二条　以出让等有偿使用方式取得国有土地使用权的建设单位，按照国务院和自治区规定的标准和办法，缴纳土地使用权出让金等土地有偿使用费和其他费用后，方可使用土地。

新增建设用地的土地有偿使用费的收缴、使用和管理依照国家有关规定上缴财政，列入预算，实行专项基金管理，用于耕地、草原、林地和城市基础设施等建设。有偿使用费的具体使用和管理办法，由自治区土地行政主管部门会同财政部门另行规定。

第四十三条　国有土地使用权交易有下列情形之一的，必须经旗县以上土地行政主管部门审核同意；依法应当报旗县级以上人民政府批准的，由土地行政主管部门审核后报有批准权的人民政府批准：

（一）以有偿方式取得国有土地使用权进行转让或者其他处置的；

（二）划拨土地使用权转让、出租、抵押的；

（三）改变土地用途的；

（四）土地使用权分割转让的；

（五）法律、法规规定应当报经批准同意的其他情形。

第四十四条　下列国有土地使用权不得交易：

（一）以出让方式取得的国有土地使用权，未按照出让合同约定进行投资开发的；

（二）以划拨方式取得的国有土地使用权未办理有偿使用手续的；

（三）司法机关和行政机关依法决定、查封或者以其他形式限制土地权利的；

(四)土地权属有争议的;

(五)未依法领取土地证书的;

(六)旗县以上人民政府依法决定收回土地使用权的;

(七)共有土地使用权未经共有人书面同意的;

(八)法律、法规禁止交易的其他情形;

第四十五条 旗县级以上人民政府应当建立土地收购和储备制度,实行土地供应总量宏观调控。

第四十六条 自治区实行国有土地使用权转让价格申报制度。

国有土地使用权转让的,转让方应当向土地所在地的旗县以上土地行政主管部门如实申报转让价,申报的转让价低于协议出让土地最低价标准的,旗县以上土地行政主管部门经同级人民政府批准,可以按照申报价行使优先购买权;土地使用权转让的市场价不合理上涨时,旗县级以上人民政府可以采取必要的措施。

第四十七条 旗县级以上人民政府应当依据国家有关规定建立基准地价、标定地价体系,实行土地价格评估与确认制度。

基准地价应当依照国家有关规定定期确定并公布。

第四十八条 对原划拨的国有土地,用作经营性或改变为经营性用途的,实行有偿使用。

第七章 监督检查

第四十九条 土地管理监督检查人员依法履行监督职责时,必须出示行政执法证件。

第五十条 土地行政主管部门在履行监督检查职责时,公安、监察、审计、税务等部门应当予以配合。

第五十一条 根据土地管理执法工作需要,自治区土地行政主管部门可以建立特邀土地监察专员制度。

第五十二条 旗县级以上人民政府,应当定期向同级人民代表大会或者其常务委员会报告耕地、草原、林地保护、土地利用总体规划、土地利用年度计划,耕地开垦费、土地补偿费、安置补助费、土地有偿使用费使用,土地审批和查处土地违法行为等情况。

第八章 法律责任

第五十三条 违反本办法规定,需要罚款处罚的,依照土地管理法和《中华人民共和国土地管理法实施条例》的有关规定处罚。

第五十四条 违反本办法第二十四条规定,未经批准在土地利用总体规划确定的土地开垦区内,开发未确定土地使用权的国有荒山、荒地、荒滩等从事种植业、林业、畜牧业、渔业生产的,由土地行政主管部门责令其限期办理批准手续;逾期不办理批准手续的,责令其停止开发和使用,或采取扣押生产设备、材料等措施及时予以制止。

第五十五条 违反本办法规定批准减免耕地开垦费、土地复垦费、土地使用权出让金等土地有偿使用费和其他费用,或者低于依法评估确认的地价出让国有土地使用权的,其批准文件和合同无效,由上一级土地行政主管部门追缴国家应得的土地收益。对直接负责的主管人员和其他直接责任人员，给予行政处分；构成犯罪的，依法追究刑事责任。

非法批准占用土地的，或者擅自办理用地手续或者确权发证的，批准行为无效，对直接负责的主管人员和其他直接责任人员，给予行政处分；构成犯罪的，依法追究刑事责任。

第五十六条　土地行政主管部门的工作人员玩忽职守、滥用职权、徇私舞弊、索贿受贿、构成犯罪的，依法追究刑事责任；尚不构成犯罪的，依法给予行政处分。

第五十七条　当事人对行政处罚决定不服的，可以依法申请行政复议或者提起行政诉讼；当事人逾期不申请复议，也不起诉、又不履行行政处罚决定的，由作出处罚决定的机关申请人民法院强制执行。

第九章　附　　则

第五十八条　本办法自公布之日起施行。1989 年 7 月 31 日自治区人民代表大会常务委员会通过的《内蒙古自治区实施〈中华人民共和国土地管理法〉办法》同时废止。

内蒙古自治区地质环境保护条例

2003 年 7 月 25 日,内蒙古自治区第十届人民代表大会常务委员会第四次会议通过。

第一章 总 则

第一条 为了保护和合理利用地质环境,防治地质灾害,保护公共财产和公民生命财产安全,促进自治区经济建设和社会发展,根据国家有关法律、法规,结合自治区实际,制定本条例。

第二条 在自治区行政区域内从事与地质环境有关活动的单位和个人,必须遵守本条例。

第三条 地质环境管理坚持积极保护与合理开发利用的原则。

任何单位和个人都有保护地质环境的义务,有权对破坏地质环境的行为进行制止、检举和控告。

第四条 旗县级以上人民政府应当加强本行政区域地质环境保护工作的领导,制定地质环境保护与利用规划,并纳入本地区国民经济和社会发展计划。

旗县级以上人民政府国土资源行政主管部门负责本行政区域地质环境保护工作的监督管理。其他有关部门按照各自的职责,做好有关地质环境保护管理工作。

第二章 地质环境评价与监测

第五条 制定区域国土综合开发规划必须按照国家规定进行地质环境影响评价。

对可能造成地质环境破坏的项目建设,应当由具有相应资质的单位进行地质环境影响评价,编制地质环境影响评价报告,经自治区人民政府国土资源行政主管部门审核同意后,列为环境影响评价报告的重要组成部分。

第六条 自治区人民政府国土资源行政主管部门应当组织开展区域地质环境调查评价,建立和完善地质环境监测网络以及地质灾害预警系统,设置相应的监测设施,对地质环境实行动态监测、监督。

第七条 自治区人民政府国土资源行政主管部门负责制定全区地质环境监测站网发展规划,统一协调区域性和专门性地质环境监测站网的部署,统一制定技术要求,组织开展地质环境监测工作。

第八条 自治区人民政府国土资源行政主管部门应当定期发布全区地质环境状况公报。

第三章 地质灾害防治

第九条 旗县级以上人民政府国土资源行政主管部门应当定期对地质灾害现状进行调查,组织编制本行政区域地质灾害防治规划和年度防灾预案,报本级人民政府批准后实施,并报上一级国土资源行政主管部门备案。

各级人民政府应当根据地质灾害防治规划安排必要的防治经费，用于地质灾害的监测、应急调查和防治。

第十条　旗县级以上人民政府应当根据地质灾害防治规划，划定地质灾害危险区、地质灾害易发区，并予以公告。

地质灾害危险区边界应当设立明显标志。

第十一条　禁止在地质灾害危险区内进行采矿、建筑、削坡和开采、抽取地下水等容易诱发地质灾害发生的活动。

第十二条　在地质灾害易发区内进行工程建设，在项目选址阶段必须由具有相应资质的单位进行地质灾害危险性评估。评估结果由自治区人民政府国土资源行政主管部门聘请有资格的专家组成专家组审查认定，并作为该建设项目用地审查报批的必备条件之一。未经认定的，不予办理建设用地预审及审批手续。

第十三条　旗县级以上人民政府国土资源行政主管部门应当对本行政区域内可能造成地质环境破坏、诱发地质灾害的行为进行监督检查。接受检查的单位和个人应当如实反映情况，并按要求提供有关资料。

第十四条　旗县级以上人民政府国土资源行政主管部门应当建立地质灾害监测网络和预报制度，对地质灾害及时做出预测，并会同有关部门采取必要的避险措施。

地质灾害长期预报和重要灾害点的中期预报，由自治区人民政府国土资源行政主管部门提出，报自治区人民政府发布；地质灾害临灾预报、短期预报以及一般灾害点的中期预报，由旗县级以上人民政府国土资源行政主管部门提出，报本级人民政府发布，同时报上一级国土资源行政主管部门备案。其他任何单位和个人不得发布地质灾害预报。

第十五条　地质灾害发生后，由所在地人民政府组织国土资源行政主管部门和其他有关部门进行勘查界定。跨区域的地质灾害的成因和治理责任，由其共同的上级国土资源行政主管部门按照规定的程序进行勘查界定。

属于人为活动诱发的地质灾害，其界定工作费用和治理责任均由诱发地质灾害的单位和个人承担；属于自然形成的地质灾害，由所在地人民政府组织治理。

第十六条　诱发地质灾害的单位和个人提出的地质灾害治理方案，应当符合国家规定的地质灾害治理设计规范，经旗县级以上人民政府国土资源行政主管部门审批后实施。治理责任人应当按批准的治理方案施工。

地质灾害治理工程竣工后，应当经治理方案的审批机关组织验收。

第四章　矿山地质环境保护

第十七条　采矿权人新建、改建、扩建矿山要严格执行地质环境影响评价制度，必须由具有相应资质的单位进行地质灾害危险性评估。

矿山设计或者开发利用方案，应当包括地质环境保护和地质灾害防治的内容。

第十八条　采矿权人应当按照批准的矿山设计或者开发利用方案和施工规范进行建设、开采，防止因采矿造成地面塌陷、地面沉降、滑坡、泥石流等地质灾害。

第十九条 勘查、开采矿产资源造成地质环境破坏或者诱发地质灾害的,应当及时向所在地人民政府国土资源行政主管部门报告,并采取必要的恢复和治理措施,防止灾害扩大。

采矿权人向旗县级以上人民政府国土资源行政主管部门报送的矿产资源开发利用情况年度报告,应当如实反映地质环境保护情况,并接受国土资源行政主管部门的监督检查。

第二十条 采矿权人停办或者关闭矿山,应当按期完成矿山地质环境的恢复和地质灾害的治理工作,并接受所在地人民政府国土资源行政主管部门的监督检查。

第二十一条 矿山地质环境治理实行保证金制度。采矿权人应当缴纳矿山地质环境保证金,专户管理。地质环境保证金归采矿权人所有,专项用于该采矿权人采矿破坏地质环境的治理。保证金收取、使用和管理的具体办法由自治区人民政府制定。

第五章 地质遗迹的保护

第二十二条 地质遗迹由自治区人民政府国土资源行政主管部门认定。开发利用地质遗迹,应当进行地质调查与地质环境影响评价。

第二十三条 下列地质遗迹应当予以保护,并建立地质遗迹自然保护区:

(一)对追溯地质历史具有重大科学价值的典型地层剖面、地质构造;

(二)对地球演化和生物进化具有重要科学文化价值的古生物化石及其产地和重要古生物活动遗迹;

(三)具有重大科学研究和观赏价值的火山、奇峰、瀑布、鸣沙、冰川遗迹等奇特地质景观;

(四)具有特殊学科研究价值的岩石、矿物、宝玉石及其典型产地;

(五)具有独特医疗、保健作用或者科学研究价值的温泉、矿泉;

(六)典型地质灾害遗迹;

(七)法律、法规规定应当保护的其他地质遗迹。

地质遗迹自然保护区的报批、建设、保护等,按照国家和自治区自然保护区的有关规定执行。

对有保护价值独立存在的地质遗迹应当采取措施加以保护。

第二十四条 在地质遗迹自然保护区内或者未建立保护区的地质遗迹,可以建立地质公园。地质公园的建立和管理,按照国家和自治区的有关规定执行。

第二十五条 国家级地质遗迹自然保护区的管理按照国家的有关规定执行。自治区级地质遗迹自然保护区,由自治区人民政府国土资源行政主管部门管理。其他地质遗迹自然保护区和独立存在的地质遗迹,由其所在地人民政府国土资源行政主管部门管理。

对分布在其他类型自然保护区的地质遗迹自然保护区,由保护区所在地人民政府国土资源行政主管部门,根据地质遗迹自然保护区审批机关提出的保护要求,在原自然保护区管理机构的协助下,对地质遗迹自然保护区实施管理。

地质遗迹自然保护区管理经费,由旗县级以上人民政府按照管理权限予以安排。

第二十六条 任何单位和个人不得擅自挖掘、买卖或者以其他形式转让被保护的地质遗迹。

在地质遗迹自然保护区内和独立存在的地质遗迹保护的范围内,禁止从事采石、开矿、取土、垦荒、砍伐等活动,禁止修建与地质遗迹保护无关的建筑设施。对已建成并对地质遗迹造成污染或者破坏的设施，应当限期治理或者外迁。

第二十七条　科学研究机构、高等院校在地质遗迹自然保护区内和独立存在的地质遗迹保护的范围内从事科学研究、教学实习以及采集、挖掘标本和古生物化石等活动，应当事先提交申请和活动计划，经批准设立该地质遗迹自然保护区和独立存在的地质遗迹的国土资源行政主管部门同意，方可从事相应活动。

科学研究机构、高等院校在采集、挖掘活动结束后三十日内，将采集、挖掘的所有标本和古生物化石清单报采集、挖掘所在地人民政府国土资源行政主管部门备案；采集、挖掘获得的重要标本和古生物化石应当交由符合规定保存条件的馆藏机构保存，经自治区人民政府国土资源行政主管部门批准，也可以由有关科学研究机构或者高等院校保存。

第二十八条　在国家级地质遗迹自然保护区内开辟旅游景点、兴建旅游设施的，按照国家有关规定执行。在其他地质遗迹自然保护区内开辟旅游景点、兴建旅游设施的，报批准设立该地质遗迹自然保护区的人民政府国土资源行政主管部门批准。

在地质遗迹自然保护区内开展旅游活动，应当服从所在地人民政府国土资源行政主管部门的管理。

第六章　法律责任

第二十九条　勘查、开采矿产资源造成地质环境破坏或者诱发地质灾害的，由旗县级以上人民政府国土资源行政主管部门责令其限期恢复、治理；逾期不治理的，处以1万元以上5万元以下的罚款，情节严重的，由国土资源行政主管部门吊销勘查许可证、采矿许可证；构成犯罪的，依法追究刑事责任。从事工程建设造成地质环境破坏或者诱发地质灾害的，由旗县级以上人民政府国土资源行政主管部门责令其限期恢复、治理；逾期不治理的，报经本级人民政府批准实行强制治理，并处以1万元以上5万元以下的罚款；构成犯罪的，依法追究刑事责任。

第三十条　违反本条例规定，有下列行为之一的，由旗县级以上人民政府国土资源行政主管部门责令改正或者责令停止违法行为，并处以5000元以上3万元以下的罚款：

（一）在地质灾害危险区内从事采矿、建筑、削坡和开采、抽取地下水等容易诱发地质灾害发生的活动的；

（二）未按照国土资源行政主管部门批准的治理方案治理地质灾害的；

（三）未按照批准的矿山设计或者开发利用方案和施工规范进行建设、开采，造成地质灾害的。

第三十一条　违反本条例规定，在地质遗迹自然保护区和独立存在的地质遗迹保护的范围内有下列行为之一的，由旗县级以上人民政府国土资源行政主管部门责令停止违法行为，没收违法所得，并可处以1000元以上1万元以下的罚款：

（一）破坏、挖掘、买卖或者以其他形式转让被保护的地质遗迹的；

（二）进行采石、开矿、取土、垦荒、砍伐以及修建与地质遗迹保护无关的建筑设施的；

（三）擅自采集、挖掘标本和古生物化石的。

第三十二条　违反本条例规定，擅自发布地质灾害预报的，或者不具备规定的资质条件，从事地质环境影响评价、地质灾害危险性评估或者地质灾害工程勘查、设计、施工和监理的，由旗县级以上人民政府国土资源行政主管部门责令停止违法行为，没收违法所得，并处以5000元以上2万元以下的罚款。

第三十三条 违反本条例规定,拒不接受国土资源行政主管部门的监督检查或者在被检查时拒报、谎报有关资料的,由旗县级以上人民政府国土资源行政主管部门责令限期改正,逾期不改正的,处以300元以上3000元以下的罚款。

第三十四条 接受委托进行地质环境影响评价和地质灾害危险性评估的机构,在工作中不负责任或者弄虚作假,致使地质环境影响评价文件或者地质灾害危险性评估结果失实的,根据有关规定,降低其资质等级或者吊销其资质证书,并处所收费用一倍以上三倍以下的罚款;构成犯罪的,依法追究刑事责任。

第三十五条 国土资源行政主管部门及其工作人员违反本条例规定,有下列行为之一的,由有关部门对直接负责的主管人员和其他直接责任人员依法给予行政处分;造成损失的,依法承担赔偿责任;构成犯罪的,依法追究刑事责任:

(一)不按照要求定期公布地质环境状况公报的;

(二)对已经发现的重大地质灾害隐患未及时向本级人民政府报告的;

(三)对已经发现应当保护的地质遗迹没有采取必要保护措施的;

(四)擅自批准或者超越管理权限批准在地质遗迹自然保护区和独立存在的地质遗迹保护的范围内进行采集、挖掘或者旅游活动的;

(五)对检举和控告的违法行为应当查处而未予查处的;

(六)贪污、挪用矿山地质环境保证金的;

(七)对不符合资质条件的评估机构提交的地质灾害危险性评估报告,或者专家评审的条件和程序不合法,而对评审结果予以认定的;

(八)违反本条例的其他行为。

第七章 附 则

第三十六条 本条例中有关用语的含义:

(一)地质环境是指影响人类生存和发展的各种地质体和地质作用的总和;

(二)地质遗迹是指在地球演化的漫长地质历史时期,由于各种内外动力地质作用,形成、发展并遗留下来珍贵的、不可再生的地质自然遗产;

(三)本条例所称古生物化石是指除文物部门管理的古猿、古人类化石及其与人类活动有关的第四纪古脊椎化石之外的所有古生物化石;

(四)地质灾害是指由于自然产生和人为诱发的崩塌、滑坡、泥石流、地面塌陷、地裂缝、地面沉降等对人民生命和财产安全造成危害的地质现象;

(五)地质灾害易发区是指容易产生地质灾害的区域;

(六)地质灾害危险区是指明显可能发生地质灾害且将可能造成较多人员伤亡和严重经济损失的地区。

第三十七条 本条例自2003年9月1日起施行。

内蒙古自治区测绘管理条例

1998 年 4 月 16 日，内蒙古自治区第九届人民代表大会常务委员会第二次会议通过；
2005 年 7 月 29 日，内蒙古自治区第十届人民代表大会常务委员会第十七次会议修订。

第一章　总　　则

第一条　为了加强测绘管理，促进测绘事业发展，保障测绘事业为经济建设、国防建设和社会发展服务，根据《中华人民共和国测绘法》和国家有关法律、法规，结合自治区实际，制定本条例。

第二条　在自治区行政区域内从事测绘活动，应当遵守本条例。

第三条　测绘事业是经济建设、国防建设和社会发展的基础性事业。各级人民政府应当加强对测绘工作的领导，鼓励并加强测绘科学技术研究，提高测绘科学技术水平。

第四条　旗县级以上人民政府负责管理测绘工作的行政部门（以下简称测绘行政主管部门）负责本行政区域内测绘工作的统一监督管理。

旗县级以上人民政府其他有关部门按照职责分工，负责本部门有关的测绘工作。

第五条　测绘人员依法进行测绘活动时，有关单位和个人应当为测绘工作提供便利。

任何单位和个人不得妨碍和阻挠测绘人员依法进行的测绘活动。

第六条　经国家批准的外国的组织或者个人在自治区行政区域内从事测绘活动，应当接受自治区人民政府测绘行政主管部门的监督。

第二章　测绘基准和测绘系统

第七条　从事测绘活动，应当使用国家规定的测绘基准和测绘系统。

第八条　因建设、城市规划和科学研究的需要，中等城市、自治区重大工程项目和其他确需建立相对独立的平面坐标系统的，由自治区人民政府测绘行政主管部门批准。

建立相对独立的平面坐标系统，应当与国家坐标系统相联系。

第九条　城市相对独立的平面坐标系统是本地区测绘活动的公共资源，由当地人民政府统一管理，任何单位不得垄断。

第三章　基础测绘

第十条　基础测绘是公益性事业。自治区对基础测绘实行分级管理。

自治区级基础测绘包括：

（一）自治区统一的三、四等平面控制网、高程控制网和空间定位网的建立与复测；

(二)1∶10000 基本比例尺地形图、影像图和数字化产品的测制及相应的基础地理信息数据的采集与更新;

(三)自治区级基础地理信息系统的建立与更新;

(四)获取基础地理信息的航空摄影与遥感;

(五)编制普通地图和专题地图的自治区基础地理底图;

(六)国务院测绘行政主管部门确定的其他基础测绘项目。

盟市级以下基础测绘包括:

(一)本行政区域内平面控制网、高程控制网和空间定位网的建立与复测;

(二)本行政区域内 1∶5000、1∶2000、1∶1000 和 1∶500 基本比例尺地形图、影像图和数字化产品的测制及相应的基础地理信息数据的采集与更新;

(三)本行政区域内基础地理信息系统的建立与更新;

(四)自治区人民政府测绘行政主管部门规定的其他基础测绘项目。

第十一条 基础测绘成果实行定期更新制度。重点城市、工业发展区的基础测绘成果更新周期不超过五年,农牧业开发区的基础测绘成果更新周期不超过十年,潜在的经济发展区及农牧业区的基础测绘成果更新周期不超过十五年。经济建设和社会发展急需的基础测绘成果应当及时更新。

第十二条 旗县级以上人民政府测绘行政主管部门会同本级人民政府其他有关部门根据国家和上一级人民政府的基础测绘规划和本行政区域内的实际情况,组织编制本行政区域的基础测绘规划,报本级人民政府批准,并报上一级测绘行政主管部门备案后组织实施。

第十三条 旗县级以上人民政府应当将基础测绘纳入本级国民经济和社会发展年度计划及财政预算。

旗县级以上人民政府发展和改革行政主管部门会同同级人民政府测绘行政主管部门,根据本行政区域的基础测绘规划,编制本行政区域的基础测绘年度计划,并分别报上一级主管部门备案。

自治区人民政府对贫困旗县地区的基础测绘应当给予财政支持。

第十四条 建立全区性或者区域性地理信息系统,必须采用符合国家标准的基础地理信息数据。

第四章 界线测绘和其他测绘

第十五条 自治区行政区域内的界线测绘由自治区人民政府测绘行政主管部门会同自治区人民政府民政主管部门编制计划,报自治区人民政府批准后实施。

第十六条 旗县级以上人民政府测绘行政主管部门应当编制本行政区域的地籍测绘规划,按照地籍测绘规划,组织管理本行政区域内的地籍测绘。

第十七条 依法从事测绘活动的单位需要有关部门提供界线、土地权属和房屋产权等资料时,有关部门及相关单位应当予以配合。

第十八条 旗县级以上人民政府测绘行政主管部门和同级建设行政主管部门根据职责分工负责本行政区域内的房产测绘及成果应用的监督管理工作。

第十九条 发放的土地证书和房屋所有权证书,必须附有具备测绘资质单位测绘的宗地图或者房地产平面图。

第二十条　测量土地、建筑物、构筑物和地面其他附着物的权属界址线，应当按照旗县级以上人民政府确定的权属界线的界址点、界址线或者提供的有关登记资料和附图进行。权属界址线发生变化时，当事人应当及时进行变更测绘。

变更权属界址线测绘成果应当经旗县级以上人民政府批准。

第二十一条　自治区、盟市重点工程项目在选址、选线、设计、定位所需的小于或者等于1∶500比例尺的各类地形图和相关控制测量数据时，自治区人民政府、盟行政公署和设区的市人民政府测绘行政主管部门应当提供测绘成果。

第五章　测绘资质资格与测绘项目

第二十二条　自治区人民政府测绘行政主管部门按照职责权限负责测绘资质审查、发放资质证书，负责监督管理测绘技术标准的实施。

从事测绘活动的单位，必须依法取得测绘资质，接受自治区人民政府测绘行政主管部门的定期监督检查。

从事测绘活动的专业技术人员，应当依法取得相应的测绘执业资格。测绘人员进行测绘活动时，应当持有测绘作业证件。

第二十三条　测绘资质审查实行分级管理。测绘资质分为甲、乙、丙、丁四级。

申请甲级测绘资质的单位，应当向国务院测绘行政主管部门提出申请，也可以由自治区人民政府测绘行政主管部门将其申请转报国务院测绘行政主管部门。

申请乙、丙、丁级测绘资质的单位，应当向自治区人民政府测绘行政主管部门提出申请，也可以由所在地盟行政公署、设区的市人民政府测绘行政主管部门将其申请转报自治区人民政府测绘行政主管部门。自治区人民政府测绘行政主管部门应当自接到申请之日起二十个工作日内做出审查决定，符合条件的，核发资质证书；不符合条件的，应当书面说明理由并退回全部申请资料。

第二十四条　自治区人民政府测绘行政主管部门可以根据实际情况，对丙、丁级测绘资质标准进行调整，并向社会公布。

第二十五条　禁止伪造、涂改或者出租、出借测绘资质证书。测绘单位终止测绘业务时，应当向所在地测绘行政主管部门报告，并将测绘资质证书交回颁证机关。

测绘单位变更名称、住所、法定代表人等事项，应当在变更之日起三十日内向原核发测绘资质证书的部门申请办理有关变更手续。测绘单位合并、分立的，应当在合并、分立后三十日内重新申请测绘资质证书。

第二十六条　自治区人民政府测绘行政主管部门应当建立测绘单位信息公开制度，将在本行政区域内承接测绘任务的测绘单位资质、业绩及测绘成果质量等信息向社会公布。

第二十七条　组织实施测绘项目的单位，在实施测绘前应当向项目所在地的测绘行政主管部门备案。

第二十八条　测绘项目金额在20万元以上的，应当依法进行招标，测绘项目所在地的测绘行政主管部门及有关部门依法对招标、投标活动实施监督。涉及两个或者两个以上行政区域内的测绘项目，由其共同上一级人民政府测绘行政主管部门及有关部门进行监督。涉及国家秘密的测绘项目应当按照国家有关规定执行。

测绘项目的发包单位不得向不具有相应测绘资质等级的单位发包或者迫使测绘单位低于测绘成本承包。

第二十九条 测绘仪器设备必须经法定或者依法授权的测绘仪器计量检定机构检验合格后,方可投入使用。

第三十条 进行以测绘为目的的航空摄影与遥感,应当向自治区人民政府测绘行政主管部门提出申请,经审核并报有关部门审查批准后方可实施。

利用空间定位技术、地理信息系统技术、航空航天遥感技术、计算机和网络通信技术等手段采集、处理和提供地理信息数据,应当按照国家有关规定执行。

第六章 测绘成果

第三十一条 自治区实行测绘成果统一管理和汇交制度。

测绘项目完成后,测绘项目出资人或者承担政府投资的测绘项目的单位,应当向自治区人民政府测绘行政主管部门汇交测绘成果资料。属于基础测绘项目的,应当汇交测绘成果副本;属于非基础测绘项目的,应当汇交测绘成果目录。负责接收测绘成果副本和目录的测绘行政主管部门应当出具测绘成果汇交凭证,并及时将测绘成果副本和目录移交给保管单位。

自治区人民政府测绘行政主管部门应当定期编制全区测绘成果目录,向社会公布。

第三十二条 保密的测绘成果,其密级的确定、变更、解密以及使用,按照国家保密法律、法规的规定执行。

对外提供未公开的测绘成果,必须经自治区人民政府测绘行政主管部门审核,并按照国家有关规定办理审批手续。

第三十三条 自治区行政区域内除国家审核公布的重要地理信息数据之外的其他重要地理信息数据,由自治区人民政府测绘行政主管部门审核,并与其他有关部门会商后,报自治区人民政府批准,由自治区人民政府或者授权的部门发布。

第三十四条 测绘成果不得擅自复制、转让或者转借。确需复制、转让或者转借的,应当经提供该测绘成果的部门批准;复制保密的测绘成果按原密级管理。

第三十五条 使用财政资金的测绘项目和使用财政资金的建设工程测绘项目,有关部门在批准立项前应当征求本级人民政府测绘行政主管部门的意见,有适宜测绘成果的,应当充分利用,避免重复测绘。

第三十六条 基础测绘成果和政府投资完成的其他测绘成果,用于国家机关决策和社会公益性事业的,应当无偿提供。

前款规定之外的,依法实行有偿使用制度;但是,政府及其有关部门和军队因防灾、减灾、国防建设等公共利益的需要,可以无偿使用。

第三十七条 旗县级以上人民政府测绘行政主管部门负责测绘成果质量监督管理。

第三十八条 测绘单位应当建立健全质量管理体系和质量管理制度,保证测绘成果的质量。测绘成果应当经过检查验收,质量合格后方可提供使用。

基础测绘成果应当经国家或者自治区质量技术监督部门授权的测绘产品质量监督检验机构检验合格后，方可使用。

第七章　地图管理

第三十九条　旗县级以上人民政府应当组织开展国家版图意识的宣传教育，增强公民的国家版图意识。

旗县级以上人民政府测绘行政主管部门应当会同有关部门共同做好本行政区域内的地图市场监督管理工作。

第四十条　从事地图编制的单位，应当依法取得相应的测绘资质。

第四十一条　有关单位在实施下列行为前，应当将试制样图报送自治区人民政府测绘行政主管部门审核：

（一）印刷、出版地方性地图或者展示、登载未出版的地方性地图；

（二）展示、登载、插附绘有自治区行政区域界线的各类地图（含示意图）；

（三）制作地球仪、电子地图等地图产品以及在广告、标牌、出版物和其他物品上附绘地方性地图。

绘有国界线的地图，应当由自治区人民政府测绘行政主管部门转报国务院测绘行政主管部门审核。

出版或者展示未出版的自治区行政区域内专题地图的，其试制样图的专业内容应当报自治区人民政府有关行政主管部门审核。

第四十二条　编制地图应当遵守国家有关地图内容表示规定，使用标准化地名和行政区域界线的标准画法图，保证地图内容的现势性和准确性。出版地图应当标明审图号。

第四十三条　普通地图不得刊登广告。在专题地图上刊登广告的，登广告的面积不得超过图幅面积的百分之三十，不得压盖地图内容，影响地图的使用功能。

第四十四条　使用地理底图和基础地理信息数据编制出版地图的，应当征得该底图和信息数据权属单位的许可。

第八章　测量标志保护

第四十五条　测量标志属于国家的重要基础设施。各级人民政府应当组织开展保护测量标志的宣传教育，采取有效措施加强测量标志的保护。

第四十六条　任何单位和个人不得损毁或者擅自移动永久性测量标志和正在使用中的临时性测量标志，不得侵占永久性测量标志用地，不得在永久性测量标志安全控制范围内取土、挖沙、采石、爆破、耕作以及进行其他危害测量标志安全和使用效能的活动；发现危害测量标志的行为和测量标志遭受损害时，应当及时向当地的苏木乡级人民政府或者旗县级人民政府测绘行政主管部门报告。

第四十七条　旗县级以上人民政府测绘行政主管部门应当建立健全测量标志维护档案，定期组织有关单位对永久性测量标志进行检查和维护，保证测量标志正常使用。

永久性测量标志的管理和维护经费，由旗县级以上人民政府财政部门审核列支。

第九章　法律责任

第四十八条　违反本条例第八条第一款、第十四条、第二十二条第三款、第二十八条第二款、第三十一条第二款、第三十八条第一款和第四十六条规定的，依照《中华人民共和国测绘法》的有关规定处罚。

第四十九条　违反本条例第二十五条规定，有下列行为之一的，由测绘行政主管部门责令停止违法行为，没收违法所得和测绘成果，处测绘约定报酬一倍以上二倍以下的罚款，并可以依法责令停业整顿或者降低测绘资质等级、吊销测绘资质证书：

（一）采用伪造、涂改及其他欺骗手段取得测绘资质证书从事测绘活动的；

（二）出租、出借测绘资质证书，允许其他单位以本单位的名义从事测绘活动或者以其他测绘单位的名义从事测绘活动的；

（三）未办理测绘资质证书变更手续或者测绘单位分立、合并后未重新申请测绘资质从事测绘活动的。

第五十条　违反本条例第三十二条第二款规定，未办理审批手续擅自对外提供未公开测绘成果的，由有关部门对负有直接责任的主管人员和其他直接责任人员依法给予行政处分；构成犯罪的，依法追究刑事责任。

第五十一条　违反本条例第三十四条规定，未经批准擅自复制、转让或者转借测绘成果的，由测绘行政主管部门给予警告，并可处 1 万元以上 5 万元以下的罚款；造成损失的，依法承担赔偿责任。

第五十二条　违反本条例第四十一条规定，未经自治区人民政府测绘行政主管部门审核，印刷、展示、登载、附绘自治区行政区域内各类地图或者制作地图产品的，由测绘行政主管部门没收违法所得及地图或者地图产品，并处 3000 元以上 1 万元以下的罚款。

第五十三条　违反本条例规定，测绘行政主管部门和其他有关部门的工作人员有下列行为之一的，由有关部门依法给予行政处分；构成犯罪的，依法追究刑事责任：

（一）未依法履行监督职责或者发现违法行为不予查处，造成严重后果的；

（二）对不符合法定条件的单位发放测绘资质证书的；

（三）在地图审核或者组织实施测绘成果汇交工作中玩忽职守的；

（四）利用职务上的便利收受他人财物或者其他好处的。

第十章　附　　则

第五十四条　本条例自 2005 年 9 月 1 日起施行。

索　引

使用说明

一、本索引采用内容分析索引法编制，主要对本志中有实质检索意义的内容进行标引，以便检索使用。

二、本索引基本上按汉语拼音音序排列。以数字开头的标目排在最前面，其次为英文字母开头的标目，最后为汉字开头的标目；汉字标目按照首字的音序、音调依次排列，首字相同的以第二个字排序，并依此类推。

三、索引标目后的数字，表示检索内容所在的正文页码；本志以表格或图片方式记载的内容，则在索引标目后用括号注明(表)或(图)字样，以区别于文字标目。

四、为反映部分索引标目之间的隶属关系，在上级标目下采用缩二格的形式编排其所属的下级标目，并按照数字、汉语拼音音序、音调等依次排列。

1～9

A~Z

A

B

C

D

E

F

G

H

J

K

L

M

N

P

Q

R

S

T

W

X

Y

Z

修志始末

按照《内蒙古自治区人民政府关于加快全区第二轮修志工作的通知》要求，2012 年 7 月自治区国土资源厅印发《关于做好〈内蒙古自治区国土资源志〉编纂工作的通知》，决定编纂《内蒙古自治区志·国土资源志》（以下简称《国土资源志》），并成立《国土资源志》编纂委员会，由厅长任编纂委员会主任，分管厅领导和相关单位主要负责人任副主任，委员包括厅机关各处室、直属事业单位和各盟市国土资源局主要负责人，主要负责《国土资源志》编纂工作的组织领导和重大问题的研究决定；同时，在自治区国土资源信息院设编纂委员会办公室，主要负责编纂工作的具体组织实施。2013 年 4 月，自治区国土资源厅办公室印发《关于加强内蒙古自治区国土资源志编纂管理工作的通知》，对《国土资源志》编制的资料收集和编纂过程中的保密工作提出了具体要求，并由厅办公室主任刘新生主持召开会议，对编纂人员进行了保密工作教育。2017 年 7 月，自治区国土资源厅根据厅领导和相关各单位负责人变化情况，重新对《国土资源志》编纂委员会成员进行了调整。

《国土资源志》编纂工作是从 2012 年 8 月正式启动，至 2018 年 5 月结束，历时 5 年又 9 个月顺利完成。大体可分为 5 个阶段：

1. 工作方案及篇目大纲编制阶段（2012 年 8 月初至 9 月底）：

主要由自治区国土资源信息院（即《国土资源志》编纂委员会办公室）聘用专家成立编纂工作组，并及时开展和完成了《国土资源志》的工作实施方案、篇目大纲、体例规范等编写工作。

根据自治区国土资源厅《关于做好〈内蒙古自治区国土资源志〉编纂工作的通知》的要求，明确《国土资源志》断限时间上限是以自治区国土资源厅成立为始，下限至 2012 年（后根据实际工作情况及有关要求，又先后调整至 2014 年和 2015 年）。为兼顾事件的完整性，个别事件的记述上、下限略有延伸。

2. 资料收集阶段（2012 年 10 月至 2013 年 9 月）：

主要由编纂工作组人员从相关馆藏档案中和自治区国土资源厅各处室及有关事业单位进行广泛资料收集，同时对编纂工作人员开展保密工作教育，并征求自治区国土资源厅各处室对篇目大纲初稿的意见。

在实际工作的后期，由于根据有关工作情况和各方面要求变化，对编目大纲和志稿内容进行了多次较大幅度修改，为了确保各项记述内容准确无误，需要随时对有关资料进行查阅和核对，因此资料收集也是伴随着各阶段的修改工作一直延续至 2018 年 3 月。

3. 初稿编写阶段（2013 年 9 月至 2015 年 6 月）：

主要根据篇目大纲，由编纂工作人员利用前期收集到的各类资料，按照各自分工开展各篇目的编写工作。期间，根据自治区国土资源管理工作实际和自治区修志工作的要求，于 2014 年 6 月对篇目大纲重新进行了修改，并报送自治区地方志办公室审批。2014 年 10 月，自治区地方志办公室对《国土资源志》篇目大纲进行了批复。与此同时，编纂人员与自治区地方志办公室相关处室领导进行了多次沟通和学习,并得到热情指导,使编纂人员进一步明确了工作思路,也解决了“写什么,怎么写”的问题。此后,进一步征求自治区国土资源厅各处室意见,并对篇目大纲再次进行修改和完善后,于2015年6月完成《国土资源志》(2000—2012年)初稿编制。

4. 志稿审查和修改阶段(2015年7月至2017年8月):

2015年7月9—10日,由自治区国土资源厅《国土资源志》编纂委员会组织37位专家对《国土资源志》(2000—2012年)初稿进行了初审。副厅长王杰和副巡视员王剑民参加并主持审查会议,同时邀请自治区地方志办公室张晓虹、韩泽到会指导。会议对志稿提出了大量修改意见,同时考虑修志时段节点,以及国土资源管理工作的连续性,建议将修志下限延至2014年。

会后,自治区国土资源信息院对编纂工作人员进行了调整,重新聘用7位专家参与编纂工作。同时,根据自治区国土资源厅初审意见和有关要求,组织编纂人员对志稿的篇目设置和章节内容安排再一次进行了调整,并认真对有关内容进行了补充、修改。2017年4月,经修改完善后的《国土资源志》(2000—2014年)文稿提交自治区国土资源厅进行审查。5月8日,自治区国土资源厅《国土资源志》编纂委员会组织19位专家召开审查会议,通过《国土资源志》(2000—2014年)文稿的专家审查,并报送自治区地方志办公室进行评审。7月13日,自治区地方志办公室组织召开《国土资源志》(2000—2014年)评审会议,自治区地方志办公室副主任、编审孟秀芳主持会议。会议认为:《国土资源志》(2000—2014年),政治观点正确,指导思想明确;坚持辩证唯物主义和历史唯物主义的观点和方法,坚持实事求是,记述内容符合党的路线、方针、政策,符合国家法律法规;志稿以内蒙古国土资源事业的发展为主线,紧跟时代步伐,记录史实较全面系统,体裁运用得当、体例比较完备、篇目设置比较科学、领属基本合理、资料比较丰富,行文比较规范,经进一步修改、完善,可达到《地方志书质量规》的要求,能够成为一部行业特点鲜明、资料丰富翔实的上乘之作。会议通过对志稿的评审,并提出了8条具体修改意见。此后,自治区国土资源信息院根据自治区地方志办公室的意见和自治区国土资源管理工作的实际情况,决定对修志下限从2014年延伸至2015年。同时,为了能够实现打造上乘之作和精品佳志的目标要求,编纂人员以高度的责任感,全面审视志稿,进一步查找问题,细心核对资料,并对照评审专家意见和查找发现的问题,进一步对志稿进行了补充、修改和完善工作。另外,收集照片逾万张,经精挑细选,选出近180幅配入正文,使志稿尽可能具有图文并茂的效果。

5. 统稿完善阶段(2017年9月至2018年5月):

主要是由统稿人员全面开展全志的补充、完善和统稿工作。通过对各篇目进一步整合、完善和全面审订、统稿,于2018年5月最终完成《内蒙古自治区志·国土资源志(2000—2015)》[以下简称《国土资源志(2000—2015))》]文稿,并报自治区地方志办公室进行评审验收。

最终提交的《国土资源志(2000—2015)》成果,主要包括:序、凡例、编纂说明、概述、大事记、正文(共八篇23章101节)、人物、附录、索引、修志始末等10个部分,文字达150万字,并有列表130个、插图29幅、照片220幅。先后参与《国土资源志(2000—2015)》编纂的工作人员共有27人。从2012年8月至2013年12月,主要编纂工作由张冰负责,陈喜良、李玉恒、张冰、李瑛、海棠参与相关篇目初稿纂写,徐国权、苏文、关爱凤、陈昆、白文义负责有关资料的收集和相关组织、协调等工作,张晖、孙伟、乔恒暄主要负责相关资料的收集、复印、录入等工作。2014年1月至2017年9月,主要编纂工作由陈喜良负责，陈喜良、李玉恒、包乐平、李寿林、庞国平、王向阳、田青、苗旺、杨文海、姚国征等分别负责各篇目的补充、修改和完善工作，苏文、关爱凤、陈昆、白文义主要负责相关资料的补充收集工作，乔恒暄、陈晓娟主要负责有关档案的借阅、录入及复印等工作。具体各篇目编纂人员分工为：由自治区国土资源厅厅长张利平为本志作序；概述部分先由李玉恒撰写，后由杨文海、姚国征进行补充、修改；编纂说明、大事记，第一篇第一章“区域地质”、第二章“土地资源”、第三章“矿产资源”，第二篇第一章“土地利用总体规划”，第四篇第三章“矿产资源储量管理”和第四章“地质环境管理”，以及第八篇、人物、修志始末等各部分均由陈喜良编纂，大事记由刘新生进行审改，“地质环境管理”由高宏修改，第八篇第二章“队伍建设”和“廉政建设”分别由鲍玉山、赵大鹏补充、修改，最后各部分均由杨文海进行补充、修改；第二篇第二章“矿产资源总体规划”、第四篇第一章“地质勘查管理”和第二章“矿产资源开发管理”，先由包乐平编纂，后由陈喜良进行补充、修改，其中“矿产资源总体规划”和“矿产资源开发管理”分别由刘海明、石雪娜进行修改，最后由杨文海完成最终修改；第三篇第一章“地籍管理”由李寿林编纂，第二章“耕地保护管理”、第三章“土地利用管理”、第四章“土地市场建设”部分由庞国平编纂，第五篇由王向阳和李育松编纂，第六篇由田青编纂，第七篇由杨文海编纂，第三篇由袁继英补充、修改，最后各部分均由陈喜良、杨文海统一进行了补充、修改。各篇目的照片主要由陈喜良选配，后由杨文海进行调整和补充。全志先由陈喜良统稿，后由杨文海完成最终审订、统稿。索引由王彦祥、张若舒、毋栋制作，后由杨文海进行了修改完善。

国土资源是人类生存和经济社会发展的重要物质基础。国土资源管理支撑各行各业，影响千秋万代，是一项全局性、基础性、先行性的工作。自治区国土资源管理工作在自治区党委、政府和国土资源部的正确领导下，紧紧围绕促进自治区经济社会发展，不断解放思想，与时俱进，认真履行保护资源、保障发展、维护权益的职能，积极参与宏观调控，改革创新，为推进自治区工业化、城镇化、农牧业产业化建设发展提供了重要的资源支撑和保障。《国土资源志(2000—2015)》翔实地记述和反映了自2000年自治区国土资源厅成立至2015年期间全区土地、矿产资源和测绘行政管理工作历程及取得的重要成绩，对进一步了解自治区国土资源区情，研究自治区经济社会发展史，增强全社会十分珍惜和保护国土资源，合理利用国土资源，保护生态环境，服务自治区经济社会持续发展具有重要意义。

《国土资源志(2000—2015)》是在自治区国土资源厅领导和厅机关各处室、厅属各单位、各盟市国土资源局的大力支持与积极配合下完成，是自治区第一部客观全面记录全区国土资源领域改革发展历程的资料，不仅具有鲜明的时代特征、地方特色和行业特点，也是新时代自治区国土资源文化建设的一项重要成果，是众手浇开的国土资源文化之花。厅机关各处室、厅属各单位和各盟市国土资源局为本志编纂提供了大量资料，为编纂工作顺利完成提供了保证，杨军利、朱光珠、胡凤翔、王葆明等人提供了部分照片，在此一并表示感谢！

本志编纂，集合众家力量，努力打造精品佳志，但由于编纂人员水平有限，有些内容记述尚显单薄，全区国土资源工作的亮点和特色还有未记述到的地方，衷心希望读者指正，以期为后续国土资源修志工作提供借鉴，并为社会各界提供高质量的国土资源史志成果和有意义的参考。

编者

2018年5月

图书在版编目(CIP)数据

内蒙古自治区志·国土资源志/内蒙古自治区国土资源厅编.—呼和浩特:内蒙古人民出版社,2018.7

ISBN 978-7-204-15552-1

Ⅰ.①内… Ⅱ.①内… Ⅲ.①内蒙古-地方志②国土资源-概况-内蒙古 Ⅳ.①K292.6

中国版本图书馆CIP数据核字(2018)第174519号

内蒙古自治区志·国土资源志

编　　者	内蒙古自治区国土资源厅 编
责任编辑	李向东　马燕茹
出版发行	内蒙古人民出版社
地　　址	呼和浩特市新城区中山东路8号波士名人国际B座
网　　址	http://www.impph.com
印　　刷	内蒙古地矿印刷厂
开　　本	889×1194　1/16
印　　张	62
字　　数	1650千
版　　次	2019年8月第1版
印　　次	2019年8月第1次印刷
印　　数	1—1000册
书　　号	ISBN 978-7-204-15552-1
定　　价	580.00元

如发现印装质量问题,请与我社联系。联系电话:(0471)3946120

ISBN 978-7-204-15552-1

定价:580.00 元